dpd

VEREHRTE WEINFREUNDIN, GESCHÄTZTER WEINLIEBHABER!

Wir freuen uns, Ihnen die 27. Ausgabe dieses Guides vorlegen zu dürfen, in der Sie eine enorme Vielfalt von Weinen aller heimischen Sorten und Kategorien vorfinden werden, die wir ihnen von Herzen empfehlen möchten. Sicher, auch für die Winzer aus Österreich war das vergangene Jahr kein leichtes. Die geopolitische Lage hat den Markt instabiler gemacht, die Kosten für die Produktion sind in allen Bereichen gestiegen. Die Preise für Arbeit, Energie und alle Grundstoffe sind nach oben geschnellt, und das hat sich auch auf die Preisgestaltung der Weine ausgewirkt. Die anhaltende Inflation lässt viele Haushalte sparen, das bekommen Handel und auch die Gastronomie zu spüren. Und doch: Glücklicherweise wissen die Konsumenten die hohe Qualität der heimischen Weine zu schätzen und halten ihnen die Treue. Unterm Strich können sich die österreichischen Weine nach wie vor aufgrund ihres guten Preis-Leistungs-Verhältnisses behaupten, das zeigen auch die Exportergebnisse der letzten Periode.

Für den Export liegen die vorläufigen Gesamtjahreszahlen 2023 der Statistik Austria vor. Insgesamt wurden im vergangenen Jahr 65,0 Mio. Liter österreichischer Wein im Wert von 238,2 Mio. Euro exportiert. Das entspricht einem Wertzuwachs von 2,7 Prozent bei einem Mengenverlust von 4,7 Prozent. Der Durchschnittspreis pro Liter stieg auf 3,66 Euro – der bisher höchste Wert. Bei den einzelnen Produktgruppen konnten die Weißweine in Flaschen um 7,3 Prozent beim Exportwert zulegen, Rotweine in Flaschen um 3,4 Prozent. Mit Blick auf die einzelnen Exportmärkte zeigt sich ein sehr unterschiedliches Bild: Der wichtigste und sehr preissensible Exportmarkt Deutschland legte beim Wert um beachtliche 14,8 Prozent zu und überstieg damit erstmals

Peter Moser
Falstaff
Chefredakteur

die 100-Mio.-Euro-Marke (108,6 Mio. Euro). Damit generierte Österreich dort fast die Hälfte (45,6 Prozent) seiner Exporterlöse. In den nächstwichtigsten Exportländern Schweiz (–15,5 Prozent), Niederlande (–2,2 Prozent), USA (–11,5 Prozent) und den nordischen Monopolmärkten (Finnland, Norwegen, Schweden; –4,1 Prozent) musste Österreich gleichzeitig Wertverluste hinnehmen. Zuwächse gab es dafür erneut in Kanada (+16,7 Prozent) sowie in den asiatischen Märkten.

Sehr erfreulich ist die kontinuierliche Entwicklung, was die Bewirtschaftung der heimischen Weingärten betrifft: 25 Prozent der 44.537 Hektar Gesamtfläche werden von Winzern bewirtschaftet, die »Nachhaltig Austria«-zertifiziert sind, bei den biologisch und/oder biodynamisch zertifizierten Flächen erreicht Österreich bei 9.901 Hektar mit bereits 22 Prozent einen Spitzenwert im internationalen Vergleich. Diese wichtige Entwicklung hin zum organischen Weinbau spiegelt sich besonders stark bei den Spitzenbetrieben wider: Noch nie war der Anteil der Bio-Weine so hoch wie in dieser Ausgabe des Falstaff-Weinguides, insgesamt sind 1.238 Weingüter biozertifiziert.

falstaff WEINGUIDE 2024/25

ÖSTERREICH/NACHBARLÄNDER

450 ÖSTERREICHISCHE WEINGÜTER UND
WEINGÜTER AUS NACHBARLÄNDERN
3800 AKTUELLE WEINE
BESCHRIEBEN UND BEWERTET

von

Peter Moser

WEINGASTHÖFE – ESSEN UND WOHNEN IN DEN REGIONEN

BEZUGSQUELLEN IN ÖSTERREICH, DEUTSCHLAND
UND DER SCHWEIZ

ISBN: 978-3-903432-18-5

DIE BESTEN WEINGÜTER VERKOSTET UND BEWERTET

DIE WEINBAUREGIONEN IN ÖSTERREICH UND NACHBARLÄNDER

Die schönste
Weinbegleitung
ist das Brot.

Eine österreichische Erfolgsgeschichte sind die geschützten DAC-Herkünfte, wo zwanzig Jahre nach dem ersten DAC im Jahr 2003 für das Weinviertel nun als letztes Gebiet auch die Thermenregion ihre herkunftstypischen Weine im DAC-System präsentiert. Die autochthonen Weißweinsorten Rotgipfler und Zierfandler sowie die Burgundersorten Chardonnay, Weißburgunder, St. Laurent und Pinot Noir stehen dabei im Fokus. Eingeteilt werden die DAC-Weine in die drei Herkunftsstufen Gebietswein, Ortswein und Riedenwein. Start für die Abfüllung war der Jahrgang 2023, in dieser Ausgabe des Weinguides ist somit der DAC-Reigen über alle österreichischen Weinbaugebiete hinweg komplett.

Die positive Entwicklung im heimischen Schaumweinsektor setzt sich auch in diesem Jahr fort: Noch nie wurden so viele prickelnde Weine zum Falstaff-Weinguide eingereicht, und das ist ein Zeichen dafür, dass die Marketinganstrengungen erste Früchte tragen. Die Sektpyramide und die Einführung des neuen Begriffs »Sekt Austria« kommen beim Konsumenten an, im Alternativbereich stehen die Pet Nats hoch im Kurs, die eine jüngere Zielgruppe im Schaumweinsegment ansprechen.

Die größte Herausforderung für die Zukunft des Weinbaus ist der globale Klimawandel, und es ist notwendig, vorausschauend auf dieses Phänomen zu reagieren. Winzern wie Konsumenten stehen spannende und sicher abwechslungsreiche Zeiten bevor, und wir werden diese gerne auch in Zukunft mit unseren kritischen Bemerkungen begleiten und Sie bei der Wahl der besten Weine beraten.

An dieser Stelle möchte ich ganz besonders allen Mitarbeiterinnen und Mitarbeitern dieser 27. Ausgabe sowie allen Weingütern, die ihre Weine in dieser nach wie vor sehr speziellen Zeit vertrauensvoll in unsere kritische Obhut gegeben haben, meinen aufrichtigen Dank aussprechen. Nur ihr Können und ihre bewundernswerte Arbeit machen diesen Guide überhaupt erst möglich. Und damit unsere Winzer auch morgen noch die bestmöglichen Weine für uns Kunden herstellen können, ist es notwendig, dass sie auch in Zeiten der allgemein steigenden Kosten einen fairen Preis für ihre ausgezeichneten Produkte bekommen. Lassen wir uns also unseren Weingenuss auch in Zukunft etwas kosten.

PETER MOSER
Falstaff Chefredakteur

Sorg für morgen.
Unsere Zukunftsvorsorge.
Auf wienerstaedtische.at, telefonisch
und natürlich auch persönlich.
#einesorgeweniger
Ihre Sorgen möchten wir haben.
WIENER STÄDTISCHE
VIENNA INSURANCE GROUP

DER GUIDE IN DER PRAXIS

Die Darstellungen der Winzer geben Ihnen eine Fülle an Informationen. Aus Platzgründen wurde mit Abkürzungen gearbeitet, die in der Folge erklärt werden. Es wurde jeweils der beste Wein jedes Betriebs beschrieben, zusätzlich jeder, der 90 Punkte oder mehr erreichte.

REBSORTEN-ABKÜRZUNGEN

Weißweinsorten

BLM	Blütenmuskateller
BO	Bouvier
CH	Chardonnay/Feinburgunder/Morillon
FU	Furmint
FV	Frühroter Veltliner/Malvasier
GM	Gelber Muskateller, Muscat-Lunel
GM6	Goldmuskateller
GO	Goldburger
GS	Grüner Sylvaner
GV	Grüner Veltliner
MO	Muskat-Ottonel
MS	Muscaris
MT	Müller-Thurgau/Riesling-Sylvaner
NB	Neuburger
PG	Pinot Gris/Grauburgunder/Ruländer
RG	Rotgipfler
RR	Rheinriesling/Riesling
RV	Roter Veltliner
SÄ	Sämling 88/Scheurebe
SB	Sauvignon Blanc, Muskat-Sylvaner
SE	Semillon
SOG	Souvignier Gris
TR	Gelber-, Roter-, Gewürztraminer
WB	Weißburgunder/Pinot Blanc
WR	Welschriesling
ZF	Zierfandler

Rotweinsorten

BB	Blauburger
BF	Blaufränkisch
BP	Blauer Portugieser
BW	Blauer Wildbacher/Schilcher
CF	Cabernet Franc
CS	Cabernet Sauvignon
ME	Merlot
PN	Pinot Noir/Blauer Burgunder
RA	Ráthay
RMT	Rosenmuskateller
RÖ	Roesler
SG	Sangiovese
SL	St. Laurent
SY	Syrah
ZW	Blauer Zweigelt

BIO

Weine aus organisch-biologischem oder biologisch-dynamischem Anbau

ZERTIFIZIERT NACHHALTIG AUSTRIA

Das Zertifizierungsprogramm »Nachhaltig Austria« regelt in Österreichs Weinbau die Verwendung des Begriffs »Nachhaltigkeit«.

BEGRIFFSDEFINITIONEN UND WEITERE ABKÜRZUNGEN

extratrocken	bis max. 4 gr RZ/L
trocken	bis max. 9 gr RZ/L
halbtrocken	bis max. 12 gr RZ/L
lieblich	bis max. 45 gr RZ/L
süß	über 45 gr RZ/L
Barrique	zu 100 Prozent im neuen Holz ausgebaut
Teilbarrique	zum Teil im neuen Holz ausgebaut
großes Holzfass	im großen Holzfass ausgebaut
Stahltank	im Stahltank ausgebaut
AL	Auslese
BA	Beerenauslese
TBA	Trockenbeerenauslese

VERSCHLUSSSYSTEME

NK	Naturkork
KK	Kunststoffstöpsel
KR	Kronenkorken
VL	VinoLok (Glas)
DV	Drehverschluss
DIAM	Verschluss aus gepresstem Korkgranulat

WAGRAM
Grüner trifft Roter Veltliner.
Wagram im Weritas 30. 8. 2024
Weinherbsteröffnung 31. 8. – 1. 9. 2024
wagram.at

BEZUGSQUELLEN

Die Winzer wurden gebeten, uns ihre wichtigsten Bezugsquellen anzugeben. Aus diesen Angaben haben wir im Anhang des Guides ein umfangreiches Vinotheken- und Bezugsquellenregister erstellt, aus dem Sie die genaue Anschrift sowie in den meisten Fällen auch Telefon, Fax, Internetadresse, gegebenenfalls E-Mail-Adresse und Öffnungszeiten entnehmen können. Selbstverständlich geben die Winzer auch gerne selbst Auskunft über die Einkaufsquelle, die für Sie die nächste ist.

PREISKATEGORIEN

Wir haben die teilnehmenden Winzer gebeten, uns die Preise für ihre Weine bekannt zu geben und haben nun die Ab-Hof-Preise für Privatkunden in Preiskategorien aufgeteilt. Nicht alle Winzer sind dieser Bitte nachgekommen, manche haben zu diesem Punkt keine Angaben gemacht. Natürlich wurden auch Weine verkostet, die sehr schwer erhältlich sind, weil sie entweder nur in kleinsten Mengen produziert wurden – ein Hauptproblem der österreichischen Weinlandschaft – oder weil es sich um »Kultweine« handelt, die von vornherein nur gegen Reservierung oder für Stammkunden erhältlich sind. Bei diesen Weinen ist die Preiskategorie in Klammern gesetzt. Da diese Weine aber in einem hohen Maß die qualitative Spitze der heimischen Produktion darstellen, wurden sie dennoch verkostet und bewertet, um ein vollständiges Bild abgeben zu können. Eine wichtige Relation besteht noch in Form des Preis-Leistungs-Verhältnisses.
Die Weine wurden ohne Ansehen ihrer Preise verkostet. Natürlich erwartet man sich von einem teureren Wein auch ein entsprechendes Punkteergebnis. Andererseits kann ein Wein, der beispielsweise gute 86 Punkte erreicht und aus der untersten Preiskategorie stammt, ein sehr erfreulicher Einkauf sein. Wie viel man schließlich bereit ist, für sein Weinvergnügen auszugeben, bestimmt jeder für sich.

€	bis	€ 5,–
€€	bis	€ 10,–
€€€	bis	€ 15,–
€€€€	bis	€ 20,–
€€€€€	bis	€ 40,–
€€€€€€	über	€ 40,–

(€€€) limitiert/auf Reservierung oder ausverkauft

SYMBOLIK

WEINSPEZIFISCH

Ⓢ	Schaumwein
Ⓑ	biologisch
Ⓥ	vegan
Ⓕ	fruktosearm
Ⓢ	schwefelarm
Ⓗ	histaminarm
⓪	natural
⓪	orange
*	DAC
**	DAC Reserve
***	DAC Rosé

WEITERE ANGEBOTE

- Ab-Hof-Verkauf
- Weinverkostung
- Restaurant
- Übernachtungsmöglichkeit
- Heuriger/Buschenschank
- Spirituosen aus eigener Erzeugung
- Feinkost aus eigener Erzeugung

Weinkäse
Spezialität aus
ÖSTERREICH
Schärdinger
Schärdinger
im Zweigeltgeläger gereift
Weinkäse
g'schmackig
zart-aromatisch
TRADITIONSKÄSEREI STAINACH STMK
OHNE gen TECHNIK
Mit Schärdinger schmeckt das Leben.

DIE WEINBEWERTUNGEN

Die Bewertung der Weine erfolgt nach dem internationalen 100-Punkte-System, das eine sehr differenzierte und genau akzentuierte Bewertung erlaubt. Da für den Falstaff Weinguide die besten Winzer ihre besten Weine einreichen, würde dies im 20-Punkte-System eine Fülle von ident hoch bewerteten Weinen bedeuten. Das 100-Punkte-System bringt zusätzlich eine internationale Vergleichbarkeit mit sich, die auch für die Winzer selbst strategische Vorteile birgt.

100	Nicht zu übertreffen
95–99	Absolute Weltklasse
90–94	Ausgezeichneter Wein, unter den Besten des Jahrgangs
85–89	Gut bis sehr gut
( )	Fassprobenwertung

Weine mit einer Bewertung unter 85 Punkten werden nicht aufgenommen.

DAS KLASSEMENT – DIE STERNE

In diesem Buch ist jedem erwähnten Wein eine entsprechende Bewertung nach dem international in der Fachwelt gebräuchlichen 100-Punkte-System zuteilgeworden. Fassproben sind durch eine in Klammern gesetzte Bewertung erkennbar, die eine potenzielle Bewertung darstellt.

Die Benotung der Weine erfolgt in offener Verkostung, also in Einschätzung ihres Potenzials, ihres Terroirs und des Stils, den das Haus bei der Vinifikation pflegt – ein Verfahren, das speziell bei der Bewertung von Fassmustern und Jungweinen gegenüber der sogenannten »Blindprobe« von großem Vorteil ist. Daneben wurde auf einer zweiten Ebene eine Einstufung der in den Guide aufgenommenen Betriebe vorgenommen, die nicht ausschließlich im Zusammenhang mit dem aktuellen Abschneiden der Weine eines Produzenten steht. Dieser Versuch eines Klassements ist eine zutiefst subjektive Angelegenheit, dennoch folgt er Richtlinien, die ich an dieser Stelle erläutern möchte.

Seitdem der Aufschwung der heimischen Weinszene so richtig begann, also Ende der Achtzigerjahre, verkoste ich mit großer Regelmäßigkeit die Weine der führenden Betriebe, der Newcomer und solcher, die es gerne wären. Über 450 Produzenten stehen jährlich in Österreich auf dem Programm, was mittlerweile insgesamt mehr als 50.000 Einzelnotizen im Lauf der Jahre bedeutet.

Diese Degustations-Kontinuität verschafft mir einen guten und verlässlichen Überblick. Von persönlichen Präferenzen einmal ganz abgesehen – denn selbstverständlich entwickelt sich über die Zeit gegenüber manchem Winzer ein freundschaftliches Verhältnis, ja sogar Freundschaft –, gibt es aber durchaus objektivierbare Elemente, die ein Klassement erlauben. Die Fähigkeiten eines Produzenten stehen natürlich im Vordergrund, dazu kommen ein möglichst optimales, unverwechselbares Terroir, Vorzüge wie alte Rebanlagen, die richtigen Sortenklone sowie schließlich auch der Aspekt, wie regelmäßig (und das genauso in schwächeren Jahrgängen) eine überragende Qualität erzeugt werden kann. Zusammengefasst sind also Begriffe wie Talent, Terroir und Kontinuität – vielleicht auch Originalität – gefragt. Und dies gilt nicht nur für Österreich, sondern für die ganze Weinwelt.

RÖMER
QUELLE
ZU ZWEIT EINMALIG.
RÖMER
QUELLE
PRICKELND
EIN HOCH
AUF DIE TIEFEN.

In welchem Ausmaß dies einem Betrieb in den vergangenen Jahren gelungen ist, soll im Sterne-Klassement ausgedrückt werden. Bis zum Jahr 2006 wurden für diese Weingutsbewertung bis zu drei Sterne verwendet. Die ständig andauernde Qualitätsentwicklung hat uns gezeigt, dass dies zu Unschärfen führt, und so wurde ab der zehnten Ausgabe im Jahr 2007 das Klassement grundlegend überarbeitet und ein Fünf-Sterne-Klassement entwickelt. Dieses erstreckt sich nun in Stufen von der Aufnahme, die gleichzeitig auch Empfehlung ist, bis zu fünf Sternen für die wenigen allerbesten Erzeuger mit Weltgeltung. Es erlaubt dem Autor nun, noch besser zu differenzieren.
Ich möchte Sie speziell auf die neu (diese sind als solche gekennzeichnet) in den Guide aufgenommenen Weingüter aufmerksam machen, das sind alles Namen, die man sich für die Zukunft merken sollte.

DIE STERNE DES KLASSEMENTS UND IHRE BEDEUTUNG

★★★★★

Weingut, das immer außergewöhnliche Qualität erzeugt, was nur auf den allerbesten Terroirs des Landes möglich ist. Der Betrieb zählt zu den besten der Welt und genießt entsprechende internationale Anerkennung und Nachfrage.

★★★★

Erzeuger von konstant herausragender Qualität, ein Betrieb mit einer Bedeutung, die über die Grenzen des Landes hinausreicht. Produziert hochklassige Weine, die auch international wahrgenommen werden.

★★★

Erzeuger von sehr hoher Qualität, bringt kontinuierlich Weine hervor, die in ihrer Gattung zu den besten des Landes gezählt werden.

★★

Betrieb von nationaler Reputation, erzeugt regelmäßig sorten- und regionaltypische Weine in sehr guter Qualität.

★

Betrieb mit überregionaler Bedeutung, erzeugt regelmäßig sorten- und regionaltypische Weine in guter Qualität.

—

Ohne Stern: Empfehlenswerter Betrieb mit regionaler Bedeutung, produziert sortentypische Weine in verlässlicher Qualität.

WEINBAUREGIONEN NACH WEINGARTENFLÄCHE

Quelle: BMLRT nach INVEKOS (2022)

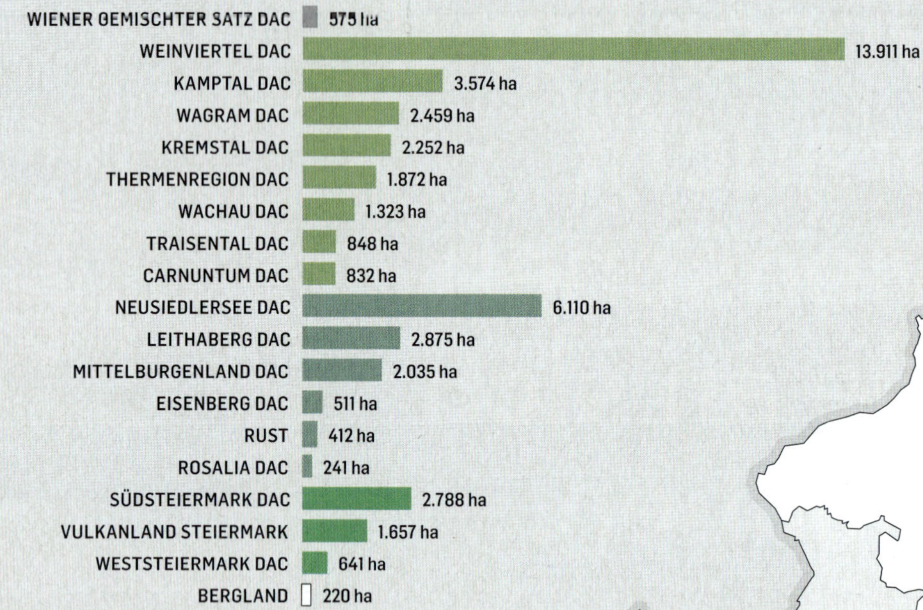

Die Weingartenflächen der Bundesländer Oberösterreich, Kärnten, Salzburg, Tirol und Vorarlberg sind in der Weinregion »Bergland« zusammengefasst.

DIE WEINBAUREGIONEN IN ÖSTERREICH

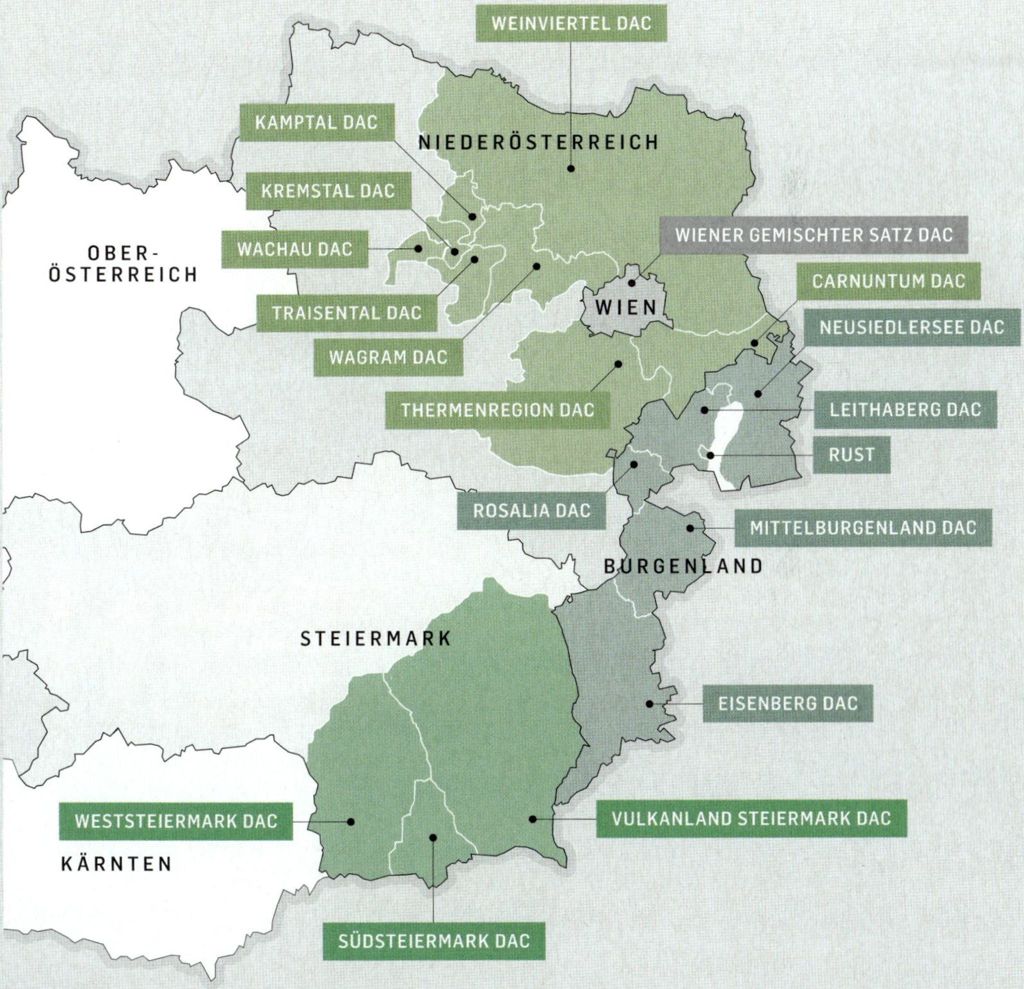

NV
nv.at

DIE TOP-WEINGÜTER

★★★★★

Weingut Paul Achs, Gols
Weingut Alzinger, Dürnstein
Weingut Bründlmayer, Langenlois
Weinberghof Fritsch, Oberstockstall
Weingut Gesellmann, Deutschkreutz
Weingut Schloss Gobelsburg, Gobelsburg
Weingut Philipp Grassl, Göttlesbrunn
Weingut Gross, Ehrenhausen an der Weinstraße
Weingut Gernot und Heike Heinrich, Gols
Weingut Hirsch, Kammern
Weingut Franz Hirtzberger, Spitz an der Donau
Weingut Knoll, Dürnstein
Weingut Kollwentz, Großhöflein
Weinlaubenhof Kracher, Illmitz
Weingut Krutzler, Deutsch Schützen
Weingut Lackner-Tinnacher, Gamlitz
Weingut Mantlerhof, Brunn im Felde/Gedersdorf
Marjan Simčič, Dobrovo
Weingut Gerhard Markowitsch, Göttlesbrunn
Weingut Moric, Großhöflein
Weingut Neumeister, Straden
Wein-Gut Nigl, Senftenberg
Weingut Anita und Hans Nittnaus, Gols
Weingut Bernhard Ott, Feuersbrunn
Weingut F. X. Pichler, Dürnstein
Weingut Rudi Pichler, Wösendorf
Weingut Pöckl, Mönchhof
Weingut Prager, Weißenkirchen in der Wachau
Weingut Prieler, Schützen am Gebirge
Weingut Familie Proidl, Senftenberg
Weingut Familie Reinisch, Tattendorf
Weingut Rotes Haus, Wien
Weingut Erwin Sabathi, Leutschach an der Weinstraße
Weingut Salomon Undhof, Stein an der Donau
Familienweingut Sattlerhof, Gamlitz
Familienweingut Tement, Ehrenhausen
Weingut Ernst Triebaumer, Rust

★★★★★

Weingut Tschida – Angerhof, Illmitz
Weingut Velich, Apetlon
Weingut Wieninger, Wien

★★★★

Weingut Werner Achs, Gols
Weingut Allram, Straß im Straßertale
Weingut Alphart, Traiskirchen
Weingut Kurt Angerer, Lengenfeld
Weingut Artner, Höflein
Weingut Anton Bauer, Feuersbrunn
Heribert Bayer Kellerei In Signo Leonis, Neckenmarkt
Weingut Buchegger, Droß
Weingut Christ, Wien
Domaine Ciringa, Zgornja Kungota
Domäne Wachau, Dürnstein
Weingut Johann Donabaum, Spitz a. d. Donau
Dveri-Pax, Jarenina
Dürnberg, Falkenstein
Weingut Ebner-Ebenauer, Poysdorf
Weingut Ecker – Eckhof, Kirchberg am Wagram
Edlmoser Weingut & Heuriger, Wien
Weingut Josef Ehmoser, Tiefenthal
Weingut Ludwig Ehn, Langenlois
Weingut Eichinger, Straß im Straßertale
Weingut Feiler-Artinger, Rust
Weingut Christian Fischer, Sooß
Weingut Meinhard Forstreiter, Kremstal
Weingut Frauwallner Straden, Straden
Weingut Georg Frischengruber, Rossatz
Weingut Josef Fritz, Zaußenberg
Weingut Gager, Deutschkreutz
Weingut Johannes Gebeshuber, Gumpoldskirchen
Weingut Walter Glatzer, Göttlesbrunn
Magula Family Estate, Suchá nad Parnou

JOiSER RENOMMEE
WIR
WIR ist stärker als ICH
JOiSER RENOMMEE
Karl Sattler
Hannes Steurer
joiser-renommee.at
www.gsc-werbung.at
Foto: © Gerlinde Schmid
Ronny Kiss
J. Haydngasse 1
7093 Jois
0664/212 37 17
Hannes Steurer
Bahnstraße 28
7093 Jois
0664/55 11 780
Karl Sattler
Klausenberg 3
7093 Jois
0676/542 68 66

★★★★

FJ Gritsch – Mauritiushof, Spitz an der Donau
Weingut Gschweicher, Röschitz
Weingut Toni Hartl, Reisenberg
Weingut Hartl, Oberwaltersdorf
Weingut Silvia Heinrich, Deutschkreutz
Weingut Hiedler, Langenlois
Weingut Josef & Georg Högl, Spitz an der Donau
Weingut Hofstätter Wolfgang, Spitz a. d. Donau
Weingut Markus Huber, Reichersdorf
IBY Rotweingut Bio, Horitschon
Weingut Hans Igler, Deutschkreutz
Weingut Jalits, Badersdorf
Weingut Jamek, Joching
Weingut Daniel Jaunegg, Leutschach an der Weinstraße
Weingut Juris, Gols
Weingut Jurtschitsch, Langenlois
Weingut Kerschbaum, Horitschon
Weingut Kodolitsch, Leibnitz
Weingut Kopfensteiner, Deutsch Schützen
Weingut Krispel, Hof bei Straden
Weingut Lagler, Spitz
Weingut Leth, Fels am Wagram
Weingut Fred Loimer, Langenlois
Weingut Wolfgang Maitz, Ehrenhausen an der Weinstraße
Weingut Malat, Furth
Marof Winery, Mačkovci
Weingut Mayer am Pfarrplatz, Wien
Weingut Vorspannhof – Mayr, Dross
Weingut Hermann Moser, Rohrendorf
Weingut Muster.Gamlitz, Gamlitz
Weingut Franz und Christine Netzl, Göttlesbrunn
Weingut Ludwig Neumayer, Inzersdorf ob der Traisen
Domaine Vicomte de Noüe-Marinič, Kojsko
Weingut oberGuess, Leutschach
Bio-Weingut Robert Payr, Höflein
Weingut R&A Pfaffl, Stetten
Weingut Pichler-Krutzler, Dürnstein
Weingut Polz, Strass in der Steiermark
Weingut Hannes Reeh, Andau
Weingut Hannes Sabathi, Gamlitz
Josef Scharl – Charakterweine, Sankt Anna am Aigen
Weingut Scheiblhofer, Andau
Weingut schiefer.pur, Welgersdorf
Weingut Franz Schindler, Mörbisch
Weingut Schmelz, Joching
Weingut Josef Schmid, Stratzing
Weingut Rosi Schuster, St. Margarethen
Weingut Schwarz, Andau
Weingut Setzer, Hohenwarth-Mühlbach
Weingut Skoff Original – Walter Skoff, Gamlitz
Weingut Peter Skoff – Domäne Kranachberg, Gamlitz
Weingut Stadlmann, Traiskirchen
Weingut Stadt Krems, Krems
Lesehof Stagård, Krems-Stein
Weingut Steininger, Langenlois
Weingut Taferner, Göttlesbrunn
Weingut Tegernseerhof, Dürnstein
Weingut Josef Tesch, Neckenmarkt
Weingut Tinhof, Trausdorf
Weingut Topf, Straß im Straßertale
Günter + Regina Triebaumer, Rust
Weingut Christian Tschida, Illmitz
Weingut Türk, Stratzing
Weingut Wachter-Wiesler, Deutsch Schützen
In Vino Weix – Weingut Weixelbaum, Straß im Straßertale
Weingut Wellanschitz, Neckenmarkt
Weingut Wohlmuth, Kitzeck im Sausal
Weingut Zull, Schrattenthal
Ewald Zweytick Wein, Ehrenhausen

★★★

A-Nobis Sektkellerei Norbert Szigeti, Zurndorf
Weingut Adam-Lieleg, Leutschach an der Weinstraße
Weingut Aigner, Krems
Allacher Vinum Pannonia, Gols
Weingut Atzberg, Spitz an der Donau
Weingut Familie Auer, Tattendorf

DIE
Wein-Logistik GmbH
WINE SHOP

★★★

Leo Aumann, Tribuswinkel
Weingut Bannert, Obermarkersdorf
Weingut Christoph Bauer, Jetzelsdorf
Weingut Bäuerl, Dürnstein
Weingut St. Bayer, Weiden am See
Weingut Berger, Gedersdorf
Weingut Biegler, Gumpoldskirchen
Weingut Karl Brindlmayer, Traismauer-Wagram
Weingut Philipp Bründlmayer, Grunddorf
Weingut Ceel, Rust
Weingut Wien Cobenzl, Wien
Weingut Gerhard Deim, Schönberg am Kamp
Weingut Robert Direder, Kirchberg am Wagram
Winzerhof Familie Dockner, Höbenbach
Weingut Tom Dockner, Theyern
Weingut Peter Dolle, Straß im Straßertale
Weingut Christoph Edelbauer, Langenlois
Weingut Josef Edlinger, Furth/Palt
Weingut Edlinger x Röschitz, Röschitz
Weinhof Ehn, Engelmannsbrunn
Weingut Elsnegg, Gamlitz
Weingut Engel, Tieschen
Weingut Ernst, Deutschkreutz
Weingut Ernst, Großwiesendorf
Weingut Esterházy, Trausdorf an der Wulka
Weingut Felberjörgl, Kitzeck
Weingut Rudolf Fidesser, Platt
Weingut Leopold Figl, Wagram ob der Traisen
Weingut Frank, Herrnbaumgarten
Schilcherweingut Friedrich, St. Stefan ob Stainz
Fritsch & Gottwald, Kirchberg am Wagram
Weingut Frühwirth, Klöch
Weingut Fuhrgassl-Huber, Wien
Weingut R & R Gerngross, Sausal
Weingut Giefing, Rust
Burgundermacher Weingut Johann Gisperg, Teesdorf
Weingut Robert Goldenits, Tadten
Weingut Gollenz, Tieschen
Weingut Thomas Gritsch, Spitz an der Donau
Weingut Ingrid Groiss, Breitenwaida
Groszer Wein, Burg
BIO Weingut Gruber Röschitz, Röschitz

★★★

Weingut Hagn, Mailberg
Weingut Haider, Illmitz
Weingut Hajszan Neumann, Wien
Graf Hardegg, Seefeld-Kadolz
Weingut Herwald Hauleitner, Wagram ob der Traisen
Hidden Treasures – a Moric project, Ungarn
Weingut Leo Hillinger, Jois
Weinhofmeisterei Mathias Hirtzberger, Wösendorf in der Wachau
Weingut Hofbauer-Schmidt, Hohenwarth
Weingut Rudolf Hofmann, Traismauer
Weingut Holzapfel, Weißenkirchen in der Wachau
Weingut Horvath, Gols
Weingut Hundsdorfer, Neckenmarkt
Weingut Hutter Silberbichlerhof, Mautern an der Donau
Weingut Markus Iro, Gols
Weingut Jäger, Weißenkirchen in der Wachau
Weingut Schilcherei® Jöbstl, Wernersdorf bei Wies
Weingut Jordan, Pulkau
Bio-Weingut Kemetner, Etsdorf am Kamp
Weingut Keringer, Mönchhof
Domaines Kilger, Gamlitz
Weingut Kirchknopf, Eisenstadt
Winzerhof Kiss Ronald, Jois
Weingut Jacqueline Klein, Andau
Weingut Stift Klosterneuburg, Klosterneuburg
Respiz-Hof Kölbl, Röschitz
Weingut Kolkmann, Fels am Wagram
Kraft aus Rust, Rust
Rotweine Lang, Neckenmarkt
Weingut Lex Langmann, St. Stefan ob Stainz
Weingut Leberl, Großhöflein
Weingut Leindl, Zöbing
Weingut Leitner, Gols
Hofkellerei des Fürsten von Liechtenstein, Wilfersdorf
Weingut Liegenfeld, Donnerskirchen
Weingut Gerhard J. Lobner, Mannersdorf an der March

★★★

Weingut MAD, Oggau
Meinrad Markowitsch, Göttlesbrunn
Weingut Masser, Leutschach
Weingut Migsich, Antau
Weingut Roland Minkowitsch, Mannersdorf an der March
Müller Klöch, Klöch
Weingut Müller, Krustetten
Weingut Müller-Grossmann, Furth-Palt
Weingut Münzenrieder, Apetlon
Weingut PMC Münzenrieder, Apetlon
Weingut Nehrer, Eisenstadt
Nestor, Halbturn
Weingut Nimmervoll, Engelmannsbrunn
Weingut Gebrüder Nittnaus, Gols
Anton Nothnagl, Spitz an der Donau
Weingut Barbara Öhlzelt, Zöbing
Weingut Pasler, Jois
Weingut Pfeifer, Sankt Anna am Aigen
Weingut Pfneisl, Deutschkreutz
Weingut Gerhard Pimpel, Göttlesbrunn
Weingut Piriwe, Traiskirchen
Ing. Johannes Pitnauer, Göttlesbrunn
Weingut Pongratz Kranachberg, Gamlitz-Kranachberg
Weingut Potzinger, Gabersdorf
Weingut Prechtl, Zellerndorf
Weingut Helmut Preisinger, Gols
Weinkultur Preiß, Theyern
Rotweingut Prickler, Lutzmannsburg
Weingut Primus, Grassnitzberg-Spielfeld
Weingut Rudolf Rabl, Langenlois
Radgonske gorice d.o.o., Gornja Radgona
Weingut Regele, Ehrenhausen
Weingut Riegelnegg – Olwitschhof, Gamlitz
Weingut Rixinger, Spitz an der Donau
Weingut Salzl – Seewinkelhof, Illmitz
Sanctum, Slovenske Konjice
Weingut Franz Sauerstingl, Fels am Wagram
Weingut Schauer, Kitzeck
Schlumberger Wein- und Sektkellerei, Wien
Weingut Schneider, Tattendorf
Weingut Familie Schuster, Großriedenthal

★★★

Thomas Schwarz, Purbach
Weingut Schwarzböck, Hagenbrunn
Weingut Wolfgang Seher, Platt
Weingut Heinz und Adrienne Sigl, Rossatz
Weingut Sommer, Donnerskirchen
StephanO Das-Wein-Gut, Deutsch Schützen
Weingut HST – Hannes Steurer, Jois
Karl Stierschneider – Kartäuserhof, Weißenkirchen in der Wachau
Weingut Stift Göttweig, Furth bei Göttweig
Winzerhof Stift, Röschitz
Weingut Strauss Gamlitz, Gamlitz
Weingut Strawanzer Donabaum, Spitz a. d. Donau
Weingut Strehn, Deutschkreutz
Weingut Sutter, Hohenwarth
Svetlik, Dobravlje
Weingut Taubenschuss, Poysdorf
Weingut Thiery-Weber, Rohrendorf
Weingut Tschermonegg, Leutschach
Weingut Petra Unger, Furth-Palt
Verus, Ormoz
Vino Gaube, Zgornja Kungota
Weingut Wagentristl, Großhöflein
Weinhof Anton und Elfriede Waldschütz, Sachsendorf
Weingut Markus Waldschütz, Elsarn i. Straßertal
Weingut Wess, Krems
Weingut Juliana Wieder, Neckenmarkt
Weingut Niki Windisch, Groß-Engersdorf
Weingut Winkler-Hermaden, Kapfenstein
Zantho Weingut, Andau
Weingut Stefan Zehetbauer, Schützen am Gebirge
Weingut Alois Zimmermann, Theiß
Weingut Zuschmann-Schöfmann, Martinsdorf

★★

Weingärtnerei Aichinger, Schönberg am Kamp
Weingut Alphart am Mühlbach, Traiskirchen
Weingut AmSee, Gols
Klosterkeller der Barmherzigen Brüder, Eisenstadt

WEINKULTUR
kamptal
WEINKULTUR-KAMPTAL.AT
DA SCHAU HER!
DAS KAMPTAL IST NICHT WIE ANDERE WEINBAUGEBIETE.
ES IST ETWAS BESONDERES. ES IST ABWECHSLUNGSREICH
UND IMMER AUCH EIN WENIG ÜBERRASCHEND. GENAU WIE SEINE WEINE.
SIEHT MAN DOCH! UND SCHMECKT MAN AUCH. CHEERS!
SO IST DAS BEI UNS.

★★

Familie Bauer – Bioweingut, Großriedenthal
Weingut Florian Bauer, Feuersbrunn
Weingut Norbert Bauer, Jetzelsdorf
Weingut Benedikt, Kirchberg am Wagram
Weingut Blauensteiner, Gösing am Wagram
Weingut Böheim, Göttlesbrunn-Arbesthal
Weingut Brachmann, Traismauer-Wagram
Weingut Branigg, Kitzeck im Sausal
Weingut Brolli-Arkadenhof, Gamlitz
Domäne Roland Chan, Wösendorf i. d. Wachau
Weingut Gerald Diem, Obermarkersdorf
Weingut Karl Diwald, Großriedenthal
Weingut Christoph Donabaum, Spitz
Weingut Eder, Gedersdorf
Weingut Alexander Egermann, Illmitz
Weingut Etz, Walkersdorf am Kamp
Weingut Felsner, Grunddorf
Weingut Grenzhof-Fiedler, Mörbisch
Weingut Firmenich, Ehrenhausen an der Weinstraße
Weingut Alfred Fischer, Stöttera
Weingut Rudolf Fritz, Krems-Thallern
Weingut Simon Gattinger, Dürnstein
Weingut Stefan Gebetsberger, Spitz a. d. Donau
Familienweingut Oberer Germuth, Leutschach
Winzerhof Gmeiner, Seebarn
Weingut Norbert Greil, Unterstockstall
Weinhof Grill, Fels am Wagram
Weingut Roman Gritsch, Spitz an der Donau
Weingut Lukas Hagen, Krems
Weingut Heiderer-Mayer, Großweikersdorf
Weingut Herndler, Schiltern
Hirschmugl – Domaene am Seggauberg, Leibnitz
Weingut Hirtl, Poysdorf
Weingut Wolfgang Hofer, Wien
Weingut Andreas Holzer, Nussdorf
Weingut Johannes Holzer, Engabrunn
Weingut Armin Huber, Straß im Straßertale
Winzer Christian Jassek, Ragelsdorf
Winzerschlössl Kaiser, Eisenstadt
Weingut Lassl, Sigleß
Laurenz V., Wien/Zöbing
Weingut Maglock-Nagel, Straß im Straßertale

★★

Schlossweingut Malteser-Ritter-Orden, Mailberg
Weingut Lukas Markowitsch, Göttlesbrunn
Weingut Martinshof, Neusiedl an der Zaya
Weingut Maurer, Röschitz
Weingut Franz Mayer, Spitz an der Donau
Weingut Mazza, Weißenkirchen in der Wachau
Weingut Hans Moser, Eisenstadt
Weinkellerei Lenz Moser, Rohrendorf
Weingut Andreas Muhr, Stixneusiedl
Weingut Müller – Tassilo, Krustetten
Weingut Christian Nastl, Langenlois
Neckenmarkt die Winzer, Neckenmarkt
Weingut Martin Netzl, Göttlesbrunn
Weingut Noemi, Kitzeck im Sausal
Nolz Wein, Hilpersdorf
Weingut Oppelmayer, Göttlesbrunn
Weingut Thomas Ott, Reichersdorf
Weinhof Christian Parzer, Oberfucha-Furth
Weingut PAX, Weißenkirchen in der Wachau
Weingut Pesau, Falkenstein
Weingut Piribauer, Neudörfl
Weinhof Platzer, Tieschen
Bioweingut Pröglhöf, Obernalb/Retz
Weinbau Familie Reinberger, Grafenwörth
Weingut Reiterer, Wies
Weingut Familie Repolusk, Leutschach an der Weinstraße
Weingut Rosner, Langenlois
Weingut Erich Sattler, Tadten
Weingut Sattler, Jois
Winzerhof Sax, Langenlois
Weingut Schabl, Königsbrunn am Wagram
Weingut Schneider, Röschitz
Weingut Schreibeis – Keller am Gaisberg, Straß im Straßertale
Weingut Schuckert, Poysdorf
Weingut Gernot Schuhmann, Gols
Bio-Weingut Schwarz, Schrattenberg
Weingut Peter Schweiger, Zöbing
Weingut Georg Seiler, Rust
Landesweingut Silberberg, Leibnitz
Weingut J. und A. Skringer, Leutschach an der Weinstraße
Weingut Sohm und Kracher, Illmitz

© Robert Herbst
HANDWERK.
TRADITION.
MUSKELKRAFT.
PRÄZISION.
Die Wachauer Winzerinnen und Winzer haben die Handarbeit über Jahrhunderte perfektioniert. Volle Anstrengung für höchste Qualität. Das heißt: 100% Handlese und Fokus auf die Herkunft. Weil großer Wein durch große Handwerkskunst entsteht. www.ik-wachau.at
WACHAU.

★★

Sanfter Weinbau Maria und Hannes Söll, Gamlitz
Weingut Sonnhof, Langenlois
Weingut Strohmaier, Pölfing-Brunn
Weingut Studeny, Obermarkersdorf
Weingut Tanzer, Krems an der Donau
Weingut Reinhard Topf, Straß im Straßertale
Weinbau Tremmel, Rust
Weingut Matthias Trummer, St. Veit in der Südsteiermark
Weingut Urban, Wullersdorf
BIO Weingut Urbanihof – Familie Paschinger, Fels am Wagram
Weingut Gerald Waltner, Engelmannsbrunn
Weingut Wurzinger Pia, Tadten
Weingut Josef Zeitlberger & Josef Zeitlberger, Großweikersdorf
Weingut Zens, Mailberg
Weingut Harald Zierer, Gumpoldskirchen
Weingut Zöhrer, Krems

★

Achs-Wendelin Weine, Gols
NÖ Landesweingut Retz – Gut Altenberg, Retz
Bio-Weingut Bernthaler + Bernthaler, Gols
Schlossweingut Bockfliess, Stetten
Weingut Braun, Wösendorf
Weingut Daschütz, Kirchberg am Wagram
Alfred Markus Deim, Schönberg
Weinbau Willi Eminger, Niedersulz
Weingut Eichberger, Eibesbrunn
Eichenwald Weine, Horitschon
Weingut Ernsthofer, Wösendorf
Weinbau Fink&Kotzian, Eggenburg
Bioweingut Viktor Fischer, Wagram ob der Traisen
Weingut Förthof, Krems an der Donau
Weingut Gilg, Hagenbrunn
Wein.Gölles Weinbau | Buschenschank, Fehring
Weingut Göschl & Töchter, Gols
Bioweingut Groiß, Kleinwiesendorf

★

Weingut Wolfgang und Sylvia Groll, Reith/Langenlois
Weingut Habsburg, Wien
Weingut Hummel Weinviertel, Niederschleinz
Innviadla Weinbau Wolfgang Koltringer, Weilbach
Kristinus, Kéthely
Weingut Magerl, Fels am Wagram
Weingut Marko – Der Weinstricker, Leutschach
Landhaus Mayer, Wien
Weingut M. Mayer, Königsbrunn
Weingut Andreas Ott, Hagenbrunn
Weingut Pleil, Wolkersdorf
Weingut Reckendorfer, Ollersdorf
Michaela Riedmüller Weine, Hainburg a. d. Donau
Weingut Schmid, Langenlois
Weingut Johann Schneeberger, Heimschuh
Weinhof Thomas Stopfer, Ruppersthal
Weingut TrippelGUT, Feldkirchen
Weingut Walter Wien, Wien
Winzer Krems – Sandgrube 13, Krems a. d. Donau
Weingut Wruss, Gamlitz
Bio-Weingut Zederbauer, Palt
Winzerhof Paul Zimmermann, Ziersdorf

—

Weingut Doktor Wunderer, Weinviertel
Puhwein, Mailberg

NEU

Weingut Eder, Jettsdorf
Fischer Birtok Kft., Kisapáti
Weingut Elias Haidl, Großriedenthal
Weingut Haimerl, Gobelsburg
Weingut Hirschbüchler, Obersdorf
Weinbau Hoop, Eschen
Weingut Preisinger-Reinberger, Unterstockstall
Weingut Wenzl-Kast, Gols
Weingut Franz Wieselthaler, Wien

EHRENTAFEL 2024

DIE BESTEN SCHAUMWEINE

---

96 Sekt Austria Große Reserve Extra Brut Niederösterreich g.U. Langenlois Vintage 2012 Ⓥ, Weingut Schloss Gobelsburg — Seite 143

96 Chardonnay Sekt Austria Blanc de Blancs Niederösterreich g.U. Furth Große Reserve Brut Nature 2016 Ⓑ, Weingut Malat — Seite 205

95 A-Nobis Grande Cuvée Sekt Austria Extra Brut 2013 Ⓗ, A-Nobis Sektkellerei Norbert Szigeti — Seite 593

95 Pinot Noir Sekt Austria Reserve Extra Brut Blanc de Noirs Niederösterreich g.U. 2016, Weingut Bründlmayer — Seite 129

95 Sekt Austria Große Reserve Blanc de Blancs Niederösterreich g.U. Langenlois Brut Nature NV Ⓑ, Weingut Fred Loimer — Seite 160

95 Weißburgunder Sekt Austria Große Reserve Brut Niederösterreich g.U. Ried Panzaun 2018 Ⓥ, Weingut Steininger — Seite 174

94 Chardonnay Sekt Austria Große Reserve Extra Brut Niederösterreich g.U. Gedersdorf 2017, Weingut Buchegger — Seite 193

94 Pinot Noir Sekt Austria Große Reserve Brut Rosé 2019, Weingut Josef Fritz — Seite 381

94 Viognier V Brut Nature 2019 Ⓑ, Graf Hardegg — Seite 447

94 Sekt Austria Brut Rosé Niederösterreich g.U. Ⓑ, Weingut Jurtschitsch — Seite 155

94 Chardonnay Sekt Austria Große Reserve Blanc de Blancs Steiermark g.U. Ried Oberewitsch 2018, Weingut Regele — Seite 718

94 Chardonnay Sekt Austria Große Reserve Brut R. Schlumberger 2017, Schlumberger Wein- und Sektkellerei — Seite 81

Pro erwähntem Betrieb ist nur der höchstbewertete Wein jedes Jahrgangs eingetragen.

DÖL
LER
ER
WEIN
HAUS
Im Wein
verbunden.
SHOP.DOELLERER.AT

94	**Sekt Austria Große Reserve Extra Brut Blanc de Blancs**, Weingut Taubenschuss	Seite 487
94	**Sekt Austria Große Reserve Brut g.U. 2016**, Weingut Topf	Seite 178
94	**Sekt Austria Große Reserve Blanc de Noirs Brut Nature 2017** Ⓑ, Weingut Wieninger	Seite 83
93	**Blaufränkisch Sekt Austria Blanc de Noir g.U. Große Reserve Brut Nature 2019**, Weingut Esterházy	Seite 522
93	**Frauwallner Blanc de Blanc Zero Dosage 2019**, Weingut Frauwallner Straden	Seite 759
93	**Sekt Austria Große Reserve Steiermark g.U. Langegg Brut Nature 2017**, Weingut Lex Langmann	Seite 787
93	**Chardonnay Blanc de Blancs 2019** Ⓑ, Weingut Rosner	Seite 168
93	**Sekt Austria Reserve Souvignier Gris Brut 2020**, Josef Scharl – Charakterweine	Seite 775
93	**Riesling Extra Brut Grosse Reserve 2020** Ⓑ, Weingut Zuschmann-Schöfmann	Seite 495

DIE BESTEN WEISSWEINE

Jahrgang 2023

99	**Riesling Wachau DAC Ried Singerriedel Smaragd 2023**, Weingut Franz Hirtzberger	Seite 316
99	**Grüner Veltliner Wachau DAC Ried Zwerithaler Kammergut Smaragd 2023**, Weingut Prager	Seite 344
(99)	**Riesling Wachau DAC Ried Kellerberg 2023** Ⓥ, Weingut F. X. Pichler	Seite 338
98	**Riesling Wachau DAC Weissenkirchen Ried Achleiten Smaragd 2023** Ⓥ, Weingut Rudi Pichler	Seite 340
(98)	**Riesling Wachau DAC Ried Steinertal Smaragd 2023**, Weingut Alzinger	Seite 294
(98)	**Riesling Wachau DAC Ried Kreuzberg Smaragd 2023** Ⓑ, Weingut Georg Frischengruber	Seite 308
(98)	**Riesling Wachau DAC Ried Kalkofen 2023** Ⓥ, FJ Gritsch – Mauritiushof	Seite 311
(98)	**Grüner Veltliner Wachau DAC Ried Schön Smaragd Alte Parzellen 2023**, Weingut Josef & Georg Högl	Seite 319
(98)	**Riesling Wachau DAC Dürnstein Ried Kellerberg 2023**, Weingut Pichler-Krutzler	Seite 342
97	**Pinot Blanc All the Love of the Universe 2023** Ⓑ, Weingut Christian Tschida	Seite 640
(97)	**Riesling Kremstal DAC Ried Hochäcker 1ÖTW Privat 2023**, Wein-Gut Nigl	Seite 216
(97)	**Riesling Kremstal DAC Ried Steiner Kögl 1ÖTW Alte Reben 2023**, Weingut Salomon Undhof	Seite 220
(96)	**Riesling Wachau DAC Ried Kellerberg Smaragd 2023** Ⓑ Ⓥ, Weingut Bäuerl	Seite 297
(96)	**Riesling Wachau DAC Ried Kollmitz Smaragd 2023**, Weinhofmeisterei Mathias Hirtzberger	Seite 318
(96)	**Riesling Wachau DAC Spitz Smaragd Best of Quitten2 2023** Ⓥ, Weingut Hofstätter Wolfgang	Seite 321
(96)	**Riesling Traisental DAC Getzersdorf Ried Berg 1ÖTW 2023** Ⓑ Ⓥ, Weingut Markus Huber	Seite 281
(96)	**Riesling Wachau DAC Weißenkirchen Ried Achleiten Smaragd 2023**, Weingut Jäger	Seite 325
(96)	**Riesling Wachau DAC Ried Steinporz Smaragd 2023**, Weingut Lagler	Seite 330
(96)	**Riesling Nussberg Weißer Marmor 2023**, Weingut Mayer am Pfarrplatz	Seite 77
(96)	**Riesling Kremstal DAC Reserve Senftenberg Ried Ehrenfels 1ÖTW 2023**, Weingut Familie Proidl	Seite 218
(96)	**Grüner Veltliner Wachau DAC Ried Schütt Smaragd 2023**, Weingut Tegernseerhof	Seite 353
95	**Riesling Wachau DAC Ried Loibenberg Smaragd 2023** Ⓥ, Weingut Simon Gattinger	Seite 309
95	**Riesling Wachau DAC Ried Höll Smaragd 2023**, Weingut PAX	Seite 337

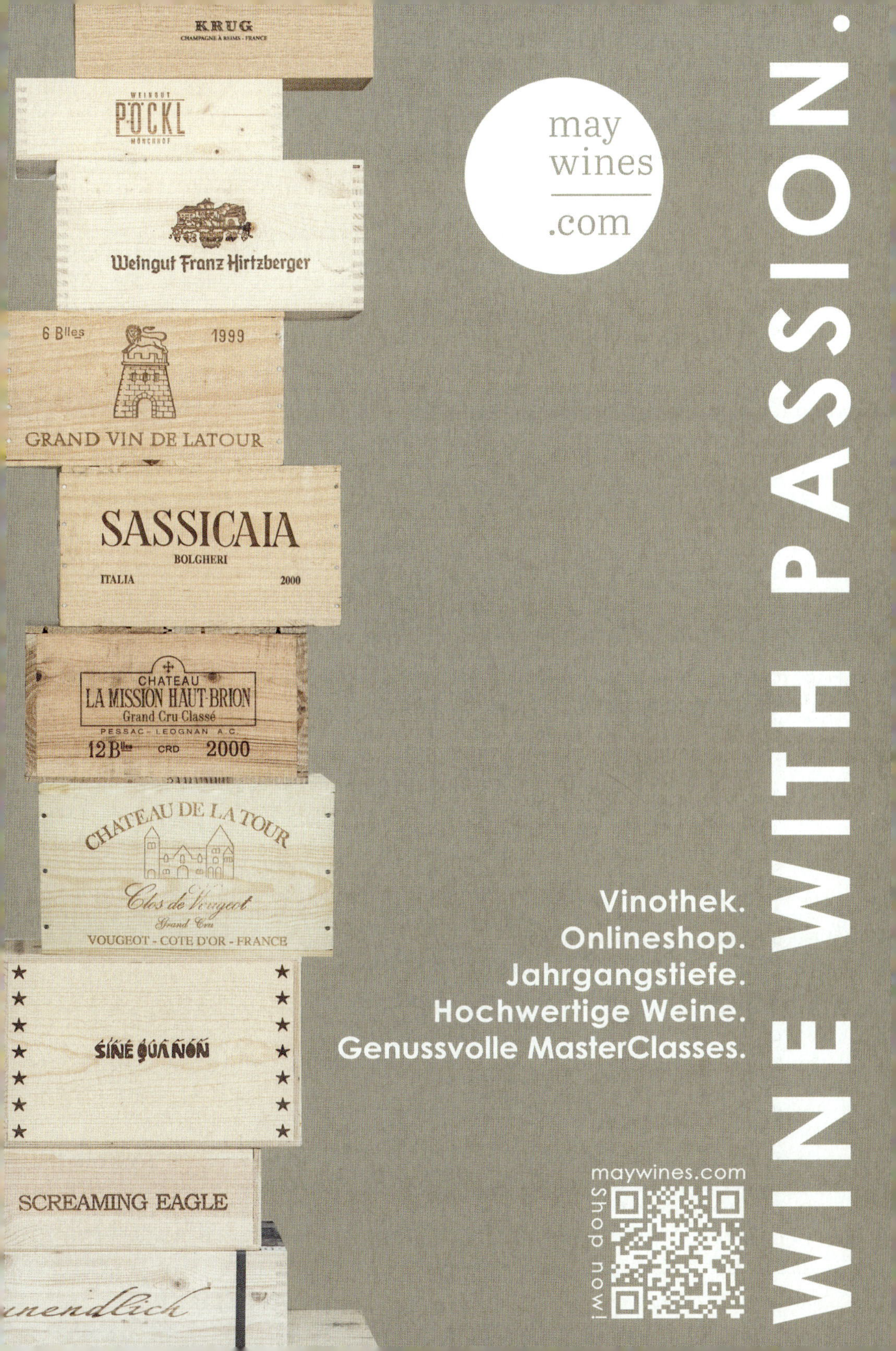
KRUG
PÖCKL
Weingut Franz Hirtzberger
6 Blles
1999
GRAND VIN DE LATOUR
SASSICAIA
BOLGHERI
ITALIA
2000
CHATEAU
LA MISSION HAUT-BRION
Grand Cru Classé
PESSAC - LEOGNAN A.C.
12 Blles
CRD
2000
CHATEAU DE LA TOUR
Clos de Vougeot
Grand Cru
VOUGEOT - COTE D'OR - FRANCE
SINE QUA NON
SCREAMING EAGLE
unendlich
may
wines
.com
WINE WITH PASSION.
Vinothek.
Onlineshop.
Jahrgangstiefe.
Hochwertige Weine.
Genussvolle MasterClasses.
maywines.com
shop now!

95	**Grüner Veltliner Wachau DAC Loiben Ried Steinertal Smaragd 2023** Ⓥ, Weingut Schmelz	Seite 347
95	**Riesling Wachau DAC Ried Achleiten Smaragd 2023**, Karl Stierschneider – Kartäuserhof	Seite 350
(95)	**Grüner Veltliner Ried Schreckenstein 2023**, Weingut Kurt Angerer	Seite 128
(95)	**Grüner Veltliner Wachau DAC Ried Atzberg Smaragd Obere Steilterrassen 2023**, Weingut Atzberg	Seite 296
(95)	**Grüner Veltliner Wagram DAC Grande Reserve I.E. 2023** Ⓗ, Weingut Anton Bauer	Seite 360
(95)	**Riesling Wachau DAC Ried Brandstatt Smaragd 2023** Ⓥ, Domäne Wachau	Seite 301
(95)	**Neuburger Wachau DAC Spitzer Graben Smaragd 2023** Ⓗ Ⓥ, Weingut Johann Donabaum	Seite 305
(95)	**Grüner Veltliner Ried Sauberg 2023** Ⓑ Ⓥ, Weingut Ebner-Ebenauer	Seite 432
(95)	**Grüner Veltliner Wachau DAC Ried Achleiten Smaragd 2023** Ⓥ, Weingut Holzapfel	Seite 323
(95)	**Riesling Wachau DAC Spitz Ried Setzberg Smaragd 2023**, Anton Nothnagl	Seite 336
(95)	**Grüner Veltliner Weinviertel DAC Reserve Hommage 2023**, Weingut R&A Pfaffl	Seite 467
(95)	**Riesling Wachau DAC Ried Kirnberg Smaragd 2023** Ⓑ, Weingut Heinz und Adrienne Sigl	Seite 349
94	**Riesling Ried Zwerchbreiteln 2023** Ⓑ Ⓗ Ⓥ, Weingut Christ	Seite 66
94	**Riesling Wachau DAC Ried 1000-Eimerberg Smaragd 2023**, Weingut Christoph Donabaum	Seite 304
94	**Gelber Traminer Vulkanland Steiermark DAC Klöch 2023**, Weingut Frühwirth	Seite 762
94	**Riesling Wachau DAC Ried 1000-Eimerberg Smaragd 2023**, Weingut Stefan Gebetsberger	Seite 310
94	**Grüner Veltliner Wachau DAC Marmor 2023**, Weingut Thomas Gritsch	Seite 315
94	**Neuburger Wachau DAC Spitzer Graben 2023** Ⓑ Ⓥ, Weingut Franz Mayer	Seite 332
94	**Sauvignon Blanc Vulkanland Steiermark DAC Straden 2023** Ⓑ, Weingut Neumeister	Seite 770
94	**Grüner Veltliner Wagram DAC Gösing Ried Gmirk 2023** Ⓑ, Weingut Bernhard Ott	Seite 401
94	**Riesling Kremstal DAC Herzstück 2023**, Weinhof Christian Parzer	Seite 217
94	**Sauvignon Blanc Südsteiermark DAC Ried Czamillonberg 2023** Ⓥ, Weingut Potzinger	Seite 716
94	**Riesling Wachau DAC Ried Setzberg Smaragd 2023** Ⓥ, Weingut Strawanzer Donabaum	Seite 351
94	**Furmint Ried Geyerumriss 2023** Ⓥ, Günter + Regina Triebaumer	Seite 671
94	**Grüner Veltliner Weinviertel DAC 2023**, Weingut Zull	Seite 493
(94)	**Rotgipfler Thermenregion DAC Ried Mandelhöh Limited Edition 2023**, Weingut Alphart am Mühlbach	Seite 246
(94)	**Rotgipfler Gumpoldskirchen Ried Oberer Badener Weg Reserve 2023** Ⓥ, Weingut Biegler	Seite 250
(94)	**Riesling Kremstal DAC Gedersdorf Ried Altmandl 2023**, Weingut Philipp Bründlmayer	Seite 191
(94)	**Grüner Veltliner Kamptal DAC Langenlois Alte Reben 2023** Ⓑ, Weingut Bründlmayer	Seite 129
(94)	**Grüner Veltliner Traisental DAC Neusiedl Ried Hochschopf 1ÖTW 2023** Ⓥ, Weingut Tom Dockner	Seite 273
(94)	**Roter Veltliner Wagram DAC Ried Steinberg Große Reserve 2023** Ⓑ, Weingut Ecker – Eckhof	Seite 370
(94)	**Sauvignon Blanc Vulkanland Steiermark DAC Straden 2023**, Weingut Frauwallner Straden	Seite 759
(94)	**Grüner Veltliner Kamptal DAC Ried Spiegel 2023** Ⓥ, Weingut Schloss Gobelsburg	Seite 143
(94)	**Riesling Wachau DAC Ried Setzberg Smaragd 2023**, Weingut Roman Gritsch	Seite 314
(94)	**Grüner Veltliner Weinviertel DAC Reserve Ried Kellerberg 2023** Ⓗ, Weingut Gschweicher	Seite 445
(94)	**Grüner Veltliner Unique 2023** Ⓑ, Weingut Hagn	Seite 446
(94)	**Wiener Gemischter Satz DAC Ried Weisleiten 2023** Ⓑ, Weingut Hajszan Neumann	Seite 74
(94)	**Grüner Veltliner Kamptal DAC Ried Karl Alte Reben 2023** Ⓑ Ⓥ, Bio-Weingut Kemetner	Seite 157
(94)	**Riesling Wachau DAC Ried Singerriedel Smaragd 2023**, Weingut Rixinger	Seite 346
(94)	**Sauvignon Blanc Südsteiermark DAC Ried Poharnig 1STK 2023** Ⓑ, Weingut Erwin Sabathi	Seite 722
(94)	**Grüner Veltliner Kremstal DAC Reserve Ried Gebling 1ÖTW 2023** Ⓑ Ⓥ, Weingut Thiery-Weber	Seite 229
(94)	**Grüner Veltliner Kremstal DAC Reserve Ried Obere Kremser Sandgrube 2023**, Weingut Türk	Seite 230
(94)	**Riesling Kamptal DAC Ried Heiligenstein 1ÖTW 2023**, Weingut Barbara Öhlzelt	Seite 165

Sie haben einen Lieblingsort. Ihr Lieblingswein auch.
Zuhause haben Sie bestimmt einen Lieblingsplatz. Ihr Lieblingswein hat den auch – in einem Liebherr-Weintemperierschrank. In den zwei Temperaturzonen lagern selbst unterschiedliche Weinsorten bei idealer Trinktemperatur. Und sind damit immer für Sie genussbereit. Entdecken Sie Wohltemperiertes auf home.liebherr.com
LIEBHERR
Kühlen und Gefrieren

Jahrgang 2022

99	**Riesling Steinkapelle 2022** Ⓥ, Weingut Ludwig Neumayer	Seite 283
98	**Riesling Kamptal DAC Zöbing Ried Heiligenstein Rotfels 1ÖTW 2022** Ⓑ, Weingut Hirsch	Seite 151
98	**Riesling Wachau DAC Ried Schütt Smaragd 2022**, Weingut Knoll	Seite 328
98	**Chardonnay Gloria 2022**, Weingut Kollwentz	Seite 531
97	**Riesling Kamptal DAC Ried Heiligenstein 1ÖTW Alte Reben 2022** Ⓑ Ⓥ, Weingut Bründlmayer	Seite 129
97	**Riesling Kamptal DAC Ried Heiligenstein 1ÖTW 2022** Ⓥ, Weingut Eichinger	Seite 140
97	**Grüner Veltliner Kamptal DAC Ried Lamm 1ÖTW 2022** Ⓥ, Weingut Schloss Gobelsburg	Seite 143
97	**Riesling Kremstal DAC Gedersdorf Ried Wieland 1ÖTW 2022** Ⓑ Ⓥ, Weingut Mantlerhof	Seite 207
97	**Riesling Kremstal DAC Reserve Ried Pfaffenberg Alte Reben 2022**, Weingut Pichler-Krutzler	Seite 342
97	**Wiener Gemischter Satz DAC Ried Langteufel Nussberg 1ÖTW 2022**, Weingut Rotes Haus	Seite 80
97	**Riesling Südsteiermark DAC Kitzeck-Sausal Ried Edelschuh GSTK 2022** Ⓥ, Weingut Wohlmuth	Seite 747
(97)	**Sauvignon Blanc Vulkanland Steiermark DAC Ried Moarfeitl GSTK 2022** Ⓑ, Weingut Neumeister	Seite 770
(97)	**Sauvignon Blanc Südsteiermark DAC Ried Pössnitzberg GSTK Alte Reben 2022** Ⓑ, Weingut Erwin Sabathi	Seite 722
(97)	**Sauvignon Blanc Südsteiermark DAC Ried Alter Kranachberg GSTK 2022** Ⓑ Ⓥ, Familienweingut Sattlerhof	Seite 727
96	**Riesling Kamptal DAC Ried Heiligenstein 1ÖTW 2022** Ⓥ, Weingut Allram	Seite 126
96	**Rotgipfler Ried Rosenberg 2022** Ⓥ, Weingut Alphart	Seite 244
96	**Riesling Wachau DAC Smaragd Meine Welt 2022**, Weingut Georg Frischengruber	Seite 308
96	**Roter Veltliner Wagram DAC Ruppersthal Ried Steinberg 1ÖTW Privat 2022**, Weingut Josef Fritz	Seite 381
96	**Riesling Kamptal DAC Zöbing Ried Heiligenstein 1ÖTW 2022** Ⓥ, Weingut Hiedler	Seite 149
96	**Wiener Gemischter Satz DAC Ried Langteufel Nussberg 1ÖTW 2022**, Weingut Mayer am Pfarrplatz	Seite 77
96	**Riesling Kremstal DAC Stein Ried Schreck 1ÖTW 2022**, Weingut Stadt Krems	Seite 223
96	**Riesling Ried Rosengartel 1ÖTW 2022** Ⓑ, Weingut Wieninger	Seite 83
(96)	**Sauvignon Blanc Vulkanland Steiermark DAC Ried Buch GSTK 2022**, Weingut Frauwallner Straden	Seite 759
(96)	**Riesling Kamptal DAC Ried Heiligenstein Alte Reben 1ÖTW 2022** Ⓑ, Weingut Jurtschitsch	Seite 155
(96)	**Chardonnay Carnuntum DAC Ried Schüttenberg Filetstück 2022**, Weingut Gerhard Markowitsch	Seite 102
95	**Grüner Veltliner Kremstal DAC Reserve Krems Ried Frechau 2022**, Weingut Aigner	Seite 188
95	**Riesling Kremstal DAC Reserve Ried Moosburgerin 1ÖTW 2022**, Weingut Buchegger	Seite 193
95	**Riesling Wachau DAC Ried Klaus Smaragd 2022**, Domäne Roland Chan	Seite 299
95	**Riesling Kamptal DAC Reserve Ried Heiligenstein 1ÖTW 2022**, Weingut Ludwig Ehn	Seite 138
95	**Grüner Veltliner Wagram DAC Oberstockstall Ried Schlossberg 1ÖTW 2022** Ⓑ, Weinberghof Fritsch	Seite 378
95	**Grüner Veltliner Ried Sauberg Reserve »Tradition« 2022** Ⓑ, Weingut Ingrid Groiss	Seite 442
95	**Riesling Wachau DAC Weißenkirchen Ried Klaus Smaragd 2022** Ⓥ, Weingut Jamek	Seite 326
95	**Grauburgunder Südsteiermark DAC Ried Steinbach 1STK 2022** Ⓑ Ⓥ, Weingut Lackner-Tinnacher	Seite 702
95	**Riesling Kamptal DAC Ried Seeberg 1ÖTW 2022** Ⓑ, Weingut Fred Loimer	Seite 160
95	**Riesling Kremstal DAC Reserve Krems Ried Marthal 1ÖTW 2022**, Weingut Vorspannhof – Mayr	Seite 209

95	**Grüner Veltliner Kremstal DAC Reserve Ried Gebling 1ÖTW HannaH 2022**, Weingut Hermann Moser	Seite 210
95	**Sauvignon Blanc Südsteiermark DAC Kitzeck-Sausal Ried Sulz »Joseph« 2022**, Weingut Potzinger	Seite 716
95	**Grüner Veltliner Generation X 2022**, Weingut Familie Proidl	Seite 218
95	**Grüner Veltliner Kamptal DAC Reserve Langenlois Ried Käferberg Alte Reben 2022**, Weingut Rudolf Rabl	Seite 166
95	**Grüner Veltliner Kremstal DAC Reserve Ried Kremser Frechau 1ÖTW 2022**, Weingut Josef Schmid	Seite 222
95	**Grüner Veltliner Weinviertel DAC Reserve Ried Laa »8000« 2022** Ⓥ, Weingut Setzer	Seite 482
95	**Zierfandler Ried Mandel-Höh 1ÖTW 2022** Ⓑ, Weingut Stadlmann	Seite 263
95	**Riesling Stein Ried Steiner Schreck 2022** Ⓑ Ⓥ, Lesehof Stagård	Seite 225
95	**Riesling Kremstal DAC Stein Ried Pfaffenberg 1ÖTW 2022**, Weingut Stift Göttweig	Seite 226
95	**Riesling Kamptal DAC Ried Heiligenstein Steinwand 1ÖTW »M« 2022**, Weingut Topf	Seite 178
95	**Sauvignon Blanc Südsteiermark DAC Gamlitz Ried Höllriegl 2022** Ⓥ, Ewald Zweytick Wein	Seite 750
(95)	**Chardonnay Alte Reben 2022** Ⓑ Ⓗ, Weingut Paul Achs	Seite 594
(95)	**Grüner Veltliner Black Edition 2022** Ⓑ, Weingut Ebner-Ebenauer	Seite 432
(95)	**Sauvignon Blanc Südsteiermark DAC Ried Kranachberg Obere Kapelle Reserve 2022**, Domaines Kilger	Seite 698
(95)	**Sauvignon Blanc Südsteiermark DAC Ried Grassnitzberg 1STK Licht 2022**, Weingut Polz	Seite 712
(95)	**Grüner Veltliner Leithaberg DAC Purbach Ried Halser 2022**, Weingut Sommer	Seite 550

Jahrgang 2021 und älter

(100)	**Sauvignon Blanc Südsteiermark DAC Ried Trinkaus 2021** Ⓑ Ⓥ, Familienweingut Sattlerhof	Seite 727
99	**Sauvignon Blanc Ried Zieregg GSTK-XT- 2015** Ⓥ, Familienweingut Tement	Seite 742
(99)	**Sauvignon Blanc Vulkanland Steiermark DAC Straden Alte Reben 2021** Ⓑ, Weingut Neumeister	Seite 770
(99)	**Chardonnay Südsteiermark DAC Ried Pössnitzberger Kapelle GSTK 2021** Ⓑ, Weingut Erwin Sabathi	Seite 722
98	**Sauvignon Blanc Privat 2019**, Weingut Gross	Seite 693
98	**Sauvignon Blanc Südsteiermark DAC Ried Rosengarten T.M.S. 2021**, Weingut Kodolitsch	Seite 699
98	**Sauvignon Blanc Südsteiermark DAC Ried Welles GSTK 2021** Ⓑ Ⓥ, Weingut Lackner-Tinnacher	Seite 702
98	**Chardonnay Stockkultur 2021** Ⓑ, Weingut oberGuess	Seite 711
98	**Grüner Veltliner Wagram DAC Feuersbrunn Ried Rosenberg 1ÖTW 2021** Ⓑ, Weingut Bernhard Ott	Seite 401
98	**Grüner Veltliner Wachau DAC Ried Kellerberg »S« 2021**, Weingut Pichler-Krutzler	Seite 342
98	**Grüner Veltliner 333 2021**, Weingut Türk	Seite 230
98	**Chardonnay Tiglat 2021**, Weingut Velich	Seite 642
98	**Südsteiermark DAC Ried Edelschuh 2021** Ⓥ, Weingut Wohlmuth	Seite 747
97	**Sauvignon Blanc Vulkanland Steiermark DAC Straden Privat 2021**, Weingut Frauwallner Straden	Seite 759
97	**Tausend Weiss 2020** Ⓑ Ⓥ, Fritsch & Gottwald	Seite 377
97	**Grüner Veltliner Blaue Mauritius 2019**, FJ Gritsch – Mauritiushof	Seite 311
97	**Sauvignon Blanc Südsteiermark DAC Ried Grubthal 2020**, Weingut Muster.Gamlitz	Seite 708

97 **Riesling Universum Grande Reserve 2021**, Weingut Familie Proidl — Seite 218

97 **Sauvignon Blanc Südsteiermark DAC Ried Sernauberg Exzellenz 2021**, Weingut Riegelnegg - Olwitschhof — Seite 721

97 **Sauvignon Blanc Südsteiermark DAC Ehrenhausen Ried Stermetzberg Heavens Door 2021** Ⓥ, Ewald Zweytick Wein — Seite 750

96 **Grüner Veltliner Kremstal DAC Reserve Ried Tabor 2021** Ⓥ, Weingut Meinhard Forstreiter — Seite 200

96 **Roter Veltliner Wagram DAC Josef vs. Johannes 2021**, Weingut Josef Fritz — Seite 381

96 **Sauvignon Blanc Muri 2021**, Weingut Daniel Jaunegg — Seite 697

96 **Grüner Veltliner Kremstal DAC Ried Gottschelle 1ÖTW 2021** Ⓑ, Weingut Malat — Seite 205

96 **Sauvignon Blanc Vulkanland Steiermark DAC Ried Schemming Alte Reben Auron G-Eruption Grosse Lage 2021**, Josef Scharl – Charakterweine — Seite 775

96 **Chardonnay Grand Select 2021** Ⓑ, Weingut Wieninger — Seite 83

95 **Grüner Veltliner Reserve 2017**, Weingut Philipp Bründlmayer — Seite 191

95 **Sauvignon Blanc Südsteiermark DAC Ried Urlkogel Reserve Spätfüllung 2021**, Weingut Elsnegg — Seite 687

95 **Chardonnay Leithaberg DAC Purbach Ried Thenau 2019** Ⓑ, Weingut Toni Hartl — Seite 525

95 **Weißburgunder Maximum 2021** Ⓥ, Weingut Hiedler — Seite 149

95 **Riesling Wachau DAC Dürnstein Ried Hollerin Smaragd 2021**, Weingut Hutter Silberbichlerhof — Seite 324

95 **Riesling Kamptal DAC Ried Heiligenstein Rotfels 1ÖTW 2021** Ⓑ, Weingut Jurtschitsch — Seite 155

95 **Sauvignon Blanc Vulkanland Steiermark DAC Ried Hochstrandl Alte Reben 2021**, Weingut Krispel — Seite 766

95 **Grüner Veltliner Wachau DAC Elisabeth Selection 2021**, Weingut Lagler — Seite 330

95 **Gelber Muskateller Südsteiermark DAC Ried Krois 1STK 2021**, Weingut Wolfgang Maitz — Seite 704

95 **Chardonnay Südsteiermark DAC Ried Hochberg Schwalbenhimmel 2021** Ⓥ, Weingut Pongratz Kranachberg — Seite 714

95 **Pinot Blanc Leithaberg DAC Ried Steinweingarten 2021** Ⓑ, Weingut Prieler — Seite 543

95 **Chardonnay Gumpoldskirchen Ried Kästenbaum 2021** Ⓑ, Weingut Familie Reinisch — Seite 259

95 **Sauvignon Blanc Südsteiermark DAC Ried Loren 2021**, Weingut Hannes Sabathi — Seite 725

95 **Grüner Veltliner Weinviertel DAC Große Reserve Neue Zeit Nr.7 2021**, Weingut Wolfgang Seher — Seite 480

95 **Sauvignon Blanc Royal 2021**, Weingut Skoff Original – Walter Skoff — Seite 733

95 **Morillon Südsteiermark DAC Ried Kranachberg Rottriegl 2020**, Weingut Peter Skoff – Domäne Kranachberg — Seite 736

95 **Chardonnay Ried Bandkräftn 2021** Ⓑ Ⓗ, Weingut Ernst Triebaumer — Seite 670

95 **Grüner Veltliner Anno Dazumal 2019** Ⓥ, In Vino Weix – Weingut Weixelbaum — Seite 181

(95) **Zierfandler Ried Wiege 2021** Ⓑ, Weingut Johannes Gebeshuber — Seite 253

(95) **Sauvignon Blanc Südsteiermark DAC Ried Schlingelberg Fuhreg 2021**, Weingut Masser — Seite 707

DIE BESTEN ROSÉWEINE

95	**Blaufränkisch Himmel auf Erden Rosé 2023** Ⓑ, Weingut Christian Tschida	Seite 640
(94)	**Blaufränkisch Rosé Love Story 2022**, Weingut Strehn	Seite 582
93	**Schilcher Weststeiermark DAC Ried Pirkhofberg 2023**, Schilcherweingut Friedrich	Seite 784
93	**Blauer Wildbacher Das rosarote Schaf 2023** Ⓥ, Weingut Schilcherei® Jöbstl	Seite 786
93	**Schilcher Weststeiermark DAC Ried Hochgrail Sonnenhang 2022** Ⓥ, Weingut Lex Langmann	Seite 787
93	**Rosalia DAC Rosé Alain 2023**, Weingut Piribauer	Seite 655
92	**Moments Organic Rosé 2023** Ⓑ Ⓥ, Weingut Markus Huber	Seite 281
92	**Rosalia DAC Rosé Vinia 2023**, Weingut Lassl	Seite 653
92	**Rosalia DAC Rosé »The Origin of Rosé« 2023**, Weingut Migsich	Seite 654
92	**Blaufränkisch Motz&Marie Rosé 2022** Ⓑ Ⓥ, Bio-Weingut Robert Payr	Seite 110
92	**La Grande Rosé 2023**, Weingut R&A Pfaffl	Seite 467
92	**Zweigelt Rosé Kammerling 2023**, Weinkultur Preiß	Seite 287
92	**Rosé Premium 2022** Ⓑ Ⓥ, Bio-Weingut Schwarz	Seite 478
92	**Blauer Wildbacher Luna Rosé 2023**, Weingut Strohmaier Thomas, Margaretha & Katrin	Seite 790
(92)	**Rosé Wachau DAC 1805 2023** Ⓥ, Domäne Wachau	Seite 301
(92)	**Schilcher Weststeiermark DAC Ried Lamberg 2023**, Weingut Reiterer	Seite 789
(92)	**SoSé 2023** Ⓑ, Weingut Wieninger	Seite 83
91	**Zweigelt Rosé 2023** Ⓑ Ⓥ, Weingut Bründlmayer	Seite 129
91	**Rosé de Vienne 2023** Ⓑ Ⓥ, Edlmoser Weingut & Heuriger	Seite 70
91	**Rosé 2023**, Weingut Etz	Seite 142
91	**Rosé vom Zweigelt Wagram DAC 2023** Ⓑ Ⓥ, Weinberghof Fritsch	Seite 378
91	**Blaufränkisch Rosé vom Stein® 2023** Ⓑ, Weingut Prieler	Seite 543
91	**In Bloom Rosé 2022** Ⓥ, Weingut Hannes Reeh	Seite 628
91	**Zweigelt Rosé 2023** Ⓑ, Weingut Erich Sattler	Seite 631
91	**Merlot Rosé 2023** Ⓑ, Thomas Schwarz	Seite 548
91	**Blaufränkisch Rosé 2023** Ⓑ, Weingut Tinhof	Seite 553
91	**Zweigelt Rosé in Spanish Harlem 2022** Ⓥ, Ewald Zweytick Wein	Seite 750
(91)	**Rosé aus der Provinz 2022** Ⓥ, Dürnberg	Seite 430

DIE BESTEN ROTWEINE

Jahrgang 2023

94	**Birdscape Pink Maceration 2023** Ⓑ, Weingut Christian Tschida	Seite 640
(93)	**Blauer Zweigelt Goldberg 2023**, Weingut Werner Achs	Seite 596
92	**Ried Siglos 2023**, Weingut Silvia Heinrich	Seite 570
92	**Premium Cuvée 2023** Ⓗ, Weingut Scheiblhofer	Seite 632
(92)	**Zweigelt Alte Reben 2023** Ⓑ Ⓗ, Weingut Paul Achs	Seite 594
(92)	**Pinot Noir Thermenregion DAC Oberwaltersdorf 2023** Ⓑ, Weingut Hartl	Seite 256
(92)	**Syrah #nofiter 2023** Ⓑ, Weingut Leitner	Seite 617
(92)	**Blaufränkisch Mittelburgenland DAC Ried Sonnberg 2023** Ⓥ, Rotweingut Prickler	Seite 580
91	**Zweigelt Sandstein 2023**, Weingut R&A Pfaffl	Seite 467
91	**Zweigelt 2023** Ⓗ, Weingut Pfneisl	Seite 579
(91)	**Zweigelt Carnuntum DAC 2023** Ⓑ, Weingut Andreas Muhr	Seite 105
90	**Blaufränkisch Sonnenberg 2023** Ⓑ, Winzerschlössl Kaiser	Seite 528
90	**Carnuntum DAC Cuvée 2023** Ⓑ, Weingut Taferner	Seite 117
90	**Zweigelt Schrattenthal 2023**, Weingut Zull	Seite 493
(90)	**Zweigelt Carnuntum DAC Rubin Carnuntum 2023** Ⓑ, Bio-Weingut Robert Payr	Seite 110

Jahrgang 2022

(99)	**Blaufränkisch Lutzmannsburg Alte Reben 2022** Ⓑ, Weingut Moric	Seite 538
97	**1st bayer 2022**, Weingut St. Bayer	Seite 600
97	**Sankt Laurent Zagersdorf Ried Repistye 2022** Ⓑ, Weingut Rosi Schuster	Seite 547
97	**Shiraz Felsen II 2022** Ⓑ, Weingut Christian Tschida	Seite 640
(97)	**Blaufränkisch Perwolff 2022** Ⓗ, Weingut Krutzler	Seite 510
(97)	**Rêve de Jeunesse 43 2022** Ⓥ, Weingut Pöckl	Seite 625
(95)	**Blaufränkisch Ried Ungerberg 2022** Ⓑ Ⓗ, Weingut Paul Achs	Seite 594
(95)	**Carnuntum DAC Ried Bärnreiser 1ÖTW 2022** Ⓑ, Weingut Philipp Grassl	Seite 100
(95)	**Blaufränkisch Eisenberg DAC Ried Szapary 2022** Ⓑ, Groszer Wein	Seite 506
(95)	**Cuvée Impresario 2022**, Weingut Kerschbaum	Seite 575
(95)	**Cabernet Sauvignon Ried Neuberg Reserve 2022**, Winzerhof Kiss Ronald	Seite 530
(95)	**Zweigelt Schwarz Rot 2022**, Weingut Schwarz	Seite 636
94	**Carnuntum DAC Göttlesbrunn Gotinsprun 2022** Ⓑ, Weingut Walter Glatzer	Seite 99
94	**St. Laurent Ried Herrschaftswald 2022**, Weingut Markus Iro	Seite 611
94	**Pinot Noir Anning Gumpoldskirchen 2022** Ⓑ, Weingut Fred Loimer	Seite 160
94	**Blaufränkisch Elektra 2022** Ⓑ, Weingut Anita und Hans Nittnaus	Seite 622
94	**The Great Bustard 2022** Ⓗ, Weingut Scheiblhofer	Seite 632
94	**FAM Steurer 2022**, Weingut HST – Hannes Steurer	Seite 551
(94)	**XUR 2022**, Weingut Werner Achs	Seite 596
(94)	**Syrah and ever 2022** Ⓑ, Weingut Artner	Seite 96
(94)	**Cabernet Sauvignon Reserve L.E. 2022** Ⓗ, Weingut Anton Bauer	Seite 360
(94)	**Syrah Alte Reben 2022** Ⓥ, Weingut Ceel	Seite 662

Rubin
CARNUNTUM
Die Visitenkarte einer ganzen Region.
ERSTE LAGEN
RIEDENWEIN
ORTSWEIN
GEBIETSWEIN
www.carnuntum.com

(94)	**Cablot 2022**, Weingut Gager	Seite 566
(94)	**Blaufränkisch Mittelburgenland DAC Reserve Quintus 2022** Ⓑ Ⓕ Ⓗ, IBY Rotweingut Bio	Seite 572
(94)	**Blaufränkisch Eisenberg DAC Reserve Diabas 2022**, Weingut Jalits	Seite 507
(94)	**Carnuntum DAC Ried Rosenberg 1ÖTW 2022**, Weingut Gerhard Markowitsch	Seite 102
(94)	**Carnuntum DAC Purple X-Treme 2022**, Meinrad Markowitsch	Seite 104
(94)	**Blaufränkisch Glimmerschiefer und Kalk 2022** Ⓥ, Weingut PMC Münzenrieder	Seite 620
(94)	**Blaufränkisch Carnuntum DAC Prellenkirchen Ried Spitzerberg 1ÖTW 2022** Ⓑ Ⓥ, Bio-Weingut Robert Payr	Seite 110
(94)	**Cabernet Franc Rabensau 2022**, Weingut Helmut Preisinger	Seite 627
(94)	**St. Laurent Tattendorf Ried Holzspur 2022** Ⓑ, Weingut Familie Reinisch	Seite 259
(94)	**Titan 2022** Ⓥ, Weingut Josef Tesch	Seite 583
93	**Merlot Ried Langsatz 2022**, Klosterkeller der Barmherzigen Brüder	Seite 520
93	**Blaufränkisch Mittelburgenland DAC Reserve Creitzer 2022** Ⓑ, Weingut Gesellmann	Seite 568
93	**Pinot Noir Ried Dürr 2022**, Weingut Kollwentz	Seite 531
93	**Merlot Nestor Heideboden Rot Halbturn Rouge 2022** Ⓥ, Nestor	Seite 621
93	**Reserve Excellent 2022**, Weingut R&A Pfaffl	Seite 467
93	**Grand Pri' 2022** Ⓥ, Rotweingut Prickler	Seite 580
93	**Blaufränkisch Ried Burgstall 2022** Ⓑ, Weingut Wellanschitz	Seite 585
(93)	**Blauer Zweigelt Neusiedlersee DAC Reserve Ried Salzberg 2022**, Allacher Vinum Pannonia	Seite 598
(93)	**Zweigelt Ried Gradenthal Premium 2022** Ⓑ Ⓥ, Weingut Christian Fischer	Seite 251
(93)	**Zweigelt Natural Wine 2022** Ⓑ Ⓘ, Weingut Hajszan Neumann	Seite 74
(93)	**Blaufränkisch Carnuntum DAC Ried Gaisberg 2022** Ⓑ, Weingut Andreas Muhr	Seite 105
(93)	**Merlot vom Schotter Große Reserve Quo Vadis® 2022**, Ing. Johannes Pitnauer	Seite 114
(93)	**Zweigelt Unplugged 2022** Ⓥ, Weingut Hannes Reeh	Seite 628
(93)	**DS Limited Edition 2022**, Weingut Sattler	Seite 544
(93)	**Pinot Noir 2022**, weingut schiefer.pur	Seite 511
(93)	**Carnuntum DAC Ried Haidacker 1ÖTW Excalibur 2022** Ⓑ, Weingut Taferner	Seite 117
(93)	**Blaufränkisch Mittelburgenland DAC Reserve Ried Bodigraben 2022**, Weingut Juliana Wieder	Seite 586
(93)	**Merlot Sandwühler 2022**, Weingut Niki Windisch	Seite 490

Jahrgang 2021 und älter

98	**Blaufränkisch Ried Plachen 2021** Ⓥ, Günter + Regina Triebaumer	Seite 671
98	**Blaufränkisch Ried Reihburg 2021**, weingut schiefer.pur	Seite 511
(98)	**Blaufränkisch hochberc 2021** Ⓑ, Weingut Gesellmann	Seite 568
(98)	**Blaufränkisch Eisenberg DAC Reserve Ried Saybritz 2021** Ⓑ, Weingut Wachter-Wiesler	Seite 514
97	**Cabernet Sauvignon Einmalig 2019**, Heribert Bayer Kellerei In Signo Leonis	Seite 562
97	**Syrah The Flagship 2019** Ⓑ, Weingut Toni Hartl	Seite 525
97	**Blaufränkisch Leithaberg DAC Ried Alter Berg 2019** Ⓑ Ⓥ, Weingut Gernot und Heike Heinrich	Seite 608
97	**Blaufränkisch Ried Point 2021**, Weingut Kollwentz	Seite 531
97	**M1 2021**, Weingut Gerhard Markowitsch	Seite 102
97	**Blaufränkisch Leithaberg DAC Jois Ried Gritschenberg 2021** Ⓑ, Weingut Anita und Hans Nittnaus	Seite 622
97	**Veritas Reserve 2017**, Weingut Franz Schindler	Seite 546
97	**Blaufränkisch Ried Mariental Reserve 2021** Ⓑ, Weingut Ernst Triebaumer	Seite 670
97	**Blaufränkisch Ried Sonnensteig 2021** Ⓑ, Weingut Wellanschitz	Seite 585
(97)	**Werner Achs Reserve 2021 (nur in der Magnum)**, Weingut Werner Achs	Seite 596
(97)	**Grassl Reserve 2021**, Weingut Philipp Grassl	Seite 100

96	**Zweigelt Ried Bühl Reserve friend & foe 2021**, Weingut St. Bayer	Seite 600
96	**elegy 2019**, Weingut Silvia Heinrich	Seite 570
96	**Blaufränkisch Eisenberg DAC Ried Szapary 2021**, Weingut Kopfensteiner	Seite 509
96	**Carnuntum DAC Ried Bärnreiser 1ÖTW Anna-Christina 2021**, Weingut Franz und Christine Netzl	Seite 107
96	**Pinot Noir Grand Select 2021**, Weingut Wieninger	Seite 83
(96)	**Blaufränkisch Ried Altenberg 2021**, Weingut Paul Achs	Seite 594
(96)	**Blaufränkisch BFG 2021**, Weingut Gager	Seite 566
(96)	**Netzl Privat 2021**, Weingut Franz und Christine Netzl	Seite 107
(96)	**Blaufränkisch Leithaberg DAC Ried Goldberg 2021**, Weingut Prieler	Seite 543
(96)	**Pinot Noir Ried Kästenbaum 2021**, Weingut Familie Reinisch	Seite 259
(96)	**V.I.B. Very Important Bottle 2021**, Weingut Taferner	Seite 117
95	**Blaufränkisch V86 2016**, Weingut AmSee	Seite 599
95	**massive a. [rot] 2021**, Weingut Artner	Seite 96
95	**Merlot Harterberg 2019**, Leo Aumann	Seite 248
95	**Blaufränkisch Leithaberg DAC Rust Ried Oberer Wald 2021**, Weingut Feiler-Artinger	Seite 663
95	**Pinot Noir »P« 2020**, Weinberghof Fritsch	Seite 378
95	**Pinot Noir Oberwaltersdorf Ried Graf Weingartl 2021**, Weingut Hartl	Seite 256
95	**Blaufränkisch Eisenberg DAC Ried Weinberg 2019**, Weingut Krutzler	Seite 510
95	**Blaufränkisch Leithaberg DAC Ried Marienthal M56 2019**, Weingut MAD	Seite 537
95	**Merlot Nobody 2021**, Weingut Migsich	Seite 654
95	**Blaufränkisch Mittelburgenland DAC Reserve 2021**, Rotweingut Prickler	Seite 580
95	**Praittenbrunn 2019**, Weingut Scheiblhofer	Seite 632
(95)	**Carnuntum DAC Höflein P1 2019**, Bio-Weingut Robert Payr	Seite 110
(95)	**Cabernet Sauvignon Exklusiv-Edition »GP« 2020**, Weingut Pfneisl	Seite 579
(95)	**Blaufränkisch Mittelburgenland DAC Reserve Privat Reserve 2021**, Weingut Juliana Wieder	Seite 586

DIE BESTEN NATURAL UND ORANGE WINES

94	**Materia Prima 2022**, Weinberghof Fritsch	Seite 378
94	**Graue Freyheit 2022**, Weingut Gernot und Heike Heinrich	Seite 608
94	**WIELIeBE OS 2020**, Familienweingut Tement	Seite 742
(94)	**Traminer Natural Wine 2023**, Weingut Hajszan Neumann	Seite 74
93	**Gelber Muskateller Orange Yellow 2023**, Weingut Blauensteiner	Seite 366
93	**Traminer MG Amphore 2018**, Weingut Felberjörgl	Seite 688
93	**Nimmervoll & Leth Herrn Greanz IV**, Weingut Nimmervoll	Seite 399
93	**Grüner Veltliner Elektra 2022**, Weingut Anita und Hans Nittnaus	Seite 622
93	**Grüner Veltliner Wildrose**, Weingut Rosner	Seite 168
93	**Souvignier Gris Natural Orange 2021**, Weingut Peter Skoff – Domäne Kranachberg	Seite 736
92	**Grüner Veltliner Alter Schatz 2022**, Weingut Christoph Bauer	Seite 423
92	**Rawländer 2023**, Weingut Bründlmayer	Seite 129
92	**Welschriesling Basalt Alte Reben 2021**, Weingut Engel	Seite 758
92	**Chardonnay Crushed 2022**, Weingut Jordan	Seite 455

DIE BESTEN SÜSS- UND DESSERTWEINE

JAHRGANG 2023: WECHSELHAFT MIT GUTEM FINALE

Österreichs Winzer blicken auf einen turbulenten und teilweise recht herausfordernden Jahrgang 2023 zurück, der klimatisch von den generell rekordverdächtigen Temperaturen geprägt war.

Es hatte bereits recht wechselhaft begonnen: Nach einem eher milden und sehr niederschlagsarmen Winter begann die Saison für die Rebe langsam, der März brachte abwechselnd warme und kühle Phasen. Der April war auffallend kühl, brachte aber in der zweiten Monatshälfte die dringend nötigen Niederschläge. Wegen des kühlen Wetters im April erfolgte der Austrieb sehr spät, dadurch war die Gefahr von Frostschäden gebannt. Die in der zweiten Maihälfte einsetzende warme Vegetationsperiode führte zu starkem Wachstum der Reben, der Blütebeginn war Mitte Juni, was den Reifezeitpunkt der Trauben nach hinten verschob. In den meisten Regionen verlief die Blüte sehr gut, es gab nur vereinzelt Probleme mit Verrieselung. Ende Juni begann die erste Hitzeperiode dieses Jahres, die bis Anfang August andauerte – mit Temperaturen, die regelmäßig über 30 Grad C lagen. Die befürchteten Trockenschäden blieben im Gegensatz zum Vorjahr glücklicherweise aus, da die Böden aufgrund der vorangegangenen Niederschläge sehr gut versorgt waren. Lediglich einige Junganlagen haben durch die anhaltende Trockenheit gelitten. Die Niederschläge Anfang August konnten die erschöpften Wasserreserven wieder ausgleichen und waren insbesondere auch im Hinblick auf den bevorstehenden Reifebeginn besonders wichtig. Mit der zweiten Hitzewelle des Jahres, ebenfalls mit Temperaturen jenseits der 30-Grad-Marke, konnte die Reifeentwicklung der Reben zügig voranschreiten. Ende August konnten weitere Niederschläge verzeichnet werden, die vor allem für die Ausreifung der Trauben wichtig waren. Starkregenereignisse wie in der Steiermark und mehrere punktuelle Hagelschläge kurz vor der Hauptlese in Niederösterreich waren die Wermutstropfen. Warmes, sonniges Erntewetter bis in den Oktober hinein brachte schließlich ein im Vergleich zum Durchschnitt etwas kleineres Ergebnis in den Mengen, dafür exzellente Qualitäten. Die spätere Lese sorgt sowohl bei Weiß- wie auch bei Rotweinen für eine präzise Frucht, ein balanciertes Säurespiel und gute Komplexität – typische Österreicher eben.

NIEDERÖSTERREICH

Die erwähnten Witterungsverhältnisse herrschten grundsätzlich in ganz Niederösterreich vor, wobei die Niederschläge vor der Hauptweinlese in den einzelnen Anbaugebieten durchaus unterschiedlich intensiv ausfielen. Im Allgemeinen sind von den niederösterreichischen Weinbaubetrieben dichte, saftige Weißweine mit klaren Fruchtaromen und runder Säurestruktur zu erwarten, die auch die Attribute der Sorten gut ins Glas bringen. Die niederösterreichische Leitsorte Grüner Veltliner zeigt sich diesmal von der fruchtigen und an Kernobst erinnernden Seite, die tabakig unterlegten Würzkräuternoten sind etwas im Hintergrund. Die Rieslinge und die Angehörigen der weißen Burgunderfamilie zeigen ein gut ausgeprägtes Säurebild, auch hier kann der Konsument mit balancierten wie fruchtbetonten Gewächsen rechnen. Auch die aromatischen Varietäten – etwa Gelber Muskateller und Sauvignon Blanc – und die Spezialitäten aus der Thermenregion spielen ihre sortenspezifischen Merkmale sehr gut aus. In den besten Rotweinregionen wie Carnuntum, Steinfeld in der Thermenregion und auf den Weinviertler Rotweininseln entstand ein weiterer hervorragender Jahrgang mit ausgereiften, kraftvollen Weinen, die die gesamte Bandbreite des österreichischen roten Sortiments abdecken. Ein früher Kälteeinbruch Anfang Dezember sorgte außerdem für Freude bei den auf Eiswein spezialisierten Winzern: Diese konnten sehr gesundes gefrorenes Traubengut in guter Menge ernten. Insgesamt bekommt man aus Niederösterreich vom Jahrgang 2023 dichte, saftige Weine mit klarer Frucht und Balance, die sich bereits in der Jugend sehr zugänglich präsentieren, aber auch über Potenzial verfügen. Auch in Wien freut man sich über ausgewogene Ergebnisse beim Wiener Gemischten Satz DAC wie auch über typische Grüne Veltliner und Rieslinge.

BURGENLAND

Im Burgenland gab es zwar ebenfalls Niederschläge zu den erwähnten Zeitpunkten, aber in deutlich geringerem Ausmaß. Feine Weißweine mit sattem Fruchtausdruck und klarem Sortenprofil kommen 2023 sowohl aus den Weinbaugemeinden am Leithagebirge und rund um den Neusiedler See als auch aus dem Südburgenland. Sehr gute Resultate liefern diesmal beispielsweise Pinot Blanc, Chardonnay und Welschriesling, Säuremängel sind diesen im Grunde ebenso wenig zu attestieren wie den aromatischen Sorten. Botrytis war im Gegensatz zur Peronospora dieses Jahr kein Thema, wozu wohl auch die kühlen Nachttemperaturen während der Haupternte beigetragen haben. Die Rotweintrauben brachten hochgradige, farbintensive Moste. Diese lassen ausgereifte Weine voll Saft und Kraft mit reifen, samtigen Tanninen erwarten. In sämtlichen burgenländischen Rotweinzentren ist daher für die Zukunft mit engmaschigen, aber ausgewogenen und strukturierten Gewächsen voll Spannkraft zu rechnen, die den hervorragenden Vorgängern aus 2019 und 2021 nicht nachstehen werden. Die einheimischen Leitsorten Blaufränkisch und Blauer Zweigelt konnten dabei in gleicher Weise wie die französischen Sorten punkten. Relativ spät trat Botrytis auf und sorgte dann für hochgradige Dessertweine mit tollem Säurerückgrat. Ein früher Frosteinbruch ermöglichte auch im Burgenland endlich wieder eine nennenswerte und hochwertige Eisweinlese. Es ist alles angerichtet mit dem Jahrgang 2023: feine Weißweine, exzellente Rotweine und stoffige Süßweine reifen in den Kellern des Burgenlands heran.

STEIERMARK

In allen drei steirischen Weinbaugebieten scheint sich ein feiner Jahrgang anzubahnen. Verrieselung und Peronospora-Befall spielten dort eine erhebliche Rolle, sodass die kleinste Erntemenge seit dem Frostjahr 2016 eingebracht wurde. Generell sind die Weißweine engmaschig und extraktreich, weisen aber eher moderate Alkoholwerte auf. Zudem hat der in der Steiermark auch im Sommer reichliche Niederschlag keinerlei Säureprobleme verursacht, sodass mit recht rassigen, pointierten Tropfen gerechnet werden darf. Pikanz und intensives Fruchtspiel sowie klare Struktur und Balance zeigen sich insbesondere bei der steirischen Leitsorte Sauvignon Blanc. Ganz Ähnliches gilt für den zweiten Trendsetter, den Gelben Muskateller, der seine unverkennbare Aromatik gut zur Geltung bringen kann. Aber auch die weißen Burgundersorten laufen zu beachtlicher Form auf, insbesondere in den Weinbauzentren des Vulkanlandes. In dessen wärmeren Kleinklimata fühlt sich diese Sortengruppe aus Chardonnay, Weißburgunder und Grauburgunder offenbar besonders wohl – das gilt für alle drei Herkunftsebenen:

Gebietswein, Ortswein und Riedenwein. Aufgrund dieser klimatischen Faktoren war im steirischen Südosten auch wieder eine etwas höhere Traubenreife zu erzielen. Das Schilcherland im Westen hingegen trumpft mit schlanker Eleganz und kühler Frische auf. Die urtümliche Blauer-Wildbacher-Rebe lieferte letztes Jahr feingliedrige, rassige Schilcher-Weine, die typische Ribisel- und Stachelbeertöne aufweisen und die typische knackige Fruchtsäure zeigen. Auch im steirischen Westen wusste man das prachtvolle Herbstwetter zu nützen. Fazit im Süden Österreichs: präzise, harmonische Weine mit moderatem Alkoholniveau.

JAHRGANG 2022: SEHR GUTER JAHRGANG IN ALLEN BEREICHEN

Aus allen Weinbaugebieten gab es zum Ernteabschluss sehr positive Resonanz, sowohl bei den Weiß- wie bei den Rotweinen darf man sich an überdurchschnittlicher Qualität in guten Mengen erfreuen. Zwar liegt die Säure bei vielen Weißen etwas unter dem tollen Jahr 2021, dennoch zeigen die Weine gute Balance und Frische.

Das Weinjahr 2022 verlangte Österreichs Winzern durch ungewöhnliche Witterungsbedingungen einiges ab. Zunächst schien es ein Jahr der großen Trockenheit zu werden, wären da nicht die vereinzelten Niederschläge gewesen – nicht immer zu optimalen Zeitpunkten. Mit viel Einsatz und penibler Arbeit konnten die Winzer letztlich aber reife, balancierte Weißweine mit feinem Fruchtspiel erzeugen. Herausragend präsentieren sich die Rotweine: Sie überzeugen mit Kraft, Struktur und samtigen Tanninen. Je nach Rebsorte, kleinklimatischen Verhältnissen und Bodenbeschaffenheit fiel der Jahrgang 2022 ein wenig differenzierter aus als beispielsweise 2021. Insgesamt präsentieren sich die Weine aber mit ausgeprägter Reife, feiner Frucht und harmonischer Säure. Mit einer Erntemenge von 2,5 Millionen Hektolitern liegt 2022 leicht über dem langjährigen Durchschnitt.

DAS WEINWETTER 2022

Blicken wir zunächst kurz zurück auf den klimatischen Verlauf des Jahres: Nach einem äußerst niederschlagsarmen und milden Winter verlief die Entwicklung der Vegetation zunächst ganz ähnlich wie im Jahr 2021. So fand der Austrieb der Reben erst Ende April statt, also relativ spät. Damit war allerdings die Gefahr der gefürchteten Spätfröste gebannt. Nach anhaltender Trockenheit kam die Rebblüte bei warmer Witterung hingegen recht früh, wobei sie in den meisten Gebieten ausgerechnet zu diesem sensiblen Zeitpunkt von Regenfällen begleitet beziehungsweise beeinträchtigt wurde. In diesen Weinbaugebieten hatten die Winzer alle Hände voll zu tun, um drohende Pilzinfektionen, vor allem Peronospora, in Schach zu halten. Auch durch regional auftretende Verrieselung ergab sich eine natürliche Ausdünnung des Traubenansatzes. Die Sommermonate waren dann von zahlreichen Hitzetagen und vor allem extremer Trockenheit gekennzeichnet, wie sie kaum je zuvor aufgetreten war. Naturgemäß litten Junganlagen und Reben auf kargen Böden, die ohne Bewässerung auskommen müssen, am meisten unter diesen Verhältnissen. Schwere Hagelunwetter und großflächige Starkregen-Ereignisse blieben glücklicherweise aus. Vor der Haupternte, die um den 20. August begann, wendete sich das Blatt jedoch. Es kam zu Niederschlägen, die gebietsweise auch recht heftig ausfielen, gefolgt von zwei weiteren Regenperioden vor der Hauptlese – in der Regel ein recht ungünstiger Termin für Regen, der aber diesmal in den meisten Weinbaugemeinden freudig begrüßt wurde. War die Zuckerreife zuvor noch eher bescheiden, lösten die gerade

noch rechtzeitigen Niederschläge einen wahren Reifeschub aus. Anfang September wurden plötzlich Gradationen wie im ausgezeichneten Weinjahr 2019 verzeichnet. Die Säure fiel zwar gegenüber den beiden Vorjahren ab, entsprach aber den Werten der ebenfalls sehr guten Weinjahre 2017 und 2012. Grundsätzlich waren damit alle Voraussetzungen für einen weiteren bemerkenswerten Jahrgang gegeben. Allerdings erforderte der unerwartete Niederschlag ein rasches Handeln in den Weingärten, um der Gefahr von Fäulnis und Botrytis-Bildung vorzubeugen. Eine Folge dieser Wetterkapriolen war eine nahezu gleichzeitige Reife der meisten Rebsorten, was ebenfalls schnelles Agieren erforderte. In vielen Weinbaugegenden wurde die Ernte daher in Rekordzeit absolviert und bereits Ende September beendet. Dies galt natürlich nicht für alle Herkünfte und Rebsorten. So wurde beispielsweise dem Riesling in seinen Anbauzentren nördlich der Donau die nötige ausgedehnte Reifezeit eingeräumt, was jedoch mit Mengenverlusten verbunden war. Endlich konnte sich auch in den Süßwein-Hochburgen entlang des Neusiedler Sees eine schöne Botrytis entfalten, was auch Prädikatsweine der höchsten Stufen ermöglichte. Noch vor Weihnachten kam es außerdem zu einigen derart frostigen Nächten, dass sogar die begehrten Eisweine gelesen werden konnten.

SORTENTYPISCHE WEISSE, GUTE SÄURE

Generell sind reife Weißweine mit feinen Fruchtaromen und etwas geringerer Säure als in den beiden Vorjahren zu erwarten. Auch kräftige Lagen- oder Reserveweine konnten problemlos realisiert werden. Klarer Sortenausdruck ist sowohl bei der Leitsorte Grüner Veltliner festzustellen als auch bei den überraschend rassigen Rieslingen und der von den herrschenden Verhältnissen profitierenden Burgunderfamilie. Die Säure liegt etwas niedriger, ohne dass deswegen breite Weine zu befürchten wären. Auch aromatische Sorten wie Sauvignon Blanc, Muskateller oder Traminer zeigen sich überzeugend. Das gilt zudem für regionale Spezialitäten wie die Roten Veltliner vom Wagram und Rotgipfler sowie Zierfandler aus der Thermenregion. Einige sehr kalte Nächte im Dezember ermöglichten zudem die Lese von rarem Eiswein. Auch in den Wiener Rieden am Nußberg, in Grinzing und Neustift sowie am Bisamberg und in Mauer wurde eine gute Zuckerreife bei geringeren Säurewerten erzielt. Nach ungewöhnlicher Trockenheit kam auch hier der ersehnte Regen, der die Ausreifung begünstigte, sodass die Lese etwas früher als im Vorjahr stattfand und Anfang Oktober bereits beendet war. Das Ergebnis sind runde und balancierte Wiener Gemischte Sätze sowie ausgewogene, fruchtbetonte Rieslinge, die schon etwas früher als in den letzten Jahren einigen Trinkgenuss versprechen.

DICHTE, STRUKTURIERTE ROTE

Sehr trockene Verhältnisse herrschten insbesondere in den Weinorten entlang des Neusiedler Sees. Spätfröste und Hagelschäden blieben aus, letzten Endes konnten sehr gesunde Trauben von hoher Reife und angemessener Säure geerntet werden. Die Voraussetzungen für einen großen Rotweinjahrgang waren ideal, zumal auch das Verhältnis von Fruchtfleisch zu Beerenschalen der sehr kleinbeerigen Trauben optimal war.

HARMONIE IN DER STEIERMARK

In allen drei steirischen Weinbaugebieten wurde ein sehr guter Jahrgang verzeichnet, der in Zukunft wohl des Öfteren mit dem hervorragenden, wenn auch etwas anders gearteten 2021er verglichen werden wird. Die Niederschlagsmengen entsprachen für steirische Verhältnisse dem üblichen Durchschnitt. Die Regenfälle kurz vor der Haupternte wurden auch hier als essenziell für die weitere Entwicklung des Traubengutes erachtet, auch wenn dadurch ein wenig selektioniert werden musste. Die Lesezeit war recht kurz und im Wesentlichen bereits im September abgeschlossen – so früh wie kaum jemals zuvor. Ausschlaggebend dafür war auch, dass die meisten Rebsorten beinahe zugleich die optimale Reife erreichten. Der zur steirischen Leitsorte aufgestiegene Sauvignon Blanc ist besonders gut gelungen, aber auch die Gelben Muskateller, Morillons (Chardonnays), Weißburgunder und Welschrieslinge bereiten selbst verwöhnten Gaumen Freude. Aufgrund der hohen Mostgewichte haben sich Weißweine voll Saft und Kraft entwickelt, vor allem bestechen sie jedoch durch ihre Feinheit und Struktur. Auch die Balance aller Komponenten ist diesmal von Anfang an gegeben, weshalb sich schon die Jungweine sehr saftig, rund und harmonisch präsentieren. Überdies haben im Vulkanland auch die Traminer gute Bedingungen nutzen können, während in der Weststeiermark am Fuße der Koralpe die Schilcher mit klarer Textur und prägnanter rotbeeriger Frucht aufwarten.

© WSNA

WIEN

WIENER GEMISCHTER SATZ

DAC

Blick vom Nussberg auf Wien

MODERNE TOP-WEINE UND HEURIGENTRADITION

Weinbau in der Großstadt? Oft handelt es sich dabei um Schauweingärten als Tourismusattraktion. Anders in Wien, hier sind 575 Hektar Rebfläche ein wesentlicher Wirtschaftsfaktor, sie dienen der Erhaltung des Grüngürtels und sind die Basis für hohe Weinqualität. Die Vielfalt reicht vom typischen Gemischten Satz über elegante Rieslinge und kraftvolle Weißburgunder bis zu hochwertigen Rotweinen.

Schon im späten Mittelalter standen Reben auch innerhalb der Stadtmauern von Wien bis in den heutigen ersten Bezirk. Heute liegt der Schwerpunkt des Weinbaus in den Vororten am Stadtrand: Die Lagen am Bisamberg nördlich der Donau – bewirtschaftet von Winzern aus Strebersdorf, Stammersdorf und Jedlersdorf – sind günstig für die Burgunderfamilie und rote Sorten. Im 17., 18. und vor allem 19. Gemeindebezirk mit den Stadtteilen Heiligenstadt, Nussdorf, Grinzing, Sievering und Neustift am Walde werden Riesling, Chardonnay und Weißburgunder auf den meist sehr kalkreichen Böden bevorzugt. Im Süden Wiens mit Mauer, Rodaun und Oberlaa sind Schwarzerdeböden zu finden, gut für kraftvolle Weißweine und opulente Rotweincuvées. Kaum ein Winzer verzichtet aber auf den traditionellen Gemischten Satz, bei dem im Weingarten verschiedene Rebsorten gemeinsam ausgepflanzt sind, die auch gemeinsam geerntet und zu Wein verarbeitet werden. Früher als Risikominderung bei ungleichmäßigen Erntebedingungen vorgesehen, erfreut sich diese Wiener Spezialität heute wieder großer Beliebtheit. Ebenso wiederentdeckt wurde die Top-Lage Nussberg, die junge ideenreiche Winzer aus allen Teilen der Weinstadt – auch Quereinsteiger – beinahe magisch anzieht. Die Anziehungskraft der Wiener Institution des Heurigen ist auch legendär. Ob durchgehend geöffnetes Lokal oder kleine versteckte

Buschenschanken mitten in den Weingärten – ein wahrer Besuchermagnet sind sie alle. Dass sich die moderne Kellerarchitektur und das Equipment gut mit der Tradition alteingesessener Betriebe verknüpfen lassen, ist ebenfalls ein sympathischer Zug des Wiener Weinbaus. Die führenden Betriebe der Metropole haben sich in der Gruppe »WienWein« zusammengefunden, um gemeinsam effektiver für ihre Weine werben zu können. Die Slow-Food-Bewegung hat den Wiener Gemischten Satz bereits 2008 als erstes österreichisches Produkt mit dem »Presidio-Gütesiegel« – der höchstmöglichen Auszeichnung – prämiert. Seit dem Jahrgang 2013 trägt der Wiener Gemischte Satz die Herkunftsbezeichnung DAC. Die Trauben müssen aus einem Wiener Weingarten stammen, der mit zumindest drei weißen Qualitätsrebsorten bepflanzt ist, die gemeinsam gelesen und verarbeitet werden. Der größte Sortenanteil darf nicht höher als 50 Prozent sein, der drittgrößte Anteil muss zumindest 10 Prozent ausmachen.

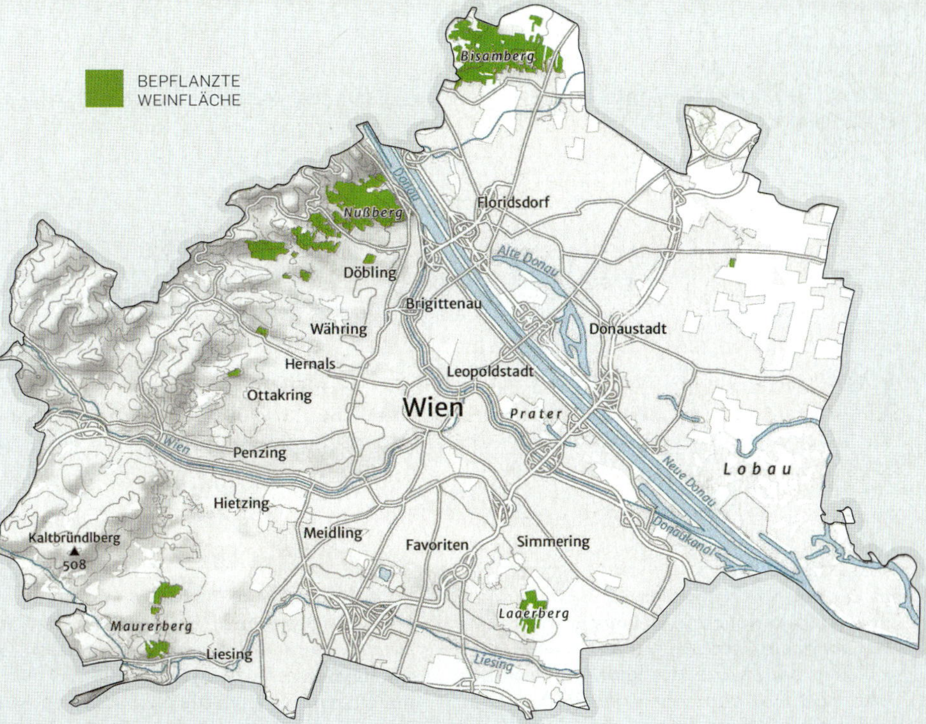

WEINBAUGEBIET WIEN

Österreich gesamt:	**44.728 ha**		**Weinbaugebiet Wien:**	**575 ha**	**(1 %)**
Weißweinfläche insgesamt:	**460 ha**	**(80 %)**	**Rotweinfläche insgesamt:**	**115 ha**	**(20 %)**
Gemischter Satz:	224 ha	(40 %)	Zweigelt:	33 ha	(5,7 %)
Grüner Veltliner:	135 ha	(23,4 %)	Pinot Noir:	19 ha	(3,3 %)
Riesling:	65 ha	(11,3 %)	Cabernet Sauvignon:	7 ha	(1,2 %)
Chardonnay:	40 ha	(7 %)	Blauburger:	6 ha	(1 %)
Weißburgunder:	37 ha	(6,4 %)	Sankt Laurent:	5 ha	(0,9 %)

AUSGEWÄHLTE WEINGÜTER

★★★★★
Weingut Rotes Haus, Wien
Weingut Wieninger, Wien

★★★★
Weingut Christ, Wien
Edlmoser Weingut & Heuriger, Wien
Weingut Mayer am Pfarrplatz, Wien

★★★
Weingut Wien Cobenzl, Wien
Weingut Fuhrgassl-Huber, Wien
Weingut Hajszan Neumann, Wien
Schlumberger Wein- und Sektkellerei, Wien

★★
Weingut Wolfgang Hofer, Wien

★
Landhaus Mayer, Wien
Weingut Walter Wien, Wien

NEU
Weingut Franz Wieselthaler, Wien

★★★★

WEINGUT CHRIST

BIO

Rainer Christ hütet ein Erbe an erstklassigen Lagen mit zum Teil sehr alten Rebstöcken. Im Jahr 2005 wurde der Betrieb um- und ausgebaut. Mit zeitgemäßer und außergewöhnlicher Architektur setzt das Weingut Christ eine beeindruckende Landmark in Jedlersdorf. Der große Reichtum an unterschiedlichsten Böden und Lagen erklärt das enorme Sortenspektrum. Ein Unikat und dabei der traditionellste Weißwein ist der Wiener Gemischte Satz. Der bunte, oft seit Generationen bestehende Rebsortenmix dieser Wiener Weißweinspezialität vermittelt auf unnachahmliche Weise die naturgegebenen Faktoren – das Terroir. Zahlreiche, auch reinsortige Spezialitäten runden das Portfolio ab.
Der Stil der Christ-Weine ist von Respekt gegenüber den natürlichen Ressourcen geprägt – puristisch im Sinne von echt. Geologie und Herkunft schmeckbar zu machen ist die größte Herausforderung. Der Umgang mit den Trauben ist durch besondere Sensitivität gekennzeichnet. Händische Lese und Selektion, der Verzicht auf Schönungen, Korrekturen sowie sterile Filtrationen ergeben Weine voll Natürlichkeit und Vitalität. Rainer Christs Philosophie ist auch eine Herausforderung für die Architektur: Im Keller regiert die Gravitation – ein Christ pumpt nichts. Traubenmaterial und Most werden mithilfe der Schwerkraft transportiert. Fünf Klimazonen sorgen für ideale Reifebedingungen. Mit dem Jahrgang 2014 hat Rainer Christ das Bioweingut Petershof am Bisamberg übernommen. Rund zwei Hektar Rebfläche sind es, welche die Riede Wiesthalen und damit das gesamte Bioweingut umfassen. Seit 30 Jahren zählt der Petershof zu den Pionieren des heimischen Bioweinbaus. Die Riede Wiesthalen ist ein historisches »Arrondissement« des Wiener Weinbaus. Blumenwiesen und Wälder säumen die hoch über der Stadt thronende Lage, eine eigene Quelle mit kleinen Wasserstellen fördert zusätzlich Artenreichtum und Biodiversität.

94 *** Ried Wiesthalen 1ÖTW 2022**
13 Vol.-%, NK, Barrique, €€€€€ B H V
Mittleres Grüngelb, Silberreflexe. Zart nach Mandarinenzesten, weißer Apfel, ein Hauch von Melone, mit dezenter Wiesenkräuterwürze unterlegt. Mittlere Komplexität, eng-

WEINGUT CHRIST

1210 Wien, Amtsstraße 10–14
T: +43 (1) 2925152
info@weingut-christ.at
www.weingut-christ.at

Kellermeister/Kontakt:
Rainer Christ
Anbauweise: Zertifiziert Biologisch (Austria Bio Garantie)
Produktion: 160.000 Flaschen
78 % weiß, 2 % rosé, 19 % rot, 1 % süß,
25 Hektar
Vereinszugehörigkeit:
J5 – Jedlersdorfer Winzer, Traditionsweingüter Österreich, WienWein
Messen: Austrian Tasting London, ProWein Düsseldorf, VieVinum, Vinexpo Hongkong, DAC-Präsentationen

Stammersdorf

maschig, feine Birnenfrucht, frisch strukturiert, saliner Nachhall, bleibt haften, ein feiner Speisenwein.

93 * Bisamberg 2023
13 Vol.-%, NK, 500-l-Fass/Stahltank, €€€€ B H V
Mittleres Grüngelb, Silberreflexe. Zarte Nuancen von weißem Kernobst, ein Hauch von gelber Tropenfrucht, etwas Blütenhonig. Mittlerer Körper, weiße Birne, dezente Säurestruktur, mineralisch-salzig im Abgang, noch etwas verhalten, zart nach Wiesenkräutern im Nachhall.

90 Wiener Gemischter Satz DAC 2023
12,5 Vol.-%, DV, Stahltank, €€ B H V
Mittleres Grüngelb, Silberreflexe. Zarte gelbe Tropenfrucht, zart nach Mango, etwas Blütenhonig. Mittlerer Körper, weißes Kernobst, lebendig strukturiert, würzig, feine Fruchtsüße im Nachhall.

94 Traminer Ried Kirchberg 2022
13,5 Vol.-%, NK, gebrauchte Barriques, €€€€ B H V
Mittleres Gelbgold, Silberreflexe. Attraktives Bukett nach Tropenfrucht, Maracuja und Rosenöl klingen an, zart nach Litschis und Limettenzesten. Saftig, feine Noten von weißem Kernobst, mineralisch-salzig im Abgang, feine Süße im Nachhall, bleibt haften, sicheres Reifepotenzial.

94 Riesling Ried Zwerchbreiteln 2023
13 Vol.-%, DV, Stahltank, €€€€€ B H V
Helles Goldgelb, Silberreflexe. Feine gelbe Tropenfrucht, mit reifem Pfirsich unterlegt, ein Hauch von Blütenhonig und Mandarinenzesten. Komplex, straff, engmaschig, feine Fruchtsüße im Kern, frisch strukturiert, mineralisch, reifes Steinobst und Limetten im Nachhall, ein eleganter Wein mit Reifepotenzial.

94 Weißburgunder Ried Falkenberg 1ÖTW 2022
13 Vol.-%, NK, Barrique, €€€€€ B H V
Helles Goldgelb, Silberreflexe. Zarte Anklänge von gelber Tropenfrucht, ein Hauch von Birne und Mango, dezente Kräuterwürze, mineralischer Touch. Stoffig, engmaschig, weißer Apfel, frischer Säurebogen, mineralisch-salzig im Abgang, zeigt Länge, wird von Flaschenreife profitieren.

92 Weißburgunder Der Vollmondwein 2023
13 Vol.-%, DV, 500-l-Fass/Stahltank, €€€ B H V
Helles Goldgelb, Silberreflexe. Zart nach gelber Birnenfrucht, feine Kräuterwürze, ein Hauch von Mango, mit kandierten Orangenzesten unterlegt. Mittlerer Körper, weißer Apfel, frisch strukturiert, bleibt haften, mineralischer Nachhall, ein vielseitiger Speisenbegleiter.

93 Grüner Veltliner Ried Gabrissen X 2023
13,5 Vol.-%, DV, Stahltank, €€€€ B H V
Helles Goldgelb, Silberreflexe. Etwas verhaltenes Bukett, feine Nuancen von gelbem Kernobst, zart nach Mango und Orangen. Saftig, elegant, reife Birnenfrucht, etwas Honigmelone, dezente Süße im Abgang, ein kraftvoll-stoffiger Speisenbegleiter.

* Wiener Gemischter Satz DAC

★★★

WEINGUT WIEN COBENZL

BIO

Wien ist einmalig: Die Stadt beherbergt das einzige Weinbaugebiet der Welt, das zur Gänze innerhalb der Grenzen einer Großstadt liegt und dank einzigartiger Wein- und Heurigentradition die Atmosphäre der Stadt mitprägt.
Das Weingut Wien Cobenzl zählt zu den bedeutendsten Wiener Weinbaubetrieben und ist seit über 110 Jahren im Besitz der Stadt Wien. Hier werden unter der Leitung von Thomas Podsednik von rund 60 Hektar Weingärten in Grinzing, am Nussberg und am Bisamberg herausragende Qualitätsweine gekeltert. Das einzigartige Mikroklima mit pannonischem Einfluss und die Nähe zur Donau sind die idealen Voraussetzungen für feinfruchtige, mineralische Weine. Die Rieden mit klingenden Namen wie Ried Pfeffer, Ried Seidenhaus und Ried Bellevue (»Schöne Aussicht«) zählen seit jeher zu den besten der Stadt.
Entsprechend der Größe und der Vielfalt an Lagen und Rebsorten wird ein breites Angebot an Qualitätsweinen angeboten. Die Gebiets- und Ortsweine sind bewusst etwas leichter und mit anregender Frucht als unkomplizierte Speisenbegleiter konzipiert. Die Lagenweine und die 1ÖTW-Weine faszinieren durch ihre Komplexität, Finesse und das herkunftstypische Terroir.
Das Weingut der Stadt Wien wurde als eines der ersten heimischen Weingüter »Nachhaltig Austria«-zertifiziert. Die einzelnen Nachhaltigkeitsmaßnahmen reichen von der Traubenproduktion über die Arbeit im Weingarten bis hin zur umweltfreundlichen Stromerzeugung aus Sonnenenergie.
Seit Dezember 2023 sind das Weingut Wien Cobenzl selbst und damit auch die Weine ab dem Jahrgang 2023 biozertifiziert. Das Ganzheitliche des Betriebes zeigt sich auch im Detail, denn es gibt sogar eigene Bienenvölker, die für den köstlichen »Wiener Bio-Honig vom Cobenzl« fleißig sammeln.

(93) * Ried Steinberg 1ÖTW 2022
13,5 Vol.-%, DIAM, Stahltank, €€€€€ B V
Mittleres Goldgelb, Grünreflexe. Reife Tropenfrucht, zart nach Papaya, Marillentouch, zart karamellisiert, würziger Touch. Saftig, komplex, feine Säurestruktur, zart cremig,

Team Weingut Cobenzl

WEINGUT WIEN COBENZL
1190 Wien, Am Cobenzl 96
T: +43 (1) 3205805
office@weingutcobenzl.at
www.weingutcobenzl.at
Kellermeister: Ing. Georg Königsbauer
Kontakt: Ing. Thomas Podsednik, Akad. Dipl.-Önol.
Anbauweise: Zertifiziert Biologisch (Bio Austria)
Produktion: 400.000 Flaschen
1 % Schaumwein, 80 % weiß, 4 % rosé, 15 % rot, 60 Hektar
Zertifiziert: Nachhaltig Austria
Vereinszugehörigkeit: Traditionsweingüter Österreich, WienWein
Messen: ProWein Düsseldorf, VieVinum

gelbes Kernobst, floraler Touch, harmonisch, bleibt gut haften, vielfältig einsetzbar.

(92) * Ried Reisenberg 2023
13,5 Vol.-%, DV, Stahltank, €€€ B V
Helles Goldgelb, Silberreflexe. Zarte gelbe Tropenfrucht, ein Hauch von Ananas und Mango, florale Nuancen, feiner Limettentouch. Mittlere Komplexität, weißer Apfel, wirkt frisch und leichtfüßig, mineralisch und harmonisch im Abgang, bereits entwickelt und vielfältig einsetzbar.

(91) * Nussberg 2023
13 Vol.-%, DV, Stahltank, €€€
Helles Gelbgrün, Silberreflexe. Etwas kandierte Orangenzesten, zart nach Guaven, ein Hauch von Birnen, mit Blütenhonig unterlegte Wiesenkräuter. Straff, frische Säurestruktur, Zitrusnuancen, weißes Kernobst im Abgang, salziger Rückgeschmack, vielfältig einsetzbar.

90 Wiener Gemischter Satz DAC 2023
12,5 Vol.-%, DV, Stahltank, €€ B
Helles Gelbgrün, Silberreflexe. Feine Kräuterwürze, zart nach gelbem Kernobst, etwas nach Ananas, Mandarinenzesten klingen an. Saftig, balancierte Säurestruktur, Mangonoten klingen an, unkompliziertes Trinkvergnügen.

(93) Weißburgunder Ried Seidenhaus 1ÖTW 2022
13,5 Vol.-%, DIAM, kleines Holzfass, €€€€€ V
Mittleres Gelbgrün, Goldreflexe. Mit feinen Zitrusnuancen unterlege Drachenfrucht und Mango, Blütenhonig, etwas nach Karamell und Banane. Saftig, elegant, zart cremig, weißes Nougat, mineralisch, gelbe Tropenfrucht im Nachhall, guter Speisenbegleiter mit Potenzial.

91 Weißburgunder Ried Reisenberg Grinzing 2022
13 Vol.-%, DV, Stahltank, €€€ V
Helles Gelbgrün. Papaya, ein Hauch von Orangenzesten, etwas nach Gewürzen, Honigmelone klingt an. Saftig, mittlere Komplexität, zarte Mangonoten, gut eingebundene Säurestruktur, würziger Rückgeschmack, bereits gut antrinkbar.

92 Grüner Veltliner Ried Pfeffer 2022
13 Vol.-%, DV, Teilbarrique, €€€
Mittleres Gelbgrün, silberfarbene Reflexe. Etwas Blütenhonig, zart nach Wiesenkräutern, ein Hauch von Mango und Papaya. Saftig, feine Säurestruktur, balanciert, Golden-Delicious-Apfel, mineralisch, einladendes Finish, guter Speisenbegleiter.

Bellevuehöhe in Sievering

92 Riesling Ried Preussen Nussberg 1ÖTW 2022
13,5 Vol.-%, DIAM, großes Holzfass, €€€€€ V
Mittleres Goldgelb, Silberreflexe. Mit Honignoten unterlegte reife Ananas, ein Hauch von Gewürzen, Mangonoten, feine Holzwürze. Saftig, feinwürzig, etwas nach Kräutern, leichtfüßig, tabakiger Touch, gelbe Tropenfrucht im Nachhall, bereits gut antrinkbar.

89 Riesling Nussberg 2022
12,5 Vol.-%, DV, Stahltank, €€€

88 Gelber Muskateller Bisamberg Kreuzenstein 2023
12 Vol.-%, DV, Stahltank, €€ B

91 Pinot Noir Ried Bellevue Sievering 2019
13,5 Vol.-%, NK, Barrique, €€€€
Mittleres Karmingranat, breite Ockerrandaufhellung. Eingelegte Kirschen, feines Waldbeerenkonfit, dezente Kräuterwürze. Saftig, rotbeeriger Touch, etwas Lakritze, reife Tannine, mineralisch, dezente Fruchtsüße im Abgang, gut entwickelt, ein balancierter Speisenbegleiter.

* Wiener Gemischter Satz DAC

Ried Sätzen am Maurerberg

EDLMOSER WEINGUT & HEURIGER
1230 Wien, Maurer-Lange-Gasse 123
T: +43 (1) 8898680
office@edlmoser.at
www.edlmoser.at
Kellermeister/Kontakt:
Michael Edlmoser
Anbauweise: Zertifiziert Biologisch (Bio Austria)
Produktion: 5 % Schaumwein, 70 % weiß, 10 % rosé, 15 % rot, 15+80 Hektar
Vereinszugehörigkeit:
Traditionsweingüter Österreich, WienWein
Messen: ProWein Düsseldorf, VieVinum

★★★★

EDLMOSER WEINGUT & HEURIGER

BIO

In Mauer, an den südlichen Ausläufern des Wienerwalds gelegen, kann das Wiener Traditionshaus Edlmoser auf eine sehr lange Familiengeschichte blicken, die bis ins Jahr 1374 zurückreicht. Dabei prägten immer schon die Erfahrungen von Generationen, der Wunsch nach Wertigkeit und Nachhaltigkeit sowie ein kompromissloser Qualitätsanspruch das Denken und Handeln, und auch heute orientieren sich Viktoria und Michael Edlmoser wie selbstverständlich daran. Das Weingut ist Mitglied der »Traditionsweingüter Österreich« und Gründungsmitglied von WIENWEIN. Auch einer der ältesten Heurigen Wiens in Mauer wird von den Edlmosers geführt.

Zertifiziert biologische Weingärten, Handlese und das pannonische Klima mit gut verteilten Niederschlägen und vielen Sonnenstunden, dazu frische, kühle Luft aus dem Wald und unterschiedlichste Böden bieten ideale Voraussetzungen für vielschichtige, tiefgründige Weine mit faszinierender Mineralik und Würzigkeit. Eine zentrale Rolle spielt dabei etwa der Muschelkalkboden auf Dolomit am Maurerberg mit den 1ÖTW-Lagen Ried Sätzen und Ried Himmel, ein Ablagerungskonglomerat von Korallen, Algen, Schnecken und Muscheln. Am Kadolzberg hingegen entstand durch die Senkung des Wiener Beckens lehmiger Flyschsandsteinboden, perfekt für die Entwicklung von Aroma und Charakter. Alte autochthone und internationale Rebsorten fühlen sich dabei auf den Lagen des Weinguts gleichermaßen wohl und werden mit viel Gefühl für ein ökologisches Gleichgewicht durch das Jahr begleitet. Die Weine als Zusammenspiel von Natur und Winzer sollen schlussendlich den Jahrgang und die Lage widerspiegeln – und sonst nichts.

94 *** Ried Sätzen 1 ÖTW Reserve 2022**
13,5 Vol.-%, DV, großes Holzfass, €€€€€ B V
Mittleres Goldgelb, Silberreflexe. Feine Anklänge von gelber Tropenfrucht, zarter Blütenhonig, aber auch florale Nuancen, attraktives, facettenreiches Bukett. Stoffig, komplex, weißer Apfel, finessenreicher Säurebogen, elegant, mit guter Länge ausgestattet, bereits zugänglich, verfügt über Entwicklungspotenzial.

93 *** Ried Himmel 1ÖTW 2022**
13,5 Vol.-%, DV, großes Holzfass, €€€€ Ⓥ
Mittleres Grüngelb, Silberreflexe. Zart mit Orangenzesten unterlegte Nuancen von frischer Birne, etwas Mango und Blütenhonig klingen an. Saftig, elegant und balanciert, gelber Apfel, frischer Säurebogen, mineralisch-salzig im Abgang, bleibt gut haften.

92 *** Maurerberg 2023**
13,5 Vol.-%, DV, großes Holzfass, €€€ Ⓑ Ⓥ
Helles Strohgelb, Silberreflexe. Zart nach Mango und Wiesenkräutern, ein Hauch von Pfirsich, frische Orangenzesten. Saftig, kraftvoll, feine Fruchtsüße, lebendig strukturiert, ein Hauch von gelbem Apfel im Abgang, mineralisch-zitronig im Rückgeschmack.

90 **Wiener Gemischter Satz DAC 2023**
12,5 Vol.-%, DV, Stahltank, €€€ Ⓑ Ⓥ
Helles Goldgelb, Silberreflexe. Zart nach frischem gelbem Apfel, ein Hauch von Honigmelone, etwas Wiesenkräuter, mit Ringlotten unterlegt. Mittlerer Körper, zarte Fruchtsüße, reifes Kernobst, feiner Säurebogen, balanciert, bereits gut antrinkbar.

94 **Riesling Ried Saetzen Maurerberg 1ÖTW Kalkstein 2022**
13,5 Vol.-%, DV, großes Holzfass, €€€€€ Ⓑ Ⓥ
Mittleres Grüngelb, Silberreflexe. Feine Nuancen von gelber Tropenfrucht, zart nach Ananas und Papaya, mit gelbem Pfirsich und Blütenhonig unterlegt. Saftig, elegant, feine Steinobstnuancen, finessenreicher Säurebogen, mineralisch und bereits harmonisch, ein eleganter Speisenwein mit gutem Reifepotenzial.

93 **Riesling Maurerberg 2022**
13 Vol.-%, DV, großes Holzfass, €€€ Ⓑ Ⓥ
Helles Goldgelb, Silberreflexe. Zarter Blütenhonig, gelbe Tropenfrucht, Nuancen von reifer Maracuja, etwas Pfirsich, mit kandierten Mandarinenzesten unterlegt. Saftig, elegant, Noten von weißer Frucht, frischer Säurebogen, bleibt haften, ein facettenreicher, gut entwickelter Begleiter bei Tisch.

94 **Grüner Veltliner Ried Saetzen Maurerberg 1ÖTW 2022**
13,5 Vol.-%, DV, Holzfass, €€€€€ Ⓑ Ⓥ
Leuchtendes kräftiges Goldgelb, Silberreflexe. Zarte Kräuterwürze, feine Anklänge von gelbem Kernobst, mineralischer Touch, noch etwas scheues Bukett. Stoffig, Nuancen von Golden-Delicious-Apfel, feine Säurestruktur, zart nach Honigmelone im Abgang, elegant und lange anhaftend, mineralisch-zitronig im Nachhall, gutes Reifepotenzial.

92 **Grüner Veltliner Maurerberg 2023**
13 Vol.-%, DV, Stahltank, €€€ Ⓑ Ⓥ
Mittleres Grüngelb, Silberreflexe. Zart tabakig-kräuterwürzig unterlegte Noten von gelbem Kernobst, ein Hauch von Ringlotten und Wiesenkräutern. Saftig, mittlere Komplexität, zart nach Honigmelone, feiner Säurebogen, bereits zugänglich, vielfältig einsetzbar.

Grüner Veltliner

94 **Weißburgunder Ried Himmel Maurerberg 1ÖTW Kalkstein 2022**
13,5 Vol.-%, DV, Holzfass, €€€€€ Ⓑ Ⓥ
Mittleres Goldgelb, Silberreflexe. Zarte Nuancen von frischem weißem Kernobst, ein Hauch von Kräutern und Orangenzesten, zart nussig, mineralischer Touch. Komplex, saftig, weiße Birnenfrucht, feiner Säurebogen, dezente Süße im Abgang, elegant und lange anhaftend, verfügt über sicheres Reifepotenzial.

92 **Sauvignon Blanc Mauer Ried Kadoltzberg 2023**
14 Vol.-%, DV, großes Holzfass, €€€€ Ⓑ Ⓥ
Helles Goldgelb, Silberreflexe. Zarte weiße Tropenfrucht, Nuancen von reifen Stachelbeeren, etwas Birne, eher dezentes Bukett. Saftig, komplex, ein Hauch von Guaven, extraktsüßer Kern, feiner Säurebogen, zeigt gute Länge, mineralisch, ein facettenreicher Speisenbegleiter.

91 **Rosé de Vienne 2023 ZW/PN**
12,5 Vol.-%, DV, Stahltank, €€€ Ⓑ Ⓥ
Mittleres Zwiebelrosa, Pinkreflexe, Silbertouch. Zart nach roten Kirschen, ein Hauch von weißem Apfel, etwas Pfirsich, mit Limetten unterlegt. Mittlerer Körper, feines Erdbeerkonfit, frisch strukturiert, mineralisch-zitroniger Nachhall, lebendiger Speisenbegleiter.

* Wiener Gemischter Satz DAC

★★★

WEINGUT FUHRGASSL-HUBER

Das traditionelle Fundament des Weinguts stammt von Ernst Huber, der mit seiner Frau Gerti in den 1970er-Jahren gleichzeitig auch das Konzept des Wiener Heurigen vollkommen neu interpretierte: Mit seinen vielfältig angelegten Räumlichkeiten und dem prächtigen Gastgarten entwickelte sich der »Fuhrgassl-Huber« bald zu einem Markenzeichen für die typische »Wiener Geselligkeit« – so autochthon wie der Wiener Wein selbst.
Das familiäre Engagement für die Weinkultur wird nun vom Enkel Thomas Huber mit fachlicher Kompetenz und Enthusiasmus fortgesetzt. Mit seinem Landessieger in der Kategorie »Kräftiger Gemischter Satz« zeigte er mit dem Jahrgang 2011 schon deutlich auf, wohin der Weg weiterhin führen würde, nämlich hin zur Vinifizierung von regionaltypischen Weinen mit hohem qualitativem Anspruch, ohne dabei die erforderliche Balance zwischen Natur und moderner Kellertechnik außer Acht zu lassen.
Seit 2014 ist das Weingut Fuhrgassl-Huber Mitglied der »WienWein«-Gruppe sowie seit 2018 auch der »Traditionsweingüter Österreich« und stellt seit dem Jahrgang 2017 drei 1ÖTW-Lagenweine her: Grüner Veltliner Ried Gollin, Weißburgunder Ried Schenkenberg und Riesling Ried Preussen. Mit dem Jahrgang 2019 ist ein vierter, der Wiener Gemischte Satz DAC Ried Gollin hinzugekommen. Der im Winter 2020 verstorbene Ernst Huber kannte jeden Zentimeter der Wiener Weinberge und pflanzte viele der Rebstöcke vor über 30 Jahren mit eigenen Händen aus. Nun führt sein Enkel Thomas Huber das Weingut alleine. Aufgewachsen im Weingarten an der Seite seines Großvaters, gilt seine besondere Leidenschaft dem Ausbau von alten Rebsorten wie Neuburger, Traminer oder Rotem Muskateller. Derzeit sind von den insgesamt 38 Hektar Anbaufläche 14 für den Wiener Gemischten Satz DAC reserviert. Mit der Ried Mitterberg stellte das Weingut bereits fünfmal den Wiener Landessieger und mit dem Gemischten Satz mehrere Male den Vertreter von Wien im »SALON Österreich Wein«.
Die nächsten Qualitätsschritte wird das Weingut Fuhrgassl-Huber mit der Erweiterung der Herkunftsweine setzen, um die besonderen Rieden in Neustift sowie die 1ÖTW-Lagen am Nussberg und in Grinzing noch intensiver herauszuarbeiten.

92 * Neuberg 68er - Neustift - Wien 2023
13,5 Vol.-%, DV, Stahltank, €€€€ Ⓥ
Helles Grüngelb, Silberreflexe. Frische Wiesenkräuter, zarte Nuancen von gelbem Kernobst, etwas Mango und frische Orangenzesten. Saftig, elegant, weißer Pfirsich, etwas Melone, frisch strukturiert, mineralisch, zeigt Länge und Potenzial, ein straffer Speisenwein.

92 * Ried Gollin 1ÖTW 2022
14 Vol.-%, DV, Stahltank, €€€€€ Ⓥ
Helles Goldgelb, Silberreflexe. Mit Zitrone unterlegte feine weiße Pfirsichfrucht, frische Kräuterwürze, mineralischer Touch. Mittlere Komplexität, weißer Apfel, etwas weitmaschig, dezente Säurestruktur, zart salziger Nachhall, bereits zugänglich, vielfältig einsetzbar.

90 * Ried Mitterberg 2023
14 Vol.-%, DV, Stahltank, €€€ Ⓥ
Helles Goldgelb, Silberreflexe. Nuancen von gelber Birne, ein Hauch von Mango und Quitten, mit feiner Kräuterwürze unterlegt. Mittlerer Körper, weißer Apfel, feine Säurestruktur, mineralisch, zitroniger Touch im Abgang, bereits gut antrinkbar.

94 Traminer Quintessenz unfiltered 2021
13,5 Vol.-%, NK, 500-l-Fass, €€€€€ Ⓥ
Mittleres Goldgelb, Silberreflexe. Feine Nuancen von Marshmallows, ein Hauch von Rosolio, mit einem feinen Pfirsichtouch unterlegt, attraktives Bukett. Straff, engmaschig, gelbe Tropenfrucht, zart nach Marille, dunkelmineralischer Abgang, zeigt Länge und Potenzial.

93 Riesling Nussberg Muschelkalk 2023
13,5 Vol.-%, DV, Stahltank, €€€ Ⓥ
Helles Gelbgrün, silberfarbene Reflexe. Dezente gelbfruchtige Nuancen, ein Hauch von Marillen, kandierte Grapefruitnoten, mit Blütenhonig unterlegt. Saftig, straff, Noten von weißem Pfirsich im Abgang, salziger Rückgeschmack, lang anhaltend, unkomplizierter Speisenbegleiter.

93 Riesling Ried Preussen Nussberg 1ÖTW 2022
13,5 Vol.-%, DV, Steinzeug, €€€€€ Ⓥ
Helles Goldgelb, Silberreflexe. Zarter Blütenhonig, feine gelbe Tropenfrucht, ein Hauch von kandierten Mandarinen-

WEINGUT FUHRGASSL-HUBER

1190 Wien, Neustift am Wald 68
T: +43 (1) 4401405-12
weingut@fuhrgassl-huber.at
www.fuhrgassl-huber.at
Kellermeister: Thomas Huber
Kontakt: Christian Schmalvogl
Produktion: 333.333 Flaschen
2 % Schaumwein, 79 % weiß,
2 % rosé, 18 % rot, 38 Hektar
Zertifiziert: Nachhaltig Austria
Vereinszugehörigkeit:
Rebentanz, Traditionsweingüter Österreich, WienWein
Messen: ProWein Düsseldorf, VieVinum, Weinmesse Innsbruck, DAC-Präsentationen

Hiatahütte in Neustift am Walde

zesten, dezente Würze. Straff, weißes Kernobst, lebendiger Säurebogen, mineralisch-salzig im Abgang, Limetten in Nachhall, ein lebendiger Speisenwein mit Reifepotenzial.

93 Pinot Blanc Quintessenz 2020

13 Vol.-%, NK, 500-l-Fass, €€€€€ H V
Zart getrübtes helles Grüngelb, Silberreflexe. Feine Kräuterwürze, zart nussig unterlegt, ein Hauch von Bergamotte, Anklänge von Earl Grey. Saftig, gute Komplexität, weiße Frucht, dezente Süße, frisch und mineralisch, kalkige Nuancen im Abgang, ein vielseitiger Speisenbegleiter.

91 Weißburgunder Grinzing Ried Schenkenberg 1ÖTW 2022

13,5 Vol.-%, DV, Stahltank, €€€€€ V
Helles Strohgelb, Silberreflexe. Zart nach Heublumen, mit nussigem Biskuit unterlegt, gelbes Kernobst, rauchige Nuancen. Mittlere Komplexität, zarte Fruchtsüße, dezente Säurestruktur, Birnenfrucht im Nachhall, bleibt haften, ein vielseitiger Speisenbegleiter.

92 Roter Muskateller Neustift am Walde 2023

13 Vol.-%, DV, Stahltank, €€€ V
Helles Strohgelb mit Messingreflexen. Feiner rosa Pfirsichtouch, ein Hauch von Blütenhonig, zart nach Gewürznelken und Muskat. Saftig, elegant, zarte Fruchtsüße, feine Säurestruktur, zart würzig, Steinobstnuancen im Abgang, bleibt haften.

92 Ried Neuberg Sandstein 2023 SB/CH

12,5 Vol.-%, DV, Stahltank, €€€ V
Helles Gelbgrün, Silberreflexe. Zart nach Blütenhonig, dazu Nuancen von kandierter Zitrusfrucht, Ananas und Guaven klingen an. Saftig, mittlere Komplexität, zarte Apfelfrucht im Abgang, etwas Stachelbeeren im Nachhall, facettenreicher Speisenbegleiter.

92 Burgunder Cuveé Handwerk 2023 NB/CH/WB

12,5 Vol.-%, DV, Stahltank, €€€ V
Helles Gelbgrün, Silberreflexe. Zart nach Tropenfrucht, etwas Wiesenkräuter, tabakiger Touch, etwas Mango, unterlegt mit kandierten Orangenzesten. Saftig, kraftvoll, feiner Ananastouch, würziger Nachhall, bleibt gut haften, vielfältig einsetzbar.

90 Zweigelt Antoinette »Rosé aus der Wiener Provinz« 2023

11,5 Vol.-%, VL, Stahltank, €€€ V
Helles Altrosa, zarte Silberreflexe. Nuancen von Erdbeerkonfit, ein Hauch von Birne, Anklänge von Heublumen. Schlank, weißes Kernobst, frischer Apfel, lebendig strukturiert, ein Hauch von Himbeermark im Nachhall, ein leichtfüßiger Sommerwein.

★★★

WEINGUT HAJSZAN NEUMANN

BIO

Das Weingut Hajszan Neumann liegt in Grinzing am Fuße des Nussbergs, der wohl traditionsreichsten Weingegend Wiens. Mit viel Leidenschaft werden hier nach biodynamischen Richtlinien edle Weine erzeugt. Fritz Wieninger, der Pionier des Qualitätsweins in Wien, hat das Weingut im Jahr 2014 übernommen und konzentriert sich auf den Wiener Gemischten Satz sowie auf Riesling und Grünen Veltliner. Die Weingärten, die mehrheitlich dem Stararchitekten Heinz Neumann gehören, befinden sich in den besten Wiener Lagen, wobei der Nussberg eine zentrale Rolle spielt. Die mineralischen Muschelkalk- und Kalksteinverwitterungsböden verleihen dem Wein viel Ausdruck.

Das Fundament der hohen Qualität ist der biodynamische Weinbau: Bereits seit dem Jahr 2006 arbeitet das Weingut nach diesen Richtlinien. Dabei steht das Ökosystem Weinberg mit all seinen Facetten im Mittelpunkt, und die Rebstöcke genießen viel Handarbeit. Durch das aktivierte Bodenleben sind sie robust und tragen gesunde Trauben. Auch im Weinkeller wird schonend und reduziert gearbeitet. All das schmeckt man in den lebendigen Weinen von Hajszan Neumann: Jeder verfügt über eine charakteristische Seele, die sich aus dem natürlichen Aroma der Traube und dem Terroir entwickelt. Noch einen Schritt weiter geht Fritz Wieninger mit seiner »Natural«-Linie. Diese auf der Schale vergorenen Weine zeichnen sich durch komplette Zurückhaltung im Keller aus und werden ohne jegliche Eingriffe vinifiziert und ungefiltert in Flaschen gefüllt.

Seit März 2016 betreibt der deutsche Spitzenkoch Juan Amador das »Restaurant Amador« auf dem Weingut. Der Wahlwiener erkochte den dritten Michelin-Stern, und so darf sich Wien erstmals in der Geschichte des »Guide Michelin« über ein Restaurant mit der Höchstbewertung freuen. Auch im aktuellen Falstaff-Restaurant-Guide wurde er mit der Höchstnote von 100 Punkten ausgezeichnet.

Weißburgunder

WEINGUT HAJSZAN NEUMANN
1190 Wien, Grinzinger Straße 86
T: +43 (1) 2901012
weingut@hajszanneumann.com
www.hajszanneumann.com

Kellermeister: Luis Teixeira
Kontakt: Fritz Wieninger
Anbauweise: Biodynamisch (respekt)
Produktion: 66.667 Flaschen
80 % weiß, 20 % rot, 20 Hektar
Vereinszugehörigkeit:
Premium Estates of Austria, respekt-BIODYN, Weinbauverband Wien, WienWein, Traditionsweingüter Österreich
Messen: ProWein Düsseldorf, VieVinum

92 ⓔ Pet Nat 2023 NB/MT/RR
11,5 Vol.-%, KR, Flaschengärung, €€€€ Ⓑ
Zart getrübtes Grüngelb, Silberreflexe, lebendiges Mousseux. Zart mit Wiesenkräutern unterlegte gelbe Apfelfrucht, zart nach Mango und Blütenhonig, kandierte Orangenzesten. Saftig, elegant, dezente Süße, mineralisch, stoffig und anhaftend, feiner Muskattouch im Nachhall, bereits gut entwickelt, vielfältig einsetzbar.

(94) * Ried Weisleiten 2023
13 Vol.-%, DV, Stahltank, €€€€€ Ⓑ
Helles Goldgelb, Silberreflexe. Zarte weiße Tropenfrucht, Limettenzesten, florale Noten, Pfirsich, Mandarinenzesten, ein Hauch von Blütenhonig. Saftig, elegant, weiße Apfelfrucht, lebendig strukturiert, frisch und animierend, gut anhaftend, salziger Nachhall, ein facettenreicher Speisenbegleiter.

(92) * Nussberg 2023
12,5 Vol.-%, DV, Stahltank, €€€ Ⓑ
Helles Grüngelb, Silberreflexe. Feine Anklänge von weißer Tropenfrucht, einladendes Bukett, etwas Pfirsich, Ananas, facettenreich. Mittlerer Körper, weiße Frucht, feine Säurestruktur, mineralisch-zitronig, etwas Steinobst im Nachhall, salziger Speisenwein.

(93) Gemischter Satz Natural Wine 2023
13 Vol.-%, DIAM, Amphore, €€€€€ Ⓑ Ⓘ
Zart getrübtes mittleres Gelb, Silberreflexe. Gelbe Tropenfrucht, nach Ananas, ein Hauch von Muskat, zart nach Rosenöl, facettenreiches Bukett. Komplex, saftig, weiße Frucht, straff, engmaschig, mineralisch im Abgang, bleibt sehr gut haften, vielfältig einsetzbar.

94 Weißburgunder Ried Gollin 1ÖTW 2022
13,5 Vol.-%, DIAM, Holzfass, €€€€€ Ⓑ
Mittleres Grüngelb, Silberreflexe. Zart nussig-kräuterwürzig, ein Hauch von reifem Kernobst, frische Birne. Stoffig, komplex, feine weiße Apfelfrucht, feines Säurespiel, salzig-mineralisch, pikanter Nachhall, ein vielseitiger Speisenwein mit sicherem Reifepotenzial.

94 Riesling Ried Steinberg 1ÖTW 2022
13,5 Vol.-%, DIAM, Stahltank, €€€€€ Ⓑ
Mittleres Gelbgrün, Silberreflexe. Zart nach Orangenblüten, feiner Steinobsttouch, etwas Pfirsich und Blütenhonig. Straff, kernig, saftige Textur, weiße Birnenfrucht, zarte Süße im Abgang, elegant und anhaftend, ein balancierter Speisenbegleiter, sicheres weiteres Entwicklungspotenzial.

(93) Riesling Nussberg 2023
13 Vol.-%, DV, Stahltank, €€€€ Ⓑ
Helles Gelbgrün, Silberreflexe. Zarte weiße Pfirsichfrucht, ein Hauch von Limetten, mineralischer Touch, florale Anklänge. Straff, engmaschig, Nuancen von weißem Pfirsich, mineralisch-salzig im Abgang, zitroniger Nachhall, animierender Stil.

(94) Traminer Natural Wine 2023
12,5 Vol.-%, DIAM, Amphore, €€€€€ Ⓑ Ⓘ
Mittleres Goldgelb, Silberreflexe. Zarte Kräuterwürze, ein Hauch von Rosenblüten, etwas Maracuja, weiße Tropenfrucht. Komplex, saftig, engmaschig, Nuancen von Birne, mineralisch, salzig im Abgang, ein stoffiger Speisenbegleiter, sehr gute Länge, finessenreiche Sortenstilistik.

(93) Grüner Veltliner Ried Steinberg 1ÖTW 2022
13 Vol.-%, DIAM, Stahltank, €€€€€ Ⓑ
Mittleres Gelbgrün, Silberreflexe. Nuancen von Wiesenkräutern, mit einem Hauch von gelber Tropenfrucht unterlegt, etwas Papaya und Blütenhonig, attraktives Bukett. Saftig, zart nach weißer Birne, ein Hauch von Lindenblüten, feine Süße im Abgang, bereits gut entwickelt und zugänglich.

(92) Grüner Veltliner Nussberg 2023
12,5 Vol.-%, DV, Stahltank, €€€ Ⓑ
Helles Grüngelb, Silberreflexe. Zart nach frischen Heublumen, tabakige Würze, ein Hauch von Birnen. Mittlerer Körper, frisches Kernobst, lebendiger Säurebogen, zitroniger Nachhall, ein kerniger Speisenbegleiter, bereits gut antrinkbar.

92 Grüner Veltliner Natural Wine 2023
12,5 Vol.-%, DIAM, Stahltank, €€€€ Ⓑ Ⓘ
Zart getrübtes leuchtendes Goldgelb, Silberreflexe. Feine Nuancen von gelbem Kernobst, etwas Papaya und Mango, ein Hauch von Lindenblüten. Mittlerer Körper, straff, engmaschig, weißer Apfel, gut integrierter feiner Gerbstoff, feinwürziger Touch im Abgang, Limetten im Nachhall.

(93) Zweigelt Natural Wine 2022
13 Vol.-%, DIAM, Beton, €€€€ Ⓑ Ⓘ
Kräftiges Rubingranat, violette Reflexe. Frische rote Waldbeerenfrucht, zart nach Lakritze und Erdbeeren, frische Orangenzesten. Mittlerer Körper, straffe Textur, reife Kirschen, mineralisch und gut anhaften, zeigt gute Länge, feinwürziger Nachhall.

* Wiener Gemischter Satz DAC

★★

WEINGUT WOLFGANG HOFER

Der Name Hofer wird in Mauer schon seit vielen Jahren mit einer kleinen, aber feinen Heurigenadresse verbunden. Seit 2011 führen Christina und Wolfgang den aufstrebenden Betrieb, und sie sind Mitglied der »Wiener Top Heurigen«. Im Sortiment wird zwischen den drei Linien »Sortenvielfalt frisch & fruchtig«, »Wiener Gemischter Satz DAC klassisch & gehaltvoll« und »Große Lagen & Reserve« unterschieden. Die Weißweine werden im Edelstahltank und im großen Holzfass, die Rotweine im großen Holzfass und in Barriques ausgebaut. Bei den Rotweinsorten liegt das Hauptaugenmerk auf Zweigelt, Cabernet Sauvignon und St. Laurent. Sie zeigen das Potenzial der südlichen Wiener Lagen. Der Weinkeller der Familie befindet sich in Gumpoldskirchen in der Thermenregion, wo die gesamte Verarbeitung von der Ernte bis zur Füllung stattfindet. Beim Heurigen wird viel Wert auf regionale und frische Produkte gelegt, und wie in den Weingärten sehr naturnah gearbeitet. Der Leitspruch des Hauses macht dieses Anliegen sichtbar: »Wer Tradition und Gemütlichkeit sucht, ist bei uns richtig.« Man darf gespannt sein, womit dieses aufstrebende und schon mehrfach ausgezeichnete Wiener Weingut und der beliebte Heurige in Zukunft noch aufwarten werden.

WEINGUT WOLFGANG HOFER
1230 Wien
Maurer-Lange-Gasse 29
T: +43 (1) 8887380
vinohofer@aon.at
www.vino-hofer.at

Kellermeister: Wolfgang Hofer
Kontakt: Wolfgang und Christina Hofer
Produktion: 10 % Schaumwein, 65 % weiß, 10 % rosé, 15 % rot, 6 Hektar
Vereinszugehörigkeit: TOP-Heurige, Wiener Heurige

93 * Ried Kadolzberg 2023
14 Vol.-%, DV, großes Holzfass/Teilbarrique, €€€ V
Helles Grüngelb, Silberreflexe. Feines reifes Kernobst, Nuancen von Mango, etwas Blütenhonig und Wiesenkräuter, einladendes Bukett. Komplex, kraftvoll, aber nicht opulent, weiße Apfelfrucht, feiner Säurebogen, mineralisch und gut anhaftend, verfügt über Länge und Potenzial.

91 * Maurerberg 2023
13,5 Vol.-%, DV, Stahltank/gebrauchte Barriques, €€€ V
Helles Gelbgrün, Silberreflexe. Zarte Noten von gelber Tropenfrucht, ein Hauch von Gute-Luise-Birne, mit kandierten Orangenzesten unterlegt. Stoffig, komplex, gut integrierte Fruchtsüße, lebendig strukturiert, gelber Apfel im mineralisch-salzigen Nachhall.

93 Grüner Veltliner Alte Reben 2023
13,5 Vol.-%, DV, großes Holzfass, €€€ V
Helles Goldgelb, Silberreflexe. Feine Kräuterwürze, tabakig unterlegte Noten von Golden-Delicious-Apfel, zart nach frischer Birne. Komplex, saftig und elegant, feine Fruchtsüße, angenehme Säurestruktur, zeigt gute Länge, verfügt über Reifepotenzial.

(92) Grauburgunder Herr Hofer Reserve 2023
14,5 Vol.-%, DV, Barrique/Holzfass, €€€ V
Helles Goldgelb, Silberreflexe. Feine gelbe Tropenfrucht, Nuancen von Birne und Mango, ein Hauch von Dörrobst, kandierte Orangenzesten. Saftig, elegant, reifer weißer Apfel, finessenreiche Struktur, salziger Touch im Abgang, ausgewogen, ein kraftvoller Speisenbegleiter.

90 Riesling Maurerberg 2023
13,5 Vol.-%, DV, Stahltank, €€€ V
Helles Gelbgrün, Silberreflexe. Zarte gelbe Pfirsichfrucht, ein Hauch von Mango und Blütenhonig. Saftig, fruchtige Süße, reife Honigmelone, frischer Säurebogen, bleibt haften, stoffiger Stil, zart Birnenfrucht im Nachhall.

(92) Syrah Grande Reserve 2021
14,5 Vol.-%, DV, Barrique, €€€ V
Tiefdunkles Rubingranat, opaker Kern, violette Reflexe. Reife Zwetschken, schwarzes Waldbeerenkonfit, kandierte Orangenzesten. Komplex, reife rote Kirschen, würzige Textur, präsente Tannine, sehr salzig im Abgang, zart nussiger Nachhall, mineralischer Rückgeschmack.

WEINGUT
MAYER AM PFARRPLATZ
1190 Wien, Pfarrplatz 2
T: +43 (1) 3360197
weingut@pfarrplatz.at
www.pfarrplatz.at

Kellermeister: Dr. Dragos Pavelescu
Kontakt: Gerhard J. Lobner und Paul Kiefer
Produktion: 5 % Schaumwein, 80 % weiß, 10 % rosé, 5 % rot, 61 Hektar
Zertifiziert: Nachhaltig Austria
Vereinszugehörigkeit: Traditionsweingüter Österreich, WienWein
Messen: Austrian Tasting London, VieVinum, DAC-Präsentationen

Nussberg mit Blick auf die Donau

★★★★

WEINGUT MAYER AM PFARRPLATZ

Das traditionsreiche Weingut keltert seit 1683 in Döbling und Grinzing besten Wiener Wein. Das romantische Vorstadthaus am Pfarrplatz gilt als Synonym für Weinqualität und Wiener Heurigenkultur. Hier hat Ludwig van Beethoven im Jahr 1817 gewohnt. Während seiner Zeit in Heiligenstadt arbeitete er an seinem größten Werk, der 9. Symphonie. Die Weine des Guts stammen von den besten Rieden Wiens: dem Nussberg und der Alsegger Riede. Sie repräsentieren durch ihre elegante Fruchtaromatik, Balance und Mineralik den Charakter der Wiener Spitzenlagen. Der traditionelle Wiener Gemischte Satz ist der Klassiker im vielfältigen Sortiment: Er wird auf Basis von Grünem Veltliner, Riesling sowie Rotgipfler und Zierfandler, die gemeinsam gelesen und verarbeitet werden, gekeltert. Beim Riesling arbeitet man die feinen Geschmacksnuancen des Nussbergs und der Alsegger Riede heraus. Grüner Veltliner, Sauvignon Blanc und Gelber Muskateller runden das Weißweinprogramm ab. Als Rotwein offeriert das Weingut Mayer am Pfarrplatz einen eleganten Blauen Burgunder.

96 *** Ried Langteufel Nussberg 1ÖTW 2022**
14 Vol.-%, DV, Stahltank, €€€€€
Helles Gelbgrün, silberfarbene Reflexe. Mit feinen Limettenzesten unterlegte gelbe Apfelfrucht, ein Hauch von weißem Pfirsich, lebendige Frische, attraktives Bukett. Gute Komplexität, extraktsüß nach Ananas, ein Hauch von Orangen, straff und lange anhaltend, vielschichtiges Finish, sicheres Entwicklungspotenzial.

94 *** Ried Preussen Nussberg 1ÖTW 2022**
13,5 Vol.-%, DV, Stahltank, €€€€€
Helles Gelbgrün, Silberreflexe. Zarte Wiesenkräuter, dunkle Mineralik, etwas Reduktion, weißes Steinobst, Stachelbeeren, unterlegt mit Clementinenzesten. Gute Komplexität, saftig, engmaschig, Noten von reifer Mango, extraktsüß, Ananas im Nachhall, sicheres Entwicklungspotenzial.

92 *** Nussberg 2023**
13,5 Vol.-%, DV, Stahltank, €€€€
Helles Gelbgrün, Silberreflexe. Feine Wiesenkräuter, zart nach Birne, ein Hauch von Gewürzen, Anis und Mango klingen an. Saftig, etwas nach Stachelbeeren, mineralisch, Limettenzesten klingen an, salziger Rückgeschmack, lebendiger Speisenbegleiter.

*** Wiener Gemischter Satz DAC**

91 Wiener Gemischter Satz DAC 2023
12,5 Vol.-%, DV, Stahltank, €€€
Helles Gelbgrün, Silberreflexe. Feiner Zitrustouch, etwas nach Guaven, Nuancen von Melisse, frisches, einladendes Bukett. Saftig, elegant, mineralischer Touch, weißes Steinobst, Zitronengras im Abgang, feinwürziger Rückgeschmack.

(96) Riesling Nussberg Weißer Marmor 2023
13,5 Vol.-%, NK, Stahltank, €€€€€€
Mittleres Gelbgrün, Silberreflexe. Attraktives Bukett, nach gelbem Steinobst, dunkle Mineralik, zart nach Guaven, kandierte Orangenzesten, Melisse, ein Hauch von Ringlotten, feiner Blütenhonig. Saftig, gute Komplexität, engmaschige Säurestruktur, wirkt leichtfüßig, mineralisch, vielschichtiges Finish mit Noten von reifem Pfirsich, sicheres Entwicklungspotenzial.

95 Riesling Ried Preussen Nussberg 1ÖTW 2022
13,5 Vol.-%, DV, Stahltank, €€€€€
Mittleres Gelbgrün, Silberreflexe. Zart nach Wiesenkräutern, ein Hauch von Grapefruitzesten, etwas Pfirsich, mit Melisse unterlegt, frisches Bukett. Saftig, balancierte Komplexität, mineralisch, salzig, Nuancen von reifer Frucht, bleibt sehr lange haften, sicheres Reifepotenzial.

(93) Riesling Nussberg 2023
13,5 Vol.-%, DV, Stahltank, €€€€€
Helles Gelbgrün, Silberreflexe. Kandierte Orangenzesten, etwas Marille, ein Hauch von Guaven, Wiesenkräuter klingen an, etwas nach Limettenzesten, salzig, einladendes Bukett. Gute Komplexität, feinwürzig, Ringlotten, mineralischer Abgang, lang anhaltend, trinkanimierender Stil, sicheres Potenzial.

92 Riesling Ried Alsegg 2023
13,5 Vol.-%, DV, Stahltank, €€€
Helles Gelbgrün. Etwas Ananas, ein Hauch von Kumquats, zart nach Maracuja, frisches Bukett, mit Wiesenkräutern unterlegt. Guter Speisenbegleiter, mineralisch, weißes Steinobst, Pfirsichtouch im Abgang, salziger Rückgeschmack, vielseitiger Speisenbegleiter.

94 Grüner Veltliner Grinzing Ried Schenkenberg 1ÖTW 2022
14,5 Vol.-%, DV, Stahltank, €€€€€
Mittleres Gelbgrün, silberfarbene Reflexe. Dezente Passionsfrucht, ein Hauch von Wiesenkräutern, feine Mineralik, zart tabakig, Mango klingt an. Gute Komplexität, saftig, straff, Mandarinentouch, Apfelnoten im Nachhall, bleibt sehr gut haften, vielschichtiger Speisenbegleiter.

91 Grüner Veltliner Grinzing 2023
14 Vol.-%, DV, Stahltank, €€€
Helles Gelbgrün, Silberreflexe. Feine Wiesenkräuter, gelbe Apfelfrucht, zart nach Kumquats und Guaven. Saftig, elegant, mittlere Komplexität, Papaya im Abgang, extraktsüßer Nachhall, bereits gut antrinkbar.

90 Grüner Veltliner 2023
13 Vol.-%, DV, Stahltank, €€
Helles Gelbgrün, Silberreflexe. Gelbe Apfelfrucht, zart nach Kräutern, kandierte Orangenzesten, Kardamom klingt an. Saftig, elegant, feine Säurestruktur, mittlere Komplexität, weißes Kernobst, unkompliziert antrinkbar.

91 Sauvignon Blanc 2023
13 Vol.-%, DV, Stahltank, €€€
Helles Gelbgrün, Silberreflexe. Feine Wiesenkräuter, etwas nach Maracuja, dezente Stachelbeernoten, ein Hauch von Orangenzesten. Saftig, elegant, feine Säurestruktur, mineralisch, weißes Kernobst, lebendiger Speisenbegleiter.

91 Gelber Muskateller 2023
13 Vol.-%, DV, Stahltank, €€€
Helles Gelbgrün, Silberreflexe. Zarte Kräuternoten, Traubentouch, ein Hauch von Muskatnuss, Nelken klingen an. Saftig, straff, feine Säurestruktur, mineralisch, zart nach Holunder, dunkle Mineralik, lang anhaltend, unkompliziertes Trinkvergnügen.

(92) Pinot Noir Nussberg 2021
13,5 Vol.-%, NK, Barrique, €€€€
Helles Karmingranat, Ockerreflexe, breiter Wasserrand. Zart nach Karamell, feine Röstaromen, rotes Waldbeerenkonfit, florale Nuancen, einladendes Bukett. Saftig, rotbeerig, nach Kirschen, feine Tannine, frischer Säurebogen, salziger Nachhall, ein lebendiger, finessenreicher Speisenwein.

LANDHAUS MAYER
1190 Wien
Eroicagasse 4
T: +43 (1) 3360197
office@landhausmayer.at
www.landhausmayer.at

Kellermeister: Gerhard J. Lobner und Dr. Dragos Pavelescu
Kontakt: Gerhard J. Lobner
Produktion: 90 % weiß, 10 % rot
Messen: ProWein Düsseldorf, VieVinum, Vinexpo Bordeaux

Muskateller

★

LANDHAUS MAYER

Das Landhaus Mayer ist mit niederösterreichischen Weinhauern, die seit Generationen Top-Lagen mit viel Leidenschaft bewirtschaften, eine besondere Kooperation eingegangen: Gemeinsam mit den Winzern entscheidet der Produktionsleiter Gerhard J. Lobner, welche Schritte in den Weingärten zu setzen sind: Vom Rebschnitt über die Laubarbeit bis hin zum optimalen Lesezeitpunkt werden die Rebstöcke begleitet. »Es ist unbeschreiblich, auf welches Potenzial man in diesen Gebieten zurückgreifen kann«, zeigt sich Lobner begeistert. Viele dieser Spitzenlagen sind aufgrund des Strukturwandels extrem gefährdet, aufgegeben zu werden.
Dieser Entwicklung will das Landhaus Mayer gegensteuern, indem es gemeinsam mit ansässigen Winzern aussichtsreiche Perspektiven erarbeitet.

90 Riesling 2023
13 Vol.-%, DV, Stahltank, €€
Helles Gelbgrün, Silberreflexe. Feine Grapefruitnoten, ein Hauch von Guaven, Maracuja klingt an, weißes Steinobst. Saftig, mittlere Komplexität, feinwürzig, Granny-Smith-Apfel im Abgang, zitroniger Nachhall, bereits gut antrinkbar.

90 Gelber Muskateller 2023
12,5 Vol.-%, DV, Stahltank, €€
Helles Gelbgrün, Silberreflexe. Zarte Nuancen nach Eibisch und weißen Rosen, Wiesenkräuter, ein Hauch von Muskat. Mittlerer Körper, salzig, gelbe Tropenfrucht im Abgang, pinke Grapefruit, bereits gut antrinkbar.

89 Grüner Veltliner 2023
12,5 Vol.-%, DV, Stahltank, €€

89 Zweigelt Rosé 2023
12,5 Vol.-%, DV, Stahltank, €€

* Wiener Gemischter Satz DAC

★★★★★

WEINGUT ROTES HAUS

Das Weingut »Rotes Haus« pflegt seit 2001 rund neun Hektar Weingärten in der berühmtesten Wiener Weinlage, dem Nussberg. Im Herzen dieses einzigartigen Weingartens liegt in romantischer Lage das »Rote Haus am Nussberg«. Unter dem Motto »Qualität statt Quantität« repräsentieren die Nussberg-Weine den außergewöhnlichen Charakter dieser besten Wiener Riede. Das einzigartige Terroir und das Mikroklima bilden die Grundlage für die Eleganz und burgundische Stilistik der Weine. In den Weingärten des »Roten Hauses« dominieren Burgundersorten. Hier wachsen Chardonnay, Grauburgunder, Weißburgunder, Neuburger und Traminer gemeinsam in einem Weingarten und bilden so die Grundlage für Wiener Gemischten Satz DAC. Der Gemischte Satz von der Ried Langteufel zählt dabei zu den besten DAC-Weinen Wiens. Reinsortig ausgebaut runden Chardonnay und Grüner Veltliner das Sortiment ab.

97 * Ried Langteufel-Nussberg 1ÖTW 2022
14 Vol.-%, NK, 500-l-Fass, €€€€€
Mittleres Gelbgrün, Silberreflexe. Zarte Reduktion, ein Hauch von dunkler Mineralik, weiße Apfelfrucht, feine Holzwürze, attraktives Bukett. Gute Komplexität, engmaschig, vielschichtig, weißes Steinobst, Zitrusnuancen, Noten von Feuerstein, bleibt sehr gut haften, sicheres Reifepotenzial.

95 * Ried Preussen Nussberg 1ÖTW 2022
13,5 Vol.-%, NK, 500-l-Fass, €€€€€
Mittleres Gelbgrün, Silberreflexe. Feine Holzwürze, etwas nach Karamell, ein Hauch von kandierten Orangenschalen, reife Pfirsichnoten klingen an. Gute Komplexität, straff, lebendige Säurestruktur, mineralisch, Kräuternoten, weißes Kernobst im Rückgeschmack, sicheres Entwicklungspotenzial.

93 * Nussberg 2023
13,5 Vol.-%, DV, großes Holzfass, €€€€
Helles Gelbgrün, Silberreflexe. Zart nach Blütenhonig, ein Hauch von Gewürzen, reife Birnenfrucht, ein Hauch von Kardamom, Mangotouch. Engmaschig, gute Komplexität, mineralisch, Kräutertouch, Pfirsich im Rückgeschmack, balancierter Speisenbegleiter.

90 Wiener Gemischter Satz DAC 2023
12,5 Vol.-%, DV, Stahltank, €€€
Mittleres Gelbgrün, Silberreflexe. Zarte Kräuternoten, ein Hauch von Papaya, kandierte Mandarinenzesten, reife Apfelfrucht. Saftig, engmaschig, weißes Steinobst, Zitrus im Nachhall, vielfältig einsetzbar.

95 Chardonnay Nussberg 2022
13,5 Vol.-%, NK, Barrique, €€€€€
Mittleres Gelbgrün, silbergoldene Reflexe. Zarte Karamellnoten, ein Hauch von Marillen, feine Kräuterwürze, dunkle Mineralik, mit Papaya unterlegt. Saftig, gute Komplexität, feinwürzig, extraktsüß nach Mango, fruchtiger Nachall, bleibt sehr gut haften, vielseitiger Speisenbegleiter, burgundischer Stil.

92 Grüner Veltliner Nussberg 2023
13,5 Vol.-%, DV, Stahltank, €€€
Helles Gelbgrün, silberfarbene Reflexe. Etwas Maracuja und gelber Apfel, unterlegt mit Wiesenkräutern, kandierte Orangenzesten, einladendes Bukett. Saftig, balancierte Säurestruktur, mineralisch, feinwürzig, Golden-Delicious-Apfel, guter Speisenbegleiter.

WEINGUT ROTES HAUS
1190 Wien, Pfarrplatz 2
T: +43 (1) 3360197
office@pfarrplatz.at
www.rotes-haus.at

Kellermeister: Dr. Dragos Pavelescu
Kontakt: Gerhard J. Lobner und Paul Kiefer
Produktion: 100 % weiß, 9 Hektar
Zertifiziert: Nachhaltig Austria
Vereinszugehörigkeit: Traditionsweingüter Österreich, WienWein
Messen: Austrian Tasting London, ProWein Düsseldorf, VieVinum, Vinexpo Bordeaux, DAC-Präsentationen

SCHLUMBERGER
WEIN- UND SEKTKELLEREI
1190 Wien
Heiligenstädter Straße 41-43
T: +43 (1) 3682258
services@schlumberger.at
www.schlumberger.at

Kellermeister/Kontakt:
Aurore Jeudy
Anbauweise: Zertifiziert Biologisch
Produktion: 10+250 Hektar
Messen: VieVinum

Schlumberger Kellerwelten

★★★

SCHLUMBERGER WEIN- UND SEKTKELLEREI

BIO

Seit über 180 Jahren steht die Marke Schlumberger für höchste heimische Qualität. Gegründet im Jahr 1842 von Robert Alwin Schlumberger, blickt das Haus auf eine spannende und ereignisreiche Unternehmensgeschichte zurück – von den Anfängen als kleiner Familienbetrieb bis zum Aufstieg zur größten heimischen Sektkellerei. Bei der Sektherstellung nach der Méthode traditionelle legt man großen Wert auf die Verarbeitung ausschließlich österreichischer Trauben und eine größtmögliche heimische Wertschöpfungskette. Um das Bewusstsein für die Verwendungsvielfalt, die regionale Herstellung sowie die hohen Qualitätsstandards des österreichischen Sekts bei den Konsumenten zu stärken, wurde die Qualitätspyramide für Sekt Austria mitentwickelt. Durch die Auslobung auf den Flaschen und die Kennzeichnung mit der rot-weiß-roten Banderole erkennen die Konsumenten somit auf den ersten Blick das Qualitätsniveau eines Sekts. Die Qualitätspyramide dient vor allem als Orientierungshilfe beim Kauf und kennzeichnet österreichische Sekte in drei unterschiedlichen Qualitätsstufen: Sekt Austria, Sekt Austria Reserve und Sekt Austria Große Reserve.

94 ❶ Chardonnay Sekt Austria Große Reserve Brut R. Schlumberger 2017
Deg. 04/2023, 13 Vol.-%, NK, Flaschengärung, €€€€€€
Helles Goldgelb, Silberreflexe, feines, anhaltendes Mousseux. Zart nach gelbem Apfel, dazu etwas Biskuit, ein Hauch von Blütenhonig und kandierten Zesten. Komplex, saftig, elegant, feine Fruchtsüße, finessenreiche Säurestruktur, ein Hauch von Grapefruit, Blütenhonig und Backwerk, gute Länge, dunkelmineralischer Nachhall.

92 ❶ Chardonnay Sekt Austria Reserve Brut 2018
12 Vol.-%, NK, Flaschengärung, €€€€€
Helles Goldgelb, Silberreflexe. Nuancen von Golden-Delicious-Apfel, zart nach Birne und Mandarinenzesten. Straff, engmaschig, weißer Apfel, rassige, präsente Säurestruktur, anregender Stil, salziger Abgang, Limetten im Nachhall, ein mineralischer Aperitif.

92 ❶ Grüner Veltliner Sekt Austria Brut Niederösterreich g.U. Bio 2022
12 Vol.-%, NK, Flaschengärung, €€€ Ⓑ
Helles Goldgelb, Silberreflexe. Zart nach Wiesenkräutern, tabakig unterlegtes frisches weißes Kernobst, florale Nuancen, ein Hauch von Limettenzesten. Straff, elegant, wei-

ßer Apfel, frische Säurestruktur, zitronig-mineralischer Abgang, trinkanimierender Stil.

91 Sekt Austria Brut Sparkling 2021 WR/WB/CH
12 Vol.-%, NK, Flaschengärung, €€€
Helles Gelbgold, Silberreflexe. Zarte gelbe Tropenfrucht, Nuancen von Mango und Apfel, ein Hauch von Blütenhonig. Saftig, elegant, feinfruchtige Süße im Kern, frischer Säurebogen, Blütenhonig im Abgang, bereits gut entwickelt, vielfältig einsetzbar.

93 Pinot Noir Sekt Austria Reserve Brut 2018
12 Vol.-%, NK, Flaschengärung, €€€€€
Helles Lachsrosa, Silberreflexe, feines, anhaltendes Mousseux. Zarte Noten von gelber Frucht, rote Waldbeeren und eingelegte Kirschen, mit kandierten Orangenzesten unterlegt. Saftig, elegant, ein Hauch von Zwetschken und weißem Apfel, gute Frische, harmonisch, zeigt Länge, ein vielseitiger Speisenwein.

91 Sekt Austria Brut Rosé 2022 ZW/PN/SL
12 Vol.-%, NK, Flaschengärung, €€€
Helles Lachsrosa, silberfarbene Reflexe, zartes Mousseux. Rote Waldbeeren, ein Hauch von eingelegten Kirschen, Orangenzesten und weiße Tropenfrucht klingen an. Mittlere Komplexität, zart nach Pfirsich, dezente Fruchtsüße, mineralisch, balancierter Speisenbegleiter.

WEINGUT WALTER WIEN

BIO

Norbert Walter ist gebürtiger Tiroler und in einem landwirtschaftlichen Betrieb in Galtür aufgewachsen. Später zog es ihn immer wieder auf verschiedene Almen in der italienischen Schweiz und in Tirol, wo er insgesamt acht Sommer lang der Käseproduktion nachging. Seit 1989 lebt und arbeitet er in Wien. Auch hier hat er seinen Bezug zur Landwirtschaft nicht verloren. Wien als Großstadt mit eigenem Garten-, Wein-, Obst- und Ackerbau faszinierte ihn von Anfang an. So reifte in ihm schon bald der Wunsch, auch in Wien einer landwirtschaftlichen Tätigkeit nachzugehen, und dieser Traum sollte nach und nach in Erfüllung gehen.
2004 begann Norbert Walter, Rieden am Nussberg, in Sievering und in Oberlaa zu pachten, und schon ein Jahr darauf konnte er mit großer Freude seinen »Erstling«, einen Wiener Riesling, präsentieren. Die Sortenvielfalt wächst seitdem beständig: Sein »www« (Weingut Walter Wien) umfasst heute neben Riesling auch Grünen Veltliner, Gemischten Satz, Chardonnay, Zweigelt und sogar Blaufränkisch. Die Qualität seiner Weine liegt Norbert Walter besonders am Herzen: Naturnaher Weinbau, behutsame Pflege der Weinstöcke und äußerste Sorgfalt bei der Ernte sind die Voraussetzung für ausgezeichnete Tropfen. Seit 2015 ist das Weingut biozertifiziert. Am Bisamberg fand Norbert Walter 2008 einen idyllischen Weingarten mit Weinkeller. Mit viel Engagement und Liebe zum Detail konnte er hier, inmitten der Weingärten, einen ruhigen Platz der Gemütlichkeit für seine Gäste schaffen.

WEINGUT WALTER WIEN
1210 Wien
Untere Jungenberggasse 7
T: +43 (664) 1903469
office@weingut-walter-wien.at
weingut-walter-wien.at

Kellermeister/Kontakt: Norbert Walter
Anbauweise: Zertifiziert Biologisch
Produktion: 12.000 Flaschen
80 % weiß, 20 % rot, 4 Hektar
Messen: ProWein Düsseldorf, VieVinum

92 * Ried Hackenberg 2023
13 Vol.-%, DV, Stahltank, €€€€ B
Helles Grüngelb, Silberreflexe. Frischer Golden-Delicious-Apfel, ein Hauch von Ringlotten, floraler Touch, mit Nuancen von Steinobst unterlegt. Saftig, weißfruchtige Nuan-

cen, zarte Süße, die von einer frischen Säure lebendig gekontert wird, mineralisch und gut anhaftend, ein vielseitiger Speisenbegleiter.

92 * Ried Schmerbern 2023
13 Vol.-%, DV, Stahltank, €€€€ Ⓑ
Helles Goldgelb, Silberreflexe. Zart nach frischer Birne, ein Hauch von Wiesenkräutern, mit kandierten Mandarinenzesten unterlegt. Mittlerer Körper, weißes Kernobst, frisch strukturiert, mineralisch-zitronig im Nachhall, lebendig, animierender Stil.

90 * Bisamberg Stammersdorf 2023
12,5 Vol.-%, DV, Stahltank, €€€ Ⓑ
Helles Gelbgrün, Silberreflexe. Zart floral unterlegte weiße Apfelfrucht, ein Hauch von Birne, mit feinen Wiesenkräutern unterlegt. Mittlerer Körper, weiße Tropenfrucht, frischer Säurebogen, feine Fruchtsüße im Abgang, ein lebendiger Speisenbegleiter.

89 Wiener Gemischter Satz DAC 2023
12 Vol.-%, DV, Stahltank, €€€ Ⓑ

93 Riesling Ried Preussen Nussberg Terrassen 2022
14 Vol.-%, DV, Stahltank, €€€€€ Ⓑ
Mittleres Gelbgrün, Silberreflexe. Frischer Pfirsich, zart nach Tropenfrucht, feiner Blütenhonigtouch, mineralischer Anklang. Kräftig, komplex, nach Ananas und Limetten, frisch strukturiert, feine Fruchtsüße im Nachhall, bleibt haften, gutes weiteres Reifepotenzial.

92 Chardonnay Ried In den jungen Bergen Bisamberg 202
12,5 Vol.-%, DV, Barrique, €€€€ Ⓑ
Helles Grüngelb, Silberreflexe. Zart nach Ananas und Mango, feine Nuancen von Orangenzesten und Wiesenkräutern, mineralischer Touch. Saftig, elegant, harmonisch, feiner Säurebogen, weißer Apfel, etwas Limetten, bereits gut entwickelt und antrinkbar.

★★★★★

WEINGUT WIENINGER

BIO

Wer in Wien einen solchen Namen trägt, ist verpflichtet, das Beste zu geben. Und diesem Auftrag kommt Fritz Wieninger schon seit vielen Jahren gewissenhaft nach: Hier hat sich aus einem traditionsreichen Heurigenbetrieb heraus ein qualitätsorientiertes Top-Weingut entwickelt. Seit einigen Jahren verarbeitet Wieninger Trauben von beiden Seiten des Donauflusses. Mit den besten Lagen am Wiener Nussberg verfügt der dynamische Winzer über ausgezeichnetes Traubenmaterial, und er versteht es, dies in eine umfangreiche Palette von Spitzenweinen zu übersetzen. In Österreich ist Wieninger für seine barriquegereiften Chardonnays und Pinot Noirs aus der Spitzenserie »Grand Select« berühmt, sein cassiswürziger Bordeaux-Blend (Cabernet/Merlot) »Danubis Grand Select« verdient ebenso Beachtung. Eine besondere Spezialität ist der traditionsreiche Wiener Gemischte Satz. Für diesen authentischen Terroirwein stehen die Reben verschiedener Sorten bunt gemischt im Weingarten und bringen ihre spezifischen Charaktereigenschaften ein. Seit dem Jahrgang 2013 wird er außerdem mit dem Prädikat DAC geadelt. Der exportorientierte Betrieb hat als einziges Wiener Weingut eine österreichweite Akzeptanz in der Top-Gastronomie gefunden. Längst ist Wieninger in Sachen Qualitätswein die klare Nummer eins der Metropole, 40 Prozent der Produktion werden in 31 Länder auf drei Kontinenten exportiert. Der Anteil in der Wiener Gastronomie ist in den vergangenen Jahren ebenfalls stark gestiegen. Um den Wiener Spitzenwein noch populärer zu machen, hat sich der Winzer mit den Weingütern Christ, Edlmoser, Cobenzl, Mayer am Pfarrplatz sowie Fuhrgassl-Huber zur Gruppe »WienWein« zusammengetan. Mit dem Jahrgang 2017 sind auch erstmals zwölf Wiener Lagen vom Verein »Traditionsweingüter Österreich« als »Erste Lagen« klassifiziert worden, von denen vier vom Weingut Wieninger bewirtschaftet werden.

94 Ⓢ Sekt Austria Große Reserve Blanc de Noirs Brut Nature 2017
11,5 Vol.-%, NK, Flaschengärung Ⓑ
Helles Strohgelb, zarte Messingreflexe, feines Mousseux. Ein Hauch von weißen Blüten, Limetten, zart nach Zwetschken, ein Hauch von Mandarinenzesten. Straff, engmaschiger, trockener Stil, feine Säurestruktur, minera-

lisch, ein balancierter Speisenbegleiter, saliner Nachhall, gutes Reifepotenzial.

93 ❶ Cuvée Katharina Rosé Brut nature NV Wien Reserve PN/ZW
Deg. 01/2024, 11,5 Vol.-%, NK, Flaschengärung, €€€€ Ⓑ
Mittleres Lachsrosa, Silberreflexe, feines Mousseux. Zart nach Dörrobst, ein Hauch von eingelegten Kirschen, etwas Kletzen, einladender Touch von weißem Nougat. Straff, weißer Apfel, frischer Säurebogen, etwas Backwerk, Steinobst im Nachhall, ein stoffiger Speisenbegleiter.

(95) * Ried Ulm 1ÖTW 2022
13,5 Vol.-%, DIAM, Holzfass, €€€€€ Ⓑ
Helles Grüngelb, Silberreflexe. Zarte gelbe Tropenfrucht, etwas Blütenhonig, mit Mango und Papaya unterlegt, dazu etwas Wiesenkräuter, einladendes Bukett. Straff, weißer Apfel, finessenreich Säurebogen, mineralisch, Limetten im Abgang, salzig und frisch, bereits gut entwickelt, sicheres Reifepotenzial.

95 * Ried Rosengartel 1ÖTW 2022
13 Vol.-%, DIAM, Holzfass, €€€€€ Ⓑ
Helles Strohgelb, Silberreflexe. Zart floral unterlegte Kernobstnuancen, frischer Apfel, etwas Mango, kandierte Orangenzesten. Komplex, saftig, feine Birnenfrucht, frischer Säurebogen, mineralisch-salzig im Abgang, bleibt haften, saliner Rückgeschmack, ein toller Speisenbegleiter.

94 * Ried Falkenberg 1ÖTW JRE 2022
13 Vol.-%, DIAM, Stahltank, €€€€€ Ⓑ
Helles Goldgelb, Silberreflexe. Zart nach gelber Tropenfrucht, floraler Touch, ein Hauch von Mango, kandierte Mandarinenzesten. Mittlerer Körper, zarte Fruchtsüße, nach Birne und Marille, harmonisch und gut anhaftend, mineralisch-seidig im Abgang, ein facettenreicher Speisenwein mit Potenzial.

(93) * Bisamberg 2023
13 Vol.-%, DIAM, Stahltank, €€€€ Ⓑ
Helles Goldgelb, Silberreflexe. Zarte Kräuterwürze, Nuancen von gelber Birne und Mango, tabakige Würze, mit Orangenzesten unterlegt. Saftig, feine Fruchtsüße, ein Hauch von Blütenhonig, frischer Säurebogen, feine Struktur, zitroniger Touch, dezente Süße im Nachhall.

91 Wiener Gemischter Satz DAC 2023
12,5 Vol.-%, DV, Stahltank, €€€ Ⓑ
Helles Strohgelb, Silberreflexe. Zart nach Orangenzesten, feine gelbe Tropenfrucht, etwas Papaya, einladendes Bukett. Mittlerer Körper, weißer Apfel, frisch und lebendig, bleibt haften, macht Lust auf ein zweites Glas.

96 Riesling Ried Rosengartel 1ÖTW 2022
13,5 Vol.-%, DIAM, Stahltank, €€€€€€ Ⓑ
Mittleres Goldgelb, Silberreflexe. Kandierte Orangenzesten, fast rotbeerige Nuancen, facettenreiches Bukett. Komplex, straff, engmaschig, feine Extraktsüße, elegant und gut anhaftend, süße Tropenfrucht im Abgang, mineralisch-salzig, ein facettenreicher Speisenwein mit sicherem Potenzial.

95 Riesling Ried Preussen 1ÖTW 2022
13,5 Vol.-%, DIAM, Stahltank, €€€€€ Ⓑ
Helles Goldgelb, Silberreflexe. Feine Kräuterwürze, zart nach Mango und Ananas, dezenter Blütenhonig. Saftig, feine Fruchtsüße, Lindenblüten im Abgang, mineralisch-zitronig, bleibt lange haften, ein eleganter Speisenwein mit sicherem Reifepotenzial.

95 Riesling Ried Preussen Nussberg 1ÖTW 2022
13,5 Vol.-%, NK Ⓑ
Mittleres Grüngelb, Silberreflexe. Feine gelbe Tropenfrucht, Nuancen von Pfirsich und Blütenhonig, mit einem Hauch von frischen Marillen unterlegt. Komplex, stoffig und elegant, reifer Pfirsich, ausgewogen und anhaftend, dezente Süße im Nachhall, ein vielseitiger Speisenbegleiter, mineralisch im Rückgeschmack.

(93) Riesling Nussberg 2023
13 Vol.-%, DV, Stahltank, €€€€€ Ⓑ
Helles Gelbgrün, Silberreflexe. Zart kräuterwürzig unterlegte Steinobstnuancen, ein Hauch von Tropenfrüchten, kandierte Orangenzesten. Straff, engmaschig, weiße Apfelfrucht, finessenreich strukturiert, salzig im Abgang, bereits gut entwickelt.

(92) Wiener Riesling 2023
13 Vol.-%, DV, Stahltank, €€€ Ⓑ
Helles Gelbgrün, Silberreflexe. Floral, zart nach Hibiskus, ein Hauch von Pfirsich und Limetten. Straff, engmaschig, weiße Frucht, feiner Pfirsich, ein Hauch von Maracuja, lebendig und frisch, zitronige Nuancen im Finale, bietet unkompliziertes Trinkvergnügen.

96 Chardonnay Grand Select 2021
13,5 Vol.-%, DIAM, Holzfass, €€€€€€ Ⓑ
Helles Goldgelb, Silberreflexe. Zarte Holzwürze, ein Hauch von Röstaromen, Noten von reifem gelbem Kernobst, zart nach Feuerstein, rauchig-würzig, sehr einladendes Bukett. Kompakt, straff, feine Nuancen von gelbem Kernobst auch am Gaumen, finessenreich strukturiert, dezentes Karamell im Finish, zeigt große Länge und sicheres Potenzial, burgundische Anmutung.

93 Chardonnay Select 2021
13,5 Vol.-%, DIAM, Holzfass, €€€€€ Ⓑ
Helles Goldgelb, Silberreflexe. Zart nach weißem Nougat, ein Hauch von gelber Apfelfrucht, zarte Tropenfrucht. Saftig, cremig, elegant, dezenter Säurebogen, gut integrierte Mineralik, etwas Karamell im Nachhall, bereits perfekt entwickelt.

WEINGUT WIENINGER

1210 Wien, Stammersdorfer Straße 31
T: +43 (1) 2901012
weingut@wieninger.at
www.wieninger.at

Kellermeister: Luis Teixeira
Kontakt: Fritz Wieninger
Anbauweise: Biodynamisch (respekt)
Produktion: 300.000 Flaschen
67 % weiß, 2 % rosé, 30 % rot, 1 % süß,
55 Hektar
Vereinszugehörigkeit:
Tu Felix Austria, Premium Estates of Austria, respekt-BIODYN, Traditionsweingüter Österreich, Weinbauverband Wien, WienWein
Messen: ProWein Düsseldorf, VieVinum, Summa Margreid

In den Falkenbergen in Stammersdorf

92 Wiener Chardonnay 2023

13 Vol.-%, DV

Helles Goldgelb, Silberreflexe. Zarte weiße Apfelfrucht, ein Hauch von Pfirsich und Orangenzesten. Mittlerer Körper, etwas helles Karamell, feiner Säurebogen, ausgewogen, bereits gut antrinkbar.

95 Grüner Veltliner Ried Preussen 1ÖTW 2022

13,5 Vol.-%, DIAM, Holzfass, €€€€€

Mittleres Grüngelb, Silberreflexe. Feine gelbe Tropenfrucht, zart nach Apfel und Mango, ein Hauch von Ananas, Blütenhonig und Orangen klingen an. Stoffig, weißes Kernobst, frisch und elegant, mineralisch-zitronig, sehr gut anhaftend, kräuterwürziger Nachhall, zeigt Länge und Potenzial.

94 Grüner Veltliner Ried Kaasgraben 2022

13,5 Vol.-%, VL, großes Holzfass, €€€€€

Helles Gelbgrün, Silberreflexe. Noch etwas zurückhaltend, Nuancen von Apfel, floraler Touch, scheues Bukett. Saftig, Nuancen von weißem Kernobst, frischer Säurebogen, zitroniger Touch, mineralisch, salziger Nachhall, ein eleganter Speisenbegleiter.

(93) Grüner Veltliner Nussberg 2023

12,5 Vol.-%, DV, Stahltank, €€€

Helles Gelbgrün, Silberreflexe. Zart tabakig-kräuterwürzig unterlegte Mangonote, kandierte Orangenzesten, rauchige Nuancen. Straff, komplex, gelber Apfel, lebendiger Säurebogen, mineralisch und frisch, gut anhaftend, zitroniger Nachhall, salzig im Rückgeschmack, bereits gut antrinkbar.

(93) Grüner Veltliner Ried Herrnholz 2023

13 Vol.-%, VL, Stahltank, €€€€

Helles Grüngelb, Silberreflexe. Feine Apfelfrucht, ein Hauch von Grapefruitzesten, Ananas, dezent nach Orangen. Straff, engmaschig, weißer Apfel, lebendig und frisch, mineralisch im Abgang, ein anregender Speisenbegleiter, vielfältig einsetzbar.

92 Grüner Veltliner Bisamberg 2023

12,5 Vol.-%, DV, Stahltank, €€€

Mittleres Gelbgrün, Silberreflexe. Zart nach weißem Apfel, etwas Honigmelone, mit frischen Wiesenkräutern unterlegt. Schlank, frisches Kernobst, etwas Golden-Delicious-Apfel, feiner Säurebogen, mineralisch-zitronig, fruchtige Süße im Abgang, vielfältig einsetzbar.

91 Wiener Grüner Veltliner 2023

12 Vol.-%, DV, Stahltank, €€€

Helles Grüngelb, Silberreflexe. Zart tabakig unterlegte gelbe Apfelfrucht, etwas Mango, ein Hauch von Orangenzesten. Schlank, weißes Kernobst, frisch strukturiert, mineralisch, bleibt gut haften, vielfältig einsetzbarer Speisenbegleiter.

(93) Sauvignon Blanc SoMa 2023

13,5 Vol.-%, DIAM, Holzfass, €€€€

Helles Gelbgrün, Silberreflexe. Zart nach Stachelbeeren, ein Hauch von Grapefruit, zarter Holzkuss, einladendes Bukett. Mittlerer Körper, feine Pfirsichfrucht, dezente Säurestruktur, weiße Frucht im Nachhall, zitroniger Touch, bleibt haften, ein dezenter Speisenbegleiter.

91 Wiener Muskateller 2023

12,5 Vol.-%, DV, Stahltank, €€€

Helles Gelbgrün, Silberreflexe. Zarte gelbe Frucht, ein Hauch von Apfel, Pfirsich, dezentes Muskatbukett. Mittlerer Körper, weißes Kernobst, feiner Säurebogen, fruchtige Süße im Abgang, balanciert, ein vielseitiger Sommerwein.

(92) Syrah SoSé 2023
13 Vol.-%, DIAM, Stahltank, €€€ B
Helles Lachsrosa, Silberreflexe. Verhalten, feine rotbeerige Nuancen, zarte Kräuterwürze, Orangenzesten im Hintergrund. Saftig, zart nach eingelegten Kirschen, mineralisch und mit guter Frische ausgestattet, ein feiner Speisenbegleiter.

96 Pinot Noir Grand Select 2021
13 Vol.-%, DIAM, Holzfass, €€€€€€ B
Kräftiges Karmingranat, violette Reflexe, breitere Randaufhellung. Feine Nuancen von Herzkirschen und Waldbeerenkonfit, dezente Edelholzwürze, zart nach Lakritze und Karamell, mit kandierten Orangenzesten unterlegt. Saftig, mittlere Komplexität, feinfruchtig, vermittelt zarte Extraktsüße, mineralisch und frisch im Abgang, rotbeeriger Nachhall, sehr gute Länge, bereits zugänglich.

93 Pinot Noir Select 2021
14 Vol.-%, VL, Holzfass, €€€€€ B
Kräftiges Karmingranat, Ockerreflexe, breite Randaufhellung. Zart floral unterlegte Nuancen von schwarzen Kirschen und Lakritze, kandierte Mandarinenzesten, tabakige Würze. Straff, rotbeerig, mittlerer Körper, zarte Fruchtsüße, rote Kirschen im Abgang, mineralisch-salzig im Nachhall, bereits gut entwickelt.

(94) Merlot Grand Select 2020
13,5 Vol.-%, DIAM, Holzfass, €€€€€ B
Kräftiges Karmingranat, violette Reflexe, zarte Ockerrandaufhellung. Reife Kirschen, zart mit Orangenzesten unterlegt, feine Holznuancen, dezente Kräuterwürze. Kräftig, rotes Waldbeerenkonfit, gut integrierte Tannine, feiner Nougattouch, elegant und anhaftend, mineralischer Nachhall, gute Länge.

(94) St. Laurent Grand Select 2021
12,5 Vol.-%, DIAM, Holzfass, €€€€€ B
Mittleres Rubingranat, violette Reflexe, breite Ockerrandaufhellung. Frische schwarze Waldbeeren, dezente Kräuterwürze, Preiselbeeren, Lakritzte mineralisch, kandierte Orangenzesten. Mittlerer Körper, rotbeerige Frucht, rote Kirschen, finessenreicher Säurebogen, feine Tannine, saftig, salzig und elegant, bleibt gut haften, ein lebendiger Speisenbegleiter, sicheres Reifepotenzial.

(94) Danubis Grand Select 2020 CS/ME/ZW
13,5 Vol.-%, DIAM, Holzfass, €€€€€€ B
Kräftiges Karmingranat, Ockerreflexe, breite Randaufhellung. Feine rotbeerige Nuancen, zart nach Kirschen, feine Kräuterwürze, etwas Edelholz, mit Nougat unterlegt. Komplex, dunkle Beerenfrucht, feine Tannine, angenehme Mineralik, rote Kirschen im Abgang, lebendig und gut entwickelt, zeigt Länge und gutes Reifepotenzial.

93 Wiener Trilogie 2019 ZW/CS/ME
13 Vol.-%, DV, Holzfass, €€€ B
Dunkles Karmingranat, violette Reflexe, breitere Randaufhellung. Mit kandierten Orangenzesten unterlegte rote Kirschen, Ribiseln, Zwetschken, floraler Touch. Saftig, rotbeerig, feine fruchtige Süße, lebendige Säurestruktur, kühler Stil, Rote Johannisbeeren, straff, mineralisch-salzig im Abgang, ein vielseitiger Speisenbegleiter.

WEINGUT FRANZ WIESELTHALER

NEU

Oberlaa ist der gern vergessene Exot in den Wiener Terroirs, aber schon im Jahr 1628 wurde der Name Wieselthaler urkundlich erstmals erwähnt. In den fast vierhundert Jahren seither hat sich allerdings viel verändert. Betrieb man früher eine reine Vieh- und Landwirtschaft, so steht heute nur noch der Weinbau im Fokus. 1950 setzte der Großvater von Franz Wieselthaler die ersten Reben aus. Heute bewirtschaftet man acht Hektar Weingärten. Bereits in vierter Generation wird nun also Wein gekeltert. »Stets mit Respekt vor der Natur und einem sorgfältigen Umgang mit unseren Weingärten legen wir den Grundstein für zukünftige Erzeugnisse unseres Weinguts. Wein ist für uns mehr als nur Alkohol. Wein ist ein wertvolles Naturgut, das in Österreich einen hohen Stellenwert hat«, meint der Wiener Winzer.
Die Großlage Laaerberg umfasst die Weingärten im Südosten Wiens, die in der Katastralgemeinde Oberlaa-Stadt liegen. Mit etwa 24 Hektar bepflanzter Fläche ist sie die zweitkleinste der Wiener Großlagen. Die Weingärten befinden sich auf Seehöhen zwischen 190 und 270 Metern – nach Osten abfallend. Zu den behutsam bewirtschafteten Lagen des Weinguts zählen die Rieden

WEINGUT
FRANZ WIESELTHALER
1100 Wien
Oberlaaer Straße 71
T: +43 (1) 6884716
info@weingut-wieselthaler.at
www.weingut-wieselthaler.at

Kellermeister/Kontakt:
Franz & Michael Wieselthaler
Produktion: 3 % Schaumwein, 80 % weiß, 17 % rosé, 8 Hektar
Vereinszugehörigkeit:
Wiener Heurige, Rebentanz

Chardonnay

Goldberg, Weichseltal und Johannespointen. Bei einer Führung durch den Weinkeller oder in der traditionellen Wiener Buschenschank, die sechs Monate im Jahr geöffnet hat, können die Weine verkostet werden. Ein üppiges Buffet bietet täglich frische Schmankerl für jeden Geschmack – Kümmelbraten und Surschnitzel, aber auch ein saftiges Backhendl, hausgemachte Salate und Aufstriche sind die Klassiker des Hauses.

92 * Ried Weichseltal 2023
13,5 Vol.-%, DV, Stahltank, €€
Mittleres Grüngelb, Silberreflexe. Einladende Tropenfrucht, zart nach Mango und Maracuja, floral, zart nach kandierten Limetten. Saftig, elegant, weißes Kernobst, frisch strukturiert, salzige Mineralik im Abgang, hat Schwung, ein lebendiger Begleiter bei Tisch.

92 * Ried Goldberg 2023
13,5 Vol.-%, DV, Stahltank, €€
Mittleres Gelbgrün, Silberreflexe. Zart tabakig-kräuterwürzig unterlegte gelbe Apfelfrucht, etwas Ananas, einladendes Bukett. Komplex, saftig, weiße Apfelfrucht, finessenreiche Säurestruktur, mineralisch-zitronig im Abgang, ein eleganter Speisenbegleiter.

91 * Oberlaa 2023
13 Vol.-%, DV, Stahltank, €€
Helles Grüngelb, Silberreflexe. Zart nach frischer Mango, ein Hauch von Birne, kandierte Orangenzesten, floral unterlegt. Straff, elegant, weiße Apfelfrucht, feiner Säurebogen, zart salzige Mineralik im Abgang, zugänglicher Stil.

93 Cuvée X Premium Edition by Michael Wieselthaler 2021 GV/WR/SÄ/CH
13,5 Vol.-%, DV, Holzfass, €€€€
Mittleres Grüngelb, Silberreflexe. Feine weiße Tropenfrucht, etwas Weingartenpfirsich, floraler Touch, mit kandierten Mandarinenzesten unterlegt. Stoffig, elegant, ein Hauch von Fruchtsüße und Kokos, Nuancen von Maracuja, feines Säurespiel, fruchtige Süße im Nachhall, zeigt Länge und Potenzial.

91 Grüner Veltliner Ried Goldberg 2022
12,5 Vol.-%, DV, Holzfass, €€
Helles Grüngelb, Silberreflexe. Zurückhaltend, zarte Wiesenkräuter, tabakige Nuancen, mit feinem gelbem Apfel unterlegt. Mittlerer Körper, feine weiße Birnenfrucht, frisch strukturiert, Blütenhonig im Abgang, zitroniger Rückgeschmack.

90 Chardonnay 2023
13,5 Vol.-%, DV, Stahltank, €€
Mittleres Goldgelb, Silberreflexe. Mit Wiesenkräutern unterlegte gelbe Tropenfrucht, nach Mango und Blütenhonig, einladendes Bukett. Saftig, kräftig, reife gelbe Apfelfrucht, feiner Säurebogen, harmonisch, mineralischer Nachhall, ein fruchtiger Speisenbegleiter.

* Wiener Gemischter Satz DAC

NIEDER-ÖSTERREICH

GROSSES WEINLAND AN DER DONAU

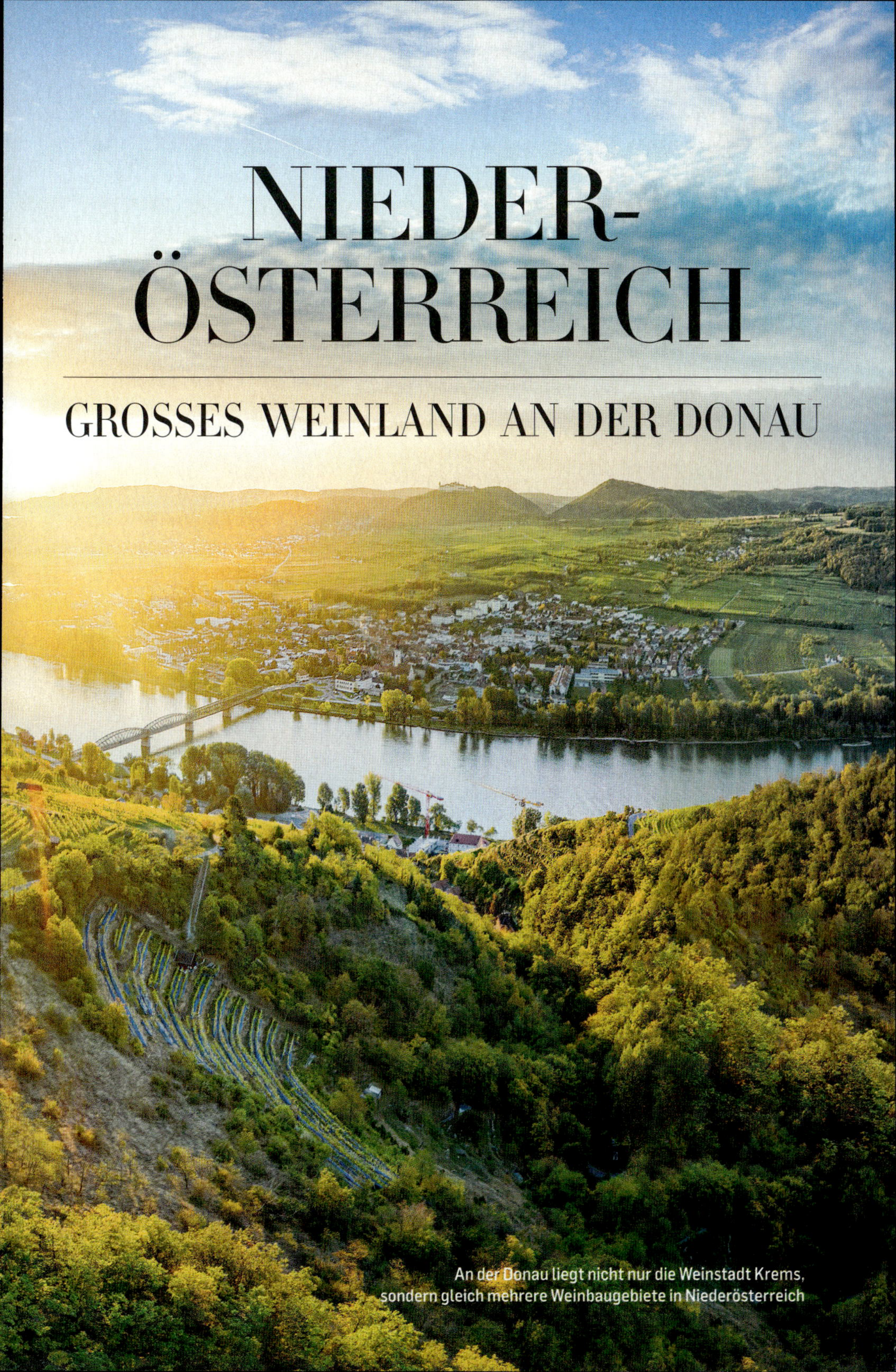

An der Donau liegt nicht nur die Weinstadt Krems, sondern gleich mehrere Weinbaugebiete in Niederösterreich

Weißenkirchen in der Wachau

VIELFALT HAT EINEN NAMEN

Niederösterreich ist Österreichs größtes Qualitätsweinbaugebiet. Unter seinem Namen vereint sich ein reichhaltiges Potenzial von Weinherkünften und Weinstilen heimischer Weinraritäten, aber auch internationaler Rebsorten. Die acht in Niederösterreich beheimateten spezifischen Weinbaugebiete Wachau, Kremstal, Kamptal, Traisental, Wagram, Weinviertel, Thermenregion und Carnuntum lassen sich grob in drei Klimaräume einteilen: das Weinviertel im Norden, den Donauraum westlich und das pannonische Niederösterreich südlich und östlich von Wien.

Das große Weinviertel sorgte 2003 für positive Schlagzeilen, als es sich entschloss, nur noch seinen Paradewein, den pfeffrigen Grünen Veltliner, unter dem Namen Weinviertel zu vermarkten. Seitdem garantiert die Bezeichnung »Weinviertel DAC« auf dem Etikett pfeffrig-würzige, frische Veltliner im Glas. Die vielfältige Sortenpalette von frischen Weißweinen, fruchtigen Rotweinen und sogar Süßweinspezialitäten aus dem Weinviertel findet man unter der Herkunftsbezeichnung »Niederösterreich«. Entlang der Donau von Melk bis Klosterneuburg und ihren Nebenflüssen Krems, Traisen und Kamp entdeckt man herrliche Weinorte, aufgefädelt wie an einer Perlenkette. Hier hat sich neben dem Grünen Veltliner auch der Riesling als Flaggschiff positioniert. Diese beiden Rebsorten finden im Kremstal DAC, Kamptal DAC, Traisental DAC und nun auch im Wachau DAC ihre typischen Ausprägungen. Die steilen Urgesteinslagen der Wachau gehen im östlichen Teil des benachbarten Kremstals in Lössterrassen über, die den Weincharakter auch am Wagram prägen.
Südlich von Krems, also auch im Traisental, dominiert Konglomeratboden mit zahlreichen Kalkinseln. Im Kamptal verleihen vorwiegend

Urgesteinsböden den Weinen unverkennbaren Charakter. Spezialitäten wie Roter Veltliner, Weißburgunder, Chardonnay, aber auch elegante Rotweine aus diesen Teilen Niederösterreichs runden das Bild ab.
Im pannonischen Niederösterreich südlich und östlich von Wien wachsen einige der herausragendsten Rotweine Österreichs, wobei in Carnuntum der Zweigelt und der Blaufränkisch, in der Thermenregion der Sankt Laurent und Blauer Burgunder den Ton angeben. Und überall finden sich Spezialitäten, wie Zierfandler und Rotgipfler um Gumpoldskirchen, aber auch edelsüße Raritäten sowie moderne rote Cuvées. Niederösterreich, das ist die Vielfalt aus dem weiten Land der großen Weine.

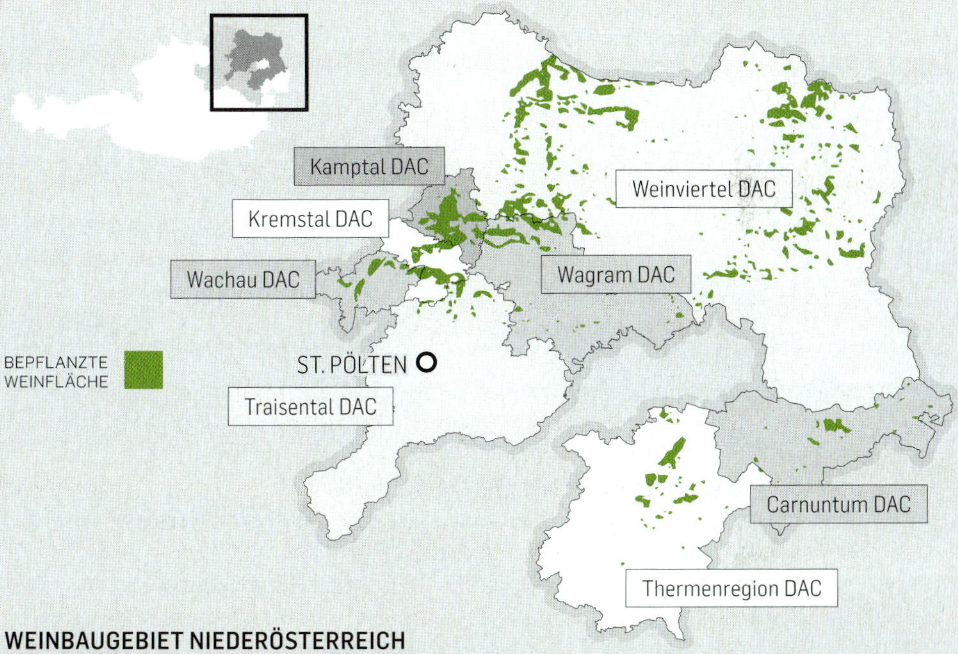

WEINBAUGEBIET NIEDERÖSTERREICH

Österreich gesamt	**44.728 ha**
Weinbaugebiet Niederösterreich	**27.074 ha (60,5 %)**
SPEZIFISCHE WEINBAUGEBIETE	
Carnuntum DAC	832 ha
Kamptal DAC	3.574 ha
Kremstal DAC	2.252 ha
Thermenregion DAC	2.872 ha
Traisental DAC	848 ha
Wachau DAC	1.323 ha
Wagram DAC	2.459 ha
Weinviertel DAC	13.911 ha

Weißweinfläche insgesamt	**20.859 ha**	**(77 %)**
Grüner Veltliner	13.284 ha	(49 %)
Riesling	1.804 ha	(6,7 %)
Welschriesling	1.112 ha	(4,1 %)
Müller-Thurgau	874 ha	(3,2 %)
Weißburgunder	695 ha	(2,6 %)
Rotweinfläche insgesamt	**6.227 ha**	**(23 %)**
Zweigelt	3.478 ha	(12,8 %)
Blauer Portugieser	479 ha	(1,8 %)
Blauburger	371 ha	(1,4 %)
Pinot Noir	291 ha	(1,1 %)
Sankt Laurent	290 ha	(1,1 %)

Der Kirchweingarten bei Höflein

NIEDERÖSTERREICH

CARNUNTUM

DAC

HISTORISCHE STÄTTEN, ELEGANTE ROTWEINE

Archäologen liefern Zeugnisse der römischen Kultur aus dem geschichtsträchtigen Boden von Carnuntum. Doch ebenso erstaunlich sind die »Bodenschätze« von den rund 832 Hektar Rebfläche, allen voran regionaltypische Rotweine. Als »Rubin Carnuntum« mit dem Symbol des Heidentors am Etikett verstärken sie die Identität des Gebiets und unterliegen nun auch der DAC-Pyramide.

Das Weinbaugebiet Carnuntum erstreckt sich östlich von Wien bis an die Grenze zur Slowakei. Die Weingärten dehnen sich südlich der Donau über drei Hügellandschaften aus: das Leithagebirge, das Arbesthaler Hügelland und die Hainburger Berge. Steinige, schwere Böden mit Lehm und Löss, Sand und Schotter bieten besonders den Rotweinsorten beste Bedingungen. An der Spitze steht die heimische Leitsorte Blauer Zweigelt, als Jungwein mit der Zusatzbezeichnung »Rubin Carnuntum«, flankiert von St. Laurent und Pinot Noir sowie den internationalen Sorten wie Cabernet Sauvignon, Merlot und Syrah. Eine Renaissance erlebt der Blaufränkisch, der in der Region um Prellenkirchen, speziell am Spitzerberg, ideale Bedingungen vorfindet wie kaum sonst wo in Niederösterreich. Das pannonische Klima mit seinen heißen Sommern und kalten Wintern, die Nähe der Donau und auch der auf die Temperatur ausgleichend wirkende Neusiedler See lassen die blauen Trauben voll ausreifen. Dieses natürliche Potenzial wusste die junge Winzergeneration zu nutzen und führte das Gebiet innerhalb kurzer Zeit an die Spitze: mit harmonischen Rotweinen, die Frucht und Eleganz vereinen. Modern in der Stilistik, aber eigenständig und der Herkunft verpflichtet. Bei alldem soll nicht vergessen werden, dass sich auch Weißweine – speziell Grüner Veltliner, jüngst vermehrt Sauvignon Blanc und die Burgundersorten – hier durch Struktur und Kraft auszeichnen. Ab sofort unterliegen die Sorten Zweigelt und Blaufränkisch sowie von diesen beiden Sorten geprägte Cuvées ebenso der DAC-Pyramide Gebiets-, Orts- und Riedenwein wie die weißen Sorten Chardonnay, Weißburgunder und Grüner Veltliner. Besucher der glanzvoll renovierten Barockschlösser im nahen Marchfeld, des Archäologieparks Carnuntum, des Nationalparks Donau-Auen und nicht zuletzt das Einzugsgebiet der slowakischen Hauptstadt Bratislava eröffnen zahlreiche Chancen für die Winzer, die Vorzüge der Carnuntum-Weine vorzustellen. Weinorte wie Göttlesbrunn, Höflein, Arbesthal, Stixneusiedl oder Prellenkirchen bieten gemütliche Heurige und waren von jeher Anziehungspunkte für Ausflügler, vor allem durch die Nähe zu Wien. Außerdem nimmt die Gastronomie immer mehr Aufschwung. Und dort sind gebietstypische Weine die klare Nummer eins auf den Weinkarten, passen sie doch hervorragend zur regionalen Küche.

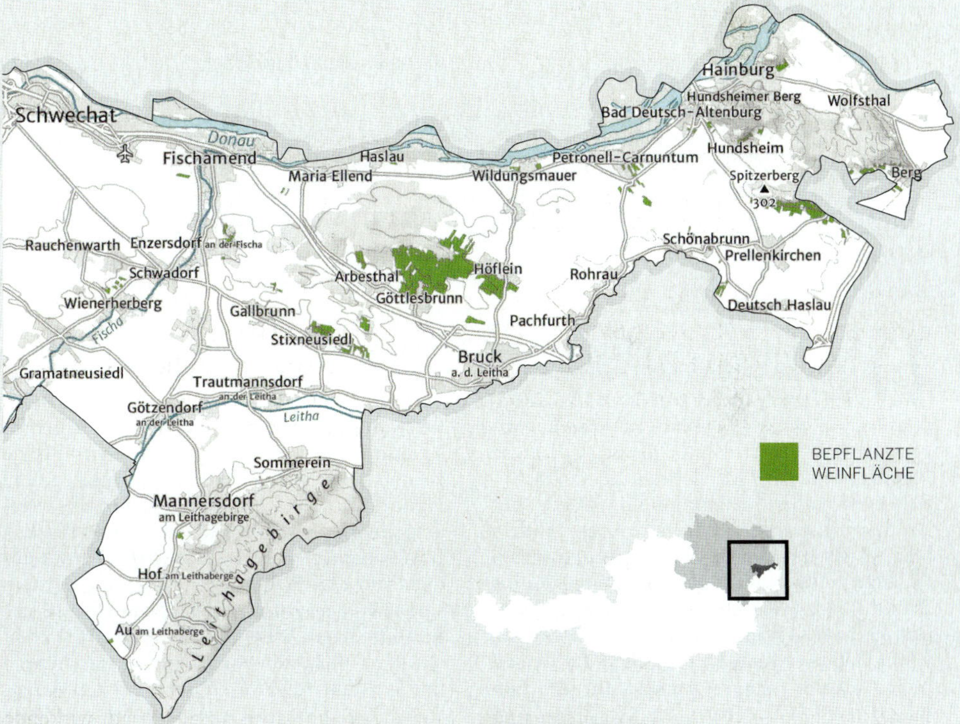

CARNUNTUM DAC

Österreich gesamt	**44.728 ha**
Weinbaugebiet Niederösterreich	**27.074 ha**
Carnuntum DAC	**832 ha**

AUSGEWÄHLTE WEINGÜTER

★★★★★

Weingut Philipp Grassl, Göttlesbrunn
Weingut Gerhard Markowitsch, Göttlesbrunn

★★★★

Weingut Artner, Höflein
Weingut Walter Glatzer, Göttlesbrunn
Weingut Franz und Christine Netzl, Göttlesbrunn
Bio-Weingut Robert Payr, Höflein
Weingut Taferner, Göttlesbrunn

★★★

Meinrad Markowitsch, Göttlesbrunn
Weingut Gerhard Pimpel, Göttlesbrunn
Ing. Johannes Pitnauer, Göttlesbrunn

★★

Weingut Böheim, Göttlesbrunn-Arbesthal
Weingut Lukas Markowitsch, Göttlesbrunn
Weingut Andreas Muhr, Stixneusiedl
Weingut Martin Netzl, Göttlesbrunn
Weingut Oppelmayer, Göttlesbrunn

★

Michaela Riedmüller Weine, Hainburg a.d. Donau

★★★★

WEINGUT ARTNER

BIO

Die Geschichte des Weinguts Artner reicht bis ins Jahr 1650 zurück. Schon die Vorfahren erkannten das Potenzial der Region für den Weinbau. In dem ehemals gemischten landwirtschaftlichen Betrieb hat die Familie seit den 1980er-Jahren den Fokus immer mehr auf die Produktion von Weinen mit Authentizität und Charakter gelegt. Höflein liegt im Weinbaugebiet Carnuntum, das sich östlich von Wien und südlich der Donau bis zur slowakischen Grenze erstreckt. Kräftige Löss- und karge Kalkböden sowie das pannonische Klima mit dem kühlenden Einfluss der Donau bieten ideale Voraussetzungen für die hier wachsenden Weinreben. Seit der Betrieb im Jahr 2018 in den Kreis der »Traditionsweingüter Österreich« aufgenommen wurde, steht das Thema Herkunft bei der Arbeit im Weingarten noch mehr im Fokus. Die Mitglieder des Vereins sehen es als ihre Verpflichtung, die Charakteristika ihrer Gegend, ihrer Böden, ihres Klimas, ihrer Sorten und ihrer Keller in den Weinen zum Ausdruck zu bringen.

Hannes Artner, der das Weingut von seinem Vater übernommen hat und als kreativer Pionier den Betrieb schon in jungen Jahren qualitativ ausgerichtet hat, sein Sohn Peter, der als Kellermeister sein gesamtes Wissen und seine Leidenschaft für die Weine einbringt, sowie Hannes' Bruder Christoph, der für den internationalen Vertrieb und zu Hause für das Büro verantwortlich ist: Sie alle ziehen gemeinsam an einem Strang, denn die Artners sind eben eine Familie, die sich durch Zusammenhalt, harte Arbeit, Weitergabe von Wissen sowie das Erlernen von Neuem auszeichnet – und letztlich auch durch den Glauben daran, dass es sich lohnt, niemals vom eigenen Qualitätsanspruch abzurücken. Inzwischen werden 45 Hektar Weingärten bewirtschaftet, und mit dem Jahrgang 2021 ist das Weingut Artner als biologischer Betrieb zertifiziert.

(91) Grüner Veltliner * Ried Kirchberg 2023
13,5 Vol.-%, DV, €€€ B
Mittleres Grüngelb, Silberreflexe. Frische gelbe Apfel-

WEINGUT ARTNER

2465 Höflein, Dorfstraße 93
T: +43 (2162) 63142
weingut@artner.co.at, www.artner.co.at

Kellermeister: Peter Artner
Kontakt: Hannes und Christoph Artner
Anbauweise: Zertifiziert Biologisch (Bio Austria)
Produktion: 40 % weiß, 60 % rot, 45 Hektar
Vereinszugehörigkeit: Traditionsweingüter Österreich, Die Rubin Carnuntum Weingüter
Messen: Austrian Tasting London, ÖGW Zürich, ProWein Düsseldorf, London Wine Fair, VieVinum, DAC-Präsentationen, Hong Kong International Wine & Spirits Fair

Peter, Hannes und Christoph Artner

frucht, dezente Kräuterwürze, tabakige Nuancen, mit kandierten Orangenzesten unterlegt. Saftig, elegant, feine Fruchtsüße, frischer Säurebogen, zart nach Marille im Nachhall, bereits entwickelt und gut antrinkbar.

(90) * Höflein Weiss 2023 CH/GV
13 Vol.-%, DV, €€€ B
Mittleres Gelbgrün, Silberreflexe. Zart floral, ein Hauch von Pfirsich, feine weiße Beerenfrucht, einladendes Bukett. Saftig, frisches Kernobst, lebendig strukturiert, gelbe Birne im Abgang, mineralisch-zitroniges Finale.

94 Chardonnay massive a. [weiss] 2022
14,5 Vol.-%, NK, €€€€€ B
Leuchtendes mittleres Grüngelb, Silberreflexe. Feine gelbe Pfirsichfrucht, ein Hauch von Vanille und Holzwürze, dezenter Blütenhonig, weißes Nougat, kandierte Orangenzesten. Saftig, elegant, feine Tropenfrucht, finessenreicher Säurebogen, balanciert und lange anhaftend, Limetten im Nachhall, bereits zugänglich, zeigt Länge und Potenzial.

(93) * Amarok 2022 ZW/BF/SY/ME
13,5 Vol.-%, NK, €€€€€ B
Tiefdunkles Rubingranat, opaker Kern, violette Reflexe, zarte Randaufhellung. Zarte Röstaromen, etwas Nougat, schwarze Beeren, ein Hauch Lakritze, zart nach Vanille, einladendes Bukett. Saftig, Brombeerfrucht, feine Tannine, gute Frische, zartes Karamell im Abgang, bereits antrinkbar.

93 * Ried Aubühl 1ÖTW 2021 ZW/BF
14 Vol.-%, NK, €€€€€ B
Dunkles Rubingranat, fester Kern, violette Reflexe, breitere Ockerrandaufhellung. Tabakig, dunkle Beeren, zart nach frischen Zwetschken, kandierte Orangenzesten, ein Hauch von Kräutern und Minze. Kraftvoll, feinwürzig, rote Kirschen, reife, tragende Tannine, frisch strukturiert, salzig-mineralisch im Abgang, feinwürziger Nachhall, facettenreicher Speisenbegleiter.

91 * Höflein Rot 2022 ZW/BF/ME
13,5 Vol.-%, NK, €€€ B
Dunkles Rubingranat, opaker Kern, violette Reflexe, zarte Randaufhellung. Zart nach Lakritze, dazu rote Kirschen, etwas Preiselbeeren, mit Mandarinenzesten unterlegt. Mittlerer Körper, reife Zwetschkenfrucht, feine Säurestruktur, mineralisch im Abgang.

95 massive a. [rot] 2021 SY/ZW/BF
14,5 Vol.-%, NK, €€€€€€ B
Dunkles Rubingranat, opaker Kern, violette Reflexe, zarte Ockerrandaufhellung. Nuancen von Kokos und Vanille, reife rote Herzkirschen, zart nach Lakritze und Waldbeeren, ein Hauch von hellem Karamell. Komplex, saftig, rotbeerig, feine, tragende Tannine, frisch strukturiert, mineralisch und lange anhaftend, wird von Flaschenreife profitieren.

94 Zweigelt * Ried Steinäcker 1ÖTW 2021
14 Vol.-%, NK, €€€€€ B
Dunkles Rubingranat, violette Reflexe, breitere Ockerrandaufhellung. Reife Zwetschken, Brombeeren, Herzkirschen, etwas Nougat und Feigen, kandierte Orangenzesten, einladendes Bukett. Saftig, komplex, extraktsüße Textur, runde Tannine, stoffig, elegant und lange anhaftend, feines Nougat im Abgang, zeigt Länge und Reifepotenzial, bereits gut antrinkbar.

* Carnuntum DAC

90 Zweigelt * Rubin Carnuntum 2022
13,5 Vol.-%, NK, €€€
Leuchtendes Rubingranat, violette Reflexe, zarte Randaufhellung. Frisches rotes Waldbeerenkonfit, Nuancen von Herzkirschen, zarte Kräuterwürze. Mittlerer Körper, saftig, leichtfüßig, feine Tannine, mineralisch und zugänglich.

93 Blaufränkisch * Ried Kirchweingarten 1ÖTW 2021
14 Vol.-%, NK, €€€€€
Dunkles Rubingranat, violette Reflexe, breitere Ockerrandaufhellung. Zarte Kräuterwürze, Brombeerkonfit, schwarze Kirschen, ein Hauch von Zwetschken, Nougat, kandierte Orangenzesten, Tabak. Saftig, elegant, rotbeerig, feine Fruchtsüße, reife, gut integrierte Tannine, harmonisch, mineralisch im Abgang, gute Länge, bereits zugänglich, hat Potenzial.

(94) Syrah and ever 2022
14 Vol.-%, NK, €€€€€
Dunkles Rubingranat, opaker Kern, violette Reflexe, zarte Randaufhellung. Schwarze Waldbeeren, Lakritze und Vanille, feiner Edelholztouch, einladendes Bukett. Komplex, kräftig, reife Kirschen, präsente Tannine, Nelken und Nougat, wird von Flaschenreife profitieren.

★★

WEINGUT BÖHEIM

Das Vater-Tochter-Gespann Johann und Stefanie Böheim aus Arbesthal sorgt im Weinbaugebiet Carnuntum für Aufsehen. Es trifft hier Tradition auf Moderne: »In unserem Gespann aus zwei Generationen bilden wir eine Einheit, aber keine Einheit, die von vornherein perfekt und reibungslos abläuft, denn erst durch unsere jeweiligen Eigenarten geben wir den Weinen Charakter und bieten uns gegenseitig einen sicheren Boden, um Neues auszuprobieren. Wir ergänzen uns in Wissen und Experimentierfreude sowie in Tradition und frischem Wind. So verleihen wir unseren Weinen ihre ganz eigene Handschrift«, erklärt Johann Böheim.

WEINGUT BÖHEIM
2464 Göttlesbrunn-Arbesthal
Hauptstraße 38
T: +43 (2162) 8859
wein@gut-boeheim.at
www.gut-boeheim.at

Kellermeister/Kontakt:
Johann und Stefanie Böheim
Produktion: 50 % weiß, 50 % rot, 20 Hektar
Zertifiziert: Nachhaltig Austria
Vereinszugehörigkeit:
Die Rubin Carnuntum Weingüter, Traditionsweingüter Österreich
Messen: ProWein Düsseldorf, VieVinum

92 Sekt 2022 GV/CH
12,5 Vol.-%, NK, Flaschengärung, €€€€
Helles Gelbgrün, Silberreflexe, feines Mousseux. Frisches weißes Kernobst, Nuancen von Ananas und Litschis im Hintergrund, florale Noten. Mittlerer Körper, weißer Apfel, zart nach Pfirsich, frisch strukturiert, harmonisch, gelbe Tropenfrucht im Nachhall.

91 Chardonnay * 2023
13,5 Vol.-%, DV, Stahltank, €€€
Helles Grüngelb, Silberreflexe. Zart nach Mango und Pfirsich, ein Hauch von Wiesenkräutern, mit Orangenzesten unterlegt. Mittlerer Körper, saftig, feines Steinobst, lebendig strukturiert, mineralisch unterlegt, fruchtiger Stil.

91 Grüner Veltliner * Alte Reben 2023
13,5 Vol.-%, DV, Teilbarrique, €€€
Helles Gelbgrün, Silberreflexe. Zart floral unterlegte reife gelbe Apfelfrucht, zart nach Marille, ein Hauch von Blütenhonig. Mittlere Komplexität, feine Fruchtsüße, samtige Textur, elegant und anhaftend, ein vielseitiger, balancierter Speisenbegleiter.

90 Weißburgunder * 2022
13,5 Vol.-%, DV, Teilbarrique, €€€
Helles Grüngelb, Silberreflexe. Feine gelbe Birnenfrucht, zart nach Blütenhonig, ein Hauch von hellem Karamell, einladendes Bukett. Mittlere Komplexität, feines Kernobst, dezenter Säurebogen, bietet unkompliziertes Trinkvergnügen.

(94) * Privat 2021 BF/ZW/ME
14 Vol.-%, NK, Barrique, €€€€€€
Tiefdunkles Rubingranat, opaker Kern, violette Reflexe, zarte Randaufhellung. Feine Edelholznuancen, ein Hauch von Cassis und Lakritze, schwarze Herzkirschen, etwas Nougat, einladendes Bukett. Komplex, saftig, feine Brombeerfrucht, reife Tannine, mineralisch und lange anhaftend, zart salzig im Finale, verfügt über Länge und Reifepotenzial.

(90) Zweigelt * Rubin Carnuntum 2022
13,5 Vol.-%, DV, großes Holzfass, €€€
Tiefdunkles Rubingranat, opaker Kern, violette Reflexe, zarte Randaufhellung. Frische Kirsche, ein Hauch von Zwetschken, feine Kräuterwürze, floraler Touch. Mittlere Komplexität, schwarze Herzkirschen, frisch strukturiert, mineralisch, bereits gut antrinkbar.

★★★★

WEINGUT WALTER GLATZER

BIO

In jede Flasche Wein lässt Familie Glatzer ihre Liebe zum Handwerk einfließen. Auf insgesamt knapp 50 Hektar Weinbaufläche gedeihen rote und weiße Trauben, deren Charakter von der Natur und dem Witterungsverlauf geprägt ist. Mit dem Jahrgang 2018 wurden erstmals Weine mit Biozertifikat auf den Markt gebracht. Die Weißweine werden fruchtig-mineralisch ausgebaut und haben eine dem Jahrgang angepasste Typizität. Alle Rotweine, die rund 65 Prozent der Rebflächen ausmachen, werden parzellengenau in Stahltanks oder Holzgärständern auf der Maische vergoren und anschließend in Barriques und großen Holzfässern bis zu 15 Monate lang ausgebaut.

Neu im Programm sind ein Göttlesbrunner Ortswein vom Blaufränkisch, ein Weißburgunder-Ortswein und eine Weißwein-Cuvée mit der Bezeichnung »Göttlesbrunn Weiß«. Als Vorreiter der Ortsweine in Carnuntum gilt die Cuvée »Gotinsprun«, die schon seit 1992 von Walter Glatzer gekeltert wird. Der St. Laurent Altenberg wurde aufgrund der neuen DAC-Regeln in St. Laurent Alte Reben umbenannt.
Seit 2019 ist das Weingut Glatzer Mitglied der »Traditionsweingüter Österreich«. Die 1ÖTW-Lagenweine sind der Zweigelt Ried Haidacker, die Cuvée Ried Rosenberg und der Blaufränkisch Ried Bärnreiser. Tochter Hanna macht in-

© Weingut Glatzer

WEINGUT WALTER GLATZER
2464 Göttlesbrunn
Rosenbergstraße 5
T: +43 (2162) 8486
info@weingutglatzer.at
www.weingutglatzer.at

Kellermeister/Kontakt:
Walter Glatzer
Anbauweise: Zertifiziert Biologisch
Produktion: 250.000 Flaschen
30 % weiß, 5 % rosé, 65 % rot,
38+10 Hektar
Vereinszugehörigkeit:
Die Rubin Carnuntum Weingüter,
Traditionsweingüter Österreich
Messen: ProWein Düsseldorf,
VieVinum, DAC-Präsentationen

Familie Glatzer

zwischen schon ihren vierten Jahrgang von »Hannas Bunte Weine«. Bei diesem Projekt dürfen Traminer, Welschriesling, Cabernet und Pinot das machen, was sie wollen.

91 Weißburgunder * Göttlesbrunn 2022
13 Vol.-%, DIAM, 500-l-Fass, €€€ B
Leuchtendes Grüngelb, Silberreflexe. Zartes Karamell, frische gelbe Birnenfrucht, ein Hauch von reifer Mango, einladendes Bukett. Saftig, cremig, gelbes Steinobst, rund und harmonisch, ein feiner, vielseitiger Speisenbegleiter.

94 * Göttlesbrunn Gotinsprun 2022 BF/ZW/ME/SY
14 Vol.-%, NK, 500-l-Fass, €€€€€ B
Dunkles Rubingranat, violette Reflexe, zarte Randaufhellung. Dunkle Beerenfrucht, ein Hauch von Orangenzesten, zart nach Kardamom, mit Holzwürze unterlegt. Gute Komplexität, saftig, gut eingebundene Tanninstruktur, mineralisch, rote Waldbeerenfrucht, tabakiges Finish, guter Speisenbegleiter mit Potenzial.

94 * Göttlesbrunn Ried Rosenberg 1ÖTW 2022 BF/ZW/ME
14 Vol.-%, NK, gebrauchte Barriques, €€€€€ B H I
Tiefdunkles Rubingranat, violette Reflexe, zarte Randaufhellung. Feine Tabakwürze, etwas nach Johannisbeeren, ein Hauch von schwarzen Beeren, etwas Orangenzesten, zarte Reduktion. Gute Komplexität, saftig, dunkle Beerenfrucht, etwas Holznuancen im Abgang, salziger Nachhall, vielschichtig, sicheres Potenzial.

(93) Zweigelt * Ried Haidacker 1ÖTW 2022
13,5 Vol.-%, NK, 500-l-Fass, €€€€€ B H I
Dunkles Rubingranat, violette Reflexe, zarter Wasserrand. Einladendes Bukett nach Herzkirschen und Wiesenkräutern, zart nach Blutorangen, mit feiner Holzwürze unterlegt. Saftig, engmaschig, gut eingebundene Tannine, dunkle Beerenfrucht, lang anhaltend, zart nach Gewürzen, bleibt sehr gut haften, wird von Flaschenreife profitieren.

(93) Blaufränkisch * Ried Bärnreiser 1ÖTW 2022
14 Vol.-%, NK, 500-l-Fass, €€€€€ B H I
Dunkles Rubingranat, violette Reflexe, zarte Randaufhellung. Dunkles Waldbeerenkonfit, etwas nach Orangenschalen, ein Hauch von Holzwürze, etwas Lakritze, floraler Touch. Komplex, engmaschig, tragende Tanninstruktur, leichtfüßig, Noten von schwarzen Kirschen, mineralisch, bleibt sehr gut haften, wird von Flaschenreife profitieren.

(93) Sankt Laurent Alte Reben 2022
13,5 Vol.-%, NK, 500-l-Fass, €€€€ B F
Kräftiges Rubingranat, violette Reflexe, zarte Randaufhellung. Feine Kirschfrucht, etwas vegetale Nuancen, ein Hauch von Mandarinenzesten, rote Beerenfrucht klingt an. Saftig, elegant, feine Säurestruktur, mineralisch, wirkt leichtfüßig, Kirschnoten im Abgang, salziger Nachhall, guter Speisenbegleiter.

90 Pinot Noir Hanna Glatzer Bunte Weine 2022
12,5 Vol.-%, DIAM, großes Holzfass, €€€€ B I
Mittleres Rubingranat, violette Reflexe, breitere Randaufhellung. Feine Tabak-Kräuter-Würze, rote Kirschfrucht, zarte Reduktion, kandierte Mandarinenzesten. Mittlerer Körper, feine Säurestruktur, rotbeerige Fruchtnuancen, Wiesenkräuter klingen an, mineralischer Nachhall, bereits gut antrinkbar.

★★★★★

WEINGUT PHILIPP GRASSL

BIO

Das Weingut Grassl ist mit 30 Hektar Eigenfläche relativ klein, aber fein und überschaubar. Die Grassls sind geradlinige Menschen und mögen daher klare Linien. Ihr Konzept: Schwerpunkt bei den Rotweinen, durchdachtes und dabei straffes Sortiment, puristisch im Auftritt nach außen, funktioneller Keller, Etiketten ohne Schnickschnack, keine Modeweine. Was zählt, ist die Qualität. Das Haus Grassl, das biozertifiziert ist, erzeugt im besten Sinne des Wortes »erdverbundene« Weine, dies aber auf internationalem Qualitätsniveau: Die heimischen Sorten Zweigelt, Blaufränkisch und St. Laurent sind die wichtigsten, sie sind zu mindestens 50 Prozent auch in allen Cuvées enthalten. Cabernet, Merlot und Syrah sollen die vorhandenen Stärken des Zweigelts lediglich besser zur Geltung bringen. Statt wie früher 3.500 stehen heute in den Weingärten 5.000 bis 6.500 Stöcke pro Hektar. Im Keller arbeitet man penibel ohne Intervention und behandelt die Trauben so schonend wie möglich, um deren hohe Qualität dann auch in die Flasche zu bekommen. Weißweine und klassische Rotweine werden im Edelstahltank oder in großen Holzfässern vergoren und gereift. Die Premium-Rotweine werden in Holzgärständern – teilweise mit den Naturhefen aus dem Weingarten – vergoren, der Maischekuchen wird händisch untergetaucht. Die Premium-Rotweine, die Cuvées »Bärnreiser« und »Neuberg« sowie der St. Laurent reifen in französischen Barriques und/oder in 500-Liter-Fässern bzw. Tonneaux. Ein Teil der Fässer wird jährlich erneuert, um die dunklen Fruchtaromen durch die Struktur des Holzes zu stützen. Die Holznote ist nicht überbetont, sondern begleitet und verfeinert den Ausbau bis zur Abfüllung. 75 Prozent der Produktion sind Rotweine, die Hälfte davon macht die Leitsorte Zweigelt aus. 25 Prozent entfallen auf Pinot Noir und St. Laurent, eine Tradition und Besonderheit des Weinguts. Die restlichen 25 Prozent verteilen sich auf Blaufränkisch, Merlot und andere internationale Rebsorten. Philipp Grassl wurde 2018 zum »Falstaff Winzer des Jahres« gekürt, und auch bei der Falstaff-Rotweinprämierung steht er immer wieder auf der Siegerbühne – im Herbst 2020 stand er endlich ganz oben!

93 Chardonnay * Ried Rothenberg 2022
13,5 Vol.-%, NK, Tonneaux Fass, €€€€€ Ⓑ

Helles Grüngelb, Silberreflexe. Zart floral unterlegte weiße Apfelfrucht, ein Hauch von Pfirsich und Limetten, mineralischer Touch. Saftig, elegant, feine gelbe Tropenfrucht, feiner Säurebogen, helles Nougat und Ananas, stoffiger Nachhall, bereits gut antrinkbar, verfügt über Entwicklungspotenzial.

93 Welschriesling Alte Reben Weiss 2022
13,8 Vol.-%, NK, Amphore, €€€€€ Ⓑ

Helles Gelbgrün, Silberreflexe. Zart nach Walnuss und frischer Birne, mit zarten Wiesenkräutern unterlegt, ein Hauch von Mandarinenzesten. Saftig, kräftig, cremige Textur, feiner Säurebogen, dezente Extraktsüße, mineralischer Nachhall, salziger Rückgeschmack, bereits entwickelt, ein facettenreicher, würziger Speisenbegleiter.

(95) * Ried Bärnreiser 1ÖTW 2022 ZW/ME/BF
14 Vol.-%, NK, kleines Holzfass/Tonneaux Fass, €€€€€ Ⓑ

Tiefdunkles Rubingranat, violette Reflexe, zarte Randaufhellung. Einladendes Bukett nach roten Herzkirschen, schwarzes Waldbeerenkonfit, ein Hauch von Vanille, Tabakwürze klingt an. Gute Komplexität, saftig, engmaschig, samtiges, aber präsentes Tannin, feinwürzig, dunkle Waldbeeren, vielschichtiger Speisenbegleiter.

WEINGUT PHILIPP GRASSL

2464 Göttlesbrunn, Am Graben 4–6
T: +43 (2162) 8483
office@weingut-grassl.com
www.grassl.wine

Kellermeister/Kontakt: Philipp Grassl
Anbauweise: Zertifiziert Biologisch (Bio Austria)
Produktion: 150.000 Flaschen
25 % weiß, 75 % rot, 30+10 Hektar
Zertifiziert: Nachhaltig Austria
Vereinszugehörigkeit: Traditionsweingüter Österreich, Die Rubin Carnuntum Weingüter
Messen: ProWein Düsseldorf, VieVinum, MondoVino

(97) Grassl Reserve 2021 ME/BF/ZW
14,5 Vol.-%, NK, Holzfass/Tonneaux Fass, €€€€€€

Tiefdunkles Rubingranat, opaker Kern, violette Reflexe, zarte Randaufhellung. Feine Tabak-Holz-Würze, frische Feigen, zart nach Schokolade, schwarze Waldbeerenfrucht, ein Hauch von Waldboden, Kräuternoten. Komplex, feine Tanninstruktur, Vanilletouch, etwas schwarze Kirschfrucht, mineralisch, lang anhaltend, gutes Reifepotenzial.

(93) Zweigelt * Ried Schüttenberg 1ÖTW 2022
14 Vol.-%, NK, Tonneaux Fass, €€€€€ Ⓑ

Tiefdunkles Rubingranat, violette Reflexe, zarte Randaufhellung. Feine Tabakwürze, etwas nach Kräutern, schwarze Beerenfrucht klingt an, etwas nach Lakritze. Saftig, straff, gute Komplexität, gut eingebundene Tanninstruktur, schwarze Frucht, bleibt gut haften, frischer Nachhall, guter Speisenbegleiter.

(92) Sankt Laurent Alte Reben 2022
12,5 Vol.-%, NK, 500-l-Fass/kleines Holzfass, €€€€€ Ⓑ

Tiefdunkles Rubingranat, violette Reflexe, zarte Randaufhellung. Feine Holzwürze, dunkle Kirschfrucht, zart nach Gewürzen, etwas Brombeernuancen, einladendes Bukett. Saftig, straff, gut eingebundene Tanninstruktur, mineralisch, Walderdbeeren im Abgang, bleibt gut haften, wird von Flaschenreife profitieren.

★★★★★

WEINGUT GERHARD MARKOWITSCH

Familie Markowitsch betreibt seit mehr als 200 Jahren Weinbau in Göttlesbrunn. Heute gehört das 65 Hektar große, biozertifizierte Weingut zu den Leitbetrieben der Region Carnuntum und ist Mitglied der Vereinigung »Traditionsweingüter Österreich«.
Auf dem Weingut entstehen Weine in den Kategorien Gebiets-, Orts- und Riedenweine. Dabei spielt die Herkunft eine wichtigere Rolle als die Rebsorten. Ziel ist hier das bewusste, präzise und terroirgeprägte Vinifizieren, um den Weinen den unverwechselbaren Charakter und die Identität von Carnuntum, Göttlesbrunn und der besonderen Lagen, die Familie Markowitsch bewirtschaftet, zu verleihen.
Unter den Roten in Carnuntum ist der typisch österreichische Zweigelt die Leitsorte. Dazu kommen Blaufränkisch als Grandseigneur, Pinot Noir aus purer Leidenschaft und Merlot als Cuvée-Partner, der wichtige Akzente setzt.
Bei den Weißen konzentriert sich der Leitbetrieb aus Carnuntum auf die Burgundersorten Chardonnay und Weißburgunder. Darüber hinaus wird auch Österreichs Weißweinsorte Nummer eins, der Grüne Veltliner, kultiviert. Markowitsch-Weine sind typischerweise elegant, lebendig, frisch, von kühler Aromatik und Stilistik geprägt, kraftvoll, aber nie opulent oder üppig. Sie bereiten viel Trinkfreude und überfrachten den Gaumen nicht. Die Roten präsentieren sich dunkelfruchtig, kompakt, würzig, mit samtigen Tanninen. Die Weißen sind geradlinig, engmaschig, charakterstark, spannend, würzig, mineralisch und bisweilen »salzig«.

WEINGUT GERHARD MARKOWITSCH
2464 Göttlesbrunn, Pfarrgasse 6
T: +43 (2162) 8222
weingut@markowitsch.at
www.markowitsch.at
Kellermeister: Gerhard Markowitsch
Kontakt: Christine und Gerhard Markowitsch
Anbauweise: Umstellung auf bio (Bio Austria)
Produktion: 30 % weiß, 70 % rot, 65 Hektar
Zertifiziert: Nachhaltig Austria
Vereinszugehörigkeit: Tu Felix Austria, Traditionsweingüter Österreich, Die Rubin Carnuntum Weingüter
Messen: VieVinum

(96) Chardonnay * Ried Schüttenberg Filetstück 2022
13,5 Vol.-%, NK, Barrique, €€€€€€
Mittleres Gelbgold, Grünreflexe. Einladendes Bukett, nach Mango und Papaya, mit Orangenschalen unterlegter Blütenhonig, ein Hauch von weißem Nougat, zart nach Feuerstein. Gute Komplexität, salzig, extraktsüß nach Ananas, weißes Steinobst, mineralisches Finish, vielschichtig, bleibt gut haften, sicheres Reifepotenzial.

93 Chardonnay * Ried Schüttenberg 2022
13 Vol.-%, DIAM, Barrique, €€€€€
Mittleres Gelbgrün, silberfarbene Reflexe. Zart nach Walnuss und Papaya, ein Hauch von kandierten Orangenzesten, Ananas, feine Holzwürze. Gute Komplexität, saftig, feine Säurestruktur, mineralisch, gelbes Kernobst, etwas nach Melone, bleibt sehr gut haften, gutes Reifepotenzial.

93 Weißburgunder * Prellenkirchen 2022
13 Vol.-%, DIAM, großes Holzfass/Beton, €€€€€
Mittleres Gelbgrün, silberfarbene Reflexe. Dezenter Blütenhonig, unterlegt mit Gewürzen, zart nach Marzipan, ein Hauch von Mango. Saftig, komplex, feine Würze, reifer Jonagold-Apfel, mineralisch, zarter Gerbstoff, Birnenfrucht im Rückgeschmack, lebendiger Speisenbegleiter.

92 Göttlesbrunn Weiss 2022 CH/WB
13 Vol.-%, NK, großes Holzfass, €€€€
Helles Gelbgrün, Silberreflexe. Zarte Birnenfrucht, ein Hauch von Wiesenkräutern, Maracuja, Orangenzesten klingen an. Saftig, straff, feine Säurestruktur, lebendig, fruchtsüß, gelbe Apfelfrucht, mineralisch, guter Speisenbegleiter.

(94) * Ried Rosenberg 1ÖTW 2022 ZW/BF/ME
14 Vol.-%, NK, Barrique, €€€€€€
Tiefdunkles Rubingranat, opaker Kern, violette Reflexe, zarte Randaufhellung. Zart nach Cassis und Preiselbeeren, dunkle Kirschen, feine Holzwürze, zart nach Kräutern, mit Orangenzesten unterlegt. Saftig, elegant, rotbeerige Nu-

ancen, feiner Säurebogen, präsente Tannine, saliner Nachhall, ein Hauch von Limetten im Rückgeschmack.

97 M1 2021 ME/BF
14,5 Vol.-%, NK, Flaschenreifung/Barrique, €€€€€€
Kräftiges Rubingranat, violette Reflexe, dezente Ockerrandaufhellung. Zart nach Mandarinenzesten, reife Herzkirschen, etwas Sanddorn, dezente Holzwürze, mineralischer Anklang. Stoffig, saftig, feine Nuancen von Cassis und Brombeeren, angenehme Extraktsüße, feiner Säurebogen, reife, tragende Tannine, etwas Nougat im Abgang, ein komplexer Speisenbegleiter mit sicherem Reifepotenzial.

94 Blaufränkisch * Ried Bärnreiser 1ÖTW 2021
14 Vol.-%, NK, großes Holzfass, €€€€€€
Kräftiges Rubingranat, Ockerreflexe, dezente Randaufhellung. Feine Brombeerfrucht, ein Hauch von schwarzen Kirschen, dezent nach Edelholz, kandierte Orangenzesten. Kraftvoll, komplex, reife Herzkirschen, zarter Säurebogen, gut integrierte Tannine, mineralisch-salzig im Nachhall, wird von Flaschenreife profitieren.

(93) Zweigelt * Ried Kirchweingarten 1ÖTW 2022
13,5 Vol.-%, NK, 500-l-Fass, €€€€€
Dunkles Rubingranat, opaker Kern, violette Reflexe, zarte Randaufhellung. Frische Herzkirschen, Lakritze, zart nach Wiesenkräutern und Limette. Komplex, saftige Zwetschkenfrucht, feine Säurestruktur, dunkle Mineralik, salzig und anhaftend, rotbeeriger Nachhall, gutes Entwicklungspotenzial.

(94) Pinot Noir Reserve 2022
13 Vol.-%, NK, 500-l-Fass, €€€€€
Kräftiges Karmingranat, violette Reflexe, breitere Ockerrandaufhellung. Zart nach Vanille, rotes Waldbeerenkonfit, zart nach Lakritze und Kirschen. Saftig, elegant, rote Frucht, frischer Säurebogen, mineralisch und anhaftend, bereits zugänglich, ein feiner Speisenbegleiter.

★★

WEINGUT LUKAS MARKOWITSCH

Das Brüderpaar Lukas und Johann Markowitsch steht als erfolgreiches Beispiel für den österreichischen Rotwein. Aufgrund des großartigen Potenzials des Göttlesbrunner Zweigelts wird dieser reinsortig und als Cuvée gekeltert. Darüber hinaus möchte man das Potenzial der Rebsorten Blaufränkisch, Merlot und Chardonnay herausarbeiten. Die Ried Haidacker ist ein idealer Standort für den Zweigelt. In diesem für diese Sorte hervorragenden Boden (schottriger Lehm) wurzeln 50-jährige Reben. Das Ergebnis dieser Symbiose sind kraftvolle, füllige Vertreter der Sorte. Eines der ersten Beispiele für die enorme Qualität dieses Weingartens ist der Bundessieger »Zweigelt Haidacker 2000«. Seit dem Millennium ist dieser Wein immer im Vorderfeld diverser Bewertungen zu finden: So wurde er etwa Sortensieger bei der Falstaff-Rotweinprämierung, was die Kontinuität und höchste Qualität dieses Zweigelts belegt. Angespornt von den zahlreichen Erfolgen vinifiziert Lukas Markowitsch gemeinsam mit seinem Bruder noch eine Vielzahl an weiteren Weinen. Geringerer Neuholzanteil und individuellere Mazerationszeiten für eine ideale Fruchtausprägung sind nur einige wegweisende Weiterentwicklungen bei der Kellerarbeit. Ziel ist es, die Einzigartigkeit der Toprieden, kombiniert mit dem Rebsortencharakter, noch akzentuierter herauszuarbeiten. Die Basis bilden gut gepflegte alten Reben in den Göttlesbrunner Toplagen, aus denen herkunftstypische Weine gekeltert werden, die mit ihrer Finesse, Trinkfreudigkeit und Lagerfähigkeit überzeugen und auf festlichen Tafeln mit erlesenen Speisen ein besonderes Genusserlebnis vermitteln.

90 Chardonnay * 2022
13 Vol.-%, NK, €€€€
Helles Strohgelb, Silberreflexe. Zart kräuterwürzig unterlegte gelbe Apfelfrucht, etwas Mango, dezent nach kandierten Orangenzesten. Mittlerer Körper, weißes Kernobst, feiner, lebendiger Säurebogen, mineralisch, gelbe Birne im Nachhall, bereits antrinkbar.

92 Zweigelt * Ried Haidacker 1ÖTW 2022
14,5 Vol.-%, NK, Barrique, €€€€€
Dunkles Rubingranat, violette Reflexe, zarte Randaufhellung. Zart nach Mandarinenzesten, rote Waldbeeren, frische Zwetschken, mit einem Hauch von Nougat unterlegt. Saftig, reife Herzkirschen, feine Tannine, gute Frische, mineralischer Nachhall, ein vielseitiger Speisenbegleiter.

* Carnuntum DAC

WEINGUT
LUKAS MARKOWITSCH
2464 Göttlesbrunn, Kiragstettn 1
T: +43 (2162) 8226
weingut@lukas-markowitsch.com
www.lukas-markowitsch.com
Kellermeister/Kontakt:
Lukas Markowitsch
Produktion: 30 % weiß, 70 % rot, 15 Hektar
Zertifiziert: Nachhaltig Austria
Vereinszugehörigkeit:
Die Rubin Carnuntum Weingüter, DIE Winzer Göttlesbrunn, Traditionsweingüter Österreich
Messen: Vinobile Feldkirch

90 Zweigelt * Rubin Carnuntum 2022
13,5 Vol.-%, NK, kleines Holzfass, €€€
Dunkles Rubingranat, opaker Kern, violette Reflexe. Reife Zwetschkenfrucht, ein Hauch von Sanddorn, rotbeerige Nuancen. Saftige Kirschfrucht, feine Textur, frisch strukturiert, jugendlich, bietet unkompliziertes Trinkvergnügen.

91 Göttlesbrunn Alte Reben 2022 ZW/ME/BF
14 Vol.-%, NK, Barrique, €€€
Dunkles Rubingranat, violette Reflexe, dezente Randaufhellung. Zart tabakig unterlegte dunkle Waldbeeren, Orangenzesten, feine Holzwürze, Kräuternoten. Mittlerer Körper, rote Beerenfrucht, gut integrierte Tannine, mineralisch-salziger Abgang, bereits zugänglich, feinwürziger Speisenbegleiter.

★★★

MEINRAD MARKOWITSCH

Wer den Duft von frisch gerebelten gesunden Trauben kennt, weiß, wie aufregend das Weinmachen sein kann. Wichtig ist hierfür die Wahl des richtigen Rebmaterials in der passenden Lage und viel Feingefühl beim Begleiten zur Vollreife. Für Meinrad Markowitsch ist dabei eine naturnahe Bewirtschaftung selbstverständlich. Nach der Handlese und Selektion der besten Trauben erfolgt eine schonende Verarbeitung, um genau diese Vielfalt an Aromen und Flavours im Wein zu veredeln. Die Familie liebt diese puristisch-präzisen Weine, die dadurch entstehen.
Eine häufige Frage betrifft das violette Outfit und die Namen der Weine, die ganz simpel zu beantworten ist. Es gefällt der Familie einfach, und der Wiedererkennungswert ist sehr hoch.

92 Chardonnay * 2023
12,5 Vol.-%, DV, €€
Leuchtendes mittleres Gelbgrün, Silberreflexe. Zart nach Golden-Delicious-Apfel, feine Mangonote, ein Hauch von Wiesenkräutern, florale Nuancen. Saftig, elegant, feine gelbe Tropenfrucht, gute Frische, animierender Stil, gutes Reifepotenzial.

91 Grüner Veltliner * 2023
12,5 Vol.-%, DV, €€
Mittleres Gelbgrün, Silberreflexe. Feine Gewürznuancen, zart nach frischer Birne, mit einem Hauch von Orangenzesten unterlegt, einladendes Bukett. Saftig, schlanke Textur, weißer Apfel, frisch und lebendig, mineralisch-zitronig im Abgang, ein vielseitiger Speisenbegleiter.

(94) * Purple X-Treme 2022 ZW/BF/ME
15,5 Vol.-%, NK, Barrique, €€€€€
Tiefdunkles Rubingranat, opaker Kern, violette Reflexe, dezente Ockerrandaufhellung. Frische Brombeeren, Preiselbeerkonfit, zart floral, ein Hauch von Cassis, etwas Edelholz klingt an. Saftig, engmaschig, reife Kirschen, runde Tannine, frisch strukturiert, mineralisch, ein Hauch von Nougat im Abgang, balanciert, zeigt Länge und Potenzial.

(93) Blaufränkisch * Göttlesbrunn Ried Haidacker 2022
14,5 Vol.-%, NK, Barrique, €€€€
Dunkles Rubingranat, opaker Kern, violette Reflexe, dezente Ockerrandaufhellung. Zurückhaltend, feine dunkle Beerenfrucht, ein Hauch von Kirschen, mit zarter Kräuterwürze unterlegt. Mittlere Komplexität, kraftvoll, elegante Textur, rote Kirschen, reife Tannine, salzig und anhaftend, ein stoffiger Speisenwein.

(90) Zweigelt * Rubin Carnuntum 2022
13,5 Vol.-%, DV, Teilbarrique, €€€
Dunkles Rubingranat, violette Reflexe, zarte Randaufhellung. Zarte Kräuterwürze, schwarze Kirschen, Lakritze und ein Hauch von Limetten. Saftig, elegant, präsente, würzige Tannine, schwarze Beeren im Abgang, ein lebendiger Speisenbegleiter.

MEINRAD MARKOWITSCH
2464 Göttlesbrunn
Am Graben 18
T: +43 (2162) 8925
meinrad@markowitsch.com
www.markowitsch.com

Kellermeister/Kontakt:
Meinrad Markowitsch jun.
Produktion: 45 % weiß, 10 % rosé, 45 % rot
Vereinszugehörigkeit:
Die Rubin Carnuntum Weingüter
Messen: Vinobile Montfort

91 Pinot Noir Selection 2022
13,5 Vol.-%, NK, 500-l-Fass, €€€
Kräftiges Karmingranat, Ockerreflexe, breitere Randaufhellung. Zart tabakig unterlegtes rotes Beerenkonfit, Anklänge von Kräuterwürze, mit kandierten Orangenzesten unterlegt. Mittlere Komplexität, rote Kirschen, reife Tannine, straff im Abgang, wird von Flaschenreife profitieren.

★★

WEINGUT ANDREAS MUHR

BIO

Stixneusiedl ist ein kleiner, romantischer Weinbauort in der Region Carnuntum. Das Arbesthaler Hügelland bietet eine optimale Grundlage für reichhaltige Rotweine und frisch-fruchtige Weißweine. Stixneusiedl bedeutet für Andreas Muhr Heimat – dort sind seine Wurzeln. Energie tankt er in den Weingärten. Er beschreibt sich als bodenständig und naturverbunden. Sein Ziel ist es, die Familiengeschichte weiterzuschreiben. Die Weine, die er auf moderne Weise mit Fachwissen und viel Herz produziert, sollen seine Handschrift tragen und die Geschichte am Leben erhalten.
Der Weinkeller wurde in den 1890er-Jahren erbaut und von Andreas Muhrs Großvater in den 1960er-Jahren restauriert und erweitert. Viele Familienerinnerungen stecken in dem alten Keller, und es wurde dort schon so manche Kellergeschichte geschrieben. Einige Jahre lang lag das alte Gewölbe sozusagen trocken. Im Herbst 2010 fand die erste Lese des jungen Winzers statt, und der Duft des Weines erweckte den Keller wieder zu neuem Leben.
Andreas Muhr beschreitet konsequent den Weg eines kleinen, aber feinen Weinguts. Nach seiner Maxime, glockenklare Weine mit eindeutiger Herkunftstypizität zu erzeugen, hat er in den vergangenen Jahren eine Weinstilistik entwickelt, die sehr gut die Balance zwischen Tradition und Moderne hält. Das Sortiment ist übersichtlich strukturiert: mit Grünem Veltliner, Chardonnay und Weißbur-

Chardonnay

WEINGUT ANDREAS MUHR
2463 Stixneusiedl
Hauptstraße 7
T: +43 (699) 11463502
office@amuhr.at
www.amuhr.at

Kellermeister/Kontakt: Andreas Muhr
Anbauweise: Zertifiziert Biologisch
Produktion: 10 % Schaumwein, 49 % weiß, 10 % rosé, 30 % rot, 1 % süß, 6 Hektar

gunder sowie mit den Carnuntum-Leitsorten Zweigelt und Blaufränkisch, alle aus Top-Lagen in Stixneusiedl. Diese kann man auch bei seinem Dorfheurigen mit feinen hausgemachten Schmankerln genießen.

(92) Chardonnay * Ried Gaisberg 2023
13,5 Vol.-%, DV, gebrauchte Barriques, €€€ B
Helles Gelbgrün, Silberreflexe. Zart nach Mandarinenzesten und Wiesenkräutern, feine nussige Aromatik, mit zarten Nuancen von gelbem Kernobst unterlegt. Komplex, kräftig, feine weiße Tropenfrucht, finessenreich strukturiert, fruchtige Süße im Abgang, Honigtouch im Nachhall.

91 Stixneusiedl Weiss * 2023 CH/WB
13 Vol.-%, DV, 500-l-Fass, €€ B
Helles Gelbgrün, Silberreflexe. Frische weiße Birne, zart nach Honigmelone, ein Hauch von Limettenzesten. Saftig, feine Fruchtsüße, etwas Blütenhonig, mineralisch, gute Frische im Nachhall, bereits gut antrinkbar.

(93) Blaufränkisch * Ried Gaisberg 2022
13,5 Vol.-%, NK, Barrique, €€€€€ B
Tiefdunkles Rubingranat, opaker Kern, violette Reflexe, zarte Randaufhellung. Zarte Edelholznuancen, Brombeeren, schwarze Kirschen, etwas Nougat, ein Hauch von Vanille. Kraftvoll, komplex, süße Herzkirschen, reife, tragende Tannine, schokoladiger Touch, mineralisch im Abgang, gutes Reifepotenzial.

(92) Zweigelt * Ried Stixbergen 2022
13,5 Vol.-%, NK, Barrique, €€€€ B
Tiefdunkles Rubingranat, violette Reflexe, zarte Randaufhellung. Reife Zwetschken, Brombeerkonfit, dezentes Nougat, Nuancen von Feigen, mineralischer Touch. Mittlerer Körper, frische Kirschen, feine Tannine, mineralisch-salzig im Abgang, rotbeerig-zitronig im Nachhall, ein lebendiger Speisenbegleiter.

(91) Zweigelt * 2023
13,5 Vol.-%, DV, 500-l-Fass, €€ B
Tiefdunkles Rubingranat, violette Reflexe, zarte Randaufhellung. Reife Zwetschken, rotbeerige Nuancen, kandierte Orangenzesten. Kraftvoll, saftig, reife Kirschen, runde Tannine, mineralisch, feine Fruchtsüße im Abgang, ein stoffiger, jugendlicher Speisenbegleiter.

(92) Stixneusiedl Rot * 2022 ZW/BF
13,5 Vol.-%, NK, gebrauchte Barriques, €€€ B
Tiefdunkles Rubingranat, opaker Kern, violette Reflexe, dezente Randaufhellung. Zarte Kräuterwürze, ein Hauch von Lakritze und Cassis, dazu rotbeerige Nuancen, mit Mandarinenzesten unterlegt. Saftig, rote Kirschen, feine Tannine, mineralisch und frisch strukturiert, salziger Nachhall.

★★★★

WEINGUT FRANZ UND CHRISTINE NETZL

BIO

Christina Netzl und ihre Eltern Franz und Christine Netzl sind ein eingespieltes Team. Gemeinsam vinifizieren sie charakterstarke, finessenreiche und vor allem tiefgründige Weine aus den familieneigenen Weingärten rund um Göttlesbrunn, im Herzen des Weinbaugebietes Carnuntum. Das Familienweingut entstand um 1860 aus einem gemischten landwirtschaftlichen Betrieb. Stetiges Streben nach höchster Qualität sowohl im Weingarten als auch im Keller prägen die letzten Generationen und ließen das Weingut zu seinen heutigen 30 Hektar Rebfläche heranwachsen. Persönliches Ziel der Winzerfamilie als Mitglied der »Österreichischen Traditionsweingüter« ist es, die Einzigartigkeit und Typizitäten der einzelnen Rebsorten mit Fokus auf ihre Herkunft herauszuarbeiten. Grundlage dafür sind natürlich die Reben und daher die Bewirtschaftung der Weingärten nach biologischen Richtlinien. Gemeinsam wird stundenlang in Weingarten und Keller getüftelt. Während Franz seine Erfahrung, sein Wissen und die Tradition einbringt, sorgt Christina für neue Ideen und Innovationen – kurz gesagt: Sie ergänzen sich perfekt, und genau diese Kombination bildet die unverwechselbare Grundlage der Netzl-Weine.

Der Zweigelt ist und bleibt der absolute King unter den Sorten, denn er fühlt sich unter den klimatischen Gegebenheiten Carnuntums und auf dessen Böden sehr wohl. Als Basis nahezu aller Weine fasziniert der Zweigelt vor allem durch seine unglaubliche Bandbreite, denn vom klassisch-fruchtigen bis hin zum würzig-raffinierten Glas Wein steckt alles in dieser Traube. Und so bildet er als lagenreiner Zweigelt von der Ried Haidacker 1ÖTW und als wichtigster Teil in der Top-Cuvée Anna-Christina von der Ried Bärnreiser 1ÖTW die Spitze im Sortiment. Genau in diese Richtung geht es weiter, denn die alten Zweigelt-Weingärten bringen jedes Jahr höchste Qualitäten und somit großes Potenzial für die Zukunft – autochthon, urtypisch und einfach genial!

92 Chardonnay * Ried Altenberg 2022
13 Vol.-%, NK, Amphore/500-l-Fass, €€€€€ B V
Mittleres Gelbgrün, Silberreflexe. Zart nach Walnuss und Birne, ein Hauch von Mango, mit feinen Wiesenkräutern

WEINGUT FRANZ UND CHRISTINE NETZL
2464 Göttlesbrunn
Rosenbergstraße 17
T: +43 (2162) 8236
weingut@netzl.com
www.netzl.com
Kellermeister: Christina Artner-Netzl & Franz Netzl
Kontakt: Christina Artner-Netzl
Anbauweise: Zertifiziert Biologisch
Produktion: 200.000 Flaschen
35 % weiß, 65 % rot, 30 Hektar
Vereinszugehörigkeit: Traditionsweingüter Österreich, Die Rubin Carnuntum Weingüter
Messen: ProWein Düsseldorf, VieVinum

Christina Artner-Netzl

und Orangenzesten unterlegt. Saftig, elegant, feine Fruchtsüße, angenehme Säurestruktur, gut balanciert, bleibt haften, Blütenhonig im Abgang, bereits gut entwickelt, ein vielseitiger Speisenbegleiter.

89 * Göttlesbrunn 2022 CH/GV
13,5 Vol.-%, DV, Amphore/Teilbarrique, €€€ B V

96 * Ried Bärnreiser 1ÖTW Anna-Christina 2021 ZW/BF/ME
14 Vol.-%, NK, Barrique, €€€€€ B V
Dunkles Rubingranat, tiefer Kern, violette Reflexe, zarte Randaufhellung. Attraktiv, ein Hauch von Cassis und Lakritze, Heidelbeeren, frische Orangenzesten, mit dezenter Holzwürze unterlegt, einladendes, facettenreiches Bukett. Stoffig, dunkle Kirschen, süße Zwetschken, frisch strukturiert, feine, tragende Tannine, schokoladiger Touch im Nachhall, zeigt Länge und verfügt über sicheres Entwicklungspotenzial.

93 * Göttlesbrunn Edles Tal 2021 ZW/ME/SY
14 Vol.-%, NK, Teilbarrique, €€€€ B V
Dunkles Rubingranat, opaker Kern, violette Reflexe, breitere Randaufhellung. Feine Kirschfrucht, reife Zwetschken, ein Hauch von frischen Feigen, einladendes Bukett. Saftig, straff, elegant, reife rotbeerige Frucht, feine Extraktsüße, runde Tannine, etwas Nougat, bereits gut entwickelt, ein stoffiger Speisenbegleiter.

(96) Netzl Privat 2021 ZW/ME
14,5 Vol.-%, NK, Barrique, €€€€€€ B V
Dunkles Rubingranat, opaker Kern, violette Reflexe, zarte Randaufhellung. Zart nach Preiselbeeren und Minze, reife Zwetschken, mit Lakritze und Kirschen unterlegt. Saftig, komplex, gewürzig, reife Herzkirschen, dunkles Nougat, präsente Tannine, mineralisch, zeigt Länge und Potenzial, ein stoffiger Begleiter bei Tisch, bereits gut antrinkbar, wird von Flaschenreife profitieren.

94 Zweigelt * Ried Haidacker 1ÖTW 2021
13,5 Vol.-%, NK, 500-l-Fass, €€€€€ B V
Dunkles Rubingranat, violette Reflexe, breitere Randaufhellung. Feine Edelholznuancen und Kräuterwürze, schwarze Waldbeeren, reife Kirschen, zart nach Lakritze, mit etwas Nougat unterlegt, tabakiger Anklang. Komplex, Cassis, reife Herzkirschen, stoffig, gute Frische, feine, runde Tannine, mineralisch im Abgang, schokoladiger Nachhall, ein vielseitiger Speisenbegleiter mit Zukunftspotenzial.

91 Zweigelt * Rubin Carnuntum 2022
13,5 Vol.-%, DIAM, gebrauchte Barriques, €€€ B V
Dunkles Rubingranat, opaker Kern, violette Reflexe, zarte Randaufhellung. Frische Kirschen und schwarze Beeren, feine Kräuterwürze, mineralisch, mit Orangenzesten unterlegt, tabakig. Stoffig, dunkle Waldbeeren, feine Tannine, frisch und gut anhaftend, süße Brombeeren im Nachhall, mineralisch, ein vielseitiger Speisenbegleiter.

★★

WEINGUT MARTIN NETZL

Martin Netzl führt in dritter Generation das Familien-Weingut – mit Weingärten in den besten Lagen wie Rosenberg, Haidacker und Steinriegel. Das Potenzial der einzelnen Lagen zu erkennen ist die große Herausforderung für die Zukunft, weshalb die Weine schon seit einigen Jahren lagenrein ausgebaut werden. Die besten von ihnen werden als Riedenweine gefüllt. Qualität steht bei jedem Arbeitsgang – ob im Weinkeller oder in den Weingärten – im Vordergrund. Charaktervolle und individuelle Weine zu keltern, die die Besonderheit des Terroirs von Carnuntum ausdrücken, ist für Martin Netzl jedes Jahr das große Ziel.

92 Chardonnay * Ried Steinriegel 2021
14 Vol.-%, DV, gebrauchte Barriques, €€€€
Helles Goldgelb, Silberreflexe. Zarte Wiesenkräuter, ein Hauch von Ananas, zart nach Mandarinenzesten, floraler Anklang. Saftig, elegant, gute Balance, feine Fruchtsüße, angenehmer Säurekonter, elegant und anhaftend, vielfältig einsetzbar und bereits gut entwickelt.

91 Grüner Veltliner * Ried Steinriegel „Stoana" 2022
14 Vol.-%, DV, Stahltank, €€€€
Leuchtendes mittleres Goldgelb, Silberreflexe. Zart nach gelber Tropenfrucht, ein Hauch von Mango und Ananas, mit Nuancen von Kernobst unterlegt. Saftig, elegant, dezente Fruchtsüße, etwas barocker Stil mit Blütenhonig im Nachhall.

93 Zweigelt * Göttlesbrunn Ried Haidacker 1ÖTW 2020
13,5 Vol.-%, NK, gebrauchte Barriques, €€€€€
Dunkles Rubingranat, violette Reflexe, dezente Ockerrandaufhellung. Feine Zwetschkenfrucht, dazu etwas Brom-

beeren und Nougat, ein Hauch von Mandarinenzesten. Saftig, rotbeerige Nuancen, feine Tannine, salzige Mineralik im Abgang, bleibt gut haften, verfügt über Reifepotenzial.

93 * Göttlesbrunn Ried Rosenberg 1ÖTW 2020 ZW/ME/BF
13,5 Vol.-%, NK, gebrauchte Barriques, €€€€€
Kräftiges Rubingranat, violette Reflexe, dezente Ockerrandaufhellung. Zarte Kräuterwürze, dunkle Waldbeeren, etwas Lakritze, frische Orangenzesten. Saftig, rotbeerig, Kirschen, runde Tannine, zartes Nougat, ausgewogen und zugänglich, ein vielseitiger Speisenbegleiter mit Entwicklungspotenzial.

92 * Göttlesbrunn 2021 ZW/BF/ME
13,5 Vol.-%, DV, gebrauchte Barriques, €€€€
Dunkles Karmingranat, violette Reflexe, breitere Ockerrandaufhellung. Zarte Kräuterwürze, Orangenzesten, dunkle Beeren, mit Nuancen von Lakritze unterlegt. Saftig, reife rote Kirschen, feine reife Tannine, mineralisch und frisch, ein lebendiger Speisenbegleiter, bereits gut entwickelt.

92 Blaufränkisch * Prellenkirchen Ried Spitzerberg 1ÖTW 2021
13,5 Vol.-%, DV, gebrauchte Barriques, €€€€
Kräftiges Rubingranat, violette Reflexe, breitere Ockerrandaufhellung. Zarte Kräuterwürze, frische Herzkirschfrucht, zart nach Orangenzesten. Mittlere Komplexität, rotbeerig, schlank, rassiger Säurebogen, Ribiseln im Abgang, zitronig-mineralischer Nachhall.

WEINGUT MARTIN NETZL
2464 Göttlesbrunn
Rosenbergstraße 1
T: +43 (2162) 8201
weingut@netzl.net
www.netzl.net
Kellermeister/Kontakt: Martin Netzl
Anbauweise: Umstellung auf bio
Produktion: 40 % weiß, 60 % rot, 12 Hektar
Zertifiziert: Nachhaltig Austria
Vereinszugehörigkeit: Traditionsweingüter Österreich, Die Rubin Carnuntum Weingüter
Messen: VieVinum

★★

WEINGUT OPPELMAYER

Seit 1638 – also seit elf Generationen – säumt nun bereits der Weinbau den Lebensweg der Familie Oppelmayer. Puristisch, klassisch und gleichzeitig sehr vielseitig – so präsentiert sich Franz Oppelmayer, Winzer aus Göttlesbrunn in Carnuntum. Vererbte Leidenschaft zum Wein und geerdete Naturverbundenheit lassen ihn mit viel Geschick die Tradition sehr erfolgreich fortsetzen. Die vielschichtigen, fruchtbetonten Weißweine – wie etwa das Flaggschiff des Hauses, der Sauvignon Blanc Schüttenberg – zählen zu den besten des Landes. Es ist fast die Leidenschaft eines Parfümeurs, mit der der Winzer die Duftnoten der Trauben in die Flaschen bannt. Auch die Rotweine, wie der Rubin Carnuntum, der Zweigelt Haidacker oder die Top-Cuvée »Matador« zeichnen Fülle, Samtigkeit und Frucht aus. Wenn Franz Oppelmayer – der auch die Etiketten seiner Weine selbst malt – von seinen Weinen spricht, bekommt man einfach Lust, sie zu genießen.

90 Zweigelt Frizzante Brut Rosé Quagga
12 Vol.-%, NK, €€ V
Helles Lachsrosa, zarte Kupferreflexe, zarte Perlage. Dezente rote Beerenfrucht, eingelegte Kirschen, weißes Kernobst. Mittlerer Körper, feines Erdbeerkonfit, frisch strukturiert, dezente Süße im Abgang, ein unkomplizierter Sommerwein.

93 Sauvignon Blanc Reserve 2020
13 Vol.-%, DV, Teilbarrique, €€€€ V
Mittleres Gelbgrün, Silberreflexe. Reife gelbe Stachelbeeren, zart nach Guaven, feiner Blütenhonig, kandierte Mandarinenzesten. Komplex, saftig, elegant, zarte Pfirsichfrucht, feine Säurestruktur, ausgewogen, mineralisch, mit Länge ausgestattet, ein stoffiger Speisenwein.

91 Sauvignon Blanc 2023
13 Vol.-%, DV, Stahltank, €€€ V
Helles Strohgelb, Silberreflexe. Frische weiße Tropenfrucht, ein Hauch von Stachelbeeren, floraler Touch. Saftig, fruchtig und elegant, Weiße Johannisbeeren, feiner Säurebogen, mineralisch und gut entwickelt, ein vielseitiger Begleiter bei Tisch.

Franz Oppelmayer

WEINGUT OPPELMAYER
2464 Göttlesbrunn
Kirchenstraße 9
T: +43 (2162) 8237
weingut@oppelmayer.at
www.oppelmayer.at

Kellermeister/Kontakt:
Franz Oppelmayer
Produktion: 50 % weiß, 50 % rot, 12 Hektar
Zertifiziert: Nachhaltig Austria
Vereinszugehörigkeit:
Traditionsweingüter Österreich, Die Rubin Carnuntum Weingüter
Messen: ProWein Düsseldorf

91 Welschriesling Hirschensprung 2023
13 Vol.-%, DV, Stahltank, €€ V
Helles Gelbgrün, Silberreflexe. Zarte gelbe Tropenfrucht, ein Hauch von Birne, feine Honigmelone, Mandarinenzesten. Saftig, elegant, feine Fruchtsüße, balanciert und gut anhaftend, ein frischer Speisenbegleiter.

92 Zweigelt * Ried Haidacker 1ÖTW 2020
14 Vol.-%, NK, Barrique V
Dunkles Rubingranat, violette Reflexe, zarte Randaufhellung. Reife schwarze Kirschen, Brombeerkonfit, etwas Nougat, mit kandierten Orangenzesten unterlegt. Komplex, kraftvoll, schokoladig, feine Säurestruktur, reife Mineralik, runde Tannine, bleibt haften, ein feinwürziger Speisenbegleiter.

91 Cabernet Sauvignon 2021
14 Vol.-%, NK, Barrique V
Dunkles Rubingranat, violette Reflexe, dezente Ockerrandaufhellung. Nuancen von Herzkirschen, Nougat und Preiselbeeren, feine Kräuterwürze, mit einem Hauch von Vanille unterlegt. Mittlere Komplexität, rote Herzkirschen, Erdbeeren, frisch strukturiert, mineralisch-salzig im Abgang, schokoladiger Nachhall.

★★★★

BIO-WEINGUT ROBERT PAYR

BIO

Das Weingut Payr liegt in Höflein im Weinbaugebiet Carnuntum südöstlich von Wien zwischen Donau und Neusiedler See. Es wird in fünfter Generation von Robert Payr geführt und hat sich der handwerklichen Herstellung von authentischen und regionaltypischen Weinen verschrieben. Bewirtschaftet werden heute zwölf Hektar Weingärten rund um Höflein und Prellenkirchen. Seit 2018 ist das Weingut Mitglied der »Traditionsweingüter Österreich«. Der Weinbau geht in der Familie nachweislich bis ins 18. Jahrhundert zurück. Davon zeugt ein alter Weinkeller aus dem Jahr 1772, der heute noch im Familienbesitz ist. Robert Payr verbindet traditionelles Handwerk mit zeitgeistigem Engagement und entwickelt Weine, deren Geschmack auf den Erfahrungen und der Leidenschaft von nunmehr fünf starken Winzerpersönlichkeiten gründet. Mit Sorgfalt entwickelt er heute das Erbe seiner Vorfahren weiter und beschreitet stets auch eigene Wege. Neben der Ertragsreduktion in den Weingärten und der Umstellung auf biologischen Weinbau richtet er seinen Fokus vor allem auf die Lagen. So hat er neue Weingärten dazugekauft, bereits bestehende völlig neu ausgerichtet und manchen Böden eine Erholungspause gegönnt. In intensiver Auseinandersetzung mit der Rebe, dem Boden und dem Klima setzt der erfahrene Winzer auf die Raffinesse der Natur und arbeitet Wein für Wein die ureigene Geschmacksstruktur der einzelnen Lagen behutsam heraus. Rast- und ruhelos – im positiven Sinne – könnte man Robert Payr beschreiben. Offiziell ist das Weingut seit 2015 »Nachhaltig Austria«- und seit 2020 Bio-zertifiziert. Die Trauben aus den eigenen Weingärten werden händisch geerntet, selektioniert und von der Frucht über die Kerne bis hin zum Stiel verarbeitet. Die Weine von Robert Payr sind starke Charaktere, die ihre eigene Geschichte erzählen. Sie sind strukturiert und würzig und werden für ihre Engmaschigkeit und ihr hohes Lagerpotenzial international geschätzt.

(92) Grüner Veltliner * Höflein Ried Rothenberg 2023
13,5 Vol.-%, DV, Stahltank, €€€€ B
Mittleres Goldgelb, Grünreflexe. Dezente Kräuternoten, etwas nach Maracuja, reife Apfelfrucht, etwas kandierte Mandarinenzesten. Gute Komplexität, engmaschig, balancierte Säurestruktur, Honigmelone im Abgang, salziger Nachhall, sicheres Reifepotenzial.

90 Grüner Veltliner * Löss 2023
12 Vol.-%, DV, Stahltank, €€ B
Helles Gelbgrün, Silberreflexe. Feine Kräuternoten, zart nach Apfel, etwas Blütenhonig. Elegant, gut eingebundene Säurestruktur, Tropenfrucht im Abgang, mineralisch, unkompliziertes Trinkvergnügen.

(91) Chardonnay * Höflein Ried Kirchberg 2023
14,5 Vol.-%, DV, Stahltank, €€€€€ B
Mittleres Goldgelb, Silberreflexe. Feiner Blütenhonig, zart nach Passionsfrucht, ein Hauch von Orangenschalen, kandierte Tropenfrucht, moderner Stil. Saftig, mittlere Komplexität, fruchtsüß nach Maracuja, floraler Touch, balancierte Säurestruktur, Honig im Nachhall, bereits gut antrinkbar.

(89) Chardonnay * Lehm 2023
13 Vol.-%, DV, Stahltank, €€€ B

92 Sauvignon Blanc selection 2023
13,5 Vol.-%, DV, Stahltank, €€€ B V
Helles Gelbgrün. Einladender Sauvignon-Duft nach Stachelbeeren und Kumquats, ein Hauch von Blütenhonig, etwas nach Kräutern. Saftig, extraktsüß, weißes Kernobst, Johannisbeeren im Abgang, salziger Nachhall, gut integrierter Säurebogen, vielseitiger Speisenbegleiter.

BIO-WEINGUT ROBERT PAYR
2465 Höflein
Dorfstraße 18
T: +43 (664) 2307535
robert@weingut-payr.at
www.weingut-payr.at

Kellermeister/Kontakt:
Robert Payr
Anbauweise: Zertifiziert Biologisch (Bio Austria)
Produktion: 1 % Schaumwein, 26 % weiß, 3 % rosé, 71 % rot, 1 % süß, 12 Hektar
Zertifiziert: Nachhaltig Austria
Vereinszugehörigkeit: Traditionsweingüter Österreich, Die Rubin Carnuntum Weingüter
Messen: ProWein Düsseldorf

Robert Payr

92 Blaufränkisch Motz&Marie Rosé 2022
11,5 Vol.-%, DIAM, Stahltank, €€€ B I V
Mittleres Altrosa, Orangereflexe. Zarte Kräuterwürze, etwas Orangenzesten, ein Hauch von Erdbeeren und reifer Kirschfrucht. Saftig, straff, einladende Kirschfrucht auch am Gaumen, gut eingebundene Säurestruktur, trinkanimierender Stil, angenehmer Gerbstoff im Nachhall.

88 Rosé 2023 ZW/BF
11,5 Vol.-%, DV, Stahltank, €€ B

(95) * Höflein P1 2019 ZW/BF/ME
15 Vol.-%, NK, Barrique, €€€€€€
Tiefdunkles Rubingranat, violette Reflexe, zarte Ockerrandaufhellung. Feine Zwetschkennoten, etwas Holzwürze, ein Hauch von Nougat, zart nach Minze, kandierte Orangenzesten. Gute Komplexität, tabakig, feine Kräuternoten, Karamell, rote Waldbeerenfrucht im Abgang, Schokolade im Nachhall, ein vielseitiger Speisenbegleiter mit Potenzial.

(93) * Höflein Ried Bühl 2022 ZW/BF/ME
13,5 Vol.-%, NK, Barrique, €€€€€ B V
Tiefdunkles Rubingranat, opaker Kern, violette Reflexe, zarte Randaufhellung. Herzkirschen, unterlegt mit Gewürzen, zart nach Blutorangenzesten, balsamische Nuancen. Gute Komplexität, feine Tabakwürze, etwas nach Schokolade, Brombeernuancen klingen an, ein Hauch von Lakritze im Nachhall, guter Speisenbegleiter.

(92) * Höflein Cuvée Matthäus 2022 ZW/BF/ME
13,5 Vol.-%, DV, Barrique, €€€€ B V
Tiefdunkles Rubingranat, opaker Kern, violette Reflexe, zarte Randaufhellung. Einladendes Bukett nach Brombeeren, zart nach Wiesenkräutern, dunkles Waldbeerenkonfit, Anis, unterlegt mit Grapefruitnoten. Saftig, zart nach Vanille, etwas Karamell, Brombeernuancen auch im Abgang, vielfältig einsetzbar.

(91) * Cuvée Carnuntum Reserve 2022 ZW/BF/ME/CS
13,5 Vol.-%, DV, Barrique, €€€€ B
Dunkles Rubingranat, opaker Kern, violette Reflexe, zarte Randaufhellung. Frische Kirschen, etwas nach Orangenzesten, feine Kräuterwürze, ein Hauch von Lakritze. Saftig, mittlerer Körper, gut integrierte Tanninstruktur, balanciert, Brombeernoten im Abgang, bereits gut antrinkbar.

(91) * Höflein Granat 2022 ZW/CS
13,5 Vol.-%, NK, Barrique, €€€€€ B V
Tiefdunkles Rubingranat, violette Reflexe, zarte Randaufhellung. Schwarze Beerenfrucht, etwas Kardamom, kandierte Orangenschalen, frisch und lebendig. Mittlerer Körper, feinwürzig, zarte Tanninstruktur, mineralisch, schwarze Kirschfrucht im Abgang, tabakiges Finish, wird von Flaschenreife profitieren.

(90) * Cuvée Carnuntum 2023 ZW/BF
13 Vol.-%, DV, Teilbarrique, €€
Tiefdunkles Rubingranat, violette Reflexe, schwarzer Kern. Etwas nach Cassis, zarte Holzwürze, ein Hauch von Kräutern, dunkles Waldbeerenkonfit. Saftig, straff, feine Tanninstruktur, schwarze Beerenfrucht, etwas kräutrig, bereits gut antrinkbar.

(94) Blaufränkisch * Prellenkirchen Ried Spitzerberg 1ÖTW 2022
13,5 Vol.-%, NK, gebrauchte Barriques, €€€€€€ B V
Tiefdunkles Rubingranat, violette Reflexe, schwarzer Kern, zarte Randaufhellung. Kandierte Veilchen, ein Hauch von Orangenschalen, dezente Lakritznuancen, Brombeernoten klingen an. Gute Komplexität, gut integrierte, präsente Tannine, feinwürzig, schwarze Kirschfrucht im Abgang, Holznuancen im Rückgeschmack.

90 Blaufränkisch * 2022
12,5 Vol.-%, DIAM, Stahltank, €€€ B
Dunkles Rubingranat, opaker Kern, violette Reflexe, zarte Randaufhellung. Feine Tabak-Holz-Würze, etwas dunkle Kirschfrucht, zart vegetal. Saftig, mittlerer Körper, präsente Tanninstruktur, dunkle Beerenfrucht, rauchige Nuancen, individuell einsetzbar.

(93) Zweigelt * Höflein Ried Steinäcker 1ÖTW 2022
13,5 Vol.-%, NK, Barrique, €€€€€ B
Tiefdunkles Rubingranat, schwarzer Kern, violette Reflexe, zarte Randaufhellung. Zarte Holzwürze, etwas nach Kardamom, dunkles Waldbeerenkonfit, ein Hauch von Orangenschalen, Nougat klingt an. Gute Komplexität, saftig, feine Tabakwürze, schwarze Beerenfrucht, nussiger Abgang, balancierte Tanninstruktur, vielseitiger Speisenbegleiter.

(90) Zweigelt * Rubin Carnuntum 2023
13,5 Vol.-%, DIAM, gebrauchte Barriques, €€€ B
Tiefdunkles Rubingranat, opaker Kern, violette Reflexe. Zart nussig, ein Hauch von Schokolade, dezentes dunkles Waldbeerenkonfit, reife Zwetschken. Mittlerer Körper, zart tabakig, gut integrierte Tanninstruktur, feinwürzig, dunkle Beerenfrucht, kraftvolles Finish.

WEINGUT GERHARD PIMPEL
2464 Göttlesbrunn, Kirchenstraße 19
T: +43 (664) 4636650
weingut@gerhardpimpel.at
www.gerhardpimpel.at
Kellermeister/Kontakt:
Gerhard Pimpel
Anbauweise: Umstellung auf bio (Bioveritas)
Produktion: 30 % weiß, 70 % rot, 13 Hektar
Vereinszugehörigkeit:
Die Rubin Carnuntum Weingüter, Traditionsweingüter Österreich, DIE Winzer Göttlesbrunn
Messen: VieVinum

Gerhard Pimpel

★★★

WEINGUT GERHARD PIMPEL

Winzer zu sein bedeutet für Gerhard Pimpel Liebe zur Natur, die Rebstöcke und Trauben zu schätzen, zu beobachten und zu pflegen sowie ein Gespür für die Seele des Weins zu haben. Er versteht die Kunst, ein auf lebendigem Boden gewachsenes Naturprodukt von der Traube bis zum Wein zu begleiten. Pimpel kreiert dichte und zugleich elegante Weine mit Harmonie und Finesse. Man gewinnt hier den Eindruck, dass er jeden Rebstock persönlich kennt. Mit den Lagen Rosenberg, Schüttenberg und Bärnreiser zählen die Rieden von Gerhard Pimpel zu den besten im gesamten Weinbaugebiet. Gerhard Pimpel ist ein ruhiger Winzer, der seine eigenen Wege geht – geradlinig und zielstrebig begleitet er die Arbeit der Natur, und deshalb war es für ihn nur ein logischer Schritt, seine Weingärten auf biologische Bewirtschaftung umzustellen. »Das Zusammenspiel von Boden, Sorte und Unterlagsrebe muss man beachten«, sagt er. Aufgrund dieser Erfahrung ist es ihm möglich, autochthone, terroirbezogene Weine zu keltern. Beim »Optime«, lateinisch für »unser Bester«, verschmelzen Boden, Klima, Trauben und Holz optimal – und so gilt: Ergo bibamus Optime. Das Weinbaugebiet Carnuntum ist jene Region Niederösterreichs, die sich östlich von Wien und gleichzeitig südlich der Donau erstreckt. Kräftige Löss- und karge Kalkböden sowie das kontinental-pannonische Mikroklima mit den kühlen Einflüssen der Donau bieten ideale Voraussetzungen für attraktive Rotweine, die Frucht und Eleganz vereinen. Die Weine sind modern in der Stilistik, aber eigenständig und immer der Herkunft verpflichtet.

92 Chardonnay * Göttlesbrunn Ried Rosenberg 2021
13,5 Vol.-%, NK, großes Holzfass, €€€€
Helles Goldgelb, Silberreflexe. Zart nach Karamell, gelbe Tropenfrucht klingt an, ein Hauch von Wiesenkräutern. Mittlerer Körper, Nuancen von süßer Mango, gut integrierte Säurestruktur, cremig und anhaftend, ein vielseitiger, gut entwickelter Speisenwein.

93 * Göttlesbrunn Ried Rosenberg 1ÖTW 2021 ZW/ME
14,5 Vol.-%, NK, Barrique, €€€€€
Dunkles Rubingranat, schwarzer Kern, violette Reflexe, zarte Ockerrandaufhellung. Dunkles Beerenkonfit, schwarze Kirschfrucht, kandierte Orangenschalen, etwas Dörrpflaumen, einladendes Bukett. Saftig, komplex, feinwürzig, fruchtsüß nach Zwetschken, mit Holzwürze unterlegt, gutes Potenzial.

92 * Göttlesbrunn Rot 2021 ZW/BF/ME
14 Vol.-%, NK, Barrique, €€€€
Kräftiges Rubingranat, violette Reflexe, breitere Ockerrandaufhellung. Schwarzes Waldbeerenkonfit, tabakig, etwas Nougat, zart nach Zwetschken, einladende Holzwürze. Saftig, elegant, rote Kirschen, feine Würze, gute Frische, zarte Röstaromen, floraler Touch, dunkle Waldbeeren im Abgang, mineralisch, guter Speisenbegleiter.

93 Zweigelt * Ried Bärnreiser 1ÖTW 2021
14,5 Vol.-%, NK, Barrique, €€€€€
Tiefdunkles Rubingranat, violette Reflexe, zarte Randaufhellung. Dezente Zwetschkennoten, etwas Orangenzesten, feine Wiesenkräuter, schwarzes Waldbeerenkonfit klingt an. Gute Komplexität, reifes Dörrobst, feine Tanninstruktur, gute Holzwürze, vielfältig einsetzbar, hat Potenzial.

93 Merlot Optime 2021
14,5 Vol.-%, NK, Barrique, €€€€€
Kräftiges Rubingranat, violette Reflexe, breitere Ockerrandaufhellung. Feine Zwetschkenfrucht, dunkle Waldbeeren, reife Herzkirschen, ein Hauch von Nougat, Lakritze, einladendes Bukett. Komplex, saftig und rund, reife Tannine, Nuancen von dunkler Frucht im Abgang, feine Süße im Nachhall, zeigt Länge und Potenzial, bereits gut entwickelt.

★★★

ING. JOHANNES PITNAUER

Seit Generationen schon wird unter dem Namen Pitnauer Wein gekeltert. Die bedeutendste Entwicklung geschah aber in den 1980er-Jahren, als Hans und Edith Pitnauer ihren landwirtschaftlichen Betrieb ganz auf Weinbau umstellten. Mit diesem neuen Fokus begann die Erfolgsgeschichte des Familienweinguts, die eng mit dem bunten Zugvogel Bienenfresser verbunden ist. Denn als sich 1986 die ersten Brutpaare in Göttlesbrunn niederließen, inspirierten sie das junge Winzerpaar Hans und Edith zu ihrem reinsortigen Zweigelt Bienenfresser®. Mittlerweile nistet der Merops Apiaster seit über 30 Jahren in den Göttlesbrunner Weinrieden und ist das farbenprächtige Wappentier des Familienweinguts. Seine unverkennbaren Rufe begleiten die Arbeiten im Weingarten, bevor er sich Ende September zum Überwintern zurück nach Afrika begibt. Der Bienenfresser® aus dem Hause Pitnauer wurde im Laufe der Jahre mit vielen Awards im In- und Ausland ausgezeichnet und hat inzwischen Kultstatus er-

Johannes Pitnauer

ING. JOHANNES PITNAUER
2464 Göttlesbrunn
Weinbergstraße 4-6
T: +43 (2162) 8249
weingut@pitnauer.com
www.pitnauer.com

Kellermeister: Johannes Pitnauer
Kontakt: Johannes Pitnauer & Romana Bauer
Anbauweise: Integrierter Anbau
Produktion: 20 % weiß, 80 % rot, 22 Hektar
Vereinszugehörigkeit: DIE Winzer Göttlesbrunn, Traditionsweingüter Österreich, Die Rubin Carnuntum Weingüter
Messen: ProWein Düsseldorf, VieVinum

reicht. Als eines der ersten Winzerpaare der Gegend erkannten Hans und Edith das Potenzial der Region Carnuntum für Rotweine, insbesondere der Rebsorte Zweigelt. Aber auch internationale Sorten wie Merlot, Syrah und Cabernet Sauvignon, die damals noch als „exotisch" galten, hatten es ihnen angetan. Mit ihrem Interesse für italienische und französische Weinstile und ihrem Mut, Neues zu probieren, schrieben Hans und Edith ein Stück österreichische Rotweingeschichte. Mit klingenden Weinnamen wie Bienenfresser®, Pegasos®, Quo Vadis® und Franz Josef® brachten sie internationales Weinflair nach Carnuntum.
Heute führen Sohn Johannes und seine Lebensgefährtin Romana die Familientradition fort und setzen neue Akzente. Mit viel Erfahrung und Liebe zur Natur werden die 22 Hektar Weingärten ohne Insektizid- und Herbizideinsatz bewirtschaftet. Die Weinlese erfolgt ausschließlich von Hand, um höchste Qualität zu gewährleisten. Die Weine aus dem Hause Pitnauer brillieren mit Eleganz und einzigartiger Stilistik. Sie spiegeln die Geschichte des Familienweinguts und die gelungene Verbindung von Natur, Tradition und modernem Handwerk wider.

91 Chardonnay * Ried Kräften 2021
15 Vol.-%, DV, Teilbarrique, €€€
Mittleres Gelbgrün, Silberreflexe. Feine gelbe Tropenfrucht, ein Hauch von reifen Litschis, Rhabarber, zarte Pfirsichnuancen und Weiße Johannisbeeren, intensive Fruchtexotik. Saftig, sehr kraftvoll, tropische Aromatik, zarter Säurebogen, sehr individueller Wein, gutes Entwicklungspotenzial.

90 Grüner Veltliner * Classic 2023
11,5 Vol.-%, DV, Stahltank, €€
Helles Gelbgrün, Silberreflexe. Zarte Kräuterwürze, feines gelbes Kernobst, einladendes Bukett. Saftig, weißer Apfel, frisch strukturiert, zarte Limettennuancen im Abgang, ein vielseitiger und lebendiger Speisenbegleiter.

90 Gelber Muskateller Selektion 2023
12 Vol.-%, DV, Stahltank, €€
Helles Grüngelb, Silberreflexe. Floral, etwas Holundersirup, ein Hauch von Muskatnuss. Saftig, weißer Pfirsich, zart nach Maracuja, lebendiger Säurebogen, Limettenzesten, feiner Honigtouch im Nachhall, unkomplizierter Sommerwein.

92 Zweigelt * Göttlesbrunn Bienenfresser 2021
14 Vol.-%, NK, gebrauchte Barriques, €€€€
Dunkles Rubingranat, violette Reflexe, zarte Randaufhellung. Reife Zwetschken, Brombeerkonfit, ein Hauch von Nougat und kandierten Orangenzesten. Kräftig, saftige Herzkirschen, frischer Säurebogen, reife Tannine, mineralisch-salziger Nachhall, bereits gut entwickelt und antrinkbar.

Blauer Zweigelt

92 Zweigelt * Ried Haidacker 1ÖTW 2021
14,5 Vol.-%, NK, gebrauchte Barriques, €€€€€
Kräftiges Rubingranat, opaker Kern, violette Reflexe, zarte Randaufhellung. Reife Zwetschkenfrucht, Kirschen, zart nach Gewürzen, floral, Mandarinenzesten, würziger Touch. Saftig, elegant, feine Säurestruktur, mineralisch-salzig, Brombeertouch im Abgang, würziger Nachhall, bereits gut antrinkbar.

(93) Merlot vom Schotter Große Reserve Quo Vadis® 2022
15,5 Vol.-%, NK, gebrauchte Barriques, €€€€€
Tiefdunkles Rubingranat, opaker Kern, zarte Ockerrandaufhellung. Feine Nuancen von schwarzen Oliven, reife dunkle Waldbeeren, Kirschen, ein Hauch von Pesto, feinwürziges Bukett. Kraftvoll, würzig, mineralisch und straff, präsente, jugendliche Tannine, die noch Zeit brauchen, gutes Entwicklungspotenzial.

(93) Cabernet Sauvignon & Zweigelt Große Reserve Franz Josef® 2018 ZW/CS
14 Vol.-%, NK, gebrauchte Barriques, €€€€€
Kräftiges Rubingranat, violette Reflexe, dezente Randaufhellung. Feine Nuancen von Waldbeeren, frische Kirschen, ein Hauch von Cassis, Noten von Edelholz und Kräutern, tabakig unterlegt. Komplex, feine Beerenfrucht, reife, tragende Tannine, mineralisch und gut anhaftend, ein facettenreicher Speisenbegleiter.

★

MICHAELA RIEDMÜLLER WEINE

Ein Berg an der Grenze hat es Michaela Riedmüller besonders angetan: der Braunsberg. Tatsächlich stellt der charakteristische, prägnante Berg mit seinem massiven Felsgestein – geologisch Teil der Kleinen Karpaten – einen der letzten weißen Flecken auf Österreichs Weinlandkarte dar. Hier vinifiziert die Winzerin mit Begeisterung Blaufränkisch der besonderen Art. Elegant, fein und kühl – das beschreibt wohl am besten die Stilistik ihrer Blaufränkisch, die von Gneis und Granit des Braunsbergs geprägt sind. Nur zehn Kilometer vom Braunsberg entfernt ragt der Spitzerberg hervor, durch sein sehr trockenes und kalkreiches Terroir bringt Michaela Riedmüller hier Blaufränkisch mit straffen Tanninen, feiner Mineralik und tänzelnder Säure hervor. Nicht zu vergessen sind ihre »Down to Earth«-Weine, ein Name, der passender nicht sein könnte. Es war der Beginn ihrer eigenen Reise, der Antrieb dafür, ihr »eigenes bodenständiges Ding« zu machen. Die »Down to Earth«-Serie steht für unfiltrierte, maischevergorene, im Holzfass gereifte authentische Weine.

MICHAELA RIEDMÜLLER WEINE
2410 Hainburg a.d. Donau
Klosterplatz 4
T: +43 (699) 15016910
wein@michaelariedmueller.at
www.michaelariedmueller.at

Kellermeister/Kontakt:
Michaela Riedmüller
Produktion: 50 % weiß, 50 % rot, 7 Hektar

92 Grüner Veltliner * Hainburg 2021
12,5 Vol.-%, DV, Stahltank, €€€
Helles Goldgelb, Silberreflexe. Zart nach Wiesenkräutern, ein Hauch von Ananas, dezente Steinobstnoten, einladendes Bukett. Saftig, elegant, ausgewogene weiße Tropenfrucht, frisch strukturiert, mineralisch im Nachhall, ein harmonischer Speisenbegleiter mit Reifepotenzial.

92 Grüner Veltliner * Ried Braunsberg 2021
13,5 Vol.-%, NK, Stahltank/großes Holzfass, €€€
Helles Strohgelb, Silberreflexe. Zart nach Marille und frischer Birne, mit feinen Wiesenkräutern unterlegt, kandierte Orangenzesten. Mittlere Komplexität, reifer weißer Apfel, feiner Säurebogen, mineralisch-zitronig im Abgang, ein balancierter Speisenbegleiter mit Reifepotenzial.

90 Federnelke Weiss 2022 GV/CH
11,8 Vol.-%, DV, Stahltank/großes Holzfass, €€€
Helles Gelbgrün, Silberreflexe. Zarte gelbe Tropenfrucht, ein Hauch von Blüten und Mandarinenzesten. Mittlerer Körper, weißer Apfel, frisch strukturiert, mineralisch-salzig im Abgang, ein leichtfüßiger Speisenbegleiter.

90 From Down to Earth from Earth to Down 2022 NB/WR
11,5 Vol.-%, NK, großes Holzfass, €€€€
Getrübtes helles Goldgelb, Silberreflexe. Zart nach Birne und Mango, frische Kräuter, zart mostige Nuancen. Schlank, weißer Apfel, frisch strukturiert, leichtfüßig, Limetten im Nachhall, ein zarter Speisenbegleiter, für Freunde des Natural Wines.

90 Blaufränkisch * Hainburg 2021
13,5 Vol.-%, DV, Stahltank/großes Holzfass, €€€
Kräftiges Rubingranat, violette Reflexe, breitere Ockerrandaufhellung. Rotbeerige Nuancen, feine Kräuterwürze, zart nach Lakritze und Mandarinenzesten. Mittlerer Körper, etwas Ribiseln, dezente Tannine, betonter Säurebogen, mineralisch im Abgang, ein lebendiger Speisenbegleiter.

WEINGUT TAFERNER
2464 Göttlesbrunn, Pfarrgasse 2
T: +43 (2162) 8465
weingut@tafi.at, www.tafi.at
Kellermeister/Kontakt:
Franz und Karoline Taferner
Anbauweise: Zertifiziert Biologisch (Bio Austria)
Produktion: 40 % weiß, 60 % rot, 25 Hektar
Zertifiziert: Nachhaltig Austria
Vereinszugehörigkeit:
DIE Winzer Göttlesbrunn, Traditionsweingüter Österreich, Die Rubin Carnuntum Weingüter
Messen: Millésime Bio, ProWein Düsseldorf, VieVinum, Vinexpo Hongkong

Karoline Taferner

★★★★

WEINGUT TAFERNER

BIO

Im Herzen Carnuntums, wo Weine mit unverwechselbarer Handschrift entstehen, liegt das traditionsreiche Weingut Taferner. Franz und seine Tochter Karoline Taferner produzieren erstklassige Weine, die durch ihren eigenständigen Charakter überzeugen. Gemeinsam werden 25 Hektar Weingärten zertifiziert biologisch auf den sonnigen Südhängen des Arbesthaler Hügellandes bewirtschaftet. Schwere Böden mit Lehm und Löss, Sand und Schotter bieten den kräftigen ausdrucksvollen Rotweinen und den eleganten, vollmundigen Weißweinen die besten Bedingungen.
Im Weingarten wird Wert auf verantwortungsvolle schonende und nachhaltige Arbeit im Einklang mit der Natur gelegt. Wer Rotweine mit enormer Dichte, Tannin und gleichzeitig deftigem Schmelz sucht oder einen der besten Gelben Muskateller des Landes verkosten möchte, ist auf dem Weingut Taferner absolut richtig.

(93) Chardonnay * Ried Schüttenberg 2023
13,5 Vol.-%, NK, Holzfass, €€€€€ B
Helles Goldgelb, Silberreflexe. Feine Nuancen von Golden-Delicious-Apfel, ein Hauch von Ringlotten, etwas Blütenhonig, kandierte Orangenzesten. Mittlerer Körper, feine Birnenfrucht, balanciert, dezente Süße, etwas Mango, mineralisch-salzig im Nachhall, vielfältig einsetzbar.

(92) * Göttlesbrunn Weiß 2023 CH/WB/GV
13 Vol.-%, DV, großes Holzfass/Beton/Stahltank, €€€ B
Mittleres Goldgelb, Silberreflexe. Nuancen von reifer Birne und Mango, mit frischen Wiesenkräutern und etwas Blütenhonig unterlegt. Mittlerer Körper, feine Nuancen von gelbem Kernobst, mineralisch, gute Frische, bleibt haften, ein lebendiger Speisenbegleiter.

(92) Weißburgunder * Ried Altenberg 2023
13,5 Vol.-%, NK, großes Holzfass/kleines Holzfass, €€€€€ B
Mittleres Goldgelb, Silberreflexe. Zart nach Vanille und Karamell, reife gelbe Birnenfrucht, Noten von Pfirsich, kandierte Orangenzesten, ein Hauch von Blütenhonig. Mittlerer Körper, feine, dezente Fruchtsüße, salziger Nachhall, ein balancierter Speisenbegleiter.

91 Gelber Muskateller 2023
11,5 Vol.-%, DV, Stahltank, €€€ B
Helles Gelbgrün, Silberreflexe. Zart nach Maracuja, weiße

* Carnuntum DAC

Blüten, ein Hauch von Pfirsich, floraler Touch. Mittlerer Körper, Nuancen von weißem Kernobst, frischer Säurebogen, Limettenzesten, mineralisch-salzig, frischer, leichtfüßiger Stil.

(96) V.I.B. Very Important Bottle 2021 ME/CS
14 Vol.-%, NK, Barrique, €€€€€€
Tiefdunkles Rubingranat, opaker Kern, violette Reflexe, zarte Randaufhellung. Nuancen von reifen Brombeeren, etwas nach Zwetschken, dezente Nougatnoten, floraler Touch, Tabak-Holz-Würze klingt an. Gute Komplexität, präsentes süßes Tannin, feinwürzig, Brombeeren auch im Abgang, mineralisch, lang anhaltend, vielschichtiger Speisenbegleiter mit Reifepotenzial.

(93) * Ried Bärrneiser 1ÖTW 2022 ZW/BF
13,5 Vol.-%, NK, 500-l-Fass, €€€€€ B
Tiefdunkles Rubingranat, opaker Kern, violette Reflexe, zarte Randaufhellung. Kräuterwürze und Johannisbeeren, zart nach Cassis, dazu Weichselnoten, Mandarinenzesten, frisches Bukett. Gute Komplexität, saftig, fruchtsüß, nach reifen Kirschen, kraftvoll im Abgang, gut integrierte Tanninstruktur, facettenreicher Speisenbegleiter.

(93) * Ried Haidacker 1ÖTW Excalibur 2022 ZW/CS/ME
13,5 Vol.-%, NK, Barrique/500-l-Fass, €€€€€ B
Tiefdunkles Rubingranat, schwarzer Kern, violette Reflexe, zarte Randaufhellung. Dunkles Waldbeerenkonfit, kandierte Orangenzesten, etwas Holzwürze, jugendliches, einladendes Bukett. Gute Komplexität, kraftvoll, präsentes, süßes Tannin, Brombeernuancen im Abgang, vielseitiger Speisenbegleiter mit Potenzial.

92 Monument 2022 ZW/ME/SL
13 Vol.-%, NK, Barrique/gebrauchte Barriques, €€€€ B
Tiefdunkles Rubingranat, schwarzer Kern, violette Reflexe, dezente Randaufhellung. Johannisbeernoten, Grapefruitzesten, dezente Kräuter-Tabak-Nuancen, floraler Touch, etwas nach Ribiseln. Gute Komplexität, fruchtsüß, etwas nach Brombeeren, schokoladiger Abgang, samtig, bleibt gut haften, vielfältig einsetzbar.

90 * Cuvée 2023 ZW/BF/SL
13 Vol.-%, DV, gebrauchte Barriques, €€ B
Tiefdunkles Rubingranat, violette Reflexe, zarte Randaufhellung. Intensiver Duft nach roten Kirschen und Gewürzen, kandierte Orangenzesten, floraler Touch. Saftig, fruchtsüß, gut eingebundene Tanninstruktur, rote Beerenfrucht, bleibt gut haften, unkompliziertes Trinkvergnügen.

(93) Cabernet Sauvignon Tribun 2022
14 Vol.-%, NK, Barrique, €€€€€ B
Tiefdunkles Rubingranat, opaker Kern, violette Reflexe, zarte Randaufhellung. Zarte Pflaumennoten, etwas nach Nelken, dazu Tabak-Holz-Würze, nussiger Touch, feines Waldbeerenkonfit. Gute Komplexität, tragende Tanninstruktur, mineralisch, schwarze Beerenfrucht, Lakritze im Abgang, guter Speisenbegleiter.

(90) Zweigelt * Rubin Carnuntum 2022
13 Vol.-%, DV, gebrauchte Barriques, €€€ B
Dunkles Rubingranat, tiefer Kern, violette Reflexe, zarte Randaufhellung. Weichselnoten, zart nach Kräutern, ein Hauch von Orangenzesten, Lakritze klingt an. Mittlerer Körper, zart nach Brombeeren im Abgang, mineralisch, fruchtsüß im Rückgeschmack, salzig, guter Speisenbegleiter.

PLATZ FÜR IHRE
WEINNOTIZEN

NIEDERÖSTERREICH

KAMPTAL

DAC

© WSNA

Der Heiligenstein ist die berühmteste Riede im Kamptal

GRÜNER VELTLINER UND RIESLING KAMPTAL DAC AUS MILLIONEN JAHRE ALTEN BÖDEN

Namensgeber der Region ist der Kampfluss. Mit 3.574 Hektar ist das Kamptal eines der größeren Weinbaugebiete Österreichs, und Langenlois ist die Stadt mit der größten Rebfläche des Landes.

Kultur und Tourismus haben einen hohen Stellenwert im Kamptal, was durch Heurige und Vinotheken noch verstärkt wird. Mit dem Heiligenstein hat das Kamptal eine der markantesten Lagen Österreichs mit einem ganz besonderen Boden: einem Wüstensandstein mit vulkanischen Bestandteilen aus der 270 Millionen Jahre alten Perm-Zeit. Auf den steilen Terrassen am Südhang wachsen hauptsächlich Rieslingtrauben, die kraftvolle, langlebige Weine hervorbringen. Zur Donau hin verändern sich die Böden, hier sind auf Löss- und Lehmterrassen gute Voraussetzungen für eine Vielfalt an Weintypen gegeben. Neben dem Grünen Veltliner spielen die Burgunderfamilie sowie der Blaue Zweigelt ihre Stärken aus. Klimatisch macht sich im Kamptal die Dynamik zwischen dem heißen Pannonischen Becken und der nördlich angrenzenden kühlen Region Waldviertel bemerkbar. Die beiden Hauptrebsorten Grüner Veltliner und Riesling definieren seit 2008 den Kamptal DAC. Das anfänglich zweistufige Bezeichnungssystem erfährt gerade einen Wandel. Die neue Gliederung, die seit dem Jahrgang 2017 für alle Winzer gilt, legt größeres Gewicht auf die Herkunft, deshalb unterscheidet man nun zwischen Gebietsweinen, also Kamptal DAC, Ortsweinen, die den jeweiligen Ortsnamen als Zusatz tragen, und den Lagenweinen, der Spitze der Pyramide. Diese Weine sind leicht zu erkennen, weil vor der jeweiligen Lage das Wort »Ried« stehen muss, und in den meisten

Fällen findet man auch zusätzlich eine Ortsangabe. Bei den Lagenweinen ist weiterhin der Begriff »Reserve« erlaubt; es wird aber sicher weniger solche Weine geben, die früher mit dieser Bezeichnung gehandelt wurden. Wenn »Reserve« auf dem Etikett steht, darf der Wein nämlich frühestens im September auf den Markt kommen. Einige Winzer verzichten daher gänzlich auf den Begriff, bringen ihre Weine allerdings auch erst zu diesem späteren Zeitpunkt auf den Markt.

Eine Attraktion für Weintouristen ist das Loisium, ein futuristisches Besucher- und Seminarhotelzentrum mit Vinothek und mystischen Weinerlebnissen. Das ganze Ensemble ist ein Symbol für die Symbiose aus Tradition und Innovation. Das Ursinhaus ist die zweite empfehlenswerte Adresse auf der Suche nach Kamptaler Weinen. Neben Langenlois, Gobelsburg, Straß im Straßertale, Kammern und Zöbing sind noch zahlreiche kleinere Weinorte von Bedeutung.

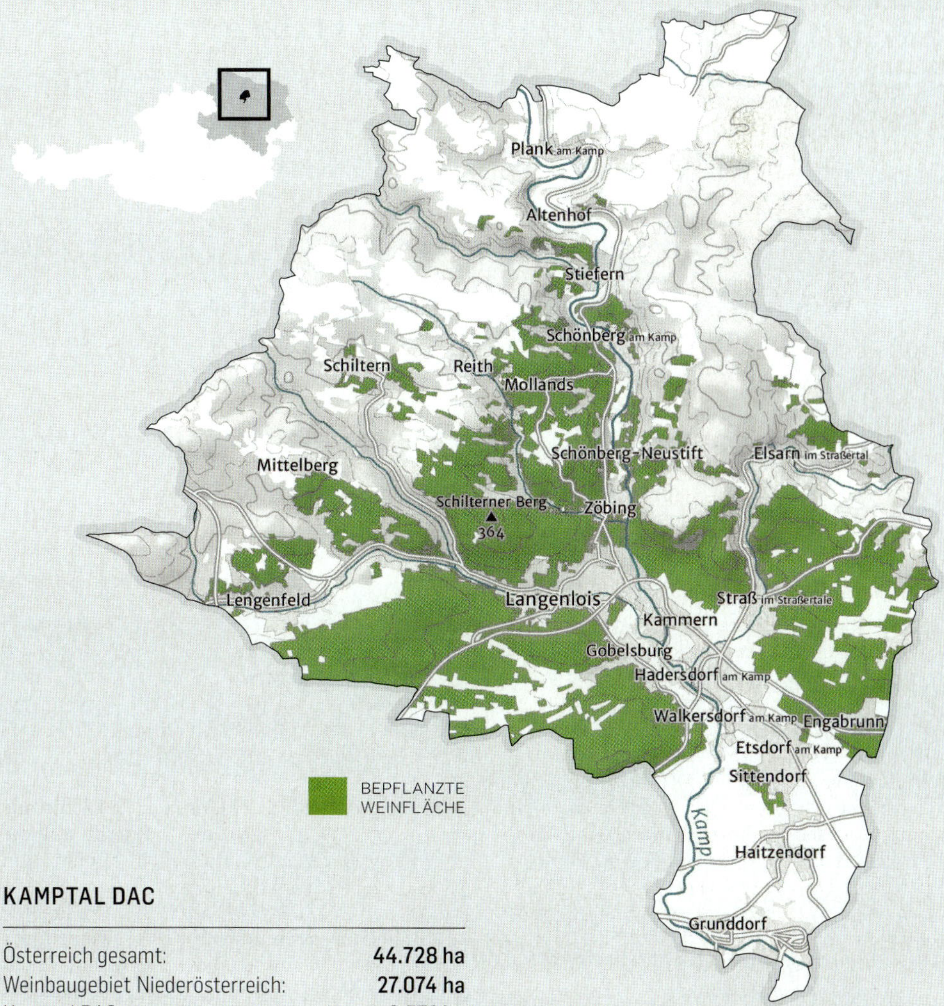

KAMPTAL DAC

Österreich gesamt:	**44.728 ha**
Weinbaugebiet Niederösterreich:	**27.074 ha**
Kamptal DAC:	**3.574 ha**

AUSGEWÄHLTE WEINGÜTER

★★★★★

Weingut Bründlmayer, Langenlois
Weingut Schloss Gobelsburg, Gobelsburg
Weingut Hirsch, Kammern

★★★★

Weingut Allram, Straß im Straßertale
Weingut Kurt Angerer, Lengenfeld
Weingut Ludwig Ehn, Langenlois
Weingut Eichinger, Straß im Straßertale
Weingut Hiedler, Langenlois
Weingut Jurtschitsch, Langenlois
Weingut Fred Loimer, Langenlois
Weingut Steininger, Langenlois
Weingut Topf, Straß im Straßertale
In Vino Weix – Weingut Weixelbaum, Straß im Straßertale

★★★

Weingut Gerhard Deim, Schönberg am Kamp
Weingut Peter Dolle, Straß im Straßertale
Weingut Christoph Edelbauer, Langenlois
Bio-Weingut Kemetner, Etsdorf am Kamp
Weingut Leindl, Zöbing
Weingut Barbara Öhlzelt, Zöbing
Weingut Rudolf Rabl, Langenlois
Weingut Markus Waldschütz, Elsarn im Straßertal

★★

Weingärtnerei Aichinger, Schönberg am Kamp
Weingut Etz, Walkersdorf am Kamp
Weingut Herndler, Schiltern
Weingut Johannes Holzer, Engabrunn
Weingut Armin Huber, Straß im Straßertale
Laurenz V., Wien/Zöbing
Weingut Maglock-Nagel, Straß im Straßertale
Weingut Christian Nastl, Langenlois
Weingut Rosner, Langenlois
Winzerhof Sax, Langenlois
Weingut Schreibeis – Keller am Gaisberg, Straß im Straßertale
Weingut Peter Schweiger, Zöbing
Weingut Sonnhof, Langenlois
Weingut Reinhard Topf, Straß im Straßertale

★

Alfred Markus Deim, Schönberg
Weingut Wolfgang und Sylvia Groll, Reith/Langenlois
Weingut Schmid, Langenlois

NEU

Weingut Haimerl, Gobelsburg

Der kleine Weinort Stiefern am Kamp

WEINGÄRTNEREI AICHINGER
3562 Schönberg am Kamp
Hauptstraße 15
T: +43 (2733) 8237
kamptal@wein-aichinger.at
www.wein-aichinger.at

Kellermeister/Kontakt:
Maximilian Aichinger
Produktion: 85 % weiß, 15 % rot, 12 Hektar
Zertifiziert: Nachhaltig Austria
Messen: Vinobile Feldkirch, Weinmesse Innsbruck

Ried Kalvarienberg

★★

WEINGÄRTNEREI AICHINGER

Kamptaler Trauben sind etwas Besonderes – ihre robuste Beschaffenheit erzählt von wechselhaften klimatischen Bedingungen: Starke Tageserwärmung und kühle nächtliche Fallwinde aus dem nahen Waldviertel kreieren eine besonders intensive Frucht. Auf Löss- und Urgesteinsterrassen wachsen in den Weingärten der Familie Aichinger Grüner Veltliner, Riesling, Sauvignon Blanc, Gemischter Satz, Weißburgunder, Roter Traminer, Zweigelt, Cabernet Sauvignon und Merlot. Auf zwölf Hektar Rebflächen wird mit größter Sorgfalt und viel Liebe gearbeitet, um das Beste aus jedem Jahrgang herauszuholen. Schon die Generation davor hat die Weingärten naturnah bewirtschaftet und größtes Augenmerk auf Bodenschonung, Bodengesundung und Humusaufbau gelegt. Nun freut man sich sehr, dass das Weingut auch »Nachhaltig Austria«-zertifiziert ist.
Beim Besuch der Weinstube kann man die gesamte Palette kennenlernen, genießen und sich auch gleich von Susanne Zimmermann kulinarisch verwöhnen lassen.

93 Riesling ** Ried Rosenberg 2022
13 Vol.-%, DV, Stahltank, €€€€
Helles Goldgelb, Silberreflexe. Zart nach Limetten und weißen Blüten, mit Noten von Weingartenpfirsich unterlegt, frischer Apfel. Straff, engmaschig, zarte Fruchtsüße, lebendige Säurestruktur, mineralisch-salzig im Abgang, noch etwas verkapselt, wird von Flaschenreife profitieren.

91 Riesling * Schönberg Terrassen 2022
12,5 Vol.-%, DV, Stahltank, €€
Helles Grüngelb, Silberreflexe. Frische Nuancen von Pfirsich und Blüten, ein Hauch von kandierten Limettenzesten. Mittlerer Körper, weißer Apfel, rassige Struktur, engmaschig und frisch, feine salzige Mineralik im Nachhall.

93 Grüner Veltliner ** Ried Kalvarienberg 2021
13,5 Vol.-%, DV, Stahltank, €€€€
Helles Goldgelb, Silberreflexe. Zart tabakig-kräuterwürzig unterlegte gelbe Apfelfrucht, zart nach Blütenhonig und Orangenzesten. Saftig, reifes Kernobst, frischer Säurebogen, mineralisch, fruchtige Süße im Abgang, elegant und gut anhaftend, wird von weiterer Flaschenreife profitieren.

* Kamptal DAC ** Kamptal DAC Reserve

92 Grüner Veltliner ** Ried Renner 2022
13,5 Vol.-%, DV, Stahltank, €€€
Helles Grüngelb, Silberreflexe. Feine Nuancen von gelber Frucht, zart nach Ananas und Pfirsich, ein Hauch von Blütenhonig. Saftig, engmaschig, feine Nuancen von Birne und Mango, dezenter Säurebogen, Blütenhonig im Finale, verfügt über Länge und Potenzial.

89 Grüner Veltliner * Schönberg Löss 2023
12,5 Vol.-%, DV, Stahltank, €€

92 Weissburgunder Oberalbing 2022
13,5 Vol.-%, DV, großes Holzfass, €€€
Helles Goldgelb, Silberreflexe. Zart nach frischer Birne, ein Hauch von Ringlotten, feine Nuancen von Wiesenkräutern, mit etwas Nougat unterlegt. Stoffig, weißes Kernobst, gute Frische, mineralisch, zarter Kernobsttouch im Nachhall, vielfältig einsetzbar.

★★★★

WEINGUT ALLRAM

BIO

Das Traditionsweingut Allram der Familie Haas-Allram liegt im Herzen des Weinbaugebietes Kamptal, im Weinort Straß im Straßertale. Seit 2015 leitet mit Sohn Lorenz Haas-Allram die nächste Generation die Geschicke im Familienbetrieb. Dabei schöpft der junge Winzer aus einem enormen Potenzial, denn spricht man von Allram, so kommt man an Lagen wie Gaisberg, Renner und Heiligenstein nicht vorbei. Die 1,5 Hektar große Anlage am Heiligenstein wurde nach 30-jähriger Brache im Jahr 1998 rekultiviert und ist heute die Grundlage für einen absoluten Ausnahme-Riesling. Ziel der Winzerfamilie ist es, Weine zu keltern, die eine Geschichte erzählen – eine Geschichte der Weinberge, in denen sie ihren Ursprung finden, und der Menschen, die sie prägen. So wird den erstklassigen Lagen und dem Kamptal maximaler Ausdruck verliehen. Erreicht wird dies durch lebendige Böden, eine bunte Fauna und Flora in den Weinbergen sowie minimale Eingriffe in den Reifungsprozess der Weine und Mut zu Neuem. Und so bestechen die Weine der Haas-Allrams durch Präzision und enorme Länge. Sein Können hat Lorenz Haas-Allram bereits mit zahlreichen nationalen und internationalen Auszeichnungen eindrucksvoll unter Beweis gestellt. Bisheriges Highlight seiner jungen Winzerkarriere ist mit Sicherheit die begehrte »White Wine Trophy« der »International Wine Challenge« in London, die er mit dem Riesling Ried Gaisberg 1ÖTW 2016 zum ersten Mal nach Österreich holte. Eine renovierte Jugendstilvilla mitten im Ort, die vom Weingut zu Fuß gut erreichbar ist, steht den Kunden und Weinfreunden als Gästehaus zur Verfügung.

WEINGUT ALLRAM
3491 Straß im Straßertale
Herrengasse 3
T: +43 (2735) 2232
weingut@allram.at
www.allram.at
Kellermeister/Kontakt:
Lorenz Haas-Allram
Anbauweise: Zertifiziert Biologisch (Bio Austria)
Produktion: 88 % weiß, 5 % rosé, 5 % rot, 2 % süß, 30 Hektar
Zertifiziert: Nachhaltig Austria
Vereinszugehörigkeit:
Traditionsweingüter Österreich
Messen: Austrian Tasting London, ProWein Düsseldorf, London Wine Fair, VieVinum, DAC-Präsentationen, MondoVino

96 Riesling * Ried Heiligenstein 1ÖTW 2022
13 Vol.-%, NK, großes Holzfass, €€€€€ V
Helles Gelbgrün, silberfarbene Reflexe. Feine Anklänge von gelber Tropenfrucht, zart nach Blütenhonig, etwas Safran, Nuancen von Mango und reifer Maracuja. Gute Komplexität, engmaschig, weiße Frucht, feiner Pfirsichtouch, frisch strukturiert, zitronige Nuancen, mineralisch und gut anhaftend, delikater, leichtfüßiger Stil, besitzt Länge und Potenzial, bereits gut antrinkbar.

95 Riesling * Ried Gaisberg 1ÖTW 2022
13 Vol.-%, NK, großes Holzfass, €€€€€ V
Helles Gelbgrün, Silberreflexe. Floral, Nuancen von weißem Steinobst, grüner Apfel, mineralisch, kandierte Limettenzesten. Saftig, elegant, dezente Fruchtsüße, Pfirsich im Kern, elegant, mineralisch und gut anhaftend, gute Länge, etwas Blutorangen im Nachhall, ein straffer, animierender Speisenbegleiter, sicheres Reifepotenzial.

91 Riesling * Strass 2023
13 Vol.-%, DV, Stahltank, €€€ V
Helles Gelbgrün, Silberreflexe. Zarte Pfirsichfrucht, ein Hauch von Limetten und weißen Blüten, mineralischer Touch. Straff, weiße Frucht, rassig strukturiert, nach Maracuja und Zitronen, ein salzig-animierender Speisenbegleiter.

95 Grüner Veltliner * Ried Lammberg 2022
13 Vol.-%, NK, großes Holzfass, €€€€€ V
Mittleres Gelbgrün, silberfarbene Reflexe. Zart mit Orangenzesten unterlegte feine gelbe Apfelfrucht, ein Hauch von Mango, floraler Touch, etwas Karamell, einladendes Bukett. Saftig, komplex, elegant, feine Fruchtsüße, angenehmer Säurebogen, mineralisch-salzig, anhaftend, zeigt Länge und gutes Reifepotenzial.

94 Grüner Veltliner * Ried Gaisberg 1ÖTW 2022
13,5 Vol.-%, NK, großes Holzfass, €€€€€ V
Mittleres Grüngelb, silberfarbene Reflexe. Feine Gewürznuancen, nach Kardamom, gelber Apfel, zart nach Mango und Birne, kandierte Orangenzesten, einladendes Bukett. Stoffig, elegant, feine Fruchtsüße, gut integrierter Säurebogen, ausgewogen und gut anhaftend, weißer Apfel im Nachhall, ein facettenreicher, bereits zugänglicher Speisenwein.

93 Grüner Veltliner * Ried Rosengartl 2022
13 Vol.-%, NK, großes Holzfass, €€€€ V
Helles Grüngelb, Silberreflexe. Zarte Wiesenkräuter, ein Hauch von Honigmelone, frische gelbfruchtige Nuancen, kandierte Orangenzesten. Mittlere Komplexität, weißer Apfel, zart nach Birne, frischer Säurebogen, mineralisch-zitronig im Nachhall, ein gut entwickelter, animierender Speisenbegleiter mit weiterem Reifepotenzial.

93 Grüner Veltliner * Ried Renner 1ÖTW 2022
13 Vol.-%, NK, großes Holzfass, €€€€€ V
Helles Goldgelb, silberfarbene Reflexe. Frische Wiesenkräuter, zart tabakig-nussig unterlegte reife gelbe Tropenfrucht, Golden-Delicious-Apfel, rauchige Mineralik. Elegant, feine Fruchtsüße, weißer Apfel, zarter Blütenhonig, wirkt bereits entwickelt, ein stoffiger Begleiter bei Tisch.

92 Grüner Veltliner * Strass 2023
12 Vol.-%, DV, Stahltank, €€ B V
Mittleres Gelbgrün, Silberreflexe. Zart nach Golden Delicious, ein Hauch von Honigmelone, zart tabakige Kräuterwürze. Mittlerer Körper, feine Apfelfrucht, gut integrierte Säurestruktur, mineralisch-zitronig, bereits gut antrinkbar.

92 Grüner Veltliner * Ried Hasel 2023
12,5 Vol.-%, DV, Stahltank, €€€ B V
Helles Grüngelb, Silberreflexe. Zarte gelbe Apfelfrucht, ein Hauch von Mango, frische Wiesenkräuter, einladendes Bukett. Mittlerer Körper, feine Birnenfrucht, elegant, zarte Fruchtsüße, gut integrierte Säurestruktur, ein vielseitiger Speisenbegleiter mit Reifepotenzial.

91 Grüner Veltliner * Herzstück 2023
12 Vol.-%, DV, Stahltank, €€€ B V
Helles Gelbgrün, Silberreflexe. Zart florale Nuancen, ein Hauch von frischer Mango, mit kandierten Mandarinenzesten unterlegt. Mittlerer Körper, weißer Apfel, frisch strukturiert, mineralisch-zitronig im Abgang, ein leichtfüßiger, lebendiger Speisenbegleiter.

93 Grauburgunder Reserve 2022
13,5 Vol.-%, NK, Barrique, €€€€€ V
Mittleres Goldgelb, Silberreflexe. Zart nach Vanille und Honigmelone, feines Kernobst, zarter Blütenhonig, Orangenblüten klingen an. Saftig, kraftvoll, elegant, zarte Holzwürze, karamelliger Touch im Nachhall, bleibt haften, ein komplexer Speisenbegleiter.

92 Weißburgunder Papageno 2023
13 Vol.-%, DV, Stahltank, €€€ V
Helles Gelbgrün, Silberreflexe. Zarte Nuancen von weißem Kernobst, ein Hauch von Birne, zart nach Ringlotten, mineralischer Touch, etwas Wiesenkräuter. Komplex, engmaschig, feine Fruchtsüße, elegant und gut anhaftend, mineralisch im Nachhall, bereits gut antrinkbar, mit Entwicklungspotenzial ausgestattet.

92 Chardonnay Ried Wechselberg 2023
13,5 Vol.-%, DV, Stahltank, €€€€ B V
Helles Goldgelb, Silberreflexe. Feine Nuancen von gelbem Kernobst, ein Hauch von Blütenhonig, etwas Ringlotten, mit Orangenzesten unterlegt, einladendes Bukett. Saftig, elegant, weißer Apfel, feine Fruchtsüße, zartes Säurespiel, ausgewogen, bereits gut antrinkbar.

*** Kamptal DAC** **** Kamptal DAC Reserve**

★★★★

WEINGUT KURT ANGERER

Kurt Angerer, bodenständig und weltoffen zugleich, ist einer aus der Winzergeneration, die sich dem Grünen Veltliner verschrieben hat. Nicht dass er ausschließlich die wichtigste Sorte Österreichs keltern würde, aber er ist bestrebt, ihre Vielfalt zum Ausdruck zu bringen. Dabei entstehen Weine, die ihre mineralischen Strukturen und unterschiedlichen Standorte auszudrücken vermögen. Urgesteinsböden, tiefgründige Lössböden und Kies erlauben eigenständige Weine mit Namen, die auf ihre Herkunft Bezug nehmen: Sie heißen »Kies«, »Spies«, »Loam«, »Granit« oder »Eichenstaude«.
Bereits seit 175 Jahren betreibt die Familie Angerer in den Rieden des beschaulichen Winzerortes Lengenfeld Weinbau. Kurt Angerer bewirtschaftet 37 Hektar. Hier entstehen Weine von großer Individualität, mit denen sich der Winzer bereits in das Spitzenfeld der Kamptaler Winzer katapultiert hat und die ihm zahlreiche internationale Auszeichnungen eingebracht haben. Mit seinem herausragenden Syrah RedGranite limited edition 2015 holte Kurt Angerer 2019 bei der Falstaff-Rotweinprämierung den Sieg in der »Reserve Trophy«. Das unterstreicht einmal mehr, dass im Kamptal neben den ausgezeichneten Weißweinen auch Rotweine von ganz besonderer Qualität zu finden sind.

WEINGUT KURT ANGERER
3552 Lengenfeld
Annagasse 101
T: +43 (676) 4306901
kurt.angerer@aon.at
www.kurt-angerer.at

Kellermeister/Kontakt:
Kurt Angerer
Produktion: 60 % weiß, 40 % rot, 37 Hektar
Messen: Austrian Tasting London, ÖGW Zürich, ProWein Düsseldorf, VieVinum, Vinexpo Bordeaux

(95) Grüner Veltliner Ried Schreckenstein 2023
14,5 Vol.-%, NK, großes Holzfass, €€€€€€
Helles Gelbgrün, Silberreflexe. Noch etwas verhalten, gelber Apfel, zart nach Mango, ein Hauch von Wiesenkräutern und Orangenzesten. Kraftvoll, reife Birnenfrucht, dezente Süße im Kern, gut integrierter Säurebogen, lang anhaftend, ein opulenter Speisenwein mit Länge und Potenzial.

(94) Grüner Veltliner Spies 2023
13,5 Vol.-%, DV, großes Holzfass, €€€€
Mittleres Gelbgrün, Silberreflexe. Feine gelbe Tropenfrucht, ein Hauch von Marillen und Orangenzesten, vielseitiges Bukett. Stoffig, weiße Kernobst, elegant, angenehmer Säurebogen, mineralisch und anhaftend, reife Birnenfrucht im Nachhall, gute Länge, zeigt Reifepotenzial.

(94) Grüner Veltliner Ried Frauenberg Reserve 2023
13 Vol.-%, DV, großes Holzfass, €€€€
Helles Goldgelb, Silberreflexe. Nuancen von frischem gelbem Kernobst, zart nach Apfel, ein Hauch von Mango, mineralischer Touch, einladendes Bukett. Saftig, seidige Textur, weißes Kernobst, finessenreich strukturiert, salzig-mineralisch, wirkt leichtfüßig, ausgewogen und vielfältig einsetzbar.

94 Grüner Veltliner Eichenstaude 2023
13,5 Vol.-%, DV, großes Holzfass, €€€€€
Mittleres Grüngelb, Silberreflexe. Zart floral, Nuancen von weißem Kernobst, ein Hauch von Limettenzesten, facettenreiches, mineralisches Bukett. Komplex, saftig, gelber Apfel, dezente Fruchtsüße, gut integrierter Säurebogen, mineralisch auch im Abgang, ein stoffiger Speisenbegleiter mit weiterem Reifepotenzial.

94 Grüner Veltliner Unfiltriert 2022
14,5 Vol.-%, NK, Barrique, €€€€€
Mittleres Gelbgrün, Silberreflexe. Feine Röstaromen, etwas Karamell, gelbes Kernobst, kandierte Orangenzesten, facettenreiches Bukett. Kraftvoll, elegant, cremige Textur, feine Nuancen von gelbem Kernobst, dezente Süße im Abgang, weißes Nougat im Finale, ein stoffiger Begleiter bei Tisch.

93 Grüner Veltliner Loam 2023
14,5 Vol.-%, DV, Holzfass, €€€€
Mittleres Gelbgrün, Silberreflexe. Zart nussig unterlegte

gelbe Apfelfrucht, ein Hauch von kandierten Orangenzesten, feine Kräuterwürze. Kraftvoll, stoffig und komplex, angenehme Fruchtsüße, dezenter Säurebogen, dunkle Mineralik im Abgang, bleibt haften, bereits gut antrinkbar.

92 Grüner Veltliner Kies 2023
12,5 Vol.-%, DV, Stahltank, €€
Mittleres Grüngelb, Silberreflexe. Frische gelbe Birne, zart nach Papaya, mit einem Hauch von Wiesenkräutern unterlegt. Mittlerer Körper, saftiges Kernobst, dezenter Säurebogen, feine Fruchtsüße im Abgang, ein balancierter Speisenbegleiter.

(94) Semillon SE 2023
13,5 Vol.-%, NK, Barrique, €€€€€
Mittleres Gelbgrün, Silberreflexe. Zart tabakig, kräuterwürzig, Nuancen von Birne und Honigmelone, dezente florale Anklänge. Kraftvoll, saftig, elegant, feine Fruchtsüße im Kern, finessenreicher Säurebogen, Blütenhonig im Abgang, zeigt Länge und Potenzial.

94 Roussanne RO 2023
13,5 Vol.-%, NK, Barrique, €€€€€
Zart getrübtes mittleres Gelbgrün, Silberreflexe. Frische Orangenzesten, gelbe Tropenfrucht, ein Hauch von Papaya und Mango, etwas Macis, dezente Kräuterwürze. Komplex, stoffig, elegant, feine Fruchtsüße, feine Säurestruktur, gute Länge, etwas Blütenhonig im Nachhall, ein vielseitiger Speisenbegleiter.

(93) Viognier VI 2023
13,5 Vol.-%, NK, Barrique, €€€€€
Zart getrübtes helles Gelbgrün, Silberreflexe. Zart nach weißer Tropenfrucht, Grapefruittouch, florale Anklänge, angenehme Kräuterwürze. Mittlere Komplexität, weißer Apfel, frischer Säurebogen, zitronig-salzig im Abgang, mineralisch im Nachhall, Limetten im Rückgeschmack.

★★★★★

WEINGUT BRÜNDLMAYER

BIO

Im Hause Bründlmayer ist vieles beeindruckend: die Menschen, die Güte der hier in Langenlois erzeugten Weine und schließlich das freundliche und bescheidene Wesen des Mannes, der seit 1980 für den Erfolg dieses Paradeunternehmens sorgt. Nahezu jeder Wein – vom leichtesten Grünen Veltliner über den Rotwein bis hin zum Sekt – hat das Potenzial, Jahrgangsbester seiner Kategorie zu sein. Die Weingärten sind größtenteils in Terrassen angelegt und werden seit 2015 biologisch-organisch bewirtschaftet. Rund ein Viertel der Rebanlagen wird in sogenannter »Lyra-Erziehung« kultiviert. Wichtigste Rebsorte des Weinguts ist und bleibt der Grüne Veltliner: Von leichten Gebietsweinen bis hin zu komplexen und nachhaltigen Lagenweinen reicht das Spektrum. Die Riesling-Trauben wachsen auf den kargen Gesteinsböden wie etwa auf der Riede Steinmassl. Die historisch älteste und sicher auch berühmteste Lage ist der Zöbinger Heiligenstein, dessen Boden aus der 270 Millionen Jahre zurückliegenden Perm-Zeit stammt. Dieser Wüstensandstein mit vulkanischen Bestandteilen schafft die Voraussetzung für das Wachstum herausragender Weine. Die feinsten Früchte reifen hoch oben auf dem Berg in einem in sich geschlossenen Naturschutzgebiet.
Als Spezialitäten des Hauses gelten ferner der Chardonnay und die Burgundersorten (Pinot Noir, Grau- und Weißburgunder). Auch wenn die Rotweine mehr durch Finesse als durch Kraft glänzen, ist es für Willi Bründlmayer ein besonderes Vergnügen, in diesem klimatischen Grenzgebiet schöne, bekömmliche Rotweine mit markanter Persönlichkeit heranzuziehen. Vor allem sein Pinot Noir erregte jüngst auch international Aufmerksamkeit. Eine Klasse für sich ist der »Bründlmayer Brut Reserve«, der nach klassischer Gärung etwa drei Jahre auf der Hefe gelagert, dann per Hand gerüttelt und im Keller degorgiert wird. Im Vinotheksarchiv lagern seit 1947 die jeweils wertvollsten Jahrgänge. Bei intensiven internen Verkostungen aus dem Archiv der Vinothek lernt man vieles über Lagen, Jahrgangscharakter und Ausbaustil.
Mit einem Exportanteil von 30 Prozent ist der Familienbetrieb auch international sehr erfolgreich. Fünfmal in Folge erhielt das Weingut die Auszeichnung »Winery of the year« des amerikanischen »Wine & Spirits Magazi-

ne«, und die britische »Financial Times« nennt Bründlmayer ein »Leuchtfeuer des österreichischen Weinbaus«. Alle aktuellen Weine können im Heurigenhof Bründlmayer, einem Renaissancebau aus dem 16. Jahrhundert, auch glasweise verkostet werden.

95 ⓢ Pinot Noir Sekt Austria Reserve Extra Brut Blanc de Noirs Niederösterreich g.U. 2016
12 Vol.-%, NK, Flaschengärung, €€€€€€
Mittleres Goldgelb, Silberreflexe, sehr feines, anhaltendes Mousseux. Zart nach Biskuit, ein Hauch von Marillen und Zwetschken, weißer Apfel, Limetten klingen an, mineralischer Touch. Straff, komplex, frisches Kernobst, lebendiger Säurebogen, salziger Touch im Abgang, animierend und anhaftend, ein facettenreicher Speisenbegleiter.

94 ⓢ Chardonnay Sekt Austria Reserve Extra Brut Blanc de Blancs Niederösterreich g.U.
Deg. 06/2023, 12 Vol.-%, NK, Flaschengärung, €€€€€ Ⓥ
Mittleres Grüngelb, Silberreflexe, feines, lebendiges Mousseux. Feine gelbe Tropenfrucht, Nuancen von Pfirsich und Mango, ein Hauch von Ringlotten und Blütenhonig, zart nach Limettenzesten, mineralischer Touch. Saftig, attraktive Apfelnote, feiner Säurebogen, salzig-zitronig im Abgang, ein finessenreicher Speisenbegleiter.

93 ⓢ Sekt Austria Reserve Brut Niederösterreich g.U. PN/CH/PG/WB/GV
Deg. 07/2023, 12 Vol.-%, NK, Flaschengärung, €€€€€
Mittleres Gelbgrün, Silberreflexe, feines Mousseux. Zart nach Blütenhonig, Mandarinenzesten, gelbe Tropenfrucht, einladendes fruchtiges Bukett. Saftig, gute Komplexität, Nuancen von gelber Frucht, etwas Biskuit, zart nussig auch im Abgang, bleibt haften, harmonisch und vielfältig einsetzbar.

93 ⓢ Sekt Austria Reserve Brut Rosé Niederösterreich g.U. ZW/PN/SL
Deg. 09/2023, 11,5 Vol.-%, NK, Flaschengärung, €€€€€ Ⓥ
Helles Lachsrosa, Silberreflexe, feines Mousseux. Zarte Nuancen von roten Waldbeeren, ein Hauch von roten Kirschen und Himbeeren, etwas Biskuit und Orangenzesten. Saftig, feiner gelber Pfirsich, etwas Zwetschke, lebendige Struktur, mineralisch, feine fruchtige Süße im Abgang.

97 Riesling * Ried Heiligenstein 1ÖTW Alte Reben 2022
13 Vol.-%, NK, großes Holzfass, €€€€€€ Ⓑ Ⓥ
Helles Grüngelb, Silberreflexe. Mit kandierten Orangenzesten unterlegte reife gelbe Pfirsichfrucht, ein Hauch von Tropenfrucht, Nuancen von Blütenhonig, zart nach Limetten, facettenreiches Bukett. Straff, engmaschig, weißer Apfel, finessenreiche Struktur, mineralisch-salzig im Abgang, bleibt lange haften, wird von Flaschenreife profitieren, sicheres Entwicklungspotenzial.

(94) Riesling * Ried Heiligenstein 1ÖTW 2023
13 Vol.-%, NK, Stahltank, €€€€€ Ⓑ
Helles Gelbgrün, Silberreflexe. Zart nach Blütenhonig, kandierte Mandarinenzesten, gelbes Steinobst, einladendes Bukett. Mittlere Komplexität, frischer Pfirsich, finessenreicher Säurebogen, wirkt leichtfüßig und gut anhaftend, bereits harmonisch, Limetten im Nachhall, ein balancierter Speisenbegleiter mit sicherem Reifepotenzial.

(93) Riesling * Ried Steinmassl 1ÖTW 2023
12,5 Vol.-%, NK, Stahltank, €€€€€ Ⓑ
Helles Gelbgrün, Silberreflexe. Zart rauchig-würzig unterlegte Nuancen von Weingartenpfirsich, Limettenzesten, feuchtes Gestein. Mittlerer Körper, weißes Steinobst, feine Fruchtsüße, lebendig strukturiert, saliner Abgang, delikater, zarter Stil, wird von weiterer Flaschenreife profitieren.

92 Riesling * Terrassen 2023
13 Vol.-%, DV, Stahltank, €€€€ Ⓑ Ⓥ
Helles Gelbgrün, Silberreflexe. Mit Limettenzesten unterlegte feine weiße Pfirsichfrucht, ein Hauch von Maracuja, floraler Touch. Straff, engmaschig, weiße Frucht, rassiger Säurebogen, mineralisch-zitronig im Abgang, salziger Nachhall, bietet leichtfüßiges Trinkvergnügen.

96 Grüner Veltliner * Ried Lamm 1ÖTW 2022
13 Vol.-%, NK, kleines Holzfass, €€€€€€ Ⓑ Ⓥ
Helles Grüngelb, Silberreflexe. Zart kräuterwürzig-nussig unterlegte feine gelbe Tropenfrucht, frische Orangenzesten, ein Hauch von Apfel und Tabak, facettenreiches Bukett. Straff, engmaschig, zarte Extraktsüße, feiner Säurebogen, ein Hauch von Limetten, salzige Mineralik im Abgang, zarter Blütenhonig im Nachhall, bleibt lange haften, ein delikater Speisenbegleiter, sicheres Reifepotenzial.

95 Grüner Veltliner * Ried Käferberg 1ÖTW 2022
13 Vol.-%, NK, großes Holzfass, €€€€€€ Ⓑ Ⓥ
Mittleres Gelbgrün, Silberreflexe. Zart nach Orangenzesten, feine Nuancen von gelbem Kernobst, rauchige Kräuterwürze, mineralischer Touch. Saftig, kraftvoll, feine Apfelfrucht, feiner Säurebogen, mineralisch-salziger Touch im Abgang, ein Hauch von Ringlotten im Rückgeschmack, gut anhaftend, sicheres Reifepotenzial.

(94) Grüner Veltliner * Langenlois Alte Reben 2023
13 Vol.-%, NK, großes Holzfass, €€€€€ Ⓑ
Leuchtendes mittleres Gelbgrün, Silberreflexe. Frische Wiesenkräuter, gelbe Tropenfrucht, ein Hauch von reifem

WEINGUT BRÜNDLMAYER

3550 Langenlois, Zwettler Straße 23
T: +43 (2734) 21720
weingut@bruendlmayer.at
www.bruendlmayer.at

Kellermeister: Christopher Forst
Kontakt: Willi Bründlmayer, Andreas Wickhoff, Thomas Klinger
Anbauweise: Zertifiziert Biologisch (Bio Austria)
Produktion: 600.000 Flaschen
15 % Schaumwein, 59 % weiß, 10 % rosé, 15 % rot, 1 % süß, 90 Hektar
Zertifiziert: Nachhaltig Austria
Vereinszugehörigkeit: Traditionsweingüter Österreich
Messen: Austrian Tasting London, Foodex Japan, Millésime Bio, ProWein Düsseldorf, VieVinum, Vinexpo Bordeaux, MondoVino, véritable St.Martin, Summa Margreid

Thomas Klinger, Andreas Wickhoff, Willi und Edwige Bründlmayer

gelbem Apfel, etwas Marille und Blütenhonig. Saftig, ausgewogen und elegant, feiner Säurebogen, weiße Birnenfrucht im Abgang, zitronige Nuancen im Rückgeschmack, ein balancierter, finessenreicher Speisenbegleiter.

(93) Grüner Veltliner * Ried Loiserberg 1ÖTW 2023

12,5 Vol.-%, NK, großes Holzfass, €€€€ B V

Mittleres Gelbgrün, Silberreflexe. Zart nach Mandarinenzesten und frischen Kräutern, ein Hauch von Honigmelone, etwas Ringlotten, einladendes, facettenreiches Bukett. Schlank und frisch, saftig, weißer Apfel, feines Säurespiel, saliner Abgang, ein feiner, leichtfüßiger Speisenwein mit Reifepotenzial.

92 Grüner Veltliner * Ried Berg Vogelsang 2023

12,5 Vol.-%, DV, Stahltank, €€€€ B V

Helles Gelbgrün, Silberreflexe. Zarte Wiesenkräuter, gelbes Kernobst, Nuancen von Apfel, mineralischer Touch, einladendes Bukett. Saftig, elegant, feines Säurespiel, ein Hauch von Birne im Abgang, ein trockner, feinsalziger Speisenwein mit guter Länge, bereits gut antrinkbar.

91 Grüner Veltliner * Terrassen 2023

12,5 Vol.-%, DV, Stahltank, €€€ B V

Helles Gelbgrün, Silberreflexe. Frischer weißer Apfel, ein Hauch von Orangenzesten, zarte Kräuterwürze, tabakiger Touch. Saftig, zart nach Mango und Honigmelone, frisch strukturiert, ein vielseitiger schlanker Begleiter bei Tisch.

90 Grüner Veltliner L & T 2023

11 Vol.-%, DV, Stahltank, €€€ B V

Helles Gelbgrün, Silberreflexe. Frischer gelber Apfel, zart nach Mango, Nuancen von Wiesenkräutern, zarter Blütenhonig. Schlank, frisch, etwas Honigmelone und Lindenblüten, feiner Säurebogen, zarte Süße verleiht etwas Volumen, bietet unkompliziertes Trinkvergnügen.

94 Chardonnay Ried Steinberg Reserve 2022

13 Vol.-%, NK, kleines Holzfass, €€€€€€ B V

Helles Gelbgold, Silberreflexe. Zarte Nuancen von Vanille, reifes Steinobst, zart nach Wiesenkräutern, ein Hauch von Biskuit, einladendes Bukett. Saftig und elegant, weiße Frucht, extraktsüße Textur, finessenreiche Säurestruktur, wirkt leichtfüßig und mineralisch, zeigt gute Länge, bereits antrinkbar.

92 Rawländer 2023

12,5 Vol.-%, NK, Holzfass, €€€€€ B I

Leuchtendes, zart getrübtes mittleres Zwiebelrosa, Messingreflexe. Rauchig-hefige Würze, frische Kräuter, zarte Birnenfrucht, etwas Melone, ein Hauch von Kirschen. Schlank, grüner Apfel, rassig strukturiert, engmaschig, mineralisch-salzig im Abgang, ein leichtfüßiger Sortenvertreter der neuen Schule.

91 Gelber Muskateller Ried Rosenhügel 2023

12,5 Vol.-%, NK, Stahltank, €€€€ B V

Helles Gelbgrün, Silberreflexe. Zart kräuterwürzig, Limetten und weiße Blüten, traubiges Aroma, mineralischer Touch. Schlank, feine Fruchtexotik, feines Säurespiel, mineralisch, etwas Blütenhonig im Abgang, feinwürziger Sommerwein.

91 Zweigelt Rosé 2023
12 Vol.-%, DV, Stahltank, €€€ B V
Helles Altrosa, Silberreflexe. Zarter Hauch von eingelegten Kirschen und Waldbeeren, Nuancen von Wiesenkräutern. Mittlerer Körper, weißer Apfel, frisch strukturiert, feine Fruchtsüße im Abgang, leichtfüßig, balanciert, macht Lust auf mehr. Toller Sommerwein!

94 Pinot Noir Ried Käferberg Reserve 2019
13 Vol.-%, NK, Teilbarrique, €€€€€€ B V
Dunkles Karmingranat, violette Reflexe, zarte Ockerrandaufhellung. Feine Kräuterwürze, dunkles Waldbeerenkonfit, zart nach Pflaumen, kandierte Orangenzesten. Saftig, reife Kirschen, zarte Extraktsüße, feine, reife Tannine, mineralisch-zitronige Nuancen, elegant und anhaftend, ein delikater Speisenbegleiter mit weiterem Reifepotenzial.

92 Pinot Noir 2019
12,5 Vol.-%, NK, Teilbarrique, €€€€€ B V
Mittleres Rubingranat, violette Reflexe, breiterer Wasserrand. Zart tabakig-kräuterwürzig unterlegte rote Waldbeeren, frische Kirschen, mineralischer Touch. Mittlerer Körper, weißer Apfel, rotbeerige Textur, schlank und frisch, ein zarter Speisenbegleiter.

94 Cabernet Franc Reserve 2019
13 Vol.-%, NK, kleines Holzfass, €€€€€€ B V
Kräftiges Rubingranat, violette Reflexe, dezente Ockerrandaufhellung. Feine Edelholznuancen, dunkle Waldbeeren, zart nach Lakritze, Brombeeren, etwas Cassis und Nougat, ein Hauch von Vanille. Stoffig, elegant, feine Beerenfrucht, seidige Tannine, frisch strukturiert, mineralisch-salzig im Abgang, zeigt Länge und sicheres Reifepotenzial.

100 Riesling Ried Heiligenstein TBA »Essenz« 2018
6 Vol.-%, NK, gebrauchte Barriques, €€€€€€ B
Leuchtendes mittleres Gelbgold, Silberreflexe. Intensives Bukett nach frischem Zitronenabtrieb und Kiefernwipfeln, feiner Blütenhonig, ungemein facettenreich und betörend. Komplex, seidig, reife Marillenfrucht, rassige Säurestruktur, trotz 400 Gramm Restzucker absolut in Balance, hochelegant, Limetten und Honig auch im Finale, ein Wein für Jahrhunderte, bleibt minutenlang haften, ein Ausnahmewein.

★

ALFRED MARKUS DEIM

Das traditionelle Weingut der Familie Deim wurde erstmals im Jahr 1772 erwähnt und hat somit weitreichende historische Wurzeln. Der Betrieb wird seit jeher als Familienbetrieb geführt, zudem arbeiten zurzeit drei Generationen mit Freude im Betrieb. Der junge Weinbau- und Kellermeister Markus Deim ist seit seiner frühen Jugend im Weingut involviert. In Übersee sammelte er umfangreiche Erfahrungen, die er bereits im gelungenen Chefwein und der Premiumlinie »Goldedition« umsetzen konnte. In dieser präsentieren sich die edelsten Weine für ein unvergessliches Geschmackserlebnis, darunter befinden sich unter anderem ein starker Grüner Veltliner sowie ein Riesling, aber auch ein Eiswein, der heutzutage eine echte Rarität unter den Weinen darstellt. Insgesamt weist das Weingut eine sehr breite Weinpalette auf und bietet zum Beispiel auch Pinot Blanc, Chardonnay, Rivaner, Malvasier, Sauvignon Blanc, Gelber Muskateller, Gemischter Satz sowie Zweigelt und Pinot Noir.
Den Weingärten, die den Grundstein für hervorragende Weine bilden, werden sehr viel Liebe und Aufmerksamkeit geschenkt. Sie befinden sich im Naturpark Kamptal und im UNESCO-Weltkulturerbe Wachau. Auf dem Gut, das sich einem betont umweltfreundlichen Weinbau verschrieben hat, werden alle Trauben per Hand gelesen. Gemäß den nachhaltigen Grundsätzen des Weinguts wird der Wein überwiegend in großen Eichenholzfässern vergoren und dort bis zur Flaschenreife gelagert. Eine erlebnisreiche Kellerführung durch den romantischen Gewölbekeller ist ein einzigartiges Erlebnis. Danach können die Weine in einem gemütlichen Zirbenstüberl nach Herzenslust mit Genuss verkostet werden. Der Betrieb der Familie Deim weist auch weiterhin eines der besten Preis-Leistungs-Verhältnisse auf.

ALFRED MARKUS DEIM

3562 Schönberg
Mollandser Straße 14
T: +43 (664) 3502312
weinbau@deim.info
www.deim.info

Kellermeister/Kontakt:
Alfred Markus Deim
Produktion: 75 % weiß, 1 % rosé, 23 % rot, 1 % süß, 20 Hektar

Markus und Julia Deim

92 Grüner Veltliner * Schönberg Ried Bühel Terrassen 2023
13,5 Vol.-%, DV, großes Holzfass, €€
Mittleres Grüngelb, Silberreflexe. Feine gelbe Tropenfrucht, zart nach weißem Apfel, ein Hauch von Honigmelone, etwas Blütenhonig. Kraftvoll, würzig, feine Süße im Kern, mineralisch-salzig im Abgang, gute Länge, ein stoffiger Speisenbegleiter, gutes Reifepotenzial.

92 Grüner Veltliner ** Ried Kalvarienberg Gold Edition 2022
13,5 Vol.-%, DV, großes Holzfass, €€€€
Mittleres Goldgelb, Silberreflexe. Zarter Blütenhonig, ein Hauch von Mango und Rhabarber, mit kandierten Zitruszesten unterlegt. Saftig, rund, süße gelbe Tropenfrucht, dezente Säurestruktur, feiner Karamelltouch, bleibt haften, ein opulenter Speisenbegleiter.

91 Grüner Veltliner * Ried Bernthal Alte Reben 2023
13,5 Vol.-%, DV, Stahltank, €€
Helles Grüngelb, Silberreflexe. Nuancen von frischer gelber Birnenfrucht, zart nach Mango, ein Hauch von Kräuterwürze. Mittlere Komplexität, frische Noten von weißem Apfel, dezente Säurestruktur, süße Frucht im Abgang, bereits entwickelt.

91 Grüner Veltliner * Schönberg Ried Klopfhartsberg Goldene Kellerkatz 2023
13 Vol.-%, DV, Stahltank, €€
Mittleres Gelbgold, Silberreflexe. Zart nach Mango und gelbem Apfel, mit Wiesenkräutern und frischen Orangenzesten unterlegt. Saftig, gelbe Tropenfrucht, frisch strukturiert, zarte Süße im Abgang, harmonisch, bereits gut antrinkbar.

91 Riesling * Schönberg Ried Ogratzthal Bergwein 2023
13 Vol.-%, DV, großes Holzfass, €€
Mittleres Strohgelb, Silberreflexe. Verhaltenes Bukett, zart nach Tropenfrucht und Pfirsich, mit frischen Orangenzesten unterlegt. Komplex, saftig, mineralische Textur, gut integrierter Säurebogen, Nuancen von gelbem Steinobst, süßer Abgang, Blütenhonig im Nachhall.

90 Pinot Blanc Schönberg Ried Bernthal 2023
13 Vol.-%, DV, großes Holzfass, €€
Helles Strohgelb, Silberreflexe. Zart nach Birnen, ein Hauch von Wiesenkräutern, verhaltenes Bukett. Mittlerer Körper, gelbes Kernobst, feine Nuancen von Honigmelone, ausgewogen, bleibt haften, bietet unkompliziertes Trinkvergnügen.

* Kamptal DAC   ** Kamptal DAC Reserve

★★★

WEINGUT GERHARD DEIM

Schönberg am Kamp, gelegen in einem Talkessel am nördlichen Ende des Kamptals, zeichnet sich durch ein Kleinklima mit heißen Tagen und besonders kühlen Nächten aus. Hier fokussiert sich das Weingut Gerhard Deim auf die Stärken der Region: Grüner Veltliner und Riesling. Das Fundament des Weinguts wird durch generationenübergreifende Zusammenarbeit und die damit verbundene Kombination aus altbewährten Methoden und jugendlicher Experimentierfreudigkeit gelegt. Alt und Jung verbindet das Streben nach kompromisslos hoher Qualität, und diese beginnt sowohl bei Rieden- und Reserve-Weinen als auch bei Orts- und Gebietsweinen mit der Hege und Pflege eines jeden einzelnen Rebstocks.
Schönberger Ortsweine sind geprägt von Frische, Eleganz und Trinkfluss. In ihnen spiegeln sich die unterschiedlichsten Bodenformationen und das durch die Kessellage des Ortes charakterisierte Mikroklima wider. In der Ried Irbling wächst Riesling auf den Ausläufern der Waldviertler Gneis-Schiefer-Platte, Grüner Veltliner am Kalvarienberg steht auf Verwitterungsboden aus Silikatgestein mit einer dünnen Auflage verschwemmten Lösslehms, und in der Ried Bernthal wachsen die Reben auf meterdicken Löss-Lehm-Terrassen. Ein Teil der Rieden-Weine reift bis zur nächsten Ernte in 500-Liter-Fässern – eine ideale Größe, die ein ausgewogenes Verhältnis zwischen natürlichem Sauerstoffeintrag und gleichzeitigem nicht zu großem Holzeinfluss garantiert. Die vielen kleinen Terrassen und Parzellen in den Rieden können aufgrund der Fassgröße Jahr für Jahr getrennt vinifiziert und so in ihrer Entwicklung bis zur Abfüllung optimal begleitet werden.

94 Riesling * Ried Irbling 2022
13,5 Vol.-%, NK, Stahltank, €€€€€
Helles Goldgelb, Silberreflexe. Zurückhaltendes Bukett, feine gelbe Tropenfrucht, zart nach Mango und Pfirsich, etwas Blütenhonig, öffnet sich langsam. Saftig, weißes Steinobst, frischer Säurebogen, süßer Nachhall, bleibt haften, mineralisch, gut antrinkbar, sicheres Reifepotenzial.

93 Riesling * Ried Heiligenstein 2022
13,5 Vol.-%, NK, großes Holzfass, €€€€€
Helles Goldgelb, Silberreflexe. Ein Hauch von gelbem Pfirsich, Mandarinenzesten, florale Nuancen, mineralisch un-

Gerhard jun. und Gerhard sen. Deim

WEINGUT GERHARD DEIM
3562 Schönberg am Kamp
Kalvarienberg 8
T: +43 (2733) 8763
wein@deim.at
www.gerharddeim.at

Kontakt: Gerhard Deim
Anbauweise: Integrierter Anbau
Produktion: 10 % Schaumwein, 80 % weiß, 5 % rosé, 10 % rot, 20 Hektar
Zertifiziert: Nachhaltig Austria
Messen: VieVinum, Vinobile Feldkirch

terlegt. Mittlere Komplexität, feine Nuancen von weißem Steinobst, zarte Süße, finessenreicher Säurebogen, mineralisch und anhaftend, salziger Nachhall, ein balancierter Speisenbegleiter.

(92) Riesling * Schönberg 2023
13 Vol.-%, DV, Stahltank, €€€
Helles Goldgelb, Silberreflexe. Zart nach Blütenhonig, ein Hauch von Steinobst, mineralischer Touch, attraktives Bukett. Saftig, mittlere Komplexität, weiße Frucht, finessenreicher Säurebogen, mineralisch und anhaftend, salziger Nachhall, zeigt einige Länge, gutes Potenzial.

(91) Riesling * 2023
13 Vol.-%, DV, Stahltank, €€
Helles Goldgelb, Silberreflexe. Frischer gelber Pfirsich, Nuancen von Mango und Papaya, einladendes fruchtiges Bukett. Leichtfüßig, weißes Steinobst, feine Säurestruktur, mineralisch, etwas Blütenhonig, saftig und zugänglich, vielfältig einsetzbar.

93 Grüner Veltliner * Ried Kalvarienberg 2022
13,5 Vol.-%, NK, 500-l-Fass/Stahltank, €€€€€
Helles Goldgelb, Silberreflexe. Kandierte Limettenzesten, feine gelbe Tropenfrucht, ein Hauch von Mango und Marille. Komplex, saftig und elegant, feine Fruchtsüße, gut integrierte Säurestruktur, cremig und mit guter Länge ausgestattet, ein zugänglicher, eleganter Speisenbegleiter, gutes Entwicklungspotenzial.

92 Grüner Veltliner * Ried Bernthal 2022
13 Vol.-%, NK, 500-l-Fass/Stahltank, €€€€
Helles Grüngelb, Silberreflexe. Zart nach Orangenzesten, ein Hauch von gelbem Kernobst, feine Wiesenkräuter, tabakige Würze. Mittlerer Körper, cremige Textur, feines Nougat, etwas Honigmelone, dezente Säurestruktur, ausgewogen, bereits gut entwickelt und antrinkbar.

(91) Grüner Veltliner * Schönberg 2023
13 Vol.-%, DV, großes Holzfass, €€€
Helles Gelbgrün, Silberreflexe. Zarte Kräuterwürze, ein Hauch von Golden-Delicious-Apfel, tabakige Nuancen. Saftig, elegant, zart nach Apfel und Mango, feiner Säurebogen, dezente Fruchtsüße nach Honigmelone im Abgang, ausgewogen und bereits gut antrinkbar.

(90) Grüner Veltliner * 2023
13 Vol.-%, DV, Stahltank, €€
Helles Gelbgrün, Silberreflexe. Zarte Nuancen von frischem Apfel, ein Hauch von Wiesenkräutern, Noten von Orangenzesten. Mittlerer Körper, etwas Kernobst, frisches Säurespiel, mineralisch-zitroniger Nachhall, bietet unkompliziertes Trinkvergnügen.

★★★

WEINGUT PETER DOLLE

Gute Weine gibt es viele – »Dolle Weine« nur von Winzerlegende Peter Dolle aus Straß im Straßertale. Das alte Stammhaus des Weinguts Dolle befindet sich in der niederösterreichischen Gemeinde Straß im Weinbaugebiet Kamptal, 60 Kilometer westlich von Wien gelegen. Auf einer Weinbaufläche von 35 Hektar werden vom Winzer Peter Dolle senior die Weißweinsorten Riesling, Grüner Veltliner, Grauburgunder, Weißburgunder und Chardonnay sowie die Rotweinsorten Zweigelt, St. Laurent, Cabernet Sauvignon, Merlot und Pinot Noir vinifiziert. Mit bis zu 80 Jahre alten Weißweinstöcken am berühmten Zöbinger Heiligenstein und am angrenzenden Straßer Gaisberg besitzt das Weingut Dolle exklusivste Erste Lagen, wo vor allem die Grünen Veltliner und Rieslinge Jahr für Jahr zu bemerkenswerter Qualität und Finesse heranreifen.
Peter Dolles Erfahrung spiegelt sich eindrucksvoll in höchster Weinqualität wider, prämiert mit Hunderten von Auszeichnungen und der Ernennung zum österreichischen »Winzer des Jahres« 1991. Mit seinem jungen Team, seinem Schwiegersohn und leitenden Kellermeister Dariusz Srodulski und einigen anderen für den Betrieb wichtigen jungen Mitarbeitern ist das Weingut für die Zukunft strategisch sehr gut aufgestellt.
Besucher und Interessierte sind auf dem Weingut Dolle immer herzlich willkommen – sei es zu einer Verkostung aktueller Weine oder aus der bis ins Jahr 1962 zurückreichenden Vinothek des Hauses, zu einer Kellerfüh-

Pinot Gris

WEINGUT PETER DOLLE
3491 Straß im Straßertale
Herrengasse 2
T: +43 (2735) 2326
weingut@dolle.at
www.dolle.at

Kellermeister: Peter Dolle und Dariusz Srodulski
Kontakt: Peter Dolle
Produktion: 70 % weiß, 2 % rosé, 28 % rot, 35 Hektar
Vereinszugehörigkeit: Traditionsweingüter Österreich
Zertifiziert: Nachhaltig Austria
Messen: ProWein Düsseldorf, VieVinum

rung mit Peter Dolle persönlich oder zu einer »Dolle Jause« im hauseigenen Restaurant oder im wunderschönen Innenhof des Weinguts.

93 Grüner Veltliner * Ried Gaisberg 1ÖTW 2022
14 Vol.-%, DV, Stahltank, €€€€
Helles Gelbgrün, Silberreflexe. Zart nach Vanille, ein Hauch von gelber Birne und Kardamom, einladendes Bukett. Kraftvoll, zarter Holztouch, dezent nach Honigmelone, feine Säure, mineralisch, ein kraftvoller Speisenwein, gutes weiteres Entwicklungspotenzial.

93 Riesling * Ried Gaisberg 1ÖTW 2022
13,5 Vol.-%, DV, Stahltank, €€€€
Mittleres Grüngelb, Silberreflexe. Feine gelbe Frucht, zart nach Honigmelone, Kräuternoten, weißer Pfirsich, ein Hauch von Limettenzesten. Mittlere Komplexität, weiße Pfirsichfrucht, eingebundene Säurestruktur, mineralisch-salzig im Abgang, zeigt Länge und Potenzial.

92 Riesling * Ried Brunngasse 2022
13 Vol.-%, DV, Stahltank, €€€
Helles Gelbgrün, Goldreflexe. Zart nach Limonen, ein Hauch von Wiesenkräutern und Maracuja, Weingartenpfirsich klingt an. Gute Komplexität, fruchtsüß, Marillentouch im Abgang, ein Hauch von Orangen im Rückgeschmack, bereits sehr gut antrinkbar.

91 Riesling * Zöbing Ried Grub 2021
13 Vol.-%, DV, Stahltank, €€€
Helles Gelbgrün, Silberreflexe. Dunkle Mineralik, feinwürzig, etwas nach Mango, ein Hauch von Ananas, Wiesenkräuter klingen an. Gute Komplexität, fruchtsüß, zart nach Maracuja, Honig im Nachhall, trinkanimierender Stil.

92 Grauburgunder Symbiose 2020
14,5 Vol.-%, DV, Barrique, €€€€
Mittleres Gelbgrün, Silberreflexe. Zarte Holzwürze, etwas nach Papaya, feines Toffee, ein Hauch von Gewürzen, mit Blütenhonig unterlegt. Fruchtsüß, etwas nach Mango, floraler Touch, gut integrierte Säurestruktur, feinwürzig, guter Speisenbegleiter mit Potenzial.

90 Blauer Zweigelt Reserve 2019
13,5 Vol.-%, NK, Barrique, €€€
Kräftiges Rubingranat, violette Reflexe, breitere Ockerrandaufhellung. Nuancen von Preiselbeeren, rote Kirschen, zart nach Kräutern, dazu kandierte Orangenzesten und Nelken. Mittlerer Körper, feine Waldbeerenfrucht, frischer Säurebogen, mineralisch und anhaftend, ein lebendiger Speisenbegleiter, bereits gut antrinkbar.

★★★

WEINGUT CHRISTOPH EDELBAUER

BIO

Bei Winzer Christoph Edelbauer in Langenlois steht alles im Einklang mit der Natur und mit dem Kamptal: Weingut, Arbeit und Wein. Er weiß, was er will, liebt die Herausforderung und geht seinen Weg geradlinig und konsequent. Den ersten Jahrgang kelterte Christoph Edelbauer im Jahr 2003. Heute bearbeitet der Winzer zwölf Hektar Weingärten und verarbeitet die Trauben auf seinem 2013 fertiggestellten, architektonisch anspruchsvollen Weingut mitten in den Langenloiser Reben. »Nachhaltiges Denken und Handeln sind tief in mir verwurzelt. Deshalb ist es mir wichtig, dass unser Weingut eine überschaubare Größe bewahrt. Nur so kann ich mich mit meiner Überzeugung dem gesamten Prozess der Vinifizierung widmen«, erklärt Edelbauer, der konsequent auf den bewussten Einsatz von Ressourcen achtet. Seine Weingärten bewirtschaftet er biologisch-organisch, seinen Neubau ließ er nach Grundsätzen der Energieeffizienz errichten, und die Klimatisierung seines Kellers erfolgt über umweltschonende Erdluftkollektoren.
Reduziert und umso einprägsamer ist auch das Design der Edelbauer-Ausstattung: Direkter Siebdruck auf die Flaschen ersetzt die Etiketten, die Kartons sind minimalistisch bedruckt, Visitenkarten und Briefpapier auf Naturpapier produziert – ein Gesamtkonzept für Reduktion auf ganzer Linie.
Christoph Edelbauers Weine bestechen durch Schlichtheit, sie sind schnörkellos, entspannt und gleichzeitig spannend – das gilt für das gesamte Sortiment, wobei Grüner Veltliner, Riesling und Pinot Noir seine Aushängeschilder sind. Als Winzer ist er konsequent, in seinem Schaffen setzt er auf Reduktion, das Wesentliche ist und bleibt das Kamptal: Christoph Edelbauer schickt sich an zu zeigen, was das neue Kamptal ausmacht.

94 Grüner Veltliner * Ried Neuberg 2019
13,5 Vol.-%, NK, Flaschenreifung/Stahltank, €€€€€
B V
Leuchtendes mittleres Gelbgrün, Silberreflexe. Feine gelbe Tropenfrucht, ein Hauch von Mango und Rhabarber, Nuancen von Blütenhonig, facettenreiches Bukett. Kraftvoll, Noten von Zitronenmelisse, reifer Apfel, frisch strukturiert, mineralisch-salzig im Abgang, harmonisch und lange anhaftend, ein ausgewogener Speisenbegleiter.

93 Grüner Veltliner * Ried Thal 2021
13,5 Vol.-%, NK, Stahltank/Flaschenreifung, €€€€€
B V
Helles Gelbgrün, Silberreflexe. Zarter Hauch von Blütenhonig, gelbe Tropenfrucht, etwas Melone, kandierte Orangenzesten. Mittlere Komplexität, cremig, zart nach Pfirsich, feiner Säurebogen, süße Frucht im Nachhall, elegant und ausgewogen.

92 Grüner Veltliner * Langenlois 2023
12,5 Vol.-%, DV, Stahltank, €€€ B V
Helles Grüngelb, Silberreflexe. Zarte weiße Apfelfrucht, ein Hauch von Mango, Anklänge von Limettenzesten, mineralischer Touch. Straff, engmaschig, weißes Kernobst, frischer Säurebogen, animierender Stil, zitroniger Touch im Nachhall.

(93) Riesling * Langenlois 2023
12,5 Vol.-%, DV, Stahltank, €€€ B V
Helles Grüngelb, Silberreflexe. Floral, feine Pfirsich-Litschi-Frucht, mineralisch, Limettenzesten klingen an. Saf-

WEINGUT CHRISTOPH EDELBAUER
3550 Langenlois
Im Neuberg, Kremser Straße 86
T: +43 (676) 7734811
info@weingut-edelbauer.at
www.weingut-edelbauer.at

Kellermeister/Kontakt: Christoph Edelbauer
Anbauweise: Zertifiziert Biologisch (Bio Austria)
Produktion: 10 % Schaumwein, 50 % weiß, 38 % rot, 2 % süß, 12 Hektar
Messen: Millésime Bio, VieVinum

tig, elegant, reifer Pfirsich, etwas Maracuja, feine Fruchtsüße im Kern, ausgewogene Säurestruktur, balanciert und bereits gut antrinkbar, zeigt Länge und Potenzial.

93 Riesling * Ried Steinhaus 2021
13 Vol.-%, NK, Stahltank, €€€€€ B V
Helles Gelbgrün, Silberreflexe. Feiner Hauch von Safran, weiße Tropenfrucht, zart nach Maracuja, mit Nuancen von Ringelblume unterlegt. Saftig, weißer Pfirsich, rassiger Säurebogen, mineralisch-salzig im Abgang, feine Süße im Nachhall, bleibt haften, ein facettenreicher Speisenbegleiter.

92 Chardonnay 2023
12,5 Vol.-%, DV, Stahltank, €€€ B V
Helles Gelbgrün, Silberreflexe. Zarte gelbe Tropenfrucht, ein Hauch von Apfel, mit Nuancen von Wiesenkräutern und Limetten unterlegt. Saftig, elegant, zart nach Steinobst, finessenreicher Säurebogen, mineralisch-zitronig im Nachhall, ein lebendiger Speisenbegleiter.

★★★★

WEINGUT LUDWIG EHN

Auf dem Weingut von Ludwig und Michaela Ehn gibt die Natur den Ton an. Die Geschwister bewirtschaften 15 Hektar der besten Langenloiser Rieden mit großer Leidenschaft fürs Handwerk und nach ökologischen Prinzipien. »So naturnah wie möglich, so flexibel wie nötig«, lautet das Credo von Ludwig Ehn, der den 1859 gegründeten Familienbetrieb mit seiner Schwester in fünfter Generation führt. Um mit gesunden Böden und Weinstöcken die idealen Voraussetzungen für beste Trauben zu schaffen, setzt die Weinmanufaktur auf nützlingsschonende Schädlingsbekämpfung und verzichtet selbstverständlich auf den Einsatz von Insektiziden und Herbiziden, vermeidet Plastik und minimiert Traktorfahrten und Emissionen.
Das Kamptaler Klima und die spezielle Bodenstruktur ebnen den Weg für die unverkennbare Frische und Würze der Ehn-Weine. Die Bandbreite unterschiedlicher Spitzenlagen wie der Rieden Panzaun, Spiegel und Heiligenstein bildet den Grundstock für die Sortenvielfalt. Neben den Leitsorten Riesling und Grüner Veltliner, die als Kamptal DAC abgefüllt werden, hat sich das Weingut den Aromasorten Sauvignon Blanc und Muskateller sowie dem traditionellen Gemischten Satz und dem urösterreichischen Neuburger verschrieben.

Michaela und Ludwig Ehn

WEINGUT LUDWIG EHN
3550 Langenlois
Bahnstraße 3
T: +43 (2734) 2236
weingut.ehn@ehnwein.at
www.ehnwein.at

Kellermeister: Ludwig Ehn
Kontakt: Michaela Ehn
Produktion: 70.000 Flaschen
95 % weiß, 5 % rot, 15 Hektar
Vereinszugehörigkeit:
Traditionsweingüter Österreich
Messen: ProWein Düsseldorf, VieVinum

Kamptaler Weine »zum aus der Reihe trinken« gibt es auf dem Weingut Ehn. Mit Wein ist es wie mit Musik, finden die Naturfreunde und Kulturliebhaber Ludwig und Michaela Ehn: Eintönigkeit ist langweilig. Sie schätzen die Vielfalt im Weingarten und im Glas und legen bei der handwerklichen Pflege der einzelnen Rieden sowie bei der Vinifizierung großen Wert auf Individualität. »Durch kontrollierte Vergärung und behutsame Ausbau- und Reifephasen in Edelstahl oder Holz gelingt es uns, den Charakter jeder Sorte und Lage möglichst unverfälscht zu erhalten«, so der Winzer. Die ausdrucksstarken und ausgewogenen Weine mit hoher Trinkfreudigkeit, für die der Name Ehn steht, geben ihm recht.

Langenlois

95 Riesling ** Ried Heiligenstein 1ÖTW 2022
13,5 Vol.-%, DV, Flaschenreifung/Stahltank, €€€€€
Helles Gelbgrün, silberfarbene Reflexe. Zunächst etwas verhalten, feine Kräuterwürze, etwas Mango und Blütenhonig, dunkle Mineralik. Kompakt, engmaschig, weißes Kernobst, feiner Säurebogen, mineralisch, salzig im Abgang, gute Länge, wird von weiterer Flaschenreife profitieren.

(91) Riesling * Langenlois Urgestein 2023
13 Vol.-%, DV, Stahltank, €€€
Helles Gelbgrün, silberfarbene Reflexe. Weißes Steinobst, zart nach Melisse, etwas Blütenhonig, frische Limettenzesten. Saftig, zart nach Ananas, Zitronentouch, lebendiger Säurebogen, frischer Speisenbegleiter, salziger Rückgeschmack.

94 Grüner Veltliner ** Ried Spiegel 1ÖTW 2022
13,5 Vol.-%, DV, Teilbarrique, €€€€
Helles Gelbgrün, silberfarbene Reflexe. Frische Limettenzesten, weiße Apfelfrucht, dezente Wiesenkräuter, feinwürziges Bukett. Saftig, feinfruchtige Süße, elegant, reife weiße Birnenfrucht, ein eleganter Speisenbegleiter mit Länge und Potenzial, bereits gut antrinkbar.

93 Grüner Veltliner ** Ried Spiegel 1ÖTW Titan 2019
15,5 Vol.-%, DV, Teilbarrique, €€€€€
Mittleres Gelbgrün, silberfarbene Reflexe. Mit Blütenhonig unterlegte reife Tropenfrucht, zart nach Guaven, floraler Touch, Clementinenzesten klingen an. Kraftvoll, dunkle Mineralik, zarter Gerbstoff, Nashi-Birne im Abgang, Gewürznoten im Nachhall, stoffiger Speisenbegleiter.

(91) Grüner Veltliner * Langenlois Ried Panzaun 2023
13 Vol.-%, DV, Stahltank, €€
Helles Gelbgrün, silberfarbene Reflexe. Reife Apfelfrucht, zart nach Gewürzen, Noten von kandierter Zitrusfrucht, Melisse klingt an. Saftig, mittlere Komplexität, salzig, weißes Steinobst im Abgang, bleibt gut haften, vielfältig einsetzbar.

89 Grüner Veltliner * Langenlois Löss 2023
12,5 Vol.-%, DV, Stahltank, €€

(92) Sauvignon Blanc 2023
12,5 Vol.-%, DV, Stahltank, €€€
Helles Gelbgrün, Silberreflexe. Dezente Stachelbeernoten, ein Hauch von Blütenhonig, floral, etwas kandierte Orangenschalen, etwas Birne klingt an, einladendes Bukett. Saftig, straff, feine Säurestruktur, mineralisch-salzig, weißes Kernobst, zitroniger Nachhall, sehr guter Speisenbegleiter.

(90) Gemischter Satz 2023
12,5 Vol.-%, DV, Stahltank, €€€
Helles Gelbgrün, Silberreflexe. Zart nach Holunderblüten, ein Hauch von kandierten Orangenzesten, etwas Wiesenkräuter, floraler Touch. Mittlerer Körper, saftig, weißes Kernobst im Abgang, bereits gut antrinkbar.

90 Rosé Cuvée 2023 ZW/PN/CS/SY
12,5 Vol.-%, DV, Stahltank, €€
Helles Altrosa, Silberreflexe. Feine Kräuterwürze, zart nach Lavendel, Himbeernoten, frisches Bukett. Mittlerer Körper, saftig, feine Fruchtsüße, rotbeeriges Finish, lebendiger Rückgeschmack, bereits gut antrinkbar.

* Kamptal DAC   ** Kamptal DAC Reserve

★★★★

WEINGUT EICHINGER

Was von außen wie ein kleines Herrenhaus aussieht, ist in Wahrheit ein großes »Frauenhaus« sowie die Wirkungsstätte von Birgit Eichinger und ihrer Tochter Gloria. Hinter dem Wein steht der Mensch, der ihn mit der Natur erschaffen hat: Birgit Eichinger ist Winzerin mit großer Behutsamkeit, Konsequenz sowie Gespür und gleichzeitig tief verwurzelt in ihrer Heimat, dem Kamptal. Sie ist Inbegriff für hochelegante und charakterstarke Weine. »Weiterentwicklung, nicht Stillstand, Individualität statt Mainstream«, lautet ihr Credo. Alle Weine tragen unverwechselbar die Handschrift der Winzerinnen und die ihrer Geburtsstätte, des Kamptals.

Erfolg braucht Raum. Daher ist der Betrieb seit seiner Gründung im Jahr 1992 auf heute 16 Hektar gewachsen – und das in den besten Kamptaler Rieden. So konnten auch Terrassen am Gaisberg rekultiviert werden. Dieses ehrgeizige Projekt umfasst mehr als drei Hektar bestes Rebland. Bereits 2012 wurde dort von eigenen Selektionen Grüner Veltliner ausgepflanzt. Neuer in der Riege ihrer namhaften Lagen ist die Ried Grub, die seit 2016 ebenfalls mit Grünem Veltliner bestockt ist.

Mehr als 50 Prozent der Gesamtproduktion werden exportiert, woran die zahlreichen internationalen Auszeichnungen nicht ganz unschuldig gewesen sein dürften. Aber auch in Österreich sind die Eichiner-Weine beliebt und von kaum einer Weinkarte wegzudenken. Als Mitglied der »Österreichischen Traditionsweingüter« ist dem Winzerinnen-Duo natürlich auch die Klassifizierung der Ersten Lagen im Donauraum ein wichtiges Anliegen. Denn nicht überall, wo Reben gepflanzt werden, wächst die gleiche Qualität heran. Dieser Suche fühlt man sich im Hause Eichinger verpflichtet.

97 Riesling * Ried Heiligenstein 1ÖTW 2022
13 Vol.-%, NK, Stahltank, €€€€€ V
Mittleres Gelbgrün, silberfarbene Reflexe. Reife Tropenfrucht, dunkle Würze, engmaschig, zarte Mineralik, ein Hauch von Mirabellen, floraler Touch, zart nach Orangenkonzentrat, einladend, etwas Safran. Saftig, straff, komplexer Speisenbegleiter, mineralisch, feinwürzig, weißer Pfirsich, frischer Säurebogen, Marille im Abgang, feine Süße im Finish, gute Länge, sicheres Potenzial.

95 Riesling * Ried Gaisberg 1ÖTW 2022
13 Vol.-%, NK, Stahltank, €€€€€ V
Leuchtendes mittleres Grüngelb, silberfarbene Reflexe. Kandierte Limettenzesten, Nuancen von gelbem Steinobst, etwas Maracuja und Mango, zart nussiges Bukett. Mittlere Komplexität, weißer Apfel, Pfirsich, feiner Säurebogen, mineralisch-zitronig im Abgang, zarte Süße im Rückgeschmack, gute Zukunft, bereits antrinkbar,

93 Riesling * Strass Glanz & Gloria 2023
12,5 Vol.-%, DV, Stahltank, €€€€ V
Mittleres Grüngelb, Silberreflexe. Floral unterlegte frische weiße Tropenfrucht, etwas Maracuja, einladendes Bukett. Saftig, elegant, weißer Pfirsich, frischer Säurebogen, stoffig und gut anhaftend, dezente Fruchtsüße im Abgang, vielfältig einsetzbar, mit Reifepotenzial ausgestattet.

92 Riesling * Strass 2023
12,5 Vol.-%, DV, Stahltank, €€€ V
Mittleres Gelbgrün, Silberreflexe. Feine gelbe Tropenfrucht, ein Hauch von Maracuja und Blütenhonig, mit kandierten Orangenzesten unterlegt. Saftig, weißer Pfirsich, elegant und frisch, finessenreich strukturiert, saliner Abgang, bereits gut antrinkbar, ein eleganter Speisenbegleiter.

95 Grüner Veltliner * Ried Lamm 1ÖTW 2022
13 Vol.-%, NK, kleines Holzfass/großes Holzfass, €€€€€ V
Mittleres Grüngelb, silberfarbene Reflexe. Zarte Holznuancen, tabakig unterlegter Vanilletouch, Nuancen von Tropenfrucht, Kräuter, gelbe Apfelfrucht. Saftig, kräftig, etwas Nougatkaramell, gelbe Tropenfrucht, Birne, feiner Honig im Nachhall, wirkt opulent, verfügt über gute Länge, Marille im Nachhall, bereits antrinkbar..

94 Grüner Veltliner * Ried Grub 2022
13 Vol.-%, NK, kleines Holzfass/großes Holzfass, €€€€€ V
Mittleres Gelbgrün, silberfarbene Reflexe. Zart rauchig-kräuterwürzig unterlegte Nuancen von reifer gelber Frucht, kandierte Orangenzesten, Limetten, einladendes Bukett. Saftig, elegant, gut eingebundene Süße, zarter Säurebogen, eleganter Stil, bereits gut antrinkbar, mineralischer Nachhall, ein facettenreicher Speisenbegleiter.

WEINGUT EICHINGER

3491 Straß im Straßertale
Langenloiser Straße 365
T: +43 (2735) 5648
office@weingut-eichinger.at
www.weingut-eichinger.at

Kellermeister: Birgit & Gloria Eichinger
Kontakt: Gloria Eichinger
Produktion: 120.000 Flaschen
100 % weiß, 16 Hektar
Zertifiziert: Nachhaltig Austria
Vereinszugehörigkeit: Traditionsweingüter Österreich
Messen: Austrian Tasting London, ProWein Düsseldorf, VieVinum

Birgit und Gloria Eichinger

93 Grüner Veltliner * Ried Gaisberg 1ÖTW 2022
13 Vol.-%, NK, großes Holzfass/Stahltank, €€€€€
Mittleres Grüngelb, silberfarbene Reflexe. Zarte Kräuterwürze, feine Nuancen von gelbem Kernobst, zart nach Marille, mineralischer Touch, etwas Blütenhonig. Saftig, weißer Apfel, zart nach Honigmelone, gut integrierte Säurestruktur, feiner Zitrustouch, gute Frische, dezente Süße im Nachhall, bereits gut entwickelt.

92 Grüner Veltliner * Ried Hasel 2023
12,5 Vol.-%, DV, Stahltank, €€
Mittleres Gelbgrün, Silberreflexe. Zart nach Blütenhonig und kandierten Orangenzesten, Anklänge von gelber Frucht, mineralischer Touch. Mittlerer Körper, frischer Apfel, lebendige Säurestruktur, Golden-Delicious-Apfel im Abgang, mineralischer Nachhall.

92 Grüner Veltliner * Strass Glanz & Gloria 2023
12,5 Vol.-%, DV, Stahltank, €€€
Mittleres Gelbgrün, Silberreflexe. Zart nach Honigmelone und Mango, Noten von kandierten Orangenzesten, ein Hauch von Kräuterwürze. Komplex, saftig, elegant, feine Fruchtsüße, angenehmes Säurespiel, stoffig und anhaftend, ein vielseitiger Speisenbegleiter.

92 Grüner Veltliner * Ried Wechselberg 2023
12,5 Vol.-%, DV, Stahltank, €€€
Mittleres Gelbgrün, Silberreflexe. Frische Kräuterwürze, gelbes Kernobst, etwas Melone, ein Hauch von Blütenhonig. Mittlere Komplexität, weiße Frucht, feiner Säurebogen, dezente Fruchtsüße nach Birne im Abgang, ein facettenreicher Speisenbegleiter.

90 Grüner Veltliner * Strass 2023
12,5 Vol.-%, DV, Stahltank, €€
Mittleres Grüngelb, Silberreflexe. Frischer gelber Apfel, zarte Wiesenkräuterwürze, mineralisch unterlegt, einladendes Bukett. Saftig, elegant, feine Fruchtsüße, dezentes Säurespiel, balanciert und zugänglich, ein vielseitiger Speisenbegleiter.

92 Roter Veltliner Ried Stangl 2023
13 Vol.-%, DV, Stahltank, €€€
Mittleres Gelbgrün, Silberreflexe. Zart nach Birne und Melone, ein Hauch von kandierten Orangenzesten, zart nach Banane, einladendes Bukett. Komplex, weißer Apfel, frischer Säurebogen, dezente Fruchtsüße, mineralisch und anhaftend, ein balancierter Begleiter bei Tisch.

(92) Chardonnay Ried Gaisberg 2023
13,5 Vol.-%, DV, kleines Holzfass/Stahltank, €€€
Mittleres Grüngelb, Silberreflexe. Etwas zurückhaltend, feine Nuancen von gelbem Kernobst, kandierte Mandarinenzesten, ein Hauch von frischen Quitten. Saftig, elegant, weißes Kernobst, feine Säurestruktur, mineralisch und gut anhaftend, ein eleganter Speisenbegleiter.

★★

WEINGUT ETZ

Seit der Gründung im Jahr 1898 ist die vierte Generation auf dem Weingut Etz heute besonders bemüht, das traditionsreiche, aber auch moderne Weingut bestmöglich zu führen. Durch mehrere Praktika in Europa und Übersee, wie zum Beispiel in Kalifornien, Argentinien und Australien, hat Franz Etz junior wichtige Erfahrungen und Skills im Weinmachen gesammelt. Er ist gleichermaßen für die Vinifikation wie für die Pflege der rund 43 Hektar eigener Weingartenfläche verantwortlich. Die Weingärten des Betriebs liegen verteilt auf verschiedenen bekannten Rieden des Kamptals zwischen der Weinstadt Langenlois und der Gemeinde Grafenegg. Der Gaisberg ist die Herkunft der Rieslinge. Der Strasser Wechselberg, der Offenberg und die Rieden Hasel und Karl, der Kammerner Hund und die Ried Grub sowie Bleckenweg und Galgenberg sind Ursprung der Grünen Veltliner. Letzterer ist zudem Hauptsorte und Eckpfeiler des Betriebs und nimmt einen Flächenanteil von über 65 Prozent ein.

Das geschmackliche Spektrum der Weine beginnt mit den leichten und fruchtigen Varianten und reicht bis zu würzig-pfeffrigen Lagenweinen, die zu ihrem Ausbau eine bis zu zwölf Monate lange Lagerung auf der Feinhefe erhalten. Die Rieslinge als zweitwichtigste Weißweinsorte des Kamptals werden wie Sauvignon Blanc, Chardonnay und Pinot Blanc lagenrein abgefüllt. Bei der Vinifizierung wird stets darauf geachtet, nur in dem Maße einzugreifen, wie dies auch unbedingt notwendig ist. So wird auf jede Bewegung des Weins bis zur Füllung verzichtet, damit dieser das gesamte Potenzial frei und vollständig entfalten kann. Erfolge bei internationalen Verkostungen und Bewertungen bestätigen, dass dies der richtige Weg ist.

WEINGUT ETZ
3492 Walkersdorf am Kamp
Hauptstraße 27
T: +43 (2735) 2473
office@etzwine.at
www.etzwine.at

Kellermeister/Kontakt:
Franz Etz
Produktion: 90 % weiß, 10 % rot, 43 Hektar
Zertifiziert: Nachhaltig Austria
Messen: ProWein Düsseldorf

(93) Riesling ** Ried Gaisberg 2022
13,5 Vol.-%, DV, Stahltank, €€€
Mittleres Grüngelb, Silberreflexe. Zart mit kandierten Orangenzesten unterlegte gelbe Pfirsichfrucht, etwas Mango, mineralischer Touch. Komplex, kräftig, weiße Tropenfrucht, zarte Süße, frischer Säurebogen, mineralisch-zitronig im Abgang, feiner Blütenhonig im Nachhall.

(92) Riesling * Ried Gaisberg 2023
12,5 Vol.-%, DV, Stahltank, €€€
Helles Grüngelb, Silberreflexe. Zart nach weißem Weingartenpfirsich, florale Nuancen, ein Hauch von Limettenzesten. Mittlerer Körper, fruchtsüße Textur, lebendige Säurestruktur, knackig, mineralisch und gut anhaftend, sehr animierend, gutes Entwicklungspotenzial.

(92) Grüner Veltliner ** Ried Karl 2022
13,5 Vol.-%, DV, Stahltank, €€€
Mittleres Gelbgrün, Silberreflexe. Frisches weißes Kernobst, ein Hauch von Granny-Smith-Apfel, feine tabakige Würze, einladendes Bukett. Saftig, reife Tropenfrucht, etwas Marille, feiner Säurebogen, zarter Blütenhonig, zeigt Länge und Potenzial.

(90) Grüner Veltliner * 2023
12,5 Vol.-%, DV, Stahltank, €€
Helles Gelbgrün, Silberreflexe. Zarte Kräuterwürze, frische Birnenfrucht, etwas Papaya. Mittlerer Körper, gelber Apfel, feine Säurestruktur, mineralisch-zitronig, ein balancierter, leichtfüßiger Speisenbegleiter.

(90) Sauvignon Blanc Ried Bleckenweg 2023
12,5 Vol.-%, DV, Stahltank, €€
Helles Goldgelb, Silberreflexe. Anklänge von reifer Tropenfrucht, zart nach Mango und Ananas, reife Stachelbeeren und Blütenhonig. Saftig, fruchtsüße Textur, angenehme Säurestruktur, reifer Apfel im Abgang, ein vielseitiger Speisenbegleiter.

91 Rosé 2023 BF/ZW
12,5 Vol.-%, DV, Stahltank, €€
Helles Lachsrosa, Messingreflexe. Zartes rotes Waldbeerenkonfit, ein Hauch von Kirschen, Nuancen von Kräuterwürze, etwas Kernobst, einladendes Bukett. Mittlere Komplexität, feine Fruchtsüße, gutes Säurespiel, bleibt haften, charmante, anregende Stilistik.

★★★★★

WEINGUT SCHLOSS GOBELSBURG

Schloss Gobelsburg ist das älteste Weingut der Donauregion Kamptal und kann auf eine dokumentierte Weinbaugeschichte bis zurück ins 12. Jahrhundert blicken. 2021 feierte Schloss Gobelsburg seinen 850. Jahrgang der altehrwürdigen Domaine. Zisterzienser-Mönche des Stiftes Zwettl erhielten ihre ersten Weingärten im Jahre 1171 und haben über die letzten 850 Jahre den Weinbau in Österreich nachhaltig geprägt.

Über die Jahrhunderte haben die Mönche Weingärten in den allerbesten Lagen Österreichs bewirtschaftet. Heute konzentriert sich das Weingut auf die typischen Herkunftsweine der Donau-Appellationen in den drei Kategorien Gebiets-, Orts- und Riedenwein – darunter weltbekannte Namen wie Ried Heiligenstein oder Ried Lamm. Nachhaltiger Weinbau war immer schon eine Herzensangelegenheit. So werden die Weingärten vom Rebschnitt bis zu den Laubarbeiten mit Umsicht und Bedacht gepflegt. Im Herbst, wenn sich die Blätter im Oktober und November schon golden färben, werden die Trauben per Hand in kleine Kisten gelesen und sorgfältig in den Keller gebracht und dort weiter sortiert.

Einfachheit und Strenge ist ein Leitmotiv der Zisterzienser, das den Weg zu großen Weinen weist. Der Faktor Zeit ist heutzutage ein rares Gut geworden. Den Gobelsburger Weinen wird allerdings der Luxus gegönnt, sich in aller Ruhe in den kühlen Kellern entfalten zu können.

Neben den typischen Appellations-Weinen werden in den Kellern von Schloss Gobelsburg noch andere Weinspezialitäten gekeltert. Das Weingut

© Schloss Gobelsburg

WEINGUT SCHLOSS GOBELSBURG
3550 Gobelsburg
Schloss Straße 16
T: +43 (2734) 2422
schloss@gobelsburg.at
www.gobelsburg.at

Kellermeister/Kontakt: Michael Moosbrugger
Produktion: 10 % Schaumwein, 70 % weiß, 20 % rot, 85 Hektar
Zertifiziert: Nachhaltig Austria
Vereinszugehörigkeit: Traditionsweingüter Österreich
Messen: Foodex Japan, ProWein Düsseldorf, VieVinum, MondoVino, véritable St.Martin, Summa Margreid

»Dynamic Cellar Concept« im Schloss Gobelsburg mit Fässern auf Rädern

gilt als Spezialist für österreichischen Qualitätsschaumwein sowie für »Cool Climate«-Rotweine, basierend auf der Pinot-Familie (Pinot Noir, St. Laurent & Zweigelt). Eine kleine, aber feine Spezialität sind die Süßweine aus Gobelsburg. Hier werden Prädikate in allen Ebenen und auch regelmäßig Eiswein gekeltert. Bekannt ist das Weingut auch für seine Beschäftigung mit historischer Weinbereitung, die in den Weinen namens »Tradition« zum Ausdruck kommt.

96 Ⓖ Sekt Austria Große Reserve Extra Brut Niederösterreich g.U. Langenlois Vintage 2012 GV/PN/RR
12 Vol.-%, NK, Flaschengärung, €€€€€€ Ⓥ
Leuchtendes mittleres Goldgelb, Silberreflexe, feines, anhaltendes Mousseux. Weißes Nougat, etwas Brioche, reife gelbe Tropenfrucht, zart nach Papaya, mit kandierten Limetten und Blütenhonig unterlegt. Komplex, saftig, zart nussig unterlegte weiße Apfelfrucht, frischer Säurebogen, mineralisch-salzig, sehr gute Länge, ein facettenreicher Speisenbegleiter mit sicherem Reifepotenzial.

94 Ⓖ Sekt Austria Reserve Brut Blanc de Blancs Niederösterreich g.U. GV/WR/CH
Deg. 11/2023, 12 Vol.-%, NK, Flaschengärung, €€€€€ Ⓥ
Leuchtendes Goldgelb, Silberreflexe. Feine gelbe Tropenfrucht, ein Hauch von Apfel und Blütenhonig, Orangenzesten, etwas Nougat. Saftig, stoffig, angenehme Mangofrucht, frisch strukturiert, mineralisch und anhaftend, zeigt Länge, sehr gut entwickelt, ein finessenreicher Speisenbegleiter.

93 Ⓖ Sekt Austria Reserve Brut Niederösterreich g.U. GV/PN/RR
Deg. 02/2024, 12 Vol.-%, NK, Flaschengärung, €€€€€ Ⓥ
Helles Goldgelb, Silberreflexe, feines Mousseux. Zart nach gelber Tropenfrucht, ein Hauch von Mango und Biskuit, feine Kräuterwürze. Stoffig, weißes Kernobst, lebendig, rassiger Säurebogen, mineralisch-salzig, zarte Fruchtsüße, nach Honigmelone im Nachhall, vielfältig einsetzbar.

93 Ⓖ Sekt Austria Reserve Brut Rosé g.U. SL/ZW/PN
Deg. 11/2023, 11,5 Vol.-%, NK, Flaschengärung, €€€€€ Ⓥ
Mittleres Lachsrosa, Kupferreflexe, feines, anhaltendes Mousseux. Eingelegte Herzkirschen, feines Waldbeerenkonfit, zarter Blütenhonig. Saftig, feine weiße Apfelfrucht, ein Hauch von roten Beeren, frisch strukturiert, mineralisch, gut anhaftend, ein vielseitiger Speisenbegleiter.

97 Grüner Veltliner * Ried Lamm 1ÖTW 2022
13,5 Vol.-%, NK, großes Holzfass, €€€€€€ Ⓥ
Helles Grüngelb, Silberreflexe. Reife gelbe Tropenfrucht, Nuancen von Mango und Orangen, feiner Blütenhonig, mineralisch und würzig unterlegt, facettenreiches Bukett. Komplex, saftig und druckvoll, finessenreicher Säurebogen, weißer Pfeffer im Abgang, würzig-salziger Nachhall, bereits zugänglich, wird aber mit Flaschenreife noch zulegen.

95 Grüner Veltliner * Ried Grub 1ÖTW 2022
13,5 Vol.-%, NK, großes Holzfass, €€€€€ Ⓥ
Mittleres Gelbgrün, Silberreflexe. Zart nach Marillenkonfitüre, reife gelbe Tropenfrucht, zarter Blütenhonig, kandierte Orangenzesten, ein Hauch von Wiesenkräutern, sehr facettenreich und einladend. Saftig, elegant, weißer Pfirsich, finessenreicher Säurebogen mineralisch-zitronig, bleibt gut haften, sicheres Reifepotenzial.

(94) Grüner Veltliner * Ried Spiegel 2023
13 Vol.-%, NK, großes Holzfass, €€€€€ Ⓥ
Helles Grüngelb, Silberreflexe. Frische Kräuter, weiße Tropenfrucht, Nuancen von Kernobst, ein Hauch von Limetten, sehr attraktives, jugendliches Bukett. Saftig, elegant und balanciert, zart nach Mango, feiner Säurebogen, etwas Blütenhonig im Abgang, finessenreich und anhaftend, sicheres Reifepotenzial.

94 Grüner Veltliner * Ried Renner 1ÖTW 2022
13,5 Vol.-%, NK, großes Holzfass, €€€€€ Ⓥ
Mittleres Gelbgrün, Silberreflexe. Feiner Blütenhonig, Nuancen von reifer Mango, ein Hauch von gelbem Kernobst, einladendes Bukett. Saftig, zart nach Marillen und Ringlotten, seidige Textur, feine Süße, angenehmer Säuretouch, mineralisch und zugänglich, ein harmonischer, vielfältig einsetzbarer Speisenbegleiter mit Zukunftspotenzial.

(93) Grüner Veltliner * Ried Steinsetz 2023
12,5 Vol.-%, NK, großes Holzfass, €€€€ Ⓥ
Helles Grüngelb, Silberreflexe. Frisches gelbes Kernobst, ein Hauch von Golden-Delicious-Apfel, feine Kräuterwürze, Limettentouch. Saftig, weißer Apfel, pikante Säurestruktur, leichtfüßig und mineralisch, ein lebendiger Speisenwein mit zitronig-salzigem Nachhall.

(92) Grüner Veltliner * Langenlois 2023
13 Vol.-%, NK, großes Holzfass, €€€ Ⓥ
Helles Grüngelb, Silberreflexe. Frische Kräuter, ein Hauch von Apfel, weißes Kernobst, tabakige Nuancen. Saftig, elegant, gelbfruchtige Textur, frisch strukturiert, mineralisch-zitronig im Nachhall, ein eleganter Speisenbegleiter.

97 Riesling * Ried Heiligenstein 1ÖTW 2022
13,5 Vol.-%, NK, großes Holzfass, €€€€€€ Ⓥ
Mittleres Grüngelb, Silberreflexe. Feine, einladende Pfirsichfrucht, ein Hauch von Marillenkonfitüre, florale Nuancen, mit etwas Blütenhonig unterlegt, attraktives Bukett. Saftig, elegant und balanciert, weißes Steinobst, finessenreicher Säurebogen, klar wie ein Gebirgsbach, präzise und lange anhaftend, sicheres Potenzial für viele Jahre.

95 Riesling * Ried Gaisberg 1ÖTW 2022
13,5 Vol.-%, NK, großes Holzfass, €€€€€ V
Helles Gelbgrün, Silberreflexe. Frische Tropenfrucht, nach Maracuja, etwas Ananas, Weiße Johannisbeeren, einladendes, facettenreiches Bukett. Straff, engmaschig, sehr lebendig strukturiert, mineralisch-salzig, wirkt leichtfüßig, lebendiger Riesling-Stil, animierender Speisenbegleiter, gutes Reifepotenzial.

(93) Riesling * Zöbing 2023
13 Vol.-%, NK, großes Holzfass, €€€€ V
Helles Grüngelb, Silberreflexe. Einladende Nuancen von Steinobst, zart nach Mango, floraler Touch, ein Hauch von Limettenzesten. Saftig, fruchtsüße Textur, reifer Pfirsich, lebendiger Säurebogen, mineralisch-zitronig, bereits gut entwickelt, ein vielseitiger Begleiter bei Tisch.

94 Tradition Heritage Cuvée 3 years Edition 852 GV/RR
13 Vol.-%, NK, großes Holzfass, €€€€€ V
Leuchtendes mittleres Gelbgrün, Silberreflexe. Feine Nuancen von hellem Karamell und gelber Tropenfrucht, Blütenhonig und kandierte Orangenzesten, einladendes Bukett. Saftig, rund und elegant, feine Fruchtsüße, cremige Textur, bereits sehr gut antrinkbar, ein ausgewogener, vielseitiger Speisenbegleiter.

★

WEINGUT WOLFGANG UND SYLVIA GROLL

Seit 1880 befasst sich die Familie Groll mit Weinbau. Der Familienbetrieb bewirtschaftet eine Weingartenfläche von elf Hektar in den besten Lagen wie Hiesberg, Seeberg, Kogelberg oder Hoheneck. Wolfgang Groll führt heute das Unternehmen gemeinsam mit seiner Frau Sylvia. Das Weingut befindet sich nur wenige Minuten von Langenlois entfernt in Reith, in einem lang gezogenen Tal westlich von Zöbing, wo der Weinbau schon immer Tradition hatte. Die Rebkulturen gedeihen auf Lehm- und Urgesteinsböden, die das ganze Jahr über begrünt sind.Groll-Wein ist immer Chefsache! Kellermeister Wolfgang Groll, der Hüter des Groll-Weinwissens, ist ausschließlich persönlich für seine Weinkreationen verantwortlich und überlässt dabei nichts dem Zufall. Mit größter Sorgfalt verwandelt er seine Trauben in frische, sortentypische und oft prämierte Weißweine und kräftige Rotweine. Bei den Weißweinen werden Grüner Veltliner, Riesling, Welschriesling, Chardonnay, Rivaner und Muskateller ausgebaut. Das Rotweinsortiment besteht hauptsächlich aus Zweigelt. Neben der intensiven Beschäftigung mit dem Rohprodukt wird auf modernste Kellertechnik gesetzt, denn Groll-Wein will stets weiterentwickelt werden. Durch Kontinuität hat es das Weingut Groll immer wieder geschafft, Prämierungen für seine Weine zu erlangen. Die wichtigsten Erfolge der letzten Jahre waren zahlreiche Auszeichnungen beim »SALON Österreich Wein« sowie einige Langenloiser »Champion«-Weine. Wichtigstes Exportland des aufstrebenden Weinguts ist Deutschland.

92 Grüner Veltliner ** Langenlois Ried Käferberg 2021
14 Vol.-%, DV, Teilbarrique, €€€€
Mittleres Gelbgrün, Silberreflexe. Zarte gelbe Tropenfrucht, etwas Mango, mit kandierten Orangenzesten unter-

WEINGUT WOLFGANG UND SYLVIA GROLL
3553 Reith/Langenlois
Reith 59
T: +43 (2734) 8522
info@weingut-groll.at
www.weingut-groll.at

Kellermeister: Wolfgang Groll
Kontakt: Wolfgang und Sylvia Groll
Produktion: 3 % Schaumwein, 85 % weiß, 12 % rot, 11 Hektar
Zertifiziert: Nachhaltig Austria
Messen: DAC-Präsentationen

legt. Saftig, cremige Textur, weißes Kernobst, feiner Säurebogen, etwas Ananas, harmonisch, gut gereift, dezente Süße im Nachhall.

91 Grüner Veltliner * Langenlois Vom Stein 2023
12,5 Vol.-%, DV, Stahltank, €€ H
Helles Grüngelb, Silberreflexe. Mit Wiesenkräutern unterlegte frische Birnenfrucht, feine tabakige Nuancen, mineralischer Touch. Mittlerer Körper, saftig, gelbe Frucht, zart nach Mango und Blütenhonig, gute Frische, bereits zugänglich, verfügt über Entwicklungspotenzial.

91 Grüner Veltliner * Zöbing Ried Kogelberg 2022
13,5 Vol.-%, DV, Stahltank, €€ H
Helles Gelbgrün, Silberreflexe. Zart floral unterlegtes weißes Kernobst, ein Hauch von Birne, kandierte Limettenzesten. Mittlerer Körper, weißer Apfel, feine Säurestruktur, dezenter Blütenhonig, elegant und anhaftend, bereits gut entwickelt.

91 Riesling * Langenlois Ried Seeberg 2022
13,5 Vol.-%, DV, Stahltank, €€ H
Helles Gelbgrün, Silberreflexe. Zart nach Orangen und Limettenzesten, gelbes Steinobst, mit Mandarinen unterlegt. Grüner Apfel, rassige Säurestruktur, straff, mineralisch-zitroniger Nachhall, salziger Rückgeschmack, lebendige Stilistik.

90 Chardonnay Selektion 2022
13,5 Vol.-%, DV, großes Holzfass, €€ H
Helles Gelbgrün, Silberreflexe. Frisches weißes Kernobst, ein Hauch von Wiesenkräutern, mit Limettenzesten unterlegt. Mittlere Komplexität, Nuancen von Pfirsich, grüner Apfel, lebendiger Säurebogen, mineralisch-salzig im Abgang, ein schwungvoller Speisenbegleiter.

90 Zweigelt Reserve 2021
13,5 Vol.-%, DV, kleines Holzfass, €€ H
Kräftiges Rubingranat, violette Reflexe, breitere Randaufhellung. Zarte Holzwürze, Vanille und Nelken, mit roten Herzkirschen und Zwetschken unterlegt. Saftig, komplex, dunkle Beerenfrucht, runde Tannine, mineralisch und frisch im Abgang, zartes Karamell im Nachhall.

WEINGUT HAIMERL

NEU

Das Weingut Haimerl in Gobelsburg ist detailverliebt und traditionsbewusst. »Die Natur ist ein souveräner Gestalter. Ihr können wir mit gutem Gewissen vieles überlassen. Wem wir aber nichts überlassen, ist der Zufall«, meint Johannes Haimerl, der seit Kurzem als Vertreter der siebenten Generation die Geschicke des Weinguts leitet. Deshalb steht am Beginn der Arbeit im Weingut Haimerl immer ein klares Bild: die exakte Vorstellung von einem Wein, der zu 100 Prozent den Qualitätsansprüchen der Winzerfamilie entspricht.

Auf dem Weingut Haimerl legt man viel Wert auf Tradition – immerhin reicht die Geschichte der Familie in Gobelsburg bzw. Langenlois bis ins Jahr 1829 zurück. Die Herangehensweise des jungen Winzers an die Weinherstellung ist geprägt von einer Eigenschaft, die auch seinen Vater Karl Haimerl auszeichnet: die Liebe zum Detail. Johannes Haimerl hat deshalb auch gar nichts dagegen, wenn man ihn »Weintüftler« nennt: »Ich bin überzeugt, dass es gerade die Details sind, die die Qualität eines Weines ausmachen.« Dafür bietet das Kamptal beste Voraussetzungen, und der »Arbeitsplatz« der Winzerfamilie ist neben dem Weinkeller auch die prächtige Landschaft des Kamptals. Der Umstand, dass hier pannonische Milde auf Waldviertler Kühle trifft, lässt ein Mikroklima entstehen, in dem sich die Leitsorten des Betriebes – Grüner Veltliner und Riesling – besonders wohlfühlen. Die Vielfalt der Böden – von Löss bis Schotter – sorgt für Weine mit Typizität und Charakter. Vater Karl Haimerl, Herr der Weingärten im Hause Haimerl, weiß seine Heimat zu schätzen: »Von Vielfalt reden viele, wir dürfen hier im Kamptal täglich mit dieser Vielfalt leben und arbeiten.« Die Weingärten des Weinguts Haimerl tragen große Namen wie Spiegel, Redling und Haid.

Wenn dann bestes Traubenmaterial im Haimerl-Keller landet, ist wiederum Johannes

WEINGUT HAIMERL
3550 Gobelsburg
Schloßstraße 60–62
T: +43 (2734) 2124
weingut@haimerl.at
www.haimerl.at

Kellermeister/Kontakt:
Johannes Haimerl
Produktion: 85 % weiß, 15 % rot, 25 Hektar
Zertifiziert: Nachhaltig Austria
Messen: VieVinum

Haimerl ganz in seinem Element. »Hier entscheidet sich, wie nahe ich meinem Ideal vom perfekten Wein komme«, sagt der Jungwinzer. Die Zutaten für ein optimales Ergebnis sind Sauberkeit, Geduld, Kontrolle, Übersicht, moderne Technik und altes Weinbauwissen.

93 Grüner Veltliner ** Gobelsburg Ried Redling 2022
13,5 Vol.-%, DV, großes Holzfass, €€€
Mittleres Grüngelb, silberfarbene Reflexe. Zart nach Orangenzesten, ein Hauch von Mango, Rhabarber, Nuancen von Ringlotten, etwas Steinobst. Saftig, elegant, feinfruchtig, dezente Süße, gut integrierte Säurestruktur, balanciert und gut antrinkbar, zeigt Länge und Reifepotenzial.

92 Grüner Veltliner * Gobelsburg Ried Kirchgraben 2023
13 Vol.-%, DV, Stahltank, €€
Helles Grüngelb, Silberreflexe. Zart nach Blütenhonig und Melone, kandierte Mandarinenzesten, ein Hauch von Marille, einladendes Bukett. Komplex, saftig, weißes Kernobst, frisch strukturiert, feine Süße im Abgang, elegant und gut anhaftend.

92 Grüner Veltliner ** Langenlois Ried Spiegel 1ÖTW 2022
13,5 Vol.-%, DIAM, großes Holzfass, €€€€
Helles Grüngelb, Silberreflexe. Zart nach frischem gelbem Apfel, etwas Mango, feine Wiesenkräuter, tabakige Nuancen, zart nach Ananas, einladendes Bukett. Saftig, elegant, frische Apfelfrucht, weißes Kernobst, frischer Säurebogen, mineralisch-zitronig im Abgang, dezente Fruchtsüße im Nachhall.

92 Riesling * Gobelsburg Ried Haid 2022
13,5 Vol.-%, DV, großes Holzfass/Stahltank, €€€
Mittleres Grüngelb, silberfarbene Reflexe. Feine gelbe Tropenfrucht, Wiesenkräuter, Nuancen von Mango und Ananas, zarter Blütenhonig, mit kandierten Limettenzesten unterlegt. Saftig, elegant, feine Fruchtsüße, angenehmer Säurebogen, reifer Pfirsich im Abgang, bereits gut entwickelt, vielseitig einsetzbar.

91 Riesling * Gobelsburg 2023
12,5 Vol.-%, DV, Stahltank, €€
Helles Gelbgrün, Silberreflexe. Frische Nuancen von Weingartenpfirsich und Zitronengras, mineralischer Touch. Mittlerer Körper, grüner Apfel, frischer Säurebogen, mineralisch-salzig im Abgang, bleibt haften, ein rassiger Speisenbegleiter.

90 Gelber Muskateller 2023
12 Vol.-%, DV, Stahltank, €€
Helles Gelbgrün, Silberreflexe. Floral, ein Hauch von Muskatnuss, etwas Litschis und Pfirsich. Saftig, gelbe Tropenfrucht, dezente Süße, würziger Stil, feiner Säurebogen, Blütenhonig im Abgang, leichtfüßiger Sommerwein.

★★

WEINGUT HERNDLER

Das Weingut Herndler liegt im Herzen des Kamptals, im Gartendorf Schiltern, nördlich von Langenlois. Bestehend seit 1889 wurde es ursprünglich als gemischter Betrieb geführt, Weinbau spielte eine untergeordnete Rolle. Im Lauf der Zeit entwickelte sich jedoch ein reiner Weinbaubetrieb. Drei Generationen leben und arbeiten hier miteinander, dabei geben Tradition und Moderne einander die Hand. Hoch über dem Kamp produziert die Familie auf rund 14,5 Hektar Weinbaufläche die Klassiker des Kamptals: Grünen Veltliner und Riesling – fruchtig, spritzig, mineralisch. Das Zusammenspiel von Boden und Klima ist im Kamptal sehr fein und vielfältig. Magerer Urgesteinsboden und der berühmte Löss sind in den Weingärten vorherrschend. Das trockene, pannonische Klima und die rauen, kühlen Lüfte des Waldviertels locken im Wechsel zwischen hohen Tages- und niedrigen Nachttemperaturen die feinsten Aromen aus den Trauben. Die Reben tanken tagsüber Sonne, atmen nachts durch und nehmen die würzige Aromatik des Bodens auf, was dem Wein seine einzigartige Fruchtigkeit verleiht. Wein machen bedeutet für die Familie entstehen lassen – von der Traube bis zur Flasche. Jedes Jahr ist anders, jedes Jahr ist spannend. Das Beste aus dem Naturprodukt herauszuholen ist immer wieder eine faszinierende Herausforderung. Als Winzer verstehen sie sich als erfahrene Handwerker und Partner der Natur, für die es die Weingärten nachhaltig zu bewirtschaften gilt. Handarbeit und schonende Verarbeitung geben den Weinen ihre persönliche Handschrift. Freude, Genuss, Tradition und Neues spiegeln sich in den Weinen wider.

WEINGUT HERNDLER
3553 Schiltern
Karglstraße 1
T: +43 (2734) 8283
info@weingut-herndler.at
www.weingut-herndler.at

Kellermeister: Thomas Herndler
Kontakt: Alexandra Herndler
Produktion: 70 % weiß, 30 % rot, 14.5 Hektar
Messen: 501 Bio-Dyn

92 Riesling * Strass Ried Gautscher 2023
13,5 Vol.-%, DV, Stahltank, €€
Helles Goldgelb, Silberreflexe. Zart nach frischem gelbem Pfirsich, etwas Ananas, ein Hauch von Blütenhonig, einladendes Bukett. Saftig, elegant, feiner Säurebogen, fruchtige Süße im Abgang, mineralisch-salziger Nachhall, zeigt Länge und Reifepotenzial.

92 Grüner Veltliner * Schiltern Blumenwiese 2023
13,5 Vol.-%, DV, Stahltank, €€
Helles Grüngelb, Silberreflexe. Zart tabakig, frische Birne, ein Hauch von Orangenzesten, kräuterwürziges Bukett. Mittlere Komplexität, frischer Apfel, lebendiger Säurebogen, zitronige Nuancen im Abgang, gutes Reifepotenzial.

92 Grüner Veltliner * Langenlois Ried Käferberg 2022
13,5 Vol.-%, DV, Stahltank, €€€
Mittleres Gelbgrün, Silberreflexe. Zart nach Ananas und Mango, Wiesenkräuter, ein Hauch von Apfel, tabakige Nuancen. Komplex, saftig, feine Fruchtsüße, frische Struktur, mineralisch-salzig im Abgang, pfeffrige Würze im Nachhall, ein stoffiger Begleiter bei Tisch.

91 Grüner Veltliner * Langenlois Alte Reben 2023
13,5 Vol.-%, DV, Stahltank, €€
Helles Gelbgrün, Silberreflexe. Frische Wiesenkräuter, frische Apfel, Nuancen von Birnen, tabakige Noten. Mittlerer Körper, frisches Kernobst, gut strukturiert, salzige Mineralik im Abgang, wird von weiterer Flaschenreife profitieren.

91 Gelber Muskateller 2023
12,5 Vol.-%, DV, Stahltank, €€
Sehr helles Gelbgrün, Silberreflexe. Einladendes florales Bukett, ein Hauch von Holunderblüten und Limetten, grüner Apfel. Frisch, lebendig, mittlere Komplexität, feines Kernobst, zitronig-salzige Nuancen im Abgang, ein schwungvoller Sommerwein.

89 Gemischter Satz 2023
12,5 Vol.-%, DV, Stahltank, €€

★★★★

WEINGUT HIEDLER

Die Eule ist das unverwechselbare Symbol des traditionsreichen Langenloiser Weinguts. Schon in antiken Kulturen galt sie als Verkörperung von Weisheit, Ruhe und Beständigkeit und eröffnete den Menschen verborgene Welten jenseits des Greifbaren. Dieser Gedanke inspiriert die Arbeit und Philosophie der Familie. Jahr für Jahr legen Dietmar und Ludwig Hiedler mit ihrem Handwerk in ihren Weinen das einzigartige Terroir frei, das sich in den jahrhundertealten Weinbergslagen verbirgt. Bis heute werden die Rebstöcke von Hand gepflegt. Die Brüder, die den Betrieb konsequent weiterentwickeln, arbeiten nun seit einigen Jahren nach den Prinzipien der regenerativen Landwirtschaft, wodurch sie aktiv die lebendige Bodenstruktur fördern. Diese gesunden Böden bilden die Grundlage für vitale und robuste Reben, und so reifen wertvolle und aromatische Trauben heran. Diese werden direkt am Stock selektiert und im Weinkeller nach handwerklicher Tradition verarbeitet. Jeder Wein findet sein eigenes Tempo, verbringt viel Zeit auf der Hefe und wird nur minimal bewegt. Es sind die enge Beziehung zur Natur, die achtsamen Handgriffe und die Liebe zum Detail, die die Weine vom Weingut Hiedler so unverwechselbar und persönlich machen.

96 Riesling * Zöbing Ried Heiligenstein 1ÖTW 2022
13 Vol.-%, DIAM, Stahltank, €€€€€
Mittleres Grüngelb, silberfarbene Reflexe. Zart nach Marillen, Zitronenmelisse, Nuancen von frischen Orangenzesten, etwas Blütenhonig. Saftig, elegant, feine Fruchtsüße, gut integrierte Säurestruktur, ein Hauch von Pfirsich und Orange, mineralisch und anhaftend, Blütenhonig im Nachhall, dabei engmaschig, zeigt Länge, sicheres Reifepotenzial.

95 Riesling * Maximum 2021
13,5 Vol.-%, DIAM, Stahltank, €€€€€
Mittleres Gelbgrün, Silberreflexe. Noten von reifer gelber Frucht, Nuancen von Steinobst, Ringlotten, zarter Honigtouch, vielschichtiges Bukett. Saftig, weißer Pfirsich, extraktsüße Textur, reife Säure, mineralisch, balancierte Süße im Abgang, ein Hauch von Ananas im Nachhall, zeigt Länge und weiteres Potenzial.

94 Riesling * Langenlois Ried Steinhaus 1ÖTW 2022
13 Vol.-%, DV, Stahltank, €€€€€
Mittlerres leuchtendes Grüngelb, silberfarbene Reflexe. Frischer weißer Weingartenpfirsich, florale Nuancen, zarter Blütenhonig, einladendes Bukett. Saftig, engmaschig und elegant, weiße Frucht, feine Süße, guter Säurebogen, mineralisch, bleibt haften, ein Hauch von frischen Orangen im Nachhall, verfügt über Potenzial, macht Lust auf ein zweites Glas.

94 Riesling * Kammern Ried Gaisberg 1ÖTW 2022
13 Vol.-%, DIAM, Stahltank, €€€€€
Mittleres Grüngelb, silberfarbene Reflexe. Ein Hauch von Orangenkonfit, gelber Pfirsich, Papaya, etwas Grapefruitzesten, mineralisch unterlegt. Saftig, elegant, Nuancen von reifem Steinobst, feiner Säurebogen, mineralisch-salzig im Abgang, Limetten im Finish, zeigt Länge und Entwicklungspotenzial.

92 Riesling * Langenlois Urgestein 2023
12,5 Vol.-%, DV, Stahltank, €€€
Helles Grüngelb, Silberreflexe. Zart mineralisch unterlegte feine Steinobstnuancen, ein Hauch von Pfirsich und Mango, Limettenzesten. Mittlerer Körper, feine weißfruchtige Nuancen, frischer Säurebogen, dezente Süße im Abgang, bereits zugänglich, ein lebendiger Speisenbegleiter.

WEINGUT HIEDLER
3550 Langenlois
Am Rosenhügel 13
T: +43 (2734) 2468
office@hiedler.at
www.hiedler.at

Kellermeister: Ludwig Hiedler
Kontakt: Dietmar Hiedler
Produktion: 95 % weiß, 5 % rot, 30 Hektar
Zertifiziert: Nachhaltig Austria
Vereinszugehörigkeit: Traditionsweingüter Österreich
Messen: ProWein Düsseldorf

(95) Grüner Veltliner * Maximum 2021
13,5 Vol.-%, DIAM, Holzfass, €€€€€ V
Mittleres Gelbgrün, Silberreflexe. Zarte Kräuterwürze, Nuancen von gelbem Kernobst, ein Hauch von Blütenhonig, kandierte Orangenzesten. Komplex, saftig, elegant, feine Extraktsüße, reife Honigmelone, bleibt haften, weiße Frucht im Nachhall, bereits gut entwickelt, ein facettenreicher Speisenbegleiter.

94 Grüner Veltliner * Langenlois Ried Schenkenbichl 1ÖTW 2022
13,5 Vol.-%, DIAM, Holzfass, €€€€€ V
Mittleres Gelbgrün, silberfarbene Reflexe. Zart nach Orangenzesten und Wiesenkräutern, dazu gelbe Apfelfrucht, etwas Mango und Papaya, mit kandierten Orangenzesten unterlegt. Saftig, dezente Süße, dunkle Mineralik, frischer Säurebogen, lebendig, ein Hauch von Blütenhonig im Nachhall, gutes Reifepotenzial.

93 Grüner Veltliner * Langenlois Ried Thal 2023
13 Vol.-%, DV, Stahltank, €€€€ V
Mittleres Gelbgrün, Silberreflexe. Zarte gelbe Apfelfrucht, ein Hauch von Mango, feiner Blütenhonig, facettenreiches Bukett. Mittlere Komplexität, weißes Kernobst, frischer Säurebogen, mineralisch, dezente Süße im Nachhall, bereits gut antrinkbar, verfügt über Entwicklungspotenzial.

93 Grüner Veltliner * Langenlois Ried Kittmannsberg 1ÖTW 2022
13 Vol.-%, DV, Holzfass, €€€€€ V
Mittleres Gelbgrün, silberfarbene Reflexe. Zart floral, nach Limetten, ein Hauch von weißem Apfel, zart nach Birne, Nuancen von Orangenzesten. Mittlerer Körper, feine Fruchtsüße, dezenter Säurebogen, mineralisch und ausgewogen, gelber Apfel im Finish, elegant und bereits fast voll entwickelt.

93 Grüner Veltliner * Langenlois Ried Käferberg 1ÖTW 2022
13 Vol.-%, DIAM, kleines Holzfass, €€€€€ V
Mittleres Gelbgrün, silberfarbene Reflexe. Zart nach Limetten, ein Hauch von weißem Apfel, zart nach Birne, Nuancen von Orangenzesten. Mittlerer Körper, feine Fruchtsüße, dezenter Säurebogen, mineralisch und ausgewogen, elegant und bereits gut entwickelt.

91 Grüner Veltliner * Langenlois Tonmineral 2023
12,5 Vol.-%, DV, Stahltank, €€€ V
Mittleres Grüngelb, Silberreflexe. Reife Mango, etwas Biskuit, feine Kräuterwürze, zart nach Blütenhonig. Mittlerer Körper, mineralisch, weißer Apfel, feine Säurestruktur, salziger Nachhall, ein eleganter Speisenbegleiter.

95 Weißburgunder Maximum 2021
13 Vol.-%, DIAM, Holzfass, €€€€€ V
Mittleres Gelbgrün, Silberreflexe. Zart mit Blütenhonig unterlegte Nuancen von frischer gelber Birne, etwas Mango, ein Hauch von Nougat. Komplex, gute Frische, Anklänge von reifem weißem Kernobst, frischer Säurebogen, dezente Süße im Abgang, gut anhaftend, ein facettenreicher Speisenbegleiter, weiteres Reifepotenzial.

92 Weißburgunder Langenlois Kalksand 2023
12,5 Vol.-%, DV, Stahltank/Teilbarrique, €€€ V
Helles Grüngelb, Silberreflexe. Zarte Kräuterwürze, ein Hauch von Birne, kandierte Orangenzesten, mineralischer Touch. Saftig, elegant, feine Fruchtsüße, frisch strukturiert, Blütenhonig im Nachhall, ein balancierter Speisenbegleiter, vielfältig einsetzbar.

★★★★★

WEINGUT HIRSCH

BIO

In einem 500 Jahre alten Zehenthof in Kammern im Kamptal widmet sich Familie Hirsch mit ganzer Leidenschaft der Weinbereitung. Die Philosophie lautet: »Der Boden macht den Wein.« Denn mehr noch als die Rebsorte entscheidet die Lage über den Charakter der Weine. Hirsch-Weine sind daher stets Herkunftsweine. Aus diesem Grund wird ausschließlich auf die Rebsorten Grüner Veltliner und Riesling gesetzt. Es entstehen Weine mit Eigensinn aus biodynamisch bewirtschafteten Weingärten, in denen sich die Kraft der Region widerspiegelt – Weine mit Leichtigkeit, Spannung und Vitalität. Wenn man vom Kostraum des Weinguts in die Ferne sieht, erstreckt sich ein wunderschönes Bild: Der Blick wandert über Weingärten und Obstbäume hin zu den markanten Erhebungen des Kamptals, auf denen die Toplagen Lamm, Gaisberg, Grub, Renner und Heiligenstein-Rotfels zu finden sind. Und Johannes Hirsch, »Falstaff Winzer des Jahres 2011« und Pionier des Drehverschlusses, vinifiziert Jahr für Jahr aus den Trauben seiner besonderen Lagen wahre Meisterstücke.

98 Riesling * Zöbing Ried Heiligenstein Rotfels 1ÖTW 2022
13 Vol.-%, DV, großes Holzfass/Stahltank, €€€€€€ B
Helles Gelbgrün, silberfarbene Reflexe. Feine gelbe Tropenfrucht, zart nach Ananas und Maracuja, etwas Safran und kandierte Mandarinenzesten, mineralische Nuancen klingen an. Saftig, delikat und ungemein leichtfüßig, finessenreich strukturiert, mundwässernde Mineralik, weißes Nougat im Abgang, große Länge, ein delikater Speisenbegleiter, sicheres Entwicklungspotenzial.

96 Riesling * Zöbing Ried Gaisberg 1ÖTW 2022
13 Vol.-%, DV, großes Holzfass/Stahltank, €€€€€ B
Helles Grüngelb, silberfarbene Reflexe. Zart floral, mineralischer Touch, feine weiße Pfirsichfrucht, feiner Blütenhonig. Elegant, mittlerer Körper, dezente Extraktsüße, feiner Säurebogen, Nuancen von gelber Frucht im Abgang, balanciert und lange anhaftend, ein delikater, leichtfüßiger Speisenbegleiter mit Reifepotenzial.

95 Riesling * Zöbing Ried Heiligenstein 1ÖTW 2022
13 Vol.-%, DV, großes Holzfass/Stahltank, €€€€€€ B
Helles Goldgelb, silberfarbene Reflexe. Mineralisch, zart nach Limettenzesten, ein Hauch von Steinobst. Kandierte

WEINGUT HIRSCH
3493 Kammern
Hauptstraße 76
T: +43 (2735) 2460
info@weingut-hirsch.at
www.weingut-hirsch.at

Kellermeister/Kontakt: Johannes Hirsch
Anbauweise: Biodynamisch (respekt)
Produktion: 100 % weiß, 30 Hektar
Vereinszugehörigkeit: respekt-BIODYN, Traditionsweingüter Österreich
Messen: ProWein Düsseldorf, VieVinum

Blick auf den Heiligenstein

Orangenzesten, noch etwas verhalten. Saftig, elegant, weißer Pfirsich, feiner Säurebogen, gut integrierte Fruchtsüße, elegant und ausgewogen, bleibt gut haften, ein vielseitiger Speisenbegleiter.

93 Riesling * Zöbing 2023
12,5 Vol.-%, DV, Stahltank, €€€€ Ⓑ
Helles Gelbgrün, Silberreflexe. Feine gelbe Tropenfrucht, zart nach Mango und Maracuja, dezente florale Nuancen, ein Hauch von Limettenzesten. Saftig, elegant, weiße Apfelfrucht, frisch strukturiert, mineralisch-salzig im Abgang, ein lebendiger Speisenbegleiter, bereits gut antrinkbar.

97 Grüner Veltliner * Kammern Ried Lamm 1ÖTW 2022
13 Vol.-%, DV, großes Holzfass/Stahltank, €€€€€ Ⓑ
Helles Grüngelb, silberfarbene Reflexe. Feine Kräuterwürze, tabakige Nuancen, dezent nussiger Anklang, mit zarten Nuancen von gelber Frucht unterlegt, kandierte Orangenzesten im Hintergrund. Kräftig, saftig, gelber Apfel, frische Mango, feine Kernsüße, mineralisch, salziger Abgang, zarter Blütenhonig im Rückgeschmack, zeigt Länge und Potenzial.

96 Grüner Veltliner * Kammern Ried Gaisberg 1ÖTW 2022
13 Vol.-%, DV, großes Holzfass/Stahltank, €€€€€ Ⓑ
Helles Gelbgrün, silberfarbene Reflexe. Zarte Nuancen von frischem weißem Apfel, ein Hauch von Mango, feine Kräuterwürze, mineralische Noten, zart nach Orangenzesten. Saftig, elegant, reifer Golden-Delicious-Apfel, ausgewogen, feiner Säurebogen, dezente Süße im Nachhall, sicheres Reifepotenzial.

95 Grüner Veltliner * Kammern Ried Renner 1ÖTW 2022
13 Vol.-%, DV, großes Holzfass/Stahltank, €€€€€ Ⓑ
Helles Grüngelb, silberfarbene Reflexe. Zartes Bukett, etwas verhalten, weißer Apfel, ein Hauch von Kräutern, mit Limettenzesten unterlegt, braucht Luft. Mittlere Komplexität, mineralisch, feine Fruchtsüße, dezenter Säurebogen, elegant, ein kleines Barockengerl, braucht Zeit, wird an Eleganz gewinnen.

94 Grüner Veltliner * Kammern Ried Grub 1ÖTW 2022
13 Vol.-%, DV, Stahltank/großes Holzfass, €€€€€ Ⓑ
Helles Grüngelb, silberfarbene Reflexe. Zart nach Orangenzesten, dezente Mangofrucht, gelber Apfel, Nuancen von Kräutern, mineralischer Touch. Saftig, elegant, feine Fruchtsüße, dezente Säurestruktur, etwas Blütenhonig und weißes Nougat, bereits gut entwickelt, ein Speisenbegleiter mit Charme.

92 Grüner Veltliner * Kammern 2023
12,5 Vol.-%, DV, Stahltank, €€€€ Ⓑ
Helles Grüngelb, Silberreflexe. Feine Kräuterwürze, gelbes Kernobst, ein Hauch von Mango, mineralisch, einladendes Bukett. Saftig, zarte weiße Frucht, finessenreich strukturiert, elegant und anhaftend, zarter Blütenhonig im Abgang, bereits gut antrinkbar.

91 Grüner Veltliner * Hirschvergnügen 2023
11,5 Vol.-%, DV, Stahltank, €€€ Ⓑ
Helles Gelbgrün, Silberreflexe. Feine Kräuterwürze, Nuancen von Apfel, feiner tabakiger Anklang. Saftig, zarte gelbe Tropenfrucht, frisch strukturiert, lebendig, ein feinwürzig-zitroniger Speisenbegleiter, der durch Leichtfüßigkeit überzeugt.

★★

WEINGUT JOHANNES HOLZER

Johannes Holzer bewirtschaftet in den besten Lagen der Region zehn Hektar Weingärten. Rund 50 Prozent seiner Weingärten befinden sich in der oft prämierten Top-Lage Engabrunner Stein. Die verschiedenen Bodentypen – vom Urgestein über Schotter bis hin zu tiefgründigem Löss – bieten ideale Bedingungen für hohe Qualität und große Sortenvielfalt. Neben den Sortenklassikern Grüner Veltliner und Riesling gedeihen auch Frühroter Veltliner, Chardonnay, Sauvignon Blanc, Gelber Muskateller, Zweigelt und St. Laurent zu sehr fruchtbetonten und vielschichtigen Weinen. Die Hauptsorte des Weinguts, der Grüne Veltliner, wird in vier Ausbaustufen gekeltert – vom Kamptal DAC von der Riede Karl und der mittelkräftigen »Alten Rebe« von über 45 Jahre alten Weinstöcken über den Lagenwein aus der Top-Riede Engabrunner Stein bis hin zur vielfach ausgezeichneten »Ganztraube vom Stein«.
Qualitätsorientiertes Arbeiten im Weingarten auf Basis einer streng kontrollierten Bewirtschaftung mit freiwilligem Verzicht auf Insektizide und Herbizide – seit 2021 ist sein Betrieb auch »Nachhaltig Austria«-zertifiziert –,

WEINGUT JOHANNES HOLZER

3492 Engabrunn
Am Anger 8, oder Hauptstraße 47
T: +43 (664) 3701853
holzerwein@aon.at
www.holzerwein.at

Kellermeister/Kontakt: Johannes Holzer
Produktion: 50.000 Flaschen
4 % Schaumwein, 85 % weiß, 5 % rosé, 5 % rot, 1 % süß, 10+1 Hektar
Zertifiziert: Nachhaltig Austria
Vereinszugehörigkeit: Kamptal Klassik
Messen: ÖGW Zürich, VieVinum, Weinmesse Salzburg, DAC-Präsentationen

Gelber Muskateller

strikte Traubenselektion durch Handlese und eine schonende Traubenverarbeitung mit modernster Kellertechnologie haben für Johannes Holzer höchste Priorität. Prämierungen wie »AWC Gold«, die Auszeichnung zum Kreis der Besten und die Aufnahme in den »SALON Österreich Wein« sowie NÖ-Landessiege und AWC-Sortensiege, aber auch der Sieg bei der »Kamptal Trophy« unterstreichen die hohe Qualität seiner Weine.

(93) Grüner Veltliner ** Engabrunn Ried Stein Ganztraube vom Stein 2023
13,5 Vol.-%, DV, Stahltank, €€€
Leuchtendes Goldgelb, Grünreflexe. Dunkle Mineralik, feinwürzig, reife Apfelfrucht, ein Hauch von Gewürzen, Blütenhonig klingt an. Engmaschig, fruchtsüß, Tropenfrucht, balancierter Säurebogen, einladendes Finish, sicheres Reifepotenzial.

92 Grüner Veltliner * Engabrunn Ried Stein 2023
13,5 Vol.-%, DV, Stahltank, €€€
Leuchtendes Gelbgrün, Goldreflexe. Gelbe Tropenfrucht, zart nach Golden-Delicious-Apfel, feine Mandarinenzesten, floraler Touch. Gute Komplexität, fruchtsüß, nach Honigmelone, gut integrierter Säurebogen, Quitte im Nachhall, ein vielschichtiger Speisenbegleiter.

91 Grüner Veltliner * Engabrunn Alte Rebe 2023
13 Vol.-%, DV, Stahltank, €€
Helles Gelbgrün, Goldreflexe. Zarte Apfelfrucht, ein Hauch von kandierten Orangenzesten, Papayatouch, Melisse, feinwürziger Hauch. Saftig, engmaschig, reife Tropenfrucht, Ananas im Abgang, Clementinen im Nachhall, ein vielseitiger Speisenbegleiter.

90 Grüner Veltliner * vom Karl 2023
12,5 Vol.-%, DV, Stahltank, €€
Mittleres Goldgelb, Grünreflexe. Feiner Blütenhonig, zart nach Mango, floraler Touch, feine Gewürznuancen, Ananas klingt an. Saftig, engmaschig, gelbe Apfelfrucht, gut integrierte Säurestruktur, mineralisch, trinkanimierender Stil.

(92) Riesling ** Engabrunn Ried Stein 2023
13,5 Vol.-%, DV, Stahltank, €€€
Mittleres Gelbgrün, Silberreflexe. Marille, kandierte Mandarinenzesten, ein Hauch von Lindenblütenhonig, attraktives Bukett. Gute Komplexität, engmaschig, fruchtsüß, nach Mirabellen, florales Finish, bleibt sehr gut haften, ein balancierter Speisenbegleiter.

91 Gelber Muskateller Ritzental 2023
12,5 Vol.-%, DV, Stahltank, €€
Helles Gelbgrün. Dezente Maracujanoten, ein Hauch von Quitte und Muskatnuss, zart nach Holunderblüten, floraler Touch. Saftig, balancierter Säurebogen, Honigmelone im Abgang, fruchtsüßes Finish, Zitrus im Nachhall, trinkanimierender Stil.

★★

WEINGUT ARMIN HUBER

BIO

Die Weinbautradition der Winzerfamilie Huber im historischen Springerhof reicht bis ins Jahr 1459 zurück. Im denkmalgeschützten Anwesen befindet sich eines der ältesten und renommiertesten Weingüter des Kamptals. Das Traditionsweingut bewirtschaftet 15 Hektar Weingärten in besten Lagen: Heiligenstein, Gaißberg und Wechselberg, wo hervorragende Rieslinge gedeihen, sowie Hasel und Brunngasse mit würzig-pfeffrigen Veltlinern, die die Zeit bekommen, die sie zum Reifen brauchen. Fruchtiger, leichter Grüner Veltliner, Sauvignon Blanc und Gelber Muskateller sowie der »Gleichgepresste«, der als idealer Sommerwein zu genießen ist, bieten immer wieder große Trinkfreude.
Armin Huber, der den elterlichen Betrieb 2012 übernommen hat, vinifiziert zertifiziert biologisch mit großer Leidenschaft und umweltbewusster Nachhaltigkeit. In einer Balance zwischen Tradition und moderner Technik begleitet er seine Weine behutsam und naturnah durch den gesamten Entstehungsprozess. Seine Bemühungen werden immer wieder mit Auszeichnungen belohnt. Sämtliche Weine, auch so manche Rarität, kann man in gemütlicher Atmosphäre jederzeit unverbindlich verkosten.

WEINGUT ARMIN HUBER
3491 Straß im Straßertale
Marktplatz 16
T: +43 (2735) 2303
info@huberwein.at
www.huberwein.at

Kellermeister/Kontakt:
Armin Huber
Anbauweise: Zertifiziert Biologisch
Produktion: 98 % weiß, 2 % rot, 15 Hektar
Messen: BioFach Nürnberg, Gast Klagenfurt

94 Riesling * Zöbing Ried Heiligenstein 2022
13,5 Vol.-%, DV, 500-l-Fass, €€€€ B
HellesStrohgelb, silberfarbene Reflexe. Zart nach Limetten, weißer Pfirsich, florale Nuancen, einladendes Bukett nach Tropenfrucht. Komplex, saftig, ein Hauch von Kokos und Safran, mit weißer Steinobstfrucht unterlegt, feiner Säurebogen, dezente Fruchtsüße im Abgang, bleibt haften, jugendlich, mit gutem Reofepotenzial ausgestattet.

92 Riesling * Strass Ried Gaisberg 2023
13 Vol.-%, DV, Stahltank, €€€ B
Helles Gelbgrün, Silberreflexe. Frische Orangenzesten, weiße Tropenfrucht, ein Hauch von Mango, Nuancen von Blütenhonig. Komplex, saftig, elegant, gut integrierte Fruchtsüße, feiner Säurebogen, mineralisch-zitronig im Abgang, bereits antrinkbar, vielfältig einsetzbar.

91 Riesling * Strass Ried Wechselberg 2023
13 Vol.-%, DV, Stahltank, €€ B
Helles Gelbgrün, Silberreflexe. Zart nach weißem Steinobst, ein Hauch von Maracuja, florale Nuancen. Mittlerer Körper, weißer Pfirsich, frischer Säurebogen, ausgewogen und bereits gut antrinkbar, ein vielseitiger Speisenbegleiter.

92 Grüner Veltliner * Strass Ried Brunngasse 2022
14 Vol.-%, DV, 500-l-Fass, €€ B
Mittleres Gelbgrün, silberfarbene Reflexe. Zarte gelbe Apfelfrucht, ein Hauch von Mango, feiner floraler Touch, Orangenzesten unterlegt. Kraftvoll, stoffig, weißes Kernobst, süße Frucht, frischer Säurebogen, mineralisch, zart salzig, stoffig, zeigt Länge und Potenzial.

90 Grüner Veltliner * Strass Ried Hasel 2023
13,5 Vol.-%, DV, Stahltank, €€ B
Helles Gelbgrün, Silberreflexe. Zart nach gelbem Apfel, etwas Marille, Mango, ein Hauch von Blütenhonig. Saftig, elegant, Golden-Delicious-Apfel, dezente Säurestruktur, feine Süße im Abgang, bereits zugänglich und harmonisch.

89 Grüner Veltliner * Strass 2023
12 Vol.-%, DV, Stahltank, €€ B

★★★★

WEINGUT JURTSCHITSCH

BIO

Das Traditionsweingut der Familie Jurtschitsch mit seinem Lesehof aus dem 16. Jahrhundert und dem 700 Jahre alten Naturkeller zählt zu Österreichs schönsten Weingütern. Alwin und Stefanie Jurtschitsch kümmern sich mit viel Liebe und Gefühl um ihre Reben und Weine. Aus Überzeugung und Naturverbundenheit entschlossen sie sich 2006, das Weingut auf kontrollierte organisch-biologische Wirtschaftsweise umzustellen. Es ist eine Selbstverständlichkeit, dass mit der Umstellung ihrer Weinberge auch ein Umdenken in der Weinbereitung einherging. Die Lagenweine werden mit weinbergeigenen Hefen im großen Holzfass vergoren.

Die alten Kellergewölbe, die 2016 revitalisiert wurden, bieten optimale Reifevoraussetzungen für die Weine aus den »Filetstücken« der großen Lagen im Kamptal: Zöbinger Heiligenstein, Loiserberg, Dechant, Schenkenbichl, Käferberg, Lamm und Tanzer. Kaum ein anderes österreichisches Weingut schafft es, mit solcher Zuverlässigkeit beste Qualität über die gesamte Angebotspalette zu bieten. Auch bei Rot- und Süßweinen wurden über die Jahre Meilensteine für die Region gesetzt. Bestätigung findet die kompromisslose Qualitätsarbeit durch zahlreiche wiederkehrende nationale und internationale Auszeichnungen. Der »GrüVe®« gilt als Bestseller in Gastronomie und Fachhandel. Dieser jugendlich-leichte Grüne Veltliner mit seinem Etikett von Christian Ludwig Attersee hat dabei im In- und Ausland viele Weinmoden und Modeweine überdauert.

Stefanie und Alwin Jurtschitsch haben sich dazu entschlossen, ihre allerbesten Weine mit etwas Verzögerung auf den Markt zu bringen. Deshalb stehen heuer erst die Lagen-Weine aus 2022, beim Riesling Ried Heiligenstein-Rotfels und Riesling Ried Heiligenstein-Steinwand sogar erst der Jahrgang 2021 zur Verkostung an.

94 Sekt Austria Brut Rosé Niederösterreich g.U. ZW/PN/SL

Deg. 02/2023, 12 Vol.-%, NK, Flaschengärung/großes Holzfass, €€€€€

Helles Lachsrosa, Silberreflexe, feines, lebendiges Mousseux. Zarte Nuancen von Waldbeeren, eingelegte Kirschen, ein Hauch von Pfirsich, mineralischer Touch. Lebendig, zart nach Roten Johannisbeeren, weißer Apfel, frischer Säurebogen, zitronig-mineralisch im Nachhall, ein appetitanregender Speisenbegleiter.

93 Sekt Austria Brut Blanc de Blancs g.U NV CH/GV/WB

Deg. 09/2023, 12 Vol.-%, NK, Flaschengärung/Holzfass, €€€€€

Helles Goldgelb, Silberreflexe, anhaltendes zartes Mousseux. Zart nach Biskuit und gelber Tropenfrucht, ein Hauch von Mango und Blütenhonig, einladendes Bukett. Straff, engmaschig, weißer Apfel, frischer Säurebogen, mineralisch-zitronig im Nachhall, animierender Stil.

(96) Riesling * Ried Heiligenstein Alte Reben 1ÖTW 2022

13 Vol.-%, NK, großes Holzfass, €€€€€€

Helles Gelbgrün, silberfarbene Reflexe. Zart floral, ein Hauch von Marille, etwas nach Blütenhonig, feine Zitrusnuancen, reife Tropenfrucht. Saftig, engmaschig, Pfirsichnoten, feinwürzig, mineralischer Rückgeschmack, bleibt gut haften, vielfältig einsetzbar, sicheres Potenzial.

WEINGUT JURTSCHITSCH
3550 Langenlois
Rudolfstraße 39
T: +43 (2734) 2116
weingut@jurtschitsch.com
www.jurtschitsch.com

Kellermeister: Stefanie Jurtschitsch
Kontakt: Alwin Jurtschitsch
Anbauweise: Zertifiziert Biologisch
Produktion: 74 % weiß, 25 % rot, 1 % süß, 60 Hektar
Zertifiziert: Nachhaltig Austria
Vereinszugehörigkeit: Traditionsweingüter Österreich
Messen: Millésime Bio, ProWein Düsseldorf, VieVinum

95 Riesling * Ried Heiligenstein Rotfels 1ÖTW 2021
13 Vol.-%, NK, großes Holzfass, €€€€€€ B
Helles Gelbgrün, Silberreflexe. Zart nach Blütenhonig, weiße Tropenfrucht, ein Hauch von Marillen und weißem Nougat, einladendes Bukett. Saftig und seidig, gelber Pfirsich, feiner Säurebogen, dezente Süße im Abgang, bereits entwickelt und gut antrinkbar.

94 Riesling * Ried Heiligenstein 1ÖTW 2022
13 Vol.-%, DV, großes Holzfass, €€€€€ B
Leuchtendes helles Gelbgrün. Dezente Steinobstfrucht, Noten von weißem Pfirsich, ein Hauch von Blütenhonig, frisch, Ananas klingt an. Saftig, komplex, zitroniger Touch, mineralischer Nachhall, Clementinen und weiße Frucht im Abgang, guter Speisenbegleiter.

94 Riesling * Ried Heiligenstein Steinwand 1ÖTW 2021
13 Vol.-%, NK, großes Holzfass, €€€€€€ B
Helles Grüngelb, Silberreflexe. Etwas Blütenhonig, zart nach weißer Tropenfrucht, ein Hauch von Anis, Mangonoten klingen an, mineralisch unterlegt. Am Gaumen zart karamellig, dezente Fruchtsüße, gut integrierter Säurebogen, feinwürzig, wird von Flaschenreife profitieren.

93 Riesling * Ried Loiserberg 1ÖTW 2022
13 Vol.-%, DV, großes Holzfass, €€€€€ B
Helles Gelbgrün, Silberreflexe. Zarte Kräuternoten, ein Hauch von Maracuja, etwas Drachenfrucht, Nuancen von Grapefruit klingen an. Saftig, engmaschig, gute Komplexität, salzig, weißes Kernobst, frisch und lebendig, vielschichtig, gutes Entwicklungspotenzial.

92 Riesling * Langenlois 2023
12,5 Vol.-%, DV, Stahltank, €€€€ B
Helles Gelbgrün, Silberreflexe. Einladender Duft nach Pfirsichblüten und Limettenzesten, ein Hauch von Wiesenkräutern. Saftig, engmaschig, feine Säurestruktur, mineralisch, Pfirsichnoten im Abgang, zitroniger Nachhall, trinkanimierender Stil.

93 Riesling Quelle 2020
13 Vol.-%, NK, Holzfass, €€€€€€ B
Leuchtendes Goldgelb, Silberreflexe. Zart nach Wiesenkräutern und Bergamotte, ein Hauch von Quitte, floraler Touch, etwas Toffee. Saftig, elegant, feine Säurestruktur, mineralisch-salzig, ein Hauch von Marille im Abgang, Ananas im Nachhall, guter Speisenbegleiter.

(95) Grüner Veltliner * Ried Käferberg 1ÖTW 2022
13 Vol.-%, NK, großes Holzfass, €€€€€€ B
Leuchtendes helles Gelbgrün. Feine Wiesenkräuter, dunkle Mineralik, gelbe Apfelfrucht, Kardamom klingt an, würziges Bukett. Balanciert, elegant, feine Säurestruktur, mineralisch, etwas nach Papaya im Abgang, Honigmelone im Nachhall, guter Speisenbegleiter.

(95) Grüner Veltliner * Ried Lamm 1ÖTW 2022
13 Vol.-%, NK, großes Holzfass, €€€€€€ B
Mittleres Gelbgrün. Zart nach Kräutern, dezente Mineralik, weißes Kernobst, ein Hauch von Anis, frisches Bukett. Saftig, extraktsüß, engmaschig, gelbe Tropenfrucht, Limettentouch im Abgang, bleibt gut haften, wird von Flaschenreife profitieren.

93 Grüner Veltliner * Ried Loiserberg 1ÖTW 2022
12,5 Vol.-%, DV, großes Holzfass, €€€€€ B
Mittleres Gelbgrün, Silberreflexe. Zart nach Honigmelone und Kräuterwürze, Apfelfrucht klingt an, ein Hauch von Orangenzesten. Saftig, elegant, gut eingebundene Säurestruktur, weißes Kernobst, extraktsüß im Abgang, mineralisch im Nachhall, zart kalkig im Rückgeschmack, wird von Flaschenreife profitieren.

(93) Grüner Veltliner * Ried Dechant 1ÖTW 2022
13 Vol.-%, NK, großes Holzfass, €€€€€ B
Mittleres Gelbgrün, Silberreflexe. Zart nach Grapefruitzesten, etwas Passionsfrucht, ein Hauch von gelbem Apfel, frisches Bukett. Saftig, mittlere Komplexität, bleibt gut haften, weißes Kernobst, frisch und lebendig, extraktsüß im Abgang, bereits gut antrinkbar.

92 Grüner Veltliner * Langenlois 2023
12,5 Vol.-%, DV, großes Holzfass/Stahltank, €€€€ B
Mittleres Gelbgrün, Silberreflexe. Golden-Delicious-Apfel, unterlegt mit Kräuterwürze, etwas nach Kardamom, weiße Tropenfrucht, etwas Melisse. Saftig, elegant, feine Säurestruktur, mineralisch-salzig, Papaya im Abgang, bleibt gut haften, vielfältig einsetzbar.

91 Grüner Veltliner * Löss 2023
12 Vol.-%, DV, Stahltank, €€€ B
Helles Gelbgrün, silberfarbene Reflexe. Feine Kräuternoten, zart nach Guaven, würzig, etwas nach Melisse. Balanciert, saftig, lebendige Säurestruktur, weißes Kernobst im Abgang, bleibt gut haften, unkompliziertes Trinkvergnügen.

91 Grüner Veltliner * Urgestein 2023
12 Vol.-%, DV, Stahltank, €€€ B
Mittleres Gelbgrün, silberfarbene Reflexe. Feine Apfelfrucht, zart nach Guaven, ein Hauch von Limetten, frisches Bukett. Saftig, leichtfüßig, weißes Kernobst, Zitrusnuancen im Abgang, wird von Flaschenreife profitieren.

92 Grüner Veltliner Amour Fou 2021
12,5 Vol.-%, NK, Holzfass, €€€€€ B I
Mittleres Gelbgrün, Goldreflexe. Zart nussig, etwas nach tür-

kischem Honig, ein Hauch von Guaven, kandierte Orangenschalen, Ananas klingt an. Saftig, gute Komplexität, salzig, weißes Steinobst, frisch und lebendig, bleibt gut haften, zarter Gerbstoff im Nachhall, feiner Speisenbegleiter.

92 Permstein 2022 RR/GV
12,5 Vol.-%, NK, Holzfass, €€€€€
Mittleres Gelbgrün, silberfarbene Reflexe. Feine Kräuternoten, ein Hauch von Orangenzesten, floraler Touch, Gewürznuancen klingen an. Saftig, elegant, feine Säurestruktur, extraktsüß nach Papaya, Orangentouch im Nachhall, bereits gut antrinkbar.

★★★

BIO-WEINGUT KEMETNER

BIO

Das Weingut der Familie Kemetner liegt in Etsdorf, unweit des bekannten Schlosses und Kulturzentrums Grafenegg im südlichen Teil des Kamptals und im Zentrum von Niederösterreich. Schon 1641 wird Nikolaus Kemetner am Stammhaus genannt, sein Sohn Johannes wird 1666 ausdrücklich als »Vinitor in Etsdorff« bezeichnet. Vor Kurzem hat ein Heimatforscher das Winzersiegel der Familie Kemetner wiederentdeckt. Es befindet sich auf Marktrichterrechnungen von 1741 bis 1744, unterfertigt und gesiegelt von Johannes Kemetner, Ratsherr in Etsdorf. Das Siegel zeigt ein Herz mit drei daraus wachsenden Blumen sowie die Buchstaben »J. K.« und ziert das neue Etikett der Familie Kemetner.

In zwölfter Generation führt nun Simon Kemetner den Betrieb weiter und wird natürlich noch tatkräftig von seinem Vater Leopold unterstützt. Heute bewirtschaftet die Familie eine Fläche von neun Hektar Weingärten, wobei der Grüne Veltliner mit fast 60 Prozent den Hauptanteil stellt. Weiters sind 20 Prozent Riesling und 10 Prozent Zweigelt im Programm. Den Rest bilden Rivaner, Chardonnay, Blauburgunder, Sauvignon Blanc, Roter Muskateller und Cabernet Sauvignon. Mit den Etsdorfer Rieden Wohra und Karl verfügen die Kemetners über echte Top-Lagen als Basis für bestes Traubengut. Dieses wird ohne Aufbesserung zu feinen, bekömmlichen und langlebigen Weinen vergoren. Seit 2008 werden die Weingärten biologisch bewirtschaftet.

BIO-WEINGUT KEMETNER
3492 Etsdorf am Kamp
Obere Marktstraße 2
T: +43 (660) 4626818
weingut@kemetner.at
www.kemetner.at

Kellermeister/Kontakt:
Simon Kemetner
Anbauweise: Zertifiziert Biologisch (Austria Bio Garantie)
Produktion: 85 % weiß, 5 % rosé, 10 % rot, 9 Hektar
Vereinszugehörigkeit:
Weinstraße Kamptal

Leopold junior, Simon und Leopold senior Kemetner

(94) Grüner Veltliner * Ried Karl Alte Reben 2023
14 Vol.-%, NK, Eichenfass, €€€€ B V
Leuchtendes mittleres Grüngelb, Silberreflexe. Zarte weiße Tropenfrucht, ein Hauch von Zitronenmelisse, frischer Apfel, mineralischer Anklang, mit Limettenzesten unterlegt. Kraftvoll, stoffig, reife Birne und etwas Honigmelone, elegant, extraktsüß und anhaftend, ein würziger Speisenwein, zeigt Länge und Potenzial.

(93) Grüner Veltliner * Strass Ried Hölle 2023
13,5 Vol.-%, NK, Stahltank, €€€€ B V
Helles Gelbgrün, Silberreflexe. Zarte Birnenfrucht, ein Hauch von Ringlotten, frische Orangenzesten, mineralischer Touch. Komplex, saftig, Nuancen von Golden-Delicious-Apfel, elegant und ausgewogen, frischer Säurebogen, ein vielfältig einsetzbarer Speisenbegleiter.

(92) Grüner Veltliner * Ried Karl 2023
13 Vol.-%, NK, Stahltank, €€€ B V
Leuchtendes Gelbgrün, Silberreflexe. Frischer gelber Apfel, zarte Kräuterwürze, ein Hauch von Ringlotten und kandierten Orangenzesten. Komplex, stoffig, feine Würze, weißes Kernobst, frisch strukturiert, mineralisch-zitronig im Abgang, gute Länge, ein vielseitiger Speisenbegleiter.

(91) Grüner Veltliner * Grafenegg 2023
12,5 Vol.-%, DV, Stahltank, €€ B V
Helles Gelbgrün, Silberreflexe. Frisches Kernobst, zart nach Wiesenkräutern, ein Hauch von Honigmelone. Saftig, elegant, zart nach Birne, feiner Säurebogen, mineralisch und anhaftend, ein vielseitiger Speisenbegleiter.

91 Roter Muskateller #nofilter 2023
11 Vol.-%, NK, Eichenfass, €€€€ B I V
Zart rötlich getöntes trübes Orangegold. Ein Hauch von Kirschen, dazu Kräuter, etwas nach getrockneten Marillen. Straff, zartes Erdbeerkonfit, feiner Säurebogen, etwas Pfirsich und Limetten im Abgang, ein unkomplizierter Sommerwein.

91 Sauvignon Blanc #nofilter 2023
12 Vol.-%, NK, 500-l-Fass, €€€€ B I V
Zart getrübtes Orangegold. Zart nach Curry, etwas Kardamom, gelbe Birne, ein Hauch von Guaven und Blütenhonig. Feinwürzig, Nuancen von gelber Tropenfrucht, leichtfüßig und frisch strukturiert, salzig, individueller Speisenbegleiter.

★★

LAURENZ V.

LAURENZ V. produziert ausschließlich Grünen Veltliner – fruchtbetont, elegant, vielschichtig und mit animierendem Trinkfluss. Für den zeitgemäßen »Twist« sorgen neben dem sehr trinkfreundlichen Weinstil auch klingende Namen: Der »Charming« Grüner Veltliner ist das Flaggschiff von LAURENZ V. (Kamptal Reserve), der »Friendly« Grüner Veltliner der Klassiker aus dem Kamptal und mit »Singing« und »Forbidden« werden Weine für den täglichen Trinkspaß gekeltert. In den besten Jahren wird »L5«, eine Selektion von alten Reben, in Barrique-Fässern ausgebaut und im Keller auf der Flasche gelagert. Das Weingut zeigt die weinstilistische Spannbreite des Grünen Veltliners, wobei der ganzen Geschmacksvielfalt der Rebsorte Rechnung getragen wird. »In der Weinbranche hat jeder seine Geschichte. Unsere ist die, dass wir etwas dazu beitragen, den Grünen Veltliner international bekannter zu machen« – so verbunden ist man bei LAURENZ V. mit der österreichischen Paraderebsorte. Erklärtes Ziel ist es, den Grünen Veltliner international unter den besten Weißweinen der Welt zu etablieren. LAURENZ V. exportiert heute weltweit, ist auf allen Kontinenten vertreten und steht für elegante, ausbalancierte und vielschichtige Weine, die dem Credo des Weinguts Rechnung tragen sollen: »Strictly Grüner & Sheer Drinking Pleasure«.

(92) Grüner Veltliner ** Charming by Laurenz V. 2022
13 Vol.-%, DV, Stahltank, €€€€
Helles Goldgelb, Silberreflexe. Zart pfeffrig-tabakig unterlegte weiße Apfelfrucht, ein Hauch von Ingwer, mit frischen Orangenzesten unterlegt. Saftig, elegant und komplex, frisches Kernobst, angenehmer Säurebogen, mineralisch-zitronig im Nachhall, ein gut gereifter Speisenbegleiter.

(91) Grüner Veltliner * Langenlois Friendly by Laurenz V. 2023
12,5 Vol.-%, DV, Stahltank, €€€
Helles Grüngelb, Silberreflexe. Ein Hauch von Orangenzesten und Honigmelone, Nuancen von kandierten Orangenzesten, mit feiner Kräuterwürze unterlegt. Saftig, mittlere Komplexität, frischer Apfel, feine Säurestruktur, Limetten im Nachhall, ein animierender Speisenbegleiter.

LAURENZ V.
1070 Wien/Zöbing, Mariahilfer Straße 32
T: +43 (1) 5224791
info@laurenzfive.com
www.laurenzfive.com
Kellermeister: Peter Schweiger
Kontakt: Dieter Hübler
Produktion: 100 % weiß
Zertifiziert: Nachhaltig Austria
Messen: Austrian Tasting London, Merano WineFestival, ProWein Düsseldorf, London Wine Fair, The Shanghai International Wine & Spirits Expo, VieVinum, Vinexpo, Vinexpo Bordeaux, Vinexpo Hongkong, Vinexpo Shanghai, ProWine China, ProWine Asia, MondoVino, Hong Kong International Wine & Spirits Fair

Blick vom Heiligenstein auf Zöbing

90 Grüner Veltliner * Singing by Laurenz V. 2023
12 Vol.-%, DV, Stahltank, €€
Helles Goldgelb, Silberreflexe. Zart nach Limettenzesten, weißer Apfel, ein Hauch von Litschis, floraler Touch. Mittlerer Körper, frisches Kernobst, lebendig strukturiert, zitronig-salzig im Abgang, leichtfüßig und unkompliziert.

91 Grüner Veltliner Forbidden by Laurenz V. 2023
11 Vol.-%, DV, Stahltank, €€ V
Helles Gelbgrün, Silberreflexe. Zarte gelbe Tropenfrucht, Nuancen von Apfel und Mango, ein Hauch von Blütenhonig, einladendes Bukett. Schlank, saftig, zart nach Pfirsich, gut eingebundene Fruchtsüße, frischer Säurebogen, zitronig-lebendiger Apfel, feiner Sommerwein.

★★★

WEINGUT LEINDL

Das Weingut Leindl in Zöbing im Kamptal ist ein junger, dynamischer Betrieb. Während seiner zwanzigjährigen Tätigkeit als Önologe in Forschung, Lehre und Beratung wuchs Georg Leindls Wunsch, eigene Weine zu vinifizieren, ein Wunsch, den er mit der Gründung des Weinguts im Jahre 2013 erfolgreich in die Tat umsetzte. Das Hauptaugenmerk liegt auf Grünem Veltliner und Riesling, in besonders guten Jahrgängen wird auch ein Wein der Rebsorte Viognier gefüllt.
Die Weingärten liegen im Kamptal, entsprechend sind die Weine vom Terroir der Lagen Eichelberg, Heiligenstein, Irbling, Kogelberg und Seeberg geprägt. Die Böden verleihen den Weinen ihre Mineralik und Frische.

(93) Grüner Veltliner * Langenlois Ried Seeberg 1ÖTW 2023
13,5 Vol.-%, NK, großes Holzfass, €€€€€
Mittleres Grüngelb, Silberreflexe. Frische Wiesenkräuter, weißer Apfel, ein Hauch von Orangenzesten, mineralischer Touch. Kraftvoll, saftig, gelbes Kernobst, feine Fruchtsüße, dezente Säurestruktur, dunkle Mineralik im Abgang, tabakiger Nachhall, wird von Flaschenreife profitieren.

(92) Grüner Veltliner * Ried Eichelberg 2023
13,5 Vol.-%, DV, Stahltank, €€€€
Leuchtendes Gelbgrün, Silberreflexe. Zart tabakig unterlegte gelbe Tropenfrucht, ein Hauch von Papaya und Mango, dunkle Mineralik. Saftig, mittlere Komplexität, feine Kernobstnote, balanciert, ein Hauch von Blütenhonig im Finale.

WEINGUT LEINDL
3561 Zöbing
Am Wechselberg 12
T: +43 (676) 5082313
info@weingutleindl.at
www.weingutleindl.at

Kellermeister/Kontakt:
Georg Leindl
Produktion: 8 Hektar
Vereinszugehörigkeit:
Traditionsweingüter Österreich
Messen: ProWein Düsseldorf, VieVinum, Vinobile Montfort

90 Grüner Veltliner * Langenlois 2023
12,5 Vol.-%, DV, Stahltank, €€
Helles Gelbgrün, Silberreflexe. Frische Wiesenkräuter, ein Hauch von Kernobst, Nuancen von Birnen und Orangenzesten. Mittlere Komplexität, weißer Apfel, würzige Textur, frisch, bereits gut entwickelt, bietet unkompliziertes Trinkvergnügen.

(93) Riesling * Ried Heiligenstein 1ÖTW 2023
13 Vol.-%, NK, großes Holzfass, €€€€€
Mittleres Gelbgrün, Silberreflexe. Ein Hauch von Limetten und weißen Blüten, frischer Weingartenpfirsich, mineralischer Touch. Straff, engmaschig, weiße Frucht, rassiger Säurebogen, feine Mineralik, bleibt haften, ein mittelgewichtiger Speisenbegleiter mit einigem Reifepotenzial.

(92) Riesling * Ried Kogelberg 1ÖTW 2023
14 Vol.-%, NK, großes Holzfass, €€€€
Leuchtendes Gelbgrün, Silberreflexe. Floral, zitronig unterlegte Pfirsichfrucht, weiße Tropenfrüchte, einladendes Bukett. Saftig, rund und harmonisch, gut integrierte Fruchtsüße, dezente Säurestruktur, zart salzig im Abgang, bereits entwickelt.

93 Viognier 2022
14 Vol.-%, NK, großes Holzfass, €€€€€
Leuchtendes Goldgelb, Silberreflexe. Zart nach Wiesenkräutern, gelbe Fruchtexotik, zarte Mineralik, facettenreiches Bukett, das mit Luft zulegt. Saftig, elegant, feiner Mangotouch, gut integrierte Säurestruktur, dezente Süße im Nachhall, saliner Abgang, ein stoffiger Speisenbegleiter.

★★★★

WEINGUT FRED LOIMER

BIO

Authentische Weine sind immer geprägt von ihrem Ursprung – und sie erzählen eine Geschichte. Fred Loimers Weine erzählen von Herkunft, von der Kraft der Natur und dem respektvollen Umgang mit Boden, Pflanzen, Tier und Mensch. Das eigene Ideal ist, das Weingut als »geschlossenen Betriebsorganismus« zu verstehen, der möglichst alle Elemente der landwirtschaftlichen Produktion selbst hervorbringt. Das Ergebnis ist Herkunft pur: individuelle, von ihrem Entstehungsort geprägte Weine, entstanden im Rhythmus der Natur, mit Geduld, Präzision und minimaler Einflussnahme, eigenständig, manchmal kontroversiell – und immer wahrhaftig.

95 ❸ Sekt Austria Große Reserve Brut Nature Blanc de Blancs Niederösterreich g.U. Langenlois CH/WB/PG
12 Vol.-%, NK, Holzfass/Flaschengärung, €€€€€€ Ⓑ
Helles Gelbgold, Silberreflexe, feines, anhaltendes Mous-

seux. Zart nach reifem Golden-Delicious-Apfel, ein Hauch von Mango und Backwerk, kandierte Mandarinenzesten, einladendes Bukett. Komplex, weißes Kernobst, mineralisch und straff, rassige Struktur, salziger Touch, ein Hauch von Apfel und Limetten im Abgang, gut anhaftend, ein feinwürziger Speisenbegleiter, besitzt Reifepotenzial. (Deg. 9/23)

95 Sekt Austria Große Reserve Blanc de Blancs Niederösterreich g.U. Langenlois Brut Nature 2014 CH/WB/PG
12 Vol.-%, NK, Flaschengärung, €€€€€€ Ⓑ
Mittleres Goldgelb, Silberreflexe, feines, anhaltendes Mousseux. Zart nussig unterlegte reife Apfelfrucht, zarter Blütenhonig, kandierte Orangenzesten, mit feinem Nougat unterlegt, angenehmes, gereiftes Bukett. Komplex, frisches weißes Kernobst, straff strukturiert, finessenreicher Säurebogen, salzig-zitronig im Abgang, lange anhaftend, toller Speisenbegleiter, sehr jugendlich, hat Reifepotenzial.

94 Sekt Austria Große Reserve Gumpoldskirchen Blanc de Noirs Brut Nature PN/SL/ZW
12 Vol.-%, NK, Holzfass/Flaschengärung, €€€€€€ Ⓑ
Leuchtendes Gelbgold, Silberreflexe, lebendiges, feines Mousseux. Zart nach gelben Ringlotten, frische Zwetschkenfrucht, florale Nuancen, mit einem Hauch von Biskuit und Limetten unterlegt. Straff, engmaschig, feine Fruchtsüße, ein Hauch von Kirschen, feiner Säurebogen, salzig-mineralisch im Abgang, bereits gut antrinkbar, ein lebendiger Speisenbegleiter. (Deg. 9/23)

93 Sekt Austria Reserve Extra Brut ZW/PN/WB/CH
12 Vol.-%, DIAM, Flaschengärung, €€€€€ Ⓑ
Helles Gelbgold, Silberreflexe, feines Mousseux. Zart floral unterlegte frische Birnenfrucht, ein Hauch von Mango, Biskuit und Blütenhonig. Straff, engmaschig, mineralisch, weißer Apfel, rassige Struktur, salzig-zitroniger Nachhall, vielfältig einsetzbar. (Deg. 2/24)

93 Sekt Austria Reserve Brut Rosé ZW/PN/SL
12 Vol.-%, DIAM, Flaschengärung, €€€€€ Ⓑ
Mittleres Lachsrosa, Orangereflexe, feines Mousseux. Frischer weißer Apfel, ein Hauch von roten Kirschen und Himbeermark, mit Limettenzesten unterlegt. Straff, mineralisch, rotbeerige Nuancen, frisches Kernobst, mineralisch-salzig, guter Speisenbegleiter mit Reifepotenzial. (Deg. 10/23)

(95) Grüner Veltliner * Ried Käferberg 1ÖTW 2022
13,5 Vol.-%, NK, Holzfass, €€€€€€ Ⓑ
Mittleres Grüngelb, Silberreflexe. Rauchig-würzig unterlegte Nuancen von reifem gelbem Kernobst, ein Hauch von Honigmelone und Mango, tabakige Nuancen. Kraftvoll, feine Holzwürze, elegant, frischer Apfel, feiner Säurebogen, ein Hauch von Nougat und Nelken im Abgang, kalkig-salzig im Finish, ein gut anhaftender Speisenbegleiter mit Reifepotenzial.

92 Grüner Veltliner * Ried Loiserberg 1ÖTW 2022
12,5 Vol.-%, DIAM, Holzfass/Stahltank, €€€€€ Ⓑ Ⓥ
Mittleres Goldgelb, Silberreflexe. Zarte Kräuterwürze, reifes gelbes Kernobst, zart nach Honigmelone, mit kandierten Orangenzesten unterlegt. Saftig, elegant, reife Birnenfrucht, feiner Säurebogen, mineralisch-zitroniger Nachhall, bereits zugänglich.

WEINGUT FRED LOIMER
3550 Langenlois, Haindorfer Vögerlweg 23
T: +43 (2734) 2239
weingut@loimer.at
www.loimer.at
Kellermeister/Kontakt:
Fred Loimer
Anbauweise: Biodynamisch (respekt)
Produktion: 15 % Schaumwein, 80 % weiß, 5 % rot, 80 Hektar
Zertifiziert: Nachhaltig Austria
Vereinszugehörigkeit:
Premium Estates of Austria, respekt-BIODYN, Traditionsweingüter Österreich
Messen: Millésime Bio, ProWein Düsseldorf, VieVinum, Summa Margreid

Pinot Noir

91 Grüner Veltliner * Langenlois 2023
12,5 Vol.-%, DV, Stahltank/großes Holzfass, €€€€ B V
Mittleres Goldgelb, Silberreflexe. Zart mit Wiesenkräutern unterlegte gelbe Apfelfrucht, tabakige Würze, mineralischer Touch. Mittlerer Körper, zarte Kernobstnuancen, frisch strukturiert, zitronig im Abgang, ein unkomplizierter Speisenbegleiter.

95 Riesling * Ried Seeberg 1ÖTW 2022
13 Vol.-%, NK, Holzfass/Stahltank, €€€€€ B
Mittleres Goldgelb, Silberreflexe. Frische gelbe Tropenfrucht, zart nach Mango und Ananas, florale Nuancen, zarter Blütenhonig, einladendes Bukett. Saftig, weißer Pfirsich, gelber Apfel, frischer Säurebogen, dunkle Mineralik, feine Fruchtsüße im Abgang, bleibt haften, zeigt Länge, sehr gute Entwicklungsperspektive.

(95) Riesling * Ried Heiligenstein 1ÖTW 2022
13,5 Vol.-%, NK, großes Holzfass, €€€€€€ B V
Mittleres Goldgelb, Silberreflexe. Mineralisch unterlegte feine gelbe Pfirsichfrucht, zart nach Babyananas, florale Aspekte, ein Hauch von Blütenhonig. Saftig, stoffig und elegant, feine Extraktsüße, finessenreiche Struktur, seidige Mineralik, zeigt gute Länge und Potenzial, wird von Flaschenreife profitieren.

94 Riesling * Ried Steinmassl 1ÖTW 2022
12,5 Vol.-%, NK, Holzfass/Stahltank, €€€€€ B V
Mittleres Goldgelb, Silberreflexe. Feine gelbe Tropenfrucht, ein Hauch von Safran und kandierten Mandarinenzesten, mit feinem Blütenhonig unterlegt. Stoffig, engmaschig, weißer Pfirsich, lebendiger Säurebogen, salzig und anhaftend, noch sehr jugendlich, wird von Flaschenreife profitieren.

(92) Riesling * Ried Loiserberg 1ÖTW 2022
12,5 Vol.-%, DIAM, Stahltank, €€€€€ B
Helles Gelbgold, Silberreflexe. Feine gelbe Pfirsichfrucht, zart nach Mango, ein Hauch von Blütenhonig. Schlank, weiße Frucht, frischer Säurebogen, leichtfüßiger Stil, zitronig-salzig im Abgang, ein animierender Speisenbegleiter.

91 Riesling * Langenlois 2023
12,5 Vol.-%, DV, Stahltank, €€€€ B V
Mittleres Grüngelb, Silberreflexe. Frische Tropenfrucht, ein Hauch von Limetten, Maracuja, zart nach Litschis, attraktives Bukett. Schlank, straff, weiße Apfelfrucht, rassiger Säurebogen, mineralisch-zitronig, animierender Speisenbegleiter.

94 Pinot Noir Anning Gumpoldskirchen 2022
12 Vol.-%, NK, Eichenfass, €€€€€€ B
Mittleres Karmingranat, violette Reflexe, breite Ockerrandaufhellung. Zarte Herzkirschen, Nuancen von Kräuterwürze, dezenter Edelholztouch, kandierte Orangenzesten, floraler Touch. Stoffig, elegant, lebendige Textur, feine Tannine, mineralisch-salzig, leichtfüßig und finessenreich, ein zarter Speisenbegleiter, ausgestattet mit guter Länge.

★★

WEINGUT MAGLOCK-NAGEL

Das Weingut Maglock-Nagel liegt mitten im Strassertal zwischen den Lagen Gaisberg und Wechselberg, die durch die Ausläufer des Manhartsbergs und der Böhmischen Masse klimatisch und geologisch geprägt werden. Mit viel Aufmerksamkeit wird versucht, die Vorzüge jedes Jahrgangs herauszuarbeiten und die Charakteristik jeder Lage sich im Glas widerspiegeln zu lassen. Dabei richtet sich der Fokus auf die Kamptal-DAC-Sorten Grüner Veltliner und Riesling. Große Hingabe erhalten auch die klassischen Sorten Weißburgunder, Frühroter Veltliner, Zweigelt und St. Laurent. Mit diversen Begrünungen, bodenschonender Bearbeitung und angepassten Laubarbeiten werden die Weingärten gezielt unterstützt. Das Weingut setzt nach wie vor auf Handlese, die es ermöglicht, bestimmte Lagen in zwei Durchgängen zu ernten. Somit kann der Philosophie – von den mittelgewichtigen, fruchtbetonten Weinen bis hin zu den gehaltvollen, vielschichtigen Lagenweinen – stets nachgekommen werden.

93 Grüner Veltliner ** Ried Gaisberg 2022
13,5 Vol.-%, DV, Stahltank, €€€€
Mittleres Gelbgold, silberfarbene Reflexe. Feine Mandarinenzesten, gelber Apfel, etwas Mango, etwas Anis, floraler Touch, einladendes Bukett. Komplex, saftig, feine Fruchtsüße, dunkle Mineralik, zart rauchig-kräuterwürzige Nuancen im Abgang, salziger Nachhall, gutes Reifepotenzial.

92 Grüner Veltliner * Ried Rosengartl 2023
13,5 Vol.-%, DV, Stahltank, €€
Mittleres Gelbgrün, Silberreflexe. Zarte Kräuterwürze, rau-

chige Nuancen, frische Mango, zart nach Limetten, mineralischer Touch. Mittlerer Körper, saftig, weißer Apfel, frischer Säurebogen, salzig-zitronig, bleibt haften, ein vielseitiger Speisenbegleiter.

91 Grüner Veltliner * Ried Wechselberg 2023
13 Vol.-%, DV, Stahltank, €€
Helles Strohgelb, Silberreflexe. Tabakig unterlegte Nuancen von frischem Kernobst, kandierte Orangenzesten, rauchige Würze. Mittlerer Körper, weiße Apfelfrucht, frisch strukturiert, mineralisch-salzig im Abgang, Limetten im Nachhall, ein lebendiger Speisenwein.

92 Riesling * Ried Gaisberg 2022
13 Vol.-%, DV, Stahltank, €€€
Mittleres Grüngelb, silberfarbene Reflexe. Zarte Kräuterwürze, frische Limettenzesten, weißer Pfirsich, etwas Maracuja, mineralischer Touch. Saftig, gute Komplexität, gut integrierte Fruchtsüße, angenehmer, frischer Säurebogen, elegant und anhaftend, salzig-zitroniger Touch im Abgang, feiner Speisenbegleiter mit Entwicklungspotenzial.

91 Riesling * Ried Wechselberg 2023
13 Vol.-%, DV, Stahltank, €€
Mittleres Grüngelb, Silberreflexe. Floral unterlegter weißer Weingartenpfirsich, zitronige Nuancen, ein Hauch von Zitronengras. Komplex, saftig, feine Fruchtsüße, rassiges Säuregerüst, mittlerer Körper, elegant und anhaftend, bereits zugänglich, ein lebendiger Speisenwein.

WEINGUT MAGLOCK-NAGEL
3491 Straß im Straßertale
Talstraße 116
T: +43 (2735) 2648
info@maglock-nagel.at
www.maglock-nagel.at

Kellermeister: Franz Maglock
Kontakt: Roswitha Maglock-Nagel und Franz Maglock
Anbauweise: Integrierter Anbau
Produktion: 85 % weiß, 15 % rot, 15 Hektar
Zertifiziert: Nachhaltig Austria

91 Weißburgunder Reserve 2022
13,5 Vol.-%, DV, kleines Holzfass/Stahltank, €€€
Helles Strohgelb, Silberreflexe. Frische Birne, zart nach Walnuss und Wiesenkräutern, mit Orangenzesten unterlegt. Mittlerer Körper, zarte Kernobstnuancen, dezente Fruchtsüße, gut integrierte Säure, ausgewogen, anhaftend, bereits zugänglich, bietet unkompliziertes Trinkvergnügen.

★★

WEINGUT CHRISTIAN NASTL

Wer beim Nastl-Heurigen sitzt und die mächtige, rund 150 Jahre alte Holzpresse betrachtet, der erkennt sofort: Weinbau hat in diesem Familienbetrieb Tradition – wobei die Betonung immer auf dem Wort »Familie« lag und liegt. Heute ist es Christian Nastl, der die Verantwortung über das Familiengut trägt. Gemeinsam mit Renate und Günter Nastl sowie den beiden Geschwistern Alexander und Petra wird die Weinbaugeschichte der Familie weitergeschrieben. So reifen im unverwechselbaren Kleinklima des Kamptals exzellente Nastl-Weine heran. Ob »VelKam« (VELtliner aus dem KAMptal), wie die leicht-fruchtigen Regionsvertreter heißen, oder die Ortsweine von Veltliner und Riesling oder die außerordentlichen Veltliner von den Einzelrieden Kittmannsberg, Käferberg und Steinmassl: Für jeden Anlass gibt es den passenden Begleiter.
»Genuss auf allen Ebenen«, so lautet das Motto der Winzerfamilie. Im Keller ist das durchaus wörtlich gemeint, denn die Kellerarbeit spielt sich bei den Nastls auf drei Ebenen ab: Ebene eins betritt man durch den traditionellen Kellereingang in der Kellergasse Kühsteingraben. Sie umfasst den Lagerraum mit Edelstahltanks und Verbindungsgängen in den rund 300 Jahre alten Holzfasskeller mit Vinothek. Auf Ebene zwei versieht die sanft arbeitende Presse ihren Dienst. Die Traubenübernahme findet auf der über die Bergzufahrt erreichbaren Ebene drei statt, sämtliche Arbeitsschritte werden durch den freien Fall bewältigt. Von hier aus hat man auch einen wunderbaren Ausblick über die besten Rieden von

Günter, Renate und Christian Nastl

WEINGUT CHRISTIAN NASTL
3550 Langenlois
Gartenzeile 17
T: +43 (2734) 2903
office@nastl.at
www.nastl.at

Kellermeister/Kontakt:
Christian Nastl
Produktion: 1 % Schaumwein, 85 % weiß, 3 % rosé, 10 % rot, 1 % süß, 12+3 Hektar
Zertifiziert: Nachhaltig Austria
Vereinszugehörigkeit:
Kamptal DAC, Weinstraße Kamptal
Messen: Austrian Tasting London, ProWein Düsseldorf, VieVinum, DAC-Präsentationen

Langenlois, wie Loiserberg, Steinhaus, Steinmassl oder Käferberg.
Veltliner, Riesling und Zweigelt im Reservebereich gehören zur Kategorie, die hausintern als »Gigant« bezeichnet wird. Es sind Weine von besonderer Ausdruckskraft und ausgeprägtem Volumen. Sie entstehen nur in Jahren, in denen die Voraussetzungen für perfektes Traubenmaterial gegeben sind, und sind geprägt von einer vollen Struktur aus Extrakt, Säure und Zucker sowie einem langen Abgang. Diese Giganten sind eine wertvolle Anlage für viele Jahre Genuss. Mit jedem weiteren Jahr der Reife überraschen sie mit neuen Geschmackskomponenten.

93 Grüner Veltliner * Langenlois Ried Käferberg 2022
13 Vol.-%, DV, großes Holzfass, €€€
Mittleres Goldgelb, silberfarbene Reflexe. Feine Tropenfrucht, Nuancen von Papaya und Mango, Wiesenkräuter, mit kandierten Orangenzesten unterlegt. Saftig, elegant, weißes Kernobst, dezente Süße im Kern, straffer Körper, feiner Säurebogen, salzige Nuancen, mineralisch-zitronig, weißer Apfel im Abgang, ein saftiger Speisenbegleiter mit Potenzial.

93 Grüner Veltliner * Ried Liss Gigant 2021
13 Vol.-%, DV, 500-l-Fass, €€€€€
Helles Strohgelb, Silberreflexe. Zart nach Gelben-Delicious-Apfel, etwas Blütenhonig, kandierte Orangenzesten, einladendes Bukett. Kräftig, cremige Textur, feine Holznuancen, dezentes weißes Nougat im Abgang, ein stoffiger Speisenbegleiter.

92 Grüner Veltliner * Langenlois Ried Steinmassl 2022
13,5 Vol.-%, DV, Stahltank, €€€
Mittleres Grüngelb, silberfarbene Reflexe. Nuancen von Honigmelone, gelbes Kernobst, zart nach Birne, mineralischer Touch im Hintergrund. Mittlere Komplexität, gelber Apfel, feine Süße, dezenter Säurebogen, ein Hauch von Marille und Blütenhonig im Nachhall, gutes Reifepotenzial.

91 Grüner Veltliner * Langenlois 2023
12,5 Vol.-%, DV, Stahltank, €€
Helles Goldgelb, silberfarbene Reflexe. Zartes weißes Kernobst, ein Hauch von Birne, frische Orangenzesten. Saftig, elegant, cremiger Touch, etwas Karamell, feiner Säurebogen, weißes Nougat im Abgang, ein eleganter Speisenwein.

90 Weißburgunder Ried Spiegel 2022
13,5 Vol.-%, DV, Stahltank, €€
Mittleres Gelbgrün, Silberreflexe. Zart nach Wiesenkräutern und Birne, ein Hauch von Steinobst. Mittlerer Körper, frischer Apfel, lebendig strukturiert, dezente Kräuterwürze, zart nussiger Nachhall.

92 Zweigelt Reserve Gigant 2021
13,5 Vol.-%, DV, gebrauchte Barriques, €€€€€
Kräftiges Karmingranat, violette Reflex, breitere Ockerrandaufhellung. Nuancen von eingelegten Kirschen, reife Zwetschken, etwas Nougat, ein Hauch von Schwarzwälder Kirschtorte. Saftig, mittlere Komplexität, rotbeerig und feinwürzig, mineralisch und gut anhaftend, salziger Nachhall.

★★★

WEINGUT BARBARA ÖHLZELT

Barbara Öhlzelt vinifizierte ihren ersten Jahrgang 2004 und hat sich seither sehr erfolgreich etabliert. Sie produziert ausschließlich Weißweine mit Schwerpunkt auf Grünem Veltliner und Riesling. Handarbeit ist für Barbara Öhlzelt im Weingarten ein großes Thema. Die Reben des Rieslings Kogelberg sind über 65 Jahre alt und werden komplett von Hand – also ohne Einsatz eines Traktors oder schwerer Maschinen – bearbeitet. Seit 2020 ist Barbara Öhlzelts Weingut lizenzierter Betrieb der »Traditionsweingüter Österreich« und seit 2022 auch »Nachhaltig Austria«-zertifiziert.

Die Weinpalette gliedert sich in drei Teile: die Leichtweinlinie »Kitz«, DACs mit Gebiets- und Ortsweinen aus Zöbing, ausgesuchte kräftigere Riedenweine (Riesling und Grüner Veltliner Ried Blauenstein) sowie die 1ÖTW-Lagen Lamm, Heiligenstein und Kogelberg. Seit Dezember 2014 bereichert »Barbara Öhlzelt Brut« das Sortiment, ein sehr eleganter, leichter und trockener Jahrgangssekt aus Pinot Blanc und Chardonnay. Mit dem Erfolgsautor Daniel Glattauer produziert sie »Gut gegen Nordwind«, einen Gemischten Satz aus den Sorten Grüner und Roter Veltliner, Weißburgunder und Sylvaner, der am Wagram heranreift.

»Zu Tisch im Weingut« nennt sich eine außergewöhnliche Weinkost in einem sehr persönlichen Rahmen auf dem Weingut in Zöbing, die von Mitte Mai bis Mitte August stattfindet und mit fünf saisonalen Gängen von Karl Schwillinsky begleitet wird. Dabei gibt es Produkte aus der Region, Weine von Barbara Öhlzelt und genügend Zeit, um über Wein oder Küche zu plaudern und sich Tipps zu holen. Das Format ist auch perfekt für Firmenausflüge, Teambuilding oder einfach Menschen, die sich für guten Wein und gutes Essen interessieren.

Ein weiteres wichtiges Standbein im Weingut Barbara Öhlzelt ist der Kamptal Verjus, den sie seit dem Jahr 2007 gemeinsam mit ihrem Mann Karl Schwillinsky produziert. Diesem Produkt haben die beiden zu einer wahren Renaissance verholfen. Kamptal Verjus wird klassisch in drei unterschiedlichen Sorten, Säure- und Geschmacksrichtungen erzeugt und kann vielfältig in der Küche eingesetzt werden. Die fruchtig-elegante Säure passt immer perfekt zum Wein. Seit 2020 gibt es auch einen alkoholfreien Aperitif im Sortiment: den Kamptal Verjus Spritz. Kamptal Verjus Spritz ist Zweigelt Verjus, der mit Kohlensäure und einer Dosage (Waldviertler Kräutersirup) abgefüllt wird. Kamptal Verjus erfreut sich als alkoholfreies Getränk immer größerer Beliebtheit, und die Nachfrage steigt stetig.

(94) Riesling * Ried Heiligenstein 1ÖTW 2023
13 Vol.-%, DV, Stahltank, €€€€€
Helles Grüngelb, Silberreflexe. Feine gelbe Tropenfrucht, ein Hauch von Maracuja, kandierte Limettenzesten, mineralischer Anklang. Saftig, weißes Steinobst, lebendig strukturiert, mineralisch, schlank und mit feinem Zitronentouch unterlegt, trinkanimierender, leichtfüßiger Stil, zeigt dennoch gute Länge.

(93) Riesling * Ried Blauenstein 2023
13 Vol.-%, DV, Stahltank, €€€
Mittleres Grüngelb, Silberreflexe. Zart nach gelben Ringlotten, ein Hauch von Pfirsich, floraler Touch, einladendes

WEINGUT BARBARA ÖHLZELT
3561 Zöbing
Eichelbergstraße 32
T: +43 (2734) 4857
barbara@weinberggeiss.at
www.weinberggeiss.at

Kellermeister/Kontakt:
Barbara Öhlzelt
Produktion: 1 % Schaumwein, 100 % weiß, 6 Hektar
Zertifiziert: Nachhaltig Austria
Vereinszugehörigkeit:
Traditionsweingüter Österreich
Messen: VieVinum

Bukett. Straff, engmaschig, Weingartenpfirsich, lebendiger Säurebogen, saliner Abgang, zitroniger Nachhall.

(93) Riesling * Ried Kogelberg 1ÖTW 2023
13,5 Vol.-%, DV, Stahltank, €€€€€
Helles Grüngelb, Silberreflexe. Floral, Nuancen von Weingartenpfirsich, zart nach Orangenblüten, mineralischer Touch. Engmaschig, weißer Apfel, feiner Säurebogen, salzige Mineralik, bleibt haften, wird von Flaschenreife profitieren.

(93) Grüner Veltliner * Ried Lamm 1ÖTW 2023
13,5 Vol.-%, DV, großes Holzfass, €€€€€
Mittleres Goldgelb, Silberreflexe. Zart nach Wiesenkräutern, dazu ein Hauch Marille, mit gelber Apfelfrucht und Mango unterlegt, einladendes Bukett. Kraftvoll, cremig, weißes Kernobst, dezente, gut integrierte Säure, betont mineralisch, bleibt haften, feinwürzig im Nachhall, gutes Reifepotenzial.

(92) Grüner Veltliner * Ried Blauenstein 2023
13,5 Vol.-%, DV, Stahltank, €€€
Mittleres Grüngelb, Silberreflexe. Frisches gelbes Kernobst, etwas Birne, mit einem Hauch von Honigmelone und kandierten Orangenzesten unterlegt. Kraftvoll, saftig, Golden-Delicious-Apfel, feine Fruchtsüße, gut integrierter Säurebogen, mineralisch, zart pfeffrig-zitroniger Nachhall, gutes Potenzial.

92 Gemischter Satz Gut gegen Nordwind 2023
13 Vol.-%, DV, Stahltank, €€€
Helles Grüngelb, Silberreflexe. Zart floral unterlegte Nuancen von weißem Kernobst, etwas Mango, ein Hauch von Blütenhonig. Mittlerer Körper, saftig, ein Hauch von Lindenblüten, feiner Säurebogen, salzig-mineralisch im Abgang, Limetten im Finish, ein balancierter Speisenbegleiter.

★★★

WEINGUT RUDOLF RABL

Rudi Rabl freut sich über die traditionsreiche Geschichte seines Familienweinguts, die bis 1750 zurückreicht. Ursprünglich als gemischte Landwirtschaft geführt, hat sich der Familienbetrieb auf 80 Hektar zu einem Weingut entwickelt, das in den besten Kamptaler Rieden Weingärten pflegt. Mit Johanna und Tobias ist die nächste Generation schon in der Winzer- und Önologenausbildung, womit die Zukunft des Weinguts gesichert ist. Die Liebe zur Natur und zu den Trauben, die ökologische Weingartenarbeit mit Kräuterpflanzen sowie das Wissen um die fachgerechte Verarbeitung sorgen für ausgezeichnete Qualitäten der verschiedenen Weinsorten. Im Keller wird Moderne mit traditionellen Werten verbunden. Ökologie ist ein wichtiger Faktor, deshalb ist das Weingut seit 2015 »Nachhaltig Austria«-zertifiziert.
Zu den wichtigsten Auszeichnungen der letzten Jahre zählt zweifellos die Kür zum »White Wine Maker of the Year 2019« bei der IWSC in London, ein Titel, den Rudi Rabl sich auch 2021 holen durfte. Weitere Erfolge sind die beiden Decanter-Trophys »Winner Grüner Veltliner Ried Dechant Alte Reben« und »Winner Riesling Ried Steinhaus Rote Erde« sowie die Landessiege 2017 in den Kategorien Riesling und Sauvignon Blanc. Das Weingut ist mit seinen Weinen außerdem laufend im »SALON Österreich Wein« vertreten. Und schließlich wurde der Betrieb als »Weingut des Jahres – Langenlois Champion« im Kamptal ausgezeichnet.

WEINGUT RUDOLF RABL
3550 Langenlois
Weraingraben 10
T: +43 (2734) 2303
office@weingut-rabl.at
www.weingut-rabl.at

Kellermeister/Kontakt:
Rudolf Rabl
Produktion: 68 % weiß, 30 % rot, 2 % süß, 80 Hektar
Zertifiziert: Nachhaltig Austria
Vereinszugehörigkeit:
Weinstraße Kamptal
Messen: ProWein Düsseldorf, VieVinum

95 Grüner Veltliner ** Langenlois Ried Käferberg Alte Reben 2022
13,5 Vol.-%, DV, Holzfass, €€€€€
Mittleres Goldgelb, silberfarbene Reflexe. Zart nach reifer Quitte und Marille, kandierte Orangenzesten, zart floral, ein Hauch von Mandarinen. Komplex, saftig, elegant, reife gelbe Apfelfrucht, balancierter Säurebogen, lange anhaftend, ein stoffiger Speisenwein, sicheres Reifepotenzial.

94 Grüner Veltliner ** Ried Loiserberg Alte Reben 2022
13,5 Vol.-%, DV, Holzfass, €€€€
Kräftiges Goldgelb, silberfarbene Reflexe. Mit einem Hauch von Nougat und Kräutern unterlegte Anklänge von reifer gelber Tropenfrucht, zart tabakig, Orangenzesten. Saftig, elegant, ein Hauch von Ananas, dezenter Säurebogen, dunkle Mineralik, gut integrierte Fruchtsüße im Nachhall, besitzt Länge und Potenzial.

92 Grüner Veltliner ** Vinum Optimum 2023
13 Vol.-%, DV, Stahltank, €€
Helles Grüngelb, Silberreflexe. Frischer gelber Apfel, ein Hauch von Mango, zart nach Wiesenkräutern, mit Orangenzesten unterlegt. Mittlerer Körper, etwas Golden Delicious, mineralisch, frisch strukturiert, feine Fruchtsüße, bleibt haften, gutes Reifepotenzial.

92 Grüner Veltliner ** Ried Dechant Alte Reben 2022
13,5 Vol.-%, DV, Holzfass, €€€€€
Kräftiges Goldgelb, silberfarbene Reflexe. Zart nach kandierten Orangenzesten, etwas Marille und Mango, ein Hauch von Blütenhonig, mineralischer Touch. Mittlere Komplexität, feines Kernobst, frischer Säurebogen, elegant und ausgewogen, bereits gut antrinkbar, vielfältig einsetzbar.

91 Grüner Veltliner * Langenlois 2023
12,5 Vol.-%, DV, Stahltank, €€
Leuchtendes Grüngelb, Silberreflexe. Feine Nuancen von Blütenhonig und Melone, ein Hauch von gelbem Kernobst, fruchtiges Bukett. Mittlerer Körper, weißer Apfel, zart gewürzig, feiner Säurebogen, frisch strukturiert, Limetten im Nachhall, vielfältig einsetzbar.

91 Grüner Veltliner * Ried Panzaun 2023
13 Vol.-%, DV, Stahltank, €€€
Mittleres Gelbgrün, silberfarbene Reflexe. Zarte Kräuternoten, etwas tabakig, ein Hauch von rotem Apfel, dunkle Würze, Orangenzesten klingen an. Saftig, engmaschig, extraktsüß nach Mango, gut eingebundene Säurestruktur, bleibt gut haften, unkompliziertes Trinkvergnügen.

89 Grüner Veltliner * Terrassen 2023
12 Vol.-%, DV, Stahltank, €€

94 Riesling ** Ried Schenkenbichl Alte Reben 2022
13,5 Vol.-%, DV, Stahltank, €€€€€
Helles Goldgelb, silberfarbene Reflexe. Zart nach reifem Pfirsich und Orangenzesten, dezenter Blütenhonig, mit gelber Tropenfrucht unterlegt, einladendes Bukett. Saftig, elegant, gut integrierte Fruchtsüße, frische Säurestruktur, stoffige Steinobstnuancen im Nachhall, bereits gut entwickelt und antrinkbar.

93 Riesling ** Ried Steinhaus Rote Erde 2022
13,5 Vol.-%, DV, Stahltank, €€€€€
Mittleres Grüngelb, silberfarbene Reflexe. Frischer Weingartenpfirsich, zarter Blütenhonig, ein Hauch von kandierten Orangenzesten, mineralischer Touch. Saftig, elegant, feiner Fruchtsüßekern, dezenter Säurebogen, harmonisch und ausgewogen, bereits gut entwickelt.

92 Riesling * Steinberg 2023
13 Vol.-%, DV, Stahltank, €€€
Helles Gelbgrün, Silberreflexe. Zarte Wiesenkräuter, etwas Blütenhonig, weißes Steinobst, Grapefruitnoten klingen an. Saftig, elegant, feine Würze, Apfelfrucht, mineralisch, bleibt gut haften, frischer Säurebogen, bereits gut antrinkbar.

91 Riesling * Langenlois 2023
12,5 Vol.-%, DV, Stahltank, €€
Helles Gelbgrün, Silberreflexe. Zarte Nuancen von weißem Steinobst, ein Hauch von Apfel, feine Limettenzesten. Mittlerer Körper, frisch strukturiert, ein Hauch von Pfirsich, zitronig-mineralischer Abgang, feiner Sommerwein.

90 Riesling * Terrassen 2023
12 Vol.-%, DV, Stahltank, €€
Helles Gelbgrün, Silberreflexe. Feine Kräuternoten, weißes Steinobst, Quitte klingt an, frische Limettenzesten, lebendig. Saftig, extraktsüß nach Marille, Zitrusnuancen, mittlere Komplexität, bleibt gut haften, bereits gut antrinkbar.

* Kamptal DAC   ** Kamptal DAC Reserve

★★

WEINGUT ROSNER

BIO

Die langjährige Erfahrung der Familie Rosner, die ausgezeichneten Böden von Langenlois und zahlreiche etablierte Rebsorten zeichnen das familiäre Weingut aus. Für die Winzerfamilie ist es eine Selbstverständlichkeit, im Einklang mit der Natur zu wirtschaften, deshalb war die Zertifizierung als organisch-biologischer Betrieb vor über zehn Jahren unumgänglich. Angetrieben von der Neugier werden alle Weingärten separat verarbeitet und in kleinen Tanks und Fässern einzeln ausgebaut. Die Weine sind lebendig, authentisch und kontrastreich. Sie sind ein Abbild der Region, welche die Winzerfamilie unverfälscht in die Flasche bringen möchte.

93 Chardonnay Blanc de Blancs 2019
12 Vol.-%, NK, 500-l-Fass/Stahltank/Flaschengärung, €€€€ B
Leuchtendes Gelbgrün, Silberreflexe, feines Mousseux. Reife Tropenfrucht, zart nach Brioche, ein Hauch von Mango und Ananas, kandierte Orangenzesten. Saftig, gute Komplexität, feinwürzig, Maracuja im Abgang, gut integrierte Säurestruktur, bleibt gut haften, frisches, fruchtbetontes Finish.

WEINGUT ROSNER
3550 Langenlois
Großer Buriweg 29
T: +43 (2734) 4152
office@rosnerwein.at
www.rosnerwein.at

Kellermeister/Kontakt:
Stefan Rosner
Anbauweise: Zertifiziert Biologisch (Austria Bio Garantie)
Produktion: 3 % Schaumwein, 70 % weiß, 5 % rosé, 22 % rot, 17 Hektar
Vereinszugehörigkeit: Austria Bio Garantie, Kamptal DAC
Messen: Millésime Bio, VieVinum

93 Grüner Veltliner Wildrose
12 Vol.-%, DIAM, 500-l-Fass, €€€ B V
Zart getrübtes mittleres Gelbgrün, Silberreflexe. Zart nach Hefe und Kräutern, mit dezenter Birnenfrucht unterlegt, tabakige Nuancen. Mittlerer Körper, saftig, cremige Textur, Nuancen von Marille, weißes Nougat, leichtfüßig und gut anhaftend, ein balancierter Speisenbegleiter.

93 Grüner Veltliner * Ried Kittmannsberg 2022
13 Vol.-%, DV, großes Holzfass, €€€ B V
Helles Grüngelb, Silberreflexe. Feine gelbe Apfelfrucht, ein Hauch von Honigmelone, tabakige Würze, mit kandierten Orangenzesten unterlegt. Komplex, saftig, reife gelbe Tropenfrucht, feiner Säurebogen, mineralisch, ein Hauch von frischen Feigen im Abgang, ein eleganter Speisenbegleiter mit Entwicklungspotenzial.

90 Grüner Veltliner * Langenlois 2023
12,5 Vol.-%, DV, Stahltank, €€ B V
Helles Gelbgrün, Silberreflexe. Zarte Nuancen von weißem Kernobst, frische Wiesenkräuter, ein Hauch von Birne. Mittlere Komplexität, dezente Fruchtsüße im Kern, frischer Säurebogen, Blütenhonig im Abgang.

93 Sauvignon Blanc Wildrose 2022
13 Vol.-%, DIAM, 500-l-Fass, €€€€ B V
Kräftiges, leicht getrübtes Goldgelb. Frische Nuancen von gelber Tropenfrucht, zart nach Pfirsich, Guaven und gelben Stachelbeeren, ein Hauch von Rosen, einladendes Bukett. Komplex, stoffig, feine Fruchtsüße, angenehmer Säurebogen, elegant, mineralisch und gut anhaftend, frischer Abgang, ein facettenreicher Speisenbegleiter.

91 Wildrose Rot 2021
12 Vol.-%, DIAM, gebrauchte Barriques, €€€€ B V
Kräftiges Rubingranat, violette Reflexe, dezente Randaufhellung. Rauchig-kräuterwürzig unterlegte Noten von schwarzen Waldbeeren, zarte animalische Nuancen. Saftig, elegant, frische Herzkirschen, fruchtiger Kern, zarte Tannine, lebendig, rotbeeriger Nachhall, ein zarter, sommerlicher Speisenbegleiter.

WINZERHOF SAX
3550 Langenlois
Walterstraße 16
T: +43 (2734) 2349
office@winzersax.at
www.winzersax.at

Kellermeister: Rudolf Sax
Kontakt: Michael Sax
Produktion: 240.000 Flaschen
5 % Schaumwein, 75 % weiß,
5 % rosé, 10 % rot, 5 % süß,
30 Hektar
Messen: ProWein Düsseldorf,
VieVinum

Riesling

★★

WINZERHOF SAX

Bereits seit 1660 schreibt die Familie Sax Winzergeschichte. Unter dem Begriff »Vinifizierung« verstehen die Zwillingsbrüder Sax die Leidenschaft, sortenreine, jahrgangs- und gebietstypische Weine zu keltern, die das Klima und den Boden des Kamptals zur Geltung bringen. Ein hohes Maß an Sonnenstunden und kühle Nächte sorgen hier für hochgradige und fruchtintensive Weine. Zu den besten Rieden des Hauses zählen Steinhaus, Steinmassl, Schenkenbichl, Spiegel und Panzaun, die auch zu den renommierten Rieden des Kamptals gehören.

Das Bestreben ist es, bereits beim Rebschnitt ertragsregulierende Maßnahmen zu setzen, die den unterschiedlichen Sorten angepasst werden. Neueste ökologische Erkenntnisse bilden das Fundament der Weingartenarbeit. Das Hauptaugenmerk liegt traditionell auf Grünem Veltliner und Riesling. Aufgrund unterschiedlicher Geschmacksideale werden dem Kunden inzwischen fünf Ausbauvarianten des Grünen Veltliners angeboten: Vom leichten Grünen Veltliner »Luftikus« bis hin zum Grünen Veltliner Kamptal DAC Reserve Ried Panzaun bieten die Sax-Zwillinge für jeden Gaumen den passenden Geschmack. Mit einer eigenen Linie stellt sich bereits die jüngste Winzergeneration dem internationalen Wettbewerb. Das Ziel der Jungen ist es, aus dem reifsten Traubengut der Burgunderreihe Weine zu keltern, die durch ihren Charme international für Aufsehen sorgen. Hinter dem prägnanten Namen »Saxess« verbergen sich diese Weine, die vor allem durch ihre angemessene Reifung in kleinen Holzfässern und durch sanfte nussige und cremige Aromen sehr ausgewogen und elegant erscheinen.

93 Riesling ** Ried Käferberg 2022
13,5 Vol.-%, DV, Stahltank, €€€
Mittleres Gelbgrün, silberfarbene Reflexe. Zart nach Limettenzesten, feine Nuancen von weißem Steinobst, feiner Blütenhonig, einladende Tropenfrucht. Saftig, elegant, Nuancen von Maracuja und Ananas, lebendiger Säurebogen, zarte Süße, mineralisch-zitroniger Nachhall, gute Länge, ein facettenreicher Speisenbegleiter.

92 Riesling ** Ried Loiserberg 2022
13,5 Vol.-%, DV, Stahltank, €€€
Helles Gelbgrün, silberfarbene Reflexe. Zarte Nuancen von Wiesenkräutern und feuchten Steinen, weißes Kernobst, zart nach Limettenzesten. Saftig, mittlere Komplexität, zitronig

unterlegte Säurestruktur, feine Süße im Nachhall, bleibt haften, zugänglich, ein straffer Sommerwein mit Potenzial.

91 Grüner Veltliner ** Ried Panzaun 2022
13,5 Vol.-%, DV, Stahltank, €€€
Leuchtendes Goldgelb, silberfarbene Reflexe. Feine weiße Tropenfrucht, frische Birne, zart nach Mandarinenzesten, mineralischer Touch, tabakige Note. Mittlere Komplexität, cremige Textur, reife Birnenfrucht, kräuterwürzig, feine Süße im Abgang, bereits gut entwickelt.

90 Grüner Veltliner * Zwillingslauser 2023
12,5 Vol.-%, DV, Stahltank, €€
Helles Grüngelb, Silberreflexe. Zart nach grünem Apfel, frische Birne, dezente Wiesenkräuter. Straff, engmaschig, Nuancen von Kernobst, feiner Säurebogen, mineralisch und anhaftend, Golden-Delicious-Apfel im Abgang.

90 Grüner Veltliner ** Alte Reben 2022
13,5 Vol.-%, DV, großes Holzfass, €€
Helles Goldgelb, Silberreflexe. Zart nach gelber Tropenfrucht, etwas Mango und Papaya, ein Hauch von kandierten Limetten. Mittlerer Körper, grüner Apfel, frische Struktur, salzig-zitroniger Nachhall.

91 Chardonnay Barrique Saxess XIV 2022
13,5 Vol.-%, NK, Barrique, €€€€
Helles Goldgelb, Silberreflexe. Ein Hauch von Nougatkaramell, feine gelbe Tropenfrucht, mit rauchiger Kräuterwürze unterlegt. Saftig, zarte Holzwürze, ein Hauch von Nelken, weißer Apfel im Abgang, mineralisch-frischer Nachhall, ein vielseitiger Speisenbegleiter.

★

WEINGUT SCHMID

Das Weingut Schmid befindet sich in Gobelsburg im Weinbaugebiet Kamptal. Fruchtbare, kalkreiche Löss- und Schotterböden aus dem Tertiär prägen die Weine hier auf besondere Weise. Genaue Handarbeit, moderne sowie traditionelle Methoden der Vinifikation garantieren eine hohe Qualität der Weine.

WEINGUT SCHMID
3550 Langenlois
Schloß Straße 56
T: +43 (664) 2204384
trink@schmidwein.at
www.schmidwein.at

Kellermeister: Ing. Andreas Schmid
Kontakt: Ing. Andreas und Alexandra Schmid
Produktion: 10 % Schaumwein, 73 % weiß, 1 % rosé, 15 % rot, 1 % süß, 20 Hektar
Zertifiziert: Nachhaltig Austria
Vereinszugehörigkeit: Kamptal DAC

Die Zertifizierungen »Nachhaltig Austria« und »vegan« dokumentieren den verantwortungsvollen Umgang mit Ressourcen.
Das Weingut Schmid bietet auch Weingenießer-Touren an: Eine Wanderung durch die Rieden in Gobelsburg endet mit einer Jause und geselligem Beisammensein auf dem Weingut – ganz nach dem Motto: »Von der Traube bis zum Wein in der Flasche.«
Das südliche Kamptal mit seinem milden Klima bietet beste Bedingungen für hochwertige Weine. Auf den fruchtbaren und kalkreichen Lössböden der Ried Spiegel und den Rollschotterböden der Ried Haid stehen die ältesten Reben der Familie, die außergewöhnliche DAC-Weine garantieren.

93 Riesling ** Ried Haid 2022
13 Vol.-%, DIAM, Stahltank, €€€€€ Ⓥ
Helles Grüngelb, Silberreflexe, Feine Nuancen von Pfirsich und Mango, etwas Blütenhonig, mit zarter Kräuterwürze unterlegt, Nuancen von Ringelblumen. Saftig, elegant, feine Süße im Kern, angenehmer Säurebogen, reifer Pfirsich und Marillennoten im Abgang, zeigt Länge und Potenzial.

92 Riesling * Ried Loiserberg 2022
13 Vol.-%, DIAM, Stahltank, €€€€ Ⓥ
Helles Grüngelb, Silberreflexe. Feine gelbe Tropenfrucht, ein Hauch von Blütenhonig, mit kandierten Orangenzesten

unterlegt. Mittlere Komplexität, feine Fruchtsüße, zarte Säurestruktur, ausgewogen, bleibt haften, ein vielseitiger Speisenbegleiter.

92 Grüner Veltliner * Gobelsburg 2023
12,5 Vol.-%, DV, Stahltank, €€
Mittleres Grüngelb, Silberreflexe. Einladende Frucht nach reifem Apfel, zart nach Birne und Mango, ein Hauch von Blütenhonig, mit kandierten Orangenzesten unterlegt. Saftig, gelbe Frucht, frischer Säurebogen, harmonisch und anhaftend, ein eleganter Begleiter bei Tisch, gutes Reifepotenzial.

92 Grüner Veltliner * Ried Kirchgraben 2022
12,5 Vol.-%, DV, Stahltank, €€€
Mittleres Gelbgrün, silberfarbene Reflexe. Feine gelbe Tropenfrucht, ein Hauch von Mango und Orangenzesten, etwas Nougat, einladendes Bukett. Komplex, stoffig, weißer Apfel, feiner Säurebogen, ausgewogen, mineralisch-zitronige Fruchtsüße, gute Länge, verfügt über Reifepotenzial.

92 Grüner Veltliner * Ried Spiegel 2022
13 Vol.-%, DIAM, 500-l-Fass, €€€
Helles Gelbgrün, silberfarbene Reflexe. Zart floral, mit einem Hauch von Limetten unterlegte Apfelfrucht, etwas Birne, mineralischer Touch. Mittlerer Körper, zart nach Karamell, dezenter Säurebogen, salzig, feine Fruchtsüße im Abgang, weißes Nougat im Nachhall, bereits gut entwickelt.

89 Gelber Muskateller 2023
11 Vol.-%, DV, Stahltank, €€

★★

WEINGUT SCHREIBEIS KELLER AM GAISBERG

Das Weingut Schreibeis befindet sich in der Einfahrt des malerischen Örtchens Straß im Straßertale, direkt am Fuße des Gaisbergs. Die Weiterentwicklung des Familienbetriebs ist das höchste Ziel von Juniorchef Edwin, der dort seit dem Jahrgang 2017 für die Vinifikation verantwortlich ist. Er ist bestrebt, den Charakter von Sorte und Lage in seinen Weinen zu vereinen, und versteht es perfekt, den Spirit jahrelanger Tradition mit seinem Fachwissen und seiner Kreativität zu fusionieren. Sein Repertoire an Erfahrungen konnte sich der Jungunternehmer unter anderem in einem renommierten biodynamischen Weingut und während eines Praktikums in Neuseeland aneignen.
Grüner Veltliner und Riesling sind mit einem Anteil von 60 Prozent die Hauptsorten. Diese reichen von frisch-fruchtigen Terrassenweinen bis zu den kräftigen Lagenweinen vom Gaisberg und Offenberg. Auch der Weißburgunder ist Tradition im Hause Schreibeis. Die mittelschweren Böden der Strasser Rieden Gautscher und Stangl und das Klima des Kamptals lassen Weißburgundertrauben reifen, die inspirierenden Spielraum für neue Ideen bieten. Die Vielfalt erstreckt sich vom klassischen Stahltankausbau, über Ausbau in kleinen Holzfässern bis hin zur Maischegärung. Die warmen Sommer der letzten Jahre haben vor allem die Qualität der Rotweine geprägt. Den klassischen Zweigelt, die Zweigelt-Reserve und die neu kreierte Cuvée sollten sich Rotweinfans nicht entgehen lassen. Lust auf mehr? Die Weine können auf dem Weingut in der Gaisbergkellergasse verkostet und vor Ort erworben werden.

WEINGUT SCHREIBEIS – KELLER AM GAISBERG
3491 Straß im Straßertale
Gaisbergkellergasse 12
T: +43 (2735) 5823
office@weingut-schreibeis.at
www.weingut-schreibeis.at

Kellermeister/Kontakt:
Edwin Schreibeis
Anbauweise: Integrierter Anbau
Produktion: 109.333 Flaschen
5 % Schaumwein, 80 % weiß,
4 % rosé, 10 % rot, 1 % süß, 21 Hektar
Zertifiziert: Nachhaltig Austria
Vereinszugehörigkeit:
Weinstraße Kamptal
Messen: ProWein Düsseldorf

(93) Grüner Veltliner ** Strass Ried Offenberg 2022
13,5 Vol.-%, DV, Teilbarrique, €€€€
Leuchtendes mittleres Goldgelb, Silberreflexe. Feine Nuancen von Marille und Honigmelone, feine Kräuterwürze, mit kandierten Orangenzesten unterlegt. Kraftvoll, betonte Kräuterwürze, weißer Apfel, feine Säure im Kern, ein stoffiger Speisenbegleiter mit Entwicklungspotenzial.

(92) Grüner Veltliner ** Ried Gaisberg 2023
13,5 Vol.-%, DV, Stahltank, €€€
Leuchtendes mittleres Gelbgrün, Silberreflexe. Zarte gelbe Tropenfrucht, ein Hauch von Mango und kandierten Orangenzesten, mit zartem Blütenhonig unterlegt. Mittlerer Körper, würzige Textur, etwas Birne, dezenter Säurebogen, extraktsüßer Abgang, mineralischer Nachhall, zeigt gute Länge.

91 Grüner Veltliner * Strass Ried Hasel 2023
12,5 Vol.-%, DV, Stahltank, €€
Helles Grüngelb, Silberreflexe. Frische gelbe Apfelfrucht, etwas Mango, mit einem Hauch von Wiesenkräutern unterlegt. Mittlerer Körper, weißes Kernobst, feiner Säurebogen, zitroniger Touch, mineralischer Nachhall, bereits entwickelt, vielfältig einsetzbar.

92 Weißburgunder Next Generation 2021
13,5 Vol.-%, DV, kleines Holzfass, €€€
Mittleres Gelbgrün, Silberreflexe. Zart nach Kokos und Vanille, ein Hauch von Birne und weißem Nougat, einladendes Bukett. Saftig, elegant, zart nach weißer Tropenfrucht und Karamell, feines Säurespiel, zeigt Länge und Potenzial.

90 Zweigelt Reserve 2020
13,5 Vol.-%, DV, gebrauchte Barriques, €€€
Dunkles Rubingranat, violette Reflexe, dezente Ockerrandaufhellung. Zarte Kräuterwürze, schwarze Beeren, reife Zwetschken, Orangenzesten, dunkles Nougat. Mittlerer Körper, saftig, rotbeerige Nuancen, zarte Tannine, frisch, mineralisch-zitronig im Nachhall.

(92) Riesling Auslese 2023
10 Vol.-%, DV, Stahltank, €€€€
Helles Gelbgrün, Silberreflexe. Frische weiße Tropenfrucht, Steinobstanklänge, florale Nuancen, mit kandierten Limetten unterlegt. Saftig, elegant, präsente Süße, zart nussig im Abgang, opulenter Stil, wird von weiterer Flaschenreife profitieren.

★★

WEINGUT PETER SCHWEIGER

Das Weingut Schweiger liegt in der Ortschaft Zöbing, inmitten des Kamptals. Peter Schweiger und sein Sohn Peter legen besonders großen Wert auf umweltfreundlichen und nachhaltigen Weinbau. Beide Generationen zollen dem Boden und der Natur besonderen Respekt. Um große Weine zu keltern, sind für sie zwei Dinge entscheidend: die spezielle Wertschätzung der Natur und die umsichtige Behandlung der Rebstöcke. Dieses Bewusstsein zieht sich durch ihr gesamtes Dasein als Winzer und ist schlussendlich in den hervorragenden Weinen zu schmecken.
Die ausschließlich von Hand gelesenen und selektierten Trauben stammen aus den großen Lagen des Kamptals: Zöbinger Heiligenstein, Kogelberg, Gaisberg und Lamm. Die Etiketten der Weine tragen die Philosophie des Betriebes nach außen: Der Kompass verkörpert die Verbundenheit mit der Region. Die Uhr steht für die Intention, den Weinen ausreichend Zeit zum Reifen zu geben. Und so kommen frühestens im April (»IV«) die ersten Weine des vergangenen Jahres auf den Markt.
Die große Liebe gilt dem Grünen Veltliner, der zu acht unterschiedlichen Weinen vinifiziert wird: von leicht und fruchtig über gehaltvoll und mineralisch bis hin zu kräftig und würzig, ausgebaut im Barrique. Peter Schweiger junior, Jahrgang 1996, der seit 2013 nicht nur handwerklich, sondern auch mit neuen Ideen und vollem Tatendrang kräftig mitarbeitet, kreiert mit seiner eigenen Linie »96«, die ausschließlich er selbst vinifiziert, besonders anspruchsvolle Weine.

94 Grüner Veltliner ** Ried Lamm 1ÖTW 2021
14 Vol.-%, DV, Flaschenreifung/Stahltank, €€€€€
Mittleres Gelbgrün, silberfarbene Reflexe. Frischer Golden-Delicious-Apfel, ein Hauch von Blütenhonig, zart mit Babybanane und Orangenzesten unterlegt. Komplex, saftig, elegant, feine Nuancen von gelber Frucht, finessenreicher Säurebogen, zitronig-mineralischer Nachhall, zeigt Länge, verfügt über Entwicklungspotenzial.

WEINGUT PETER SCHWEIGER
3561 Zöbing
Im Grübl 25
T: +43 (664) 2104748
office@schweiger-wein.at
www.schweiger-wein.at

Kellermeister: Peter Schweiger jun.
Kontakt: Peter Schweiger
Produktion: 1 % Schaumwein, 95 % weiß, 1 % rosé, 3 % rot, 18 Hektar
Zertifiziert: Nachhaltig Austria
Messen: VieVinum

93 Grüner Veltliner ** Ried Heiligenstein 1ÖTW 2022
13 Vol.-%, DV, Flaschenreifung/Stahltank, €€€€ F
Mittleres Goldgelb, Silberreflexe. Zarte Kräuterwürze, gelbe Tropenfrucht, Nuancen von Apfel und Mango, zarter Blütenhonig, feine tabakige Noten. Saftig, gelbes Kernobst, feiner Säurebogen, mineralisch, frisch und anhaftend, ein lebendiger Speisenwein, verfügt über Reifepotenzial.

93 Grüner Veltliner ** Ried Lamm Barrique 2021
14 Vol.-%, DV, Stahltank/gebrauchte Barriques/Flaschenreifung, €€€€€€
Mittleres Goldgelb, Silberreflexe. Zart nach Nougatkaramell, mit Nuancen von reifem gelbem Kernobst unterlegt, ein Hauch von Mango und etwas Honig. Saftig, gut integrierte Holznote, seidig und elegant, feiner Säurebogen, würziger Abgang, mineralisch und anhaftend, bereits gut antrinkbar, Veltliner im burgundischen Stil.

92 Grüner Veltliner ** Ried Gaisberg 1ÖTW 2022
13 Vol.-%, DV, Stahltank/Flaschenreifung, €€€€
Mittleres Grüngelb, silberfarbene Reflexe. Zart nach gelbem Apfel und Mandarinenzesten, tabakige Nuancen, mineralischer Anklang. Mittlerer Körper, frisch strukturiert, weißes Kernobst, zart nach Apfel im Abgang, ein leichtfüßiger Speisenwein.

91 Grüner Veltliner * Ried Kogelberg 2023
12,5 Vol.-%, DV, Stahltank, €€
Helles Goldgelb, Silberreflexe. Frische Wiesenkräuter, ein Hauch von weißer Birnenfrucht, mit kandierten Orangenzesten unterlegt. Mittlerer Körper, frische Apfelfrucht, lebendig strukturiert, mineralisch im Abgang, vielfältig einsetzbar.

92 Riesling ** Ried Heiligenstein 1ÖTW 2022
13 Vol.-%, DV, Stahltank/Flaschenreifung, €€€€
Helles Goldgelb, Silberreflexe. Verhalten, zarter Blütenhonig, Nuancen von gelbem Pfirsich, etwas Marille, mineralischer Touch. Mittlerer Körper, weißer Apfel, feiner Säurebogen, salzige Mineralik, bleibt haften, wird von Flaschenreife profitieren.

★★

WEINGUT SONNHOF

Der Name Sonnhof ist seit Generationen mit der Familie Jurtschitsch in Langenlois verbunden. Im Zuge des Generationswechsels entwickelte sich aus der Marke Sonnhof ein eigenständiges Weingut. Durch den respektvollen Umgang mit der Natur und die enge Zusammenarbeit mit ausgewählten Weinbauern wird zur Erhaltung der kleinstrukturierten Kulturlandschaft beigetragen. Und so entstehen aus vielen kleinen Weingartenparzellen auf dem Sonnhof authentische Sorten-, Orts- und Lagenweine aus den versteckten Ecken des Kamptals.

90 Grüner Veltliner * 2023
12,5 Vol.-%, DV, Stahltank, €€
Helles Gelbgrün, silberfarbene Reflexe. Feine Apfelfrucht, zart nach Kräutern, ein Hauch von Blütenhonig, frisches Bukett. Saftig, mittlere Komplexität, salzig, etwas nach Kräutern, Golden-Delicious-Apfel im Abgang, lebendiger Speisenbegleiter.

91 Riesling Urgestein 2023
12,5 Vol.-%, DV, Stahltank, €€€
Helles Gelbgrün, silberfarbene Reflexe. Frisch und lebendig, zart nach Limetten, ein Hauch von weißem Steinobst, Kräuternoten klingen an. Saftig, elegant, balancierte Säurestruktur, zitroniger Abgang, Limetten und Granny-Smith-Apfel im Nachhall, bereits gut antrinkbar.

WEINGUT SONNHOF
3550 Langenlois
Franziskaner Platz 1
T: +43 (2734) 2116
info@weingut-sonnhof.at
www.weingut-sonnhof.at

Kellermeister: Ewald Tiefenböck
Kontakt: Max Trabitsch
Produktion: 75 % weiß, 24 % rot, 1 % süß

89 Chardonnay 2023
12,5 Vol.-%, DV, Stahltank, €€ B

89 Zweigelt Rosé 2023
12 Vol.-%, DV, Stahltank, €€ B

91 Zweigelt Reserve 2021
13 Vol.-%, NK, großes Holzfass, €€€ B
Kräftiges Rubingranat, violette Reflexe, breitere Randaufhellung. Dezente Noten von Herzkirschen, unterlegt mit Gewürzen, zart nach Waldboden, ein Hauch von Kardamom, Vanilletouch. Saftig, elegant, fruchtsüß, dunkles Waldbeerenkonfit, balancierte Tanninstruktur, würziger Rückgeschmack, bereits gut antrinkbar.

89 Zweigelt 2021
12,5 Vol.-%, DV, großes Holzfass, €€

★★★★

WEINGUT STEININGER

Die Familie Steininger hat mit der sorten- und jahrgangsreinen Versektung der typischen Kamptaler Rebsorten eine eigene österreichische Sektphilosophie gefunden. Bei der klassischen Linie beruht das Erfolgsgeheimnis auf zwei Faktoren: einerseits auf der hohen Qualität der Grundweine, die sich klar, fruchtbetont und duftig präsentieren, und andererseits auf der behutsamen zweiten Gärung in der Flasche. Beides zusammen bringt den Charakter der jeweiligen Sorte und das Geschmacksbild des Grundweines perfekt zur Geltung. Bei den Lagensekten Riesling Ried Heiligenstein, Weißburgunder Ried Panzaun und Grüner Veltliner Ried Steinhaus werden Sorte und Terroir in den Vordergrund gestellt. Auch bei den Stillweinen setzt die Familie Steininger auf höchste Qualität. Der Fokus liegt auf Grünem Veltliner und Riesling. Jeder Rebstock nimmt die Eindrücke der Natur auf und gibt dem Wein seine Persönlichkeit. Familie Steininger setzt auf die Philosophie, Weine zu machen, welche die Frucht und den Charakter der Traube zeigen. Die Aromen präsentieren sich klar und ausdrucksstark, und das in einer eigenen Stilistik, die das kühle Klima des Kamptals und die Böden wunderbar widerspiegelt. Die wichtigsten Lagen des Weinguts sind Ried Loisium, Ried Lamm, Ried Kittmannsberg, Ried Kogelberg, Ried Steinhaus und Ried Seeberg.

95 Weißburgunder Sekt Austria Große Reserve Brut Niederösterreich g.U. Ried Panzaun 2018

Deg. 1/24, 13 Vol.-%, NK, Flaschengärung, €€€€€€ Ⓥ
Mittleres Gelbgrün, Silberreflexe, sehr feines Mousseux. Zarte weiße Tropenfrucht, frische Birne, ein Hauch von Zitronenmelisse, attraktives Bukett. Komplex, saftig, lebendig, seidige Textur, feine Fruchtsüße, gut eingebundener Säurebogen, elegant und lange anhaftend, ein vielseitiger Speisenwein mit sicherem Entwicklungspotenzial.

95 Pinot Noir Sekt Austria Große Reserve Brut Blanc de Noirs Niederösterreich g.U. Langenlois 2018

Deg. 1/24, 13 Vol.-%, NK, Flaschengärung, €€€€€€ Ⓥ
Helles Goldgelb, Silberreflexe, feines, anhaltendes Mousseux. Zart nach Orangenblüten, feine gelbe Tropenfrucht, ein Hauch von Zwetschken, dezente Limettenzesten und Wiesenkräuter. Komplex, saftig, elegant, feines Kernobst, gut integriertes Säurespiel, weißes Nougat und Biskuit im Abgang, gute Länge, sicheres weiteres Reifepotenzial.

94 Grüner Veltliner Sekt Austria Große Reserve Brut Niederösterreich g.U. Langenlois Ried Steinhaus 2018

Deg. 11/23, 13 Vol.-%, NK, Flaschengärung, €€€€€€ Ⓥ
Mittleres Grüngelb, Silberreflexe, feines, anhaltendes Mousseux. Zarte gelbe Tropenfrucht, reife Marille, etwas Blütenhonig und Kräuterwürze, einladendes Bukett. Komplex, cremig, helles Karamell, feine Säurestruktur, reife Birnenfrucht im Abgang, ein stoffiger Speisenbegleiter, bereits gut entwickelt.

93 Grüner Veltliner Sekt Austria Reserve Brut Niederösterreich g.U. 2019

Deg. 11/23, 13 Vol.-%, NK, Flaschengärung, €€€€€ Ⓥ
Leuchtendes Gelbgrün, Silberreflexe, zartes Mousseux. Feine gelbe Tropenfrucht, ein Hauch von Mango und Papaya, etwas Honigmelone, mit Limettenzesten unterlegt, einladendes Bukett. Stoffig, frisches Kernobst, angenehme Süße, feines Säurespiel, balanciert und vielfältig einsetzbar.

94 Riesling Sekt Austria Große Reserve Brut Niederösterreich g.U. Zöbing Ried Heiligenstein 2018

Deg. 1/24, 13 Vol.-%, NK, Flaschengärung, €€€€€€ Ⓥ
Mittleres Gelbgrün, Silberreflexe, zartes Mousseux. Zart floral, weiße Tropenfrucht, ein Hauch von Weingartenpfirsich, Litschis und Zitronengras. Kraftvoll, saftig, weißes Steinobst, finessenreich strukturiert, elegant, gut integrierte Fruchtsüße, bleibt gut haften, zeigt Länge, weiteres Reifepotenzial.

93 Riesling Sekt Austria Reserve Brut Niederösterreich g.U. 2021

Deg. 3/24, 13 Vol.-%, NK, Flaschengärung, €€€€€ Ⓥ
Mittleres Grüngelb, Silberreflexe. Mineralisch unterlegte Pfirsichfrucht, weißer Apfel, ein Hauch von Zitronengras, attraktives Bukett. Straff, weißes Steinobst, lebendiger Säurebogen, zitronig und leichtfüßig, ein anregender Aperitif und vielseitiger Speisenbegleiter.

WEINGUT STEININGER
3550 Langenlois
Walterstraße
T: +43 (2734) 2372
office@weingut-steininger.at
www.weingut-steininger.at

Kellermeister: Peter Steininger
Kontakt: Eva Steininger
Produktion: 30 % Schaumwein, 50 % weiß, 10 % rosé, 9 % rot, 1 % süß, 70 Hektar
Zertifiziert: Nachhaltig Austria
Vereinszugehörigkeit: Traditionsweingüter Österreich
Messen: ProWein Düsseldorf, VieVinum

Peter und Eva Steininger

93 ⓑ Sauvignon Blanc Sekt Austria Reserve Brut Niederösterreich g.U. 2019
13 Vol.-%, NK, Flaschengärung, €€€€€ ⓥ
Helles Goldgelb, Silberreflexe. Nuancen von Blüten, kandierte Limetten, zart nach Pfirsich, ein Hauch von Macis. Straff, saftig, zart nach Holundersirup, frischer Säurebogen, mineralisch-zitronig im Abgang, wirkt leichtfüßig, animierender Stil. (Deg. 0/23)

92 ⓑ Gelber Muskateller Sekt Austria 2022
13 Vol.-%, NK, Flaschengärung, €€€€€ ⓥ
Helles Grüngelb, Silberreflexe, feines, anhaltendes Mousseux. Zart traubig, frische gelbe Tropenfrucht, ein Hauch von Holunderblüten und Muskatnuss. Mittlere Komplexität, feine Fruchtsüße, weißer Apfel, frisch strukturiert, mineralisch-salzig im Abgang, ein vielseitiges Sommervergnügen. (Deg. 3/24)

92 ⓑ Burgunder Sekt Austria Reserve Brut Niederösterreich g.U. 2019 CH/WB/PN
13 Vol.-%, NK, Flaschengärung, €€€€€ ⓥ
Mittleres Goldgelb, Silberreflexe, feines, lebendiges Mousseux. Frische weiße Tropenfrucht, ein Hauch von Litschis, Nuancen von gelben Stachelbeeren, etwas Zitronengras. Saftig, komplex, reife Birnenfrucht, dezentes Säurespiel, harmonisch und gut anhaftend, ein ruhiger Speisenbegleiter. (Deg. 1/24)

92 ⓑ Traminer Sekt Austria Reserve Brut Niederösterreich g.U. 2021
Deg. 1/24, 13 Vol.-%, NK, Flaschengärung, €€€€€ ⓥ
Helles Goldgelb, Silberreflexe. Zart nach Rosenöl, etwas Maracuja und Ananas, einladendes Bukett. Saftig, elegant, reife gelbe Tropenfrucht auch am Gaumen, feiner Säurebogen, mineralisch, zart würzig, gut anhaftend, ein aromatischer Speisenbegleiter.

92 ⓑ Cabernet Sauvignon Rosé Sekt Austria 2022
13 Vol.-%, NK, Flaschengärung, €€€€€ ⓥ
Helles Kupfergold, Goldreflexe. Feine Wiesenkräuter, zart nach Herzkirschen, gelbe Pflaumenfrucht, etwas Blütenhonig. Stoffig, Nuancen von süßem weißem Kernobst, seidiger, balancierter Stil, zarte Mineralik mit salzigem Touch im rotbeerigen Finale, vielfältig einsetzbar. (Deg. 1/24)

94 Grüner Veltliner ** Langenlois Ried Kittmannsberg 1ÖTW 2022
13,5 Vol.-%, DV, Stahltank, €€€€ ⓥ
Helles Gelbgrün, silberfarbene Reflexe. Zart gewürzig unterlegte gelbe Tropenfrucht, etwas Mango und Papaya, zarte Mandarinenzesten, mit etwas Blütenhonig und Gewürznelken unterlegt. Saftig, engmaschig, weißer Apfel, frisch strukturiert, mineralisch, zeigt gute Länge und Komplexität, sicheres Reifepotenzial, ein eleganter Speisenbegleiter.

(93) Grüner Veltliner ** Grand Grü 2023
13,5 Vol.-%, DV, großes Holzfass, €€€€ ⓥ
Helles Goldgelb, Silberreflexe. Zarter Blütenhonig, gelbe Tropenfrucht, reifes Kernobst, attraktives Bukett. Stoffig, elegant, saftige Frucht, zarte Süße, angenehmer Säurebogen, mineralisch-salzig im Abgang, zeigt gute Länge, bereits entwickelt, verfügt über Reifepotenzial.

93 Grüner Veltliner ** Zöbing Ried Kogelberg 1ÖTW 2022
13,5 Vol.-%, DV, großes Holzfass, €€€€€ ⓥ
Helles Goldgelb, silberfarbene Reflexe. Zart nach Honig und Marille, frische Mango, kandierte Mandarinenzesten. Saftig, elegant, feine Nuancen von gelber Frucht, balanciert, salzige Mineralik, ein Hauch von reifem Steinobst und Wiesenkräutern im Nachhall, ein kraftvoller Speisenbegleiter.

93 Grüner Veltliner ** Kammern Ried Lamm 1ÖTW 2022
13,5 Vol.-%, DV, kleines Holzfass, €€€€€ ⓥ
Leuchtendes mittleres Goldgelb, silberfarbene Reflexe. Zarte Kräuterwürze, florale Nuancen, feine gelbe Tropenfrucht, ein Hauch von Ringlotten, mit weißem Apfel unterlegt. Mittlerer Körper, feine Fruchtsüße, zart nach Birne, dezente Säure, ausgewogen, ein Hauch von Honig im Nachhall, bereits antrinkbar.

91 Grüner Veltliner * 2023
12,5 Vol.-%, DV, Stahltank, €€ ⓥ
Helles Goldgelb, Silberreflexe. Zarte gelbe Apfelfrucht, ein Hauch von Mango, Nuancen von Blütenhonig, tabakiger Anklang. Saftig, mittelgewichtig, elegant, frisch strukturiert, Noten von Kernobst, balanciert, ein vielseitiger Speisenbegleiter.

91 Grüner Veltliner * Langenlois Ried Loisium 2023
13 Vol.-%, DV, Stahltank, €€€ ⓥ
Leuchtendes Grüngelb, Silberreflexe. Feine gelbe Tropenfrucht, zart nach Mango, ein Hauch von Birne, mit etwas Wiesenkräutern unterlegt. Mittlerer Körper, feine Fruchtsüße, etwas Honigmelone, dezenter Säurebogen, zugänglicher Stil, bereits gut antrinkbar.

93 Riesling ** Zöbing Ried Heiligenstein 1ÖTW 2022
13 Vol.-%, DV, Stahltank, €€€€€
Helles Grüngelb, silberfarbene Reflexe. Zart nussig unterlegte Nuancen von weißem Steinobst, feine Kräuterwürze, kandierte Orangenzesten. Mittlere Komplexität, weißer Apfel, frischer Säurebogen, lebendig und animierend, zart salzig im Finale, ein schwungvoller Speisenbegleiter.

★★

WEINGUT REINHARD TOPF

Die Zielsetzung von Reinhard Topf ist eindeutig: Weine mit unverwechselbarer Handschrift zu kreieren und die Ressourcen des Kamptals bestmöglich und nachhaltig zu nutzen. Seit 2015 prägt der junge Winzer, Jahrgang 1992, das Geschehen im Familienbetrieb mit jugendlichem Feuer, Drang zur Innovation und unglaublichem Ehrgeiz. Durch viel Feingefühl bei der Arbeit mit Natur und Boden wird in den besten Lagen des Weinortes Straß im Straßertale der Grundstein für großartigen Wein gelegt. Wer die Weine kennt, wird bestätigen: Reinhard Topf hat nicht nur Freude an seiner Arbeit, sondern schafft es auch, die liebevolle Hingabe zu seinen Rebstöcken eindrucksvoll ins Glas zu bringen.

Das Sortiment reicht von klassisch und leicht bis hin zu reif und kräftig. Unverschnörkelt, feinfruchtig und mit viel Eleganz imponieren die Weine. Der Spaß beim Trinken steht dabei an oberster Stelle. Auch wer Vielschichtigkeit und Komplexität sucht, ist bei dem engagierten Winzer goldrichtig. Der Grüne Veltliner Reserve Ried Gaisberg – eines der Flaggschiffe des Betriebes – lässt die Herzen der Weinliebhaber höherschlagen und sorgt für endlosen Gesprächsstoff. Dem kargen Terroir des Wechselberges, geprägt von Glimmerschiefer und Urgestein, verdankt die Weißburgunder Reserve imposanten Tiefgang und Struktur. Uneingeschränkte Hingabe genießt auch der Riesling in den Lagen Gaisberg und Wechselberg: Schon früh entwickelte sich eine besondere Liebe zu dieser Rebsorte. Mittlerweile zählt er zu den Aushängeschildern des Weingutes und überzeugt durch unverkennbare Steinobstnoten, Feingliedrigkeit und perfekt balancierte Säure.

Aufgrund der Begeisterung dafür, neue Wege rund um den Wein zu betreten, findet seit 2021 eine neue Weinlinie seinen Platz im Sortiment: »Triebwerk« – pur, ungeschönt und unfiltriert.

(93) Grüner Veltliner ** Ried Gaisberg 2023
13,5 Vol.-%, DV, Teilbarrique, €€€
Mittleres Gelbgrün, Silberreflexe. Zart nach Honigmelone, kandierte Orangenzesten, floraler Touch, Kardamom klingt an, dunkle Würze. Gute Komplexität, fruchtsüß, reife gelbe Apfelfrucht, gut integrierter Säurebogen, lang anhaltend, vielfältig einsetzbar.

92 Grüner Veltliner ** Ried Gaisberg 2022
13,5 Vol.-%, DV, Teilbarrique, €€€
Mittleres Gelbgrün, Silberreflexe. Mit Blütenhonig und Karamell unterlegte reife Apfelfrucht, ein Hauch von Ananas,

WEINGUT REINHARD TOPF
3491 Straß im Straßertale
Langenloiser Straße 213
T: +43 (664) 3747156
weingut@reinhardtopf.at
www.reinhardtopf.at

Kellermeister/Kontakt:
Reinhard Topf
Produktion: 90 % weiß, 10 % rot, 7 Hektar
Vereinszugehörigkeit:
Weinstraße Kamptal
Messen: Vinessio Weinmesse Starnberg

Straß im Straßertale

Wiesenkräuter klingen an. Saftig, straff, gut eingebundene Säurestruktur, gelbfruchtig im Abgang, Melone im Nachhall, Orangentouch im Rückgeschmack, guter Speisenbegleiter.

(91) Grüner Veltliner ** Ried Wechselberg 2023
13,5 Vol.-%, DV, Stahltank, €€
Helles Gelbgrün, Silberreflexe. Tropenfrucht und Gewürznuancen klingen an, zart nach Anis, ein Hauch von Mango, floraler Touch. Mittlere Komplexität, frische Säurestruktur, mineralisch, weißes Steinobst, Zitrus im Nachhall, lebendiges Finish.

90 Grüner Veltliner * Ried Hasel 2023
12,5 Vol.-%, DV, Stahltank, €€
Helles Gelbgrün, Silberreflexe. Kräuter-Tabak-Würze, weiße Apfelfrucht, zart nach Melisse, frisches Bukett. Mittlerer Körper, mineralisch, Zitrustouch, weißes Steinobst im Abgang, unkompliziert antrinkbar.

(92) Riesling * Ried Gaisberg 2023
12,5 Vol.-%, DV, Stahltank, €€
Helles Gelbgrün, Silberreflexe. Frisches Bukett nach Wiesenkräutern, weißes Steinobst, ein Hauch von Maracuja, floraler Touch. Frische Struktur, weißes Steinobst, Quitte und Limetten im Abgang, feinwürziger Rückgeschmack, vielfältig einsetzbar.

91 Weißburgunder Ried Wechselberg Reserve 2022
13 Vol.-%, DV, Teilbarrique, €€€
Mittleres Gelbgrün, silberfarbene Reflexe. Zarte Apfelfrucht, etwas nach Kräutern, ein Hauch von Melisse, mit Williamsbirne unterlegt, fruchtiges Bukett. Mittlere Komplexität, fruchtsüß, Tropenfrucht im Abgang, balancierte Säurestruktur, mineralisch, reife Feigen im Nachhall, guter Speisenbegleiter.

★★★★

WEINGUT TOPF

BIO

Am Fuß des Gaisbergs im südlichen Kamptal findet man im malerischen Ort Straß im Straßertale das Traditionsweingut der Familie Topf. Dort, wo seit 1885 über fünf Generationen Wissen und Leidenschaft stetig weitergegeben werden, entstehen Weine mit einer einzigartigen Handschrift. Die Tradition zu wahren, das erlernte Handwerk weiterzugeben und viel Sorgfalt in den Weinbergen zählen zur täglichen Praxis. Gemeinsam mit seinen Söhnen vinifiziert Hans Topf Lagen- und Schaumweine und bringt sie mit perfekter Trinkreife auf den Markt. Die Brüder Hans-Peter und Maximilian arbeiten im Einklang mit der Natur und ergänzen das Portfolio ihres Vaters um ihre eigenen Lagenweine, die zusätzlich ihre Initialen »M« bzw. »HP« tragen. Das große Potenzial und der Stolz der Winzerfamilie beruhen auf den Ersten Lagen Offenberg, Gaisberg, Wechselberg Spiegel und Heiligenstein. Für die Einzigartigkeit und Unverwechselbarkeit dieser Lagen sind Konglomerate aus Glimmerschiefer, Paragneise und Arkosen sowie der Einfluss von unterschiedlichen Kleinklimata verantwortlich. Als Mitglied der Traditionsweingüter Österreich setzt Familie Topf auf die Erlebbarkeit der Lagenweine unter dem Titel »Herkunft im Glas kostbar machen«.

94 ❶ Sekt Austria Große Reserve Brut g.U. 2016 GV/PN/WB/CH
12,5 Vol.-%, NK, Holzfass/Flaschengärung, €€€€€
Kräftiges Goldgelb, Grünreflexe, anhaltendes feines Mousseux. Einladendes Bukett nach Orangenzesten und reifem Steinobst, etwas nach Marille, ein Hauch von Karamell, zart nach Ringlotten, mit Wiesenkräutern unterlegt. Saftig, elegant, facettenreiche Säurestruktur, dunkelmineralisch-salzig, feinwürzig, Mangotouch im Abgang, bleibt sehr gut haften, straffer Speisenbegleiter.

95 Riesling * Ried Heiligenstein Steinwand 1ÖTW »M« 2022
13,5 Vol.-%, DV, Stahltank, €€€€€€
Mittleres Goldgelb, Silberreflexe. Reife gelbe Tropenfrucht, Nuancen von Papaya und Mango, ein Hauch von Blütenhonig und kandierten Orangenzesten. Saftig, elegant, frische Marille, feiner Säurebogen, etwas opulenterer Stil, zarte Süße im Abgang, gutes Entwicklungspotenzial.

94 Riesling * Ried Heiligenstein 1ÖTW 2022
14 Vol.-%, DV, Stahltank, €€€€€
Helles Grüngelb, Silberreflexe. Zarte Pfirsichfrucht, ein Hauch von Mango, mit Nuancen von kandierten Orangenzesten unterlegt. Saftig, elegant, feine Fruchtsüße, angenehme Säurestruktur, ein Hauch von Orangen und Blütenhonig im Abgang, ein vielseitiger Speisenbegleiter, gutes Reifepotenzial.

WEINGUT TOPF

3491 Straß im Straßertale, Talstraße 162
T: +43 (2735) 2491, office@weingut-topf.at
www.weingut-topf.at
Kellermeister: Maximilian & Hans-Peter Topf
Kontakt: Familie Topf
Anbauweise: Zertifiziert Biologisch (Bio Austria)
Produktion: 306.667 Flaschen
10 % Schaumwein, 70 % weiß, 20 % rot,
50 Hektar
Zertifiziert: Nachhaltig Austria
Vereinszugehörigkeit:
Traditionsweingüter Österreich
Messen: Alles für den Gast Salzburg, Austrian Tasting London, ProWein Düsseldorf, VieVinum, Vinitaly, Wein & Genuss Festival Sylt, DAC-Präsentationen

94 Riesling * Ried Wechselberg Spiegel 1ÖTW 2022

13,5 Vol.-%, DV, Stahltank, €€€€€
Mittleres Goldgelb, Silberreflexe. Mit einem Hauch von kandierten Limettenzesten und Kräutern unterlegte gelbe Tropenfrucht, Nuancen von gelbem Pfirsich und Blütenhonig. Mittlere Komplexität, weißes Steinobst, seidige Textur, feiner Säurebogen, mineralisch, feinfruchtiger Nachhall, bereits sehr gut entwickelt.

92 Riesling * Straß im Strassertal 2023

12,5 Vol.-%, DV, Stahltank, €€€ B
Helles Grüngelb, Silberreflexe. Frisches, einladendes Steinobst, ein Hauch von Pfirsich, florale Nuancen, mit Mandarinenzesten unterlegt. Saftig, elegant, Weingartenpfirsich, lebendig strukturiert, mineralisch, fruchtiger Abgang, salzig-zitroniger Nachhall, bereits gut entwickelt, vielfältig einsetzbar.

94 Grüner Veltliner * Ried Offenberg 1ÖTW 2022

13,5 Vol.-%, DV, Stahltank, €€€€€
Mittleres Goldgelb, Silberreflexe. Feine Nuancen von reifer Tropenfrucht, zart nach Mango und Papaya, kandierte Orangenzesten, ein Hauch von Blütenhonig. Komplex, kraftvoll, süße Textur, feiner Säurebogen, fruchtiger Abgang, zeigt Länge, bereits sehr gut antrinkbar, ein stoffiger Speisenwein.

93 Grüner Veltliner * Ried Wechselberg 2023

12,5 Vol.-%, DV, Stahltank, €€€ B
Mittleres Gelbgrün, Silberreflexe. Zart nach Orangenzesten, gelber Apfel, ein Hauch von Mango, tabakige Kräuterwürze. Mittlerer Körper, weißer Apfel, frischer Säurebogen, mineralisch und gut anhaftend, ein facettenreicher, animierender Speisenbegleiter.

93 Grüner Veltliner * Ried Gaisberg 1ÖTW 2022

13,5 Vol.-%, DV, Stahltank, €€€€€
Helles Gelbgold, silberfarbene Reflexe. Zartes Bukett, ein Hauch von Wiesenkräutern, reife Birne, etwas Kletzen, mit kandierten Limetten unterlegt. Mittlere Komplexität, cremig, wieder ein Hauch von Dörrobst, feine Süße, seidiger Stil, bereits entwickelt, ein saftiger Speisenbegleiter mit salzig-mineralischem Nachhall.

91 Grüner Veltliner * Straß im Strassertal 2023

12,5 Vol.-%, DV, Stahltank, €€ B
Helles Grüngelb, Silberreflexe. Tabakige Würze, feine gelbe Kernobstnuancen, zart nach Honigmelone, mit Wiesenkräutern unterlegt. Mittlere Komplexität, weißer Apfel, frische Säurestruktur, feine Süße im Abgang, ein eleganter Speisenbegleiter.

90 Grüner Veltliner * 2023

12,5 Vol.-%, DV, Stahltank, €€ B
Helles Grüngelb, Silberreflexe. Feine Wiesenkräuter, frischer Apfel, ein Hauch von Orangenzesten. Mittlerer Körper, würzig, gelbe Birnen, frisch strukturiert, zugänglich, bietet unkomplizierten Trinkspaß.

93 Chardonnay Ried Hasel 2021

14 Vol.-%, DV, Eichenfass, €€€€€
Kräftiges Goldgelb, Silberreflexe. Zart nach Dörrobst und Nougat, reife gelbe Tropenfrucht, Nuancen von Papaya und

Blütenhonig. Mittlere Komplexität, gelbe Frucht, weißes Nougat, cremig-seidig im Abgang, gute Frische im Finale, ein ausgewogener Begleiter bei Tisch.

93 Pinot Noir Ried Stangl »HP« 2018
12,5 Vol.-%, NK, Barrique, €€€€€
Mittleres Karmingranat, Ockerreflexe, breite Randaufhellung. Zarte rotbeerige Frucht, ein Hauch von Lakritze, Himbeeren, gewürzige Nuancen, einladendes Bukett. Mittlerer Körper, feine Würze, eingelegte Kirschen, tragende Tannine, rotbeerig und gut anhaftend, Veilchentouch im Finish, gutes weiteres Entwicklungspotenzial.

★★★

WEINGUT MARKUS WALDSCHÜTZ

Seit 1871 betreibt die Familie Waldschütz ihren Betrieb in Elsarn im Straßertal. Seit 1994 lenkt der gelernte Weinbau- und Kellermeister Reinhard Waldschütz die Geschicke des Weinguts – mit dem Ziel, naturnahe, fruchtig-frische und für die Gegend geschmackstypische Weine zu kreieren. Das Straßertal ist eine äußerst reizvolle Landschaft auf einer Seehöhe von 208 bis 360 Metern, und viele bekannte Rieden des Kamptals sind hier zu finden. Auch die Lagen des Weinguts von Reinhard und Martina Waldschütz befinden sich in Straßer Spitzenrieden wie Wechselberg oder Gaisberg. Sie bilden die Basis für Trauben von bester Qualität, die dann behutsam und schonend zu feinen Weinen verarbeitet werden. Das zeigt sich quer durch alle Rebsorten, insbesondere bei Grünem Veltliner, Riesling und Sauvignon Blanc.
Seit 2012 ist Sohn Markus für den Keller hauptverantwortlich. Durch seine internationalen Praktika in Kalifornien und Neuseeland sorgt er für die kontinuierliche Fortführung des sehr hohen Betriebsstandards.

WEINGUT MARKUS WALDSCHÜTZ
3491 Elsarn im Straßertal
Trautbach 3
T: +43 (2735) 79457
kontakt@weingut-waldschuetz.at
www.weingut-waldschuetz.at

Kellermeister: Markus Waldschütz
Kontakt: Reinhard und Markus Waldschütz
Anbauweise: Umstellung auf bio (Bio Austria)
Produktion: 90 % weiß, 10 % rot, 35 Hektar
Zertifiziert: Nachhaltig Austria
Messen: ProWein Düsseldorf, VieVinum, Vinobile Feldkirch

94 Grüner Veltliner ** Ried Grub 1ÖTW 2021
13,5 Vol.-%, NK, Eichenfass, €€€€€
Leuchtendes Goldgelb. Gelbe Tropenfrucht, zart nach Honig, ein Hauch von Tabak, Ananas und Marille, floraler Touch. Saftig, elegant, engmaschig, gut eingebundene Säurestruktur, mineralisch, fruchtsüß, zitroniger Nachhall, besitzt Länge, guter, harmonischer Speisenbegleiter mit Potenzial für viele Jahre.

93 Grüner Veltliner ** Ried Rosengartl 2022
13,5 Vol.-%, NK, Eichenfass, €€€€€
Leuchtendes Goldgelb, Silberreflexe. Limettenzesten, zart nach Kräutern, feine Maracujanoten, ein Hauch von Gewürzen. Saftig, mittlere Komplexität, gut eingebundene Säurestruktur, extraktsüß nach Papaya, Nuancen von gelber Frucht im Nachhall, guter Speisenbegleiter.

91 Grüner Veltliner * Strass 2023
12,5 Vol.-%, DV, Stahltank, €€
Helles Goldgelb, Silberreflexe. Floral-minziges Bukett, zart nach Kernobst, zitronig-ätherischer Touch. Mittlerer Körper, frischer Apfeltouch, dezente Fruchtsüße, lebendig, mineralisch-salzig im Abgang, bereits gut entwickelt.

90 Grüner Veltliner * 2023
12 Vol.-%, DV, Stahltank, €€
Helles Gelbgrün, Silberreflexe. Etwas verhalten, zart mit Limetten unterlegte weiße Apfelfrucht, ein Hauch von frischer Pfefferminze. Mittlerer Körper, frisch strukturiert, Kernobst, lebendige Säurestruktur, ein anregender Speisenbegleiter.

91 Riesling * Strass »Venesse« 2023
12,5 Vol.-%, DV, Stahltank, €€€
Helles Goldgelb, Silberreflexe. Frische weiße Tropenfrucht, blumiger Touch, ein Hauch von Limettenzesten, einladendes Bukett. Schlank, feine Fruchtsüße, frischer Säurebogen, mineralisch-zitronig im Abgang, ein animierender Speisenbegleiter.

92 Weissburgunder Grosse Reserve 2021
13,5 Vol.-%, NK, 500-l-Fass, €€€€€
Mittleres Goldgelb, Silberreflexe. Zart nach kandierten Limettenzesten, weißes Kernobst, ein Hauch von gelber Birne, dezent nach Mango, facettenreiches Bukett. Straff, engmaschig, feine Fruchtsüße, zart nach Banane, dezentes Säurespiel, bereits gut gereift, vielfältig einsetzbar.

★★★★

IN VINO WEIX WEINGUT WEIXELBAUM

BIO

Im lebhaften Zwiegespräch mit der Natur, ganzheitlich und persönlich – so leben und lieben wir den Wein, so betreiben wir unser Familienweingut in Strass bereits in dritter Generation. Das ganze Jahr über leiten und begleiten uns die wahren Werte im Weingarten, im Keller und im Winzerleben.« Die Leidenschaft, mit der die Arbeit verrichtet wird, findet ihren Ausdruck im erklärten Ziel von Heinz Weixelbaum: Weine zu produzieren, die er selbst zu trinken liebt, und anderen dabei zuzusehen, wie sie sich daran erfreuen. Wahre Werte bedeuten nicht Stillstand, sondern behutsame Weiterentwicklung. Die Vergangenheit gibt Rückendeckung, Bodenhaftung und wertvolle Schätze für die Vinothek. In die Zukunft schaut man gemeinsam mit den Kindern Theresa und Pauli, die beim »Familienrat« im Weingarten bereits mitreden, welche Rebsorten ausgepflanzt werden.

Auf 30 Hektar Rebfläche im Weinbaugebiet Kamptal hegt und pflegt die leidenschaftliche Winzerfamilie 140.000 Rebstöcke. Der Schwerpunkt liegt auf Weißwein, abgerundet durch ein kleines, aber feines Sortiment in Rot. Der Erfolg des Betriebes beruht auf ganzheitlichen ökologischen Grundsätzen sowie auf der Bewahrung traditioneller Werte. Gastfreundschaft, gute Laune und bodenständiges Herzblut fließen durch

IN VINO WEIX – WEINGUT WEIXELBAUM
3491 Straß im Straßertale
Weinbergweg 196
T: +43 (2735) 2269
weixelbaum@invinoweix.at
invinoweix.at

Kellermeister: Heinz Weixelbaum
Kontakt: Heinz und Gabi Weixelbaum
Anbauweise: Zertifiziert Biologisch (Bio Austria)
Produktion: 90 % weiß, 4 % rosé, 5 % rot, 1 % süß, 30 Hektar
Messen: ProWein Düsseldorf

Roter Veltliner

die Adern des Weinguts. Wenn der Wein davon erzählt, dann macht genau das die Familie zufrieden. Wenn der Wein Menschen Freude schenkt, ist die Familie glücklich. »Dann wird unser Beruf ebenso zum Lebenselixier wie ein guter Tropfen Wein.«

93 Grüner Veltliner ** Ried Gaisberg 1ÖTW 2022
13,5 Vol.-%, DV, großes Holzfass, €€€€€ B V
Helles Goldgelb, Silberreflexe. Frischer Golden-Delicious-Apfel, etwas Mango, ein Hauch von Orangenzesten, mit Wiesenkräutern unterlegt. Saftig, komplex, weißes Kernobst, feiner Säurebogen, zarter Blütenhonig im Abgang, elegant und vielfältig einsetzbar, gutes Reifepotenzial.

92 Grüner Veltliner * Strass 2023
12,5 Vol.-%, DV, Stahltank, €€ B H V
Helles Grüngelb, Silberreflexe. Feine gelbe Tropenfrucht, zart nach Marille, frischer Apfel, einladendes Bukett. Mittlere Komplexität, feiner Blütenhonig, zart nach Birne, frisch und mineralisch im Abgang, ein anregender Speisenbegleiter.

95 Grüner Veltliner Anno Dazumal 2019
14 Vol.-%, NK, kleines Holzfass, €€€€€ V
Leuchtendes mittleres Gelbgrün, Silberreflexe. Zarte Nuancen von gelber Tropenfrucht, feine Kräuterwürze, ein Hauch von Limettenzesten, facettenreiches Bukett. Kraftvoll, saftig und elegant, ein Hauch von Nougatkaramell, stoffig und lange anhaftend, reife Frucht im Abgang, getrocknete Marillen im Rückgeschmack, ein stoffiger Speisenwein, ausgestattet mit sehr guter Länge.

94 Riesling ** Ried Gaisberg 1ÖTW 2021
13,5 Vol.-%, DV, großes Holzfass, €€€€€
Helles Gelbgrün, silberfarbene Reflexe. Zart mit Orangenzesten und etwas Safran unterlegte feine Nuancen von gelbem Steinobst, Blütenhonig und Limetten. Stoffig, elegant, frischer Weingartenpfirsich, dezente Süße im Nachhall, gute Länge, sicheres Reifepotenzial.

94 Riesling ** Ried Heiligenstein 1ÖTW 2022
13 Vol.-%, DV, großes Holzfass, €€€€€
Helles Goldgelb, Silberreflexe. Einladende gelbe Tropenfrucht, feine Nuancen von Maracuja, dazu Pfirsich und weiße Blüten, zarte Honignuancen, einladendes Bukett. Komplex, saftig, Nuancen von weißer Frucht, feiner Säurebogen, dezente Süße im Abgang, bereits zugänglich und gut antrinkbar.

92 Riesling ** Alte Reben 2021
12,5 Vol.-%, DV, Stahltank, €€€€
Helles Goldgelb, Silberreflexe. Zart nach Maracuja und Safran, mit Nuancen von weißem Pfirsich unterlegt, ein Hauch von Limetten im Hintergrund. Mittlere Komplexität, frische Tropenfrucht, lebendig und animierend strukturiert, mineralisch, feiner Blütenhonig im Nachhall.

96 Sauvignon Blanc Anno Dazumal 6-8-9
14,5 Vol.-%, NK, kleines Holzfass, €€€€€ V
Mittleres Goldgelb, Silberreflexe. Attraktives Bukett aus Cassis, Maracuja und Holunderblütenextrakt, zart mit Limettenzesten unterlegt. Kraftvoll, komplex, saftig, feiner Karamelltouch, weiße Tropenfrucht im Nachhall, zart nach Guaven, salzige Mineralik im Finale, lange anhaftend, mit sicherem weiterem Potenzial ausgestattet.

93 Roter Veltliner Wahre Werte 2021
13 Vol.-%, DV, großes Holzfass, €€€€
Mittleres Gelbgrün, Silberreflexe. Feine Mangonuancen, etwas Blütenhonig, blumiger Touch, ein Hauch von kandierten Orangenzesten. Komplex, saftig, weißer Apfel, feine Säurestruktur, mineralisch, aber auch mit fruchtiger Süße ausgestattet, weißes Nougat im Nachhall, ein facettenreicher Begleiter bei Tisch.

92 Weißburgunder Wahre Werte 2023
13 Vol.-%, DV, großes Holzfass, €€€€ B V
Helles Grüngelb, Silberreflexe. Frisches Steinobst, ein Hauch von Birne, etwas Babybanane, florale Nuancen, einladendes Bukett. Saftig, mittlere Komplexität, süßes Kernobst, etwas Kokos, balanciert und schwungvoll, ein vielseitiger Speisenwein.

PLATZ FÜR IHRE
WEINNOTIZEN

Der Steiner Gaisberg bei Krems an der Donau

NIEDERÖSTERREICH

KREMSTAL

DAC

Stift Göttweig

HOCHKULTUR DES WEINES

Könnten Weingärten reden, stünden im Kremstal spannende Diskussionen auf dem Programm. Schließlich verteilt sich die 2.252 Hektar große Rebfläche auf unterschiedliche Zonen: die pittoresken Zwillingsstädte Krems und Stein, die östlicher gelegenen Gebiete und die kleinen Weinorte südlich der Donau rund um Stift Göttweig. Verbindende Elemente sind Grüner Veltliner und Riesling als Repräsentanten für das Gebiet – seit dem Jahrgang 2007 unter der Bezeichnung »Kremstal DAC« – und die Botschaft Kunst und Kultur.

In der alten (Wein-)Kulturstadt Krems und ihrer Zwillingsstadt Stein ist der Weinbezug überall spürbar. Sie werden ihrer Stellung als Imageträger der österreichischen Weinkultur seit langer Zeit gerecht: historisch gesehen mit alten Lesehöfen und Zeugnissen der großen Weinbautradition, aus heutiger Sicht mit jungen, erfolgreichen Winzern sowie einer innovativen Genossenschaft und einer modernen Weinbauschule. Geologisch verwandt mit der westlich angrenzenden Wachau, herrschen im Stadtgebiet und der engeren Umgebung Urgesteinsverwitterungsböden vor, stellvertretend genannt sei die bekannte Lage Steiner Pfaffenberg mit einem eleganten, mineralischen Weintyp. Sehr eigenständige Weine kommen auch aus Senftenberg und den umliegenden kleinen Weinorten, die sich entlang des Flüsschens Krems erstrecken. Ganz anders gelagert sind die Rebflächen im Osten der Stadt als Herkunft von runderen, fülligeren Weinen.

Die gewaltigen Lössterrassen in den Weinorten Rohrendorf – wo die Wiege des weit über die Grenzen hinaus bekannten Weinbaupioniers Prof. Dr. h. c. Lenz Moser stand – und Gedersdorf verleihen der Landschaft einen ganz besonderen Reiz. Südlich der Donau liegen Furth-Palt, Krustetten, Höbenbach, Hollenburg, Ober- und Tiefenfucha, überragt vom weithin sichtbaren Stift

Göttweig. In diesem Teil des Weinbaugebiets tragen auch viele Heurigenbetriebe dazu bei, den urtümlichen und bodenständigen Charakter zu bewahren. Ähnlich wie in den benachbarten Weinbaugebieten Wachau und Kamptal kommt auch im Kremstal das klimatische Spannungsfeld stark zur Geltung: Kühle Einflüsse aus dem nahen Waldviertel treffen auf warme, trockene aus der Pannonischen Tiefebene im Osten. Das tief eingeschnittene Donautal ist dabei durch die temperaturregulierende Wirkung der großen Wasserfläche begünstigt. Saftige, finessenreiche Weißweine, vor allem Grüner Veltliner und Riesling, in kleinerem Ausmaß aber auch dichte, ausdrucksstarke Rotweine prägen das Gebiet, dessen Winzerinnen und Winzer sich durch großes Lagenbewusstsein auszeichnen – als Möglichkeit, die Vielfalt im Kleinen zu verwirklichen.
Die dreistufige DAC-Gliederung ist ähnlich der des Kamptals, Abweichungen gibt es lediglich beim Zeitpunkt des möglichen Erstverkaufsdatums.

KREMSTAL DAC

Österreich gesamt:	**44.728 ha**
Weinbaugebiet Niederösterreich:	**27.074 ha**
Kremstal DAC	**2.252 ha**

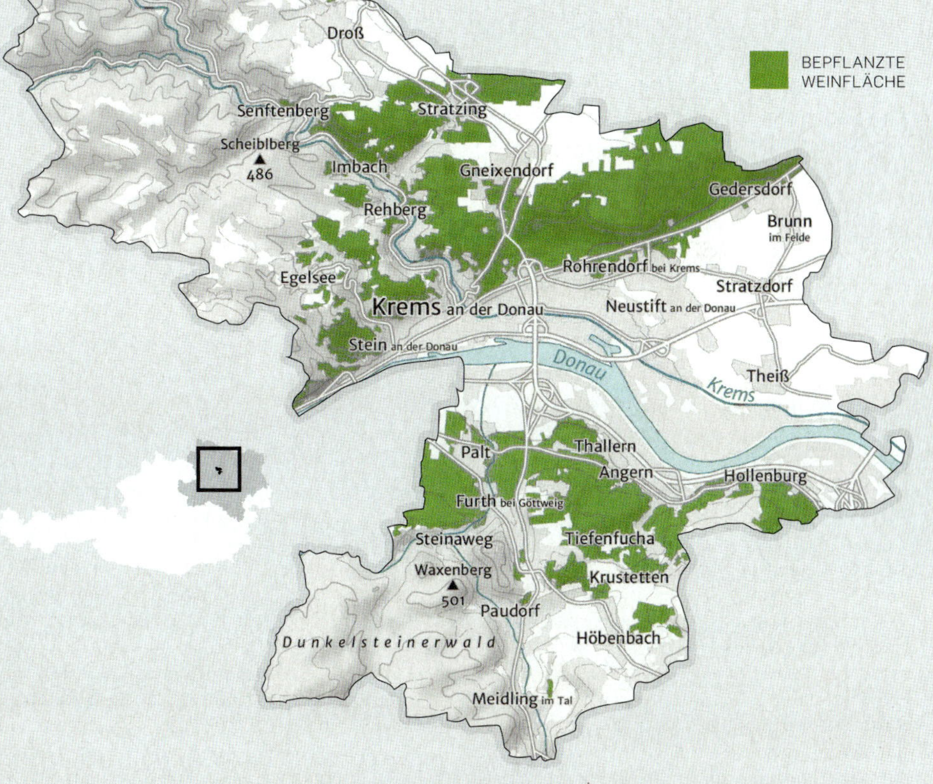

AUSGEWÄHLTE WEINGÜTER

★★★★★

Weingut Mantlerhof, Brunn im Felde/ Gedersdorf
Wein-Gut Nigl, Senftenberg
Weingut Familie Proidl, Senftenberg
Weingut Salomon Undhof, Stein an der Donau

★★★★

Weingut Buchegger, Droß
Weingut Meinhard Forstreiter, Kremstal
Weingut Malat, Furth
Weingut Vorspannhof – Mayr, Dross
Weingut Hermann Moser, Rohrendorf
Weingut Josef Schmid, Stratzing
Weingut Stadt Krems, Krems
Lesehof Stagård, Krems-Stein
Weingut Türk, Stratzing

★★★

Weingut Aigner, Krems
Weingut Berger, Gedersdorf
Weingut Philipp Bründlmayer, Grunddorf
Winzerhof Familie Dockner, Höbenbach
Weingut Josef Edlinger, Furth-Palt
Weingut Müller, Krustetten

★★★

Weingut Müller-Grossmann, Furth-Palt
Weingut Stift Göttweig, Furth bei Göttweig
Weingut Thiery-Weber, Rohrendorf
Weingut Petra Unger, Furth-Palt
Weingut Wess, Krems
Weingut Alois Zimmermann, Theiß

★★

Weingut Eder, Gedersdorf
Weingut Felsner, Grunddorf
Weingut Rudolf Fritz, Krems-Thallern
Weingut Lukas Hagen, Krems
Weinkellerei Lenz Moser, Rohrendorf
Weinhof Christian Parzer, Oberfucha-Furth
Weingut Tanzer, Krems an der Donau
Weingut Zöhrer, Krems

★

Weingut Förthof, Krems an der Donau
Winzer Krems – Sandgrube 13,
Krems an der Donau
Bio-Weingut Zederbauer, Palt

Ried Grillenparz bei Krems

WEINGUT AIGNER
3500 Krems
Wienerstraße 133
T: +43 (2732) 84558
info@aigner-wein.at
www.aigner-wein.at

Kellermeister/Kontakt:
Wolfgang Aigner
Produktion: 97 % weiß, 3 % rot,
16 Hektar
Zertifiziert: Nachhaltig Austria
Vereinszugehörigkeit:
Original Kremser Wein
Messen: VieVinum

Christian Aigner

★★★

WEINGUT AIGNER

Wolfgang Aigner wurde das Weinmachen in die Wiege gelegt. Der Sohn eines Winzers übernahm bereits mit 21 Jahren das elterliche Weingut in Krems. Von Anfang an arbeitete Aigner konsequent daran, das Potenzial seiner hervorragenden Lagen auszuschöpfen. Denn dort, im Terroir von Sandgrube und Weinzierlberg, liegt die Stärke des Weinguts, das heute auf rund 16 Hektar einige der interessantesten Weißweine der Kremser Region produziert.
Die Rebstöcke wurden zum überwiegenden Teil vor 40 Jahren vom Großvater ausgepflanzt. Der Schwerpunkt liegt auf den Sorten Grüner Veltliner und Riesling. Die Weine haben ein unverkennbares Profil: Sie sind gehaltvoll, aber nicht schwer, wirken frisch und verfügen über markante Würze und kraftvolles Bukett. Aigner baut seine Weine lagerfähig aus. Die Reserven sind noch nach 20 Jahren frisch, zeigen klare Frucht und vielschichtige Tertiäraromen.

95 Grüner Veltliner ** Krems Ried Frechau 2022
13,5 Vol.-%, DV, großes Holzfass/Stahltank, €€€€€
Mittleres Grüngelb, silberfarbene Reflexe. Attraktives Bukett, frischer Golden-Delicious-Apfel, etwas Mango und Birne, feine tabakige Würze, klassisches Sortenbukett. Saftig, kräftig, elegant, feine Würze, zarte Extraktsüße, feiner Säurebogen, harmonisch und mit Länge ausgestattet, facettenreicher Begleiter bei Tisch, verfügt über Zukunftspotenzial.

94 Grüner Veltliner ** Ried Obere Sandgrube Privat 2022
13 Vol.-%, DV, Stahltank/großes Holzfass, €€€€
Mittleres Grüngelb, silberfarbene Reflexe. Frische gelbe Apfelfrucht, Wiesenkräuter, zarte gelbe Tropenfrucht, mineralische Nuancen. Straff, engmaschig, weiße Birnenfrucht, feine Extraktsüße, lebendig strukturiert, bereits gut ausgewogen, zitronige Nuancen, Kernobst im Nachhall, zeigt Länge und Potenzial.

92 Grüner Veltliner * Jubiläumswein 1773 2022
12,5 Vol.-%, DV, Stahltank, €€€
Mittleres Goldgelb, Silberreflexe. Feine Kräuterwürze, gelbes Kernobst, Nuancen von Apfel und Mango, Orangenzesten, tabakiger Touch. Mittlerer Körper, weiße Frucht, gute Frische, mineralisch, feine Süße im Abgang, elegant und gut anhaftend, bereits gut entwickelt, ein stoffiger Speisenbegleiter.

91 Grüner Veltliner * Krems Sandgrube 2023
12,5 Vol.-%, DV, Stahltank, €€
Helles Grüngelb, Silberreflexe. Zart nach Golden-Deli-

cious-Apfel, Kräuterwürze, etwas Blütenhonig und Mango, mit frischen Orangenzesten unterlegt. Mittlerer Körper, saftiges Kernobst, feine Fruchtsüße, gut integrierter Säurebogen, mineralisch, harmonisch, vielfältig einsetzbar.

90 Grüner Veltliner * Weinzurl 2023
12 Vol.-%, DV, Stahltank, €€
Helles Grüngelb, Silberreflexe. Frische Wiesenkräuter, Nuancen von grünem Apfel, tabakig, kandierte Orangenzesten. Schlank, feine Kernobstnuancen, frisch strukturiert, mineralisch, zitroniger Nachhall, ein lebendig-animierender Sommerwein.

92 Riesling * Ried Weinzierlberg 2022
13,5 Vol.-%, DV, Stahltank, €€€€
Mittleres Goldgelb, silberfarbene Reflexe. Feine Nuancen von gelber Tropenfrucht, ein Hauch von Mango, Mandarinenzesten, mineralischer Touch, mit etwas Blütenhonig unterlegt. Saftig, gute Komplexität, feine Fruchtsüße, Honignuancen im Abgang, bereits zugänglich.

93 Riesling Ried Kremsleithen 2021
14 Vol.-%, DV, Stahltank, €€€€
Mittleres Goldgelb, Silberreflexe. Feine gelbe Tropenfrucht, ein Hauch von Blütenhonig und reifer gelber Pfirsichfrucht, mit kandierten Orangenzesten unterlegt. Kraftvoll, saftig, feiner Botrytisschmelz, Nuancen von süßem Steinobst im Abgang, gut anhaftend, fruchtiger Nachhall.

91 Muskateller 2023
12 Vol.-%, DV, Stahltank, €€
Helles Gelbgrün, Silberreflexe. Zarte Nuancen von weißen Blüten, ein Hauch von Maracuja und Limetten, einladendes Bukett. Schlank, saftig, leichtfüßig, zarte Fruchtsüße, frisch strukturiert, salzig-zitronig im Abgang, ein feiner Sommerwein.

★★★

WEINGUT BERGER

Ein Familienbetrieb mit Tradition ist das Weingut Berger in Gedersdorf bei Krems. Insbesondere die Sorten Grüner Veltliner, Riesling, Gelber Muskateller und Blauer Zweigelt bilden seine Grundpfeiler. Das Weinbaugebiet Kremstal wird vor allem durch den gebietstypischen Löss geprägt. Dieser verleiht den Weinen eine tiefe Frucht und herrliche Eleganz.
Die Weingärten der Familie Berger werden nach den neuesten ökologischen Richtlinien bearbeitet und gepflegt. Weißweine werden temperaturkontrolliert vergoren und meist im Edelstahltank gelagert. Der Ausbau der Rotweine erfolgt im traditionellen Holzfass.
Im Gästehaus kann man natürlich nicht nur übernachten, auch der gesamte Ab-Hof-Verkauf findet dort statt. Bei einer geplanten Übernachtung in den topausgestatteten, klimatisierten Zimmern wird um rechtzeitige Reservierung gebeten. Seit 2017 ist das Weingut zertifiziert für Nachhaltigkeit nach »FAIR'N GREEN«.

WEINGUT BERGER
3494 Gedersdorf
Weinbergstraße 2
T: +43 (2735) 8234
office@weingut-berger.com
www.weingut-berger.com

Kellermeister/Kontakt:
Erich Berger
Produktion: 5 % Schaumwein, 85 % weiß, 2 % rosé, 8 % rot, 25 Hektar
Vereinszugehörigkeit:
Losgelöst(s)t
Messen: VieVinum, Weinmesse Innsbruck

(92) Grüner Veltliner * Ried Moosburgerin 2023
13,5 Vol.-%, DV, großes Holzfass, €€€€€
Leuchtendes Goldgelb, Grünreflexe. Tabakwürze, etwas Wiesenkräuter, etwas gelbe Apfelfrucht, würziger Touch, Nelken klingen an. Mittlerer Körper, feine Fruchtnuancen, ein Hauch von Marille, lebendige Säure, kraftvolles Finish, bereits gut antrinkbar.

89 Grüner Veltliner * Gedersdorf Lössterrassen 2023
13 Vol.-%, DV, Stahltank, €€

88 Grüner Veltliner * Gedersdorf 2023
11,5 Vol.-%, DV, Stahltank, €€

(92) Grüner Veltliner * Gedersdorf Ried Vordern Berg Optimis terrae 2023
13,5 Vol.-%, DV, Stahltank, €€€€
Leuchtendes Goldgelb, silberfarbene Reflexe. Reife Ananas, etwas Blütenhonig, zart nach kandierten Orangenzesten, Gewürznuancen klingen an. Saftig, extraktsüß nach Papaya, Quitte klingt an, zarte Kräuternoten, kraftvoller Speisenbegleiter.

(91) Riesling * Stein Ried Pfaffenberg 2023
13,5 Vol.-%, DV, Stahltank, €€€€€
Helles Gelbgrün, silberfarbene Reflexe. Feine Mangonoten, etwas Blütenhonig, kandierte Limetten, Wiesentouch. Mittlerer Körper, feine Säurestruktur, extraktsüß nach Ananas, frisch und lebendig, guter Speisenbegleiter.

(90) Riesling * Gedersdorf Ried Spiegel 2023
12,5 Vol.-%, DV, Stahltank, €€
Helles Gelbgrün, silberfarbene Reflexe. Feiner Blütenhonig, etwas nach Guaven, Ringlotten klingen an, frische Würze. Mittlerer Körper, lebendige Säurestruktur, weiße Apfelfrucht, Zitrustouch im Abgang, bereits gut antrinkbar.

(90) Weißer Burgunder Gedersdorf Ried Altmandl 2023
12,5 Vol.-%, DV, Stahltank, €€
Helles Gelbgrün. Zarte Birnenfrucht, ein Hauch von Wiesenkräutern, zart nach Guaven, feinwürzig. Mittlerer Körper, feine Fruchtsüße, gut integrierte Säurestruktur, Apfeltouch im Abgang, bereits gut antrinkbar.

89 Gelber Muskateller 2023
12 Vol.-%, DV, Stahltank, €€

★★★

WEINGUT PHILIPP BRÜNDLMAYER

Leidenschaft und Liebe zum Handwerk sind immer noch die besten Voraussetzungen für Qualität. Das gilt ganz besonders für die Herstellung von Produkten, die der Mensch genießen soll und darf – wie zum Beispiel Wein. Philipp Bründlmayer trägt diese Leidenschaft und Liebe in seiner DNA. Seine Weine sind folglich Stoff für Glückseligkeit: sortentypisch, pur, geradlinig und von unverkennbarer Herkunft. In Grunddorf, im letzten Winkel des Kamptals, lagern und reifen sie in Stahltanks und großen Holzfässern.

WEINGUT PHILIPP BRÜNDLMAYER
3485 Grunddorf
Ortsring 44
T: +43 (2735) 5112
office@jpbm.at
www.philipp-bruendlmayer.at

Kellermeister/Kontakt: Philipp Bründlmayer
Produktion: 90 % weiß, 8 % rosé, 2 % rot, 25 Hektar
Zertifiziert: Nachhaltig Austria
Vereinszugehörigkeit: Kremstal DAC, Losgelöst(s)t
Messen: ProWein Düsseldorf, VieVinum

Philipp Bründlmayer

Ihren Ursprung haben sie jedoch auf den mächtigen Lössterrassen von Gedersdorf und Rohrendorf und tragen somit die Herkunftsbezeichnung Kremstal. Ein schöner Flecken Erde, geschaffen für den Weinbau. Hier herrschen klimatische Bedingungen, die für Aromabildung und Charakter des Weines essenziell sind.
Neben Wissen, Handwerk und Klima ist die Beschaffenheit des Bodens ein maßgeblicher Faktor für die Entstehung von großen Weinen. Im Kremstal bilden Löss und Konglomerat das ideale Terroir für die typisch trockenen Weine, für die das Weinland Österreich so geschätzt wird. Philipp und Josef Bründlmayer betreiben Weinbau mit Bodenhaftung und Verständnis für Tradition. Die Lagen, die das Weingut bewirtschaftet, könnten nicht besser zu dieser Philosophie passen: Sie sind widerspenstig, unwegsam und wollen von Hand bearbeitet werden. Aber sie sind auch – wenn man sie lässt und ihnen richtig begegnet – ein idealer Platz für jene Sorten, für die diese Region so bekannt und beliebt ist.
Bei Philipp Bründlmayer dürfen Weine ungeschminkt zeigen, wo sie aufgewachsen sind – ohne Schnickschnack und doppelten Boden. Auf 25 Hektar bewirtschaftet der Winzer über 100 verschiedene Weingärten mit unterschiedlichsten Mikroklimas. Er bringt nicht nur Weine in die Flasche, die ausgesprochen eindeutige Vertreter ihrer Art sind, sondern auch seine unmissverständliche Handschrift tragen. Mit meist nicht mehr als einem Gramm Restzucker sind alle Weine besonders trocken und damit Botschafter ihrer Region – Kremstal pur.

(93) Grüner Veltliner * Gedersdorf Ried Wieland 2023
13 Vol.-%, DV, 500-l-Fass, €€€€€
Mittleres Gelbgrün, Silberreflexe. Zarte Nuancen von Golden-Delicious-Apfel, ein Hauch von Wiesenkräutern, dezente Mineralik. Saftig, elegant, dezente Fruchtsüße, gut integrierte Säurestruktur, etwas Honigmelone im Abgang, bereits zugänglich, ein facettenreicher, bereits gut entwickelter Speisenbegleiter.

(92) Grüner Veltliner * Gedersdorf Ried Moosburgerin 2023
13 Vol.-%, DV, 500-l-Fass, €€€€€
Helles Grüngelb, Silberreflexe. Nuancen von gelber Tropenfrucht, ein Hauch von Ananas, Mango, feine tabakige Würze. Mittlerer Körper, süße Textur, dezente Fruchtsüße, Blütenhonig im Abgang, bietet unkompliziertes Trinkvergnügen.

(92) Grüner Veltliner * Gedersdorf Ried Vordernberg 2023
13 Vol.-%, DV, 500-l-Fass, €€€€€
Mittleres Grüngelb, Silberreflexe. Zart nach Wiesenkräutern, weißer Apfel, etwas verhaltenes Bukett. Saftig, elegant, Nuancen von gelber Frucht, etwas Honigmelone, dezenter Säurebogen, mineralisch-salzig im Abgang, noch etwas scheu, braucht noch seine Zeit.

95 Grüner Veltliner Reserve 2017
13,5 Vol.-%, NK, €€€€€
Mittleres Grüngelb, Silberreflexe. Reife gelbe Apfelfrucht, ein Hauch von Birnen, Tabak und Wiesenkräuter klingen an, kandierte Orangenzesten, etwas Blütenhonig. Saftig, kraftvoll, komplex, feine Fruchtsüße, dezenter Säurebogen, mineralisch unterlegt, zart salzige Textur, bleibt gut haften, Nuancen von Limetten im Abgang, bereits gut entwickelt, ein vielschichtiger Speisenbegleiter, verfügt über weiteres Reifepotenzial.

(94) Riesling * Gedersdorf Ried Altmandl 2023
13 Vol.-%, DV, Stahltank, €€€€€
Mittleres Grüngelb, Silberreflexe. Verhalten, zarte Anklänge von gelber Tropenfrucht, dezenter Blütenhonig. Saftig, mittlerer Körper, Nuancen von Ananas und Mango, gut integrierter Säurebogen, elegant, dezente Süße im Abgang, gut anhaftend, zugänglich und mit Reifepotenzial versehen.

(93) Riesling * Gedersdorf Ried Steingraben 2023
13 Vol.-%, DV, 500-l-Fass, €€€€€
Mittleres Grüngelb, Silberreflexe. Nuancen von Weingartenpfirsich, Limettenzesten, weiße Blüten, mineralischer Touch. Schlank, frisches Steinobst, feine Fruchtsüße, lebendiger Säurebogen, mineralisch, animierender Stil, zeigt gute Länge und Reifepotenzial.

(92) Riesling * Gedersdorf Ried Moosburgerin 2023
13 Vol.-%, DV, Stahltank, €€€€€
Mittleres Grüngelb, Silberreflexe. Frische weiße Fruchtexotik, ein Hauch von Pfirsich und Blüten, zart mit Limetten unterlegt. Schlank, weißer Apfel, rassiger Säurebogen, zitronig-mineralischer Abgang, salziger Nachhall, bereits gut antrinkbar.

(91) Burgundercuvée Alte Schule 2023 WB/CH/NB
13,5 Vol.-%, DV, gebrauchte Barriques/Stahltank/500-l-Fass, €€€€
Helles Grüngelb, Silberreflexe. Zart nach weißer Birnenfrucht, ein Hauch von Mango, mit zartem Blütenhonig unterlegt, ein Hauch von Orangenzesten. Mittlere Komplexität, cremiger Stil, feine Nuancen von reifem Steinobst, mineralisch und anhaftend, ein vielseitiger Speisenbegleiter.

WEINGUT BUCHEGGER
3552 Droß
Droß 300
T: +43 (2719) 30056
buchegger@vorspannhof.at
www.buchegger.at

Kellermeister: Michael Nastl
Kontakt: Silke Mayr
Produktion: 90 % weiß, 10 % rot, 11 Hektar
Vereinszugehörigkeit: Traditionsweingüter Österreich

Roter Veltliner

★★★★

WEINGUT BUCHEGGER

Im Vorspannhof Dross legt Winzerin Silke Mayr mit dem Weingut Buchegger den Fokus auf Vielfalt und höchste Qualität. Ganz im Osten des Weinbaugebiets Kremstal, in Gedersdorf, gedeihen die Buchegger-Weine. Das Zusammenspiel von Boden und Klima ist von ganz besonderer Finesse und Vielfalt und bringt außergewöhnliche Weine mit Eleganz und Mineralik hervor. Im Traditionsweingut Buchegger sind Terroir und Herkunft von größter Bedeutung, und die Erhaltung eines humusreichen Bodens ist stets oberstes Gebot. Nur die besten Lagen machen die besten Trauben, und nur das feinste Gespür erzeugt den besten Wein. Silke Mayr und ihr engagiertes Team mit Kellermeister Michael Nastl investieren eine Extraportion Arbeit, wo es nötig und sinnvoll ist: »Und wir lassen der Natur ihren Lauf, wo sie Zeit zur Entfaltung braucht.« Das Wissen, was gut ist, begleitet Buchegger-Weine von der Rebe bis ins Glas.

94 Ⓑ Chardonnay Sekt Austria Große Reserve Extra Brut Niederösterreich g.U. Gedersdorf 2017
12 Vol.-%, NK, Flaschengärung, €€€€€
Helles Gelbgrün, Silberreflexe, feines Mousseux. Feine Kräuternoten, zart nach Backwerk, ein Hauch von gelbem Apfel, Kardamom klingt an. Saftig, straff, feine Säurestruktur, mineralisch, Birnenfrucht im Abgang, tabakiger Nachhall, salzig, bleibt sehr gut haften, vielseitiger Speisenbegleiter.

95 Riesling ** Ried Moosburgerin 1ÖTW 2022
13 Vol.-%, DV, Stahltank, €€€€€
Helles Grüngelb, silberfarbene Reflexe. Zart nach Orangenzesten, ein Hauch von Honigmelone, Pfirsich, feiner Blütenhonig, einladendes Bukett. Komplex, saftig, feine Fruchtsüße im Kern, elegant und ausgewogen, weißer Pfirsich im Nachhall, sehr gute Länge, ein saftiger Speisenwein, gutes Reifepotenzial.

94 Riesling ** Ried Vordernberg 1ÖTW 2022
14 Vol.-%, DV, Stahltank, €€€€
Helles Gelbgrün, silberfarbene Reflexe. Zarte weiße Tropenfrucht, ein Hauch von Maracuja, kandierte Mandarinenzesten, noch etwas zurückhaltend. Saftig, feine Extraktsüße, weißer Apfel, wirkt engmaschig, finessenreicher Säurebogen, salzig-zitronig im Abgang, ein lebendiger Speisenbegleiter.

(93) Riesling * Ried Tiefenthal 2023
13,5 Vol.-%, DV, Stahltank, €€€€
Helles Grüngelb, silberfarbene Reflexe. Zarte Kräuternoten, etwas Marille, dunkle Mineralik, mit Blütenhonig un-

* Kremstal DAC ** Kremstal DAC Reserve

terlegt. Gute Komplexität, saftig, wirkt leichtfüßig, dezente Extraktsüße, Pfirsichnoten im Abgang, Orangenzesten klingen an, guter Speisenbegleiter mit Potenzial.

(91) Riesling * Gedersdorf 2023
12,5 Vol.-%, DV, Stahltank, €€
Helles Gelbgrün, silberfarbene Reflexe. Feine weiße Pfirsichnoten, zart nach Guaven, ein Hauch von Blütenhonig, kandierte Limettenzesten. Engmaschig, saftig, feine Säurestruktur, mineralisch, frisches Steinobst auch im Abgang, vielfältig einsetzbar.

(94) Grüner Veltliner ** Ried Vordernberg 1ÖTW 2022
13,5 Vol.-%, DV, großes Holzfass, €€€€€
Leuchtendes Gelbgrün, Silberreflexe. Einladendes Bukett nach Blütenhonig und Honigmelone, etwas nach Papaya, kandierte Mandarinenzesten. Gute Komplexität, saftig, extraktsüß nach Mango, balancierte Struktur, mineralisch, reifer Apfel im Abgang, guter Speisenbegleiter mit Potenzial.

(93) Grüner Veltliner ** Gedersdorf Leopold 2023
13,5 Vol.-%, DV, Stahltank/großes Holzfass, €€€€
Mittleres Gelbgrün, silberfarbene Reflexe. Zart nach Ananas, etwas Tabak-Kräuter-Würze, ein Hauch von Melisse, gelbe Apfelfrucht klingt an. Saftig, komplex, etwas nach Mango, Orangenzesten klingen an, salzig im Abgang, frisches Finish, vielfältig einsetzbar.

(92) Grüner Veltliner * Ried Pfarrweingarten 2023
13 Vol.-%, DV, Stahltank, €€€€
Helles Grüngelb, silberfarbene Reflexe. Gelbe Tropenfrucht, etwas nach Papaya, zart nach Melisse, Blütenhonig und Wiesenkräuter klingen an. Gute Komplexität, saftig, zart nach Kräutern, Golden-Delicious-Apfel im Abgang, guter Speisenbegleiter.

(90) Grüner Veltliner Kamptal DAC Ried Geppling 2023
12,5 Vol.-%, DV, Stahltank, €€€
Helles Gelbgrün, silberfarbene Reflexe. Feine Kräuternoten, gelbes Kernobst, ein Hauch von Clementinenzesten, floraler Touch. Saftig, elegant, mittlere Komplexität, etwas nach Maracuja, extraktsüß, feine Würze im Nachhall, unkompliziertes Trinkvergnügen.

(92) Roter Veltliner Ried Tiefenthal 2023
13 Vol.-%, DV, Stahltank/Holzfass, €€€€
Mittleres Gelbgrün. Zart nach Birnen und Blütenhonig, ein Hauch von Gewürzen, frisches Bukett, Orangenzesten klingen an. Saftig, straff, balancierte Säurestruktur, mineralisch-salzig, weißes Kernobst, dunkle Mineralik im Finish, guter Speisenbegleiter.

90 Chardonnay Reserve 2021
13,5 Vol.-%, DV, Barrique, €€€
Helles Gelbgrün, Silberreflexe. Reife Tropenfrucht, etwas nach Melisse, dezenter Honigtouch, zart nach Karamell, Papaya klingt an. Gute Komplexität, zart cremig, ein Hauch von Apfel, etwas weißes Karamell, mineralischer Abgang, bereits gut antrinkbar.

★★★

WINZERHOF FAMILIE DOCKNER

Mit dem aktuellen Jahrgang ist Familie Dockner aus Höbenbach im südlichen Kremstal sehr zufrieden. In den letzten Jahren konnten sie sich über zahlreiche Erfolge freuen. Inzwischen werden Weine von gut 95 Hektar Eigengrund und 90 Hektar Vertragsflächen vermarktet. Der Grüne Veltliner ist die Hauptsorte des Betriebs, aber auch beim Riesling verstehen die Dockners ihr Handwerk ausgezeichnet. Die Weine aus diesen beiden Sorten werden eingeteilt in Gebietsweine, Ortsweine und Riedenweine. Dass Vater Sepp, der für Weingärten und Vermarktung zuständig ist, und sein Sohn Josef, Kellermeister des Hauses, auch exzellente Rotweine anbieten können, ist nicht ganz neu – und das in einer Region, in der Rotweine nicht unbedingt zu den Paradeweinen zählen. Vor allem mit der Cuveé »Sacra« konnten die beiden schon zum wiederholten Mal zeigen, dass auch im Kremstal rote Spitzenweine möglich sind. Ein weiteres Projekt der engagierten Familie ist die Erzeugung von eigenem, handgerütteltem Winzersekt, der ganz traditionell mittels Flaschengärung erzeugt wird. Hierfür wurden mehrere alte Keller in der Kellergasse am Kremser Frauengrund restauriert und zur neuen Sektmanufaktur umgebaut, die 2014 eröffnet wurde. Es werden Sekte von allen drei

WINZERHOF FAMILIE DOCKNER

3508 Höbenbach
Ortsstraße 30
T: +43 (2736) 7262
winzerhof@dockner.at
www.dockner.at/
Kellermeister: Josef Dockner jun.
Kontakt: Josef Dockner sen.
Anbauweise: Integrierter Anbau
Produktion: 2 % Schaumwein, 80 % weiß, 7 % rosé, 10 % rot, 1 % süß, 95+90 Hektar
Zertifiziert: Nachhaltig Austria
Vereinszugehörigkeit: Vinum Circa Montem
Messen: ProWein Düsseldorf, VieVinum

Josef Dockner sen. und jun.

Qualitätsstufen der österreichischen Sektpyramide angeboten: Klassik, Reserve und Große Reserve. Im Jahr 2017 wurde der JOE-Keller in Höbenbach eröffnet, eine neue Produktionsstätte, die zu den modernsten Kellern Österreichs zählt.

94 Grüner Veltliner ** Ried Leiten Privatfüllung Gudrun 2021
13,5 Vol.-%, DV, großes Holzfass, €€€€€
Mittleres Grüngelb, Silberreflexe. Mit zarten Wiesenkräutern unterlegte feine Nuancen von gelber Tropenfrucht, etwas Mango und Blütenhonig, Limettenzesten im Hintergrund. Saftig, elegant, angenehme Extraktsüße, seidige Textur, ein Hauch von Minze, balanciert und gut anhaftend, ein facettenreicher Speisenbegleiter mit weiterem Reifepotenzial.

93 Grüner Veltliner * Ried Lusthausberg 2022
13 Vol.-%, DV, Stahltank, €€€
Helles Gelbgrün, silberfarbene Reflexe. Zart rauchig-kräuterwürzig unterlegte feine Apfelfrucht, Nuancen von Mango und Blütenhonig, mineralischer Touch. Saftig, elegant und ausgewogen, feine Fruchtsüße, balanciertes Säurespiel, bleibt haften, ein facettenreicher Speisenbegleiter mit Reifepotenzial.

93 Grüner Veltliner ** Furth Ried Gottschelle 1ÖTW 2022
13 Vol.-%, DV, großes Holzfass, €€€€
Mittleres Goldgelb, Silberreflexe. Reifer gelber Apfel, etwas Mango, zart nach Blütenhonig, mit kandierten Orangenzesten unterlegt. Saftig, weißes Kernobst, frisch strukturiert, mineralisch, zart salzig im Abgang, ein straffer, jugendlicher Speisenbegleiter.

92 Grüner Veltliner * Ried Himmelreich 2023
12,5 Vol.-%, DV, Stahltank, €€
Helles Grüngelb, Silberreflexe. Zart nach gelber Tropenfrucht, ein Hauch von Mango und Ananas, Nuancen von Orangenzesten, einladendes Bukett. Mittlere Komplexität, weißer Apfel feine Fruchtsüße, angenehmes Säurespiel, gut anhaftend, verfügt über Entwicklungspotenzial.

92 Grüner Veltliner ** Palt Ried Steinbühel 1ÖTW 2022
13 Vol.-%, DV, Stahltank, €€€€
Mittleres Goldgelb, Silberreflexe. Feine Kräuterwürze, ein Hauch von Anis, weißer Apfel, Nuancen von Mandarinenzesten, einladendes Bukett. Stoffig, feinwürzig, ein Hauch von Birne, dezentes Säurekleid, mineralisch im Abgang, wird von Flaschenreife profitieren.

91 Grüner Veltliner * Ried Frauengrund 2023
12,5 Vol.-%, DV, Stahltank, €€
Helles Gelbgrün, silberfarbene Reflexe. Zart nach Golden-Delicious-Apfel, ein Hauch von Mango, feiner Blütenhonig, etwas Wiesenkräuter. Saftig, gelbe Frucht, feiner Säurebogen, elegant und anhaftend, ein vielseitiger Begleiter bei Tisch.

94 Riesling ** Ried Leiten Privatfüllung Sepp 2021
13 Vol.-%, DV, großes Holzfass, €€€€€
Leuchtendes mittleres Grüngelb, Silberreflexe. Zunächst etwas scheu, feine gelbe Tropenfrucht klingt an, etwas Ma-

racuja, Limettenzesten, entwickelt sich mit Luft. Saftig, elegant, weißer Pfirsich, frischer Säurebogen, der die fruchtige Süße gut kaschiert, zeigt Länge und Reifepotenzial, braucht noch seine Zeit.

92 Riesling * Ried Steinleithen 2023
12,5 Vol.-%, DV, Stahltank, €€€
Helles Grüngelb, Silberreflexe. Nuancen von Mango und gelbem Pfirsich, zarter Blütenhonig, einladendes, fruchtbetontes Bukett. Saftig, elegant, feine weiße Apfelfrucht, frisch strukturiert, mineralisch-zitronig im Abgang, ein finessenreicher Begleiter bei Tisch.

92 Riesling * Ried Rosengarten 2022
13 Vol.-%, DV, Stahltank, €€€
Mittleres Goldgelb, silberfarbene Reflexe. Feine Steinobstnuancen, ein Hauch von weißen Blüten, Limettenzesten, mineralischer Touch. Straff, engmaschig, weißer Apfel, frischer Säurebogen, etwas Fruchtsüße im Abgang, zitroniger Nachhall, ein frischer Speisenbegleiter mit Potenzial.

92 Riesling ** Ried Gottschelle 1ÖTW 2022
13 Vol.-%, DV, Stahltank, €€€€
Mittleres Gelbgrün, Silberreflexe. Zarte gelbe Tropenfrucht, ein Hauch von Maracuja und Blütenhonig, einladendes, feinfruchtiges Bukett. Mittlere Komplexität, weißer Pfirsich, feiner Säurebogen, mineralisch, bereits gut entwickelt, ein vielseitiger Begleiter bei Tisch.

93 Sacra Grande Reserve 2021 CS/ME/ZW
13,5 Vol.-%, NK, Barrique, €€€€€
Kräftiges Karmingranat, violette Reflexe, breitere Ockerrandaufhellung. Zart nach Vanille und weißem Nougat, mit dunklem Waldbeerenkonfit und etwas Cassis unterlegt, zarte Edelholzwürze. Kraftvoll, stoffig, reife Kirschen, tragende Tannine, etwas Karamell im Abgang, ein saftiger Speisenwein mit gutem Reifepotenzial.

91 Sacra 2021 ME/CS/ZW
13 Vol.-%, NK, Barrique, €€€€€
Dunkles Rubingranat, violette Reflexe, dezente Randaufhellung. Zarte Kirschfrucht, etwas nach Orangenzesten, dezente Kräuterwürze, mit Heidelbeeren unterlegt. Saftig, straff, gut eingebundene Tanninstruktur, fruchtsüß, nach dunklem Beerenkonfit, zart schokoladig, guter Speisenbegleiter.

★★

WEINGUT EDER

Einzigartig, dynamisch, elegant und regional – damit sind das Weingut und seine Weine optimal beschrieben. Seit 1849 wird von Familie Eder in Gedersdorf, einem Ort im östlichen Kremstal, Weinbau betrieben. Der Großteil der Weingärten befindet sich auf den mächtigen Lössterrassen von Gedersdorf. Diese bieten die perfekten Bedingungen für ausdrucksstarken Grünen Veltliner und Riesling. Das 17 Hektar große Weingut wird von dem Geschwisterpaar Martin und Marina mit Unterstützung der gesamten Familie geführt. Martin, Winzer aus Leidenschaft, führt seit 2013 den Familienbetrieb in siebter Generation. Marina, die kreative Ader und Martins rechte Hand, stieg 2017 in das Weingut ein. So unterschiedlich ihre Charaktere sind, so vielseitig sind auch die Weine – vom klassischen würzigen Grünen Veltliner bis zum kräftigen, ausdrucksstarken Zweigelt im Holz. Trotz neuer Dynamik bleibt das Weingut auch zukünftig seinem Motto treu: »Familie, Erfahrung, Innovation und Tradition führen zum Erfolg.«

92 Grüner Veltliner * Gedersdorf Ried Spiegel 2022
13 Vol.-%, DV, Stahltank, €€
Leuchtendes Goldgelb, Grünreflexe. Blütenhonig, etwas nach Kamillentee, ein Hauch von Orangenschalen, reife Tropenfrucht. Gute Komplexität, fruchtsüß, etwas nach Maracuja, lebendige Säurestruktur, Ananas im Abgang, floraler Touch im Nachhall, guter Speisenbegleiter.

90 Grüner Veltliner * Gedersdorf Lössterrassen 2023
12,5 Vol.-%, DV, Stahltank, €€
Mittleres Gelbgrün, Silberreflexe. Wiesenkräuter, etwas nach Guaven, zart pfeffrig, Golden-Delicious-Apfel. Mittlerer Körper, balancierte Säurestruktur, mineralisch, reife Apfelnoten im Abgang, feinwürziger Nachhall.

90 Grüner Veltliner * Gedersdorf Ried Gernlissen 2023
13 Vol.-%, DV, Stahltank, €€
Mittleres Gelbgrün, silberfarbene Reflexe. Zart tabakig, etwas nach rotem Apfel, dunkle Mineralik, ein Hauch von Pa-

WEINGUT EDER
3494 Gedersdorf
Weinbergstrasse 66
T: +43 (676) 3467333
office@weinguteder.at
www.weinguteder.at

Kellermeister: Martin Eder
Kontakt: Martin Eder und Marina Eder
Produktion: 2 % Schaumwein, 80 % weiß, 2 % rosé, 15 % rot, 1 % süß, 17 Hektar
Zertifiziert: Nachhaltig Austria
Messen: VieVinum, Weinmesse München

Grüner Veltliner

paya, floraler Touch. Saftig, mittlere Komplexität, Guaven im Abgang, zarter Gerbstoff, fruchtiger Nachhall, unkompliziertes Trinkvergnügen.

92 Riesling * Gedersdorf Ried Reisenthal 2023
14,5 Vol.-%, DV, Stahltank, €€
Mittleres Gelbgrün, Silberreflexe. Zart reduktiv, ein Hauch von Gewürzen, zart nach Quitte, Limonenzesten klingen an, Pfirsichnoten. Saftig, fruchtsüß, gelbe Tropenfrucht, zitroniger Touch, Kräuternoten im Nachhall, gut integrierter Säurebogen, wird von Flaschenreife profitieren.

90 Sauvignon Blanc 2023
12 Vol.-%, DV, Stahltank, €€
Helles Gelbgrün, Silberreflexe. Zart nach Stachelbeeren und Maracuja, etwas nach Limettenzesten, Gewürznuancen klingen an. Saftig, lebendige Säurestruktur, Limettenzesten, weißes Kernobst, salziger Nachhall, bereits gut antrinkbar.

89 Muskateller 2023
12,5 Vol.-%, DV, Stahltank, €€

★★★

WEINGUT JOSEF EDLINGER

Auf dem Weingut von Josef Edlinger wird auf Nachhaltigkeit großer Wert gelegt. Darum hat Familie Edlinger beschlossen, sich 2014 als eines der ersten Weingüter zertifizieren zu lassen. Josef Edlinger ist akribisch, wenn es um die Auslese bei der Ernte geht. »Wir haben sowohl alte Weingärten aus Familienbesitz als auch ein paar dazugepachtete Filetstücke, da liegt es nahe, aus besonders selektiertem Material besondere Weine zu machen.« Heute wachsen auf Edlingers Rebflächen vornehmlich Riesling- und Veltliner-Trauben – jene beiden Sorten, denen sein Hauptaugenmerk gilt und die mit einem Anteil von rund 70 Prozent vertreten sind. »Wir haben für beide Sorten ideale Rieden: Löss- und Lehmböden für den Grünen Veltliner, Schotter und Urgesteinslagen für unsere Rieslinge.«
Trotz dieser Dominanz darf nicht unerwähnt bleiben, dass es, nebst anderen Sorten, auch Sauvignon Blanc, Chardonnay und Pinot Noir in die Edlinger'schen Weingärten geschafft haben und oft großartige Ergebnisse liefern.
Die Edlingers in Palt sind ein echter Familienbetrieb. Josef Edlinger zeichnet für die Weingarten- und Kellerarbeit verantwortlich, un-

Weinbau bei Göttweig

WEINGUT JOSEF EDLINGER
3511 Furth/Palt
Lindengasse 22
T: +43 (2732) 77622
office@edlingerwein.at
www.edlingerwein.at

Kellermeister: Josef Edlinger
Kontakt: Gabriele und Josef Edlinger
Anbauweise: Umstellung auf bio
Produktion: 75 % weiß, 25 % rot, 20 Hektar
Zertifiziert: Nachhaltig Austria
Messen: VieVinum, Vinobile Feldkirch

terstützt von Sohn Paul und seiner Gattin Gabriele, die sich ebenso um administrative Belange, aber auch um Marketing und Export kümmert. Fünf gemütliche Zimmer im Winzerhof stehen für Gäste zur Verfügung.

(93) Grüner Veltliner * Furth bei Göttweig Optimas 2023
14 Vol.-%, DV, Stahltank, €€€
Mittleres Gelbgrün, Silberreflexe. Zarter Blütenhonig, ein Hauch von Guaven, dezente Wiesenkräuter, reife Tropenfrucht, floraler Touch. Gute Komplexität, saftig, extraktsüß nach gelbem Kernobst, feinwürziger Nachhall, vielschichtiger Speisenbegleiter.

(93) Grüner Veltliner ** Furth Ried Hintere Point 2022
14 Vol.-%, DV, großes Holzfass, €€€
Mittleres Gelbgrün, Silberreflexe. Blütenhonig, gelbe Tropenfrucht, kraftvoll, kandierte Blutorangenzesten, Toffee klingt an. Straff, fruchtsüß, Mango, etwas Honig im Nachhall, Ananas im Rückgeschmack, ein vielseitiger Speisenbegleiter mit Entwicklungspotenzial.

91 Grüner Veltliner * Furth Ried Steinpoint 2023
13 Vol.-%, DV, Stahltank, €€
Helles Gelbgrün, Silberreflexe. Zarte gelbe Apfelfrucht, dunkle Mineralik, feine Würze, ein Hauch von Quitte, einladendes Bukett. Saftig, engmaschig, weißes Steinobst, frisch und elegant, feine Säurestruktur, mineralisch im Abgang, guter Speisenbegleiter.

91 Grüner Veltliner Wachau DAC Mautern Ried Silberbichl 2023
13,5 Vol.-%, DV, Stahltank, €€
Helles Gelbgrün, Silberreflexe. Mit zarter Kräuterwürze unterlegter Blütenhonig und etwas Mango, ein Hauch von Melisse, kandierte Orangenschalen. Saftig, elegant, feine Säurestruktur, mineralisch, gelbe Apfelfrucht im Abgang, Gewürznuancen im Nachhall.

92 Riesling * Furth bei Göttweig Ried Neuberg 2023
13 Vol.-%, DV, Stahltank, €€
Helles Gelbgrün, Silberreflexe. Frische Kräuterwürze, zart nach weißem Pfirsich, ein Hauch von Guaven, Clementinen klingen an. Gute Komplexität, feinwürzig, weißes Steinobst, mineralisch, lange anhaltend, vielfältig einsetzbar.

92 Riesling Wachau DAC Mautern Ried Silberbichl 2023
13,5 Vol.-%, DV, Stahltank, €€€
Helles Gelbgrün, Silberreflexe. Dunkle Mineralik, zart nach Kräutern, ein Hauch von Grapefruit, Mirabellen klingen an. Gute Komplexität, engmaschig, zarte Würze, lebendiger Säurebogen, Pfirsich im Abgang, lang anhaltend, vielfältig einsetzbar.

★★

WEINGUT FELSNER

Manfred Felsner bewirtschaftet mithilfe seiner Familie 16 Hektar beste Weinberglagen in Gedersdorf und Rohrendorf. Sein Fokus lässt sich mit drei Begriffen beschreiben: Gebietstypizität, Sortencharakter, Terroir. Seitdem der damals junge Winzer 1990 den Betrieb übernahm, legt er besonderen Wert darauf, den Fruchttypus des Kremstals zum Ausdruck zu bringen und gleichzeitig den Charakter der jeweiligen Sorte herauszuarbeiten. Das Fundament bildet eine Selektion von alten Rebstöcken, die zur Veredelung bei Neuanlagen herangezogen werden. Manfred Felsner ist ein kompromissloser Verfechter des Terroirgedankens sowie des naturnahen Weinbaus.
Das größte Ziel des Veltliner-Spezialisten liegt in der Herausarbeitung der vielen verschiedenen Spielarten dieser urtypisch österreichischen Sorte. Auf seinen exponierten Terrassenweingärten mit eiszeitlichen Löss- oder kalkreichen Konglomeratböden gedeiht Grüner Veltliner ganz hervorragend.
Der milde pannonische Einfluss aus dem Osten und die kühlen Winde aus dem Waldviertel geben den Weinen ihre Würzigkeit und Finesse. Vom duftigen Grünen Veltliner Ried Moosburgerin über den vollmundigen Grünen Veltliner Ried Vordernberg und den mineralischen Grünen Veltliner Ried Gebling bis hin zum komplexen Grünen Veltliner Alte Reben ist jeder Wein eine eigene Persönlichkeit.

92 Riesling * Ried Gebling 2022
12,5 Vol.-%, DV, Stahltank, €€€
Mittleres Gelbgrün, Silberreflexe. Zart nach reifem gelbem Pfirsich, etwas Blütenhonig, Nuancen von Mango, einladendes Bukett. Saftig, elegant, feine Nuancen von süßem Steinobst, finessenreicher Säurebogen, balanciert, zitronig-salziger Nachhall, vielfältig einsetzbar.

91 Grüner Veltliner ** Ried Schnabel 2022
13 Vol.-%, DV, Stahltank, €€€€
Leuchtendes Goldgelb, Silberreflexe. Frisches gelbes Kernobst, ein Hauch von Quitten, kandierte Orangenzesten, zarte Kräuterwürze. Saftig, feine gelbe Tropenfrucht, milder Säurebogen, Honigmelone im Abgang, rund und entwickelt, ein vielseitiger Begleiter bei Tisch.

(90) Grüner Veltliner * Gedersdorf Ried Moosburgerin 2023
12,5 Vol.-%, DV, Stahltank, €€
Mittleres Gelbgrün, Silberreflexe. Frischer Golden-Delicious-Apfel, ein Hauch von Wiesenkräutern und Tabak, etwas Birne. Mittlere Komplexität, dezente Fruchtsüße, gut integrierte Säurestruktur, bereits gut entwickelt und antrinkbar.

90 Neuburger Ried Reisenthal 2022
13 Vol.-%, DV, Stahltank, €€€
Mittleres Goldgelb, Silberreflexe. Zart nach gelber Birne, ein Hauch von Kletzen, Nuancen von Nougat und Blütenhonig, mit getrockneten Marillen unterlegt. Saftig, rund und harmonisch, ein Hauch von gelbem Kernobst und Orangen, dezente Süße, ein ausgewogener, milder Speisenbegleiter.

(89) Muskateller Lössterrassen 2023
12 Vol.-%, DV, Stahltank, €€

WEINGUT FELSNER
3485 Grunddorf
Ortsring 61
T: +43 (2735) 5122
office@weingut-felsner.at
www.weingut-felsner.at

Kellermeister/Kontakt:
Manfred Felsner
Produktion: 68 % weiß, 30 % rot, 2 % süß, 16 Hektar
Messen: ProWein Düsseldorf

★★★★

WEINGUT MEINHARD FORSTREITER

Das Weingut Forstreiter, das seit dem Jahr 1886 im Familienbesitz ist und somit auf eine lange Tradition zurückblicken kann, liegt in einem geschichtsträchtigen Ort, in dem nachweislich bereits 400 n. Chr. Weinbau betrieben wurde. Die Weingärten, auch sämtliche Toplagen, liegen rund um Hollenburg, nahe bzw. unmittelbar an der Donau auf einer Seehöhe von 150 bis 350 Metern. Die kleinklimatischen Verhältnisse sind hier besonders günstig und die Lagen vor Wetterkapriolen geschützt. So gab es hier auch in den letzten Jahren keinerlei Frostschäden.
Die Landschaft schenkt Bodenvielfalt mit verschieden hohen Lössauflagen, Verwitterungsböden und dem einzigartigen »Hollenburger« – einem besonders kalkreichen Boden, der zum Teil aus in der Eiszeit gepresstem Schwemmschotter besteht und der auch in heißen Jahren frische, würzige Weine mit viel Mineralik hervorbringt.
Auf Forstreiters Rebflächen wächst vornehmlich der Grüne Veltliner in all seinen Ausprägungen: knackfrische, lebhafte Weine ebenso wie geschmeidige, nahezu burgundisch anmutende Gewächse mit cremiger Textur. Dazu kommen elegante Rieslinge, ein feiner Sauvignon Blanc, der besonders trinkanimierende Gelbe Muskateller sowie samtige Rotweine aus Zweigelt und St. Laurent.
Im Weinpavillon/Shop direkt neben der Donau kann man in modernem, großzügigem Ambiente das gesamte Sortiment der Familie Forstreiter verkosten und auch zu Ab-Hof-Preisen erwerben.

96 Grüner Veltliner ** Ried Tabor 2021
13,5 Vol.-%, DIAM, Stahltank, €€€€€ Ⓥ
Mittleres Grüngelb, silberfarbene Reflexe. Feine Kräuternoten, weißes Kernobst, ein Hauch von Guaven, kandierte Orangenzesten, mineralische Nuancen klingen an. Gute Komplexität, engmaschig, gelbe Apfelfrucht, zart nach Guaven auch am Gaumen, bleibt lange haften, salziger Nachhall, vielseitiger Speisenbegleiter mit Potenzial.

95 Grüner Veltliner ** Ried Hollenburger Kreuzberg Das weiße Mammut 2021
13,5 Vol.-%, NK, 500-l-Fass, €€€€€ Ⓥ
Helles Gelbgrün, Silberreflexe. Melonenfrucht, etwas nach Papaya, zarte Honignuancen, etwas weißes Nougat, floraler Touch. Saftig, komplex, lebendige Säurestruktur, mineralisch, Mangotouch, Grapefruitzesten im Abgang, salziger Nachhall, vielfältig einsetzbar.

95 Grüner Veltliner ** Ried Tabor 2013
13,5 Vol.-%, DIAM, Stahltank, €€€€€€ Ⓥ
Mittleres Gelbgrün, silberfarbene Reflexe. Gelbe Tropenfrucht, zart nach Honigmelone, reife Apfelfrucht, dezente Fruchtsüße, Karamell klingt an. Komplex, engmaschig, balancierte Säurestruktur, mineralisch, extraktsüß, nach Mango und Maracuja, ein Hauch von Gewürzen im Nachhall, vielseitiger Speisenbegleiter mit jugendlicher Frische.

93 Grüner Veltliner * Ried Kremser Kogl 2023
12,5 Vol.-%, DV, Stahltank, €€ Ⓥ
Helles Grüngelb, Silberreflexe. Zart tabakig-kräuterwürzig unterlegte frische Apfelfrucht, zart nach Mango und Blütenhonig, feines Bukett. Komplex, stoffig, angenehme Fruchtsüße, etwas Birne, feines Säuregerüst, bleibt gut haften, ein facettenreicher Speisenbegleiter mit Potenzial.

93 Grüner Veltliner * Ried Schiefer 2022
13,5 Vol.-%, DV, Stahltank, €€€€ Ⓥ
Mittleres Grüngelb, Silberreflexe. Einladendes Bukett, feiner Blütenhonig, etwas nach kandierten Mandarinenzesten, Marillentouch, mit Honigmelone unterlegt. Saftig, komplex, balancierte Säurestruktur, mineralisch, Tropenfruchttouch im Abgang, guter Speisenbegleiter mit Potenzial.

92 Grüner Veltliner * Alte Reben 2022
13,5 Vol.-%, DV, Stahltank, €€€ Ⓥ
Mittleres Gelbgrün, Silberreflexe. Reife Tropenfrucht, etwas Blütenhonig, ein Hauch von Birnenfrucht, floraler Touch, einladendes Bukett. Saftig, straff, feine Säurestruktur, mineralisch, fruchtsüß nach Papaya, würziges Finish, guter Speisenbegleiter mit Potenzial.

92 Grüner Veltliner * Little Mammut 2022
13,5 Vol.-%, DV, Stahltank, €€€€ Ⓥ
Mittleres Grüngelb, Silberreflexe. Mango und Papaya, ein

WEINGUT MEINHARD FORSTREITER

3506 Kremstal
Hollenburger Kirchengasse 7
T: +43 (2739) 2296
weingut@forstreiter.at
www.forstreiter.at

Kellermeister: Meinhard und Daniel Forstreiter
Kontakt: Meinhard Forstreiter
Produktion: 1 % Schaumwein, 80 % weiß, 2 % rosé, 16 % rot, 1 % süß
Zertifiziert: Nachhaltig Austria
Messen: ProWein Düsseldorf, VieVinum

Krems an der Donau

Hauch von kandierten Orangenzesten, Blütenhonig und Gewürznoten klingen an. Saftig, engmaschig, lebendige Säurestruktur, tabakig, gelbe Apfelfrucht im Abgang, bleibt gut haften, vielfältig einsetzbar.

91 Grüner Veltliner * Kalk & Stein 2023
12,5 Vol.-%, DV, Stahltank, €€

Helles Grüngelb, Silberreflexe. Frische Wiesenkräuter, tabakig unterlegte Apfelfrucht, ein Hauch von Orangenzesten. Saftig, elegant, angenehme Fruchtsüße, feiner Säurebogen, mineralisch-salzig im Abgang, Blütenhonig im Nachhall.

94 Grüner Veltliner Maische 2021
13,5 Vol.-%, DV, 500-l-Fass, €€€€

Mittleres Grüngelb. Zart nach Marillen und Blütenhonig, etwas kandierte Orangenzesten und reife Quitte. Saftig, gute Komplexität, extraktsüß nach Maracuja, balancierte Säurestruktur, mineralisch, cremiges Finish, guter Speisenbegleiter.

93 Riesling * Ried Schiefer 2022
13,5 Vol.-%, DV, Stahltank, €€€€

Mittleres Gelbgrün, Silberreflexe. Einladendes Bukett nach Marillen und kandierten Limettenzesten, facettenreich, Noten von frischen Wiesenkräutern. Saftig, straff, lebendige Säurestruktur, weißes Steinobst, Kräuternoten auch im Nachhall, bereits gut antrinkbar.

91 Chardonnay Reserve 2022
13,5 Vol.-%, DV, Holzfass, €€€

Mittleres Gelbgrün, silberfarbene Reflexe. Gelbe Apfelfrucht, zart nach Guaven, dezente Gewürznuancen, zart nussige Anklänge. Saftig, mineralisch, gelbes Kernobst, tabakig, mittlere Komplexität, Mango im Nachhall, vielfältig einsetzbar.

90 Gelber Muskateller 2023
12,5 Vol.-%, DV, Stahltank, €€

Helles Gelbgrün, Silberreflexe. Zart nach Gewürzen, Maracuja, etwas Cassis, zart nach Melisse, frisches Bukett. Saftig, straff, frische, lebendige Säurestruktur, mineralisch-salzig, etwas Pfirsichnoten im Abgang, Kräuter im Nachhall, vielfältig einsetzbar.

89 Weißburgunder 2023
13 Vol.-%, DV, Stahltank, €€

90 St. Laurent Reserve 2019
13,5 Vol.-%, DV, Holzfass, €€€

Kräftiges Rubingranat, violette Reflexe, zarte Randaufhellung. Feine Kräuternoten, dunkle Kirschfrucht, ein Hauch von Brombeeren, zarte Noten von Lakritze. Saftig, zart rauchig-feinwürzig, rote Beerenfrucht, frische Säurestruktur, gut eingebundenes Tannin, bereits antrinkbar.

89 Cuvée Fossil 2019 ZW/SL
13,5 Vol.-%, DV, Holzfass, €€€€

Annika Hoffmann

WEINGUT FÖRTHOF
3500 Krems an der Donau
Förthofstraße 7
T: +43 (2732) 83000 101
weingut@derfoerthof.at
www.derfoerthof.at

Kellermeister/Kontakt:
Annika Hoffmann
Produktion: 16.000 Flaschen
99 % weiß, 1 % süß, 6+0.5 Hektar
Messen: VieVinum

★

WEINGUT FÖRTHOF

NEU

Im Kremstal, an die Südhänge des Kögls, Gaisbergs und Pfaffenbergs geschmiegt, wächst auf jahrhundertealten Terrassen Wein von besonderer Güte. Die Liebe zum heimischen Tropfen ist hier tief im Herzen der neuen Betreiber verwurzelt, ebenso die Faszination für Rebensaft und edle Brände. Auf etwa sechs Hektar werden Grüner Veltliner, Riesling und Gelber Muskateller kultiviert. Die alten Weingärten in den Steinterrassen wurden rekultiviert und befinden sich in den Steiner Rieden Pfaffenberg, Gaisberg und Kögl. Obwohl das Weingut Förthof zu den jüngsten Weingütern in der Region Kremstal/Wachau zählt, schöpft man aus einem jahrzehntealten Erfahrungsschatz im Weinbau. Know-how, moderne Kellerwirtschaft und Leidenschaft sind der Garant für vorzügliche Weine. Die einzigartige Kulturlandschaft zu erhalten ist hier eine Herzensangelegenheit. Man arbeitet naturnah im Weingarten, mit geringstmöglichem Eingriff im Weinkeller und mit viel Liebe zum Detail. Man legt Wert auf Handarbeit, schätzt und achtet die Weintradition. Das Zusammenspiel aus Erfahrungsschatz, Leidenschaft und Natur sorgt für erfrischenden Genuss im Glas, ein Erlebnis mit jedem Schluck und ein freudiges Gefühl von Eleganz im Abgang. Gin und Edelbrände ergänzen die Weinpalette.

92 Riesling ** Ried Kögl 2022
13 Vol.-%, DV, Stahltank, €€€€€
Mittleres Gelbgrün, silberfarbene Reflexe. Florale Noten, Nuancen von gelbem Steinobst, Melone und Blütenhonig, kandierte Orangenzesten. Mittlere Komplexität, etwas Mango, frisch, dezente Fruchtsüße, gut integrierter Säurebogen, balanciert und anhaftend, bereits gut entwickelt, vielfältig einsetzbar.

91 Riesling ** Stein Ried Pfaffenberg 2022
13 Vol.-%, DV, Tonneaux Fass/Stahltank, €€€€
Mittleres Gelbgrün, silberfarbene Reflexe. Zarte Nuancen von gelbem Steinobst, Gewürznoten, floraler Touch, kandierte Orangenzesten. Mittlere Komplexität, etwas Mango, dezente Fruchtsüße, gut integrierter Säurebogen, balanciert und anhaftend, vielfältig einsetzbar.

89 Riesling * Stein 2022
12,5 Vol.-%, DV, Stahltank, €€€

91 Grüner Veltliner ** Stein Ried Gaisberg 2022
13,5 Vol.-%, DV, Stahltank, €€€€
Helles Goldgelb, silberfarbene Reflexe. Zarte gelbe Apfel-

frucht, ein Hauch von Gewürzen und Orangenzesten, etwas nach Heu. Mittlere Komplexität, weißes Kernobst, frischer Säurebogen, salziger Nachhall, Pfirsich im Rückgeschmack, bereits gut antrinkbar.

89 Grüner Veltliner * Stein 2023
12,5 Vol.-%, DV, Tonneaux Fass/Stahltank, €€€

88 Grüner Veltliner Wachau DAC Walchun 2023
12 Vol.-%, DV, Stahltank, €€

★★

WEINGUT RUDOLF FRITZ

Das Weingut der Familie Fritz befindet sich am rechten Donauufer, im idyllischen Weinort Thallern, einem südlichen Stadtteil von Krems. Rudolf Fritz ist für die Weine verantwortlich, die aus einer bewirtschafteten Fläche von zwölf Hektar stammen. Der junge Absolvent der Kremser Weinbauschule verschreibt sich dabei ganz den typischen Kremstaler Sorten Grüner Veltliner und Riesling, »weil sie«, wie er betont, »aufgrund des hier herrschenden Klimas und der lokalen Bodenarten jedes Jahr hervorragende Weine erbringen«. Nichtsdestotrotz stehen auch Chardonnay, Sauvignon Blanc, Gelber Muskateller und etwas Zweigelt in den Weingärten. Bodengesundheit, nützlingsschonender Pflanzenschutz und ein sich daraus ergebendes gut funktionierendes Ökosystem sind dem Jungwinzer ein besonderes Anliegen, ebenso sind ein kurzer Rebschnitt, gezielte Laubarbeit und Ertragsreduktion für ihn unerlässlich, um Trauben hoher physiologischer Reife ernten zu können. Rudolf Fritz verarbeitet ausschließlich Traubenmaterial aus eigenen Weingärten, das – abhängig von Sorte und Zustand – entweder sofort abgepresst oder einige Stunden auf der Maische belassen wird. Anschließend vergären die Weine in temperaturgesteuerten Stahltanks. Während die Weißweine ausschließlich im Edelstahl ausgebaut werden, kommen die roten Gewächse – nach bis zu dreiwöchiger Maischegärung und anschließendem biologischem Säureabbau – in große Holzfässer, teilweise auch in kleines Holz.

92 Grüner Veltliner ** Schweren Zapfen 2023
13,5 Vol.-%, DV, Stahltank, €€€
Helles Goldgelb, Silberreflexe. Nuancen von Papaya, frische Mango, zartes Orangenkonfit, Noten von Blütenhonig. Komplex, saftig, reife gelbe Apfelfrucht, feiner Säurebogen, harmonisch und gut anhaftend, ein facettenreicher Speisenbegleiter.

91 Grüner Veltliner * Frauengrund 2023
12,5 Vol.-%, DV, Stahltank, €€
Mittleres Grüngelb, silberfarbene Reflexe. Ein Hauch von Orangenzesten, gelber Apfel, tabakige Würze. Saftig, weißes Kernobst, frisch strukturiert, mineralisch-salzig, Limetten im Nachhall, anregender Speisenbegleiter.

89 Grüner Veltliner * Der Fritz 2023
12,5 Vol.-%, DV, Stahltank, €€

90 Grüner Veltliner Ried Herrentrost 2023
12 Vol.-%, DV, Stahltank, €€
Leuchtendes mittleres Gelbgrün, Silberreflexe. Feine Tropenfrucht, weißes Steinobst, ein Hauch von Limetten. Zart, schlank, etwas Ananas, dezenter Säurebogen, ein Hauch von gelbem Apfel in Abgang, bietet unkompliziertes Trinkvergnügen.

WEINGUT RUDOLF FRITZ
3506 Krems-Thallern
Fuchsleitenweg 1
T: +43 (2739) 2734
weingut@rudolf-fritz.at
www.rudolf-fritz.at

Kellermeister/Kontakt:
Rudolf Fritz
Produktion: 90 % weiß, 10 % rot, 12 Hektar
Vereinszugehörigkeit:
Original Kremser Wein

* Kremstal DAC ** Kremstal DAC Reserve

91 Riesling * Steinhagen 2023
12,5 Vol.-%, DV, Stahltank, €€
Helles Goldgelb, silberfarbene Reflexe. Kandierte Orangenzesten, gelber Pfirsich, etwas Mango, zart nach Blütenhonig, einladendes Bukett. Mittlerer Körper, frischer Apfel, feine Säurestruktur, zitroniger Touch im Nachhall, leichtfüßiger Stil.

91 Chardonnay 2023
13 Vol.-%, DV, Stahltank, €€
Helles Grüngelb, Silberreflexe. Zarte gelbe Apfelfrucht, ein Hauch von Mango, Nuancen von frischen Orangenschalen. Fruchtig, frische weiße Birnenfrucht, dezente Süße, lebendig strukturiert, bietet unkompliziertes Trinkvergnügen.

★★

WEINGUT LUKAS HAGEN

Seit mehr als 200 Jahren befindet sich der in Krems-Rehberg gelegene Betrieb im Besitz der Familie Hagen, die sich immer mehr zum absoluten Veltliner-Spezialisten mausert. Lukas Hagen hat das Weingut im Februar 2022 von seinen Eltern übernommen und betreut gemeinsam mit seinem Vater Anton die Weingärten. Anton ist der Kellermeister, und beide sind für Verkauf und Vermarktung verantwortlich. Von den rund 16 Hektar Rebflächen werden hauptsächlich Weißweine, aber auch etwas Rotwein vinifiziert. Das Kleinklima des nahe gelegenen Donautals sowie die herbe, sauerstoffreiche Luft des Waldviertels begünstigen die Würze und Finesse der Weine. Dank qualitätsfördernden kurzen Rebschnitts, sorgfältiger Laubarbeit, umweltbewusster Weingartenarbeit und schonender Traubenkelterung erzielt man hier Spitzenqualitäten. Anton Hagen zählt zu den verlässlichsten Produzenten im Raum Krems und erzeugt hervorragende Weine aus Grünem Veltliner, Riesling, Chardonnay, Weißburgunder, Rivaner und Zweigelt. Der Grüne Veltliner – zwei Drittel der Weingartenfläche sind damit bepflanzt – gedeiht größtenteils auf Löss, ein kleiner Teil auf Schotterboden. Aus 45- bis 75-jährigen Rebstöcken hat Anton Hagen jenen Veltlinertyp selektioniert, der sich in Krems am wohlsten fühlt. Auf den kalkreicheren Lössterrassen sind Weißburgunder und Chardonnay gepflanzt. Die besten und sonnigsten Urgesteinsterrassen sind ideal für Riesling, der in den Rieden Kremsleithen, Weinzierlberg und Altenburg wächst.

(92) Grüner Veltliner ** Krems Ried Holzgasse Alte Reben 2023
14 Vol.-%, DV, Stahltank, €€€
Mittleres Goldgelb, Grünreflexe. Mit Clementinen unter-

Lukas Hagen

WEINGUT LUKAS HAGEN
3500 Krems
Seilerweg 45
T: +43 (664) 1131691
info@weingut-hagen.at
www.weingut-hagen.at

Kellermeister/Kontakt:
Lukas und Anton Hagen
Produktion: 90 % weiß, 10 % rot, 16 Hektar
Zertifiziert: Nachhaltig Austria
Vereinszugehörigkeit:
Original Kremser Wein
Messen: Vinobile Feldkirch

legte gelbe Tropenfrucht, ein Hauch von Blütenhonig, Melone und Mango klingen an. Gute Komplexität, engmaschig, zart nach reifer Papaya, gut integrierter Säurebogen, bleibt gut haften, ein vielseitiger Speisenbegleiter.

91 Grüner Veltliner * Krems Ried Holzgasse 2023
13,5 Vol.-%, DV, Stahltank, €€
Mittleres Gelbgrün, Silberreflexe. Mangonoten, zarte Tabak-Kräuter-Würze, etwas Blütenhonig, ein Hauch von Papaya. Kraftvoll, feinwürzig, zarter Gerbstoff, gelbe Apfelfrucht im Abgang, gut integrierter Säurebogen, bleibt gut haften, guter Speisenbegleiter.

90 Grüner Veltliner * Krems Ried Rehberger Goldberg 2023
13 Vol.-%, DV, Stahltank, €€
Helles Gelbgrün, Silberreflexe. Zart nach Guaven, ein Hauch von Blütenhonig, dezente Apfelfrucht, mit Kräutern und Clementinen unterlegt. Saftig, engmaschig, weißes Kernobst, zart salzig, frisch und balanciert, bereits gut antrinkbar.

(92) Riesling ** Krems Ried Altenburg 2023
13,5 Vol.-%, DV, Stahltank, €€€
Mittleres Gelbgrün, silberfarbene Reflexe. Gelbe Tropenfrucht, ein Hauch von Blütenhonig, zart nach Mirabelle, Wiesenkräuter, floraler Touch. Mittlere Komplexität, frisch und lebendig strukturiert, Pfirsich im Abgang, lang anhaltend, guter Speisenbegleiter.

91 Riesling * Krems Ried Weinzierlberg 2023
13 Vol.-%, DV, Stahltank, €€
Mittleres Gelbgrün. Pfirsich, unterlegt mit Grapefruitzesten, frische Zitrusnuancen, Quittentouch, floraler Hauch. Saftig, fruchtsüß, zitronig-salzig, mineralisch, gelbe Tropenfrucht im Abgang, ein fruchtbetonter, lebendiger Speisenbegleiter.

89 Chardonnay 2023
14 Vol.-%, DV, Stahltank, €€

★★★★

WEINGUT MALAT

Das Weingut Malat gehört zu jenen besonderen Betrieben, die in allen Bereichen Spitzenprodukte erzeugen: Weiß, Rot, Sekt und Süß – und das ausschließlich aus den Trauben der eigenen Weingärten. Seit 2008 leitet Michael Malat den 1722 gegründeten Familienbetrieb in Furth bei Göttweig und verwirklicht hier seinen eigenen Weinstil. »Ich will Weine machen, die man gerne trinkt und nicht nur verkostet, und bei jedem von ihnen soll meine persönliche Handschrift erkennbar sein: Eleganz, Finesse und Trinkfluss!«
Michael Malat verfolgt einen Weinstil, den bereits sein Vater Gerald, Weinbaupionier des Kremstals, der das Weingut mit seinem visionären Schaffen an die Spitze brachte, prägte. »Die Vielfalt unseres Sortiments spiegelt einerseits die lange Tradition, aber andererseits auch das Potenzial unserer Weinbauregion wider«, freut sich Michael Malat über die großartigen Möglichkeiten, die er als Winzer im Kremstal vorfindet. Auf die vielerorts übliche Bewässerung der Rebstöcke verzichtet er ganz bewusst: »Sie würde den Charakter der Rieden verändern. Nur wenn die Reben gezwungen sind, tief zu wurzeln, um an Wasser und Mineralstoffe zu gelangen, kommt der Lagencharakter im Wein vollkommen authentisch zum Ausdruck.« Spontanvergärung für alle Lagenweine und der komplette Verzicht auf

WEINGUT MALAT
3511 Furth
Hafnerstraße 12
T: +43 (2732) 82934
weingut@malat.at
www.malat.at
Kellermeister/Kontakt:
Michael Malat
Anbauweise: Umstellung auf bio
Produktion: 10 % Schaumwein, 74 % weiß, 5 % rosé, 10 % rot, 1 % süß, 45 Hektar
Zertifiziert: Nachhaltig Austria
Vereinszugehörigkeit:
Traditionsweingüter Österreich
Messen: ProWein Düsseldorf, VieVinum

Botrytistrauben sorgen darüber hinaus für ein präzises, wiedererkennbares Profil aller Weine. Diese präsentieren sich klar und transparent, sortentypisch und animierend, finessenreich, vielschichtig und authentisch, aber nie üppig oder opulent.
Die Malats verstehen es, die gesamte Klaviatur von leichten Weißweinen bis hin zu komplexen Rotweinen perfekt zu bespielen. Jedes Jahr darf man sich auf Spitzenweine aus diesem Haus freuen.
Seit 1976 werden außerdem Österreichs erste Winzersekte nach der traditionellen Methode erzeugt. Heute zählen dazu Malat Brut, Malat Brut Rosé und ein Blanc de Blancs. Sortentypische edelsüße Weine komplettieren die Produktpalette – auch diese zählen stets zu den besten im Land. Im Weingut Malat gilt Perfektion als Leitmotiv, und das seit vielen Generationen.

96 Chardonnay Sekt Austria Große Reserve Blanc de Blancs Niederösterreich g.U. Furth Brut Nature 2016
12,5 Vol.-%, NK, Flaschengärung, €€€€€€
Helles Goldgelb, Silberreflexe, feines Mousseux. Zart nussig unterlegte feine gelbe Tropenfrucht, Mango, weiße Blüten, Mandarinenzesten, ein Hauch von weißem Nougat, attraktives Bukett. Saftig, elegant, weißes Kernobst, etwas Walnuss, feiner Säurebogen, mineralisch und engmaschig im Abgang, weißer Pfirsich, mineralischer Nachhall, sehr gute Länge, sicheres weiteres Reifepotenzial. (Deg. 10/23)

93 Pinot Noir Sekt Austria Reserve Rosé Niederösterreich g.U. Furth Brut 2019
12 Vol.-%, NK, Flaschengärung, €€€€€
Helles Lachsrosa, Silberreflexe, sehr feines Mousseux. Zarte rote Waldbeeren, weißer Apfel, ein Hauch von Kirschen und Limetten. Stoffig, elegant, feine Fruchtsüße, zart nach Kernobst, frisch strukturiert, mineralisch-zitronig, weißes Nougat im Nachhall, lebendiger Stil, weiteres Reifepotenzial. (Deg. 11/23)

96 Grüner Veltliner * Ried Gottschelle 1ÖTW 2021
13 Vol.-%, NK, Holzfass, €€€€€
Mittleres Grüngelb, silberfarbene Reflexe. Mit frischen Orangenzesten unterlegte gelbe Apfelfrucht, etwas Blütenhonig, dazu ein Hauch von Zuckermelone und Wiesenkräutern. Komplex, stoffig, elegant, gut integrierte feine Fruchtsüße, Mango im Abgang, feine Struktur, mineralisch und lange anhaftend, ein toller Speisenbegleiter mit sicherem Reifepotenzial.

93 Grüner Veltliner * Ried Leukuschberg 2021
13 Vol.-%, NK, Holzfass, €€€€€
Leuchtendes mittleres Grüngelb. Ganz zarter Hauch von Grapefruit und Golden-Delicious-Apfel, etwas Marille, floraler Touch, frische Orangenzesten, tabakige Note. Saftig, weißes Kernobst, frisch strukturiert, mineralisch-zitronig im Abgang, Limetten im Nachhall, salziger Rückgeschmack, ein frischer Speisenbegleiter mit einiger Länge und Reifepotenzial.

95 Riesling * Ried Pfaffenberg 1ÖTW 2021
13,5 Vol.-%, NK, großes Holzfass, €€€€€
Mittleres Goldgelb, silberfarbene Reflexe. Zart nach Mandarinenzesten, gelber Pfirsich, etwas nach Mango und Ananas, floraler Touch, ein Hauch von Limetten und Biskuit. Saftig, engmaschig, feiner Marillentouch, energische, finessenreiche Säurestruktur, kühl und mineralisch, zeigt gute Länge, dunkle Mineralik, bestes Reifepotenzial.

94 Riesling * Ried Steinbühel 1ÖTW 2021
13 Vol.-%, NK, großes Holzfass, €€€€€
Helles Goldgelb, silberfarbene Reflexe. Zart nach kandierten Orangenzesten, feiner Blütenhonig, rotbeerige Nuancen, etwas getrocknete Marillen. Knackig, weißes Steinobst, vibrierender Säurebogen, mineralisch-zitronig, wirkt leichtfüßig, straffer Abgang, Limetten im Nachhall, vitaler Stil, salzig, lebendiger Begleiter bei Tisch.

94 Riesling * Ried Silberbichl 1ÖTW 2021
13 Vol.-%, NK, großes Holzfass, €€€€€
Mittleres Grüngelb, silberfarbene Reflexe. Feine gelbe Tropenfrucht, zart nach Safran, ein Hauch von Maracuja, weißer Pfirsich, floraler Touch, einladendes Bukett. Straff, engmaschig, frisches Steinobst, rassiges Säuregerüst, Limetten, salzige Mineralik, ein vitaler, animierender Speisenbegleiter.

93 Chardonnay Ried Hochrain 2021
13 Vol.-%, NK, Barrique, €€€€€
Leuchtendes Goldgelb, Silberreflexe. Zarte Holzaromen, ein Hauch von Nougatkaramell, Nuancen von gelbem Kernobst, einladendes Bukett. Saftig, elegant, weißer Pfirsich, feiner Säurebogen, mineralisch, salziger Nachhall, ausgewogen, ein facettenreicher Speisenbegleiter.

92 Pinot Noir Ried Satzen 2021
13 Vol.-%, NK, Barrique, €€€€€
Kräftiges Karmingranat, Ockerreflexe, dezente Randaufhellung. Frische Herzkirschen, zart nach Preiselbeeren, Ribiseln, mit einem Hauch von Edelholz unterlegt. Stoffig, elegant, rotbeeriger Touch, frische Struktur, mineralisch-salzig im Abgang, verfügt über Reifepotenzial.

WEINGUT MANTLERHOF
3494 Brunn im Felde/ Gedersdorf
Hauptstraße 50
T: +43 (2735) 8248
weingut@mantlerhof.com
www.mantlerhof.com

Kellermeister: Josef Mantler
Kontakt: Margid Mantler
Anbauweise: Zertifiziert Biologisch (Austria Bio Garantie)
Produktion: 98 % weiß, 2 % süß, 15 Hektar
Vereinszugehörigkeit: Traditionsweingüter Österreich
Messen: Austrian Tasting London, Millésime Bio, ProWein Düsseldorf, VieVinum

★★★★★

WEINGUT MANTLERHOF

BIO

Nähert man sich dem Weingut Mantlerhof, so öffnet sich in der Ortsmitte von Brunn im Felde der Blick auf einen lieblichen Teich. An dessen Westseite befindet sich ein imposanter Hof mit frühklassizistischer Fassade. Der Mantlerhof geht zurück auf das Stift Admont, das den stattlichen Wirtschaftshof bis Mitte des 16. Jahrhunderts besaß. Vor 200 Jahren wurde dieses Gut von der Familie Mantler erworben. Eines kommt einem sofort in den Sinn: Solidität und Beständigkeit. Beim Blick auf das Etikett wiederholt sich dieser Eindruck. Jedoch: Dass hier keine verstockten Konservativen am Werk sind, merkt man spätestens beim persönlichen Kontakt. Margid und Sepp Mantler sowie ihre drei Kinder bewirtschaften nicht nur Weingärten, sondern betreiben auch Ackerbau. Beide Betriebszweige wurden ab 2003 schrittweise auf biologische Bewirtschaftung umgestellt und sind inzwischen zertifiziert.

Auf den beeindruckenden Terrassen aus Löss, dessen hellgelbe Wände weithin nach Süden leuchten, kultivieren die Mantlers die klassischen Weißweine der Region: Grünen Veltliner und Riesling in Kremstal-DAC-Stilistik und großer Lagenvielfalt. Eine besondere Spezialität des Mantlerhofs ist jedoch die Pflege der Weißweinrebe Roter Veltliner. Von hier stammen deren beeindruckendste Vertreter. In geringerem Ausmaß, aber mit der gleichen Passion werden noch Chardonnay, Gelber Muskateller und Neuburger ausgebaut. Letzterer wurde deshalb gepflanzt, weil ein Vorfahre der geborenen Wachauerin Margid Mantler-Ferstl ein Geburtshelfer dieser Sorte war.

Die besten Lagen, von denen die Weine des Guts in die Flasche kommen, sind Spiegel (Grüner Veltliner), Wieland (Riesling), Steingraben (Riesling) und Moosburgerin (Grüner Veltliner). Alle sind Erste Lagen nach der Klassifizierung der »Traditionsweingüter Österreich« von 2010.

Der eiszeitliche Löss mit seinem hohen Luft- und Kalkgehalt prägt den Grundcharakter der Weine, auch der leichten: saftig, körperbetont, nachhaltig. Die Weine des Mantlerhofs sind ausgesprochen deutlich in der Sortencharakteristik und haben sich den Ruf besonderer

Neuburger

Lagerfähigkeit erworben. Obwohl der Hauptanteil der Weine trocken ist, gibt es eine breite Palette von edelsüßen Weinen mit großer Jahrgangstiefe. Die Sammlung alter Flaschen aus eigener Produktion beginnt mit 1947. Den Schwerpunkt der Vermarktung bilden Fachhandel und Gastronomie, der Exportanteil beträgt 45 Prozent.

97 Riesling * Gedersdorf Ried Wieland 1ÖTW 2022
13 Vol.-%, NK, Stahltank, €€€€€€ B V
Helles Grüngelb, Silberreflexe. Feine einladende Tropenfrucht, reifer Weingartenpfirsich, Nuancen von Blütenhonig und Zitronengras, mineralischer Touch. Straff, engmaschig, weiße Frucht, feine Süße, gut integrierte Säure, mineralisch und leichtfüßig, noch sehr jugendlich, zeigt gute Länge, sicheres Entwicklungspotenzial.

94 Riesling * Gedersdorf Ried Steingraben 1ÖTW 2022
13 Vol.-%, NK, Stahltank, €€€€€ B V
Helles Grüngelb, Silberreflexe. Feine Nuancen von Zitronengras, weißer Pfirsich, florales, einladendes Bukett. Saftig, elegant, rund und harmonisch, zarte Fruchtsüße, gut integrierte Säurestruktur, elegant und anhaftend, angenehme Salzigkeit im Finale, wird von weiterer Flaschenreife profitieren.

95 Grüner Veltliner * Gedersdorf Ried Spiegel 1ÖTW 2022
13,5 Vol.-%, NK, Stahltank, €€€€€ B V
Helles Goldgelb, Silberreflexe. Mit feinen Wiesenkräutern unterlegte gelbe Tropenfrucht, etwas Mango, ein Hauch von Marille und Honigmelone, mineralischer Touch. Saftig, komplex und elegant, dunkle Mineralik, feiner Säurebogen, salzig und gut anhaftend, etwas Blütenhonig im Nachhall, zeigt Länge und Reifepotenzial.

94 Grüner Veltliner * Gedersdorf Ried Moosburgerin 1ÖTW 2022
13 Vol.-%, NK, Stahltank, €€€€€ B V
Helles Grüngelb, Silberreflexe. Zarte Nuancen von gelbem Kernobst, frischer Apfel, ein Hauch von Wiesenkräutern, tabakige Noten. Mittlere Komplexität, weiße Frucht, feiner Säurebogen, mineralisch und mit guter Länge versehen, ein Hauch von Limetten, pikanter Nachhall, gutes Potenzial.

95 Roter Veltliner Gedersdorf Ried Ungut 2022
13,5 Vol.-%, NK, 500-l-Fass, €€€€€ B V
Helles Goldgelb, Silberreflexe. Feine Nuancen von reifer Birne, ein Hauch von Kletzen und weißem Nougat, zart nach Orangenzesten, facettenreiches Bukett. Saftig, elegant, extraktsüß, reifer gelber Pfirsich, etwas Lindenblüten, ausgewogen und bereits gut antrinkbar, zeigt sehr gute Länge, sicheres Reifepotenzial.

93 Roter Veltliner Gedersdorf Ried Reisenthal 2023
13,5 Vol.-%, NK, Stahltank, €€€€€ B V
Helles Grüngelb, Silberreflexe. Zarte gelbe Birnenfrucht, ein Hauch von Mango, mit kandierten Orangenzesten unterlegt. Saftig, elegant, feine Fruchtsüße, etwas Steinobst, gut integrierte Säurestruktur, etwas Blütenhonig und Melone im Abgang, bereits gut antrinkbar, ein vielseitiger Speisenbegleiter.

(93) Roter Veltliner Selection 2022
13,5 Vol.-%, NK, Stahltank, €€€€€ B V
Helles Gelbgrün, Silberreflexe. Zarte Aromen von gelber Tropenfrucht, nach Ananas und Papaya, ein Hauch von Blütenhonig, zart nach kandierten Limettenzesten. Saftig, elegant, feine Fruchtsüße, reife gelbe Birne, dezente Säurestruktur, mineralisch, etwas Blütenhonig und Pfirsich im Nachhall, bereits zugänglich, ein vielseitiger Sortenvertreter.

92 Neuburger Gedersdorf Hommage 2023
12,5 Vol.-%, DV, Stahltank, €€€€ B V
Helles Gelbgrün, Silberreflexe. Etwas verhalten, zarte weiße Apfelfrucht, etwas Mango und Melone, ein Hauch von Orangenzesten. Schlank, leichtfüßig, zarte gelbe Apfelfrucht, feine Extraktsüße, dezente Säure, harmonisch und gut anhaftend, ein vielseitiger Speisenwein.

★★★★

WEINGUT VORSPANNHOF – MAYR

Seit über 500 Jahren ist der Vorspannhof Mayr in Droß eine Institution. Zuerst als Pferdewechselstation, dann als Gasthof und seit drei Generationen als eines der Top-Weingüter der Region. Im Vorspannhof kommt zusammen, was das Kremstal ausmacht: ein respektvoller Umgang mit der Natur und den Rieden, Wertschätzung für die Menschen und das richtige Gespür fürs Weinmachen.

Das Weingut wird von Silke Mayr geführt, die mit ihrem engagierten Team und Kellermeister Michael Nastl an der Spitze 14 Hektar Weingärten kultiviert, darunter bekannte Lagen wie Kremser Gebling, Marthal und Kremsleithen.

Im hochmodernen Keller des 500 Jahre alten Gutshofes werden finessenreiche, herkunftstypische Weine vinifiziert. Vorspannhof-Weine tragen möglichst viel von dem in sich, was die jeweiligen Sorten und Lagen ausmacht. Seit 2020 ist das Weingut Mitglied der Traditionsweingüter Österreich.

95 Riesling ** Krems Ried Marthal 1ÖTW 2022
13,5 Vol.-%, DV, Stahltank, €€€€€
Mittleres Grüngelb, silberfarbene Reflexe. Feine Tabakwürze, etwas nach Mandarinenschalen und Passionsfrucht, ein Hauch von reifer Tropenfrucht, mit dezenten Kräuternoten unterlegt. Saftig, komplex, engmaschige Säurestruktur, mineralisch, etwas zurückhaltend nach gelbem Kernobst, Honigtouch im Nachhall, Limetten, vielfältig einsetzbar.

(93) Riesling * Ried Kremsleithen 2023
13 Vol.-%, DV, Stahltank, €€€
Helles Grüngelb. Zarter Blütenhonig, etwas kandierte Orangenzesten, gelbe Tropenfrucht, Maracuja klingt an. Saftig, elegant, gute Komplexität, gelbes Steinobst, zarte Zitrusnoten, lebendige Säurestruktur, vielschichtiges Trinkvergnügen.

92 Riesling Moadoi 2021
13 Vol.-%, DV, Stahltank, €€€€€
Helles Grüngelb, silberfarbene Reflexe. Gelbe Tropenfrucht, etwas nach Karamell, Ringlotten, floraler Touch, Blütenhonig klingt an. Gute Komplexität, fruchtsüß, Marillennoten im Abgang, mineralischer Nachhall, Limettenzesten im Rückgeschmack, vielfältig einsetzbar.

90 Riesling vom Löss 2023
13 Vol.-%, DV, Stahltank, €€
Helles Gelbgrün, Silberreflexe. Zarte Wiesenkräuter, etwas nach Limonen, weißes Steinobst, Kardamom, floraler Touch. Saftig, straff, feine Säurestruktur, gelbe Tropenfrucht, Limetten im Abgang, salziger Nachhall, bereits gut antrinkbar.

93 Grüner Veltliner **
Ried Kremser Gebling 1ÖTW 2022
14 Vol.-%, DV, großes Holzfass/Stahltank, €€€€€
Helles Gelbgrün, silberfarbene Reflexe. Frische gelbe Apfelfrucht, zart nach Mango, feine Wiesenkräuter, blumiger Touch, einladendes Bukett. Mittlere Komplexität, süße gelbe Frucht, dezenter Honigtouch, ausgewogen, milder Speisenbegleiter, bereits sehr gut antrinkbar.

92 Grüner Veltliner * Ried Loiser Weg 2023
13,5 Vol.-%, DV, Stahltank, €€€
Mittleres Gelbgrün, Silberreflexe. Zarte Kräuterwürze, tabakig unterlegte Noten von gelber Frucht, frischer Apfel, einladendes Bukett. Saftig, komplex, feine Fruchtsüße, gut integrierte Säurestruktur, elegant und gut anhaftend, verfügt über Reifepotenzial.

WEINGUT VORSPANNHOF – MAYR
3552 Dross
Herrngasse 48
T: +43 (2719) 30056
weingut@vorspannhof.at
www.vorspannhof.at

Kellermeister: Michael Nastl
Kontakt: Silke Mayr
Produktion: 90 % weiß, 10 % rot, 14 Hektar
Zertifiziert: Nachhaltig Austria
Vereinszugehörigkeit: Traditionsweingüter Österreich
Messen: VieVinum

91 Grüner Veltliner * Ried Wolfsgraben 2023
12,5 Vol.-%, DV, Stahltank, €€
Mittleres Gelbgrün, Silberreflexe. Einladende frische Apfelnote, ein Hauch von Ananas und Mango, mit kandierten Orangenzesten unterlegt. Saftig, elegant, feiner Marillentouch, frisch strukturiert, bleibt haften, ein facettenreicher Speisenbegleiter.

91 Gelber Muskateller 2023
12 Vol.-%, DV, Stahltank, €€
Helles Gelbgrün, Silberreflexe. Dezente Wiesenkräuter und Holunderblüten, ein Hauch von Honig, zart nach Guaven, Marillen klingen an. Saftig, mittlere Komplexität, Muskatnuss, weißes Kernobst, frische Säurestruktur, mineralisches Finish.

90 Sauvignon Blanc 2023
13,5 Vol.-%, DV, Stahltank, €€
Helles Gelbgrün, Silberreflexe. Zarte Cassisnoten, dunkle Mineralik, ein Hauch von Gewürzen, etwas türkischer Honig, einladendes Bukett. Saftig, feine Säurestruktur, lebendig und engmaschig, feinwürziges Finish, gelbe Frucht im Rückgeschmack, guter Speisenbegleiter.

94 Gelber Muskateller Ried Frechau Eiswein 2021
9 Vol.-%, DV, Stahltank, €€€€€
Helles Weißgold, Grünreflexe. Weißes Rosenöl, ein Hauch von Ringelblumen und Jasmin, zart nach Honig, würziger Touch, Papaya klingt an. Saftig, engmaschig, balancierte und lebendige Säurestruktur, mineralisch, weißes Steinobst im Abgang, floraler Nachhall, vielschichtig, bereits gut antrinkbar.

★★★★

WEINGUT HERMANN MOSER

Mit 16 Hektar Rebfläche in besten Lagen in Rohrendorf haben Martin und Carmen Moser ein optimales Fundament für ihre breit gefächerte Palette an erstklassigen Weinen gelegt. Der Winzer Martin Moser stellt schon seit einigen Jahren als Kellermeister mit sehr kompletten Weiß- und Rotweinen eine erstaunliche Konstanz unter Beweis und hat im Kreis der »Traditionsweingüter Österreich« eine führende Rolle übernommen. Sein besonderes Augenmerk gilt dem Grünen Veltliner, der sich auf den Lössböden der Region sehr wohlfühlt. Der großzügige Verkostungsraum, dessen Glasfront einen Blick auf die Rohrendorfer Weinberge freigibt, bildet ein attraktives Ambiente für vinophile sowie kulinarische Veranstaltungen und kann für diverse Festlichkeiten angemietet werden. Martin Moser exportiert hauptsächlich in die USA und nach Kanada, ist aber mit seinen Weinen auch in Holland, Dänemark, Deutschland, Großbritannien sowie in Hongkong erfolgreich.

95 Grüner Veltliner ** Ried Gebling 1ÖTW HannaH 2022
14 Vol.-%, DV, großes Holzfass, €€€€€
Helles Grüngelb, silberfarbene Reflexe. Nuancen von Blutorangen, mit gelbem Golden-Delicious-Apfel unterlegt, zart tabakig, etwas Blütenhonig und Marille im Hintergrund. Kraftvoll, saftig, feine Holzwürze, Nuancen von reifem gelbem Kernobst, dezente Süße, runder Säurebogen, zart nussig, ein Hauch von Vanille im Nachhall, gute Länge, ein komplexer Speisenbegleiter.

94 Grüner Veltliner ** Ried Gebling 1ÖTW Der Löss 2022
13,5 Vol.-%, DV, großes Holzfass, €€€€€
Helles Grüngelb, silberfarbene Reflexe. Zart nach Mango und weißer Birne, ein Hauch von Kräutern und Zitruszesten, mineralischer Touch. Saftig, gelbe Birne, feinwürzig, Nuancen von Holz, dezentes Säurespiel, etwas Blütenhonig im Abgang, verfügt über Länge und Reifepotenzial.

92 Grüner Veltliner * Rohrendorf Kaiserstiege 2023
13,5 Vol.-%, DV, Stahltank, €€€
Helles Goldgelb, Silberreflexe. Feinwürzig unterlegte Kernobstnoten, ein Hauch von Apfel und Ringlotten, kandierte Orangenzesten im Hintergrund. Mittlere Komplexität, ein Hauch von Anis und Kümmel, feines gelbes Kernobst, bleibt haften, ein stoffiger Begleiter bei Tisch.

91 Grüner Veltliner * Rohrendorf Karmeliter 2023
12,5 Vol.-%, DV, Stahltank, €€€
Helles Grüngelb, Silberreflexe. Zart floral, weiße Apfel-

WEINGUT HERMANN MOSER

3495 Rohrendorf
Bahnstraße 36
T: +43 (2732) 83841
office@moser-hermann.at
www.moser-hermann.at

Kellermeister: Martin Moser
Kontakt: Martin und Carmen Moser
Anbauweise: Umstellung auf bio (Bio Austria)
Produktion: 9 % Schaumwein, 70 % weiß, 15 % rosé, 5 % rot, 1 % süß, 16 Hektar
Vereinszugehörigkeit: Traditionsweingüter Österreich
Messen: VieVinum, DAC-Präsentationen

Martin Moser & Duffy

frucht, feine Kräuterwürze, tabakige Nuancen, würziges Bukett. Stoffig, zart nach Mango, elegant, feines Säuregerüst, mineralisch, anhaftend, verfügt über Entwicklungspotenzial.

90 Grüner Veltliner * per due 2023

12 Vol.-%, DV, Stahltank, €€

Helles Grüngelb, Silberreflexe. Frisches gelbes Kernobst, zart nach Mango, betont fruchtiges Bukett, einladend. Saftig, mittlere Komplexität, weißer Apfel, feine Fruchtsüße, leichtfüßig, ein animierender Speisenwein.

92 Grüner Veltliner Reblaus 2022

12,5 Vol.-%, DV, kleines Holzfass, €€€€

Leuchtendes, zart trübes mittleres Goldgelb. Zart nach gelber Tropenfrucht, Kräuterwürze, etwas Bergamotte, mit einem Hauch von Pfirsich unterlegt. Straff, feiner Gerbstoff, weißer Pfeffer, frischer Säurebogen, weißer Apfel im Abgang, kalkig-zitroniger Nachhall.

94 Riesling ** Ried Gebling 1ÖTW Kellerterrassen 2022

13,5 Vol.-%, DV, Stahltank, €€€€€

Helles Grüngelb, silberfarbene Reflexe. Feine Nuancen von weißen Blüten, etwas Jasmin, mit weißem Weingartenpfirsich unterlegt, Limettenzesten klingen an. Mittlerer Körper, elegant, feine Süße, finessenreicher Säurebogen, ausgewogen und bereits gut antrinkbar, vielfältig einsetzbarer Speisenbegleiter.

92 Riesling * Rohrendorf Kaiserstiege 2023

13 Vol.-%, DV, Stahltank, €€€

Helles Grüngelb, Silberreflexe. Zarte weiße Tropenfrucht, ein Hauch von Pfirsich, Nuancen von Blütenhonig. Saftig, süße Textur, Noten von reifem Steinobst, frischer Säurebogen, mineralisch-zitronig im Nachhall, bereits gut entwickelt und antrinkbar.

92 Grauburgunder 2023

14 Vol.-%, DV, großes Holzfass, €€€

Helles Goldgelb, Silberreflexe. Zart nach Orangenzesten und Blütenhonig, Nuancen von gelber Birne, kräuterwürzig-tabakig unterlegt. Kraftvoll, süße Birnenfrucht auch am Gaumen, dezente Säure, stoffiger Abgang, salziger Nachhall, etwas Honig im Rückgeschmack.

91 Viognier V 2023

13 Vol.-%, DV, Stahltank, €€€

Helles Gelbgrün, Silberreflexe. Zart nach reifer gelber Birne, Nuancen von Kernobst, dezente Kräuterwürze. Komplex, saftig, weiße Apfelfrucht, frischer Säurebogen, mineralisch, salziger Nachhall, bereits entwickelt, vielfältig einsetzbar.

★★

WEINKELLEREI LENZ MOSER

Die Weine von Lenz Moser sind international gesehen ein wichtiges Aushängeschild für die österreichische Weinszene. Die Weinkellerei, die ihren Sitz in Rohrendorf bei Krems hat, ist nicht nur Marktführer in Sachen Qualitätswein aus Österreich, sondern war und ist stets auch innovativ. Unter anderem wurde hier bereits 1984 der Drehverschluss eingesetzt, seit 2008 findet man diesen auf fast allen Weinen von Lenz Moser.

»Small is beautiful.« Dieser Satz trifft auch auf die Weinkellerei Lenz Moser zu, bringt doch eine Vielzahl von Winzern, die zusammen die rund 2.700 Hektar Weingärten betreuen, die Trauben im Herbst in kleinen Chargen in die Kellerei. Um sicherzugehen, dass nur gesunde und perfekt gereifte Trauben angeliefert werden, hält das vom Chefönologen Michael Rethaller geführte Team engen Kontakt zu den Weinbauern und steht ihnen das ganze Jahr über beratend zur Seite.

Neben der ausgezeichneten Qualität der Produkte aller Weinlinien und der Gewissheit, dass sie mit größter Sorgfalt entstanden sind, ist es auch das äußerst moderate Preisniveau aller Weine, das von den Konsumenten geschätzt wird. Auch seitens anerkannter Expertenjurys finden die Lenz-Moser-Weine im In- und Ausland gebührende Anerkennung.

91 Grüner Veltliner Lenz Moser Prestige 2023
12,5 Vol.-%, DV, Stahltank, €€
Helles Strohgelb, Silberreflexe. Zart tabakig unterlegte Nuancen von gelber Tropenfrucht, etwas Mango, dezent nach Wiesenkräutern. Mittlerer Körper, weißer Apfel, straff und frisch strukturiert, mineralisch-zitroniger Nachhall, ein vielseitiger Speisenbegleiter.

90 Grüner Veltliner Lenz Moser Selection 2023
12 Vol.-%, DV, Stahltank, €€
Helles Gelbgrün, Silberreflexe. Zarte Wiesenkräuter, feine gelbe Apfelfrucht, etwas Mango und Blütenhonig. Mittlerer Körper, ausgewogen, saftig und frisch strukturiert, elegant, Kernobst im Abgang, zarte Süße im Nachhall, animierender Stil.

89 Riesling Lenz Moser Prestige 2023
12,5 Vol.-%, DV, Stahltank, €€

88 Gelber Muskateller Lenz Moser 2023
12 Vol.-%, DV, Stahltank, €€

90 Blaufränkisch Barrique Lenz Moser Prestige 2021
13,5 Vol.-%, DV, Barrique, €€
Kräftiges Rubingranat, violette Reflexe, zarte Ockerrandaufhellung. Zart nach Kräutern und Zwetschken, mit Brombeernoten unterlegt, tabakige Nuancen. Mittlere Komplexität, schwarze Kirschen, reife Tannine, mineralisch, bereits gut antrinkbar.

93 Lenz Moser Prestige Trockenbeerenauslese 2020 SÄ/WR/CH
8,5 Vol.-%, NK, Stahltank, €€€
Leuchtendes mittleres Goldgelb, Silberreflexe. Feine Botrytiswürze, Dörrobstnuancen, reife gelbe Tropenfrucht, zarter Honigtouch, einladendes Bukett. Saftig, seidige Textur, getrocknete Marillen, Honig, gute Balance, feiner Säurekern, bereit gut entwickelt und antrinkbar, sicheres Reifepotenzial.

WEINKELLEREI LENZ MOSER
3495 Rohrendorf
Lenz-Moser-Straße 1
T: +43 (2732) 85541
k.rumpold@lenzmoser.at
www.lenzmoser.at

Kellermeister: Michael Rethaller
Kontakt: Helmut Amon
Produktion: 55 % weiß, 44 % rot, 1 % süß
Zertifiziert: Nachhaltig Austria
Messen: Anuga, ProWein Düsseldorf, VieVinum, Vinexpo

WEINGUT MÜLLER
3508 Krustetten
Hollenburger Straße 12
T: +43 (2739) 2691
info@weingutmueller.at
www.weingutmueller.at

Kellermeister: Leopold Müller
Kontakt: Leopold und Stefan Müller
Produktion: 1 % Schaumwein, 80 % weiß, 1 % rosé, 17 % rot, 1 % süß
Zertifiziert: Nachhaltig Austria
Vereinszugehörigkeit: Vinum Circa Montem
Messen: ProWein Düsseldorf, VieVinum, Vinexpo

Familie Müller

★★★

WEINGUT MÜLLER

Mitten im malerisch gelegenen Weinort Krustetten im südlichen Kremstal befindet sich das Weingut der Familie Müller. Es wurde 1270 erstmals urkundlich als Lesehof in den Göttweiger Stiftsarchiven erwähnt und wird seit 1936 von den Müllers als Familienbetrieb geführt. Der Weinbau am Göttweiger Berg hat eine lange Tradition, die von der Familie Müller schon in dritter und vierter Generation geschätzt und gepflegt wird. Stefan pflegt mit viel Liebe und Leidenschaft die Weingärten, während Leopold von der Traubenübernahme bis zur Abfüllung die Verantwortung trägt. Die gesamte Familie ist im Betrieb mit eingebunden, alle haben klar definierte Verantwortlichkeiten und die 4. Generation mit Diana, Martin und Laurenz übernimmt immer mehr Verantwortung, auch in den Bereichen Kellerwirtschaft und Weingartenmanagement. Die Philosophie ist im Einklang mit der Natur zu arbeiten und die vielfältigen Gegebenheiten rund um den Göttweiger Berg gezielt zu nutzen, um das Beste aus jeder Riede herauszuarbeiten. Die Winzerfamilie Müller ist sich einig: »Unsere Landschaft schenkt uns eine ungemeine Bodenvielfalt – vom tiefgründigen Löss über Verwitterungskonglomerat bis hin zu kargen Urgesteinsböden – und einzigartige klimatische Voraussetzungen für hochqualitative Trauben und charaktervolle Weine! Wir fühlen uns verpflichtet, unsere Landschaft auch für die nächsten Generationen lebenswert zu erhalten, und versuchen, unser Weingut so ressourcenschonend wie möglich zu führen.« Durch ihre Zielstrebigkeit konnten die strengen Kriterien der »Nachhaltig Austria«-Zertifizierung erreicht werden. Die Weine können in der Vinothek auf dem Weingut oder beim Top-Heurigen, der viermal jährlich geöffnet hat, verkostet werden und sind auch bei vielen Händlern erhältlich.

90 ❸ Grüner Veltliner Sekt Austria
12,5 Vol.-%, NK, Stahltank, €€€
Helles Gelbgrün, Silberreflexe, anhaltendes Mousseux. Reife Tropenfrucht, zarter Blütenhonig, etwas nach Ananas, floraler Touch. Saftig, fruchtsüß, etwas nach Mango, bleibt gut haften, Honigmelone im Nachhall, bereits gut antrinkbar.

93 Grüner Veltliner * Krustetten Ried Eichbühel 2022
13 Vol.-%, NK, Holzfass, €€€€
Helles Grüngelb, silberfarbene Reflexe. Zart mit Honigme-

lone unterlegte feine gelbe Apfelfrucht, etwas Papaya, mineralischer Touch. Komplex, saftig und elegant, feine Fruchtsüße im Kern, gut integrierter Säurebogen, ausgewogen, bleibt haften, guter Speisenbegleiter.

93 Grüner Veltliner ** Ried Eichbühel 2016
13,5 Vol.-%, NK, großes Holzfass, €€€€€
Mittleres Gelbgrün. Reife Tropenfrucht, zart nach Papaya und Karamell, Gewürznuancen klingen an. Saftig, fruchtsüß, bleibt gut haften, mineralisch, reife Marillenfrucht im Abgang, kraftvolles Finish, Honigtouch im Rückgeschmack, bereits gut antrinkbar.

92 Grüner Veltliner * Ried Neuberg 2023
13 Vol.-%, DV, Stahltank, €€
Mittleres Gelbgrün, silberfarbene Reflexe. Frische Orangenzesten, Nuancen von gelber Tropenfrucht, feine tabakige Kräuterwürze, einladendes Bukett. Mittlere Komplexität, weißer Apfel, extraktsüß, feiner Säurebogen, mineralisch, ausgewogen, mit Entwicklungspotenzial ausgestattet.

92 Grüner Veltliner * Furth Ried Gottschelle 2022
13 Vol.-%, DV, Stahltank, €€€€
Mittleres Grüngelb, silberfarbene Reflexe. Zarte gelbe Apfelfrucht, ein Hauch von Mango, etwas Blütenhonig, einladendes Bukett. Mittlere Komplexität, dezente Süße im Kern, gelbes Kernobst im Abgang, mineralisch unterlegt, bleibt gut haften, ein eleganter Speisenbegleiter.

91 Grüner Veltliner * Ried Kremser Kogl 2023
12,5 Vol.-%, DV, Stahltank, €€
Helles Grüngelb, silberfarbene Reflexe. Zarte gelbe Tropenfrucht, ein Hauch von Ananas und Mango, etwas Blütenhonig und Orangenzesten. Mittlerer Körper, weißer Apfel, frisch strukturiert, balanciert, wirkt leichtfüßig und gut entwickelt, vielfältig einsetzbar.

90 Grüner Veltliner * Krustetten 2023
12 Vol.-%, DV, Stahltank, €€
Helles Goldgelb, silberfarbene Reflexe. Zart nach frischer Birne, ein Hauch von Mango, Nuancen von Orangenzesten. Schlank, weißes Kernobst, frisch strukturiert, mineralisch-zitronig im Abgang, bietet unkompliziertes Trinkvergnügen, feiner Sommerwein.

93 Riesling * Hollenburg Ried Goldberg 2022
13 Vol.-%, NK, großes Holzfass, €€€€€
Helles Gelbgrün, silberfarbene Reflexe. Zarte Nuancen von gelbem Pfirsich, ein Hauch von Blütenhonig, Limettenzesten, einladendes Bukett. Stoffig, elegant, balancierte Fruchtsüße im Kern, Weingartenpfirsich und Zitronen im Abgang, wirkt leichtfüßig, bleibt gut haften, ein facettenreicher Begleiter bei Tisch.

92 Riesling * Krustetten Ried Leiten 2022
13 Vol.-%, DV, Stahltank, €€€€
Helles Goldgelb, silberfarbene Reflexe. Nuancen von gelbem Steinobst, zart nach Pfirsich und Papaya, mineralisch unterlegt, einladendes Bukett. Mittlere Komplexität, salzig, weiße Tropenfrucht, finessenreicher Säurebogen, zitronig-mineralisch, lebendig und bereits gut antrinkbar.

91 Riesling * Krustetten 2023
13 Vol.-%, DV, Stahltank, €€
Helles Grüngelb, silberfarbene Reflexe. Zart nach gelbem Pfirsich, etwas Ananas, Orangenzesten und Blütenhonig im Hintergrund, einladendes Bukett. Straff, knackig, weiße Tropenfrucht, lebendig strukturiert, mineralisch-zitronig, bleibt haften, ein lebendiger Begleiter bei Tisch.

90 Weisser Burgunder Ried Kremser Lusthausberg 2022
13 Vol.-%, DV, großes Holzfass, €€€
Mittleres Gelbgrün, silberfarbene Reflexe. Zart nach Gewürzen und Tabak, ein Hauch von Mangonoten, Noten von kandierter Frucht, nussige Nuancen. Saftig, elegant, fruchtsüß, nach Maracuja, gelbe Birnenfrucht, mineralischer Nachhall, guter Speisenbegleiter.

89 Sauvignon Blanc Göttweiger Berg 2023
12 Vol.-%, DV, Stahltank, €€

★★★

WEINGUT MÜLLER-GROSSMANN

BIO

Das Weingut Müller-Grossmann befindet sich in Furth-Palt im südlichen Kremstal. Hier werden rund um den Göttweiger Berg elf Hektar Weingärten bewirtschaftet. Mittlerweile wird das Weingut in zweiter Generation aus Frauenhand von Marlies Hanke geführt, die den Betrieb von ihrer Mutter Helma Müller-Grossmann übernommen hat. Die weibliche Finesse ist in den Weinen zu spüren. Großer Wert wird dabei auf Tradition, Herkunft und Individualität gelegt. So viel wie notwendig, so wenig wie möglich – nach diesem Prinzip wird gearbeitet. Grüner Veltliner und Riesling stehen im Fokus, es werden aber auch charaktervolle Burgunder, Rosé und Muskateller sowie drei Sekte nach traditioneller Methode vinifiziert. Der Betrieb wurde auf biologische Wirtschaftsweise umgestellt und ist nun zertifiziert.

91 Ⓢ Sekt Austria Reserve MG Brut Nature 2018 WB/WR
12,5 Vol.-%, NK, Flaschengärung, €€€€ Ⓑ
Helles Goldgelb, Silberreflexe, feines Mousseux. Feine gelbe Tropenfrucht, ein Hauch von Pfirsich, Ananas und Biskuit. Saftig, zarte Kräuterwürze, frische Birnenfrucht, dezentes Nougat im Abgang, mineralischer Nachhall.

93 Riesling * Ried Steinbühel 1ÖTW 2022
13 Vol.-%, NK, Granitfass, €€€€€ Ⓑ
Helles Gelbgrün, Silberreflexe. Zartes Bukett nach weißem Pfirsich, mineralisch unterlegt, ein Hauch von Limettenzesten. Mittlere Komplexität, feinfruchtige Süße, finessenreich strukturiert, zarter Blütenhonig im Abgang, bleibt gut haften, ein facettenreicher Speisenbegleiter.

(91) Riesling * Furth 2023
12,5 Vol.-%, DV, Granitfass, €€€ Ⓑ
Helles Gelbgrün, Silberreflexe. Zart nach gelbem Pfirsich, ein Hauch von Mango und Zitruszesten, einladendes Bukett. Saftig, elegant, Nuancen von weißem Steinobst, frischer Säurebogen, mineralisch-zitronig im Abgang, Maracuja im Nachhall.

92 Grüner Veltliner * Ried Silberbichl 1ÖTW 2022
13 Vol.-%, NK, Teilbarrique, €€€€€ Ⓑ
Helles Strohgelb, Silberreflexe. Zarte, einladende Nuancen von gelbem Kernobst, nach gelbem Apfel und etwas Birne, zarter Blütenhonig, mit Orangenzesten unterlegt. Straff, mineralisch, feine Fruchtsüße, gut integrierte Säurestruktur, salziger Touch im Abgang, ein feinwürziger Speisenbegleiter.

WEINGUT MÜLLER-GROSSMANN
3511 Furth-Palt
Lindengasse 25
T: +43 (2732) 83146
office@mueller-grossmann.at
www.mueller-grossmann.at

Kellermeister/Kontakt: Marlies Hanke
Anbauweise: Zertifiziert Biologisch (Bio Austria)
Produktion: 5 % Schaumwein, 90 % weiß, 5 % rosé, 11 Hektar
Zertifiziert: Nachhaltig Austria
Messen: ProWein Düsseldorf, VieVinum, Vinexpo, DAC-Präsentationen

Marlies Hanke

90 Grüner Veltliner * Furth 2023
12,5 Vol.-%, DV, Stahltank, €€€ Ⓑ
Helles Gelbgrün, Silberreflexe. Frischer Golden-Delicious-Apfel, zart nach Mango, Nuancen von Wiesenkräutern, ein Hauch von Orangenzesten. Mittlerer Körper, feines Kernobst, gut integrierte Säurestruktur, mineralisch, dezente Süße im Nachhall.

90 Grüner Veltliner No Make Up 2023
12,5 Vol.-%, DV, Stahltank, €€€ Ⓑ
Getrübtes mittleres Orangegold, Silberreflexe. Zarte Nuancen von gelbem Steinobst, ein Hauch von Kräutern und Marille, kandierte Orangenzesten. Schlank, feine Gerbstoffnuancen, frisch strukturiert, weißes Kernobst im Nachhall, mineralisch und leichtfüßig.

89 Muskat Ottonel Be Natural 2023
12,5 Vol.-%, DV, Stahltank, €€€ Ⓑ

★★★★★

WEIN-GUT NIGL

Das Weingut Nigl liegt am Ortseingang von Senftenberg am Fuße des Burgbergs. Der Betrieb verfügt heute über 30 Hektar Weingärten, die auf die Premiumlagen des Kremstals verteilt sind. Die wichtigsten heißen Pellingen, bestockt mit Riesling und Grünem Veltliner, sowie Hochäcker, der mit Riesling bepflanzt ist. Die Rebflächen befinden sich bei Senftenberg, bei Rehberg und in Kremser Rieden.
Die besten Weine der Nigl'schen Palette tragen den Namen »Privat«. Das Traubengut für die beiden »Privat«-Füllungen stammt aus alten Weingärten im Senftenberger Pellingen. Auf kargen Urgesteinsböden bringen die 40 Jahre alten Rebstöcke zwar nur einen sehr geringen Ertrag, dafür aber umso höhere Qualität: Jahr für Jahr entstehen hier zwei große, lagerfähige Weine von bestechender Konzentration und Mineralik. Stuart Pigott sagt über Martin Nigls Weine: »Vom kleinsten Wein bis zu diesen hohen Spitzen sind Nigls Weißweine kristallklar und extrem präzise in Duft und Geschmack. Hier vereinen sich fast unanständiger Reiz und große Eleganz; einfach genial!« Dieser Aussage kann man nur widerspruchslos beipflichten.
Familie Nigl betreibt in Senftenberg übrigens auch ein Restaurant und ein kleines Hotel, das einen angenehmen Aufenthalt im Kremstal garantiert.

WEIN-GUT NIGL
3541 Senftenberg
Kirchenberg 1
T: +43 (2719) 2609
info@weingutnigl.at
www.weingutnigl.at

Kellermeister/Kontakt:
Martin Nigl
Produktion: 90 % weiß, 9 % rot, 1 % süß, 30 Hektar
Vereinszugehörigkeit:
Traditionsweingüter Österreich
Messen: ProWein Düsseldorf, VieVinum

(97) Riesling * Ried Hochäcker 1ÖTW Privat 2023
13,5 Vol.-%, NK, Stahltank, €€€€€€
Helles Gelbgrün, Silberreflexe. Zarte weiße Tropenfrucht, ein Hauch von Pfirsich, Nuancen von Limettenzesten, mineralischer Touch. Straff, engmaschig, weiße Frucht, finessenreiche Säurestruktur, feine Mango im Abgang, etwas Blütenhonig im Rückgeschmack, besitzt Länge und Potenzial.

(94) Riesling * Rehberg Ried Goldberg 1ÖTW 2022
14,5 Vol.-%, NK, großes Holzfass, €€€€€
Mittleres Grüngelb, Silberreflexe. Mit etwas Blütenhonig unterlegte kandierte Orangenschalen, etwas Tropenfrucht, zart nach Marillen, facettenreiches Bukett, attraktiv. Komplex, mineralisch, extraktsüß nach weißem Pfirsich, zitroniger Nachhall, bleibt gut haften, elegantes Finish.

92 Riesling * Piri 2023
13 Vol.-%, DV, Stahltank, €€€€€
Helles Goldgelb, Silberreflexe. Feine gelbe Tropenfrucht, zart nach Pfirsich, ein Hauch von Blütenhonig, einladendes

Bukett. Saftig, elegant, weißer Apfel, frischer Säurebogen, Limetten im Nachhall, ein balancierter Speisenbegleiter, bereits gut antrinkbar.

(96) Grüner Veltliner * Ried Kirchenberg 1ÖTW Herzstück 2023
14 Vol.-%, NK, großes Holzfass, €€€€€€
Mittleres Gelbgrün, Silberreflexe. Tabakig-würzig unterlegte Nuancen von gelbem Kernobst, ein Hauch von Orangenzesten, etwas Honigmelone im Hintergrund. Kraftvoll, saftig, feinwürzig unterlegte gelbe Apfelfrucht, feiner Säurebogen, salzig und lange anhaftend, sicheres Reifepotenzial.

(95) Grüner Veltliner * Ried Pellingen 1ÖTW Privat 2023
13,5 Vol.-%, NK, Stahltank, €€€€€
Mittleres Gelbgrün, Silberreflexe. Zart rauchig-würzig unterlegte Kernobstnuancen, ein Hauch von Birne, etwas Mango, Nuancen von Wiesenkräutern. Straff, engmaschig, weißer Apfel, finessenreicher Säurebogen, betont mineralisch, saliner Nachhall, gute Länge, zarter Blütenhonig im Rückgeschmack.

(93) Grüner Veltliner * Ried Zwetl 2023
13,5 Vol.-%, NK, Stahltank, €€€€€
Mittleres Gelbgrün, Silberreflexe. Frischer Golden-Delicious-Apfel, zart nach Honigmelone, einladendes Bukett. Komplex, saftig, weißes Kernobst, frisch strukturiert, mineralisch-salzig im Abgang, Limettentouch im Nachhall, würziger Stil.

94 Grüner Veltliner Eiswein 2021
9,5 Vol.-%, DV, Stahltank, €€€€€
Mittleres Goldgelb, Silberreflexe. Nuancen von Blütenhonig, reife gelbe Tropenfrucht, zart nach Marillenkonfitüre, einladendes Bukett. Saftig, reife Mango, feiner Honigtouch, zartes Säurespiel, mineralisch, salziger Touch, bleibt lange haften, süßer Fruchtnachhall, bereits gut antrinkbar.

★★

WEINHOF CHRISTIAN PARZER

Seit 1843 befindet sich der Weinhof Parzer im Familienbesitz und wird heute von Christian Parzer und seiner Frau Andrea gemeinsam geführt. Das Anwesen liegt in Oberfucha im südlichen Kremstal, inmitten der reizvollen Landschaft am Fuß des Göttweiger Bergs. Die verschiedenen Böden und die besondere Lage ergeben hier ein Terroir, das sortentypische Weine entstehen lässt. Christian Parzer legt sein Hauptaugenmerk auf die Vinifizierung eleganter Weine, die sowohl über Klarheit, Struktur und Finesse verfügen als auch die Charakteristik der Lage und des Jahrgangs unverfälscht widerspiegeln. Grundvoraussetzungen dafür sind einige der besten Rieden wie Sprinzenberg, Richtern oder Gaisberg! Auch die Wachauer Marille, eine weithin bekannte Spezialität, wird in der hauseigenen Brennerei zu hochwertigem Edelbrand destilliert.
Verkosten kann man alles am besten direkt auf dem Weinhof oder im Gästehaus der Familie, das in herrlicher Ruhelage inmitten von Wein- und Obstgärten liegt. Brigitte Parzer bemüht sich voller Freude um das Wohl der Urlaubsgäste. Ein Ort zum Wohl- und »Weinfühlen«.

94 Riesling * Herzstück 2023
13,5 Vol.-%, DV, 500-l-Fass, €€€
Mittleres Strohgelb, Silberreflexe. Zart nach kandierten Limetten, ein Hauch von Weingartenpfirsich, weiße Tropenfrucht, intensives, einladendes Bukett. Saftig, weißer Apfel,

WEINHOF CHRISTIAN PARZER
3511 Oberfucha-Furth
Ortsstraße 9
T: +43 (2739) 2414
office@weinhof-parzer.at
www.weinhof-parzer.at

Kellermeister/Kontakt:
Christian Parzer
Produktion: 3 % Schaumwein, 77 % weiß, 5 % rosé, 15 % rot, 8 Hektar
Vereinszugehörigkeit:
Vinum Circa Montem

feine, gut integrierte Fruchtsüße, lebendige Säurestruktur, elegant und gut anhaftend, zeigt Länge und Potenzial.

93 Riesling * Oberfucha Ried Sprinzenberg 2023
13,5 Vol.-%, DV, 500-l-Fass/Stahltank, €€€
Helles Grüngelb, Silberreflexe. Zart nach Blütenhonig, Ananas klingt an, Nuancen von Marille, kandierte Orangenzesten, mineralischer Touch. Engmaschig, saftig und elegant, zarte Süße, rassiger Säurebogen, mineralisch und gut anhaftend, verfügt über Entwicklungspotenzial.

91 Riesling * Oberfucha vom Urgestein 2023
13 Vol.-%, DV, Stahltank, €€
Helles Grüngelb, Silberreflexe. Kräuterwürze, etwas Orangenzesten unterlegte gelbe Pfirsichfrucht, Nuancen von Blütenhonig, einladende Nase. Mittlerer Körper, weiße Tropenfrucht, lebendige Säurestruktur, feine Fruchtsüße, zitronig im Nachhall.

(93) Grüner Veltliner * Oberfucha Ried Richtern 2023
13,5 Vol.-%, DV, Stahltank/500-l-Fass, €€€
Mittleres Gelbgrün, Silberreflexe. Zarte gelbe Tropenfrucht, ein Hauch von Pfirsich und Ananas, etwas Blütenhonig, zitroniger Touch, einladendes Bukett. Kraftvoll, saftig, dezente Fruchtsüße, reife Birne, feiner Säurebogen, mineralisch-salziger Nachhall.

92 Grüner Veltliner * Oberfucha Ried Gaisberg 2023
13,5 Vol.-%, DV, 500-l-Fass/Stahltank, €€
Helles Gelbgrün, Silberreflexe. Zarte gelbe Tropenfrucht, feine Gewürznuancen, Blütenhonig unterlegt einen Hauch von Apfel und Mango. Mittlere Komplexität, feine Fruchtsüße, frisch strukturiert, gelbes Kernobst im Abgang, ein einladender Speisenbegleiter.

92 Grüner Veltliner * Oberfucha Ried Sprinzenberg 2023
12,5 Vol.-%, DV, Stahltank, €€
Mittleres Gelbgrün, Silberreflexe. Zart nach Kräutern, feine gelbe Tropenfrucht, Quitte, floraler Touch, einladendes Bukett. Mittlere Komplexität, weißes Kernobst, balancierter Säurebogen, mineralisch-zitronig, gut anhaftend, bereits gut antrinkbar.

★★★★★

WEINGUT FAMILIE PROIDL

Das Familienweingut Proidl agiert zwischen Tradition und Moderne. 1650 aus dem Bremer Raum zugewandert, betreibt die Familie seit 1738 in Senftenberg, das nördlich von Krems und, wenn man so will, am Beginn des Kremstals liegt, Weinbau. Es verbindet die Weinbauregion der Wachau mit der für das Waldviertel typischen, durch Wald und Fels gegliederten Landschaft tief eingeschnittener Flusstäler. Durch die lange Verwurzelung entstand bei Familie Proidl viel Wissen im Umgang mit den örtlichen Steillagen. Sie beobachten akribisch die Natur und sind »Wein-Bauern« mit Leib und Seele. Im Spannungsfeld zwischen der Erfahrung von Generationen und ihrer Neugier allem Wissenswerten gegenüber entsteht eine sinnvolle lebendige Tradition. Die Proidls verstehen sich als Handwerker, als Bergweinbauern mit Vergangenheit und Gegenwart – aber auch auf einem steilen Weg in die Zukunft!
Im Keller herrscht Minimalismus. Durch die hochmineralischen Böden Senftenbergs und die naturnahe Bearbeitung der Weingärten braucht man nach Patrick Proidls Überzeugung im Keller nur mehr wenig einzugreifen. Die wichtigsten Behandlungsmittel sind dabei Geduld, Verkostung und Beobachtung. Statt Fässer und Tanks zu belästigen, gibt Familie Proidl den Weinen die Zeit, die sie brauchen, um sich selbst zu finden. Bei Weinen vom Weingut Proidl dauert die »Weinwerdung« daher nicht zwei bis drei Wochen, sondern drei bis zwölf Monate. So entstehen lagerfähige Weine ohne Ablaufdatum – das verstehen die Proidls unter Nachhaltigkeit.

(96) Riesling ** Senftenberg Ried Ehrenfels 1ÖTW 2023
13,5 Vol.-%, DV, großes Holzfass, €€€€€€
Mittleres Gelbgrün, Silberreflexe. Noch etwas scheu, gelbe Tropenfrucht, zart nach Mango und Maracuja, feine Pfirsichfrucht, ein Hauch von Wiesenkräutern, mit Mandarinenzesten unterlegt. Straff, engmaschig, Noten von weißem Steinobst, finessenreicher Säurebogen, zarte Fruchtsüße im Abgang, balanciert und lange anhaftend, sicheres Reifepotenzial.

WEINGUT FAMILIE PROIDL

3541 Senftenberg
Oberer Markt 5
T: +43 (2719) 2458
weingut@proidl.com
www.proidl.com

Kellermeister/Kontakt:
Patrick Proidl
Anbauweise: Umstellung auf bio
Produktion: 90 % weiß, 5 % rot, 5 % süß, 30 Hektar
Zertifiziert: Nachhaltig Austria
Vereinszugehörigkeit:
Traditionsweingüter Österreich
Messen: VieVinum

Ruine Senftenberg

(95) Riesling ** Senftenberg Ried Pfeningberg 1ÖTW 2023

13,5 Vol.-%, DV, großes Holzfass, €€€€€€
Mittleres Gelbgrün, Silberreflexe. Feine gelbe Tropenfrucht, Nuancen von Papaya und Mango, mit weißem Pfirsich unterlegt, ein Hauch von frischen Limetten. Komplex, saftig, weißes Steinobst, vibrierender Säurebogen, frisch und mineralisch, salzig-zitronig im Abgang, zeigt Länge und Frische, gutes Entwicklungspotenzial.

94 Riesling ** Senftenberg Katzengold 2022

13,5 Vol.-%, DV, Holzfass, €€€€€
Mittleres Grüngelb, Silberreflexe. Zart rauchig unterlegte Nuancen von reifem gelbem Steinobst, ein Hauch von Honigmelone, Limettenzesten im Hintergrund. Straff, engmaschig, weißer Apfel, feiner Säurebogen, mineralisch-salzig im Abgang, bleibt haften, klassisch trocken, bereits gut antrinkbar, ein vielseitiger Speisenbegleiter.

(94) Riesling ** Senftenberg Ried Hochäcker 1ÖTW 2023

13,5 Vol.-%, DV, großes Holzfass, €€€€€€
Mittleres Gelbgrün, Silberreflexe. Zart rauchig, feine Kräuterwürze, Nuancen von Grapefruitzesten, gelber Pfirsich, Blütenhonig und frische Orangenzesten. Straff, engmaschig, weiße Apfelfrucht, frischer Säurebogen, salzig-zitronig, kristalliner Stil, gutes Reifepotenzial.

97 Riesling Universum Grande Reserve 2021

14 Vol.-%, DV, Holzfass, €€€€€€
Helles Goldgelb, Silberreflexe. Feine Tropenfrucht, etwas Mango, dazu gelber Pfirsich, Würze von Safran und Mandarinenzesten, etwas Blütenhonig, mineralischer Touch. Kräftig, straff, weiße Frucht, zarte Extraktsüße, finessenreicher Säurebogen, klar wie ein Gebirgsbach, Limetten im Nachhall, bleibt lange haften, salziger Speisenbegleiter, mit sicherem Reifepotenzial ausgestattet, angelegt für Jahrzehnte.

95 Riesling Senftenberg Generation X 2022

13,5 Vol.-%, DV, Holzfass, €€€€€€
Mittleres Goldgelb, Silberreflexe. Attraktive gelbe Tropenfrucht, zarter Blütenhonig, frischer Pfirsich, florale Nuancen, ein facettenreiches Bukett. Saftig, mittlere Komplexität, weißer Apfel, rassige Säurestruktur, karge Mineralik, zitronig, wirkt leichtfüßig und straff, saliner Nachhall, ein engmaschiger Speisenbegleiter.

(95) Grüner Veltliner ** Senftenberg Ried Ehrenfels 1ÖTW 2023

13,5 Vol.-%, DV, großes Holzfass, €€€€€
Leuchtendes mittleres Gelbgrün, Silberreflexe. Feine gelbe Apfelfrucht, ein Hauch von Mango und Marille, zarte Wiesenkräuterwürze, mit Orangenzesten unterlegt. Stoffig, kraftvoll, weißes Kernobst, zart nach Melone, feiner Säurebogen, gut eingebundene Fruchtsüße, mineralisch und gut anhaftend, salzig im Nachhall, sicheres Reifepotenzial.

(94) Grüner Veltliner ** Senftenberg Ried Pellingen 1ÖTW 2023

13,5 Vol.-%, DV, großes Holzfass, €€€€€
Leuchtendes mittleres Gelbgrün, Silberreflexe. Feine Wiesenkräuter, reife Mangofrucht, ein Hauch von Marille, kandierte Orangenzesten, einladendes Bukett. Kraftvoll, würzig, weißer Apfel, dezente Extraktsüße, feiner Säurebogen, mineralisch und straff, gut anhaftend, wird von Flaschenreife noch profitieren.

95 Grüner Veltliner Generation X 2022
14 Vol.-%, DV, Holzfass, €€€€€€
Leuchtendes kräftiges Grüngelb, Silberreflexe. Feine Nuancen von gelbem Kernobst, ein Hauch von Kräutern und Blütenhonig, mineralisch unterlegt. Kraftvoll, komplex, saftige Mangofrucht, feine Extraktsüße, ein Hauch von Nougat, bleibt haften, konzentrierte Mineralik, salzig im Abgang, ein Hauch von Honig im Rückgeschmack, wird von weiterer Flaschenreife profitieren.

93 Chardonnay Senftenberg Generation X 2022
14 Vol.-%, DV, Holzfass, €€€€€€
Mittleres Goldgelb, Silberreflexe. Intensive Tropenfruchtnuancen, zart nach Litschis und Quitten, feiner Blütenhonig, kandierte Mandarinenzesten. Saftig, gelbe Frucht, frischer Säurebogen, zart nach Kletzen im Abgang, opulenter, kraftvoller Stil, im Typus eine trockene Auslese.

★★★★★

WEINGUT SALOMON UNDHOF

Salomon Undhof ist ein Aushängeschild österreichischer Weingeschichte und eines der ältesten privaten Weingüter des Landes. Hier werden seit 230 Jahren Weißweine aus einigen der besten Grand-Cru-Lagen entlang der Donau gewonnen, darunter so bekannte Weingärten wie »Ried Steiner Kögl«, »Ried Pfaffenberg«, »Ried Wachtberg« oder »Ried Lindberg«.
Der Ruhm des Weingutes wurde in den frühen 1930er-Jahren mit einer der ersten Weingutsfüllungen in Österreich begründet. Durch Bertold Salomon steht das Weingut heute vor allem für exzellente trockene Rieslinge und Grüne Veltliner – langlebige, elegante Weine, für die das Haus berühmt ist. Mehr als die Hälfte der 25 Hektar Weingärten ist mit Riesling, der Rest mit Grünem Veltliner und einem kleinen Teil Gelbem Traminer bepflanzt. Die ehemals kirchlichen Weinbergterrassen von Salomon Undhof liegen im westlichsten Teil des Kremstales, wo die Böden hauptsächlich aus Urgestein bestehen. In Stein an der Donau decken sich das Weinbaugebiet Kremstal und das Weltkulturerbe Wachau. Der Name der alten Weinstadt Stein hat seine Wurzeln in der Dominanz der Urgesteinsböden auf den Steinterrassen. Kontrolliert integrierte Weingartenbewirtschaftung und der Verzicht auf Herbizide halten diese Weingärten in gesunder Balance. Diese werden nun in bereits neunter Generation von den Geschwistern Bert und Fanny Marie bearbeitet. Nach mehr als 25 Jahren mit jeweils zwei Weinernten (in Österreich und Australien) gaben die Eltern Bertold und Gertrud die Verantwortung an die nächste Generation weiter und konzentrieren sich nun auf die hochklassigen Rotweine ihres australischen »Salomon Estate« in Finniss River und das Joint Venture »Salomon & Andrew« in Neuseeland.

92 ❶ Zweigelt Rosé Sekt Austria g.U. Brut Nature 2020
12,5 Vol.-%, NK, Flaschengärung, €€€€€
Helles Lachsrosa, zarte Kupferreflexe, feine Perlage. Wiesenkräuter, zarte rote Beerenfrucht, ein Hauch von Kirschen, einladendes Bukett. Straff, engmaschig, rote Waldbeeren, weißer Apfel, frisch, Röstaromen, mineralischer Nachhall, ein zarter, delikater Speisenbegleiter.

91 ❶ Riesling Wolke für Zwei Petillant Naturel 2023
13,5 Vol.-%, KR, Flaschengärung, €€€€€
Trübes Grüngelb. Nuancen von frischem Kernobst, zarte Kräuterwürze, mit einem Hauch von Pfirsich unterlegt. Saftig, stoffig, fruchtsüße Textur, mineralisch und frisch, bleibt gut haften, lebendiger, animierender Stil, eine Spur kräftiger als gewohnt.

(97) Riesling * Ried Steiner Kögl 1ÖTW Alte Reben 2023
13,5 Vol.-%, NK, Flaschenreifung, €€€€€€
Helles Gelbgrün, Silberreflexe. Mit frischen Zitruszesten unterlegte weiße Pfirsichfrucht, etwas Zitronengras, ein Hauch von Apfel, mineralisch, kühles Bukett. Straff, engmaschig und komplex, feine Fruchtsüße, frisches Steinobst, zarter Blütenhonig im Nachhall, elegant und lange anhaftend, sicheres Potenzial für Jahre.

(95) Riesling * Ried Pfaffenberg 1ÖTW Alte Reben 2023
13 Vol.-%, NK, Flaschenreifung, €€€€€€
Helles Grüngelb, Silberreflexe. Zarte Nuancen von gelbem Kernobst, ein Hauch von Pfirsich und kandierten Limetten, mineralischer Touch. Saftig, elegant, Weingartenpfirsich,

WEINGUT SALOMON UNDHOF

3500 Stein an der Donau
Undstraße 10
T: +43 (2732) 83226
office@salomonwines.com
www.salomonwein.at

Kellermeister: Bert Michael Salomon
Kontakt: Fanny Marie und Bert Michael Salomon, Dr. Bertold und Mag. Gertrud Salomon
Produktion: 100 % weiß, 25 Hektar
Zertifiziert: Nachhaltig Austria
Vereinszugehörigkeit: Traditionsweingüter Österreich
Messen: VieVinum

Familie Salomon

dunkle Mineralik, finessenreich strukturiert, wirkt leichtfüßig, salziger Nachhall, zarte Extraktsüße im Abgang, noch sehr jugendlich, zeigt Länge, gutes Reifepotenzial.

(94) Riesling * Ried Kögl 1ÖTW 2023

13,5 Vol.-%, DV, Flaschenreifung, €€€€€
Sehr helles Gelbgrün, Silberreflexe. Frische weiße Frucht, ein Hauch von Granny-Smith-Apfel und weißem Pfirsich, Limettenzesten, mineralischer Touch. Straff, engmaschig, feine Pfirsichfrucht, finessenreicher Säurebogen, mineralisch, lebendig, feine Fruchtsüße im Abgang, ein delikater Speisenbegleiter.

92 Riesling * Stein 2023

13,5 Vol.-%, DV, Stahltank, €€€€
Helles Gelbgrün, silberfarbene Reflexe. Feine weiße Tropenfrucht, zart nach Pfirsich, ein Hauch von Mandarinenzesten. Saftig, elegant, feine Fruchtsüße, gut integrierte Säurestruktur, mineralisch und anhaftend, bereits zugänglich, verfügt über Entwicklungspotenzial.

(95) Grüner Veltliner * Ried Lindberg 1ÖTW Alte Reben 2023

14 Vol.-%, NK, Flaschenreifung, €€€€€€
Helles Grüngelb, Silberreflexe. Feiner Blütenhonig, reifes gelber Kernobst, ein Hauch von Wiesenkräutern, kandierte Orangenzesten. Stoffig, opulente Textur, weißer Apfel, lebendig, frischer Säurebogen, mineralisch-zitronig im Abgang, animierender Stil, Limetten im Rückgeschmack, zugänglich und mit Potenzial ausgestattet.

(94) Grüner Veltliner * Ried Goldberg Alte Reben 2023

13,5 Vol.-%, NK, Stahltank, €€€€€
Helles Grüngelb, Silberreflexe. Zart nach gelber Tropenfrucht, ein Hauch von Steinobst, frischer Apfel, attraktives Bukett. Komplex, saftig, süße Fruchtnuancen, reifes Kernobst, dezenter Säurebogen, zitronig-salzig im Abgang, etwas Honigmelone im Nachhall, ein vielseitiger, bereits gut entwickelter Speisenwein.

(93) Grüner Veltliner * Ried Wachtberg 1ÖTW 2023

13,5 Vol.-%, DV, Flaschenreifung, €€€€€
Helles Grüngelb, Silberreflexe. Zart nach Golden-Delicious-Apfel, etwas Mango und Blütenhonig, mit dezenter Kräuterwürze unterlegt, Nuancen von Orangenzesten. Straff, saftig, weißer Apfel, feiner Säurebogen, mineralisch-zitronig, ein pikanter Speisenbegleiter mit Potenzial.

92 Grüner Veltliner * Krems Stein Wieden 2023

12,5 Vol.-%, DV, Stahltank, €€€€
Helles Gelbgrün, silberfarbene Reflexe. Feine gelbe Frucht nach Apfel und Mango, ein Hauch von Blütenhonig, kandierte Orangenzesten, mineralischer Touch. Saftig, elegant, weißes Kernobst, dezente Säurestruktur, mineralisch-salziger Nachhall, verfügt über Entwicklungspotenzial.

93 Gelber Traminer Wildrosen 2022

13,5 Vol.-%, DV, Stahltank, €€€€
Helles Goldgelb, Silberreflexe. Zarte Nuancen von Marshmallows, ein Hauch von gelbem Pfirsich, etwas Rosenöl. Saftig, elegant, zart nach Honig, harmonisch und gut anhaftend, zart nach Marillenmarmelade in Nachhall, gelbe Tropenfrucht im Rückgeschmack, gut entwickelt.

★★★★

WEINGUT JOSEF SCHMID

Seit über 150 Jahren befindet sich das Weingut Schmid in Stratzing, einem kleinen Dorf auf einem Hochplateau zwischen Krems und Langenlois, in Familienbesitz, seit 1991 leitet Josef Schmid die Geschicke des feinen Guts. Mit viel Engagement und Idealismus bewirtschaftet er seine Weingärten und vinifiziert Weine, die sich lebendig, kraftvoll, aber mitunter auch sehr elegant präsentieren.
Die Weingärten befinden sich zum Großteil in Stratzing, auf Bergterrassen bei Senftenberg im Kremstal sowie rund um die Stadt Krems. Damit verfügt Josef Schmid über sehr unterschiedliche Terroirs. Lössböden und mineralische Urgesteinsweingärten ermöglichen ihm, eine breite Palette an Weißweintrauben – allen voran Riesling und Grüner Veltliner – an idealen Standorten zu ernten. Für den Winzer sind seine Top-Lagen der größte Schatz, und er ist fest davon überzeugt, dass nur auf besonders guten Böden Reben wachsen können, die sich in den Weinen widerspiegeln und brillieren. Sein Weg und seine Erfolge, die durch zahlreiche Auszeichnungen belegt sind, geben ihm recht. Im Jahr 2004 wurde ein neuer Kellerzubau fertiggestellt, der eine äußerst behutsame Vinifizierung zulässt. Pumpen haben hier längst ausgedient, und zumindest im Keller hat Schmid die gewünschte Temperatur selbst im Griff. Die angesichts der Qualität erstaunlich preiswerten Weine werden nicht nur von Kritikern gelobt, sondern sind auch auf vielen Weinkarten in der gesamten Top-Gastronomie Österreichs zu finden.

95 Grüner Veltliner ** Krems Ried Frechau 1ÖTW 2022
14 Vol.-%, NK, großes Holzfass, €€€€€
Mittleres Grüngelb, silberfarbene Reflexe. Zart rauchig, kräuterwürzig unterlegte kandierte Orangenzesten, Noten von gelbem Kernobst, zitroniger Touch, einladendes Bukett. Kraftvoll, komplex, saftige Apfelfrucht, etwas Mango, feiner Säurebogen, bleibt gut haften, dezenter Blütenhonig im Nachhall, ein stoffiger Begleiter bei Tisch, bereits gut antrinkbar.

94 Grüner Veltliner ** Krems Ried Gebling 1ÖTW 2022
13,5 Vol.-%, DV, großes Holzfass, €€€€€
Mittleres Gelbgrün, silberfarbene Reflexe. Tabakig-kräuterwürzig unterlegte Nuancen von Golden-Delicious-Apfel, ein Hauch von Birne, Orangenzesten. Saftig, mittlere Komplexität, feine fruchtige Süße, angenehmer Säurebogen,

Josef sen. und Josef jun. Schmid

WEINGUT JOSEF SCHMID
3552 Stratzing
Obere Hauptstraße 38
T: +43 (2719) 8288
weingut@j-schmid.at
www.j-schmid.at

Kellermeister: Josef Schmid
Kontakt: Josef und Irene Schmid
Produktion: 120.000 Flaschen
90 % weiß, 10 % rot, 20 Hektar
Zertifiziert: Nachhaltig Austria
Vereinszugehörigkeit:
Traditionsweingüter Österreich
Messen: Alles für den Gast
Salzburg

bleibt gut haften, ein Hauch von Limetten, gute Länge, ein vielseitiger Speisenbegleiter mit Reifepotenzial.

(93) Grüner Veltliner ** Alte Reben 2023
13,5 Vol.-%, DV, großes Holzfass, €€€
Mittleres Gelbgrün, Silberreflexe. Frische Wiesenkräuter, weißer Apfel, ein Hauch von Tropenfrucht, dezenter Blütenhonig, mit Orangenzesten unterlegt. Komplex, reife gelbe Apfelfrucht, feine Säure, dezente Süße im Abgang, ein stoffiger Speisenbegleiter, vielfältig einsetzbar.

92 Grüner Veltliner * Pfarrweingarten 2023
12,5 Vol.-%, DV, Stahltank, €€€
Helles Grüngelb, Silberreflexe. Reife gelbe Apfelfrucht, ein Hauch von Mango und Wiesenkräutern, zart nach Marille. Saftig, elegant, weißes Kernobst, frisch strukturiert, mineralisch-zitronig im Nachhall, ein vielseitiger Speisenbegleiter.

92 Grüner Veltliner * Krems Kremser Löss 2023
13 Vol.-%, DV, Stahltank, €€€
Mittleres Gelbgrün, Silberreflexe. Frische Orangenzesten, gelbe Tropenfrucht, ein Hauch von Mango und Ananas, feiner Blütenhonig. Komplex, stoffig, weiße Apfelfrucht, finessenreiche Säurestruktur, mineralisch-salzig, gute Länge, sicheres Entwicklungspotenzial.

90 Grüner Veltliner * Stratzing 2023
12 Vol.-%, DV, Stahltank, €€ F
Helles Gelbgrün, silberfarbene Reflexe. Nuancen von grünem Apfel, frische Kräuterwürze, tabakige Noten, mineralischer Touch. Lebendig, weißes Kernobst, frischer Säurebogen, knackig-appetitlicher Stil, zitronige Nuancen im Finale.

94 Riesling ** Stratzing Ried Sunogeln 1ÖTW 2022
13,5 Vol.-%, DV, Stahltank, €€€€€
Helles Goldgelb, Silberreflexe. Zart nach frischer weißer Tropenfrucht, ein Hauch von Litschis, kandierte Limettenzesten. Saftig, komplex, weißer Pfirsich, rassiger Säurebogen, mineralisch, gut anhaftend, fruchtige Süße im Nachhall, zeigt Länge und Reifepotenzial.

93 Riesling * vom Urgestein 2023
13 Vol.-%, DV, Stahltank, €€€
Helles Gelbgrün, Silberreflexe. Feine weiße Tropenfrucht, florale Nuancen, kandierte Limettenzesten, ein Hauch von Blütenhonig. Saftig, elegant, Nuancen von gelber Frucht, finessenreiche Säurestruktur, Mango und Pfirsich im Nachhall, ein attraktiver Speisenbegleiter.

93 Riesling K 2023
10,5 Vol.-%, DIAM, Stahltank, €€€€
Helles Gelbgrün, Silberreflexe. Zarter Blütenhonig, weißer Pfirsich, ein Hauch von frischen Zitruszesten, noch etwas scheu. Saftig, schlank, frische Fruchtsüße, rassig strukturiert, leichtfüßig und delikat, auf den Spuren des deutschen Kabinett-Stils, finessenreicher Sommerwein.

★★★★

WEINGUT STADT KREMS

Im Stadtzentrum von Krems an der Donau lebt seit 1452 ein besonderer Teil der österreichischen Weinkultur – das Weingut Stadt Krems. Historisch entstand es aus zwei Quellen: einerseits aus den Besitzungen der sogenannten »Bürgerspitalstiftung« – der Babenberger Herzog Leopold VI. gründete im Jahr 1210 ein Bürgerspital in Krems und vermachte diesem bedeutende Schenkungen, darunter auch Weingärten –, andererseits aus großzügigen Legaten des kaiserlichen Burggrafen zu Krems, Ulrich von Dachsberg, der schon 1452 die Stadt mit Weingärten beschenkte. Somit zählt das Weingut Stadt Krems mit mehr als 550 Jahren Geschichte zu den ältesten Weinproduzenten Österreichs und auch Europas.

Seit 2003 wird das Weingut von Fritz Miesbauer geführt, der gemeinsam mit einem jungen, ambitionierten Team aus dem grundsätzlich sympathischen, aber etwas erstarrten Weingut einen Musterbetrieb entwickelte. 2020 erhielt Fritz Miesbauer dafür von Falstaff den Titel »Winzer des Jahres«. Als Mitglied der Österreichischen Traditionsweingüter (ÖTW) steht man in der Gunst, die bedeutendsten Rieden Österreichs zu pflegen. Unter den 40 Hektar Weingartenfläche, die innerhalb der Stadtgrenzen liegen, befinden sich historische Lagen wie die Riede Weinzierlberg, die Riede Schreck, die Riede Wachtberg und die Riede Grillenparz. Mit Akribie, Gefühl und der nötigen entspannten Zugangsweise werden diese historischen Rieden in Stein und Krems kultiviert. So entstehen individuelle und charak-

Steiner Schreck

WEINGUT STADT KREMS

3500 Krems
Stadtgraben 11
T: +43 (2732) 801441
office@weingutstadtkrems.at
www.weingutstadtkrems.at

Kellermeister: Fritz Miesbauer und Peter Rethaller
Kontakt: Fritz Miesbauer
Produktion: 100 % weiß, 40 Hektar
Zertifiziert: Nachhaltig Austria
Vereinszugehörigkeit: Traditionsweingüter Österreich
Messen: Austrian Tasting London, ProWein Düsseldorf, VieVinum, Vinexpo

tervolle Weine. Nur durch behutsame Verarbeitung der Trauben und minimalistischen Weinausbau kann die Einzigartigkeit der Rieden festgehalten werden. Vom kalkhaltigen Schotter-Konglomerat in der Riede Grillenparz, dem geschieferten Amphibolit der Riede Schreck und den Lössterrassen über den Gneis der Riede Wachtberg bis hin zum kargen Schotter- und Gneis-Untergrund der Riede Weinzierlberg: Die Rieden sind sehr vielfältig.

96 Riesling * Stein Ried Schreck 1ÖTW 2022
13 Vol.-%, NK, Stahltank, €€€€€
Mittleres Goldgelb, Grünreflexe. Einladendes Bukett, Lindenblütenhonig, etwas nach Orangenschalen, reife Tropenfrucht klingt an, blumiger Touch. Saftig, elegant, feine Säurestruktur, mineralisch, zart nach Papaya im Abgang, würziger Rückgeschmack, dicht und lange anhaltend, wird von Flaschenreife profitieren.

95 Riesling * Stein Ried Grillenparz 1ÖTW 2022
13,5 Vol.-%, NK, Stahltank, €€€€€
Helles Gelbgrün, silberfarbene Reflexe. Limettenzesten, zart nach Safran, dezente florale Note, ein Hauch von Mango, einladendes Bukett. Saftig, komplex, frisch und lebendig, facettenreiche Säurestruktur, Pfirsichnoten im Abgang, salziger Nachhall, dunkle Mineralik im Rückgeschmack, vielschichtig und animierend, hat Potenzial.

(93) Riesling * Stein 2023
13 Vol.-%, DV, Stahltank, €€€€
Helles Grüngelb. Mit kandierten Orangenzesten unterlegte Pfirsichnoten, Honigmelone, Melisse klingt an. Saftig, lebendige Säurestruktur, mineralisch, Mirabellen im Abgang, salzig, weißes Steinobst im Rückgeschmack, einladendes Finish.

92 Riesling * Steinterrassen 2023
12,5 Vol.-%, DV, Stahltank, €€
Helles Gelbgrün, Silberreflexe. Zart mit Limettenzesten unterlegte weiße Pfirsichfrucht, mineralisch, einladendes Bukett. Saftig, feine Fruchtsüße, zart nach Tropenfrüchten, angenehme, gut integrierte Säure, mineralisch, zarter Honig im Abgang, bereits gut entwickelt.

94 Grüner Veltliner * Krems Ried Wachtberg 1ÖTW 2022
13 Vol.-%, NK, Stahltank, €€€€€
Leuchtendes Grüngelb, silberfarbene Reflexe. Zart nach Blütenhonig und Maracuja, etwas nach Papaya, Gewürznuancen klingen an, attraktives Bukett. Saftig, elegant, engmaschige Säurestruktur, mineralisch-salzig, Papaya im Abgang, guter Speisenbegleiter mit Potenzial.

94 Grüner Veltliner * Krems Ried Lindberg 1ÖTW 2022
13 Vol.-%, NK, Stahltank, €€€€€
Mittleres Grüngelb, silberfarbene Reflexe. Blütenhonig, etwas nach Mandarinenschalen und Passionsfrucht, mit dezenten Kräuternoten unterlegt. Saftig, komplex, elegant, engmaschige Säurestruktur, mineralisch, etwas zurückhaltend, nach gelbem Kernobst, Honigtouch im Nachhall, bereits gut entwickelt, vielfältig einsetzbar.

93 Grüner Veltliner * Krems Ried Weinzierlberg 1ÖTW 2022
13 Vol.-%, NK, Stahltank, €€€€
Leuchtendes Goldgelb, silberfarbene Reflexe. Weißes Steinobst, dezente Wiesenkräuter, ein Hauch von Melisse, Liebstöckel. Saftig, komplex, gut eingebundene Säurestruktur, mineralisch, rote Apfelfrucht im Nachhall, wirkt leichtfüßig, bietet bereits unkompliziertes Trinkvergnügen, verfügt über einige Länge.

(92) Grüner Veltliner * Stein 2023
13 Vol.-%, DV, Stahltank, €€€€
Helles Gelbgrün, Silberreflexe. Mit dezenter gelber Apfelfrucht unterlegte Wiesenkräuter, ein Hauch von Maracuja. Saftig, elegant, balancierte Säurestruktur, reife Tropenfrucht im Abgang, extraktsüß, bleibt sehr gut haften, vielfältig einsetzbar.

91 Grüner Veltliner * Krems 2023
12,5 Vol.-%, DV, Stahltank, €€
Helles Gelbgrün, Silberreflexe. Zart floral unterlegte weiße Apfelfrucht, ein Hauch von Wiesenkräutern, mineralischer Touch. Schlank, frisches Kernobst, lebendig strukturiert, zitronig im Abgang, leichtfüßig und animierend, verfügt über Reifepotenzial.

90 Grüner Veltliner * 2023
12,5 Vol.-%, DV, Stahltank, €€
Helles Gelbgrün, Silberreflexe. Zart nach Mango und etwas Blütenhonig, ein Hauch von Wiesenkräutern, kandierte Orangenzesten. Schlank und frisch strukturiert, reife weiße Apfelfrucht, bereits zugänglich, vielfältig einsetzbar.

★★★★

LESEHOF STAGÅRD

BIO

Es war das Jahr 2008, in dem sich beim Lesehof Stagård alles änderte – für Urban Stagård sowieso, aber auch für seine Frau Dominique, mit der er gemeinsam den Lesehof betreibt. Sie übernahmen damals das Weingut von seinen Eltern und krempelten es vom ersten Tag an komplett um. Anders als die Generationen davor wollten sie Weine machen, die nicht nur den Durst stillen, sondern auch von ihnen, ihren Ideen und ihren Reben und Rieden erzählen. Sie stellten sofort auf biologische Bewirtschaftung um und definierten Ziele, die es in langsamen Schritten zu erreichen galt. Sie wollten mutige, spannende und authentische Weine keltern, Weine, für die Evolution und Tradition zwei Seiten derselben Medaille sind, Weine, die Spaß machen, und andere, die fordern. Und sie wollten Riesling. Die Affinität von Riesling für karge, steinige Böden, späte Reife und die damit verbundene langsame Entwicklung der Aromen sind die natürlichen Grundvoraussetzungen, die sich hier, im westlichen Kremstal finden. Und auch die Tatsache, dass sich im Riesling unterschiedlichste Säuren aufbauen und für niedrige pH-Werte sorgen, ist in Zeiten meteorologischer Rekorde kein Nachteil. Die ganze Bandbreite und die Vielfalt der Sorte versuchen die beiden in mittlerweile 14 Versionen offenzulegen: Der »urban.R« dient dem Einstieg, der »Rock 'n' Riesling« ist die federleichte Referenz an deutsche Herangehensweisen, das »Handwerk« die ausgewogene und solide Brücke hin zu den Einzellageninterpre-

LESEHOF STAGÅRD
3500 Krems-Stein
Hintere Fahrstraße 3
T: +43 (660) 1917066
office@stagard.at
www.stagard.at

Kellermeister: Urban T. Stagård
Kontakt: Dominique A. Stagård
Anbauweise: Biodynamisch (Bio Austria, Demeter)
Produktion: 173.333 Flaschen 95 % weiß, 5 % rot, 17 Hektar
Messen: Millésime Bio, ProWein Düsseldorf, VieVinum

tationen, von denen es mittlerweile neun gibt – Stagårds ganz persönliche Versuche, dem Kremstal und seinen Facetten auf die Spur zu kommen. Ihr neuestes Projekt ist die Vinothek in Stein, das »Wein.Cabinet«.

93 Riesling * Handwerk 2023
12,5 Vol.-%, DV, Stahltank, €€€ B V
Mittleres Gelbgrün, Silberreflexe. Zart nach Blütenhonig und Guaven, feiner Marillentouch, etwas nach Melisse, lebendiges Bukett. Saftig, gut eingebundene Säurestruktur, leichtfüßig, Weingartenpfirsich, mineralischer Nachhall, guter Speisenbegleiter.

95 Riesling Stein Ried Steiner Schreck 2022
12,5 Vol.-%, NK, Stahltank, €€€€€ B V
Mittleres Gelbgrün, Silberreflexe. Einladendes Bukett nach Karamell und Mango, ein Hauch von Blütenhonig, zart nach Pfirsich. Gute Komplexität, feinwürzig, floral, Mirabellen im Abgang, gut integrierter Säurebogen, bleibt sehr gut haften, wird von Flaschenreife profitieren.

(94) Riesling Ried Steiner Hund 2022
12,5 Vol.-%, NK, Stahltank, €€€€€ B V
Leuchtendes Goldgelb, Grünreflexe. Blütenhonig, kandierte Mandarinenzesten, etwas nach Ananas und Honigmelone. Engmaschig, gute Komplexität, Marillentouch, mineralisch, gut eingebundene Säurestruktur, feinwürziger Nachhall, vielschichtiger Speisenbegleiter.

(94) Riesling Stein Ried Pfaffenberg 2022
12,5 Vol.-%, DV, Stahltank, €€€€€ B V
Mittleres Gelbgrün, silberfarbene Reflexe. Etwas Honig und reife Tropenfrucht, tabakig, zart nach Ananas, dunkle Würze, Wiesenkräuter klingen an. Saftig, engmaschig, weißes Steinobst, frisch und leichtfüßig wirkend, mineralisch, frisches Finish, wird von Flaschenreife profitieren.

92 Rock'n'Riesling Stagård 2023
9 Vol.-%, DV, Stahltank, €€€€
Mittleres Gelbgrün, Silberreflexe. Feine Kräuternoten, ein Hauch von Quitte, zart nach Blütenhonig, Papaya, floraler Touch. Komplex, saftig, engmaschig, reife Honigmelone, fruchtsüß, gut eingebundener Säurebogen, vielschichtig, trinkanimierender Stil.

92 Riesling Steiner Gaisberg 2022
Mittleres Gelbgrün, Silberreflexe. Zarter Blütenhonig, Marille, ein Hauch von reifer Birne, Zitrusnuancen, floraler Touch, einladendes Bukett. Engmaschig, weißes Steinobst, gut integrierter Säurebogen, mineralisch, etwas weitmaschig im Nachhall, bereits gut antrinkbar.

92 Riesling Urban.R 2023
Helles Gelbgrün, silberfarbene Reflexe. Zarte Wiesenkräuter, weißes Steinobst, Quitte, feinwürzig, frisches Bukett. Saftig, feingliedrig, Pfirsich, wirkt leichtfüßig, lebendige Säurestruktur, mineralischer Nachhall, bereits gut antrinkbar.

(92) Grüner Veltliner * Handwerk 2023
12,5 Vol.-%, DV, Stahltank, €€€ B V
Mittleres Gelbgrün, Silberreflexe. Gelbe Apfelfrucht, etwas nach Kardamom, ein Hauch von Guaven, kandierte Mandarinenzesten, feines Bukett. Saftig, leichtfüßig, weißes Steinobst, Ananas im Abgang, mineralisch, salziger Nachhall, vielfältig einsetzbar.

★★★

WEINGUT STIFT GÖTTWEIG

Das Stift Göttweig betreibt seit über 900 Jahren Weinbau. 2006 übernahm Fritz Miesbauer die Geschäfte und brachte das Weingut so richtig auf Vordermann und in die oberste Liga der österreichischen Produzenten. Das prächtige Benediktinerstift liegt gegenüber der Weinstadt Krems, am Südufer der Donau, ganz oben auf dem Gipfel des Göttweiger Bergs. Die Anlage, die nach Plänen des bekannten Architekten Johann Lukas von Hildebrandt erbaut wurde, ist weit über die Grenzen Österreichs hinaus bekannt. Imperial ist außerdem die imposante barocke Kaiserstiege mit ihrem herrlichen Deckenfresko von Paul Troger, das in Form einer Miniaturausgabe für die Kapsel jeder Flasche dieses wiederbelebten Weinguts verwendet wird. Schon 1083 ließen sich hier die Benediktiner nieder, und bereits im 16. Jahrhundert waren die Weine des Stifts für ihre Qualität bekannt und dadurch in den österreichischen Adelshäusern sowie bei den kaiserlichen Truppen gerne gesehen.
Heute weht in der Person von Fritz Miesbauer ein frischer Wind durch die dicken Mauern. 26 Hektar bester Lagen am Göttweiger Berg gehören zum Weingut. Besonders stolz ist Miesbauer

WEINGUT STIFT GÖTTWEIG

3511 Furth bei Göttweig
Göttweig 1
T: +43 (2732) 801440
office@weingutstiftgoettweig.at
www.weingutstiftgoettweig.at
Kellermeister: Fritz Miesbauer und Peter Rethaller
Kontakt: Fritz Miesbauer und Franz-Josef Gansberger
Produktion: 90 % weiß, 10 % rot, 26 Hektar
Zertifiziert: Nachhaltig Austria
Vereinszugehörigkeit: Traditionsweingüter Österreich
Messen: ProWein Düsseldorf, VieVinum, Vinexpo

Stift Göttweig

auf die »Ersten Lagen« Gottschelle, Silberbichl und Pfaffenberg. Das Weingut ist Mitglied der »Traditionsweingüter Österreich«, besitzt es doch einige über 1.000 Jahre alte Weinberglagen. Das kompromisslose Qualitätsstreben Miesbauers wird regelmäßig von der Fachwelt honoriert und auch Falstaff kürte ihn 2020 zum »Falstaff-Winzer des Jahres«.

92 Chardonnay Sekt Austria Reserve Blanc de Blancs g.U. Brut 2019
12,5 Vol.-%, NK, Flaschengärung, €€€€
Helles Goldgelb, Silberreflexe, feines Mousseux. Frischer weißer Apfel, ein Hauch von Biskuit und Limettenzesten, einladendes Bukett. Saftig, gelbe Tropenfrucht, feines Säurespiel, zarter Blütenhonig, Marille im Abgang, ein eleganter Speisenbegleiter.

95 Riesling * Stein Ried Pfaffenberg 1ÖTW 2022
13 Vol.-%, NK, Stahltank, €€€€€
Helles Gelbgrün, silberfarbene Reflexe. Limetten, zarte Kräuternoten, weißes Steinobst und Maracuja, ein Hauch von Ananas klingt an. Saftig, elegant, balancierte Säurestruktur, feinwürzig, reifer Weingartenpfirsich, salziges Finale, trinkanimierender Stil, sicheres Reifepotenzial.

94 Riesling * Furth Ried Silberbichl 1ÖTW 2022
13 Vol.-%, NK, Stahltank, €€€€€
Leuchtendes Gründgelb, silberfarbene Reflexe. Einladendes Bukett nach Blütenhonig, mit Noten von kandierten Limettenzesten unterlegte Marillen, Wiesenkräuter, frisch und lebendig. Saftig, elegant, feine Säurestruktur, mineralisch, Weingartenpfirsich im Abgang, salziger Nachhall, vielschichtiger Speisenbegleiter.

91 Riesling * Furth 2023
12,5 Vol.-%, DV, Stahltank, €€€
Helles Gelbgrün, Silberreflexe. Zart nach Blüten und Limetten, ein Hauch von Pfirsich, zarter Honigtouch. Stoffig, süße Tropenfrucht, frischer Säurebogen, elegant und anhaftend, bereits gut antrinkbar, vielfältig einsetzbar.

94 Grüner Veltliner * Furth Ried Gottschelle 1ÖTW 2022
13 Vol.-%, NK, Stahltank, €€€€€
Leuchtendes Grüngelb, silberfarbene Reflexe. Feine Wiesenkräuter, ein Hauch von Grapefruitzesten und Lindenblüten, zart nach Ananas, einladendes Bukett. Saftig, elegant, gut integrierte Säurestruktur, ein Hauch von Guaven im Abgang, tabakiger Nachhall, bleibt gut haften.

91 Grüner Veltliner * Furth 2023
12,5 Vol.-%, DV, Stahltank, €€€
Helles Grüngelb, Silberreflexe. Verhalten, zartes Kernobstbukett, ein Hauch von gelbem Apfel, dezente Kräuterwürze. Schlank, frisch strukturiert, wieder apfelige Nuancen, mineralisch und balanciert, ein lebendiger Speisenbegleiter.

92 Pinot Noir 2022
13 Vol.-%, DV, Barrique, €€€
Mittleres Rubingranat, violette Reflexe, breiterer Wasserrand. Einladender Duft nach roter Kirschfrucht, ein Hauch von Toffee, zart würzig, floraler Touch. Saftig, elegant, feine Säurestruktur, fruchtsüß, rote Beerenfrucht, reife Himbeeren, bleibt gut haften, unkompliziertes Trinkvergnügen.

★★

WEINGUT TANZER

Bischof Altmann von Passau schenkte 1083 den Ort »Talarin samt Weingärten« dem Stift Göttweig. Heute ist Thallern in Krems-Süd die Heimat der Familie Tanzer. Das Weingut umfasst elf Hektar Weingärten, die sich in den Kremser Rieden Herrentrost, Frauengrund, Steinhagen und Schwerer Zapfen befinden. Im Kremstal werden hauptsächlich Grüner Veltliner und Riesling kultiviert, doch man findet im Sortiment des Hauses auch Gelben Muskateller, Weißburgunder und Chardonnay sowie preisgekrönte Rotweine.
Das Aushängeschild der Familie ist der »TOP-Heurige«, der im Frühjahr neu eingerichtet wurde. Das Speisenangebot beschränkt sich nicht alleine auf die traditionelle Hauerjause, man kann sich auch auf saisonale Spezialitäten freuen. Als Digestif gibt es Edelbrände von Marille, Williams-Christ-Birne und Apfel, also aus jenen Früchten, die ebenfalls aus eigener Produktion stammen.
Die Erfolge der vergangenen Jahre geben Franz Tanzer recht: mehrmalig im »SALON Österreich Wein«, elffacher »Kremser Weinstadtsieger«, Sieger des »profil-DAC-Weintests« – und eine der wichtigsten Auszeichnungen war die Krönung zum »Ö1-Wein-Sieger«. Der Ökogedanke setzt sich auch bei den Tanzers fest. Seit dem Jahr 2016 verzichtet man auf Insektizide im Sinne der »AMA«. Ein Besuch auf dem Weingut Tanzer lohnt sich, man wird herzlichst empfangen.

WEINGUT TANZER
3506 Krems an der Donau
Thallerner Hauptstraße 1
T: +43 (2739) 2208
wein@tanzer.at
www.tanzer.at

Kellermeister/Kontakt:
Franz Tanzer jun.
Produktion: 46.667 Flaschen
3 % Schaumwein, 80 % weiß,
5 % rosé, 10 % rot, 2 % süß, 11 Hektar
Vereinszugehörigkeit:
Original Kremser Wein, TOP-Heurige

92 Grüner Veltliner * Krustetten Ried Goldbühel 2023
13 Vol.-%, DV, Stahltank, €€
Leuchtendes Goldgelb, Grünreflexe. Reife Apfelfrucht, zart nach Guaven, Orangenkonfitüre, Wiesenkräuter klingen an, tabakiger Touch. Gute Komplexität, engmaschig, gut integrierter Säurebogen, Maracuja im Abgang, salziger Nachhall, bereits gut antrinkbar, vielseitiger Speisenbegleiter.

91 Grüner Veltliner * Krems Ried Frauengrund 2023
12,5 Vol.-%, DV, Stahltank, €€
Helles Gelbgrün, Silberreflexe. Blütenhonig, etwas nach Mango und Melone, ein Hauch von Wiesenkräutern, Gewürznuancen klingen an. Saftig, gute Komplexität, gelbe Tropenfrucht, fruchtsüß nach Maracuja im Abgang, bereits gut antrinkbar.

91 Riesling * Krems Ried Steinhagen 2023
12,5 Vol.-%, DV, Stahltank, €€
Helles Gelbgrün. Zart nach Kräutern und Anis, dazu etwas Melisse, weiße Tropenfrucht, Quitte klingt an, floraler Touch. Gute Komplexität, feinwürzig, fruchtsüß, nach Mango, mineralisch, Ananas im Nachhall, guter Speisenbegleiter.

91 Pinot Blanc Krems Reserve 2022
13,5 Vol.-%, DV, Teilbarrique, €€
Mittleres Goldgelb, Grünreflexe. Zart nach Melone und Blütenhonig, kandierte Mandarinenzesten, floraler Touch, reife Birne klingt an. Saftig, mittlere Komplexität, zart cremig, gelbe Tropenfrucht im Abgang, salziger Nachhall, bleibt gut haften, unkomplizierter Speisenbegleiter.

91 Cabernet Sauvignon Reserve Legrand 2019
13,5 Vol.-%, NK, Barrique/Flaschenreifung, €€€€
Kräftiges Rubingranat, violette Reflexe, dezente Ockerrandaufhellung. Zart nach Minze und Lakritze, schwarze Beerenfrucht, ein Hauch von Cassis und Tabak. Saftig, rotbeerig, frischer Stil, reife Tannine, mineralisch-zitronig im Nachhall, ein salziger Begleiter bei Tisch.

93 Chardonnay Beerenauslese Dolce 2022
8,5 Vol.-%, DV, Stahltank/Flaschenreifung, €€€€€
Kräftiges Kupfergold, Silberreflexe. Feiner Honigtouch, getrocknete Marille, ein Hauch von Feigen, weißes Nougat, dezente Botrytiswürze. Saftig, elegant, zart nussig unterlegte weiße Pfirsichfrucht, lebendig strukturiert, gut integrierte Süße im Abgang, zitroniger Touch im Nachhall.

★★★

WEINGUT THIERY-WEBER

BIO

Die meisten Kremstaler Weingüter werden als Familienbetrieb geführt – aber kaum irgendwo ist die Familie wohl so umfassend in den Betrieb integriert wie auf dem Weingut Thiery-Weber. Seit Generationen ist die Familie so tief in ihrem Heimatort Rohrendorf verwurzelt wie die Rebstöcke in den mächtigen Lössterrassen, auf denen im Kremstal Grüne Veltliner und Rieslinge von Weltformat gedeihen. Und Generationen sind es auch, die noch heute im Weingut mitarbeiten: Erich und Maria Weber haben das Weingut 1986 von Marias Vater Karl Thiery, der ebenso wie Gattin Eveline im Betrieb immer noch Hand anlegt, mit damals zwei Hektar Rebfläche übernommen. Unterstützung kommt seit dem Jahr 2005 von Neffe Artur Toifl, der nun seine in Übersee und zuletzt in Langenlois bei Fred Loimer gesammelten Erfahrungen mit einbringt.
»Wir sehen uns als Familienbetrieb und wollen es auch bleiben«, erklärt Artur Toifl, »nicht zuletzt deshalb, weil sich die Aufteilung der Arbeit als ideal herausgestellt hat: Jeder macht im Betrieb genau das, was ihm am meisten Spaß macht. Da sich die einzelnen Neigungen perfekt ergänzen, gelingt es uns, charaktervolle Weine zu produzieren.« Erst vor Kurzem hat das Weingut den traditionellen Gemischten Satz wiederentdeckt: Das »Wolferl« 2011 – nach der in Österreich gebräuchlichen Bezeichnung für die bei der Lese übersehenen Weintrauben im Weingarten benannt – wurde 2013 von Falstaff sogar in die Top 100 der Weißweine Österreichs aufgenommen. »Wir wollen Weine abseits des Mainstreams machen, so handwerklich wie möglich gefertigt – und von denen man gerne noch ein zweites Glas trinkt«, so das hochgesteckte Ziel.

(94) Grüner Veltliner ** Ried Lindobel 2023
13,5 Vol.-%, NK, großes Holzfass, €€€€€ B V
Mittleres Gelbgrün, Silberreflexe. Zart nach Wiesenkräutern, frischer weißer Apfel, ein Hauch von Mango, einladendes Bukett. Komplex, elegant, seidige Textur, feines Kernobst, gut eingebundene Säurestruktur, mineralisch-salzig im Abgang, bleibt gut haften, sicheres Reifepotenzial.

(94) Grüner Veltliner ** Ried Gebling 1ÖTW 2023
14 Vol.-%, NK, Stahltank, €€€€€ B V
Mittleres Grüngelb, silberfarbene Reflexe. Zart tabakig unterlegte gelbe Tropenfrucht, frischer Apfel, etwas Mango, feine Wiesenkräuter, Orangenzesten. Engmaschig, stoffig, feine Fruchtsüße, gut eingebundene Säure, balanciert, saftig und ausgewogen, elegant und anhaftend, mineralisches Finish, sicheres Reifepotenzial.

WEINGUT THIERY-WEBER
3495 Rohrendorf
Melkerstraße 1
T: +43 (676) 9705566
office@thiery-weber.at
www.thiery-weber.at

Kellermeister/Kontakt:
Artur Toifl
Anbauweise: Zertifiziert Biologisch (Austria Bio Garantie)
Produktion: 70 % weiß, 29 % rot, 1 % süß, 19 Hektar
Vereinszugehörigkeit: Losgelöst(s)t, Traditionsweingüter Österreich
Messen: VieVinum

93 Grüner Veltliner * Ried Gebling 1ÖTW Late Release 2019
14 Vol.-%, Stahltank, €€€€€
Mittleres Gelbgold, Silberreflexe. Kandierte Orangenzesten, feine Kräuterwürze, Anklänge von gelber Tropenfrucht, tabakige Nuancen. Kraftvoll, reifer Apfel, dezenter Säurebogen, dezente Extraktsüße im Abgang, weißes Kernobst im Nachhall, bereits gut entwickelt.

93 Riesling ** Ried Gebling 1ÖTW Late Release 2019
13,5 Vol.-%, Stahltank, €€€€€
Mittleres Gelbgrün, Silberreflexe. Reifer gelber Pfirsich, etwas nach Ringlotten und Safran, mit zartem Blütenhonig unterlegt. Mittlere Komplexität, weiße Frucht, feiner Säurebogen, lebendig und gut entwickelt, wirkt relativ leichtfüßig, vielfältig einsetzbar, mit weiterem Reifepotenzial ausgestattet.

(93) Furmint Artur Toifl 2023
12,5 Vol.-%, NK, gebrauchte Barriques, €€€€€ B V
Mittleres Grüngelb, Silberreflexe. Zart nach frischer gelber Birnenfrucht, gewürzige Nuancen, etwas Blütenhonig, facettenreiches Bukett. Komplex, straff, weißer Apfel, feines Säurespiel, gute Balance, feine Fruchtsüße im Abgang, harmonisch, ein vielseitiger Begleiter bei Tisch.

(92) Chardonnay Artur Toifl »Julias Reserve« 2023
13,5 Vol.-%, DV, großes Holzfass, €€€ B V
Leuchtendes mittleres Goldgelb, Silberreflexe. Frischer gelber Apfel, feine Nuancen von Golden-Delicious-Apfel, ein Hauch von Limetten und Blütenhonig. Saftig, elegant, feine Fruchtsüße, reife Honigmelone, feiner Säurebogen, elegant, reifer Pfirsich im Nachhall.

★★★★

WEINGUT TÜRK

Das Weingut Türk liegt westlich von Wien im idyllischen Weinort Stratzing im Kremstal, etwa sechs Kilometer nördlich von Krems. Die Wurzeln des renommierten Familienbetriebs reichen bis zum Beginn des 18. Jahrhunderts zurück. Der heutige Betriebsstandort wurde 1836 erworben und von Generation zu Generation ausgebaut. Das Hauptaugenmerk gilt den autochthonen Sorten, wobei der Grüne Veltliner einen Anteil von 75 Prozent einnimmt.Ziel der Winzerfamilie ist es, durch eine schonende Vinifikation und einen Ausbau, der das Terroir und den regionaltypischen Charakter hervorhebt, finessenreiche, dichte und lebendige Weine zu formen, die das Kremstal mit seinen Böden und Kleinklimata widerspiegeln. Ein besonderer Geheimtipp sind die oftmals international ausgezeichneten Süßweine. Der Eiswein vom Grünen Veltliner präsentiert sich erwartungsgemäß ansprechend.

(94) Grüner Veltliner ** Ried Obere Kremser Sandgrube 2023
13 Vol.-%, DV, Stahltank, €€€€
Mittleres Gelbgrün, Silberreflexe. Feine gelbe Tropenfrucht, ein Hauch von Golden-Delicious-Apfel und Marille, feiner Blütenhonig, zarte Kräuterwürze. Komplex, elegant, feine Fruchtsüße, gut integrierte Säurestruktur, mineralisch und gut anhaftend, sicheres Entwicklungspotenzial.

92 Grüner Veltliner * Krems vom Urgestein 2023
12,5 Vol.-%, DV, Stahltank, €€€ S
Mittleres Grüngelb, Silberreflexe. Zarte Kräuterwürze, ein Hauch von Anis, feine Nuancen von gelbem Kernobst, einladendes Bukett. Mittlerer Körper, angenehme Fruchtsüße, elegant und balanciert, gelber Apfel im Abgang, bleibt haften, bereits gut antrinkbar.

90 Grüner Veltliner * Kremser Weinberge 2023
12,5 Vol.-%, DV, Stahltank, €€€
Mittleres Grüngelb, Silberreflexe. Zart nussig unterlegte gelbe Kernobstnuancen, zart nach Ananas, dezenter Blütenhonig. Mittlerer Körper, Noten vom biologischen Säureabbau, karamelliger Touch, cremig und anhaftend, ein stoffiger Speisenwein.

98 Grüner Veltliner 333 2021
14 Vol.-%, NK, Stahltank, €€€€€€
Leuchtendes mittleres Grüngelb, Silberreflexe. Feine gelbe Apfelfrucht, Nuancen von Pfirsich, zarte Kräuterwürze, tabakiger Anklang, ein zarter Hauch von Orangenblüten. Saftig, komplex, feines weißes Kernobst, seidige Textur, finessenreicher Säurebogen, hochelegant, ein Hauch von Extraktsüße im Abgang, bleibt sehr lange haften, bereits zugänglich, verfügt über Reifepotenzial für Jahre.

WEINGUT TÜRK
3552 Stratzing
Kirchengasse 16
T: +43 (2719) 28460
info@weinguttuerk.at
www.weinguttuerk.at

Kellermeister/Kontakt:
Franz Türk
Anbauweise: Umstellung auf bio (Bio Austria)
Produktion: 90 % weiß, 5 % rot, 5 % süß, 18 Hektar
Vereinszugehörigkeit:
Traditionsweingüter Österreich
Messen: ProWein Düsseldorf, VieVinum

Franz Türk

93 Grüner Veltliner Edition Witzigmann 2023
13 Vol.-%, DV, Stahltank, €€€€
Helles Gelbgrün, Silberreflexe. Mit Wiesenkräutern unterlegte feine Apfelfrucht, ein Hauch von Honigmelone, feine Nuancen von Orangenzesten. Mittlere Komplexität, feines weißes Kernobst, frisch strukturiert, mineralisch-zitronig im Abgang, salziger Nachhall vielfältig einsetzbar und mit Reifepotenzial ausgestattet.

(94) Blauer Zweigelt Eiswein 2023
10 Vol.-%, DV, Stahltank, €€€€€
Helles Zwiebelrot, Kupferreflexe. Feine Nuancen von Kirschen und Erdbeerkonfitüre. Straff, engmaschig, eingelegte Kirschen, deutliche Süße, aber auch vibrierende Säure, lebendig und gut anhaftend, delikater Stil, fruchtig und bereits zugänglich, verfügt über Reifepotenzial.

93 Gelber Muskateller Beerenauslese 2023
10 Vol.-%, DV, Stahltank, €€€€€
Helles Goldgelb, Silberreflexe. Feine gelbe Tropenfrucht, gelber Pfirsich, reife Mango, zarter Blütenhonig. Saftig, elegant, reifes Steinobst, zarter Honigtouch, mittlere Komplexität, mineralisch-salzig, ein ausgewogener Süßwein, allerdings mit wenig ausgeprägtem Muskattouch.

(93) Grüner Veltliner Eiswein 2023
11 Vol.-%, DV, Stahltank, €€€€€
Mittleres Goldgelb, Silberreflexe. Zart nach kandierten Orangenzesten, feiner Honigtouch, reifer gelber Apfel, mit etwas Litschifrucht unterlegt. Mittlere Komplexität, süßer Körper, gut integrierter Säurebogen, reife Honigmelone im Abgang, rund und anhaftend, bereits gut entwickelt, ein Trinkdessert.

★★★

WEINGUT PETRA UNGER

Petra Ungers Weine erzählen von Herzblut und liebevoller Handarbeit. Die elf Hektar Weingärten liegen zu beiden Seiten des Donaustroms am Tor zur Wachau. Auf den steilen Urgesteinsterrassen der Rieden Gaisberg und Hinters Kirchl speichern regionstypische Natursteinmauern die Tageswärme für elegante, mineralische Rieslinge. Von hier reicht der Blick über die Donau bis zu den sonnendurchfluteten Rieden Gottschelle und Oberfeld, die sich am Fuße des Stifts Göttweig erstrecken.
Petra Unger möchte den ganzen Charakter der Region im Glas zur Entfaltung bringen. Dazu geben ihr die regulierende Kraft der Donau, kühle Fallwinde und wärmende pannonische Einflüsse einen ganz besonderen klimatischen Rahmen – ideale Voraussetzungen für ihre

Weingärten bei Furth-Palt

WEINGUT PETRA UNGER

3511 Furth-Palt
Lindengasse 22
T: +43 (676) 848622822
office@ungerwein.at
www.ungerwein.at
Kellermeister/Kontakt:
Petra Unger
Anbauweise: Umstellung auf bio
Produktion: 75 % weiß, 20 % rot, 5 % süß, 11 Hektar
Zertifiziert: Nachhaltig Austria
Vereinszugehörigkeit:
Traditionsweingüter Österreich
Messen: Austrian Tasting London, ProWein Düsseldorf, VieVinum, DAC-Präsentationen

ausdrucksstarken, frischen Weißweine, aber auch für elegante Rotweine.
Als Mitglied der »Traditionsweingüter Österreich« ist Petra Unger stolz darauf, dass ihre vielfach ausgezeichneten Weine als Hinweis auf »Erste Lagen« das Prädikat »1ÖTW« tragen dürfen. Auch in der Vereinigung »11 Frauen und ihre Weine« blickt sie über den Rand ihres Glases hinaus. 2010 begann sie eine Kooperation mit ihrem Winzerkollegen Josef Edlinger, um betriebliche Synergien zu nutzen. Für das Weinmachen bleibt jedoch jeder selbst verantwortlich und damit für die eigene unverwechselbare Handschrift. Ihre Weine versendet Petra Unger in viele Länder der Welt.

(93) Grüner Veltliner * Furth Ried Gottschelle 1ÖTW 2023

13,5 Vol.-%, DV, Stahltank, €€€€€ V
Helles Gelbgrün, Silberreflexe. Zarter Blütenhonig, etwas nach Gewürzen, ein Hauch von Melisse, reife Tropenfrucht, dezenter Kardamomtouch. Komplex, fruchtsüß nach Steinobst, balancierter Säurebogen, Melone im Abgang, würziger Nachhall, guter Speisenbegleiter.

(93) Grüner Veltliner ** Furth Ried Hintere Point 1ÖTW 2023

14 Vol.-%, DV, Stahltank, €€€€€ V
Mittleres Gelbgrün. Feine Tabak-Kräuter-Würze, gelbe Apfelfrucht, ein Hauch von Maracuja, feine Guavennoten, floraler Touch. Engmaschig, vielschichtig, mineralisch, gut eingebundene Säurestruktur, Golden-Delicious-Apfel im Abgang, sicheres Potenzial.

92 Grüner Veltliner * Furth Ried Hintere Point 2023

13 Vol.-%, DV, Stahltank, €€€ V
Helles Gelbgrün, Silberreflexe. Weißes Kernobst, zart nach Zitrusfrucht, ein Hauch von Limetten, mit Blütenhonig unterlegt. Saftig, nach Ananas, gut eingebundene Säurestruktur, feinwürzig, Orangentouch im Nachhall, facettenreicher Speisenbegleiter.

94 Riesling ** Ried Hinters Kirchl 1ÖTW 2022

13 Vol.-%, DV, Stahltank, €€€€€ V
Helles Gelbgrün, silberfarbene Reflexe. Zart nach Blütenhonig, etwas kandierte Orangenzesten, feiner Ananastouch, etwas nach Mirabelle. Gute Komplexität, feinwürzig, weißes Steinobst, zarte Süße nach Nektarinen, balancierter Säurebogen, vielseitiger Speisenbegleiter mit Potenzial.

93 Riesling * Ried Gaisberg 1ÖTW 2023

13,5 Vol.-%, DV, Stahltank, €€€€€ V
Helles Gelbgrün, Silberreflexe. Zarte Pfirsichnuancen, unterlegt mit Limonenzesten, etwas nach Quitte, frisches und lebendiges Bukett. Engmaschig, gute Komplexität, weißes Steinobst, dunkle Mineralik, würziger Nachhall, sicheres Reifepotenzial, facettenreicher Speisenbegleiter.

92 Riesling * Furth bei Göttweig Ried Steinleithen 2023

13 Vol.-%, DV, Stahltank, €€€ V
Helles Gelbgrün, Silberreflexe. Zart mit Kräutern unterlegte gelbe Tropenfrucht, nach Mango, zart nach Marille, kandierte Orangenzesten. Mittlerer Körper, weiße Pfirsichfrucht, lebendig strukturiert, mineralisch-zitronig im Abgang, ein vielseitiger Speisenbegleiter.

★★★

WEINGUT WESS

Das Weingut Wess liegt im Kremstal, einem der kulturreichsten Weinbaugebiete Österreichs. Die Weinberge – ursprünglich im Besitz von Klöstern – wurden schon vor mehr als 1.000 Jahren durch »Weinzierler« bewirtschaftet und sind seit jeher wesentlicher Bestandteil der Natur, der Wirtschaft und der Kultur im Kremstal.

2003 startete Rainer Wess genau hier, im Zentrum dieses traditionsreichen Weinbaugebietes, mit der Gründung seines Weingutes. Seine Leidenschaft für feine und elegante Weine ließ ihn mit viel Geduld Stück für Stück Weinbergparzellen sammeln. Zunächst als Pachtflächen, später auch im Eigenbesitz, wuchs sein Bestand an Reben langsam an und ein ernstzunehmendes Weingut entstand. Auf dieser Pionierleistung ihres Vaters kann Christina Juen-Wess nun aufbauen, um das Weingut weiterzuentwickeln. Eine erste Entscheidung war die Umstellung auf biologische (2024 wird der erste bio-zertifizierte Jahrgang sein) und plastikfreie Bewirtschaftung. »Effizient und effektiv« haben sich Christina und ihr Ehemann David als Motto auf die Fahnen geheftet. Wer gut plant und vorausschauend arbeitet, muss hinterher weniger eingreifen und kann den Weinen mehr Raum zur Entfaltung bieten.

Das junge Paar bewirtschaftet 15 der 2.300 Hektar Weinberge im Kremstal und ist besonders stolz auf altehrwürdige Rieden, die von den Traditionsweingütern als Erste Lagen klassifiziert wurden: Ried Pfaffenberg, Ried Kögl und Ried Weinzierlberg sind ihre 1ÖTW-Lagen. Spannend dabei ist, die geologischen Unterschiede von Löss- bis zu Urgesteinsböden mit Schieferanteilen mit den Rebsorten Grüner Veltliner und Riesling herauszuarbeiten. Weiters bieten die hoch aufragenden Weinberge des Kremstals große klimatische Unterschiede mit warmen Zonen nahe der Donau und extrem kühlen Parzellen in hohen Lagen. Um diese Charaktere gut darzustellen, möchte Christina Juen-Wess ihren Weinen mehr Zeit zum Reifen lassen. Vor allem die Rieslinge lagert sie mindestens ein Jahr länger, bevor sie auf den Markt kommen, selbst wenn sie damit gegen den kommerziellen Mainstream schwimmt. Auch Christinas Persönlichkeit spiegelt sich in ihren Weinen wider. Sie ist optimistisch, tatkräftig und kreativ. Unter ihrer Führung geht das Weingut nun in eine neue Ära.

(94) Riesling * Stein Ried Pfaffenberg 1ÖTW 2022
12,5 Vol.-%, NK, Stahltank, €€€€€
Mittleres Goldgelb, Grünreflexe. Zarte Kräuternoten, etwas nach Anis, ein Hauch von Papaya, einladendes Fruchtbukett, Orangenzesten. Kraftvoll, feine Würze, etwas nach Maracuja, weiße Frucht im Abgang, balancierte Säurestruktur, guter Speisenbegleiter.

(94) Riesling Wachau DAC Loiben Ried Loibenberg 2022
12,5 Vol.-%, NK, Stahltank, €€€€€
Mittleres Gelbgrün, Goldreflexe. Etwas nach Karamell, zart nach Blütenhonig, reife Tropenfrucht, Mirabelle klingt an, mit Orangenschalen unterlegen. Gute Komplexität, feinwürzig, Golden-Delicious-Apfel, dunkle Mineralik, lang anhaftend, gutes Entwicklungspotenzial.

(94) Riesling * Stein Ried Kögl 1ÖTW 2022
12,5 Vol.-%, NK, Stahltank, €€€€€
Mittleres Gelbgrün, Silberreflexe. Wiesenkräuter, zart nach Honigmelone, etwas nach Mango, floraler Touch, einladendes Bukett. Saftig, engmaschig, Marillentouch, ein Hauch von Kletzen, bleibt gut haften, wird von Flaschenreife profitieren.

WEINGUT WESS
3500 Krems, Sandgrube 24
T: +43 (2732) 72389
info@weingut-wess.at
www.weingut-wess.at
Kellermeister: Christina Juen-Wess
Kontakt: Christina & David Juen-Wess
Anbauweise: Umstellung auf bio
Produktion: 93.333 Flaschen
75 % weiß, 20 % rot, 5 % süß,
15 Hektar
Zertifiziert: Nachhaltig Austria
Vereinszugehörigkeit:
Traditionsweingüter Österreich
Messen: Austrian Tasting London, ProWein Düsseldorf, VieVinum

* Kremstal DAC ** Kremstal DAC Reserve

(93) Riesling * Krems Alte Reben 2023
12,5 Vol.-%, DV, Stahltank, €€€€€
Helles Gelbgrün, Silberreflexe. Feiner Marillentouch, etwas nach Guaven, mit Blütenhonig unterlegt, zarte Wiesenkräuter. Komplex, fruchtsüß, gut integrierter Säurebogen, Melone im Abgang, bleibt sehr gut haften, vielfältig einsetzbar.

(93) Grüner Veltliner * Ried Weinzierlberg 1ÖTW 2022
13 Vol.-%, NK, großes Holzfass, €€€€€
Leicht getrübtes leuchtendes Goldgelb, Silberreflexe. Reife Honigmelone, zart nach Clementinen, frisches Bukett, mit Quitte unterlegt. Gute Komplexität, engmaschig, gelbe Tropenfrucht, Ananas im Abgang, balancierte Säurestruktur, vielfältig einsetzbar, facettenreicher Speisenbegleiter.

(92) Grüner Veltliner * Krems Alte Reben 2023
12,5 Vol.-%, DV, großes Holzfass, €€€€€
Mittleres Goldgelb, silberfarbene Reflexe. Intensiver Duft nach Blütenhonig und Marillen, kandierte Limettenzesten, floraler Touch. Mittlere Komplexität, feinwürzig, dunkle Mineralik, gelbe Apfelfrucht, zart nach Kamillenblüten im Nachhall, guter Speisenbegleiter.

★

WINZER KREMS – SANDGRUBE 13

Sandgrube 13 – zweifellos eine der ersten Adressen für Kremser Wein. Wer die Winzer Krems dort besucht, ist beeindruckt, denn es präsentiert sich ein topmodernes Weingut mitten in den Weingärten der Kremser Sandgrube, bei dem der Qualitätsgedanke großgeschrieben wird. Hier werden handverlesene Trauben ausgesuchter Weingärten aus Krems und Umgebung mittels modernster Technik zu blitzsauberen Weinen vinifiziert. Grundlage ist aber die Arbeit der Winzer im Weingarten, denen eigens engagierte Qualitätsberater Tipps zu Laubarbeit, Pflanzenschutz, Bodenbewirtschaftung und Rebpflege geben.
Diese Liebe zum Wein ist das ganze Jahr über für Besucher erlebbar: Der Weinerlebnisrundgang »Sandgrube 13 wein.sinn« gewährt an acht Stationen Einblicke in die Weinwerdung bei Winzer Krems. Höhepunkt ist sicher der 4D-Film »Leben im Weingarten« – ein sinnesfreudiges Filmerlebnis im Kellerkino, das neben neuester 3D-Technik auch Eindrücke von Duft und Wind bietet. 2014 wurde der »Vinothekkeller Bründlgraben« eröffnet. Dieses Ensemble von sieben langjährig ungenutzten Weinkellern in unmittelbarer Nachbarschaft des Weinguts wurde mit viel Detailtreue und Mühe renoviert und so vor dem Verfall gerettet. Der »Vinothekkeller Bründlgraben« kann für Veranstaltungen – seit 2016 auch offiziell für standesamtliche Hochzeiten – gemietet werden. In den Kellergewölben können Kunden überdies ihre Winzer-Krems-Weine in eigenen Weinfächern unter idealen Bedingungen lagern.

WINZER KREMS – SANDGRUBE 13
3500 Krems an der Donau
Sandgrube 13
T: +43 (2732) 85511
office@winzerkrems.at
www.winzerkrems.at

Kellermeister: Ing. Franz Arndorfer
Kontakt: Ing. Ludwig Holzer, MSc.
Produktion: 83 % weiß, 17 % rot, 990 Hektar
Zertifiziert: Nachhaltig Austria
Messen: Alles für den Gast Salzburg, Austrian Tasting London, ProWein Düsseldorf, VieVinum, Vinexpo

93 Grüner Veltliner ** Krems Ried Wachtberg 2022
14 Vol.-%, DV, Stahltank, €€€€
Mittleres Goldgelb, silberfarbene Reflexe. Zart nach Mandarinenzesten und Blütenhonig, mit etwas Mango und Marille unterlegt, Limettenzesten. Kräftig, saftig, elegant, feine Fruchtsüße, gut integrierter Säurebogen, Ananastouch, mineralisch, gut anhaftend, ein stoffiger Wein mit Länge, verfügt über Reifepotenzial.

92 Grüner Veltliner ** Krems Ried Weinzierlberg 2022
13,5 Vol.-%, DV, Stahltank, €€€€
Mittleres Grüngelb, Silberreflexe. Etwas scheu, feine Kräuterwürze, Nuancen von gelbem Apfel, mit Orangenzesten unterlegt. Stoffig, weißes Kernobst, feine Fruchtsüße, frisch strukturiert, würziger Nachhall, besitzt einige Länge, gutes weiteres Entwicklungspotenzial.

92 Grüner Veltliner ** Krems Ried Obere Sandgrube 2022
13,5 Vol.-%, DV, Stahltank, €€€€
Helles Goldgelb, Silberreflexe. Zarte Nuancen von Honigmelone und Mango, mit weißer Tropenfrucht unterlegt, floraler Touch. Mittlerer Körper, weißer Apfel, frischer Säurebogen, ein lebendiger, mineralisch geprägter Speisenbegleiter, wirkt leichtfüßig und frisch.

91 Grüner Veltliner ** 2022
13,5 Vol.-%, DV, Stahltank, €€€
Mittleres Goldgelb, Silberreflexe. Zart nach gelber Tropenfrucht, etwas Mango, ein Hauch von Marille, zart nach Blütenhonig und Orangenzesten. Kraftvoll, saftig, feine Fruchtsüße, angenehme Säurestruktur, Wiesenkräuter im Abgang, mineralischer Nachhall.

(90) Riesling ** Ried Kremser Kreuzberg 2022
13,5 Vol.-%, DV, Stahltank, €€€€
Helles Goldgelb, silberfarbene Reflexe. Mineralisch unterlegte Steinobstnote, ein Hauch von Limettenzesten, einladendes Bukett. Mittlere Komplexität, zart nach Birne, Pfirsich, frischer Säurebogen, zitroniger Nachhall, bietet unkompliziertes Trinkvergnügen.

88 Blauer Zweigelt Glatt & Verkehrt Barrique 2020
14,5 Vol.-%, NK, Barrique, €€€€€

★

BIO-WEINGUT ZEDERBAUER

NEU - BIO

Seit 2019 wird der Familienbetrieb von Franz und Barbara Zederbauer mit Leidenschaft und Hingabe weitergeführt. Mit einer Weingartenfläche von elf Hektar setzen sie auf Qualität und Vielfalt – Werte, die den beiden schon immer am Herzen lagen. Die Entscheidung, das Weingut auf Biobewirtschaftung umzustellen, fiel bereits 2014. Seit 2017 ist man stolz darauf, als zertifizierter Bio-Betrieb zu arbeiten. Für die Zederbauers ist ein sorgsamer Umgang mit der Natur nicht nur ein Gebot der Stunde, sondern eine Herzensangelegenheit.
Ihre Weine spiegeln ihre Philosophie wider: »Wir legen Wert darauf, jedem Jahrgang seinen einzigartigen Charakter zu bewahren. Jeder Jahrgang ist für uns eine spannende Reise, bei der wir stets offen für innovative Ideen sind, um unsere Visionen ins Glas zu bringen.« In ihrem Sortiment findet man deshalb nicht nur klassische Weine, sondern auch einige unkonventionelle Tropfen, die verspielt aus der Reihe tanzen. Weine zu kreieren, die überraschen und begeistern, ist das erklärte Ziel von Franz und Barbara Zederbauer. Der Grüne Veltliner ist für sie eine besondere Leidenschaft, aber auch andere Sorten wie Riesling, Roter Veltliner, Gelber Muskateller, Weißburgunder, Merlot, Zweigelt und Pinot Noir finden sich im Angebot wieder.
Auf dem Weingut spürt man die familiäre Atmosphäre, in den Weinen den puristischen Stil,

BIO-WEINGUT ZEDERBAUER
3511 Palt
Maria-Lager-Gasse 30
T: +43 (2732) 829 31
bio@weingut-zederbauer.at
www.weingut-zederbauer.at

Kellermeister: Franz Zederbauer
Kontakt: Franz und Barbara Zederbauer
Anbauweise: Zertifiziert Biologisch (Austria Bio Garantie)
Produktion: 1 % Schaumwein, 74 % weiß, 25 % rot, 11 Hektar
Messen: VieVinum

den man verfolgt. Man ist stolz darauf, ein junges Weingut zu sein, das Tradition und Moderne vereint.

92 Vitis Pura Pet Nat 2018 RR/GM
13 Vol.-%, KR, Flaschengärung, €€€€
Mittleres Goldgelb, silberfarbene Reflexe. Intensiver Duft nach Litschis, Honigmelone, florale Nuancen klingen an. Saftig, fruchtsüß, intensive Birnen-Litschi-Noten, Holunderblüten klingen an, trinkanimierender Aperitif.

92 Riesling ** Ried Höhlgraben 2020
13 Vol.-%, DV, Stahltank, €€€€
Leuchtendes Goldgelb, silberfarbene Reflexe. Feine Pfirsichnoten, kandierte Limettenzesten, ein Hauch von Gewürzen, zarte Honignoten im Abgang. Saftig, straff, fruchtsüß nach Ananas, salzig-zitroniger Abgang, deutscher Stil, einladendes Bukett, guter Speisenbegleiter.

90 Gelber Muskateller 2023
12 Vol.-%, DV, Stahltank, €€€
Helles Gelbgrün. Feine Noten von gelber Frucht, etwas nach Holunderblüten, Gewürznoten, weiße Tropenfrucht, Litschis klingen an. Saftig, kraftvoll, etwas Guaven und Marille, salziger Nachhall, fruchtsüßes Finish.

90 Grüner Veltliner Die Zederbäuerin 2023
12,5 Vol.-%, DV, Stahltank, €€€
Helles Gelbgrün, silberfarbene Reflexe. Feine Gewürznoten, zart nach Kardamom, ein Hauch von Apfel. Saftig, elegant, fruchtsüß, nach Honigmelone, zart nach Toffee, bereits gut antrinkbar.

90 Grüner Veltliner Vitis Pura 2019
14,5 Vol.-%, DV, Stahltank, €€€€
Leuchtendes Goldgelb, Grünreflexe. Zarte Kräuterwürze, etwas grüner Apfel, Orangenschalen, Quitte und Grapefruit klingen an, biologischer Touch. Feine Tabakwürze, extraktsüß nach Papaya, gut eingebundene Säurestruktur, bereits gut antrinkbar.

89 Grüner Veltliner Die Wildblume 2022
11,5 Vol.-%, DV, Stahltank, €€

★★★

WEINGUT ALOIS ZIMMERMANN

Alois Zimmermann jun. und Jürgen Klob wollen die volle Frucht der Traube in die Flasche bringen. Dabei greifen sie auf den großen Erfahrungsschatz der Familie zurück. Mit den Augen von Visionären wurde das Weingut zu seiner heutigen Größe aufgebaut. Ihr oberster Grundsatz bei allen Arbeitsschritten sind ein nachhaltiger Weinbau und der schonende Umgang mit der Natur.
Im Weingarten gilt volle Konzentration auf die eigenen Stärken. Grüner Veltliner und Riesling sind die beiden Rebsorten-Stars im Kremstal – und auch auf dem Weingut Alois Zimmermann. Südlich ausgerichtete Weingärten mit langer Sonnenscheindauer lassen die Trauben bestens ausreifen, während kühle Winde aus dem Waldviertel ihre frische Säurestruktur erhalten. Die Rieden des Weinguts tragen berühmte Namen wie Kremser Gebling, Kremser Sandgrube oder Roßhimmel. Sie alle unterscheiden sich durch spezielle Bodenformationen, die von Löss über steinige Lehm-Ton-Böden bis hin zu Urgestein reichen.
Im Keller veredeln sie Weingartenschätze. Jeder Jahrgang ist anders und schmeckt auch anders. Das macht ein Naturprodukt wie den Wein so spannend: Jede Rebsorte erhält durch Boden und Kleinklima des Weingartens eine eigenständige Charakteristik. Bei der Vinifikation sehen sie es als wichtigste Aufgabe, all diese Besonderheiten im Wein einzufangen. Daher werden die Trauben jeder Riede separat verarbeitet und ausgebaut. Und um ihren »Geschmack« unverfälscht wiederzugeben, reifen die Weine in Edelstahltanks. Außerdem gönnt man den Weinen eine lange Reifezeit auf der Feinhefe, dadurch wirken sie am Gaumen cremiger und kompakter. Und irgendwie kann man spüren, dass die Weine dadurch einfach entspannter sind. Für die Weine aus dem Hause Zimmermann gab es deshalb auch national sowie international einige Prämierungen in Gold, Silber und Bronze.

93 Riesling ** Ried Kremser Kraxn 2022
14 Vol.-%, DV, Stahltank, €€€€
Leuchtendes Gelbgrün, Silberreflexe. Zart nach Gewürzen,

WEINGUT ALOIS ZIMMERMANN

3494 Theiß
Obere Hauptstraße 20
T: +43 (2735) 8209
office@weingut-zimmermann.at
www.weingut-zimmermann.at

Kellermeister: Alois Zimmermann
Kontakt: Alois Zimmermann jun. & Jürgen Klob
Produktion: 106.667 Flaschen
100 % weiß, 12 Hektar
Zertifiziert: Nachhaltig Austria
Vereinszugehörigkeit:
Weinstraße Kremstal, Losgelöst(s)t
Messen: ProWein Düsseldorf, VieVinum

Alois Zimmermann

reife gelbe Tropenfrucht, ein Hauch von Feigen, Kumquats klingen an. Mittlere Komplexität, fruchtsüß, gelbe Marillenfrucht, gut integrierte Säurestruktur, mineralisch, Honig im Rückgeschmack, vielfältig einsetzbar.

92 Riesling * Krems Ried Kapuzinerberg 2023
13 Vol.-%, DV, Stahltank, €€€
Helles Grüngelb, Silberreflexe. Gelbe Pfirsichfrucht, etwas Ananas, Nuancen von Blüten und Blütenhonig. Saftig, elegant, präsente Fruchtsüße, frischer Säurebogen, bleibt gut haften, ein fruchtbetonter Speisenbegleiter, trinkanimierender Stil.

91 Riesling * Ried Rosshimmel 2023
12,5 Vol.-%, DV, Stahltank, €€
Mittleres Grüngelb, Silberreflexe. Kräuternoten, fruchtbetont, Blütenhonig, reife gelbe Tropenfrucht, Mango mit Limettenzesten unterlegt. Mittlerer Körper, weißes Steinobst, zart nach Marillen, frisch, mineralisch und gut balanciert, bereits gut antrinkbar.

92 Grüner Veltliner ** Krems Ried Gebling 2022
13,5 Vol.-%, DV, Stahltank, €€€
Mittleres Gelbgrün, Silberreflexe. Dezenter Blütenhonig, etwas nach Mango, ein Hauch von Quitte und kandierten Orangenzesten, fruchtbetontes Bukett. Kraftvoll, feinwürzig, gelbe Apfelfrucht, etwas nach Wiesenkräutern, balanciertes Finish.

92 Grüner Veltliner ** Ried Rosshimmel 2022
14 Vol.-%, DV, Stahltank, €€€
Mittleres Gelbgrün. Floraler Touch, zart nach Blütenhonig, ein Hauch von Wiesenkräutern, dezente Ananasfrucht, einladendes Bukett. Kraftvoll, feine Apfelfrucht, dunkle Mineralik, zart nach Birnenfrucht, Orangentouch im Nachhall, guter Speisenbegleiter.

90 Grüner Veltliner * Sandgrube 2023
12,5 Vol.-%, DV, Stahltank, €€
Helles Gelbgrün, Silberreflexe. Zart nach Limettenzesten, frisch strukturiert, mineralisch, weißer Apfel, exotische Fruchtnuancen. Mittlerer Körper, frisch strukturiert, dezente Süße im Nachhall, leichtfüßig und zugänglich, zitroniger Touch, bereits gut antrinkbar.

89 Grüner Veltliner * Gernlüssen 2023
11,5 Vol.-%, DV, Stahltank, €€

91 Blütenmuskateller 2023
13 Vol.-%, DV, Stahltank, €€
Mittleres Gelbgrün, Silberreflexe. Einladender Duft nach Litschis, zart nach Wiesenkräutern, ein Hauch von Honigmelone, facettenreiches, fruchtbetontes Bukett. Mittlerer Körper, feine Säurestruktur, weißes Steinobst, bleibt sehr gut haften, individuell einsetzbar.

90 Sauvignon Blanc 2023
12,5 Vol.-%, DV, Stahltank, €€
Helles Gelbgrün, Silberreflexe. Feinwürzig, dunkles Bukett, ein Hauch von Guaven, zart nach gelber Paprika, Kräuternoten klingen an. Saftig, frisch und lebendig, weißes Kernobst, zart weitmaschig im Abgang, bereits gut antrinkbar.

* Kremstal DAC ** Kremstal DAC Reserve

★★

WEINGUT ZÖHRER

Die Wurzeln des Weinguts und der Familie Zöhrer reichen 750 Jahre bis in die Zeit der Babenberger zurück. Albrecht I. (1255–1308) belehnte 20 seiner treuesten Gefolgsleute, die Lehnherren von Krems-Weinzierl, mit Ackerland, Wäldern, Obst- und Weingärten in und um Weinzierl, das heute ein Stadtteil von Krems ist. Die Familie Zöhrer gehörte damals dazu und ist heute das letzte international aktive Weingut der Lehnherren von Krems-Weinzierl. Tradition und das Wissen von Generationen wurden Anton Zöhrer somit in die Wiege gelegt.
Konsequent wird daran gearbeitet, das Potenzial der großen Lagen, die zu den bedeutendsten des Kremstals zählen, auszuschöpfen. Denn dort, im Terroir der Rieden, liegt die Stärke des Weinguts Zöhrer. Die Rebstöcke wurden großteils vom Großvater und vom Vater vor 40 bis 100 und mehr Jahren ausgepflanzt. Der Schwerpunkt liegt auf den Sorten Grüner Veltliner und Riesling. Die Weine haben ein unverkennbares Profil, sind von ihrer Herkunft geprägt und erfreuen sich internationaler Wertschätzung.

WEINGUT ZÖHRER
3500 Krems, Sandgrube 1
T: +43 (2732) 83191
weingut@zoehrer.at
www.zoehrer.at

Kellermeister/Kontakt:
Toni Zöhrer
Produktion: 5 % Schaumwein, 75 % weiß, 15 % rosé, 5 % rot
Vereinszugehörigkeit:
Original Kremser Wein
Messen: Forum Vini München, ProWein Düsseldorf, Veltlinertag im Museumsquartier, VieVinum, Vinobile Feldkirch, DAC-Präsentationen, Vinexpo New York

93 Grüner Veltliner * Krems Ried Gebling 2023
13 Vol.-%, DV, großes Holzfass, €€€€
Mittleres Gelbgrün. Blütenhonig, etwas nach Mango und Ananas, floraler Touch, zart nach Clementinenzesten. Komplex, frischer, lebendiger Säurebogen, gelbe Tropenfrucht, Limettentouch im Rückgeschmack, vielfältig einsetzbar, sicheres Potenzial.

(92) Grüner Veltliner * Krems Ried Frechau 2023
13 Vol.-%, DV, kleines Holzfass, €€€€
Mittleres Gelbgrün, Silberreflexe. Zart nach Gewürzen, weißes Kernobst, frisch, ein Hauch von Zitronenzesten, mit Guaven unterlegt. Saftig, kraftvoll, feine Extraktsüße, gelbe Apfelfrucht im Abgang, salzig-zitroniger Nachhall, guter Speisenbegleiter.

(91) Grüner Veltliner * Krems Ried Weinzierlberg 2023
13 Vol.-%, DV, großes Holzfass, €€€€
Mittleres Gelbgrün, Silberreflexe. Blütenhonig, etwas nach Melisse, zart pfeffrig, etwas nach Maracuja und Papaya, würziges Bukett. Mittlerer Körper, feinwürzig, weißes Steinobst, mineralisch, salziger Touch, bereits gut antrinkbar.

(92) Riesling * Krems Ried Limberg 2023
12,5 Vol.-%, DV, großes Holzfass, €€€€
Leuchtendes mittleres Gelbgrün. Feine Gewürznuancen, etwas Maracuja, Limettenzesten, Marillentouch, zart nach Lindenblütenhonig. Gute Komplexität, balancierter Säurebogen, Weingartenpfirsich im Abgang, Kamille im Nachhall, ein vielseitiger Speisenbegleiter.

91 Riesling * Krems Ried Weinzierlberg 2023
12,5 Vol.-%, DV, Stahltank, €€€€
Mittleres Gelbgrün, Silberreflexe. Etwas Gewürznuancen, ein Hauch von Blütenhonig, Maracuja, kandierte Orangenzesten klingen an. Engmaschig, Melisse, weißes Steinobst im Abgang, salziger Nachhall, mineralischer Touch, guter Speisenbegleiter.

90 Riesling * Krems Ried Gebling 2023
12,5 Vol.-%, DV, 500-l-Fass/Stahltank, €€€€
Mittleres Gelbgrün, Silberreflexe. Reife Apfelfrucht, kandierte Orangenzesten, Honigmelone, Gewürznuancen klingen an. Saftig, Clementinenzesten, weißes Steinobst, feinwürzig, mineralischer Nachhall, bleibt gut haften.

PLATZ FÜR IHRE
WEINNOTIZEN

© WSNA

NIEDERÖSTERREICH
THERMENREGION
DAC
Ried Mandel-Höh

GEBIET MIT GESCHICHTE, WEINE MIT ZUKUNFT

Die Thermenregion entstand 1985 durch die Zusammenlegung der früheren Weinbaugebiete Gumpoldskirchen und Bad Vöslau, blickt aber auf eine sehr lange Geschichte zurück. 2.872 Hektar Reben lehnen sich an die Ausläufer des Wienerwalds vom Stadtrand Wiens bis südlich des Kurortes Baden. Autochthone Rebsorten wie Zierfandler und Rotgipfler sind die Spezialität des Gebiets, beim Rotwein dominieren St. Laurent und Pinot Noir. Mit dem Jahrgang 2023 schützt die Thermenregion nun auch ihre herkunftstypischen Weine im DAC-System.

Schon vor mehr als 2.000 Jahren wurden in der klimatisch begünstigten Region südlich von Wien Weinreben kultiviert. Römische Legionäre, die in Carnuntum und Vindobona stationiert waren, brachten Weinstöcke aus ihrer Heimat und Kenntnisse über die Weinerzeugung nach Pannonien. Der Name »Thermenregion« verweist auf die schwefelhaltigen heißen Quellen von Aquae (Baden).

Die Weinreben profitieren vom pannonischen Klimaeinfluss mit heißen Sommern und trockenen Herbsten sowie 1.800 Sonnenstunden im Jahr. Ständige Luftbewegung lässt im Herbst die Trauben nach Tau oder Regen rasch trocknen. Bei der geologischen Vielfalt überwiegen relativ schwere Böden wie lehmige Tone, sandige Lehme und Braunerde mit hohem Muschelkalkgehalt. Der darunterliegende Verwitterungsschutt und tiefreichende Schichten von Schwemmland helfen bei Entwässerung und Durchwärmung. Im Steinfeld im Südosten der Region bieten eher steinige, karge Schotterböden den Rotweinsorten ausgezeichnete Bedingungen. Hausrecht haben die gebietstypischen – sonst kaum zu findenden – weißen Rebsorten Zierfandler (Synonym: Spätrot) und Rotgipfler, die als Cuvée die legendäre Weinehe Spätrot-Rotgipfler eingehen. Zur traditionellen Sortenvielfalt gehören aber auch der früher als Vöslauer bezeichnete Blaue Por-

tugieser oder der Neuburger, ebenso moderne Weine aus der Burgunderfamilie, St. Laurent und Zweigelt, aber auch Merlot und Cabernet Sauvignon. Rotweinzentren sind Bad Vöslau, Sooß, Tattendorf und Teesdorf, die klassischen Weißweine kommen aus Perchtoldsdorf, Gumpoldskirchen, Pfaffstätten, Baden, Guntramsdorf und Traiskirchen.
Natur und Kultur ermöglichen ein abwechslungsreiches Freizeitprogramm: von einem Besuch des wieder erblühten Freiguts Thallern des Zisterzienserstiftes Heiligenkreuz, eines der ältesten Weingüter Österreichs, über die Kultur- und Kurstadt Baden mit Theater, Operette, Wellness oder Traubenkur bis zu Ausflügen entlang der Weinstraße oder Wanderungen durch die Weinberge entlang der Wiener Hochquellwasserleitung. Das Wasser zum Wein als exzellenter Speisenbegleiter kommt dann auch in der Gastronomie zu seinem Recht.

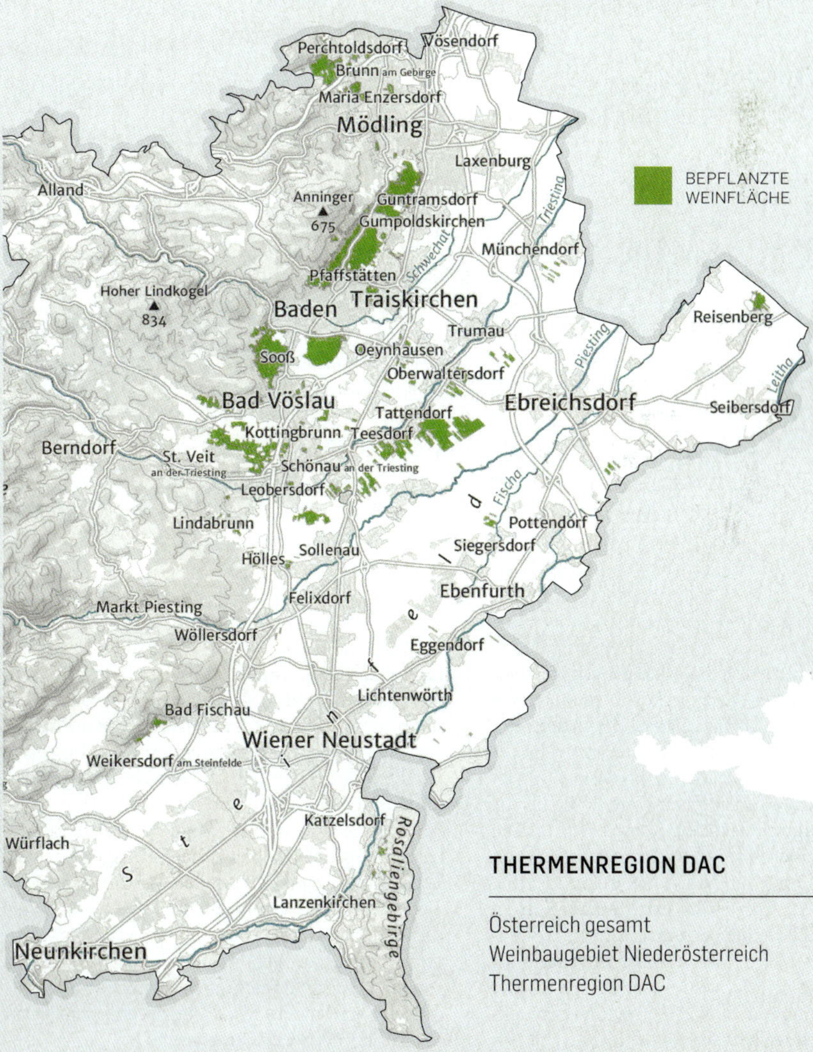

Grundkarte: © Universität Wien, BEV, OSM, SRTM | Österreich Wein Marketing GmbH, 1040 Wien, © ÖWM 2022

THERMENREGION DAC

Österreich gesamt	**44.728 ha**
Weinbaugebiet Niederösterreich	**27.074 ha**
Thermenregion DAC	**2.872 ha**

AUSGEWÄHLTE WEINGÜTER

★★★★★
Weingut Familie Reinisch, Tattendorf

★★★★
Weingut Alphart, Traiskirchen
Weingut Christian Fischer, Sooß
Weingut Johannes Gebeshuber, Gumpoldskirchen
Weingut Hartl, Oberwaltersdorf
Weingut Stadlmann, Traiskirchen

★★★
Weingut Familie Auer, Tattendorf
Leo Aumann, Tribuswinkel
Weingut Biegler, Gumpoldskirchen
Burgundermacher Weingut Johann Gisperg, Teesdorf
Weingut Piriwe, Traiskirchen
Weingut Schneider, Tattendorf

★★
Weingut Alphart am Mühlbach, Traiskirchen
Weingut Harald Zierer, Gumpoldskirchen

★★★★

WEINGUT ALPHART

BIO

Das Weingut Alphart in Traiskirchen in der Thermenregion steht für höchste Weinqualität und ist Mitglied der »Traditionsweingüter Österreich«. Der Familienbetrieb kann auf eine mehr als 250-jährige Tradition zurückblicken. Etwa 30 Hektar Muschelkalkboden in Eigenbesitz sind mit Reben bestockt, die mit größter Sorgfalt gepflegt werden. Die Eckpfeiler für eigenständige Weine sind ein respektvoller Umgang mit der Natur, die individuelle Pflege jedes Rebstocks, konsequente Ertragsreduktion, penible selektive Handlese zum perfekten Lesezeitpunkt sowie schonendste Verarbeitung. Nur so ist es möglich, die feine Eleganz und klare Frucht der Trauben in den Weinen wiederzufinden. Vor allem dem Rotgipfler und dem Chardonnay in jeweils mehreren Ausbauarten schenken die Alpharts viel Aufmerksamkeit. Diese beide Sorten reifen in den burgundischen Lagen Rodauner, Teigelsteiner, Satzing und Goldlacke zu ganz besonderen Gewächsen heran. Auch die altösterreichische Sorte Neuburger ist im Hause Alphart mit der Einzellage Hausberg ein wichtiger Fixpunkt im Sortiment. Die eleganten Rotweine sollte man ebenfalls nicht außer Acht lassen. Hier setzt man auf saftige Cuvées aus Zweigelt und Pinot Noir sowie auf die kräftige Paarung aus fleischigem Merlot und reifem Cabernet Sauvignon in der Cuvée »Alpha«. Der reinsortige Pinot Noir ist eine ganz besondere Leidenschaft der Winzerfamilie und begeistert als klassisch-fruchtige Variante ebenso wie als Reserve mit eleganter Struktur und zarter Rotbeerigkeit. Sechsmal im Jahr ist bei den Alpharts »ausg'steckt«.
Der Heurige dient als Plattform zur Kommunikation und zur Präsentation der eigenen Weine. Hier wird Tradition fortgeführt, Weinkultur in angenehmer Atmosphäre gepflegt und auf Qualität der regionalen Grundprodukte in der Küche Wert gelegt. Geboten werden Heurigenklassiker wie Aufstriche und Salate sowie modernisierte Familienrezepte der klassischen Hausmannskost.

96 Rotgipfler Ried Rosenberg 2022
13 Vol.-%, NK, gebrauchte Barriques, €€€€€€ V
Helles Strohgelb, Silberreflexe. Zarte Kräuterwürze, feine gelbe Tropenfrucht, ein Hauch von frischer Birne, sehr dezent gesetzte Holzwürze, mineralischer Touch. Straff, engmaschig, weißes Kernobst, seidige Textur, fast burgundisch anmutender Körper, mineralisch-salzig im Abgang, bleibt lange haften, sicheres Reifepotenzial.

WEINGUT ALPHART

2514 Traiskirchen, Wiener Straße 46
T: +43 (2252) 52328
weingut@alphart.com
www.alphart.com
Kellermeister: Florian Alphart
Kontakt: Claudia & Florian Alphart
Anbauweise: Zertifiziert Biologisch (Bio Austria)
Produktion: 200.000 Flaschen
80 % weiß, 18 % rot, 2 % süß,
30 Hektar
Zertifiziert: Nachhaltig Austria
Vereinszugehörigkeit:
Thermenwinzer,
Traditionsweingüter Österreich
Messen: Austrian Tasting London, ProWein Düsseldorf, VieVinum

Claudia und Florian Alphart

95 Rotgipfler Ried Rodauner 1ÖTW Top Selektion 2022

13,5 Vol.-%, DV, Teilbarrique, €€€€€ V

Mittleres Grüngelb, Silberreflexe. Feine gelbe Tropenfrucht, ein Hauch von frischer Birne, etwas Mango, Blütenhonig und kandierte Orangenzesten, facettenreiches Bukett. Komplex, elegant, weißes Kernobst, engmaschig und frisch strukturiert, feine Apfelnuancen im Abgang, salzig und anhaftend, sicheres Reifepotenzial für viele Jahre.

93 Rotgipfler Ried Rodauner 1ÖTW 2022

13 Vol.-%, DV, großes Holzfass, €€€€ V

Helles Goldgelb, Silberreflexe. Frische gelbe Birnenfrucht, zarte Kräuterwürze, ein Hauch von Papaya und Mango im Hintergrund. Saftig, elegant, gelbes Kernobst, ausgewogen, feiner Säurebogen, weißer Apfel im Abgang, mineralischer Nachhall, vielfältig einsetzbar.

92 Rotgipfler vom Berg 2023

13 Vol.-%, DV, Stahltank, €€€ B V

Helles Grüngelb, Silberreflexe. Zart nach Mandarinenzesten, frische Birnenfrucht, floraler Touch, einladendes Bukett. Mittlere Komplexität, weißer Pfirsich, feiner Säurebogen, mineralisch und gut anhaftend, harmonisch, ein eleganter Speisenbegleiter.

96 Chardonnay Privat 2022

14 Vol.-%, DV, Barrique, €€€€€ V

Mittleres Gelbgrün, Silberreflexe. Zart floral unterlegte Nuancen von Pfirsich und weißem Kernobst, dazu etwas Vanille und Biskuit, ein Hauch von frischen Orangenzesten, facettenreiches Bukett. Saftig, elegant, straffe Textur, angenehme Holzwürze, reifer gelber Apfel, etwas Honigmelone, mineralisch im Abgang, feiner, kühler Stil, zitroniger Touch im Nachhall, sehr gute Länge, ein finessenreicher Speisenbegleiter.

93 Chardonnay Ried Tagelsteiner 1ÖTW 2022

13,5 Vol.-%, DV, gebrauchte Barriques, €€€€€ V

Mittleres Grüngelb, Silberreflexe. Feine gelbe Tropenfrucht, zart nach Wiesenkräutern, Zitronenmelisse, Minze, ein Hauch von Blütenhonig. Komplex, stoffig, reifes weißes Kernobst, feiner Säurebogen, saftig und mit guter Länge ausgestattet, bereits gut entwickelt und antrinkbar, gutes Reifepotenzial.

92 Chardonnay vom Berg 2023

13 Vol.-%, DV, Stahltank, €€€ B V

Helles Goldgelb, Silberreflexe. Zart nach Golden-Delicious-Apfel, dezenter Hauch von Wiesenkräutern, mit Nuancen von Mandarinenzesten unterlegt. Saftig, elegant, weißer Apfel, feine Säurestruktur, balanciert, zart salziger Nachhall, bereits gut antrinkbar.

92 Chardonnay Ried Stein 2022

13,5 Vol.-%, DV, Teilbarrique, €€€€€ V

Mittleres Grüngelb, Silberreflexe. Gelber Apfel, zart nach Orangenzesten und Kräuterwürze, ein Hauch von Minze und Limetten im Hintergrund. Saftig, Noten von reifer gelber Frucht, feiner Säurebogen, stoffig im Abgang, zarte Fruchtsüße im Nachhall, bereits gut antrinkbar.

92 Neuburger Ried Hausberg 2023

13 Vol.-%, DV, Stahltank, €€€ B V

Helles Goldgelb, Silberreflexe. Zarte Noten von frischer Honigmelone, etwas Mango, mit feinem Blütenhonig unterlegt. Mittlere Komplexität, weißer Apfel, feines Säurespiel, ausgewogen, zarte Fruchtsüße im Abgang, vielfältig einsetzbar.

★★

WEINGUT ALPHART AM MÜHLBACH

Das Weingut Alphart am Mühlbach in Traiskirchen ist ein traditioneller Familienbetrieb im Herzen der Thermenregion. Die Weine von Winzer Lorenz Alphart haben einen modernen, geradlinigen Stil und sind von raffinierter Würze, von Aromenspiel und Mineralik geprägt.
Der Fokus liegt klar auf den autochthonen Sorten Rotgipfler und Zierfandler sowie auf Chardonnay und Pinot Noir. Lorenz Alphart vinifiziert Weine ausschließlich von handverlesenen, perfekt gewachsenen Trauben. Die Herkunft spielt dabei eine entscheidende Rolle, alle Weine werden von den besten Lagen in Traiskirchen, Gumpoldskirchen und Pfaffstätten gekeltert.
Lorenz Alphart hat bereits sehr früh auf ein klar verständliches Herkunftssystem mit Gebiets-, Orts- und Riedenweinen gesetzt. An der Spitze steht ganz klar der Top-Rotgipfler von der bekannten Ried »Mandelhöh«, einer der besten Rieden der Region an den Ausläufern des Anningers mit seinen kargen Muschelkalkböden – für den Winzer ein Wein, der mit Vielschichtigkeit und burgundischer Finesse besticht. Auch in seiner neuen Ried »Pressweingarten« steht diese Sortenrarität – die Weine dieser Lagen zählen mittlerweile zu den spannendsten der Region.
Das Weingut hat sich innerhalb der letzten zehn Jahren als »Rising Star« am österreichischen Weinhimmel etabliert – klares Verdienst von Lorenz Alphart, der mit seinem Querdenken, seiner Akribie und seinem guten Gespür für Boden und Rebsorten immer für eine Überraschung gut ist.

WEINGUT ALPHART AM MÜHLBACH
2514 Traiskirchen
Wassergasse 9
T: +43 (2252) 52292
info@alphart.at
www.alphart.at

Kellermeister/Kontakt: Lorenz Alphart
Produktion: 70 % weiß, 25 % rot, 5 % süß, 10 Hektar
Zertifiziert: Nachhaltig Austria
Messen: ProWein Düsseldorf, VieVinum

(94) Rotgipfler * Ried Mandelhöh Limited Edition 2023
13 Vol.-%, NK, Tonneaux Fass, €€€€€
Mittleres Gelbgrün, Silberreflexe. Zart rauchig-kräuterwürzig unterlegte gelbe Tropenfrucht, zart nach Karamell und Vanille. Komplex, engmaschig, zarte Süße im Kern, dezenter Säurebogen, mineralisch-salzig im Abgang, verfügt über Länge und gutes Reifepotenzial.

(93) Rotgipfler * Ried Mandelhöh 2023
13 Vol.-%, DV, Beton/großes Holzfass, €€€€
Mittleres Grüngelb, Silberreflexe. Zart nach frischen Orangenzesten, feine Nuancen von gelbem Kernobst, floraler Touch. Komplex, stoffig, weißer Apfel, feiner Säurebogen, mineralisch, zitronige Nuancen im Abgang, feine Tropenfrucht im Rückgeschmack.

(92) Rotgipfler * Ried Pressweingarten 2023
13,5 Vol.-%, DV, großes Holzfass, €€€
Helles Gelbgrün, Silberreflexe. Frische gelbe Birnenfrucht, zart nach Mango und Wiesenkräutern. Kraftvoll, weißes Kernobst, feine Säurestruktur, dunkle Mineralik, salziger Nachhall, ein würziger Speisenbegleiter.

(92) Zierfandler * Ried Otzler 2023
13 Vol.-%, DV, Amphore/500-l-Fass, €€€
Leuchtendes mittleres Goldgelb, Silberreflexe. Frische Wiesenkräuter, Nuancen von reifer gelber Frucht, etwas Pfirsich und Mango, kandierte Orangenzesten, facettenreiches Bukett. Komplex, saftig, weißes Kernobst, straffe Mineralik, salziger Nachhall, bleibt haften, ein feinwürziger Speisenbegleiter.

92 Chardonnay Ried Tagelsteiner 2022
13 Vol.-%, NK, großes Holzfass, €€€€€
Helles Gelbgrün, Silberreflexe. Verhalten, zart nach Wiesenkräutern, weißer Apfel, zarte Nuancen von gelber Frucht im Hintergrund. Mittlere Komplexität, zart nach Karamell und Birne, trockener Stil, mineralisch-salzig im Abgang, ein vielseitiger Speisenbegleiter, Chablis-ähnlicher Ansatz.

92 Pinot Noir 2020
13 Vol.-%, DV, kleines Holzfass, €€€€
Mittleres Karmingranat, ziegelrote Reflexe, breiter Ockerrand. Feines rotes Waldbeerenkonfit, ein Hauch von Himbeeren und eingelegten Kirschen, mit einem floralen Touch unterlegt. Saftig, elegant, feine Fruchtsüße, seidige Tannine, mineralisch, frischer Abgang, bereits gut entwickelt, ein facettenreicher Speisenbegleiter.

★★★

WEINGUT FAMILIE AUER

BIO

Das Bioweingut Familie Auer ist ein Traditionsbetrieb, der durch Qualität, Nachhaltigkeit und Innovation seit Jahren Weine mit Charakter und persönlicher Handschrift hervorbringt, welche die ganze Leidenschaft der Familie für Natur und Weinbau widerspiegeln. »Von, für und mit der Natur« – so das Motto der Auers. Deshalb bewirtschaftet das Weingut seine 23 Hektar Weingartenfläche nach biologischen Gesichtspunkten, denn Nachhaltigkeit und der Erhalt des Erbes für die nächsten Generationen sind dem Familienbetrieb sehr wichtig. 45 Prozent der Rebfläche sind den Burgundersorten Pinot Noir und St. Laurent, den Leitsorten des Bio-Betriebs, gewidmet.
Sowohl Hanglagen als auch weite Ebenen prägen das Terroir der Weine und geben ihnen ihren unverwechselbaren Charakter. In der Ebene findet man Kalkschotterböden, die besonders durchlässig sind; die Feuchtigkeit nach starken Regenfällen wird rasch abgeleitet. Bei Sonneneinstrahlung erwärmen sich die Böden beträchtlich. St. Laurent und Pinot Noir fühlen sich besonders auf den kargen, steinigen Böden wohl. In den Hanglagen findet man schwere Böden, wie lehmigen Ton, sandigen Lehm und Braunerde mit einem hohen Anteil an Muschelkalk, der durch Reste von Muscheln und Schnecken entstanden ist. Das bildet die perfekte Grundlage für die autochthonen Sorten Rotgipfler und Zierfandler sowie für die weißen Burgundersorten. Das Weingut ist Mitglied des Vereins »Die Burgundermacher« und seit 2022 auch eines der neun »Traditionsweingüter Österreich« in der Thermenregion. Auch beim Heurigen spiegelt sich die Philosophie der Familie Auer wider: Hier erlebt man eine hohe Glaskultur für jeden edlen Tropfen, ein stilvolles Ambiente in allen Räumlichkeiten, große Gastfreundlichkeit durch familiäre Betreuung sowie saisonale und regionale Schmankerl als Gaumenfreude bei jedem Besuch.

92 Rotgipfler * Gumpoldskirchen 2023
13 Vol.-%, DV, Stahltank, €€ B V
Mittleres Goldgelb, Silberreflexe. Feine gelbe Birnenfrucht, ein Hauch von Apfel, einladendes Bukett, feine Nuancen von Orangenzesten. Saftig, elegant, feine gelbe Frucht, finessenreicher Säurebogen, mineralisch-salzig im Abgang, zeigt Länge, gutes Reifepotenzial.

WEINGUT FAMILIE AUER
2523 Tattendorf
Pottendorfer Straße 14
T: +43 (2253) 81251
office@weingutauer.at
www.weingutauer.at

Kellermeister: Leopold Auer
Kontakt: Leopold und Helga Auer
Anbauweise: Zertifiziert Biologisch (Austria Bio Garantie)
Produktion: 30 % weiß, 70 % rot, 23 Hektar
Vereinszugehörigkeit: Die Burgundermacher, Traditionsweingüter Österreich
Messen: ProWein Düsseldorf, VieVinum, Vinobile Feldkirch

* Thermenregion DAC

91 Chardonnay Tattendorf 2022
14 Vol.-%, DV, gebrauchte Barriques, €€ B V
Helles Goldgelb, Silberreflexe. Ein Hauch von Golden-Delicious-Apfel, etwas Mango, ein Hauch von frischen Wiesenkräutern. Saftig, frische gelbe Apfelfrucht, seidige Textur, versteckt seine Muskeln, mineralisch, dezent nach Blütenhonig im Abgang, ein vielseitiger Speisenbegleiter.

94 Pinot Noir Pfaffstätten Ried Rosenberg 2021
13,5 Vol.-%, NK, Flaschenreifung/Barrique, €€€€€ B V
Kräftiges Karmingranat, Ockerreflexe, sehr breite Randaufhellung. Frische Orangenzesten, reife rote Waldbeeren, bereits gut entwickelte Nuancen, ein Hauch von Edelholz. Saftig, seidig und elegant, feiner Säurebogen, salzig, extraktsüß und anhaftend, zeigt Länge, floraler Touch, vielfältig einsetzbar.

93 Pinot Noir Tattendorf Ried Holzspur 2021
13,5 Vol.-%, NK, Flaschenreifung/Barrique, €€€€€ B I
Mittleres Karmingranat, Ockerreflexe, breite Randaufhellung. Zart nach Feuerstein, Ribiselnoten, feines rotes Waldbeerenkonfit, dezenter Feigentouch. Saftig, mittlere Komplexität und Frische, Kirschen im Abgang, lebendig, mineralisch-salzig, dezente Süße im Nachhall, zeigt Länge und Reifepotenzial.

91 Pinot Noir Tattendorf 2022
13 Vol.-%, DV, Flaschenreifung/großes Holzfass, €€ B V
Mittleres Rubingranat, Orangereflexe, breitere Randaufhellung. Rote Ribiseln, ein Hauch von Hagebutten, zart nach kandierten Orangenzesten, dunkle Mineralik. Saftig, mittlere Komplexität, fruchtsüß nach Himbeeren, florales Finish, trinkanimierender Stil.

93 St. Laurent Tattendorf Ried Holzspur 2021
13 Vol.-%, NK, Barrique/Flaschenreifung, €€€€€ B V
Dunkles Rubingranat, violette Reflexe, zarte Randaufhellung. Mit kandierten Veilchen unterlegte Pflaumen, ein Hauch von Heidelbeeren, dezente Nelkenwürze, einladendes Bukett. Gute Komplexität, feine Kräuternoten, Brombeernuancen im Abgang, gut integrierte Tannine, feinwürziger Rückgeschmack, gutes Reifepotenzial.

91 St. Laurent Tattendorf 2021
12,5 Vol.-%, DV, großes Holzfass/Flaschenreifung, €€ B V
Tiefdunkles Rubingranat, violette Reflexe, zarte Randaufhellung. Dunkles Beerenkonfit, etwas nach kandierten Mandarinenzesten, ein Hauch von Pflaumen. Zart nach frischem Beerenmix, etwas nach Erdbeeren, gut eingebundene Säurestruktur, feine Wiesenkräuter im Abgang, bleibt gut haften, unkomplizierter Speisenbegleiter.

94 Rotgipfler-Chardonnay Eiswein 2022 CH/RG
7 Vol.-%, DV, Flaschenreifung, €€€€€ B V
Leuchtendes mittleres Goldgelb, Silberreflexe. Typisches Bukett nach Honig und gekochtem Rhabarber, Kletzen, feine rotbeerige Nuancen, facettenreiches Bukett. Saftig, süß, cremige Textur, wieder etwas Rhabarberkuchen, elegant und anhaftend, ein wahres Trinkdessert.

★★★

LEO AUMANN

Der Name Leo Aumann steht für Qualität auf höchstem Niveau, und so ist der Betrieb eines der neun »Traditionsweingüter Österreich«-Mitglieder aus der Thermenregion. Die charaktervollen und terroirtypischen Weine sind der Inbegriff von wahrem Genuss aus der Thermenregion. Von Tribuswinkel aus erstrecken sich die Weingärten des Weinguts in alle Himmelsrichtungen. Damit kann Leo Aumann aus dem Vollen schöpfen, denn die vielfältigen geologischen Gegebenheiten innerhalb der Thermenregion sorgen für facettenreiche Weine.
Die Hanglagen am Rande des Wienerwaldes bieten idealtypische Voraussetzungen für großartige Weine, Burgundersorten wie Chardonnay, Pinot Noir oder St. Laurent, aber auch Rotgipfler und Zierfandler entwickeln sich hier prächtig. Und der Harterberg mit seinen sandigen Lehmböden bringt hervorragende Qualitäten hervor, besonders bei Merlot und Zweigelt.

(93) Rotgipfler * Ried Wiege 1ÖTW 2023
14 Vol.-%, DV, Holzfass, €€€€
Helles Strohgelb, Silberreflexe. Zunächst etwas scheu, ein Hauch von Birne und Wiesenkräutern, braucht etwas Luft, feine Nuancen von Mango, mit Blütenhonig unterlegt. Saftig, ausgewogen und elegant, finessenreiches Säurespiel, zarte Fruchtsüße im Abgang, mineralisch und zitronig im Nachhall, ein facettenreicher Begleiter bei Tisch.

LEO AUMANN
2512 Tribuswinkel
Oberwaltersdorfer Straße 105
T: +43 (2252) 80502
weingut@aumann.at
www.aumann.at

Kellermeister/Kontakt:
Leo Aumann
Produktion: 3 % Schaumwein, 40 % weiß, 55 % rot, 2 % süß, 45 Hektar
Vereinszugehörigkeit:
Thermenwinzer, Traditionsweingüter Österreich
Messen: ProWein Düsseldorf, VieVinum

Leo Aumann

(92) Rotgipfler * Ried Rodauner 1ÖTW 2023
14 Vol.-%, DV, Teilbarrique, €€€
Helles Goldgelb, Silberreflexe. Frische Gute-Luise-Birne, ein Hauch von Mango, kandierte Limetten, floraler Touch. Saftig, elegant und balanciert, angenehme Kernobstnote, finessenreicher Säurebogen, mineralisch und anhaftend, ein vielseitiger Speisenbegleiter mit gutem Reifepotenzial.

(92) Rotgipfler * Ried Flamming 1ÖTW 2023
13,5 Vol.-%, DV, Stahltank, €€€
Helles Gelbgrün, silberfarbene Reflexe. Zart nach Grapefruitzesten, weiße Apfelfrucht, mit einem Hauch von Mango und Birne unterlegt, Limettenzesten klingen an. Mittlere Komplexität, weißes Kernobst, feine Fruchtsüße, dezente Säurestruktur, etwas Blütenhonig im Rückgeschmack.

(92) Zierfandler * Ried Hofbreite 2023
14 Vol.-%, DV, Stahltank, €€€
Helles Gelbgrün, silberfarbene Reflexe. Etwas scheu, feine Nuancen von gelbem Kernobst, ein Hauch von Mango, Orangenzesten, ein Hauch von Blütenhonig. Kraftvoll, saftig, gelbe Tropenfrucht, frischer Säurebogen, ausgewogen, gut anhaftend, mineralisch-salziger Nachhall, gutes Reifepotenzial.

(91) Chardonnay * Badener Berg 2023
13 Vol.-%, DV, Stahltank, €€
Helles Gelbgrün, silberfarbene Reflexe. Zart rauchige Kräuterwürze, weißer Apfel, zart nach Pfirsich. Mittlere Komplexität, saftig, elegant, feine Fruchtsüße, gut integrierter Säurebogen, etwas Birne im Abgang, ein balancierter Speisenbegleiter.

92 Chardonnay Reserve 2022
13,5 Vol.-%, DV, großes Holzfass, €€€€ H V
Mittleres Goldgelb, Silberreflexe. Zartes Karamell, ein Hauch von Nougat, mit feiner gelber Apfelfrucht unterlegt, attraktives Bukett. Mittlere Komplexität, seidig-buttrige Textur, zarter Säurebogen, reife Birne im Abgang, gut entwickelt, vielfältig einsetzbar.

95 Merlot Harterberg 2019
14,5 Vol.-%, DIAM, Holzfass, €€€€€ V
Dunkles Rubingranat, opaker Kern, violette Reflexe, zarte Ockerrandaufhellung. Feinwürzig, dunkle Waldbeeren, schwarze Herzkirschen, etwas Nougat und Tabak, mit kandierten Orangenzesten unterlegt. Kraftvoll, saftig und komplex, etwas Zwetschken, reife, tragende Tannine, elegant und anhaftend, mineralisch-salzig im Nachhall, ein gut gereifter Speisenbegleiter mit weiterem Potenzial.

94 Harterberg Reserve 2021 ME/CS/ZW
14,5 Vol.-%, DIAM, Holzfass, €€€€€ V
Dunkles Rubingranat, violette Reflexe, dezente Ockerrandaufhellung. Zart nach dunklen Waldbeeren, reife Kirschen, zart nach Vanille und Edelholz, ein Hauch von Cassis, mit kandierten Orangenzesten unterlegt. Kraftvoll, komplex, feine Fruchtsüße, frisch strukturiert, mineralisch und gut anhaftend, süßer Nachhall, ein würziger Speisenbegleiter mit gutem Reifepotenzial.

* Thermenregion DAC

(92) Zweigelt Ried Oberkirchen 2022
14,5 Vol.-%, DIAM, Holzfass, €€€€€ Ⓥ
Dunkles Rubingranat, tiefer Kern, violette Reflexe, dezente Randaufhellung. Feine Edelholzwürze, zart nach Lakritze, schwarze Kirschen, etwas Nougat, einladendes Bukett. Kraftvoll, saftig, eingelegte Kirschen, reife Tannine, Nougat im Abgang, Röstaromen im Nachhall, mineralisch-salzig im Finale, wird von Flaschenreife profitieren.

90 Pinot Noir Reserve 2022
13,5 Vol.-%, DV, Holzfass, €€€
Kräftiges Karmingranat, Ockerreflexe, breitere Randaufhellung. Zarte Kräuterwürze, rotes Waldbeerenkonfit, ein Hauch von Kirschen, tabakige Nuancen. Samtig, feine Fruchtsüße nach reifen Zwetschken, würzige Tannine, etwas Nougat, bietet unkomplizierten Trinkspaß.

★★★

WEINGUT BIEGLER

Das Weingut Biegler bewirtschaftet zehn Hektar Weingärten in der Thermenregion. Diese liegen in den bevorzugten Lagen an den Südosthängen des Hausberges Anninger. Klimatisch begünstigt durch die warmen Fallwinde und die Wärme speichernden kalkhaltigen Böden sowie geschützt durch den Berg reifen hier die Trauben zu besonderen Gewächsen heran. Der Betriebssitz, ein romantisches Hauerhaus im Ortszentrum, beherbergt die gesamte Produktionsstätte. Hier treffen sich Weinbegeisterte aus der ganzen Welt mit Othmar Biegler, um seine einzigartigen Weine zu verkosten. Mit ganzem Herzen ist der Winzer Gumpoldskirchner, er wurde hier 1962 geboren. Zwar führte ihn seine Ausbildung nach Klosterneuburg und nach Deutschland, aber im Grunde genommen war es klar: Das wunderschöne Familienweingut in Gumpoldskirchen sollte seine Handschrift tragen.
Man muss nicht gut, sondern besser sein, um etwas zu erreichen – überhaupt, um den Ruf zu haben, ein Spitzenwinzer zu sein. Othmar Biegler verfolgt seine Ziele unbeirrt, inspiriert sowie engagiert – und zudem auch noch ungeheuer erfolgreich. Dabei schwimmen die von ihm gemachten Weine nicht immer im Mainstream mit oder folgen gar aktuellen Modetrends. Sie haben alle ihren eigenen Charakter: glasklar, elegant, sortenbetont und blitzsauber. »Das Wichtigste passiert im Weingarten ohne mein Zutun. Ich kann nur unterstützen und dafür sorgen, dass die Weinstöcke die besten Bedingungen vorfinden. Die Trauben bleiben bis zum allerletzten Zeitpunkt auf dem Stock, werden nur selektiv von Hand gelesen und schnell und sauber verarbeitet.« Das ist alles, behauptet der Gumpoldskirchner bescheiden.

WEINGUT BIEGLER
2352 Gumpoldskirchen
Wiener Straße 16–18
T: +43 (2252) 62196
weingut.biegler@kabsi.at
www.weingut-biegler.at

Kellermeister/Kontakt:
Othmar Biegler
Produktion: 40.000 Flaschen
3 % Schaumwein, 75 % weiß,
3 % rosé, 15 % rot, 4 % süß,
10 Hektar
Vereinszugehörigkeit:
Thermenwinzer, Weinforum Thermenregion
Messen: Weintage im Museumsquartier

(94) Rotgipfler Gumpoldskirchen Ried Oberer Badener Weg Reserve 2023
14,5 Vol.-%, DV, gebrauchte Barriques, €€€€ Ⓥ
Helles Goldgelb, Silberreflexe. Feine reife Tropenfrucht, zart nach Ananas und Mango, ein Hauch von Blütenhonig und kandierten Orangenzesten, einladendes Bukett. Saftig, kraftvoll, ein Hauch von Birne, zarter Säurebogen, salzig, weißes Nougat, besitzt Länge und Potenzial, braucht noch ein wenig Zeit.

92 Rotgipfler Gumpoldskirchen Ried Brindlbach 2023
14 Vol.-%, DV, Stahltank, €€€ Ⓥ
Leuchtendes Grüngelb, Silberreflexe. Frischer weißer Apfel, zart nach Orangenzesten, mineralischer Touch. Kraftvoll, komplex, feine Fruchtsüße, gut integrierter Säurebo-

gen, mineralisch und gut anhaftend, zeigt Länge und Entwicklungspotenzial.

93 Zierfandler Gumpoldskirchen Ried Badener Weg 2023

13 Vol.-%, DV, Stahltank, €€€ V

Mittleres Grüngelb, Silberreflexe. Zart nach kandierten Limetten, weißes Kernobst, ein Hauch von Pfirsich, mit feiner Kräuterwürze unterlegt. Mittlere Komplexität, gelber Apfel, frischer Säurebogen, salziger Nachhall, gute Länge, sicheres Reifepotenzial, klassischer Sortenvertreter.

(91) Chardonnay Gumpoldskirchen Ried Hausberg 2023

14 Vol.-%, DV, Stahltank, €€€ V

Helles Gelbgrün, Silberreflexe. Zart nach gelber Tropenfrucht und Wiesenkräutern, ein Hauch von Papaya und Ananas, feiner Blütenhonig klingt an. Saftig, zarte Birnenfrucht, feine Säurestruktur, dezente Süße im Abgang, finessenreiche Mineralik, salziger Nachhall, ein vielseitiger Speisenbegleiter.

92 Pinot Noir 2021

14 Vol.-%, NK, gebrauchte Barriques, €€€€ V

Kräftiges Karmingranat, violette Reflexe, zarte Ockerrandaufhellung. Frische Herzkirschen, ein Hauch von Lakritze und Brombeeren, tabakige Nuancen, zart mit Orangenzesten unterlegt. Saftig, kräftig, reife Zwetschken, runde Tannine, etwas Nougat, mineralischer Nachhall, ein stoffig-würziger Speisenwein.

(94) Rotgipfler Gumpoldskirchen Ried Oberer Badener Weg Spätlese 2023

13,5 Vol.-%, DV, Stahltank, €€€ V

Helles Goldgelb, Silberreflexe. Zart floral unterlegte Nuancen von reifem Kernobst, etwas Mango und Blütenhonig, feine Süße im Bukett. Saftig, stoffig und elegant, gut integrierte Fruchtsüße, zarter Säurebogen, feiner Honigtouch im Abgang, balanciert und gut anhaftend, wird mit zwei, drei Jahren Flaschenreife vollends erblühen. Klassisch!

★★★★

WEINGUT CHRISTIAN FISCHER

BIO

Christian Fischer zählt zu den erfolgreichsten Rotweinpionieren der Thermenregion. Er hat bereits früh begonnen, durch die Einbeziehung international anerkannter Rotweinsorten wie Pinot Noir, Cabernet und Merlot das zweifellos vorhandene Potenzial von Sooß zu nutzen. Das Resultat sind gehaltvolle, vielschichtige Rotweine, die sich durch eine harmonische Tanninstruktur und feinwürzige Frucht auszeichnen. Das Weingut Fischer, das heute 85 Prozent der rund 17 Hektar Rebfläche mit roten Sorten bestockt hat, zeigt, welche Möglichkeiten in den sanften Abhängen des beschaulichen Weinortes mit ihren warmen, lehmig-tonigen Böden stecken. Seit 2013 ist das Weingut außerdem biozertifiziert. »Irgendwann kommt der Moment, da möchte man der Natur etwas zurückgeben«, beschreibt Christian Fischer, warum er seine Weinproduktion auf »bio« umstellte.

Das Weingut Fischer ist insbesondere Garant für erstklassige Rotweine: Der Zweigelt Ried Gradenthal, der im Barrique gereifte Pinot Noir und die Weine der »100 cases«-Linie zählen stets zu den besten Rotweinen Österreichs und haben schon eine Vielzahl von Auszeichnungen eingeheimst.

92 Zierfandler hundred cases 2021

13,5 Vol.-%, DV, 500-l-Fass, €€€€ B

Helles Grüngelb, Silberreflexe. Frische Kräuterwürze, ein Hauch von Haselnuss, mit weißer Tropenfrucht unterlegt, zart nach Blütenhonig. Mittlerer Körper, cremige Textur, feine Fruchtsüße, zartes Säurespiel, Blütenhonig, angenehme Biskuitnote im Abgang, ein facettenreicher Speisenwein.

(94) Blaufränkisch Ried Steinhäufel 2021

13,5 Vol.-%, NK, gebrauchte Barriques, €€€€€ B I V

Dunkles Rubingranat, violette Reflexe, zarte Randaufhellung. Frische rote Waldbeeren, ein Hauch von Himbeeren, kandierte Veilchen, frische Mandarinenzesten, etwas offenes Bukett. Am Gaumen saftig, reife Kirschen, gute Frische und Mineralik, lebendiger, animierender Stil, zeigt gute Länge, ein finessenreicher Speisenwein mit eigenständigem Charakter.

(93) Pinot Noir Premium 2022

13,5 Vol.-%, NK, gebrauchte Barriques, €€€€€ B V

Dunkles Rubingranat, violette Reflexe, dezente Ockerrandaufhellung. Reife Brombeeren, frisches Waldbeerenkonfit,

Christian Fischer

WEINGUT CHRISTIAN FISCHER
2504 Sooß
Hauptstraße 33
T: +43 (676) 6035550
office@weingut-fischer.at
www.weingut-fischer.com

Kellermeister: Christian Fischer
Anbauweise: Zertifiziert Biologisch
Produktion: 80.000 Flaschen
15 % weiß, 85 % rot, 15 Hektar
Vereinszugehörigkeit:
Thermenwinzer
Messen: VieVinum

angenehme Kräuterwürze, mit kandierten Orangenzesten unterlegt. Komplex, engmaschig, mineralische Textur, zart nussiger Tenor, feine Gerbstoffnuancen im Abgang, dunkles Nougat im Finale, ein würziger Speisenbegleiter mit Potenzial.

(91) Pinot Noir Classic 2022
13,5 Vol.-%, DV, großes Holzfass, €€€ B V
Kräftiges Karmingranat, breitere Ockerrandaufhellung. Zarte Kräuterwürze, reife rote Kirschen, ein Hauch von Pflaumen, mit kandierten Orangenzesten und Sanddorn unterlegt. Saftig, elegant, rotbeerige Nuancen, frisch strukturiert, mineralisch, wirkt leichtfüßig, salziger Nachhall.

(93) Zweigelt Ried Gradenthal Premium 2022
13,5 Vol.-%, NK, gebrauchte Barriques, €€€€€ B V
Tiefdunkles Rubingranat, violette Reflexe, zarte Randaufhellung. Nuancen von Orangen, reife Herzkirschen, zart nach frischen Feigen, mit dezenter Kräuterwürze unterlegt. Saftig, zart nach Kirschen und gerösteten Nüssen, straff und gut anhaftend, feiner Gerbstoffschleier im Abgang, ein salziger Speisenwein, wird von weiterer Flaschenreife profitieren.

(91) Zweigelt Ferabam Premium 2022
13 Vol.-%, NK, gebrauchte Barriques, €€€ B V
Dunkles Rubingranat, violette Reflexe, dezente Randaufhellung. Schwarze Herzkirschen, Pflaumen, ein Hauch von Bergamotte, etwas Vanille. Komplex, geröstete Nüsse, frischer Säurebogen, etwas Umami im Abgang, salziger Nachhall, ein eigenständiger Speisenbegleiter mit Nougatfinish.

(93) Merlot Premium 2022
14 Vol.-%, NK, gebrauchte Barriques, €€€€€ B V
Dunkles Rubingranat, opaker Kern, violette Reflexe, zarte Randaufhellung. Ein Hauch von Lakritze und roten Waldbeeren, Nuancen von Kirschen, frische Orangenzesten. Kraftvoll, saftig, etwas Nougat, gut eingebundene reife Tannine, etwas Sojasauce im Abgang, mineralisch, dunkle Schokolade im Nachhall.

(93) Cabernet Franc hundred cases 2021
14 Vol.-%, NK, gebrauchte Barriques, €€€€€ B I V
Dunkles Karmingranat, Ockerreflexe, dezente Randaufhellung. Zarter Hauch von Teer und Bitumen, mit dunkler Beerenfrucht unterlegt, kandierte Orangenzesten. Kraftvoll, rote Kirschen, feiner Säurebogen, rotbeerig-mineralisch im Abgang, gute Länge, ein attraktiver Speisenwein mit Entwicklungspotenzial.

92 Vom Muschelkalk Reserve rot 2020 CF/ME/ZW
14 Vol.-%, NK, gebrauchte Barriques, €€€€ B V
Kräftiges Rubingranat, violette Reflexe, zarte Ockerrandaufhellung. Reifes Bukett, Brombeerkonfitüre, auch Dörrpflaumen, Nougat und kandierte Orangenzesten, rauchige Würze. Saftig, komplex, seidige Textur, reife Kirschfrucht, frisch und anhaftend, feine mineralische Nuancen im Abgang, bleibt haften, bereits gut antrinkbar.

★★★★

WEINGUT JOHANNES GEBESHUBER

BIO

Johannes Gebeshuber vinifiziert vielschichtige, finessenreiche und elegante Weine und stützt sich dabei auf die regionaltypischen Sorten der Thermenregion. Einzigartig macht ihn der Ansatz, seine Weißweine ausschließlich aus den Rebsorten Zierfandler und Rotgipfler zu keltern. Bei den Rotweinen fokussiert er sich auf Pinot Noir und St. Laurent.
Gelassenheit gehört für Johannes Gebeshuber zu den wesentlichsten Ingredienzien im Zuge der Weinbereitung. So reifen seine Weine in diesem behaglichen Klima Jahrgang für Jahrgang langsam und ganz von selbst zu bemerkenswerten, charaktervollen Persönlichkeiten heran, die wirklich viel zu erzählen haben. Dass auf dem Weingut Gebeshuber biologisch gearbeitet wird, versteht sich dabei von selbst.
Das Sortiment ist aufgeteilt in zwei Linien: In »gebeshuber gumpoldskirchen« ergeben kerngesunde, vollreife Trauben aus vom Muschelkalk dominierten Parzellen in und rund um Gumpoldskirchen zwei perfekt gereifte Speisenbegleiter in Weiß und Rot, die Niveau und Trinkfreude in seltener Harmonie bieten. In »gebeshuber riede« werden die schönsten Trauben des Jahres aus den besten Einzellagen Modler (Zierfandler), Laim (Rotgipfler), Glas (Sankt Laurent) und Viereck (Pinot Noir) verarbeitet. Behutsam und langsam im kleinen und großen Holz gereift, stellen die Riedenweine die qualitative Speerspitze des Hauses dar.
Das Weingut Gebeshuber ist seit 2022 Mitglied der »Traditionsweingüter Österreich«.

(95) Zierfandler Ried Wiege 2021
13,5 Vol.-%, KK, 500-l-Fass, €€€€€ Ⓑ
Mittleres Goldgelb, Silberreflexe. Ein Hauch von Wiesenkräutern, gelber Pfirsich, frische Orangenzesten, zart mit Mango unterlegt, floraler Touch. Stoffig, engmaschig, weißes Steinobst, feine Fruchtsüße, angenehmer Säurebogen, mineralisch und gut anhaftend, zeigt Tiefgang und Länge, bereits gut entwickelt, sicheres weiteres Reifepotenzial.

(93) Zierfandler Ried Modler 2021
13,5 Vol.-%, DV, 500-l-Fass, €€€€€ Ⓑ
Mittleres Goldgelb, Silberreflexe. Zart nach Orangenblü-

© Helmut Mitter

WEINGUT JOHANNES GEBESHUBER
2352 Gumpoldskirchen
Jubiläumsstraße 43
T: +43 (2252) 61164
office@weingut-gebeshuber.at
www.weingut-gebeshuber.at
Kellermeister/Kontakt: Johannes Gebeshuber
Anbauweise: Biodynamisch (Demeter)
Produktion: 146.667 Flaschen
5 % Schaumwein, 60 % weiß,
5 % rosé, 25 % rot, 5 % süß,
25 Hektar
Vereinszugehörigkeit: Thermenwinzer, Traditionsweingüter Österreich
Messen: VieVinum

Zierfandler

ten, gelbe Tropenfrucht, etwas Papaya und Mango, kandierte Limettenzesten. Mittlerer Körper, weißes Kernobst, feine Säurestruktur, saliner Touch, zitroniger Nachhall.

92 Zierfandler Gumpoldskirchen 2022
12 Vol.-%, DV, Stahltank, €€€ B
Mittleres Grüngelb, Silberreflexe. Zarte Kräuterwürze, Nuancen von gelbem Apfel, ein Hauch von Pfirsich, mit Limettenzesten unterlegt. Mittlerer Körper, weißes Kernobst, dezente Säurestruktur, elegant, feine Fruchtsüße im Finale.

(94) Rotgipfler Ried Laim 2021
13,5 Vol.-%, DV, 500-l-Fass, €€€€€ B
Leuchtendes mittleres Goldgelb, Silberreflexe. Feine gelbe Apfelfrucht, zart nach Golden-Delicious-Apfel, ein Hauch von Orangen, einladendes Bukett. Saftig, elegant, seidige Textur, feine salzige Nuancen, zitroniger Touch, balanciert und gut anhaftend, verfügt über Reifepotenzial.

(94) Rotgipfler Ried Student 2021
13,5 Vol.-%, DV, 500-l-Fass, €€€€€ B
Leuchtendes Goldgelb, Silberreflexe. Zarte gelbe Tropenfrucht, ein Hauch von Ringlotten, zart nach Orangenzesten, dezentes Bukett. Saftig, elegant, weißes Kernobst, feine Säurestruktur, mineralisch-salzig im Abgang, bleibt haften, ein balancierter Speisenbegleiter, gutes Reifepotenzial.

(91) Rotgipfler Gumpoldskirchen 2022
13 Vol.-%, DV, Stahltank, €€€ B
Mittleres Goldgelb, Silberreflexe. Feine Nuancen von weißem Kernobst, etwas Mango, feine Wiesenkräuter, zart nach Blütenhonig. Mittlerer Körper, reife Birnenfrucht, dezente Säurestruktur, salziger Touch im Abgang, bereits gut antrinkbar.

(92) Zierfandler Rotgipfler Gumpoldskirchen 2022 ZF/RG
12,5 Vol.-%, DV, Stahltank, €€€ B
Mittleres Goldgelb, Silberreflexe. Zart nach Ananas und Papaya, mit kandierten Mandarinenzesten und Blütenhonig unterlegt. Saftig, gelbe Tropenfrucht, frischer Säurebogen, gut integrierte Süße, mineralisch-zitronig im Abgang, bereits gut entwickelt.

90 Gemischter Satz querfeldein weiß 2023
11,5 Vol.-%, DV, Stahltank, €€ B
Helles Goldgelb, Silberreflexe. Zarte gelbe Tropenfrucht, ein Hauch von Blumen, Limetten und zartem Blütenhonig, einladendes Bukett. Straff, engmaschig, frische Birne, lebendig strukturiert, mineralisch-zitronig im Finale.

(94) Pinot Noir Ried Viereck 2021
13,5 Vol.-%, DV, 500-l-Fass, €€€€€ B
Kräftiges Karmingranat, zarte violette Reflexe, breitere Ockerrandaufhellung. Tabakig, kräuterwürzig unterlegte schwarze Beerenfrucht, ein Hauch von reifen Zwetschken im Hintergrund, kandierte Orangenzesten. Kraftvoll, reife Kirschen, dunkle Mineralik, reife Tannine, salzig im Abgang, zart nussiger Nachhall, gut entwickelt, ein stoffiger Speisenbegleiter.

(93) Pinot Noir Gumpoldskirchen 2020
13 Vol.-%, DV, Stahltank, €€€ B
Kräftiges Karmingranat, zarte violette Reflexe, breitere Ockerrandaufhellung. Feine Edelholzwürze, Nuancen von Kardamom, rote Kirschen, Zwetschken, ein Hauch von Nougat. Saftig, elegant, eingelegte Kirschen, zarte Süße, runde Tannine, salzige Mineralik, bleibt gut haften, ein facettenreicher, kraftvoller Begleiter bei Tisch.

(93) Sankt Laurent Gumpoldskirchen 2020
13 Vol.-%, DV, Stahltank, €€€ B
Dunkles Rubingranat, violette Reflexe, breitere Randaufhellung. Zart nach Minze und Zitronenmelisse, dunkle Waldbeeren, etwas Lakritze, verspieltes, facettenreiches Bukett. Saftig, mittlerer Körper, rote Kirschen, feine Tannine, stoffig und mineralisch, gut anhaftend, bereits entwickelt, vielfältig einsetzbar, mit weiterem Potenzial ausgestattet.

(93) Sankt Laurent Ried Glas 2020
13,5 Vol.-%, DV, 500-l-Fass, €€€€€ B
Dunkles Rubingranat, violette Reflexe, breitere Randaufhellung. Kräuterwürze, rauchige Nuancen, schwarze Beerenfrucht, zart nach Wacholder, mit kandierten Orangenzesten unterlegt. Saftig, rote Kirschen, präsente Tannine, gut integrierte Säurestruktur, zarte Holzwürze im Abgang, salzige Mineralik, straff, wird von weiterer Flaschenreife profitieren.

★★★

BURGUNDERMACHER WEINGUT JOHANN GISPERG

Die »Burgunderfamilie« – ein Wort, das sowohl das Weingut Johann Gisperg als auch die hier vorhandene Leidenschaft für Burgundersorten perfekt beschreibt. St. Laurent & Co, aber auch der davon abstammende Zweigelt spiegeln die Kalkschotterböden ihrer Heimat in der südöstlichen Thermenregion vollendet mit sortentypischem Charakter und strahlender Frucht wider. Schwarz-Weiß-Denken liegt der Familie Gisperg fern, weshalb man hier verschiedene Bewirtschaftungsweisen verbindet und niemals nach Rezept arbeitet. Nachhaltigkeit umfasst in ihrem Wortschatz nicht nur den ökologischen Aspekt, sondern das gesamte Weingut und die mit ihm verbundenen Menschen.

93 Pinot Gris Ried Gestein Reserve 2022
13,5 Vol.-%, DIAM, Barrique, €€€€€
Mittleres Goldgelb, Silberreflexe. Reife gelbe Tropenfrucht, zart nussig, Anklänge von Birne, mit Limettenzesten unterlegt. Komplex, straff, weißes Kernobst, feiner Säurebogen, mineralisch-zitroniger Nachhall, ein eleganter Speisenbegleiter mit gutem Entwicklungspotenzial.

93 Chardonnay Ried Gestein Reserve 2022
13,5 Vol.-%, DIAM, Barrique, €€€€€
Mittleres Strohgelb, Silberreflexe. Feine Holzwürze, zart nach Karamell und Vanille, mit reifer gelber Tropenfrucht unterlegt, zart nach Nougat und Mango, einladendes Bukett. Straff, elegant, feine weiße Frucht, lebendig strukturiert, mineralisch-zitronig, burgundische Stilistik.

92 Weißburgunder Ried Gestein Reserve 2022
13 Vol.-%, DIAM, Barrique, €€€€€
Helles Goldgelb. Feine Nuancen von Kräutern, Birne und Mango, ein Hauch von Walnuss, mit Limetten unterlegt. Komplex, saftig und frisch strukturiert, weißer Apfel, feines Säurespiel, elegant und gut anhaftend, mittlerer Körper, ein lebendiger Begleiter bei Tisch.

94 Pinot Noir Ried Holzspur Reserve 2021
13,5 Vol.-%, DIAM, Barrique, €€€€€
Mittleres Karmingranat, zarte violette Reflexe, breite Ockerrandaufhellung. Frische rote Waldbeeren, ein Hauch von Lakritze, zart nach Himbeeren, dezente Holzwürze, einladendes Bukett. Stoffig, zart nach reife rote Johannisbeeren, feine, reife Tannine, salzige Mineralität im Abgang, bleibt gut haften, wird von weiterer Flaschenreife noch profitieren.

94 St. Laurent Ried Holzspur Reserve 2021
13 Vol.-%, DIAM, Barrique, €€€€€
Dunkles Rubingranat, violette Reflexe, dezente Randaufhellung. Zart nach Karamell, schwarze Waldbeeren, etwas Vanille, frische Herzkirschen, feine tabakige Nuancen. Saftig, rotbeerige Nuancen, Noten von Brombeeren, feine Tannine, frsch strukturiert, mineralisch-salzig im Abgang, zitroniger Touch, gut anhaftend, ein lebendiger Stil, zeigt Länge und Entwicklungspotenzial.

93 Zweigelt Ried Holzspur Reserve 2021
14 Vol.-%, DIAM, Barrique, €€€€€
Kräftiges Rubingranat, violette Reflexe, dezente Ockerrandaufhellung. Feine Edelholznuancen, zart nach Lakritze, Cassis und Weichseln, etwas Vanille und Mandarinenzesten. Kraftvoll, saftig, elegant, dunkle Waldbeeren, reife, runde Tannine, etwas Nougat im Abgang, ein stoffiger Speisenbegleiter, salziger Nachhall, gutes weiteres Reifepotenzial.

BURGUNDERMACHER WEINGUT JOHANN GISPERG
2524 Teesdorf, Hauptstraße 14
T: +43 (2253) 81464
wein@weingut-gisperg.at
www.weingut-gisperg.at
Kellermeister/Kontakt:
Johann Gisperg
Produktion: 2 % Schaumwein, 34 % weiß, 2 % rosé, 62 % rot, 16.5 Hektar
Zertifiziert: Nachhaltig Austria
Vereinszugehörigkeit:
Die Burgundermacher
Messen: VieVinum, Vinobile Feldkirch, Vinobile Montfort, Weinmesse Innsbruck

★★★★

WEINGUT HARTL

BIO

Heinrich Hartl III und seine Frau Marie-Sophie bewirtschaften ein feines Familienweingut mit 16 Hektar Weingärten im Weinbaugebiet Thermenregion südlich von Wien. Ihre Ausbildung und Erfahrungen in der Weinbranche mündeten in eine Besinnung auf höchste Qualität. So ist es eine bewusste Entscheidung, eher klein zu bleiben und sich auf Einzellagen zu konzentrieren. Die Rebfläche wird nur dann erweitert, wenn sich historische Weingärten mit individueller Charakteristik anbieten.

In einem Klima, in dem kühle und warme Einflüsse aufeinandertreffen, erzeugen die talentierten Winzer sowohl Weiß- als auch Rotweine von großem Potenzial: Elegante Rotweine aus Pinot Noir und Sankt Laurent und altösterreichische weiße Sorten wie Rotgipfler, Zierfandler und Traminer wachsen seit Jahrhunderten in diesem Gebiet.

In Bescheidenheit und mit großem Respekt der Natur und ihrer Arbeit gegenüber steht für Marie und Heinrich an oberster Stelle, so nachhaltig wie möglich zu wirtschaften. Aus diesem Grund ist die Produktion seit 2022 biologisch-organisch zertifiziert. Lebendig, elegant und tiefgründig zeigen sich die Hartl-Weine, die auch dazu bestimmt sind, zu reifen. Mit einem modernen Zugang führen die beiden die lange Tradition der Region weiter und heißen Gäste aus aller Welt in ihrem Zuhause willkommen.

Heinrich Hartl ist seit 2022 Mitglied der »Traditionsweingüter Österreich« und auch Obmann des Regionalen Weinkomitees Thermenregion. Er hat es sich mit seinen Kollegen zum Ziel gesetzt, seine Heimatregion wieder an die Spitze der österreichischen Weinbaugebiete zu führen.

93 Zierfandler * Gumpoldskirchen 2023
12,5 Vol.-%, DV, großes Holzfass/Stahltank, €€€ B
Helles Goldgelb, Silberreflexe. Zart floral, ein Hauch von frischen Quitten, feine Melonenfrucht, Blütenhonig, einladendes Bukett. Saftig, feine Fruchtexotik, dezente Süße im Kern, finessenreich strukturiert, fruchtig, aber auch salzig im Abgang, ein eleganter, leichtfüßiger Begleiter bei Tisch, gutes Potenzial.

Marie-Sophie und Heinrich Hartl

WEINGUT HARTL
2522 Oberwaltersdorf
Trumauer Straße 24
T: +43 (2253) 6289
office@weingut-hartl.at
www.weingut-hartl.at
Kellermeister/Kontakt:
Heinrich Hartl
Anbauweise: Zertifiziert Biologisch (Bio Austria)
Produktion: 5 % Schaumwein, 42 % weiß, 2 % rosé, 50 % rot, 1 % süß, 14+2 Hektar
Zertifiziert: Nachhaltig Austria
Vereinszugehörigkeit:
Die Burgundermacher, Traditionsweingüter Österreich
Messen: Veltlinertag im Museumsquartier, VieVinum, Vinexpo

@anna stöcher

92 Rotgipfler * Gumpoldskirchen 2023
12,5 Vol.-%, DV, Stahltank/großes Holzfass, €€€ Ⓑ
Helles Goldgelb, Silberreflexe. Frische gelbe Birnenfrucht, zart nach Wiesenkräutern und Mango, mit frischen Zesten unterlegt. Mittlerer Körper, feine Nuancen von weißem Steinobst, etwas Melone, feiner Säurekörper, ein lebendiger Speisenbegleiter.

(93) Rotgipfler Gumpoldskirchen Ried Kreuzweingarten 1ÖTW 2022
13,5 Vol.-%, DV, 500-l-Fass/Stahltank, €€€€€ Ⓑ
Helles Goldgelb, Silberreflexe. Zart nach Blütenhonig, ein Hauch von Mango und Papaya, noch etwas scheu, frische Orangenzesten. Saftig, elegant, stoffige Textur, weißer Pfirsich, feiner Säurebogen, dunkle Mineralik im Abgang, bleibt gut haften, ein komplexer Speisenbegleiter.

92 Skinz 2022 RG/TR/GM
13,5 Vol.-%, NK,DV, Stahltank/großes Holzfass, €€€€€ Ⓑ
Zart getrübtes leuchtendes Orangegold. Frische gelbe Tropenfrucht, würzig unterlegt mit Bergamotte, ein Hauch von Muskat und Hibiskus, attraktives Bukett. Straff, engmaschig, trockene Textur, frischer Säurebogen, etwas Umami im Abgang, ein vielseitiger Speisenwein.

(92) Pinot Noir * Oberwaltersdorf 2023
12,5 Vol.-%, DV, Stahltank/Teilbarrique, €€€ Ⓑ
Kräftiges Karmingranat, violette Reflexe, dezente Ockerrandaufhellung. Zart nach eingelegten Kirschen, frische Kräuter, ein Hauch von Erdbeerkonfit, mit Orangenzesten unterlegt. Mittlerer Körper, süße Kirschen, zart nach Himbeeren, feine Tannine, mineralisch und balanciert, bereits gut antrinkbar.

95 Pinot Noir Oberwaltersdorf Ried Graf Weingartl 2021
13,5 Vol.-%, NK,DV, Barrique/gebrauchte Barriques, €€€€€ Ⓑ
Kräftiges Karmingranat, violette Reflexe, dezente Ockerrandaufhellung. Kandierte Veilchen, ein Hauch von Cassis, Himbeeren, schwarze Kirschen, zart nach Vanille, floraler Touch. Saftig, elegant, rote Kirschen, frischer Säurebogen, mineralisch-salzig im Abgang, rotbeeriger Nachhall, frisch und mineralisch, bereits antrinkbar, zeigt Länge und Reifepotenzial.

94 Pinot Noir Pfaffstätten Ried Landgraf 2021
13,5 Vol.-%, NK,DV, gebrauchte Barriques/Barrique, €€€€€ Ⓑ
Mittleres Karmingranat, violette Reflexe, breitere Ockerrandaufhellung. Zartes rotes Waldbeerenkonfit, ein Hauch von eingelegten Kirschen, etwas Lakritze, kandierte Mandarinenzesten, zartes Nougat. Saftig, elegant, süße Beerenfrucht, feine Tannine, mineralisch und gut anhaftend, kräuterwürzig, zart nach Cassis im Finale, ein ausgewogener Speisenbegleiter, gutes Potenzial.

Triebe des Rotgipflers

93 Pinot Noir Oberwaltersdorf Ried Kräutergarten 2021
13,5 Vol.-%, NK,DV, gebrauchte Barriques/Barrique, €€€€€ Ⓑ
Kräftiges Karmingranat, violette Reflexe, breitere Randaufhellung. Reife rote Früchte, florale Nuancen, ein Hauch von Preiselbeeren, Himbeermark und kandierten Mandarinenzesten. Saftig, gute Komplexität, rotbeerige Frucht, angenehme Süße, gut integrierte Tannine, bleibt haften, zartes Nougat im Nachhall, ein stoffiger Speisenbegleiter, vielfältig einsetzbar.

93 Sankt Laurent Oberwaltersdorf Ried Kräutergarten 2021
12,5 Vol.-%, NK,DV, Barrique/gebrauchte Barriques, €€€€€ Ⓑ
Kräftiges Rubingranat, violette Reflexe, breitere Ockerrandaufhellung. Reife Zwetschkenfrucht, Brombeerkonfit, mit kandierten Veilchen und Lakritze unterlegt, zart nach Kräutern und Nougat, einladendes Bukett. Am Gaumen saftige Herzkirschen, zarte Fruchtsüße, frisch strukturiert, mineralisch im Abgang, rotbeerig-zitroniger Touch, ein leichtfüßiger, finessenreicher Speisenbegleiter, bereits gut zu trinken.

* Thermenregion DAC

Josef Piriwe

WEINGUT PIRIWE
2514 Traiskirchen
Wiener Straße 34
T: +43 (2252) 55988
weingut@piriwe.at
www.piriwe.at

Kellermeister/Kontakt:
Josef Piriwe
Anbauweise: Umstellung auf bio
Produktion: 50.000 Flaschen
60 % weiß, 30 % rot, 10 % süß,
14 Hektar
Messen: VieVinum

★★★

WEINGUT PIRIWE

Die konsequente Weingartenarbeit erlaubt es »Pepi« Piriwe, ausdrucksstarke Weine zu keltern. Aus der Tradition der Thermenregion pflegt er eine Vielzahl von Rebsorten und bietet verschiedene, für den Weinliebhaber leicht nachvollziehbare Weinlinien an, die die jeweiligen Interpretationen erklären. Von »fruchtig & leicht« über »bewährt & klassisch« bis hin zu »elegant & rot« reicht das Angebot des Winzers. Diese große Auswahl an Weinen kann auch in der hauseigenen Vinothek jeden Freitag und Samstag eingekauft werden.
Seinen Schwerpunkt legt Piriwe auf Chardonnay, Rotgipfler und Zierfandler im Weißweinbereich und Pinot Noir sowie Cuvées beim Rotwein. Um die höchstmögliche Qualität beim Pinot Noir zu keltern, hat er mit seinem Fassbinder begonnen, Fässer aus Wienerwaldeiche zu verwenden. Seine individuelle Pinot-Noir-Interpretation nennt er »PI«. Dieser ausgezeichnete Pinot Noir wurde bis jetzt nur in wenigen Jahren angeboten. Seit den 1990er-Jahren ist Pepi Piriwe auch für seine hochklassigen Prädikatsweine aus Rotgipfler und Zierfandler bekannt, sie werden geschätzt und wurden schon vielfach ausgezeichnet. Der Betrieb ist in Umstellung auf Bio-Bewirtschaftung, weshalb man es jetzt schon wagt, Orange Wines und schwefelarme Weine, wie »ansa«, »zwara«, »dreia« und »viera«, zu vinifizieren.
Gemeinsam stecken Piriwe und seine Frau Jana fünf- bis sechsmal pro Jahr ihren Heurigen aus und bieten so Weinliebhabern die Möglichkeit, diese regionalen Spezialitäten zu verkosten.

91 Zierfandler * Gumpoldskirchen Ouvertüre 2023
13 Vol.-%, DV, Stahltank, €€€
Sehr helles Gelbgrün, Silberreflexe. Zart tabakig-kräuterwürzig unterlegte feine Birnenfrucht, ein Hauch von Blütenhonig. Mittlerer Körper, feine Fruchtsüße, gut integrierter Säurebogen, bleibt haften, mineralisch-zitroniger Touch im Abgang.

93 Zierfandler Sinfonie 2021
14 Vol.-%, NK, 500-l-Fass, €€€€€
Helles Gelbgrün, Silberreflexe. Zart floral unterlegte Nuancen von weißer Tropenfrucht, aber auch etwas Pfirsich und Birne, mineralischer Touch, ein Hauch von weißem Nougat. Saftig, stoffig, elegant, fruchtige Süße, balanciert, mineralisch und lange anhaftend, ein facettenreicher Speisenbegleiter mit Reifepotenzial.

89 Chardonnay * Gumpoldskirchen Ouvertüre 2023
13 Vol.-%, DV, Stahltank, €€€

93 Chardonnay Bründlbach Selektion 2021
14 Vol.-%, NK, 500-l-Fass, €€€€€
Helles Goldgelb, Silberreflexe. Zart nach Orangenzesten, feine Nuancen von gelber Tropenfrucht, ein Hauch von Mango, feiner Blütenhonig, einladendes Bukett. Saftig, elegant, cremige Textur, reife Tropenfrucht, feine Mineralik, dezente Süße im Abgang, zart nach Birne im Finish, ein ausgewogener Speisenwein.

92 Neuburger Ried Spielbrett 2022
13 Vol.-%, DV, großes Holzfass, €€€
Helles Gelbgrün, Silberreflexe. Zart nach gelber Tropenfrucht, ein Hauch von Mango und Papaya, mit etwas Blütenhonig unterlegt. Komplex, saftig, weißes Kernobst, dezenter Säurebogen, feine Fruchtsüße, Orangen im Nachhall, vielfältig einsetzbar.

92 Gemischter Satz ansa 2020
12,5 Vol.-%, NK, 500-l-Fass, €€€€€
Zart getrübtes Orangegelb. Mit Orangenzesten unterlegte reife Birnenfrucht, ein Hauch von Bergamotte, zartes Marillenkonfit, individuelles Fruchtbukett. Mittlerer Körper, weißes Kernobst, feiner Säurebogen, salzige Mineralik, ein trockener Speisenbegleiter.

★★★★★

WEINGUT FAMILIE REINISCH

BIO

Die Familie Reinisch betreibt in vierter Generation Weinbau und bewirtschaftet Weingärten in den wertvollsten Lagen rund um die traditionsreichen Weinbauorte Tattendorf und Gumpoldskirchen. Die besondere Qualität der Schwemmland-Braunerde-Böden liegt in ihrer großen Durchlässigkeit, die eine rasche Erwärmung gewährleistet und somit den Reifeprozess der Trauben eminent begünstigt. Der hohe Kalkanteil bringt eine ausgeprägte Mineralik in die Weine und macht die Rieden des Johanneshofs Reinisch besonders geeignet für die Kultivierung von Reben der Burgunderfamilie.
Pinot Noir, St. Laurent und Chardonnay bilden den Sortenschwerpunkt im Angebot des

WEINGUT FAMILIE REINISCH
2523 Tattendorf, Im Weingarten 1
T: +43 (2253) 81423
office@j-r.at
www.j-r.at

Kellermeister/Kontakt:
Familie Reinisch
Anbauweise: Zertifiziert Biologisch (Austria Bio Garantie)
Produktion: 220.000 Flaschen
37 % weiß, 60 % rot, 3 % süß,
40 Hektar
Vereinszugehörigkeit:
Traditionsweingüter Österreich
Messen: Millésime Bio, ProWein Düsseldorf, VieVinum, Vinexpo

Rotgipfler

Weinguts, das seit 2022 Mitglied der »Traditionsweingüter Österreich« ist. Auf geeignetem Terroir im nahen Ort Gumpoldskirchen werden außerdem Rotgipfler und Zierfandler kultiviert, deren Ausbau bei Bewahrung des schönen Sortencharakters ebenso prägnant erfolgt wie jener sämtlicher anderer Weine aus dem renommierten Betrieb. Den kleinklimatischen Bedingungen entsprechend sind etwa 60 Prozent der Weine Rotweine, 40 Prozent entfallen auf Weiß- und Süßweine. Die Maxime des Weinguts ist ganz entschieden die persönliche Zuwendung der Winzer zum Wein. Die Brüder Johannes, Christian und Michael Reinisch bewirtschaften die Weingärten unter Einsatz von Nützlingen und variantenreicher Begrünung nach biologischen Richtlinien.

92 ❸ Sekt Austria Reserve Brut Rosé 2020 PN/SL
12 Vol.-%, NK, Flaschengärung, €€€€ Ⓑ
Leuchtendes Kupferrot, Silberreflexe, feines Mousseux. Zarte Wiesenkräuter, weißer Pfirsich, eingelegte Kirschen, aber auch Ringlotten, einladendes Bukett. Saftig, frischer Apfel, frisch strukturiert, mineralisch im Abgang, ein Hauch von Zwetschken im Nachhall, bereits gut entwickelt.

92 Chardonnay * Gumpoldskirchen 2023
13 Vol.-%, DV, Stahltank/großes Holzfass, €€€
Helles Strohgelb, Silberreflexe. Floral unterlegte feine gelbe Apfelfrucht, zart nach Wiesenkräutern und Blütenhonig. Mittlere Komplexität, feine Nuancen von weißer Frucht, frisch strukturiert, balanciert und ausgewogen, bereits gut antrinkbar.

95 Chardonnay Gumpoldskirchen Ried Kästenbaum 2021
14 Vol.-%, NK, gebrauchte Barriques, €€€€€€ Ⓑ
Leuchtendes mittleres Goldgelb, Silberreflexe. Feine Kräuterwürze, ein Hauch von Edelholz, zart reduktive Feuersteinnoten, einladendes Bukett. Straff, engmaschig, elegant, versteht es, seine Muskeln zu verstecken, feine Fruchtsüße, finessenreiche Struktur, sehr gute Länge, gelungener burgundischer Stil, ein facettenreicher Speisenwein mit Reifepotenzial.

93 Chardonnay Tattendorf Ried Lores 2022
14 Vol.-%, NK, Barrique, €€€€€ Ⓑ
Helles Goldgelb, Silberreflexe. Zarte Nuancen von Vanille und Holzwürze, zart nussig unterlegte frische gelbe Tropenfrucht, attraktives Bukett. Komplex, saftig, weißes Steinobst, cremige Textur, feiner Säurebogen, etwas Karamell im Abgang, bereits sehr gut entwickelt und antrinkbar, verfügt über Reifepotenzial.

92 Rotgipfler * Gumpoldskirchen 2023
13 Vol.-%, DV, großes Holzfass/Stahltank, €€€
Helles Grüngelb, Silberreflexe. Zarte gelbe Tropenfrucht, etwas Birne und Mango, feiner Blütenhonig, ein Hauch von Orangenzesten. Mittlerer Körper, weißes Kernobst, feiner Säurebogen, dezente Fruchtsüße im Abgang, ausgewogen, bereits gut antrinkbar.

94 Rotgipfler Gumpoldskirchen Ried Satzing 1ÖTW 2022
14 Vol.-%, NK, großes Holzfass/Amphore, €€€€€ Ⓑ
Helles Grüngelb, Silberreflexe. Nuancen von gelbem Apfel, zart nach Quitten, dezente Kräuterwürze, mit Orangenzesten unterlegt. Straff, komplex, gelbe Tropenfrucht klingt an, finessenreicher Säurebogen, Grapefruitnoten im Abgang, salzig, gut anhaftend, mineralischer Nachhall, gutes Reifepotenzial.

92 Gumpoldskirchner Tradition * 2023 ZF/RG
13 Vol.-%, DV, Stahltank, €€
Helles Grüngelb, Silberreflexe. Feine weiße Tropenfrucht, ein Hauch von Blütenhonig, mit dezenter Kräuterwürze und Orangenzesten unterlegt. Saftig, fruchtig, feine Birnenfrucht, lebendig strukturiert, bleibt haften, ein stoffiger Begleiter bei Tisch.

90 First 2023 SB/CB
12 Vol.-%, DV, Stahltank, €€ Ⓑ
Helles Gelbgrün, Silberreflexe. Zart nach Grapefruitzesten, Stachelbeeren, weiße Tropenfrucht, intensives Bukett. Schlank, fruchtig und frisch strukturiert, feine Fruchtsüße im Abgang, ein leichtfüßiger, anregender Sommerwein.

94 Zierfandler Gumpoldskirchen Ried Spiegel 1ÖTW Monopol 2022
14 Vol.-%, NK, großes Holzfass/Amphore, €€€€€ Ⓑ
Helles Grüngelb, Silberreflexe. Zart nach frischen Wiesenkräutern, ein Hauch von Birne, etwas Papaya, Nuancen von Mandarinenzesten. Kraftvoll, zarter Grapefruittouch, feiner Säurebogen, salziger Abgang, ein Hauch von Walnuss, Limettentouch im Rückgeschmack, sicheres Reifepotenzial.

(96) Pinot Noir Ried Kästenbaum 2021
13,5 Vol.-%, NK, Barrique, €€€€€€ Ⓑ
Mittleres Karmingranat, Ockerreflexe, breite Randaufhellung. Feinwürzig, zart nach Nougat, rote Waldbeeren, frische Kirschen, floraler Touch, ein Hauch von Orangenzesten. Stoffig, rote Beerenfrucht, elegant, finessenreicher Säurebogen, gut integrierte reife Tannine, wirkt seidig und leichtfüßig, sehr gute Länge, bereits gut entwickelt, sicheres weiteres Entwicklungspotenzial.

(94) Pinot Noir Tattendorf Ried Holzspur 2022
13,5 Vol.-%, NK, Barrique, €€€€€€ B
Kräftiges Karmingranat, Ockerreflexe, breitere Randaufhellung. Attraktive Herzkirschfrucht, zart nach Brombeerkonfit, ein Hauch von kandierten Mandarinenzesten, mit dezenter Holzwürze unterlegt, einladendes Bukett. Seidig und fein, wirkt frisch und leichtfüßig, dezente Fruchtsüße, reife Tannine, salziger Nachhall, gut anhaftend, facettenreicher Begleiter bei Tisch.

93 Pinot Noir Gumpoldskirchen Alte Reben 2022
13,5 Vol.-%, NK, großes Holzfass/gebrauchte Barriques, €€€€€ B
Kräftiges Karmingranat, Ockerreflexe, breitere Randaufhellung. Frische schwarze Beeren, zart nach Cassis, Nuancen von Kräutern, mit einem Hauch von Himbeermark unterlegt, mit Luft florale Noten. Saftig, elegant, rote Kirschen, feiner Säurebogen, ein Hauch von Fruchtsüße im Abgang, ausgewogen und gut entwickelt, ein vielseitiger Speisenwein.

91 Pinot Noir Tattendorf 2022
12,5 Vol.-%, DV, großes Holzfass, €€€ B
Mittleres Karmingranat, Ockerreflexe, breitere Randaufhellung. Zart tabakig unterlegte feine rote Beerenfrucht, ein Hauch von Kirschen, floraler Touch. Rotbeerig und schlank, frisch strukturiert, zarter, delikater Stil, mineralischer Abgang, bereits gut entwickelt.

(94) St. Laurent Tattendorf Ried Holzspur 2022
13,5 Vol.-%, NK, Barrique, €€€€€€ B
Kräftiges Rubingranat, violette Reflexe, dezente Randaufhellung. Zarte Edelholzwürze, rote Waldbeeren, frische Kirschen, tabakige Nuancen, mineralischer Touch. Saftig, ausgewogen und mit finessenreicher Säurestruktur ausgestattet, reife rote Früchte, salzige Nuancen, bereits sehr gut entwickelt und antrinkbar, zeigt Länge und Reifepotenzial.

93 St. Laurent Tattendorf Ried Frauenfeld 2022
13 Vol.-%, NK, Barrique, €€€€€ B
Dunkles Rubingranat, opaker Kern, violette Reflexe, zarte Ockerrandaufhellung. Frische Herzkirschen, ein Hauch von Kräuterwürze, kandierte Orangenzesten, einladendes Bukett. Saftig, elegant, feine Süße, reife Tannine, Herzkirschen auch im Abgang, mineralisch-salziger Rückgeschmack, ein facettenreicher Begleiter bei Tisch.

93 Zweigelt Tattendorf Ried Frauenfeld 2022
13,5 Vol.-%, NK, Barrique, €€€€ B
Dunkles Rubingranat, opaker Kern, violette Reflexe, zarte Ockerrandaufhellung. Zarte Holzwürze, etwas Nougat, schwarze Waldbeerenfrucht, reife Kirschen, einladendes Bukett. Saftig, fruchtige Süße, seidige Tannine, gute Frische, bleibt haften, ein eleganter Speisenbegleiter, sicheres Entwicklungspotenzial.

Rieden bei Gumpoldskirchen

90 Zweigelt 2022
12,5 Vol.-%, DV, großes Holzfass, €€ B
Kräftiges Rubingranat, violette Reflexe, dezente Randaufhellung. Zart rauchig-kräuterwürzig unterlegte Brombeerfrucht, zart nach Hagebutten und Zwetschken. Schlank, feine Beerenfrucht, frisch und lebendig, seidig-mineralischer Stil, wirkt leichtfüßig, vielfältig einsetzbar.

92 St. Laurent Tattendorf 2022
13 Vol.-%, DV, großes Holzfass, €€€ B
Kräftiges Karmingranat, Ockerreflexe, breitere Randaufhellung. Schwarze Kirschen, etwas Waldbeeren, ein Hauch von Johannisbeeren, mit feine Kräuterwürze unterlegt. Saftig, mittlere Komplexität, feine Fruchtsüße, gute Frische, reife Tannine, salzig im Nachhall, gute Länge, vielfältig einsetzbar.

90 Alter Rebstock 2022 SL/ZW/BF
13 Vol.-%, DV, großes Holzfass, €€ B
Kräftiges Rubingranat, violette Reflexe, dezente Ockerrandaufhellung. Zarte Kräuterwürze, Waldbeeren und Zwetschken, ein Hauch von Orangenzesten. Mittlerer Körper, rotbeerige Fruchtnuancen, feiner Säurebogen, mineralisch-zitronig im Abgang, bietet unkompliziertes Trinkvergnügen.

★★★

WEINGUT SCHNEIDER

BIO

Das Bioweingut Schneider konzentriert sich insbesondere auf die Sorten der Burgunderfamilie: den internationalen Pinot Noir und den autochthonen St. Laurent. Diese Spezialisierung ist in erster Linie auf die hervorragenden Anbaubedingungen, die sich aus dem perfekten Zusammenspiel von kontinentalem Klima und Kalkschotterböden ergeben, aber auch auf die Erfahrung und Leidenschaft der einzelnen Winzer zurückzuführen. Dass die Burgunderweine bereits internationales Format haben, beweisen Spitzenplätze bei renommierten Verkostungen. So holte sich Georg Schneider mit dem Pinot Noir Reserve 2009 den Sortensieg bei der Falstaff-Rotweinprämierung 2011.

Gepflegte Gastlichkeit und vorbildliche Gastfreundschaft stehen im Restaurant »Rebhof Schneider« im Vordergrund. Unmittelbar neben dem Weingut, das seit 2022 Mitglied der »Traditionsweingüter Österreich« ist, bietet es regionale Küche. Bei kulinarischen Köstlichkeiten kann man es sich einfach bei einem guten Glas Wein gemütlich machen. Ziel der Familie Schneider ist es, dass sich ihre Gäste wohlfühlen.

WEINGUT SCHNEIDER
2523 Tattendorf, Badner Straße 3
T: +43 (664) 73046101
office@weingut-schneider.co.at
www.weingut-schneider.co.at

Kellermeister/Kontakt:
Georg Schneider
Anbauweise: Zertifiziert Biologisch (Austria Bio Garantie)
Produktion: 5 % Schaumwein, 35 % weiß, 57 % rot, 3 % süß, 16 Hektar
Vereinszugehörigkeit:
Die Burgundermacher, Traditionsweingüter Österreich
Messen: Millésime Bio, VieVinum, Vinobile Feldkirch, Vinobile Montfort, DAC-Präsentationen

92 Rotgipfler * 2023

13 Vol.-%, DV, Stahltank, €€ B V

Helles Strohgelb, Silberreflexe. Etwas verhalten, zart nussig unterlegte weiße Birnenfrucht, ein Hauch von Mandarinenzesten. Mittlerer Körper, weißes Kernobst, feine Säurestruktur, salzig-zitronig im Nachhall, ein anregender Speisenbegleiter.

93 Rotgipfler Pfaffstätten Ried Tagelsteiner 1ÖTW 2022

13,5 Vol.-%, DV, Holzfass, €€€€ B V

Mittleres Gelbgrün, Silberreflexe. Attraktive gelbe Tropenfrucht, zart nach Ananas und Papaya, mit frischen Orangenzesten unterlegt, ein Hauch von Kräuterwürze. Saftig, elegant, gut eingebundene Holznuancen, frisch strukturiert, weißer Apfel, zart nussig im Abgang, zeigt Länge und Potenzial.

91 Weißburgunder * 2023

13,5 Vol.-%, DV, großes Holzfass, €€ B V

Helles Goldgelb, Silberreflexe. Zart nach Zitronenmelisse, etwas Minze, weiße Tropenfrucht, mit Limettenzesten unterlegt, facettenreiches Bukett. Saftig, weiße Apfelfrucht, rassiger Säurebogen, mineralischer Touch, ein finessenreicher Sortenvertreter.

92 Pinot Noir 2022

13 Vol.-%, DV, gebrauchte Barriques, €€ B V

Mittleres Karmingranat, zarte violette Reflexe, breite Ockerrandaufhellung. Zarte Kräuterwürze, rote Waldbeeren, ein Hauch von Limettenzesten, mineralischer Touch. Mittlere Komplexität, eingelegte Kirschen, feine Tannine, süßer Fruchtnachhall, bereits gut entwickelt und antrinkbar.

92 St. Laurent 2022

12,5 Vol.-%, DV, gebrauchte Barriques, €€ B V

Dunkles Rubingranat, violette Reflexe, dezente Randaufhellung. Intensiv nach Himbeermark, etwas Johannisbeeren, Limettenzesten, floraler Touch. Saftig, gute Komplexität, rote Kirschen, etwas Ribiseln, reife Tannine, mineralisch-salzig im Abgang, beerig-schokoladiger Nachhall, zeigt Länge und Reifepotenzial.

92 Cuvée Noir Reserve 2022 CS/ME/SL
13,5 Vol.-%, DV, gebrauchte Barriques, €€€ B V
Dunkles Rubingranat, violette Reflexe, zarte Randaufhellung. Nuancen von dunklen Waldbeeren, etwas Cassis und Zwetschken, feines Nougat, kandierte Orangenzesten. Saftig, kraftvoll, dezente Fruchtsüße, gut integrierte Tannine, mineralisch, zeigt Frische und Länge, bereits zugänglich.

91 Zweigelt 2022
12,5 Vol.-%, DV, großes Holzfass, €€ B V
Dunkles Rubingranat, violette Reflexe, dezente Randaufhellung. Frische rote Herzkirschen, Nuancen von reifen Zwetschken, dezente Kräuterwürze, mit Orangenzesten unterlegt. Saftig, mittlere Komplexität, rotes Waldbeerenkonfit, mineralisch-salzig im Abgang, ein lebendiger Speisenbegleiter.

★★★★

WEINGUT STADLMANN

BIO

Bereits 1780 stand das Haus Stadlmann im Zeichen des Weinbaus. Über acht Generationen hinweg wurde das Weinwissen sukzessive vermehrt und weitergegeben. Kaum jemand hat sich derart intensiv mit den einzigartigen Gegebenheiten und den ursprünglichen Rebsorten der Thermenregion auseinandergesetzt wie Bernhard Stadlmann. Er hat seine profunde akademische Ausbildung durch zahlreiche Arbeiten im Ausland vertieft und geht heute mit viel Erfahrung und einem besonderen Feingefühl für die wertvollsten Lagen in der Region vor.
An den Hängen des Anningers pflegt Stadlmann souverän überwiegend alte Rebstöcke, tief verwurzelt im Muschelkalk. Im Keller nimmt er sich bewusst zurück und lässt dem Wein ausreichend Zeit, um zu reifen. So werden mit präzisem handwerklichem Geschick kontinuierlich authentische Weine vinifiziert, die über ein enormes Lagerpotenzial verfügen. Die Komplexität und Dichte der Zierfandler und Rotgipfler aus dem Hause Stadlmann sind unvergleichlich. Der Betrieb hat sich schon immer diesen regionaltypischen Rebsorten in all ihren Spielarten verschrieben, aber auch Weißburgunder, Riesling sowie Pinot Noir reifen in großen Holzfässern der Perfektion entgegen. Stadlmann wurde 1994 zum »Falstaff Winzer des Jahres« gekürt und ist seit 2022 Mitglied der »Traditionsweingüter Österreich«.

WEINGUT STADLMANN
2514 Traiskirchen
Wiener Straße 41
T: +43 (2252) 52343
kontakt@stadlmann-wein.at
www.stadlmann-wein.at

Kellermeister/Kontakt:
Bernhard Stadlmann
Anbauweise: Zertifiziert Biologisch
Produktion: 90 % weiß, 10 % rot,
20 Hektar
Zertifiziert: Nachhaltig Austria
Vereinszugehörigkeit:
Thermenwinzer,
Traditionsweingüter Österreich
Messen: ProWein Düsseldorf,
VieVinum

Ried Mandel-Höh

(92) Zierfandler * Gumpoldskirchen 2023
13 Vol.-%, DV, großes Holzfass, €€€ B
Helles Grüngelb, Silberreflexe. Feine gelbe Tropenfrucht, zart nach Mandarinenzesten, etwas Mango und Blütenhonig, mit Limetten unterlegt. Mittlerer Körper, wirkt leichtfüßig, feiner Säurebogen, zarte Mineralik, bereits antrinkbar, ein finessenreicher Speisenwein.

95 Zierfandler Ried Mandel-Höh 1ÖTW 2022
13,5 Vol.-%, NK, großes Holzfass, €€€€€€ B
Mittleres Gelbgrün, Silberreflexe. Zart floral, Limettenzesten, Nuancen von weißem Steinobst, mineralisch und einladend. Saftig, elegant, gute Komplexität und Dichte, dabei fein gewoben, seidige Textur, gut integrierte Säurestruktur, zarte Extraktsüße im Abgang, ein finessenreicher Speisenbegleiter, zeigt Länge und Reifepotenzial.

93 Zierfandler Ried Igeln 1ÖTW 2022
14 Vol.-%, NK, großes Holzfass, €€€€€ B
Helles Goldgelb, Silberreflexe. Zart nach Biskuit, feine gelbe Tropenfrucht, etwas Mango, mineralisch, rauchige Kräuterwürze. Saftig, elegant, feine Fruchtsüße, balanciertes Säurespiel, zarter Blütenhonig, salzig und anhaftend, zeigt gute Länge, verfügt über Reifepotenzial.

(92) Rotgipfler * Gumpoldskirchen 2023
13 Vol.-%, DV, großes Holzfass, €€€ B
Helles Grüngelb, Silberreflexe. Zarte Wiesenkräuter, Limettenzesten, weiße Apfelfrucht, mineralischer Touch. Mittlerer Körper, weißer Pfirsich, zart nach Melone, feiner Säurebogen, balanciert, gut anhaftend, ein feinstoffiger Speisenbegleiter.

94 Rotgipfler Ried Tagelsteiner 1ÖTW 2022
13,5 Vol.-%, NK, großes Holzfass, €€€€€ B
Mittleres Grüngelb, Silberreflexe. Zarte gelbe Tropenfrucht, ein Hauch von Rhabarber, feiner Blütenhonig, mit kandierten Mandarinenzesten unterlegt. Saftig, komplex, engmaschig, feine Fruchtsüße, finessenreicher Säurebogen, leichtfüßig und auf der Zunge tänzelnd, ein delikater Speisenwein, sicheres Potenzial.

(94) Weißer Burgunder Ried Höfen 1ÖTW 2022
13,5 Vol.-%, NK, großes Holzfass, €€€€€ B
Helles Grüngelb, Silberreflexe. Zarte zitronige Nuancen, frische Birnenfrucht, mineralisch, floraler Touch. Saftig, feines weißes Kernobst, finessenreich strukturiert, mineralisch und gut anhaftend, wirkt ungemein leichtfüßig und trinkanimierend.

★★

WEINGUT HARALD ZIERER

Das Weingut Zierer hat in Gumpoldskirchen tiefe historische Wurzeln und wurde erstmals im Jahre 1790 erwähnt. Harald Zierer, Absolvent der HBLA Klosterneuburg, ist seit 1990 für die Vinifikation verantwortlich, wobei das Weingut nach wie vor noch von der gesamten Familie bewirtschaftet wird.
Es werden drei Arten des Weinausbaus verfolgt: die klassische Linie »Klassik«, bei der die Weine im Stahltank ausgebaut werden, die Linie »Tradition«, wofür die Weine im großen Holzfass reifen, und die »Reserve«-Linie, für die der Ausbau in kleinen französischen Holzfässern erfolgt. Außerdem ist Harald Zierer für seine Süßweine bekannt, die entweder klassisch oder im Barrique ausgebaut werden. Auf dem Weingut wird traditionellerweise hohes Augenmerk auf die typischen autochthonen Gumpoldskirchner Sorten Zierfandler und Rotgipfler gelegt, die sowohl reinsortig wie auch als Cuvée angeboten werden. Neben diesen beiden Hauptsorten bleibt allerdings genug Platz für andere Weißweinsorten wie Riesling, Chardonnay, Welschriesling und Weißburgunder. Seit einigen Jahren wird auch erfolgreich die Rotweinproduktion erweitert. Neben dem österreichischen Klassiker Zweigelt bietet das Weingut auch Syrah, Merlot und Pinot Noir.
Um dem Anspruch perfekter Weinqualität gerecht zu werden, wurde neben dem Weingut in Gumpoldskirchen Ende des Jahres 2009 mit einem Zubau der Kellerei begonnen (Presshaus, Flaschenlager, Fasskeller sowie ein moderner Weinverkostungsraum), der kurz vor der Ernte 2010 fertiggestellt wurde. Da in den letzten Jahren die direkte Vermarktung immer wichtiger und zeitaufwendiger wurde, hat sich die Familie Zierer dazu entschlossen, einen Heurigenbetrieb in der Kurstadt Baden zu betreiben. Hier werden natürlich sämtliche Weine des Weinguts glasweise angeboten, des Weiteren gibt es warme und kalte Spezialitäten vom Buffet.

WEINGUT HARALD ZIERER

2352 Gumpoldskirchen
Badener Straße 36
T: +43 (2252) 607302
zierer@weingut-zierer.at
www.weingut-zierer.at

Kellermeister/Kontakt:
Harald Zierer
Produktion: 50.000 Flaschen
80 % weiß, 10 % rot, 10 % süß,
13 Hektar
Messen: VieVinum

Gumpoldskirchen

(91) Zierfandler * Gumpoldskirchen 2023
13 Vol.-%, DV, Stahltank, €€ V
Mittleres Goldgelb, Silberreflexe. Zarte Kräuterwürze, etwas Anis, gelbe Birnenfrucht, Orangenzesten im Hintergrund. Saftig, elegant, gelber Pfirsich, fruchtige Süße, mineralisch und gut anhaftend, ein ausgewogener Speisenwein.

92 Zierfandler Gumpoldskirchen Ried Rasslerin 2022
13,5 Vol.-%, VL, Holzfass, €€€ V
Mittleres Grüngelb, Silberreflexe. Intensive Kräuterwürze, rauchige Noten, weißer Apfel, ein Hauch von Limetten, floraler Touch. Kräftig, weiße Tropenfrucht, frischer Säurebogen, mineralisch-salzig im Abgang, dezenter Blütenhonig im Rückgeschmack.

90 Rotgipfler * Gumpoldskirchen 2023
12,5 Vol.-%, DV, Stahltank, €€ V
Helles Goldgelb, Silberreflexe. Zart nach gelbem Pfirsich, etwas Ananas, ein Hauch von kandierten Orangenzesten, einladendes Bukett. Mittlere Komplexität, gelber Pfirsich, mineralisch, zart nach Blütenhonig, bereits entwickelt.

92 Rotgipfler Gumpoldskirchen Ried Grimling 2022
13 Vol.-%, DV, Holzfass, €€€ V
Helles Goldgelb, Silberreflexe. Zart floral unterlegte Nuancen von gelber Tropenfrucht, dezente Kräuterwürze, etwas Heublumen. Saftig, Nuancen von gelbem Kernobst, dezente Säurestruktur, elegant und ausgewogen, salziger Nachhall, bereits gut antrinkbar.

89 Chardonnay * Gumpoldskirchen Ried Asslatz 2023
12 Vol.-%, DV, Holzfass, €€ V

88 Riesling Gumpoldskirchen Ried Gartensätz 2022
12,5 Vol.-%, DV, Stahltank, €€ V

* Thermenregion DAC

Wagram ob der Traisen

NIEDERÖSTERREICH

TRAISENTAL

DAC

Schloss Sitzenberg vor dem Ahrenberg

WEINE MIT RÜCKGRAT UND FINESSE

Das jüngste Weinbaugebiet Österreichs – es besteht in dieser Form erst seit 1995 – ist mit 848 Hektar Rebfläche auch eines der kleinsten des Landes, aber in einer Beziehung ganz groß: Hier führt der Grüne Veltliner das Regiment. Fixpunkte in den kleinen Weinorten sind bodenständige Buschenschanken, Ausflüge in die Geschichte gewähren Traismauer oder Herzogenburg.

Seit dem Jahrgang 2006 kommen typische fruchtige und würzige Grüne Veltliner sowie kernig-mineralische Rieslinge unter der Bezeichnung »Traisental DAC« auf den Markt, die der Gliederung der Kremstal-DAC-Weine entspricht. In keinem anderen österreichischen Weinbaugebiet hat der Grüne Veltliner einen derart dominanten Flächenanteil: Mit 63 Prozent belegt das Traisental unangefochten Platz eins. Doch auch der Riesling gilt als Spezialität des Traisentals. Die Reben stehen überwiegend auf – oft winzigen – Terrassen mit trockenen, schottrigen, sehr kalkreichen Böden. Sie verleihen den Weinen ein sehr eigenständiges Profil mit kräftigem Körper und festem Rückgrat. Die Mineralik ist auch Geschmacksträger, stützt die Säurestruktur und fördert somit die Langlebigkeit der Weine. Besondere Klimafaktoren – pannonische Einflüsse und gleichzeitig Kaltluft aus dem Alpenvorland bringen warme Tage und kühle Nächte – sorgen für eine sehr feine Aromatik und würzige Finesse. Die nahe Donau kann auch hier ihre temperaturausgleichende Rolle voll ausspielen.

Das Traisental ist aber auch ein attraktives Ausflugsziel für Weinliebhaber, Wanderer, Radfahrer und Kulturinteressierte. Uralte Weintradition – noch weit vor der Weinkultur der Römer in der Region da-

tiert – bestätigen Funde von Traubenkernen aus der frühen Bronzezeit. Ein modernes Kulturprogramm in großer Vielfalt bietet die nahe gelegene niederösterreichische Landeshauptstadt St. Pölten.
Von diesem südlichsten Punkt des Weinbaugebiets eröffnen sich viele Wege nach Westen und Osten: von Statzendorf, Unter- und Oberwölbling über Nussdorf, Reichersdorf, Getzersdorf bis nach Inzersdorf und Herzogenburg mit seinem herrlichen Stift. Verbindendes Element ist die Weinkultur, die von den Winzerfamilien in den zahlreichen Buschenschankbetrieben auf sympathische und genussvolle Weise vermittelt wird. Man ist sich der Bedeutung von Grünem Veltliner und Riesling als Botschafter der Region sehr bewusst. Sie leisten einen wesentlichen Beitrag, den unverwechselbaren Weinstil noch bekannter zu machen – persönliche Nuancen bringen die dazu servierten bodenständigen kulinarischen Köstlichkeiten. Man sollte aber nicht verabsäumen, auch andere Sortenspezialitäten in Weiß und Rot zu verkosten.

TRAISENTAL DAC

Österreich gesamt	**44.728 ha**
Weinbaugebiet Niederösterreich	**27.074 ha**
Traisental DAC	**848 ha**

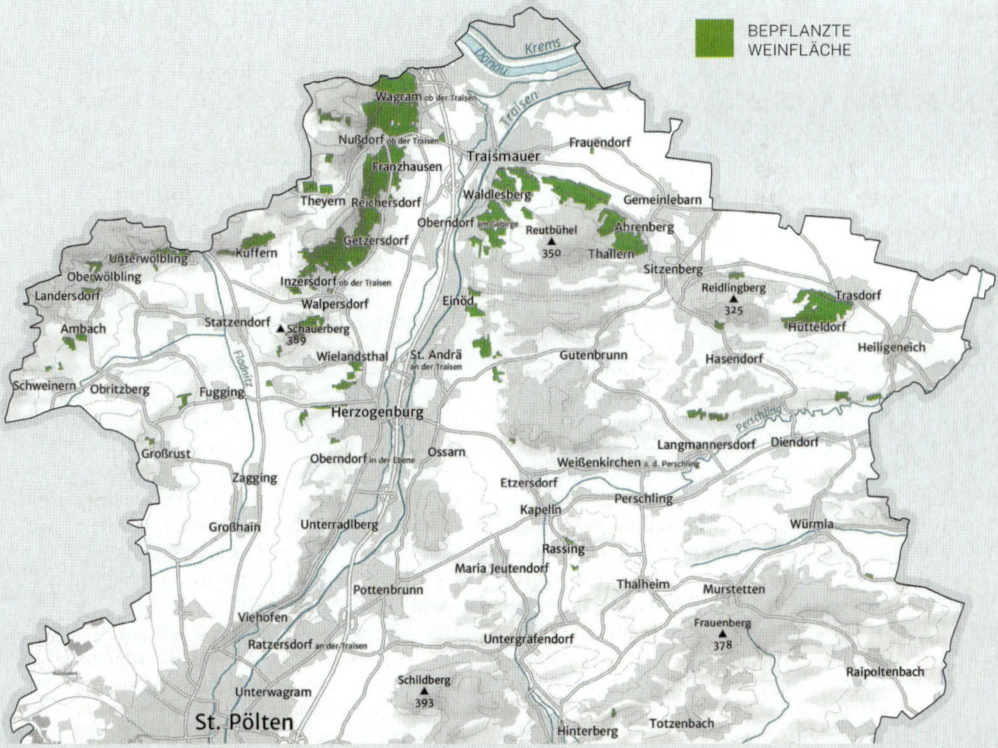

AUSGEWÄHLTE WEINGÜTER

★★★★

Weingut Markus Huber, Reichersdorf
Weingut Ludwig Neumayer, Inzersdorf ob der Traisen

★★★

Weingut Karl Brindlmayer, Traismauer-Wagram
Weingut Tom Dockner, Theyern
Weingut Leopold Figl, Wagram ob der Traisen
Weingut Herwald Hauleitner, Wagram ob der Traisen
Weingut Rudolf Hofmann, Traismauer

★★★

Weinkultur Preiß, Theyern

★★

Weingut Brachmann, Traismauer-Wagram
Weingut Andreas Holzer, Nussdorf
Nolz Wein, Hilpersdorf
Weingut Thomas Ott, Reichersdorf

★

Bioweingut Viktor Fischer, Wagram ob der Traisen

★★

WEINGUT BRACHMANN

Im kleinen Weinort Wagram ob der Traisen leitet Kathrin Brachmann seit 2017 die Geschicke des Weinguts. Nach Abschluss ihrer Ausbildung hat sie die Herausforderung angenommen, den elterlichen Betrieb umzustrukturieren und Weine nach ihren Vorstellungen zu produzieren. Dabei steht der Charakter der Rebsorten im Vordergrund. Dieser soll die Typizität des Traisentals widerspiegeln. Geradlinig, fruchtbetont, elegant – so beschreibt Winzerin Kathrin die Handschrift, die ihre Weine ausmacht. Im Anbau beschränkt sie sich auf fünf Rebsorten (Grüner Veltliner, Riesling, Gelber Muskateller, Zweigelt, St. Laurent), die sich auf den vorherrschenden tiefgründigen Löss- und Konglomeratböden besonders wohlfühlen. Das Weinsortiment ist bewusst kompakt gehalten. Im neu gestalteten Verkostungsambiente kann man gemütlich auf dem Weingut verweilen, plaudern, fachsimpeln und mehr über die zahlreich prämierten Weine erfahren. Große Aufmerksamkeit erlangte die junge Winzerin jeweils mit dem Sieg beim »Falstaff Traisental DAC Cup« 2022 und 2023: Ihr Riesling Ried Rosengarten hatte sich in beiden Jahren an die Spitze gesetzt.

(94) Grüner Veltliner ** Ried Sonnleithen 2022
14 Vol.-%, DV, Stahltank, €€€
Mittleres Grüngelb, Silberreflexe. Feine Nuancen von Orangenzesten, Noten von reifem gelbem Kernobst, zart nach Wiesenkräutern, mit einem Hauch von Blütenhonig unterlegt. Komplex, saftig, straffe Textur, frischer Säurebogen, weißer Apfel, saliner Nachhall, zeigt gute Länge, sicheres Reifepotenzial.

92 Grüner Veltliner * Ried Rosengarten 2023
12,5 Vol.-%, DV, Stahltank, €€
Helles Gelbgrün, Silberreflexe. Zart nach Orangen, frisches Kernobst, florale Nuancen, ein Hauch von Blütenhonig, tabakige Würze. Saftig, weißer Apfel, feine Säurestruktur, mineralisch-salzig im Abgang, feinfruchtiges Finale, Limetten im Rückgeschmack, ein facettenreicher Speisenbegleiter.

93 Grüner Veltliner Alte Reben 2022
13,5 Vol.-%, DV, Stahltank, €€
Helles Grüngelb, Silberreflexe. Frische Wiesenkräuter, zart nach gelbem Apfel, ein Hauch von Mango, tabakige Würze. Saftig, elegant, frische Honigmelone, ausgewogen, von feiner Säure getragen, dezente Süße im Abgang, sehr gute Länge, mineralisch-salzig im Finish, gutes Reifepotenzial.

92 Riesling * Ried Rosengarten 2023
13 Vol.-%, DV, Stahltank, €€
Helles Gelbgrün, Silberreflexe. Frische Limetten, ein Hauch von weißer Tropenfrucht, zart nach Litschis und Pfirsich, einladendes Bukett. Komplex, saftig, feine Steinobstnuancen, frisch strukturiert, ausgewogen, etwas Blütenhonig im Abgang, bereits gut entwickelt.

WEINGUT BRACHMANN

3133 Traismauer-Wagram
Geymüllergasse 4
T: +43 (664) 73708904
office@weingutbrachmann.at
www.weingutbrachmann.at

Kellermeister/Kontakt:
Kathrin Brachmann
Produktion: 86 % weiß, 14 % rot, 6 Hektar
Vereinszugehörigkeit:
Verein Traisentaler Wein

Wetterkreuzkirche

94 Riesling Novemberlese Ried Rosengarten 2022
13,5 Vol.-%, DV, Stahltank, €€€€
Mittleres Gelbgrün, Silberreflexe. Frische Aromatik von gelber Tropenfrucht, zart nach Papaya und Mango, Nuancen von Safran, ein Hauch von reifen Marillen. Komplex, saftig, feine Dörrobstnuancen von einer Spur von Botrytis, frischer Säurebogen, mineralisch, gut anhaftend, ein lebendiger Speisenbegleiter, sicheres Zukunftspotenzial.

92 Gelber Muskateller Ried Sonnleithen 2023
12,5 Vol.-%, DV, Stahltank, €€
Helles Gelbgrün, Silberreflexe. Floral, zart nach Limettenzesten und Holunderblüten, einladendes Bukett. Saftig, weißer Apfel, Muskatnuss, kerniger, frischer Stil, bleibt gut haften, mineralisch-zitronig im Abgang, macht Lust auf ein zweites Glas.

★★★

WEINGUT KARL BRINDLMAYER

In bereits sechster Generation zeichnet Karl Brindlmayer für das Familienweingut verantwortlich und macht seine Begeisterung einem breiten Publikum zugänglich. Im Jahr 1557 wurde der Hof erstmals urkundlich erwähnt, seit 1833 ist die Familie dort ansässig. Der neue Auftritt byKarl.at steht schlicht für Brindlmayer Karl Austria. Ausgedrückt wird damit nicht nur die facettenreiche Linie des Betriebs, sondern auch Weltoffenheit und Nachhaltigkeit als Lebensidee. Auf dem Gut verknüpft man die Vinifizierung im traditionellen Weinkeller mit modernem Ambiente, das auch bei Kulturevents ein Lebensgefühl mit Ausblick vermittelt. Die Terrassenweingärten stehen auf kalkhaltigen Böden, mitunter prägen auch Konglomeratgestein, während auf der Ostseite der Traisen ein frisch-kühler Weincharakter vom lehmig-sandigen Untergrund transportiert wird. Angetrieben ist der Winzer vom erklärten Ziel, Jahr für Jahr unverkennbare und zugleich zugängliche Weine mit Herkunftscharakter zu kreieren, deren Charme und tief verwurzelte Identität für sich sprechen. Nicht zuletzt will er den traditionsreichen Weinort Traismauer aus dem Dornröschenschlaf wach küssen. Die neue Ortsweinlinie bietet Weingenuss mit klassisch-präziser Traisentaler Stilistik, die nicht zuletzt durch die besondere Donau-Nähe strahlt. Der Winzer beweist seit Langem eindrucksvoll, dass Exzellenz auch abseits vorgegebener Wege erreicht werden kann. So soll die Traditionsmarke »Brigos« gemäß der altkeltischen Wortbedeutung Mächtigkeit verkörpern, dabei aber nicht vorlaut sein. Vielmehr entfaltet das Flaggschiff

Grüner Veltliner

WEINGUT KARL BRINDLMAYER

3133 Traismauer-Wagram
Wachaustraße 23
T: +43 (2783) 598
wein@brindlmayer.at
www.bykarl.at

Kellermeister/Kontakt: Karl Brindlmayer
Produktion: 1 % Schaumwein, 84 % weiß, 7 % rosé, 7 % rot, 1 % süß, 13 Hektar
Zertifiziert: Nachhaltig Austria
Vereinszugehörigkeit: Regio Tragisana, Verein Traisentaler Wein
Messen: VieVinum

des Hauses seine Präsenz mit eleganter Subtilität. Ebenso auf die Fahne schreibt man sich die historische Bedeutung der zukunftsträchtigen Einzellagen »Sonnleithen« links der Traisen sowie »Brunnberg« zur Rechten. Mit Freude am Weingenuss ein örtlicher Botschafter eigenständiger Weine mit klar spürbarer Identität zu sein, das ist bei Karl Brindlmayer die Maxime.

93 Grüner Veltliner * Ried Brunnberg 2022
13 Vol.-%, NK,DV, Teilbarrique/Stahltank, €€€€€ V
Helles Goldgelb, Silberreflexe. Feine Tropenfrucht, gelbes Kernobst, zart nach Blütenhonig, mit dezenter Kräuterwürze unterlegt. Mittlerer Körper, weißer Apfel, frisch strukturiert, engmaschig und mineralisch, Limetten im Abgang, noch sehr jugendlich, ein straffer Speisenbegleiter.

92 Grüner Veltliner * Traismauer Alte Reben 2023
13,5 Vol.-%, DV, Stahltank, €€ V
Mittleres Grüngelb, silberfarbene Reflexe. Zarte gelbe Tropenfrucht, feiner Blütenhonig, Nuancen von Mango, einladendes Bukett. Saftig, gelbe Apfelfrucht, feine Säurestruktur, mineralisch-salzig im Abgang, dezente Süße, gute Balance, zitroniger Touch im Nachhall.

92 Grüner Veltliner ** Ried Bergen Brigos 2022
13,5 Vol.-%, NK,DV, Flaschenreifung/Stahltank/Teilbarrique, €€€€ V
Leuchtendes mittleres Gelbgrün, Silberreflexe. Zart rauchig-kräuterwürzig unterlegte Apfelfrucht, etwas Mango, mineralischer Touch, kandierte Orangenzesten im Hintergrund. Saftig, elegant, weiße Birnenfrucht, feiner Säurebogen, saliner Nachhall, zeigt Länge und Entwicklungspotenzial.

91 Grüner Veltliner * Traismauer Flower 2023
14 Vol.-%, DV, Stahltank, €€€ V
Helles Goldgelb, silberfarbene Reflexe. Frische Nuancen von Golden-Delicious-Apfel, feiner Blütenhonig, kandierte Orangenzesten. Am Gaumen feine gelbe Tropenfrucht, angenehme Fruchtsüße, dezente Säurestruktur, elegant und anhaftend, ein saftiger Begleiter bei Tisch.

89 Grüner Veltliner * Venusberg Klassik 2023
12 Vol.-%, DV, Stahltank, €€ V

90 Grüner Veltliner NOEdition by Karl 2023
13 Vol.-%, DV, Stahltank, €€ V
Helles Goldgelb, Silberreflexe. Zart nach Wiesenkräutern, ein Hauch von Apfel, Nuancen von frischen Orangenzesten. Mittlere Komplexität, feine Fruchtsüße, dezent nach Birne, frisch strukturiert, mineralisch-salzig im Abgang, bereits gut antrinkbar.

93 Riesling * Ried Sonnleithen Terrassen 2023
13,5 Vol.-%, DV, Stahltank, €€€€ V
Helles Grüngelb, silberfarbene Reflexe. Reife gelbe Tropenfrucht, zart nach Papaya, mit Blütenhonig unterlegt, facettenreiches Bukett. Saftig, elegant, wieder Nuancen von reifer Frucht, finessenreicher Säurebogen, mineralisch-salzig, zeigt gute Länge und Reifepotenzial.

90 Riesling * Traismauer Villages 2023
13 Vol.-%, DV, Stahltank, €€€ V
Helles Grüngelb, silberfarbene Reflexe. Zarter Blütenhonig, Nuancen von gelbem Pfirsich, etwas Mango und Apfel, einladendes Bukett. Saftig, elegant, feine Fruchtsüße, angenehmer Säurebogen, dunkle Mineralik, bleibt haften, bereits gut antrinkbar.

★★★

WEINGUT TOM DOCKNER

Wenn Steine und Geröll aus der Traisen auf ausgewaschenen Kalk treffen, dann braucht es Jahrtausende, bis sich Konglomerat bildet – ein trockener Begriff für etwas, das großartige Weine hervorbringt. Tom Dockners Reben wurzeln in diesen eiszeitlich geprägten Böden, auf denen sich einige wertvolle Bausteine, sprich Sedimente, angesammelt haben. Doch auch der sandige Löss und die Mischböden von Löss und Konglomerat prägen die Weine von Tom Dockner. Löss besteht überwiegend aus Schluff, Kalk und Ton, der hier eine ideale Verbindung mit dem Konglomerat eingeht. Diese Böden verleihen den Weinen aus dem Traisental ihr unverwechselbares Geschmacksbild: mineralisch, vielschichtig, ausdrucksstark und elegant. Die besten Rieden von Tom Dockner sind der Theyerner Berg, der Pletzengraben und der Hochschopf. Die zwei letztgenannten Rieden sind als »Erste Lagen 1ÖTW« klassifiziert, denn das Weingut ist auch Mitglied der »Österreichischen Traditionsweingüter«.
Grüner Veltliner und Riesling sind die bekanntesten Sorten des Traisentals und zu Recht auch die Paradeweine von Tom Dockner, aber auch Traminer und Pinot Noir begeistern immer wieder aufs Neue. Nachhaltigkeit und naturnahe Bewirtschaftung der Weingärten sind für Tom Dockner eine Selbstverständlichkeit, deshalb ist sein Betrieb auch in Umstellung auf biologische Landwirtschaft. Bei der Kellerarbeit sind penible Sauberkeit und schonende Verarbeitung selbstverständlich, denn nur so kann Tom Dockner die Qualität und den Charakter der Trauben ohne Geschmacksverluste in die Flasche zu bringen. Kosten lassen sich diese einzigartigen Weine am besten dort, wo sie heranreifen: im lichtdurchfluteten Verkostungsraum auf dem Weingut. Hier kann man den einzigartigen Charakter der Landschaft, der Menschen, der Natur und der Weine entdecken.

94 Riesling * Inzersdorf Ried Pletzengraben 1ÖTW 2022
13 Vol.-%, DV, Stahltank, €€€€€ Ⓥ
Mittleres Goldgelb, Silberreflexe. Einladende gelbe Pfirsichfrucht, etwas Mango, feiner Blütenhonig, kandierte Orangenzesten, facettenreiches Bukett. Saftig, elegant, Nuancen von weißem Kernobst, feiner Säurebogen, ausgewogen, mineralisch und gut anhaftend, ein vielseitiger Speisenwein mit weiterem Potenzial.

WEINGUT TOM DOCKNER
3134 Theyern
Traminerweg 3
T: +43 (664) 5441779
weingut@docknertom.at
www.docknertom.at

Kellermeister/Kontakt: Tom Dockner
Anbauweise: Umstellung auf bio (Bio Austria)
Produktion: 1 % Schaumwein, 94 % weiß, 5 % rot, 23 Hektar
Zertifiziert: Nachhaltig Austria
Vereinszugehörigkeit: Traditionsweingüter Österreich
Messen: VieVinum, MondoVino

Tom Dockner

91 Riesling * Parapluiberg 2023
12,5 Vol.-%, DV, Stahltank, €€ V
Mittleres Grüngelb, Silberreflexe. Zarte gelbe Tropenfrucht, Nuancen von Pfirsich und Papaya, ein Hauch von Marille, etwas Honig. Mittlerer Körper, weißer Apfel, feines Säurespiel, zart nach Limetten, mineralisch und anregend, vielseitiger Stil, finessenreicher Sommerwein.

(94) Grüner Veltliner * Neusiedl Ried Hochschopf 1ÖTW 2023
13 Vol.-%, KR, großes Holzfass, €€€€€ V
Mittleres Grüngelb, Silberreflexe. Zarte Gewürznoten, Nuancen von reifem gelbem Kernobst, etwas Mango, Orangenschalen, mit einem Hauch von frischen Wiesenkräutern unterlegt. Saftig, elegant, weißer Apfel, feines Säurespiel, harmonisch und lange anhaftend, sehr gutes Entwicklungspotenzial.

(93) Grüner Veltliner * Inzersdorf Ried Pletzengraben 1ÖTW 2023
13 Vol.-%, DV, großes Holzfass, €€€€€ V
Helles Goldgelb, Silberreflexe. Zarte gelbe Tropenfrucht, reifer Apfel-Mango-Touch, kandierte Mandarinenzesten, fruchtiges Bukett. Straff, engmaschig, dezentes Kernobst, feine Säurestruktur, saliner Abgang, ein feinwürziger Speisenbegleiter, bereits gut antrinkbar.

91 Grüner Veltliner * Ried Theyerner Berg 2023
12,5 Vol.-%, DV, Stahltank, €€€ V
Helles Gelbgrün, Silberreflexe. Verhalten, feine gelbe Tropenfrucht, Nuancen von Apfel und Honigmelone, mit feinen Wiesenkräutern unterlegt. Saftig, weißes Kernobst, lebendig strukturiert, zitronig-mineralisch im Abgang, salziger Nachhall, bereits gut antrinkbar.

90 Grüner Veltliner * TOM 2023
12 Vol.-%, DV, Stahltank, €€ V
Helles Grüngelb, Silberreflexe. Ein Hauch von Orangenschalen, mit einem feinen Touch von gelbem Apfel unterlegt, zarte tabakige Würze. Mittlerer Körper, weißer Apfel, frisch strukturiert, mineralischer Nachhall, ein schwungvoller Speisenbegleiter.

93 Traminer Kalk Konglomerat 2022
13 Vol.-%, DV, Stahltank, €€€€ V
Leuchtendes mittleres Grüngelb, Silberreflexe. Floraler Touch, ein Hauch von Marshmallows, etwas Ebischteig, ein Hauch von Rosen. Saftig, elegant, gut integrierte Fruchtsüße, feiner Säurebogen, harmonisch und ausgewogen, bereits sehr gut entwickelt, zeigt Länge, sicheres Potenzial.

90 Gemischter Satz Kalkterrassen 2023
12 Vol.-%, DV, Stahltank, €€ V
Helles Goldgelb, Silberreflexe. Nuancen von reifer Tropenfrucht, ein Hauch von Ananas und Blütenhonig. Schlank, weiße Apfelfrucht, lebendig strukturiert, mineralisch-salzig im Abgang, macht Lust auf ein zweites Glas.

92 Pinot Noir Kalk Konglomerat 2020
13 Vol.-%, NK, 500-l-Fass, €€€€ V
Mittleres Kirschrot, violette Reflexe, breite Ockerrandaufhellung. Rauchig, rote Waldbeeren, etwas Himbeermark, zart nach Limettenzesten und Ingwer, attraktives Bukett. Mittlerer Körper, rote Kirschen, tragende Tannine, feine Holzwürze im Abgang, bleibt haften, vielfältig einsetzbar.

★★★

WEINGUT LEOPOLD FIGL

Der Familienbetrieb Figl bewirtschaftet seit 1960 Weingärten im unteren Traisental. Die Weingärten befinden sich im Umkreis von Wagram ob der Traisen und wachsen auf Lössböden, wobei Konglomerat das Muttergestein bildet. Der Klosterneuburger Absolvent Leopold Figl war von 2001 bis 2013 Kellermeister im Weingut Stadt Krems und hat danach das smarte Weingut seiner Eltern übernommen, worauf der Fokus auf die gebietstypischen Sorten Grüner Veltliner und Riesling gelegt wurde.

Leopold Figl ist bekannt für fruchtige, aber auch würzige Weine mit einer gut balancierten Säure, die man wunderbar trinken kann. Ein eigens vinifizierter »Blanc de Blancs«-Sekt aus Chardonnay-Trauben nach der traditionellen Methode krönt sein Sortiment. Die Top-Rieden des Weinguts sind Setzen, Sonnleithen und Rosengarten. Durch die gezielte Planung eines modernen Weinkellers wurden perfekte Bedingungen zur schonenden und sauberen Verarbeitung der Trauben geschaffen. Die besondere Pflege der Weingärten und

WEINGUT LEOPOLD FIGL

3133 Wagram ob der Traisen
Ziegelofengasse 2
T: +43 (660) 1981035
office@weingut-figl.at
www.weingut-figl.at

Kellermeister/Kontakt:
Leopold Figl
Produktion: 2 % Schaumwein, 90 % weiß, 5 % rosé, 3 % rot, 12 Hektar
Vereinszugehörigkeit:
Verein Traisentaler Wein

Leopold Figl

das Bestimmen des optimalen Lesezeitpunktes sind wesentliche Bestandteile einer Produktion qualitativ hochwertiger Weine.

91 ❸ Chardonnay Sekt Austria Reserve Brut Blanc de Blancs 2020
12,5 Vol.-%, NK, Flaschengärung, €€€
Mittleres Goldgelb, Silberreflexe, zarte Perlage. Nuancen von Ananas und Mango, ein Hauch von weißem Nougat, zart nach Biskuit, einladendes Bukett. Saftig, elegant, gelbe Tropenfrucht, feiner Säurebogen, Blütenhonig im Abgang, vielfältig einsetzbar.

(92) Grüner Veltliner ** Ried Sonnleithen 2023
14 Vol.-%, DV, Stahltank, €€€
Mittleres Goldgelb, Silberreflexe. Feine Anklänge von gelber Tropenfrucht, zart nach Mango, Marille und Blütenhonig. Mittlere Komplexität, gelber Apfel, dezenter Säurebogen, mineralischer Touch im Abgang, bereits entwickelt und antrinkbar.

(92) Grüner Veltliner ** Ried Rosengarten 2023
14 Vol.-%, DV, Stahltank, €€€
Mittleres Grüngelb, Silberreflexe. Zart nach Orangenzesten, Nuancen von frischem gelbem Kernobst, tabakige Noten, ein Hauch von Honigmelone. Komplex, saftige Nuancen von Birne, dezenter Säurebogen, salziger Touch, bereits zugänglich und entwickelt.

91 Grüner Veltliner * Ried Setzen 2023
13 Vol.-%, DV, Stahltank, €€
Helles Gelbgrün, Silberreflexe. Zart tabakig-kräuterwürzig unterlegte gelbe Apfelfrucht, frische Orangenzesten klingen an. Saftig, elegant, etwas Honigmelone, feiner Säurebogen, mineralisch-salzig im Abgang, bleibt haften, verfügt über Potenzial.

93 Grüner Veltliner Große Reserve 2022
14 Vol.-%, DV, Stahltank, €€€
Helles Goldgelb, Silberreflexe. Zart blättrig-kräuterwürzig, gelbe Apfelfrucht, Nuancen von Birne und Honigmelone, mit zarten Wiesenkräutern unterlegt. Saftig, gelbes Kernobst, dezente Fruchtsüße, balanciert und gut anhaftend, ein facettenreicher Speisenbegleiter.

89 Gelber Muskateller 2023
12 Vol.-%, DV, Stahltank, €€

* Traisental DAC   ** Traisental DAC Reserve

★

BIOWEINGUT VIKTOR FISCHER

BIO

Viktor Fischer sieht sich als »Bionier« im Traisental. Seit 2019 führt der junge Winzer das Bioweingut Viktor Fischer in Wagram ob der Traisen unter seinem Namen. Davor war er im elterlichen Betrieb, dem Biohof Fischer, bereits seit 2012 für den Wein verantwortlich. In den letzten Jahren konnte sich der junge Traisentaler bereits einen Namen machen: Ob beim »Falstaff Traisental DAC Cup« oder dem internationalen Bioweinpreis – seine Weine können überzeugen. Seit 2009 werden Viktor Fischers Weine biologisch hergestellt, für ihn eine Herzensangelegenheit. Nach der Modernisierung der Produktion und der Umstellung auf umweltfreundliche Leichtflaschen aus 80 Prozent Altglas konzentriert sich der Traisentaler »Bionier« auf die Weiterentwicklung seiner Weine und den Ausbau des Vertriebs: Mittlerweile sind die Bioweine von Fischer österreichweit in der gehobenen Gastronomie und Hotellerie vertreten, werden aber weiterhin auch ab Hof verkauft und bis über Österreichs Grenzen hinaus verschickt.
Wichtig ist dem jungen Biowinzer, so wenig wie möglich und so viel wie nötig in die natürlichen Abläufe einzugreifen. Bei der biologischen Bewirtschaftung spielt im Weingarten der fruchtbare Boden eine besondere Rolle, der beispielsweise mit selbst erzeugtem Kompost gedüngt wird. Zudem werden Pflanzenauszüge und Tees zur Stärkung der Pflanzen ausgebracht. Handarbeit und die gezielte mechanische Bearbeitung der Weingärten sind ein weiterer wichtiger Erfolgsfaktor. Durch Begrünung und die Pflege des Unterstockbereichs und der Zeilen werden Nützlinge gefördert, die einen gesunden Kreislauf erhalten.
»Ich arbeite immer einen Blick auf die Schonung und Unterstützung der Natur und will Bioweine kreieren, die meine Handschrift tragen und so unverkennbar sind«, erklärt Fischer. Jährlich kontrolliert und zertifiziert wird das Bioweingut von der Austria BIO Garantie. So kann Fischer seinen Kundinnen und Kunden beste Bioqualität garantieren. »Nur wo biozertifiziert wird, ist auch Bio drinnen«, ist der junge Winzer überzeugt.

Biowinzer Viktor Fischer

BIOWEINGUT VIKTOR FISCHER
3133 Wagram ob der Traisen
Wachaustraße 30
T: +43 (699) 111 300 79
bio@fischer-abhof.at
www.fischer-abhof.at

Kellermeister/Kontakt:
Viktor Fischer
Anbauweise: Zertifiziert Biologisch (Austria Bio Garantie)
Produktion: 33.333 Flaschen
7 % Schaumwein, 80 % weiß,
12 % rot, 1 % süß, 5.5 Hektar

92 Grüner Veltliner * Ried Rosengarten 2023
14 Vol.-%, DV, Stahltank, €€ B V
Helles Gelbgrün, Silberreflexe. Kräuterwürzig unterlegte weiße Apfelfrucht, ein Hauch von Birne, Noten von Strohblumen. Saftig, kraftvoll, Nuancen von reifem gelbem Kernobst, feiner Säurebogen, Apfel auch im Abgang, bleibt gut haften, zeigt Länge und Potenzial.

91 Grüner Veltliner Spielwiese 2022
13 Vol.-%, DV, Stahltank, €€€ B V
Helles Goldgelb, Silberreflexe. Zart nach hellem Karamell und gelbem Kernobst, Nuancen von Honigmelone. Mittlere Komplexität, cremig, zart nach Stollwerck, feiner Säuretouch, bereits gut entwickelt, etwas Nougat im Nachhall.

90 Grüner Veltliner Maischevergoren 2022
12,5 Vol.-%, NK, Barrique, €€€€€ B I V
Getrübtes mittleres Goldgelb. Kandierte Mandarinenzesten, ein Hauch von getrockneten Marillen, Nuancen von Wiesenkräutern. Mittlerer Körper, weißer Apfel, frischer Säurebogen, Nuancen von Birnenfrucht, elegant, mineralisch, vielfältig einsetzbar, ein sauberer Natural Wine, völlig frei von Bezug zu Sorte und Herkunft.

91 Riesling * Ried Rosengarten 2023
14,5 Vol.-%, DV, Stahltank, €€€ B V
Mittleres Goldgelb, Silberreflexe. Verhalten, zart nach Steinobst und Blütenhonig. Saftig, reife gelbe Tropenfrucht, zart nach Ananas und Maracuja, gut integrierter Säurebogen, mineralisch-zitronig im Abgang, bereits zugänglich.

90 Gemischter Satz Nußdorf ob der Traisen 2023
12,5 Vol.-%, DV, Stahltank, €€€ B V
Helles Strohgelb, Silberreflexe. Ein Hauch von Blütenhonig, zart nach Honigmelone und Mango, frische Orangenzesten. Mittlerer Körper, Nuancen von weißem Kernobst, frisch strukturiert, mineralisch-zitroniger Nachhall, vielfältig einsetzbar.

(90) Muscaris 2023
15,5 Vol.-%, DV, Stahltank, €€€ B V
Helles Goldgelb, Silberreflexe. Zart nach Muskatnuss, weißer Apfel und Orangenblüten. Kraftvoll, zart feurig, etwas weitmaschig, blättrige Würze, dezente Süße im Nachhall, mittlere Länge.

★★★

WEINGUT HERWALD HAULEITNER

Herwald und Raphaela Hauleitner bewirtschaften ihre Weingärten in Wagram ob der Traisen nahe Traismauer. Der Familienbetrieb besteht seit 1932 und wird mit dem Leitsatz »Trinken ist ein Bedürfnis, Genießen eine Kunst« geführt. Ziel ist es, puristische Weine mit viel Frucht und Schmelz für den Alltag zu erzeugen. Laufend kommen neue Vertriebspartner im In- und Ausland dazu und erfreuen sich an den filigranen Produkten. Die ausschließlich handverlesenen Weine des sympathischen und freundlichen Winzerpaares sind geprägt vom Terroir und auf den Herkunftscharakter fokussiert (Traisental DAC und Traisental DAC Reserve).
Es gibt im Traisental die Terroirtypen Löss, Konglomerat und den etwas schwereren lehmigeren Tonboden auf Oncophora (Muschelkalk). Vor allem die dominierenden Sorten Grüner Veltliner und Riesling sowie Gelber Muskateller aus der Riede Bergen sind die Steckenpferde des Jungwinzerpaares. Klare und authentische Weine zu keltern hat oberste Priorität, Mineralik und Sortenfrucht stehen im Vordergrund. Der vorherrschende tiefgründige und kalkhaltige Lössboden, vor allem in der Top-Lage Sonnleithen, garantiert volle Frucht, Harmonie und Trinkvergnügen. Weitere Lagenveltliner stehen im Fokus: zum einen der Grüne Veltliner »Rosengarten«, der – auf kühlem Lössboden mit größerer Nähe zum Konglomerat gewachsen – eine sehr feine und filigrane Veltlinerwürze zeigt, zum anderen der Grüne Veltliner »Venusberg«, der auf schwerem und tonigem Boden eine sehr cremige Dichte und Mineralik präsentiert. An der Speerspitze zeigen der Grüne Veltliner »Parapluiberg« und der Grüne Veltliner »Konglomerat« den Facettenreichtum der Sorte. Weiters gibt es einen Riesling »Spontan« aus der Lage Sonnleithen, natürlich vergoren ohne Zusatz von Hefe, einen kräftigen, cremigen Blanc-de-Blancs-Sekt vom Grünen Veltliner und einen fruchtigen Sekt vom Gelben Muskateller. Das Weingut war »Falstaff Grüner Veltliner Grand Prix«-Sieger 2009

WEINGUT HERWALD HAULEITNER
3133 Wagram ob der Traisen
Flohbergweg
T: +43 (676) 9519813
traisental@weingut-hauleitner.at
www.hauleitner.at

Kellermeister/Kontakt:
Herwald Hauleitner
Produktion: 90 % weiß, 10 % rot, 9 Hektar
Vereinszugehörigkeit:
Verein Traisentaler Wein

und »Falstaff Traisental DAC Cup«-Sieger 2016, 2018 und 2022 sowie Doppelsieger 2019 und 2021.

(93) Grüner Veltliner * Venusberg 2023
13,5 Vol.-%, DV, Stahltank, €€
Helles Gelbgrün, Silberreflexe. Frisches weißes Kernobst, zart nach Melone, Nuancen von Wiesenkräutern, mit frischen Orangenzesten unterlegt. Stoffig, elegant, saftige gelbe Apfelfrucht, feiner Säurebogen, mineralisch, zeigt gute Länge und Potenzial, bereits gut entwickelt und antrinkbar.

(92) Grüner Veltliner * Ried Sonnleithen 2023
13 Vol.-%, DV, Stahltank, €€
Helles Gelbgrün, Silberreflexe. Frisches Kernobst, ein Hauch von Wiesenkräutern, Nuancen von Orangenzesten, einladendes Bukett. Saftig, gute Komplexität, zart nach Honigmelone, gut integrierter Säurebogen, seidig und mineralisch im Abgang, zeigt gute Länge, bereits gut antrinkbar.

(92) Grüner Veltliner * Ried Rosengarten 2023
13,5 Vol.-%, DV, Stahltank, €€
Helles Grüngelb, Silberreflexe. Zart nach frischer Birne, etwas Mango, Nuancen von Blütenhonig und kandierten Orangenzesten. Saftig, mittlere Komplexität, feine Fruchtsüße, gut integrierte, angenehme Säurestruktur, mineralisch-zitronig im Abgang.

(92) Grüner Veltliner * Parapluiberg 2023
14 Vol.-%, DV, Stahltank, €€
Helles Grüngelb, Silberreflexe. Feine gelbe Tropenfrucht, zart nach Mango und Honigmelone, Nuancen von kandierten Orangenzesten, einladendes Bukett. Saftig, elegant, deutliche Fruchtsüße, feiner Säurebogen, zarte Honignuancen im Abgang, feine Mineralik im Nachhall, gute Länge, bereits antrinkbar.

(92) Grüner Veltliner * Konglomerat 2023
14 Vol.-%, DV, Stahltank, €€€
Helles Grüngelb, Silberreflexe. Zarte gelbe Tropenfrucht, etwas Papaya und Blütenhonig, mineralischer Touch, kandierte Orangenzesten. Stoffig, seidig und elegant, zarte Fruchtsüße, feiner Säurebogen, mineralisch und gut anhaftend, bereits zugänglich und antrinkbar.

(92) Riesling * Wagram Ried Sonnleithen Spontan 2023
14 Vol.-%, DV, Stahltank, €€
Mittleres Grüngelb, Silberreflexe. Zart nach Mango und Marille, gelber Pfirsich, etwas Blütenhonig, mit kandierten Orangenzesten unterlegt. Komplex, saftig, dunkle Mineralik, frische Säurestruktur, zitronige Nuancen im Abgang, feine Süße im Nachhall, verfügt über Reifepotenzial.

★★★

WEINGUT RUDOLF HOFMANN

BIO

Rudi Hofmann ist Autodidakt mit einem hohen Maß an ökologischer Verantwortung. Sein Credo »Zukunft entsteht in der Ried Fuchsenrand« ist Konzept. In Forschungsprojekten mit nationalen und internationalen Partnern versucht er, Antworten auf Fragen zu Nachhaltigkeit und Klimawandel zu finden. In einem neuen Zertifizierungsprojekt kommt Rudi Hofmann seinem Ziel, Nachhaltigkeit objektiv beurteilbar zu machen, sehr nahe.

90 Prozent der Rebflächen sind mit Weißweinrebsorten bepflanzt (50 Prozent Grüner Veltliner, 20 Prozent Riesling, 20 Prozent Sauvignon Blanc, Muskateller, Chardonnay).

Die beiden Hauptsorten Grüner Veltliner und Riesling werden als Traisental DAC vermarktet, sein »CMS« ergänzt als frecher Sommerwein das Sortiment. Die Lagen Fuchsenrand und Kogelberg sind die Herzstücke des Weinguts. Während in der Ried Fuchsenrand mit ihren Muschelkalk- und Lössböden die Veltliner zur Hochform auflaufen, beheimatet die Ried Kogelberg mit ihren kargen Konglomerat- und Schotterböden vor allem den Riesling.

Die Klassikweine liefern klare Sortentypizität, erlangen früh ihre Trinkreife und sind die Allrounder unter den Speisenbegleitern. Die Kraft der Reserven und die Feinheit der Lagenweine spiegeln das spezielle Terroir des Traisentals mit seinen kalkhaltigen Böden wider, es verleiht ihnen Eigenständigkeit und Reifungspotenzial.

89 CMS Sparkling 2022 SB/GM/CH
12 Vol.-%, DV, Stahltank, €€

93 Grüner Veltliner ** Ried Fuchsenrand 2021
14 Vol.-%, DV, Stahltank, €€€€
Helles Gelbgrün, Silberreflexe. Reife Tropenfrucht, etwas tabakig, bereits gut entwickelt, Honigmelone klingt an, floraler Touch. Saftig, fruchtsüß, feinwürzig, Mangonoten im Abgang, Bergamotte klingt an, vielseitiger Speisenbegleiter.

92 Grüner Veltliner ** Ried Fuchsenrand 2022
13 Vol.-%, DV, Stahltank, €€€
Mittleres Gelbgrün, silberfarbene Reflexe. Reife Apfelfrucht, zart tabakig, ein Hauch von Papaya, floraler Touch, kandierte Orangenzesten klingen an. Mittlerer Körper, gute Komplexität, feine Säurestruktur, mineralisch, gelbe Tropenfrucht, Mango im Nachhall, salzig im Rückgeschmack.

© ©David Schreiber

WEINGUT RUDOLF HOFMANN
3133 Traismauer
Oberndorfer Straße 41
T: +43 (676) 3133566
office@weingut-hofmann.at
www.weingut-hofmann.at

Kellermeister/Kontakt: Rudolf Hofmann
Anbauweise: Zertifiziert Biologisch (Bio Austria)
Produktion: 90 % weiß, 10 % rot, 14.5+8 Hektar
Zertifiziert: Nachhaltig Austria
Messen: DAC-Präsentationen

Rudolf Hofmann

* Traisental DAC ** Traisental DAC Reserve

(91) Grüner Veltliner * Ried Kogelberg Organic 2023
13,5 Vol.-%, DV, Stahltank, €€ Ⓑ
Mittleres Gelbgrün, Silberreflexe. Feine Kräuterwürze, zart nach Maracuja, Orangenschalen, Noten von gelbem Apfel, frisches Bukett. Mittlerer Körper, feiner Apfeltouch auch am Gaumen, mineralisch, Nuancen von weißem Kernobst, Limetten im Nachhall, bereits gut antrinkbar.

(92) Riesling * Ried Kogelberg 2023
13,5 Vol.-%, DV, Stahltank, €€€ Ⓑ
Helles Gelbgrün, Silberreflexe. Frische Tropenfrucht, Zitrustouch, Nuancen von Mandarinenzesten, mit einem feinen Pfirsichtouch unterlegt. Straff, engmaschig, fruchtsüß, Nuancen von Marillen, gut integrierte Süße, feine Säurestruktur, bleibt haften, ein stoffiger Begleiter bei Tisch.

90 Sauvignon Blanc 2023
12,5 Vol.-%, DV, Stahltank, €€ Ⓑ Ⓥ
Helles Gelbgrün, Silberreflexe. Zarte Cassisnoten, ein Hauch von Zitrus, etwas Pfirsich, frisch und lebendig. Saftig, elegant, mineralischer Touch, Stachelbeernoten klingen an, gut eingebundene Säurestruktur, vielfältig einsetzbar.

★★

WEINGUT ANDREAS HOLZER

»Weinbau mit Liebe & Leidenschaft – und das seit Generationen« ist der Leitsatz des Weinguts Andreas Holzer, denn ein Weingut entsteht nicht von heute auf morgen. Dafür braucht es viel Liebe, Zeit und die Arbeit mehrerer Generationen.
Im Weingarten gibt es immer viel zu tun – gut, wenn da viele eingespielte Hände mit Freude zusammenhelfen, damit dabei das Beste herauskommt, was der Heimatboden hergibt: ein Wein mit unvergleichlichem Charakter. Auf dem Familienweingut Holzer wird bereits in dritter Generation gemeinsam gearbeitet und der Wissensschatz um die Besonderheiten in der Weinproduktion im Traisental weitergegeben. Die speziellen Lagen, gesunde Trauben, ein intakter Boden und die naturnahe Bewirtschaftung, gepaart mit modernster Kellertechnik, sind dabei die Grundlagen für die gebietstypisch fruchtigen Weißweine und gehaltvollen Rotweine, die auf dem Weingut Holzer entstehen.

WEINGUT ANDREAS HOLZER
3134 Nussdorf
Neusiedler Straße 54
T: +43 (2783) 8426
wein@weingutholzer.at
www.weingutholzer.at

Kellermeister/Kontakt:
Andreas Holzer
Produktion: 85 % weiß, 5 % rosé, 10 % rot, 18 Hektar
Messen: VieVinum

90 Grüner Veltliner * 2023
12,5 Vol.-%, DV, Stahltank, €€
Helles Gelbgrün, Silberreflexe. Zarte Tropenfrucht, exotischer Touch, florale Nuancen, mit etwas Mango unterlegt. Mittlerer Körper, frisches Kernobst, lebendiger Säurebogen, mineralisch-zitronig, animierend, sommerlicher Stil.

(93) Grüner Veltliner Ried Spiegeln Reserve 2023
13,5 Vol.-%, DV, großes Holzfass, €€€
Helles Grüngelb, Silberreflexe. Zarte Nuancen von gelber Frucht, nach Banane, Mango und Apfel, dazu Mandarinenzesten und Blütenhonig. Stoffig, elegant, gut integrierte Fruchtsüße, feiner Säurebogen, bleibt haften, harmonisch, ein facettenreicher Begleiter bei Tisch.

92 Grüner Veltliner Alte Reben 2023
13,5 Vol.-%, DV, großes Holzfass, €€
Helles Grüngelb, Silberreflexe. Zart nach frischen Quitten, ein Hauch von Blütenhonig, gelbe Tropenfrucht, zart nach Orangenblüten. Saftig, cremige Textur, reifer gelber Pfirsich, feine Fruchtsüße, dezenter Honigtouch im Abgang, bereits gut entwickelt und antrinkbar.

91 Grüner Veltliner Steinbühl 2023
12,5 Vol.-%, DV, Stahltank, €€
Helles Gelbgrün, Silberreflexe. Frischer Apfel, zart nach Wiesenkräutern, ein Hauch von Orangenzesten. Mittlerer

Körper, etwas Birne und Mango, feiner Säurebogen, ausgewogen, zitroniger Touch, bereits gut antrinkbar.

91 Riesling * 2023
13 Vol.-%, DV, Stahltank, €€
Helles Gelbgrün, Silberreflexe. Frische weiße Tropenfrucht, zart nach Pfirsich, ein Hauch von Limettenzesten, florale Nuancen. Saftig, reife gelbe Tropenfrucht, feine Fruchtsüße, angenehmer Säurebogen, elegant und harmonisch.

89 Gemischter Satz Tradition 2023
12,5 Vol.-%, DV, Stahltank, €€

★★★★

WEINGUT MARKUS HUBER

BIO

Das Weingut Markus Huber gilt als Leitbetrieb des Traisentals, und die Weine sind in mehr als 35 Ländern weltweit zu finden. Das Anliegen des Winzers und Obmanns der Traisentaler Winzer ist es, einerseits individuelle, charaktervolle Weine zu erzeugen und andererseits einen Beitrag zu leisten, um das Traisental mit seinen einzigartigen kalkreichen Konglomeratböden bekannter zu machen. Markus Huber vinifiziert Weine mit glockenklarer Stilistik, terroirbetonter Mineralik und Sortentypizität. Hauptsorte ist ganz klar der Grüne Veltliner. Dieser wird in vier verschiedenen Stilistiken angeboten. Abhängig vom jeweiligen Bodentyp und dem Potenzial der Trauben wird der Wein entweder im Stahltank oder im großen Holzfass ausgebaut. Zweitwichtigste Sorte ist der Riesling, gefolgt von den Sorten Weißburgunder, Sauvignon Blanc und Gelber Muskateller.
SALON-Auserwählter 2003, Landessieger, viermaliger »Falstaff Grüner Veltliner Grand Prix«-Sieger, Goldmedaille auf der »London International Wine and Spirit Competition« und Auszeichnung als »Best White Wine Producer«, herausragende Kritiken in österreichischen Fachmedien, eine Nominierung für die Auszeichnung »Newcomer des Jahres« im Falstaff-Magazin und schließlich die Bezeichnung »Wunderkind« im englischen »Decanter«: Markus Huber war schon in jungen Jahren auf dem richtigen Weg und hat diesen bis heute nicht verlassen. Auch bei der Qualitätssicherung des Produkts geht Markus Huber geradlinig seinen

WEINGUT MARKUS HUBER
3134 Reichersdorf
Weinriedenweg 13
T: +43 (2783) 82999
office@weingut-huber.at
www.weingut-huber.at

Kellermeister: Markus Huber und Michael Huber
Kontakt: Markus Huber
Anbauweise: Zertifiziert Biologisch (Bio Austria)
Produktion: 1 % Schaumwein, 94 % weiß, 2 % rosé, 2 % rot, 1 % süß, 50 Hektar
Zertifiziert: Nachhaltig Austria
Vereinszugehörigkeit: Traditionsweingüter Österreich
Messen: ProWein Düsseldorf

Markus Huber

Weg: Seit 2007 ist das Weingut IFS- und BRC-zertifiziert. Kompromissloses Arbeiten zugunsten höchster Qualität ist die oberste Prämisse von Markus Huber. »Jedes Jahr noch ein klein wenig an der Qualitätsschraube zu drehen, das ist mein Ansporn«, so der Winzer. Seit 2020 sind sämtliche Weingärten organisch-biologisch zertifiziert. Das Weingut ist Mitglied im Verein der »Traditionsweingüter Österreich«. 2015 wurde Markus Huber vom Falstaff-Magazin zum »Winzer des Jahres« gekürt.

92 ❸ Sekt Austria Brut Blanc de Blancs g.U. Klassik 2021 GV/CH/WB
12 Vol.-%, NK, Stahltank/großes Holzfass/Flaschengärung, €€€€€ Ⓑ Ⓥ
Helles Goldgelb, Silberreflexe, feines, anhaltendes Mousseux. Feine weiße Tropenfrucht, zart nach Pfirsich, kandierte Limettenzesten. Schlank, gelber Apfel, feiner Säurebogen, mineralisch, trocken und anhaftend, ein vielseitiger Speisenbegleiter.

(96) Riesling * Getzersdorf Ried Berg 1ÖTW 2023
13,5 Vol.-%, NK, Stahltank/g. Holzfass, €€€€€ Ⓑ Ⓥ
Mittleres Gelbgrün, Silberreflexe. Feine gelbe Tropenfrucht, etwas Blütenhonig, facettenreiches Bukett, sehr einladend. Stoffig, elegant, gelber Pfirsich, finessenreiches Säurekleid, mineralisch eingebettet, zarte Fruchtsüße, seidig und fein, bleibt sehr gut haften, ein delikater Speisenbegleiter mit sicherem Potenzial, sollte im Idealfall noch einige Jahre reifen dürfen.

(95) Riesling * Inzersdorf Ried Rothenbart 1ÖTW 2023
13 Vol.-%, DV, Stahltank, €€€€€ Ⓑ Ⓥ
Mittleres Gelbgrün, Silberreflexe. Frischer Weingartenpfirsich, weiße Tropenfrucht, floraler Touch, ein Hauch von Mandarinen, einladendes Bukett. Saftig, weißes Steinobst, zitronig-mineralische Struktur, salzig im Abgang, wirkt filigran und sehr leichtfüßig, zeigt dabei Länge und Potenzial, sehr verführerischer, lebendiger Stil, ein finessenreicher Speisenbegleiter.

91 Riesling * Terrassen 2023
12,5 Vol.-%, DV, Stahltank, €€ Ⓑ Ⓥ
Helles Gelbgrün, Silberreflexe. Frischer Weingartenpfirsich, ein Hauch von Limetten, floraler Touch, mit Nuancen von weißem Apfel unterlegt. Schlank, frisches Steinobst, dezente Süße, lebendig strukturiert, mineralisch, bietet unkompliziertes Trinkvergnügen.

(95) Grüner Veltliner * Getzersdorf Ried Berg 1ÖTW 2023
13,5 Vol.-%, NK, großes Holzfass, €€€€€ Ⓑ Ⓥ
Mittleres Grüngelb, Silberreflexe. Zart rauchig-mineralisch unterlegte Nuancen von gelbem Kernobst, frische Kräuter, zart nach Mango und Papaya, tabakige Note. Stoffig, elegant, feine gelbe Frucht, feine Würze, frisch strukturiert, Apfelfrucht im Abgang, zarte Extraktsüße, sehr gute Länge, sicheres Reifepotenzial.

(94) Grüner Veltliner * Inzersdorf Ried Zwirch 1ÖTW 2023
13,5 Vol.-%, DV, großes Holzfass, €€€€€ Ⓑ Ⓥ
Leuchtendes mittleres Gelbgrün, Silberreflexe. Zart nach Wiesenkräuter, weiße Tropenfrucht, ein Hauch von Apfel, kühles Bukett. Stoffig, kraftvoll, feine Nuancen von Birne und Mango, frisch strukturiert, salzige Mineralik, Limetten im Nachhall, elegant und sehr gut anhaftend, wird von Flaschenreife profitieren.

(93) Grüner Veltliner * Reichersdorf Ried Alte Setzen 1ÖTW 2023
13 Vol.-%, DV, großes Holzfass/Stahltank, €€€€ Ⓑ Ⓥ
Mittleres Gelbgrün, Silberreflexe. Einladende Nuancen von gelber Tropenfrucht, ein Hauch von Ananas und Papaya, etwas Orangenzesten, Kräuterwürze, mineralischer Touch. Saftig, kräftig, zarte Fruchtsüße, gelber Apfel, feine Säurestruktur, Blütenhonig, salzig im Abgang, gut anhaftend, gutes Reifepotenzial.

92 Grüner Veltliner * Vision 2023
12,5 Vol.-%, DV, Stahltank, €€ Ⓑ Ⓥ
Leuchtendes Gelbgrün, Silberreflexe. Feine Wiesenkräuter, gelbe Tropenfrucht, ein Hauch von Apfel, mit frischen Orangenzesten unterlegt, einladendes Bukett. Stoffig, straff, weißes Kernobst, feiner Säurebogen, salzige Mineralik, zitroniger Rückgeschmack.

91 Grüner Veltliner * Terrassen 2023
12,5 Vol.-%, DV, Stahltank, €€ Ⓑ Ⓥ
Helles Grüngelb, Silberreflexe. Frischer gelber Apfel, zart nach Mango, ein Hauch von Blütenhonig. Mittlerer Körper, feine Fruchtsüße, angenehmes Säurespiel, elegant, mineralisch-salzig im Abgang, vielfältig einsetzbar.

93 Pinot Blanc Alte Reben 2023
13,5 Vol.-%, DV, 500-l-Fass/Stahltank, €€€€ Ⓑ Ⓥ
Mittleres Gelbgrün, Silberreflexe. Frische gelbe Birnenfrucht, Nuancen von Honigmelone, zart nach kandierten Orangenzesten. Komplex, saftig und elegant, angenehme Fruchtsüße, feiner Säurebogen, salzige Mineralik, sehr gut anhaftend, zitroniger Touch im Finale, zeigt Länge und Reifepotenzial.

93 Chardonnay Reichersdorf Ried Spiegeln 2022
13 Vol.-%, NK, 500-l-Fass, €€€€€ Ⓑ Ⓥ
Helles Goldgelb, Silberreflexe. Zarte gelbe Tropenfrucht, ein Hauch von Mango und Vanille, dazu etwas Honigmelone, einladendes Bukett. Saftig, elegant und seidig, feine

Fruchtsüße nach Pfirsich, dezentes Säurespiel, harmonisch, Chablis-artige Textur, feine Mineralik, ein balancierter, zugänglicher Speisenwein.

92 Sauvignon Blanc Terrassen 2023
12,5 Vol.-%, DV, Stahltank, €€ B V
Helles Goldgelb, Silberreflexe. Nuancen von Stachelbeeren, gelbe Paprikaschoten, zarte Kräuterwürze, ein Hauch von Cassis. Schlank, gelbe Tropenfrucht, ein Hauch von Litschis, frisch und zitronig, mineralisch im Nachhall, ein animierender Speisenbegleiter.

91 Gelber Muskateller Terrassen 2023
12 Vol.-%, DV, Stahltank, €€ B V
Helles Goldgelb, Silberreflexe. Zart nach Muskatnuss und Maracuja, ein Hauch von Pfirsich, angenehme Würze, Holunderblüten im Hintergrund. Schlank, feine weiße Apfelfrucht, frisch strukturiert, leichtfüßig, mineralisch, Limetten im Nachhall, angenehmer Sommerwein.

92 Moments Organic Rosé 2023
12 Vol.-%, DIAM, 500-l-Fass/Stahltank, €€€ B V
Helles Altrosa, Pinkreflexe, Silbertouch. Zart nach Kirschen und Erdbeeren, mit feinen Nuancen von gelber Frucht unterlegt, floraler Anklang, zarter Blütenhonig. Saftig, feine Frucht, gelber Apfel, angenehme Säure, mineralisch und leichtfüßig, salziger Nachhall, toller Sommerwein.

90 Pinot Noir Alte Reben 2022
12,5 Vol.-%, DIAM, 500-l-Fass/Beton, €€€€ B V
Mittleres Kirschrot, violette Reflexe, breite Ockerrandaufhellung. Zartes rotes Waldbeerenkonfit, ein Hauch von Erdbeeren, Orangenzesten. Schlank, rotbeerig, mineralisch, frisch strukturiert, salzig, ein leichtfüßiger Speisenbegleiter.

★★★★

WEINGUT LUDWIG NEUMAYER

Ludwig Neumayer, seit Jahrzehnten der vinologische Leitstern des Traisentals, hat sich ausschließlich der Produktion von Weißwein verschrieben. Auf magerem, steinigem Kalkterroir entstehen Weine von außerordentlicher Finesse. Grüner Veltliner und Riesling sind die wichtigsten Sorten. Aber auch konzentrierte Weißburgunder und Sauvignon Blanc erhalten regelmäßig Höchstbewertungen. Die Spitzengewächse tragen den Namen »Der Wein vom Stein«. Sie stammen von den höchstgelegenen und steinigsten Weingärten in den Inzersdorfer Rieden – von Neumayers Stein eben. Daneben wachsen Lagenweine wie »Zwirch«, »Rothenbart« und «Rafasetzen«. Zudem werden herausragende Solitärweine unter dem Label »Ikon«

WEINGUT LUDWIG NEUMAYER
3131 Inzersdorf ob der Traisen
Dorfstraße 37
T: +43 (664) 2563010
neumayer@weinvomstein.at
www.weinvomstein.at

Kellermeister/Kontakt:
Ludwig Neumayer
Produktion: 100 % weiß,
14.5 Hektar
Zertifiziert: Nachhaltig Austria
Vereinszugehörigkeit:
Traditionsweingüter Österreich
Messen: VieVinum

Ludwig Neumayer

gekeltert. Ziel von Ludwig Neumayer ist es, einen unverwechselbaren Stil darzustellen, dichte Weine, die zugleich viel Frische besitzen. Die helle Farbe, die für die Neumayer-Weine sehr typisch ist, entsteht nicht etwa durch mangelnde Reife der Trauben, sondern rührt von den speziellen Böden her. Ein weiteres Plus der Weine ist eine ausgeprägte Säurestruktur. Restzucker wird nur toleriert, wenn er wirklich passt. Zudem verzichtet Neumayer bei der Weinbereitung gänzlich auf den Einsatz von tierischem Eiweiß.
Längst sind die anspruchsvollen Weine von der österreichischen und internationalen Top-Gastronomie entdeckt worden. So konnte sich Ludwig Neumayer bereits über Listungen auf Weinkarten freuen, von denen andere Winzer nur träumen können, so zum Beispiel im Sternetempel »Astrance« oder im »Plaza Athénée«, vormals unter der Leitung von Alain Ducasse.

95 Riesling * Inzersdorf
Ried Rothenbart 1ÖTW 2022
13 Vol.-%, DV, Stahltank, €€€€€ Ⓥ
Helles Gelbgrün, Silberreflexe. Etwas Blütenhonig, weißer Weingartenpfirsich, ein Hauch von Tropenfrüchten, kandierte Limetten, facettenreiches Bukett. Saftig, zart nach Maracuja, komplex, weißes Steinobst, finessenreiches Säurekleid, zitronig-salzig, feine Fruchtsüße im Nachhall, elegant, sehr gute Länge, bereits zugänglich, mit großem Potenzial ausgestattet.

98 Riesling * Inzersdorf
Der Wein vom Stein 2022
13 Vol.-%, DV, Stahltank, €€€€€€ Ⓥ
Helles Gelbgrün, Silberreflexe. Weiße Blüten und Limetten, frisches Steinobst, ein Hauch von Mandarinenzesten und Honig, facettenreiches Bukett. Komplex, saftig, frische Maracuja, feiner Säurebogen, der die Fruchtsüße zur Gänze kontert, mineralisch und straff, feine salzige Nuancen, tolle Länge, zeigt große Präzision, Potenzial für viele Jahre.

93 Riesling * Inzersdorf Grillenbart 2022
12,5 Vol.-%, DV, Stahltank, €€€€€ Ⓥ
Helles Gelbgrün, Silberreflexe. Zart nach Limetten und gelbem Pfirsich, ein Hauch von Blüten, mineralischer Touch. Saftig, elegant, reifer Weingartenpfirsich, lebendiger Säurebogen, mineralisch, ein Hauch von Süße im Abgang, Blütenhonig, verfügt über sehr gute Länge und Reifepotenzial, bietet leichtfüßiges Trinkvergnügen auf hohem Niveau.

99 Riesling Steinkapelle 2022
13 Vol.-%, DV, Stahltank, €€€€€€ Ⓥ
Helles Gelbgold, Silberreflexe. Frische gelbe Tropenfrucht, ein Hauch von Maracuja, Pfirsich und Blütenhonig, dazu etwas Limettenzesten, floraler Touch, sehr facettenreiche Aromatik. Komplex, stoffig, reifer Weingartenpfirsich, feine Fruchtsüße, rassige, gut integrierte Säurestruktur, mineralisch-salzig im Abgang, lange anhaftend, sicheres Reifepotenzial, großes Trinkvergnügen, einfach delikat.

(96) Grüner Veltliner * Inzersdorf
Der Wein vom Stein 2022
14 Vol.-%, DV, Stahltank, €€€€€ Ⓥ
Mittleres Gelbgrün, Silberreflexe. Feine Nuancen von weißem Kernobst, zart nach frischer Birne, ein Hauch von Wiesenkräutern und Blütenhonig, mit Orangenzesten unterlegt. Saftig, seidige Textur, feine Fruchtsüße, mineralisch und anhaftend, feine Limettennote, salziger Nachhall, wirkt leichtfüßig und stoffig, elegant, lange anhaltend, bereits gut entwickelt, verfügt über weiteres Potenzial.

(95) Grüner Veltliner * Inzersdorf
Ried Rothenbart 1ÖTW 2022
14 Vol.-%, DV, Stahltank, €€€€€ Ⓥ
Leuchtendes mittleres Gelbgrün, Silberreflexe. Kandierte Orangenzesten, Nuancen von gelben Kernobstschalen, ein Hauch von Birne und Mango, zarte Kräuterwürze, dunkle Mineralik. Saftig, elegant, feine Fruchtsüße, finessenreicher Säurebogen, mineralisch und gut anhaftend, reife gelbe Apfelfrucht im Abgang, große Länge, sicheres Entwicklungspotenzial.

94 Grüner Veltliner * Inzersdorf
Ried Zwirch 1ÖTW 2022
13,5 Vol.-%, DV, Stahltank, €€€€€ Ⓥ
Mittleres Gelbgrün, Silberreflexe. Nuancen von reifem Golden-Delicious-Apfel, ein Hauch von Mango, frische Wiesenkräuter, tabakige Note, mineralisch unterlegt. Komplex, engmaschig, Nuancen von weißem Kernobst, saftige Birne, feine Säurestruktur, dezente Fruchtsüße im Abgang, ein stoffiger Speisenbegleiter mit sicherem Reifepotenzial.

92 Grüner Veltliner * Inzersdorf Schieflage 2022
13 Vol.-%, DV, Stahltank, €€€€ Ⓥ
Helles Gelbgrün, Silberreflexe. Feine Nuancen von frischer Birne, zarter Blütenhonig, Anklänge von Mango, kandierte Orangenzesten. Saftig, elegant, weiße Apfelfrucht, frischer Säurebogen, etwas Feigen und Nougat, mineralisch und ausgewogen, bereits gut antrinkbar.

92 Grüner Veltliner * Inzersdorf Zwiri 2022
13 Vol.-%, DV, Stahltank, €€€€ Ⓥ
Helles Grüngelb, Silberreflexe. Feine Nuancen von frischem Kernobst, ein Hauch von Apfel, zart nach Mango, Anklänge von Blütenhonig, Nuancen von Orangenzesten. Saftig, elegant, zart nach Pfirsich, finessenreicher Säurebogen, mineralisch-zitronig im Abgang, salziger Touch im Rückgeschmack, zeigt Länge, gut antrinkbar.

95 Weissburgunder Inzersdorf Der Wein vom Stein 2022
13,5 Vol.-%, DV, Stahltank, €€€€€
Helles Goldgelb, Silberreflexe. Zart nussig unterlegte Kräuterwürze, Anklänge von weißem Kernobst, Noten von Birne, kandierte Orangenzesten, tabakige Nuancen. Kraftvoll, stoffig, feine Fruchtsüße, gelbe Pfirsichfrucht, Kletzen, mineralisch, angenehmer Säurebogen, seidige Textur, zart salzige Noten im Abgang, zeigt Länge, sicheres Reifepotenzial.

92 Sauvignon Blanc Inzersdorf Giess 2022
13 Vol.-%, DV, Stahltank, €€€€€
Mittleres Gelbgrün, Silberreflexe. Weiße Tropenfrucht, ein Hauch von Cassis, Limetten und reifen Stachelbeeren, floraler Touch. Saftig, elegant, deutliche Fruchtsüße, lebendiges Säurekleid, mineralisch-zitronig, Honigtouch im Nachhall, elegant, pikant und mit Länge ausgestattet.

★★

NOLZ WEIN

Gemäß dem Grundsatz »Weine produzieren, mit denen wir uns identifizieren können, uns selbst und unsere Produkte ständig weiterentwickeln und mit dem bestmöglichen Service und der besten Beratung an unsere Kunden bringen« hat sich in den vergangenen Jahren auf dem Winzerhof Nolz einiges getan. Tradition, gepaart mit innovativen Ideen, kompromissloses Qualitätsdenken und ein Gefühl für den richtigen Zeitpunkt sind die Eckpfeiler des Erfolgs des jungen Traisentaler Winzers. Der Betrieb zählt sicherlich zu jenen, die viel zum Imagegewinn des kleinen Weinbaugebiets beizutragen imstande sind. Ein Besuch des Heurigen in der Kellergasse am Eichberg ist jederzeit einen Abstecher wert.

89 Gelber Muskateller 2023
12 Vol.-%, NK, Stahltank/Flaschenreifung, €€€

91 Grüner Veltliner * Ahrenberg Ried Silberboden 2023
13 Vol.-%, DV, großes Holzfass/Stahltank, €€
Helles Gelbgrün, silberfarbene Reflexe. Nuancen von frischem Apfel, zarte Wiesenkräuter, mineralischer Touch, mit einem Hauch von Orangenzesten unterlegt. Saftig, elegant, weiße Birnenfrucht, gute Frische, mineralisch-salzig im Abgang, feinwürziger Stil, braucht noch etwas Zeit.

91 Grüner Veltliner * Venusberg 2023
12 Vol.-%, DV, Stahltank, €€
Helles Gelbgrün, silberfarbene Reflexe. Frisches Kernobst, zart nach Grapefruitzesten, ein Hauch von Mango, mit fei-

NOLZ WEIN
3133 Hilpersdorf
Dorfstraße 5
T: +43 (664) 73534223
office@nolzwein.at
www.nolzwein.at

Kellermeister/Kontakt:
Josef Nolz
Produktion: 3 % Schaumwein, 85 % weiß, 1 % rosé, 10 % rot, 1 % süß, 8 Hektar
Vereinszugehörigkeit:
Verein Traisentaler Wein

Ahrenberg

nen Wiesenkräutern unterlegt. Mittlere Komplexität, weißer Apfel, frisch strukturiert, salzig im Nachhall, ein straffer, leichtfüßiger Speisenbegleiter.

89 Grüner Veltliner * 2023
11,5 Vol.-%, DV, Stahltank, €€

91 Riesling * Traismauer 2023
13,5 Vol.-%, DV, großes Holzfass/Stahltank, €€
Helles Gelbgrün, silberfarbene Reflexe. Feine Nuancen von Weingartenpfirsich, weißer Apfel, mineralischer Touch, attraktives Bukett. Saftig, weiße Tropenfrucht, finessenreiche Säurestruktur, salzig im Abgang, ein lebendiger Speisenbegleiter mit Reifepotenzial.

92 Gewürztraminer 2021
14 Vol.-%, DV, großes Holzfass, €€€
Mittleres Goldgelb, Silberreflexe. Zart nach Honig und Ananas, feine Rosenaromatik, Nuancen von reifem Pfirsich. Mittlerer Körper, feine Apfelfrucht, finessenreiche Struktur, dezente Fruchtsüße, wirkt leichtfüßig, verfügt über Länge und Entwicklungspotenzial.

★★

WEINGUT THOMAS OTT

Im Herzen des Traisentals, das auf eine jahrtausendealte Weintradition zurückblicken kann, befindet sich das Familienweingut von Thomas Ott. Für ihn hat Weinbau viel mit Harmonie und Ausgleich zu tun. Ziel ist es, die Weingärten in ihrer natürlichen Balance zu erhalten, sodass nur sehr wenige Eingriffe nötig sind. Die Weine profitieren auch vom speziellen Mikroklima des Traisentals. Für Wärme und Sonne sorgen pannonische Einflüsse, atlantische Strömungen bringen kühle Luft, die für die Ausbildung der Aromen eine wichtige Rolle spielt. Auf den teils winzigen Terrassenweingärten wachsen hauptsächlich Grüner Veltliner und Riesling. Der sehr kalkhaltige Boden fördert die Mineralik und macht die Weine unverwechselbar. Tipp: Besuchen Sie den Winzer auch vor Ort beim Heurigen. Neben den passenden Weinen werden hausgemachte Spezialitäten serviert.

92 Grüner Veltliner * Ried Alte Setzen 2023
13 Vol.-%, DV
Helles Gelbgrün, Silberreflexe. Zart nach weißem Apfel, ein Hauch von Wiesenkräutern, tabakige Nuancen, zart nach Birne. Kräftig, würzige Noten, zart blättrig, Kernobst

Thomas Ott

WEINGUT THOMAS OTT
3134 Reichersdorf
Obere Ortsstraße 37
T: +43 (664) 5271508
info@ott-traisental.at
www.ott-traisental.at

Kellermeister/Kontakt:
Thomas Ott
Produktion: 90 % weiß, 10 % rot
Vereinszugehörigkeit:
Verein Traisentaler Wein

klingt an, mineralisch-salzig im Abgang, wird von Flaschenreife profitieren.

(91) Grüner Veltliner * Ried Mitterweg 2023
12,8 Vol.-%, DV, Stahltank, €€
Helles Goldgelb, Silberreflexe. Zarte gelbe Kernobstnote, etwas Mango, frische Orangenzesten. Mittlere Komplexität, dezente Birnenfrucht, gut integrierter Säurebogen, feine Süße im Nachhall, bereits gut antrinkbar.

90 Grüner Veltliner * Flins 2023
12 Vol.-%, DV
Helles Gelbgrün, silberfarbene Reflexe. Frische Gute-Luise-Birne, ein Hauch von Mango, Nuancen von Orangenzesten, einladendes Bukett. Straff, engmaschig, schlank, frisches Kernobst, feine Säurestruktur, mineralisch und leichtfüßig, ein feiner Sommerwein.

90 Riesling * Ried Spiegeln 2023
13 Vol.-%, DV
Grelles Goldgelb, Silberreflexe. Zarte gelbe Tropenfrucht, etwas Ananas und Papaya, ein Hauch von Blütenhonig. Mittlerer Körper, weißes Steinobst, frischer Säurebogen, betont salzig im Abgang, etwas Grapefruit im Nachhall.

89 Gemischter Satz Alte Reben 2023
12 Vol.-%, DV

88 Blütenmuskateller 2023
12 Vol.-%, DV

★★★

WEINKULTUR PREISS

Das Weingut Weinkultur Preiß kann auf eine mehr als 100-jährige Geschichte zurückblicken. Die Familie erwarb das Gut in Theyern 1913, und damals war es noch ein gemischter landwirtschaftlicher Betrieb. Heute konzentriert man sich auf vielseitigen Wein- und Obstbau. Mit Erfahrung und kompromisslosem Willen möchte die Winzerfamilie aus hervorragenden Trauben große Weine keltern. Bewirtschaftet werden zwölf Hektar Wein- und rund elf Hektar Obstkulturen rund um den kleinen idyllischen Ort Theyern, den ältesten Teil der Gemeinde Nußdorf ob der Traisen. Die Rebflächen, meist kleine Terrassen, stehen auf einem Muttergestein aus eiszeitlichen Konglomeratablagerungen mit teilweise mächtigen Lössanwehungen. Diese Böden und der hohe Kalkgehalt prägen die einzigartige Stilistik der Weine: Es entstehen komplexe, unverkennbar mineralische Weine mit Rückgrat, Finesse und Authentizität. Das Konglomerat in den Böden ist über 16 Millionen Jahre alt und setzt sich aus kalkalpinen Geröllen zusammen. Darin findet man unter anderem Mikrofossilien, sogenannte »Kammerlinge«, das sind kleine, einzellige Meeresbewohner. Sie zieren auch das Etikett auf den Weinflaschen.
Mittelhohe Erziehung, hohe Laubwand, hohe Stockanzahl und konsequente Ertragsreduktion sind weitere Säulen des Qualitätsanbaus. Bei den Rebsorten dominiert der Grüne Veltliner mit über 60 Prozent, Riesling und Zweigelt folgen mit je zehn Prozent, aber auch Spezialitäten wie Chardonnay und Gelber Muskateller gehören zum Sortiment. Möglichst viel von Frucht und Geschmack der Traube soll bei der Vinifizierung im Keller erhalten bleiben und Terroir und Liebe des Winzers im Wein widerspiegeln. Die wichtigsten Lagen der Familie Preiß sind Brunndoppel, Berg, Hochschopf, Rosengarten, Pletzengraben und Gaisruck.

94 Grüner Veltliner ** Ried Berg 2022
13,5 Vol.-%, DV, Stahltank, €€€€€
Mittleres Gelbgrün, Silberreflexe. Frische Orangenzesten, zart nach Wiesenkräutern, dazu gelber Apfel und etwas Mango, tabakig-mineralisch unterlegtes Bukett. Komplex, saftig, fruchtsüße Textur, seidiger Körper, zartes Säurespiel, mineralisch-salzig im Abgang, elegant und mit guter Länge ausgestattet, hat eine erste Trinkreife erreicht.

93 Grüner Veltliner * Ried Rosengarten 2023
13,5 Vol.-%, DV, Stahltank, €€€€
Mittleres Gelbgrün, silberfarbene Reflexe. Zart tabakig-kräuterwürzig unterlegte Nuancen von gelbem Kernobst, frischer Apfel, etwas Mango, ein Hauch von kandierten Orangenzesten. Kräftig, saftig, elegant, feiner Säurebogen, angenehme Fruchtsüße im Abgang, keine Spur von Opulenz, ein stoffiger Speisenbegleiter mit Reifepotenzial.

Viktoria Preiß

WEINKULTUR PREISS

3134 Theyern
Ringgasse 4
T: +43 (2783) 6731
wine@kulturpreiss.at
www.weinkulturpreiss.at

Kellermeister/Kontakt: Viktoria Preiß
Anbauweise: Umstellung auf bio (Austria Bio Garantie)
Produktion: 95 % weiß, 5 % rot, 13 Hektar
Vereinszugehörigkeit: Verein Traisentaler Wein
Messen: VieVinum

93 Grüner Veltliner ** Ried Brunndoppel 2022
13,5 Vol.-%, DV, €€€€
Mittleres Gelbgrün, Silberreflexe. Zart nach exotischen Früchten, ein Hauch von Ananas und Mango, mit Mandarinenzesten und Blütenhonig unterlegt. Saftig, cremig-seidige Textur, zarte Fruchtsüße, dezenter Säurebogen, Blütenhonig im Nachhall, bereits gut entwickelt, ein facettenreicher Speisenbegleiter.

92 Grüner Veltliner * Ried Hochschopf 2023
13,5 Vol.-%, DV, Stahltank, €€€
Mittleres Gelbgrün, Silberreflexe. Frische Wiesenkräuter, ein Hauch von weißer Birnenfrucht, mit Mandarinenzesten unterlegt. Mittlere Komplexität, feine Fruchtsüße, zart nach Honigmelone, dezentes Säurespiel, balanciert und seidig, ein zugänglicher, ausgewogener Speisenwein.

91 Grüner Veltliner * Nußdorf ob der Traisen 2023
13,5 Vol.-%, DV, Stahltank, €€€
Helles Gelbgrün, silberfarbene Reflexe. Etwas scheu, ein Hauch von frischen Wiesenkräutern, zart nach Kernobst, Honigmelone klingt an. Saftig, feine Fruchtsüße, lebendiger Säurekern, stoffig und anhaftend, gelbe Apfelfrucht im Abgang, verfügt über gute Länge.

93 Riesling * Ried Pletzengraben 2023
13,5 Vol.-%, DV, Stahltank, €€€€
Helles Gelbgrün, silberfarbene Reflexe. Feinwürzig unterlegte weiße Tropenfrucht, ein Hauch von Grapefruitzesten, feuchte Steine, Limetten, facettenreiches Bukett. Stoffig, elegant, seidige Textur, feine Fruchtsüße, gut integrierter Säurebogen, bleibt gut haften, zeigt Länge und Reifepotenzial.

90 Sauvignon Blanc Kammerling 2023
12,5 Vol.-%, DV, Stahltank, €€
Helles Goldgelb, Silberreflexe. Frische gelbe Stachelbeeren, ein Hauch von Guaven, angenehme Kräuterwürze. Mittlerer Körper, grüner Apfel, feines Säurespiel, ein Hauch von Limetten, schlanker Speisenbegleiter.

90 Gelber Muskateller Kammerling 2023
12,5 Vol.-%, DV, Stahltank, €€
Helles Goldgelb, Silberreflexe. Florale Nuancen, nach Holunder, Limettenzesten und grünem Apfel, eher dezentes Bukett. Schlank, feine Nuancen von gelber Tropenfrucht, gut integrierte Säure, mineralisch-zitroniger Nachhall, zarter Sommerwein.

92 Zweigelt Rosé Kammerling 2023
13 Vol.-%, DV, Stahltank, €€
Helles Lachsrosa, Silberreflexe. Nuancen von eingelegten roten Kirschen, feines Waldbeerenkonfit, floraler Touch. Mittlerer Körper, zart nach Apfel und dunklen Ringlotten, frisch strukturiert, mineralisch, feine Fruchtsüße, anhaftend, balanciert, vielfältig einsetzbar.

89 Zweigelt Kammerling 2022
13 Vol.-%, DV, gebrauchte Barriques/Stahltank, €€

PLATZ FÜR IHRE
WEINNOTIZEN

© WSNA

NIEDERÖSTERREICH

WACHAU

DAC

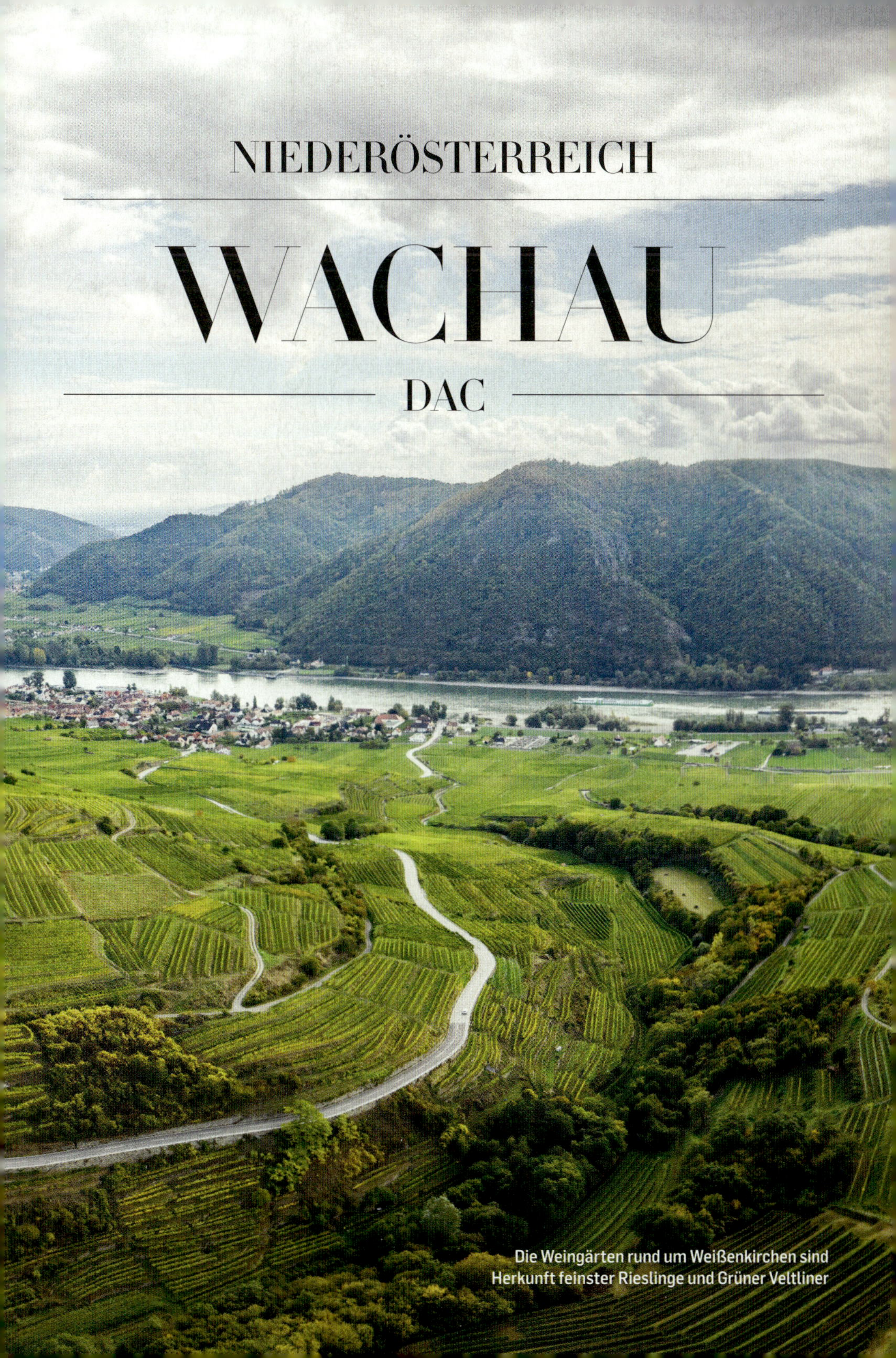

Die Weingärten rund um Weißenkirchen sind Herkunft feinster Rieslinge und Grüner Veltliner

STEILE TERRASSEN, NOBLE LOGEN FÜR DIE REBEN

Weltkulturerbe und bezaubernde Wohlfühllandschaft – das ist die Wachau. Auf 1.323 Hektar, teils auf steilen Terrassen, stehen hauptsächlich Grüner Veltliner und Riesling. Die Weinkategorien »Steinfeder«, »Federspiel« und »Smaragd« stehen für die Naturbelassenheit der Wachauer Weine, die ab dem Jahrgang 2020 auch DAC-Status haben.

Die Entstehungsgeschichte eines der faszinierendsten Weinbaugebiete Österreichs ist spannend: In der Nacheiszeit setzten sich im Windschatten der Berge Staubböden ab, daraus wurden einerseits die heutigen Lössböden, andererseits die steil abfallenden Hänge aus Gföhler Gneis. Auch die Donau trug ihren Teil bei, indem sie Sand, Schotter und Schwemmlösse in den ebenen Rieden ablagerte. Diese Geologie in Verbindung mit den vom Menschen als »Landschaftspfleger« geschaffenen Terrassen zur Bewirtschaftung der besten Steillagen zeichnen das markante Bild der Wachau. Spannungsreich ist auch das Klima, denn hier treffen zwei starke Einflüsse aufeinander – nicht frontal, sondern eng verzahnt: das westlich-atlantische und das östlich-pannonische Klima. Je nach Hanglage, Exposition, Geländeformation sowie durch die Wärme speichernden Mauern und Felsen werden Kleinstklimazonen wirksam. Die heißen, trockenen Sommer und die strengen Winter werden durch die große Wasserfläche der Donau ausgeglichen. Die kühlen Fallwinde aus dem nördlichen Waldviertel sorgen speziell in den Monaten vor der Ernte für große Schwankungen zwischen Tag- und Nachttemperaturen. Vom kühleren Spitzer Graben bis zum wärmeren Loibenberg entstehen in diesem Zusammenspiel die vielschichtigen Aromen der Trauben.

Dies wird in den Weinen als kühle Frucht mit teilweise exotischen Anklängen spürbar: von der schlanken Steinfeder über das elegante Federspiel bis zum noblen Smaragd, definiert vom unverzichtbar gewordenen Schutzverband »Vinea Wachau«.
Und nochmals spannend wird es, im historischen Ambiente der Weinorte auf die Suche nach weinkulinarischen Adressen zu gehen. Top-Winzer und Spitzengastronomen sind in der Wachau geradezu auf Schritt und Tritt zu finden, von Spitz über Weißenkirchen, Wösendorf und Joching bis Dürnstein und Loiben – wobei der eine oder andere Seitensprung ans rechte Donauufer zu empfehlen ist. Selbstverständlich kann man in der Wachau auch zahlreiche Heurige besuchen. Neben dem Herrscherpaar Riesling und Veltliner, die es ab dem Jahrgang 2020 als Wachau DAC Gebiets-, Orts- und Riedenwein gibt, garantieren auch Weißburgunder, Neuburger, Muskateller oder Sauvignon Blanc exzellente Geschmackserlebnisse als Gebiets- und Ortsweine.

WACHAU DAC

Österreich gesamt	**44.728 ha**
Weinbaugebiet Niederösterreich	**27.074 ha**
Wachau DAC	**1.323 ha**

AUSGEWÄHLTE WEINGÜTER

★★★★★

Weingut Alzinger, Dürnstein
Weingut Franz Hirtzberger, Spitz an der Donau
Weingut Knoll, Dürnstein
Weingut F. X. Pichler, Dürnstein
Weingut Rudi Pichler, Wösendorf
Weingut Prager, Weißenkirchen in der Wachau

★★★★

Domäne Wachau, Dürnstein
Weingut Johann Donabaum, Spitz an der Donau
Weingut Georg Frischengruber, Rossatz
FJ Gritsch – Mauritiushof, Spitz an der Donau
Weingut Josef & Georg Högl, Spitz an der Donau
Weingut Hofstätter Wolfgang, Spitz an der Donau
Weingut Jamek, Joching
Weingut Lagler, Spitz
Weingut Pichler-Krutzler, Dürnstein
Weingut Schmelz, Joching
Weingut Tegernseerhof, Dürnstein

★★★

Weingut Atzberg, Spitz an der Donau
Weingut Bäuerl, Dürnstein
Weingut Thomas Gritsch, Spitz an der Donau

★★★

Weinhofmeisterei Mathias Hirtzberger, Wösendorf
Weingut Holzapfel, Weißenkirchen in der Wachau
Weingut Hutter Silberbichlerhof, Mautern a.d. Donau
Weingut Jäger, Weißenkirchen in der Wachau
Anton Nothnagl, Spitz an der Donau
Weingut Rixinger, Spitz an der Donau
Weingut Heinz und Adrienne Sigl, Rossatz
Karl Stierschneider – Kartäuserhof, Weißenkirchen in der Wachau
Weingut Strawanzer Donabaum, Spitz a.d. Donau

★★

Domäne Roland Chan, Wösendorf in der Wachau
Weingut Christoph Donabaum, Spitz
Weingut Simon Gattinger, Dürnstein
Weingut Stefan Gebetsberger, Spitz an der Donau
Weingut Roman Gritsch, Spitz an der Donau
Weingut Franz Mayer, Spitz an der Donau
Weingut Mazza, Weißenkirchen in der Wachau
Weingut Müller – Tassilo, Krustetten
Weingut PAX, Weißenkirchen in der Wachau

★

Weingut Braun, Wösendorf
Weingut Ernsthofer, Wösendorf

★★★★★

WEINGUT ALZINGER

Seit 1983 zählt das Weingut Alzinger zu den Fixsternen am Wachauer Winzerhimmel. Leo Alzinger erzeugt in seinen Loibner und Dürnsteiner Top-Lagen Grünen Veltliner und Riesling. Bei meiner heurigen Verkostung lagen wie gewohnt die Paradelagen Loibenberg und Steinertal an der Spitze, die durch Präzision und Strahlkraft beeindrucken. Alzingers langlebige Weine verdienen die ungeteilte Aufmerksamkeit der Weinfreunde, denn hier ist zum wiederholten Mal eine absolute Top-Palette gelungen. Es ist egal, ob man sich zum Riesling oder zum Grünen Veltliner hinwendet: Man wird bei der großen Auswahl unter Garantie fündig.

Sollte man die Gelegenheit haben, etwas reifere Weine dieses Hauses zu verkosten, dann wird man erst die ganze Pracht der Weine kennenlernen. Gerade Alzingers Weine sind in ihrer Jugend oft zurückhaltender, entwickeln aber immer eine starke Persönlichkeit. Will man also den Charakter eines Spitzenveltliners näher ergründen, dann sollte man einen gereiften Alzinger-Wein dekantieren, ihm etwas Zeit gönnen – und dann staunen. Anlässlich des Wettbewerbs »Vorbildliches Bauen in Niederösterreich« erklärte eine renommierte Jury 2017 die Neukonzeption des Weingutsgebäudes zu einem der Siegerprojekte. Besonders hervorgehoben wurde von der Jury, dass das neue Weingut »für eine

WEINGUT ALZINGER
3601 Dürnstein
Unterloiben 11
T: +43 (2732) 77900
weingut@alzinger.at
www.alzinger.at

Kellermeister/Kontakt:
Leo Alzinger
Produktion: 100 % weiß, 12 Hektar
Vereinszugehörigkeit:
Vinea Wachau
Messen: ProWein Düsseldorf, VieVinum

Dürnstein

nachahmenswerte bauliche Weiterentwicklung des Weltkulturerbegebiets Wachau« steht.

(98) Riesling * Ried Steinertal Smaragd 2023
13,5 Vol.-%, NK, großes Holzfass, €€€€€
Helles Grüngelb, Silberreflexe. Feine Steinobstaromen, ein Hauch von Weingartenpfirsich, kühle Mineralik, ein Hauch von Orangenzesten, florale Nuancen, facettenreiches Bukett. Saftig, elegant, angenehme weiße Frucht, finessenreich strukturiert, feiner kühler Stil, bereits sehr gut antrinkbar, klar wie ein Gebirgsbach, sicheres Potenzial für die Zukunft.

(97) Riesling * Ried Loibenberg Smaragd 2023
13,5 Vol.-%, NK, großes Holzfass
Mittleres Grüngelb, Silberreflexe. Feine Nuancen von gelbem Pfirsich, etwas Tropenfrucht klingt an, dezenter Blütenhonig, ein Hauch von kandierten Orangenzesten. Stoffig, elegant, weißes Steinobst, finessenreiche Struktur, mineralisch-zitronig, ein leichtfüßiger Speisenbegleiter, sicheres Potenzial für die Zukunft.

(96) Riesling * Ried Höhereck Smaragd 2023
13,5 Vol.-%, NK, großes Holzfass
Mittleres Gelbgrün, Silberreflexe. Feine gelbe Tropenfrucht, zart nach Pfirsich, ein Hauch von Limettenzesten. Saftig, feiner Mangotouch, elegant, zarte Fruchtsüße, gut integrierte Säurestruktur, finessenreiche Mineralik, sehr gute Länge und Balance, bereits gut antrinkbar, sichere Zukunft.

(95) Riesling * Ried Hollerin Smaragd 2023
13,5 Vol.-%, NK, großes Holzfass
Helles Gelbgrün, Silberreflexe. Sehr einladendes Bukett, ein Hauch von Zitronenmelisse, zart nach Steinobst, feiner Limettentouch. Mittlere Komplexität, weißer Pfirsich, lebendiger Säurebogen, straff und gut anhaftend, ein ausgewogener Speisenbegleiter, zeigt Länge und Zukunftspotenzial.

93 Riesling * Dürnstein Federspiel 2023
12,5 Vol.-%, DV, Stahltank
Helles Gelbgrün, Silberreflexe. Zarte Nuancen von Weingartenpfirsich, zart nach Blütenhonig, mineralisch unterlegt. Straff, engmaschig, feine Nuancen von weißem Kernobst, lebendig strukturiert, mineralisch-zitronig im Nachhall, salziger Touch, ein animierender Wein für den Sommer und darüber hinaus.

(96) Grüner Veltliner * Ried Steinertal Smaragd 2023
13,5 Vol.-%, NK, großes Holzfass
Mittleres Gelbgrün, Silberreflexe. Feine Wiesenkräuter, ein Hauch von frischen Orangenzesten, gelbe Apfelfrucht, tabakige Nuancen, zart nach Walnuss. Komplex, saftig, feines Kernobst, balanciert, finessenreiche Säurestruktur, mineralisch und anhaftend, salzig-zitroniger Nachhall, großes Zukunftspotenzial.

(95) Grüner Veltliner * Ried Loibenberg Smaragd 2023
13,5 Vol.-%, NK, großes Holzfass
Helles Gelbgrün, Silberreflexe. Einladendes gelbes Kernobst, zart nach Mango, ein Hauch von Blütenhonig und Orangenzesten. Komplex, saftig, gelber Apfel, finessenreich strukturiert, zarte Fruchtsüße, bleibt haften, ein eleganter, stoffiger Veltliner-Stil, bereits harmonisch, mit Länge und Zukunftspotenzial ausgestattet.

* Wachau DAC

(94) Grüner Veltliner * Ried Mühlpoint Smaragd 2023
13,5 Vol.-%, DV, Stahltank
Helles Gelbgrün, Silberreflexe. Intensive Kräuterwürze, weiße Apfelfrucht, ein Hauch von Tabak, mineralisch unterlegt. Saftig, elegant, feiner weißer Apfel, finessenreiche Struktur, wirkt leichtfüßig, ein Hauch von Limetten, salziger Nachhall, bereits gut entwickelt, vom Fleck weg zu genießen.

(94) Grüner Veltliner * Ried Liebenberg Smaragd 2023
13,5 Vol.-%, NK, großes Holzfass
Helles Gelbgrün, Silberreflexe. Frischer weißer Apfel, zart nach Orangenzesten, feine Mineralik, ein Hauch von Zitronenmelisse. Mittlere Komplexität, wirkt zart und leichtfüßig, dezente Nuancen von weißem Kernobst, feine Säurestruktur, feine Bodenwürze, elegant und gut anhaftend, salziger Nachhall, sicheres Reifepotenzial.

93 Grüner Veltliner * Ried Mühlpoint Federspiel 2023
12,5 Vol.-%, DV, Stahltank
Helles Gelbgrün, Silberreflexe. Gelbe Tropenfrucht, zart nach Maracuja, ein Hauch von Ananas, mineralischer Touch, kandierte Orangenzesten, einladendes Bukett. Saftig, gute Komplexität, salzig-mineralisch, Nuancen von weißer Frucht, etwas nach Kräutern, Apfel im Abgang, bleibt sehr gut haften.

92 Grüner Veltliner * Dürnstein Federspiel 2023
12,5 Vol.-%, DV, Stahltank
Helles Gelbgrün, Silberreflexe. Feine weiße Apfelfrucht, ein Hauch von Wiesenkräutern und Birne. Saftig, elegant, feines Kernobst, frisch strukturiert, mineralisch und bereits gut entwickelt, vielfältig einsetzbar.

★★★

WEINGUT ATZBERG

Inmitten der Wachau, einer der schönsten Kulturlandschaften der Welt, liegt der Atzberg. Bereits 1382 wurde in einer Urkunde der »Ärtzberg« als Weinbauriede erwähnt. Der Boden – wie der ursprüngliche Name erahnen lässt – ist sehr erzhaltig. Aufgrund der beschwerlichen Bearbeitung dieser steilen Riede, wurde der Weinbau am Atzberg in den 1950er-Jahren aufgegeben. Der ausgewiesene Wachau-Experte Weinpfarrer Hans Denk (†) attestierte dieser Lage eine Qualität, die sogar in der Wachau einzigartig ist, und so wurde ab dem Jahr 2008 diese herausragende Lage mit viel Handarbeit und unzähligen Arbeitsschritten wieder rekultiviert.
Die Südorientierung, die optimale Sonneneinstrahlung, die kühle Luft, die durch das Mieslingtal vom Waldviertel herunterzieht, und die unmittelbare Nähe zur Donau ergeben ein ganz spezielles Mikroklima. Die extrem steile Lage mit bis zu 75 Prozent Hangneigung wird mühevoll zu 100 Prozent per Hand kultiviert. Jedes Jahr entstehen nur zwei Weine, die in ihrer Fülle und Ausdrucksstärke zu den besten der Wachau zählen.

WEINGUT ATZBERG
3620 Spitz an der Donau
Mieslingtal 3
T: +43 (650) 7203663
office@atzberg.at
www.atzberg.at

Kellermeister: Johann Donabaum
Kontakt: Paul Kiefer
Produktion: 100 % weiß, 2 Hektar
Zertifiziert: Nachhaltig Austria
Vereinszugehörigkeit: Vinea Wachau
Messen: ProWein Düsseldorf, VieVinum

(95) Grüner Veltliner * Ried Atzberg Smaragd Obere Steilterrassen 2023
14 Vol.-%, NK, großes Holzfass, €€€€€€
Mittleres Grüngelb, Silberreflexe. Nuancen von reifem gelbem Kernobst, zart nach Marille, dezente Kräuterwürze, dunkle Mineralik, einladendes Bukett. Kraftvoll, saftig, elegant, weißer Apfel, feine Säurestruktur, mineralisch im Nachhall, zeigt Länge und Potenzial.

(94) Grüner Veltliner * Ried Atzberg Smaragd Steilterrassen 2023
13,5 Vol.-%, DV, Stahltank, €€€€€
Mittleres Gelbgrün, Silberreflexe. Feine gelbe Apfelfrucht, ein Hauch von frischen Quitten, zart nach kandierten Orangenzesten. Saftig, mittlere Komplexität, weißes Kernobst, frische Säurestruktur, zitroniger Touch, mineralisch-salziger Nachhall, zeigt Länge, Frische und Potenzial.

★★★

WEINGUT BÄUERL

BIO

Martina Bäuerl hat das kleine und feine Familienweingut in Oberloiben gepachtet und verarbeitet die Trauben aus den Terrassenlagen Loibenberg, Kellerberg, Höhereck und Liebenberg. Weitere Rieden sind Kreutles oder Hochstrasser am Fuße des Loibenbergs. Die Trauben werden in kleinen Kisten zum Keller angeliefert und je nach Weincharakter unterschiedlich verarbeitet, immer gerebelt und entweder rasch oder nach längerer Maischestandzeit schonend gepresst. Nach der Klärung vergären die Weine in Stahltanks, und man gibt ihnen Zeit zur Entwicklung.
Wichtig ist Familie Bäuerl die Erkennbarkeit der Lage, der Traube und des Bodens, wo der Wein gewachsen ist. Deshalb findet man in den Weinen Mineralik, Finesse und Eleganz. Nach dem Motto von Martina Bäuerl »Das einzig B'ständige im Leben ist die Veränderung« bewirtschaftet sie mit ihrem Mann Wolfgang die Weingärten kontrolliert biologisch. Mit dem Jahrgang 2023 ist das Weingut auch biozertifiziert. Probieren kann man die Weine beim Heurigen oder einer individuellen Verkostung nach telefonischer Voranmeldung. Weiters stehen noch drei gemütliche Appartements für einen längeren Aufenthalt in der Wachau zur Verfügung.

(96) Riesling * Ried Kellerberg Smaragd 2023
13,5 Vol.-%, NK, Stahltank, €€€€€ B V
Helles Grüngelb, Silberreflexe. Blumig unterlegter frischer Weingartenpfirsich, ein Hauch von Mandarinen, mineralisch, feiner Honigtouch. Saftig, elegant, zart nach süßer Tropenfrucht, finessenreich strukturiert, mineralisch und lange anhaftend, ein balancierter Speisenbegleiter mit Länge und großem Reifepotenzial.

92 Riesling * Loiben Federspiel vom Urgestein 2023
12,5 Vol.-%, DV, Stahltank, €€€ B V
Helles Grüngelb, Silberreflexe. Zarte gelbe Pfirsichfrucht, ein Hauch von Blütenhonig, kandierte Mandarinenzesten. Saftig, elegant, zarte Fruchtsüße nach Mango, lebendiger Säurebogen, weißer Apfel im Abgang, mineralisch-zitronig im Nachhall, ein lebendiger Speisenbegleiter.

(95) Grüner Veltliner * Ried Kellerberg Smaragd 2023
13,5 Vol.-%, NK, Stahltank, €€€€€ B V
Helles Grüngelb, Silberreflexe. Zart rauchig-tabakig unterlegte feine gelbe Apfelfrucht, Nuancen von Orangenzesten, Mango und Blütenhonig, attraktives Bukett. Komplex, saftig, weiße Apfelfrucht, finessenreicher Säurebogen, mineralisch und lange anhaftend, delikater Stil, sicheres Reifepotenzial.

92 Grüner Veltliner * Loiben Federspiel Balance 2023
12,5 Vol.-%, DV, Stahltank, €€ B V
Helles Grüngelb, Silberreflexe. Feine Mangonote, etwas

WEINGUT BÄUERL
3601 Dürnstein
Oberloiben 28
T: +43 (664) 444 0 620
wein@baeuerl.at
www.baeuerl.at

Kellermeister: Wolfgang Bäuerl
Kontakt: Martina Bäuerl
Anbauweise: Zertifiziert Biologisch (Austria Bio Garantie, Bio Austria, Bioveritas)
Produktion: 20.000 Flaschen
99 % weiß, 1 % süß, 3 Hektar
Zertifiziert: Nachhaltig Austria
Vereinszugehörigkeit: Vinea Wachau
Messen: VieVinum

* Wachau DAC

Honigmelone, Nuancen von Orangenzesten, mit zarten Wiesenkräutern unterlegt. Mittlerer Körper, frisches Kernobst, lebendig, frisch strukturiert, zart salziger Nachhall, animierender Stil.

(92) Grüner Veltliner * Ried Kreutles Federspiel 2023
12,5 Vol.-%, DV, Stahltank, €€€ B V
Helles Grüngelb, Silberreflexe. Tabakig, feine Kräuterwürze, reifer gelber Apfel, zart nach Honigmelone, mit Orangenzesten unterlegt. Saftig, elegant, ein Hauch von Lindenblättern, feiner Säurebogen, zitronig-frisch im Abgang, saliner Nachhall, vielseitiger Speisenbegleiter.

91 Gelber Muskateller * Loiben Federspiel vom Urgestein 2023
12,5 Vol.-%, DV, Stahltank, €€ B V
Helles Gelbgrün, Silberreflexe. Zart nach Holunderblüten, dazu weißer Apfel und Limettenzesten, einladendes Bukett. Saftig, schlank, grüner Apfel, frischer Säurebogen, zart nach Muskat und Zitrone, salziger Nachhall.

★

WEINGUT BRAUN

NEU

In Wösendorf im Herzen der Wachau befindet sich das Weingut Braun. Gegründet wurde es mit anfangs 0,25 Hektar von Sebastian Braun und seiner Frau Veronika, doch auch Freunde und Bekannte leisten in vielen Bereichen eine fantastische Arbeit, beispielsweise im Weingarten oder beim Heurigen. Die inzwischen auf 2,5 Hektar angewachsenen Rebflächen, die im Nebenerwerbe bewirtschaftet werden und sich gerade in Umstellung auf bio befinden, verteilen sich auf Joching und Weißenkirchen. Dadurch sind die Weine von verschiedenen Böden und Klimafaktoren geprägt. Es werden ausschließlich Terrassen bewirtschaftet.
Vinifiziert wird seit 2023 in Rossatz. Grüner Veltliner ist die Hauptsorte, gefolgt vom Riesling. Neu ausgepflanzt wurden zusätzlich 500 Stock Pinot Noir, die als Rosé-Sekt das Sortiment erweitern. Der tägliche Kampf mit der Natur in den Weingärten und eine sorgfältige Ernte sind die Basis für gesunde Trauben, die im Keller schonend mit moderner Technik weiterverarbeitet werden, ganz nach dem

Sebastian und Veronika Braun

WEINGUT BRAUN
3610 Wösendorf
Hauptstraße 86
T: +43 (676) 6966311
office@braun.wine
braun.wine

Kellermeister/Kontakt: Sebastian Braun
Anbauweise: Umstellung auf bio (Bio Austria)
Produktion: 13.333 Flaschen
100 % weiß, 2.5 Hektar
Zertifiziert: Nachhaltig Austria
Vereinszugehörigkeit: Vinea Wachau
Messen: VieVinum

Motto: »Weniger ist mehr.« Der Fokus wird zum einen auf fruchtige, leicht trinkbare Weine und zum anderen auf langlebige, komplexe Riedenweine gelegt. Weinverkostungen sind während der Saison im urigen Ambiente des Heurigen oder nach Vereinbarung auf dem Weingut möglich.

94 Riesling * Ried Achleiten Smaragd 2022
12,5 Vol.-%, NK, Stahltank, €€€€€
Mittleres Grüngelb, Silberreflexe. Kandierte Orangenzesten, gelber Pfirsich, etwas Honigmelone, zart nach Feigen, einladendes, facettenreiches Bukett. Mittlerer Körper, zart nach Marille, fruchtige Süße, lebendiger Säurebogen, balanciert und gut anhaftend, zeigt Länge und Entwicklungspotenzial.

93 Riesling * Ried Simbach 2022
12,5 Vol.-%, NK, Stahltank, €€€€€
Helles Gelbgrün, Silberreflexe. Feine Anklänge von gelber Tropenfrucht, zart nach gelbem Pfirsich, mit etwas Safran unterlegt, einladendes Bukett. Saftig, elegant, etwas Dörrmarille, seidige Textur, feiner Säurebogen, ein Hauch von Blütenhonig, Limetten im Nachhall, ein leichtfüßiger Speisenbegleiter.

92 Riesling * Ried Steinriegl 2022
12,5 Vol.-%, NK, Stahltank, €€€€€
Helles Gelbgrün, Silberreflexe. Floral, feine weiße Tropenfrucht, ein Hauch von Steinobst, mit kandierten Mandarinenzesten unterlegt. Mittlere Komplexität, weißer Pfirsich, frisch strukturiert, salzig-zitronig im Abgang, mittlere Länge, bietet unkompliziertes Trinkvergnügen.

92 Grüner Veltliner * Weißenkirchen Federspiel 2023
12 Vol.-%, DV, Stahltank, €€€
Helles Gelbgrün, silberfarbene Reflexe. Etwas nach Kräutern, floraler Touch, zarte gelbe Tropenfrucht, mit Blütenhonig unterlegt. Saftig, elegant, feine Säurestruktur, mineralisch, extraktsüß nach Quitte, bleibt gut haften, vielfältig einsetzbar.

92 Grüner Veltliner * Weißenkirchen Ried Steinriegl 2022
12,5 Vol.-%, NK, Stahltank/großes Holzfass, €€€€€
Helles Grüngelb, Silberreflexe. Zarte gelbe Apfelfrucht, ein Hauch von Ringlotten, mineralischer Touch, mit Orangenzesten unterlegt. Mittlerer Körper, saftig, ein Hauch von Vanille und weißem Kernobst, mineralisch und leichtfüßig im Abgang, Limetten im Nachhall, gutes Reifepotenzial.

89 Grüner Veltliner * 2023
12,5 Vol.-%, DV, Stahltank, €€€

★★

DOMÄNE ROLAND CHAN

Die Domäne Roland Chan wurde 2017 von Dipl.-Ing. Roland Müksch und seiner Gattin, Dr. Sharon Chan, gegründet, was den für Wachauer Verhältnisse dann doch eigenwilligen Namen des Weinguts erklärt. In den ersten drei Jahren wurde rund ein halber Hektar Steilterrassen in der Ried Höll und der Ried Bach bearbeitet. 2021 kamen dann Weingärten in der Ried Achleiten und der Ried Klaus dazu – sowie ein Winzerhaus in Sankt Michael. Aktuell werden rund 10.000 Flaschen auf drei Hektar produziert.

Für die Vinifizierung ist der Spitzer Winzer Christoph Donabaum verantwortlich, freilich in Abstimmung mit Roland Müksch. Drei Lesedurchgänge sind notwendig, um in den Steilterrassen das Traubenmaterial zu bekommen, das den Vorstellungen des Eigentümers entspricht. Längere Maischestandzeiten vor der Pressung sind gewünscht. Die Weine werden danach lange auf der Feinhefe gelagert und ungefiltert abgefüllt. Erst zwei Jahre nach der Lese kommen die Weine der Domäne Roland Chan auf den Markt, der 2022er Jahrgang wird also erst im Herbst vertrieben.

Die Weine haben schon sehr gute Bewertungen von James Suckling (96 Punkte für den Riesling Ried Klaus 2021 und jeweils 95 Punkte für den Riesling Ried Achleiten und den Riesling Ried Bach) und Falstaff (94 Punkte für den Riesling Ried Bach 2020) erhalten, und man ist zweifacher Gewinner einer Trophy für beste Weinbegleitung, und 2023 wurde das Weingut mit einer Trophy für

Familie Müksch Chan

DOMÄNE ROLAND CHAN

3610 Wösendorf in der Wachau
Kellergasse 102
T: +43 (660) 8345252
mukschr@yahoo.com
domaene-rolandchan.at

Kellermeister: Christoph Donabaum
Kontakt: Roland Müksch
Produktion: 10.000 Flaschen
90 % weiß, 10 % rosé, 3 Hektar
Zertifiziert: Nachhaltig Austria
Vereinszugehörigkeit: Vinea Wachau
Messen: Vinexpo

den besten Grünen Veltliner bei der Hong Kong International Wine and Spirits Competition ausgezeichnet.

95 Riesling * Ried Klaus Smaragd 2022
13,5 Vol.-%, NK, Flaschenreifung/Stahltank, €€€€€€
Helles Goldgelb, Silberreflexe. Zarter Blütenhonig, etwas Maracuja, Litschis, florale Nuancen, exotisches Bukett, mineralisch unterlegt. Saftig, straff, wirkt leichtfüßig, finessenreich strukturiert, mineralisch im Abgang, weißer Pfirsich im Nachhall, sehr gute Länge, sicheres Reifepotenzial.

94 Riesling * Ried Achleiten Smaragd 2022
13,5 Vol.-%, NK, Flaschenreifung/Stahltank, €€€€€€
Helles Strohgelb, Silberreflexe. Frische Anklänge von weißer Tropenfrucht, zart nach Weingartenpfirsich, floraler Touch, mit Limettenzesten unterlegt. Saftig, weiße Apfelfrucht, frischer Säurebogen, mineralisch-salziger Abgang, kühle, anregende Stilistik, zitroniger Nachhall, bereits gut entwickelt.

93 Riesling * Ried Höll Smaragd 2022
13,5 Vol.-%, NK, Stahltank/Flaschenreifung, €€€€€
Mittleres Grüngelb, Silberreflexe. Feine gelbe Tropenfrucht, ein Hauch von Pfirsich und Blütenhonig, einladendes Bukett. Saftig, frisch strukturiert, zarte weiße Tropenfrucht, mineralisch-zitroniger Touch, ausgewogen, ein animierender Speisenbegleiter mit Potenzial.

93 Riesling * Ried Bach Smaragd 2022
13 Vol.-%, NK, Flaschenreifung/großes Holzfass, €€€€€
Helles Goldgelb, Silberreflexe. Zart nach gelber Tropenfrucht, Aromen von Maracuja und Ananas, zart mit Pfirsich unterlegt, einladendes Bukett. Saftig, frisch strukturiert, weiße Frucht, mineralisch, lebendig und gut anhaftend, ein animierender Speisenwein, gutes Zukunftspotenzial.

94 Grüner Veltliner * Ried Bach Smaragd Alte Reben 2022
13 Vol.-%, NK, Flaschenreifung/Stahltank, €€€€€
Mittleres Gelbgrün, Silberreflexe. Noch etwas zurückhaltend, feine Wiesenkräuter, gelber Apfel, frische Orangenzesten. Mittlere Komplexität, saftig, weißes Kernobst, dezente Extraktsüße, feiner Säurebogen, mineralisch, pikanter Touch nach Limetten im Abgang, ein stoffiger Begleiter bei Tisch.

93 Grüner Veltliner * Ried Höll Smaragd 2022
13,5 Vol.-%, NK, Stahltank/Flaschenreifung, €€€€€
Kräftiges Goldgelb, Silberreflexe. Aromen von reifer gelber Tropenfrucht, ein Hauch von Ananas und Mango, kandierte Orangenzesten. Komplex, saftig und kraftvoll, feine Gewürznuancen, dezenter Säurebogen, mineralisch-zitronig im Abgang, bleibt haften, salziger Nachhall, bereits gut entwickelt.

★★★★

DOMÄNE WACHAU

Die Domäne Wachau hat sich mit einer Vielfalt an herkunftstypischen Wachauer Weinen unter der Leitung von Roman Horvath MW und Heinz Frischengruber zu einem der bedeutendsten Weingüter Österreichs entwickelt. Weltberühmte Rieden wie Achleiten, Kellerberg und Singerriedel stehen nur stellvertretend für die Fülle an Top-Lagen, die die Domäne Wachau vinifiziert.
Eine entscheidende Relevanz in der Gesamtheit der Domäne Wachau kommt der Arbeit der Winzerfamilien zu. Oft seit Generationen in den steilen Terrassen der Wachau tätig, kennen sie die Besonderheiten jeder Parzelle. In detailverliebter Handarbeit und mit enormer Erfahrung sorgen sie in den Weingärten für ein ökologisches Gleichgewicht, fördern die Arten- und Pflanzenvielfalt und setzen zunehmend auf biologische Bewirtschaftung. Minimalismus auf höchstem handwerklichem Niveau, das ist die Devise im Rahmen der Weinwerdung. Tradition und Innovation sind dabei zwei Seiten derselben Medaille. Neben der Produktion ausdrucksstarker Rieden-Weine geht man mit der Backstage-Serie neue und besonders alte Wege. Der rote Faden bleibt dabei stets, Herkunft, Jahrgang und Sorte präzise herauszuarbeiten.
Von einer internationalen Jury wurde die Domäne Wachau zu einem der World's Best Vineyards gekürt (Nr. 1 in Europa & Nr. 3 weltweit), sie ist somit eine Top-Destination für Weinliebhaber aus aller Welt. Das qualitätsorientierte Veranstaltungsprogramm umfasst Rieden-Wanderungen, Weingutsführungen, einen Kellerschlössel-Heurigen und einzigartige Kulinarien. Wachau-Besucher kommen zudem in der Vinothek am Weingut und im Shop 11A in der Dürnsteiner Altstadt auf ihre Kosten.
Von Falstaff wurde Roman Horvath MW und Heinz Frischengruber im festlichen Rahmen der VieVinum in der Wiener Hofburg im Mai 2024 für ihre Leistungen mit dem Titel »Falstaff-Winzer des Jahres« ausgezeichnet.

(95) Riesling * Ried Brandstatt Smaragd 2023
13 Vol.-%, NK, Stahltank, €€€€€
Helles Gelbgrün, Silberreflexe. Zarte Pfirsichfrucht, feine gelbe Tropenfrucht, zart floral, mineralischer Touch, einladendes Bukett. Mittlerer Körper, weißer Apfel, frisch strukturiert, kalkig-mineralisch im Abgang, leichtfüßiger Stil, ein feiner Speisenbegleiter, sicheres Reifepotenzial.

DOMÄNE WACHAU
3601 Dürnstein
Dürnstein 107
T: +43 (2711) 371
office@domaene-wachau.at
www.domaene-wachau.at

Kellermeister: Heinz Frischengruber
Kontakt: Roman Horvath MW
Produktion: 2.500.000 Flaschen 90 % weiß, 4 % rosé, 5 % rot, 1 % süß, 400 Hektar
Zertifiziert: Nachhaltig Austria
Vereinszugehörigkeit: Vinea Wachau
Messen: ProWein Düsseldorf, VieVinum, Vinexpo

Heinz Frischengruber und Roman Horvath

(95) Riesling * Ried Kellerberg Smaragd 2023
13,5 Vol.-%, NK, großes Holzfass/Stahltank, €€€€€ Ⓥ
Mittleres Grüngelb. Einladendes Bukett nach Blütenhonig und Melone, ein Hauch von reifem Steinobst, zarte Gewürznuancen, Litschis klingen an. Saftig, engmaschig, weißes Steinobst, dunkle Mineralik, tabakig, gut eingebundene Säurestruktur, bleibt gut haften, vielfältig einsetzbar.

(95) Riesling * Ried Singerriedel Smaragd 2023
13 Vol.-%, NK, Stahltank, €€€€€ Ⓥ
Helles Gelbgrün. Mit frischer Kräuterwürze unterlegte gelbe Marillenfrucht, dazu etwas Bergamotte, ein Hauch von Maracuja, einladendes Bukett. Saftig, engmaschig, gelbe Tropenfrucht, extraktsüß, gute Komplexität, sicheres Reifepotenzial.

(94) Riesling * Ried Loibenberg Smaragd 2023
13,5 Vol.-%, NK, Stahltank/großes Holzfass, €€€€€ Ⓥ
Mittleres Gelbgrün, Silberreflexe. Frisches Bukett nach Limetten und Guaven, feiner Blütenhonig, zarte Noten von weißem Pfirsich. Saftig, straff, frische Struktur, ein Hauch von Karamell, Nuancen von Mango, bleibt sehr gut haften, extraktsüß im Nachhall.

(94) Riesling * Ried Achleiten Smaragd 2023
13,5 Vol.-%, NK, großes Holzfass/Stahltank, €€€€€ Ⓥ
Mittleres Goldgelb, Silberreflexe. Nuancen von kandierter Zitrusfrucht, etwas nach Pfirsich, mineralisch, ein Hauch von Ananas, Wiesenkräuter klingen an. Gute Komplexität, saftig, weißes Steinobst, Marillentouch im Abgang, salziger Nachhall, guter Speisenbegleiter mit Entwicklungspotenzial.

(93) Riesling * Smaragd Classic 2023
13,5 Vol.-%, DV, Stahltank, €€€ Ⓥ
Mittleres Grüngelb, Silberreflexe. Feine gelbe Tropenfrucht, frischer Pfirsich, ein Hauch von Blütenhonig, mit Limettenzesten unterlegt. Saftig, gelbe Frucht, frische Säurestruktur, rassig-zitronig im Abgang, mineralischer Nachhall, ein lebendiger Speisenbegleiter.

(93) Riesling * Weissenkirchen Smaragd 2023
13,5 Vol.-%, DV, Stahltank, €€€€ Ⓥ
Mittleres Grüngelb, Silberreflexe. Zart nach Ananas und Papaya, ein Hauch von Marille und Blütenhonig, etwas Zitronengras. Stoffig, Nuancen von Steinobst, feine Fruchtsüße, lebendiger Säurebogen, mineralisch, Limetten im Nachhall, salziger Rückgeschmack, ein vielseitiger Speisenbegleiter.

(93) Riesling * Smaragd Terrassen 2023
13,5 Vol.-%, DV, Stahltank, €€€€ Ⓥ
Mittleres Gelbgrün. Reife Tropenfrucht, zart nach Blütenhonig, ein Hauch von kandierten Mandarinenzesten, Pfirsichnuancen klingen an. Saftig, elegant, frische Säurestruktur, mineralisch-salzig, weißes Steinobst im Abgang, zitroniger Nachhall.

(94) Grüner Veltliner * Ried Achleiten Smaragd 2023
14 Vol.-%, NK, Stahltank/großes Holzfass, €€€€€ Ⓥ
Mittleres Gelbgrün, Silberreflexe. Feine Wiesenkräuter, zart nach Blütenhonig, ein Hauch von Guaven, reife Apfelfrucht, einladendes Bukett. Gute Komplexität, saftig, gut eingebundene Säurestruktur, Mangotouch im Abgang, salziger Nachhall, sicheres Potenzial.

(94) Grüner Veltliner * Ried Kellerberg Smaragd 2023
13,5 Vol.-%, NK, Stahltank/großes Holzfass, €€€€€ Ⓥ
Helles Gelbgrün, Silberreflexe. Einladender Duft nach Apfel und Birne, ein Hauch von Wiesenkräutern, reife Marille, Kumquats klingen an. Saftig, extraktsüß, gut integrierte Säurestruktur, mineralisch, feine Tabakwürze, rote Apfelfrucht im Nachhall, guter Speisenbegleiter.

94 Grüner Veltliner * Ried Schön Smaragd 2023
13,5 Vol.-%, NK, Stahltank, €€€€€ Ⓥ
Helles Gelbgrün, Silberreflexe. Nuancen von Mango, kandierte Orangenzesten, zart nach Quitte, etwas Melisse und Blütenhonig, einladendes Bukett. Saftig, gute Komplexität, frische Struktur, zitroniger Touch, weißes Steinobst im Abgang, lange haftend, guter Speisenbegleiter mit Potenzial.

94 Grüner Veltliner * Ried Achleiten Smaragd LR 2018
13,5 Vol.-%, NK, großes Holzfass, €€€€€€ Ⓥ
Mittleres Gelbgrün, Silberreflexe. Etwas nach Orangenzesten, Blütenhonig, reife Ringlotten, floraler Touch. Gute Komplexität, saftig, balancierte Säurestruktur, Noten von kandierter Grapefruit im Abgang, salzig, mineralisch, ausgewogen, Apfelfrucht im Rückgeschmack.

(93) Grüner Veltliner * Smaragd Terrassen 2023
13,5 Vol.-%, DV, Stahltank, €€€€ Ⓥ
Mittleres Gelbgrün, Silberreflexe. Zart nach Zitrus und Quitte, ein Hauch von Wiesenkräutern, frisches Bukett. Saftig, engmaschig, gelbes Kernobst, lebendiger Säurebogen, einladendes Finish, ausgewogen, bleibt sehr gut haften, vielfältig einsetzbar.

93 Grüner Veltliner * Rossatz Smaragd 2023
13,5 Vol.-%, DV, Stahltank, €€€€ Ⓥ
Mittleres Gelbgrün, Silberreflexe. Mit zartem Blütenhonig unterlegte reife Tropenfrucht, ein Hauch von Ananas, floraler Touch, einladendes Bukett. Saftig, lebendige Säurestruktur, feinwürzig, mineralisch, weißes Steinobst im Abgang, zitroniger Nachhall, frisches Finish.

(93) Grüner Veltliner * Ried Kirnberg Smaragd 2023
13,5 Vol.-%, NK, großes Holzfass/Stahltank, €€€€€ V
Helles Gelbgrün, Silberreflexe. Frische Zitrusnuancen, etwas Kardamom, ein Hauch von reifer Birne, Melisse, Papaya klingt an. Saftig, elegant, feine Säurestruktur, mineralisch, weißes Steinobst, Blütenhonig im Abgang, guter Speisenbegleiter mit Potenzial.

(93) Grüner Veltliner * Ried Axpoint Smaragd 2023
13,5 Vol.-%, NK, Stahltank/großes Holzfass, €€€€€ V
Helles Gelbgrün, Silberreflexe. Reife Apfelfrucht, zart nach Quitte, ein Hauch von Guaven, etwas Blütenhonig. Saftig, straff, feine Mineralik, etwas Gewürze, zart nach gelber Apfelfrucht, Kumquats im Nachhall, bereits gut antrinkbar.

92 Grüner Veltliner * Weißenkirchen Smaragd 2023
13,5 Vol.-%, DV, Stahltank, €€€€ V
Helles Gelbgrün, Silberreflexe. Kandierte Orangenzesten, zart nach Gewürzen, ein Hauch von Maracuja und Golden-Delicious-Apfel. Mittlere Komplexität, kraftvoll, feine Kräuternoten, weißes Kernobst im Abgang, mineralischer Nachhall, guter Speisenbegleiter.

92 Grüner Veltliner * Dürnstein Smaragd 2023
13,5 Vol.-%, DV, Stahltank, €€€€ V
Helles Gelbgrün, Silberreflexe. Feine Orangenzesten, zart nach Ananas, ein Hauch von Gewürzen, Birnenfrucht klingt an. Saftig, straff, feine Apfelfrucht, etwas mineralisch, guter Speisenbegleiter, lang anhaltend, vielfältig einsetzbar.

(92) Grüner Veltliner * Smaragd Himmelstiege 2023
13,5 Vol.-%, DV, Stahltank, €€€€ V
Helles Gelbgrün, silberfarbene Reflexe. Feine Kräuternoten, etwas nach Honigmelone, gelbe Apfelfrucht, kandierte Orangenzesten. Saftig, gute Komplexität, ein Hauch von Mango, Wiesenkräuter klingen an, kraftvoller Nachhall, guter Speisenbegleiter mit Potenzial.

(91) Grüner Veltliner * Smaragd Classic 2023
13,5 Vol.-%, DV, Stahltank, €€€ V
Helles Gelbgrün, silberfarbene Reflexe. Zarte Apfelfrucht, ein Hauch von Blütenhonig, zart nach Marille, einladendes Bukett. Saftig, elegant, zart nach Passionsfrucht, gelbe Tropenfrucht, gut eingebundene Säurestruktur, mineralisch-salzig, bleibt gut haften.

93 Roter Traminer * Reserve 2023
13,5 Vol.-%, NK, Stahltank, €€€€€ B V
Helles Gelbgrün, Silberreflexe. Einladendes Bukett nach Eibisch und kandierter Williamsbirne, ein Hauch von Rosenöl, mit Melone unterlegt. Saftig, fruchtsüß, balancierter Säurebogen, ein Hauch von Papaya, Honig klingt an, guter Speisenbegleiter mit Potenzial.

(91) Chardonnay * Reserve 2022
13 Vol.-%, NK, kleines Holzfass, €€€€€ V
Mittleres Gelbgrün, Silberreflexe. Feine Holzwürze, etwas nach Maracuja, ein Hauch von getrockneten Mandeln, reife gelbe Apfelfrucht, einladendes Bukett. Saftig, extraktsüß, etwas Honigmelone im Abgang, salziger Nachhall, bereits gut antrinkbar.

(90) Gemischter Satz * Smaragd Uralt Reben 2023
13,5 Vol.-%, NK, Holzfass, €€€€€ V
Helles Goldgelb, Grünreflexe. Zarte Honignoten, etwas nach Kumquats und Mango, Kamille, bereits weit entwickelte Nuancen. Saftig, elegant, Nuancen von weißer Frucht, balancierte Säurestruktur, Schwarztee im Nachhall, bereits gut antrinkbar.

(92) Rosé * 1805 2023 PN/ZW
13 Vol.-%, DV, kleines Holzfass, €€€€ V
Mittleres Kirschrot, Pinktouch, Silberreflexe. Zart kräuterwürziger Holztouch, rote Herzkirschen, zart nach Ribiseln, Orangenschalen. Stoffig, elegant, zarte Fruchtsüße, feiner Säurebogen, mineralisch und anhaftend, vielfältig einsetzbar.

(92) Pinot Noir * Reserve 2022
13 Vol.-%, NK, kleines Holzfass, €€€€€ V
Mittleres Karmingranat, Ockerreflexe, breite Randaufhellung. Zarte Kräuterwürze, feine rote Waldbeeren, Herzkirschen, zart nach Lakritze und kandierten Mandarinenzesten. Mittlerer Körper, rotbeerig, feine Tannine, gute Frische, salziger Touch im Abgang, ein lebendiger Speisenbegleiter.

Christoph Donabaum

WEINGUT
CHRISTOPH DONABAUM
3620 Spitz
Laaben 16
T: +43 (2713) 2618
office@weindonabaum.at
www.weindonabaum.at

Kellermeister/Kontakt:
Christoph Donabaum
Produktion: 95 % weiß, 4 % rosé, 1 % süß, 4+1 Hektar
Zertifiziert: Nachhaltig Austria
Vereinszugehörigkeit:
Vinea Wachau
Messen: VieVinum

★★

WEINGUT CHRISTOPH DONABAUM

Christoph Donabaum hat das Weingut von seinen Eltern Josef und Herta übernommen. Nach einigen Jahren im Nebenerwerb entschied er sich, seine ganze Energie nur noch in sein Weingut zu investieren, und geht seitdem seiner Leidenschaft zu 100 Prozent nach. Ein Großteil seiner Weingärten befindet sich im Spitzer Graben. Ebendieser ist als steil terrassierter, kühlerer und späterer Teil des Weinbaugebietes Wachau bekannt. So kommt es oft vor, dass die Weinlese bis in den November hinein dauert. Die steilen Terrassen sind nur händisch zu bewirtschaften – so auch bei der Weinlese. Christophs Motivation ist es, durch akribische Selektion höchste Qualität und exzellenten Geschmack ins Glas zu bringen. Somit ist es notwendig, dass ein Weingarten oft mehrmals durchgelesen wird, um immer nur mit den besten Trauben zu arbeiten. Um Weine mit Ausdruck zu keltern, ist es für den aufstrebenden Winzer daher auch besonders wichtig, Weingärten mit alten Rebstöcken zu erhalten. Dies bestätigt Christoph in seinem Grünen Veltliner Smaragd® Alte Kultur. Bei einem Besuch auf dem Weingut können neben dem Grünen Veltliner noch Riesling sowie der für die Region bekannte Neuburger verkostet werden. Bei Schönwetter lässt es sich gemütlich im Garten oder auf der Terrasse verkosten, ansonsten steht der im Mai 2023 fertiggestellte Verkostungsbereich im Zubau des Weinguts zur Verfügung. Dreimal im Jahr werden auch die Heurigentüren geöffnet, und Christophs Weine können bei einer Heurigenjause auf dem Weingut genossen werden.

94 Riesling * Ried 1000-Eimerberg Smaragd 2023
13,5 Vol.-%, NK, Stahltank, €€€€€
Helles Gelbgrün, Silberreflexe. Zarter Blütenhonig, ein Hauch von gelber Tropenfrucht, reife Marille, zart nach Karamell. Komplex, saftig, feine Fruchtsüße im Kern, lebendiger Säurebogen, harmonisch und gut anhaftend, zeigt Länge und sicheres Reifepotenzial.

93 Riesling * Ried Offenberg Smaragd 2023
13 Vol.-%, NK, Stahltank, €€€€€
Helles Gelbgrün, Silberreflexe. Zart nach Wiesenkräutern, ein Hauch von Weingartenpfirsich, zart mit Orangenzesten unterlegt, noch etwas verhalten. Saftig, elegant, gelbe Tropenfrucht, etwas Mango und Papaya, frischer Säurebogen, mineralisch-salzig im Abgang, zitroniger Nachhall, bereits gut antrinkbar.

91 Riesling * Spitzer Graben Federspiel 2023
12,5 Vol.-%, DV, Stahltank, €€€
Helles Gelbgrün, Silberreflexe. Einladende gelbe Tropenfrucht, Nuancen von Pfirsich, ein Hauch von Orangenzesten und Blütenhonig. Saftig, fruchtige Süße, lebendiger Säurebogen, bleibt haften, zarter Honigtouch im Nachhall, bereits gut antrinkbar.

94 Grüner Veltliner * Smaragd Alte Kultur 2023
14 Vol.-%, NK, Stahltank/großes Holzfass, €€€€€
Helles Gelbgrün, Silberreflexe. Zart tabakig, Nuancen von gelbem Apfel, etwas Ringlotten, mit frischen Wiesenkräutern und kandierten Orangenzesten unterlegt. Stoffig, feine Extraktsüße, ein Hauch von Birne, feiner Säurebogen, salzige Mineralik im Abgang, bleibt haften, gutes Reifepotenzial.

93 Grüner Veltliner * Ried Zornberg Smaragd 2023
13,5 Vol.-%, NK, Stahltank/großes Holzfass, €€€€
Helles Gelbgrün, Silberreflexe. Zart nach frischem Apfel, ein Hauch von Wiesenkräutern, etwas Steinobst, mineralischer Touch. Mittlerer Körper, frisch strukturiert, feine Fruchtsüße im Abgang, Limetten im Nachhall, ein feiner Speisenbegleiter.

90 Grüner Veltliner * Federspiel Wachauer Terrassen 2023
12,5 Vol.-%, DV, großes Holzfass/Stahltank, €€€
Mittleres Gelbgrün, Silberreflexe. Gelbe Tropenfrucht, zart nach Blütenhonig, ein Hauch von Quitte, reife Mango, kandierte Orangenzesten. Saftig, feine Säurestruktur, mineralisch, Maracuja im Abgang, Zitrustouch im Nachhall, bleibt gut haften, vielfältig einsetzbar.

★★★★

WEINGUT JOHANN DONABAUM

Das Weingut Johann Donabaum zählt zu den aufstrebenden Gütern der Wachau. Johann Bonabaum Junior wird tatkräftig von seinen Eltern bei der Bearbeitung der arbeitsintensiven Berg- und Terrassenlagen unterstützt. Die Lagenweine des Hauses – Riesling Offenberg und Setzberg sowie Grüner Veltliner Spitzer Point – findet man auf den bestsortierten Weinkarten des Landes. Auch die rare Sorte Neuburger wird gepflegt, der Smaragd aus dem Spitzer Graben zählt zu den herausragenden Vertretern dieser Sorte.
Über eine kleine Brücke im Spitzer Graben führt der Weg zum geschichtsträchtigen, aus

WEINGUT JOHANN DONABAUM
3620 Spitz an der Donau
Laaben 15
T: +43 (676) 9313150
info@weingut-donabaum.at
www.weingut-donabaum.at

Kellermeister/Kontakt:
Johann Donabaum jun.
Produktion: 73.333 Flaschen
100 % weiß, 10 Hektar
Vereinszugehörigkeit:
Vinea Wachau
Messen: VieVinum

Johann Donabaum

* Wachau DAC

dem 16. Jahrhundert stammenden Anwesen. Ein konsequenter Arbeitseinsatz der ganzen Familie ist die Grundlage für optimales Traubengut, die Basis für hochqualitative Weine, die durch Boden, Klima und die Handschrift des Winzers geprägt sind.
Den neben zahlreichen weiteren Auszeichnungen bisher größten Erfolg erzielte das Gut 2009 beim »Decanter World Wine Award« in London, dem größten Weinwettbewerb der Welt: Der Riesling Smaragd Setzberg 2007 gewann die internationale Rieslingtrophäe und wurde damit zum besten Riesling über zehn Pfund gekürt.

(95) Grüner Veltliner * Smaragd Limitierte Edition 2023
14 Vol.-%, NK, Holzfass/Stahltank, €€€€€€ H V
Mittleres Grüngelb, Silberreflexe. Nuancen von Golden-Delicious-Apfel, kandierte Mandarinenzesten, tabakige Noten, dezenter Blütenhonig. Saftig, kraftvoll, stoffig, weißes Kernobst, dezente Säurestruktur, mineralisch-salzig im Abgang, bleibt gut haften, gutes Reifepotenzial.

(94) Grüner Veltliner * Ried Spitzer Point Smaragd 2023
13,5 Vol.-%, DV, Stahltank/kleines Holzfass, €€€€€ H V
Mittleres Grüngelb, Silberreflexe. Frisches Kernobst, gelbe Birne, etwas Papaya, kandierte Orangenzesten, mit einem Hauch von Wiesenkräutern unterlegt. Saftig, ausgewogen und elegant, weiße Apfelfrucht, feiner Säurebogen, zitronig-salzig im Nachhall, ein elegant-frischer Speisenbegleiter.

(93) Grüner Veltliner * Wösendorf Ried Kirchweg Smaragd 2023
13,5 Vol.-%, DV, Stahltank/gebrauchte Barriques, €€€€€ H V
Mittleres Goldgelb, Silberreflexe. Frische Kräuterwürze, Nuancen von Birne, etwas Mango, tabakige Noten. Mittlere Komplexität, gelbe Apfelfrucht, zart nach Ananas, feiner Säurebogen, dunkle Mineralik, bereits gut entwickelt und antrinkbar.

(95) Riesling * Ried Setzberg Smaragd 2023
13,5 Vol.-%, DV, Stahltank, €€€€€ H V
Helles Grüngelb, Silberreflexe. Feine Nuancen von weißem Steinobst, nach Weingartenpfirsich und Blüten, mineralischer Touch. Straff, engmaschig, weiße Frucht, rassiger Säurebogen, vibrierend und lebendig, wirkt leichtfüßig und animierend, ein toller Speisenwein, sicheres Reifepotenzial.

(95) Riesling * Smaragd Limitierte Edition 2023
13,5 Vol.-%, NK, Stahltank, €€€€€€ H V
Mittleres Goldgelb, Silberreflexe. Reife gelbe Tropenfrucht, nach Mango, etwas Blütenhonig, kandierte Zitruszesten, mineralisch unterlegt. Saftig, samtig, runde Textur, feiner Säurebogen, ein Hauch von Extraktsüße im Abgang, balanciert und anhaftend, sicheres Entwicklungspotenzial.

(94) Riesling * Ried Offenberg Smaragd 2023
13,5 Vol.-%, DV, Stahltank/Steinzeug, €€€€€ H V
Mittleres Gelbgrün, Silberreflexe. Zart floral, weißer Pfirsich, zart nach Marille, dezenter Blütenhonig, einladendes Bukett. Straff, engmaschig, feine Nuancen von weißem Steinobst, mittlerer Körper, salzig, ein Hauch von Limetten im Abgang, ein frischer Begleiter bei Tisch.

(93) Riesling * Ried Vogelleithen Smaragd 2023
13,5 Vol.-%, DV, Stahltank, €€€€€ H V
Mittleres Gelbgrün, Silberreflexe. Etwas zurückhaltend, feine gelbe Tropenfrucht, Nuancen von Ananas, ein Hauch von Maracuja. Mittlerer Körper, weißer Apfel, frischer Säurebogen, zitronig-salzig, zugänglich, Limetten im Nachhall, ein lebendiger Speisenwein.

(95) Neuburger * Spitzer Graben Smaragd 2023
14 Vol.-%, DV, kleines Holzfass/Stahltank, €€€€€€ H V
Mittleres Gelbgrün, Silberreflexe. Feine gelbe Birnenfrucht, zart nach frischer Quitte, ein Hauch von Mandarinenzesten, einladendes Bukett. Komplex, feine Fruchtsüße, ein Hauch von frischen Feigen, elegant, zarter Säurebogen, dezente Honignuancen im Abgang, ein ausgewogener Speisenwein, der von Flaschenreife profitieren wird.

(94) Chardonnay * Spitz 2023
13,5 Vol.-%, NK, Barrique, €€€€€€ H V
Leuchtendes mittleres Goldgelb, Silberreflexe. Zart nach Pfirsich, dezente Fruchtexotik, floraler Touch, Limettenzesten, mineralische Nuancen. Mittlere Komplexität, weiße Frucht, frischer Säurebogen, mineralisch-zitroniger Touch im Nachhall, ein lebendiger Speisenbegleiter.

WEINGUT ERNSTHOFER

Direkt an der Donau im Herzen der Wachau befindet sich das Weingut Ernsthofer. Die Familie vinifiziert typische Wachauer Weine, geprägt von Klima und Boden dieser einzigartigen Kulturlandschaft. Es macht sie stolz, durch ihre herausfordernde Arbeit in den steilen Weinterrassen einen persönlichen Beitrag zur Erhaltung des Weltkulturerbes Wachau zu leisten. Die vielfältige Charakteristik der bekannten Rieden wie »Kollmütz«, »Steinriegl« oder »Hinter der Burg« spiegeln sich in den Weinen wider. Jeder Jahrgang ist eine spannende Aufgabe, der man sich mit großer Leidenschaft und Sorgfalt widmet.

93 Grüner Veltliner * Weißenkirchen Ried Steinriegl Smaragd 2022
13,5 Vol.-%, DV, großes Holzfass, €€€€
Mittleres Gelbgrün, Silberreflexe. Feiner Mangotouch, etwas Blütenhonig, Orangenzesten und Kräuterwürze. Saftig, mittlere Komplexität, cremiger Körper, zart nach Karamell im Abgang, bleibt gut haften, zeigt Länge und Reifepotenzial.

91 Grüner Veltliner * Wösendorf Ried Kollmütz Federspiel 2023
12,5 Vol.-%, DV, Stahltank, €€€
Helles Gelbgrün, Silberreflexe. Frische Kräuterwürze, weißer Apfel, florale Nuancen, tabakig unterlegt. Mittlerer Körper, saftiges Kernobst, feiner Säurebogen, dezente Fruchtsüße im Abgang, bereits gut entwickelt und antrinkbar.

90 Grüner Veltliner * Weißenkirchen Ried Hinter der Burg 2023
12,5 Vol.-%, DV, Stahltank, €€€
Helles Gelbgrün, Silberreflexe. Zart nach gelbem Apfel, ein Hauch von Wiesenkräutern, Nuancen von Mango. Mittlerer Körper, weiße Frucht, zarte Säurestruktur, zitronig im Nachhall, ein schlanker, vielseitiger Sommerwein.

89 Grüner Veltliner * Weissenkirchen Federspiel 2023
12,5 Vol.-%, DV, Stahltank, €€

93 Riesling * Ried Steinriegl Smaragd 2022
13,5 Vol.-%, DV, Stahltank, €€€€
Helles Grüngelb, Silberreflexe. Zart nach Blüten und Maracuja, gelbe Tropenfrucht, zart nach Marille, mit Mandarinenzesten unterlegt. Saftig, süße Frucht im Kern, dezente Säurestruktur, etwas Honig im Nachhall, ein stoffiger Begleiter bei Tisch.

90 Riesling * Wösendorf Ried Gaisberg 2023
12,5 Vol.-%, DV, Stahltank, €€
Helles Gelbgrün, Silberreflexe. Zarte Pfirsichfrucht, floraler Touch, mineralische Nuancen, ein Hauch von Ananas. Schlank, weißes Kernobst, feiner Säurebogen, mineralisch-salziger Touch, bietet unkompliziertes Trinkvergnügen.

WEINGUT ERNSTHOFER
3610 Wösendorf
Winklgasse 52
T: +43 (664) 4598113
weingut@ernsthofer.at
www.ernsthofer.at

Kellermeister/Kontakt:
Georg Ernsthofer
Produktion: 5 % Schaumwein, 90 % weiß, 5 % rosé, 9 Hektar
Zertifiziert: Nachhaltig Austria
Vereinszugehörigkeit:
Vinea Wachau

Georg und Katrin Ernsthofer

* Wachau DAC

★★★★

WEINGUT GEORG FRISCHENGRUBER

BIO

Das Weingut Frischengruber befindet sich am rechten Donauufer der Wachau in Rossatz. Vom kleinen Heurigenbetrieb ist das Weingut mittlerweile auf 13,5 Hektar Weingärten angewachsen, die sich rund um Rossatz erstrecken. Seit 1842 besteht das Weingut und wird heute von Georg Frischengruber mit viel Verve geführt. Seit 2022 ist das Weingut »Nachhaltig Austria«-, seit 2023 nun auch biologisch zertifiziert.
Georg Frischengruber strebt eine Kreislaufwirtschaft an, deshalb grasen auch die eigenen Weingartenschafe in den Weinbergen. Je nach Größe des Weinberges wird mit den Schafen von Weingarten zu Weingarten gewandert.
Die absoluten Lieblingsrieden des Weinguts sind unter anderem Kreuzberg, Kirnberg und Goldberg. Die Ried Kreuzberg begeistert mit einer frischen, kühlen und mineralischen Note, die den Wein außergewöhnlich macht. Hingegen bietet die Ried Kirnberg die beste Voraussetzung für dichte, komplexe und kraftvolle Ansätze, die man schmeckt!

**WEINGUT
GEORG FRISCHENGRUBER**
3602 Rossatz
Rührsdorf 19
T: +43 (2714) 6354
wein@frischengruber.at
www.frischengruber.at

Kellermeister/Kontakt: Georg Frischengruber
Anbauweise: Zertifiziert Biologisch (Bio Austria)
Produktion: 100 % weiß, 13.5 Hektar
Zertifiziert: Nachhaltig Austria
Vereinszugehörigkeit: Vinea Wachau
Messen: ProWein Düsseldorf, VieVinum

(98) Riesling * Ried Kreuzberg Smaragd 2023
13 Vol.-%, NK, Stahltank, €€€€€ B
Helles Grüngelb, Silberreflexe. Mit einem Hauch von kandierten Limetten unterlegte weiße Tropenfrucht, etwas Maracuja und Weingartenpfirsich klingen an, floral, ein aromatisches Pfauenrad. Straff, engmaschig, weißes Steinobst, feine Fruchtsüße, gekontert von einer strahlenden Säure, ungemein präzise und mit großer Länge ausgestattet, sicheres Potenzial für viele Jahre.

(97) Riesling * Ried Goldberg Smaragd 2023
13,3 Vol.-%, NK, Stahltank, €€€€€ B V
Mittleres Grüngelb, Silberreflexe. Zart nach Orangenblüten, gelber Pfirsich, ein Hauch von Blütenhonig, attraktives Bukett. Stoffig, engmaschig, weißer Pfirsich, finessenreicher Säurebogen, präzise und lange anhaftend, salziger Nachhall, vibrierender, animierender Stil, große Länge und Klasse.

96 Riesling * Smaragd Meine Welt 2022
13 Vol.-%, NK, 500-l-Fass, €€€€€
Helles Goldgelb, Silberreflexe. Zart nach Mandarinen, ein Hauch von Holz, feine Nuancen von gelbem Steinobst, mit kandierten Orangenzesten unterlegt, facettenreiches Bukett. Komplex, straff, weiße Tropenfrucht, mineralisch und rassig, saliner Nachhall, bleibt sehr gut haften, ein Hauch von Süße und Safran im Rückgeschmack, ein vielschichtiger Speisenbegleiter.

(95) Riesling * Ried Kirnberg Smaragd 2023
13,5 Vol.-%, NK, Stahltank, €€€€€ B
Helles Grüngelb, Silberreflexe. Zart nach Ananas und Mango, feiner Blütenhonig, mit kandierten Orangenzesten unterlegt, mineralischer Anklang. Saftig, elegant, weiße Pfirsichfrucht, finessenreicher Säurebogen, mineralisch, dezente Fruchtsüße im Abgang, ein ausgewogener Speisenbegleiter, gute Zukunft.

(94) Riesling * Loiben Ried Loibenberg Smaragd 2023
13 Vol.-%, NK, Stahltank, €€€€€
Helles Grüngelb, Silberreflexe. Zart floral, Limettenzesten, dunkle Mineralik, ein Hauch von Pfirsich, noch etwas zurückhaltendes Bukett. Saftig, elegant, präsente Fruchtsüße, weiße Tropenfrucht, rassige Struktur, zitroniger Touch, dezenter Blütenhonig im Nachhall, besitzt Länge, gutes Reifepotenzial.

(96) Grüner Veltliner * Ried Kreuzberg Smaragd 2023
13,5 Vol.-%, NK, Stahltank/500-l-Fass, €€€€€ B
Mittleres Grüngelb, Silberreflexe. Zart nach Orangenblüten, ein Hauch von Marille und Mango, floraler Touch, attraktives Bukett. Komplex, saftig, mineralisch und frisch strukturiert, weißer Apfel im Nachhall, zarte Fruchtsüße, anhaltend, sicheres Reifepotenzial, ein vielschichtiger Speisenbegleiter.

(94) Grüner Veltliner * Ried Zanzl Smaragd 2023
13,5 Vol.-%, NK, großes Holzfass, €€€€€ B
Mittleres Grüngelb, Silberreflexe. Zarte gelbe Tropenfrucht, ein Hauch von Wiesenkräutern, feine Apfelnuancen, mineralischer Touch. Komplex, stoffig, dezente Fruchtsüße, zart nach Marille, finessenreiche Struktur, mineralisch-salzig im Abgang, ein facettenreicher Speisenbegleiter.

(93) Grüner Veltliner * Ried Kirnberg Smaragd 2023
13,5 Vol.-%, NK, großes Holzfass, €€€€€ B
Mittleres Grüngelb, Silberreflexe. Zart nach kandierten Orangenzesten, ein Hauch von Blütenhonig und frischen Marillen, mit Nuancen von Wiesenkräutern unterlegt. Komplex, saftig, cremige Textur, gelbes Steinobst, feines Honigkaramell im Abgang, gute Länge, sicheres Entwicklungspotenzial.

★★

WEINGUT SIMON GATTINGER

Wie man als junges Weingut schon über 100 Jahre Erfahrung besitzen kann? Ganz einfach: durch die Kraft der Familie. Simon Gattinger ist die vierte Generation, die mitten in der Loibner Kellergasse Wein macht und aus diesem Wissen schöpft – ein unschätzbarer Wert, weiß Simon. Schon früh war ihm klar: »Genau hier mache ich wieder Wein – meinen Wein!« Die Leidenschaft war also schon immer da. Dann kamen Wissen und Inspiration durch Studium und Praktika dazu. Gemeinsam mit dem Wunsch, etwas Neues in der Wachau aufzubauen, war das die perfekte Mischung, um 2017 das Weingut Simon Gattinger zu gründen. 2023 baute er den historischen Keller zu einem modernen Betrieb um – in drei Ebenen, damit allein die Schwerkraft den Most bis in den Keller befördert. Manche sagen »nachhaltig« dazu. Simon findet, das Wissen der Generationen sollte man nützen, um Weine mit Zukunft zu machen, klar und präzise – genau so, wie Simon Gattinger seine Heimat, die Wachau, sieht.
Eines haben alle Lagen von Simon gemeinsam: Sie liegen in Unterloiben und Oberloiben in der Gemeinde Dürnstein, ganz im Osten der Wachau, wo das pannonische Klima den Ton angibt. Grüner Veltliner und Riesling sind die Rebsorten, die die Wachau am besten widerspiegeln. Deshalb konzentriert er sich ganz auf sie – und auf die verschiedenen Nuancen, die ihnen die unterschiedlichen Rieden mitgeben. So entsteht ein vielfältiges Spektrum an Weinen im ganz persönlichen Stil des Winzers: klar, straff und präzise – plus eine große Portion Trinkspaß, weil selbst komplexer Wein Freude machen muss, sagt Simon.

95 Riesling * Ried Loibenberg Smaragd 2023
13,5 Vol.-%, NK, Stahltank, €€€€€ V
Mittleres Gelbgrün, Silberreflexe. Zart nach kandierten Orangenzesten, feine Nuancen von gelbem Steinobst, ein Hauch von Tropenfrucht, dunkle Mineralik, facettenreiches Bukett. Saftig, komplex, gelber Pfirsich, feine Säurestruk-

WEINGUT SIMON GATTINGER
3601 Dürnstein
Unterloiben 134
T: +43 (660) 492 6640
info@weingutgattinger.at
www.weingutgattinger.at

Kellermeister/Kontakt:
Simon Gattinger
Produktion: 100 % weiß
Zertifiziert: Nachhaltig Austria
Vereinszugehörigkeit:
Vinea Wachau
Messen: VieVinum

* Wachau DAC

tur, seidig und elegant, bereits zugänglich, mit sicherem Reifepotenzial ausgestattet.

93 Riesling * Ried Höhereck Smaragd 2023
13,5 Vol.-%, NK, Stahltank, €€€€€
Mittleres Goldgelb, Silberreflexe. Zart floral unterlegte Nuancen von Weingartenpfirsich, ein Hauch von Limettenzesten, mineralischer Touch. Mittlere Komplexität, feines Steinobst, gut integrierter Säurebogen, mineralisch und anhaftend, bereits gut entwickelt.

94 Grüner Veltliner * Ried Kreutles Smaragd 2023
13,5 Vol.-%, NK, großes Holzfass, €€€€€
Mittleres Grüngelb, Silberreflexe. Zart blättrige Nuancen, feine tabakige Kräuterwürze, gelber Apfel, etwas Mango, mit einem Hauch von Zitruszesten unterlegt. Saftig, elegant, gelbes Steinobst, zart nach Marille, feiner Säurebogen, mineralisch und anhaftend, ein facettenreicher Speisenbegleiter mit Reifepotenzial.

(93) Grüner Veltliner * Smaragd Nomis 2023
13,5 Vol.-%, NK, großes Holzfass, €€€€€
Mittleres Gelbgrün, Silberreflexe. Frische Orangenzesten, weißer Apfel, mineralischer Touch, mit Limetten unterlegt. Saftig, elegant, feine Kernobstnuancen, frischer Säurebogen, süße Frucht im Abgang, zitronig und pikant im Nachhall.

★★

WEINGUT STEFAN GEBETSBERGER

Im Zentrum von Spitz, am Fuße des 1000-Eimerbergs, befindet sich das Weingut der Familie Gebetsberger, die bereits 1859 urkundlich als Hauergeschlecht erwähnt wurde. Man konnte also stets auf viel überliefertes Wissen zurückgreifen und dieses durch neue Ideen erweitern.
Die Weingärten liegen in den besten Lagen von Spitz. Am 1000-Eimerberg gedeihen die Sorten Riesling und Neuburger. Die Top-Lagen für Grünen Veltliner sind Steinporz und Setzberg. Den Weißburgunder findet man am Burgberg, der Rückseite des 1000-Eimerbergs.
Im Jahr 2000 hat Stefan Gebetsberger die Leitung des Betriebs übernommen. Inzwischen wird er bereits von seinem älteren Sohn bei der Arbeit unterstützt. Sein Ziel ist es, das durch Handlese gewonnene, gesunde Traubenmaterial möglichst schonend zur bestmöglichen Qualität heranreifen zu lassen. Seine klaren, sortentypischen, trinkanimierenden Weine bestätigen die Richtigkeit seines Tuns.

WEINGUT STEFAN GEBETSBERGER
3620 Spitz an der Donau
Hauptstraße 34
T: +43 (2713) 2096
wein@weingut-gebetsberger.at
www.weingut-gebetsberger.at

Kellermeister/Kontakt:
Stefan Gebetsberger
Produktion: 100 % weiß, 6 Hektar
Zertifiziert: Nachhaltig Austria
Vereinszugehörigkeit:
Vinea Wachau
Messen: VieVinum

94 Riesling * Ried 1000-Eimerberg Smaragd 2023
13,5 Vol.-%, NK, Stahltank, €€€€
Helles Gelbgrün, Silberreflexe. Einladendes Bukett nach Marillen, kandierte Mandarinenzesten, Ananas klingt an, floraler Touch. Gute Komplexität, etwas Pfirsich im Abgang, salziger Nachhall, bleibt sehr gut haften, mineralischer Rückgeschmack, sicheres Potenzial.

92 Riesling * Ried 1000-Eimerberg Federspiel 2023
12,5 Vol.-%, DV, Stahltank, €€€
Helles Grüngelb, silberfarbene Reflexe. Einladende gelbe Tropenfrucht, etwas Mango und Maracuja, ein Hauch von Orangenzesten. Saftig, elegant, zarte Fruchtsüße, finessenreiche Säurestruktur, Limetten im Abgang, ein mineralisch-salziger Speisenbegleiter.

93 Grüner Veltliner * Ried Steinporz Smaragd Alte Reben 2023
14 Vol.-%, NK, Stahltank, €€€€
Helles Gelbgrün, silberfarbene Reflexe. Zarte reife Apfelfrucht, dunkle Mineralik, ein Hauch von Guaven, tabakig, feine Birnenfrucht. Gute Komplexität, feinwürzig, reifes Kernobst, zart nach Birne, frisch und lange anhaltend, sicheres Entwicklungspotenzial.

92 Grüner Veltliner * Ried Steinporz Smaragd 2023
13,5 Vol.-%, DV, Stahltank, €€€€
Mittleres Gelbgrün, Silberreflexe. Einladendes Bukett nach Mango und Orangenschalen, ein Hauch von Toffee, reifer Apfel. Kraftvoll, gut eingebundene Säurestruktur, balancierte Nuancen von gelber Frucht, mineralischer Nachhall, guter Speisenbegleiter.

91 Grüner Veltliner * Ried Steinporz Federspiel 2023
12,5 Vol.-%, DV, Stahltank, €€
Helles Gelbgrün, silberfarbene Reflexe. Feine Kräuternoten, etwas Golden-Delicious-Apfel, zart tabakig, ein Hauch von Gewürzen, Grapefruitzesten. Saftig, straff, frische Säurestruktur, lebendig, Apfelfrucht im Abgang, würziger Nachhall, feiner Speisenbegleiter.

91 Neuburger * Spitz Terrassen 2023
13 Vol.-%, DV, Stahltank, €€€
Helles Gelbgrün, Silberreflexe. Feine Kräuterwürze, zarte Maracujanoten, ein Hauch von Ananas, frisch und lebendig, einladendes Bukett. Mittlere Komplexität, feinwürzig, mineralisch, weißes Steinobst im Abgang, bleibt gut haften, vielfältig einsetzbar.

★★★★

FJ GRITSCH – MAURITIUSHOF

Das Weingut FJ Gritsch verbindet die Vergangenheit mit dem Heute und behält dabei immer das Morgen im Blick. Franz-Josef Gritsch verkörpert die bereits siebente Generation der Familie, die im historischen Mauritiushof in Spitz an der Donau Weinbau betreibt. So ist es selbstverständlich, dass hier Tradition und überliefertes Wissen von größter Bedeutung sind. Jedoch kann Spitzenqualität nur durch kontinuierliche Weiterentwicklung erreicht werden. Dafür steht der »kalmuck«-Keller, wo der Wein nach modernstem Stand der Technik gekeltert wird. Dazu kommt nun als beeindruckende Neue-

FJ GRITSCH – MAURITIUSHOF
3620 Spitz an der Donau
Kirchenplatz 13
T: +43 (2713) 24 50
office@gritsch.at
www.gritsch.at

Kellermeister/Kontakt:
Franz-Josef Gritsch
Produktion: 15 Hektar
Zertifiziert: Nachhaltig Austria
Messen: Austrian Tasting London, ProWein Düsseldorf, VieVinum

Franz-Josef Gritsch

rung die Weinerlebniswelt: Im und um den geschichtsträchtigen Mauritiushof entstand ein einladender Verkostungs- und Verkaufsraum, ein bestens ausgestatteter Veranstaltungsbereich mit Showküche sowie drei stilvolle und gemütliche Ferienwohnungen, von deren Terrassen man einen atemberaubenden Blick auf die berühmte Lage Singerriedel genießt. Die große hauseigene Tiefgarage rundet das Gesamtkonzept ab.
Die Verbindung von Tradition und Gegenwart zeigt sich bei Franz-Josef Gritsch auch im Weingarten: Unzählige Steinterrassen hat er in den vergangenen Jahren rekultiviert – so etwa in der herausfordernden Ried Kalkofen im Spitzer Graben, also im klimatischen Grenzbereich dessen, wo Weinbau noch möglich ist. Die Rieslinge, die hier wachsen, zeichnen sich durch Kühle, Eleganz und straffe Struktur aus. Daneben bewirtschaftet Gritsch auch den Burgweingarten in Dürnstein, den letzten großen Weingarten innerhalb der historischen Stadtmauer. Die steil aufragenden Steinterrassen lassen keine maschinelle Bearbeitung zu – dies ist der Inbegriff von Handarbeit, die sich lohnt: Das Ergebnis ist ein großartiger, vielschichtiger und tiefgründiger Riesling.

(98) Riesling * Ried Kalkofen 2023
13,5 Vol.-%, NK, großes Holzfass, €€€€€€ Ⓥ
Leuchtendes helles Grüngelb, Silberreflexe. Zarte gelbe Tropenfrucht, ein Hauch von Pfirsich, mit Nuancen von Maracuja unterlegt, etwas Blütenhonig, zart nach Orangenzesten. Engmaschig, straff, elegant, weißes Steinobst, vibrierende Säurestruktur, mineralisch-zitronige Nuancen im Abgang, sehr gute Länge, bereits sehr entwickelt und überzeugend.

(97) Riesling * Ried Dürnsteiner Burg Reserve 2023
13,5 Vol.-%, NK, großes Holzfass, €€€€€€ Ⓥ
Helles Gelbgrün, Silberreflexe. Zart nach Orangenblüten, dazu reifes Steinobst, sehr klare Frucht, braucht etwas Luft, feines Bukett. Komplex, saftig, elegant, gut integrierte Fruchtsüße, finessenreicher Säurebogen, mineralisch und fein strukturiert, ein komplexer Wein, ausgestattet mit Frische und Länge, sicheres Reifepotenzial.

(95) Riesling * Ried 1000-Eimerberg 2023
13,5 Vol.-%, NK, großes Holzfass, €€€€€ Ⓥ
Helles Gelbgrün, Silberreflexe. Frischer gelber Pfirsich, ein Hauch von Blütenhonig, zart nach kandierten Mandarinenzesten, kühles, attraktives Bukett. Saftig, elegant, weißes Steinobst, feiner Säurebogen, gut integrierte Süße, mineralisch und mit Länge ausgestattet, bereits sehr zugänglich, sicheres Reifepotenzial.

(94) Riesling * Ried Setzberg 2023
13,5 Vol.-%, DV, großes Holzfass, €€€€€ Ⓥ
Mittleres Grüngelb, Silberreflexe. Feine Nuancen von frischen Marillen, ein Hauch von Pfirsich und Blütenhonig. Mittlere Komplexität, feine Fruchtsüße, frisch strukturiert, fein und balanciert, wirkt leichtfüßig, mineralisch und zitronig, bietet großes Trinkvergnügen.

(94) Riesling * Ried Loibenberg 2023
13,5 Vol.-%, NK, großes Holzfass, €€€€€
Helles Gelbgrün, Silberreflexe. Zarte Kräuterwürze, mit feinem weißem Steinobst unterlegt, kandierte Orangenzesten, mineralischer Touch. Komplex, stoffig, weißes Kernobst, frischer Säurebogen, salzige Mineralik, bleibt haften, ein stoffiger Speisenbegleiter.

(92) Riesling * Steinterrassen 2023
12,5 Vol.-%, DV, Stahltank, €€€
Mittleres Grüngelb, silberfarbene Reflexe. Zart nach Papaya und gelbem Pfirsich, ein Hauch von Blütenhonig, einladendes Bukett. Saftig, feinfruchtig, ein Hauch von Ananas und Marille, finessenreiche Säurestruktur, mineralischer Nachhall, bereits zugänglich, feine Fruchtsüße im Abgang.

(92) Riesling * Ried Pluris 2023
12,5 Vol.-%, DV, Stahltank, €€€€
Helles Grüngelb, silberfarbene Reflexe. Zart nach Weingartenpfirsich, weißer Apfel, ein Hauch von Limettenzesten, mineralischer Touch. Saftig, ein Hauch von Orangen, dezente Süße, feiner, straffer Säurebogen, ausgewogen und bereits gut zugänglich, mit Reifepotenzial ausgestattet.

(97) Grüner Veltliner * Ried Singerriedel 2023
14 Vol.-%, NK, großes Holzfass, €€€€€€ Ⓥ
Mittleres Grüngelb, Silberreflexe. Feine Kräuterwürze, Nuancen von gelber Tropenfrucht, ein Hauch von Apfel und Marille, zarter Blütenhonig, facettenreiches Bukett. Komplex, saftig, feine Fruchtsüße, reife Mango, gut eingewebte feine Säure, mineralisch und lange anhaftend, zarter Blütenhonig im Abgang, verfügt über große Länge, sicheres Reifepotenzial.

(95) Grüner Veltliner * Ried Loibenberg 2023
14 Vol.-%, NK, großes Holzfass, €€€€€ Ⓥ
Leuchtendes mittleres Grüngelb, Silberreflexe. Zart nach frischen Orangenzesten und Blütenhonig, gelbe Apfelfrucht, mit tabakiger Würze unterlegt. Komplex, kraftvoll, saftig, elegant, feine, gut integrierte Säurestruktur, mineralisch und sehr gut anhaftend, salziger Nachhall, sicheres Reifepotenzial.

(94) Grüner Veltliner * Ried Hochrain 2023
13,5 Vol.-%, NK, großes Holzfass, €€€€€ Ⓥ
Leuchtendes Grüngelb, Silberreflexe. Zart nach Limettenzesten, weiße Apfelfrucht, feine Exotik, helle Lössaromatik. Saftig, elegant, gut balanciert, feine Steinobstnuancen, ein Hauch von Honigmelone, zarter Säurebogen, mineralisch-salzig im Abgang, ein facettenreicher Speisenbegleiter.

(94) Grüner Veltliner * Ried Klaus 2023
14 Vol.-%, NK, großes Holzfass, €€€€€ Ⓥ
Helles Gelbgrün, Silberreflexe. Frische Wiesenkräuter, ein Hauch von Grapefruitzesten, frische Birne, etwas Mango, attraktives Bukett. Stoffig, elegant, saftige Textur, feiner Säurebogen, mineralisch, seidiger Abgang, bereits gut entwickelt und antrinkbar.

(93) Grüner Veltliner * Ried Steinporz 2023
13,5 Vol.-%, DV, Stahltank, €€€€€ Ⓥ
Leuchtendes helles Grüngelb, Silberreflexe. Frische Wiesenkräuter, gelbes Kernobst, zarte Nuancen von Marillen, ein Hauch von Mandarinenzesten. Saftig, gute Komplexität, balanciert, feine Säurestruktur, dunkle Mineralik, ein feinwürziger Speisenbegleiter.

92 Grüner Veltliner * Kirchpoint 2023
13 Vol.-%, DV, Stahltank, €€€
Helle Grüngelb, Silberreflexe. Mit einem Hauch von Orangenzesten unterlegte gelbe Apfelfrucht, zart nach Birne, dezente Kräuterwürze, einladendes Bukett. Saftig, elegant, feine Fruchtsüße, etwas Honigmelone, mineralisch, zart salzig im Abgang, bereits gut entwickelt.

(92) Grüner Veltliner * Ried Axpoint 2023
12,5 Vol.-%, DV, großes Holzfass, €€€€ Ⓥ
Mittleres Gelbgrün. Feine Mangonoten, zart nach kandierten Limettenzesten, reife Tropenfrucht, dunkle Mineralik, facettenreiches Bukett. Saftig, straff, feine Säurestruktur, Marillentouch, floral, lange anhaltend, guter Speisenbegleiter mit Entwicklungspotenzial, eleganter, zugänglicher Stil.

90 Grüner Veltliner * kalmuck 2023
12,5 Vol.-%, DV, Stahltank, €€€ Ⓥ
Helles Gelbgrün. Reifes Kernobst, zart nach Blütenhonig, kandierte Orangenzesten, etwas Ananas, attraktives Bukett. Saftig, mittlere Komplexität, feine Apfelnoten, salziger Abgang, bleibt gut haften, vielfältig einsetzbar.

97 Grüner Veltliner Blaue Mauritius 2019
14 Vol.-%, NK, Barrique, €€€€€€
Mittleres Grüngelb, Silberreflexe. Feine Holzwürze, zart nach Bourbon-Vanille, mit intensiver gelber Tropenfrucht

Grüner Veltliner

unterlegt, Nuancen von Mango und Papaya, feiner Blütenhonig, zart mit reifen Stachelbeeren unterlegt. Saftig, elegant, fruchtige Süße im Kern, weiße Apfelfrucht, von einer feinen Säure gekontert, weißes Nougat im Abgang, seidig und lange anhaftend, sicheres weiteres Reifepotenzial. Eigenständiger Stil.

(93) Muskateller * Spitz 2023
12,5 Vol.-%, DV, großes Holzfass, €€€€
Helles Gelbgrün, Silberreflexe. Zarte florale Nuancen, ein Hauch von Holunderblüten, Noten von Maracuja. Saftig, elegant, feine Fruchtsüße, lebendig strukturiert, sehr ausgewogen, harmonisch, Limetten im Nachhall, bietet großes Trinkvergnügen, macht Lust auf mehr.

(93) Chardonnay * Reserve 2022
13 Vol.-%, NK, großes Holzfass, €€€€€
Mittleres Gelbgrün, Silberreflexe. Zart nach Ananas und Papaya, ein Hauch von Wiesenkräutern, kandierte Mandarinenzesten, einladendes Bukett. Mittlere Komplexität, weißer Apfel, zart nach Limetten, salziger Nachhall, ein facettenreicher, leichtfüßiger Speisenbegleiter.

(92) Sauvignon Blanc * Spitz 2023
13 Vol.-%, DV, großes Holzfass, €€€€ Ⓥ
Helles Gelbgrün, Silberreflexe. Zarte weiße Tropenfrucht, ein Hauch von Litschis und Limettenzesten, mineralisch unterlegt. Saftig, elegant und fruchtbetont, feiner Säurebogen, Cassis, salziger Nachhall, ein vielseitiger Speisenbegleiter.

★★

WEINGUT ROMAN GRITSCH

Das Weingut Roman Gritsch liegt am Setzberg und ist umgeben von Weingärten mit idyllischem Ausblick, sowohl auf die Ruine Hinterhaus wie auch auf eine der berühmtesten Lagen des Ortes, die Ried Tausendeimerberg.
Urgesteinsböden, Lehm- und Lössböden, Gneis- und Paragneis sowie Sedimentablagerungen sind die Grundzutaten für die tägliche Arbeit des Familienbetriebs. So entfalten die regionaltypischen Weinsorten wie Grüner Veltliner, Riesling, Neuburger und Muskateller erst dann ihre Facetten richtig, wenn man ihnen die entsprechende Bodenstruktur bietet und ihre natürliche physiologische Entwicklung unterstützt. Dieser Grundsatz gilt für jede Tätigkeit der Winzerfamilie, und so finden die Weine ihre Stilistik in einem perfekten Zusammenspiel zwischen Natur und Winzer. Herrlich kräftige Smaragde und fruchtige Federspiele laden zum Verkosten und Genießen ein.

(94) Riesling * Ried Setzberg Smaragd 2023
13,5 Vol.-%, DV, Stahltank, €€€
Mittleres Gelbgrün, Silberreflexe. Frisches Bukett nach Melisse und Grapefruitzesten, ein Hauch von Pfirsich, dezente Tropenfrucht. Komplex, saftig, feine Säurestruktur, mineralisch, gelbes Steinobst, bleibt gut haften, vielseitiger Speisenbegleiter mit Potenzial.

94 Riesling * Ried 1000-Eimerberg Smaragd 2022
13,5 Vol.-%, NK, Stahltank/Holzfass, €€€€
Leuchtendes Gelbgrün, Silberreflexe. Feiner Botrytistouch, zart nach Gewürzen, Ananas, einladendes Bukett, mit Honig unterlegt. Gute Komplexität, feinwürzig, zart tabakig, mineralischer Touch, reife Tropenfrucht im Abgang, salziger Rückgeschmack, bereits gut antrinkbar, vielseitiger Speisenbegleiter.

(93) Grüner Veltliner * Smaragd Terrassen 2023
13,5 Vol.-%, DV, Stahltank, €€€
Mittleres Gelbgrün, silberfarbene Reflexe. Reife Apfelfrucht, dezente Orangenzesten, floraler Touch, Nuancen von gelber Frucht, einladendes Bukett. Gute Komplexität, saftig, fruchtsüß, Honigmelone im Abgang, Mango im Rückgeschmack, guter Speisenbegleiter mit Potenzial.

(93) Grüner Veltliner * Smaragd Terrassen 2022
13 Vol.-%, DV, Stahltank, €€€
Mittleres Gelbgrün, Silberreflexe. Zarte Tropenfruchtnoten, etwas nach Blütenhonig, kandierte Mandarinenzesten, Melone klingt an. Saftig, engmaschig, fruchtsüß nach Papaya, Bergamotte im Nachhall, feinwürziger Rückgeschmack, guter Speisenbegleiter mit Potenzial.

(93) Grüner Veltliner * Ried Steinporz Smaragd 2023
13,5 Vol.-%, DV, Stahltank, €€€
Mittleres Gelbgrün. Gelbe Tropenfrucht, zart nach Birne, Mandarinenzesten, Quittentouch, einladendes Bukett. Kraftvoll, fruchtsüß, saftig, Ananastouch im Abgang, mineralisch im Rückgeschmack, vielseitiger Speisenbegleiter.

(91) Grüner Veltliner * Ried Setzberg Federspiel 2023
12,5 Vol.-%, DV, Stahltank, €€
Helles Gelbgrün, Silberreflexe. Feine Maracujanoten, ein Hauch von Gewürzen, dezente Papayanoten, feingliedriges Bukett. Saftig, mittlere Komplexität, extraktsüß, etwas Melisse, Nuancen von Mango im Abgang, salziger Nachhall, guter Speisenbegleiter.

WEINGUT ROMAN GRITSCH
3620 Spitz an der Donau
Radlbach 11
T: +43 (2713) 2208
wein@romangritsch.at
romangritsch.at

Kellermeister/Kontakt:
Roman Gritsch
Produktion: 2 % Schaumwein, 95 % weiß, 2 % rosé, 1 % rot, 7 Hektar
Vereinszugehörigkeit:
Vinea Wachau

(90) Grüner Veltliner * Ried Gasslreith Federspiel 2023
12,5 Vol.-%, DV, Stahltank, €€
Helles Gelbgrün, Silberreflexe. Zarte Kräuternuancen, etwas nach Maracuja, weiße Apfelfrucht, ein Hauch von Limetten, frisches Bukett. Saftig, gelbe Apfelfrucht, zart nach Papaya, mineralische Nuancen, bereits gut antrinkbar.

★★★

WEINGUT THOMAS GRITSCH

Präzision und Handwerk aus dem Spitzer Graben in der Wachau zu bieten, das ist das Anliegen von Winzer Thomas Gritsch. Dort, wo sich der Spitzer Graben langsam verengt und immer höher, kühler und steiniger wird, steht sein Weingut. Es bildet quasi die Pforte zu den steilsten Lagen der Wachau – dem Trenning beispielsweise, mit über 500 Metern Seehöhe die höchste Riede der Wachau, dem Zornberg, der Bruck, der Spitzer Point, der Vogelleithen oder dem Setzberg –, deren Böden beste Bedingungen für große Veltliner und Rieslinge bieten. Diese beiden Protagonisten der Wachau spielen die Hauptrolle, wobei es Thomas Gritsch vor allem um eine elegante und lebendige Interpretation der Weine geht, denn Mineralik, Sortentypizität und feine Aromatik sind ihm sehr wichtig. Naturnahe Arbeitsweise in den Weingärten ist ein Muss. Der weithin berühmte Heurige, in dem es auch Muskateller, Weißburgunder und Rosé gibt, wird gemeinsam mit seiner Frau Britta Gritsch geführt. Sie legen größten Wert auf beste regionale Produkte, die sie zu hausgemachten typischen Wachauer Köstlichkeiten verarbeiten. Die Aussteckertermine im Sommer 2024 sind 11. bis 28. Juli und 5. bis 15. September.

94 Grüner Veltliner * Marmor 2023
14,5 Vol.-%, NK, großes Holzfass, €€€€€
Mittleres Gelbgrün, Silberreflexe. Zart nach Marille und reifem gelbem Apfel, ein Hauch von Kräuterwürze, etwas weißer Pfeffer, facettenreiches Bukett. Komplex, kraftvoll, sehr saftig, dezente Steinobstnuancen, feiner Säurebogen, salziger Touch im Abgang, zeigt sehr gute Länge, sicheres Reifepotenzial.

(93) Grüner Veltliner * Ried Spitzer Point Smaragd 2023
13,5 Vol.-%, DV, Stahltank, €€€€
Helles Grüngelb, Silberreflexe. Frische Wiesenkräuter, tabakige Nuancen, reifes gelbes Kernobst, Nuancen von Apfel und Mango. Saftig, elegant, mineralische Textur, feiner Säurebogen, ein Hauch von Fruchtsüße im Abgang, zeigt gute Länge und Entwicklungspotenzial.

91 Grüner Veltliner * Ried Zornberg Federspiel 2023
12,5 Vol.-%, DV, Stahltank, €€€
Helles Gelbgrün, silberfarbene Reflexe. Feine Würze, etwas nach Ringlotten, ein Hauch von Guaven, floraler Touch, mit Blütenhonig unterlegt. Mineralisch-salzig, weißes Kernobst, filigraner Touch, feinwürziger Rückgeschmack, Apfelfrucht im Abgang, guter Speisenbegleiter.

(94) Riesling * Spitz Ried Vogelleithen Smaragd 2023
13,5 Vol.-%, NK, Stahltank, €€€€€
Helles Gelbgrün, Silberreflexe. Zart floral unterlegte weiße Pfirsichfrucht, ein Hauch von Ananas, zart nach Apfel und Blütenhonig. Saftig, elegant, weiße Tropenfrucht, feiner

WEINGUT THOMAS GRITSCH
3620 Spitz an der Donau
Laaben, Haidgasse 1
T: +43 (676) 5371274
info@weingut-gritsch.at
www.weingut-gritsch.at

Kellermeister: Thomas Gritsch
Kontakt: Thomas und Britta Gritsch
Produktion: 95 % weiß, 5 % rosé, 7.5 Hektar
Zertifiziert: Nachhaltig Austria
Vereinszugehörigkeit: TOP-Heurige, Vinea Wachau
Messen: VieVinum

Säurebogen, harmonisch, wirkt leichtfüßig und mineralisch, Limetten im Abgang, ein finessenreicher Speisenbegleiter.

93 Riesling * Spitz Ried Setzberg Smaragd 2023
13,5 Vol.-%, DV, Stahltank, €€€€€
Helles Grüngelb, Silberreflexe. Zart nach Orangenzesten, etwas Blütenhonig, Noten von gelbem Steinobst. Mittlere Komplexität, weißer Apfel, frischer Säurebogen, salzig-mineralisch im Abgang, feine Fruchtsüße im Nachhall, bereits gut entwickelt.

(93) Weißburgunder * Spitzer Graben Smaragd 2023
14 Vol.-%, DV, großes Holzfass, €€€€
Helles Gelbgrün, Silberreflexe. Zarte Noten von weißer Birne, ein Hauch von Orangenzesten, etwas Ringlotte und Mango, zarter nussiger Touch, einladendes Bukett. Komplex, saftig, angenehme Fruchtsüße im Kern, balanciertes Säurespiel, etwas Blütenhonig im Abgang, bleibt gut haften, ein stoffiger Speisenbegleiter.

★★★★★

WEINGUT FRANZ HIRTZBERGER

Die Familie Hirtzberger aus Spitz bewirtschaftet einige der besten Lagen der gesamten Wachau. Berühmt sind die Terrassenlagen wie Singerriedel, die sich direkt hinter dem uralten, malerischen Winzerhaus erhebt und einen legendären Riesling hervorbringt. Aber auch die Riede Hochrain ist in Sachen Riesling eine fixe Größe im Kanon der österreichischen Grands Crus. Was Singerriedel für den Riesling, das ist Honivogl für den Grünen Veltliner. Franz Hirtzberger senior und sein Sohn Franz junior ergänzen sich im Weingarten perfekt, da sitzt jeder Handgriff. Dies drückt sich in der gesamten Weinpalette aus. Im Weinkeller trägt mittlerweile Franz junior die Verantwortung – nicht ohne sich in den entscheidenden Details mit seinem Vater abzustimmen. Auch hier spürt man bei den Weinen die Harmonie dieser Zusammenarbeit.

99 Riesling * Ried Singerriedel Smaragd 2023
13 Vol.-%, NK, Stahltank
Mittleres Grüngelb, Silberreflexe. Zarte Nuancen von Weingartenpfirsich, ein Hauch von Wiesenkräutern, Anklänge von gelbem Apfel, mineralischer Touch, noch etwas scheu. Straff, engmaschig, elegant, feine Frucht nach Steinobst, finessenreicher Säurebogen, zart nach Ananas, mineralisch und sehr lange anhaftend, delikat und leichtfüßig, ein sehr überzeugender Stil, enormes Reifepotenzial.

(97) Riesling * Ried Steinporz Smaragd 2023
13 Vol.-%, NK, Stahltank
Helles Grüngelb, Silberreflexe. Frischer Weingartenpfirsich, Nuancen von dunkler Mineralik, ein Hauch von Limetten und weißen Blüten. Straff, engmaschig, helle Frucht, kühler Stil, feiner Säurebogen, zitronig-salzig im Abgang, sehr gute Länge, leichtfüßig und tänzelnd, ein finessenreicher Speisenbegleiter.

(97) Riesling * Ried Hochrain Smaragd 2023
13 Vol.-%, NK, Stahltank
Helles Grüngelb, Silberreflexe. Zarte Kräuterwürze, weißer Pfirsich, mit einem Hauch von Mango und Maracuja unterlegt. Straff, engmaschig, Nuancen von weißer Frucht, komplex, mineralisch-salzig, finessenreiche Säurestruktur, ein leichtfüßiger, feinziselierter Stil, bleibt lange haften, bereits verführerisch, sicheres Entwicklungspotenzial.

(96) Riesling * Ried Setzberg Smaragd 2023
13 Vol.-%, NK, Stahltank
Helles Grüngelb, Silberreflexe. Frische Mandarinenzesten, gelbe Tropenfrucht, einladende Mangonoten, mit dunkler Mineralik unterlegt. Saftig, elegant, feine weiße Apfelfrucht, finessenreich strukturiert, mineralisch-salzig im Abgang, bereits sehr gut entwickelt, ein toller Speisenbegleiter.

92 Riesling * Federspiel Steinterrassen 2023
12,5 Vol.-%, NK, Stahltank
Helles Gelbgrün, silberfarbene Reflexe. Feine gelbe Tropenfrucht, zart nach Ananas und Mango, ein Hauch von Blütenhonig, zart nach kandierten Orangenzesten. Mittlerer Körper, gelber Apfel, frisches Säurespiel, mineralisch-salziger Abgang, zitroniger Touch im Rückgeschmack, animierender Stil, vielfältig einsetzbar, macht Lust auf mehr.

(99) Grüner Veltliner * Smaragd Honivogl 2023
13,5 Vol.-%, NK, Stahltank
Helles Grüngelb, Silberreflexe. Zart nach Orangenzesten, gelbe Kernobstfrucht, Nuancen von Mango und Honigmelone, ein Hauch von Blütenhonig. Saftig, elegant, seidige Tex-

WEINGUT FRANZ HIRTZBERGER

3620 Spitz an der Donau
Kremser Straße 8
T: +43 (2713) 2209
weingut@hirtzberger.com
www.hirtzberger.com

Kellermeister: Franz Hirtzberger
Kontakt: Irmgard Hirtzberger
Produktion: 266.667 Flaschen
99 % weiß, 1 % süß, 35 Hektar
Vereinszugehörigkeit:
Vinea Wachau
Messen: ProWein Düsseldorf, VieVinum, MondoVino

Rieden bei Spitz an der Donau

tur, feine Extraktsüße, finessenreicher Säurebogen, mineralisch und lange anhaftend, sicheres Entwicklungspotenzial, bereits in der Jugend sehr verlockend, verleitet dazu, die potenzielle Größe dieses Weines aus den Augen zu verlieren.

96 Grüner Veltliner * Ried Axpoint Smaragd 2023
13,5 Vol.-%, NK, Stahltank
Helles Grüngelb, Silberreflexe. Deutliche Kräuterwürze, Nuancen von gelbem Kernobst, tabakige Noten, facettenreiches Bukett. Komplex, zarte Extraktsüße, feine Säurestruktur, mineralisch-zitronig im Abgang, sehr gute Länge, pikanter Nachhall, sehr animierend, sicheres Reifepotenzial.

(95) Grüner Veltliner * Smaragd Rotes Tor 2023
13,5 Vol.-%, NK, Stahltank
Helles Grüngelb, Silberreflexe. Zart nach Wiesenkräutern, feine Nuancen von gelbem Kernobst, ein Hauch von Mango und Mandarinenzesten. Saftig, elegant, komplex, feine Fruchtsüße im Kern, frischer Säurebogen, mineralisch-salzig, ein lebendiger Speisenbegleiter, zeigt Länge und Potenzial.

(94) Grüner Veltliner * Ried Kirchweg Smaragd 2023
13,5 Vol.-%, NK, Stahltank
Helles Gelbgrün, Silberreflexe. Zart nach Kräuterwürze, feine gelbe Apfelfrucht, etwas Mango, florale Nuancen, ein Hauch von Orangenzesten. Saftig, elegant, straff, feine Säurestruktur, mineralisch und frisch, sehr gut balanciert, feiner gelber Apfel im Nachhall, salziger Rückgeschmack.

93 Grüner Veltliner * Federspiel Rotes Tor 2023
12,5 Vol.-%, NK, Stahltank
Mittleres Gelbgrün, silberfarbene Reflexe. Einladendes Bukett nach Honigmelone, dazu dezente Kräuterwürze, floral, Nuancen von Orangenzesten. Elegant, gut integrierte, finessenreiche Säurestruktur, mineralisch, gelbe Tropenfrucht im Abgang, vielseitiger Speisenbegleiter.

91 Grüner Veltliner * Spitz Steinfeder 2023
13,5 Vol.-%, NK, Stahltank
Helles Gelbgrün, silberfarbene Reflexe. Feine Kräuternuancen, dezente Maracujanoten, etwas Blütenhonig, einladendes Bukett. Mittlere Komplexität, elegant, feine Struktur, mineralisch-salzig, Papaya im Abgang, lange anhaltend, bereits gut antrinkbar.

(96) Neuburger * Smaragd 2023
13,5 Vol.-%, NK, Stahltank
Helles Gelbgrün, Silberreflexe. Zarte Kräuterwürze, reife gelbe Birnenfrucht, Honigmelone, etwas Blütenhonig, kandierte Orangenzesten. Komplex, saftig, elegant, feine weiße Apfelfrucht, finessenreiche Säurestruktur, mineralisch-salzig im Abgang, ein Paradebeispiel für diese bereits rar gewordene Sorte, großes Zukunftspotenzial, leider nur sehr limitiert verfügbar.

(95) Weißburgunder * Smaragd 2023
13,5 Vol.-%, NK, Stahltank
Helles Grüngelb, Silberreflexe. Feine Nuancen von Walnuss, ein Hauch von frischer Birne, zarte Kräuterwürze, mit etwas Orangenzesten unterlegt. Saftig, elegant, feine Frucht, weißes Kernobst, lebendige Säurestruktur, ausgewogen und bereits sehr gut entwickelt, ein vielseitiger Speisenbegleiter, Potenzial für viele Jahre.

* Wachau DAC

95 Grauburgunder * Smaragd 2023
13,5 Vol.-%, NK, Stahltank
Helles Grüngelb, Silberreflexe. Zart nach gelbem Kernobst, ein Hauch von Birne, im Hintergrund etwas Kletzen, dezente kandierte Orangenzesten. Komplex, saftig, feine Fruchtsüße, finessenreiche Struktur, lebendig, zart nach Limetten im Nachhall, ein animierender, facettenreicher Speisenbegleiter.

(94) Chardonnay * Smaragd 2023
13,5 Vol.-%, NK, Stahltank
Helles Grüngelb, Silberreflexe. Etwas scheu, feine gelbe Apfelfrucht, zart nach Ananas, ein Hauch von Wiesenkräutern, florale Nuancen. Komplex, saftig, gelbe Tropenfrucht, zarte Süße, feiner Säurebogen, mineralisch und gut anhaftend, bereits gut antrinkbar.

★★★

WEINHOFMEISTEREI MATHIAS HIRTZBERGER

Mathias Hirtzberger hat in Wösendorf mit seiner »Weinhofmeisterei« erfolgreich ein neues Kapitel in der Geschichte der renommierten Winzerfamilie Hirtzberger aufgeschlagen. Ein paar Kilometer vom elterlichen Spitzer Weingut entfernt ist manches ähnlich, aber doch vieles anders. Das zeigen bereits seine sogenannten Wappenweine (»Stab«, »Treu«, »Greif« und »Zier«), Ortsweine, deren Namen auf die lange Historie der Weinhofmeisterei von St. Florian und auf die klimatische und geologische Vielfalt der Gemeindelagen verweisen. Noch spezifischer wird es in seinen vier Einzellagensmaragden, die sich paritätisch aus zwei Veltlinern und zwei Rieslingen zusammensetzen. Am Hangfuß gelegen ist der Kollmütz die Basis für einen sehr komplexen und mineralischen Grünen Veltliner, der seinen Kontrapunkt in einem zweiten dunkelfruchtigen Veltliner vom lössgeprägten Weingarten Spitaler findet. Noch deutlichere Gegensätze zeigen sich zwischen dem Riesling Bach, einer steilen und heißen Terrassenlage, und dem Riesling Kollmitz, einer hoch gelegenen, kargen Paragneis-Verwitterungs-Riede – wobei überall die gleiche Devise gilt: durch akribisches Beobachten im Weingarten, nachhaltige Bodenpflege und gezielte Handarbeit die Charakteristika der Sorte zu betonen und dabei doch die subtilen Stimmen herauszuarbeiten, die jeden einzelnen Weingarten unverwechselbar machen. Durch selektive Handlese und schonendste Verarbeitung im Keller werden diese feinen Nuancen bewahrt und lassen sich auf beeindruckende Weise im Wein erschmecken. Probieren kann man die Weine im neu errichteten Weingut in Wösendorf.

WEINHOFMEISTEREI MATHIAS HIRTZBERGER
3610 Wösendorf in der Wachau
Hauptstraße 142
T: +43 (2715) 22 955
buero@weinhofmeisterei.at
www.weinhofmeisterei.at

Kellermeister: Mathias Hirtzberger
Kontakt: Hanna und Mathias Hirtzberger
Produktion: 100 % weiß, 9.5 Hektar
Vereinszugehörigkeit: Vinea Wachau
Messen: ProWein Düsseldorf, VieVinum

(96) Riesling * Ried Kollmitz Smaragd 2023
13,5 Vol.-%, NK, Stahltank
Helles Grüngelb, Silberreflexe. Frische gelbe Tropenfrucht, ein Hauch von Maracuja und Blütenhonig, mit frischen Orangenzesten unterlegt, mineralischer Anklang. Saftig, elegant, feine Fruchtsüße, gut integrierter Säurebogen, bleibt gut haften, ein bereits zugänglicher Speisenbegleiter mit sicherem Reifepotenzial.

(95) Riesling * Ried Bach Smaragd 2023
13,5 Vol.-%, NK, Stahltank
Helles Grüngelb, Silberreflexe. Frischer Weingartenpfir-

sich, zitroniger Touch, ein Hauch von Maracuja, mit kandierten Limettenzesten unterlegt. Stoffig, weiße Frucht, lebendig, gut integrierte Säurestruktur, salzig-rassiger Touch, bleibt gut haften, ein Hauch von Blütenhonig im Abgang, gutes Reifepotenzial.

93 Riesling * Weißenkirchen Federspiel Zier 2023
12,5 Vol.-%, NK, Stahltank
Helles Grüngelb, Silberreflexe. Zart nach Limetten, weißer Pfirsich, floraler Touch, mineralischer Hauch. Straff, engmaschig, feinziseliertes Säurespiel, lebendig und animierend, saliner Nachhall, stoffiger, trinkanimierender Stil.

(95) Grüner Veltliner * Ried Kollmütz Smaragd 2023
13,5 Vol.-%, NK, Stahltank, €€€€€€
Helles Grüngelb, Silberreflexe. Anklänge von frischer gelber Tropenfrucht, zart nach Apfel und Mango, angenehme tabakige Würze, ein Hauch von frischen Orangenzesten. Saftig, elegant, feine Fruchtsüße, gut integriertes Säurespiel, salziger Nachhall, bleibt haften, frisch und animierend, gutes Reifepotenzial.

94 Grüner Veltliner * Weißenkirchen Smaragd Greif 2023
13 Vol.-%, NK, Stahltank
Helles Grüngelb, Silberreflexe. Feine Kräuterwürze, ein Hauch von Grapefruitzesten, weißer Apfel, Limetten, einladendes Bukett. Straff, saftig, feines Kernobst, lebendig strukturiert, dunkle Nuancen im Abgang, bleibt haften, stoffig-salziger Begleiter bei Tisch.

(94) Grüner Veltliner * Joching Smaragd Spitaler 2023
13,5 Vol.-%, NK, Stahltank
Helles Grüngelb, Silberreflexe. Feine weiße Tropenfrucht, exotische Nuancen, frische Wiesenkräuter, mineralischer Touch. Saftig, cremige Textur, feine, gut eingebundene Säurestruktur, weißer Pfirsich im Abgang, salziger Nachhall, pikanter Speisenbegleiter, zitronig im Rückgeschmack.

92 Grüner Veltliner * Weißenkirchen Federspiel Treu 2023
12,5 Vol.-%, NK, Stahltank (V)
Helles Gelbgrün, silberfarbene Reflexe. Reife Kräuterwürze, etwas Blütenhonig und kandierte Zitrusnoten, gelbe Tropenfrucht klingt an. Mittlere Komplexität, dezente Extraktsüße, reife Apfelfrucht, feiner Säurebogen, dunkelmineralisch im Rückgeschmack, guter Speisenbegleiter, hat Reifepotenzial.

★★★★

WEINGUT JOSEF & GEORG HÖGL

Authentizität, Nachhaltigkeit und Typizität sind nicht nur Schlagwörter, sondern Prinzipien, nach denen Josef Högl und Sohn Georg ihre Weine in Spitz an der Donau in der Wachau keltern. Die Besonderheit der Weine liefert der Spitzer Graben, ein Seitental des Donautals und zugleich der westlichste und höchstgelegene Teil der Wachau, der sich vom Waldviertel bis nach Spitz zieht. Der Spitzer Graben besticht nicht nur durch die Steilheit der schroffen und steinigen Lagen, sondern auch durch die Eigenwilligkeit des kälteren und unwirtlichen Klimas. Die rund zehn Hektar Weinberge des Weinguts Högl sind durchgängig Terrassen, die von Trockensteinmauern geprägt sind. Alleine die Ried Schön umfasst 57 Terrassen, verteilt über 130 Höhenmeter. Hauptsächlich bauen die Herren Högl die Rebsorten Grüner Veltliner und Riesling aus. Während sich die Lage Schön durch den kräftigen Glimmerschieferboden hervorragend für Grünen Veltliner mit Tiefgang und Mineralik eignet, wird auf den steilen Steinterrassen der Ried Bruck, in der Granodioritgneis vorherrscht, Riesling angebaut. Josef und Georg Högl verfolgen die Philosophie, dass sich Trauben, Boden, Glimmerschiefer und Gneis sowie die Lage und der Charakter, der sich durch das Terroir entwickelt, im fertigen Wein widerspiegeln sollen. Durch das Praktizieren eines konsequenten naturnahen Weinbaus und das Zusammenspiel von Innovation und Tradition entstehen präzise und vielschichtige Weine höchster Qualität. Die Basis für greifbare Weine schafft reinstes Lesegut, das durch mehrmalige Handlese erzielt wird. Die Smaragde des Weinguts Högl sind tiefe, komplexe und langlebige Weine aus alten Reben. Als Mitglied der »Vinea Wachau Nobilis Districtus« verpflichten sich die Högls dem stren-

* Wachau DAC

WEINGUT JOSEF & GEORG HÖGL

3620 Spitz an der Donau
Viessling 31
T: +43 (2713) 8458
office@weingut-hoegl.at
www.weingut-hoegl.at

Kellermeister: Josef & Georg Högl
Kontakt: Georg Högl
Produktion: 60.000 Flaschen
100 % weiß, 9.5 Hektar
Zertifiziert: Nachhaltig Austria
Vereinszugehörigkeit:
Vinea Wachau
Messen: VieVinum

gen Qualitätskodex dieser Vereinigung, die Herkunft, Originalität und Charakter der einzelnen Wachauer Orte und Lagen betont.

(98) Grüner Veltliner * Ried Schön Smaragd Alte Parzellen 2023
14 Vol.-%, NK, großes Holzfass, €€€€€€
Mittleres Gelbgrün, Silberreflexe. Kandierte Orangenzesten, reifer gelber Apfel, ein Hauch von Mango und Blütenhonig, mit Wiesenkräutern unterlegt. Komplex, saftig, gelbe Frucht, feiner Säurebogen, mineralisch-salzig im Abgang, besitzt enorme Länge und großen Druck, überzeugender Vieilles-Vignes-Charakter, flüssiges Urgestein.

(96) Grüner Veltliner * Ried Schön Smaragd 2023
13,5 Vol.-%, NK, Stahltank, €€€€€
Mittleres Gelbgrün, Silberreflexe. Zart nach Golden-Delicious-Apfel, ein Hauch von Marille, Nuancen von Limettenzesten, mineralischer Touch. Straff, engmaschig, elegant, weißes Kernobst, feiner Säurebogen, dunkle, salzige Mineralik, bleibt haften, finessenreicher, stoffiger Stil, zeigt Länge und sicheres Entwicklungspotenzial.

(95) Grüner Veltliner * Ried Kaiserberg Smaragd 2023
14 Vol.-%, NK, Stahltank, €€€€€
Leuchtendes mittleres Grüngelb, Silberreflexe. Tabakig unterlegte Kräuterwürze, feine gelbe Tropenfrucht, ein Hauch von Mango, zart mit Mandarinenzesten unterlegt. Saftig, elegant, gelbe Frucht, nach Honigmelone, zarter Säurebogen, kraftvoll und anhaftend, steht am Anfang einer langen Karriere.

(94) Grüner Veltliner * Ried Brandstatt Smaragd 2023
14 Vol.-%, NK, Stahltank, €€€€€
Mittleres Gelbgrün, Silberreflexe. Zarter Blütenhonig, gelbes Kernobst, mit einem Hauch von Wiesenkräutern unterlegt. Saftig, komplex, keine Spur von Opulenz, frischer Säurebogen, feine Fruchtsüße, ein Hauch von Marillen im Abgang, engmaschig und anhaftend, ein stoffiger Begleiter bei Tisch.

(94) Grüner Veltliner * Ried 1000-Eimerberg Smaragd 2023
14 Vol.-%, NK, Stahltank, €€€€€
Mittleres Grüngelb, Silberreflexe. Zart nach Orangenzesten, gelber Apfel, zarte Wiesenkräuter, noch etwas verhalten. Kraftvoll, saftig, Golden-Delicious-Apfel, feiner Säurebogen, dezenter Blütenhonig im Abgang, mineralisch und anhaftend, ein stoffiger Speisenbegleiter mit Potenzial.

92 Grüner Veltliner * Ried Schön Federspiel 2023
12,5 Vol.-%, DV, Stahltank, €€€€
Helles Gelbgrün, Silberreflexe. Feine Wiesenkräuter, zart nach Maracuja, etwas nach Quitte, frisches Bukett, mineralischer Touch. Saftig, mittlerer Körper, salzig, weiße Apfelfrucht, etwas engmaschig, wird von Flaschenreife profitieren, guter Speisenbegleiter.

(96) Riesling * Ried Bruck Smaragd Alte Parzellen 2023
13,5 Vol.-%, NK, Stahltank, €€€€€€
Mittleres Grüngelb, Silberreflexe. Frische Ananas und Maracuja, weiße Blüten, ein Hauch von Honig, kandierte Orangenzesten. Komplex, engmaschig, feine weiße Frucht, finessenreiche Säurestruktur, mineralisch-salzig im Abgang, Limetten im Nachhall, sehr gute Länge, ein facettenreicher Speisenbegleiter mit Reifepotenzial.

(95) Riesling * Smaragd Vision 2023
14 Vol.-%, NK, Stahltank, €€€€€
Mittleres Gelbgrün, Silberreflexe. Florale Nuancen, zitroniger Touch, weißer Pfirsich, facettenreiches Bukett, mineralisch und fein. Saftig, stoffig, feine Fruchtsüße, gelbes Steinobst, feines Säurespiel, Blütenhonig im Abgang, elegant und anhaftend, bereits zugänglich, gute Länge, sicheres Potenzial.

(94) Riesling * Ried Bruck Smaragd 2023
13,5 Vol.-%, NK, Stahltank, €€€€€
Mittleres Gelbgrün, Silberreflexe. Noch etwas scheu, gelbe Tropenfrucht, zart nach Ananas und Pfirsich, mit Mandarinenzesten unterlegt. Saftig, weißer Apfel, frischer Säurebogen, mineralisch, lebendig, wirkt leichtfüßig, Limettenzesten im Abgang, ein rassiger Speisenbegleiter mit Länge und Potenzial.

★★★★

WEINGUT HOFSTÄTTER WOLFGANG

»Herkunft prägt, das gilt für unsere Weine genauso wie für uns«, so das Motto der Familie Hofstätter, die in Spitz, im Herzen der Wachau, lebt und arbeitet. Als traditioneller Familienbetrieb mit viel Hausverstand und Herz findet man die Balance zwischen traditionellem Weinbau und moderner Kellertechnik, zwischen Ursprünglichkeit und Internationalität. Die Leidenschaft für guten Wein treibt die Hofstätters an. Und aus Respekt vor der Natur geht man besonders sorgfältig mit den Weingärten um. Sie sind das kostbarste Gut: Wurzel und Zukunft des Betriebes zugleich.
Der Wein, die Marillen, die Donau, der Tausendeimerberg: Es gibt so vieles, das dem schönen Spitz seinen Charakter verleiht. Die Quitten, diese aromatischen Früchte des gleichlautenden Baumes, haben damit nichts zu tun – auch wenn sich mancher fragen mag, wie sie in die Adresse des Weinguts kommen. Dem Buch »Flurnamen erzählen« von Elisabeth Arnberger entnimmt man: »Quitten« ist ein uralter Begriff für eine Wegscheid, ein Zusammentreffen zweier Wege. An so einer Weggabelung steht der Hof, und hier erwartet den Weinliebhaber die Familie Hofstätter mit Wachauer Weinen.

(96) Riesling * Spitz Smaragd Best of Quitten2 2023
14 Vol.-%, NK, großes Holzfass, €€€€€ V
Mittleres Grüngelb, Silberreflexe. Feine weiße Tropenfrucht, ein Hauch von Blütenhonig, reifer Pfirsich, florale Nuancen, einladendes Bukett. Saftig, elegant, weißes Steinobst, finessenreich strukturiert, feine Fruchtsüße im Abgang, elegant, balanciert, mineralisch, zeigt gute Länge und sicheres Reifepotenzial, bereits jetzt perfekt antrinkbar.

94 Riesling * Ried 1000-Eimerberg Smaragd 2023
13,5 Vol.-%, DV, Stahltank, €€€€€ V
Mittleres Grüngelb, Silberreflexe. Feine gelbe Tropenfrucht, frischer Pfirsich, ein Hauch von Blütenhonig, mit kandierten Mandarinenzesten unterlegt. Saftig, elegant, fruchtige Süße im Kern, zart nach Marille, frischer Säurebogen, mineralisch-salzig, zeigt gute Länge, sicheres Entwicklungspotenzial.

(94) Riesling * Ried Singerriedel Smaragd 2023
14 Vol.-%, NK, Stahltank, €€€€€ V
Mittleres Grüngelb, Silberreflexe. Feine gelbe Tropen-

© Martina Siebenhandl

WEINGUT HOFSTÄTTER WOLFGANG
3620 Spitz an der Donau
Quitten 2
T: +43 (664) 5260674
office@weingut-hofstaetter.at
www.weingut-hofstaetter.at

Kellermeister/Kontakt: Wolfgang Hofstätter
Anbauweise: Integrierter Anbau
Produktion: 60.000 Flaschen
5 % Schaumwein, 95 % weiß,
8.5 Hektar
Vereinszugehörigkeit: Vinea Wachau
Messen: VieVinum

Wolfgang Hofstätter und Petra Schöberl

frucht, ein Hauch von gelbem Pfirsich, etwas Mandarinen, einladendes Bukett. Saftig, elegant und frisch, gut balancierte Fruchtsüße, finessenreicher Säurebogen, mineralisch-zitronig im Abgang, bleibt hängen, gutes Reifepotenzial.

(95) Grüner Veltliner * Spitz Smaragd Best of Quitten2 2023
14,5 Vol.-%, NK, großes Holzfass, €€€€€ V
Helles Goldgelb, Silberreflexe. Zart nach Marillenkonfitüre, mit gelber Apfelfrucht unterlegt, ein Hauch von Blütenhonig, attraktives Bukett. Saftig, rund und ausgewogen, opulente Frucht, zarte Süße, feiner Säurebogen, harmonisch und bereits gut antrinkbar, versteckt seine Muskeln ganz gekonnt, besitzt Länge und eine sichere Zukunft.

(94) Grüner Veltliner * Ried 1000-Eimerberg Smaragd 2023
14,5 Vol.-%, NK, großes Holzfass, €€€€€ V
Mittleres Grüngelb, Silberreflexe. Zart tabakig, ein Hauch von gelbem Apfel, Nuancen von Mango, mit Kräuterwürze unterlegt. Komplex, saftig, fruchtsüße Textur, gut integrierter Säurebogen, etwas Blütenhonig, reife Mango im Nachhall, ein zugänglicher, kraftvoller Speisenbegleiter.

93 Grüner Veltliner * Ried Harzenleiten Smaragd 2023
14 Vol.-%, DV, Stahltank, €€€€ V
Helles Grüngelb, Silberreflexe. Frische Birne, weißer Apfel, dezente Kräuterwürze, zitronige Nuancen. Komplex, kräftig, gelbe Tropenfrucht, frischer Säurebogen, mineralisch-salzig im Abgang, bereits zugänglich, vielfältig einsetzbar.

91 Grüner Veltliner * Federspiel Hofi 2023
12,5 Vol.-%, DV, Stahltank, €€ V
Helles Gelbgrün, silberfarbene Reflexe. Frisches weißes Kernobst, Ananas, zart nach Blütenhonig, etwas nach Limettenzesten. Saftig, lebendig, feine Säurestruktur, mineralisch, Birnentouch im Abgang, bereits gut antrinkbar.

91 Grüner Veltliner * Ried Steinporz Federspiel 2023
12,5 Vol.-%, DV, Stahltank, €€€ V
Helles Grüngelb, silberfarbene Reflexe. Feine Tropenfrucht, zart nach Mandarinenzesten, ein Hauch von Mango, reife Apfelfrucht. Saftig, straff, finessenreiche Säurestruktur, dezentes weißes Kernobst, salziger Nachhall, bereits gut antrinkbar.

90 Grüner Veltliner * Spitz Steinfeder 2023
11,5 Vol.-%, DV, Stahltank, €€ V
Helles Grüngelb, Silberreflexe. Zart tabakig, ein Hauch von frischem gelbem Apfel und Mango, florale Nuancen. Leichtfüßig, weißes Kernobst, frisch strukturiert, mineralisch-zitronig, animierender Sommerwein.

90 Grüner Veltliner * Ried Burgberg Federspiel 2023
12,5 Vol.-%, DV, Stahltank, €€€ V
Helles Gelbgrün, silberfarbene Reflexe. Feine Wiesenkräuter, zart nach Tropenfrucht, ein Hauch von kandierten Orangenzesten, floraler Touch. Saftig, engmaschig, salzig, weiße Apfelfrucht, etwas weitmaschig, bereits gut antrinkbar.

(94) Neuburger * Spitz Smaragd 2023
14,5 Vol.-%, NK, Stahltank, €€€€€ V
Mittleres Grüngelb, Silberreflexe. Zart nach Blütenhonig und reifer Birnenfrucht, mit einem Hauch von Orangenzesten unterlegt. Kraftvoll, stoffig, cremig, reife gelbe Tropenfrucht, feine Süße, zarter Säurebogen, bleibt haften, ein Hauch von Limetten im Abgang, gute Länge, bereits zugänglich, sicheres Reifepotenzial.

92 Weißburgunder * Spitz Smaragd 2023
14 Vol.-%, DV, Stahltank, €€€€ V
Helles Grüngelb, Silberreflexe. Zart nach Orangenzesten, feine gelbe Birnenfrucht, ein Hauch von Wiesenkräutern, mit Limettenzesten unterlegt. Saftig, elegant, ein Hauch von Blütenhonig, weißer Apfel im Abgang, ein facettenreicher Speisenbegleiter.

★★★

WEINGUT HOLZAPFEL

Das Weingut Holzapfel hat seinen Sitz in einem ehemaligen Lesehof, einem vor 700 Jahren von den St. Pöltner Chorherren errichteten und von Jakob Prandtauer barockisierten Baujuwel. Damals, als die Weingärten der Wachau noch zum Großteil in kirchlicher Hand waren und den umliegenden Klöstern gehörten, war der Lesehof das Zentrum für die Kelterung der Weintrauben und für die Administration des Weinverkaufs vor Ort. Heute werden insgesamt circa 14 Hektar Rebfläche mit ausschließlich traditionellen Arbeitsmethoden bewirtschaftet. Darunter finden sich so hervorragende Lagen wie Achleiten, Vorderseiber, Weitenberg, Klaus und Kollmitz. Auf steinigen, mineralhaltigen, aber auch kalkhaltigen, schieferdurchsetzten Böden gedeihen Trauben erster Klasse. Aber nicht nur die besonderen Lagen und das Achten auf geringe Erträge sind verantwortlich für die Einzigartigkeit dieser Trauben. Die durch spezielle klimatische Verhältnisse bedingten Temperaturschwankungen und die unterschiedlichen Höhenlagen der Weingärten bewirken eine Säure, die für Frische und Eleganz sorgt. Karl Holzapfel strebt die Erzeugung von klaren, fruchtig-feinen, charaktervoll-lebendigen Weinen für den täglichen Genuss sowie von trocken-kompakten Smaragdweinen mit komplexem Aromenspiel und großem Potenzial an. Nach der Gärung bleibt der Wein in Kontakt mit der Feinhefe. So entstehen unverwechselbare Weine mit Stil, klarer, delikater Frucht und bester Balance zwischen Mineralik und Frische. Durch die individuelle Art des Vinifizierens entwickeln sich Weine von besonderer Identität für vielerlei Trinkanlässe. Das Sortiment umfasst die Qualitätskategorien Steinfeder, Federspiel und Smaragd in den Sorten Grüner Veltliner, Riesling und Weißburgunder. Die Selektion »Hippolyt« beeindruckt durch besondere Cremigkeit, Eleganz und Finesse.

(95) Grüner Veltliner * Ried Achleiten Smaragd 2023

14 Vol.-%, DV, Stahltank, €€€€€

Mittleres Gelbgrün, Silberreflexe. Frische Orangenzesten, dunkle Kräuterwürze, mineralischer Touch, terroirtypisches Bukett. Stoffig, engmaschig, weißes Kernobst, feiner Säurekern, mineralisch-salzig im Abgang, ein komplexer Speisenbegleiter, zeigt Länge und Potenzial.

(94) Grüner Veltliner * Joching Ried Kollmitz Smaragd 2023

14 Vol.-%, DV, Stahltank, €€€€€

Mittleres Grüngelb, Silberreflexe. Frische Kräuterwürze, feine Kernobstnuancen, tabakige Würze, dunkle Mineralik. Kraftvoll, stoffig, gelbe Apfelfrucht, mineralisch-salzig unterlegt, zeigt Länge und Würze, feine Grapefruitnoten im Nachhall, wird von Flaschenreife profitieren.

(93) Grüner Veltliner * Ried Vorderseiber Federspiel 2023

12,5 Vol.-%, DV, Stahltank, €€€€

Helles Grüngelb, Silberreflexe. Frischer Golden-Delicious-Apfel, ein Hauch von Honigmelone, feine Wiesenkräuter. Stoffig, gute Komplexität, frisches weißes Kernobst, lebendig strukturiert, Apfel auch im Abgang, elegant und vielfältig einsetzbar, ein würziger Speisenbegleiter.

92 Grüner Veltliner * Ried Achleiten Federspiel 2023

12,5 Vol.-%, DV, Stahltank, €€€€

Helles Gelbgrün, silberfarbene Reflexe. Feine Kräuterwürze, etwas nach Orangenzesten, Melisse klingt an, ein Hauch

WEINGUT HOLZAPFEL
3610 Weißenkirchen in der Wachau
Prandtauerplatz 36
T: +43 (2715) 2310
weingut@holzapfel.at
www.holzapfel.at

Kellermeister/Kontakt:
Karl Holzapfel
Produktion: 95 % weiß, 5 % rot, 14 Hektar
Zertifiziert: Nachhaltig Austria
Vereinszugehörigkeit:
Vinea Wachau
Messen: VieVinum

* Wachau DAC

von weißem Steinobst, dunkle Mineralik. Saftig, elegant, gut eingebundene Säurestruktur, zarte gelbe Birnenfrucht, mineralisch, leichtfüßiger Speisenbegleiter.

90 Grüner Veltliner * Joching Federspiel Zehenthof 2023
12,5 Vol.-%, DV, Stahltank, €€€
Helles Gelbgrün, silberfarbene Reflexe. Feine Kräuternoten, zart nach Bergamotte, ein Hauch von Papaya, würziger Touch. Saftig, elegant, gut eingebundene Säurestruktur, leichtfüßig, Kernobst im Abgang, bereits gut antrinkbar.

(94) Riesling * Ried Vorderseiber Smaragd 2023
13,5 Vol.-%, DV, Stahltank, €€€€€
Helles Gelbgrün, Silberreflexe. Frisches Steinobst, zarte Pfirsichnuancen, ein Hauch von Limetten, mineralischer Touch. Saftig, elegant, weißer Apfel, finessenreicher Säurebogen, salziger Abgang, gut anhaftend, gutes Entwicklungspotenzial.

(93) Riesling * Ried Klaus Federspiel 2023
12,5 Vol.-%, DV, Stahltank, €€€€
Helles Gelbgrün, Silberreflexe. Zart nach Papaya und Maracuja, ein Hauch von kandierten Limettenzesten, floraler Touch. Mittlerer Körper, weißer Pfirsich, frischer Säurebogen, mineralisch-zitronig, saliner Nachhall, ein animierender Speisenwein.

★★★

WEINGUT HUTTER SILBERBICHLERHOF

Das Familienweingut Hutter verfügt über rund 14 Hektar Weingärten in besten Lagen auf beiden Seiten der Donau, in den Gemeinden Mautern am rechten sowie Loiben und Dürnstein am linken Donauufer. Das Wachauer Traditionsweingut wird bereits in siebenter Generation von der Familie betrieben. Als Mitglied der »Vinea Wachau« produziert man hier Weißweine der Wachauer Weinkategorien Steinfeder, Federspiel und Smaragd aus den Sorten Grüner Veltliner, Riesling und Grauer Burgunder. Den gastronomischen Teil des Silberbichlerhofes bietet man auch gerne als Veranstaltungsort für Hochzeiten, Geburtstagsfeste, Firmenfeiern und ähnliche Events an. Im Weingarten, im Heurigenlokal oder im überdachten Atriumhof ist je nach Tageszeit und Wetterlage jeweils für bis zu 60 Personen Platz.

WEINGUT HUTTER SILBERBICHLERHOF
3512 Mautern an der Donau
St. Pöltner Straße 385
T: +43 (2732) 83004
info@hutter-wachau.at
www.hutter-wachau.at

Kellermeister/Kontakt::
Friedrich Hutter IV.
Produktion: 90.000 Flaschen
97 % weiß, 2 % rosé, 1 % süß,
14 Hektar
Zertifiziert: Nachhaltig Austria
Vereinszugehörigkeit:
Vinea Wachau
Messen: VieVinum

95 Riesling * Dürnstein Ried Hollerin Smaragd 2021
14,5 Vol.-%, DV, Stahltank, €€€€€
Helles Goldgelb, Silberreflexe. Zart nach Zitronengras und Safran, weiße Tropenfrucht, floraler Touch, mit etwas Maracuja unterlegt. Stoffig, zeigt Kraft, ohne opulent zu wirken, finessenreiche Säurestruktur, dezente Extraktsüße im Abgang, elegant und lange anhaftend, sicheres Zukunftspotenzial.

92 Riesling * Federspiel 2022
12,5 Vol.-%, DV, Stahltank, €€€
Helles Gelbgrün, Silberreflexe. Frische weiße Tropenfrucht, etwas Mango, floraler Touch, attraktives Bukett. Mittlerer Körper, frischer Pfirsich, feiner Säurebogen, ein Hauch von Blütenhonig im Abgang, ein eleganter Sommerwein.

94 Grüner Veltliner * Ried Rothenhof Smaragd 2022
14 Vol.-%, DV, Stahltank, €€€€€
Mittleres Grüngelb, Silberreflexe. Kandierte Orangenzes-

ten, gelber Apfel, frische Papaya, floraler Touch, einladendes Bukett. Saftig, kraftvoll, gute Komplexität, feine, gut integrierte Säure, mineralisch-salzig im Abgang, zarte Kräuterwürze im Nachhall, bereits gut entwickelt, ein stoffiger Speisenwein mit Reifepotenzial.

91 Grüner Veltliner * Mautern Ried Süssenberg Federspiel 2023
12,5 Vol.-%, DV, Stahltank, €€€
Helles Gelbgrün, Silberreflexe. Zart tabakig-kräuterwürzig unterlegte Nuancen von gelbem Kernobst, zart nach Orangenzesten. Saftig, weißer Apfel, frische Säurestruktur, feine Mineralik, bleibt haften, ein leichtfüßiger Begleiter bei Tisch.

90 Grüner Veltliner * Steinfeder 2023
11,5 Vol.-%, DV, Stahltank, €€
Helles Strohgelb, Silberreflexe. Zart nach frischem gelbem Apfel, ein Hauch von Ananas, einladendes Bukett. Schlank, nach Kernobst, frisch strukturiert, mineralisch-salzig im Abgang, ein lebendiger Sommerwein.

★★★

WEINGUT JÄGER

Das Weingut Jäger liegt im idyllischen Weinort Weißenkirchen und befindet sich seit Generationen im Familienbesitz. Das Jägerhaus mit seiner klassizistischen Fassade stammt aus dem Jahre 1838. Die mit viel Liebe kultivierten und nachhaltig gepflegten Weingärten liegen in den besten Lagen rund um Weißenkirchen. Jeder Weingarten wird abgestimmt auf Sorte, Lage und Boden individuell bewirtschaftet. Durch die schonende Verarbeitung bei der Ernte und der Weinbereitung bleiben die natürlichen Aromen der sortenrein verarbeiteten Trauben erhalten.
Die Weine werden in den drei für die »Vinea Wachau« gültigen Qualitätsstufen »Steinfeder«, »Federspiel« und »Smaragd« in Edelstahltanks ausgebaut. So entwickeln sich jahrgangstypische, dem Sortencharakter entsprechende Weine voll Zartheit, Bukettdichte und fruchtiger Eleganz. Roman Jägers Weine stehen exemplarisch für eine Fruchtpräzision und Lebendigkeit, die man in ihrer Konsequenz und Klarheit sonst nur schwer findet. Zum einen geht es ihm darum, seinen Sorten alles an Aromen und Typizität abzuringen, zum anderen aber auch darum, die spezifischen Terroirnoten seiner Einzellagen authentisch im Wein auszudrücken. Die Betonung liegt auf den Nuancen, und so finden sich immer wieder feine Unterschiede zwischen seinen Weinen aus der Riede Klaus, Achleiten, Vorderseiber oder Steinriegl. Den Smaragden und Federspielen, für die er in der Zwischenzeit berühmt ist, schenkt Roman Jäger dabei die gleiche Aufmerksamkeit. Vinifiziert wird in einem kühlen Tonnengewölbe in Edelstahltanks, um aus den Weinen – dazu zählen auch Sauvignon Blanc und Muskateller – auch noch die filigransten Fruchtnoten hervorzuholen.
Einmal im Jahr findet im Jägerhaus ein Heuriger statt, der den klassischen Rahmen sprengt und durch eine Vielzahl ausgesuchter kulinarischer Delikatessen beeindruckt.

(96) Riesling * Weißenkirchen Ried Achleiten Smaragd 2023
14 Vol.-%, NK, Stahltank, €€€€€
Helles Gelbgrün, Silberreflexe. Feine Nuancen von Stein-

WEINGUT JÄGER
3610 Weißenkirchen in der Wachau
Kremser Straße 1
T: +43 (2715) 2535
jaeger@weingut-jaeger.at
www.weingut-jaeger.at

Kellermeister/Kontakt:
Roman Jäger
Produktion: 2 % Schaumwein, 95 % weiß, 3 % rosé, 9 Hektar
Vereinszugehörigkeit:
Vinea Wachau
Messen: VieVinum

obst, ein Hauch von Pfirsich, Orangenzesten, mineralisch unterlegt. Stoffig, feine Fruchtsüße, ein Hauch von Orangen, finessenreicher Säurebogen, engmaschig und lebendig, mineralisch-salziger Touch im Abgang, sehr gute Länge, sicheres Reifepotenzial.

(95) Riesling * Weißenkirchen Ried Steinriegl Smaragd 2023
14 Vol.-%, NK, Stahltank, €€€€€
Helles Gelbgrün, Silberreflexe. Zarte Nuancen von gelber Tropenfrucht, dazu Ringlotten und Pfirsich, facettenreiches Bukett. Kräftig, komplex, harmonisch, weißes Steinobst, elegant und ausgewogen, mineralischer Nachhall, feine Limettennote im Rückgeschmack, ein facettenreicher Speisenbegleiter mit Reifepotenzial.

(95) Grüner Veltliner * Weißenkirchen Ried Achleiten Smaragd 2023
14,5 Vol.-%, NK, Stahltank, €€€€€
Mittleres Gelbgrün, Silberreflexe. Zart nach Wiesenkräutern, tabakiger Anklang, reife gelbe Frucht, Nuancen von Apfel, zart nach Marille, mineralischer Touch. Komplex, straff, engmaschig, feine Kernobstnuancen, finessenreich strukturiert, salzig und anhaftend, zeigt Länge und Potenzial, bereits gut entwickelt.

(94) Grüner Veltliner * Weißenkirchen Ried Kaiserberg Smaragd 2023
14,5 Vol.-%, NK, Stahltank, €€€€€
Helles Grüngelb, Silberreflexe. Feine Nuancen von Mango und Golden-Delicious-Apfel, mit Orangenzesten unterlegt, ein Hauch von Blütenhonig. Saftig, elegant, weißes Kernobst, engmaschig, gute Frische, mineralisch und mit guter Länge ausgestattet, sicheres Reifepotenzial.

(93) Grüner Veltliner * Weißenkirchen Ried Steinriegl Smaragd 2023
14,5 Vol.-%, NK, Stahltank, €€€€€
Helles Gelbgrün, Silberreflexe. Zarte Wiesenkräuter, feine tabakige Nuancen, mit einem Hauch von gelbem Apfel unterlegt. Kraftvoll, stoffig, engmaschige Textur, weißes Kernobst, frischer Säurebogen, ein Hauch von Birne, bleibt gut haften, zeigt gute Länge, ein saftiger Begleiter bei Tisch.

93 Gelber Muskateller * Weißenkirchen 2023
13,5 Vol.-%, DV, Stahltank, €€€
Helles Gelbgrün, Silberreflexe. Zart nach Limetten und Holunderblüten, ein Hauch von weißem Pfirsich und Muskatnuss. Saftig, elegant, dezente Fruchtsüße, etwas Maracuja und Ananas, frischer Säurebogen, bleibt haften, sehr gutes Reifepotenzial.

★★★★

WEINGUT JAMEK

Josef Jamek – ein Name, der wie kein anderer für die Kulturlandschaft Wachau und die Renaissance der österreichischen Weinkultur steht. Schon in den 1950er-Jahren prägte er mit seinen naturbelassenen trockenen Weinen den Typus des Wachauer Weißweins und stand mit seinen Ideen Pate für die Gründung der »Vinea Wachau«, des Schutzverbandes der Weine dieser herrlichen Landschaft.
Das Weingut zählt mit einer Rebfläche von 25 Hektar zu den ansehnlichsten Privatbesitzungen und bewirtschaftet Weingärten in den allerbesten Urgesteinsterrassenlagen der Wachau. Die Riede Klaus, ein Synonym für Jamek'sche Weinkultur, liegt in einer Steillage mit über hundert Steinterrassen. Hier entsteht seit Jahrzehnten Jameks Vorbild für den Wachauer Riesling. Bereits seit 1959 füllt die Familie Jamek dieses Weinjuwel, das als Parabel für das große Lebenswerk von Josef Jamek gelten darf. Ebenso sind die Urgesteinsterrassen der Rieden Achleiten und Liebenberg für hochkarätige und vom Terroir der Wachau geprägte Grüne Veltliner bekannt. Die Lagen Hochrain und Zweikreuzgarten in Wösendorf werden in einer schon über 50 Jahre andauernden Kooperation mit dem Benediktinerstift Melk bewirtschaftet. Hier wachsen Weißburgunder und Grüner Veltliner von höchster Qualität.
Die Tradition des Weinguts wird seit 2012 von Jameks Enkeltochter Julia Jamek und ihrem Ehemann Herwig fortgeführt. Beide sind ausgebildete Mediziner und garantieren somit für die Bekömmlichkeit der Weine. Verkostet werden die Weine am besten im gutseigenen Restaurant, das von Johannes Altmann, einem weiteren Enkel von Josef und Edeltraud Jamek, geleitet wird. In der gediegenen Atmosphäre des über 100 Jahre alten Hauses mit einzigartigem Gastgarten kann man exzellente regionale Küche und die Weine genießen – das macht den Besuch im Hause Jamek-Altmann zu einem unvergleichlichen Erlebnis für jeden Wachaubesucher.

WEINGUT JAMEK

3610 Joching
Josef-Jamek-Straße 45
T: +43 (2715) 2235
info@weingut-jamek.at
www.jamekwein.at

Kellermeister: Volker Mader
Kontakt: Dr. Herwig Jamek
Anbauweise: Integrierter Anbau
Produktion: 3 % Schaumwein, 90 % weiß, 3 % rosé, 3 % rot, 1 % süß, 25 Hektar
Zertifiziert: Nachhaltig Austria
Vereinszugehörigkeit: Vinea Wachau
Messen: ProWein Düsseldorf, VieVinum

Weißenkirchen

95 Grüner Veltliner * Weißenkirchen Ried Achleiten Smaragd 2022
14 Vol.-%, NK, großes Holzfass, €€€€€€
Leuchtendes mittleres Grüngelb, Silberreflexe. Frische Kräuterwürze, dunkle Mineralik, weißes Kernobst, feine tabakige Nuancen. Komplex, stoffig und kraftvoll, reife Ananas, dezenter Säurebogen, mineralisch, zart nussig im Nachhall, bereits gut entwickelt.

94 Grüner Veltliner * Dürnstein Ried Liebenberg Smaragd 2022
13,5 Vol.-%, NK, großes Holzfass, €€€€€
Leuchtendes mittleres Grüngelb, Silberreflexe. Zarte Kräuterwürze, mineralisch unterlegte gelbe Tropenfruchtanklänge, zart nach Mango und Papaya, zitroniger Touch. Saftig, elegant, dezente Fruchtsüße, gut integrierter Säurebogen, ein Hauch von Honig und Lindenblüten im Abgang, bereits gut entwickelt.

92 Grüner Veltliner * Weißenkirchen Ried Achleiten Federspiel 2023
13 Vol.-%, DV, großes Holzfass, €€€€€
Helles Gelbgrün, Silberreflexe. Zarte weiße Apfelfrucht, ein Hauch von Wiesenkräutern, Limetten, mineralischer Touch. Saftig, elegant, feine Fruchtsüße, reifes Kernobst, runder Säurebogen, mineralisch und anhaftend, bereits zugänglich und vielfältig einsetzbar.

95 Riesling * Weißenkirchen Ried Klaus Smaragd 2022
14 Vol.-%, NK, großes Holzfass, €€€€€€
Leuchtendes mittleres Grüngelb, Silberreflexe. Kandierte Orangenzesten, gelber Pfirsich, ein Hauch von Marillen, Nuancen von Safran, einladendes Bukett. Saftig, elegant, präsente Süße, zarter Säurebogen, cremiger, zugänglicher Stil, Honig im Nachhall, mineralisch-salziger Touch im Rückgeschmack.

93 Riesling * Weißenkirchen Ried Klaus 2023
13 Vol.-%, NK, großes Holzfass, €€€€€
Helles Grüngelb, Silberreflexe. Zart nach gelber Tropenfrucht, Nuancen von Pfirsich und Blütenhonig, mit frischen Limettenzesten unterlegt. Mittlere Komplexität, saftig, weißer Apfel, feine Süße, dezenter Säurebogen, harmonisch, ein vielseitiger Speisenbegleiter mit Reifepotenzial.

(93) Riesling * Smaragd Dürnsteiner Freiheit 2022
13,5 Vol.-%, NK, großes Holzfass, €€€€€€
Mittleres Grüngelb, Silberreflexe. Ein Hauch von Pfirsich und Limettenzesten, feine weiße Tropenfrucht, mineralischer Touch. Saftig, Nuancen von gelber Frucht, zarte Süße, gut integrierte Säurestruktur, seidig und fein, bereits gut entwickelt.

95 Weißburgunder * Wösendorf Smaragd 2022
13,5 Vol.-%, NK, großes Holzfass, €€€€€€
Mittleres Gelbgold, Silberreflexe. Mit kandierten Mandarinenzesten unterlegte reife Birnenfrucht, zart nach Wiesenkräutern, ein Hauch von Walnuss, attraktives Bukett. Saftig, elegant, ausgewogen, feine Süße, bleibt sehr gut haften, bereits entwickelt, toller Speisenwein, ein echter Klassiker des Hauses.

* Wachau DAC

★★★★★

WEINGUT KNOLL

Das Weingut Knoll hat in den vergangenen Jahrzehnten so viele Kultweine hervorgebracht, dass man alleine mit diesen Verkostungsnotizen ein ganzes Buch füllen könnte. Auch das Etikett mit dem heiligen Urban hat Kultstatus und wurde in den vergangenen Jahrzehnten zum Glück nicht verändert. Auf dem Weingut selbst hat sich allerdings viel getan: 2014 wurde der Neubau des Weinguts eröffnet, der sich hinter dem Stammhaus befindet und in dem nun Kunden und Gäste empfangen werden. Emmerich und Monika Knoll führen das Weingut gemeinsam mit ihren Söhnen Emmerich junior, der seit 2012 auch Obmann der »Vinea Wachau« ist, und August.
Bewirtschaftet werden rund 19,5 Hektar, von denen gut ein Drittel aus Terrassenweingärten besteht. Grüner Veltliner (45 Prozent) wächst in den Rieden Kreutles, Trum, Loibenberg und Schütt, Riesling (45 Prozent) in den Rieden Loibenberg, Kellerberg, Pfaffenberg und Schütt. Aus beiden Sorten wird – sofern es der Jahrgang zulässt – auch die Vinothekfüllung gemacht, eine Selektion der reifsten Trauben verschiedener Lagen. Ergänzt wird das Sortiment durch Weine aus den Sorten Gelber Muskateller, Chardonnay, Gelber Traminer und Blauburgunder. In Jahren mit schöner Botrytis stehen zudem auch edelsüße Weine von der Auslese bis zur Trockenbeerenauslese auf dem Programm. Eine positive Praxis im Hause Knoll: Die Smaragde und Prädikatsweine werden erst ab September ausgeliefert, damit sie den Sommer über im kühlen Keller heranreifen können. Knoll-Weine gelten als Spätstarter (was in Wahrheit unzutreffend ist) und als sehr langlebig (was völlig zutreffend ist).

98 Riesling * Ried Schütt Smaragd 2022
13 Vol.-%, NK, großes Holzfass, €€€€€€
Mittleres Gelbgrün, Silberreflexe. Dunkle Würze, etwas nach Mirabellen, ein Hauch von Ananas, Karamell klingt an, facettenreiches Bukett. Saftig, vielschichtig, Maracuja, balancierte Säurestruktur, sehr attraktiver Abgang mit Noten von Tropenfrucht, lang anhaltend, ein vielseitiger Speisenbegleiter, sicheres Reifepotenzial.

97 Riesling * Loiben Smaragd Vinothekfüllung 2022
13,5 Vol.-%, NK, großes Holzfass, €€€€€€
Mittleres Goldgelb, Grünreflexe. Honigmelone und Quitte,

Riesling

WEINGUT KNOLL
3601 Dürnstein
Unterloiben 132
T: +43 (2732) 79355
weingut@knoll.at
www.knoll.at

Kellermeister: Emmerich Knoll
Kontakt: Familie Knoll
Produktion: 98 % weiß, 1 % rot, 1 % süß, 19.5+5 Hektar
Zertifiziert: Nachhaltig Austria
Vereinszugehörigkeit: Vinea Wachau
Messen: ProWein Düsseldorf, VieVinum

unterlegt mit kandierten Orangenzesten, ein Hauch von Clementinen, floraler Touch, Gewürze klingen an. Facettenreich, engmaschig, weißes Steinobst, dezente Zitrusnuancen, feinwürzig, bleibt sehr lange haften, wird von Flaschenreife profitieren.

96 Riesling * Ried Kellerberg Smaragd 2022
13 Vol.-%, NK, großes Holzfass, €€€€€
Mittleres Gelbgrün, Goldreflexe. Feine Mangonoten, zart nach Ananas, ein Hauch von Blütenhonig, floraler Touch, kandierte Orangenschalen. Komplex, engmaschig, dezente Tropenfrucht, Honig im Abgang, salziger Nachhall, facettenreiche Säurestruktur, sicheres Entwicklungspotenzial.

95 Riesling Kremstal DAC Ried Pfaffenberg Selection 2022
13 Vol.-%, NK, großes Holzfass, €€€€€
Mittleres Gelbgrün, Silberreflexe. Wiesenkräuter, zart nach Blütenhonig, Limettenzesten klingen an, Marillentouch. Saftig, vielschichtig, komplexe Nuancen von reifen Ringlotten, vielschichtig, zitroniger Nachhall, sicheres Potenzial.

95 Riesling * Ried Loibenberg Smaragd 2022
13 Vol.-%, NK, großes Holzfass, €€€€€
Mittleres Gelbgrün, Silberreflexe. Kandierte Clementinenzesten, ein Hauch von Mango und Ananas, etwas Anis, mit Blütenhonig unterlegt. Saftig, komplex, engmaschig, gut eingebundene Säurestruktur, mineralischer Abgang, Noten von gelbem Pfirsich im Rückgeschmack, guter Speisenbegleiter mit Potenzial.

94 Riesling * Loiben Smaragd 2022
12,5 Vol.-%, NK, großes Holzfass, €€€€€
Helles Gelbgrün, Silberreflexe. Einladende Honignuancen, ein Hauch von Pfirsich, floraler Touch, Melisse klingt an, kandierte Grapefruitzesten. Komplex, elegant, balancierte Säurestruktur, mineralisch, Passionsfrucht im Abgang, salzig, guter Speisenbegleiter, zitroniger Nachhall.

92 Riesling * Loiben Federspiel 2023
12 Vol.-%, NK, Stahltank, €€€€
Helles Gelbgrün, Silberreflexe. Feine Wiesenkräuter, zart nach Pfirsich und Clementinen, ein Hauch von Ringlotten, dunkle Mineralik. Saftig, frisches Bukett, leichtfüßig und engmaschig, weißes Steinobst im Abgang, bleibt gut haften, vielfältig einsetzbar.

92 Riesling * Ried Loibenberg Federspiel 2023
12,5 Vol.-%, NK, Stahltank, €€€€€
Helles Gelbgrün, Silberreflexe. Zarte Steinobstnuancen, ein Hauch von weißem Apfel, dazu Noten von gelber Frucht, mineralischer Touch. Saftig, elegant, weißer Pfirsich, frischer Säurebogen, salziger Touch im Abgang, mineralisch und anhaftend, gutes Reifepotenzial.

97 Grüner Veltliner * Loiben Smaragd Vinothekfüllung 2022
14 Vol.-%, NK, großes Holzfass, €€€€€€
Mittleres Gelbgrün, Silberreflexe. Faszinierendes Bukett nach Mango und Ananas, kandierte Mandarinenzesten, etwas Blütenhonig, Kräuternuancen klingen an. Gute Komplexität, kraftvoll, Nuancen von kandierter Apfelfrucht, tabakig, gut integrierte Säurestruktur, mineralischer Rückgeschmack, sicheres Potenzial.

96 Grüner Veltliner * Ried Schütt Smaragd 2022
13 Vol.-%, NK, großes Holzfass, €€€€€
Mittleres Gelbgrün. Wiesenkräuter und Golden-Delicious-Apfel, ein Hauch von Maracuja, zarte Gewürznoten, facettenreiches Bukett. Komplex, elegant, gut eingebundene Säurestruktur, mineralische Anklänge, Melone im Abgang, verspielter Speisenbegleiter mit Reifepotenzial.

95 Grüner Veltliner * Ried Loibenberg Smaragd 2022
13,5 Vol.-%, NK, großes Holzfass, €€€€€
Mittleres Gelbgrün, Silberreflexe. Dezenter Blütenhonig, kandierte Mandarinenzesten, Maracuja und Papaya klingen an, mineralischer Touch. Gute Komplexität, straff, facettenreiche Säurestruktur, mineralisch, angenehme Extraktsüße nach Mango, bleibt gut haften, sicheres Entwicklungspotenzial.

94 Grüner Veltliner * Ried Kreutles Smaragd 2022
13 Vol.-%, NK, großes Holzfass, €€€€€
Helles Gelbgrün, silberfarbene Reflexe. Einladendes Bukett nach Quitte und Maracuja, ein Hauch von Melisse, zart nach Blütenhonig. Saftig, engmaschig, gelbe Tropenfrucht im Abgang, salzig-mineralisch, bleibt sehr gut haften, dezente Würze, facettenreicher Stil.

92 Grüner Veltliner * Loiben Federspiel 2023
12 Vol.-%, NK, Stahltank, €€€€
Helles Gelbgrün, Silberreflexe. Mit etwas Blütenhonig unterlegte dezente Wiesenkräuter, weißes Kernobst, Ananas klingt an. Saftig, engmaschig, gut eingebundene Säurestruktur, Papayatouch im Abgang, salziger Nachhall, vielfältig einsetzbar.

92 Grüner Veltliner * Ried Kreutles Federspiel 2023
12,5 Vol.-%, NK, Stahltank, €€€€
Helles Gelbgrün. Reife Apfelfrucht, zart nach Maracuja, mit etwas Blütenhonig unterlegt, kandierte Limettenzesten klingen an. Saftig, elegant, feine Säurestruktur, mineralisch, etwas nach Pfirsich, würziger Nachhall, bleibt gut haften, vielseitiger Speisenbegleiter.

* Wachau DAC

92 Grüner Veltliner * Ried Trum Federspiel 2023
12,5 Vol.-%, NK, Stahltank, €€€€€
Helles Grüngelb, Silberreflexe. Feine Maracujanoten, kandierte Zitrusnuancen, floraler Touch, ein Hauch von Papaya, dunkle Würze. Saftig, mittlere Komplexität, mineralisch, reife Apfelfrucht, lang anhaltend, extraktsüßes Finish, vielseitiger Speisenbegleiter mit Potenzial.

90 Grüner Veltliner * Loiben Steinfeder 2023
11,5 Vol.-%, NK, Stahltank, €€€
Helles Gelbgrün, silberfarbene Reflexe. Feine Kräuterwürze, etwas nach Maracuja, feine Mandarinenzesten, einladendes Bukett. Saftig, elegant, leichtfüßig, mineralisch, Zitrustouch, weißes Kernobst im Abgang, bereits gut antrinkbar.

93 Gelber Muskateller * Loiben Smaragd 2022
13,5 Vol.-%, NK, großes Holzfass, €€€€€
Helles Gelbgrün, Silberreflexe. Feiner Muskatton, ein Hauch von Gewürzen, weißes Rosenöl, zart nach Quitte, einladendes Bukett. Saftig, engmaschig, Holunderblütentouch, weißes Kernobst, bleibt gut haften, vielfältig einsetzbar, salziger Nachhall, einladender Muskatellervertreter.

91 Gelber Muskateller * Loiben Federspiel 2023
12 Vol.-%, NK, Stahltank, €€€€
Helles Gelbgrün, Silberreflexe. Zart floral unterlegte Steinobstnoten, ein Hauch von Maracuja und Muskat, einladendes Bukett. Saftig, leichtfüßige Textur, dezente Fruchtsüße, frischer Säurebogen, mineralisch, bereits gut entwickelt.

93 Traminer * Loiben Smaragd 2022
13,5 Vol.-%, NK, großes Holzfass, €€€€€
Helles Gelbgrün, Silberreflexe. Reife Tropenfrucht, etwas Honigmelone, zart nach Eibisch, kandierte Orangenschalen, floraler Touch. Komplex, fruchtsüß, zart nach Melone, dunkle Mineralik, vielschichtig, Litschis im Abgang, vielfältig einsetzbar.

92 Chardonnay * Loiben Smaragd 2022
13,5 Vol.-%, NK, großes Holzfass, €€€€€
Mittleres Gelbgrün. Feine Tabakwürze, etwas nach Orangenzesten, reife Apfelfrucht, ein Hauch von Blütenhonig. Elegant, balancierte Säurestruktur, mineralisch, gelbes Kernobst im Abgang, salziger Nachhall.

97 Gelber Muskateller Loiben Beerenauslese 2022
11 Vol.-%, NK, Stahltank, €€€€€€
Helles Gelbgrün. Einladender Duft nach Holunderblüten, Ananastouch, kandierte Mandarinenzesten, reife Quitten, vielschichtiges Bukett. Mit Honig unterlegte Passionsfrucht, vielschichtig, lebendiger Säurebogen, engmaschig, komplexes Finish, sicheres Reifepotenzial.

94 Gelber Traminer Loiben Auslese 2022
12,5 Vol.-%, NK, Stahltank, €€€€€
Mittleres Gelbgrün, Silberreflexe. Einladender Duft nach Blütenhonig, etwas Rosenöl, ein Hauch von Passionsfrucht und Marshmallows. Komplex, engmaschig, zarte Restsüße nach Honigmelone, finessenreich, mineralischer Touch im Finish, sicheres Entwicklungspotenzial.

★★★★

WEINGUT LAGLER

Das Weingut Lagler liegt in der malerischen Gemeinde Spitz an der Donau, im Herzen der Wachau. Die Wurzeln des Weinbaubetriebs der Familie Lagler gehen bis auf das Jahr 1789 zurück. Der Betrieb ist ein Ensemble aus Weingut mit der integrierten wein.kost.bar und dem 4-Sterne-Hotel Garni Weinberghof, welches seit 2018 von Katharina Lagler geführt wird. Im Jahr 2021 wurde der Frühstücksraum des Hotels vergrößert und neu designt. Dieser bietet nun auch auswertigen Gästen die Möglichkeit, das mittlerweile legendäre Frühstücksbuffet der Familie Lagler zu genießen. Auch für kleinere Seminare und andere Veranstaltungen bieten sich die neuen Räumlichkeiten an.
Schon seit 2003 ist Karl Lagler junior Kellermeister des Weinguts. Sein Ziel ist es, »den Geschmack der Traube und der Lage im Wein wiederzufinden«. Innovation, Tradition, Naturnähe und Nachhaltigkeit sind die wesentlichen Eckpfeiler der Familie Lagler. Intensive Weingartenpflege, Ausdünnung der Trauben sowie späte und selektive Handlese (für keine bis kaum Botrytis) liefern Trauben, aus denen wunderbar fruchtige und authentische Weine

WEINGUT LAGLER
3620 Spitz
Am Hinterweg 17
T: +43 (2713) 2939
info@weingut-lagler.at
www.laglers.at

Kellermeister/Kontakt:
Karl Lagler
Produktion: 106.667 Flaschen
2 % Schaumwein, 80 % weiß,
5 % rosé, 10 % rot, 3 % süß,
13.5+0.5 Hektar
Zertifiziert: Nachhaltig Austria
Vereinszugehörigkeit:
Vinea Wachau
Messen: ProWein Düsseldorf,
VieVinum, DAC-Präsentationen

Spitz und der 1000-Eimerberg

entstehen. Die Veltliner stammen aus den Toplagen »Burgberg« für Federspiel sowie »Steinporz« und »Axpoint« für Smaragd. Die Riesling-Smaragde vom Tausendeimerberg und Steinporz liefern sich jedes Jahr ein spannendes Duell um die Publikumsgunst. Bei der »Elisabeth«-Selection finden Weinliebhaber eine dichte, üppige Veltliner-Essenz mit exotischer Fruchtaromatik und hervorragendem Alterungspotenzial. Wer die Weine verkosten will, kann das täglich ohne Voranmeldung in Spitz im Weingut Lagler.

92 Grüner Veltliner Sekt Austria Große Reserve 2017
12 Vol.-%, NK, Flaschengärung, €€€€€€
Mittleres Gelbgrün, Silberreflexe. Kandierte Orangenzesten, gelbe Tropenfrucht, ein Hauch von Ananas, zarte Kräuterwürze, reifer Apfel. Saftig, elegant, weißes Steinobst, feiner Säurebogen, Blütenhonig, gereifte Stilistik, zitronig, dezente Süße im Abgang.

(96) Riesling * Ried Steinporz Smaragd 2023
13,5 Vol.-%, NK,DV, Stahltank, €€€€€
Mittleres Gelbgrün, Silberreflexe. Frische weiße Tropenfrucht, ein Hauch von Pfirsich, etwas Mango und Blütenhonig, mineralischer Touch. Stoffig, engmaschig, feiner weißer Apfel, ein Hauch von Süße in der Textur, angenehmer Säurebogen, mineralisch-zitronig im Abgang, bleibt haften, gutes Entwicklungspotenzial, wird von Flaschenreife profitieren.

(95) Riesling * Ried 1000-Eimerberg Smaragd 2023
13,5 Vol.-%, NK,DV, Stahltank, €€€€€
Helles Gelbgrün, Silberreflexe. Reifer Weingartenpfirsich, weiße florale Aromen, Limetten, zarter Blütenhonig, attraktives Bukett. Straff, komplex, weißes Kernobst, frischer Säurebogen, mineralisch und gut anhaftend, salziger Nachhall, gute Länge, sicheres Reifepotenzial.

91 Riesling * Ried Setzberg Federspiel 2023
12,5 Vol.-%, DV, Stahltank, €€€€
Helles Grüngelb, silberfarbene Reflexe. Frischer weißer Pfirsich, mit einem Hauch von Blütenhonig und Orangenzesten unterlegt. Mittlerer Körper, feine Fruchtsüße, zart nach Marille, dezente Säurestruktur, ausgewogen und zugänglich.

95 Grüner Veltliner * Ried Steinporz Smaragd 2023
14 Vol.-%, NK,DV, Stahltank, €€€€€
Mittleres Gelbgrün, Silberreflexe. Feine gelbe Tropenfrucht, ein Hauch von Golden-Delicious-Apfel, zarter Blütenhonig. Saftig, elegant, feine Extraktsüße, finessenreiche Säurestruktur, Mango und Ananas, elegant und anhaftend, ein feiner Speisenbegleiter, sicheres Reifepotenzial.

95 Grüner Veltliner * Elisabeth Selection 2021
13,5 Vol.-%, NK,DV, großes Holzfass, €€€€€
Leuchtendes Goldgelb. Zart nach Karamell und Honigmelone, ein Hauch von Gewürzen, Mandarinenzesten klingen an. Saftig, straff, feine Fruchtsüße, Mangotouch im Ab-

gang, Ananas im Nachhall, vielschichtiger Speisenbegleiter mit Potenzial.

(93) Grüner Veltliner * Ried Axpoint Smaragd 2023
14 Vol.-%, NK,DV, Stahltank, €€€€€
Mittleres Gelbgrün, Silberreflexe. Zart nach Wiesenkräutern und Guaven, ein Hauch von Maracuja, dezenter Marillentouch. Saftig, kraftvoll, balancierte Säurestruktur, mineralisch, gelbe Tropenfrucht, stoffiger Speisenbegleiter mit Potenzial.

92 Grüner Veltliner * Ried Burgberg Federspiel 2023
12,5 Vol.-%, DV, Stahltank, €€€
Helles Gelbgrün, silberfarbene Reflexe. Reife Tropenfrucht, zart nach Ananas, etwas nach Steinobst, einladendes Bukett. Saftig, engmaschig, gute Säurestruktur, mineralisch-salzig, gelbe Tropenfrucht, guter Speisenbegleiter.

90 Grüner Veltliner * Spitz Federspiel Himmelsrichtungen 2023
12,5 Vol.-%, DV, Stahltank, €€€
Helles Gelbgrün, Silberreflexe. Feine Kräuterwürze, zart nach Maracuja und gelbem Apfel, ein Hauch von Clementinenzesten. Saftig, elegant, feine Säurestruktur, Zitronengras und weißes Kernobst im Abgang, unkompliziertes Trinkvergnügen.

93 Weißburgunder * Smaragd 2022
13,5 Vol.-%, DV, €€€€
Mittleres Grüngelb, Silberreflexe. Feine Tabakwürze, etwas nach Birne und Maracuja, ein Hauch von Melisse, kandierte Orangenzesten, einladendes Bukett. Saftig, elegant, feine Säurestruktur, engmaschig, mineralischer Touch, Tropenfrucht im Abgang, bleibt gut haften, vielfältig einsetzbar.

(93) Gelber Muskateller * Spitz Selection 2023
13 Vol.-%, DV, Stahltank, €€€€
Helles Gelbgrün, Silberreflexe. Frischer reifer Pfirsich, Nuancen von Maracuja und Blütenhonig, Limetten und Holunderblüten. Saftig, komplex, feine Fruchtsüße, stoffig, feiner Säurebogen, zarter Honigtouch im Abgang, bleibt gut haften, sicheres Reifepotenzial.

93 Sauvignon Blanc * Smaragd 2022
14,5 Vol.-%, DV, Holzfass, €€€€€
Mittleres Gelbgrün, Silberreflexe. Feine Kräuterwürze, zart nach Cassis und roter Paprika, ein Hauch von Gewürzen. Mittlerer Körper, feine Säurestruktur, mineralisch, frisch und lebendig, Zitrus und Stachelbeeren im Abgang, guter Speisenbegleiter.

92 Roter Traminer * Smaragd 2022
13,5 Vol.-%, DV, Holzfass, €€€€
Helles Gelbgrün, Silberreflexe. Zart nach Eibisch, ein Hauch von Vanilleschoten, dezente Kräuternoten, weißes Steinobst klingt an. Saftig, mittlere Komplexität, feine Säurestruktur, etwas würzig, dezent nach Guaven, bereits gut antrinkbar.

(92) Neuburger * Smaragd 2023
14 Vol.-%, DV, Holzfass, €€€€€
Helles Grüngelb. Feine Kräuternoten, ein Hauch von Guaven, zart nach Maracuja, zarte Nuancen von Melisse, frisches Bukett. Saftig, elegant, feine Säurestruktur, mineralisch, rote Apfelfrucht, kraftvolles Finish, lang anhaltend.

★★

WEINGUT FRANZ MAYER

Das Familienweingut von Franz und Barbara liegt im Spitzer Graben, einer der schönsten Ecken der Wachau. In den Rieden Mühlgraben, Setzberg, Schön, Kreuzberg und Steiger gedeihen Grüner Veltliner, Weißburgunder, Riesling, Muskateller und auch Neuburger.
Als leidenschaftliche und erfahrene Winzer wissen sie, dass es die richtige Mischung ausmacht: Traditionen bewahren, den Fortschritt annehmen und der Natur ihren Raum geben – so versteht Familie Mayer das Weinmachen. Getreu dem Motto »Mit der Natur und nicht gegen sie« haben sie sich dazu entschlossen, auf biologische Bewirtschaftung umzustellen. Die größte Freude ist es, beim Vinifizieren die spezifischen Eigenschaften jeder Rebsorte bestmöglich zu präsentieren.
Auf dem Weingut gibt es kein »So haben wir das schon immer gemacht«. Man ist bemüht, sich weiterzuentwickeln, und mischt die Vorteile des traditionellen Weinbaus mit den modernen Methoden der Weinherstellung. Den Weinen gönnt man viel Ruhe, um zu reifen

WEINGUT FRANZ MAYER
3620 Spitz an der Donau
Gut am Steg 11
T: +43 (664) 3902379
office@mayerwein.at
www.mayerwein.at

Kellermeister/Kontakt:
Franz Mayer
Anbauweise: Umstellung auf bio
Produktion: 5 % Schaumwein, 70 % weiß, 5 % rosé, 15 % rot, 5 % süß, 9 Hektar
Zertifiziert: Nachhaltig Austria
Vereinszugehörigkeit:
Vinea Wachau

Franz jun. und Barbara Mayer

und zu werden. Und so überzeugen die harmonischen, naturbelassenen Mayer-Weine mit ihrer einzigartigen Charakteristik. Die Arbeit auf dem Weingut und beim Heurigen wird in der Familie aufgeteilt und die Freude daran ebenso. Das lässt sich schmecken und erleben.

94 Neuburger * Spitzer Graben 2023
14 Vol.-%, NK, gebrauchte Barriques/Stahltank, €€€ B V
Helles Gelbgrün, Silberreflexe. Verhalten, zart floral unterlegte Nuancen von weißem Kernobst, etwas Melone, mit einem Hauch von Blütenhonig und Orangenzesten unterlegt. Saftig, elegant, rund und harmonisch, zarte Mangofrucht, feiner Säurebogen, mild und mineralisch, zitronige Nuancen im Abgang, gute Länge, hat Reifepotenzial.

93 Riesling * Ried Setzberg Smaragd 2023
14 Vol.-%, NK, Stahltank, €€€ B V
Helles Grüngelb, Silberreflexe. Zart rauchig, frische weiße Pfirsichfrucht, mit einem Hauch von Ananas unterlegt, Nuancen von Blüten und Limettenzesten. Saftig, elegant, feine Fruchtsüße, lebendig strukturiert, mineralisch-salzig im Abgang, zitroniger Nachhall, gutes Reifepotenzial.

91 Riesling * Spitzer Graben Federspiel 2023
12,5 Vol.-%, DV, Stahltank, €€ B V
Helles Gelbgrün, Silberreflexe. Etwas scheues, noch verschlossenes Bukett, weiße Tropenfrucht klingt an, mit einem Hauch von Litschis und Limetten unterlegt. Mittlere Komplexität, weißer Pfirsich, frischer Säurebogen, mineralisch-zitroniger Nachhall, animierender Stil.

92 Grüner Veltliner * Ried Mühlgraben Smaragd 2023
14 Vol.-%, NK, Stahltank/gebrauchte Barriques, €€€ B V
Helles Strohgelb, Silberreflexe. Frische Kräuterwürze, tabakige Nuancen, weißer Apfel, mineralischer Touch. Mittlere Komplexität, süße Frucht im Kern, dezenter Säurebogen, Blütenhonig im Abgang, bereits entwickelt.

91 Grüner Veltliner * Spitzer Graben Federspiel 2023
12,5 Vol.-%, DV, Stahltank, €€ B V
Helles Gelbgrün, silberfarbene Reflexe. Weisssr Apfel, Wiesenkräuter, zart nach Blütenhonig, tabakige Noten klingen an. Saftig, gelbes Kernobst, straffe Textur, extraktsüß, zarte Apfelfrucht, mineralisch-salzig, ein vielseitiger Speisenbegleiter.

92 Weißburgunder * Smaragd 2023
14 Vol.-%, NK, gebrauchte Barriques, €€€ B V
Helles Gelbgrün, Silberreflexe. Sehr verschlossen, ein Hauch von Kernobst, zart nach weißem Apfel, Nuancen von Wiesenkräutern. Kraftvoll, saftig, feine Birnenfrucht, angenehme Säurestruktur, mineralisch-salzig im Abgang, zeigt Länge, wird von Flaschenreife profitieren.

★★

WEINGUT MAZZA

Ilse Mazzas Tochter Christine hat mit Ende 2016 den Betrieb übernommen, nun führen die Mazza-Frauen das Weingut gemeinsam. So arbeiten sie Hand in Hand im Weingarten, im Keller und selbstverständlich auch beim Heurigen. Mensch, Natur, Handwerk und Kultur in Einklang zu bringen, ist die Philosophie der zwei Winzerinnen. Ihre duftigen, fruchtigen und harmonisch-eleganten Weine reflektieren diese herrliche Lebenseinstellung.
Zu den wichtigsten Sorten zählen Grüner Veltliner und Riesling, erweitert wird das Angebot noch um die Sorten Gelber Muskateller, Chardonnay und Zweigelt.
Die Weingärten werden mit größter Rücksichtnahme auf die Böden und Reben gepflegt, die Trauben sorgfältig von Hand geerntet und von den Winzerinnen mit großem Können und »G'spür«, wie sie zu sagen pflegen, schonend gekeltert – nach traditioneller Art, aber durch moderne Kellertechnik optimiert.

WEINGUT MAZZA
3610 Weißenkirchen in der Wachau
Auf der Burg 124
T: +43 (2715) 2300
weingut@mazza.at
www.mazza.at

Kellermeister/Kontakt:
Christine Mazza
Produktion: 15.000 Flaschen
85 % weiß, 15 % rot, 3 Hektar
Vereinszugehörigkeit:
Vinea Wachau
Messen: VieVinum

(92) Grüner Veltliner * Weißenkirchen Smaragd Ilses Lesung 2023
14,5 Vol.-%, DV, Stahltank, €€€€ V
Mittleres Goldgelb, Silberreflexe. Zart rauchig-tabakig, ein Hauch von Dörrobst, mit gelber Tropenfrucht unterlegt, Nuancen von Honigmelone und Papaya. Saftig, kraftvoll, reife Birnenfrucht, kräuterwürzige Textur, zarter Säuretouch, mineralisch, anhaftend, ein stoffiger Speisenwein.

(91) Grüner Veltliner * Ried Weitenberg Smaragd 2023
14,5 Vol.-%, DV, Stahltank, €€€ V
Helles Goldgelb, Silberreflexe. Zarte Kräuterwürze, tabakige Nuancen, mit gelber Apfelfrucht unterlegt, ein Hauch von Birne. Kraftvoll, würzig, gelbfruchtige Noten, dezenter Säurebogen, dunkle Mineralik, etwas feurig im Abgang, bereits entwickelt.

89 Grüner Veltliner * Ried Hinter der Burg Federspiel 2023
12,5 Vol.-%, DV, Stahltank, €€ V

(92) Riesling * Ried Achleiten Smaragd 2023
13,5 Vol.-%, DV, Stahltank, €€€€ V
Mittleres Gelbgrün, Silberreflexe. Sehr verhaltenes Bukett, Anklänge von gelbem Steinobst, dezente Mineralik. Mittlere Komplexität, reifer Pfirsich, dezente Säurestruktur, salzig-zitronig im Abgang, wird von Flaschenreife profitieren.

(90) Gelber Muskateller * Weißenkirchen Smaragd 2023
14 Vol.-%, DV, Stahltank, €€€€ V
Helles Strohgelb, Silberreflexe. Zarte gelbe Tropenfrucht, ein Hauch von Holunderblüten, mit kandierten Limettenzesten unterlegt, eher dezentes Bukett. Saftig, kraftvoll, etwas weißes Nougat, Nuancen von reifer Maracuja im Abgang, mineralisch, verfügt über Reifepotenzial.

89 Gelber Muskateller * Weißenkirchen in der Wachau 2023
12,5 Vol.-%, DV, Stahltank, €€€ V

WEINGUT MÜLLER – TASSILO
3508 Krustetten
Hollenburger Straße 12
T: +43 (2739) 2691
info@weingutmueller.at
www.weingutmueller.at

Kellermeister: Leopold Müller
Kontakt: Leopold und Stefan Müller
Produktion: 90 % weiß, 10 % rot
Zertifiziert: Nachhaltig Austria
Messen: ProWein Düsseldorf, VieVinum, Vinexpo

Familie Müller

★★

WEINGUT MÜLLER – TASSILO

Die Brüder Stefan und Leopold Müller aus Krustetten führen neben ihrem Weingut im Kremstal eine Wachauer Weinlinie: »Tassilo«. Diese Weine stammen von zwölf Hektar Top-Lagen in der Wachau, die von dem Brüderpaar sehr sorgfältig gepflegt und bewirtschaftet werden. Die Rebflächen kommen aus dem Besitz des Stiftes Kremsmünster, das 777 nach Christus von Bayernherzog Tassilo III. gegründet wurde und seit dem Jahr 893 Reben in der Wachau pflegt. Die damals sorgfältig angelegten Weingärten bestechen auch heute noch durch ihre besonders guten Bodeneigenschaften und hervorragenden Lagen mit idealen klimatischen Verhältnisse. Vor allem die kargen Urgesteinsböden der tausendjährigen Rieden Süßenberg, Alte Point und Leukuschberg verleihen den Weinen eine charakteristische Mineralik und Vielschichtigkeit. Das kostbarste Stück der Kunstsammlung des Stiftes, der legendäre Tassilokelch, wurde in das Etikett als Symbol für die Wachauer Weine eingebaut.

93 Riesling * Ried Süßenberg Reserve 2022
13 Vol.-%, DV, Stahltank, €€€€
Leuchtendes helles Goldgelb, Silberreflexe. Zart nach kandierten Mandarinen, dazu Blütenhonig und reifer Pfirsich, zart mit Maracujanuancen unterlegt. Saftig, elegant, weißes Steinobst, finessenreicher Säurebogen, mineralisch und gut anhaftend, bereits zugänglich, verfügt über Länge und Potenzial.

92 Grüner Veltliner * Ried Süßenberg Reserve 2022
13 Vol.-%, DV, Stahltank, €€€€
Mittleres Gelbgrün, Silberreflexe. Zart nach Orangenzesten, etwas Honigmelone und Mango, feine Mineralik, rauchig-tabakige Würze. Saftig, reife Marille, fruchtsüße Textur, feiner Blütenhonig im Abgang, ein stoffiger Speisenbegleiter mit Reifepotenzial.

91 Grüner Veltliner * Ried Alte Point 2023
13 Vol.-%, DV, Stahltank, €€
Helles Goldgelb, Silberreflexe. Zart nach frischem Apfel, Nuancen von Wiesenkräutern, mit Orangenzesten unterlegt. Saftig, mittlerer Körper, weißes Kernobst, feine Säurestruktur, mineralisch-zitronig im Abgang, bereits gut entwickelt und vielfältig einsetzbar.

90 Grüner Veltliner * Steinmauer 2023
12,5 Vol.-%, DV, Stahltank, €€
Helles Gelbgrün, silberfarbene Reflexe. Reife Apfelfrucht, ein Hauch von Orangenzesten, zart nach Quitte, etwas nach Kräutern. Saftig, elegant, frische Säurestruktur, dunkle Mineralik, weißes Steinobst, salziger Nachhall, bereits gut antrinkbar.

* Wachau DAC

★★★

ANTON NOTHNAGL

Die Liebe zum Wein in dieser ganz besonderen Region, der Wachau, liegt der Familie Nothnagl im Blut – und das bereits seit 1872. »N« steht für »Nothnagl« – es findet sich auf den Etiketten wieder und soll die Qualitätsphilosophie des Hauses unterstreichen. Das Weingut »Rondellenhof« liegt direkt in Spitz an der Donau. Die rund 11 Hektar Weingärten erfordern intensive Handarbeit am Rebstock und befinden sich in den besten Lagen, welche die Grundlage für terroirgeprägte Spitzenweine bilden. Vinifiziert werden Weine der Rebsorten Riesling, Grüner Veltliner, Chardonnay, Sauvignon Blanc und Gelber Muskateller. Die Stilistik der Weine reicht von duftigen, eleganten, trinkanimierenden Federspiel-Weinen bis hin zu besonders saftigen und fruchtkonzentrierten Smaragden.

(95) Riesling * Spitz Ried Setzberg Smaragd 2023
13,5 Vol.-%, DV, Stahltank, €€€€
Helles Gelbgrün, Silberreflexe. Mit Wiesenkräutern unterlegte Mirabelle, ein Hauch von Blütenhonig, zart nach Clementinen. Gute Komplexität, fruchtsüß, balancierte Säurestruktur, mineralisch-salzig, Marille im Abgang, bleibt sehr gut haften, vielfältig einsetzbar.

ANTON NOTHNAGL
3620 Spitz an der Donau
Radlbach 7
T: +43 (2713) 2612
weingut@nothnagl.at
www.nothnagl.at

Kellermeister/Kontakt:
Anton Nothnagl
Produktion: 100 % weiß, 11 Hektar
Zertifiziert: Nachhaltig Austria
Vereinszugehörigkeit:
Vinea Wachau

(94) Riesling * Spitz Ried 1000-Eimerberg Smaragd 2023
13,5 Vol.-%, DV, Stahltank, €€€€
Helles Gelbgrün, silberfarbene Reflexe. Feinwürzig, etwas dunkle Mineralik, zart nach Pfirsich, ein Hauch von Marille, Grapefruitzesten klingen an. Gute Komplexität, feinwürzig, frisch und lebendig, weißes Steinobst, leichtfüßig wirkend, mineralisch, Zitrus im Rückgeschmack.

92 Riesling * Spitz Ried Steinporz Federspiel 2023
12,5 Vol.-%, DV, Stahltank, €€€
Helles Gelbgrün, Silberreflexe. Zart nach Blütenhonig, kandierte Grapefruitzesten, mit gelber Tropenfrucht unterlegt. Saftig, fruchtige Süße im Kern, feines Säurespiel, harmonisch, gut anhaftend, ein vielseitiger Speisenbegleiter.

91 Riesling * Spitz Ried Kalkofen Federspiel 2023
12,5 Vol.-%, DV, Stahltank, €€€
Helles Gelbgrün, Silberreflexe. Zarte Nuancen von gelber Frucht, ein Hauch von Apfel und Pfirsich, zart nach Orangenzesten. Mittlerer Körper, feine Mangonoten, frischer Säurebogen, salziger Touch im Abgang, ein animierender Speisenbegleiter.

(94) Grüner Veltliner * Spitz Ried Setzberg Smaragd 2023
14,5 Vol.-%, DV, Stahltank, €€€€
Leuchtendes Goldgelb, Silberreflexe. Zarte Orangenzesten, weißes Kernobst, ein Hauch von Quitte, dezente Würze, einladendes Bukett. Gute Komplexität, fruchtsüß nach Mango, balancierte Säurestruktur, feinwürzig, mineralischer Nachhall, sicheres Potenzial.

(93) Grüner Veltliner * Spitz Ried Burgberg Smaragd 2023
14 Vol.-%, DV, Stahltank, €€€€
Mittleres Gelbgrün, silberfarbene Reflexe. Feine Kräuterwürze, zart nach Melisse, ein Hauch von Golden-Delicious-Apfel, einladendes Bukett. Mittlere Komplexität, reife Apfelfrucht, gut integrierter Säurebogen, Tropenfruchttouch im Nachhall, vielfältig einsetzbar.

92 Grüner Veltliner * Spitz Ried Steinporz Federspiel 2023
12,5 Vol.-%, DV, Stahltank, €€
Helles Grüngelb, silberfarbene Reflexe. Feine Apfelfrucht, zart nach Wiesenkräutern, etwas Melone. Saftig, frisch

strukturiert, elegant, feine Säurestruktur, mineralisch, zart nach Maracuja, unkomplizierter Speisenbegleiter.

92 Grüner Veltliner * Spitz Ried Axpoint Federspiel 2023
12,5 Vol.-%, DV, Stahltank, €€€
Helles Gelbgrün. Feine Wiesenkräuter, zart nach Kernobst, etwas Blütenhonig, ein Hauch von Zitrusfrüchten. Saftig, straff, frische Säurestruktur, mineralisch-salzig, weißes Kernobst, lebendig, lang anhaltend, bleibt gut haften.

91 Grüner Veltliner * Spitz Ried Burgberg Federspiel 2023
12,5 Vol.-%, DV, Stahltank, €€
Helles Gelbgrün, Silberreflexe. Feine Wiesenkräuter, zart nach Birne, ein Hauch von kandierten Limettenzesten, würziger Touch. Frisch strukturiert, engmaschig, dunkle Mineralik, etwas nach Kräutern, weiße Apfelfrucht, salzig, guter Speisenbegleiter.

91 Gelber Muskateller * 2023
12,5 Vol.-%, DV, Stahltank, €€€
Helles Gelbgrün, silberfarbene Reflexe. Etwas nach Muskatnuss und Holunderblüten, weißes Steinobst, frische Apfelfrucht, Limettenzesten klingen an. Saftig, engmaschig, fruchtsüß nach Litschis, bleibt gut haften, frisches Trinkvergnügen.

(91) Chardonnay * Spitz Smaragd 2023
14,5 Vol.-%, DV, Stahltank, €€€€
Helles Gelbgrün, Silberreflexe. Feine Mangonoten, etwas Blütenhonig, kandierte Orangenzesten, tabakiger Touch. Kraftvoll, feinwürzig, fruchtsüß nach Maracuja, gut eingebundener Säurebogen, tabakiges Finish, bereits gut antrinkbar.

90 Sauvignon Blanc * Spitz Federspiel 2023
12,5 Vol.-%, DV, Stahltank, €€€
Helles Gelbgrün, Silberreflexe. Frisch und lebendig, feinwürzig, Guaven und weiße Apfelfrucht, zart nach Kräutern, Limettenzesten klingen an. Saftig, elegant, lebendige Säurestruktur, mineralisch, weißes Kernobst im Abgang, salziger Nachhall, unkomplizierter Speisenbegleiter.

★★

WEINGUT PAX

Verena Pichler-Axmann und Franz Stefan Pichler haben ihr Weingut im Jahr 2020 in Wösendorf gegründet. Geduld und Zeit: Das ist die Philosophie der beiden, die sie von Anfang an begleitet. Sie geben ihren alten Weinstöcken Zeit, bis die Trauben ihr volles Aromenpotenzial entwickeln können. Die Trauben werden nach der Lese nur leicht angequetscht, damit der Most die Inhaltsstoffe aus den Beerenschalen extrahieren kann. Im Keller legen sie dann die nötige Geduld an den Tag, um ihren Weinen so lange wie möglich den Kontakt auf der Hefe zu lassen. Alle Lagenweine reifen auf dem Weingut PAX im großen Holzfass, denn so bekommen sie mehr Charakter und Tiefgang. Nur mit wenigen Eingriffen in die Weinwerdung erschaffen sie so Weine, die durch ihre Eleganz und ihre Feinheit diese Strahlkraft erbringen, die die beiden so lieben.

95 Riesling * Ried Höll Smaragd 2023
13,5 Vol.-%, NK, großes Holzfass/Stahltank, €€€€€
Helles Grüngelb, Silberreflexe. Frisches Steinobst, Pfirsichtouch, blumige Nuancen, Limettenzesten klingen an. Komplex, saftig und elegant, feine gelbe Tropenfrucht, rassiger Säurebogen, straff und salzig im Abgang, engmaschiger, animierender Stil, mit Länge und gutem Reifepotenzial ausgestattet.

94 Riesling * Ried Biern Smaragd 2023
13,5 Vol.-%, NK, großes Holzfass/Stahltank, €€€€€
Helles Grüngelb, Silberreflexe. Floral unterlegte weiße Pfirsichfrucht, zart nach Zitruszesten, mineralischer Touch. Straff, engmaschig und präzise, weiße Frucht, lebendiger Säurebogen, salzige Nuancen, mineralisch-zitronig im Abgang, anhaftend, sicheres Potenzial.

94 Grüner Veltliner * Dolium Smaragd 2022
13 Vol.-%, NK, großes Holzfass, €€€€€
Mittleres Grüngelb, Silberreflexe. Zart nach Orangenzesten, Nuancen von gelbem Kernobst, ein Hauch von Wiesenkräutern, mit feinem Blütenhonig unterlegt. Saftig, elegant, Golden-Delicious-Apfel, feiner Säurebogen, mineralisch-zitronig im Nachhall, ausgewogen und bereits gut antrinkbar, sicheres Reifepotenzial.

92 Grüner Veltliner * Weissenkirchen Federspiel 2023
12,5 Vol.-%, DV, Stahltank/großes Holzfass, €€€
Helles Gelbgrün, Silberreflexe. Frische Wiesenkräuter, ein

Verena Pichler-Axmann und Franz Stefan Pichler

WEINGUT PAX
3610 Weißenkirchen in der Wachau
Florianigasse 137
T: +43 (664) 4065858
wein@weingut-pax.at
www.weingut-pax.at

Kellermeister: Franz Stefan Pichler
Kontakt: Franz Stefan Pichler und Verena Pichler-Axmann
Anbauweise: Umstellung auf bio
Produktion: 7 Hektar
Zertifiziert: Nachhaltig Austria

Hauch von weißem Apfel, etwas Melone, zarte tabakige Nuancen. Saftig, mittlere Komplexität, frisches Kernobst, lebendig strukturiert, zitronig-mineralischer Nachhall, animierender Stil.

93 Weißburgunder * Reserve 2022
13 Vol.-%, NK, gebr. Barriques/500-l-Fass, €€€€€
Helles Gelbgrün, Silberreflexe. Zarte gelbe Tropenfrucht, ein Hauch von Quitten und Rhabarber, florale Nuancen, feines Steinobst im Hintergrund. Saftig, elegant, cremige Textur, zart nach Birne, fruchtsüßer Abgang, mineralisch, ein facettenreicher Speisenbegleiter, bereits gut entwickelt.

93 Chardonnay * Reserve 2022
13,5 Vol.-%, NK, gebrauchte Barriques, €€€€€
Helles Gelbgrün, Silberreflexe. Zart nach weißem Nougat, ein Hauch von reifer Ananas, dezente Vanille, einladendes Bukett. Saftig, elegant, cremig, ein Hauch von Karamell und Kokos, feine Mineralik, bleibt haften, seidige Stilistik, bereits gut antrinkbar.

★★★★★

WEINGUT F. X. PICHLER

Das Weingut F. X. Pichler in Oberloiben zählt bereits seit Jahrzehnten zu den Fixsternen am österreichischen Weinhimmel. Senior Franz Xaver Pichler gebührt das Verdienst, dem Betrieb eine unverwechselbare stilistische Linie gegeben zu haben, die heute von seinem Sohn Lucas, der gemeinsam mit seiner Frau Johanna das Weingut leitet, um weitere spannende Facetten bereichert wird.
Wenn man von Pichlers Rieslingen und Grünen Veltlinern spricht, dann auch von den berühmtesten Lagen in Loiben und Dürnstein, die sich im Osten vom Steinertal über den Loibenberg, den Kellerberg bis zum im Westen gelegenen Liebenberg erstrecken. Im Hause Pichler ist es immer das erklärte Ziel, Weine zu keltern, die ein getreues Abbild des Jahres, des Bodens und des speziellen Mikroklimas der Wachau sind. Die feinen Nuancen der jeweiligen Lage sollen in ihrer vielschichtigen Einzigartigkeit spürbar und schmeckbar sein. So gestaltet sich eine Verkostung der Weinserie stets als ein »Hochamt der Reife«. Die Weine überzeugen unabhängig von der Kategorie durch ihre präzise Durchgestaltung – alles, was hier auf die Flasche kommt, ist auch exakt so gewollt. Wer sich an der Beurteilung dieser »Weinwerke« versucht, sollte immer

den Faktor Zeit im Kopf haben, denn die substanzreichen Smaragde brauchen nun einmal sieben, acht Jahre, um sich zu entfalten, die großen Weine des Hauses der Kategorie »M« oder »Unendlich« noch um einiges länger. Lucas Pichler verfügt seit 2009 in einem sehenswerten neuen Kellergebäude mitten in den Weingärten zwischen Dürnstein und Oberloiben über den Platz, den er braucht, um seine Ideen zu verwirklichen.

(99) Riesling * Ried Kellerberg 2023
NK, großes Holzfass, €€€€€€
Helles Gelbgrün, Silberreflexe. Zart nach Orangenzesten, ein Hauch von Mandarinen, dazu feine gelbe Tropenfrucht, zart nach Pfirsich, floraler Touch, mit einem Hauch von kandierten Limetten unterlegt. Komplex, saftig, elegant, Nuancen von weißer Frucht, finessenreiche Säurestruktur, bleibt minutenlange haften, feine Süße im Nachhall, delikater Stil, bereits jetzt sehr verführerisch, großes Entwicklungspotenzial.

(97) Riesling * Ried Loibenberg 2023
13 Vol.-%, NK, großes Holzfass, €€€€€€
Helles Gelbgrün, Silberreflexe. Zarter weißer Pfirsich, feine Tropenfrucht, mineralisch, zarter Blütenhonig, facettenreiches Bukett. Komplex, stoffig, feines Steinobst, zarte Extraktsüße, feiner Säurebogen, Limettentouch im Nachhall, bereits gut entwickelt, zeigt sehr gute Länge und Reifepotenzial.

(97) Riesling * Ried Steinertal 2023
NK, großes Holzfass, €€€€€€
Helles Gelbgrün, Silberreflexe. Zarte Nuancen von Orangenkonzentrat, gelbe Tropenfrucht, etwas Mango, floraler Touch, ein Hauch von Blütenhonig. Straff, engmaschig, weißer Pfirsich, finessenreicher Säurebogen, mineralisch und lange anhaftend, ein eleganter Speisenbegleiter, zeigt Länge und sicheres Entwicklungspotenzial, bereits gut antrinkbar.

(95) Riesling * Ried Trum 2023
12,5 Vol.-%, NK, Stahltank
Helles Gelbgrün, Silberreflexe. Zarte Steinobstnuancen, feine weiße Frucht, ein Hauch von Zitruszesten, delikates Bukett, sehr einladend. Schlank, frisch strukturiert, sehr gute Komplexität, straff und anhaftend, Nuancen von weißer Frucht, schiebt hinten gut an, ein facettenreicher Speisenbegleiter.

(94) Riesling * Ried Burgstall 2023
12,5 Vol.-%, NK, großes Holzfass, €€€€€
Helles Gelbgrün, Silberreflexe. Zart floral, weißer Pfirsich, ein Hauch von Zitronengras, mineralischer Touch. Straff, lebendig, frisches Kernobst, frisch strukturiert, salzig und animierend, bleibt gut haften, ein vielseitiger, leichtfüßiger Begleiter bei Tisch.

WEINGUT F. X. PICHLER
3601 Dürnstein
Oberloiben 57
T: +43 (2732) 85375
weingut@fx-pichler.at
www.fx-pichler.at

Kellermeister: Lucas Pichler
Kontakt: Johanna Pichler
Produktion: 100 % weiß, 20 Hektar
Zertifiziert: Nachhaltig Austria
Messen: ProWein Düsseldorf, VieVinum

93 Riesling * Ried Klostersatz 2023
12,5 Vol.-%, DV, Stahltank, €€€€€
Helles Gelbgrün, silberfarbene Reflexe. Mit frischem gelbem Apfel unterlegte Steinobstnuancen, mineralisch-zitronig, ein Hauch von Blütenhonig. Straff, engmaschig, weißes Kernobst, finessenreiche Säurestruktur, salziger Touch im Abgang, zarte Fruchtsüße, bereits gut antrinkbar.

(99) Grüner Veltliner * Ried Kellerberg 2023
13 Vol.-%, NK, großes Holzfass, €€€€€€
Helles Grüngelb, Silberreflexe. Zart nach Orangenblüten und Mandarinenzesten, feines gelbes Kernobst, mineralisch, einladendes Bukett. Saftig, stoffig, weißer Apfel, feine Extraktsüße, gut integrierte Säure, mineralisch und straff im Abgang, zeigt sehr gute Länge, ein pikanter, harmonischer Veltliner-Stil, bietet großes Trinkvergnügen, sicheres Reifepotenzial.

(97) Grüner Veltliner * Ried Loibenberg 2023
13 Vol.-%, NK, großes Holzfass, €€€€€€
Helles Gelbgrün, Silberreflexe. Zart nach Mandarinenzesten, ein Hauch von gelbem Kernobst, feine Kräuterwürze, tabakige Noten. Saftig, elegant, feine Nuancen von Apfel und Mango, dezente Säurestruktur, mineralisch-salziger Nachhall, ein stoffiger Speisenwein mit tollem Trinkfluss.

(96) Grüner Veltliner * Ried Steinertal 2023
12,5 Vol.-%, NK, Stahltank, €€€€€€ Ⓥ
Helles Gelbgrün, Silberreflexe. Zart nach Limetten, weiße Apfelfrucht, ein Hauch von zarten Gewürzen, Nuancen von Orangenzesten, einladendes Bukett. Mittlerer Körper, seidig und fein, finessenreiche Säurestruktur, ein Hauch von Birne, gute Länge, zitronige Nuancen im Nachhall, facettenreich und leichtfüßig, ein attraktiver Speisenbegleiter.

(94) Grüner Veltliner * Ried Frauenweingarten 2023
13 Vol.-%, NK, Stahltank Ⓥ
Helles Gelbgrün, Silberreflexe. Zart nach Grapefruitzesten, feine Nuancen von weißem Kernobst, tabakige Würze, einladendes Bukett. Stoffig, weißer Apfel, feine Fruchtsüße, gut integrierte Säurestruktur, mineralisch, elegant, frische Frucht, ein Hauch von Salzigkeit im Nachhall, ein facettenreicher Speisenwein.

(94) Grüner Veltliner * Dürnstein 2023
13 Vol.-%, DV, großes Holzfass, €€€€€ Ⓥ
Helles Gelbgrün, Silberreflexe. Zart nach Wiesenkräutern, feine Apfelfrucht, ein Hauch von Honigmelone, tabakige Würze, mit Noten von Orangenzesten unterlegt. Saftig, elegant, gelbes Kernobst, dezente Säurestruktur, feiner Touch von Marille und Blütenhonig im Abgang, bereits gut antrinkbar, ein stoffiger Begleiter bei Tisch.

93 Grüner Veltliner * Ried Klostersatz 2023
12,5 Vol.-%, DV, Stahltank, €€€€€ Ⓥ
Helles Gelbgrün, silberfarbene Reflexe. Einladender Duft nach gelbem Apfel, zart nach Blütenhonig, etwas Melisse, Kräuterwürze klingt an. Saftig, elegant, gut integrierte Säurestruktur, mineralisch, wirkt leichtfüßig, weißes Kernobst im Abgang, kandiertes Finish, bereits gut antrinkbar.

92 Grüner Veltliner * Loiben 2023
12 Vol.-%, DV, Stahltank, €€€€ Ⓥ
Helles Gelbgrün, Silberreflexe. Zart nach Kräuterwürze, frischer weißer Apfel, ein Hauch von Kernobst, etwas Orangenzesten. Saftig, elegant, zarte Fruchtsüße, dezente Säurestruktur, mineralisch und zugänglich, feine Pikanz im Nachhall.

(95) Gelber Muskateller * Dürnstein 2023
13 Vol.-%, DV, Stahltank, €€€€€ Ⓥ
Helles Gelbgrün, Silberreflexe. Feine florale Nuancen, zart nach Muskatnuss, Limettenzesten, weißes Steinobst, salziger Touch. Mittlerer Körper, straff, engmaschig, frischer, rassiger Säurebogen, elegant und lebendig, zitronig-salzig, ein Hauch von Pfefferminze, bleibt lange haften, sehr gutes Entwicklungspotenzial.

★★★★★

WEINGUT RUDI PICHLER

Rudi Pichler zählt zu den arrivierten Spitzenerzeugern der Wachau. In seinen Lagen, die über Joching, Wösendorf und Weißenkirchen verstreut sind, erzeugt er charaktervolle, langlebige Weißweine. Neben Grünem Veltliner und Riesling kultiviert Rudi Pichler auch Weißburgunder und den meist voluminösen Roten Veltliner.
Der Winzer versteht es, den Weinen in jeder Kategorie sehr viel Sortencharakter einzuhauchen. Sein Federspiel vom Grünen Veltliner ist unter Kennern immer ein Favorit, der trinkanimierenden Stil mit klassischem Wachauer Sortenausdruck verbindet. Bei den großen Smaragden gelingt es Rudi Pichler und der nächsten Generation, Theresa und Rudi junior, das Terroir wunderschön herauszuarbeiten. Diese kräftigen Weine entwickeln auch erst nach einigen Jahren ihre volle Pracht. Rudi Pichler setzt punktuell auf entsprechende Maischestandzeiten, die Gärdauer, die in vergangenen Jahren eher länger angesetzt wurde, ist nun wieder kürzer geworden, weil das dem angestrebten Stil besser entgegenkommt. Das Resultat sind nuancierte Spitzenweine von sehr individueller Prägung.
Nicht nur vom Standpunkt der Architektur aus sehenswert ist das moderne Weingut, das 2004 feierlich eröffnet wurde. Es bietet dem engagierten Winzer den idealen Raum, um seine bemerkenswerten Weine unter optimalen Bedingungen zu keltern. Rudi Pichlers charaktervolle neue Serie ist durch eine ungemein mineralische Strahlkraft, Straffheit und Tiefe in der Aromatik gekennzeichnet, die unterschiedlichen Terroirs sind auf das Präziseste entfaltet. Es ist eine Freude, sich diese Weine zu erschließen, allen voran die herausragenden Grünen Veltliner und den Riesling Achleithen. Die Falstaff-Redaktion wählte Rudi Pichler zum »Winzer des Jahres 2010«.

WEINGUT RUDI PICHLER

3610 Wösendorf
Marienfeldweg 122
T: +43 (2715) +43 664 3445742
weingut@rudipichler.at
www.rudipichler.at

Kellermeister: Rudi Pichler, Rudi Pichler jun.
Kontakt: Rudi Pichler, Theresa Pichler
Anbauweise: Integrierter Anbau
Produktion: 100 % weiß, 15 Hektar
Zertifiziert: Nachhaltig Austria
Vereinszugehörigkeit: Tu Felix Austria, Vinea Wachau
Messen: VieVinum

Weißenkirchen

98 Grüner Veltliner * Weissenkirchen Ried Achleithen Smaragd 2023
13,5 Vol.-%, NK, Stahltank, €€€€€€
Helles Grüngelb, Silberreflexe. Zarte Nuancen von gelbem Kernobst, ein Hauch von dunkler Würze, facettenreiches, noch junges Bukett. Stoffig, ein Hauch von Honigmelone, feiner Säurebogen, saliner Touch, bleibt haften, gute Kräuterwürze auch im Abgang, sicheres Reifepotenzial.

95 Grüner Veltliner * Wösendorf Ried Hochrain Smaragd 2023
13,5 Vol.-%, NK, Stahltank, €€€€€
Helles Grüngelb, Silberreflexe. Zurückhaltend, feine gelbe Apfelfrucht, ein Hauch von Blütenhonig, Nuancen von Marillen im Hintergrund. Saftig, elegant, straffe Textur, feine Säurestruktur, angenehme Würze, salziger Touch im Nachhall, gute Länge, sicheres Reifepotenzial.

95 Grüner Veltliner * Wösendorf Ried Kollmütz Smaragd 2023
13,5 Vol.-%, NK, Stahltank, €€€€€
Helles Grüngelb, Silberreflexe. Frische Orangenzesten, würzige Kräuternuancen, weißer Apfel, tabakige Noten. Kräftig, stoffig, feine Melonenfrucht, gut integrierter Säurebogen, mineralisch und gut anhaftend, Nuancen von Blütenhonig im Abgang, ein eleganter, bereits zugänglicher Speisenbegleiter mit sicherem Potenzial.

94 Grüner Veltliner * Smaragd Terrassen 2023
13,5 Vol.-%, NK, Stahltank, €€€€
Helles Grüngelb, Silberreflexe. Zart nach Wiesenkräutern, ein Hauch von Grapefruitzesten, tabakige Nuancen, mit gelber Tropenfrucht unterlegt. Kraftvoll, saftig, Noten von gelbem Kernobst, dezente Extraktsüße, feiner Säurebogen, salzig im Nachhall, ein eleganter Speisenbegleiter.

(93) Grüner Veltliner * Federspiel 2023
12,5 Vol.-%, NK, Stahltank, €€€
Helles Grüngelb, Silberreflexe. Zarte gelbe Apfelfrucht, feine Wiesenkräuter, ein Hauch von Orangenzesten. Saftig, elegant, mineralisch, engmaschig, feine Säurestruktur, ausgewogen, feinwürzig, salziger Nachhall, trinkfreudiger Stil.

98 Riesling * Weissenkirchen Ried Achleiten Smaragd 2023
13 Vol.-%, NK, Stahltank, €€€€€€
Helles Grüngelb, Silberreflexe. Zart rauchig-würzig, gelbe Tropenfrucht, etwas Steinobst, Mandarinenzesten, dezenter Blütenhonig, ein zarter Hauch von Minze. Komplex, saftig, stoffige Textur, feine Fruchtsüße im Kern, etwas Blutorangen, finessenreich strukturiert, sehr elegant und lange anhaftend, toller Speisenbegleiter mit großer Zukunft.

97 Riesling * Wösendorf Ried Hochrain Smaragd 2023
13,5 Vol.-%, NK, Stahltank, €€€€€
Helles Grüngelb, Silberreflexe. Rauchig, würzig, dunkle mineralische Komponente, weiße Pfirsichfrucht, facettenreiches Bukett. Komplex, engmaschig, finessenreich und frisch strukturiert, straff, sehr lange anhaftend, saliner Touch, sehr gute Länge, sicheres Reifepotenzial.

* Wachau DAC

96 Riesling * Wösendorf Ried Kirchweg Smaragd 2023
13 Vol.-%, NK, Stahltank, €€€€€ V
Helles Grüngelb, Silberreflexe. Ein Hauch von Zitronenmelisse, weiße Tropenfrucht, feine Kernobstnuancen. Saftig, elegant, frischer Pfirsich, rassig-lebendiger Säurebogen, etwas Ananas, mineralisch-salzig, saliner Nachhall, sehr gut antrinkbar, bleibt haften, sicheres Reifepotenzial.

95 Riesling * Smaragd Terrassen 2023
13 Vol.-%, NK, Stahltank, €€€€ V
Helles Grüngelb, Silberreflexe. Zart nach Zitronenmelisse, gelbe Pfirsichfrucht, Ananas, dezenter Blütenhonig. Straff, engmaschig, weiße Tropenfrucht, frischer Säurebogen, zitronig-pikant im Abgang, zeigt Länge, bereits gut entwickelt, sicheres Reifepotenzial.

95 Weißburgunder * Smaragd Terrassen 2023
14 Vol.-%, NK, Stahltank, €€€€ V
Helles Strohgelb, Silberreflexe. Zart nach frischer Birne, ein Hauch von Blütenhonig und kandierten Orangenzesten, feine nussige Note, einladendes Bukett. Stoffig, elegant, weißes Kernobst, feiner Säurebogen, dezente Extraktsüße im Abgang, bereits gut antrinkbar, sehr gutes Potenzial, tolles Preis-Leistungs-Verhältnis.

★★★★

WEINGUT PICHLER-KRUTZLER

BIO

Elisabeth Pichler-Krutzler und Erich Krutzler sind mit Wein aufgewachsen und haben jahrelang in ihren elterlichen Betrieben maßgeblich mitgearbeitet – sie in der Wachau, er im Südburgenland. Der Weinbau ist ihnen also sozusagen in die Wiege gelegt worden. So war die logische, fast naturgemäße Folge ihrer Heirat ein eigenes Weingut. Im Jahr 2007 begann man mit mageren 10.000 Flaschen, heute entstehen auf etwa 14 Hektar Rebfläche Jahr für Jahr an die 15 verschiedene Weine aus berühmten Rieden wie Supperin, Loibenberg, Kellerberg oder Pfaffenberg.
In der einzigartigen Natur- und Kulturlandschaft Wachau bringen diese Lagen – nachhaltig und mit Respekt vor der Natur bewirtschaftet und seit 2022 auch bio-zertifiziert – Weine hervor, die ihrer besonderen Herkunft in jeder Hinsicht gerecht werden: nichts für den schnellen Genuss, sondern Aufmerksamkeit und Passion

WEINGUT PICHLER-KRUTZLER
3601 Dürnstein
Oberloiben 16
T: +43 (2732) 71806
office@pichler-krutzler.at
www.pichler-krutzler.at

Kellermeister: Erich Krutzler
Kontakt: Elisabeth Pichler-Krutzler
Anbauweise: Zertifiziert Biologisch
Produktion: 100 % weiß, 14 Hektar
Messen: Austrian Tasting London

einfordernd. Im Keller wird so wenig eingegriffen wie nur irgendwie möglich, denn es wird zugelassen und nicht gemacht. Am Ende sollen Weine mit Seele und Charakter stehen, die so authentisch sind, wie es die Natur bestimmt, und die keinem populären Mainstream hinterherlaufen. Pichler-Krutzler-Weine sind pur, unverfälscht und kompromisslos. Sie werden parzellenrein gelesen und verarbeitet. Da auf Aufbesserung, Wasser- oder Saftentzug, jegliche Schönung und Zusätze verzichtet wird, zeigen sich alle Weine vollkommen ungeschminkt und authentisch – hochwertige Handarbeit ohne modische Tendenzen eben.
Ein neues Weingut in einem historischen Lesehof in Unterloiben/Rothenhof ist in Umbau bzw. Adaptierung.

98 Grüner Veltliner * Ried Kellerberg »S« 2021
13,5 Vol.-%, NK, Holzfass, €€€€€€
Mittleres Goldgelb, Silberreflexe. Zart nach Orangenblüten, feine gelbe Tropenfrucht, ein Hauch von Ananas, feiner Blütenhonig, zart nussiger Touch. Komplex, saftig und mit sehr guter Frische ausgestattet, elegant und lange anhaftend, balanciert, ohne Ecken und Kanten, dafür mit großer Länge ausgestattet, ein supereleganter Speisenbegleiter.

97 Grüner Veltliner * Dürnstein Ried Wunderburg 2021
13 Vol.-%, NK, Holzfass, €€€€€€
Mittleres Grüngelb, Silberreflexe. Zart nach Limetten und weißem Nougat, feinhefiger, frischer Charakter in der Aromatik, einladendes Bukett. Saftig, elegant, sehr fein strukturiert, cremig-kreidig, balancierter Körper, zarte Säurestruktur, salziger Nachhall, finessenreich und lange anhaftend, eine andere Dimension des Grünen Veltliners.

96 Grüner Veltliner * Supergraf 2021
12,5 Vol.-%, NK, Holzfass, €€€€€€
Helles Grüngelb, Silberreflexe. Zarte Tropenfrucht, nach Mango und Papaya, floraler Touch, ein Hauch von Blütenhonig. Stoffig, straff, elegant, feine Textur, finessenreicher Säurekern, balanciert, mineralisch und seidig, zart nach Kernobst im Nachhall, leichtfüßig, gut definierter kühler Stil, bereits gut entwickelt, einem Chablis in seiner Art durchaus vergleichbar.

(96) Grüner Veltliner * Dürnstein Ried Kellerberg 2023
13 Vol.-%, NK, großes Holzfass, €€€€€€
Helles Grüngelb, Silberreflexe. Feine Ananasnoten, ein Hauch von frischer Tropenfrucht, zart nach Mandarinenzesten, facettenreich und vielschichtig. Komplex, saftig, extraktsüße Textur, feine Säurestruktur, mineralisch und dicht, zeigt eine gute Frische und Dichte, kühler Stil, große Länge und sicheres Reifepotenzial.

(95) Grüner Veltliner * Loiben Ried Loibenberg 2023
13,5 Vol.-%, NK, großes Holzfass, €€€€€€
Helles Gelbgrün, Silberreflexe. Frischer Golden-Delicious-Apfel, zart nach Orangenzesten, etwas Mango, feine Tropenfrucht, einladendes Bukett. Stoffig, elegant, feine reife Apfelfrucht, gut integrierte Säurestruktur, mineralisch und gut anhaftend, ein saftiger Speisenbegleiter, sicheres Reifepotenzial.

95 Grüner Veltliner Kremstal DAC Reserve Stein Ried Pfaffenberg Alte Reben 2022
13 Vol.-%, NK, Holzfass, €€€€€€
Mittleres Grüngelb, Silberreflexe. Anklänge von reifer gelber Tropenfrucht, frische Mango, etwas Papaya, mit weißem Nougat und Wiesenkräutern unterlegt. Komplex, saftig, dezente Extraktsüße, feine Säurestruktur, zarte gelbe Tropenfrucht, mineralisch und anhaftend, ein feiner Speisenbegleiter, sicheres Reifepotenzial.

(94) Grüner Veltliner * Dürnstein Ried Supperin 2023
13 Vol.-%, NK, großes Holzfass, €€€€€
Helles Gelbgrün, Silberreflexe. Zarte gelbe Tropenfrucht, ein Hauch von frischem Apfel und Wiesenkräutern, feinwürzig-tabakiges Bukett. Komplex, saftig, elegant, feine cremige Textur, finessenreich strukturiert, gute Länge, ein balancierter Speisenbegleiter, vielfältig einsetzbar.

94 Grüner Veltliner * Ried Rothenhof Alte Reben 2022
13 Vol.-%, NK
Helles Grüngelb, Silberreflexe. Feine gelbe Apfelfrucht, ein Hauch von Zitruszesten, dezente Mangonoten, mineralischer Touch. Mittlerer Körper, komplex, weißes Kernobst, feine Fruchtsüße, dezenter Säurebogen, mineralisch-salziger Nachhall, gute Länge, zeigt Potenzial.

93 Grüner Veltliner * Loiben Ried Klostersatz 2023
13 Vol.-%, DV, Stahltank, €€€€
Helles Gelbgrün, Silberreflexe. Zarte Wiesenkräuter, feine weiße Apfelfrucht, ein Hauch von Limetten, einladendes Bukett. Mittlerer Körper, saftig, elegant, finessenreiche Säurestruktur, ein Hauch von Birne im Abgang, stoffig und zugänglich.

(98) Riesling * Dürnstein Ried Kellerberg 2023
13 Vol.-%, NK, Holzfass, €€€€€€
Helles Grüngelb, Silberreflexe. Feine Limettenzesten, weißer Weingartenpfirsich, dazu Ananas und Maracuja, ein Hauch von Mandarinenzesten, mineralischer Touch, facet-

* Wachau DAC

tenreiches Bukett. Komplex, engmaschig, sehr zart und puristisch angelegt, rassiger Säurebogen, leichtfüßig und straff, tolle Länge, ein zukünftiger Klassiker.

(97) Riesling * Loiben Ried Loibenberg 2023
13 Vol.-%, NK, großes Holzfass, €€€€€€
Helles Grüngelb, Silberreflexe. Zarte weiße Tropenfrucht, ein Hauch von Grapefruitzesten, weiße Pfirsichfrucht, dunkle Mineralik. Komplex, saftig, betont mineralisch auch am Gaumen, feine reife, saftige Frucht, lebendig strukturiert, komplex, Limettenzesten im Abgang, gelbe Frucht im Nachhall, straff und anhaftend, große Länge und sicheres Zukunftspotenzial.

97 Riesling Kremstal DAC Reserve Ried Pfaffenberg Alte Reben 2022
13 Vol.-%, NK, großes Holzfass, €€€€€€
Mittleres Grüngelb, Silberreflexe. Zarte Orangenzesten, gelbe Tropenfrucht, ein Hauch von Ananas, feiner Pfirsichtouch, mineralisch unterlegt, facettenreiches Bukett. Saftig, komplex, weißes Steinobst, rassiger Säurebogen, mineralisch, elegant und gut anhaftend, feiner Blütenhonig im Abgang, zeigt Länge, wird von weiterer Flaschenreife profitieren.

94 Riesling Kremstal DAC Stein Ried Pfaffenberg 2023
13 Vol.-%, NK, Stahltank, €€€€€ B
Helles Gelbgrün, Silberreflexe. Floral unterlegte weiße Pfirsichfrucht, ein Hauch von Limetten, einladendes Bukett. Komplex, saftig und straff, weiße Tropenfrucht, frische Säurestruktur, engmaschig, lebendig, mineralischsalziger Abgang, ein feiner Speisenbegleiter mit Entwicklungspotenzial.

94 Riesling * In der Wand 2023
13 Vol.-%, NK, Stahltank, €€€€€
Helles Gelbgrün, Silberreflexe. Zart nach Maracuja, aber auch nach gelber Tropenfrucht, zart floral, facettenreiches Bukett. Mittlerer Körper, komplex, engmaschig, weißes Kernobst, frische, finessenreiche Struktur, sehr trinkig, salzig-steinig im Abgang, bleibt lange haften, ein animierender Speisenbegleiter mit sicherem Reifepotenzial.

★★★★★

WEINGUT PRAGER

»Vom Stein zum Wein« lautet die Devise von Toni Bodenstein. Seine Ambition liegt im Ausloten des Qualitätspotenzials der einzelnen Lagen. Das Ziel: individuelle, archetypische Weine ins Glas zu bringen, die den einzigartigen Charakter ihrer Herkunft in sich tragen. Der als »Terroirist der Wachau« bekannte Winzer und Obmann des »Regionalen Weinkomitees Wachau« steht für eine komplexe Philosophie: Geschichte und Zukunft, Nachhaltigkeit und Naturbelassenheit. So erfolgen die Arbeiten in Weinberg und Keller traditionell, gepaart mit der notwendigen Innovation, stets im Streben und auf der Suche nach dem qualitativ Bestmöglichen. Naturverbundenheit und Inspiration werden in authentischen Weinen lebendig – als Ergebnis eines ganzheitlichen Konzepts mit nachhaltigem Handeln. Aus Respekt vor der Natur, Wertschätzung des Lebensraums und Verantwortung gegenüber kommenden Generationen entstehen Weine, die Eleganz und Finesse mit Ausdruck und Kraft vereinen – Weine, die zeigen, dass die großen Gewächse der Wachau zu den besten der Welt gehören. Zahlreiche internationale Auszeichnungen bestätigen die Arbeit und die Philosophie von Ilse und Toni Bodenstein, die gemeinsam eines der renommiertesten Weingüter Österreichs führen. Mit dem Jahrgang 2019 wurden Ideen und Zielsetzungen der nächsten Generation integriert: Sohn Robert Bodenstein, dessen Masterarbeit dem Terroir der Ried Achleiten gewidmet ist, hat mehr Verantwortung übernommen. Auch er ist fasziniert und ebenso gefordert von der vielschichtigen Einzigartigkeit des Wachauer Terroirs.

Die großen Lagen des Weinguts liegen teils in Weißenkirchen (Steinriegl, Zwerithaler, Klaus und Achleiten) sowie in Dürnstein (Kaiserberg und Liebenberg). Beachtung verdient auch der Riesling »Wachstum Bodenstein«, der seine filigrane Finesse einer extremen Höhenlage (460 Meter) verdankt. Beim Grünen Veltliner ist es die »Stockkultur« in der Achleiten, wo ein uralter Rebbestand einen konzentrierten, mineralischen Wein liefert, in den man sich vertiefen kann. Ein besonders charaktervoller Grüner Veltliner stammt aus den ältesten Reben des Weinguts im Kammergut (Ried Zwerithaler). Zusammen sind es etwas mehr als 18 Hektar Weingärten, die größtenteils in extremer Terrassenlage bewirtschaftet werden. In diesem einzigartigen Landstrich namens Wachau Winzer sein zu dürfen bedeutet für die Familie Bodenstein gleichermaßen Vermächtnis wie Herausforderung.

99 Grüner Veltliner * Ried Zwerithaler Kammergut Smaragd 2023
14 Vol.-%, NK, Stahltank
Mittleres Grüngelb, Silberreflexe. Feine Nuancen von Gewürzen, ein Hauch von Nelken und Anis, reife gelbe Apfelfrucht, zart nach Honigmelone, mit Noten von frischen Orangenzesten unterlegt, facettenreich und einladend. Stoffig, reifer weißer Apfel, feine Extraktsüße, lebendiger Säurebogen, zitronig-salzig im Abgang, sehr große Länge, ein stoffiger Speisenbegleiter, wird von weiterer Flaschenreife profitieren.

98 Grüner Veltliner * Ried Achleiten Stockkultur Smaragd 2023
14 Vol.-%, NK, Stahltank
Helles Grüngelb, Silberreflexe. Ein Hauch von Grapefruitzesten, feine Nuancen von gelbem Kernobst, zart nach Mango, dezente Kräuterwürze, dunkle Mineralik. Kraftvoll, straff, weiße Apfelfrucht, rassige Säurestruktur, zart kräutrig im Abgang, saliner Nachhall, Limetten im Rückgeschmack, ein straffer Speisenbegleiter, sicheres Reifepotenzial.

98 Grüner Veltliner * Wachstum Bodenstein Smaragd 2023
14 Vol.-%, NK, Stahltank
Mittleres Grüngelb, Silberreflexe. Nuancen von frischen gelben Ringlotten, zart nach Mango, Noten von Wiesenkräutern, mit feinem Blütenhonig unterlegte. Saftig, feine Kernobstnoten, zarte Extraktsüße, gut integrierter Säurebogen, mineralisch im Abgang, balanciert, zeigt gute Länge, sicheres Entwicklungspotenzial.

97 Grüner Veltliner * Ried Achleiten Smaragd 2023
14 Vol.-%, NK, Stahltank
Helles Grüngelb, Silberreflexe. Einladende Nuancen von gelbem Kernobst, Honigmelone klingt an, frischer gelber Apfel, ein Hauch von Wiesenkräutern, zart mit Orangenzesten unterlegt, feiner mineralischer Touch. Stoffig, weißer Apfel, feiner Säurebogen, salzige Nuancen, ein kraftvoller Speisenbegleiter mit sicherem Reifepotenzial.

93 Grüner Veltliner * Ried Hinter der Burg 2023
13 Vol.-%, DV, Stahltank
Helles Grüngelb, Silberreflexe. Zart mit Limettenzesten unterlegte feine weiße Apfelfrucht, ein Hauch von Wiesenkräutern. Saftig, elegant, grüner Apfel, rassige Struktur, mineralisch-salziger Abgang, ein lebendiger Speisenbegleiter.

WEINGUT PRAGER

3610 Weißenkirchen in der Wachau
Wachaustraße 48
T: +43 2715 2248
info@weingutprager.at
www.weingutprager.at

Kellermeister: Toni & Robert Bodenstein
Kontakt: Ilse Bodenstein, Robert Bodenstein und Sophie-Helen Hinterhölzl
Produktion: 100 % weiß, 18.5 Hektar
Zertifiziert: Nachhaltig Austria
Vereinszugehörigkeit: Vinea Wachau
Messen: VieVinum

99 Riesling * Wachstum Bodenstein Smaragd 2023
13,5 Vol.-%, NK, Stahltank
Mittleres Grüngelb, Silberreflexe. Feine Pfirsichfrucht, zart nach Orangenzesten, ein Hauch von Blütenhonig, mineralisch unterlegt. Stoffig, saftig, feine gelbe Tropenfrucht, lebendig strukturiert, große Finesse und Balance, saliner Abgang, zeigt Länge und Potenzial, ein großes Zukunftsversprechen.

97 Riesling * Ried Achleiten Smaragd 2023
13,5 Vol.-%, NK, Stahltank
Helles Grüngelb, Silberreflexe. Frischer gelber Pfirsich, zart nach Mango, Blütenhonig, mit kandierten Limettenzesten unterlegt. Saftig, straff, engmaschig, weißes Steinobst, lebendig strukturiert, zitronige Nuancen im Abgang, wirkt relativ leichtfüßig, bleibt gut haften, sicheres Reifepotenzial.

97 Riesling * Ried Klaus Smaragd 2023
13,5 Vol.-%, NK, Stahltank
Mittleres Grüngelb, Silberreflexe. Feinwürzig, Nuancen von weißem Steinobst, zart nach reifer Maracuja, einladende Frucht, mineralischer Touch, facettenreiches Bukett. Kraftvoll, stoffig, grüner Apfel, rassiger Säurebogen, salzig, Limetten im Abgang, noch etwas verkapselt, braucht Zeit, sicheres Reifepotenzial.

94 Riesling * Ried Steinriegl 2023
13 Vol.-%, DV, Stahltank
Helles Grüngelb, Silberreflexe. Zarte weiße Pfirsichfrucht, ein Hauch von Limetten, helle Mineralik, einladendes Bukett. Mittlere Komplexität, frisches weißes Kernobst, lebendige Säurestruktur, zitronig-salziger Nachhall, balanciert und animierend, toller Sommerwein.

★★★

WEINGUT RIXINGER

Friedrich Rixinger ist zutiefst mit seiner Heimat verwurzelt. Die befindet sich in Gut am Steg, im Schlagschatten des Jauerlings, im Herzen des Spitzer Grabens. Die dortigen Bedingungen kratzen an den Extremen des Weinbaus: Die Böden sind karg und steinig, die Topografie ist steil und das Klima fordernd und oft unberechenbar. Rixinger kann damit umgehen. Seit gut zwanzig Jahren bewirtschaftet er – unterstützt von seiner Frau Carina – seine Rieden und kennt ihre Eigenheiten. Er weiß um die Sommerhitze in der großen Riesling- und Neuburgerlage Kalkofen, die alten, aber resistenten Veltliner-Rebstöcke im Zornberg und die Vielfalt der Verhältnisse im legendären Singerriedel, aus dem seine beiden Flaggschiff-Smaragde stammen.Im komplexen Zusammenwirken von Boden, Klima, Rebstock und Wetter sieht sich Rixinger in der Rolle des Mediators. Er greift selten ein, beobachtet viel und arbeitet ökologisch und nachhaltig. Im Keller vinifiziert er auf höchstem handwerklichem Niveau. So entstehen Weine, die sich quer durch die Wachauer Qualitätskategorien durch Eleganz, Charakter und Trinkfluss definieren und den Spitzer Graben in all seinen Schattierungen einfangen.

WEINGUT RIXINGER
3620 Spitz an der Donau
Gut am Steg 8
T: +43 (676) 9656855
weingut@rixinger.at
www.rixinger.at

Kellermeister/Kontakt:
Friedrich Rixinger
Anbauweise: Integrierter Anbau
Produktion: 20.000 Flaschen
100 % weiß, 6 Hektar
Zertifiziert: Nachhaltig Austria
Vereinszugehörigkeit:
Marivino, Vinea Wachau
Messen: VieVinum

(94) Riesling * Ried Singerriedel Smaragd 2023
14 Vol.-%, NK, großes Holzfass, €€€€€
Leuchtendes Goldgelb, Silberreflexe. Dezente Mangonoten, ein Hauch von kandierten Orangenzesten, floraler Touch, frisch strukturiert. Gute Komplexität, feiner Pfirsichtouch, salzig-mineralisch, bleibt gut haften, engmaschiger Speisenbegleiter, vielfältig einsetzbar.

90 Riesling * Ried Kalkofen Federspiel 2023
12,5 Vol.-%, DV, Stahltank, €€€
Mittleres Gelbgrün, silberfarbene Reflexe. Feine gelbe Tropenfrucht, Limettenzesten, weißer Apfel, noch etwas zurückhaltend. Schlank, lebendiger Säurebogen, frisches Kernobst, zitronig im Abgang, leichtfüßig, sehr trinkanimierend.

(93) Grüner Veltliner * Ried Singerriedel Smaragd 2023
14 Vol.-%, NK, großes Holzfass, €€€€€
Leuchtendes Gelbgrün, Silberreflexe. Feine Apfelfrucht, dunkle Mineralik, dezent nach Marille, zart nach Kumquats, einladendes Bukett. Saftig, elegant, feine Säurestruktur, gelbes Kernobst, bleibt gut haften, Melone im Nachhall, guter Speisenbegleiter.

92 Grüner Veltliner * Spitzer Graben Smaragd 2023
14 Vol.-%, DV, großes Holzfass, €€€€
Leuchtendes Goldgelb, Silberreflexe. Feine Tropenfrucht, etwas nach Maracuja, zart nach Toffee, Orangenzesten klingen an. Saftig, straff, feine Säurestruktur, fruchtsüß, reife Apfelfrucht, guter Speisenbegleiter mit Potenzial.

90 Grüner Veltliner * Ried Zornberg Federspiel 2023
12,5 Vol.-%, DV, Stahltank, €€€
Leuchtendes Gelbgrün, Silberreflexe. Feine Kräuterwürze, ein Hauch von Blütenhonig, etwas nach Maracuja, zart nach Melisse, Grapefruitnoten klingen an. Saftig, frisch, dezente Gewürznuancen, weiße Apfelfrucht im Abgang, salzig im Nachhall, bereits gut antrinkbar.

92 Weißburgunder * 2023
14,5 Vol.-%, DV, Stahltank, €€€
Helles Gelbgrün, Silberreflexe. Zarte Tabak-Kräuter-Würze, etwas nach Birne, ein Hauch von Mandarinenzesten, einladendes Bukett. Saftig, fruchtsüß, gelbe Apfelfrucht, zart nach Ananas, gut eingebundene Säurestruktur, mineralisch, guter Speisenbegleiter.

WEINGUT SCHMELZ
3610 Joching
Weinbergstrasse 14
T: +43 (2715) 2435
info@schmelzweine.at
www.schmelzweine.at

Kellermeister/Kontakt:
Thomas Schmelz
Produktion: 100 % weiß, 12 Hektar
Vereinszugehörigkeit:
Vinea Wachau
Messen: VieVinum

Thomas Schmelz

★★★★

WEINGUT SCHMELZ

Im Herzen der Wachau, in Joching, befindet sich das Familienweingut Schmelz. Geführt wird das Weingut von Thomas Schmelz und seiner Frau Bianca, doch auch Thomas' Bruder Florian leistet in vielen Bereichen eine fantastische Arbeit, beispielsweise im Weingarten und im Keller. Unterstützt wird die junge Generation tatkräftig von Monika und Johann Schmelz, die den Betrieb 2018 übergeben haben.
Die Rebfläche verteilt sich von Wösendorf bis Unterloiben (8 km). Dadurch sind die Weine von verschiedenen Böden und Klimafaktoren geprägt. Grüner Veltliner ist die Hauptsorte, gefolgt vom Riesling. Vervollständigt wird das Sortiment durch Gelben Muskateller, Sauvignon Blanc und Weißburgunder. Liebevolle Arbeit in den Weingärten und eine sorgfältige Ernte sind die Basis für ein gesundes Traubenmaterial, das im Keller schonend mit moderner Technik verarbeitet wird. Es entstehen unverwechselbare trinkfreudige Weine mit dem gewissen Fruchtschmelz.
Die Weine der Familie Schmelz, die Gründungsmitglied des Gebietschutzverbandes »Vinea Wachau« ist, werden bei zahlreichen internationalen und nationalen Verkostungen ausgezeichnet. 2005 wurde Johann Schmelz von Falstaff zum »Winzer des Jahres« gewählt. Weinverkostungen sind in modernem Ambiente mit traumhaftem Ausblick in die Weingärten möglich.

95 Grüner Veltliner * Loiben Ried Loibenberg Smaragd 2023
14 Vol.-%, DV, Stahltank, €€€€€ Ⓥ
Leuchtendes helles Gelbgrün, Silberreflexe. Zarte Kräuterwürze, dunkle Mineralik, Nuancen von gelbem Kernobst, etwas Mango und Orangenzesten. Komplex, saftig, zart nach Apfel und Ananas, feiner Säurebogen, elegant und lange anhaftend, ein stoffiger Speisenwein, sicheres Entwicklungspotenzial.

95 Grüner Veltliner * Loiben Ried Steinertal Smaragd 2023
14 Vol.-%, DV, Stahltank, €€€€€ Ⓥ
Mittleres Gelbgrün, Silberreflexe. Frisches Kernobst, Nuancen von Apfel, dezent nach frischer Birne, feine Wiesenkräuter, mit einem Hauch von Mandarinenzesten unterlegt. Saftig, elegant, dezente Extraktsüße, gelbe Frucht, feiner Säurebogen, mineralisch und anhaftend, wird von Flaschenreife profitieren.

* Wachau DAC

95 Grüner Veltliner * Smaragd Best of 2023
14 Vol.-%, DV, Stahltank, €€€€€ Ⓥ
Mittleres Gelbgrün, Silberreflexe. Zart nach Orangenzesten, feine Apfel-Mango-Note, ein Hauch von Blütenhonig, facettenreiches Bukett. Komplex, saftig, keine Spur von Opulenz, feiner Säurebogen, stoffig, eleganter Stil, gut anhaftend, mit sicherem Reifepotenzial ausgestattet, aber auch jetzt schon sehr verführerisch.

94 Grüner Veltliner * Joching Ried Pichl Point Smaragd 2023
13,5 Vol.-%, DV, Stahltank, €€€€ Ⓥ
Helles Gelbgrün, Silberreflexe. Feine Nuancen von weißer Tropenfrucht, ein Hauch von Apfel, Noten von frischen Litschis und Limetten. Saftig, feines Kernobst, frischer Säurebogen, elegant, mineralisch im Abgang, zart Fruchtsüße im Nachhall, bleibt haften, salziger Rückgeschmack, hat Potenzial.

94 Grüner Veltliner * Joching Ried Kollmitz Smaragd 2023
13,5 Vol.-%, DV, Stahltank, €€€€€ Ⓥ
Helles Gelbgrün, Silberreflexe. Zart tabakig unterlegte feine Kräuterwürze, frischer Apfel, ein Hauch von Mango, Nuancen von Mandarinenzesten, einladendes Bukett. Saftig, elegant, feine Fruchtsüße, feiner Säurebogen, Kernobst im Abgang, salziger Touch, bleibt haften, verfügt über Reifepotenzial.

93 Grüner Veltliner * Joching Ried Steinwand Federspiel 2023
12,5 Vol.-%, DV, Stahltank, €€€ Ⓥ
Helles Gelbgrün, silberfarbene Reflexe. Zarte Kräuterwürze, etwas Golden-Delicious-Apfel, einladendes Bukett, floraler Touch. Saftig, mittlere Komplexität, straff, frische Säurestruktur, mineralisch, weißes Steinobst, salziger Nachhall, vielseitiger Speisenbegleiter.

92 Grüner Veltliner * Loiben Federspiel 2023
12,5 Vol.-%, DV, Stahltank, €€€ Ⓥ
Helles Gelbgrün, silberfarbene Reflexe. Reife Apfelfrucht, zarte Wiesenkräuter, ein Hauch von kandierten Mandarinenzesten, etwas Steinobst. Saftig, elegant, zarte Fruchtsüße, gute Mineralik, lang anhaltend, guter Speisenbegleiter.

92 Grüner Veltliner * Weißenkirchen Ried Klaus Federspiel 2023
12,5 Vol.-%, DV, Stahltank, €€€ Ⓥ
Helles Gelbgrün, silberfarbene Reflexe. Zart nach Blütenhonig, etwas nach kandierten Orangenzesten, gelbe Apfelfrucht, ein Hauch von Marille. Saftig, engmaschig, Noten von gelber Frucht, Pfirsichtouch im Abgang, salziger Nachhall, bleibt gut haften, mineralischer Rückgeschmack.

91 Grüner Veltliner * Wösendorf Federspiel TOM 2023
12,5 Vol.-%, DV, Stahltank, €€€ Ⓥ
Helles Grüngelb. Einladendes Bukett, nach Mango und Marille, ein Hauch von Orangenzesten, zart floral, Blütenhonig klingt an. Saftig, elegant, reifer gelber Apfel, mineralisch, balancierte Säurestruktur, bleibt gut haften, vielseitiger Speisenbegleiter.

91 Grüner Veltliner * Joching Ried Pichl Point 2023
13 Vol.-%, DV, Stahltank, €€€ Ⓥ
Helles Gelbgrün, Silberreflexe. Feine gelbe Tropenfrucht, zart nach Apfel, ein Hauch von Wiesenkräutern, etwas Blütenhonig. Mittlere Komplexität, weißer Apfel, frischer Säurebogen, bleibt haften, ein vielseitiger Speisenbegleiter.

95 Riesling * Dürnstein Ried Höhereck Smaragd Dürnsteiner Freiheit 2023
13,5 Vol.-%, DV, Stahltank, €€€€€ Ⓥ
Helles Gelbgrün, Silberreflexe. Mit Limettenzesten unterlegte weiße Pfirsichfrucht, mineralischer Touch, ein Hauch von Blütenhonig im Hintergrund, frisches Bukett. Straff, engmaschig, weiße Tropenfrucht, lebendig strukturiert, feine Fruchtsüße, etwas Blütenhonig im Nachhall, zeigt Länge und Potenzial.

94 Riesling * Weißenkirchen Ried Steinriegl Smaragd 2023
13,5 Vol.-%, DV, Stahltank, €€€€€ Ⓥ
Helles Grüngelb, Silberreflexe. Zart rauchig-würzig unterlegte Nuancen von weißem Steinobst, mineralischer Touch. Straff, engmaschig, feine Frucht, frischer Säurebogen, bleibt haften, zeigt Länge und Reifepotenzial.

92 Riesling * Federspiel Stein am Rain 2023
12,5 Vol.-%, DV, Stahltank, €€€ Ⓥ
Helles Gelbgrün, Silberreflexe. Zarte Pfirsichfrucht, ein Hauch von Blütenhonig, einladendes, mineralisch unterlegtes Bukett. Saftig, elegant, feine Nuancen von gelbem Kernobst, frischer Säurebogen, mineralisch-salziger Nachhall.

92 Gelber Muskateller * Joching 2023
13 Vol.-%, DV, Stahltank, €€€ Ⓥ
Sehr helles Gelbgrün, Silberreflexe. Zart nach weißem Pfirsich, etwas Maracuja und Muskatnuss, einladendes Bukett. Saftig, traubig-würzig, frisch strukturiert, feine Fruchtsüße nach Ananas im Abgang, bleibt haften, aromatischer Sommerwein.

91 Sauvignon Blanc * Joching Federspiel 2023
12,5 Vol.-%, DV, Stahltank, €€€ Ⓥ
Helles Gelbgrün, Silberreflexe. Zart nach Grapefruitzesten und weißen Blüten, ein Hauch von Stachelbeeren. Mittlerer Körper, lebendig und frisch, zarte Pfirsichfrucht im Abgang, bereits zugänglich, ein animierender Speisenbegleiter.

WEINGUT HEINZ UND ADRIENNE SIGL
3602 Rossatz
Rossatz 175
T: +43 (2714) 6302
wein@weingut-sigl.at
www.weingut-sigl.at

Kellermeister: Heinz Sigl
Kontakt: Heinz und Adrienne Sigl
Anbauweise: Zertifiziert Biologisch (Austria Bio Garantie)
Produktion: 97 % weiß, 3 % rosé, 8 Hektar
Zertifiziert: Nachhaltig Austria
Vereinszugehörigkeit: Vinea Wachau
Messen: VieVinum

Rossatzschleife

★★★

WEINGUT HEINZ UND ADRIENNE SIGL

BIO

Mitten in den Weinbergen von Rossatz liegt das Weingut Sigl, von wo sich ein Ausblick auf das wunderschöne Donautal von Dürnstein bis Krems erstreckt. Bei einer Weinverkostung in modernem Ambiente können Weinliebhaber sowohl die hervorragenden Weine als auch die traumhafte Kulisse genießen.Seit 2018 befindet sich der Betrieb mit rund acht Hektar Rebfläche in Umstellung auf biologischen Weinbau, und seit dem Jahrgang 2021 sind die Weine biozertifiziert! Kreativität und viel Gefühl gepaart mit einer fundierten Ausbildung und moderner Weintechnologie bilden die perfekte Grundlage für die hochwertigen Weine, die unter anderem aus den Rieden Himmelreich, Frauenweingarten und Kirnberg stammen.

Neben den Sortenklassikern Grüner Veltliner und Riesling zählt auch Gelber Muskateller zu den Leitsorten des Betriebs. Die besonderen Klimaverhältnisse in der Wachau, die vorausschauende qualitätsorientierte Arbeit im Weingarten, der richtige physiologische Reifezeitpunkt und die schonende Verarbeitung bilden die Basis für den unverwechselbaren Charakter der Weine. Kein Jahr gleicht dem anderen, und so ist es eine echte Herausforderung, dem Kunden konsequent die reintönigen und fruchttiefen Spitzenprodukte zu bieten. Das heißt aber auch, mit viel Liebe und Können die sortentypischen Merkmale der Trauben zu optimieren.

(95) Riesling * Ried Kirnberg Smaragd 2023
13,5 Vol.-%, DV, Stahltank, €€€€€ B
Helles Grüngelb, Silberreflexe. Zart floral unterlegte Anklänge von weißer Tropenfrucht, mit einem feinen Touch von Weingartenpfirsich unterlegt, ein Hauch von Limettenzesten. Saftig, engmaschig, weißer Pfirsich, finessenreicher Säurebogen, mineralisch, fruchtsüßer Abgang, elegant und lange anhaftend, sicheres Potenzial.

92 Riesling * Rossatz Federspiel 2023
12,5 Vol.-%, DV, Stahltank, €€€ B
Helles Strohgelb, Silberreflexe. Zarte Nuancen von gelbem Pfirsich und Orangenzesten, mit weißer Tropenfrucht unterlegt, etwas scheues Bukett. Mittlerer Körper, frischer Säurebogen, weißer Apfel, Limetten im Abgang, schwungvoller, animierender Stil.

* Wachau DAC

(94) Grüner Veltliner * Ried Frauenweingärten Smaragd 2023
14 Vol.-%, DV, großes Holzfass, €€€€ Ⓑ
Mittleres Grüngelb, Silberreflexe. Zarte Wiesenkräuter, ein Hauch getrocknete Marillen, mit kandierten Mandarinenzesten unterlegt. Saftig, gelbe Tropenfrucht, feiner Säurebogen, etwas Blütenhonig im Nachhall, gute Länge, bereits zugänglich, verfügt über Reifepotenzial.

(94) Grüner Veltliner * Ried Himmelreich Smaragd 2023
14 Vol.-%, DV, Stahltank, €€€€ Ⓑ
Leuchtendes mittleres Grüngelb, Silberreflexe. Mit Wiesenkräutern unterlegte Nuancen von Mango und Apfel, ein Hauch von Orangenzesten. Kraftvoll, saftig und elegant, feine Fruchtsüße im Kern, frischer Säurebogen, Blütenhonig im Abgang, zeigt Länge und Reifepotenzial.

94 Grüner Veltliner * Ried Kirnberg Smaragd 2022
14 Vol.-%, DV, Stahltank, €€€€ Ⓑ
Kräftiges Grüngelb, Silberreflexe. Zart nach Orangen, ein Hauch von reifen Marillen, dazu etwas Mango, zarte Kräuterwürze und Mineralik, einladendes Bukett. Komplex, reife gelbe Tropenfrucht, feiner Säurebogen, bleibt lange haften, sehr gutes Entwicklungspotenzial.

92 Grüner Veltliner * Ried Frauenweingärten Federspiel 2023
12,5 Vol.-%, DV, Stahltank, €€€ Ⓑ
Helles Gelbgrün, Silberreflexe. Zarte Wiesenkräuter, etwas nach Anis, ein Hauch von Orangenzesten, feine Apfelfrucht, dunkle Mineralik. Saftig, gute Komplexität, salzig, weißes Steinobst, frisch und lebendig strukturiert, bleibt gut haften, Zitronengras im Nachhall, facettenreicher Speisenbegleiter, sicheres Reifepotenzial.

★★★

KARL STIERSCHNEIDER KARTÄUSERHOF

Der Geist der Familie Stierschneider fließt seit 1862 in den Kartäuserhof, der 1380 als Lesehof der Kartause Aggsbach erbaut wurde. Mit Wissen um die Magie aus Generationen wurden der Hof sowie das Weingut sorgfältig restauriert und bis zur heutigen Größe von circa 9,5 Hektar ausgebaut. Mit Tradition und einem Schuss Instinkt hat sich die Familie Stierschneider für einen sanften Weg in eine spannende Zukunft entschieden. Immer neue Ideen umzusetzen, um das Wertvolle – den Boden als Grundlage für Einzigartigkeit und die Natur als Lebensraum für die nachfolgenden Generationen – zu erhalten, ist ihr Credo. Zahlreiche nationale und internationale Auszeichnungen bestärken die Stierschneiders darin, ihren Weg der kompromisslosen Qualitätsproduktion konsequent weiterzugehen. Die Weingärten des Kartäuserhofs befinden sich in südlich exponierten Terrassenlagen. Zu den bekanntesten zählen die Ried Achleiten, die Ried Klaus und die Ried Steinriegl, ergänzt durch die Eigenmarke »Kirchensteig«.

95 Grüner Veltliner * Smaragd Ultimo 2023
14 Vol.-%, NK, Stahltank, €€€€€
Helles Gelbgrün, Silberreflexe. Zarter Blütenhonig, kandierte Orangenzesten, reife Tropenfrucht, ein Hauch von Mango klingt an, einladendes Bukett. Gute Komplexität, engmaschig, zart mineralisch, reife Tropenfrucht, gelbe Apfelfrucht im Abgang, ein vielschichtiger Speisenbegleiter mit Potenzial.

94 Grüner Veltliner * Smaragd Urbestand 2023
14 Vol.-%, NK, Stahltank, €€€€€
Helles Gelbgrün, silberfarbene Reflexe. Einladendes Bukett nach gelbem Apfel, zart nach Blütenhonig und Gewürzen, feine Zitrusnuancen. Saftig, gute Komplexität, feinwürzig, weißes Kernobst im Abgang, mineralischer Nachhall, vielseitiger Speisenbegleiter mit Potenzial.

93 Grüner Veltliner * Ried Achleiten Federspiel 2023
12,5 Vol.-%, DV, Stahltank, €€€€
Helles Gelbgrün, silberfarbene Reflexe. Dunkle Würze, zart nach Guaven, ein Hauch von Granatapfel und Melisse, gelbe Tropenfrucht klingt an. Saftig, engmaschig, gut eingebundener Säurebogen, zarte Extraktsüße, vielschichtig, vielfältige einsetzbar.

92 Grüner Veltliner * Ried Klaus Federspiel 2023
12,5 Vol.-%, DV, Stahltank, €€€€
Helles Grüngelb, silberfarbene Reflexe. Feiner Blütenhonig, etwas nach Maracuja und Mango, ein Hauch von kandierten Limettenzesten. Gute Komplexität, saftig, gut eingebunde-

KARL STIERSCHNEIDER – KARTÄUSERHOF

3610 Weißenkirchen in der Wachau
Kremser Straße 6
T: +43 (2715) 2374
karl@stierschneider.at
www.stierschneider.at

Kellermeister/Kontakt: Karl und Jakob Stierschneider
Produktion: 3 % Schaumwein, 90 % weiß, 5 % rosé, 2 % rot, 9.5 Hektar
Zertifiziert: Nachhaltig Austria
Vereinszugehörigkeit: Vinea Wachau
Messen: VieVinum

Karl und Jakob Stierschneider

ne Säurestruktur, mineralisch, weiße Tropenfrucht im Abgang, lange anhaltend, vielseitiger Speisenbegleiter.

95 Riesling * Ried Achleiten Smaragd 2023
13,5 Vol.-%, NK, Stahltank, €€€€€
Helles Gelbgrün, Silberreflexe. Frische Limettennoten, ein Hauch von Pfirsich, frisch und lebendig strukturiert, Melisse, Gewürznuancen klingen an. Saftig, engmaschig, vielschichtig, gut integrierte Säurestruktur, weißes Steinobst im Abgang, salziger Rückgeschmack, sicheres Reifepotenzial.

91 Gelber Muskateller * 2023
12,5 Vol.-%, DV, Stahltank, €€€€
Helles Gelbgrün, Silber-Messing-Reflexe. Einladendes Bukett nach Blütenhonig und Holunder, ein Hauch von Melisse, Nuancen von weißem Pfirsich. Saftig, komplex, gelbes Kernobst, Guaven klingen an, lang anhaltend, frisch und strukturiert, guter Speisenbegleiter.

90 Traminer * 2023
12,5 Vol.-%, DV, Stahltank, €€€€
Helles Gelbgrün, Silberreflexe. Mit Kräuterwürze unterlegte Stachelbeeren, ein Hauch von Limonen, zart blättriges Bukett. Saftig, fruchtsüß, gut eingebundener Säurebogen, Mango im Abgang, salziger Nachhall, bereits gut antrinkbar.

★★★

WEINGUT STRAWANZER DONABAUM

Das Weingut Strawanzer, vormals Donabaum »In der Spitz«, von Martin Donabaum verfügt über ein recht umfangreiches Sortiment. Beharrlich wird an der Optimierung der Weinqualität gearbeitet. Mehrmalige Lesedurchgänge, freiwillige Mengenbegrenzung und konsequentes Ausdünnen führten zu einer derart deutlichen Qualitätssteigerung, dass Martin Donabaum mit Tochter Julia heute zu den Spitzenwinzern der Region zählt. Die Weingärten nehmen eine Rebfläche von rund sechs Hektar ein, die zu 85 Prozent in den sonnigen Steinterrassen rund um Spitz liegen. Diese unterliegen den strengen Qualitätskontrollen der »Vinea Wachau«. Mitglieder dürfen ausschließlich Wei-

* Wachau DAC

Chardonnay

WEINGUT STRAWANZER DONABAUM

3620 Spitz an der Donau, In der Spitz 3
T: +43 (2713) 2644
weingut@donabaum.at
www.donabaum.at

Kellermeister: Martin Donabaum
Kontakt: Martin und Julia Donabaum
Produktion: 33.333 Flaschen
10 % Schaumwein, 85 % weiß, 5 % rosé, 6 Hektar
Zertifiziert: Nachhaltig Austria
Vereinszugehörigkeit: Vinea Wachau
Messen: Alles für den Gast Salzburg, fafga Innsbruck, VieVinum, Vinobile Feldkirch, Vinobile Montfort

ne aus der Wachau führen, die weder aufgebessert noch verändert werden.
Beim »Strawanzer«, so der Name der schicken Buschenschank, besteht die Möglichkeit, sich nicht nur von den Wachauer Klassikern, sondern auch vom jungen Sauvignon Blanc und Gelben Muskateller zu überzeugen. Zu erwähnen sind ebenso Chardonnay und Weißburgunder. Seit einiger Zeit wird auch Sekt nach traditioneller Methode erzeugt.
Den Sonnenuntergang im Garten inmitten der Weingärten hinter dem Setzberg zu erleben, jener Riede, wo der größte Teil der familieneigenen Reben gepflanzt ist, ist ein Erlebnis für sich. Sollte man Lust und Laune verspüren, länger zu bleiben, ist man im Boutiquehotel »Weinspitz« oder im traditionellen Gästehaus bestens aufgehoben. Das »Weinspitz« wartet mit großzügigen Suiten auf, allesamt mit einzigartigem Blick über die Wachauer Steinterrassen. Ein beheizter Infinitypool und ein Wellnessbungalow sind die Highlights des Hotels.

94 Riesling * Ried Setzberg Smaragd 2023

13,5 Vol.-%, DV, Stahltank, €€€€€ V
Mittleres Gelbgrün, Silberreflexe. Frische weiße Pfirsichfrucht, ein Hauch von Maracuja, floraler Touch, einladendes Bukett. Saftig, elegant, weiße Tropenfrucht, frische Säurestruktur, elegant, mineralisch, gute Balance, delikater Stil, ein finessenreicher Speisenbegleiter.

93 Riesling * Ried 1000-Eimerberg Smaragd 2023

14 Vol.-%, DV, Stahltank, €€€€€ V
Mittleres Grüngelb, Silberreflexe. Feine Tropenfruchtanklänge, zart nach Steinobst, ein Hauch von Zitronengras, mineralischer Touch. Mittlere Komplexität, feine weiße Frucht, wirkt relativ leichtfüßig und gut balanciert, zart salzig im Nachhall, bereits sehr zugänglich und vielfältig einsetzbar.

93 Grüner Veltliner * Smaragd X-trem 2023

14 Vol.-%, DV, Stahltank, €€€€€ V
Mittleres Goldgelb, Silberreflexe. Zart nach frischen Marillen, mit gelber Tropenfrucht unterlegt, ein Hauch von Orangenzesten, einladendes Bukett. Kraftvoll, saftig und opulent, reife gelbe Apfelfrucht, dezente Säurestruktur, stoffig, etwas in die Breite gebaut, bereits zugänglich, ein stoffiger Speisenwein.

92 Grüner Veltliner * Ried Setzberg Smaragd 2023

13,5 Vol.-%, DV, Stahltank, €€€€€ V
Mittleres Gelbgrün, Silberreflexe. Zart tabakig unterlegte frische gelbe Apfelfrucht, ein Hauch von Honigmelone, einladendes Bukett. Saftig, elegant, weißer Pfirsich, feine Säurestruktur, mineralisch-salzig im Abgang, dezenter Blütenhonig im Nachhall.

92 Grüner Veltliner * Ried 1000-Eimerberg Smaragd 2023
14 Vol.-%, DV, Stahltank, €€€€€ V
Mittleres Goldgelb, Silberreflexe. Zart nach kandierten Orangenzesten, feine gelbe Tropenfrucht, ein Hauch von Honigmelone, Nuancen von Blütenhonig. Saftig, opulent, dezente Fruchtsüße, etwas weitmaschig, gelbe Frucht im Nachhall, mittlere Länge, bietet unkompliziertes Trinkvergnügen.

92 Chardonnay * Smaragd 2023
13,5 Vol.-%, DV, Stahltank, €€€€€ V
Helles Gelbgrün, Silberreflexe. Zart nach weißem Pfirsich, ein Hauch von Ananas, dezentes Kernobst, ein Hauch von Kräuterwürze, mineralischer Touch. Saftig, süße Pfirsichfrucht, frischer Säurebogen, mineralisch und anhaftend, salziger Nachhall, bereits gut antrinkbar.

★★★★

WEINGUT TEGERNSEERHOF

Die Geschichte des Tegernseerhofs reicht über 1000 Jahre zurück, in jene Zeit, als Kaiser Heinrich II. dem Benediktinerkloster Tegernsee »zwei Huben Land« in der Wachau schenkte. Im Jahr 1176 wurde darauf der Tegernseerhof errichtet, benannt nach seinem Eigentümer.
Heute, viele Jahrhunderte später, ist der Tegernseerhof bereits in sechster Generation im Besitz der Familie Mittelbach. Sein Name ist erhalten geblieben, ebenso das uralte Wissen über Wein, das von Generation zu Generation weitergegeben wurde.
Die Weingärten des Tegernseerhofs erstrecken sich über die besten Lagen der Wachau. Sie sind geprägt von steilen Terrassen aus massivem Urgestein, die optimal von den Winden und der Sonne umspielt werden. Das Ergebnis: eine unglaubliche Dichte an Aromen, die sich in den Smaragden des Weinguts auf unterschiedlichste Weise zu erkennen geben. Ob Grüner Veltliner oder Riesling: Jeder Wein hat seine eigene Persönlichkeit, jeder seinen eigenen Charakter.

(96) Riesling * Dürnstein Ried Kellerberg Smaragd 2023
13 Vol.-%, DV, Stahltank, €€€€€€
Mittleres Gelbgrün, silberfarbene Reflexe. Zart nach Blütenhonig, etwas kandierte Mandarinenzesten, reife Tropenfrucht, ein Hauch von Passionsfrucht. Saftig, engmaschig, weißes Steinobst, nach Pfirsich, zitronig-salziger Nachhall, bleibt sehr gut haften, vielschichtiger Speisenbegleiter.

(95) Riesling * Loiben Ried Steinertal Smaragd 2023
13 Vol.-%, DV, Stahltank, €€€€€€
Mittleres Gelbgrün, Silberreflexe. Zart nach Honigmelone und Kräuterwürze, dezente Toffeenoten, ein Hauch von Mango, floraler Touch. Gute Komplexität, saftig, extraktsüß nach Ringlotten, mineralisch, vielschichtiger Speisenbegleiter mit Entwicklungspotenzial.

(94) Riesling * Loiben Ried Loibenberg Smaragd 2023
13,5 Vol.-%, DV, Stahltank, €€€€€
Mittleres Gelbgrün, Silberreflexe. Einladendes Bukett nach Wiesenkräutern und Honigmelone, ein Hauch von Marille, würzig unterlegt. Straff, lebendige Säurestruktur, minera-

WEINGUT TEGERNSEERHOF
3601 Dürnstein
Unterloiben 12
T: +43 (2732) 85362
office@tegernseerhof.at
www.tegernseerhof.at

Kellermeister/Kontakt:
Martin Mittelbach
Produktion: 97 % weiß, 3 % rosé, 23 Hektar
Vereinszugehörigkeit:
Vinea Wachau
Messen: ProWein Düsseldorf, VieVinum

lisch, weißes Steinobst, Zitrusnuancen klingen an, vielseitiger Speisenbegleiter, sicheres Potenzial.

(93) Riesling * Smaragd Bergdistel 2023
13 Vol.-%, DV, Stahltank, €€€€€
Mittleres Gelbgrün, Silberreflexe. Etwas nach Blütenhonig und Limettenzesten, ein Hauch von Wiesenkräutern, Nuancen von reifem Pfirsich. Engmaschig, komplex, zart nach Ananas, etwas Kräuternoten, frische Säurestruktur, mineralisch, guter Speisenbegleiter.

94 Riesling Stein Ried Pfaffenberg 2023
12,5 Vol.-%, DV, Stahltank, €€€€
Helles Grüngelb, Silberreflexe. Reife gelbe Tropenfrucht, etwas kandierte Orangenzesten, Blütenhonig klingt an, Marillentouch, einladendes Bukett. Komplex, guter Speisenbegleiter, mineralisch, reifes Steinobst, gut eingebundene Säurestruktur, Zitrusnoten im Nachhall, vielfältig einsetzbar.

(96) Grüner Veltliner * Ried Schütt Smaragd 2023
13 Vol.-%, DV, Stahltank, €€€€€€
Mittleres Grüngelb, Silberreflexe. Zart nach Honigmelone, ein Hauch von Gewürzen, zarte Tropenfrucht, kandierte Orangenzesten, einladendes Bukett. Saftig, elegant, facettenreiche Säurestruktur, extraktsüß, weißes Kernobst, bleibt sehr gut haften, sicheres Reifepotenzial.

(94) Grüner Veltliner * Dürnstein Ried Höhereck Smaragd 2023
13,5 Vol.-%, DV, Stahltank, €€€€€€
Mittleres Gelbgrün. Zart nach Blütenhonig, ein Hauch von Mandarinenzesten und Melisse, Mango klingt an. Saftig, elegant, zart tabakig, gut integrierte Säurestruktur, feinwürzig, gelbe Apfelfrucht, guter Speisenbegleiter mit Potenzial.

(93) Grüner Veltliner * Smaragd Bergdistel 2023
13,5 Vol.-%, DV, Stahltank, €€€€€
Mittleres Gelbgrün, Silberreflexe. Einladendes Bukett nach Mango und Ananas, ein Hauch von Blütenhonig, Orangentouch. Saftig, engmaschig, weißes Steinobst, mit Kräuterwürze unterlegt im Nachhall, bleibt sehr gut haften, vielfältig einsetzbar.

(93) Grüner Veltliner * Loiben Ried Loibenberg Smaragd 2023
13 Vol.-%, DV, Stahltank, €€€€€
Mittleres Goldgelb, Grünreflexe. Zarte Wiesenkräuter, ein Hauch von Guaven und Kumquats, Papaya klingt an. Würzig, mineralisch, weißes Kernobst, mineralisch, gut eingebundene Säurestruktur, saftig, vielfältig einsetzbar, wird von Flaschenreife profitieren.

92 Grüner Veltliner * Dürnstein Federspiel 2023
12,5 Vol.-%, DV, Stahltank, €€€€ B
Mittleres Gelbgrün, Silberreflexe. Zarter Blütenhonig, etwas nach Kräutern, ein Hauch von reifer gelber Apfelfrucht, tabakiger Touch. Saftig, balancierte Säurestruktur, mineralisch, gelbes Kernobst, guter Speisenbegleiter mit Potenzial.

(93) Gemischter Satz * Smaragd 2023
13 Vol.-%, DV, Stahltank, €€€€€
Mittleres Gelbgrün. Zarte Kräuternoten, etwas tabakig, ein Hauch von gelbem Kernobst, kandierte Orangenschalen, attraktives Bukett. Elegant, balancierte Säurestruktur, reife Apfelnoten auch im Abgang, feine Mineralik, lange anhaltend, vielfältig einsetzbar.

93 Neuburger * Smaragd 2023
13,5 Vol.-%, DV, Stahltank, €€€€€
Mittleres Gelbgrün, Silberreflexe. Einladendes Bukett nach Guaven und Blütenhonig, ein Hauch von Maracuja, floraler Touch, etwas Melisse. Mittlere Komplexität, fruchtsüß nach Mango, Honig im Rückgeschmack, einladender Speisenbegleiter.

PLATZ FÜR IHRE
WEINNOTIZEN

Ried Rosen in Klosterneuburg

NIEDERÖSTERREICH

WAGRAM

DAC

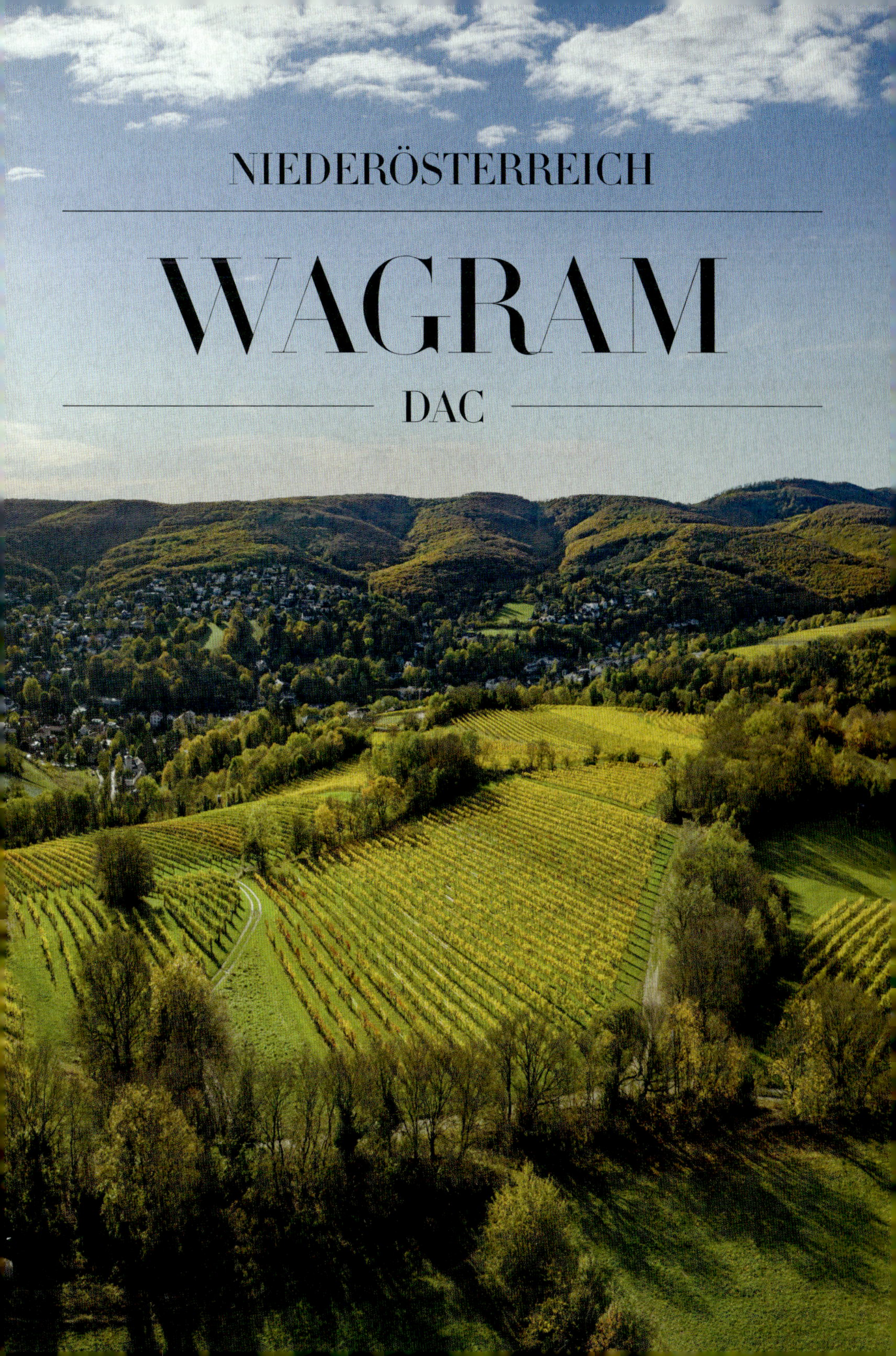

GRÜNER VELTLINER HAT LUST AUF LÖSS

Wagram, seit 2007 der offizielle Name dieses Weinbaugebiets, erfreut sich 2022 als 17. Gebiet Österreichs nun auch am DAC-Herkunftsschutz. Die mächtige Geländestufe erstreckt sich am linken Donauufer flussabwärts von Krems 30 Kilometer lang bis zur Stadtgrenze Wiens.

Rund 2.460 Hektar Rebfläche verteilen sich in diesem Weinbaugebiet auf zwei ganz unterschiedliche Zonen. Nördlich der Donau erstreckt sich von der Mündung des Kamps in die Donau der eigentliche Wagram, eine markante Geländestufe. Die restliche Weingartenfläche ist in der südlich der Donau gelegenen Großlage Klosterneuburg und kleinen Weinorten im Tullnerfeld zu finden.

Der Wagram selbst kann in seiner geologischen und klimatischen Einheitlichkeit als idealtypisches Weinbaugebiet bezeichnet werden. Der Boden – eine Lössanwehung an den Ufern des Urmeeres, die ein einzigartiges Landschaftsbild formt – ist reich an Fossilien und Mineralien. Er verleiht den Weinen nachweislich eine ganz eigenständige Charakteristik. Der Einfluss des pannonischen Klimas mit sehr warmen Sonnentagen steht im Wechselspiel mit den kühlen Nächten. Die Kombination ergibt Weine von betonter Fruchtigkeit, Eleganz und Schmelz. Dieses Terroir kommt vor allem in der Hauptsorte des Gebiets, dem Grünen Veltliner, vollendet zum Ausdruck. Auch der autochthone Rote Veltliner, der übrigens nicht mit dem Grünen Veltliner verwandt ist, gedeiht unter diesen Bedingungen hervorragend, und immer mehr Winzer haben diese aromatische Sorte inzwischen ausgepflanzt und in ihrem Sortiment.

Gehaltvolle Rotweine – vorwiegend aus Blauem Zweigelt und Blauburgunder – sind in den führenden Weingütern ebenso anzutreffen wie Süßweine. Speziell Eisweine

werden am Wagram in besonderer Qualität gekeltert. Die Qualitätssteigerung in den letzten Jahren hat den Wagram dem Status eines Geheimtipps enthoben. Orte wie Feuersbrunn, Fels, Kirchberg oder Großriedenthal haben sich längst als Adressen engagierter Betriebe etabliert, und ab dem Jahrgang 2021 stehen die gebietstypischen Weine offiziell unter DAC-Herkunftsschutz.
Die auch historisch gesehen wichtige Weinstadt Klosterneuburg deckt ein weites weinbauliches Spektrum ab: Hier befinden sich beschauliche Heurige ebenso wie traditionsreiche Betriebe von stattlicher Größe, Sektkellereien und eine Institution von besonderem Wert: die Höhere Bundeslehranstalt für Wein- und Obstbau, die erste Weinbauschule der Welt – gegründet 1860 – und heute renommierte Ausbildungsstätte des österreichischen Winzernachwuchses, der die Erfolgsgeschichte des österreichischen Weins weiterhin sichern soll.

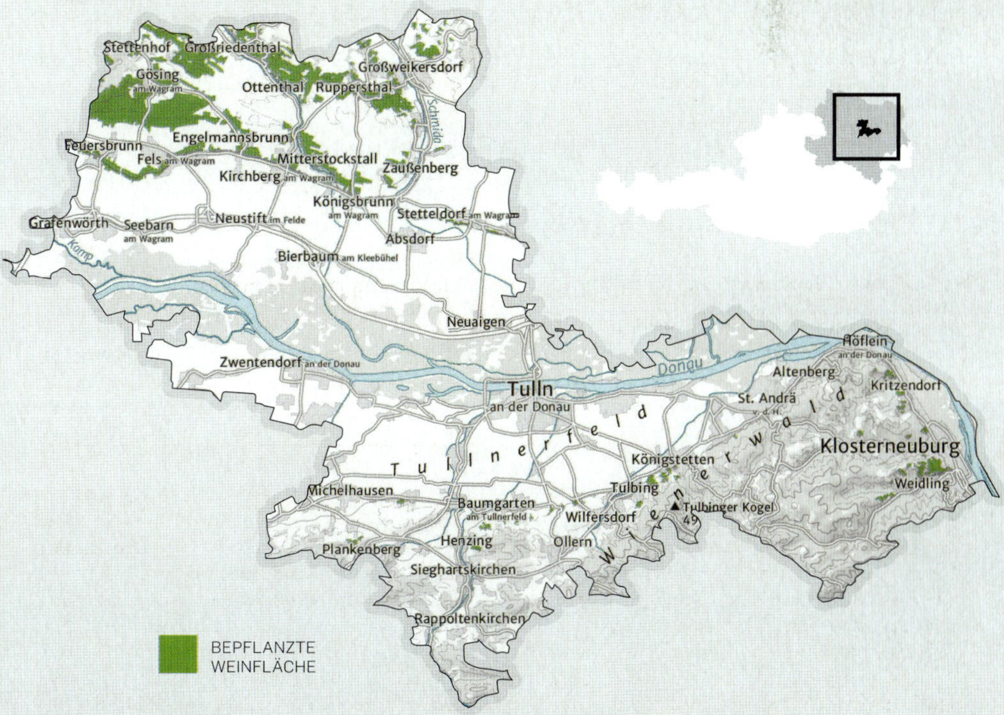

Grundkarte: © Universität Wien, BEV, OSM, SRTM | Österreich Wein Marketing GmbH, 1040 Wien, © ÖWM 2022

WAGRAM DAC

Österreich gesamt	**44.728 ha**
Weinbaugebiet Niederösterreich	**27.074 ha**
Wagram DAC	**2.459 ha**

AUSGEWÄHLTE WEINGÜTER

★★★★★
Weinberghof Fritsch, Oberstockstall
Weingut Bernhard Ott, Feuersbrunn

★★★★
Weingut Anton Bauer, Feuersbrunn
Weingut Ecker – Eckhof, Kirchberg am Wagram
Weingut Josef Ehmoser, Tiefenthal
Weingut Josef Fritz, Zaußenberg
Weingut Leth, Fels am Wagram

★★★
Weingut Robert Direder, Kirchberg am Wagram
Weinhof Ehn, Engelmannsbrunn
Weingut Ernst, Großwiesendorf
Fritsch & Gottwald, Kirchberg am Wagram
Weingut Stift Klosterneuburg , Klosterneuburg
Weingut Kolkmann, Fels am Wagram
Weingut Nimmervoll, Engelmannsbrunn
Weingut Franz Sauerstingl, Fels am Wagram
Weingut Familie Schuster, Großriedenthal
Weinhof Anton und Elfriede Waldschütz, Sachsendorf

★★
Familie Bauer - Bioweingut, Großriedenthal
Weingut Florian Bauer, Feuersbrunn
Weingut Benedikt, Kirchberg am Wagram
Weingut Blauensteiner, Gösing am Wagram
Weingut Karl Diwald, Großriedenthal
Winzerhof Gmeiner, Seebarn
Weingut Norbert Greil, Unterstockstall
Weinhof Grill, Fels am Wagram
Weingut Heiderer-Mayer, Großweikersdorf
Weinbau Familie Reinberger, Grafenwörth
Weingut Schabl, Königsbrunn am Wagram
BIO Weingut Urbanihof – Familie Paschinger, Fels am Wagram
Weingut Gerald Waltner, Engelmannsbrunn
Weingut Josef Zeitlberger & Josef Zeitlberger, Großweikersdorf

★
Weingut Daschütz, Kirchberg am Wagram
Bioweingut Groiß, Kleinwiesendorf
Weingut Habsburg, Wien
Weingut Magerl, Fels am Wagram
Weingut M. Mayer, Königsbrunn
Weinhof Thomas Stopfer, Ruppersthal

NEU
Weingut Eder, Jettsdorf
Weingut Elias Haidl, Großriedenthal
Weingut Preisinger-Reinberger, Unterstockstall

Ried Hammergraben, Fels am Wagram

WEINGUT ANTON BAUER
3483 Feuersbrunn
Neufang 42
T: +43 (2738) 2556
office@antonbauer.at
www.antonbauer.at

Kellermeister/Kontakt:
Anton Bauer
Produktion: 1 % Schaumwein, 54 % weiß, 44 % rot, 1 % süß, 40 Hektar
Messen: Austrian Tasting London, ProWein Düsseldorf, VieVinum

Anton Bauer

★★★★

WEINGUT ANTON BAUER

Wenn er etwas anpackt, dann richtig. 1992 übernahm der Wagramer Anton Bauer das elterliche Weingut mit gerade einmal 3,2 Hektar Rebfläche, heute bewirtschaftet der Qualitätsfanatiker rund 40 Hektar Weingärten in Feuersbrunn. Sein Handwerk lernte er an der Weinbauschule Krems, bei einem Praktikum im Burgund – einer Weinregion, für die er eine besondere Leidenschaft hegt – und vier Jahre lang als Önologe auf einem renommierten niederösterreichischen Weingut. Danach fühlte sich Anton Bauer bereit für das »Abenteuer Winzerdasein« und geht seither seinen Weg geradlinig und mit Freude.

Es ist die Kombination aus tief verwurzelt und offen für Neues, aus traditionell und experimentell, die Anton Bauer ausmacht. Von Anfang an dachte und handelte der Winzer visionär. So setzte er neben den Wagramer Klassikern wie Grünem und Rotem Veltliner oder Riesling schon früh auf Rotweine – ein mutiger Schritt, der von vielen skeptisch beäugt wurde. Doch Anton Bauer folgte seiner Überzeugung, und heute gehören sein Pinot Noir, sein Cabernet Sauvignon und seine legendäre »Cuvée Legendär« zu den Top-Rotweinen des Landes. Mit seinen sorten- und regionaltypischen Weißweinen spielt er in der gleichen Liga. Rosenberg, Spiegel, Kirchthal und Stiegl heißen seine besten Lagen, aus denen er Jahr für Jahr glasklare Weine mit Tiefgang keltert.

Anton Bauer legt großen Wert auf Genauigkeit, eine nützlingsschonende integrierte Traubenproduktion und den maßvollen Einsatz von Pflanzenschutzmitteln. Ein gesunder, mit Humus angereicherter Boden bildet die Basis für die tief wurzelnden Rebstöcke. Sommerschnitt und Traubenreduktion sind weitere Grundlagen für reifes Lesegut von bester Qualität. Das physiologisch reife Traubenmaterial wird so schonend wie möglich verarbeitet, 100%ige Handlese ist selbstverständlich.

(95) Grüner Veltliner * Grande Reserve L.E. 2023
13,5 Vol.-%, NK, großes Holzfass, €€€€€ H
Mittleres Grüngelb, Silberreflexe. Zart nach Wiesenkräutern, gelber Apfel, etwas Honigmelone, zart nach Quitten, ein Hauch von Orangenzesten, Nuancen von Blütenhonig. Saftig, kraftvoll, elegante Textur, reifes weißes Kernobst,

* Wagram DAC

feine Säurestruktur, zeigt gute Frische und Länge, bereits antrinkbar, sicheres Reifepotenzial.

(95) Grüner Veltliner * Private Selection l. E. 2023
13,5 Vol.-%, NK, Beton/500-l-Fass, €€€€€€ H
Leuchtendes Goldgelb, Silberreflexe. Feine Wiesenkräuter, ein Hauch von gelbem Apfel, etwas Honigmelone und Wiesenkräuter, mineralischer Touch. Komplex, feine Fruchtsüße, reife Mango, elegant und ausgewogen, Honigmelone auch im Abgang, bereits gut entwickelt, zeigt Länge und Reifepotenzial.

(94) Grüner Veltliner * Feuersbrunn Ried Rosenberg Alte Rebe 2023
13 Vol.-%, NK, großes Holzfass, €€€€€ H
Mittleres Gelbgrün, Silberreflexe. Zart nach Mandarinenzesten, feine Anklänge von gelbem Kernobst, etwas Mango, ein Hauch von Blütenhonig. Komplex, saftig, frische Birne, feiner Säurebogen, zarte Süße im Abgang, bleibt gut haften, ein stoffiger Speisenbegleiter, gutes Reifepotenzial.

(93) Grüner Veltliner * Feuersbrunn Ried Spiegel 2023
13,5 Vol.-%, DV, großes Holzfass, €€€€€ H
Mittleres Gelbgrün, Silberreflexe. Frische Kräuterwürze, feine tabakige Nuancen, weißes Kernobst, ein Hauch von Birne, zarte Orangenzesten im Hintergrund. Saftig, elegant, kraftvoll und frisch strukturiert, Golden-Delicious-Apfel im Abgang, mineralisch-zitroniger Nachhall, ein vielseitiger Speisenbegleiter.

92 Pinot Blanc Ried Kirchthal 2022
13,5 Vol.-%, NK, 500-l-Fass/Beton, €€€€€ H
Helles Goldgelb, Silberreflexe. Zarte Nuancen von gelben Ringlotten, ein Hauch von Birne, zarte Wiesenkräuter. Saftig, elegant, gelbe Tropenfrucht, zart nach gerösteter Ananas, feiner Säurebogen, weißes Nougat, ein vielseitiger Speisenbegleiter mit Reifepotenzial.

(93) Pinot Noir * Feuersbrunn Reserve l. E. 2022
14 Vol.-%, NK, Barrique, €€€€€ H
Kräftiges Karmingranat, violette Reflexe, breitere Ockerrandaufhellung. Feine Edelholznuancen, eingelegte Kirschen, ein Hauch von Vanille und Orangenzesten, floraler Touch. Saftig, kraftvoll, reife Herzkirschen, präsente Tannine, mineralisch und gut anhaftend, salziger Nachhall, gutes Reifepotenzial.

(94) Pinot Noir Private Selection l. E. 2021
13,5 Vol.-%, NK, Barrique, €€€€€€ H
Kräftiges Karmingranat, ziegelrote Reflexe, breitere Ockerrandaufhellung. Zart rauchig-würzig unterlegtes rotes Waldbeerenkonfit, ein Hauch von reifen Zwetschken, kandierte Orangenzesten. Komplex, saftig und süß, reife Tannine, feines Erdbeerkonfit im Abgang, elegant und anhaftend, wird von Flaschenreife profitieren.

(94) Cabernet Sauvignon Reserve L.E. 2022
14 Vol.-%, NK, Barrique, €€€€€€ H
Kräftiges Rubingranat, violette Reflexe, breitere Ockerrandaufhellung. Zarte schwarze Beerenfrucht, Nuancen von Cassis, ein Hauch von Nougat, kandierte Mandarinenzesten, noch etwas verhalten. Kraftvoll, engmaschig, Herzkirschen, straffe, reife Tannine, schokoladig unterlegt im Abgang, gute Länge, sicheres Reifepotenzial.

★★

FAMILIE BAUER - BIOWEINGUT

BIO

Familie Bauer setzt auf Rot: Im Betrieb nimmt der Grüne Veltliner zwar einen großen Teil der Rebfläche ein, doch schon zu Großvaters Zeiten wurde hier die regionaltypische Rebsorte des Wagrams – der Rote Veltliner – mit eigenen Selektionen und somit als Hoflinie stets weiterveredelt.
Großriedenthal liegt am oberen Kamm des Wagrams, wo neben den mächtigen Lössformationen auf den Hochebenen auch Schotter und Sandböden Bedeutung haben. So wurden die Burgundersorten auf einem kalkhaltigen Lössboden ausgepflanzt, und auf sandig-schottrigem Lössboden gedeiht neben dem Roten Veltliner auch Riesling. Besonderes Augenmerk legt das Bioweingut Bauer auf lebendig-gesunde Böden, Natur und Klima. Mit neuen Piwi-Sorten wie Donauriesling und Donauveltliner werden im Weingarten sowie bei der Kelterung selbst schon länger Erfahrungen gesammelt. Auch die drei verschiedenen Natural Wines werden erfolgreich – hauptsäch-

FAMILIE BAUER - BIOWEINGUT
3471 Großriedenthal
Hauptstraße 68
T: +43 (2279) 7204
info@familiebauer.at
www.familiebauer.at
Kellermeister/Kontakt:
Josef Bauer
Anbauweise: Zertifiziert Biologisch (Austria Bio Garantie)
Produktion: 3 % Schaumwein, 72 % weiß, 22 % rot, 3 % süß, 28 Hektar
Vereinszugehörigkeit:
Slow Food Presidio, Weingüter Wagram
Messen: ProWein Düsseldorf, VieVinum, Vinobile Montfort

Weingärten bei Großriedenthal

lich auf dem US-Markt – verkauft. Jedenfalls zu erwähnen sind die Süßweine der Familie Bauer in Form von Beeren- und Trockenbeerenauslesen sowie Eiswein.

93 Roter Veltliner * Ried Hinterberg 2022
13,5 Vol.-%, DV, Holzfass/Teilbarrique, €€€
Kräftiges Goldgelb, silberfarbene Reflexe. Zart nach Nougat und reifem gelbem Apfel, etwas Melone, dazu etwas Maroni, mit weißen Blüten unterlegt. Kraftvoll, saftig, elegant, etwas Rosmarin, dezente Säurestruktur, mineralisch, feiner Blütenhonig im Abgang, ein feinwürziger Speisenbegleiter mit Charakter, verfügt über weiteres Reifepotenzial.

92 Roter Veltliner * Terrassen 2023
12,5 Vol.-%, DV, Stahltank, €€
Helles Strohgelb, Silberreflexe. Zarte weiße Tropenfrucht, ein Hauch von frischer Birne, mit Orangenzesten unterlegt. Mittlerer Körper, feine Fruchtsüße, zart nach Ananas, gut integrierte Säure, mineralisch-zitronig im Nachhall, vielfältig einsetzbar.

91 Roter Veltliner Urig 2021
13,5 Vol.-%, NK, kleines Holzfass, €€€€€
Zart getrübtes Orangegold. Ein Hauch von Bergamotte, reife Orangenfrucht, Nuancen von getrockneten Marillen. Straff, engmaschig, zarter Gerbstoff, gelbe Tropenfrucht, frisch und anhaftend, Umami-Touch im Nachhall, ein balancierter Speisenbegleiter.

93 Grüner Veltliner * Ried Goldberg 2023
13 Vol.-%, DV, Stahltank, €€€
Kräftiges Goldgelb, Silberreflexe. Kandierte Mandarinenzesten, etwas Blütenhonig und reifer gelber Apfel, dezente Kräuterwürze. Komplex, saftig, weißes Kernobst, stoffige Textur, feine Fruchtsüße im Abgang, bleibt haften, gutes Entwicklungspotenzial.

91 Grüner Veltliner * Ried Hinterberg 2022
13,5 Vol.-%, DV, Teilbarrique, €€€
Leuchtendes mittleres Gelbgold, silberfarbene Reflexe. Zart floral unterlegte Nuancen von reifen Quitten, Kräuter, etwas Mango, ein Hauch von Karamell, etwas Nougat. Saftig, rund und cremig, milde Textur, etwas Quittengelee, dezente Säure, süßer Nachhall, reifer, opulenter Stil mit Nougat im Finale.

93 Grüner Veltliner Eiswein 2022
10 Vol.-%, DV, Stahltank, €€€€
Leuchtendes Gelbgrün, silberfarbene Reflexe. Noten von frischen Feigen, dazu reife gelbe Ringlotten und dezente Kräuterwürze, mineralisch unterlegt. Typische Fruchtexotik, weißer Pfirsich, zart nach Litschis und Honig, balanciert, Nuancen von Limetten im Abgang, delikater Stil, bereits gut antrinkbar.

* Wagram DAC

★★

WEINGUT FLORIAN BAUER

Bereits in fünfter Generation bewirtschaftet Florian Bauer 13 Hektar Weingärten in den Rieden am Hengstberg in Feuersbrunn. Die ausgepflanzten Rebsorten des Weinguts Bauer sind Grüner Veltliner (50 Prozent), Riesling (20 Prozent), Weißburgunder (sieben Prozent), Roter Veltliner (fünf Prozent), Zweigelt (zehn Prozent) und Cabernet Sauvignon (fünf Prozent).
Ein Fokus der Winzerfamilie ist aktuell die Umstellung auf organisch-biologischen Weinbau, ohne dabei die lange Tradition des Betriebs aus den Augen zu verlieren. Neben traditioneller Vergärung im Stahltank mit Reinzuchthefen gibt es sowohl Versuche im kleinen wie im großen Holz, aber auch in Keramik (Clayver) mit Spontangärung.

(92) Grüner Veltliner * Feuersbrunn Ried Rosenberg 2023
13,5 Vol.-%, DV, Holzfass/Stahltank, €€€
Mittleres Gelbgrün, Silberreflexe. Zarte Kräuterwürze, dazu etwas gelber Apfel und Papaya, mit einem Hauch von Orangenzesten unterlegt. Mittlere Komplexität, weißes Kernobst, feine Säurestruktur, dezente Süße im Abgang, ausgewogen, bereits gut entwickelt.

WEINGUT FLORIAN BAUER
3483 Feuersbrunn
Neufang 52
T: +43 (2738) 2309
weingut@josefbauer.at
www.josefbauer.at

Kellermeister/Kontakt:
Florian Bauer
Anbauweise: Umstellung auf bio (Austria Bio Garantie)
Produktion: 80.000 Flaschen
85 % weiß, 8 % rosé, 7 % rot,
13 Hektar
Vereinszugehörigkeit:
Weingüter Wagram
Messen: DAC-Präsentationen

(91) Grüner Veltliner * Feuersbrunn Ried Spiegel 2023
13 Vol.-%, DV, Holzfass/Stahltank, €€€
Mittleres Grüngelb, Silberreflexe. Zart nach Mandarinenzesten, gelber Apfel, etwas Mango und Blütenhonig, einladendes Bukett. Mittlere Komplexität, weißes Kernobst, frisch strukturiert, dezenter Zitrustouch, entwickelt, bietet unkompliziertes Trinkvergnügen.

90 Grüner Veltliner * Katharina 2023
13 Vol.-%, DV, Stahltank, €€
Helles Grüngelb, Silberreflexe. Zarte Wiesenkräuter, ein Hauch von Orangenzesten, mit feiner gelber Apfelfrucht unterlegt. Mittlerer Körper, weißes Kernobst, dezente Säurestruktur, mineralisch, bereits entwickelt, bietet unkompliziertes Trinkvergnügen.

(92) Weißburgunder * Weisser Saphir 2022
13,5 Vol.-%, DV, Steinzeug/Barrique, €€€€
Leuchtendes mittleres Grüngelb, Silberreflexe. Zarte weiße Birnenfrucht, feine Mangonuancen, mit etwas Blütenhonig unterlegt. Mittlere Komplexität, weißes Kernobst, zarte Säurestruktur, mineralisch und ausgewogen, ein milder Speisenwein mit Entwicklungspotenzial.

(91) Riesling * Feuersbrunn Ried Losling 2023
13,5 Vol.-%, DV, Stahltank, €€€
Mittleres Goldgelb, Silberreflexe. Floraler Touch, weiße Tropenfrucht, ein Hauch von Maracuja, einladendes Bukett. Komplex, saftig, gelber Pfirsich, frisch strukturiert, zarte Süße im Nachhall, elegant und ausgewogen, ein fruchtiger Begleiter bei Tisch.

(89) Roter Veltliner * Feuersbrunn 2023
12,5 Vol.-%, DV, Stahltank, €€

★★

WEINGUT BENEDIKT

Wolfgang Benedikt gehört zur dynamischen und innovativen Winzergeneration am Wagram. Seine Weine bestechen durch eine blitzsaubere und fruchtbetonte Stilistik mit Tiefgang. Der Winzer ist Mitglied der »Wagramer Selektion« und bemüht sich in verschiedensten Funktionen, die Entwicklung der Region voranzutreiben und ihre Zukunft aktiv mitzugestalten. Er führt gemeinsam mit seiner Frau Kristina in der Marktgemeinde Kirchberg am Wagram einen Traditionsbetrieb (Weinbau seit 1776) mit modernem Weinverständnis. Den Grundstein dafür haben seine Eltern Johann und Irmgard Benedikt bereits vor fünf Jahrzehnten gelegt. Seitdem haben sie das Weingut stetig weiterentwickelt und den Anforderungen eines modernen und nachhaltigen Qualitätsweinbaus angepasst. Vor allem im Spitzensegment sind eine klare Handschrift und dieses rigorose Qualitätsdenken erkennbar.
Vorrangiges Ziel des Winzers ist es, sich auf die Leitsorte der Region zu besinnen: den Grünen Veltliner. Diesem widmet er sich in fünf verschiedenen Ausbaustufen, wobei die kräftigen Lagen-Veltliner »Ried Schafflerberg« und »Ried Goldberg« die Spitze darstellen – Verkostungserfolge inklusive. Zur Vervollständigung der überaus gelungenen Serie präsentiert Wolfgang Benedikt schon seit Jahren sehr gelungene Rieslinge und seit Kurzem auch die Wagramer Top-Spezialität: den Roten Veltliner.

92 Grüner Veltliner * Ried Goldberg 2023
14 Vol.-%, DV, großes Holzfass, €€€
Leuchtendes Goldgelb, Silberreflexe. Reife Tropenfrucht, zart nach Ananas, kandierte Orangenzesten, feinwürzig, Zitrusnuancen klingen an. Reife Apfelfrucht, mineralisch, gelbe Tropenfrucht, Honigmelone im Abgang, salziger Nachhall, guter Speisenbegleiter.

91 Grüner Veltliner * Ried Scheiben 2023
13 Vol.-%, DV, großes Holzfass, €€
Helles Gelbgrün, silberfarbene Reflexe. Zarte Wiesenkräuter, weißes Kernobst, etwas Golden-Delicious-Apfel, mineralisches Bukett. Mittlere Komplexität, feine Würze, Nuancen von gelber Frucht, bleibt gut haften, Litschis im Rückgeschmack, vielfältig einsetzbar.

WEINGUT BENEDIKT
3470 Kirchberg am Wagram
Mallon 26
T: +43 676 63 62 490
office@benedikt.cc
www.benedikt.cc

Kellermeister/Kontakt:
Ing. Wolfgang Benedikt
Produktion: 80 % weiß, 5 % rosé, 15 % rot, 10+10 Hektar
Vereinszugehörigkeit:
Wagramer Selektion
Messen: VieVinum

Wolfgang und Kristina Benedikt

91 Grüner Veltliner * Ried Schafflerberg 2023
13,5 Vol.-%, DV, großes Holzfass, €€
Helles Gelbgrün, Silberreflexe. Mit etwas Zitrusnuancen unterlegte gelbe Apfelfrucht, ein Hauch von weißem Pfirsich, frisches Bukett. Straff, feine Säurestruktur, mineralisch, Quitte, balanciert und frisch, guter Speisenbegleiter.

93 Grüner Veltliner Ried Goldberg Reserve 2021
14 Vol.-%, DV, Teilbarrique, €€€€
Leuchtendes mittleres Goldgelb. Zart nach Honigmelone und weißem Nougat, ein Hauch von kandierten Orangenschalen. Feinwürzig, fruchtsüß, zarte dunkle Mineralik, etwas Honig im Abgang, reife Ananas im Rückgeschmack, bereits gut entwickelt, kraftvoller Speisenbegleiter.

92 Riesling * Ried Kirchensteig 2023
13,5 Vol.-%, DV, großes Holzfass, €€
Helles Gelbgrün, Silberreflexe. Einladender Duft nach Limetten, ein Hauch von Quitte, zart nach weißem Pfirsich, leichtfüßig wirkendes Bukett. Saftig, lebendige Säurestruktur, dunkle Mineralik, feinwürzig, Maracuja im Abgang, bleibt sehr gut haften.

91 Roter Veltliner * 2023
13 Vol.-%, DV, großes Holzfass, €€
Mittleres Gelbgrün, Silberreflexe. Feine Wiesenkräuter, zart nach Zitrus, etwas nach Birne, floraler Touch. Saftig, engmaschig, Maracuja, balancierter Säurebogen, Nashi-Birne im Nachhall, trinkanimierender Stil, guter Speisenbegleiter.

★★

WEINGUT BLAUENSTEINER

Das Weingut Blauensteiner liegt im Weinort Gösing, eingebettet in einer Mulde mitten am Wagram. Große Aufmerksamkeit wird dem Grünen Veltliner mit rund der Hälfte der Anbaufläche geschenkt. Derzeit werden vom leichten Sommerwein »Wilbling« über »Essenthal« und den gehaltvollen »Fumberg« bis hin zum »Fumberg Privat« insgesamt vier Lagenweine vom Grünen Veltliner angeboten. Die zweite Hälfte der Betriebsfläche teilen sich Roter Veltliner, Sauvignon Blanc, Chardonnay, Riesling, Gelber Muskateller sowie Zweigelt. Der Rotweinanteil beträgt etwa 12 Prozent.
Der gelbe Lössboden besitzt ein überaus hohes Wasserhaltevermögen und sorgt für die Vielschichtigkeit des Aromas der Weine. Trockene, heiße Sommer sind vorherrschend. Die relative Abkühlung während der Nachtstunden an den Hängen des Wagrams – vor allem hier in der Höhenlage von Gösing – verleiht dem Wein Fruchtigkeit und eine subtile Aromatik. Zu den besten Rieden, welche die Familie Blauensteiner bewirtschaftet, zählen Essenthal, Fumberg, Gmirk und Wilbling. Das Weingut Blauensteiner ist Gründungsmitglied der »Weingüter Wagram«.

WEINGUT BLAUENSTEINER
3482 Gösing am Wagram
Obere Zeile 12
T: +43 (664) 9233096
weingut@blauensteiner.com
www.blauensteiner.com
Kellermeister: Leopold Blauensteiner
Kontakt: Christoph Blauensteiner
Anbauweise: Integrierter Anbau
Produktion: 85 % weiß, 2 % rosé, 12 % rot, 1 % süß, 8.5 Hektar
Zertifiziert: Nachhaltig Austria
Vereinszugehörigkeit: Weingüter Wagram
Messen: ProWein Düsseldorf, DAC-Präsentationen

92 Grüner Veltliner * Ried Fumberg Privat 2022
14,5 Vol.-%, DV, Stahltank, €€€€
Helles Goldgelb, silberfarbene Reflexe. Zarte Wiesenkräuter, tabakige Noten, Nuancen von gelbem Kernobst, ein Hauch von Blütenhonig, braucht etwas Luft. Kräftig, mittlere Komplexität, feine Fruchtsüße, gut integrierte Säurestruktur, Mango im Nachhall, ein vielseitiger Speisenbegleiter.

91 Grüner Veltliner * Ried Fumberg 2023
14 Vol.-%, DV, Stahltank, €€€
Helles Gelbgrün. Feine Kräuternoten, gelbes Kernobst, zarter Blütenhonig, etwas Maracuja klingt an. Saftig, gute

Komplexität, reife Tropenfrucht, extraktsüß, etwas Honigmelone im Abgang, guter Speisenbegleiter.

90 Grüner Veltliner * Ried Essenthal 2023
13 Vol.-%, DV, Stahltank, €€€
Helles Gelbgrün, Silberreflexe. Mit Kräuternuancen unterlegtes weißes Kernobst, ein Hauch von Guaven, frisch und balanciert. Saftig, mittlerer Körper, feine Apfelfrucht, mineralisch, weißes Steinobst, balancierte Säurestruktur, guter Speisenbegleiter.

91 Roter Veltliner * Ried Fumberg 2023
14 Vol.-%, DV, Stahltank, €€€
Helles Gelbgrün, Silberreflexe. Feine Kräuternuancen, etwas Birne, frisch strukturiert, zarter Blütenhonig. Saftig, elegant, mittlerer Körper, feine Säurestruktur, mineralisch, feinwürzig, bereits gut antrinkbar.

93 Gelber Muskateller Orange Yellow 2023
12 Vol.-%, DV, Barrique, €€€€
Leuchtendes Goldgelb, Bernsteinreflexe. Einladender Duft nach Litschis und kandierten Veilchen, etwas nach Maracuja, Holunderblüten klingen an. Saftig, elegant, feine Kräuternoten, weißes Steinobst im Abgang, feiner Gerbstoff, salziger Nachhall, facettenreiches Finish.

88 Red Touch Rosé 2023 SY/ZW/BB
12,5 Vol.-%, DV, Stahltank, €€

★

WEINGUT DASCHÜTZ

Der Betrieb der Familie Daschütz wird schon seit mehr als 200 Jahren als Familienbetrieb geführt. Das Hauptaugenmerk ist darauf gerichtet, regional- und terroirtypische Weine mit persönlicher Handschrift und einem gewissen internationalen Touch zu produzieren. Dabei werden natürlich wichtige ökologische und ökonomische Grundsätze berücksichtigt.
Der Grundstein für beste Weinqualität wird bereits im Weingarten gelegt. Nützlingsschonende integrierte Traubenproduktion sowie Sorgfalt und Genauigkeit sind ein absolutes Muss. Durch Rebschnitt und Ertragsreduktion erreicht die Familie Daschütz die angestrebte Vollreife der Trauben. Nach der händischen Ernte in mehreren Durchgängen – faules Traubenmaterial wird ausgelesen – werden diese schonend gepresst und mittels moderner Kellertechnik weiterverarbeitet. Hygiene und Sorgfalt sind hier die wichtigsten Faktoren.
Leichte, fruchtige Weißweine werden im Stahltank ausgebaut, kräftigere Vertreter in Eichen- oder Akazienholzfässern. Einige Rotweine erhalten durch die Vergärung oder Lagerung in Eichenholzfässern (Barriques) zusätzliche Fülle und Komplexität. Hierbei ist wie bei fast allen Dingen im Leben die Zeit ein wesentlicher Faktor. Familie Daschütz ist überzeugt: »Man sollte den Weinen die nötige Zeit zum Reifen und Entfalten geben, dann wird das Ergebnis umso hochwertiger und harmonischer.«

90 Grüner Veltliner * Ried Bromberg 2023
12,5 Vol.-%, DV, Stahltank, €€
Mittleres Gelbgrün, Silberreflexe. Zart nach Blütenhonig, etwas kandierte Orangenzesten, reife Apfelfrucht, Melisse. Saftig, feine Säurestruktur, mineralisch, weißes Kernobst, etwas nach Kräutern, ein balancierter Speisenbegleiter.

90 Grüner Veltliner * Tradition 2022
13 Vol.-%, DV, Stahltank, €€
Mittleres Gelbgrün, Silberreflexe. Etwas nach Kräutern und

WEINGUT DASCHÜTZ
3470 Kirchberg am Wagram
Mitterstockstall 38
T: +43 (2279) 2443
weingut@daschuetz.at
www.daschuetz.at

Kellermeister/Kontakt:
Christoph Daschütz
Produktion: 80 % weiß, 5 % rosé, 15 % rot, 10 Hektar

weißem Kernobst, zart tabakig, pfeffrige Nuancen klingen an. Mittlerer Körper, weitmaschig, ein Hauch von Zitrusfrucht, balancierte Säurestruktur, bereits gut antrinkbar.

90 Grüner Veltliner * Ried Schloßberg Kirchberg 2022
13 Vol.-%, DV, großes Holzfass, €€
Helles Gelbgrün, Silberreflexe. Feine Tabak-Kräuter-Würze, etwas nach Apfelfrucht, zart nach Maracuja, zart pfeffrig, frisches Bukett. Saftig, elegant, mittlerer Körper, weißes Steinobst im Abgang, salziger Nachhall, bereits gut antrinkbar.

88 Grüner Veltliner Classic 2023
12,5 Vol.-%, DV, Stahltank, €€

89 Riesling * 2023
13 Vol.-%, DV, Stahltank, €€

★★★

WEINGUT ROBERT DIREDER

Demut, Dankbarkeit und Traditionsbewusstsein, das sind die Fundamente des Schaffens als Winzer und auch die von Robert Direder: Demut vor dem unerschöpflichen Reichtum der Natur, den es zu bewahren gilt, Dankbarkeit für die Geschenke, die die nimmermüde Erde Jahr für Jahr spendet, Traditionsbewusstsein im Sinne der Pflege des Erbes und des Handwerks. Der Lohn für diese Konsequenz sind langlebige und charaktervolle Weine.
Robert Direders besonderes Anliegen ist es, den »Spannungsbogen« eines Weines und des Jahrgangs herauszuarbeiten, zu betonen, ihn langlebig zu gestalten. Deshalb hat er sich auch entschlossen, seinen Weinen mehr Zeit zur Reife zu geben. Heuer wurde aus diesem Grund ein Teil seiner Weine im gefüllten Zustand nochmals verkostet und bewertet. Im Weingarten setzen die Direders auf extensive Bewirtschaftung des Bodens und schonende Pflege der Rebstöcke. Sie werden im besten Sinne erzogen, ohne mit Nachdruck Leistung zu fordern, und man überlässt hier dem Weingarten eine gewisse Form der »Eigenverantwortung«. Die natürliche Wechselwirkung von Löss und Rebe kann man als Winzer nicht verbessern, es kann aber darauf geachtet werden, dass sie nicht gestört wird. Im Keller begleitet der junge Kellermeister mit Vorsicht und Zurückhaltung seine Weine und vermeidet übermäßige Eingriffe. Im Übrigen verlässt er sich auf seine Intuition. Diese Zurückhaltung wird mit besonders feinfruchtigen, feingliedrigen und runden Weinen belohnt. Familie Direder schätzt Eigenständigkeit und erfreut sich am Authentischen. Und sie blühen auf, wenn Hervorragendes gelingt! Das Resultat dieser Begeisterung: Weine mit Charakter, die fordern, aber niemals überfordern.

93 Roter Veltliner * Ruppersthal Ried Mordthal 2022
13,5 Vol.-%, DV, großes Holzfass, €€€
Leuchtendes Goldgelb, Silberreflexe. Blütenhonig, etwas nach Mango, kandierte Orangenzesten, Mirabelle klingt an, floraler Touch. Saftig, mittlere Komplexität, feinwürzig, weißes Steinobst, frisch und engmaschig, guter Speisenbegleiter.

91 Roter Veltliner * 2023
13 Vol.-%, DV, Stahltank, €€
Helles Goldgelb, Silberreflexe. Feine Kräuterwürze, gelbe Birnenfrucht, floraler Touch, gelbe Tropenfrucht, Quitte. Mittlerer Körper, frische Säurestruktur, mineralisch, weißes Kernobst, engmaschig, bereits gut antrinkbar.

WEINGUT ROBERT DIREDER
3470 Kirchberg am Wagram
Mitterstockstall 1a
T: +43 (664) 4322236
weingut@direder.at
www.direder.at

Kellermeister/Kontakt:
Robert Direder
Anbauweise: Integrierter Anbau
Produktion: 80 % weiß, 10 % rosé, 10 % rot, 14 Hektar
Vereinszugehörigkeit:
Wagramer Selektion
Messen: ProWein Düsseldorf, VieVinum, Vinobile Feldkirch

93 Grüner Veltliner * Mitterstockstall Ried Schlossberg 2022
14 Vol.-%, DV, großes Holzfass, €€€
Leuchtendes Goldgelb, Silberreflexe. Blütenhonig, reife Papaya, zart nach Tropenfrucht, Mandarinenzesten, floraler Touch. Mittlere Komplexität, feine Tabakwürze, gut integrierte Säurestruktur, mineralisch, reife Tropenfrucht im Abgang, bleibt gut haften, sicheres Potenzial.

92 Grüner Veltliner * Kirchberg 2023
13 Vol.-%, DV, Stahltank, €€
Helles Gelbgrün, silberfarbene Reflexe. Dezenter Blütenhonig, reife Apfelfrucht, Orangenschalen, zarte Gewürznuancen. Kraftvoll, feine Fruchtsüße, etwas nach Papaya, mineralisch, bleibt gut haften, vielfältig einsetzbar.

93 Grüner Veltliner Mitterstockstall Ried Schlossberg Alte Reben 2021
14 Vol.-%, DV, großes Holzfass, €€€€
Mittleres Goldgelb, Silberreflexe. Dezenter Ananastouch, feiner Blütenhonig, zart nach Quitte, einladendes Bukett. Saftig, gute Komplexität, bereits entwickelt, gelbe Tropenfrucht, mineralisch, würziger Nachhall, guter Speisenbegleiter.

92 Weißburgunder * Ruppersthal 2022
13 Vol.-%, DV, Stahltank, €€€
Mittleres Gelbgrün. Feine Kräuterwürze, gelbe Birnenfrucht, ein Hauch von Guaven, kandierte Orangenzesten, frisch und lebendig. Gute Komplexität, feine Würze, Tropenfruchtnoten im Abgang, salziger Nachhall, bleibt gut haften, vielfältig einsetzbar.

★★

WEINGUT KARL DIWALD

Im Winzerhof aus dem 17. Jahrhundert betreibt Familie Diwald in sechster Generation Weinbau auf einer Fläche von 12 Hektar. Die geologisch unterschiedlichen Toplagen Goldberg, Eisenhut und Hinterberg (von mächtigem kalkhaltigem Löss bis zu rotem Schotter) bieten die besten Voraussetzungen, um charaktervolle Weine zu keltern. Die Hauptsorte ist der Grüne Veltliner, ausgebaut von leicht-fruchtig bis hin zur kräftigen Reserve. Riesling, Roter Veltliner, Gelber Muskateller, Chardonnay und Frühroter Veltliner ergänzen das Weißweinangebot. Bei den Rotweinsorten dominiert der Zweigelt mit etwas Merlot und Cabernet Sauvignon. Kurzer Rebschnitt, dem Wetter angepasste Laubarbeit und selektionierte Handlese bringen vollreifes Lesegut in den Weinkeller. Aufgrund der darauffolgenden schonenden Behandlung entstehen dort mit der Zeit fruchtige, elegante und vollmundige Weiß- und kräftige, vielschichtige Rotwein von höchs-

WEINGUT KARL DIWALD
3471 Großriedenthal
Großriedenthal 33
T: +43 (2279) 7218
office@weinbau-karl-diwald.at
www.weinbau-karl-diwald.at

Kellermeister/Kontakt:
Karl Diwald
Produktion: 80 % weiß, 20 % rot, 11.5 Hektar

Karl Diwald

ter Qualität. Der Winzersekt Diwald Brut und Schaumweine (Chardonnay, Zweigelt Rosé) vervollständigen das Programm.

92 Grüner Veltliner * Großriedenthal Ried Goldberg 2022
13,3 Vol.-%, DV, Stahltank, €€€
Mittleres Gelbgrün, Silberreflexe. Zart nussig, etwas nach Blütenhonig, ein Hauch von Quitte und Rhabarber, Orangenschalen. Mittlere Komplexität, frisch und engmaschig, weißes Steinobst, leichtfüßiges Finish, gut integrierte Säurestruktur, bereits gut antrinkbar.

(91) Grüner Veltliner * Großriedenthal Ried Eisenhut 2023
13,5 Vol.-%, DV, Stahltank, €€
Helles Gelbgrün, Silberreflexe. Zart nach Wiesenkräutern und Guaven, feine Apfelnoten, kandierte Grapefruitzesten, frisches Bukett. Mittlere Komplexität, salzig, gelbes Kernobst, mineralisch, würzig, unkomplizierter Speisenbegleiter.

90 Grüner Veltliner * Riad´nthoi 2023
13 Vol.-%, DV, großes Holzfass, €€
Helles Gelbgrün, Silberreflexe. Feine Kräuterwürze, zart tabakig, weißes Kernobst, Zitrustouch. Mittlerer Körper, dunkle Mineralik, feine Apfelfrucht, Noten von weißer Frucht, bereits gut antrinkbar.

91 Roter Veltliner * Gösing Ried Eisenhut 2023
13,5 Vol.-%, DV, Stahltank, €€€
Helles Gelbgrün, Silberreflexe. Etwas Blütenhonig, zart nach Guaven, ein Hauch von Zitrus, Papaya klingt an. Saftig, fruchtsüß, weißer Birnentouch, leichtfüßig, Grapefruitnoten, vielfältig einsetzbar.

(90) Riesling * Großriedenthal 2023
13 Vol.-%, DV, Stahltank, €€
Mittleres Gelbgrün, Silberreflexe. Feine Kräuterwürze, dunkle Mineralik, Pfirsichtouch, Grapefruitnoten klingen an. Saftig, frisch, Weingartenpfirsich, zarte Würze, Quitte im Nachhall, bereits gut antrinkbar.

89 Chardonnay * Reserve 2022
13,5 Vol.-%, DV, Teilbarrique, €€€

★★★★

WEINGUT ECKER – ECKHOF

BIO

Das Weingut Ecker – Eckhof, gelegen im Herzen von Niederösterreich, in Mitterstockstall, Gemeinde Kirchberg am Wagram, ist ein Familienbetrieb in dritter Generation, wobei die Familie Ecker bereits seit über 400 Jahren in der Weinbranche tätig ist. Der Betrieb liegt im schönen Weinbaugebiet Wagram, auf jener tiefen Lössschicht, die sich nördlich der Donau etwa 20 Kilometer – zwischen Krems und Stockerau – nach Osten erstreckt. Das klimatische Profil dieser Region bietet beste Voraussetzungen für die Sorten Grüner und Roter Veltliner. Derzeit wird auf dem Weingut eine Eigenfläche von 31 Hektar bewirtschaftet. Bernhard Ecker produziert zu 80 Prozent Weißwein aus heimischen Sorten. Der Grüne Veltliner, der in fünf verschiedenen Varianten angeboten wird, sowie der Rote Veltliner sind die wichtigsten Sorten des umfangreichen Weinsortiments. Der national und international mehrfach ausgezeichnete Betrieb ist seit Jahren fixer Bestandteil der heimischen Winzerszene. Auch im Ausland erfreuen sich Ecker-Weine immer größerer Beliebtheit. Ecker steht für konstante Spitzenqualität ohne Kompromisse. Die Weine, die von Weinkennern Jahr für Jahr geschätzt werden, zeichnen sich vor allem durch Klarheit, Finesse und Langlebigkeit aus und sind biologisch-organisch zertifiziert.Ein gemütlicher Heuriger verwöhnt die Gäste mit vielen traditionellen Gerichten der Region und dem dazu passenden Glas Wein oder Sekt. Des Weiteren steht ein moderner Verkostungsraum zur Verfügung, in dem nach kurzer telefonischer Voranmeldung in aller Ruhe das gesamte Sortiment probiert werden kann.

(94) Riesling * Ried Steinberg 2023
14 Vol.-%, DV, Stahltank, €€€€ B
Mittleres Gelbgrün, Silberreflexe. Feine Zitrusnoten, etwas nach Pfirsich, frisches Bukett, Minzenuancen klingen an. Gute Komplexität, salzig, weißes Steinobst, Pink Grapefruit, lang anhaltend, vielseitiger Speisenbegleiter mit Potenzial.

WEINGUT ECKER – ECKHOF
3470 Kirchberg am Wagram
Mitterstockstall 25
T: +43 (2279) 2440
weingut@eckhof.at
www.eckhof.at

Kellermeister/Kontakt:
Bernhard Ecker
Anbauweise: Zertifiziert Biologisch
Produktion: 80 % weiß, 20 % rot, 31 Hektar
Vereinszugehörigkeit:
Wagramer Selektion
Messen: VieVinum, Vinexpo

Alexandra und Bernhard Ecker

91 Riesling * 2023
13 Vol.-%, DV, Stahltank, €€
Helles Gelbgrün, Silberreflexe. Zart nach weißem Pfirsich, ein Hauch von grünem Apfel, mit Limettenzesten unterlegt. Mittlerer Körper, elegant, straffe Struktur, mineralisch-salziger Abgang, feine fruchtige Süße im Rückgeschmack, bietet unkompliziertes Trinkvergnügen.

(94) Roter Veltliner * Ried Steinberg Große Reserve 2023
14 Vol.-%, NK, großes Holzfass/Stahltank, €€€€€ Ⓑ
Helles Gelbgrün, silberfarbene Reflexe. Feine Kräuterwürze, Golden-Delicious-Apfel, zart nussig, mit Blütenhonig unterlegt. Saftig, elegant, gute Komplexität, salzig, Noten von kandierter Frucht, Mango im Abgang, Quitte im Rückgeschmack, guter Speisenbegleiter mit Potenzial.

93 Roter Veltliner * Ried Mordthal 2023
13,5 Vol.-%, DV, Stahltank, €€€ Ⓑ
Helles Gelbgrün, silberfarbene Reflexe. Zart nach Melone und Maracuja, Blütenhonig, kandierte Orangenschalen, Anistouch. Saftig, elegant, gute Komplexität, reife Tropenfrucht, bleibt gut haften, vielfältig einsetzbar, extraktsüßer Speisenbegleiter.

(93) Roter Veltliner * Ried Steinberg 2023
14 Vol.-%, DV, Stahltank/großes Holzfass, €€€€ Ⓑ
Mittleres Gelbgrün, Silberreflexe. Mit Wiesenkräutern unterlegte gelbe Tropenfrucht, Honigmelone, ein Hauch von Guaven, kandierte Zitrusnoten. Gute Komplexität, straff, feine Struktur, mineralisch, Ananasnoten, bleibt sehr gut haften, vielfältig einsetzbar.

90 Roter Veltliner * 2023
13 Vol.-%, DV, Stahltank, €€ Ⓑ
Helles Gelbgrün, Silberreflexe. Dunkle Würze, etwas weißes Kernobst, Papaya klingt an, mit Zitronengras unterlegt, feine Tabaknoten. Saftig, mittlere Komplexität, salzig, weißes Steinobst, feine Kräuternoten, bereits gut antrinkbar.

(93) Grüner Veltliner * Ried Mordthal 2023
14 Vol.-%, DV, Stahltank/großes Holzfass, €€€€ Ⓑ
Mittleres Gelbgrün, Silberreflexe. Dezente Maracujanoten, kandierte Orangenzesten, etwas Honigmelone, ein Hauch von Wiesenkräutern, einladendes Bukett. Komplex, saftig, weißes Kernobst, wirkt leichtfüßig, bleibt sehr gut haften, Melisse klingt an, guter Speisenbegleiter.

91 Grüner Veltliner * Ried Schlossberg 2023
13,5 Vol.-%, DV, Stahltank, €€€ Ⓑ
Helles Grüngelb. Feine Wiesenkräuter, zart tabakig, etwas weißes Steinobst, mineralisch, Blütenhonig klingt an. Saftig, elegant, frische Säurestruktur, mineralisch, leichtfüßig, gelbe Apfelnoten im Abgang, bereits gut antrinkbar.

90 Grüner Veltliner * Kirchberg 2023
12,5 Vol.-%, DV, €€ Ⓑ
Helles Gelbgrün, silberfarbene Reflexe. Zarte Würze, ein Hauch von Apfel, etwas Melisse, Clementinen klingen an. Saftig, straff, frische Struktur, dunkle Mineralik, feinwürziger Rückgeschmack, weißes Kernobst im Finish, bereits gut antrinkbar.

90 Grüner Veltliner * Ried Steinberg 2023
12,5 Vol.-%, DV, Stahltank, €€ Ⓑ
Helles Gelbgrün, silberfarbene Reflexe. Maracuja, feine Kräuterwürze, frische Apfelfrucht, lebendiges Bukett. Saf-

tig, elegant, mittlere Komplexität, salzig, Kernobst im Abgang, salziger Nachhall, bereits gut antrinkbar.

(92) Weißburgunder * Kalk 2023
14 Vol.-%, DV, Stahltank, €€€€ Ⓑ
Mittleres Gelbgrün, Silberreflexe. Reife Maracuja, etwas nach Orangenschalen, Birnentouch, florale Nuancen. Saftig, extraktsüß nach Mango, gute Komplexität, salzig, Honigmelone im Abgang, vielfältig einsetzbarer Speisenbegleiter.

92 Burgunder Cuvée von Eckhof 2023 WB/CH
13 Vol.-%, DV, Stahltank, €€
Helles Goldgelb, Silberreflexe. Feine Wiesenkräuter, ein Hauch von Birne und Walnuss, mit kandierten Orangenzesten unterlegt. Saftig, elegant, engmaschig, gut integriertes Säurespiel, zarte Fruchtsüße im Abgang, zeigt gute Länge, ein facettenreicher Begleiter bei Tisch.

WEINGUT EDER

NEU

Christian und seine Mutter Marianne Eder führen ihr Weingut in Jettsdorf und leben damit ihre Berufung. Der Rückhalt und die Zusammenarbeit der gesamten Familie fügen hierbei ein Puzzle zusammen, bei dem jeder einzelne Stein wertvoll ist. Getreu ihrer Philosophie wird versucht, aus jeder Traube mit Liebe und Hingabe das Beste herauszuholen. Die vollendeten Weine geben ihnen dabei Jahr für Jahr recht. Jettsdorf liegt unmittelbar neben Grafenwörth, die Weingärten der Familie großteils in Feuersbrunn. »Löss is a journey – not a destination«, und diese Reise treten die Eders täglich liebend gerne an. Seit der ersten Stunde ist das Weingut ein Familienbetrieb, wie er typischer nicht sein könnte, und dabei noch relativ jung, denn gegründet wurde er erst 1989 von Gerhard und Marianne Eder. Die beiden haben einen mehr als soliden Grundstein für alle Entwicklungen des Hauses geschaffen. Heute leben in Jettsdorf drei Generationen unter einem Dach. Aus Feuersbrunn holt die Familie ihre Rohdiamanten nach Jettsdorf, wo sie mit Passion weiterverarbeitet werden. Feuersbrunn am Wagram ist einer der ältesten und bedeutendsten Weinorte Niederösterreichs. Auch die Feuersbrunner Kellergasse zählt zu den größten und schönsten Kellergassen des Landes. Die Rieden in Feuersbrunn sind der Ursprung der wunderbaren Weine, die sich durch lagentypische Merkmale auszeichnen.

Familie Eder

WEINGUT EDER
3484 Jettsdorf
Obere Ortsstraße 19
T: +43 (2738) 3322
office@weingut-eder.at
www.weingut-eder.at

Kellermeister/Kontakt:
Christian Eder
Produktion: 5 % Schaumwein, 70 % weiß, 5 % rosé, 20 % rot, 8+5 Hektar

(92) Grüner Veltliner * Feuersbrunn Ried Nussberg 2023
13,5 Vol.-%, DV, großes Holzfass/Stahltank, €€€
Helles Goldgelb, Silberreflexe. Zart nach Birnen, ein Hauch von Wiesenkräutern, kandierte Orangenzesten, tabakige Nuancen. Straff, engmaschig, weißes Kernobst, feiner Säurebogen, mineralisch und anhaftend, dezente Süße im Nachhall, ein facettenreicher Speisenbegleiter.

(91) Grüner Veltliner * Feuersbrunn Ried Rosenberg 2023
13,5 Vol.-%, DV, Stahltank/großes Holzfass, €€
Helles Goldgelb, Silberreflexe. Nuancen von Orangenzesten, ein Hauch von gelber Tropenfrucht, mit Mango und Papaya unterlegt. Saftig, gute Komplexität, fruchtige Textur, angenehmer Säurebogen, mineralisch, ein Hauch von Blütenhonig im Nachhall, bereits gut antrinkbar.

89 Grüner Veltliner * Feuersbrunn 2023
12,5 Vol.-%, DV, Stahltank, €€

93 Grüner Veltliner Feuersbrunn Ried Kirchthal Große Reserve 2019
13,5 Vol.-%, NK, 500-l-Fass, €€€€
Mittleres Goldgelb, Silberreflexe. Kandierte Mandarinenzesten, feiner Blütenhonig, Anklänge von reifem gelbem Kernobst, zart mit Wiesenkräutern unterlegt. Saftig, kraftvoll, cremige Textur, süße Frucht, zarte Säurestruktur, reife Marillen im Abgang, weißes Nougat im Nachhall, bereits sehr gut entwickelt.

(92) Roter Veltliner * Feuersbrunn Ried Brenner 2023
14 Vol.-%, DV, Stahltank/großes Holzfass, €€€
Helles Goldgelb, Silberreflexe. Frische gelbe Birnenfrucht, etwas Mango, zarte Kräuterwürze, Nuancen von Blütenhonig. Mittlere Komplexität, weißes Kernobst, feine Säurestruktur, fruchtige Süße im Abgang, ausgewogen und vielfältig einsetzbar, sicheres Entwicklungspotenzial.

(90) Riesling * Fels Ried Mitterweg 2023
13,5 Vol.-%, DV, Stahltank, €€
Helles Grüngelb, Silberreflexe. Zart floral unterlegtes Kernobst, reifer Golden-Delicious-Apfel, etwas Kräuter und Blütenhonig. Saftig, mittlere Komplexität, zarte Tropenfrucht, gut integrierte Säurestruktur, feine Fruchtsüße im Abgang.

★★★★

WEINGUT JOSEF EHMOSER

BIO

Josef und Martina Ehmoser bewirtschaften mit viel Leidenschaft erstklassige Rieden im östlichen Teil des Wagrams, eines markanten Höhenzugs aus Löss. Eine naturnahe Arbeitsweise, seit Generationen gelebte Nachhaltigkeit und ein bedingungsloser Qualitätsanspruch bilden dabei die Leitlinien. Als Mitglied bei den »Traditionsweingütern Österreich« vertraut das Weingut seinen Vorfahren und konzentriert sich auf traditionelle Weine – gewachsen im Einklang mit Boden, Klima und Sorte. Jede Flasche ist dabei etwas Typisches und Ursprüngliches vom Wagram – ein Unikat, geradlinig mit Aussage und Ausstrahlung. Das Sortiment präsentiert sich ausdrucksstark und umfassend: Die Hauptsorte ist der Grüne Veltliner, der auf den charakteristischen Lössböden hervorragend gedeiht und von klassisch-würzig über kraftvoll-elegant bis hin zu den beiden ÖTW-Erste-Lage-Weinen Ried Georgenberg und Ried Hohenberg gekeltert wird. Das Herzblut der Ehmosers hängt aber auch am vielschichtigen Weißburgunder. Dass auch Riesling in reinen Lösslagen eine herrliche Pikanz entwickelt, beweist Josef Ehmoser überzeugend. Die im großen Holzfass ausgebauten Rotweine Zweigelt und St. Laurent geben sich ebenfalls finessenreich und elegant. Im Weingarten nimmt die Handarbeit einen hohen Stellenwert ein, und so wird ausschließlich händisch geerntet. Im Keller lässt Josef Ehmoser seinen Weinen Zeit, ihre eigene Persönlichkeit zu entwickeln. Er unterstützt stets das Potenzial seiner Weine und betont deren Eigenheit, ohne sie jedoch auf vorgeschriebene Wege zu zwingen. Die Kraft der Natur bleibt so zur Gänze erhalten, und das schmeckt man – auch noch Jahre später. International sind die regionaltypischen Weine des Weinguts Josef Ehmoser, die allesamt biozertifiziert sind, äußerst geschätzt.

94 Grüner Veltliner * Grossweikersdorf Ried Georgenberg 1ÖTW 2022
13 Vol.-%, NK, großes Holzfass, €€€€€ B
Helles Gelbgrün, Silberreflexe. Zarte Gewürznuancen, fei-

Martina und Josef Ehmoser

WEINGUT JOSEF EHMOSER

3701 Tiefenthal
Tiefenthal 9
T: +43 (2955) 70442
office@weingut-ehmoser.at
www.weingut-ehmoser.at

Kellermeister: Josef Ehmoser
Kontakt: Josef und Martina Ehmoser
Anbauweise: Zertifiziert Biologisch (Bio Austria)
Produktion: 80 % weiß, 20 % rot, 17 Hektar
Vereinszugehörigkeit: Traditionsweingüter Österreich
Messen: VieVinum

ne gelbe Tropenfrucht, etwas Ananas, ein Hauch von Vanille, Nuancen von Mango, zart nach Limettenzesten. Saftig, elegant, feine Fruchtsüße, wirkt leichtfüßig, feiner Säurebogen, ein Hauch von Blütenhonig im Abgang, gelbe Tropenfrucht im Nachhall, ein delikater Speisenbegleiter.

93 Grüner Veltliner * Grossweikersdorf Ried Hohenberg 1ÖTW 2022

13 Vol.-%, NK, großes Holzfass, €€€€ B
Helles Gelbgrün, Silberreflexe. Feine gelbe Tropenfrucht, ein Hauch von gelbem Apfel und Mango, zart nach Mandarinenzesten, mit etwas Wiesenkräutern unterlegt. Saftig, elegant und seidig, feine Nuancen von gelbem Kernobst, zarter Säurebogen, mineralisch-salzig im Abgang, feine Limettennote, bereits antrinkbar, ein harmonischer Speisenbegleiter.

91 Grüner Veltliner * Terrassen 2023

12 Vol.-%, DV, Stahltank, €€ B
Helles Gelbgrün, Silberreflexe. Zart kräuterwürzig unterlegte gelbe Apfelfrucht, ein Hauch von Orangenzesten, einladendes Bukett. Mittlerer Körper, zart nach Ananas, frisch strukturiert, mineralischer Abgang, bereits gut entwickelt.

93 Riesling * Grossweikersdorf Vom gelben Löss 2023

12,5 Vol.-%, DV, Stahltank, €€€ B
Helles Gelbgrün, Silberreflexe. Zartes Steinobst, feine Fruchtexotik, ein Hauch von Limettenzesten. Mittlerer Körper, frischer Pfirsich, feine Süße, lebendiger Säurebogen, mineralisch und balanciert, delikater Zitrustouch im Abgang, ein anregender, leichtfüßiger Speisenbegleiter.

92 Weißer Burgunder * Grossweikersdorf Vom gelben Löss 2022

13 Vol.-%, DV, großes Holzfass, €€€ B
Helles Grüngelb, Silberreflexe. Zart nach frischer Birne, ein Hauch von Biskuit und Blütenhonig, einladendes Bukett. Saftig, elegant und ausgewogen, cremige Textur, zartes Säurespiel, Aromen von gelber Tropenfrucht im Abgang, balanciert und gut anhaftend, sicheres Reifepotenzial.

92 Gemischter Satz * Holzburg 2022

12,5 Vol.-%, DIAM, großes Holzfass, €€€ B
Helles Goldgelb, Silberreflexe. Zarte gelbe Tropenfrucht, ein Hauch von Mango, Blütenhonig, etwas Ananas, zart nach Orangenzesten. Mittlerer Körper, feine Fruchtsüße, elegant und ausgewogen, mineralisch und bereits gut antrinkbar, ein vielseitiger Speisenbegleiter.

90 Rosé vom Zweigelt 2023

12 Vol.-%, DV, Stahltank, €€ B
Helles Lachsrosa, Pinktouch, Silberreflexe. Zart nach roten Waldbeeren, etwas Lakritze und weiße Birne. Saftig, rund und harmonisch, dezente Fruchtsüße, zart nach Zwetschken, leichtfüßig und unkompliziert.

(93) Gelber Muskateller Auslese 2023

8 Vol.-%, DV, Stahltank, €€€€ B
Sehr helles Gelbgrün, Silberreflexe. Feine Nuancen von Holunderblüten, Maracuja und Blütenhonig, kandierte Limettenzesten, einladendes Bukett. Saftig und süß, reife weiße Tropenfrucht, dezenter Säurebogen, opulent und anhaftend, exotisch-fruchtiger Honigtouch im Abgang.

★★★

WEINHOF EHN

Der Wagram bietet mit seinen vielseitigen Plateaus und Hanglagen die idealen Voraussetzungen für Gerhard Ehn, um in bewusster Auseinandersetzung mit der Natur hochwertige Weine zu produzieren. 2003 übernahm der Winzer den Familienbetrieb und modernisierte ihn Schritt für Schritt.. Auch die Etiketten wurden auf eine schlichte, aber aussagekräftige Linie geändert. Durch das Ausnutzen des vorhandenen Gefälles gelingt es dem Weingut, von der Traube bis zum fertigen Wein in der Flasche mit teilweise nur drei Pumpvorgängen das Auslangen zu finden. Je nach Sorte und Jahrgang werden die Weine im Stahltank, im großen Holzfass oder teilweise im Barrique ausgebaut. Das Hauptaugenmerk des Winzers liegt auf dem Grünen Veltliner. Durch vier verschiedene Ausbauvarianten ist es hier gelungen, vom leichten, spritzigen Sommerwein »Swing« bis hin zum gehaltvollen Top-Veltliner aus der Ried Mordthal eine Reihe qualitativ hochwertiger Weine zu keltern, bei denen für jeden Geschmack etwas dabei ist. Die Sorten Roter Veltliner, Weißburgunder, Chardonnay, Riesling und Frühroter Veltliner runden das Angebot bei den Weißweinen ab. Beim Rotwein wird der Zweigelt sowohl klassisch als auch im Barrique ausgebaut. Ziel des aufstrebenden Betriebs ist es, mit moderner Kellertechnik und viel Naturbewusstsein hervorragende Weine zu produzieren, die einfach Freude am Genuss bereiten.

93 Grüner Veltliner * Ried Mordthal 2023
13,5 Vol.-%, DV, großes Holzfass/Stahltank, €€€
Mittleres Grüngelb, Silberreflexe. Feine Nuancen von gelbem Kernobst, zart nach Blütenhonig, ein Hauch von kandierten Orangenzesten, einladendes Bukett. Komplex, saftig, weiße Apfelfrucht, finessenreicher Säurebogen, mineralisch, frisch und anhaftend, ein eleganter Speisenbegleiter.

91 Grüner Veltliner * Ried Satz 2023
13 Vol.-%, DV, Stahltank, €€
Helles Grüngelb, Silberreflexe. Frische gelbe Tropenfrucht, zart nach Mango und Babybanane, mit frischen Orangenzesten unterlegt. Mittlerer Körper, frischer Apfel, mineralisch, bietet unkompliziertes Trinkvergnügen.

90 Grüner Veltliner * Ried Hochrain 2023
12,5 Vol.-%, DV, Stahltank, €€
Helles Gelbgrün, Silberreflexe. Zart nach Wiesenkräutern, ein Hauch von Kernobst, etwas Grapefruit, tabakige Nuancen. Schlank, weißer Apfel, knackige Struktur, mineralisch, ein frischer Speisenbegleiter mit feinwürzigem Nachhall.

WEINHOF EHN
3470 Engelmannsbrunn
Kapellenberg 47
T: +43 (664) 1951163
office@weinhofehn.at
www.weinhofehn.at

Kellermeister/Kontakt:
Gerhard Ehn
Produktion: 2 % Schaumwein, 85 % weiß, 3 % rosé, 10 % rot, 10 Hektar
Vereinszugehörigkeit:
Wagramer Selektion
Messen: VieVinum, Weinmesse Innsbruck

Gerhard Ehn

92 Weißburgunder * 2023
13,5 Vol.-%, DV, Stahltank, €€
Helles Goldgelb, Silberreflexe. Zarte Noten von frischer Birne, ein Hauch von Banane und Orangenzesten, mit etwas Blütenhonig unterlegt. Saftig, elegant, gelbes Kernost, feines Säurespiel, balanciert und mit einiger Länge ausgestattet, ein vielseitiger Speisenwein mit Reifepotenzial.

92 Roter Veltliner * Ried Bromberg 2023
13,5 Vol.-%, DV, Stahltank, €€€
Helles Goldgelb, Silberreflexe. Frische gelbe Birnenfrucht, frischer Apfel, etwas Mango, mineralischer Touch. Stoffig, weiße Tropenfrucht, feine Süße, dezenter Säurebogen, salzig-zitronig im Abgang, vielfältig einsetzbar.

90 Chardonnay * 2023
14 Vol.-%, DV, kleines Holzfass/Stahltank, €€
Helles Goldgelb, Silberreflexe. Zart nach frischem gelbem Apfel, feine Wiesenkräuter, Orangenzesten, fruchtiges Bukett. Kraftvoll, frisches Kernobst, lebendige Struktur, ein schwungvoller, stoffiger Speisenbegleiter für viele Anlässe.

★★★

WEINGUT ERNST

Harald Ernst ist für Weininteressierte schon länger kein Unbekannter mehr. Aber nicht nur durch seine vielen »SALON«-Siege, »SALON«-Weine und Landessiege, sondern auch durch andere nationale und internationale Auszeichnungen ist man auf den Winzer aufmerksam geworden. Die wichtigste Sorte, wie könnte es am Wagram anders sein, ist für den Betrieb Grüner Veltliner, den es in mehreren Ausbaustufen gibt. Aber auch seine Rieslinge und Weißburgunder konnten schon große Auszeichnungen und exzellente Verkostungsergebnisse verbuchen. Seit einigen Jahren wird Roter Veltliner ausgebaut. Und auch mit dieser Sorte wurden bereits große internationale Erfolge erzielt. Es wird bei der Bewirtschaftung der Rebanlagen großer Wert auf Nachhaltigkeit gelegt. Der Boden ist das Kapital, das für die nächsten Generationen gesund, vital und vor allem belebt erhalten werden muss. Der Artenvielfalt in der Pflanzen- und Tierwelt und der Mannigfaltigkeit der Bodenorganismen wird große Aufmerksamkeit geschenkt. Daher versucht man, mit vielen verschiedenen Pflanzen und Kräutern im Weingarten Leben in und über den Boden zu bringen. Denn nur auf gesunden und lebendigen Böden in Kombination mit einem Verständnis des Menschen für die Natur

Frühroter Veltliner

WEINGUT ERNST
3701 Großwiesendorf
Großwiesendorf 34
T: +43 (2955) 70325
weingut.ernst@aon.at
www.weingut-ernst.at

Kellermeister/Kontakt:
Harald Ernst
Produktion: 90 % weiß, 3 % rosé, 7 % rot, 14 Hektar

und die Reben werden sich diese wohlfühlen und auf Dauer hohe Traubenqualitäten hervorbringen können. Der Winzer ist bemüht, ein großes Blatt-Frucht-Verhältnis zu erreichen, das durch eine hohe Laubwand und starkes Ausdünnen erzielt wird. Die Lese erfolgt stets in mehreren Durchgängen und immer zu 100 Prozent von Hand. Im gemütlichen, freundlichen Verkostungsraum kann man gegen Voranmeldung die Weine probieren.

93 Grüner Veltliner ** Grossweikersdorf Ried Steinberg 2022
14 Vol.-%, DV, Stahltank, €€€
Mittleres Goldgelb, silberfarbene Reflexe. Feine gelbe Tropenfrucht, Wiesenkräuter, Papaya und Mango, etwas Blütenhonig im Hintergrund, kandierte Mandarinenzesten klingen an. Saftig, elegant, reifer gelber Pfirsich, feine Säurestruktur, zarte Mineralik, dezente Süße im Abgang, ein facettenreicher Speisenbegleiter, verfügt über Reifepotenzial.

92 Grüner Veltliner * Großweikersdorf Ried Hohenberg 2023
13,5 Vol.-%, DV, Stahltank, €€
Mittleres Strohgelb, Silberreflexe. Frische Apfelfrucht, zarte Kräuterwürze, ein Hauch von Mango, mineralischer Touch. Stoffig, elegant, weißes Kernobst, angenehme Säurestruktur, bleibt haften, bereits gut entwickelt und antrinkbar.

(93) Roter Veltliner * Grossweikersdorf Ried Steinberg 2023
13,5 Vol.-%, DV, Stahltank, €€€
Helles Goldgelb, Silberreflexe. Zart floral unterlegte Nuancen von weißem Kernobst, ein Hauch von Mandarinenzesten, einladendes Bukett. Komplex, saftig, elegant, feiner Säurebogen, zarte Fruchtsüße im Abgang, ausgewogen und anhaftend, verfügt über sicheres Reifepotenzial.

92 Roter Veltliner * 2023
13 Vol.-%, DV, Stahltank, €€
Helles Grüngelb, Silberreflexe. Zart nach Ananas und gelbem Pfirsich, ein Hauch von Limetten, mineralischer Touch. Saftig, elegant, weiße Tropenfrucht, finessenreich strukturiert, mineralisch im Abgang, ein lebendiger Speisenbegleiter.

93 Weißburgunder ** 2022
14 Vol.-%, DV, großes Holzfass, €€€
Mittleres Gelbgrün, Silberreflexe. Zart nach gelber Tropenfrucht, etwas Mango und Ananas, zart nach Safran, mit kandierten Orangenzesten und Blütenhonig unterlegt. Saftig, elegant, weiße Birnenfrucht, dezenter Säurebogen, stoffig, bleibt gut haften, feine Süße im Nachhall, sicheres Potenzial.

(92) Riesling * Großweikersdorf Ried Steinberg 2023
13 Vol.-%, DV, Stahltank, €€
Leuchtendes mittleres Grüngelb, Silberreflexe. Intensive Fruchtexotik, floral unterlegte Pfirsichfrucht, kandierte Limettenzesten. Saftig, stoffig und elegant, reifer gelber Pfirsich auch am Gaumen, lebendig strukturiert, bleibt haften, zugänglich, gutes Entwicklungspotenzial.

90 Frühroter Veltliner * 2023
13,5 Vol.-%, DV, Stahltank, €€
Mittleres Strohgelb. Etwas zurückhaltend, Nuancen von weißem Apfel, etwas Honigmelone. Saftig, kräftig, frisches Kernobst, feiner Säurebogen, dezente Süße im Abgang, mineralischer Nachhall, vielfältig einsetzbar.

★★★

FRITSCH & GOTTWALD

»Tausendweiss« – unter diesem Namen fand die außergewöhnliche Idee 2006 ihren Ursprung: Karl Fritsch und der bayrische Weinhändler Guido Gottwald begannen, gemeinsam Wein zu machen, frei nach den Motto: »Den braucht zwar keiner, aber jeder wird ihn haben wollen.«
Die Parameter waren von Anfang an klar: kein großes Augenmerk auf Sorten, sondern auf Typizität, Herkunft und Tradition, eine Reifezeit von drei Jahren in Holzfässern – und die nur in Jahren, welche die Voraussetzung für einen großen Wein bieten. Weiters wird großer Wert auf die physiologische Reife sowie die biodynamische Bewirtschaftung gelegt, damit dieser Wein mit nur 12,5 Vol.-% Alkohol zu jenen Gewächsen zählen kann, die mit Spannung und Finesse sowie Mineralik und Salzigkeit den eigenen strengen und hoch angesetzten Anforderungen gerecht wird.
»Tausendweiss« bedeutet 1.000 Flaschen (in Bouteille, Magnum und Doppelmagnum) für

Kirchberg am Wagram

FRITSCH & GOTTWALD
3470 Kirchberg am Wagram
Schlossbergstraße 9
T: +43 (2279) 5037
info@fritsch.cc
www.fritsch.cc

Kellermeister/Kontakt:
Karl Fritsch und Guido Gottwald

jeden seines Landes. Die limitierte Auflage wird ausschließlich in der Spitzengastronomie und bei auserlesenen Weinfachhandlungen angeboten.

97 Tausend Weiss 2020 CH/WB
12,5 Vol.-%, NK, 500-l-Fass, €€€€€€ B V
Helles Goldgelb, Silberreflexe. Zart nach weißem Nougat, frische Apfelfrucht, ein Hauch von Mango und Blütenhonig, zarte Kräuterwürze, mit Limettenzesten unterlegt. Saftig, leichtfüßig und delikat, weißes Kernobst, finessenreiche Struktur, mineralisch-saliner Abgang, tänzelt am Gaumen, ein hochfeiner Speisenwein mit Länge und Reifepotenzial.

★★★★★

WEINBERGHOF FRITSCH

BIO

Wein zu machen bedeutet für Karl Fritsch, Tradition auf ein positives Fundament für neues Handeln in der Gegenwart zu heben, denn erst aufgrund traditioneller Erfahrungen und Werte, die mit Inspirationen der Gegenwart gepaart werden, kann Kulturgut bewahrt und können neue Werte geschaffen werden.
Auf einer Fläche von 30 Hektar werden zu rund zwei Dritteln Weißwein mit Schwerpunkt Grüner Veltliner und Riesling und zu einem Drittel Rotwein erzeugt.
Der Wagram bietet in der Symbiose aus Klima und Boden speziell dem Grünen Veltliner hervorragende Bedingungen. Sucht man nach den Kernkompetenzen des Weinberghofs, dann testet man am besten den Grünen Veltliner, der hier sowohl als leichter Sommerwein als auch in Form von subtilen Lagenweinen, wie etwa von den Rieden Steinberg und Schlossberg, angeboten wird. Bei den Rotweinen zählt die Cuvée »Foggathal« zu den bekanntesten und besten Österreichs, aber auch der saftige Pinot Noir hat einen exzellenten Ruf.
Kopf des Weinberghofs ist Weinmacher Karl Fritsch. Er hat unter den Winzern der Region Wagram aufgrund seiner Innovationen und seiner Umsetzungskraft einen sehr guten Ruf

und war hier für viele ein ausgezeichneter Mentor.
Sowohl die wachsende Zahl seiner Kunden als auch die Prämierungen der Weine zeigen die Erfolge seines Weinguts. Bei Karl Fritsch stehen seit der Umstellung auf Biodynamie im Jänner 2006 die Natur und ihre Ressourcen im Vordergrund seiner Arbeit, denn für ihn ist es nicht nur eine Verpflichtung, sondern auch ein Privileg, mit der Natur zu arbeiten. Ende 2007 wurde der Weinberghof Fritsch in den Kreis der »Traditionsweingüter Österreich« aufgenommen, was seine wichtige Rolle im Weinbaugebiet Wagram unterstreicht.

92 Purist Pet Nat Rosé 2023 ZW/CS/ME
11,5 Vol.-%, KR, Flaschengärung, €€€€ B V
Mittleres Lachsrosa mit Pinktouch und Silberreflexen, lebendige Perlage. Frische Waldbeeren, ein Hauch von Kirschen, zart nach Birne, einladendes Bukett. Mittlerer Körper, federleicht am Gaumen, gut integrierte Fruchtsüße, feines Säurespiel, mineralisch-zitronig im Abgang, ein perfekter Sommerspaß.

95 Grüner Veltliner * Oberstockstall Ried Schlossberg 1ÖTW 2022
12,5 Vol.-%, DV, großes Holzfass, €€€€€ B
Mittleres Grüngelb, Silberreflexe. Zart tabakig-kräuterwürzig unterlegte Nuancen von gelber Tropenfrucht, Anklänge von Papaya und Mango, mineralischer Touch. Saftig, Noten von weißer Frucht, cremige Textur, feiner Säurebogen, wirkt leichtfüßig, mineralisch-zitronig im Abgang, bleibt sehr gut haften, bereits zugänglich, sicheres Reifepotenzial.

94 Grüner Veltliner * Ried Steinberg 2022
12,5 Vol.-%, DV, Stahltank, €€€€ B V
Helles Grüngelb, Silberreflexe. Ein Hauch von Mandarinenzesten, reifer gelber Apfel, etwas Blütenhonig, tabakige Würze. Stoffig, engmaschig, weißes Kernobst, finessenreicher Säurebogen, komplex, dabei leichtfüßig und engmaschig, mineralischer Abgang, bereits gut antrinkbar, ein facettenreicher Begleiter bei Tisch.

93 Grüner Veltliner * Kirchberg 2023
12,5 Vol.-%, DV, Stahltank, €€€ B
Helles Gelbgrün, Silberreflexe. Zarte Wiesenkräuter, Nuancen von Apfel und Mango, zart nach Orangenzesten, einladendes, fruchtbetontes Bukett. Mittlere Komplexität, rund und harmonisch, gut integrierte Säure, seidiger Stil, bereits gut entwickelt und antrinkbar.

91 Grüner Veltliner * 2023
12 Vol.-%, DV, Stahltank, €€ B V
Helles Gelbgrün, Silberreflexe. Zart tabakige Kräuterwürze, weißer Apfel, etwas Birne, mineralischer Touch. Mittlerer Körper, reifer gelber Apfel, feine Säurestruktur, ein Hauch von Blütenhonig im Abgang, bereits gut entwickelt.

94 Riesling * Ried Mordthal 1ÖTW 2022
12,5 Vol.-%, DV, großes Holzfass, €€€€€ B
Helles Grüngelb, Silberreflexe. Mit Limetten und Ingwer unterlegter weißer Pfirsich, ein Hauch von Tropenfrucht, zart nach Maracuja. Mittlere Komplexität, feinfruchtig,

WEINBERGHOF FRITSCH
3470 Oberstockstall
Schlossbergstraße 9
T: +43 (2279) 5037
info@fritsch.cc, www.fritsch.cc
Kellermeister/Kontakt:
Karl Fritsch
Anbauweise: Biodynamisch (respekt)
Produktion: 3 % Schaumwein, 75 % weiß, 10 % rosé, 10 % rot, 2 % süß, 30 Hektar
Vereinszugehörigkeit:
respekt-BIODYN, Traditionsweingüter Österreich
Messen: Millésime Bio, ProWein Düsseldorf, VieVinum, Vinexpo Bordeaux, Vinitaly, MondoVino, Summa Margreid

Weinberghof Fritsch

Weingärten bei Oberstockstall

straff, lebendig strukturiert, feine Mineralik, salzig-zitroniger Touch im Nachhall, delikat-leichtfüßiger Stil, bereits gut entwickelt.

92 Riesling * 2023

12,5 Vol.-%, DV, Stahltank, €€€ B V

Helles Goldgelb, Silberreflexe. Nuancen von Weingartenpfirsich, weißer Apfel, zart nach Limetten und feuchten Steinen. Saftig, mittlerer Körper, Steinobst, feine Fruchtsüße, angenehme Säurestruktur, balanciert und anhaftend, ein leichtfüßiger Speisenbegleiter.

94 Roter Veltliner * Ried Steinberg 1ÖTW 2022

12,5 Vol.-%, DV, großes Holzfass, €€€€€ B

Helles Grüngelb, Silberreflexe. Ein Hauch von Walnuss, zart nach Mango und reifer Birne, etwas rote Ringlotten, Nuancen von getrockneter Frucht. Komplex, saftig, rauchige Würze, gelbe Tropenfrucht, anhaftender Gerbstoff, mineralisch und lange anhaltend, verfügt über sicheres Reifepotenzial.

91 Roter Veltliner * 2023

12,5 Vol.-%, DV, Stahltank, €€€ B

Mittleres Grüngelb, Silberreflexe. Mit etwas Blütenhonig unterlegte Birnenfrucht, kandierte Orangenzesten, einladendes Bukett. Schank, weißes Steinobst, frisch strukturiert, mineralisch-salzig im Abgang, ein leichtfüßiger Speisenbegleiter.

94 Materia Prima 2022 TR/GV

11,5 Vol.-%, NK, Beton, €€€€€ B V

Leuchtendes, zart getrübtes mittleres Orangegelb, Silberreflexe. Feine Nuancen von Bergamotte, gelbe Tropenfrucht, Limetten, ein Hauch von Orangenfrucht, Rosentouch. Straff, frisch, weißer Apfel, angenehme Gewürznuancen, lebendig, mineralisch-salzig im Abgang, dezente Süße im Rückgeschmack, bereits gut antrinkbar.

91 Rosé vom Zweigelt * 2023

12 Vol.-%, DV, Stahltank, €€ B V

Helles Lachsrosa, Silberreflexe. Feine rote Waldbeeren, kandierte Orangenzesten, ein Hauch von Honig, einladendes Bukett. Saftig, fruchtige Süße nach reifen Zwetschken, zartes Säurespiel, mineralisch und anhaftend, ein balancierter Sommerwein.

92 Pinot Noir * Ruppersthal 2022

12,5 Vol.-%, DV, 500-l-Fass, €€€€ B

Kräftiges Karmingranat, violette Reflexe, breitere Ockerrandaufhellung. Rauchig-kräuterwürzig unterlegte Pflaumenfrucht, eingelegte Kirschen, tabakige Nuancen. Mittlerer Körper, mineralisch-staff, rote Waldbeeren, leichtfüßig, gut anhaftend, bereits antrinkbar.

95 Pinot Noir »P« 2020

12,5 Vol.-%, NK, 500-l-Fass, €€€€€€ B

Mittleres Karmingranat, Ockerreflexe, breite Randaufhellung. Zarte rote Waldbeeren, Himbeeren und Hagebutten, etwas Sanddorn, zarte Kräuterwürze, Vanille, facettenreiches Bukett. Komplex, saftig und elegant, eingelegte Kirschen, reife, tragende Tannine, zarte Extraktsüße im Abgang, salzig, bereits gut antrinkbar, mit sicherem Potenzial ausgestattet.

94 Foggathal N°24 2018 ZW/ME

13 Vol.-%, NK, 500-l-Fass, €€€€€ B

Kräftiges Rubingranat, violette Reflexe, zarte Ockerrandaufhellung. Dunkles Waldbeerenkonfit, Nuancen von Brombeeren, Cassis und Lakritze, tabakige Kräuterwürze, dezente Edelholzanklänge. Saftig, reife rote Kirschen, Johannisbeeren, elegant und balanciert, frisch und anhaftend, hat eine erste Trinkreife erreicht.

93 Riesling Süßstoff Kabi Style by Alexander Fritsch 2023

8 Vol.-%, DV, Stahltank, €€€ B

Mittleres Gelbgrün, Silberreflexe. Frischer gelber Pfirsich, zarte Nuancen von Mango, etwas Blütenhonig, floraler Touch. Saftig, angenehme süße Steinobstnuancen, finessenreiche Säurestruktur, mineralisch-salzig unterlegt, ein Hauch von Honig im Nachhall, zeigt gute Balance und Länge, delikater süßer Stil.

★★★★

WEINGUT JOSEF FRITZ

Seit 2003 führen Irene und Josef Fritz das Weingut Fritz in Zaußenberg bei Königsbrunn am Wagram – heute mit insgesamt 16 Hektar Rebfläche –, und seit 2020 ist das Weingut auch Mitglied der »Traditionsweingüter Österreich«. Die Lagen Mordthal, Himmelreich, Steinberg und Schlossberg mit Böden aus Löss, Tertiärschotter und Sandstein bieten den Rebsorten Roter und Grüner Veltliner, Roter Traminer, Weißburgunder und Riesling sowie Blauer Zweigelt und St. Laurent gemeinsam mit dem milden Klima der Region beste Voraussetzungen. Ökologisches Gleichgewicht ist das Um und Auf in den Weingärten, damit der Facettenreichtum einer möglichst unberührten Natur für die Zukunft erhalten bleibt. Aus diesem Grund beschränken sich Irene und Josef Fritz auf minimalen Pflanzenschutz im Rahmen der Umstellung auf biologischen Weinbau. Wein versteht man hier als Summe von Mensch, Natur und der Kulturlandschaft Weingarten. Nur absolut reifes und sauberes Traubenmaterial kommt hier in den Keller. Dies bedingt eine rigorose Selektion im Weingarten und schonende Lese von Hand. Die Weißweine werden zur Erhaltung ihres frischen und fruchtigen Aromas sauber und kühl in Edelstahltanks vergoren und nach dem ersten Abstich im klimatisch idealen, in den Löss gebauten Keller gelagert. Die leichteren Weine lagern bis zur Flaschenfüllung in Edelstahltanks, die Lagenweine in Holzfässern. Seit 2019 besteht das Restaurant »Josefs Himmelreich«, benannt nach einer Zaußenberger Weinlage und auch nach dem Winzer. Dort sorgt der Weststeirer Marco Gangl, der sich sein Rüstzeug beim »Landhaus Bacher«, aber auch beim schwedischen Dreisterner »Frantzén« holte, für kulinarische Highlights.

93 Pinot Noir Sekt Austria Große Reserve Blanc de Noir Extra Brut 2019
12,5 Vol.-%, NK, gr. Holzfass/Flaschengärung, €€€€€
Mittleres Gelbgold, Silberreflexe, feines, anhaltendes Mousseux. Feine Kräuterwürze, etwas Biskuit, gelbe Ringlotten, etwas Mango, mit frischem weißem Apfel unterlegt. Mittlerer Körper, feine Kernobstnuancen, frisch strukturiert, zitronig-salzig im Abgang, ein ausgewogener Speisenbegleiter.

94 Pinot Noir Rosé Sekt Austria Große Reserve Brut 2019
12,5 Vol.-%, NK, Flaschengärung/gr. Holzfass, €€€€€
Helles Lachsrosa, zarte Goldreflexe, sehr feines Mousseux. Feine gelbe Tropenfrucht, ein Hauch von roten Kirschen, at-

© Anna Stoecher, www.schauen.at

WEINGUT JOSEF FRITZ
3701 Zaußenberg
Ortsstraße 3
T: +43 (2278) 2515
office@weingut-fritz.at
www.weingut-fritz.at

Kellermeister: Josef Fritz
Kontakt: Josef und Irene Fritz
Anbauweise: Umstellung auf bio
Produktion: 5 % Schaumwein, 90 % weiß, 5 % rot, 16 Hektar
Zertifiziert: Nachhaltig Austria
Vereinszugehörigkeit: Traditionsweingüter Österreich, Weingüter Wagram
Messen: ÖGW Zürich, ProWein Düsseldorf, VieVinum

Johannes und Josef Fritz

traktive Fruchtnuancen, dezenter Blütenhonig. Saftig, elegant, ein Hauch von roten Waldbeeren, feine Säurestruktur, mineralisch, bleibt sehr lange haften, harmonischer Stil.

96 Roter Veltliner * Ruppersthal Ried Steinberg 1ÖTW Privat 2022

13 Vol.-%, NK,DV, gr. Holzfass/kleines Holzfass, €€€€€
Leuchtendes mittleres Goldgelb, silberfarbene Reflexe. Mit kandierten Orangenzesten unterlegte reife gelbe Tropenfrucht, feine Edelholzwürze, zart nach Ananas und Blütenhonig. Saftig, elegant, Nuancen von reifer Maracuja und Mango, finessenreicher Säurebogen, mineralisch und anhaftend, sehr balanciert, zarte Süße im Abgang, noch sehr jugendlich, tolle Länge, sicheres Reifepotenzial.

96 Roter Veltliner * Josef vs. Johannes 2021

13 Vol.-%, NK, kleines Holzfass, €€€€€€
Helles Grüngelb, Silberreflexe. Kandierte Mandarinenzesten und Blütenhonig, reifes Steinobst, ein Hauch von Mango und Papaya, facettenreich und einladend. Saftig, seidige Textur, zarte Nuancen von gelber Frucht, finessenreicher Säurekern, harmonisch, ein Hauch von Karamell im Abgang, lange anhaftend, mit sicherem Reifepotenzial ausgestattet.

94 Roter Veltliner * Ruppersthal Ried Mordthal 1ÖTW 2022

13 Vol.-%, NK,DV, großes Holzfass, €€€€€
Mittleres Goldgelb, silberfarbene Reflexe. Zart kräuterwürzig-tabakig unterlegte weiße Tropenfrucht, mineralischer Touch. Straff, engmaschig, weiße Birne, finessenreicher Säurebogen, salzig-zitronig im Abgang, präzise und frisch angelegt, zeigt Länge und Potenzial.

(93) Roter Veltliner * Großweikersdorf Ried Steinberg »Hahnkreuz« 2023

13 Vol.-%, DV, großes Holzfass, €€€
Helles Gelbgold, Silberreflexe. Etwas scheu, feine gelbe Tropenfrucht, zart nach Honigmelone, floraler Touch, mineralischer Anklang. Saftig, feine Fruchtsüße, reife Mango, mineralisch und anhaftend, zitronig-salzig im Abgang, gute Länge, ein facettenreicher Speisenbegleiter.

91 Roter Veltliner * Terrassen 2023

12,5 Vol.-%, DV, Stahltank, €€
Helles Gelbgold, Silberreflexe. Floral unterlegte feine Pfirsichfrucht, zart nach Honigmelone, einladendes Bukett. Mittlerer Körper, zarte Fruchtsüße, weißer Apfel, dezente Säurestruktur, leichtfüßig und mineralisch, vielfältig einsetzbar.

94 Roter Veltliner Gondwana 2022

13 Vol.-%, NK, großes Holzfass/Beton, €€€€€
Helles Goldgelb, Silberreflexe. Feine Biskuitnote von langem Hefekontakt, zarte gelbe Frucht, nach Pfirsich und Birne, angenehme Kräuterwürze, mit kandierten Orangenzesten unterlegt. Saftig, leichtfüßig, cremige Textur, feines Säurespiel, fruchtsüßer Nachhall, feine Zitrusnuancen im Rückgeschmack, lange anhaftend, ein sehr feiner Wein, vielfältig einsetzbar.

93 Chardonnay * Große Reserve 2022

13 Vol.-%, NK, kleines Holzfass, €€€€
Helles Gelbgrün, Silberreflexe. Zart nach Wiesenkräutern und weißem Pfirsich, helles Nougat, florale Nuancen, Limettenzesten im Hintergrund. Mittlerer Körper, weißer Apfel, feine Fruchtsüße, finessenreiche Säurestruktur, salziger Touch, ausgewogen, vielfältig einsetzbar.

93 Riesling * Großweikersdorf Ried Schafberg 2022

12,5 Vol.-%, NK, Stahltank/Flaschenreifung, €€€€€
Helles Grüngelb, Silberreflexe. Nuancen von reifem Steinobst, saftiger Pfirsich, floraler Touch, Limettenzesten. Saftig, mittlerer Körper, fruchtige Süße im Kern, elegant, ein Hauch von Blütenhonig, exotische Fruchtnuancen im Abgang, bereits sehr gut entwickelt, zitronig im Rückgeschmack, animierender, delikater Stil.

93 Riesling S.B.E 2022

11,5 Vol.-%, NK, Beton, €€€€€
Helles Gelbgrün, Silberreflexe. Zunächst verhalten, zarte Nuancen von weißem Steinobst, frische Kräuter, ein Hauch von Apfel, unspektakuläres Bukett. Straff, engmaschig, weißes Kernobst, rassige Säurestruktur, flüßige Steine im Abgang, zitronig-salzig, druckvolles Finale, gute Länge bei sommerlichen 11,5 % Alkohol, verfügt über Reifepotenzial.

90 Grüner Veltliner * Zaussenberg Ried Himmelreich 2023

13 Vol.-%, DV, Stahltank, €€
Helles Grüngelb, Silberreflexe. Feine Kräuterwürze, zart nach gelber Birne und Mango, etwas Blütenhonig, tabakig unterlegt. Mittlerer Körper, weißes Kernobst, frisch strukturiert, salzig-zitronig im Abgang, bietet unkompliziertes Trinkvergnügen.

WINZERHOF GMEINER
3484 Seebarn
Hauptstraße 65
T: +43 (664) 4858891
office@gmeiner-weine.at
www.gmeiner-weine.at

Kellermeister/Kontakt:
Christian Gmeiner
Produktion: 8 % Schaumwein, 50 % weiß, 5 % rosé, 35 % rot, 2 % süß, 8 Hektar
Messen: Vinobile Feldkirch

Gelber Muskateller

★★

WINZERHOF GMEINER

Der Winzerhof Gmeiner liegt in Seebarn am Wagram, rund fünf Kilometer von Schloss Grafenegg entfernt. Der Sortenspiegel des erfolgreichen Winzers Christian Gmeiner besteht in etwa zur Hälfte aus Weißweinsorten wie Grüner Veltliner, Riesling, Chardonnay, Sauvignon Blanc und Muskateller, die andere Hälfte machen Rotweinsorten wie Zweigelt, Cabernet Sauvignon, Shiraz, Pinot Noir und Roesler aus. Zahlreiche Auszeichnungen bestätigen, dass der Winzer, der Jahr für Jahr gute Serien sowohl mit seinen Weiß- als auch mit seinen Rotweinen vorlegt, auf dem richtigen Weg ist. Immer wieder wagt er sich an neue Projekte oder Ausbaustufen heran, wie zum Beispiel beim Cabernet Sauvignon Grande Reserve, dem Zweigelt No. 1 oder dem Zweigelt Goldberg Jahrgang 2000 mit über 20-jähriger Fasslagerung, beim Chardonnay, der 15 Jahre im Holz lagerte, oder bei Perligem wie dem Frizzante vom Cabernet Sauvignon in Rosé und Weiß vom Welschriesling. Alle Weine kann man auch beim Heurigen verkosten.

93 Grüner Veltliner * Großriedenthal Ried Eisenhut 2023

13,5 Vol.-%, DV, Stahltank, €€
Helles Gelbgrün, Silberreflexe. Mit einem Hauch von Anis und Wiesenkräutern unterlegte frische weiße Birnenfrucht, zart nach Orangenzesten. Komplex, saftig, weiße Melonenfrucht, feiner Säurebogen, zarte Fruchtsüße im Abgang, ein ausgewogener Speisenbegleiter mit Entwicklungspotenzial.

93 Grüner Veltliner * Grande Reserve Michael Gmeiner 2022

14 Vol.-%, NK, Stahltank/Holzfass, €€€€€
Helles Goldgelb, Silberreflexe. Feine Wiesenkräuter, zart nach gelbem Apfel, etwas Mango, mit Orangenzesten und Blütenhonig unterlegt. Kraftvoll, zarte Holzwürze, weißes Kernobst, dezenter Säurebogen, mineralisch im Nachhall, ein Hauch von Röstaromen im Finale, salzig im Rückgeschmack.

91 Grüner Veltliner * Ried Wora 2023

13,5 Vol.-%, DV, Stahltank, €€
Helles Gelbgrün, Silberreflexe. Feine weiße Apfelfrucht, zart nach Birne, mit einem Hauch von Limettenzesten unterlegt. Straff, wieder weißes Kernobst, frischer Säurebogen, mineralisch-zitroniger Nachhall, ein lebendiger Speisenbegleiter.

91 Riesling * 2023

13,5 Vol.-%, DV, Stahltank, €€
Helles Gelbgrün, Silberreflexe. Zart nach gelbem Pfirsich und Mango, mit floralen Nuancen unterlegt. Mittlere Komplexität, weiße Tropenfrucht, zarte Süße, frischer Säurebogen, Limetten, salziger Nachhall, ein lebendiger Speisenbegleiter.

* Wagram DAC

91 Sauvignon Blanc * 2023
13 Vol.-%, DV, Stahltank, €€
Helles Goldgelb, zarte Kupferreflexe. Frische Kräuterwürze, gelbe Paprikaschoten, ein Hauch von Weißen Johannisbeeren, mit Mandarinenzesten unterlegt. Mittlerer Körper, weiße Frucht, frischer Säurebogen, mineralisch-zitronig, Blütenhonig im Nachhall.

90 Gelber Muskateller * 2023
12 Vol.-%, DV, Stahltank, €€
Helles Strohgelb, Silberreflexe. Zarte Nuancen von Holunderblüten, Anklänge von Litschis, Pfirsich und Muskatnuss. Schlank und frisch, weißer Apfel, feiner Säurebogen, leichtfüßig, unkomplizierter, sommerlicher Stil.

★★

WEINGUT NORBERT GREIL

Leidenschaft ist die Motivation für Weinliebhaber, die zu lustvollem Genuss, zu Faszination und zu Sehnsucht nach einem Weinerlebnis führt – ein Eckpfeiler auf dem Weingut Greil, das im schönen Weindorf Unterstockstall bei Kirchberg am Wagram seit 1778 als Familienbetrieb geführt wird.
Davor hieß das Weingut Klosterhof (Zehenthof) und gehörte zum Kloster St. Andrä an der Traisen. Deren Mönche begründeten das Anwesen im Mittelalter, im Nachbarock wurde dem Gut sein heutiges Antlitz verpasst. Drei überlebensgroße Terracottastatuen, die Göttinnen für Obst-, Weinbau und Landwirtschaft, kamen aus der Toscana nach Unterstockstall. Eine davon ziert heute, im 21. Jahrhundert, das Weinetikett der Familie Greil.

WEINGUT NORBERT GREIL
3465 Unterstockstall
Alte Weinstraße 4
T: +43 (2279) 2139
office@weingut-greil.at
www.weingut-greil.at

Kellermeister/Kontakt:
Norbert Greil
Produktion: 60 % weiß, 40 % rot, 8 Hektar
Vereinszugehörigkeit:
Wagramer Selektion
Messen: DAC-Präsentationen

90 Grüner Veltliner * Ried Steinthal 2023
13 Vol.-%, DV, Stahltank, €€
Helles Gelbgrün, Silberreflexe. Feine Kräuterwürze, gelbe Tropenfrucht, weißes Steinobst, mineralischer Touch. Mittlerer Körper, feine Säurestruktur, mineralisch, weiße Apfelfrucht im Abgang, unkompliziert antrinkbar.

91 Grüner Veltliner Ried Schlossberg Grosse Reserve 2021
14 Vol.-%, DV, Holzfass, €€€
Mittleres Goldgelb, Grünreflexe. Tropenfrucht, kandierte Orangenzesten, Quitte, Wiesenkräuter, frisches Bukett. Saftig, mittlere Komplexität, fruchtsüß nach Mango, gut eingebundene Säurestruktur, mineralisch, kraftvoller Speisenbegleiter, bereits gut entwickelt.

90 Riesling * Ried Schlossberg 2022
13 Vol.-%, DV, Stahltank, €€€
Mittleres Goldgelb, Grünreflexe. Zart nach Maracuja, ein Hauch von Limetten, etwas nach Quitte, frisch strukturiert. Saftig, frisch, Pfirsichtouch, balancierte Säurestruktur, Zitrusnuancen im Abgang, bereits gut antrinkbar.

89 Frühroter Veltliner * 2023
12,5 Vol.-%, DV, Stahltank, €€

90 Gelber Muskateller 2023
12,5 Vol.-%, DV, Stahltank, €€
Helles Gelbgrün, silberfarbene Reflexe. Zarte Kräuternoten, etwas nach kandierten Limetten, Rosenöl, feine Noten von Holunderblüten. Salzig, frisch und lebendig, mineralisch, weißes Steinobst, Limetten klingen an, bereits gut antrinkbar.

90 Zweigelt Ried Rainthal Reserve 2019
13,5 Vol.-%, DV, Stahltank, €€
Dunkles Rubingranat, violette Reflexe, dezente Ockerrandaufhellung. Reife Zwetschken, eingelegte Kirschen, einladendes Bukett. Mittlere Komplexität, saftig, süße Waldbeeren, reife Kirschen, präsente Tannine, mineralischer Nachhall, ein würziger Speisenbegleiter.

★★

WEINHOF GRILL

Der Weinhof Grill beschäftigt sich sehr intensiv mit dem Grünen Veltliner, der am Wagram hervorragende Bedingungen vorfindet. Die Palette reicht vom leichten, fruchtigen bis hin zum kräftigen, gereiften Wein. Ein ganz besonderes Augenmerk legt die Winzerin Gudrun Grill-Gnauer auf den Roten Veltliner: Die alte, fast in Vergessenheit geratene Sorte wird Jahr für Jahr in einer hohen Qualität erzeugt. Aber auch Rieslinge erlangen auf den tiefgründigen Lössböden ihr volles Aroma mit einer sehr ausgewogenen Säure. Weißburgunder und Chardonnay finden in der Cuvée »Emilia« ihre Bestimmung. Die Philosophie von Gudrun Grill-Gnauer ist es, Weine zu erzeugen, die einfach und unkompliziert zu trinken sind und Freude bereiten, aber auch Weine, die über Kraft und Finesse verfügen und für eine längere Lagerung geeignet sind.

92 Grüner Veltliner * Fels am Wagram Ried Brunnthal 2023
13,5 Vol.-%, DV, Stahltank, €€ B
Leuchtendes Goldgelb, Silberreflexe. Gelbe Tropenfrucht, zart nach Gewürzen, ein Hauch von Blütenhonig, Melone klingt an. Mittlere Komplexität, feinwürzig, gelbe Tropenfrucht, Maracuja im Abgang, mineralisch, vielfältig einsetzbar.

90 Grüner Veltliner * Fels am Wagram Ried Scheiben Selektion 2023
13 Vol.-%, DV, Stahltank, €€ B
Mittleres Gelbgrün, Silberreflexe. Feine Tabakwürze, zart nach Kräutern, Orangenzesten, etwas nach Maracuja, Golden-Delicious-Apfel. Saftig, feine Säurestruktur, mineralisch, Papaya im Abgang, salziger Rückgeschmack, bereits gut antrinkbar.

89 Grüner Veltliner * Fels am Wagram Ried Scheiben 2023
13 Vol.-%, DV, Stahltank, €€ B

92 Grüner Veltliner * Fels Ried Scheiben Runa 2022
14 Vol.-%, DV, Stahltank, €€€
Helles Goldgelb, silberfarbene Reflexe. Zart tabakig, ein Hauch von gelber Tropenfrucht, etwas Mango und Wiesenkräuter, mit etwas Blütenhonig unterlegt. Mittlere Komplexität, weißes Kernobst, feiner Säurebogen, dezente Fruchtsüße im Abgang, bleibt haften, verfügt über Entwicklungspotenzial.

90 Roter Veltliner * 2023
13 Vol.-%, DV, Stahltank, €€ B
Helles Gelbgrün, Silberreflexe. Tabak-Kräuter-Würze, Blütenhonig, weißes Kernobst, ein Hauch von Orangenschalen, Physalis klingt an. Mittlerer Körper, reifer Apfel, kraftvoll, feinwürzig, gut integrierte Säurestruktur, bereits gut antrinkbar.

91 Riesling * Fels Ried Brunnthal 2023
13,5 Vol.-%, DV, Stahltank, €€ B
Helles Gelbgrün, Silberreflexe. Weißes Steinobst, Zitrusnuancen, floraler Touch, tabakige Noten. Saftig, Weingartenpfirsich, mineralisch, lebendige Säurestruktur, salzig, bleibt gut haften, feinwürziges Finish.

WEINHOF GRILL
3481 Fels am Wagram
Untere Marktstraße 19
T: +43 (2738) 2239
gudrun.grill@aon.at
www.weinhof-grill.com

Kellermeister/Kontakt: Gudrun Grill-Gnauer
Anbauweise: Umstellung auf bio
Produktion: 70 % weiß, 29 % rot, 1 % süß, 12 Hektar
Vereinszugehörigkeit: Weingüter Wagram
Messen: ProWein Düsseldorf, VieVinum, Vinobile Feldkirch, Vinobile Montfort

* Wagram DAC

Karin und Herbert Groiß

BIOWEINGUT GROISS
3701 Kleinwiesendorf
Kleinwiesendorf 24
T: +43 (2955) 70 234
office@weingutgroiss.at
weingutgroiss.at

Kellermeister: Herbert Groiß
Kontakt: Karin und Herbert Groiß
Anbauweise: Zertifiziert Biologisch (Austria Bio Garantie)
Produktion: 5 % Schaumwein, 70 % weiß, 25 % rot, 18+15 Hektar

★

BIOWEINGUT GROISS

BIO

Karin und Herbert Groiß lieben, was sie tun – für ein besseres Ganzes und mit Genuss. Die beiden arbeiten eng mit der Natur, passen sich ihren Vorgaben an, nehmen ihre Stärken auf und meißeln sie heraus – beim Wein und im Leben.
In dritter Generation führen sie das Weingut nun und sind im Herzen schon seit Langem Bio-Winzer, seit 2019 auch offiziell. Sie bewirtschaften ihre Weingärten bioLOGISCH, weil es für sie nicht egal ist, wie der Wein entsteht und wer den Preis dafür bezahlt. Sie unterstützen die natürlichen Kräfte, um die Reben stark und gesund zu halten. Pflanzen, Lebewesen, generationsübergreifendes Wissen und die Hand des Winzers, die den Boden berührt: All das macht ein besseres Ganzes – mit Genuss und frei nach ihrem Motto: »Das Leben ist schön, und wir sind mittendrin.«

92 Roter Veltliner * 2023

13,5 Vol.-%, DV, Stahltank, €€ B V

Helles Grüngelb, Silberreflexe. Zart nach gelber Birne, einladende Fruchtnuancen, mit einem Hauch von Wiesenkräutern unterlegt, mineralischer Touch. Mittlere Komplexität, weiße Apfelfrucht, gute Frische, bleibt haften, salzig im Nachhall, verfügt über Potenzial.

92 Grüner Veltliner * Ried Steinberg Alte Reben 2022

13,5 Vol.-%, DV, großes Holzfass, €€ B V

Helles Goldgelb, Silberreflexe. Reife gelbe Tropenfrucht, Mango und Maracuja klingen an, aber auch Vanille und Marille, floraler Touch, einladendes Bukett. Saftig, komplex, feiner Blütenhonig, gut integrierte Säurestruktur, Noten von reifer gelber Frucht im Abgang, ein Hauch von Karamell im Finish, ein stoffiger Begleiter bei Tisch.

91 Grüner Veltliner * Ried Steinberg 2023

14 Vol.-%, DV, Stahltank, €€ B V

Helles Grüngelb, Silberreflexe. Frische Wiesenkräuter, gelber Apfel, zart nach Mango, ein Hauch von Orangenzesten. Saftig, elegant, feine Fruchtsüße, gut integrierte Säurestruktur, mineralisch, ein Hauch von Blütenhonig im Nachhall, ein vielseitiger Begleiter bei Tisch.

91 Riesling * 2023

13 Vol.-%, DV, Stahltank, €€ B V

Helles Gelbgrün, Silberreflexe. Zart nach Steinobst und grünem Apfel, ein Hauch von Limettenzesten, einladendes

Bukett. Stoffig, elegant und balanciert, die fruchtige Süße wird von finessenreicher Säure gekontert, mineralisch und anhaftend, bereits gut entwickelt.

90 Chardonnay * 2023
14 Vol.-%, DV, Stahltank, €€ B V
Helles Gelbgrün, Silberreflexe. Zarte gelbe Tropenfrucht, etwas Ananas, ein Hauch von Pfirsich und Limettenzesten.

Saftig, elegant, feine Fruchtsüße, angenehmer Säurebogen, mineralisch im Abgang, salziger Nachhall, ein vielseitiger Speisenbegleiter.

89 Cabernet Sauvignon Merlot Cuvée 2021 CS/ME
13 Vol.-%, DV, kleines Holzfass, €€ B V

★

WEINGUT HABSBURG

Das Haus Habsburg war eines der einflussreichsten und angesehensten Königshäuser Europas. Es ist das schlagende Herz Europas, das stolz ist auf seine imperiale Geschichte und landschaftliche Pracht: Österreich, ein Land der Musik, Kunst, Kultur, Geschichte und der feinen Küche. Und so ist auch das Weingut Habsburg Teil dieser reichen kulturellen und kulinarischen Geschichte Österreichs und wird vom Spross der Habsburger-Dynastie, dem Weinproduzenten und Unternehmer Maximilian Habsburg-Lothringen, erfolgreich in die Zukunft geführt.
Als Hobby begonnen – mit ursprünglich 0,5 Hektar Anbaufläche in Großriedenthal im Weinbaugebiet Wagram – lieferten die wohlgehegten, in Familienbesitz stehenden Rieden etwas mehr Wein, als die Familie verbrauchen konnte. Und so bekam auch ein kleiner Kreis von Liebhabern erlesener Raritäten immer wieder die Möglichkeit, am privaten Genuss des Weinguts Habsburg teilzuhaben.
Inzwischen ist das Weingut auf vier Hektar angewachsen, was etwas mehr als 20.000 Flaschen bedeutet. Jede dieser Flaschen wurde mit Liebe und Sorgfalt hergestellt, und die önologischen Kostbarkeiten garantieren höchste Exklusivität. Der nachhaltige Umgang mit den Ressourcen und die Erhaltung der Kulturlandschaft der Weinrieden haben dabei einen hohen Stellenwert.

88 Zweigelt Frizzante Rosé 2023
12,5 Vol.-%, DV, Stahltank, €€€

(92) Grüner Veltliner * Erzherzog Maximilian von Österreich 2023
13,5 Vol.-%, DV, Holzfass, €€€€
Helles Gelbgrün, Silberreflexe. Zart mit Wiesenkräutern unterlegte feine gelbe Apfelfrucht, Nuancen von Orangenzesten, feinwürziges Bukett. Saftig, stoffig, reifes Kernobst, dezentes Säurespiel, mineralisch, feine Fruchtsüße im Abgang, bereits gut antrinkbar.

(91) Grüner Veltliner * Ried Goldberg 2023
12,5 Vol.-%, DV, Stahltank, €€€
Helles Goldgelb, Silberreflexe. Etwas scheues Bukett, ein Hauch von Birne, Nuancen von Mango, mit tabakiger Würze unterlegt. Mittlerer Körper, feine Fruchtsüße, gut integrierter Säurebogen, zarter Blütenhonig im Abgang, vielfältig einsetzbar.

WEINGUT HABSBURG
1090 Wien
Lazarettgasse 37
T: +43 (1) 9686549
office@weingut-habsburg.com
weingut-habsburg.com

Kellermeister: Maximilian Habsburg-Lothringen
Kontakt: Maximilian Habsburg-Lothringen, Inna Habsburg-Lothringen
Produktion: 26.667 Flaschen
60 % weiß, 40 % rot, 4 Hektar
Messen: VieVinum

92 Cuvée Maximilian I. 2019 ZW/ME/SY
14 Vol.-%, NK, Barrique, €€€€€
Kräftiges Rubingranat, violette Reflexe, breitere Ockerrandaufhellung. Zart nach Cassis, Brombeeren, ein Hauch von Lakritze, schwarze Kirschen, feine Edelholzwürze, tabakige Nuancen. Mittlerer Körper, rotbeerige Textur, frische Kirschen, salzige Nuancen, gut integrierte Tannine, mineralisch und anhaftend, bereits gut antrinkbar, gutes Reifepotenzial.

(91) Zweigelt Reserve Barrique 2022
13,5 Vol.-%, DV, Barrique, €€€
Dunkles Rubingranat, violette Reflexe, zarte Randaufhellung. Zarte Edelholzwürze, Nuancen von Vanille und Lakritze, dunkle Kirschfrucht, etwas Bergamotte. Mittlere Komplexität, reife Zwetschken, feine Tannine, schokoladiger Touch, bleibt haften, mineralischer Nachhall.

WEINGUT ELIAS HAIDL

NEU - BIO

Das Weingut Elias Haidl, gelegen in Großriedenthal im malerischen Weinbaugebiet Wagram, ist ein wahrer Geheimtipp unter Weinliebhabern. Biologisch produzierte Weine von höchster Qualität, die das Terroir, die Region und die jeweilige Sorte widerspiegeln, sind hier zu finden.
Die mit größter Sorgfalt und Respekt vor der Natur gekelterten Weine zeichnen sich durch ihre Eleganz, Finesse und Ausdruckskraft aus. Von sorten- und regionaltypischen Weißweinen wie Grünem und Rotem Veltliner bis hin zu kraftvollen Reserven im Weiß- und Rotweinbereich bietet das Weingut eine breite Palette an Geschmackserlebnissen für jeden Gaumen.
»Unser Ziel ist Jahr für Jahr, die bestmögliche Qualität in unseren Weingärten zu ernten, dabei jedoch dem Boden und unseren Rebstöcken mehr zu geben, als wir von ihnen nehmen. Nur so gelingt es uns, große Weine zu produzieren, die lange Spaß machen und vor allem ihre Sorte und Herkunft im Glas widerspiegeln«, meint Elias Haidl.

WEINGUT ELIAS HAIDL
3471 Großriedenthal
Großriedenthal 103
T: +43 (676) 934 501 2
office@weinguthaidl.at
www.weinguthaidl.at
Kellermeister/Kontakt:
Elias Haidl
Anbauweise: Zertifiziert Biologisch (Austria Bio Garantie)
Produktion: 70 % weiß, 10 % rosé, 20 % rot, 10 Hektar
Vereinszugehörigkeit:
Slow Food Österreich, Slow Food Presidio Roter Veltliner Donauterrassen
Messen: Vinobile Feldkirch, WEINmesse Berlin, WeinMüchen, WeinBerlin

93 Weißburgunder * Großriedenthal Große Reserve 2021
13,5 Vol.-%, DIAM, kleines Holzfass, €€€€ B
Helles Gelbgrün, Silberreflexe. Zart nach Birne, etwas Blütenhonig, Wiesenkräuter, Quitte, frisches Bukett. Saftig, engmaschig, feine Säurestruktur, mineralisch, weißes Kernobst, Zitrustouch im Abgang, vielseitiger Speisenbegleiter mit Potenzial.

92 Roter Veltliner * Ried Eisenhut 2022
13,5 Vol.-%, DV, Stahltank, €€€ B
Mittleres Goldgelb, Grünreflexe. Feine Tabak-Kräuter-Würze, zart nach gelbem Apfel, Kumquats und Physalis, floraler Touch. Straff, mittlerer Körper, reifes Kernobst im Abgang, gut integrierter Säurebogen, mineralischer Nachhall, guter Speisenbegleiter.

91 Roter Veltliner * Großriedenthal 2022
12,5 Vol.-%, DV, Stahltank, €€ B
Helles Goldgelb, silberfarbene Reflexe. Nuancen von gelber Frucht, zart nach Birne, Mango und Maroni, einladendes Bukett. Saftig, mittlerer Körper, weißes Kernobst, frisch strukturiert, mineralisch-zitronig im Abgang, lebendig, macht Lust auf ein zweites Glas.

92 Grüner Veltliner * Ried Eisenhut 2022
13,5 Vol.-%, DV, großes Holzfass, €€€ B
Mittleres Grüngelb, silberfarbene Reflexe. Zart reduktive Würze, nussig unterlegte gelbe Frucht, nach gelbem Apfel, kandierte Orangenzesten, floraler Touch. Komplex, stoffig, tabakig, dezente Fruchtsüße, zarter Säurebogen, elegant und anhaftend, verfügt über Reifepotenzial.

91 Grüner Veltliner * Großriedenthal 2022
12,5 Vol.-%, DV, Stahltank, €€ B
Mittleres Grüngelb, silberfarbene Reflexe. Zart nach Anis, frische gelbe Tropenfrucht, Anklänge von Guave, Papaya, ein Hauch von Zitruszesten. Mittlerer Körper, feine Marillenfrucht, feiner Säurebogen, mineralisch und anhaftend, ein facettenreicher Speisenbegleiter.

90 Chardonnay * Großriedenthal 2022
13 Vol.-%, DV, Stahltank, €€ B
Mittleres Gelbgrün, Silberreflexe. Zarte Tropenfrucht, etwas Tabakwürze, ein Hauch von Gewürzen, Orangenschalen. Mittlerer Körper, frische Struktur, mineralisch-salzig, weißes Kernobst, individuell einsetzbar.

★★

WEINGUT HEIDERER-MAYER

Immer im Einklang mit der Natur, im Streben, höchste Qualität vom Rebstock in die Flasche zu bringen – das ist das Motto des Familienbetriebs Gabriele und Helmut Mayer. Das klassifizierte Weingut der »Wagramer Selektion« bewirtschaftet mehr als 30 Hektar in Baumgarten am Wagram.
Die südlich abfallenden Lössterrassen sind prädestiniert für Weißweine, allen voran für Grüne Veltliner. Auch fruchtbetonte Chardonnays und finessenreiche Rieslinge überzeugen mit ihrer klaren Struktur. Die besondere Liebe aber gehört dem Rotwein, wofür die Trauben in geschützten Kessellagen mit geeigneten Böden exzellent gedeihen. Neben den Sortenschwerpunkten Zweigelt und St. Laurent wird auch ein Cabernet Sauvignon vinifiziert. Das Hauptaugenmerk wird auf fruchtige, kräftige Rotweine mit samtigem Tannin und schöner Farbintensität gelegt. Die im Barriquefass gereifte Rotweincuvée namens »Legat« soll die Mitgliedschaft bei der »Europäischen Weinritterschaft« bekunden. Mit dem Burgunder-Frizzante »Esprit« wird das vielseitige Angebot ergänzt. Bei einer Verkostung im gemütlichen Koststüberl kann man nicht nur

WEINGUT HEIDERER-MAYER
3701 Großweikersdorf
Baumgarten am Wagram 25
T: +43 (2955) 70368
office@heiderer-mayer.at
www.heiderer-mayer.at

Kellermeister: Reinhard Mayer
Kontakt: Stefan Mayer
Produktion: 5 % Schaumwein, 56 % weiß, 3 % rosé, 35 % rot, 1 % süß, 30 Hektar
Vereinszugehörigkeit: Wagramer Selektion
Messen: Alles für den Gast Salzburg, Gast Klagenfurt, ProWein Düsseldorf

Reinhard und Stefan Mayer

den Lebenslauf der Weine kennenlernen, sondern sich auch vom Trinkspaß und dem sehr guten Preis-Leistungs-Verhältnis überzeugen.

(93) Roter Veltliner * Ried Steinberg 2023
13,5 Vol.-%, DV, großes Holzfass/Stahltank, €€€€
Mittleres Gelbgrün, Silberreflexe. Zart mit kandierten Mandarinenzesten unterlegte gelbe Tropenfrucht, feiner Mangotouch, einladendes Bukett. Saftig, opulenter, fruchtsüßer Stil, runde Textur, etwas Honig im Abgang, kräuterwürziger Nachhall, wird von Flaschenreife profitieren.

(92) Grüner Veltliner * Ried Silberberg 2023
13,5 Vol.-%, DV, Stahltank/Holzfass, €€€
Mittleres Gelbgrün, Silberreflexe. Zarte gelbe Tropenfrucht, ein Hauch von Mango, Nuancen von Blütenhonig, zarte Wiesenkräuterwürze, tabakiger Touch. Saftig, mittlere Komplexität, fruchtsüße Textur, ein Hauch von Honig im Abgang, ein stoffiger Speisenwein.

90 Grüner Veltliner * 2023
12,5 Vol.-%, DV, Stahltank, €€
Mittleres Gelbgrün, Silberreflexe. Frische gelbe Fruchtexotik, Nuancen von reifer Mango, zart nach Marille, weiße Blüten, etwas Zitronenzesten. Mittlerer Körper, reifer gelber Apfel, feine Fruchtsüße, ausgewogen, bereits gut antrinkbar.

90 Sauvignon Blanc * Wagramer Selektion 2023
12,5 Vol.-%, DV, Stahltank, €€
Helles Goldgelb, Silberreflexe. Frische Stachelbeeren, ein Hauch von Grapefruit, zarte Kräuterwürze. Schlank, grüner Apfel, frischer Säurebogen, Limetten, mineralisch-salzig im Abgang, schwungvoller Sommerwein.

89 Gelber Muskateller * 2023
12 Vol.-%, DV, Stahltank, €€

91 Pinot Blanc Barrique 2022
13 Vol.-%, DV, gebrauchte Barriques/Stahltank, €€
Leuchtendes mittleres Grüngelb, Silberreflexe. Zart nach Biskuit und Nougat, feine Nuancen von gelbem Kernobst, etwas Safran. Mittlerer Körper, weiße Frucht, dezente Holzwürze, ein Hauch von Karamell, Nougat auch im Abgang, salziger Touch im Finish.

★★★

WEINGUT STIFT KLOSTERNEUBURG

Seit seiner Gründung im Jahr 1114 betreibt das Stift Klosterneuburg Weinbau und ist damit das älteste und eines der renommiertesten Weingüter Österreichs. Die Weingärten befinden sich in ausgewählten Lagen von Klosterneuburg, Wien, Gumpoldskirchen und Tattendorf. Während in Klosterneuburg die Rebsorten Grüner Veltliner, Riesling und Sauvignon Blanc kultiviert werden, stehen auf den Wiener Lagen im Kahlenbergerdorf und am Nussberg der Wiener Gemischte Satz sowie die Burgundersorten im Vordergrund. In den Weingärten von Gumpoldskirchen werden die autochthonen Spezialitäten Zierfandler und Rotgipfler gepflegt, und in Tattendorf reifen die berühmten Rotweine des Weinguts, allen voran der St. Laurent, der hier auf einer Fläche von 40 Hektar steht – damit ist die Riede Stiftsbreite der größte St.-Laurent-Weingarten der Welt. Daneben werden auch Zweigelt, Blaufränkisch, Cabernet Sauvignon und Merlot kultiviert. Eine Klasse für sich sind die flaschenvergorenen Sekte des Hauses, allen voran die »MATHÄI Große Reserve«. Als erstes klimaneutrales Weingut Österreichs ist das Weingut Stift Klosterneuburg auch Vorreiter in Sachen Nachhaltigkeit und Klimaschutz.

Das Weinangebot des Weinguts gliedert sich in zwei Linien: Die Ortsweine sind von der Stilistik her fruchtbetonte Weine, welche die Typizität ihres Herkunftsortes widerspiegeln. Die Lagenweine stammen aus den besten Weingärten und sind einzigartige, konzentrierte, langlebige Weine aus physiologisch hochreifen Trauben. Die Weine können in der täglich geöffneten Vinothek des Stifts verkostet werden.

Ein besonderes Highlight für kulturinteressierte Weinfreunde ist eine Führung durch die historischen Kelleranlagen, die sich bis zu fünf Etagen tief unterhalb des Stifts Klosterneuburg erstrecken.

WEINGUT STIFT KLOSTERNEUBURG
3400 Klosterneuburg
Stiftsplatz 1
T: +43 (2243) 411
weingut@stift-klosterneuburg.at
www.stift-klosterneuburg.at

Kellermeister: Peter Philipp
Produktion: 1.066.667 Flaschen
45 % weiß, 55 % rot, 108 Hektar
Zertifiziert: Nachhaltig Austria
Messen: Vinexpo Shanghai

Stift Klosterneuburg

92 Mathäi Sekt Austria Große Reserve Wien g.U. Brut Nature 2017
Deg. 03/2021, 12,5 Vol.-%, NK, Flaschengärung, €€€€€
Leuchtendes Goldgelb, Silberreflexe. Zart nach Mango und Quitten, floraler Touch, feiner Blütenhonig, mit etwas Backwerk unterlegt. Saftig, komplex, zarte Kräuterwürze, Granny-Smith-Apfel, frischer Säurebogen, mineralisch, salzig, Limetten im Nachhall, ein lebendiger Speisenbegleiter.

91 Mathäi Sekt Austria Reserve Wien g.U. Brut
Deg. 10/2023, 12,5 Vol.-%, NK, Flaschengärung, €€€€€
Helles Grüngelb, Silberreflexe, feines Mousseux. Zart nach gelber Tropenfrucht, etwas Honig und Mango, ein Hauch von Biskuit. Saftig, weißer Apfel, frischer Säurebogen, zitronig-salziger Abgang, ein Hauch von Blütenhonig im Nachhall.

(91) Zierfandler Rotgiplfer Thermenregion DAC 2023 ZF/RG
13,5 Vol.-%, DV, Stahltank, €€€
Mittleres Grüngelb, Silberreflexe. Zart blättrig unterlegte Anklänge von gelber Tropenfrucht, etwas Blütenhonig, Nuancen von Quitten und Mango. Kraftvoll, feine Apfelfrucht, dezente Säurestruktur, fruchtige Süße im Abgang, dunkle, salzige Mineralik im Nachhall.

(91) Grüner Veltliner * Ried Hengsberg 2023
13,5 Vol.-%, DV, Holzfass, €€€
Mittleres Grüngelb, Silberreflexe. Zart tabakig-kräuterwürzig unterlegte gelbe Apfelfrucht, ein Hauch von Birne, mit Mandarinenzesten unterlegt. Stoffig, kräftig, würzige Textur, weißer Apfel, gut eingebundene Säure, salzig-zitronig im Abgang.

90 Grüner Veltliner * Klosterneuburg 2023
12,5 Vol.-%, DV, Stahltank, €€
Helles Gelbgrün, Silberreflexe. Feiner gelber Apfel, ein Hauch von Honigmelone, etwas Wiesenkräuter, Orangenzesten. Saftig, elegant, reife Birnenfrucht, feiner Säurebogen, mineralisch unterlegt, dezente Süße, gut antrinkbar.

90 Wiener Gemischter Satz DAC Nussberg 2023
12,5 Vol.-%, DV, Stahltank, €€€
Helles Grüngelb, Silberreflexe. Zarte Kräuterwürze, ein Hauch von Kernobst, tabakige Nuancen, mit Orangenzesten unterlegt. Mittlerer Körper, weißer Apfel, frische Säurestruktur, mineralisch-zitronig im Nachhall, ein herzhafter Speisenwein.

89 Riesling * Klosterneuburg 2023
12,5 Vol.-%, DV, Stahltank, €€€

(92) Weißburgunder Ried Jungherrn 2023
13,5 Vol.-%, DV, großes Holzfass, €€€
Mittleres Gelbgrün, Silberreflexe. Zart nach Birne und Mango, ein Hauch von Wiesenkräutern, mineralischer Touch. Saftig, weißes Kernobst, zarter Säurebogen, gut anhaftend, mineralisch, Limetten im Abgang, gutes Entwicklungspotenzial.

* Wagram DAC

Cabernet Sauvignon

90 Gelber Muskateller 2023
11,5 Vol.-%, DV, Stahltank, €€€ Ⓥ
Sehr helles Gelbgrün, Silberreflexe. Nuancen von Holunderblüten, zart nach Maracuja, duftig und einladend. Schlank, leichtfüßig, weiße Tropenfrucht, frisch strukturiert, bietet unkompliziertes Trinkvergnügen.

88 Sauvignon Blanc 2023
12 Vol.-%, DV, Stahltank, €€€ Ⓥ

88 Rosé 2023 BF/SL
12 Vol.-%, DV, Stahltank, €€ Ⓥ

93 St. Laurent Ried Stiftsbreite Reserve 2021
13 Vol.-%, NK, Barrique, €€€€€ Ⓥ
Kräftiges Karmingranat, breitere Ockerrandaufhellung. Schwarze Beeren, Nuancen von Cassis und Nougat, feine Edelholznoten, attraktives Bukett. Saftig, elegant, reife Kirschen, mit Zwetschken unterlegt, reife, seidige Tannine, extraktsüßer Abgang, bleibt haften, ein facettenreicher Speisenbegleiter mit Reifepotenzial.

91 St. Laurent Ried Stiftsbreite Ausstich 2022
13 Vol.-%, NK, großes Holzfass, €€€ Ⓥ
Kräftiges Karmingranat, Ockerreflexe, breitere Randaufhellung. Rotes Waldbeerenkonfit, zart nach Erdbeeren und Kirschen, dezente Kräuterwürze, Orangenzesten, einladendes Bukett. Mittlerer Körper, rote Frucht, feine Tannine, frisch und zugänglich, salziger Nachhall.

(93) Cabernet Sauvignon 2021
13,5 Vol.-%, NK, Barrique, €€€€€ Ⓥ
Kräftiges Karmingranat, breitere Ockerrandaufhellung. Nuancen von reifen Zwetschken und Cassis, etwas Brombeerkonfit, Kräuter, kandierte Orangenzesten. Saftig, feinwürzig, etwas Nougat, reife Kirschen, schokoladig auch im Abgang, Röstnoten im Nachhall, bereits gut entwickelt.

92 Chorus 2021 CS/ME/SL
14 Vol.-%, NK, Barrique, €€€€€ Ⓥ
Kräftiges Karmingranat, violette Reflexe, breitere Randaufhellung. Zart nach Cassis, ein Hauch von Minze, zart nach Marzipan, einladendes Bukett. Saftig, elegant und balanciert, feines Nougat, reife Tannine, ein Hauch von Röstkaramell im Abgang, zeigt Würze und Länge.

90 Patronis 2022 SL/ZW/ME
13 Vol.-%, NK, Teilbarrique, €€€ Ⓥ
Kräftiges Rubingranat, violette Reflexe, dezente Ockerrandaufhellung. Reife Zwetschkenfrucht, zart nach Brombeeren und eingelegten Kirschen, feine tabakige Nuancen. Mittlerer Körper, rotes Waldbeerenkonfit, dezente Tannine, etwas Nougat, bietet unkompliziertes Trinkvergnügen.

(92) Pinot Noir Ried Raflerjoch Reserve 2022
13,5 Vol.-%, NK, Barrique, €€€€€ Ⓥ
Kräftiges Karmingranat, violette Reflexe, breitere Ockerrandaufhellung. Floral, zart nach Lakritze und kandierten Veilchen, mit Herzkirschen unterlegt. Saftig, rotbeerig, reife Tannine, mineralisch-salzig im Abgang, dezente Süße im Finish, ein facettenreicher Speisenbegleiter, rotbeeriger Nachhall.

89 Pinot Noir Wien 2022
13 Vol.-%, DV, Teilbarrique, €€€ Ⓥ

92 Grüner Veltliner TBA 2019
8,5 Vol.-%, NK, Stahltank, €€€€€
Kräftiges Orangegold, silberfarbene Reflexe. Dezente Botrytiswürze, zart mit Pumpernickel unterlegtes Marillenkonfit, reife Ananas, zarte Honignuancen, Ausbruchnase. Saftig, zart flüchtige Elemente, süße Textur, opulenter, fruchtiger Stil, bereits gut gereift, etwas zerfließend, salziger Touch im Rückgeschmack, vielfältig einsetzbar.

91 Grüner Veltliner Eiswein 2020
9 Vol.-%, NK, Stahltank, €€€€€
Kräftiges Goldgelb, Silberreflexe. Mit einem Hauch von Dörrobst unterlegte Noten von getrockneten Marillen, Quittenkäse, Orangenzesten. Am Gaumen dann saftig, gelber Pfirsich, feiner Honig, gute Frische, delikate Textur, bereits gut entwickelt.

WEINGUT KOLKMANN
3481 Fels am Wagram
Kremser Straße 53
T: +43 (2738) 2436
office@kolkmann.at
www.kolkmann.at
Kellermeister: Daniel Hofstetter
Kontakt: Horst und Gerhard Kolkmann
Anbauweise: Zertifiziert Biologisch (Bioveritas)
Produktion: 60 % weiß, 39 % rot, 1 % süß, 60 Hektar
Zertifiziert: Nachhaltig Austria
Vereinszugehörigkeit: Wagramer Selektion
Messen: ProWein Düsseldorf, VieVinum, Weintage im Museumsquartier

Horst jun., Gerhard und Horst sen. Kolkmann

★★★

WEINGUT KOLKMANN

BIO

Das Weingut Kolkmann ist ein richtiges Großfamilien-Weingut, denn hier leben und arbeiten vier Generationen. Das Zusammenspiel der individuellen Persönlichkeiten und der Zusammenhalt in der Familie sind maßgebliche Faktoren für den Erfolg des Familienweinguts. Die Werte Bodenständigkeit, Vertrauen und Zuverlässigkeit finden sich in den Weinen wieder.
Bewirtschaftet wird eine Fläche von 60 Hektar Weingärten in Fels am Wagram. Die Lagen mit fruchtbarem Lössboden gehören zu den besten der Region und bringen den Geschmack des Wagrams direkt ins Glas. Das Weingut Kolkmann ist »Nachhaltig Austria«-zertifiziert und bewirtschaftet seit 2021 organisch-biologisch, womit die Zukunftsfähigkeit für die nächste Generation gefestigt ist. Die Winzer Horst, Gerhard und Horst jun. Kolkmann arbeiten unermüdlich daran, das natürliche Gleichgewicht in den Weingärten zu erhalten und noch lebendigere und tiefgründigere Weine zu kreieren. Die Herzen der drei Winzer schlagen für den Grünen und den Roten Veltliner. Diese Weine stehen für den Wagram wie keine anderen. Familie Kolkmann bewahrt sich aber auch ihre Liebe zu anderen Sorten und kultiviert und pflegt diese mit der gleichen Sorgfalt wie die Veltliner. Denn auf dem Weingut wird Vielfalt und Buntheit gelebt – ganz wie in einer richtigen Großfamilie eben!
Das Sortiment ist gut strukturiert. Die Basis bilden die Gebietsweine: Grüner Veltliner Fruchtspiel & Co machen Lust auf den Wagram! In den Ortsweinen der Familie Kolkmann findet man die Tiefgründigkeit der Lösslagen des Weinortes Fels wieder. Der Felser Grüner Veltliner spielt sein Pfefferl voll aus. Bei den gehaltvollen Riedenweinen dominieren der Grüne und der Rote Veltliner aus den Top-Rieden Brunnthal und Scheiben. Abgerundet wird die Palette an Riedenweinen von einem wunderbar saftigen Riesling aus der Ried Fumberg.
Auf dem Weingut können die Weine mit herrlichem Ausblick auf die Wagramer Landschaft verkostet und gekauft werden. Das großzügige Ambiente des Degustationsgebäudes, die Möglichkeit, sämtliche Weine zu verkosten,

und die persönliche Beratung sind das Um und Auf auf dem Familienweingut. Die Kunden und Besucher sollen sich hier rundum wohl und gut beraten fühlen.

94 Roter Veltliner * Ried Scheiben Reserve 2022
14 Vol.-%, NK, 500-l-Fass, €€€€€ B
Mittleres Goldgelb, Silberreflexe. Zart nach Kokos und Bourbon-Vanille, einladende gelbe Tropenfrucht, etwas Marille, feine Kräuterwürze. Kraftvoll, saftig, gut eingebundenes Holz, frisch strukturiert, etwas Karamell im Abgang, gute Länge, salzig-zitronig im Finish, sicheres Reifepotenzial.

91 Roter Veltliner * Fels am Wagram Ried Scheiben 2023
14 Vol.-%, DV, Stahltank, €€€€€ B
Mittleres Goldgelb, silberfarbene Reflexe. Reife gelbe Tropenfrucht, kandierte Mandarinenzesten, Blütenhonig, einladendes Bukett. Saftig, weißes Kernobst, frisch strukturiert, mineralisch-zitronig, animierender Stil, ein vielseitiger Begleiter bei Tisch.

93 Grüner Veltliner * Ried Brunnthal Reserve 2022
14 Vol.-%, NK, 500-l-Fass, €€€€€ B
Leuchtendes Goldgelb, silberfarbene Reflexe. Feine gelbe Tropenfrucht, Nuancen von frischer Mango und Blütenhonig, einladendes, fruchtbetontes Bukett. Saftig, gute Komplexität, feine Süße, gut integriertes Säurespiel, elegant und ausgewogen, gute Frische im Nachhall, ein vielseitiger, kraftvoller Begleiter bei Tisch, verfügt über Reifepotenzial.

92 Grüner Veltliner * Ried Brunnthal 2023
13,5 Vol.-%, DV, Stahltank, €€€ B
Mittleres Gelbgrün, Silberreflexe. Mit Mandarinenzesten und Wiesenkräutern unterlegte Aromen von gelber Tropenfrucht. Saftig, elegant, feine Birnenfrucht, dezente Säurestruktur, mineralisch-salzig im Abgang, Orangentouch im Finish, bereits gut antrinkbar.

90 Grüner Veltliner * Fels am Wagram 2023
12,5 Vol.-%, DV, Stahltank, €€ B
Mittleres Gelbgrün, Silberreflexe. Reifer Golden-Delicious-Apfel, zart nach Mango, ein Hauch von Orangenzesten. Mittlerer Körper, feine Tropenfrucht, frisch strukturiert, elegant und ausgewogen, ein leichtfüßiger Speisenbegleiter.

89 Grüner Veltliner * Fruchtspiel 2023
12 Vol.-%, DV, Stahltank, €€ B

89 Grüner Veltliner * Lössmann 2023
12,5 Vol.-%, DV, Stahltank, €€ B

92 Riesling * Ried Fumberg 2023
13,5 Vol.-%, DV, Stahltank, €€€ B
Helles Gelbgrün, Silberreflexe. Zart nach gelbem Pfirsich, etwas Ananas, ein Hauch von Blütenhonig und frischen Orangenzesten. Mittlerer Körper, Nuancen von gelbem Steinobst, etwas Maracuja, frisch strukturiert, mineralisch-zitronig im Abgang, ein lebendiger Speisenbegleiter mit Reifepotenzial.

91 * Burgunder vom Löss 2023 CH/WB
13 Vol.-%, DV, Stahltank, €€ B
Helles Grüngelb, Silberreflexe. Zart nach Limettenzesten, weißes Kernobst, frischer Apfel, einladendes jugendliches Bukett. Mittlere Komplexität, frische Birne, dezente Fruchtsüße im Abgang, mineralisch und anhaftend, ein vielseitiger Speisenbegleiter.

91 Weißburgunder * Fels am Wagram 2023
14 Vol.-%, DV, großes Holzfass, €€€ B
Helles Grüngelb, Silberreflexe. Zart nach frischer gelber Birne, Mango, Nuancen von Wiesenkräutern, einladendes Bukett. Kraftvoll, etwas weißes Nougat, dezente Säurestruktur, extraktsüßer Abgang, bleibt haften, ein feinwürziger Speisenwein, gutes Reifepotenzial.

90 Pinot Noir * Fels am Wagram Reserve 2021
14 Vol.-%, NK, Barrique, €€€€
Mittleres Karmingranat, violette Reflexe, breite Ockerrandaufhellung. Zart nach eingelegten Kirschen, rotes Waldbeerenkonfit, kandierte Mandarinenzesten. Mittlerer Körper, feine Holzwürze, präsente Tannine, mineralisch-salzig, wird von Flaschenreife profitieren.

★★★★

WEINGUT LETH

BIO

Das Weingut der Familie Leth in Fels liegt direkt an den Lössterrassen des Wagrams. Wohl kein anderes Weinbaugebiet in Österreich wird derart von einem Terroir beherrscht wie der Wagram. Der Löss prägt maßgeblich den Charakter der Weine, der Grüner Veltliner dankt es ihm mit großartiger Würze, Dichte und Harmonie. Es ist daher auch kein Zufall, dass mehr als die Hälfte der stattlichen 52 Hektar Rebfläche dieser Sorte gewidmet ist. Von den nach Süden ausgerichteten Terrassenlagen werden fünf verschiedene Grüne Veltliner gekeltert. Herausragend dabei sind die beiden Lagenweine von den Rieden Brunnthal und Scheiben, die als »Erste Lagen« der Traditionsweingüter Österreich klassifiziert sind. Es ist nicht eine plakative Primärfrucht, die bei diesen Weinen im Vordergrund steht, sondern die Vielschichtigkeit der Aromatik, feine Mineralik und ein ausgezeichnetes Potenzial für lange Flaschenreife. Dass die Veltliner vom Weingut Leth zu den besten im Land zählen, beweisen eindrucksvoll erste Plätze beim »Falstaff Grüner Veltliner Grand Prix« wie auch beim »SALON Österreich Wein«.

Neben dem Grünen Veltliner liegt ein weiterer Schwerpunkt des Weinguts auf der Wagramer Traditionssorte Roter Veltliner. Mit einer äußerst gelungenen Kombination aus Fruchtschmelz und Saftigkeit zeigt er das hohe Qualitätspotenzial der immer beliebter werdenden Spezialität auf, die auf dem Weingut Leth in drei Varianten vinifiziert wird.
Dem Engagement von Franz Leth jun. ist es zu verdanken, dass schon vor mehr als einem Jahrzehnt mit Bio-Anbau Erfahrungen gesammelt wurden und mit der Ernte 2021 der gesamte Betrieb biologisch zertifiziert ist. Kompromisslos zeigt sich Franz Leth jun. auch in allen anderen Qualitätsfragen, die Ernte erfolgt trotz der großen Rebfläche zu 100 Prozent per Hand, das kürzlich neu errichtete Presshaus ist nach den Prinzipien für eine maximal schonende Verarbeitung eingerichtet worden, und die Top-Lagenweine des Gutes lagern zumindest für ein Jahr in großen traditionellen Holzfässern. Auch das neu im Aufbau befindliche Sektsortiment beschäftigt sich nur mit den beiden höchsten Qualitätsstufen »Sekt Austria Reserve« und »Sekt Austria Große Reserve«.

© Anna Stöcher

WEINGUT LETH
3481 Fels a. Wagram, Kirchengasse 6
T: +43 (2738) 2240
office@weingut-leth.at
www.weingut-leth.at
Kellermeister: Franz Leth jun.
Kontakt: Franz Leth sen., Franz Leth jun.
Anbauweise: Zertifiziert Biologisch (Bio Austria)
Produktion: 1 % Schaumwein, 80 % weiß, 1 % rosé, 18 % rot, 52 Hektar
Zertifiziert: Nachhaltig Austria
Vereinszugehörigkeit: Traditionsweingüter Österreich, Weingüter Wagram
Messen: Austrian Tasting London, ÖGW Zürich, Prodexpo Moskau, ProWein Düsseldorf, VieVinum, Vinexpo

Franz und Katrin Leth

94 Grüner Veltliner * Fels Ried Brunnthal 1ÖTW 2022
13 Vol.-%, DV, großes Holzfass, €€€€€ B
Helles Goldgelb, Silberreflexe. Mit zarter Kräuterwürze unterlegte reife gelbe Tropenfrucht, Nuancen von Marille und Mango, etwas Blütenhonig, einladendes Bukett. Komplex, saftig, feine Fruchtsüße, Steinobst, feiner Säurebogen, seidig und mineralisch, ein eleganter Begleiter bei Tisch.

94 Grüner Veltliner * Fels Ried Scheiben 1ÖTW 2022
13 Vol.-%, DV, großes Holzfass, €€€€€ B
Mittleres Goldgelb, silberfarbene Reflexe. Mit Wiesenkräutern unterlegte Nuancen von Golden-Delicious-Apfel, etwas Mango und frische Orangenzesten, mit einem Hauch von Blütenhonig unterlegt. Saftig, elegant, feine Noten von weißem Kernobst, angenehmer Säurebogen, balanciert und lange anhaftend, mineralisch im Nachhall, ein recht leichtfüßig wirkender Speisenbegleiter mit Zukunftspotenzial.

92 Grüner Veltliner * Fels Ried Schafflerberg 2023
12,5 Vol.-%, DV, großes Holzfass, €€€ B
Helles Grüngelb, Silberreflexe. Zart nach frischer Birne und Blütenhonig, ein Hauch von kandierten Orangenzesten, feine Wiesenkräuter. Mittlerer Körper, saftig, weißer Apfel, feine Säurestruktur, mineralisch, zitronig, ein balancierter Speisenbegleiter, bereits gut antrinkbar.

94 Chardonnay * Fels Grande Reserve 2022
13,5 Vol.-%, NK,DV, gebrauchte Barriques, €€€€ B
Helles Gelbgold, Silberreflexe. Zart nach reifer Birne, feines Nougatkaramell, ein Hauch von Bourbon-Vanille. Saftig, elegant, gut integrierter Holztouch, Note von weißem Nougat auch in der Textur, feine Säurestruktur, salzig und gut anhaftend, ausgewogen, feine Pfirsichfrucht im Abgang, sehr facettenreicher Speisenbegleiter mit Reifepotenzial.

(93) Weißburgunder * Fels 2023
13,5 Vol.-%, DV, großes Holzfass, €€€€ B
Helles Goldgelb, Silberreflexe. Zart nach frischen Orangenzesten, Nuancen von weißer Birnenfrucht, feine Wiesenkräuter. Elegant, feines Kernobst, zarte Extraktsüße, seidig und ausgewogen, angenehme Mineralik, bereits zugänglich, gute Länge, ein vielseitiger Begleiter bei Tisch.

93 Roter Veltliner * Gösing Ried Fumberg 2023
13 Vol.-%, DV, großes Holzfass, €€€€ B
Helles Goldgelb, Silberreflexe. Zarte gelbe Tropenfrucht, Nuancen von Ananas und Papaya, dazu etwas Birne, kandierte Mandarinenzesten, ein Hauch von Honig. Saftig, elegant, feine Textur, zartes Kernobst, dezentes Säurespiel, harmonisch und gut anhaftend, zitronig-salzig im Abgang, vielfältig einsetzbar.

93 Roter Veltliner * Fels Ried Scheiben 1ÖTW 2022
13 Vol.-%, DV, großes Holzfass, €€€€€ B
Leuchtendes mittleres Goldgelb, silberfarbene Reflexe. Zart nach Nougat und Karamell, reife gelbe Tropenfrucht, ein Hauch von Blütenhonig, kandierte Orangenzesten. Saftig, elegant, Nuancen von weißem Steinobst, feines Säurespiel, mineralisch und anhaftend, gutes Entwicklungspotenzial, ein vielseitiger Speisenbegleiter.

93 Riesling * Fels Ried Brunnthal 2022
13 Vol.-%, DV, großes Holzfass, €€€€€ B
Mittleres Grüngelb, Silberreflexe. Intensive weiße Tropenfrucht, blumiger Touch, ein Hauch von Mango und Maracuja, facettenreiches, fruchtbetontes Bukett. Saftig, komplex, feine Pfirsichnuancen, dezente Süße, gut integrierte Säurestruktur, mineralisch-salzig im Abgang, etwas Honig im Rückgeschmack, ein stoffiger, bereits gut entwickelter Speisenbegleiter.

92 Riesling * Fels Ried Schillingsberg 2023
13 Vol.-%, DV, Stahltank, €€€€ B
Helles Gelbgrün, Silberreflexe. Zart nach Mango, reife gelbe Tropenfrucht, zarte florale Nuancen, etwas Limettenzesten. Stoffig, weißes Steinobst, angenehme Pfirsichnuancen, dezente Säurestruktur, ausgewogen, fruchtbetonter, zugänglicher Stil.

★

WEINGUT MAGERL

NEU - BIO

Das Weingut Magerl befindet sich im Herzen Niederösterreichs, in Fels am Wagram. Hier werden in den besten Rieden des Wagrams auf fruchtbaren Lössböden 33 Hektar bewirtschaftet.
Seit über 200 Jahren lebt die Familie vom Weinbau. Ihre Philosophie, traditionelle und moderne Weinproduktion zu verbinden, besteht nun schon in fünfter Generation. Das zeigt auch der Chef Thomas mit seinem Roten Veltliner Ried Scheiben oder dem exzellenten Grünen Veltliner Ried Brunnthal, die beide durch ihre Vielschichtigkeit beeindrucken und auch mehrfach ausgezeichnet wurden. Gerne lädt die Familie Magerl in ihre Vinothek ein, um das umfangreiche Weinsortiment zu verkosten.

(94) Grüner Veltliner ** Ried Brunnthal 2022
14 Vol.-%, DV, Barrique, €€€€ V
Mittleres Goldgelb, Silberreflexe. Frische Kräuter, weißer Apfel, ein Hauch von Minze und Zitronengras, mineralischer Touch. Komplex, saftig, straffe Textur, gelbe Tropenfruchtanklänge, zart nach Ananas, finessenreicher Säurebogen, mineralisch und gut anhaftend, bereits gut antrinkbar, zeigt Länge und Reifepotenzial.

93 Grüner Veltliner * Ried Brunnthal 2022
13,5 Vol.-%, DV, Stahltank, €€€ V
Leuchtendes Goldgelb, Silberreflexe. Zarte gelbe Tropenfrucht, etwas Honigmelone, ein Hauch von Blütenhonig und kandierten Orangenzesten. Kraftvoll, saftig und elegant, keine Spur von Opulenz, finessenreicher Säurebogen, feine Extraktsüße im Abgang, verfügt über Frische und Länge, sicheres Zukunftspotenzial.

91 Grüner Veltliner * Fels am Wagram Ried Schafflerberg 2023
13 Vol.-%, DV, Stahltank, €€ B V
Helles Goldgelb, Silberreflexe. Frischer grüner Apfel, ein Hauch von Zitronenzesten, mineralisch-frischer Touch. Stoffig, gelbe Birnenfrucht, dezente Süße, gut integrierter Säurebogen, mineralisch und anhaftend, bereits gut entwickelt.

93 Roter Veltliner * Ried Scheiben 2022
14 Vol.-%, DV, Stahltank, €€€ V
Mittleres Goldgelb, Silberreflexe. Feine Nuancen von gelber Tropenfrucht, ein Hauch von Ringlotten, zart nach frischer Quitte, einladendes Bukett. Stoffig, feine Noten von weißer Pfirsichfrucht, finessenreiche Säurestruktur, elegant und ausgewogen, mineralisch-salzig im Finish, zeigt Länge, gutes Entwicklungspotenzial.

WEINGUT MAGERL
Fels am Wagram
T: +43 (2738) 8713
office@magerl.cc
www.magerl.cc

Kellermeister/Kontakt:
Thomas Magerl
Anbauweise: Zertifiziert Biologisch
Produktion: 240.000 Flaschen
3 % Schaumwein, 75 % weiß,
5 % rosé, 15 % rot, 2 % süß,
33 Hektar
Zertifiziert: Nachhaltig Austria
Vereinszugehörigkeit:
Weinstraße Wagram
Messen: Alles für den Gast Salzburg, Forum Vini München, VieVinum, Weinmesse Innsbruck

Familie Magerl

* Wagram DAC

(93) Roter Veltliner ** Ried Scheiben 2022
14 Vol.-%, DV, Barrique, €€€€ V
Mittleres Goldgelb, Silberreflexe. Frische Mandarinenzesten, ein Hauch von Birne, Mango und Papaya, mit weißen Blüten und Limettenzesten unterlegt. Saftig, feine Fruchtsüße, cremige Textur, reife Frucht, zarte Kräuterwürze im Abgang, mineralischer Nachhall, bereits entwickelt.

91 Roter Veltliner * 2023
13 Vol.-%, DV, Stahltank, €€ B V
Helles Goldgelb, Silberreflexe. Mit einem Hauch von Limetten unterlegte zarte gelbe Birnenfrucht, ein Hauch von Wiesenkräutern. Mittlere Komplexität, frische Mango, feiner Säurebogen, bleibt gut haften, ein lebendiger Speisenbegleiter.

★

WEINGUT M. MAYER

Das Weingut und der Heurige Mayer werden als Familienbetrieb von Matthias und Jasmin Mayer mittlerweile in dritter Generation geführt. Im Weinort Königsbrunn am Wagram gelegen, gedeihen auf den für dieses Gebiet typischen Lössböden die mit Leidenschaft und Geduld gekelterten Weine. Auf den Rebflächen sind Grüner und Roter Veltliner, Riesling, Gelber Muskateller sowie die Rotweinsorten Zweigelt und St. Laurent ausgepflanzt. Da der Rhythmus des Weins das Leben der Winzer bestimmt, legt man hier allergrößten Wert auf Qualität, Stil und Service. Naturnahe Bewirtschaftung, ertragsbegrenzter Ausbau und akribische Weingartenarbeit bescheren der Familie schon seit Jahren zufriedene Weinkunden. Im Heurigenlokal, das in einer der schönsten Kellergassen Niederösterreichs liegt und im Sommer mit einem großen Gastgarten lockt, kann man sich in ruhiger Lage eine Auszeit gönnen. Und da zu einem edlen Wein auch eine köstliche Jause gehört, erfreut ein Angebot hausgemachter Speisen den deftigen, den anspruchsvollen, aber auch den vegetarischen Gaumen.

WEINGUT M. MAYER
3465 Königsbrunn
Kremser Straße 19
T: +43 (676) 88234442
weingut@m-mayer.at
www.m-mayer.at

Kellermeister/Kontakt:
Matthias Mayer
Produktion: 9 Hektar
Vereinszugehörigkeit:
Wagramer Selektion
Messen: Weinmesse Salzburg

92 Grüner Veltliner ** Ried Mordthal 2022
13,5 Vol.-%, DV, Holzfass, €€€
Mittleres Goldgelb, silberfarbene Reflexe. Feine gelbe Tropenfrucht, zart nach Mango und Papaya, kandierte Orangenzesten, dezenter Blütenhonig. Stoffig, feine Fruchtsüße, reife Honigmelone, dezente Säurestruktur, mineralisch-zitronig im Abgang, bereits gut antrinkbar.

91 Grüner Veltliner * Königsbrunn Ried Bromberg 2023
13 Vol.-%, DV, Stahltank, €€
Mittleres Gelbgrün. Zarte Kräuternoten, etwas nach Mango, ein Hauch von kandierten Orangenschalen, floraler Touch. Mittlerer Körper, zart nach Maracuja, extraktsüß im Abgang, Clementinen im Finish, bereits gut antrinkbar.

89 Grüner Veltliner Stoamasl® 2023
12,5 Vol.-%, DV, Stahltank, €€

91 Roter Veltliner * Ried Steinberg 2023
13,5 Vol.-%, DV, Stahltank, €€
Helles Gelbgrün, Silberreflexe. Zart nach weißem Toffee und Birnenfrucht, ein Hauch von Papaya, mit Kumquats unterlegt. Mittlere Komplexität, feine Tabakwürze, reife Apfelfrucht im Abgang, bleibt gut haften, mineralischer Touch, bereits gut antrinkbar.

90 Gelber Muskateller * 2023
12 Vol.-%, DV, Stahltank, €€
Helles Gelbgrün, Silberreflexe. Zart nach Holunderblüten, ein Hauch von Litschis, zart nach Guaven, Zitrusnuancen klingen an. Mittlerer Körper, fruchtsüß, Maracujanoten, etwas Orangenschalen, gut integrierte Säurestruktur, bereits gut antrinkbar.

89 Riesling * 2023
13,3 Vol.-%, DV, Stahltank, €€

★★★

WEINGUT NIMMERVOLL

In ganz jungen Jahren hat Gregor Nimmervoll mit drei kleinen Weingärten begonnen, seinen Lebenstraum zu verwirklichen. Heute, 20 Jahre später, gilt das Weingut am Wagram und darüber hinaus als Garant für Spitzenweine auf höchstem Niveau. Dabei sind die Nimmervoll-Weine immer unverkennbar von ihrer Herkunft geprägt. »Wir geben uns keinen Trends und Modeerscheinungen hin, unsere Weine sollen zeitlose Aushängeschilder unserer Heimat und Handschrift sein«, meint Claudia Nimmervoll. Besonders exemplarisch dafür steht schon der erstmals erzeugte Riesling Ried Rabengassl. Die Engelmannsbrunner Lage verbindet mächtigen Lössboden mit später Reife. In den heißen Monaten sorgen dort kühle Winde für ein Kleinklima, das sehr eigenständige Weine ermöglicht. Mit der aktuellen Kollektion heben die Nimmervolls aber vor allem einmal mehr ihre Lieblingssorte Weißburgunder aufs Podest. Eiserne Brücke und Engilmar aus dem ungemein spannenden Jahrgang 2022 verdeutlichen, warum für Gregor Nimmervoll dem Burgunder am Wagram die Zukunft gehört. Gekrönt werden diese von der Trockenbeerenauslese aus dem Spitzenjahrgang 2021. »Die Kombination aus Süße und fantastischer Säure ergibt einen Wein für die Ewigkeit. Daher haben wir uns entschlossen, ihn auch in Magnums abzufüllen«, so Nimmervoll.Zu kosten und zu kaufen gibt es die Weine im stilvollen Weingut in Engelmannsbrunn oder bei ausgewählten Partnern im In- und Ausland.

93 Weißburgunder * Eiserne Brücke 2022
13,5 Vol.-%, DV, großes Holzfass, €€€€
Helles Goldgelb, Silberreflexe. Zart nach weißen Blüten, ein

WEINGUT NIMMERVOLL
3470 Engelmannsbrunn
Steingassl 30
T: +43 (676) 9503682
office@nimmervoll.cc
www.nimmervoll.cc

Kellermeister: Gregor Nimmervoll
Kontakt: Claudia Nimmervoll
Produktion: 80 % weiß, 15 % rosé, 1 % rot, 4 % süß, 14+2 Hektar
Vereinszugehörigkeit: Weinstraße Wagram
Messen: ProWein Düsseldorf, VieVinum

Claudia & Gregor Nimmervoll

* Wagram DAC

Traminer

Hauch von Rhabarber, Quitten und Kletzen, vielschichtiges Bukett. Mittlere Komplexität, weißes Nougat, dezente Säurestruktur, süße Frucht im Abgang, Blütenhonig im Nachhall.

93 Weißburgunder Engilmar Grosse Reserve 2022
13,5 Vol.-%, DV, großes Holzfass, €€€€€
Mittleres Goldgelb, Silberreflexe. Mandarinenzesten, Nuancen von reifer gelber Frucht, zarter Blütenhonig, einladendes Bukett. Stoffig, saftig, gelber Pfirsich, feine Fruchtsüße, dezente Säurestruktur, Honigtouch im Abgang, elegant und anhaftend, bereits gut zu trinken, mit weiterem Potenzial ausgestattet.

93 Roter Veltliner * Großriedenthal Ried Eisenhut 2023
13,5 Vol.-%, DV, großes Holzfass, €€€€
Helles Goldgelb, Silberreflexe. Reife gelbe Birnenfrucht, zart nach Mandarinenzesten, ein Hauch von Wiesenkräutern, gelbe Tropenfrucht, facettenreiches, einladendes Bukett. Komplex, saftig, elegant, feine Fruchtsüße im Kern, ausgewogen und gut anhaftend, ein stoffiger Speisenwein mit Reifepotenzial.

(92) Grüner Veltliner * Fels Ried Schafflerberg 2023
13,5 Vol.-%, DV, großes Holzfass, €€€€
Mittleres Goldgelb, Silberreflexe. Feine gelbe Tropenfrucht, zart nach Ananas und Mango, ein Hauch von kandierten Orangenzesten, mit zarten Wiesenkräutern unterlegt. Mittlerer Körper, weißes Kernobst, dezente Säurestruktur, zugänglicher Stil, bereits gut antrinkbar.

91 Grüner Veltliner * Wagramlöss 2023
13 Vol.-%, DV, Stahltank, €€€
Helles Goldgelb, Silberreflexe. Feine Nuancen von gelber Frucht, zart nach Mango und Apfel, mit einem Hauch von Orangenzesten unterlegt. Mittlere Komplexität, fruchtige Süße im Kern, feiner Säurebogen, zart nach Marillen und Blütenhonig im Nachhall.

93 Grüner Veltliner Engilmar Grosse Reserve 2022
13,5 Vol.-%, DV, großes Holzfass, €€€€€
Helles Goldgelb, Silberreflexe. Feine gelbe Tropenfrucht, reifer Apfel, zart nach Pfirsich, ein Hauch von Orangenzesten, kandierte Mandarinenzesten, dezent nach Wiesenkräutern. Komplex, saftig, feine Birnenfrucht, etwas Honigmelone, gut integrierter Säurebogen, dezente Süße im Nachhall, ein gut ausgereifter Speisenbegleiter, vielfältig einsetzbar.

92 Riesling * Engelmannsbrunn Ried Rabengassl 2022
13,5 Vol.-%, DV, großes Holzfass, €€€€
Mittleres Goldgelb, Silberreflexe. Feine gelbe Tropenfrucht, zart nach Ananas, ein Hauch von Maracuja, floraler Touch, einladendes Bukett. Saftig, elegant, reifer gelber Pfirsich, feine Fruchtsüße, Blütenhonig im Abgang, mineralischer Nachhall.

93 Nimmervoll & Leth Herrn Greanz IV GV/RM
13,5 Vol.-%, NK, Barrique, €€€€€
Leicht getrübtes leuchtendes Orangegold. Frische Marillenkonfitüre, ein Hauch von Vanilleschoten, kandierte Mandarinenzesten, einladendes Bukett. Straff, im positiven Sinne trocken am Gaumen, getrocknete Marillen, zart nach Korinthen im Abgang, salziger Nachhall, wirkt leichtfüßig, individueller Stil.

(92) Traminer FUX 2022
13,5 Vol.-%, DV, großes Holzfass, €€€€€
Mittleres Goldgelb, Grünreflexe. Ein Hauch von Marshmallows und Rosenwasser, Nuancen von Litschis, floraler Touch. Mittlerer Körper, deutliche Fruchtsüße, eingelegte Litschis, Honiganklang im Abgang, etwas zerfließender Stil, bereits gut antrinkbar.

95 Weißburgunder TBA 2021
8 Vol.-%, DV, Holzfass, €€€€€
Leuchtendes Goldgelb, Silberreflexe. Zarte Botrytiswürze, Nuancen von Dörrobst, nussige Würze, reifes gelbes Fruchtkonfit, ein Hauch von Birnenkompott und Honig. Saftig, elegant und komplex, die Süße wird von einer rassigen Säurestruktur gekontert, ein Hauch von Feigen im Nachhall, mineralisch-zitronig im Rückgeschmack, blitzsauber, zeigt Länge, sicheres Reifepotenzial für viele Jahre.

★★★★★

WEINGUT BERNHARD OTT

BIO

Will man Terroir, also das, was den Wein und seinen Geschmack grundlegend prägt, muss man auf Interventionen verzichten. Das ist vor allem Sache des Vertrauens: in das eigene Potenzial und darin, dass sich die Natur auch aus eigener Kraft entwickeln kann, wenn man sie nur lässt. Davon ist Bernhard Ott überzeugt. Mit dem Umstieg auf die Biodynamie im Jahr 2006 hat sich der Wagramer Winzer voll und ganz dem Rhythmus der Natur angepasst: kompromisslos und offen für das, was der jeweilige Jahrgang für ihn bereithält. Seit Bernhard Ott das elterliche Weingut Anfang der 1990er-Jahre übernommen hat, setzt er fast ausschließlich auf Grünen Veltliner. Der tiefgründige Löss am Wagram und im Kamptal bekommen der Rebsorte besonders gut. Bei der Bewirtschaftung der Weingärten nach den Prinzipien der Biodynamie erfolgt vieles von Hand: die Weinlese, das Rühren der biodynamischen Präparate, die Herstellung von biologischem Kompost. Man setzt auf eine intensive Begrünung, schonende Bodenbearbeitung mit leichten Maschinen und eine spontane Gärung durch Hefen, die von Natur aus in den Weingärten vorhanden sind. Vieles an der Art, mit der Bernhard Ott heute seinen Wein macht, erinnert an seine Vorfahren. Im Keller benutzt er längst handbetriebene Traubenmühlen und eine Korbpresse und mazeriert die Trauben mit Stiel. Die Spontangärung sowie die Lagerung auf der Vollhefe erfolgen in großen Holzfässern. Sie sind Otts größte Hommage an die Tradition, die er mit Respekt vor der Vergangenheit, aber mit dem Wissen von heute in die Zukunft trägt – für eigenständige Weine, die mehr denn je für kompromisslose Qualität und einen unverwechselbaren Geschmack stehen. Das Weingut Ott ist Mitglied bei respekt-BIODYN und den Österreichischen Traditionsweingütern sowie Partner der JRE Jeunes Restaurateurs Österreichs.

98 Grüner Veltliner * Feuersbrunn Ried Rosenberg 1ÖTW 2021

13 Vol.-%, DV, großes Holzfass, €€€€€€ B

Helles Grüngelb, Silberreflexe. Zarte florale Nuancen, ein Hauch von frischer Marille, zart mit Mandarinen- und Orangenzesten unterlegt, weißes Nougat. Straff, strahlende Textur, zarte kristalline Mineralik, feiner Säurebogen, weißes Kernobst, finessenreich und sehr lange anhaftend, zarte Fruchtsüße im Nachhall, kühler Stil, salzig, große Länge, sicheres Reifepotenzial.

96 Grüner Veltliner * Feuersbrunn Ried Spiegel 1ÖTW 2021

13 Vol.-%, DV, großes Holzfass, €€€€€€ B

Leuchtendes Gelbgrün, Silberreflexe. Feine weiße Fruchtexotik, ein Hauch von Ananas, florale Noten, kühle Aspekte, mit Nuancen von Blütenhonig unterlegt. Stoffig, sehr gute Komplexität, elegante Textur, harmonisch und jugendlich, zitroniger Touch im Abgang, lebendig und animierend, mineralisch und anhaftend, wie aus einem Guss, perfekt antrinkbar, zeigt sehr gute Länge, sicheres Reifepotenzial.

96 Grüner Veltliner Kamptal DAC Engabrunn Ried Stein 1ÖTW 2021

13 Vol.-%, DV, großes Holzfass, €€€€€€ B

Leuchtendes Gelbgrün, Silberreflexe. Feine weiße Frucht, dazu Mango, zart nach Limettenzesten, aber auch Blütenhonig. Saftig, engmaschig, weißes Kernobst, finessenreiche Säurestruktur, dunkelmineralisch-salzig im Abgang, gute Länge, ein filigran wirkender Speisenwein mit sicherem Reifepotenzial.

WEINGUT BERNHARD OTT
3483 Feuersbrunn
Neufang 36
T: +43 (2738) 2257
bernhard@ott.at
www.ott.at

Kellermeister: Günter Weisböck
Kontakt: Bernhard Ott
Anbauweise: Biodynamisch (respekt)
Produktion: 100 % weiß
Vereinszugehörigkeit: respekt-BIODYN, Traditionsweingüter Österreich
Messen: ProWein Düsseldorf, VieVinum

94 Grüner Veltliner * Gösing Ried Gmirk 2023
13 Vol.-%, DV, großes Holzfass, €€€€€ B
Mittleres Grüngelb, Silberreflexe. Zart nach Orangenzesten, Nuancen von frischem gelbem Kernobst, etwas Ringlotten, ein Hauch von Wiesenkräutern, feine tabakige Würze. Saftig, elegant, weiße Frucht, feiner Säurebogen, extraktsüße Nuancen im Finish, feine Mineralik im Nachhall, ein balancierter, feiner Speisenbegleiter.

(94) Grüner Veltliner Der Ott® 2023
12,5 Vol.-%, DV, großes Holzfass, €€€€€ B
Helles Gelbgrün, Silberreflexe. Frisches Kernobst, Nuancen von Birne und Mango, ein Hauch von weißer Tropenfrucht, kandierte Orangenzesten, einladendes Bukett. Komplex und saftig, seidige Textur, feine Süße, angenehmer Säurebogen, balanciert und gut antrinkbar.

93 Grüner Veltliner Fass 4® 2023
12,5 Vol.-%, DV, großes Holzfass, €€€€€ B
Helles Gelbgrün, Silberreflexe. Zart nach Wiesenkräutern, ein Hauch von gelbem Apfel und Mango, feine tabakige Würze, mineralischer Touch. Saftig, straff, engmaschig, Nuancen von weißem Kernobst, mineralisch-salzig, ein Hauch von Limetten, hat Energie und Länge, ein finessenreicher Speisenbegleiter.

WEINGUT PREISINGER-REINBERGER

NEU - BIO

Es war quasi die doppelte Liebe, die Rupert Reinberger zum Wein brachte und der er zu verdanken hat, wie sich das Weingut heute präsentiert. Fels am Wagram ist sein Heimatort, und irgendwie kommt man nicht drum herum, den Wein, die Tradition, den Genuss, das Leben zu genießen, wenn man dort aufwächst. »Es geht um die Achtung des Bodens, der Trauben, um das Produkt Wein als Ganzes – magst du das, so wird das unweigerlich deine Liebe. Und so war's auch. Dann kam Eva-Maria, die Tochter eines Weinbauern, heute meine Frau und Ärztin. Das Maschinenbaustudium an den Nagel gehängt, rein in die Weingarten- und Kellerarbeit«, erzählt Rupert. Franz Preisinger, sein Schwieger-

Unterstockstall bei Kirchberg am Wagram

WEINGUT PREISINGER-REINBERGER
3465 Unterstockstall
Brunnengasse 1
T: +43 (664) 5311108
info@weingut-pr.at
www.weingut-pr.at

Kellermeister/Kontakt:
Rupert Reinberger
Anbauweise: Zertifiziert Biologisch
Produktion: 66.667 Flaschen
6 % Schaumwein, 70 % weiß,
8 % rosé, 14 % rot, 2 % süß, 10 Hektar
Messen: VieVinum, WeinMüchen

vater, hat ihm Schritt für Schritt die jahrhundertealte Tradition des Weinmachens vermittelt. Learning by Doing sowie ein Facharbeiter- und Weinbaumeister-Kurs kamen hinzu. »Ich bin ein Genießer, die Zeit zum Trinken ist mir wichtig. Das Schnelle ist nicht meins. Überlegt muss es sein. Ehrliche, trinkbare, klare Weine möchte ich erzeugen, um zu überzeugen«, erklärt er weiter.
Der Großteil der zehn Hektar großen Rebfläche gilt dem Weißwein, so nebenbei vinifiziert Rupert Reinberger aber auch feine, vollmundige Rotweine. Das Weingut legt Wert auf viel Handarbeit, denn man ist überzeugt davon, dass man den Unterschied schmeckt. Der bewusste Verzicht auf Pestizide und ein aktives Begrünungsmanagement in den Weingärten sind bereits eine Selbstverständlichkeit, die Umstellung auf biologische Bewirtschaftung ist mit dem Jahrgang 2023 schon erfolgt. Das Juwel des Weinguts ist ein alter Lösskeller, ein perfekter Reifekeller für die Weine mit längerer Reifephase.
Der Wagram ist ohnehin etwas Besonderes. Seine bis zu 40 Meter hohe Geländestufe aus eiszeitlichem Löss ist der typische Nährboden der Rebstöcke. Das gibt dem Wein die Unverkennbarkeit, die alle so sehr zu schätzen wissen und hochzuhalten gelernt haben. Die echt »Lössigen« sind leicht, jung und frisch. Ruppersthal, mit seinen Südwestlagen im Lössschotter beherbergt die Toplage des Weinguts, die Ried Mordthal, und in Unterstockstall liegt die Ried Rainthal. Das sind die Lagenweine des Betriebs. Unter »Wagram Stölln« präsentiert er seine mittelkräftigen Weine – urtypisch Wagram.
Das Weingut ist zwar klein, aber fein. Viele private Kunden und Gastronomen – aus Österreich, Deutschland, aber auch aus den USA – haben mittlerweile die durchgängig schönen Weine kennen und genießen gelernt. Zeit zum Genuss am Wein und am Leben sollte man sich nehmen. Mit innovativen Veranstaltungen zieht die Familie Genussliebhaber in die wunderschöne Region: Chillen in der »Sundown Lounge« mitten im Weingarten mit Fingerfood und DJ oder österreichisch-asiatische Fusionsküche als Wagram-Sushi mit regionalem, nachhaltigem Fisch, saisonalem Gemüse und Weinbegleitung. Wer es klassisch mag, lässt sich beim Weinherbst mit regionalen Heurigenschmankerln verwöhnen.

93 Grüner Veltliner * Ried Rainthal 2022
13,5 Vol.-%, DV, Stahltank, €€
Mittleres Goldgelb, Silberreflexe. Mit einem Hauch von Wiesenkräutern unterlegte feine gelbe Tropenfrucht, zart nach Marille und Blütenhonig, einladendes Bukett. Komplex, saftig, weißes Kernobst, frischer Apfel, gut integrierte Säurestruktur, straff und mit Länge ausgestattet, weiteres Reifepotenzial.

90 Grüner Veltliner * Kirchberg Klassik 2023
12,5 Vol.-%, DV, Stahltank, €€ B V
Helles Grüngelb, Silberreflexe. Zart tabakig-kräuterwürzig unterlegte feine gelbe Apfelfrucht, Nuancen von Orangenzesten. Mittlerer Körper, weißes Kernobst, frischer Säurebogen, mineralisch-zitronig, ein Hauch von Blütenhonig im Nachhall.

92 Weißburgunder * Unterstockstall 2023
13,5 Vol.-%, DV, Stahltank, €€ B V
Helles Gelbgrün, Silberreflexe. Frische Birnenfrucht, zart nach Wiesenkräutern, ein Hauch von frischen Orangenzesten. Kräftig, gelber Apfel, feines Säurespiel, etwas Mango und Honig im Nachhall, elegant, wird von etwas Flaschenreife profitieren.

92 Roter Veltliner * Ried Mordthal 2022
13 Vol.-%, DV, Stahltank, €€€
Mittleres Grüngelb, Silberreflexe. Feine gelbe Tropenfrucht, ein Hauch von Birne und Quitte, zart nach Blütenhonig, feine Kräuterwürze, kandierte Orangenzesten. Saftig, gelbes Kernobst, dezente Fruchtsüße, gut integrierte Säurestruktur, elegant, bereits antrinkbar, verfügt über Reifepotenzial.

92 Roter Veltliner Ried Mordthal Reserve 2018
14 Vol.-%, DV, Teilbarrique, €€€€
Mittleres Grüngelb, Silberreflexe. Zart nach Limetten und Kokos, weiße Tropenfrucht, zart nach Litschis und weißer Birne, tabakig-nussig unterlegt. Saftig, straffer Körper, Kernobstnuancen, dezent karamellige Süße im Abgang, bereits gut entwickelt, vielfältig einsetzbar.

94 Weißburgunder Beerenauslese Sweet Elli 2021
9 Vol.-%, DV, Stahltank, €€€€ V
Leuchtendes mittleres Goldgelb, Silberreflexe. Zart mit Pumpernickel unterlegte Honigfrucht, reife gelbe Fruchtexotik, einladendes Botrytisbukett. Saftig, reifer Pfirsich, ein Hauch von Feigen, feiner Säurebogen, mineralisch-zitronig im Abgang, gute Länge, ein präziser, anregender Süßweinstil.

* Wagram DAC

★★

WEINBAU FAMILIE REINBERGER

Unweit der Donau, wo sich die Felder gemächlich dem Wagram zuneigen, liegen die Weingärten der Familie Reinberger. Flugsandablagerungen der älteren Eiszeit bilden hier die Grundlage für den Weinbau. Diese mächtigen Lössanwehungen mit ihrem hohen Kalkgehalt und ihrer guten Wasserspeicherkapazität zeichnen den Boden aus und fördern das Wachstum und die Reife der Trauben, die in den sonnigen Hanglagen des Wagrams gedeihen. Das Kleinklima ist von den Ausläufern des warmen pannonischen Klimas im Wechselspiel mit kühlerer Luft aus dem Waldviertel bestimmt.

Hier bringt der Grüne Veltliner seine Würzigkeit, Rasse und Pikanz voll zur Geltung und wird deshalb auch auf mehr als der Hälfte der über zehn Hektar Rebfläche kultiviert. Mit Überzeugung behält man aber auch die »Altösterreicher« Roter und Frühroter Veltliner im Programm, an denen man die frische Frucht und zarte Eleganz besonders schätzt. Riesling, Chardonnay und Zweigelt runden die Sortenpalette ab.

Der Wein entsteht mit seiner Eigenart und Vielfalt bereits im Weingarten, jedes Bemühen im Keller kann nur ein Bewahren jener Kraft sein, die die Natur in Form von hochqualitativen Trauben liefert. Das Hauptaugenmerk des Familienbetriebs liegt in der Weißweinbereitung, wobei traditionelle und moderne Kellertechnik in Einklang gebracht werden. Jedoch ist ein Höchstgrad an Fruchtigkeit und Eleganz noch nicht alles: Eigenständigkeit, bedingt durch Boden und Klima, und die Fantasie des Winzers zeichnen große Weine mit Seele und Charakter aus. Zahlreiche nationale und internationale Auszeichnungen bestätigen die Arbeit der dynamischen Winzerfamilie und zeugen von der Qualität der Weine.

94 Grüner Veltliner * Fels Ried Scheiben Große Reserve 2021
14 Vol.-%, DV, 500-l-Fass, €€€€
Kräftiges Goldgelb, Silberreflexe. Feine Kräuterwürze, gelbe Tropenfrucht, Nuancen von Mango, kandierte Orangenzesten, etwas Blütenhonig im Hintergrund. Kraftvoll, saftig, elegant, zart nach Steinobst, feiner Säurebogen, harmonisch und anhaftend, zeigt Länge und Potenzial.

92 Grüner Veltliner * Feuersbrunn Rose Grün 2023
14 Vol.-%, DV, Stahltank, €€
Mittleres Grüngelb, Silberreflexe. Zart nach Orangenzesten, ein Hauch von gelbem Kernobst, zart nach Marille und Ringlotten, mineralischer Touch. Saftig, kraftvoll, feine Extraktsüße, dezenter Säurebogen, elegant und gut anhaftend, ein milder Speisenbegleiter mit Potenzial.

92 Grüner Veltliner * Fels Ried Dorner Reserve 2022
13,5 Vol.-%, DV, 500-l-Fass, €€€
Leuchtendes Goldgelb, silberfarbene Reflexe. Zart nach kandierten Orangenzesten, reife gelbe Apfelfrucht, etwas Melone und Mango, mit einem Hauch von Wiesenkräutern unterlegt. Mittlere Komplexität, weißer Apfel, feine Säurestruktur, süße Frucht im Finale, zart nach Gewürznelken, mineralischsalzig im Abgang, balanciert und bereits gut antrinkbar.

91 Grüner Veltliner * Feuersbrunn Ried Brenner 2023
12,5 Vol.-%, DV, Stahltank, €€
Helles Grüngelb, Silberreflexe. Zart nach weißer Apfelfrucht, ein Hauch von Honigmelone, dezente Wiesenkräu-

WEINBAU FAMILIE REINBERGER
3484 Grafenwörth
Kremser Straße 10
T: +43 (664) 4154894
weinbau@reinberger.at
www.reinberger.at

Kellermeister/Kontakt:
Ing. Alfred Reinberger
Produktion: 1 % Schaumwein, 90 % weiß, 1 % rosé, 8 % rot, 10 Hektar
Vereinszugehörigkeit:
Weingüter Wagram
Messen: ProWein Düsseldorf, Vinobile Feldkirch, Vinobile Montfort, DAC-Präsentationen

ter. Mittlerer Körper, feine Tropenfrucht, frisch strukturiert, mineralisch-zitronig im Abgang, ein balancierter, eleganter Speisenbegleiter.

93 Roter Veltliner * Gösing Ried Fumberg Reserve 2022
13,5 Vol.-%, DV, 500-l-Fass, €€€
Mittleres Gelbgold, silberfarbene Reflexe. Zart kräuterwürzig unterlegte Noten von reifer Mango, kandierte Orangen, etwas Blütenhonig. Saftig, balanciert, feine Fruchtsüße, ein Hauch von Kletzen, angenehme Frische, mineralisch, ein Hauch von Limetten im Nachhall, ein vielseitiger Speisenbegleiter, zeigt Länge und Potenzial.

92 Roter Veltliner * Feuersbrunn Lössterrassen 2023
13,5 Vol.-%, DV, großes Holzfass, €€€
Mittleres Grüngelb, Silberreflexe. Zart nach kandierten Orangenzesten, gelbe Birnenfrucht, etwas Mango, mit weißem Nougat unterlegt. Komplex, saftig, gelbe Tropenfrucht, dezente Säure, mineralisch, bleibt haften, ein stoffiger Begleiter bei Tisch.

★★★

WEINGUT FRANZ SAUERSTINGL

»All you need is Löss« ist der Leitspruch des Weinguts Sauerstingl. Der Familienbetrieb befindet sich in Fels am Wagram und bewirtschaftet rund zwölf Hektar Rebfläche. Franz Sauerstingl ist für die Vinifikation der Weine verantwortlich, der Fokus liegt auf dem Grünen Veltliner. Dieser wird in vier verschiedenen Varianten angeboten: »LÖSS I«, »LÖSS II«, »LÖSS III« und »LÖSS IV«. Diese Bezeichnungen vereinen die geologischen Gegebenheiten am Wagram mit der Klassifizierung der Veltliner von leicht-fruchtig-unkompliziert (LÖSS I und LÖSS II) bis gehaltvoll-reif-ausdrucksstark (LÖSS III und LÖSS IV).
Die Weingärten liegen rund um Fels und reichen von der Wagramkante (lockere Schotterböden mit Lössauflage) bis knapp unter den Hengstberg, der mit 360 Metern Seehöhe die höchste Erhebung des Wagrams ist. Dort befinden sich die wichtigsten Lagen der Familie: Scheiben und Brunnthal. Beide Rieden zeichnen sich durch besonders tiefgründige Lössböden aus und sind mit bis zu 40 Jahre alten Reben bestockt.
Zusätzlich vinifiziert man folgende Weißweine: Riesling, Weißburgunder sowie den regional sehr bedeutenden Roten Veltliner. Beim Rotwein setzt man auf Zweigelt sowie auf die Cuvée »Dark Red Löss«.
Dass Franz Sauerstingl mit der Umsetzung seines anspruchsvollen Qualitätskonzepts auf dem richtigen Weg ist, bestätigt neben einer Vielzahl zufriedener Kunden auch die Aufnahme des Weinguts in renommierte Weinführer. Zahlreiche Auszeichnungen sowie die mehrmalige Aufnahme in den »SALON Österreich Wein« mit den Sorten Grüner Veltliner und Roter Veltliner spiegeln das Level der Weine wider.

93 Roter Veltliner ** Ried Schafflerberg 2022
14 Vol.-%, DV, Stahltank/500-l-Fass, €€€€
Leuchtendes Goldgelb, Grünreflexe. Zart nach Honig, etwas nach Ananas, etwas Marille, floraler Touch, einladendes Bukett. Gute Komplexität, frische Säurestruktur, reife rote Apfelfrucht, mineralisch, feinwürzig, bleibt sehr gut haften, vielfältig einsetzbar.

WEINGUT FRANZ SAUERSTINGL
3481 Fels am Wagram
Parkstraße 11
T: +43 (2738) 3435
franz@sauerstingl.at
www.sauerstingl.at

Kellermeister/Kontakt:
Franz Sauerstingl
Produktion: 89 % weiß, 11 % rot, 12.5 Hektar
Vereinszugehörigkeit:
Wagramer Selektion
Messen: ProWein Düsseldorf

90 Roter Veltliner * 2023
12,5 Vol.-%, DV, Stahltank, €€
Helles Gelbgrün, Silberreflexe. Honigmelone und Wiesenkräuter, unterlegt mit Tabakwürze, ein Hauch von Nashi-Birne, floraler Touch. Mittlere Komplexität, feinwürzig, feine Säurestruktur, Apfelnoten im Nachhall, gut anhaftend.

92 Grüner Veltliner * Ried Scheiben Löss III 2023
13,5 Vol.-%, DV, großes Holzfass/Stahltank, €€€
Leuchtendes Gelbgrün, Silberreflexe. Etwas Maracuja, Blütenhonig, kandierte Mandarinenzesten, etwas Quitte. Mittlere Komplexität, mineralisch, salziger Touch, weißes Kernobst im Abgang, kraftvoller Speisenbegleiter mit Potenzial.

(92) Grüner Veltliner * Ried Brunnthal Löss IV 2023
14 Vol.-%, DV, Stahltank/großes Holzfass, €€€
Mittleres Gelbgrün, Silberreflexe. Mangonoten, etwas Wiesenkräuter, mit Blütenhonig unterlegt, Ananas klingt an. Gute Komplexität, feinwürzig, weißes Steinobst, mineralisch, balancierter Säurebogen, Tropenfrucht im Rückgeschmack.

91 Grüner Veltliner * Löss II 2023
13 Vol.-%, DV, Stahltank, €€
Mittleres Gelbgrün, Silberreflexe. Zart nach Blütenhonig und gelbem Apfel, ein Hauch von Guaven, kandierte Clementinenzesten. Mittlerer Körper, extraktsüß, gelbe Apfelfrucht, Mandarinenzesten im Nachhall, trinkanimierender Stil.

90 Grüner Veltliner * Löss I 2023
12,5 Vol.-%, DV, Stahltank, €€
Mittleres Gelbgrün. Feine Kräuterwürze, weißes Kernobst, ein Hauch von Limetten, frisches Bukett. Mittlerer Körper, feine Säurestruktur, mineralisch, weiße Apfelfrucht, dunkle Mineralik, bereits gut antrinkbar.

★★

WEINGUT SCHABL

BIO

Das Weingut Schabl ist ein Familienbetrieb, dessen Weingärten sich in die sanften Hügellandschaften an den Südhängen des Wagrams einbetten. 1891 gelangte der Hof in den Besitz der Familie. Seither wird er stets weiterentwickelt und von den Eltern an die Kinder vererbt. Momentan arbeiten Romana und Herbert Schabl, die das Weingut die vergangenen Jahre geprägt haben, mit Sohn Paul und seiner Partnerin Elena zusammen. Die beiden, als fünfte Generation und Zukunft, steuern großes Talent und viel önologisches Gespür bei. Die Weingärten bewirtschaftet Familie Schabl biologisch, denn Weinmachen sieht man hier als ein Handwerk an, das neben kreativem Schaffen auch die Verantwortung für die Natur und den Menschen beinhaltet. So entstehen Weine voll Seele, Herzblut und mit wohltuendem Gebietscharakter.

WEINGUT SCHABL
3465 Königsbrunn am Wagram
Kremser Straße 13
T: +43 (2278) 2287
office@weingut-schabl.at
www.weingut-schabl.at

Kellermeister: Herbert Schabl
Kontakt: Paul Schabl
Anbauweise: Zertifiziert Biologisch
Produktion: 5 % Schaumwein, 85 % weiß, 5 % rosé, 5 % rot, 10 Hektar
Vereinszugehörigkeit: Slow Food Presidio
Messen: Millésime Bio, VieVinum

92 Riesling Pet Nat Brut 2023
12,5 Vol.-%, NK, Flaschengärung, €€€€ (B) (I) (V)
Naturtrübes helles Gelbgrün, feines Mousseux. Reife Tropenfrucht, zart nach Papaya, kandierte Orangenzesten, floraler Touch, rote Apfelfrucht. Saftig, fruchtsüß, zart nach Birne, gut integrierte Säurestruktur, mineralisch, floraler Touch, vielseitiger Speisenbegleiter.

94 Grüner Veltliner * Reserve 2022
13,5 Vol.-%, NK, Flaschenreifung/500-l-Fass, €€€€ (B) (V)
Leuchtendes Goldgelb, silberfarbene Reflexe. Dezenter Blütenhonig, gelbe Tropenfrucht, ein Hauch von Ananas, Mirabelle klingt an. Saftig, gute Komplexität, feinwürzig,

mineralischer Touch, reife Apfelfrucht im Abgang, lang anhaltend, facettenreicher Speisenbegleiter.

(93) Grüner Veltliner * Ried Mordthal 2023
13,5 Vol.-%, DV, Stahltank, €€€ B V
Mittleres Goldgelb, Silberreflexe. Feine Wiesenkräuter, gelbe Apfelfrucht, etwas nach Melisse, ein Hauch von Kamille, Honigmelone klingt an. Saftig, komplex, feine Extraktsüße nach Mango, Honig im Nachhall, bleibt sehr gut haften.

92 Grüner Veltliner * Ried Hochrain 2023
13,5 Vol.-%, DV, Stahltank, €€€ B V
Mittleres Gelbgrün, Silberreflexe. Feine Kräuter-Tabak-Würze, zarte Apfelnoten, gelbes Kernobst, floraler Touch. Saftig, gute Komplexität, feine Extraktsüße, gelbfruchtige Nuancen, balancierte Säurestruktur, mineralisch, trinkanimierender Stil.

93 Roter Veltliner * Ried Mordthal Reserve 2022
13,5 Vol.-%, NK, Flaschenreifung/500-l-Fass, €€€€ B V
Helles Gelbgrün, Silberreflexe. Feine Birnenfrucht, etwas nach Quitte, mit Blütenhonig unterlegt, Wiesenkräuter klingen an. Saftig, straff, frisch, Maracuja im Abgang, salziger Rückgeschmack, bereits gut antrinkbar.

(92) Roter Veltliner * Ried Steinberg 2023
13 Vol.-%, DV, Stahltank, €€€ B V
Mittleres Gelbgrün, Silberreflexe. Zarter Blütenhonig, etwas nach Orangenzesten, Tropenfrucht klingt an, mit Mango unterlegt. Komplex, saftig, frische Kräuter, Birnenfrucht im Abgang, salziger Nachhall, guter Speisenbegleiter.

★★★

WEINGUT FAMILIE SCHUSTER

BIO

Das Bioweingut der Familie Schuster liegt in Großriedenthal am Wagram. Hier arbeiten zwei Generationen gemeinsam, die lieben, was sie tun. Seit 1772 beschäftigt man sich hier mit dem Weinbau, und in Sachen Roter Veltliner kann man einiges von Familie Schuster lernen, haben sie doch Pionierarbeit geleistet und sich schon lange Zeit mit dieser einzigartigen Sorte intensiv auseinandergesetzt. Der leidenschaftliche Einsatz für diese Sorte in allen Gewichtsklassen – vom klassischen Sortenvertreter bis zu den

WEINGUT FAMILIE SCHUSTER
3471 Großriedenthal
Hauptstraße 61
T: +43 (2279) 7203
office@weingut-schuster.at
www.weingut-schuster.at

Kellermeister/Kontakt:
Thomas Schuster
Anbauweise: Zertifiziert Biologisch
Produktion: 85 % weiß, 15 % rot, 13 Hektar
Vereinszugehörigkeit:
Traditionsweingüter Österreich, Weingüter Wagram
Messen: ProWein Düsseldorf, VieVinum

Thomas und Carina Schuster

* Wagram DAC

kräftigen Roten Veltlinern der Ried Altweingarten und der Ried Berg Eisenhut – macht sich bezahlt. Mit SALON-Sieger und Landessieger konnten sie Schusters bereits früh ihr Können erfolgreich unter Beweis stellen! Auch auf die Leitsorte des Wagrams, den Grünen Veltliner, kann man sich hier verlassen. Vom klassischen fruchtbetonten leichten Veltliner vom Wagram bis hin zum Riedenwein der Lage Eisenhut mit Tiefgang und großem Lagerpotenzial: Hier fühlt sich die Sorte überaus wohl.

Im Weingarten nehmen sich Thomas Schuster und seine Familie viel Zeit für händische Arbeiten, die an jeden Weingarten individuell angepasst werden. Klar ist, dass die Familie der Natur etwas zurückgeben möchte. Dabei spielt die biologische Bewirtschaftung der Reben eine große Rolle. Weniger ist oft mehr: So wird im Keller gerne auf große Technik verzichtet, und man gibt dem Wein ganz einfach Zeit zu reifen.

»Wenn man die Natur arbeiten lässt, kann man als Winzer die Reben übers Jahr begleiten und bekommt so die Möglichkeit, die Individualität und Besonderheit jeder einzelnen Lage perfekt herauszuarbeiten«, so Thomas Schuster. Der Marienkäfer am Etikett ist für das Tun der Familie dabei sichtbares Symbol. Wie zu Hause fühlt man sich, wenn man auf dem Weingut zu Gast ist und ein paar Tage lang die Ruhe und Gelassenheit des Wagrams genießen kann – mit regionalem Frühstück mit Eiern von Schusters glücklichen Hühnern und abends einer Weinverkostung in entspannter Atmosphäre. Und die neue Website lädt auch aus der Entfernung zum Stöbern durch die Weinvielfalt der Schusters ein.

94 Roter Veltliner * Ried Berg Eisenhut 1ÖTW 2022
13,5 Vol.-%, DV, großes Holzfass, €€€€ B V
Mittleres Goldgelb, silberfarbene Reflexe. Feiner Blütenhonig, reife Mangofrucht, floraler Touch, mineralischer Hauch, facettenreiches Bukett. Saftig, elegant, fruchtige Süße, feines Säurespiel, mineralisch und gut anhaftend, vielschichtig, guter Speisenbegleiter.

91 Roter Veltliner * Ried Altweingarten 2023
13 Vol.-%, DV, Stahltank, €€€ B V
Helles Gelbgrün, silberfarbene Reflexe. Dezente Noten von Wiesenkräutern, ein Hauch von Guaven, zart nach Williamsbirne, würziger Touch. Saftig, mittlere Komplexität, feinwürzig, Mangonoten im Abgang, guter Speisenbegleiter.

89 Roter Veltliner * 2023
12,5 Vol.-%, DV, Stahltank, €€ B V

93 Grüner Veltliner * Ried Eisenhut 1ÖTW 2022
13 Vol.-%, DV, großes Holzfass, €€€€ B V
Helles Goldgelb, silberfarbene Reflexe. Zart nach gelber Birne, ein Hauch von Marille und Blütenhonig, feine Wiesenkräuter, tabakige Nuancen. Saftig, elegant, sehr zarte Fruchtsüße, finessenreiche Säurestruktur, salzig und anhaftend, ein facettenreicher Speisenbegleiter, sicheres Reifepotenzial.

93 Grüner Veltliner * Gutsreserve 2021
14,5 Vol.-%, NK, gebrauchte Barriques, €€€€€ B V
Mittleres Gelbgrün, Silberreflexe. Feiner Blütenhonig, Noten von kandierter Marille, zart nach Toffee, floraler Touch, einladendes Bukett. Saftig, elegant, gute Komplexität, fruchtsüß nach Pfirsich, Orangenschalen klingen an, vielschichtig, gut integrierter Säurebogen.

91 Grüner Veltliner * Grossriedenthal Alte Reben 2023
13 Vol.-%, DV, Stahltank, €€ B V
Helles Gelbgrün, silberfarbene Reflexe. Gelbe Tropenfrucht, zart nach Ananas, etwas nach Wiesenkräutern, Maracuja klingt an. Saftig, mittlere Komplexität, gelber Apfel, mineralischer Abgang, frisch und lebendig, guter Speisenbegleiter.

92 Riesling * Ried Diebstein 2023
13,5 Vol.-%, DV, Stahltank, €€ B V
Helles Gelbgrün, Silberreflexe. Reife Tropenfrucht, feine Grapefruitzesten, Papayatouch, Gewürznuancen. Gute Komplexität, saftig, elegant, Zitrusnuancen, weißes Steinobst im Abgang, salziger Rückgeschmack, guter Speisenbegleiter mit deutschen Anklängen.

91 Pinot Noir * Reserve 2021
13,5 Vol.-%, DV, Barrique, €€€€ B V
Mittleres Rubingranat, violette Reflexe, breite Randaufhellung. Feine Gewürznuancen, rote Herzkirschen, kandierte Orangenschalen, rote Beerenfrucht. Saftig, leichtfüßig, mineralisch, Nuancen von roter Frucht im Abgang, salziger Nachhall, vielfältig einsetzbar.

WEINHOF THOMAS STOPFER

Der Weinbau ist in der Familie Stopfer seit Generationen verankert. Für Thomas Stopfer bedeutet er mehr als nur gute alte Tradition. Wein vereint seine Liebe und Verbundenheit zur Natur mit der Freude am Genießen. Oberstes Ziel des Winzers ist es daher, die Qualität der übers Jahr behutsam gereiften Trauben in jede einzelne Flasche zu bringen.
Im Sortiment finden sich die fruchtig-pfeffrigen Grünen Veltliner »Classic«, der »Steinberg« – kräftig, würzig und mineralisch – sowie die »Reserve« für Liebhaber gereifter Weine. Die Sortenvielfalt reicht von Rosé-Weinen über Roten Veltliner und Riesling bis hin zu Gelbem Muskateller. Bei den Rotweinen setzt man auf die Sorten Zweigelt und Cabernet Sauvignon als Partner in den Cuvées, die zum größten Teil in Barrique-Fässern ausgebaut werden.
Wer die Stille sucht und gerne in der Natur seine Seele baumeln lässt, der wird den Wagram lieben. Genießen steht bei den Stopfers im Vordergrund, sei es kulinarisch, kulturell oder spirituell – gerne begleitet von einem guten Achterl Wein.

93 Grüner Veltliner * Ried Steinberg Privat 2022
13,5 Vol.-%, DV, 500-l-Fass, €€€€
Kräftiges Goldgelb, Silberreflexe. Feine Nuancen von Orangenblüten, gelbe Tropenfrucht, etwas Mango, frischer Apfel, zarte Honignuancen. Kraftvoll, stoffig, opulenter Stil, feine Fruchtsüße im Kern, dezenter Säurebogen, ein Hauch von Karamell im Abgang, bleibt gut haften, ein saftiger Begleiter bei Tisch.

92 Grüner Veltliner * Ruppersthal Vom Löss 2023
12,5 Vol.-%, DV, Stahltank, €€
Mittleres Grüngelb, Silberreflexe. Feine gelbe Tropenfrucht, ein Hauch von Mango und Papaya, zart nach Orangenzesten, einladendes Bukett. Saftig, elegant, feine Fruchtsüße, zart nach Birne, frischer Säurebogen, mineralisch-salziger Touch, ein balancierter Speisenbegleiter.

92 Grüner Veltliner * Ried Steinberg 2022
13,5 Vol.-%, DV, Stahltank/500-l-Fass, €€€
Helles Grüngelb, Silberreflexe. Nuancen von Golden-Delicious-Apfel, ein Hauch von Mango, zart nach Orangenzesten, etwas Blütenhonig. Saftig, elegant, feine Fruchtsüße, finessenreich strukturiert, balanciert, feiner Honigtouch im Nachhall, mineralisch im Rückgeschmack, ein stoffiger Speisenbegleiter.

90 Grüner Veltliner * Classic 2023
12,5 Vol.-%, DV, Stahltank, €€
Helles Grüngelb, Silberreflexe. Zarte Nuancen von gelber Birne, ein Hauch von Kräuterwürze, kandierte Orangenzesten. Saftig, elegant, feiner gelber Apfel, frisch strukturiert, mineralisch-zitronig, ein ausgewogener Speisenbegleiter.

91 Roter Veltliner * Ruppersthal Vom Löss 2023
13 Vol.-%, DV, Stahltank, €€
Leuchtendes Goldgelb, Silberreflexe. Zart nach Blütenhonig, ein Hauch von Quitten, gelbe Ringlotten, mit Mandarinenzesten unterlegt. Mittlere Komplexität, weiße Birnenfrucht, dezente Süße, bleibt gut haften, bereits antrinkbar, ein saftiger Speisenbegleiter.

91 Weißburgunder Vom Löss 2023
13 Vol.-%, DV, Stahltank, €€
Helles Goldgelb, Silberreflexe. Zarte Nuancen von Wiesenkräutern und frischer Birne, ein Hauch von Orangenzesten. Mittlerer Körper, weißer Apfel, feine Säurestruktur, mineralisch-zitronig im Abgang, bietet unkompliziertes Trinkvergnügen.

WEINHOF THOMAS STOPFER
3701 Ruppersthal
Ruppersthal 41
T: +43 (676) 6661188
office@weinhof-stopfer.at
www.weinhof-stopfer.at

Kellermeister/Kontakt: Thomas Stopfer
Produktion: 80 % weiß, 20 % rot, 8+2 Hektar
Messen: ProWein Düsseldorf, Vinobile Feldkirch, Weinmesse München

* Wagram DAC

★★

BIO WEINGUT URBANIHOF FAMILIE PASCHINGER

BIO

Das Weingut Urbanihof in Fels am Wagram, wo Tradition auf Moderne trifft, wird bereits in elfter Generation von Sonja und Franz Paschinger geführt. Jakob und Lisa Paschinger sind »The Next Generation«, daher befassen sich die Eltern jeden Tag aufs Neue mit Qualität und Nachhaltigkeit, um ihren Kindern guten Grund und Boden zu übergeben. Dies spiegelt sich in der seit 2016 zertifizierten Umstellung auf bio-organischen Weinbau wider.
Der behutsame Umgang mit der Natur und der Vinifikation sorgt für aussagekräftige, köstliche Weine, die den Wagram und damit ihre Herkunft sehr gut abbilden.

92 Grüner Veltliner * Ried Brunnthal Wagramer Selektion 2023

13 Vol.-%, DV, Stahltank, €€€ B

Helles Goldgelb, Silberreflexe. Feine Gewürznuancen, nach Kümmel und Anis, mit gelbem Kernobst unterlegt, zart nach Mandarinenzesten, facettenreiches Bukett. Saftig, elegant, Golden-Delicious-Apfel, feines Säurespiel, dezente Fruchtsüße im Abgang, ein vielseitiger Speisenbegleiter.

90 Grüner Veltliner * Classic 2023

13 Vol.-%, DV, Stahltank, €€ B

Helles Goldgelb, Silberreflexe. Zarte Nuancen von gelbem Kernobst, etwas frischer Apfel, ein Hauch von Mango, mit Orangenzesten unterlegt. Mittlerer Körper, feine Birnenfrucht, frisch strukturiert, gelbe Frucht im Abgang, bereits gut entwickelt.

93 Grüner Veltliner Ried Dorner Grande Reserve 2021

13,5 Vol.-%, NK, Barrique, €€€€€ B

Kräftiges Goldgelb, Silberreflexe. Zarte Kräuterwürze, Nuancen von Marille und gelbem Kernobst, mit Mandarinenzesten und Blütenhonig unterlegt. Saftig, elegant, Nuancen von reifer Frucht, feiner Säuretouch, dezente Süße im Abgang, zeigt gute Länge, bereits entwickelt, ein kräftiger, ausgewogener Begleiter bei Tisch.

91 Riesling * Fels 2023

13 Vol.-%, DV, Stahltank, €€€ B

Helles Gelbgrün, Silberreflexe. Feine Nuancen von gelbem Steinobst, etwas Ananas und Maracuja, floraler Touch. Mittlerer Körper, feine Fruchtsüße, elegant und ausgewogen, frischer Säurebogen, zarter Blütenhonig im Nachhall.

91 Roter Veltliner * Fels 2022

13 Vol.-%, DV, Barrique, €€€ B

Mittleres Grüngelb, silberfarbene Reflexe. Zart nach Ananas und Mango, feine Nuancen von gelber Frucht, ein Hauch von Blütenhonig, einladendes Bukett. Mittlerer Körper, weißes Kernobst, feine Fruchtsüße, frisch strukturiert, mineralisch, gut anhaftend, vielfältig einsetzbar.

92 Chardonnay Ried Schillingsberg 2017

13,5 Vol.-%, DV, Teilbarrique, €€€ B

Mittleres Goldgelb, Silberreflexe. Feines weißes Nougatkaramell, Nuancen von reifem gelbem Steinobst, einladendes Bukett. Seidig, saftig, elegante Textur, feine Säurestruktur, zarte Süße im Abgang, balanciert und anhaftend, ein facettenreicher Speisenbegleiter.

BIO WEINGUT URBANIHOF – FAMILIE PASCHINGER
3481 Fels am Wagram
St.-Urban-Straße 3
T: +43 (2738) 234412
weingut@urbanihof.at
www.urbanihof.at

Kellermeister/Kontakt:
Dipl.-HLFL-Ing. Franz Paschinger
Anbauweise: Zertifiziert Biologisch (Bio Austria)
Produktion: 80 % weiß, 20 % rot, 45 Hektar
Vereinszugehörigkeit: Wagramer Selektion
Messen: ProWein Düsseldorf, VieVinum

★★★

WEINHOF ANTON UND ELFRIEDE WALDSCHÜTZ

Was Erde und Natur beginnen, wird auf dem Weinhof Waldschütz mit größter Sorgfalt vollendet. Dabei vertraut die Familie auf das Wissen der Generationen aus 150 Jahren Weinbau und auf ihr Fingerspitzengefühl. Die 18 Hektar Weingärten befinden sich auf vorwiegend sonnenverwöhnten Hängen in den bekannten Weinbaugebieten Wagram und Kamptal. Auf Urgestein, sandigen Lehm- und Löss-Schotter-Böden sowie auf tiefgründigen Lehm-Löss-Böden wachsen dort fruchtbetonte, elegante Weine. Im Umgang mit den Weinstöcken wird auf die optimale Pflege der Reben und die Erhaltung gesunder, lebendiger Böden Wert gelegt.

Auch wenn jeder Jahrgang seine Eigenheiten hat, bleibt die Weinstilistik der Familie Waldschütz unverkennbar. Die sortenreinen Weine der Linien »Hof«, »Gebiet« und »Ort« sind klassisch ausgebaut und entfalten sich besonders fein und gebietstypisch. Vor allem Weine mit Riedenbezeichnungen wie Brunnthal, Anzenthal und Goldberg mit ihrer geradlinigen Stilistik und eleganten Frucht machen ihrer Herkunft alle Ehre. Bei der Serie »Winzer« erkennt man die Leidenschaft, mit der hier gearbeitet wird.

Viermal im Jahr betreibt die ganze Familie zudem einen eigenen Heurigen in Obernholz im Kamptal, wo die Weine umgeben von Rebstöcken zu heurigentypischen Speisen und hausgemachten Mehlspeisen serviert werden. Verkostung und Kauf der Weine sind am besten nach telefonischer Voranmeldung auf dem Weinhof in Sachsendorf am Wagram sowie beim »TOP-Heurigen« in Obernholz im Kamptal möglich.

94 Grüner Veltliner * Fels am Wagram Ried Brunnthal 1ÖTW 2022

14 Vol.-%, NK, großes Holzfass, €€€€€

Mittleres Gelbgrün, silberfarbene Reflexe. Zarte gelbe Tropenfrucht, ein Hauch von Ananas und Mango, Wiesenkräuter klingen an, Noten von Vanille, einladendes Bukett. Komplex, straff, zarte Holzwürze, feiner Säurebogen, mineralisch-salzig, lange anhaftend, jugendlich, mit gutem Reifepotenzial ausgestattet.

WEINHOF ANTON UND ELFRIEDE WALDSCHÜTZ
3474 Sachsendorf, Sachsendorf 17
T: +43 (664) 3874076
wein@waldschuetz.at
www.waldschuetz.at

Kellermeister: Ralph Waldschütz
Kontakt: Anton und Elfriede Waldschütz
Produktion: 1 % Schaumwein, 70 % weiß, 7 % rosé, 21 % rot, 1 % süß, 18+10 Hektar
Zertifiziert: Nachhaltig Austria
Vereinszugehörigkeit: Traditionsweingüter Österreich, Wagramer Selektion
Messen: Austrian Tasting London, Igeho Basel, ProWein Düsseldorf, London Wine Fair, VieVinum, Vinobile Feldkirch, DAC-Präsentationen

Ralph und Anton Waldschütz

* Wagram DAC

94 Grüner Veltliner * Fels am Wagram Ried Scheiben 1ÖTW 2022
14 Vol.-%, NK, großes Holzfass, €€€€€
Leuchtendes Goldgelb, Silberreflexe. Feine Fruchtsüße, Nuancen von reifer Mango, etwas Golden-Delicious-Apfel, zart nach weißem Nougat, einladendes Bukett. Stoffig, elegant, gelbe Tropenfrucht, cremige Textur, gut integrierter Säurebogen, anhaftend, bereits zugänglich, wird von weiterer Flaschenreife profitieren.

93 Grüner Veltliner Kamptal DAC Strass im Strassertal Ried Rosengartl 2022
13 Vol.-%, NK, 500-l-Fass, €€€€
Mittleres Goldgelb, silberfarbene Reflexe. Limettenzesten, zart nach Kräutern, feine Maracujanoten, ein Hauch von Gewürzen, zarter Blütenhonig. Saftig, mittlere Komplexität, gut eingebundene Säurestruktur, extraktsüß nach Papaya, guter Speisenbegleiter, Nuancen von gelber Frucht im Nachhall, bleibt haften, mineralischer Begleiter bei Tisch.

(91) Grüner Veltliner * Fels am Wagram 2023
13,5 Vol.-%, DV, Stahltank, €€
Leuchtendes mittleres Gelbgrün, Silberreflexe. Zart nach Wiesenkräutern, verhaltene Frucht, ein Hauch von Apfel. Stoffig, weißes Kernobst, frisch strukturiert, mineralisch-salzig im Abgang, ein vielseitiger Speisenbegleiter.

93 Riesling * Fels am Wagram Ried Anzenthal 2022
13,5 Vol.-%, DV, Stahltank, €€€€
Mittleres Goldgelb, Silberreflexe. Zart nach gelber Tropenfrucht, Nuancen von Mango und Maracuja, etwas Blütenhonig. Saftig, weiße Frucht, frisch strukturiert, mineralisch und ausgewogen, zitroniger Touch, saliner Abgang, bleibt haften, gutes Entwicklungspotenzial.

(91) Riesling Kamptal DAC Strass 2023
12,5 Vol.-%, DV, Stahltank, €€
Helles Grüngelb, Silberreflexe. Frische weiße Tropenfrucht, ein Hauch von Weingartenpfirsich und Maracuja, zart nach Limettenzesten. Saftig, weißer Apfel, rassig strukturiert, mineralisch-zitronig im Abgang, animierender Speisenbegleiter.

(93) Roter Veltliner * Gösing Ried Goldberg 2023
13,5 Vol.-%, DV, Stahltank, €€€€
Mittleres Grüngelb, Silberreflexe. Feine Kräuterwürze, gelbe Tropenfrucht, reife Birne, ein Hauch von Blütenhonig. Komplex, engmaschig, feines Kernobst, mineralisch-salzig, ein trockener Speisenbegleiter, zeigt gute Länge, sicheres Reifepotenzial.

90 Roter Veltliner * Von den Terrassen 2023
13 Vol.-%, DV, Stahltank, €€
Helles Goldgelb, Silberreflexe. Nuancen von frischem gelbem Pfirsich, etwas Ananas, ein Hauch von Blütenhonig und Orangenzesten. Mittlerer Körper, weiße Birnenfrucht, dezente Säurestruktur, ein Hauch von Fruchtsüße, bietet unkomplizierten Trinkspaß.

★★

WEINGUT GERALD WALTNER

Im Jahr 2003 übernahm Gerald Waltner, der in kurzer Zeit den Sprung an die Spitze der Wagramer Winzer geschafft hat, die Verantwortung im elterlichen Weingut in Engelmannsbrunn. Mithilfe seiner Familie bewirtschaftet er heute über elf Hektar der besten Weinrieden in Engelmannsbrunn und Gösing. Er ist aufgrund seiner Verbundenheit mit der Natur bestrebt, Nachhaltigkeit und Umweltschutz zu pflegen und zu fördern, und beschreibt sich als bodenständig und naturverbunden, aber trotzdem mit modernem Stil. »Es fasziniert mich, dem Wein meine eigene Sprache zu verleihen – meine Sprache des Duftes, meine Sprache des Gaumens, meine Handschrift. Ich möchte Technik und Erfahrung kombinieren, um das Produkt zu schaffen, das meinen Charakter widerspiegelt. Ich nutze die Frische und Freiheit meiner Gedanken als Motivation für Weinkreationen, die fordern«, so Gerald Waltner. Seine größte Aufmerksamkeit gilt dem Grünen Veltliner, der am Wagram mit seinem einzigartigen Terroir wohl beste Voraussetzungen vorfindet.
Zahlreiche Auszeichnungen, wie »SALON«-Sieger, Landessieger, »Vineus Newcomer Award«, und die Aufnahme in verschiedene Weinguides in den letzten Jahren bestätigen die Arbeit des Winzers und zeugen von der Qualität seiner Weine. Auffallend ist auch der

sehr hohe Exportanteil der Waltner-Weine. Neben dem Verkauf in Österreich werden bereits über 65 Prozent der Produktion nach Deutschland, Belgien, Irland, Italien, in die Schweiz und die Niederlande exportiert.

93 Roter Veltliner * Gösing Ried Mittersteig 2023
13,5 Vol.-%, DV, Stahltank, €€€
Helles Gelbgrün, Silberreflexe. Blütenhonig, etwas nach Maracuja, Melisse, Mangotouch, floraler Hauch. Gute Komplexität, feine Säurestruktur, fruchtsüß, zart nach Honigmelone im Abgang, bleibt sehr gut haften, vielfältig einsetzbar.

90 Roter Veltliner * 2023
12,5 Vol.-%, DV, Stahltank, €€
Helles Gelbgrün, Silberreflexe. Floraler Touch, weißes Steinobst, zart nach Guaven, frisches, würziges Bukett. Saftig, mittlerer Körper, weißes Kernobst im Abgang, Nashi-Birne im Nachhall, bereits gut antrinkbar.

92 Grüner Veltliner * Gösing Ried Dorner 2023
13,5 Vol.-%, DV, Stahltank, €€€
Mittleres Gelbgrün, Silberreflexe. Blütenhonig, etwas Mango, zart nach Gewürzen, dezente Fruchtnuancen, Ananas klingt an. Saftig, gelbe Tropenfrucht, floraler Touch, bleibt gut haften, straffe Säurestruktur, mineralischer Nachhall.

91 Grüner Veltliner * Gösing Ried Steinbertz 2023
13 Vol.-%, DV, Stahltank, €€
Mittleres Gelbgrün, silberfarbene Reflexe. Zarte Apfelfrucht, kandierte Orangenzesten, mit Blütenhonig unterlegte Mirabellen. Mittlere Komplexität, saftig, feine Würze, weißes Steinobst, mineralischer Nachhall, bereits gut antrinkbar.

WEINGUT GERALD WALTNER
3470 Engelmannsbrunn
Am Berg 18
T: +43 (2279) 2471
info@weingutwaltner.at
www.weingutwaltner.at

Kellermeister/Kontakt:
Gerald Waltner
Produktion: 80 % weiß, 5 % rosé, 15 % rot, 11 Hektar
Messen: ProWein Düsseldorf

90 Grüner Veltliner * Engelmannsbrunn Ried Hochrain 2023
12,5 Vol.-%, DV, Stahltank, €€
Mittleres Gelbgrün, Silberreflexe. Feine Tabakwürze, ein Hauch von Ananas, etwas nach Quitte, Orangentouch, einladendes Bukett. Saftig, mittlere Komplexität, feine Säurestruktur, weißes Kernobst, Apfelnoten, bleibt gut haften, unkompliziertes Trinkvergnügen.

89 Chardonnay * 2023
12,5 Vol.-%, DV, Stahltank, €€

★★

WEINGUT JOSEF ZEITLBERGER & JOSEF ZEITLBERGER

Wenn man sich einen Platz an der Spitze der österreichischen, aber auch internationalen Weinwelt erobern möchte, ist die konsequente Qualitätsproduktion Voraussetzung, davon ist die Familie Zeitlberger überzeugt.
Derzeit werden rund vierzehn Hektar Weingartenfläche bewirtschaftet. Dem Urgedanken der traditionellen Weißweinproduktion in diesem Gebiet zum Trotz hat sich Familie Zeitlberger auf die Produktion hochwertiger Rotweine spezialisiert. Basis ist die Ried Himmelreich, eine Lage, die aufgrund ihrer Bodenbeschaffenheit, der Sonneneinstrahlung und der luftigen Südlage beste Voraussetzungen für die Herstellung qualitativer Weine bietet. Hier gedeiht der Blaue Zweigelt ganz vorzüglich. Selbstverständlich kommt dabei die Weißweinlinie nicht zu kurz: Zeitlberger & Zeitlberger bieten auch den regionaltypischen Grünen Veltliner sowie etwas Riesling, Chardonnay und Gelben Muskateller.

* Wagram DAC

Riesling

WEINGUT JOSEF ZEITLBERGER & JOSEF ZEITLBERGER

3701 Großweikersdorf
Tiefenthal 4
T: +43 (2955) 70369
office@zeitlberger.at
www.zeitlberger.at

Kellermeister/Kontakt:
Josef Zeitlberger
Produktion: 50 % weiß, 50 % rot, 14 Hektar
Messen: ProWein Düsseldorf

93 Grüner Veltliner * Ried Mordthal 2022

14 Vol.-%, DV, Stahltank/großes Holzfass, €€€

Mittleres Goldgelb, Silberreflexe. Zart nach reifer Quitte, etwas Rhabarber, reife Mango klingt an, ein Hauch von Blütenhonig, mineralisch unterlegt. Komplex, saftig, weißer Apfel, frischer Säurebogen, mineralisch, salzig-zitroniger Touch im Abgang, bleibt haften, verfügt über Reifepotenzial.

92 Grüner Veltliner * Ried Steinberg 2023

14 Vol.-%, DV, Stahltank, €€

Mittleres Grüngelb, Silberreflexe. Reife gelbe Birnenfrucht, zart nach Mango und Honigmelone, Orangenzesten klingen an. Kraftvoll, feine Kräuterwürze, weißes Kernobst, dezente Süße, mineralisch, Blütenhonig im Nachhall, opulenter Stil.

92 Riesling * Ried Steinberg 2023

13 Vol.-%, DV, Stahltank, €€

Helles Grüngelb, Silberreflexe. Floraler Touch, weißer Pfirsich, ein Hauch von kandierten Limettenzesten, attraktives Bukett. Straff, engmaschig, feine gelbe Tropenfrucht, mineralisch, ausgewogen, gelber Pfirsich, feine Säure im Abgang, bereits gut antrinkbar.

(90) Gelber Muskateller * 2023

12,5 Vol.-%, DV, Stahltank, €€

Helles Goldgelb, Silberreflexe. Zarte Nuancen von Muskatnuss, etwas Hibiskus und Litschis, dezent mit Holundersirup unterlegt. Schlank, weiße Tropenfrucht, frischer Säurebogen, zitronig, etwas Honig im Nachhall, ein unkomplizierter Sommerwein.

89 Sauvignon Blanc * 2023

13 Vol.-%, DV, Stahltank, €€

93 Zweigelt * Reserve 2021

14 Vol.-%, DV, 500-l-Fass, €€€€

Tiefdunkles Rubingranat, opaker Kern, violette Reflexe, zarte Randaufhellung. Etwas Brombeeren, ein Hauch von Orangenschalen, etwas Kokos und Vanille, reife Holzwürze, schokoladiger Touch. Saftig, elegant, feine Säurestruktur, samtiges Tannin, feinwürzig, mineralisch, dunkles Waldbeerenkonfit, zeigt Länge, gutes Reifepotenzial.

PLATZ FÜR IHRE
WEINNOTIZEN

© Robert Herbst

NIEDERÖSTERREICH

WEINVIERTEL

DAC

Die Retzer Windmühle im Weinviertel

WEITES VELTLINERLAND MIT NEUEM PROFIL

Das Weinviertel ist ein vielfältiges, offenes und einladendes Land. Weingärten auf sanften Hügeln wechseln sich ab mit im Wind wogenden Kornfeldern. Außergewöhnliche Kulturdenkmäler und verträumte Kellergassen prägen die weite Landschaft.

Mehr als 13.911 Hektar sind hier mit Reben bepflanzt. Ungefähr die Hälfte der Weingärten birgt das wahre Erfolgsrezept des Weinviertels in sich: Grünen Veltliner, namentlich bezeichnet in der gebietstypischen Ausprägung als »Weinviertel DAC«. Von der Donau im Süden bis zur tschechischen Grenze im Norden, vom Manhartsberg im Westen bis zur slowakischen Grenze im Osten erstreckt sich das mächtige Weinbaugebiet. Wichtigste Rebsorte ist der Grüne Veltliner, der als wahrer Sortenstar auf rund 8.500 Hektar Rebfläche fest verwurzelt ist. Dazu kommen sein fruchtbetontes Bukett und die frische Säure. Dieser spezifische Weincharakter findet seit 2002 in der ersten kontrollierten Herkunftsbezeichnung (DAC) in Österreich seinen Ausdruck. Damit wurde der »Weinviertel DAC« zum Vorreiter des neuen österreichischen Herkunftsmarketings.

In der Gegend um die Weinstadt Wolkersdorf wächst neben dem Grünen Veltliner auch der Weißburgunder. Eine weitere Weißweinsorte, der Riesling, ist an den Hängen des Bisambergs zu Hause. Bei Mannersdorf an der March herrschen bei pannonischem Klimaeinfluss beste Bedingungen für Rieslinge, Burgunder und Traminer. Die Winzer im nordöstlichen Teil des Weinviertels um Poysdorf keltern vor allem Welschriesling und Grünen Veltliner. An der Nordgrenze ist Falkenstein ein Fixpunkt für fruchtbetonte Weißweine. Im Westen des Weinviertels zwischen Retz und Röschitz warten Grüne Veltliner und Rieslinge mit mineralischer Finesse und tiefer Würze auf. Das Retzer Land ist eine »Klimainsel« mit glühend heißen und trockenen Sommern sowie sehr kalten Wintern. Die Sonnenscheindauer ist hier eine der längsten in ganz Österreich, und das wirkt sich aus: Die Weine sind konzentrierter, kräftiger und körperreicher. Die Rotweininsel Haugsdorf ist aufgrund des trockenen Klimas prädestiniert für fruchtigen, gehaltvollen Zweigelt und Blauen Portugieser.

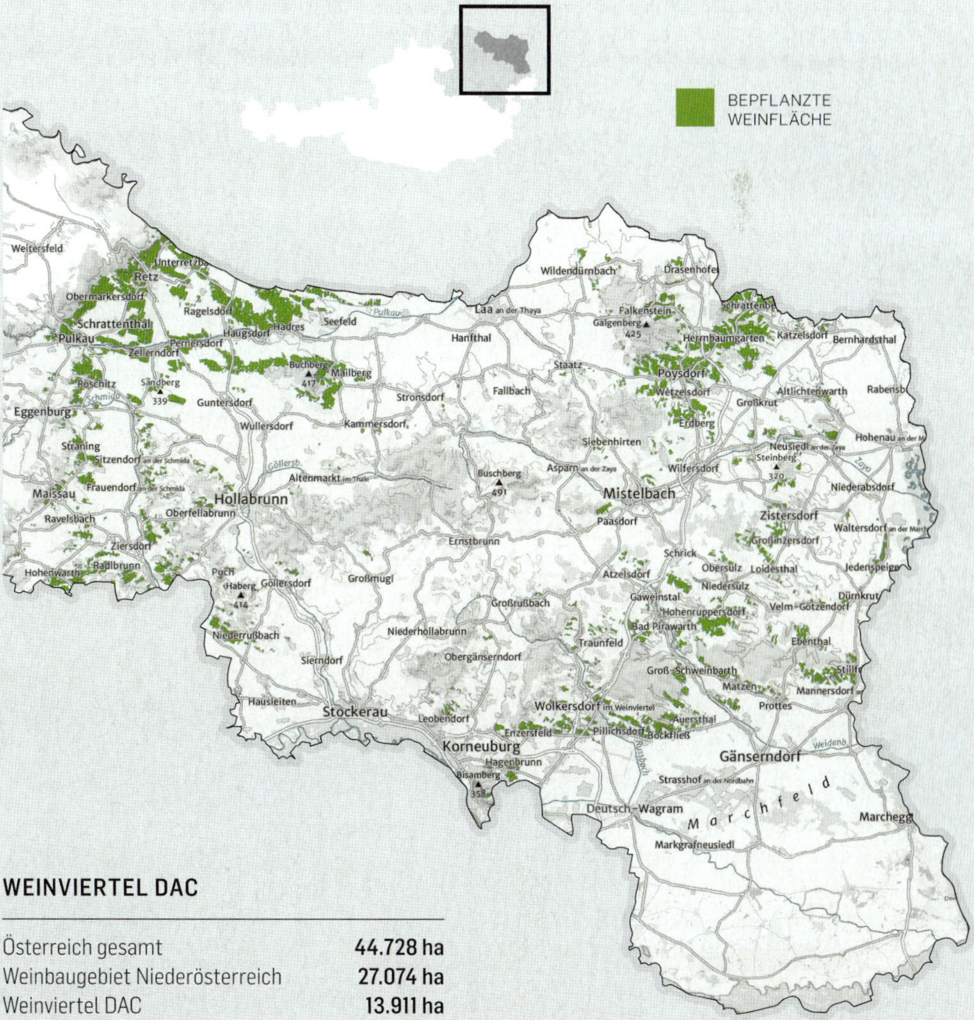

WEINVIERTEL DAC

Österreich gesamt	**44.728 ha**
Weinbaugebiet Niederösterreich	**27.074 ha**
Weinviertel DAC	**13.911 ha**

AUSGEWÄHLTE WEINGÜTER

★★★★

Dürnberg, Falkenstein
Weingut Ebner-Ebenauer, Poysdorf
Weingut Gschweicher, Röschitz
Weingut R & A Pfaffl, Stetten
Weingut Setzer, Hohenwarth-Mühlbach
Weingut Zull, Schrattenthal

★★★

Weingut Bannert, Obermarkersdorf
Weingut Christoph Bauer, Jetzelsdorf
Weingut Edlinger x Röschitz, Röschitz
Weingut Rudolf Fidesser, Platt
Weingut Frank, Herrnbaumgarten
Weingut Ingrid Groiss, Breitenwaida
BIO Weingut Gruber Röschitz, Röschitz
Weingut Hagn, Mailberg
Graf Hardegg, Seefeld-Kadolz
Weingut Hofbauer-Schmidt, Hohenwarth
Weingut Jordan, Pulkau
Respiz-Hof Kölbl, Röschitz
Hofkellerei des Fürsten von Liechtenstein, Wilfersdorf
Weingut Gerhard J. Lobner, Mannersdorf an der March
Weingut Roland Minkowitsch, Mannersdorf/March
Weingut Prechtl, Zellerndorf
Weingut Schwarzböck, Hagenbrunn
Weingut Wolfgang Seher, Platt
Winzerhof Stift, Röschitz
Weingut Sutter, Hohenwarth
Weingut Taubenschuss, Poysdorf
Weingut Niki Windisch, Groß-Engersdorf
Weingut Zuschmann-Schöfmann, Martinsdorf

★★

Weingut Norbert Bauer, Jetzelsdorf
Weingut Gerald Diem, Obermarkersdorf
Weingut Hirtl, Poysdorf
Winzer Christian Jassek, Ragelsdorf
Schlossweingut Malteser-Ritter-Orden, Mailberg
Weingut Martinshof, Neusiedl an der Zaya
Weingut Maurer, Röschitz
Weingut Pesau, Falkenstein
Bioweingut Pröglhöf, Obernalb/Retz
Weingut Schneider, Röschitz
Weingut Schuckert, Poysdorf
Bio-Weingut Schwarz, Schrattenberg
Weingut Studeny, Obermarkersdorf
Weingut Urban, Wullersdorf
Weingut Zens, Mailberg

★

NÖ Landesweingut Retz – Gut Altenberg, Retz
Schlossweingut Bockfliess, Stetten
Weingut Eichberger, Eibesbrunn
Weinbau Willi Eminger, Niedersulz
Weinbau Fink&Kotzian, Eggenburg
Weingut Gilg, Hagenbrunn
Weingut Hummel Weinviertel, Niederschleinz
Weingut Andreas Ott, Hagenbrunn
Weingut Pleil, Wolkersdorf
Weingut Reckendorfer, Ollersdorf
Winzerhof Paul Zimmermann, Ziersdorf

NEU

Weingut Hirschbüchler – Heuriger & Gästezimmer, Obersdorf

—

Weingut Doktor Wunderer, Weinviertel
Puhwein, Mailberg

NÖ LANDESWEINGUT RETZ – GUT ALTENBERG
2070 Retz
Seeweg 2
T: +43 (2942) 2202
lwg.retz@diefachschule.at
www.diefachschule.at

Kellermeister/Kontakt: Leopold Wurst
Produktion: 5 % Schaumwein, 60 % weiß, 5 % rosé, 25 % rot, 5 % süß, 12 Hektar
Messen: VieVinum

Die Weinstadt Retz

★

NÖ LANDESWEINGUT RETZ GUT ALTENBERG

Das Landesweingut Gut Altenberg liegt in Retz, der bekannten Weinstadt im nordwestlichen Niederösterreich, direkt an der tschechischen Grenze. Die Weingärten befinden sich in den besten Retzer Rieden Altenberg und Züngel an den Ausläufern des Manhartsbergs. Sie liegen in geschützter Südlage und profitieren einerseits vom mineralreichen, durchlässigen Urgesteinsboden sowie andererseits von einem besonders sonnenreichen, pannonisch beeinflussten Klima. Die reifen, gesunden Trauben werden schonend verarbeitet und je nach Weintyp ausgebaut. Bei den Weißweinen wird vor allem auf Fruchtigkeit und Frische Wert gelegt. Die Rotweine werden generell in großen Holzfässern ausgebaut, bei St. Laurent, Cabernet Sauvignon, Merlot und Pinot Noir erfolgt der Ausbau zum Teil auch in Barriques.
Dank der hohen Qualität der Produkte darf sich das Landesweingut immer wieder über Auszeichnungen freuen, die die Leistungen des Musterbetriebs unterstreichen. Im Jahr 2019 wurde die Gewürztraminer Auslese 2018 beim »SALON Österreich Wein« zum Bundessieger gekürt. Das Weingut verfügt über ein Winzerhaus mitten in den Weinbergen, das sich für herrliche Feste und Events anbietet.

92 Grüner Veltliner ** Magister 2022
13,5 Vol.-%, DV, Teilbarrique, €€€
Helles Goldgelb, Silberreflexe. Zart nach kandierten Mandarinenzesten, Ananas, etwas Blütenhonig, dezente tabakige Würze. Mittlere Komplexität, cremige Textur, zarte Holznuancen, mineralisch im Abgang, ein Hauch von Karamell im Rückgeschmack, ein stoffiger Begleiter bei Tisch.

91 Grüner Veltliner * 2023
12,5 Vol.-%, DV, Stahltank, €€
Helles Gelbgrün, Silberreflexe. Zart nach Ananas, gelber Apfel, etwas Mango, mit einem Hauch von Wiesenkräutern unterlegt. Mittlerer Körper, weißes Kernobst, frischer Säurebogen, mineralisch-zitronig im Abgang, ein schwungvoller Speisenbegleiter mit würzigem Nachhall.

90 Gelber Muskateller 2023
12,5 Vol.-%, DV, Stahltank, €€
Helles Gelbgrün, Silberreflexe. Zarte Nuancen von weißem Pfirsich, Limetten und Holunderblüten, zart mit Muskat unterlegt. Mittlerer Körper, weiße Tropenfrucht, frischer

Säurebogen, dezente Süße im Abgang, bietet unbeschwerten sommerlichen Trinkspaß.

89 Sauvignon Blanc 2023
12,5 Vol.-%, DV, Stahltank, €€

89 Riesling 2023
12,5 Vol.-%, DV, Stahltank, €€

88 Chardonnay 2023
13 Vol.-%, DV, Teilbarrique, €€

★★★

WEINGUT BANNERT

Seit 1856 schreibt das Traditionsweingut Bannert bereits eine faszinierende Geschichte und zählt zu den renommiertesten Weinproduzenten Österreichs. Die Weine zeichnen sich durch ihre authentischen Sortencharaktere und ihre beeindruckende Persönlichkeit aus.
Das engagierte Winzerpaar, das voller Leidenschaft agiert, führt dieses Unternehmen mit außergewöhnlicher Expertise und bietet eine umfangreiche Auswahl von über 30 Weinen in verschiedenen Ausbau- und Qualitätsstufen zu fairen Preisen an. Diese Vielfalt ermöglicht es, sämtliche Geschmäcker zu befriedigen, nicht nur in Österreich, sondern auch international mit großem Erfolg. Vor allem jedoch legt das Weingut Bannert großen Wert auf Achtsamkeit gegenüber der Natur und den Menschen und bietet Gastronomen ein einzigartiges Exklusivrecht mit herausragendem Erfolg.

92 Grüner Veltliner * Obermarkersdorf Ried Rosenhügel Selektion 2023
13 Vol.-%, DV, großes Holzfass, €€€
Mittleres Gelbgrün, silberfarbene Reflexe. Mineralisch unterlegte saftige gelbe Tropenfrucht, feinwürzig, Anklänge von Ananas, Papaya und Orangenzesten. Kraftvoll, saftig, Anklänge von reifem Kernobst in der Textur, gut integrierter Säurebogen, Blütenhonig im Abgang, etwas opulent, bleibt haften, gutes Potenzial.

91 Grüner Veltliner * Ried Geyern 2023
12,5 Vol.-%, DV, Stahltank, €€
Mittleres Gelbgrün, silberfarbene Reflexe. Einladende Nuancen von Kernobst, weißer Apfel, Noten von Wiesenkräutern und frischen Mandarinenzesten. Mittlerer Körper, ele-

Manfred Bannert

WEINGUT BANNERT
2073 Obermarkersdorf
Obermarkersdorf 198
T: +43 (2942) 8337
office@weingutbannert.com
www.weingutbannert.com

Kellermeister: Manfred Bannert
Kontakt: Manfred und Nici Bannert
Produktion: 10 % Schaumwein, 60 % weiß, 3 % rosé, 25 % rot, 2 % süß, 50+20 Hektar
Zertifiziert: Nachhaltig Austria
Messen: VieVinum

© Marek Knopp

gant, fruchtige Süße im Kern, lebendig strukturiert, bereits gut entwickelt.

91 Riesling vom Urgestein Ried Sündlasberg Selektion 2023
13 Vol.-%, DV, großes Holzfass, €€
Helles Gelbgrün, Silberreflexe. Dezent nach Honig und Mango, ein Hauch von Mandarinenzesten, getrocknete Marillen klingen an. Saftig, elegant, extraktsüß, lebendige Säurestruktur, mineralisch, gelbe Tropenfrucht, frisches Finish.

91 Weissburgunder Ried Sündlasberg Reserve 2022
13,5 Vol.-%, DV, großes Holzfass, €€€
Mittleres Gelbgrün, Silberreflexe. Etwas Blütenhonig, zart nach Kräutern und Maracuja, ein Hauch von Papaya. Saftig, balancierter Säurebogen, salzig, Apfelfrucht im Abgang, salziger Nachhall, bereits gut antrinkbar.

90 Chardonnay Nussberg Selektion 2023
14 Vol.-%, DV, großes Holzfass, €€€
Helles Gelbgrün, Silberreflexe. Feine Kräuterwürze, zart tabakig, ein Hauch von Orangenzesten, gelbe Apfelfrucht. Mittlerer Körper, feinwürzig, zart salzig, extraktsüß nach reifem Apfel, bereits gut antrinkbar.

89 Sauvignon Blanc Geyern 2023
12,5 Vol.-%, DV, Stahltank, €€

91 Blauer Burgunder Ried Hochberg Reserve 2021
13 Vol.-%, NK, gebrauchte Barriques, €€€€
Mittleres Karmingranat, Ockerreflexe, breite Randaufhellung. Zart nach Orangenzesten, rote Waldbeeren, ein Hauch von Himbeeren und Ribiseln, einladendes Bukett. Mittlerer Körper, eingelegte Kirschen, zart nach Vanille und Nougat, mineralisch, ein ausgewogener Speisenbegleiter.

90 St Laurent Kreuzberg Reserve 2020
14 Vol.-%, DV, gebrauchte Barriques, €€€
Kräftiges Rubingranat, violette Reflexe, dezente Ockerrandaufhellung. Frische reife Zwetschken, Brombeerkonfit, ein Hauch von Kräutern und Orangenzesten. Kraftvoll, feine Röstaromen, frische Säurestruktur, mineralisch-salzig im Abgang, rotbeerig, Gewürznelken im Nachhall.

89 Schatzberg Cuvée Reserve 2019 ZW/CS/ME
13,5 Vol.-%, NK, Teilbarrique, €€€€

88 Blauer Zweigelt Rosenhügel Reserve 2019
13,5 Vol.-%, DV, Teilbarrique, €€€€

★★★

WEINGUT CHRISTOPH BAUER

BIO

Das Weingut Christoph Bauer steht für handwerkliche Weine mit klarem Sorten- und Jahrgangscharakter. Bewusstes Arbeiten im Weingarten ist dabei Voraussetzung: Seit 2015 bewirtschaftet die Familie ihre Weingärten organisch-biologisch. Reife Trauben und schonende Verarbeitung sind die Basis für die Weine von Christoph Bauer.
Der Winzer überzeugt seit Jahren mit charakteristischen Weiß- und Rotweinen. Dass beides auf hohem Niveau möglich ist, liegt an den einzigartigen Rieden der Winzerfamilie: Jetzelsdorf bei Haugsdorf bietet einerseits sehr gute Lagen und Böden für Weißweine sowie andererseits warme Kessellagen, in denen rote Sorten optimal heranreifen.

91 Grüner Veltliner * 2023
13 Vol.-%, DV, Stahltank, €€ (B)
Mittleres Gelbgrün, silberfarbene Reflexe. Zart nach Kräuterwürze, feiner Blütenhonig, mit gelber Tropenfrucht unterlegt. Straff, elegant, feine weiße Apfelfrucht, frisch strukturiert, ausgewogen und anhaftend, sicheres Entwicklungspotenzial.

92 Grüner Veltliner Alter Schatz 2022
12,5 Vol.-%, DV, großes Holzfass, €€€€€ (B) (I)
Leuchtendes Goldgelb, Silberreflexe. Zart nach Kräutern und Melisse, ein Hauch von Blütenhonig, zart nach Grünem Tee, weiße Apfelfrucht. Mittlere Komplexität, feine Pfirsichnoten, etwas Quitte, feinwürzig, engmaschig, bereits gut antrinkbar.

91 Grüner Veltliner Spezial 2023
15 Vol.-%, DV, Stahltank, €€ (B)
Leuchtendes Goldgelb, Silberreflexe. Feiner Blütenhonig, zarte gelbe Apfelfrucht, ein Hauch von Wiesenkräutern, würziges Bukett. Kraftvoll, feinwürzig, etwas nach Maracuja, balancierte Säurestruktur, stoffiges Finish, bereits gut antrinkbar.

Roesler

WEINGUT CHRISTOPH BAUER

2053 Jetzelsdorf
Jetzelsdorf 49
T: +43 (2944) 2304
office@bauerwein.at
www.bauerwein.at

Kellermeister/Kontakt: Christoph Bauer
Anbauweise: Zertifiziert Biologisch (Austria Bio Garantie)
Produktion: 60 % weiß, 40 % rot, 20 Hektar
Vereinszugehörigkeit: Nordwein Österreich
Messen: Millésime Bio, VieVinum

89 Grauer Burgunder 2023
14 Vol.-%, DV, Stahltank, €€ B

93 Zweigelt Privat Ried Straßhaide 2021
14 Vol.-%, NK, kleines Holzfass, €€€€€ B
Dunkles Rubingranat, violette Reflexe, zarte Randaufhellung. Zarter Zwetschkentouch, etwas nach Brombeeren, Nougat, zart nach kandierten Veilchen, einladendes Bukett. Kraftvoll, straff, fruchtsüß, nach Schwarzen Johannisbeeren, dezente Holzwürze, tragendes Tannin, tabakiges Finish, guter Speisenbegleiter.

93 Roesler Vintage 2018
20,5 Vol.-%, DV, Barrique, €€€€ B
Tiefdunkles Rubingranat, opaker Kern, violette Reflexe, zarte Randaufhellung. Zart nach Dörrpflaumen und Lakritze, ein Hauch von Hagebuttenmarmelade, dezente Orangenschalen, Pfeifentabak klingt an. Gute Komplexität, kraftvoll, restsüß nach Brombeeren und Pflaumen, schokoladiger Rückgeschmack, stoffiges Finish, wird von Flaschenreife profitieren.

★★

WEINGUT NORBERT BAUER

Tradition und das Wissen von Generationen sind die starken Wurzeln, die Innovationen und nachhaltiges, gesundes Wachstum erst ermöglichen. Im Takt von Sonne und Mond die Böden und Weingärten wie die eigene Westentasche zu kennen, zu hegen und zu pflegen, immer im Bewusstsein, als Regisseur durch präzise Handwerks- und Gaumenkunst mit den Gegebenheiten der Natur das Beste zu erschaffen: Das sind die Zutaten von Weinen für die besonderen Momente im Leben.
Seit 1721 besteht der Familienbetrieb in Jetzelsdorf im Weinviertel und wird bereits in 13. Generation bewirtschaftet. Die Trauben kommen aus mehr als 100 Einzellagen, die auf rund 90 Hektar im Pulkautal bewirtschaftet werden. Norbert und Gisela Bauer führen das Weingut gemeinsam mit ihrem Sohn, dem Jungwinzer Willy. Traditionelles Handwerk und die Liebe zum Detail in Verbindung mit moderner Technik lassen die Ideen von Vater und Sohn reifen und die edlen Tropfen jener außergewöhnlichen Weinlinie entstehen, die das Weingut ausmacht. Neben Grünem Veltliner, Riesling und Chardonnay vinifiziert man hier auch Zweigelt, Blaufränkisch und Caber-

net Franc – gehört doch das Weingut Norbert Bauer zu den Rotweinspezialisten im Pulkautal. Die Weinviertler Rotweininsel Jetzelsdorf-Haugsdorf ist reich an Licht, Wärme und fruchtbarem Löss. Hier gedeihen die außergewöhnlichen Rotweine an den Hängen des Schatzbergs und der Ried Bergsatz. Die Weißweine bevorzugen ausgeprägtes Lehm-Schotter-Terroir und Urgestein. Sie reifen in den Lagen Haidberg, Diermannsee, Altenberg und Holzweg. Jener frische Wind, der vor einigen Jahren mit Willy Bauer in den Betrieb eingezogen ist, wird mit dem Jahrgang 2022 auch im neuen Design nach außen sichtbar umgesetzt.

90 Grüner Veltliner * Ried Diermannsee Alte Rebe 2023

12,5 Vol.-%, DV, Stahltank, €€€

Mittleres Gelbgrün, silberfarbene Reflexe. Orangenzesten, reifer Apfel, zart nach Guaven, ein Hauch von Feigen, frisches Bukett. Mittlerer Körper, balancierte Säurestruktur, weißes Kernobst, mineralisch-salzig, unkompliziertes Trinkvergnügen.

90 Sauvignon Blanc Ried Himmeltau 2023

12,5 Vol.-%, DV, Stahltank, €€

Helles Gelbgrün, Silberreflexe. Zarte Kräuterwürze, Cassis, etwas nach Brennnesseln, ein Hauch von Quitte, Zitrus klingt an. Mineralisch, feine Säurestruktur, salzig, weißes Kernobst, zart nach Stachelbeeren, bereits gut antrinkbar.

90 Riesling Ried Altenberg 2023

12 Vol.-%, DV, Stahltank, €€

Helles Gelbgrün, Silberreflexe. Zart nach Blütenhonig, etwas nach Maracuja, zart nach Ananas, ein Hauch von Gewürzen. Saftig, frische Säurestruktur, mineralisch, Apfel und etwas Mirabelle, lebendiges Finish, bereits gut antrinkbar.

92 Schatzberg® Rotweincuvée 2019 CF/ZW/BF/ME

13,5 Vol.-%, NK, Barrique, €€€€

Dunkles Rubingranat, violette Reflexe, zarte Randaufhellung. Zart kräuterwürzig-tabakig unterlegte dunkle Waldbeerenfrucht, Lakritze, reife Zwetschken, ein Hauch von Edelholz. Saftig, reife Pflaumenfrucht, dezente Fruchtsüße, gut integrierte Tannine, süße Kirschen, Nougat im Abgang, bleibt gut haften, verfügt über Reifepotenzial.

92 Cabernet Franc Ried Hasenecken Reserve 2019

13,5 Vol.-%, NK, Barrique, €€€€€

Kräftiges Rubingranat, violette Reflexe, dezente Randaufhellung. Schwarze Waldbeeren, etwas Sanddorn, Preiselbeeren, frische Kräuterwürze. Saftig, mittlere Komplexität, rotbeeriger Touch, gut integrierte, tragende Tannine, mineralisch-salzig im Abgang, ein feinwürziger Speisenbegleiter.

WEINGUT NORBERT BAUER
2053 Jetzelsdorf
Jetzelsdorf 180
T: +43 (2944) 2565
office@bauer-wein.com
www.bauer-wein.com

Kellermeister: Norbert und Wilfried Bauer, Markus Glanz
Kontakt: Norbert und Gisela Bauer
Produktion: 60 % weiß, 40 % rot, 90 Hektar
Zertifiziert: Nachhaltig Austria
Vereinszugehörigkeit: Premium Weingüter Weinviertel, Weinstraße Weinviertel, Weinviertel DAC
Messen: WEINmesse Berlin

Weinbau im Retzerland

* Weinviertel DAC ** Weinviertel DAC Reserve

★

SCHLOSSWEINGUT BOCKFLIESS

Hinter den Toren des Schlossweinguts Bockfliess gibt es einiges zu entdecken: Den Schlosskeller zieren zwei große, 300 Jahre alte barocke Weinpressen, deren Erscheinungsbild spannende Geschichten vom mittelalterlichen Kriegsgeschehen erzählt. Rund um das Anwesen breiten sich die Weingärten der Ried Hochfeld auf mächtigem Lössboden aus. Mit Blick auf das südliche Marchfeld profitieren die Trauben vom pannonischen Klima. Vom Norden her werden die Rebberge durch den mächtigen Hochleithenwald vor kalten Winden geschützt – unglaubliche Voraussetzungen also für die Produktion der hier ansässigen Rebsorten. Frisch-fruchtige Weißweine, aber auch ganz große Rotweine bringen die Weingärten des Schlossweinguts Bockfliess hervor. Vielleicht haben gerade die historische Vergangenheit und die perfekten Gegebenheiten den Winzer Roman Josef Pfaffl dazu inspiriert, hier regionaltypische Weinviertler Weine von höchster Güte zu kreieren. Den »majestätischen« Charakter und den historischen Hintergrund des Schlosses möchten der Winzer und die Familie Pfaffl bewahren, es wird daher viel Wert auf Qualität und unverkennbaren Genuss gelegt. So sind ihre Weine gut behütete Schätze.

SCHLOSSWEINGUT BOCKFLIESS
2100 Stetten
Schulgasse 21
T: +43 (2262) 67 34 23
wine@schlossweingutbockfliess.at
www.schlossweingutbockfliess.at

Kellermeister: Roman Josef Pfaffl
Kontakt: Heidemarie Fischer
Produktion: 115 Hektar

(92) Grüner Veltliner ** Barock 2023
14 Vol.-%, DIAM, großes Holzfass, €€€€
Mittleres Gelbgrün, Silberreflexe. Zart nach Blütenhonig und Mango, dazu etwas Ananas, floraler Touch, Karamell klingt an. Saftig, elegant, feine Säurestruktur, Maracuja im Abgang, salziger Nachhall, extraktsüßes Finish, ein vielseitiger Speisenbegleiter.

(91) Grüner Veltliner ** Platzhirsch 2023
14 Vol.-%, DV, Stahltank/großes Holzfass, €€€
Mittleres Gelbgrün, Silberreflexe. Dezente Apfelfrucht, etwas nach Papaya, ein Hauch von Blütenhonig, kandierte Orangenschalen. Saftig, elegant, feine Säurestruktur, mineralisch, kraftvoll, gelbe Tropenfrucht im Abgang, gut entwickelt, vielfältig einsetzbar.

90 Grüner Veltliner vom Löss 2023
12,5 Vol.-%, DV, Stahltank, €€
Helles Gelbgrün, Silberreflexe. Feine Kräuternoten, etwas Apfelfrucht, ein Hauch von Orangenzesten, fruchtiges Bukett. Saftig, mittlerer Körper, Ananastouch im Abgang, mit Clementinen unterlegen, bleibt gut haften.

91 Riesling Kies 2023
13,5 Vol.-%, DV, Stahltank, €€
Helles Gelbgrün, Silberreflexe. Zarte Pfirsichnuancen, etwas nach Grapefruit, zart nach Maracuja, dezenter Blütenhonig. Mittlere Komplexität, gut eingebundene Säurestruktur, Marillen und Honigmelone im Abgang, feinwürzig, Limettentouch im Finish.

89 Muskateller 2023
13,5 Vol.-%, DV, Stahltank, €€

92 St. Laurent Reserve Majestät 2022
13,5 Vol.-%, DIAM, Barrique, €€€€
Kräftiges Rubingranat, violette Reflexe, zarte Randaufhellung. Einladendes Bukett, nach Brombeeren und Toffee, etwas Nougat, mit reifer Kirschfrucht unterlegt. Saftig, gut integrierte Tanninstruktur, mineralisch, dezente Holzwürze, moderner Stil, Johannisbeeren im Nachhall, guter Speisenbegleiter.

★★

WEINGUT GERALD DIEM

BIO

Seit 1848 ist Familie Diem aus Obermarkersdorf bei Retz mit der Weinkultur verbunden. Gerald und Andrea Diem führen bereits in fünfter Generation das sehr alte und traditionsreiche Weingut. Wer die Weine und das Weingut kennt, spürt, mit wie viel Gefühl an die Dinge herangegangen wird. Verblüffend ist vor allem das Selbstverständnis für ein modernes und zeitgemäßes Winzertum, gepaart mit einem starken Hang zur Tradition.
Die Diems vinifizieren im nördlichsten Weinbaugebiet Österreichs sortentypische würzige Veltliner auf Molasseböden und Urgesteinsböden der Böhmischen Masse. Die sehr vielfältige Bodenbeschaffenheit erlaubt es außerdem, ein breites Spektrum an Rebsorten wie Chardonnay, Riesling, Gelber Muskateller, Sauvignon Blanc und noch einige andere zu kultivieren. Als modernes Weingut immer am Puls der Zeit zu sein, ist eine Herausforderung, der sich die beiden verschrieben haben. Permanente Weiterentwicklung, ausgedehnte Reisen zu Winzerkollegen sowie kontinuierliche Fortbildung garantieren ein zeitgemäßes Top-Produkt mit Ausdruck und Charakter. Und mit dem Jahrgang 2018 wurde das Weingut auch biozertifiziert. Ein großer Schritt, denn »bio« heißt umzudenken, noch mehr auf die Natur zu hören und diese zu antizipieren, um schlussendlich Trauben zu ernten, die noch intensiver Sorte und Boden ausdrücken.

92 Grüner Veltliner * Ried Nußberg 2023
13 Vol.-%, DV, Stahltank, €€ B H
Mittleres Gelbgrün, Silberreflexe. Gelbe Apfelfrucht, unterlegt mit Blütenhonig, ein Hauch von Papaya, kandierte Orangenzesten. Feinziseliert, elegant, feine Extraktsüße, nach Ananas, gut eingebundene Säure, kraftvolles Finish, guter Speisenbegleiter.

91 Grüner Veltliner * Obermarkersdorf 2023
12,5 Vol.-%, DV, Stahltank, €€ B H
Helles Gelbgrün, Silberreflexe. Frisches Bukett, zarte Bergkräuterwürze, ein Hauch von Golden-Delicious-Apfel, zart nach Maracuja. Saftig, engmaschig, balancierte Säurestruktur, mineralisch, Tropenfrucht im Abgang, guter Speisenbegleiter.

WEINGUT GERALD DIEM
2073 Obermarkersdorf
Obermarkersdorf 87
T: +43 (2942) 8208
office@diem-weine.at
www.diem-weine.at

Kellermeister/Kontakt:
Gerald Diem
Anbauweise: Zertifiziert Biologisch
Produktion: 80 % weiß, 20 % rot, 30 Hektar
Messen: Dornbirner Frühjahrs- und Herbstmesse, Vinobile Feldkirch, DAC-Präsentationen

Verkaufsraum im alten Presshaus von Gerald Diem

90 Grüner Veltliner Greener 2023
12 Vol.-%, DV, Stahltank, €€
Helles Gelbgrün, Silberreflexe. Dezente Wiesenkräuter, zart nach Guaven und Bergamotte, ein Hauch von Anis, würziger Touch. Saftig, fruchtbetont, gut eingebundene Säurestruktur, reifer gelber Apfel im Abgang, bereits gut antrinkbar.

92 Chardonnay Ried Triftberg 2023
13,5 Vol.-%, DV, Stahltank, €€
Mittleres Gelbgrün, Silberreflexe. Einladendes Bukett nach Karamell und Honigmelone, ein Hauch von Orangenschalen, mit Kräuterwürze unterlegt. Saftig, kraftvoll, rote Apfelfrucht, gut eingebundener Säurebogen, bleibt gut haften, stimmiger Speisenbegleiter.

91 Sauvignon Blanc Ried Rosenhügel 2023
12,5 Vol.-%, DV, Stahltank, €€
Helles Gelbgrün, Silberreflexe. Dezente weiße Tropenfrucht, dazu etwas Weiße Johannisbeeren, ein Hauch von Zitrus, mineralischer Touch. Mittlerer Körper, saftig, gut eingebundene Säurestruktur, feine Stachelbeernoten, extraktsüßes Finish.

90 Weißer Burgunder Ried Nußberg 2023
13,5 Vol.-%, DV, großes Holzfass, €€
Mittleres Gelbgrün, Silberreflexe. Zart nach Mango und reifer Williamsbirne, ein Hauch von Blütenhonig, floraler Touch. Saftig, mittlerer Körper, feine Fruchtsüße nach gelbem Kernobst, stoffiges Finish, bereits gut antrinkbar.

WEINGUT DOKTOR WUNDERER

BIO

Das Weingut Doktor Wunderer bietet einen Blick in unsere Zukunft – und zwar einen schönen, inspirierenden und verantwortungsvollen. In einer der kühlsten Regionen Österreichs gelegen – im nördlichen Weinviertel und im Westen direkt angrenzend an das raue Waldviertel – nützt es die klimatische Veränderung und entwickelt hier Weine, die von jener Frische und mineralischen Straffheit getragen sind, für die Österreich in der Weinwelt berühmt ist.
Dr. Gerald Wunderer, im Hauptberuf Arzt, hat hier einen Traum seiner Familie wahr gemacht und gemeinsam mit seinem Partner Matthias

Dr. Gerald Wunderer und Bernd Klammer

WEINGUT DOKTOR WUNDERER
3722 Weinviertel
Straning 62
T: +43 (2984) 49901
office@doktorwunderer.at
doktorwunderer.at

Kellermeister: Bernd Karnaus
Kontakt: Dr. Gerald Wunderer
Anbauweise: Zertifiziert Biologisch (Bio Austria)
Produktion: 26.667 Flaschen
100 % weiß, 4.6 Hektar
Zertifiziert: Nachhaltig Austria
Messen: ProWein Düsseldorf

Lobner rund zehn Hektar Weinberge zu einem anspruchsvollen und nachhaltigen Weinprojekt entwickelt. In diesem kühlen Landstrich können nun Sauvignon Blanc und Grüner Veltliner auf den Urgesteins- und Lössböden zu schönster Aromatik ausreifen, ohne je schwer oder mächtig zu geraten. Weinmacher Bernd Karaus kreiert eine duftige Cuvée, die trotz ihrer leichtfüßigen Erscheinung mit beeindruckender Vielschichtigkeit und Ernsthaftigkeit überzeugt und damit den Begriff »Trinkigkeit« auf eine ganz neue Ebene hebt. Faszinierend sind auch die Lagenweine vom Grünen Veltliner, die gleichzeitig durch Frische und Tiefgang geprägt sind und damit eine selbstbewusste Gelassenheit ausstrahlen, die besonders attraktiv wirkt.

Überhaupt ist Attraktivität ein wichtiges Element auf dem Weingut Doktor Wunderer. Liebevoll wurde für die elegante und doch frische Stilistik der Reserve-Weine eine eigene Flaschenform ausgewählt – und vor allem ein Etikett, das den medizinischen Hintergrund der Familie mit unübersehbarem Augenzwinkern ausspielt: Die Sinne für Genuss und Lust sowie die lebenswichtigen Instinkte und das Zentrum für Erotik werden in einem abgebildeten Torso verortet. Damit wird auf das ewige Zusammenspiel zwischen dem kultivierten Weingenuss und der harmonischen Sinnlichkeit des Menschen hingewiesen. Wer könnte über diese essenziellen Interaktionen besser Bescheid wissen als ein Mediziner? Von diesem gesamtheitlichen Blickwinkel aus betrachtet ist es dem Team des Weinguts Doktor Wunderer auch ganz wichtig, dass die Weine vornehmlich als Begleiter zu Speisen serviert werden, wo wiederum die Wechselwirkung zu einem harmonischen Ganzen führt.

Das Weingut wird übrigens nach biologischen Richtlinien bewirtschaftet, und die Weine sind ab dem Jahrgang 2023 zertifiziert. Der Bau einer eigenen Kellerei mit nachhaltigem Konzept ist in Planung.

92 Grüner Veltliner ** Ried Steinperz 2022
13,5 Vol.-%, DV, großes Holzfass, €€€€€ Ⓥ
Helles Gelbgrün, Silberreflexe. Zart rauchig-kräuterwürzig unterlegte gelbe Apfelfrucht, dazu etwas frische Orangenzesten, mineralischer Touch. Mittlerer Körper, zart würzige Textur, dezente Fruchtsüße, frischer Säurebogen, weißer Apfel im Abgang, ein lebendig strukturierter Speisenwein.

Grüner Veltliner

(92) Grüner Veltliner Corpus delicati 2021
13,5 Vol.-%, NK, 500-l-Fass, €€€€€€ Ⓥ
Leuchtendes mittleres Goldgelb, Silberreflexe. Feine Holzwürze, etwas Gewürznelken, gelbe Tropenfrucht, ein Hauch von Vanille. Mittlere Komplexität, frisches Kernobst, deutliches neues Holz, mineralisch, zarte Süße im Abgang, individueller Stil.

(91) Grüner Veltliner Straning 2023
12,5 Vol.-%, DV, Stahltank, €€€ Ⓥ
Helles Grüngelb, Silberreflexe. Frische Mandarinenzesten, gelber Apfel, zart nach Ringlotten, dezenter Touch von Wiesenkräutern. Mittlerer Körper, etwas Apfel und Blutorangen, mineralisch-salziger Nachhall, ein leichtfüßiger Speisenbegleiter.

89 Grüner Veltliner Animus 2023
11,5 Vol.-%, DV, Stahltank, €€ Ⓑ Ⓥ

(88) Grüner Veltliner Anima 2023
11,5 Vol.-%, DV, Stahltank, €€ Ⓑ Ⓥ

(90) Pride 2023 GV/GM/SB/MT
11,5 Vol.-%, DV, Stahltank, €€€ Ⓑ Ⓥ
Helles Gelbgrün, Silberreflexe. Frische Kräuterwürze, zart nach weißem Kernobst und Tabak, mineralischer Touch. Straff, weiße Birnenfrucht, zart blättrige Nuancen, mineralisch-zitroniger Nachhall, ein lebendiger Speisenbegleiter.

★★★★

DÜRNBERG

Sucht man – im schönsten Sinne des Begriffs – nach einem absolut typischen Vertreter des Weinviertels, so wird man zweifellos auf das Weingut Dürnberg stoßen, dessen Weine alle Tugenden verkörpern, die der anspruchsvolle Weinliebhaber in aller Welt mit österreichischem Wein an sich verbindet: glasklare Frucht mit Fokus auf Frische und Eleganz. Gut die Hälfte der Weinberge ist mit Grünem Veltliner bestockt, der in dieser Region die besten Voraussetzungen vorfindet. Ein weiterer Schwerpunkt sind die Burgundersorten, die auf den besonders kalkreichen, mageren Höhenlagen bis Ende Oktober voll ausreifen können.

Am Anfang stand Christoph Körner mit einem geerbten kleinen Weingarten und der Vision, im traditionsreichen Falkenstein einen Leitbetrieb mit internationalem Charakter aufzubauen. Ausgestattet mit gutem Instinkt für beste Lagen wurden die Flächen stetig erweitert, wobei der Fokus auf die Übernahme gepflegter Altweingärten gelegt wurde. Da die Produktion immer mehr Zeit beanspruchte, wurde schließlich der Aufbau eines professionellen Vertriebs notwendig. Hier kam Matthias Marchesani ins Spiel, der sich mit viel Leidenschaft einbrachte und seit dieser Zeit als unermüdlicher Botschafter der Weine Dürnbergs unterwegs ist. Für den nächsten notwendigen Schritt in Richtung Modernisierung und Qualitätssicherung kam Georg Klein an Bord, der wertvolles Know-how in Sachen Organisation einbrachte und 2017 mittels publikumswirksamen Crowdfundings den notwendigen Ausbau des Weinguts ermöglichte. Michael Preyer bringt seit Anfang 2020 jungen Schwung in das Weingut und ist seit Kurzem als Partner und Kellermeister für Weine und Weingärten verantwortlich. Er steuert das Weingut mit viel Kreativität, unterstützt im Hintergrund von Christoph Körners Erfahrung.

Das Trio Klein/Marchesani/Preyer ist weltweit sehr dynamisch unterwegs, hat die Zukunft eines der vielversprechendsten österreichischen Weingüter fest in der Hand und managt es ebenso professionell wie mit freundschaftlicher Gelassenheit. Auch sie zählen zum Kreis der neuen Mitglieder der »Traditionsweingüter Österreich«.

94 Grüner Veltliner * Grosse Reserve Endlos 2021
13,5 Vol.-%, NK, 500-l-Fass, €€€€€€ Ⓥ
Mittleres Gelbgold, Silberreflexe. Frisches Bukett nach

Matthias Marchesani, Michael Preyer und Georg Klein

DÜRNBERG
2162 Falkenstein
Neuer Weg 284
T: +43 (2554) 85355
weingut@duernberg.at
www.duernberg.at

Kellermeister: Michael Preyer
Kontakt: Matthias Marchesani
Anbauweise: Umstellung auf bio (Bio Austria)
Produktion: 4 % Schaumwein, 82 % weiß, 8 % rosé, 5 % rot, 1 % süß, 60 Hektar
Zertifiziert: Nachhaltig Austria
Vereinszugehörigkeit: Traditionsweingüter Österreich
Messen: DAC-Präsentationen

weißem Apfel, zart nach Guaven, ein Hauch von Mandarinenzesten, floraler Touch, Holzwürze klingt an. Saftig, engmaschig und elegant, mineralisch, wirkt leichtfüßig, balancierte Säurestruktur, Papaya und weißer Apfel im Abgang, ein facettenreicher, jugendlicher Speisenbegleiter mit großem Potenzial.

93 Grüner Veltliner * Falkenstein Ried Rabenstein 2021

13,5 Vol.-%, NK, großes Holzfass, €€€€€ V
Helles Gelbgold, silberfarbene Reflexe. Zart nussig, nach Kräutern und Quitte, ein Hauch von reifem Apfel, zart nach Melisse, mineralischer Touch. Saftig, gute Komplexität, elegant, weißes Kernobst, dezente Ananasnoten, frisches Finish, guter Speisenbegleiter, mineralisch-salzig im Abgang, weiteres Reifepotenzial.

92 Grüner Veltliner * Falkenstein Alte Reben 2023

12,5 Vol.-%, DV, Stahltank, €€€ V
Helles Gelbgrün, Silberreflexe. Zarte Nuancen von Kernobst, frischer Apfel, ein Hauch von Limettenzesten und Wiesenkräutern. Mineralisch und leichtfüßig, Nuancen von weißer Frucht, frisch strukturiert, zitroniger Touch im Abgang, ein animierender Speisenbegleiter.

92 Grüner Veltliner * Falkenstein Reserve Tradition 2022

13 Vol.-%, DV, Teilbarrique, €€€€ V
Helles Goldgelb, Silberreflexe. Einladendes Bukett nach reifen gelben Früchten, zart nach Mango und Birne, mit kandierten Orangenzesten unterlegt. Saftig, gut integrierte Säurestruktur, feine salzige Nuancen, Honigmelone im Abgang, bereits gut entwickelt.

91 Grüner Veltliner * Falkenstein 2023

12,5 Vol.-%, DV, Stahltank, €€ V
Helles Gelbgrün, silberfarbene Reflexe. Zarter Blütenhonig, ein Hauch von Wiesenkräutern, mit gelber Tropenfrucht unterlegt. Saftig und seidig, zarter Karamelltouch, feiner Säurebogen, burgundische Textur, balanciert, vielfältig einsetzbar, bietet leichtfüßiges Trinkvergnügen.

93 Ortolan Cuvée Prestige Reserve 2021 CH/WB/PG

13,5 Vol.-%, NK, 500-l-Fass, €€€€€ V
Helles Goldgelb, Silberreflexe. Feine gelbe Birnenfrucht, zart nach Mango, mit kandierten Mandarinenzesten unterlegt, ein Hauch von Quitte im Hintergrund. Saftig, elegant, weißes Kernobst, zart nach Marzipan, gute Frische, bleibt haften, ein leichtfüßiger Speisenbegleiter.

93 Gemischter Satz Falkenstein Ried Kirchberg Reserve 2021

13,5 Vol.-%, NK, großes Holzfass, €€€€€ V
Helles Goldgelb, Silberreflexe. Florale Nuancen, ein Hauch von Ananas und Rosenblüten, einladendes Bukett. Saftig, elegant, feine weiße Tropenfrucht, dezente Süße im Abgang, ausgewogen, angenehme Mineralik, bereits gut antrinkbar.

92 Weissburgunder Falkenstein Reserve 2022

13 Vol.-%, DV, Stahltank/großes Holzfass, €€€€ V
Helles Grüngelb, Silberreflexe. Zarte gelbe Apfelfrucht, etwas Mango und Maracuja, Wiesenkräuter, ein Hauch von Orangenzesten. Saftig, elegant, Nuancen von weißem Steinobst, dezente Fruchtsüße, zitronig-salzig im Abgang, bereits gut entwickelt, ein vielseitiger Speisenbegleiter.

(91) Rosé aus der Provinz 2022 PN/ME/CS

13,5 Vol.-%, NK, 500-l-Fass, €€€€ V
Mittleres Lachsrosa, Messingreflexe. Zart nach Pfirsich und Kirschen, ein Hauch von kandierten Orangenzesten, mit Wiesenkräutern unterlegt. Straff, kraftvoll, engmaschig, feine Pfirsichfrucht, dezente Süße im Abgang, lebendig, salzig-mineralisch, ein fruchtig-eleganter Sommerwein.

★★★★

WEINGUT EBNER-EBENAUER

BIO

Im Jahr 2007 legten Marion Ebner und Manfred Ebenauer den Grundstein für ihr gemeinsames Schaffen. Erst haben sie geheiratet, dann wurden Marions »Negociant«-Weinhaus und Manfreds Weingut zusammengelegt und schlussendlich die Weinmacherkapazitäten der beiden gebündelt.
Das Herzstück des Sortiments bilden ausschließlich Einzellagenweine, die aus den Trauben von mindestens 30 Jahre alten Rebstöcken gekeltert werden. Die ältesten (Grüner Veltliner, Weißburgunder, Riesling, St. Laurent) sind zwischen 50 und 72 Jahre alt und werden als solche auch auf dem Etikett betitelt. Bereits seit dem Jahrgang 2016 sind alle Weingärten in biologischer Bewirtschaftung, und nun wurde noch auf Biodynamie umgestellt.
Für die beiden war es an der Zeit, die Stilistik erneut zu schärfen, und so präsentiert sich das gesamte Sortiment noch feiner, mineralischer, mit noch tieferer Würze und Spannung am Gaumen – Attribute, die auch auf die international anerkannten Jahrgangssekte ohne Dosage zutreffen. Geerntet wird auf dem 18 Hektar umfassenden Weingut ausschließlich händisch, selektioniert wird direkt im Weingarten in 25-Kilogramm-Kisten. Im Keller wird auf große Technik verzichtet, dem Wein wird die Zeit zugestanden, die er benötigt. Der Großteil der Weine bekommt Maischestandzeit, wird spontan und ohne Temperaturkontrolle im Holzfass oder Stahltank vergoren und anschließend auf der Feinhefe gelagert. So sieht sich Manfred Ebner-Ebenauer nicht als Weinmacher, sondern als Weinbegleiter: »Unsere Weine sind unbeeinflusst und brauchen Zeit, um sich zu entwickeln, sie sind keine Blender, wirken nachhaltig und sind langlebig. Die Natur schreibt das Drehbuch unserer Weine, wir führen Regie!« Für diese Regieleistung erhielt das Weingut 2022 den österreichischen Oscar für Winzer: Marion und Manfred Ebner-Ebenauer wurden Falstaff-Winzer des Jahres und sind seit Mai 2024 auch Mitglied der »Traditionsweingüter Österreich«.

(95) Grüner Veltliner Ried Sauberg 2023
13 Vol.-%, DV, gebrauchte Barriques, €€€€€ Ⓑ Ⓥ
Mittleres Grüngelb, Silberreflexe. Frische Kräuter, ein Hauch von Gute-Luise-Birne, mit gelbem Apfel unterlegt, einladendes Bukett. Komplex, saftig, Anklänge von reifer gelber Tropenfrucht, finessenreich strukturiert, dunkle Mineralik, gute Länge, ein stoffiger Speisenbegleiter mit Reifepotenzial.

(95) Grüner Veltliner Black Edition 2022
13 Vol.-%, NK, Barrique, €€€€€€ Ⓑ
Leuchtendes mittleres Goldgelb, Silberreflexe. Zart nach Orangenmarmelade, mit reifer gelber Tropenfrucht unterlegt, attraktives Bukett. Saftig, komplex, feine Textur, ein Hauch von reifen Quitten, mineralisch, zarte Süße im Nachhall, ein sehr eleganter Speisenbegleiter, sicheres weiteres Reifepotenzial.

(94) Grüner Veltliner Ried Bürsting 2023
13 Vol.-%, DV, gebrauchte Barriques, €€€€€ Ⓑ
Leuchtendes Grüngelb, Silberreflexe. Frisches weißes Kernobst, zart nach Minze und Limettenzesten, attraktives Bukett. Saftig, komplex, weiße Apfelfrucht, feiner Säurebogen, mineralisch und anhaftend, seidiger, attraktiver Stil, ein stoffiger Speisenbegleiter mit pikanter Mineralik im Finale.

(94) Grüner Veltliner Alte Reben 2023
13 Vol.-%, DV, gebrauchte Barriques, €€€€€ Ⓑ
Mittleres Grüngelb, Silberreflexe. Mit Mandarinenzesten unterlegte gelbe Apfelfrucht, ein Hauch von Mango und Birne, zarte Wiesenkräuter, einladendes Bukett. Komplex, saftig, mittlerer Körper, weißes Kernobst, seidige Textur, feine Süße im Nachhall, bereits gut entwickelt und antrinkbar.

(93) Grüner Veltliner Ried Hermannschachern 2023
12,5 Vol.-%, DV, Stahltank, €€€€ Ⓑ
Mittleres Grüngelb, Silberreflexe. Zarte Nuancen von Wiesenkräutern, frischer gelber Apfel, zart nach Mango und Orangenzesten, einladendes Bukett. Schlank, feiner Steinobsttouch, weißer Apfel, frischer Säurebogen, mineralisch-zitronig, ein facettenreicher Speisenbegleiter mit Entwicklungspotenzial.

WEINGUT EBNER-EBENAUER

2170 Poysdorf
Laaer Straße 3-5
T: +43 (2552) 2653
office@ebner-ebenauer.at
www.ebner-ebenauer.at

Kellermeister: Manfred Ebner-Ebenauer
Kontakt: Marion Ebner-Ebenauer
Anbauweise: Biodynamisch (Bio Austria, respekt)
Produktion: 80 % weiß, 20 % rot, 18 Hektar
Vereinszugehörigkeit: Traditionsweingüter Österreich
Messen: Austrian Tasting London, VieVinum, MondoVino

Poysdorf

91 Grüner Veltliner Poysdorf 2023
11,5 Vol.-%, DV, Stahltank, €€€ B
Helles Gelbgold, Silberreflexe. Reifer gelber Apfel, zarter Blütenhonig, Nuancen von Orangenzesten. Schlank, seidig, frisches Kernobst, zarte Süße, balanciert, leichtfüßig, bietet unkompliziertes sommerliches Trinkvergnügen.

(94) Riesling Alte Reben 2023
13 Vol.-%, DV, Stahltank, €€€€€ B
Mittleres Goldgelb, Silberreflexe. Floral unterlegte reife gelbe Tropenfrucht, mit Nuancen von Maracuja und Limetten unterlegt, sehr attraktives Bukett. Saftig, weißer Apfel, frisch strukturiert, dezente Süße im Abgang, bleibt gut haften, mineralisch-zitroniger Nachhall, bereits gut antrinkbar, sicheres Reifepotenzial.

92 Riesling 2023
12,5 Vol.-%, DV, Stahltank, €€€€ B
Helles Grüngelb, Silberreflexe. Zarte gelbe Tropenfrucht, ein Hauch von Ananas und Pfirsich, floraler Touch, einladendes Bukett. Saftig, mittlerer Körper, weißes Steinobst, frischer Säurebogen, mineralisch-salziger Abgang, feine Fruchtsüße im Nachhall.

94 Chardonnay Black Edition 2022
13 Vol.-%, NK, Barrique, €€€€€€ B
Mittleres Goldgelb, Silberreflexe. Zarte Nuancen von Vanille und Lindenblüten, feine Anklänge von gelbem Kernobst, ein Hauch von weißem Nougat, facettenreiches Bukett. Saftig, elegant, feine Textur, zart nach Mango und Ananas, finessenreiche, gut integrierte Säurestruktur, gute Länge, bereits zugänglich und gut antrinkbar, sicheres Potenzial für Jahre.

(93) Weißer Burgunder Alte Reben 2023
13 Vol.-%, DV, gebrauchte Barriques, €€€€€ B
Mittleres Gelbgrün, Silberreflexe. Zart nach hellem Karamell, reife Birnenfrucht, etwas Biskuit und kandierte Orangenzesten. Samtig-seidige Textur, feine Extraktsüße, cremiger Touch, dezente Säurestruktur, zart salzig im Abgang, gute Länge, bereits sehr gut antrinkbar.

94 Pinot Noir Black Edition 2020
13 Vol.-%, NK, Barrique, €€€€€€ B
Mittleres Karmingranat, breite Ockerrandaufhellung. Frische rote Kirschen, mit zarten Edelholznuancen unterlegt, zart nach Himbeeren und Lakritze, floraler Touch. Komplex, saftig, rotbeerige Textur, seidige Tannine, mineralisch-salzig im Abgang, zeigt sehr gute Länge, Kirschen auch im Nachhall, gutes Reifepotenzial.

★★★

WEINGUT EDLINGER X RÖSCHITZ

Besonderes offenbart sich wie ein Schatz nicht immer sofort. Auf Granit und Löss, verborgen unter Mineral- und Erdschichten, wirken großartige Wunder – ganz heimlich. Die Schätze, die sie hervorbringen, sind die Essenz der Röschitzer Weine vom Weingut Edlinger Wein x Röschitz. Und weil sich ein Schatz nicht immer sofort offenbart, braucht es auch bei diesen Weinen immer den zweiten Schluck, um all ihre Nuancen und den komplexen Geschmack am Gaumen wahrzunehmen. Man sollte also neugierig sein, um Edles zu entdecken.
Sieben Veltliner-Persönlichkeiten finden sich auf der feinen Weinkarte: vom frech-fruchtigen »Emma« bis zur »Weinviertler Reserve GV extrem«, ein Statement aus Kräuterwürze und Tropenfrüchten. Sie sind in guter Gesellschaft mit dem ausdrucksstarken Riesling »Mathäa«, Riesling Ried Steinleiten und anderen Weißweinen wie Chardonnay und Gemischter Satz »Julius«, allesamt aus Röschitzer Toplagen. Das Sortiment wird durch zwei verschiedene Frizzante-Weine abgerundet: Frizzante Fips rosé und Frizzante Gelber Muskateller.

Als Besucher spürt man sofort die familiäre Energie. Der Weinviertler Weinhof der Edlingers ist ein Ort, an dem Einzigartiges entsteht, in einem liebevoll gepflegten Ambiente aus Stein, Wasser, Blumen und stilvollen Rosenkugeln aus der Werkstatt von Birgit Edlinger. Das Weingut der Edlingers ist auf alle Fälle eine Reise wert.

93 Grüner Veltliner * Ried Hundspoint 2023
13 Vol.-%, DV, Stahltank, €€ Ⓗ
Leuchtendes mittleres Gelbgrün, silberfarbene Reflexe. Zarte Nuancen von gelber Frucht, frischer Apfel, etwas Mango und Blütenhonig, mit kandierten Orangenzesten unterlegt. Komplex, saftig, weißes Kernobst, finessenreicher Säurebogen, mineralisch-salzig im Abgang, zeigt Länge und Potenzial.

92 Grüner Veltliner * Ried Galgenberg 2023
13 Vol.-%, DV, Stahltank, €€
Mittleres Gelbgrün, silberfarbene Reflexe. Zart tabakig-kräuterwürzig unterlegte gelbe Tropenfrucht, kandierte Mandarinenzesten. Stoffig, seidig, süße Fruchttextur, feiner Säurekern, etwas Pfirsich, Blütenhonig im Abgang, braucht noch etwas Zeit.

Hannes Edlinger

WEINGUT EDLINGER X RÖSCHITZ
3743 Röschitz
Granitz 15
T: +43 (664) 4523124
wein@edlinger-roeschitz.at
www.edlinger-roeschitz.at

Kellermeister/Kontakt: Hannes Edlinger
Produktion: 5 % Schaumwein, 93 % weiß, 2 % rot, 14 Hektar

(93) Grüner Veltliner Ried Galgenberg plus 2023
14,5 Vol.-%, DV, Stahltank, €€€
Leuchtendes Goldgelb, Silberreflexe. Feine Kräuternoten, zart nach Gewürzen, dazu Mango und Papaya, ein Hauch von Orangenzesten, einladendes Bukett. Komplex, kraftvoll, Ananastouch im Abgang, mineralisch, bleibt sehr gut haften, vielfältig einsetzbar.

91 Grüner Veltliner granit pur 2023
12,5 Vol.-%, DV, Stahltank, €€
Helles Gelbgrün, Silberreflexe. Feine Apfelfrucht, zart nach Guaven, ein Hauch von Kräutern, etwas weißer Pfeffer. Saftig, extraktsüß nach weißem Apfel, puristisch, feinwürziger Nachhall, unkompliziertes Trinkvergnügen.

(92) Riesling Ried Steinleiten 2023
15 Vol.-%, DV, Stahltank, €€€
Mittleres Gelbgrün, Silberreflexe. Zart nach Wiesenkräutern und Gewürzen, ein Hauch von Orangenzesten, floraler Touch, mineralische Nuancen. Straff, feine Säurestruktur, weißes Steinobst, etwas Ananas im Nachhall, würziger Speisenbegleiter.

91 Riesling Mathäa 2023
13,5 Vol.-%, DV, Stahltank, €€
Mittleres Gelbgrün, Silberreflexe. Feine Wiesenkräuter, zart nach Maracuja, ein Hauch von Melisse, dezente Pfirsichfrucht, einladendes Bukett. Saftig, mittlere Komplexität, zart nach Mango, frischer Säurebogen, bleibt gut haften, bereits gut antrinkbar.

★

WEINGUT EICHBERGER

Zehn Kilometer nördlich von Wien am Rande des Marchfeldes und am Beginn des Weinviertler Hügellands liegt das Familienweingut Eichberger. Die Weingärten befinden sich neben dem Heimatort Eibesbrunn zusätzlich auf einem kleinen Hügel in Putzing – beides kleine Dörfer, wo mehr Reben als Einwohner zu Hause sind. Aufgrund der zwei sehr konträren Orte kann die Familie die Besonderheiten der einzelnen Lagen und den Einfluss des jeweiligen Mikroklimas in ihren Weinen aufzeigen.
Bei den Eichbergers wird generationenübergreifend gearbeitet und daher nachhaltig und mit Weitblick agiert. Sie philosophieren über Boden, Leben und Handarbeit und stellen diese drei Säulen in den Mittelpunkt ihres täglichen Handelns. Die wichtigste Ressource ist ihr vitaler Boden. In jedem Weingarten wachsen das ganze Jahr über bunt blühende Pflanzen, um den Mikroorganismen und den tierischen Mitbewohnern eine richtige Wohlfühloase zu bieten. Diese Begrünungen sorgen so für einen aktiven Boden und ein harmonisches Zusammenleben vieler unterschiedlicher Lebewesen. Herbizide und Insektizide finden auf dem Weingut Eichberger keinen Platz.
Die Weingärten werden hier nach wie vor händisch bearbeitet. Der Rebschnitt, die Laubarbeit, die Traubenreduktion und die Ernte stellen dabei die wichtigsten Arbeitsschritte dar. So kann die Familie Eichberger kontinuierliche Qualität garantieren und die Besonderheiten jeder Weingartenzeile bewusst wahrnehmen.
Ihr Ziel ist es, der Welt die Schätze des südlichen Weinviertels zu zeigen und herkunftstypische Weine, die Spaß machen, ins Glas zu bringen. Sie möchten auch keinen Stillstand: Jedes Jahr gibt es ein neues Experiment und ganz schön viele Weiterentwicklungen. In den

WEINGUT EICHBERGER
2203 Eibesbrunn
Großebersdorfer Straße 12
T: +43 (2245) 2476
office@weinguteichberger.at
www.weinguteichberger.at

Kellermeister/Kontakt: Gotthard Eichberger
Anbauweise: Umstellung auf bio
Produktion: 20 Hektar
Zertifiziert: Nachhaltig Austria
Vereinszugehörigkeit: So schmeckt NÖ, Weinstraße Südliches Weinviertel
Messen: VieVinum, Weinmesse Innsbruck, DAC-Präsentationen

letzten Monaten wurde beispielsweise eine eigene PV-Anlage in Betrieb genommen und die Umstellungsphase auf »bio« offiziell begonnen, außerdem wurden neue Kellerschätze ins Leben gerufen.

92 Grüner Veltliner ** 2021
14,5 Vol.-%, DV, Stahltank, €€€
Helles Gelbgrün, Silberreflexe. Zarte Tabakwürze, etwas nach Blütenhonig, ein Hauch von Quitte und weißer Pfirsichfrucht. Saftig, straff, gut eingebundene Säurestruktur, kraftvoll, feiner Birnentouch im Abgang, salziger Nachhall, guter Speisenbegleiter.

90 Grüner Veltliner * Ried Kirchthal 2023
13 Vol.-%, DV, Stahltank, €€
Helles Gelbgrün, Silberreflexe. Floraler Touch, unterlegt mit kandierten Orangenschalen, etwas nach Tropenfrucht. Mittlerer Körper, gut eingebundene Säurestruktur, feine Fruchtsüße nach Papaya, lang anhaftend, guter Speisenbegleiter.

(91) Grüner Veltliner Ried Hundspoint 2023
14 Vol.-%, DV, Stahltank, €€€
Helles Gelbgrün, Silberreflexe. Zarte Kräuterwürze, etwas weiße Apfelfrucht, zart nach Cayennepfeffer, frisches Bukett. Saftig, elegant, feine Säurestruktur, mineralisch, Maracuja im Abgang, würziger Rückgeschmack, bereits gut antrinkbar.

93 Chardonnay Große Reserve »Ich bin Ich« 2021
14 Vol.-%, DIAM, kleines Holzfass, €€€€€
Mittleres Gelbgrün, Silberreflexe. Zarte Holzwürze, etwas nach Vanille, ein Hauch von Bergamotte, Papaya und Honigmelone klingen an, floraler Touch. Saftig, gute Komplexität, feine, balancierte Säurestruktur, zart cremig, einladend und facettenreich, vielseitiger Speisenbegleiter.

91 Grande Cuvée Reserve 2021 ZW/BB
14 Vol.-%, DIAM, Barrique, €€€€
Dunkles Rubingranat, violette Reflexe, zarte Randaufhellung. Feine Tabak-Kräuter-Würze, etwas Brombeeren und Cassis, zart nach Feuerstein. Komplex, engmaschig, extraktsüß nach schwarzen Kirschen, ein Hauch von frischen Pflaumen, gut integrierte Tanninstruktur, lange anhaftend, bereits sehr gut antrinkbar.

90 St. Laurent 2021
13,5 Vol.-%, DIAM, Barrique, €€€€
Kräftiges Rubingranat, violette Reflexe, zarte Randaufhellung. Dunkle Kirschfrucht, zart nach Vanille, ein Hauch von Brombeeren, kandierte Orangenzesten. Elegant, feines Tannin, feinwürzig, rotes Waldbeerenkonfit, fruchtsüßes Finish, Holztouch im Rückgeschmack, guter Speisenbegleiter.

★

WEINBAU WILLI EMINGER

Qualitativ hochwertige Weine, die ein hohes Maß an Trinkvergnügen bieten: Dafür ist die Weinhauerfamilie Eminger bekannt. Geführt wird dieser Familienbetrieb von Ing. Wilhelm Eminger und seiner Frau Miriam. Aus dem ehemals gemischten Betrieb entwickelte sich in den letzten zwanzig Jahren ein Leitbetrieb der Region. Ertragsbegrenzung und intensive Pflege der Rebflächen sowie schonende Traubenverarbeitung und Vergärung bei optimalen Bedingungen sind hier die qualitative Basis. Eine im Jahr 2001 neu erbaute Kellerei, die sich die Schwerkraft zunutze macht, erleichtert das Erreichen der angestrebten Ziele. Ein großes Sortiment lädt zum Degustieren ein: Der Grüne Veltliner ist hier natürlich die Hauptsorte und nimmt mehr als ein Drittel der Rebflächen ein, aber auch Riesling, Sauvignon Blanc, Muskateller, Welschriesling, Pinot Blanc und Traminer werden mit Erfolg gekeltert. Einen guten Namen hat sich Familie Eminger auch aufgrund ihrer Rotweine gemacht, die ein Drittel der Gesamtproduktion einnehmen.

91 Grüner Veltliner ** Ried Steinbergen Simon 2021
13,5 Vol.-%, DV, gebrauchte Barriques, €€€
Helles Gelbgrün, Silberreflexe. Zarte Kräuternoten, reife gelbe Tropenfrucht, etwas Mango, einladendes Bukett. Saftig, elegant, feine Struktur, extraktsüß, gelber Apfel im Abgang, bleibt gut haften, guter Speisenbegleiter.

WEINBAU WILLI EMINGER

2224 Niedersulz
Niedersulz 90–91
T: +43 (664) 1218691
weinbau@willi-eminger.at
www.weinbau.willi-eminger.at

Kellermeister/Kontakt:
Ing. Wilhelm Eminger
Produktion: 2 % Schaumwein, 65 % weiß, 3 % rosé, 30 % rot, 13 Hektar
Messen: Weinmesse Innsbruck

Sauvignon Blanc

90 Grüner Veltliner * Ried Steinbergen Exklusiv 2023
13 Vol.-%, DV, Stahltank, €€
Helles Goldgelb, silberfarbene Reflexe. Zart nach Mandarinenzesten, ein Hauch von frischen Kräutern, mit Nuancen von Apfel und Mango unterlegt. Straff, engmaschig, feine Süße, angenehmer Säurebogen, mineralisch-salzig, gut anhaftend, ein feinwürziger Begleiter bei Tisch.

89 Grüner Veltliner * Sulz im Weinviertel 2023
12,5 Vol.-%, DV, Stahltank, €€

89 Pinot Blanc Ried Breiten 2023
13 Vol.-%, DV, Stahltank, €€

89 Sauvignon Blanc Ried Baumleiten 2023
13,2 Vol.-%, DV, Stahltank, €€

★★★

WEINGUT RUDOLF FIDESSER

BIO

Der im westlichen Weinviertel gelegene Familienbetrieb bewirtschaftet sein Weingut nach biologisch-dynamischen Anbaumethoden. Gleichzeitig arbeitet Norbert Fidesser – ein ursprünglicher Winzer mit Leib und Seele – mit einer großen Bandbreite an Böden und Lagen, um authentische und regionaltypische, aber dennoch individuelle Weine zu produzieren. Norbert und Gerda Fidesser beschreiben dies mit der »Konzentration auf das Wesentliche«. Die Weine sollen Böden und Klima sprechen lassen, daher ist es für die leidenschaftlichen Winzer wichtig, viel Zeit im Weingarten zu verbringen und »auf die Trauben und die Natur zu hören«. Die »Demeter«-Zertifizierung des Betriebs in der kleinen Weinbaugemeinde Platt südlich von Retz ist da nur die logische Folge. Das Resultat dieser ehrlichen Arbeit der Familie Fidesser ist ein hochwertiges Sortiment von großer Vielfalt.

93 Weißer Traminer Ried Höhweingarten 2022
14 Vol.-%, NK, Stahltank, €€€€
Leuchtendes Goldgelb, Silberreflexe. Feine Nuancen von gelber Tropenfrucht, etwas Litschis, Rosenöl, ein Hauch von Marshmallows, florale Nuancen. Stoffig, elegant, zart nach Birne, feiner Säurebogen, angenehmer, trockener Stil, Nuancen von Blütenhonig im Finale, zeigt Länge und Reifepotenzial.

Pfarrkirche Platt

WEINGUT RUDOLF FIDESSER
2051 Platt
Platt 39
T: +43 (2945) 2592
weingut@fidesser.at
www.fidesser.at

Kontakt: Norbert und Gerda Fidesser
Anbauweise: Biodynamisch (Bio Austria, Demeter)
Produktion: 75 % weiß, 25 % rot, 15 Hektar
Vereinszugehörigkeit: Premium Weingüter Weinviertel, Tu Felix Austria
Messen: VieVinum

92 Grüner Veltliner Platt Ried Kapellenberg 2022
13,5 Vol.-%, NK, Stahltank, €€€€
Mittleres Goldgelb, Silberreflexe. Zart nach Wiesenkräutern, zart rauchige Würze, reife gelbe Birnenfrucht, kandierte Orangenzesten. Saftig, mineralisch, feine Säurestruktur, dezente Apfelfrucht, harmonisch und gut anhaftend, ein eleganter Begleiter bei Tisch.

92 Sauvignon Blanc Ried Sandberg 2022
13 Vol.-%, NK, Stahltank, €€€€
Mittleres Grüngelb, Silberreflexe. Nuancen von reifen gelben Stachelbeeren, ein Hauch von Guaven, Anklänge von frischem Pfirsich, mit Limettenzesten unterlegt. Komplex, saftig, feine Kräuterwürze, frischer Säurebogen, lebendiger Stil, ein facettenreicher Speisenbegleiter.

91 Pinot Noir Ried Kapellenberg 2021
12,5 Vol.-%, NK, Holzfass, €€€€
Kräftiges Karmingranat, Ockerreflexe, breitere Randaufhellung. Rauchig, schwarze Waldbeeren, ein Hauch von Lakritze, mit Kräutern und Nougat unterlegt. Mittlerer Körper, rotbeerig, frische Kirschen, schlank und lebendig strukturiert, zitronige Nuancen, mineralisch, ein schwungvoll-leichtfüßiger Speisenbegleiter mit salzigem Nachhall.

90 Ried Kirchleiten 2019 ZW/CS
13 Vol.-%, NK, großes Holzfass, €€€€
Kräftiges Rubingranat, violette Reflexe, breite Randaufhellung. Frische reife Weichseln, ein Hauch von Cassis und Zwetschken, mit feiner Kräuterwürze unterlegt. Mittlere Komplexität, rotbeerig, frisch strukturiert, mineralisch im Abgang, bietet unkompliziertes Trinkvergnügen.

★

WEINBAU FINK&KOTZIAN

Christian Fink und Petra Kotzian sind ein Winzerpaar, bei dem sich Leidenschaft, Können und Sinn für Ästhetik in sehr positiver Weise bündeln. Auf ihrem kleinen Weingut in Gauderndorf im Weinviertel gedeiht eine erstaunliche Rebsortenvielfalt, und bei jedem einzelnen Wein ist augenscheinlich, mit welcher Bedachtsamkeit und Gespür für Terroir und Tradition er gekeltert wurde. Jeder Jahrgang darf seine individuelle Charakteristik zeigen, was mitunter durch die Bezeichnung »aus einem feinen Jahr« oder auch in Form eines einfachen Pluszeichens auf dem Etikett zu sehen ist. Grüner Veltliner und Riesling zählen mit ihrer bilderbuchartigen Sortentypizität zu den Schaustücken im Weingut. Dass auch die Kunst eine Rolle im Leben des Winzerpaars spielt, offenbart sich durch den Flaggschiffwein »O.T. Reserve«, einen Wein »ohne Titel«, der mit Eleganz und Vielschichtigkeit umso mehr Begehrlichkeit weckt.

93 Pinot Gris Grauer Mönch 2022
13 Vol.-%, DV, gebrauchte Barriques, €€€
Leuchtendes mittleres Kupfergold, Silberreflexe. Feine Nuancen von Kletzen, reife gelbe Tropenfrucht, mit Orangenblüten unterlegt. Saftig, elegant, feine Extraktsüße, cremige Textur, reife Birnenfrucht, feiner Säurebogen, balanciert, mineralisch-salzig im Abgang, besitzt Länge, ein facettenreicher Begleiter bei Tisch.

93 Chardonnay O.T. Reserve 2021
13,5 Vol.-%, DV, Barrique, €€€€
Mittleres Gelbgrün, Silberreflexe. Anklänge von reifer gelber Tropenfrucht, ein Hauch von Guaven, etwas Quittengelee und Blütenhonig, zarte Kräuterwürze und kandierte Grapefruitzesten im Hintergrund. Komplex, stoffig, Nuancen von weißer Frucht, rassiger Säurebogen, mineralisch-zitronig im Abgang, feine Süße im Rückgeschmack, bereits gut entwickelt.

92 O.T. 2022 CH/WB
13,5 Vol.-%, DV, Stahltank, €€
Mittleres Goldgelb, Silberreflexe. Zart nach Honigmelone, feine Kernobstnuancen, ein Hauch von kandierten Orangenzesten, etwas scheues Bukett. Saftig, elegant, reife Ananas und Mango, dezenter Säurebogen, feine Kräuterwürze im Abgang, bereits gut entwickelt.

92 Gemischter Satz Ried Hintern Dorf 2022
13,5 Vol.-%, DV, Stahltank, €€
Mittleres Grüngelb, Silberreflexe. Zarte Kräuterwürze, gelbes Kernobst, ein Hauch von Birne, etwas Mango und Blütenhonig. Saftig, elegant, feine Fruchtsüße im Kern, feiner Säurebogen, ausgewogen und gut anhaftend, ein vielseitiger Speisenbegleiter.

91 Riesling Berg und Meer 2022
13,5 Vol.-%, DV, Stahltank, €€
Mittleres Grüngelb, Silberreflexe. Zart nach Mandarinenzesten, gelbes Steinobst, mit einem Hauch von Safran unterlegt. Kraftvoll, stoffig, gelbe Tropenfrucht, frischer Säurebogen, süßer Pfirsich im Abgang, mineralisch-zitronig im Nachhall, zeigt Länge und sicheres Reifepotenzial.

91 Grüner Veltliner Ried Königsberg 2022
14 Vol.-%, DV, Stahltank, €€€
Mittleres Goldgelb, Silberreflexe. Zart nach Orangenzesten, reife gelbe Apfelfrucht, ein Hauch von Wiesenkräutern und Blütenhonig. Komplex, kraftvoll, weißes Kernobst, feiner Säurebogen, mineralisch, zeigt gute Länge, harmonisch, bereits gut entwickelt, ein vielseitiger Speisenbegleiter.

WEINBAU FINK&KOTZIAN
3730 Eggenburg
Kattau 79
T: +43 (664) 3902602
ot@weinfink.at
www.weinfink.at

Kellermeister/Kontakt:
Christian Fink und Petra Kotzian
Produktion: 99 % weiß, 1 % rosé, 9 Hektar
Vereinszugehörigkeit:
Weinviertel DAC
Messen: VieVinum

Pinot Gris

★★★

WEINGUT FRANK

Das Weingut Frank liegt in Herrnbaumgarten im nordöstlichen Weinviertel und steht für handwerkliche Grüne Veltliner, die trotz Kraft und Tiefgang niemals opulent wirken. Besonders hervorzuheben sind die gereiften Veltliner aus den Löss-Lagen Johannesbergen und Hoher Weg sowie aus der Muschelkalk-Lage Baumgartleiten. Daneben werden auch fruchtige, trinkanimierende Weine wie der Grüne Veltliner Weinviertel DAC vinifiziert. Die Mineralik der kalkreichen Lössböden bringt hervorragende Rieslinge hervor. Der Weißburgunder aus der Nordlage Adamsbergen sowie eine hervorragende Rotwein-Cuvée aus der kargen, sandigen Lage Hannbuch runden das Programm ab. Die Finesse der Weine ist dem kühlen Klima zuzuschreiben. Auf diesem Weingut hat man erkannt, dass die Zukunft den gebietsgeprägten, eleganten Weinen gehört.

(93) Grüner Veltliner ** Ried Hoher Weg 2023
13,5 Vol.-%, DV, Eichenfass, €€€€ Ⓥ
Leuchtendes mittleres Gelbgrün, Silberreflexe. Zart nach Ananas und Mango, ein Hauch von Limetten, mineralische Nuancen, mit feinen Wiesenkräutern unterlegt. Komplex, saftig, elegant, gelbe Tropenfrucht, frischer Säurebogen, mineralisch und gut anhaftend, ein stoffiger Speisenwein mit Zukunftspotenzial.

92 Grüner Veltliner ** Ried Johannesbergen 2023
13 Vol.-%, DV, Stahltank, €€€ Ⓥ
Helles Gelbgrün, Silberreflexe. Frische Wiesenkräuter, weiße Apfelfrucht, ein Hauch von Mandarinenzesten, einladendes Bukett. Saftig, komplex, zart nach Honigmelone, feiner Säurebogen, mineralisch-zitronig im Abgang, ein feinwürziger, eleganter Speisenbegleiter, gutes Reifepotenzial.

90 Grüner Veltliner * 2023
12,5 Vol.-%, DV, Stahltank, €€ Ⓥ
Helles Grüngelb, silberfarbene Reflexe. Tabakig, feine Nuancen von gelbem Kernobst, etwas Mango, Orangenzesten, mineralischer Touch. Straff, engmaschig, weißer Apfel, gut integrierte Säure, feinwürziger Nachhall, salzig im Rückgeschmack.

92 Riesling Ried Krainholz Alte Reben Reserve 2022
13 Vol.-%, DV, Stahltank, €€€€ Ⓥ
Helles Gelbgrün, Silberreflexe. Zart floral, Nuancen von Zitronengras, weißer Pfirsich, etwas verhaltenes Bukett. Mittlerer Körper, weißer Apfel, rassige Säurestruktur, mineralisch-salzig im Abgang, ein Hauch von Blütenhonig im Nachhall, bereits antrinkbar, gutes Entwicklungspotenzial.

91 Riesling Herrnbaumgarten 2023
12,5 Vol.-%, DV, Stahltank, €€€ Ⓥ
Helles Grüngelb, Silberreflexe. Mit einem Hauch von Limetten unterlegte zarte Pfirsichnuancen, floraler Touch. Saftig, gute Komplexität, weißes Steinobst, feiner Säurebogen, mineralisch-zitronig im Abgang, feine Fruchtsüße im Nachhall, bereits antrinkbar.

WEINGUT FRANK
2171 Herrnbaumgarten
Kellergasse 5
T: +43 (2555) 2300
frank@weingutfrank.at
www.weingutfrank.at

Kellermeister/Kontakt:
Harald Frank
Produktion: 75 % weiß, 5 % rosé, 20 % rot, 23 Hektar
Vereinszugehörigkeit:
Weinviertel DAC, Weinstraße Weinviertel
Messen: ProWein Düsseldorf, VieVinum, DAC-Präsentationen

★

WEINGUT GILG

Das Weingut Gilg befindet sich in Hagenbrunn vor den Toren Wiens. Bewirtschaftet werden rund zehn Hektar Rebfläche an den Südhängen des Bisambergs. 75 Prozent der Weingärten sind mit Weißweinsorten bepflanzt, wobei das Hauptaugenmerk auf Grünem Veltliner, Riesling sowie Sauvignon Blanc liegt. Neu im Sortiment hat man einen Gelben Traminer, die Lieblingssorte von Jungwinzer Stefan Gilg. Bereits mit der vierten Ernte vom Gelben Traminer konnte man den begehrten Titel des Bundessiegers gewinnen. Die Rotweinflächen teilen sich die Sorten Zweigelt, Merlot und Cabernet Sauvignon. Seit heuer stehen an der Spitze des Sortiments drei Große Reserven: Gelber Traminer, Riesling Aichleiten und Cabernet Sauvignon (eine Sonderabfüllung aus dem Geburtsjahrgang der Tochter Valentina). Die Serie der Großen Reserven wird mit dem Jahrgang 2023 noch um einen Veltliner aus der Paradelage Aichleiten erweitert werden.
Besonders stolz ist man auf den Welschriesling Eiswein aus der Riede Hofmauer – den ersten jemals in Hagenbrunn gekelterten Eiswein. Im neu gebauten Weinkeller an der Hagenbrunner Hauptstraße kann Familie Gilg seit der Ernte 2017 auf modernste Kellertechnik vertrauen. Der Verkaufsraum ist für Verkostung und Verkauf jeden Freitag von 13 bis 18 Uhr geöffnet. Im Heurigenlokal in der Schlossgasse 33 bieten die Gilgs ein traditionelles, heurigentypisches Buffet, saisonale Schmankerl und vegetarische Speisen sowie hausgemachte Mehlspeisen an. Alle Weine kann man dort auch glasweise bestellen.

91 Grüner Veltliner ** Ried Tagnern 2022
14,5 Vol.-%, DV, gebrauchte Barriques, €€€
Helles Grüngelb, Silberreflexe. Frische Orangenzesten, tabakig unterlegte gelbe Apfelfrucht, ein Hauch von Limetten im Hintergrund. Saftig, elegant, fruchtige Süße, etwas barocke Stilistik, dezenter Säurebogen, Honig im Nachhall.

93 Gelber Traminer Ried Plankenfeld Große Reserve 2022
14,5 Vol.-%, NK, kleines Holzfass, €€€€€
Helles Goldgelb, Silberreflexe. Feine reife Tropenfrucht, zart nach Maracuja, Rosenduft, ein Hauch von Pfirsich, mit Ananas und Limetten unterlegt. Kraftvoll, komplex, elegant, mineralisch, weißes Steinobst, feine Säurestruktur, bleibt haften, bereits zugänglich, wird von Flaschenreife profitieren.

92 Riesling Ried Aichleiten Große Reserve 2022
14 Vol.-%, NK,DV, großes Holzfass, €€€
Leuchtendes mittleres Gelbgrün, Silberreflexe. Zarte weiße Tropenfrucht, feiner Pfirsichtouch, kandierte Limettenzesten, mineralischer Hauch. Saftig, elegant, feine Fruchtsüße, gute Balance, frisch strukturiert, salziger Touch im Rückgeschmack, bereits gut entwickelt.

90 Roter Veltliner Ried Tagnern 2023
13 Vol.-%, DV, Stahltank, €€
Helles Grüngelb, Silberreflexe. Zarte Kräuterwürze, ein Hauch von Birne und Mango, dezenter Blütenhonig. Saftig, fruchtige Süße, gut integrierte Säurestruktur, reife gelbe Frucht im Abgang, wirkt etwas opulent, bereits gut antrinkbar.

92 Cabernet Sauvignon Valentina's Große Reserve 2021
14 Vol.-%, NK, Flaschenreifung/Barrique, €€€€€
Kräftiges Rubingranat, Ockerreflexe, dezente Randaufhellung. Feine Edelholzwürze, Nuancen von Vanille und Kardamom, dunkle Beerenfrucht, ein Hauch von Cassis. Saftig,

WEINGUT GILG
2102 Hagenbrunn
Schlossgasse 33
T: +43 (2262) 672781
weingut@gilg.at
www.weingut-gilg.at

Kellermeister/Kontakt:
Ing. Stefan Gilg
Anbauweise: Integrierter Anbau
Produktion: 5 % Schaumwein, 70 % weiß, 5 % rosé, 18 % rot, 2 % süß, 10.5 Hektar
Messen: VieVinum, DAC-Präsentationen

schwarze Kirschen, feine Tannine, schokoladiger Touch im Abgang, zeigt Länge und Reifepotenzial.

90 Zweigelt Reserve 2021
13,5 Vol.-%, DV, Barrique/gebrauchte Barriques, €€€
Kräftiges Rubingranat, violette Reflexe, dezente Ockerrandaufhellung. Reife Herzkirschen, mit Waldbeerenkonfit unterlegt, zarte Kräuterwürze. Saftig, kraftvoll, elegant, eingelegte Kirschen, reife Tannine, feines Nougat im Nachhall, bereits entwickelt.

★★★

WEINGUT INGRID GROISS

BIO

Ingrid Groiss definiert sich selbst mit diesen drei Begriffen: Leidenschaft, Gefühl und Zielstrebigkeit. Seit 2010 führt sie den Familienbetrieb ihrer Eltern weiter – mit Bravour, wie man sieht. Angefangen hat die junge Weinviertler Winzerin mit klassischen, sortentypischen Weinen, die ihre Persönlichkeit, den Ausdruck der Region und deren Lagen widerspiegeln. Ihrer Linie ist sie bis heute treu geblieben. Ihr ist es ein besonderes Anliegen, naturnahe und individuelle Weine mit Herkunftsprofil und Sortencharakteristik zu produzieren. Ihre persönliche Handschrift unterstreicht und hebt die biologische Bewirtschaftung der Weingärten hervor. In den letzten Jahren hat sie sich durch ihre Konstanz auch international einen Namen gemacht, und ihre Weine werden von vielen Sommeliers sehr geschätzt. Den bisher größten Erfolg hat sie mit ihrem Gemischten Satz, der sowohl alte Traditionen als auch moderne Weinproduktion verbindet und für jeden Konsumenten ein Genuss ist.
Ein weiteres Augenmerk richtet Ingrid Groiss auf die Rebsorte Grüner Veltliner. Hier zeigen die weingutseigenen Einzellagen ausdrucksstark die markanten bodentypischen Besonderheiten der mineralischen Urgesteins-, Konglomerat- und vom Urmeer geprägten Kalkböden.
Für die junge Winzerin steht die Arbeit im Einklang mit der Natur an erster Stelle. Ihr Markenzeichen, der Feldhase, symbolisiert den behutsamen Umgang mit dem Habitat Weingarten und die Verbundenheit mit dem Weingartenleben. Die besonderen Lagen rund um Breitenwaida und Fahndorf und die alten Rebstöcke kommen ihr und ihrer Philosophie sehr entgegen. 2016 erfolgte die Umstellung auf biologische Bewirtschaftung – ein für sie essenzieller Schritt, um das Profil der Weine noch weiter zu perfektionieren. Neben der händischen Weinlese bilden perfektes Traubenmaterial und das Prinzip, den Weinen im Keller Zeit für eine gelungene Entwicklung zu geben, die weiteren Eckpfeiler. Deshalb hat sich Ingrid Groiss auch dazu entschlossen, ihre Weine später auf den Markt zu bringen und nur noch gefüllte Weine zu zeigen, ganz wie es sich für das neue Mitglied der »Traditionsweingüter Österreich« gehört und wie es viele ihrer Kollegen dieses Vereins bereits machen.
An Wochenenden führt die Familie Groiss in Breitenwaida in der Nähe von Hollabrunn einen ausgezeichneten Heurigenbetrieb, wo man auch die Weine der aufstrebenden Kellermeisterin kennenlernen kann. Groiss ist auf alle Fälle ein Name, den man sich für die Zukunft merken sollte.

WEINGUT INGRID GROISS
2014 Breitenwaida
Tullnerstraße 472
T: +43 (676) 3927703
info@ingrid-groiss.at
www.ingrid-groiss.at

Kellermeister/Kontakt: Ingrid Groiss
Anbauweise: Zertifiziert Biologisch
Produktion: 90 % weiß, 10 % rosé, 18 Hektar
Vereinszugehörigkeit: Traditionsweingüter Österreich
Messen: ProWein Düsseldorf, VieVinum, DAC-Präsentationen

92 Grüner Veltliner * Braitenpuechtorff 2023
12,5 Vol.-%, DV, Stahltank, €€€ Ⓑ
Helles Gelbgrün, Silberreflexe. Frische Apfelfrucht, zart nach Guaven, ein Hauch von Orangenzesten, mit Kräuterwürze unterlegt. Saftig, engmaschig, weißes Kernobst, mineralischer Touch, frischer Säurebogen, rund und balanciert, guter Speisenbegleiter.

92 Grüner Veltliner ** Ried In der Schablau 2022
13,5 Vol.-%, DV, großes Holzfass, €€€€ Ⓑ
Mittleres Gelbgrün, Silberreflexe. Dezenter Blütenhonig, etwas Limettenzesten, weiße Apfelfrucht, Wiesenkräuter, Mangotouch. Gute Komplexität, feinwürzig, weißes Steinobst, lebendige Säurestruktur, salzig, lang anhaltend, vielfältig einsetzbar.

95 Grüner Veltliner Ried Sauberg Reserve »Tradition« 2022
13,5 Vol.-%, NK, großes Holzfass, €€€€€ Ⓑ
Mittleres Gelbgrün, Silberreflexe. Einladendes Bukett nach Mango und Blütenhonig, etwas Wiesenkräuter, zarte dunkle Mineralik, würziges Bukett. Vielschichtig, engmaschig, weiße Apfelfrucht, mineralisch, feinziseliert, bleibt sehr gut haften, sicheres Potenzial.

94 Grüner Veltliner Ried Pankraz Reserve 2022
13,5 Vol.-%, NK, großes Holzfass, €€€€€ Ⓑ
Helles Gelbgrün, Silberreflexe. Tabak-Kräuter-Würze, etwas nach Maracuja, ein Hauch von Grapefruitzesten, dunkle Mineralik, Ananas klingt an. Gute Komplexität, engmaschig, weißes Kernobst, mineralisch-salzig, gut integrierte Säurestruktur, feinwürzig im Nachhall, wird von Flaschenreife profitieren.

93 Riesling Fahndorf Ried Auf der Henne Reserve 2022
13,5 Vol.-%, NK, großes Holzfass, €€€€€ Ⓑ
Helles Gelbgrün, Silberreflexe. Zurückhaltendes Bukett nach Grapefruit und Mirabelle, ein Hauch von Quitte, frisches Bukett, mit Blütenhonig unterlegt. Engmaschig, weißes Steinobst, Schiefernoten, mineralisch, feinwürziges Finish, bleibt sehr gut haften, lebendiger Speisenbegleiter.

92 Riesling Braitenpuechtorff 2023
12,5 Vol.-%, DV, Stahltank, €€€ Ⓑ
Helles Gelbgrün, silberfarbene Reflexe. Feine Kräuternuancen, weißer Pfirsich, Kumquatnoten, Blütenhonig und dunkle Mineralik. Mittlere Komplexität, Limettentouch, lebendige Säurestruktur, engmaschig, Nuancen von weißer Frucht, trinkanimierender Stil.

★★★

BIO WEINGUT GRUBER RÖSCHITZ

BIO

»Zusammen erreichen wir mehr!« Wir, das sind Maria, Ewald und Christian, die an einem Strang ziehen, sich die Arbeit teilen und ein gemeinsames Ziel verfolgen: authentische Weine in ihrer Heimat Röschitz zu keltern. Schon ihr Großvater wusste, dass am Rande des Weinviertels in und um Röschitz die besten Bedingungen für qualitätsbewussten Weinbau gegeben sind: großartige Urgesteins-, Granit- und Lössböden sowie ein kühles kontinentales Klima mit wenig Niederschlag. Die Eigenheiten der Böden versuchen die Geschwister den Weinen mitzugeben, sei es im würzigen Klassiker, dem Grünen Veltliner, beim mineralischen Riesling oder den kühlen, fruchtbetonten Rotweinen wie Sankt Laurent oder Pinot Noir. Die Lagencharakteristik liegt ihnen genauso am Herzen wie die Trinkfreude, die die Gruber-Weine vermitteln sollen. Maria Wegscheider und ihre Brüder Ewald und Christian Gruber bearbeiten die vielen Parzellen ihres Weinguts seit einigen Jahren biologisch-organisch. Das tun sie aus Überzeugung! Sie lassen der Natur freien Lauf, fördern die Selbstheilungskräfte der Reben und bewahren dabei die wertvollste Ressource – den Boden ihrer Heimat! Dadurch hat sich etwas geändert: Die Trauben werden früher reif, bilden weniger Zucker und Alkohol, benötigen weniger Schwefel und sorgen so für frische, langlebige und geradlinige Weine – Weine, wie die Geschwister sie lieben. Die »Weingeister«, die ihre Etiketten schmücken, sind das Ergebnis einer konsequent verfolgten Strategie, immer am Zahn der Zeit zu agieren und die Sprache des Weines nach außen zu tra-

* Weinviertel DAC ** Weinviertel DAC Reserve

Röschitz

BIO WEINGUT GRUBER RÖSCHITZ

3743 Röschitz, Roggendorfer Straße 7
T: +43 (2984) 2765, office@gruber-roeschitz
www.gruber-roeschitz.at
Kellermeister: Ewald Gruber
Kontakt: Maria Wegscheider
Anbauweise: Zertifiziert Biologisch (Austria Bio Garantie)
Produktion: 70 % weiß, 30 % rot
Zertifiziert: Nachhaltig Austria
Vereinszugehörigkeit: Nordwein Österreich, Traditionsweingüter Österreich
Messen: Austrian Tasting London, Forum Vin München, Millésime Bio, Prodexpo Moskau, ProWein Düsseldorf, London Wine Fair, The Shanghai International Wine & Spirits Expo, VieVinum, Vinexpo Bordeaux, Vinitaly, DAC-Präsentationen, Hong Kong Internation

gen sowie mit und nicht gegen die Natur zu arbeiten. Es sind Mikroorganismen, die natürliche Schädlingsbekämpfung betreiben, Mineralstoffe aufspalten und die Gärung anregen. Die biologische Bearbeitung bietet ihnen beste Bedingungen, dafür helfen sie den Grubers, gesunde Trauben zu ernten und unverwechselbare Weine zu keltern.
Das Bio-Weingut Gruber Röschitz ist seit Mai 2024 Mitglied der »Traditionsweingüter Österreich«.

94 Grüner Veltliner ** Ried Mühlberg 2022

13 Vol.-%, DV, Eichenfass, €€€€€ B V
Leuchtendes mittleres Grüngelb, Silberreflexe. Zarte Kräuterwürze, Nuancen von reifem gelbem Kernobst, Mandarinenzesten, einladendes Bukett. Saftig, cremig, zarter Holztouch, feine Extraktsüße, nach Marille und Mango, sehr gute Länge und Balance, ein facettenreicher Speisenwein mit Reifepotenzial.

91 Grüner Veltliner * Ried Hundspoint 2023

13 Vol.-%, DV, Stahltank, €€€ B V
Mittleres Gelbgrün, Silberreflexe. Frischer Golden-Delicious-Apfel, ein Hauch von gelben Ringlotten, zarter Blütenhonig, mit Orangenzesten unterlegt. Mittlerer Körper, feine Fruchtsüße, Noten von frischer Birne, dezente Säurestruktur, ein saftiger Speisenwein.

90 Grüner Veltliner * 2023

12,5 Vol.-%, DV, Stahltank, €€€€ B V
Mittleres Grüngelb, silberfarbene Reflexe. Zarte Kräuterwürze, tabakig unterlegte reife gelbe Apfelfrucht, floraler Touch, dezenter Blütenhonig. Mittlere Komplexität, dezente Fruchtsüße, zartes Säurespiel, rund und harmonisch, zugänglich, vielfältig einsetzbar.

92 Riesling Ried Königsberg 2022

13 Vol.-%, DV, Stahltank, €€€€ B V
Helles Grüngelb, Silberreflexe. Nuancen von frischer Maracuja, ein Hauch von Grapefruitzesten, mit Mango unterlegt, mineralischer Anklang. Straff, engmaschig, Nuancen von süßem Pfirsich, rassiger Säurebogen, mineralischer Abgang mit Noten von Limetten, anregender Speisenbegleiter.

92 Pinot Noir Ried Galgenberg 2021

12,5 Vol.-%, DV, gebrauchte Barriques, €€€ B V
Kräftiges Karmingranat, Ockerreflexe, breitere Randaufhellung. Frisches rotes Waldbeerenkonfit, dezente Kräuterwürze, Nuancen von Erdbeeren, mit Mandarinenzesten unterlegt. Mittlere Komplexität, feine Fruchtsüße, seidige Tannine, mineralisch, gute Frische und Länge, ein delikater Speisenbegleiter.

★★★★

WEINGUT GSCHWEICHER

Lebendiger Boden, alte Rebstöcke, außergewöhnlicher Wein – dafür steht der Name Gschweicher aus Röschitz. Das Weingut der Familie verfolgt seinen eigenen Stil und eine klare Linie mit Präzision und Sortentypizität. Seit jeher ist das Weingut ein Weißweinbetrieb, spezialisiert auf Grünen Veltliner und verschiedene Aromasorten in unterschiedlichen Ausbaustufen. Der Weinviertler Leitbetrieb erzeugt aber auch Riesling in drei Charakteren. Ohne großen technischen Aufwand werden mit den Gegebenheiten der Lagen und den unterschiedlichen Reifezuständen die verschiedenen Ausbaustufen komponiert. Ein lebendiger Boden ist das wichtigste Fundament für den Stil der Weine. Drei Viertel der Grüner-Veltliner-Rebstöcke sind über 50 Jahre alt. Premium-Wein des Hauses ist der kräftige, mineralische »Primary Rocks«, ein Grüner Veltliner aus Trauben von über 90-jährigen Reben, die auf kargem Urgesteinsboden rund um Röschitz heranwachsen. Mit Sicherheit eines der besten Weingüter des Weinviertels und deshalb zu Recht auch neues Mitglied der »Traditionsweingüter Österreich«.

(94) Grüner Veltliner ** Ried Kellerberg 2023
13,5 Vol.-%, DV, großes Holzfass, €€€
Mittleres Gelbgrün. Wiesenkräuter, zart nach Blütenhonig, ein Hauch von Quitte und reifer Tropenfrucht, kandierte Grapefruitzesten. Komplex, saftig, fruchtsüß nach Maracuja, dunkle Mineralik, lang anhaltend, wird von Flaschenreife profitieren.

92 Grüner Veltliner * GrooVee 2023
12,5 Vol.-%, DV, Stahltank, €€
Helles Gelbgrün, silberfarbene Reflexe. Zart nach Orangenblüten, frischer Apfel, etwas Mango, mineralischer Touch. Komplex, saftig, feine Süße, lebendig strukturiert, harmonisch und gut anhaftend, ein vielseitiger Speisenbegleiter, verfügt über Entwicklungspotenzial.

(94) Grüner Veltliner Primary Rocks 2023
14 Vol.-%, DV, großes Holzfass, €€€€€
Leuchtendes Gelbgrün, silberfarbene Reflexe. Zarte Kräuternoten, etwas tabakig, dunkle Mineralik, ein Hauch von gelber Tropenfrucht, Honigmelone klingt an. Saftig, komplex, feine Fruchtsüße, Ananas im Abgang, lang anhaltendes Finish, guter Speisenbegleiter.

94 Grüner Veltliner Charlotte 2021
14 Vol.-%, DV, großes Holzfass, €€€€€
Leuchtendes mittleres Goldgelb. Intensive Tropenfruchtnoten, zart nach Karamell, ein Hauch von Marillenkonfit, Blütenhonig klingt an. Saftig, kraftvoll, mittlere Komplexität, zarte Kräuterwürze, Papaya im Abgang, bleibt sehr gut haften, vielfältig einsetzbar.

(92) Grüner Veltliner Ried Königsberg 2023
13,5 Vol.-%, DV, großes Holzfass/Stahltank, €€€
Mittleres Gelbgrün. Zarter Blütenhonig, etwas nach Papaya, ein Hauch von Birnen, Wiesenkräuter klingen an. Saftig, mittlere Komplexität, fruchtsüß, reife Apfelfrucht im Abgang, salzig, bleibt gut haften, balancierter Speisenbegleiter.

91 Grüner Veltliner Ried Galgenberg 2023
13 Vol.-%, DV, Stahltank, €€
Mittleres Gelbgrün, Silberreflexe. Zarte Kräuternoten, etwas nach Cayennepfeffer, ein Hauch von Maracuja, dezente Orangenzesten. Saftig, elegant, balancierter Säurebogen, Golden-Delicious-Apfel im Abgang, mineralischer Nachhall, bereits gut antrinkbar.

90 Grüner Veltliner Urkristall 2023
12 Vol.-%, DV, Stahltank, €€
Helles Gelbgrün, Silberreflexe. Feine Kräuternoten, zart

WEINGUT GSCHWEICHER
3743 Röschitz
Winzerstraße 29
T: +43 (2984) 3800
office@gschweicher.at
www.gschweicher.at

Kellermeister/Kontakt:
Bernhard Gschweicher
Produktion: 100 % weiß, 15 Hektar
Zertifiziert: Nachhaltig Austria
Vereinszugehörigkeit:
Traditionsweingüter Österreich
Messen: VieVinum

nach Quitte, ein Hauch von Zitrus. Saftig, elegant, feine Säurestruktur, mineralisch, fruchtsüß, balanciert, reife Birnenfrucht, bereits gut antrinkbar.

(93) Riesling Ried Mühlberg Reserve 2023
13,5 Vol.-%, DV, großes Holzfass, €€€€ Ⓗ
Helles Goldgelb, silberfarbene Reflexe. Wiesenkräuter, zart nach Limetten, ein Hauch von weißem Steinobst, dezente Pfirsichnoten, frisches Bukett. Saftig, feingliedrig, gut eingebundene Säurestruktur, mineralisch, Tropenfrucht im Abgang, würziger Rückgeschmack, guter Speisenbegleiter.

92 Riesling Ried Reipersberg Urgestein 2023
13,5 Vol.-%, DV, Stahltank, €€€ Ⓗ
Helles Grüngelb, Silberreflexe. Zarte Kräuterwürze, etwas kandierte Orangenzesten, ein Hauch von weißem Pfirsich und Blütenhonig. Saftig, fruchtsüß, dezente Ringlottennoten im Abgang, salziger Rückgeschmack, bereits gut antrinkbar.

90 Sauvignon Blanc Ried Reipersberg 2023
12,5 Vol.-%, DV, Stahltank, €€€ Ⓗ
Helles Gelbgrün, Silberreflexe. Zarte Kräuternoten, etwas nach Stachelbeeren und Brennnesseln, frische Zitrusnoten. Mittlerer Körper, frisch und lebendig, gute Säurestruktur, weißes Kernobst, zitroniger Nachhall, bereits gut antrinkbar.

90 Grauburgunder Ried Gebirg 2023
13,5 Vol.-%, DV, großes Holzfass, €€€ Ⓗ
Helles Goldgelb, silberfarbene Reflexe. Zart nach Honigmelone und Gewürzen, Noten von kandierter Frucht, floraler Touch. Mittlerer Körper, weitmaschig, zart nach Kräutern und Marille, bereits gut antrinkbar.

★★★

WEINGUT HAGN

Mehr als 300 Jahre Erfahrung hat die Familie Hagn bereits im Weinbau. Frischen Wind bringen die Juniorchefs Leo und Wolfgang ein. Nachhaltigkeit und Zukunftsorientierung sind ihnen ein besonderes Anliegen. Das beweisen die kürzlich erfolgte Zertifizierung für die Verarbeitung von Biotrauben, die hauseigene Fotovoltaikanlage und die E-Tankstelle für Gäste des »Weindomizils«, des Restaurants der Hagns mit Gästezimmern und fantastischem Fernblick über das »Mailberg Valley«. Die Weine gehören zu den besten des Weinviertels. Zahlreiche Auszeichnungen holt das Weingut Hagn jedes Jahr nach Mailberg, und das für Weißweine, Rotweine und ebenso für den Betrieb an sich. »Wir wollen mit unseren Weinen ein unvergleichliches und gleichzeitig rundum nachhaltiges Genusserlebnis bieten. Mit einem wachen Blick nach vorne können wir das kontinuierlich garantieren«, so die beiden Cousins.

WEINGUT HAGN
2024 Mailberg
Hauptstraße 154
T: +43 (2943) 2256
info@hagn-weingut.at
www.hagn-weingut.at

Kellermeister: Leo Hagn
Kontakt: Wolfgang Hagn
Produktion: 80 % weiß, 20 % rot, 50 Hektar
Vereinszugehörigkeit: Mailberg Valley
Messen: Alles für den Gast Salzburg, VieVinum, DAC-Präsentationen

92 Grüner Veltliner ** Green Hunter 2022
13,5 Vol.-%, DV, Holzfass, €€€€ Ⓑ
Mittleres Grüngelb, Silberreflexe. Zarte Holzwürze, ein Hauch von Vanille, mit frischem Kernobst unterlegt. Mittlerer Körper, kräftig, cremig, ein Hauch von Karamell, bleibt haften, bereits gut entwickelt, ein vielseitiger Speisenbegleiter, gutes Reifepotenzial.

89 Grüner Veltliner * classic 2023
12,5 Vol.-%, DV, Stahltank, €€

(94) Grüner Veltliner Unique 2023
14 Vol.-%, NK, Holzfass, €€€€€ Ⓑ
Mittleres Grüngelb, Silberreflexe. Nuancen von Golden-Delicious-Apfel und Honigmelone, zarte Wiesenkräuter, ein Hauch von frischen Orangenzesten. Saftig, komplex, Nuancen von reifem gelbem Kernobst, finessenreich strukturiert, frischer Apfel im Abgang, ein eleganter Speisenwein mit Länge und Potenzial.

91 Grüner Veltliner Ried Hundschupfen 2023
13 Vol.-%, DV, großes Holzfass, €€
Helles Goldgelb, Silberreflexe. Frische Orangenzesten, gelbe Apfelfrucht, ein Hauch von Wiesenkräutern. Saftig, elegante Fruchtsüße, reife Birne, dezente Säurestruktur, mineralisch und anhaftend, ein stoffiger Speisenbegleiter.

90 Grüner Veltliner Ried Antlasbergen 2023
13 Vol.-%, DV, Stahltank, €€
Helles Grüngelb, Silberreflexe. Feine Wiesenkräuter, gelbes Kernobst, ein Hauch von Mango, tabakige Würze, mit Orangenzesten unterlegt. Mittlerer Körper, feine Fruchtsüße, elegant, frischer Säurebogen, zarte Birnennuancen im Abgang.

(92) Chardonnay Unique 2023
14,5 Vol.-%, NK, kleines Holzfass, €€€€€ B V
Helles Goldgelb, Silberreflexe. Zart mit Mandarinenzesten unterlegte Nuancen von Mango und frischem gelbem Apfel, mineralischer Touch. Mittlere Komplexität, zarte Fruchtsüße, cremige Textur, dezente Säurestruktur, feiner Karamelltouch im Finish, bereits entwickelt und vielfältig einsetzbar.

89 Chardonnay 2023
13 Vol.-%, DV, Stahltank, €€

(92) Green Cat Cuvée 2023 GV/RR/CH
13 Vol.-%, DV, großes Holzfass, €€€ B
Helles Goldgelb, Silberreflexe. Feine Nuancen von frischer gelber Birne, ein Hauch von Mango, Noten von Blütenhonig, floraler Touch. Saftig, elegant, feine Fruchtsüße, zarter Säurebogen, harmonisch, gut anhaftend, zugänglich und vielfältig einsetzbar.

(92) Riesling Unique 2023
13,5 Vol.-%, DIAM, kleines Holzfass, €€€€€ B V
Helles Goldgelb, Silberreflexe. Zart nach Pfirsich, feiner Blütenhonig, mit etwas Mango und Birne unterlegt. Saftig, elegant, feine Fruchtsüße, lebendiger Säurebogen, mineralisch-salzig, zeigt Länge und gutes Reifepotenzial.

89 Riesling 2023
13 Vol.-%, DV, großes Holzfass, €€

89 Roter Traminer Charmeur 2023
13,5 Vol.-%, DV, Stahltank, €€

88 Welschriesling 2023
12 Vol.-%, DV, Stahltank, €€

88 Gelber Muskateller 2023
11,5 Vol.-%, DV, Stahltank, €€

88 Sauvignon Blanc 2023
12 Vol.-%, DV, Stahltank, €€

89 Zweigelt Rosé Blumentanz 2023
12 Vol.-%, DV, Stahltank, €€€ B

★★★

GRAF HARDEGG

BIO

Das 30 Hektar große Weingut Graf Hardegg ist Teil des namhaften Gut Hardegg im nördlichen Weinviertel an der Pulkau. Für den Eigentümer Dipl.-Ing. Maximilian Hardegg steht die Schaffung eines hochwertigen Ökosystems in einer renaturierten Kulturlandschaft im Mittelpunkt seines Tuns. Dieser ganzheitliche Ansatz unter dem Motto »gelebte Artenvielfalt« und wird auch auf dem gutseigenen Weingut spürbar. Durch Kompost aus der betriebsinternen Kreislaufwirtschaft sind die kargen Sand-Rohgesteins-Böden mit hohem Kalkanteil voller Leben und stärken so die Rebstöcke. In den Weingärten finden sich unzählige Feldvögel, Insekten und andere Nützlinge – sogar Wildbienen. Seit 2006 wird kontrolliert organisch-biologisch bewirtschaftet. Die Weinkeller und Rieden liegen in unmittelbarer Umgebung von Schloss Seefeld, dem Wohnsitz der Familie Hardegg. Herzstück ist der barocke Hofkeller aus dem Jahr 1640 mit seinen beeindruckenden Gewölben und verzweigten Kellergängen, die Aufschluss über die jahrhundertelange gräfliche Weinbautradition geben. Aufgrund des perfekten »Kellerklimas« wird der Hofkeller heute für die Reifung von Spitzengewächsen genutzt und beherbergt die hauseigene Sektmanufaktur. Der Pioniergeist und der Einsatz von Maximilian Hardegg und seinem Team haben sich bewährt, zählt doch das Weingut mit seiner exklusiven Produktpalette seit Jahren zu den heimischen Spitzenbetrieben und Vorreitern.

DI Maximilian Hardegg

GRAF HARDEGG

2062 Seefeld-Kadolz
Großkadolz 1
T: +43 (2943) 2203
office@guthardegg.at
www.grafhardegg.at

Kellermeister: Andreas Gruber
Kontakt: DI Maximilian Hardegg und Andreas Gruber
Anbauweise: Zertifiziert Biologisch (Bio Austria)
Produktion: 65 % weiß, 33 % rot, 2 % süß, 30 Hektar
Messen: VieVinum

Boden, Weingartenarbeit und Klima finden hier zusammen. Speziell das stark kontinental geprägte Klima mit wenig Niederschlag, heißen Tagen, aber kühlen Spätsommernächten ermöglicht es, Weine mit viel Eleganz, Finesse und feinem Säurerückgrat zu keltern.

94 Viognier V Brut Nature 2019

12 Vol.-%, NK, Flaschengärung/kl. Holzfass, €€€€€ B
Helles Goldgelb, Silberreflexe, sehr feines Mousseux. Feine Nuancen von gelber Frucht, ein Hauch von Quittengelee und Mango, zarter Biskuittouch, weiße Blüten, facettenreiches Bukett. Straff, engmaschig, weißer Apfel, gute Frische, salzige Mineralik, Limetten im Abgang, bleibt haften, sehr präziser Stil, auch als Speisenbegleiter gut einsetzbar.

92 Sekt Austria Große Reserve Brut Niederösterreich g.U. Seefeld Ried Steinbügel 2019 CH/PN

Deg. 12/2023, 12 Vol.-%, NK, Flaschengärung, €€€€€ B
Helles Gelbgrün, Silberreflexe, feines Mousseux. Zart nach Biskuit und gelbem Apfel, mit etwas Blütenhonig und Orangenzesten unterlegt. Saftig, fruchtige Süße, reife gelbe Tropenfrucht, zart nach Ananas, frisch strukturiert, Honig und Mango im Nachhall, ein stoffiger Speisenbegleiter.

93 Sekt Austria Große Reserve Brut Rosé Niederösterreich g.U. 2019 PN/ZW

Deg. 12/2023, 12 Vol.-%, NK, Flaschengärung, €€€€€ B
Mittleres Lachsrosa, Orangereflexe, feines, lebendiges Mousseux. Zart mit Biskuit unterlegtes rotes Waldbeerenkonfit, zart nach Pfirsich, kandierte Orangenzesten. Saftig, elegant, feine Fruchtsüße, etwas Nougat, stoffig und gut anhaftend, ein Hauch von Erdbeeren im Nachall, ein facettenreicher Speisenbegleiter.

93 Chardonnay Ried Steinbügel 2022

13,5 Vol.-%, DV, kleines Holzfass, €€€€ B
Mittleres Grüngelb, Silberreflexe. Zarte gelbe Tropenfrucht, feiner Pfirsichtouch, ein Hauch von Kokosflocken und Marzipan. Saftig, elegant, weißes Nougat, frischer Apfel, feiner Säurebogen, gut anhaftend, bereits zugänglich, ein sehr gut balancierter Speisenbegleiter.

93 Viognier V 2022

14 Vol.-%, DV, kleines Holzfass, €€€€€ B
Helles Grüngelb, Silberreflexe. Zarte Kräuterwürze, Nuancen von weißem Kernobst, etwas Nougat, Aromen von gelber Tropenfrucht im Hintergrund. Saftig, elegant, reife Birnenfrucht, zarte Extraktsüße, dezenter Säurebogen, mineralisch-salziger Abgang, bleibt haften, zeigt Länge und Reifepotenzial.

(92) Roter Veltliner Vom Schloss 2023

13 Vol.-%, DV, großes Holzfass, €€€ B
Helles Strohgelb. Feine reife Birnenfrucht, gelbe Tropenfrucht, zarte Kräuterwürze, kandierte Orangenzesten. Straff, engmaschig, weißer Apfel, frischer Säurebogen, betont salzig im Abgang, zitronig im Nachhall, animierender Speisenbegleiter.

92 Riesling Ried Steinbügel 2022

14 Vol.-%, DV, großes Holzfass, €€€€€ B
Mittleres Gelbgrün, Silberreflexe. Feine gelbe Tropenfrucht, ein Hauch von Ananas und Mango, zarter Blütenhonig klingt an, kandierte Mandarinenzesten. Saftig, elegant und frisch strukturiert, wieder etwas Honig, weißer Pfirsich im Abgang, mineralisch-salziger Nachhall, wird von Flaschenreife profitieren.

(91) Riesling vom Schloss 2023
13 Vol.-%, DV, Stahltank, €€€
Mittleres Gelbgrün, Silberreflexe. Mit Limetten und weißen Blüten unterlegte Tropenfrucht, zart nach Maracuja, florales Bukett. Stoffig, weißer Pfirsich und Apfel, lebendiger Säurebogen, zitronig-salziger Nachhall.

90 Grüner Veltliner vom Gut 2023
13 Vol.-%, DV, Stahltank, €€
Leuchtendes Grüngelb, Silberreflexe. Zarte Nuancen von gelbem Kernobst, ein Hauch von Mango, zarte Noten von Wiesenkräutern. Mittlere Komplexität, weißer Apfel, frisch strukturiert, mineralisch-zitronig im Abgang, fruchtige Süße im Nachhall.

90 Rosé Edition Gimpel 2023 PN/ME
12,5 Vol.-%, DV, Stahltank, €€
Helles Lachsrosa, Silberreflexe. Rote Kirschen, zart nach Ribiseln, Wiesenkräuter, zart nach Limettenzesten. Saftig, fruchtig, rotbeerige Textur, zarte Fruchtsüße, bietet unkomplizierten Trinkspaß.

92 Rote Reserve 2021 ME/ZW
14 Vol.-%, DV, kleines Holzfass, €€€€
Kräftiges Karmingranat, Ockerreflexe, dezente Randaufhellung. Zarte Holzwürze, Nuancen von Brombeeren und Kirschen, mit Orangenzesten unterlegt. Saftig, Herzkirschen, gut integrierte Tannine, mineralisch-salzig, feine Fruchtsüße im Abgang, bereits antrinkbar, ein feinwürziger Speisenbegleiter.

90 Pinot Noir vom Schloss 2021
13 Vol.-%, DV, kleines Holzfass, €€€
Mittleres Karmingranat, Ockerreflexe, breite Randaufhellung. Zart kräuterwürzig unterlegte rote Kirschen, Nuancen von Waldbeeren, tabakige Anklänge. Mittlerer Körper, rotbeerig, zart nach Gewürznelken, frisch strukturiert, zitronig-salziger Nachhall.

WEINGUT HIRSCHBÜCHLER

NEU

Weinbau wird seit Generationen von Familie Hirschbüchler betrieben. Die Eltern, Roswitha und Franz, haben sich Ende der 1990er-Jahre entschieden, voll auf das Thema Wein zu setzen. Mit unheimlich viel Fleiß und Hingabe haben sie gemeinsam mit Daniel ein großartiges Weingut mit Heurigen und Gästezimmern geschaffen. Die Geschwister Daniel und Elisabeth führen nun den Familienbetrieb weiter. Sei es in den Weingärten, im Keller, beim Heurigen oder den Gästezimmern: Als Familie ziehen sie

WEINGUT HIRSCHBÜCHLER
HEURIGER & GÄSTEZIMMER
2120 Obersdorf
Hauptstraße 84
T: +43 (699) 11701579
weingut@hirschbuechler.at
www.hirschbuechler.at

Kellermeister: Daniel Hirschbüchler
Produktion: 20.000 Flaschen
4 % Schaumwein, 75 % weiß, 5 % rosé, 15 % rot, 1 % süß, 43 Hektar
Zertifiziert: Nachhaltig Austria
Messen: DAC-Präsentationen

Die Geschwister Daniel und Elisabeth Hirschbüchler

an einem Strang und vinifizieren mit Fokus auf Nachhaltigkeit sortentypische Weine höchster Qualität. Der Neubau der Weinverarbeitungshalle im vergangenen Jahr ermöglicht ihnen eine weitere Professionalisierung bei der Weinproduktion. So haben sie zum Beispiel mit dem Jahrgang 2023 erstmals auch vegane Weine im Sortiment.

89 Rosé Frizzante 2023 SL/BB/BF/ZW/PN
12 Vol.-%, DV, Stahltank, €€ Ⓥ

91 Grüner Veltliner ** Ried Herrenberg Platzhirsch 2022
14 Vol.-%, DV, Holzfass, €€€€
Helles Goldgelb, Silberreflexe. Feine gelbe Apfelfrucht, zarter Blütenhonig, mit einem Hauch von Mango unterlegt. Saftig, etwas Kokos und Karamell am Gaumen, ausgewogen, feiner Säurebogen, mineralisch-zitronig im Abgang, ein kräftiger Speisenwein.

89 Grüner Veltliner * Ried Kreuzberg 2023
12 Vol.-%, DV, Stahltank, €€

89 Gemischter Satz 2023
13 Vol.-%, DV, Stahltank, €€ Ⓥ

90 Rosé Hasntaunz 2023
12 Vol.-%, DV, Stahltank, €€ Ⓥ
Helles Altrosa, Silberreflexe. Zart nach eingelegten Kirschen, rote Waldbeeren, florale Nuancen, ein Hauch von Pfirsich und Blütenhonig. Straff, grüner Apfel, Ribiseln, rassiger Säurebogen, dezente Süße im Abgang.

89 Blaufränkisch Ried Freybergen 2021
13,5 Vol.-%, DV, Barrique, €€€

★★

WEINGUT HIRTL

Wenn es in den letzten Jahren um die Spitzenplatzierungen bei nationalen und internationalen Weinevents ging, tauchte der Name des Weinguts Hirtl aus Poysdorf immer wieder ganz vorne auf. Zu verdanken ist das nicht nur dem konsequenten Qualitätsstreben des niederösterreichischen Traditionsbetriebs, sondern vor allem dem natürlichen Zugang zur Weinproduktion, den sich Andrea und Martin Hirtl seit ihrer Betriebsübernahme im Jahr 2001 bewahrt haben.
Der persönliche Kontakt und Austausch mit den Kunden steht dabei ebenso im Vordergrund wie der Respekt vor den natürlichen Ressourcen einer einzigartigen Weinregion. Die geologischen und klimatischen Besonderheiten des Weinviertels werden mit Know-how, Erfahrung und viel Gespür kombiniert und eins zu eins in die Flasche gebracht. Die Qualität zieht sich dementsprechend durch den gesamten Sortenspiegel, der zahlreiche prämierte Vertreter aufzuweisen hat. Insgesamt steht das Weingut Hirtl für fruchtig-spritzige Weißweine, legendäre Rotweine und ausgezeichnete Prädikatsweine, von denen man sich gerne ein Glas nachschenkt und – was in Zeiten wie diesen besonders wichtig ist – die nicht nur kostbar, sondern auch leistbar sind.

(91) Grüner Veltliner * Ried Waldberg 2023
12,5 Vol.-%, DV, Stahltank, €€
Helles Grüngelb, silberfarbene Reflexe. Kräuterwürzig, ein Hauch von Blütenhonig, zart nach Birne und Ringlotten, Nuancen von Orangenzesten. Saftig, fruchtiger Kern, feines Säurespiel, mineralisch-seidig im Abgang, salziger Touch, ein eleganter, saftiger Speisenbegleiter.

90 Grüner Veltliner * Ried Kirchberg 2023
12,5 Vol.-%, DV, Stahltank, €€
Mittleres Gelbgrün, silberfarbene Reflexe. Zart nach Mango und Honigmelone, dezenter Wiesenkräutertouch, tabakig unterlegt. Mittlere Komplexität, frisches Kernobst, gelber Apfel, dezentes Säurespiel, salzige Nuancen im Nachhall, bereits gut antrinkbar.

89 Grüner Veltliner * Franz 2023
12,5 Vol.-%, DV, Stahltank, €€

92 Grüner Veltliner Ried Bürsting 2023
12,5 Vol.-%, DV, Stahltank, €€
Helles Grüngelb, silberfarbene Reflexe. Kräuterwürzig, ein Hauch von Blütenhonig, zart nach Birne und Ringlotten, Nuancen von Orangenzesten. Saftig, fruchtiger Kern, feines Säurespiel, mineralisch-seidig im Abgang, salziger Touch, ein eleganter, saftiger Speisenbegleiter.

WEINGUT HIRTL
2170 Poysdorf
Brunngasse 72
T: +43 (2552) 2182
office@weingut-hirtl.at
www.weingut-hirtl.at

Kellermeister: Martin Hirtl
Kontakt: Andrea Hirtl
Produktion: 3 % Schaumwein, 70 % weiß, 2 % rosé, 25 % rot, 25 Hektar
Messen: ProWein Düsseldorf, VieVinum, Weinmesse München, DAC-Präsentationen

Andrea und Martin Hirtl

91 Chardonnay Exklusiv 2023
13 Vol.-%, DV, Stahltank, €€
Helles Strohgelb, Silberreflexe. Nuancen von Golden-Delicious-Apfel, feine Tropenfrucht, kandierte Orangenzesten. Saftig, elegant, feine Fruchtsüße, balanciertes Säurespiel, Honignuancen im Abgang, bleibt haften, bereits gut entwickelt.

91 Riesling Exklusiv 2023
13 Vol.-%, DV, Stahltank, €€
Helles Grüngelb, Silberreflexe. Zart nach gelbem Pfirsich, ein Hauch von Ananas, floraler Touch. Saftig, komplex, fruchtig, feines Säurespiel, zarte Fruchtsüße im Abgang, harmonisch und mit guter Länge ausgestattet, bereits zugänglich.

★★★

WEINGUT HOFBAUER-SCHMIDT

Gemeinsam arbeiten, entscheiden, lachen – dafür stehen Petra, Leopold und Johannes. Ihre gemeinsame Leidenschaft gehört dem Weingut in Hohenwarth im »Dreiländereck« von Kamptal, Wagram und Weinviertel. Ein Familienbetrieb, wo die Leidenschaft Wein bereits seit acht Generationen gelebt wird. Ihre Philosophie: »Wir wissen, wer wir sind, was zu uns passt und was uns schmeckt. Deshalb bringen wir jedes Jahr trendbefreite, selbstbewusste Weine, die von ihrer Herkunft erzählen, in die Flasche.« Alle Entscheidungen in Weingarten und Keller selbst zu treffen gibt der Familie die Möglichkeit, ihre Weine so zu gestalten, wie es ihren Qualitätsansprüchen entspricht. Petra und Leopold prägten das Weingut in den letzten 30 Jahren. Sie erweiterten die Rebfläche, bauten ein neues Presshaus und erarbeiteten sich eine anspruchsvolle, spannende Weinstilistik ganz nach ihrem Geschmack. Seit 2016 sorgt ihr Sohn Johannes Hofbauer-Schmidt nach abgeschlossener Weinbauausbildung an der Weinbauschule Klosterneuburg und einem Wirtschaftsstudium für neuen Drive. Auf den kalkreichen, schottrigen Hohenwarther Lössböden fühlen sich die beiden Leitsorten des Hauses – Grüner Veltliner und die autochthone Sortenrarität Roter Veltliner – besonders wohl. Die Reben sind aufgrund der hohen Lage auf 365 Metern Seehöhe kaum frostanfällig und spätreifend. Dies ist in den immer wärmeren Jahren ein immer größer werdender Vorteil. Im Weingarten wird auf biologischen Weinbau mit schonendem und gefühlvollem Umgang mit der Natur gesetzt. 2017 wurde das Weingut mit der Rebsorte Sauvignon Blanc als Bundessieger und 2021 als NÖ Landessieger ausgezeichnet. Die Liebe zum Sauvignon brachte Johannes von einem Praktikum in Neuseeland

Petra, Johannes und Leopold Hofbauer-Schmidt

WEINGUT HOFBAUER-SCHMIDT

3472 Hohenwarth
Hauptstraße 54
T: +43 (2957) 221
weingut@hofbauer-schmidt.at
www.hofbauer-schmidt.at

Kellermeister: Leopold und Ing. Johannes Hofbauer-Schmidt, BSc MA
Kontakt: Petra, Leopold und Ing. Johannes Hofbauer-Schmidt, BSc MA
Anbauweise: Umstellung auf bio (Austria Bio Garantie)
Produktion: 95 % weiß, 5 % rot, 15+10 Hektar
Zertifiziert: Nachhaltig Austria
Messen: VieVinum, DAC-Präsentationen

mit, das er in Marlborough auf dem Weingut von Kameramann und Filmregisseur Michael Seresin absolvierte. 2018 holte er den Titel »VINEUS Newcomer Winzer des Jahres« nach Hause und ist somit einer der erfolgreichsten Jungwinzer Österreichs.

93 Grüner Veltliner * Ried Hochstrass Große Reserve 2022
14 Vol.-%, NK, gebrauchte Barriques, €€€€€
Leuchtendes Goldgelb, Grünreflexe. Mit Blütenhonig und kandierten Zitruszesten unterlegter reifer gelber Apfel, ein Hauch von Toffee. Gute Komplexität, Karamell, Tropenfrucht im Abgang, bereits gut entwickelt, ein kraftvoller Speisenbegleiter.

(92) Grüner Veltliner ** Alte Reben 2023
13,5 Vol.-%, DV, großes Holzfass, €€€
Helles Goldgelb, Silberreflexe. Zart nach Wiesenkräutern, feine Apfelfrucht, zarte Mangonote, mineralischer Anklang. Straff, engmaschig, gelbes Kernobst, dezente Süße, feiner Säurebogen, mineralisch und gut anhaftend, salziger Touch im Abgang, wird von Flaschenreife profitieren.

91 Grüner Veltliner ** Ried Kellerberg 2022
13,5 Vol.-%, NK, gebrauchte Barriques, €€€€
Leuchtendes mittleres Grüngelb, silberfarbene Reflexe. Feine Kräuterwürze, dezente Apfelfrucht, ein Hauch von Maracuja, zarte Zitrusnuancen, einladendes Bukett. Saftig, elegant, feine Säurestruktur, fruchtsüß nach Birnen, Wiesenkräuter im Nachhall, bereits gut entwickelt, ein leichtfüßig wirkender Speisenwein.

90 Grüner Veltliner * Ried Hochstrass 2023
13 Vol.-%, DV, Stahltank, €€
Helles Gelbgrün, Silberreflexe. Zarte Kräuterwürze, weißer Apfel, ein Hauch von Orangenzesten. Mittlerer Körper, zart blättrige Nuancen, reife Apfelfrucht, dezenter Säurebogen, salzig-zitroniger Nachhall, bereits gut entwickelt.

(92) Roter Veltliner Ried Hochstrass 2023
13 Vol.-%, DV, Stahltank, €€
Helles Goldgelb, Silberreflexe. Zarte Nuancen von Blütenhonig, reife Birnenfrucht, ein Hauch von Mango, kandierte Orangenzesten. Komplex, saftig, elegant, angenehme Fruchtsüße, seidige Textur, ein balancierter Speisenbegleiter, vielfältig einsetzbar.

(92) Roter Veltliner Alte Reben 2023
13,5 Vol.-%, DV, großes Holzfass/500-l-Fass, €€€
Helles Gelbgrün, silberfarbene Reflexe. Zarter Blütenhonig und Marillentouch, ein Hauch von Quitte, Orangenzesten klingen an. Mittlere Komplexität, fruchtsüß nach Birne, Honig im Rückgeschmack, mineralisch, bleibt gut haften.

90 Grüner Sylvaner Ried End des Berges 2023
13,5 Vol.-%, DV, Stahltank, €€
Helles Goldgelb, Silberreflexe. Zarte Wiesenkräuter, ein Hauch von Birne und Mango, zart nach Orangenzesten und Blütenhonig. Saftig, feine Fruchtsüße, elegant, milde Säurestruktur, gelbe Frucht im Abgang, mineralisch-zitroniger Nachhall, bietet unkompliziertes Trinkvergnügen.

90 Riesling Ried Köhlberg 2022
13 Vol.-%, DV, Stahltank, €€
Helles Gelbgrün, Silberreflexe. Mit Limettenzesten unterleg-

te gelbe Tropenfrucht, etwas Mirabelle. Mittlerer Körper, feine Würze, gut eingebundene Säurestruktur, weißes Steinobst, lang anhaltend, trinkanimierender Speisenbegleiter.

90 Sauvignon Blanc 2023
13 Vol.-%, DV, Stahltank, €€
Helles Gelbgrün, Silberreflexe. Dezente Wiesenkräuter, zart nach Bergamotte, ein Hauch von Guaven, zart nach gelber Paprika. Saftig, straff, frische Struktur, mineralisch, weißes Kernobst, bereits gut antrinkbar.

89 Gelber Muskateller 2023
12,5 Vol.-%, DV, Stahltank, €€

★

WEINGUT HUMMEL WEINVIERTEL

Schritt für Schritt haben Kurt und Beatrix Hummel ihr kleines Weingut zu einem Top-Betrieb gemacht. Klein und fein – selten passt das Wortpaar so gut wie hier. Die Familie arbeitet vorausschauend, ehrlich und mit persönlichem Einsatz und sorgt vor allem bei Veltliner-Liebhabern für pures Trinkvergnügen, auch mit der neuen Reserve-Linie. Einen Riesenerfolg holte sich das Weingut Hummel im letzten Jahr beim SALON 2022, denn sie brillierten mit dem »Grünen Veltliner Hummlisch 2021« und wurden zum Salonsieger 2022 gekürt!
Aus den drei Hektar Rebfläche sind mittlerweile neun geworden – groß genug, um das Weingut zu einem Top-Betrieb zu machen, klein genug, um Tradition und das Erfolgsrezept der Familie konsequent weiterführen zu können. Die humusreichen Lössböden rund um das beschauliche Niederschleinz bieten zusammen mit dem pannonischen Klima dafür perfekte Voraussetzungen. Auf rund 70 Prozent der Anbaufläche – den Rest teilen sich Weißburgunder, Riesling, Chardonnay, Gelber Muskateller und Zweigelt – gedeihen großartige Veltliner, die Kurt Hummel in fünf verschiedenen Ausbaustufen in die Flaschen bringt: »Von leicht, würzig und pfeffrig bis gehaltvoll, vollmundig und kräftig – bei uns findet jeder Veltliner-Liebhaber seinen Wein!« Sein Gespür für den Wein hat Kurt Hummel in der Familie wohl weitergegeben. Tochter Laura hat die HBLA für Wein- und Obstbau in Klosterneuburg absolviert und machte im Sommer 2022 ein Auslandspraktikum auf einem Weingut in Sonoma County, Kalifornien. Nun arbeitet sie hauptberuflich im Betrieb mit und lässt all ihre Ideen und Erfahrungen mit einfließen. Erste Spuren hat sie

© Astrid Bartl

WEINGUT HUMMEL WEINVIERTEL
3714 Niederschleinz
Am Bach 9
T: +43 (676) 7583931
wein@hummel-weinviertel.at
www.hummel-weinviertel.at

Kellermeister: Kurt Hummel
Kontakt: Kurt und Beatrix Hummel
Produktion: 4 % Schaumwein, 74 % weiß, 2 % rosé, 20 % rot, 9 Hektar
Messen: DAC-Präsentationen

Beatrix, Kurt und Laura Hummel

bereits im elterlichen Betrieb hinterlassen, denn die Linie »Big Flight Reserve« ist ihre Kreation.

92 Grüner Veltliner * Ried Sätzen 2023
12,5 Vol.-%, DV, Stahltank, €€
Helles Goldgelb, silberfarbene Reflexe. Zart nach Anis und Orangenzesten, Limetten, frisches Kernobst, einladendes Bukett. Straff, engmaschig, weißer Apfel, frischer Säurebogen, mineralisch-salzig im Abgang, harmonisch und bereits antrinkbar, ein vielseitiger Speisenbegleiter.

92 Grüner Veltliner * Große Reserve Big Flight 2020
13,5 Vol.-%, DIAM, Flaschenreifung/Holzfass/Stahltank, €€€€€
Mittleres Gelbgrün, silberfarbene Reflexe. Blütenhonig und floraler Touch, gelbe Tropenfrucht, feine Noten vom Säureabbau, Karamell klingt an. Mittlerer Körper, balancierte Säurestruktur, salzig, etwas nach Papaya, frisch, feinwürzig im Nachhall, bereits gut antrinkbar, ein balancierter Speisenbegleiter.

91 Grüner Veltliner * Ried Altenberg 2023
12,5 Vol.-%, DV, Stahltank, €€
Helles Grüngelb, silberfarbene Reflexe. Floral, zart nach Limettenzesten, frische Kernobstnuancen, ein Hauch von Mandarinenzesten. Mittlerer Körper, weiße Frucht, feine Säurestruktur, mineralisch-salzig im Abgang, würziger Nachhall, ein ausgewogener Speisenwein.

91 Grüner Veltliner Hummel 9 2023
13 Vol.-%, DV, Stahltank, €€
Helles Gelbgrün, Silberreflexe. Feine Kräuter-Tabak-Würze, etwas nach Maracuja, dezente Fruchtaromatik, Zitrus klingt an. Mittlerer Körper, saftig, feiner Säurebogen, mineralisch-salzig, gelbe Apfelfrucht im Abgang, bereits gut antrinkbar.

93 Weißburgunder Big Flight Große Reserve 2021
13,5 Vol.-%, DIAM, Holzfass/Flaschenreifung/Stahltank, €€€€
Helles Gelbgrün, Silberreflexe. Zarter Honigtouch, einladendes Bukett nach Maracuja und Mirabelle, ein Hauch von Gewürzen. Komplex, feine Säurestruktur, wirkt leichtfüßig, mineralisch, gelbe Tropenfrucht im Abgang, frisches Finish, vielfältig einsetzbarer Speisenbegleiter.

90 Zweigelt Reserve 2020
13 Vol.-%, DV, gebrauchte Barriques/Stahltank, €€
Kräftiges Rubingranat, violette Reflexe, zarte Randaufhellung. Feine Tabak-Kräuter-Noten, dezente rotbeerige Fruchtaromatik, ein Hauch von Krischen und Orangenschalen. Saftig, mittlerer Körper, fruchtsüß, Waldbeerenkonfit, trinkanimierender Stil, bereits gut antrinkbar.

★★

WINZER CHRISTIAN JASSEK

Wein zu machen ist für mich eine Sache, die in Summe einfach irrsinnig Spaß macht«, so Christian Jassek. »Es ist Beruf und Berufung, immer eine Herausforderung, Arbeit in, mit und für die Natur – mit Spaß, Freude und Erfolg. Für mich ein Lebensgefühl. Es gibt jährlich etwas Neues, nie sind die Abläufe gleich, immer musst du am Drücker sein – wenn möglich, schon einen Schritt voraus, um zwei Wochen später zu merken, dass zwei Schritte weiter hinten besser gewesen wären. Kein Rezept, nur die Idee im Kopf, nach vielen Schweißperlen das Ergebnis im Glas und dann noch der Aha-Effekt beim Verkosten – einfach darum! Regionales als Grundlage, als Basis, um darauf aufzubauen. Internationales als Draufgabe – Weiß als Vorgabe und Rot als Passion. Die Natur dient als Grundlage, sie gibt vor. Erhalten, veredeln, umsetzen – Weine erzeugen, die Charakter haben, mit wenig Schnick und noch weniger Schnack. Dem Motto folgend: »Guten Wein zu machen ist eine Fertigkeit, feinen Wein zu machen ist eine Kunst.« Dieser Aussage kann man sich nur anschließen.

90 Grüner Veltliner * 2023
12,5 Vol.-%, DV, Stahltank, €€
Helles Gelbgrün, Silberreflexe. Frische Kräuternoten, weißes Kernobst, dunkle Mineralik, Limettenzesten klingen an. Saftig, mittlerer Körper, grüne Apfelfrucht, zitroniger Nachhall, bereits gut antrinkbar.

91 Sauvignon Blanc 2023
13 Vol.-%, DV, Stahltank, €€
Helles Gelbgrün, silberfarbene Reflexe. Zarte Gewürznoten, etwas Cassis, weißes Kernobst, zart nach Kumquats und Physalis. Saftig, gut eingebundene Säurestruktur, feinwürzig, Weiße Johannisbeeren im Abgang, salziger Nachhall.

WINZER CHRISTIAN JASSEK
2053 Ragelsdorf
Ragelsdorf 16
T: +43 (664) 4650798
office@winzer-jassek.at
www.winzer-jassek.at

Kellermeister/Kontakt:
Christian Jassek
Produktion: 40.000 Flaschen
1 % Schaumwein, 50 % weiß,
5 % rosé, 43 % rot, 1 % süß, 9 Hektar

(89) Summa 2023 GV/WR/SB
12 Vol.-%, DV, Stahltank, €€

(92) Cuvée Schatzberg 2018 ZW/ME/BB
14,5 Vol.-%, NK, kleines Holzfass, €€€€€
Kräftiges Rubingranat, violette Reflexe, breitere Ockerrandaufhellung. Reife Zwetschken, Brombeerkonfit, zarte tabakige Nuancen, kandierte Orangenzesten. Komplex, saftig, dunkle Kirschen, gut integrierte Tannine, mineralisch-salzig im Abgang, dezentes Nougat im Rückgeschmack.

(91) Merlot Ried Schatzberg Reserve 2018
15 Vol.-%, NK, kleines Holzfass, €€€€€
Dunkles Rubingranat, tiefer Kern, dezente Ockerreflexe, zarte Randaufhellung. Reife Pflaumen, ein Hauch von Dörrobst, mit Feigen unterlegt, kandierte Orangenzesten. Kraftvoll, opulent und voluminös, zartes Nougat, reife Tannine, etwas Rosinen, schokoladige Textur, bleibt haften, feine Kräuterwürze im Nachhall, ein Hauch von sonnengetrockneten Tomaten im Rückgeschmack.

94 Weisser Burgunder Ried Haidsatz Rainfall in the Dessert 2022
10 Vol.-%, DV, Stahltank, €€€
Helles Goldgelb, silberfarbene Reflexe. Zart nach reifen Pflaumen, etwas nach Feigen, süße Tropenfrucht, kandierte Orangenzesten, einladende Botrytiswürze. Saftig, komplex, restsüß, Marillenkonfitüre, feiner Säurebogen, Honig im Abgang, gut anhaftend, zeigt Länge und vielversprechendes Potenzial.

★★★

WEINGUT JORDAN

Seit 1858 wird im Weingut Jordan Weinbautradition großgeschrieben. Winzer zu sein bedeutet für Simone und Hannes Hiller-Jordan, die Faszination der Natur einzufangen, sensibel dafür zu sein, wie sich das Jahr entwickelt, und die besten Qualitäten, die die Natur zulässt, in den Keller zu bringen. Es ist eine Überzeugung, der das innovative Winzerpaar nachgeht: nie auf denselben Erkenntnissen stehenzubleiben, sondern sich weiterzuentwickeln, mit beiden Beinen auf dem Boden zu stehen und in die Zukunft zu blicken!
Das Fundament für die langlebigen Jordan-Weine ist eindeutig der Boden ihrer Heimat. Im Weißwein-dominierten Weinviertel bilden die Pulkauer Lagen eine Rotweininsel. Daraus ergibt sich auch die Rotweinaffinität des Weinguts Jordan. Neben ausdrucksstarken Rotweinen ermöglichen die Böden rund um

Johannes und Simone Hiller-Jordan

WEINGUT JORDAN
3741 Pulkau, Groß-Reipersdorf 12
T: +43 (2946) 2464
office@weingut-jordan.at
www.weingut-jordan.at

Kellermeister/Kontakt:
Ing. Simone Hiller-Jordan
Produktion: 10 % Schaumwein, 40 % weiß, 10 % rosé, 40 % rot, 12 Hektar
Vereinszugehörigkeit:
Weingüter Retzer Land
Messen: Forum Vini München, ProWein Düsseldorf, VieVinum, Vinexpo, Vinobile Feldkirch, DAC-Präsentationen

Pulkau aber auch eine beeindruckende Bandbreite von Grünen Veltlinern – von klassisch-pfeffrig über Lagenweine vom Urgestein im Holzfass oder Granit-Steinfass gereift bis hin zum eleganten Grüner Veltliner Brut Sekt Austria und verspielten Pet Nat. »Nachhaltigkeit? Natürlich! Auf unserem Weingut denken wir in Generationen. Wir möchten mit gutem Gewissen einmal unseren Kindern unser wichtigstes Kapital, den Boden unserer Rebstöcke, übergeben«, sagen aus tiefstem Herzen Simone und Hannes Hiller-Jordan.

92 Grüner Veltliner Sekt Austria Reserve Brut 2021
12 Vol.-%, NK, Flaschengärung, €€€€€
Helles Gelbgrün, Silberreflexe, feines Mousseux. Zarte gelbe Tropenfrucht, frische Mango, etwas Honigmelone, mit Biskuit und Wiesenkräutern unterlegt. Saftig, elegant, zarte Fruchtsüße, balancierte Säurestruktur, zitronig-fruchtig im Abgang, vielfältig einsetzbar.

93 Grüner Veltliner ** Ried Reipersberg Alte Reben 2022
13,5 Vol.-%, NK, Holzfass, €€€€
Mittleres Goldgelb, Silberreflexe. Reifer Golden-Delicious-Apfel, zarter Blütenhonig, kandierte Orangenzesten, tabakiger Hauch. Stoffig, seidige Textur, zart nach Honigmelone, gut integrierte Säurestruktur, ausgewogen, mineralisch und lange anhaftend, ein facettenreicher Speisenbegleiter mit Reifepotenzial.

94 Grüner Veltliner Große Reserve SteinZeit 2022
13,5 Vol.-%, NK, Flaschenreifung/Granitfass, €€€€€
Leuchtende Grüngelb, Silberreflexe. Zarte Anklänge von gelber Tropenfrucht, Nuancen von Papaya und Mango, ein Hauch von Kräuterwürze, mineralischer Touch. Stoffig, reife Apfelfrucht, seidige Textur, zarte Extraktsüße, feiner Säurebogen, elegant und gut anhaftend, verfügt über Länge und weiteres Entwicklungspotenzial.

91 Grüner Veltliner Simone I. Wine & Queen 2023
12,5 Vol.-%, DV, Stahltank, €€€
Helles Gelbgrün, Silberreflexe. Frischer gelber Apfel, ein Hauch von Marillen und Blütenhonig. Saftig, feine Fruchtsüße, elegant, zarte Säurestruktur, ein Hauch von Wiesenkräuter im Abgang, mineralisch-zitroniger Nachhall.

92 Riesling vom Urgestein 2022
12,5 Vol.-%, DV, großes Holzfass, €€€
Helles Grüngelb, Silberreflexe. Zart nach Limettenzesten, floraler Touch, weißer Pfirsich, ein Hauch von Maracuja. Mittlerer Körper, elegant, zarte Süße, frisch strukturiert, balanciert und bereits gut antrinkbar, vielfältig einsetzbar.

92 Chardonnay Crushed 2022
12,5 Vol.-%, NK, Amphore, €€€€€
Zart getrübtes Goldgelb, Silberreflexe. Frische Orangenzesten, reife gelbe Tropenfrucht, feinhefige Nuancen. Saftig, straff, weißer Apfel, rassige Struktur, mineralisch-zitroniger Touch, bleibt haften, feinwürziger Nachhall, ein energischer Speisenbegleiter.

91 Zweigelt Große Reserve 42 2019
13,5 Vol.-%, NK, Barrique, €€€€€ V
Kräftiges Rubingranat, violette Reflexe, breitere Ockerrandaufhellung. Verhalten, zart nach Kirschen, rotes Waldbeerenkonfit, Nuancen von Zwetschken, Edelholz, einladendes Bukett. Mittlerer Körper, rote Kirschen, süßer Abgang, etwas Vanille im Rückgeschmack, dezente Holzwürze im Nachhall, bereits gut antrinkbar.

90 Zweigelt Reserve Rubin 2021
13,5 Vol.-%, NK, Barrique/gebrauchte Barriques, €€€€ V
Kräftiges Rubingranat, violette Reflexe, breitere Randaufhellung. Zarte Kräuternoten, Brombeeren, ein Hauch von Cassis, floraler Touch, Orangenschalen klingen an. Saftig, elegant, fruchtsüß, samtiges Tannin, rotbeeriger Touch, zart nach Vanille, dazu Röstaromen, trinkanimierender Speisenbegleiter.

★★★

RESPIZ-HOF KÖLBL

An den Ausläufern des Manhartsberges im nordwestlichen Weinviertel liegt Rö-schitz, erstmals urkundlich erwähnt im Jahre 1198 unter dem Namen »Respiz« (Rebspitz). Die Familie Kölbl ist seit 1660 dort ansässig, und seit damals gehört der Weinbau zur Familientradition. 1998 wurde der Betrieb von Johannes Kölbl übernommen und trägt seit dieser Zeit den Namen »Respiz-Hof«. Hauptsorte ist traditionellerweise der Grüne Veltliner. Auf dem verwitterten Granitmassiv und den fruchtbaren, angewehten Flugsandablagerungen (Lössboden) gedeihen besonders fruchtige und mineralische Weine. Im Keller wird das Traubenmaterial schonend verarbeitet. Das Ergebnis der Bemühungen sind elegante, fruchtig-duftige Weine. Mit Liebe und Sorgfalt keltert die Familie Kölbl Weine gemäß ihrem Motto »Qualität ist nie Zufall, sondern das Zusammenwirken von Natur und Mensch«. Mit dem Weinviertel DAC Himmelreich 2013 erreichte Johannes Kölbl den zweiten Platz beim »Falstaff Grüner Veltliner Grand Prix«, und mit dem Weinviertel DAC Reipersberg 2015 wurde er zum Landessieger gekürt.

92 Grüner Veltliner * Ried Himmelreich 2023
13 Vol.-%, DV, Stahltank, €€
Helles Grüngelb, silberfarbene Reflexe. Zarte Kräuter-

RESPIZ-HOF KÖLBL
3743 Röschitz
Winzerstraße 5
T: +43 (2984) 2779
weingut@respiz-hof.at
www.respiz-hof.at

Kellermeister: Johannes Kölbl
Kontakt: Margit und Johannes Kölbl
Produktion: 90 % weiß, 10 % rot, 15 Hektar
Vereinszugehörigkeit: Weinstraße Weinviertel
Messen: DAC-Präsentationen

Familie Kölbl

würze, feine gelbe Tropenfrucht, Nuancen von Ananas und Mango, Mandarinenzesten im Hintergrund. Saftig, elegant, feine Fruchtsüße, frisch strukturiert, mineralisch, extraktsüß, bleibt gut haften, zeigt Länge und Reifepotenzial.

91 Grüner Veltliner * Ried Reipersberg 2023
12,5 Vol.-%, DV, Stahltank, €€
Helles Gelbgrün, silberfarbene Reflexe. Feinwürzig unterlegte gelbe Tropenfrucht, etwas Mango und Blütenhonig, mit kandierten Orangenzesten unterlegt. Saftig, elegant, weißer Apfel, frischer Säurebogen, mineralisch, ein straffer Speisenbegleiter.

93 Grüner Veltliner vom Urgestein Reserve 2022
13,5 Vol.-%, DV, Stahltank, €€€
Mittleres Gelbgrün, Silberreflexe. Zarte Wiesenkräuter, reife rote Apfelfrucht, etwas nach Guaven, mit Blütenhonig unterlegte Orangenzesten. Saftig, engmaschig, Maracuja im Abgang, gut integrierte Säurestruktur, fruchtsüß im Nachhall, guter Speisenbegleiter.

(91) Riesling Ried Galgenberg vom Urgestein 2023
12,5 Vol.-%, DV, Stahltank, €€
Helles Gelbgrün, Silberreflexe. Wiesenkräuter, zart nach Limetten, Weingartenpfirsich, etwas Blütenhonig. Straff, balancierte Säurestruktur, mineralisch, weißes Steinobst, bleibt gut haften, vielfältig einsetzbar.

91 Weißburgunder Ried Hundspoint 2023
13,5 Vol.-%, DV, Stahltank, €€
Helles Gelbgrün, Silberreflexe. Feine Apfelfrucht, ein Hauch von Gewürzen, zart nach Birne, frisches Bukett. Saftig, engmaschig, Golden-Delicious-Apfel, gute Frische, mineralisch, guter Speisenbegleiter.

90 Gelber Muskateller 2023
12 Vol.-%, DV, Stahltank, €€
Helles Gelbgrün, Silberreflexe. Wiesenkräuter, zart nach Muskatnuss, ein Hauch von Papaya, frisches Bukett. Mittlere Komplexität, feine Würze, gut integrierte Säurestruktur, zart nach Blütenhonig, Holunderblüten im Abgang, trinkanimierender Stil.

89 Neuburger Ried Galgenberg 2023
12,5 Vol.-%, DV, Stahltank, €€

★★★

HOFKELLEREI DES FÜRSTEN VON LIECHTENSTEIN

Seit Jahrhunderten ist der Name der Familie Liechtenstein untrennbar mit dem Weinbau im nördlichen Weinviertel verbunden. Heute engagiert sich Prinzessin Marie gemeinsam mit dem innovativen und erfahrenen Team um Stefan Tscheppe und Josef Stumvoll in der Hofkellerei. Die Weine der Hofkellerei stehen in enger Beziehung zu den besonderen Rieden, wie Karlsberg und Johannesbergen, und der einmaligen Kultur der Familie. Frische, Präzision, Authentizität und Inspiration prägen die Arbeit von den Rieden bis zu den fertig gereiften Weinen. In den jahrhundertealten Kellergewölben reifen Grüner Veltliner, Riesling, Zweigelt und Merlot in kleinen Chargen geruhsam zu Weinen mit feiner Struktur, ausgeprägter Jahrgangscharakteristik und Ausdruck heran.

Im Herzen der Betriebs, in Wilfersdorf, führen die Wege den Besucher durch das neue Presshaus in die Kellergewölbe, wo in der Vinothek Jahrgänge ab 1957 gelagert werden. Im modernen Empfangssaal kann man die Weine gemeinsam mit lokaler Kulinarik genießen. In der neu gestalteten Hofkellerei im Gartenpalais, der Vinothek und Bar in der Fürstengasse im 9. Wiener Bezirk, im prachtvollen Park des Gartenpalais Liechtenstein, werden die Weine gemeinsam mit lokalen Spezialitäten zur Verkostung und zum Verkauf angeboten. Das Weingut zählt zu den neuen Mitgliedern der »Traditionsweingüter Österreich«.

91 ❸ F.L. Premier Brut 2022 RR/GV
12,5 Vol.-%, NK, Flaschengärung, €€€€
Helles Gelbgrün, Silberreflexe, lebendige, feine Perlage.

HOFKELLEREI DES FÜRSTEN VON LIECHTENSTEIN

2193 Wilfersdorf, Brünnerstraße 8
T: +43 (2573) 221927
c.fritz@hofkellerei.at
www.hofkellerei.com
Kellermeister: Josef Stumvoll
Kontakt: Stefan Tscheppe
Anbauweise: Umstellung auf bio (Bio Austria)
Produktion: 160.000 Flaschen
5 % Schaumwein, 60 % weiß, 5 % rosé, 30 % rot, 35 Hektar
Vereinszugehörigkeit: Leithaberg DAC, Traditionsweingüter Österreich, Premium Weingüter Weinviertel
Messen: ProWein Düsseldorf, VieVinum, Vinexpo, DAC-Präsentationen

Prinzessin Marie und Weingutsleiter Stefan Tscheppe

Weiße Beerenfrucht, grüner Apfel, zarte Wiesenkräuter und Limetten, frisches Bukett. Knackig, weißes Kernobst, rassig strukturiert, zitronig-salziger Nachhall.

90 Grüner Veltliner * 2023
12 Vol.-%, DV, Stahltank, €€
Helles Gelbgrün, Silberreflexe. Zart nach Wiesenkräutern, dezente Apfelfrucht, ein Hauch von Mango, kandierte Orangenzesten. Schlank, frisches Kernobst, gut integrierte Säure, zarte Fruchtsüße, zugänglich, zitroniger Touch im Abgang.

92 Grüner Veltliner Ried Karlsberg 2022
12,5 Vol.-%, DV, Tonneaux Fass, €€€€
Helles Grüngelb, Silberreflexe. Frische Nuancen von reifer Tropenfrucht, ein Hauch von Papaya, zarter Blütenhonig, mit kandierten Orangenzesten unterlegt. Saftig, weißer Apfel, frisch strukturiert, mineralisch-zitronig im Abgang, ein vielseitiger Speisenbegleiter.

92 Chardonnay Leithaberg DAC 2022
13 Vol.-%, NK, Tonneaux Fass, €€€€€
Mittleres Grüngelb, Silberreflexe. Zitroniger Touch, weißer Apfel, mineralische Nuancen, floral unterlegt. Mittlere Komplexität, weißes Kernobst, lebendige Säurestruktur, salziger Abgang, ein leichtfüßiger Speisenbegleiter.

93 Herrnbaumgarten 2022 RR/GV
12,5 Vol.-%, DV, Tonneaux Fass/Stahltank, €€€
Helles Grüngelb, Silberreflexe. Mit frischen Limettenzesten unterlegte feine Tropenfrucht, ein Hauch von Ananas und Mandarinenzesten. Saftig, weißer Pfirsich, lebendig strukturiert, mineralisch-salzig, leichtfüßiger Stil, bleibt haften, verfügt über Reifepotenzial.

93 Riesling Ried Karlsberg Privat 2022
13 Vol.-%, NK, Tonneaux Fass, €€€€€
Helles Goldgelb, Silberreflexe. Zarte gelbe Tropenfrucht, Nuancen von Ananas und Pfirsich, ein Hauch von Safran, frische Limettenzesten. Straff, engmaschig, weißes Steinobst, frischer Säurebogen, salzig-mineralisch im Abgang, zitronig und finessenreich, gutes Reifepotenzial.

90 Zweigelt Profundo 2020
13 Vol.-%, NK, Barrique, €€€€
Kräftiges Karmingranat, Ockerreflexe, breitere Randaufhellung. Kräuterwürzig unterlegte schwarze Kirschfrucht, etwas Brombeeren, tabakige Nuancen. Mittlere Komplexität, rote Kirschen, reife Tannine, gute Frische, ein vielseitiger, zugänglicher Speisenbegleiter.

93 Grüner Veltliner Eiswein 2021
10 Vol.-%, NK, Stahltank, €€€€€
Helles Goldgelb, Silberreflexe. Feiner Honigtouch, unterlegt mit Nuancen von gekochtem Rhabarber, gelbe Tropenfrucht, einladende Süße. Saftig, zart nach Marillenkonfitüre und reifer Quitte, bleibt gut haften, balanciert, ein fruchtig-süßes Trinkdessert.

★★★

WEINGUT GERHARD J. LOBNER

»Großer Wein schmeckt nicht einfach nur gut, er erzählt auch eine Geschichte«, sind Benita und ihr Vater Gerhard J. Lobner überzeugt. Er soll geprägt sein von der Landschaft, dem Klima und der Persönlichkeit der Winzer. Der erfolgreiche Weingutsleiter der Wiener Weingüter Mayer am Pfarrplatz und Rotes Haus ist seit 2014 auch für die Geschicke des Familienweinguts in Mannersdorf an der March verantwortlich und führt dieses gemeinsam mit seiner Tochter Benita. Auf zehn Hektar Rebfläche wird der Fokus auf Grünen Veltliner und Riesling gelegt, wobei Riesling die große Leidenschaft der beiden ist. Die anspruchsvolle Sorte findet an der March auf den terrassierten Weinbergen ideale Bedingungen vor. Vater und Tochter beschäftigen sich auch mit der im Weinviertel typischen, aber unterschätzen Sorte Welschriesling. Er wird vollreif geerntet und als kräftiger und vielschichtiger Wein abgefüllt. »Die Möglichkeit, einerseits ein Weingut wie ›Mayer am Pfarrplatz‹ zu leiten und gestalten zu können sowie andererseits in dem kleinen Familienbetrieb dem Handwerk des Winzers nachzugehen, ist eine große Herausforderung, aber macht mich sehr glücklich«, so Gerhard J. Lobner.

Das Weingut befindet sich in Umstellung auf »bio« und ist seit 2024 Mitglied der »Traditionsweingüter Österreich«.

92 Grüner Veltliner * Mannersdorf an der March 2023
12,5 Vol.-%, DV, Stahltank, €€€
Helles Goldgelb, Silberreflexe. Zart floral unterlegte Noten von weißem Kernobst, dezent nach Blütenhonig. Mittlerer Körper, frischer Apfel, feiner Säurebogen, dezente Fruchtsüße im Abgang, mineralisch, gut anhaftend, zitroniger Touch, ein vielseitiger Begleiter bei Tisch.

91 Grüner Veltliner * 2023
12,5 Vol.-%, DV, Stahltank, €€
Helles Goldgelb, Silberreflexe. Zarte gelbe Birnenfrucht, ein Hauch von Blütenhonig und Mango, dezent mit Wiesenkräutern unterlegt. Saftig, elegant, fruchtige Süße, lebendig strukturiert, bleibt haften, macht Lust auf ein zweites Glas.

92 Riesling Mannersdorf an der March Ried Gelsenberg unterm Kirschbaum 2023
10 Vol.-%, DV, Stahltank, €€€€
Helles Goldgelb, Silberreflexe. Zart nach Litschis und Maracuja, Limettenzesten, einladendes florales Bukett. Saf-

Benita und Gerhard J. Lobner

WEINGUT GERHARD J. LOBNER
2261 Mannersdorf an der March
Hauptstraße 62
T: +43 (650) 80 18 397
benita@weingut-lobner.at
www.weingut-lobner.at
Kellermeister: Gerhard J. Lobner
Kontakt: Gerhard J. Lobner, Benita Sophie Lobner
Anbauweise: Umstellung auf bio (Bio Austria)
Produktion: 90 % weiß, 10 % rot, 10 Hektar
Zertifiziert: Nachhaltig Austria
Vereinszugehörigkeit: Traditionsweingüter Österreich
Messen: VieVinum

tig, elegant, runde Fruchtsüße, feiner Säurebogen, ein leichtfüßiger Wein in der Art des deutschen Kabinetts, fruchtig und schwungvoll.

91 Riesling Mannersdorf an der March 2023
13 Vol.-%, DV, Stahltank, €€
Helles Goldgelb, Silberreflexe. Etwas scheues Bukett, ein Hauch von Weingartenpfirsich, floraler Anklang, zart nach Orangenblüten. Mittlerer Körper, weiße Frucht, frisch strukturiert, mineralisch, etwas Blütenhonig, ein balancierter Speisenbegleiter.

89 Welschriesling Ried Gelsenberg 2023
12,5 Vol.-%, DV, Stahltank, €€

★★

SCHLOSSWEINGUT MALTESER-RITTER-ORDEN

Seit nahezu 900 Jahren lautet der Leitsatz des Souveränen Malteser-Ritter-Ordens »Optimus quisque«, was so viel wie »Einfach das Beste« bedeutet. Seit 1969 bewirtschaftet die Weinkellerei Lenz Moser das Schlossweingut. Seither wurde der Rebenbestand in den fast 50 Hektar Weingärten in den besten Lagen Mailbergs erneuert, sodass heute die typischen Österreicher wie Grüner Veltliner und Blauer Zweigelt dominieren. Daneben finden aber auch Chardonnay, Cabernet Sauvignon, Merlot und Blauer Burgunder ideale Bedingungen vor. Viele Pionierleistungen haben im Mailberger Traditionsweingut ihren Ursprung, wie zum Beispiel der Ausbau von Rotweinen im Barrique, der biologische Säureabbau oder die kontrollierte gekühlte Vergärung. Seit 2012 gibt es mit dem Schlosshotel »Mailberg« ein noch besseres Angebot. Das Hotel und der benachbarte Pfarrhof bieten Platz für neun großzügige Doppelzimmer und zwölf elegante Suiten. Von den Zimmern reicht der Blick hinaus in den Schlossgarten und über die Weinberge von Mailberg bis hin zu den Nachbarorten des Weinviertels.

90 Grüner Veltliner * 2023
12,5 Vol.-%, DV, Stahltank, €€
Helles Gelbgrün, Silberreflexe. Rauchig, feine Kernobstnoten, ein Hauch von Orangenzesten. Straff, weißer Apfel, ein Hauch von Litschis, frischer Säurebogen, mineralisch, salzig, Limetten im Nachhall, ein schwungvoller Begleiter bei Tisch.

92 Grüner Veltliner Ried Hundschupfen 2023
13 Vol.-%, DV, Stahltank, €€
Mittleres Grüngelb, Silberreflexe. Nuancen von Golden-Delicious-Apfel, ein Hauch von Wiesenkräutern, etwas Ringlotten, mit kandierten Orangenzesten unterlegt. Straff, engmaschig, weiße Frucht, frischer Säurebogen, mineralisch-zitronig, bleibt haften, vielfältig einsetzbar.

89 Chardonnay 2022
13 Vol.-%, DV, Stahltank, €€€

90 Merlot 2021
14 Vol.-%, NK, Barrique, €€€
Kräftiges Karmingranat, Ockerreflexe, breitere Randaufhellung. Feine Holznuancen, Gewürzanklänge, rotes Waldbeerenkonfit, Nuancen von Herzkirschen. Kraftvoll, reife Zwetschken und Brombeeren, etwas Nougat, präsente Tannine, süßer Karamellnachhall.

SCHLOSSWEINGUT MALTESER-RITTER-ORDEN
2024 Mailberg
Schaflerhof 199
T: +43 (2732) 85541
office@lenzmoser.at
www.lenzmoser.at

Kellermeister: Ing. Michael Rethaller
Kontakt: Helmut Amon
Produktion: 56 % weiß, 44 % rot, 43 Hektar
Messen: Alles für den Gast Salzburg, Anuga, ProWein Düsseldorf, VieVinum

90 Kommende Mailberg 2021 CS/ME
14 Vol.-%, NK, Barrique, €€€
Kräftiges Karmingranat, Ockerreflexe, breite Randaufhellung. Feine Nuancen von Vanille, dazu Preiselbeeren, eingelegte rote Kirschen, mit etwas Nougatkaramell unterlegt. Saftig, reife Kirschen auch am Gaumen, präsente Tannine, zarte Süße im Nachhall, mineralisch im Abgang, zart adstringierend im Finish, braucht noch Zeit.

89 Blauer Zweigelt 2021
13 Vol.-%, DV, großes Holzfass, €€

★★

WEINGUT MARTINSHOF

Die Zeit der Kraftlackel ist vorbei. Weniger Alkohol, dafür mehr Charakter: Solche Weine bevorzugt man heute. Für das Weingut Martinshof passt das perfekt. Genau darin liegen nämlich dort die Stärken. Man macht die leichten Weine, die mit vollerem Duft und reiferem Geschmack daherkommen. Ecken und Kanten sind ausdrücklich erwünscht. Es lebe der Eigensinn! Schon der Urgroßvater hat Weißburgunderreben ausgepflanzt. Die Sorte brachte damals leider zu wenig Ertrag und musste wieder verschwinden. Die Familie Martin bringt den Burgunder wieder ins Spiel und setzt auf den »Österreichischen Burgunder«, weil man hier an seine Qualitäten glaubt. Mittlerweile bewirtschaftet das Weingut 16 Hektar in den besten Lagen von St. Ulrich: Hausberg, Sonnberg und Galgenberg. Man möchte dezidiert besondere Kunden ansprechen – Individualisten eben, mit dem typischen Hang zum Burgunder. Natürlich wissen diese Genießer, dass burgundische Weine kompliziert und mitunter auch kapriziös sind. Aber was sich im Kopf oft gar nicht ausgeht, das ergibt einen tieferen Sinn, wenn das Herz mitspricht – und plötzlich passt's. Seit Kurzem gibt es auch einen Wermut in der Steingutflasche.

WEINGUT MARTINSHOF
2183 Neusiedl an der Zaya
Hauptstraße 28
T: +43 (664) 3567360
weingut@martinshof.at
www.martinshof.at

Kellermeister/Kontakt: Michael Martin
Produktion: 133.333 Flaschen
70 % weiß, 10 % rosé, 20 % rot, 16 Hektar
Messen: ProWein Düsseldorf, DAC-Präsentationen

91 Grüner Veltliner Reserve 2022
13,5 Vol.-%, DV, Holzfass, €€€€
Leuchtendes Goldgelb, Silberreflexe. Kandierte Orangenzesten, ein Hauch von reifem Apfel, feine Kräuterwürze, mit gelben Ringlotten unterlegt. Kraftvoll, saftig, gelbe Tropenfrucht, würziger Touch, etwas Blütenhonig im Abgang.

89 Veltliner Friends 2023
12 Vol.-%, DV, Stahltank, €€€

91 Weißburgunder Reserve 2022
14 Vol.-%, NK, Holzfass, €€€€
Mittleres Grüngelb, Silberreflexe. Zart rauchige Kräuterwürze, frische gelbe Birne, mit Mandarinenzesten unterlegt. Komplex, kraftvoll und saftig, süße Textur, dezente Säurestruktur, Marillenkonfitüre im Abgang, bleibt haften, ein stoffiger Speisenbegleiter.

89 Grauburgunder 2023
12 Vol.-%, DV, Stahltank, €€

88 Grauburgunder Reserve 2021
13 Vol.-%, DV, Stahltank, €€€€

91 Pinot Noir Ried Galgenberg Reserve 2020
13 Vol.-%, NK, Barrique, €€€€
Kräftiges Karmingranat, ziegelrote Reflexe, breite Ockerrandaufhellung. Reife Zwetschkenfrucht, ein Hauch von Powidl, kandierte Orangenzesten, feines Nougat und Kräuterwürze. Saftig, Nuancen von roter Frucht, etwas Schokolade, eingelegte Kirschen, feine Süße im Nachhall, bereits entwickelt, salziger Rückgeschmack.

★★

WEINGUT MAURER

Das Weinviertel ist Heimat, Wein die Berufung. Die Familie Maurer aus Röschitz ist mit Leib und Seele mit dem Weinviertel verwurzelt. Leo Maurer führt das fort, was Vater Alfred sowie Generationen von Winzern zuvor als Vision verfolgt haben: unverkennbare mineralische und authentische Weine mit großem Lagerpotenzial zu keltern. Der Grüne Veltliner bietet dem Weißweinfreund die Möglichkeit, aus dem Vollen zu schöpfen: In vier Kategorien gibt es neben den großen Klassikern Weinviertel DAC, Grüner Veltliner »Urkristall« und Grüner Veltliner Stoitzenberg auch den Grünen Veltliner »MLM«, der national wie international stets Höchstbewertungen erzielt. Die Ried Hiataberg mit ihrem kalkhaltigen Boden ist die Basis für feinfruchtige Chardonnays und Pinot Blancs. Die Ried Stoitzenberg mit ihrem Urgesteinsverwitterungsboden bietet den idealen Standort für elegante Rieslinge. Weiters ergänzen Gelber Muskateller und Zweigelt das Sortiment. Auszeichnungen wie Landessieger oder »Ö1-Wein des Jahres«, Falstaff-Empfehlungen und »SALON«-Nominierungen bestätigen die hohe Qualität der Weine.

90 Grüner Veltliner * 2023
12,5 Vol.-%, DV, Stahltank, €€
Mittleres Grüngelb, silberfarbene Reflexe. Einladender Duft nach gelbem Apfel, zarter Blütenhonig, kandierte Orangenzesten, ein Hauch von Wiesenkräutern. Mittlerer Körper, feine Frucht, angenehmer Säurebogen, mineralisch und harmonisch, bereits gut antrinkbar.

92 Grüner Veltliner Ried Stoitzenberg Granitjuwel 2023
13,5 Vol.-%, DV, Stahltank, €€
Helles Gelbgrün, Silberreflexe. Einladendes Bukett nach reifer Apfelfrucht, etwas Birne, ein Hauch von kandierten Orangenzesten, mit Blütenhonig unterlegt. Saftig, kraftvoll, feine Mineralik, gelbe Tropenfrucht im Abgang, bleibt sehr gut haften, vielfältig einsetzbar.

(92) Grüner Veltliner Ried Himmelreich MLM 2023
13,5 Vol.-%, DV, Stahltank, €€€
Mittleres Gelbgrün, Silberreflexe. Mit Blütenhonig unterlegte feine Kräuterwürze, gelbes Steinobst, ein Hauch von Papaya. Gute Komplexität, extraktsüß nach Tropenfrucht, feine Zitrusnote, bleibt gut haften, vielseitiger Speisenbegleiter.

90 Grüner Veltliner Urkristall 2023
13 Vol.-%, DV, Stahltank, €€
Helles Gelbgrün, Silberreflexe. Feine Kräuterwürze, weißer Apfel, ein Hauch von Honigmelone. Elegant, balancierte Säurestruktur, extraktsüß nach Pfirsich, harmonisch und rund, bereits gut antrinkbar.

(91) Pinot Blanc Ried Hiataberg 2023
13,5 Vol.-%, DV, Stahltank, €€
Helles Gelbgrün, Silberreflexe. Feine Apfelnoten, ein Hauch von Gewürzen, dezenter Birnentouch, Karamell klingt an. Mittlere Komplexität, feine Fruchtsüße nach Honigmelone, gut integrierte Säurestruktur, etwas Toffee im Abgang, rund und balanciert.

89 Chardonnay Ried Hiataberg 2023
14,5 Vol.-%, DV, Stahltank, €€

WEINGUT MAURER
3743 Röschitz
Winzerstraße 19
T: +43 (676) 3583807
info@maurerwein.at
www.maurerwein.at

Kellermeister/Kontakt:
Leo Maurer
Produktion: 90 % weiß, 10 % rot, 12 Hektar
Messen: ProWein Düsseldorf, DAC-Präsentationen, Vinorell Hamburg

* Weinviertel DAC ** Weinviertel DAC Reserve

★★★

WEINGUT ROLAND MINKOWITSCH

Seit 1620 ist Familie Minkowitsch in Mannersdorf an der March beheimatet. Das Weingut ist eines der letzten weltweit, das die gesamte Produktion mit einer Baumpresse aus dem Jahr 1820 verarbeitet. Die Trauben werden zu 100 Prozent handverlesen geerntet. Diese nachhaltige Art der Traubenverarbeitung garantiert durch die schonende Pressung und die geringere Ausbeute höchste Weinqualität. Die gekelterten Weine sind dadurch einzigartig. Nachhaltigkeit ist das Fundament aller Tätigkeiten: minimale Eingriffe für maximale Schonung, damit die Zukunft allen eine gesunde Lebensgrundlage bietet. Es werden Technologien genutzt, die mehrere Jahrhunderte alt sind. Altes wird nicht abgelöst, wenn das Neue nicht besser ist. Erkenntnisse aus vielen Generationen werden wie Schätze bewahrt und aufgehoben. Schätze widersetzen sich Trends; sie bleiben zeitlos wertvoll – so wie die Weine des Weinguts Roland Minkowitsch.

WEINGUT ROLAND MINKOWITSCH
2261 Mannersdorf/March
Kirchengasse 64
T: +43 (2283) 3639
weingut@roland-minkowitsch.at
www.roland-minkowitsch.at

Kellermeister: Martin Minkowitsch
Kontakt: Martin und Blandine Minkowitsch
Produktion: 5 % Schaumwein, 92 % weiß, 3 % süß, 13 Hektar
Zertifiziert: Nachhaltig Austria
Vereinszugehörigkeit: Premium Weingüter Weinviertel
Messen: VieVinum

93 Riesling Mannersdorf an der March »de vite« 2023
12,5 Vol.-%, DV, Stahltank, €€€
Helles Gelbgrün, silberfarbene Reflexe. Limettenzesten, zart nach Pfirsich, ein Hauch von Quitte, Physalis klingt an. Gute Komplexität, feinwürzig, Marillentouch, lebendige Säurestruktur, guter Speisenbegleiter mit Potenzial.

(93) Riesling Ried Lange Lissen »de vite« 2023
13 Vol.-%, DV, Stahltank, €€€€
Mittleres Gelbgrün, silberfarbene Reflexe. Kandierte Orangenzesten, etwas nach Maracuja, Mirabelle, würzig, dunkle Mineralik. Gute Komplexität, feinwürzig, Weingartenpfirsich im Abgang, lebendige Säurestruktur, mineralisch-salzig, vielschichtiger Speisenbegleiter mit Potenzial.

93 Viognier sept
09/2022, 12 Vol.-%, DIAM, Stahltank/Barrique, €€€€€
Helles Gelbgrün, Silberreflexe. Dunkle Mineralik, feine Kräuter-Tabak-Würze, ein Hauch von gelber Tropenfrucht, Apfel klingt an. Straff, feinwürzig, weißes Kernobst, lebendige Säurestruktur, Limettenzesten im Nachhall, guter Speisenbegleiter.

92 Gelber Muskateller Reserve 2022
12,5 Vol.-%, DV, Stahltank/Barrique, €€€
Mittleres Gelbgrün, Silberreflexe. Feiner Blütenhonig, zart nach Quitte, etwas nach Muskatnuss, feinwürzig, Limettenzesten klingen an. Saftig, frisch und engmaschig, weißes Steinobst im Abgang, Holunder im Rückgeschmack, vielfältig einsetzbar.

92 Grüner Veltliner Ried Rochusberg 2022
12,5 Vol.-%, DV, Stahltank/kleines Holzfass, €€€€€
Mittleres Gelbgrün, Silberreflexe. Feine Tabakwürze, weißes Kernobst, zart nach Limettenzesten, frisches Bukett. Mittlere Komplexität, Maracujanoten, salziger Touch, gut integrierter Säurebogen, frisches Trinkvergnügen.

★

WEINGUT ANDREAS OTT

Im südlichen Weinviertel befindet sich das Weingut Andreas Ott. Die zehn Hektar große Rebfläche wird auf der niederösterreichischen und auf der Wiener Seite des Bisambergs bewirtschaftet. Dem Winzer Andreas Ott ist es ein Anliegen, im Einklang mit der Natur hochwertige Weine mit Substanz und Charakter zu erzeugen. Natürlich liegt das Hauptaugenmerk auf dem Weißwein und hier insbesondere auf dem Grünen Veltliner, schließlich ist man hier im Weinviertel zu Hause. Doch immerhin fast ein Drittel der bewirtschafteten Fläche ist für Rotwein reserviert. Selektive Handlese in mehreren Erntedurchgängen ist ebenso Standard wie der schonende Ausbau in traditionellen großen Holzfässern.
Am besten kombiniert man den Weineinkauf mit einem Heurigenbesuch. Hier kann man die Top-Qualitätsweine sowie das umfangreiche Heurigenbuffet perfekt genießen.

93 Grüner Veltliner * Hagenbrunn Ried Sätzen 2021
14 Vol.-%, DV, großes Holzfass, €€€€
Helles Gelbgrün, Silberreflexe. Feine Kräuter-Tabak-Würze, etwas nach Feigen, zart nach Orangenzesten, Tropenfrucht klingt an. Gute Komplexität, elegant, feine Säurestruktur, mineralisch-salzig, weißes Kernobst, lang anhaftend, dichtes Finish, guter Speisenbegleiter.

90 Grüner Veltliner * Hagenbrunn Ried Aichleiten 2023
13 Vol.-%, DV, Stahltank, €€
Helles Gelbgrün, Silberreflexe. Mit feiner Kräuterwürze unterlegter Golden-Delicious-Apfel, etwas Kardamom, Quitte klingt an. Mittlerer Körper, filigran, feine Säurestruktur, mineralisch, weißes Kernobst im Abgang, würziger Nachhall, bereits gut antrinkbar.

89 Sauvignon Blanc 2022
12,5 Vol.-%, DV, Stahltank, €€

91 Cuvée Reserve 2021 ZW/ME/SL
13,5 Vol.-%, DV, Barrique, €€€€
Kräftiges Rubingranat, violette Reflexe, zarte Randaufhellung. Feine Tabakwürze, schwarze Kirschfrucht, unterlegt mit Kräutern, dezente Cassisnote. Saftig, straff, fruchtsüß nach Brombeeren, gut integrierte Tanninstruktur, feinwürziges Finish, vielfältig einsetzbar.

90 Merlot Reserve 2021
14 Vol.-%, DV, Barrique, €€€
Kräftiges Karmingranat, violette Reflexe, zarte Randaufhellung. Zarte Dörrpflaumen, ein Hauch von Toffee, dezente Milchschokonoten, Brombeeren klingen an. Mittlerer Körper, tragendes Tannin, hellbeerige Frucht, präsenter Gerbstoff, bereits gut antrinkbar.

WEINGUT ANDREAS OTT
2102 Hagenbrunn
Schlossgasse 9
T: +43 (2262) 672120
office@andreasott.at
www.andreasott.at

Kellermeister/Kontakt:
Andreas Ott
Produktion: 70 % weiß, 30 % rot, 10 Hektar

★★

WEINGUT PESAU

BIO

Die Brüder Andreas und Georg Pesau führen gemeinsam das Weingut mit einer mehr als 300-jährigen Tradition. Vor 400 Jahren wurde der Name Pesau erstmals in Zusammenhang mit Wein und Falkenstein erwähnt. Die Weingärten der Familie liegen auf den Hügeln rund um den historischen Weinort. Dieser bietet beste geologische und naturräumliche Voraussetzungen für den Weinbau: Einzigartige Böden, geprägt von Muschelkalk und entstanden vor rund 17 Millionen Jahren, schaffen seit Jahrhunderten die Grundlage für mineralische Weine. Die bewaldete Hügelkette um Falkenstein bietet den Reben nicht nur Schutz vor rauen Nord- und Westwinden, sondern auch ein ausgewogenes Mikroklima, das dazu beiträgt, die für Falkenstein typischen eleganten Weine reifen zu lassen. Im Weinberg ist man um ein nachhaltiges, stabiles und ökologisches Gleichgewicht bemüht. Um dieses zu erreichen, bedient man sich eines modernen Begrünungsmanagements nach ökologischen Gesichtspunkten und eines ausgewogenen Einsatzes von Nützlingen. Im Keller rücken Gefühl, Erfahrung und Zeit in den Vordergrund. Der Charakter der Weine spiegelt Boden, Jahrgang und Rebsorte wider. Die Handschrift des Winzers ist dabei ausschlaggebend: Sie ist gekennzeichnet durch einen sensiblen Umgang mit der Natur und schonenden Einsatz von Ressourcen.

WEINGUT PESAU
2162 Falkenstein
Wiagasse 253
T: +43 (2554) 6705
office@pesau.at
www.pesau.at

Kellermeister: Andreas Pesau
Kontakt: Georg Pesau
Anbauweise: Zertifiziert Biologisch (Austria Bio Garantie)
Produktion: 80.000 Flaschen
1 % Schaumwein, 95 % weiß, 4 % rot, 15 Hektar

93 Grüner Veltliner Unter Brüdern 2020
14 Vol.-%, NK, kleines Holzfass, €€€€€ V
Mittleres Goldgelb, Grünreflexe. Mit Blütenhonig unterlegte reife Tropenfrucht, etwas nach Melone, ein Hauch von Kardamom, etwas Vanille und Orangenzesten klingen an. Saftig, mineralisch, zarte Holzwürze, Maracuja im Abgang, bleibt sehr gut haften, vielseitiger Speisenbegleiter.

(92) Grüner Veltliner Ried Ekartsberg 2023
13 Vol.-%, VL, großes Holzfass, €€€ B V
Mittleres Gelbgrün, silberfarbene Reflexe. Wiesenkräuter und weiße Tropenfrucht, zart nach Zitrus, ein Hauch von Melisse. Saftig, straff, mineralisch, Noten von gelber Frucht im Abgang, Maracuja im Rückgeschmack, guter Speisenbegleiter.

90 Grüner Veltliner Falkenstein 2023
12,5 Vol.-%, DV, Stahltank, €€ B V
Helles Gelbgrün, Silberreflexe. Etwas Kräuterwürze, zart nach Guaven, Melisse, zart pfeffrig, dunkle Mineralik. Mittlerer Körper, balancierter Säurebogen, zart nach Gewürzen, weiße Apfelfrucht, bereits gut antrinkbar.

(92) Riesling Ried Rosenberg 2023
13 Vol.-%, VL, großes Holzfass, €€€ B V
Helles Gelbgrün, Silberreflexe. Weißes Steinobst, etwas nach Wiesenkräutern, frisches Bukett, ein Hauch von Ananas, Orangenzesten klingen an. Saftig, elegant, mineralisch, extraktsüß nach Maracuja, lebendig, guter Speisenbegleiter.

91 Riesling Falkenstein 2023
12,5 Vol.-%, DV, Stahltank, €€€ B V
Helles Gelbgrün, Silberreflexe. Etwas Limettenzesten, ein Hauch von Ananas, zart nach Pfirsich, mineralischer Touch. Saftig, elegant, salzig-mineralisch, etwas Anis, zitroniger Abgang, weiße Tropenfrucht im Rückgeschmack.

(91) Weißburgunder Ried Ebersleithen 2023
13 Vol.-%, VL, großes Holzfass, €€€ B V
Helles Gelbgrün, silberfarbene Reflexe. Feine Birnennoten, etwas nach Gewürzen, ein Hauch von Anis, weiße Tropenfrucht. Mittlerer Körper, saftig, Pfirsichnoten klingen an, würziger Nachhall, unkomplizierter Speisenbegleiter.

WEINGUT R & A PFAFFL
2100 Stetten
Schulgasse 21
T: +43 (2262) 673423
wein@pfaffl.at
www.pfaffl.at

Kellermeister: Roman Josef Pfaffl
Kontakt: Familie Pfaffl
Produktion: 65 % weiß, 35 % rot, 150 Hektar
Zertifiziert: Nachhaltig Austria
Vereinszugehörigkeit: Premium Weingüter Weinviertel
Messen: ProWein Düsseldorf, VieVinum

Roman Josef Pfaffl

★★★★

WEINGUT R & A PFAFFL

Als Roman Pfaffl im Jahr 1996 den Titel »Falstaff Winzer des Jahres« verliehen bekam, wurde ein Traum für ihn wahr, den er gar nicht zu träumen gewagt hatte. In knapp 20 Jahren hatte er mithilfe seiner Frau Adelheid aus einem landwirtschaftlichen Betrieb mit 0,75 Hektar Weinbau ein 20 Hektar großes Weingut mit großen Ambitionen geschaffen. Weitere 20 Jahre folgten, in denen auch schon die nächste Generation kräftig mitwirkte – ein Zusammenspiel, das offensichtlich funktioniert: Das US-amerikanische Magazin »Wine Enthusiast« kürte das Weingut zur »European Winery of the Year 2016«. Zum ersten Mal ging dieser begehrte Titel damit nach Österreich.
Seit etwa 45 Jahren stehen die Pfaffls also für hochwertigen Grünen Veltliner, Riesling, Chardonnay, Zweigelt und St. Laurent. Die mittlerweile 150 Hektar Weingärten des Guts sind im südlichen Weinviertel über dreizehn verschiedene Gemeinden verstreut und reichen sogar bis nach Wien. Diese Verteilung bringt eine Vielfalt an Böden und Kleinklimazonen mit sich, die Roman Josef Pfaffl gekonnt zu nutzen weiß. Er versteht es, die Charakteristika der einzelnen Lagen herauszuarbeiten und seine Weine in den unterschiedlichsten Spielarten von leicht und verspielt bis dicht und kräftig zu präsentieren. Selbstverständlich gilt dies besonders für die Paradesorte Grüner Veltliner, die in vielen Varianten ausgebaut wird. Aber auch bei den Rotweinen ist das Weingut sehr stark unterwegs. »Einige unserer Weingärten profitieren von den milden pannonischen Einflüssen, die es über das Marchfeld bis zu uns schaffen«, meint Roman Josef Pfaffl dazu nicht ohne Ehrgeiz, denn die Roten sind ihm besonders ans Herz gewachsen.

(95) Grüner Veltliner ** Hommage 2023
14,5 Vol.-%, DIAM, großes Holzfass, €€€€€
Mittleres Gelbgrün, silberfarbene Reflexe. Dezenter Duft nach Honigmelone, etwas Kardamom, ein Hauch von kandierten Orangenschalen, etwas Wiesenkräuter. Saftig, balancierte Säurestruktur, etwas Karamell, Mangonoten im Rückgeschmack, guter Speisenbegleiter mit Potenzial.

(93) Grüner Veltliner ** MAX. 2023
14 Vol.-%, DV, Stahltank/großes Holzfass, €€€€
Mittleres Gelbgrün, Silberreflexe. Feine Wiesenkräuter untermalen gelbe Tropenfrucht, Melisse und Guaven, mit etwas Kumquats unterlegt. Saftig, elegant, komplex, zart

nach Papaya, Zitrustouch im Abgang, feinwürzig, bleibt gut haften, gutes Entwicklungspotenzial.

(93) Grüner Veltliner ** Hund 2023
14 Vol.-%, DV, Stahltank/großes Holzfass, €€€€
Helles Gelbgrün, Silberreflexe. Feine Tabakwürze, etwas nach Mango und Ananas, ein Hauch von Melisse, kandierte Orangenzesten. Saftig, kraftvoll, balancierte Säurestruktur, mineralisch, rote Apfelfrucht, bleibt sehr gut haften, Litschis im Finish.

(93) Grüner Veltliner ** Golden 2023
14 Vol.-%, DIAM, großes Holzfass, €€€€€
Leuchtendes Goldgelb, Silberreflexe. Mit zartem Blütenhonig unterlegte Papaya und Tabak-Kräuter-Würze, ein Hauch von Guaven, floraler Touch. Saftig, engmaschig, gute Komplexität, feine Würze, gelber Apfel im Abgang, lang anhaltend, guter Speisenbegleiter.

91 Grüner Veltliner * Lössdiamant 2023
13 Vol.-%, DV, Stahltank, €€€
Helles Gelbgrün, Silberreflexe. Zart nach Blütenhonig, etwas Mango und Quitte, ein Hauch von Melisse, einladendes Bukett. Saftig, mittlerer Körper, kraftvoll, feine Säurestruktur, Golden-Delicious-Apfel im Abgang, balanciertes Finish.

90 Grüner Veltliner * Haiden 2023
13 Vol.-%, DV, Stahltank, €€
Mittleres Grüngelb, Silberreflexe. Zart nach gelber Tropenfrucht, Nuancen von Orangenblüten, tabakiger Anklang, mit etwas Honig unterlegt. Kräftig, würzig, reifes gelbes Kernobst, dezente Säurestruktur, ein Hauch von Karamell, süßer Nachhall, ein stoffiger Begleiter bei Tisch.

89 Grüner Veltliner * Selection 2023
13 Vol.-%, DV, Stahltank, €€

89 Grüner Veltliner * Zeisen 2023
13 Vol.-%, DV, Stahltank, €€

89 Wiener Gemischter Satz DAC Selection 2023
12,5 Vol.-%, DV, Stahltank, €€

(94) Riesling Reserve Passion 2023
13,5 Vol.-%, DIAM, großes Holzfass, €€€€€
Mittleres Gelbgrün, Silberreflexe. Feine Tropenfrucht, zart nach Grapefruitzesten, ein Hauch von Ananas, dezente Marillennoten, einladendes Bukett. Saftig, komplex, frische Säurestruktur, mineralisch, gelbes Steinobst im Abgang, Passionsfrucht im Nachhall, bereits gut antrinkbar.

92 Riesling Sonne 2023
14 Vol.-%, DV, Stahltank, €€€
Mittleres Gelbgrün, Silberreflexe. Frisches Bukett, etwas Limetten, Quitte und Ringlotten, mit Blütenhonig unterlegt. Saftig, gute Komplexität, fruchtsüß, Maracuja im Abgang, bleibt gut haften, zitroniger Rückgeschmack, guter Speisenbegleiter.

90 Riesling Selection 2023
14 Vol.-%, DV, Stahltank, €€
Helles Gelbgrün, Silberreflexe. Zarte Zitrusnuancen, ein Hauch von Papaya, mit Minze unterlegte dezente Pfirsichnuancen. Lebendige Säurestruktur, mittlere Komplexität, kraftvoll, gelbe Tropenfrucht, zarte Würze im Nachhall, bereits gut antrinkbar.

93 Chardonnay Reserve Vision 2022
14,5 Vol.-%, DIAM, Barrique, €€€€€
Leuchtendes Gelbgrün, Silberreflexe. Zart nach Blütenhonig und gelbem Apfel, ein Hauch von Gewürzen, zart nach Toffee, Mangonoten klingen an. Saftig, komplex, balancierte Säurestruktur, mineralisch, gelbe Tropenfrucht im Abgang, gutes Entwicklungspotenzial.

91 Chardonnay Exklusiv 2023
14,5 Vol.-%, DV, Barrique/Stahltank, €€€
Mittleres Gelbgrün, Silberreflexe. Feine Maracujanoten, etwas nussig, ein Hauch von Blütenhonig, einladendes Bukett. Saftig, elegant, zart nach Mango, Honigmelone im Abgang, mineralisch-salziges Finish, vielseitiger Speisenbegleiter.

88 Chardonnay Selection 2023
14 Vol.-%, DV, Stahltank/Barrique, €€

(92) Muskateller Reserve Juwel 2023
13,5 Vol.-%, DIAM, großes Holzfass, €€€€€
Helles Gelbgrün, Silberreflexe. Zart nach Wiesenkräutern, ein Hauch von kandierten Clementinenzesten und Litschis, floraler Touch. Saftig, elegant, feiner Traubentouch, extraktsüß, gut eingebundene Säurestruktur, bleibt gut haften, Holundernoten im Rückgeschmack.

90 Muskateller Selection 2023
14 Vol.-%, DV, Stahltank, €€
Helles Gelbgrün, Silberreflexe. Zarte Kräuterwürze, ein Hauch von Muskatnuss und Trauben, Melisse, Orangenschalen klingen an. Saftig, elegant, extraktsüß nach Quitte, lang anhaltend, bereits gut antrinkbar.

90 Muskateller Sand 2023
14 Vol.-%, DV, Stahltank, €€
Helles Gelbgrün, Silberreflexe. Feine Tabakwürze, ein Hauch von Melisse, dezent nach Muskat und Holunderblüten. Saftig, engmaschig, weißes Steinobst, zart nach Limetten, Williamsbirne im Finish, unkomplizierter Speisenbegleiter.

91 Sauvignon Blanc Terroir 2023
14 Vol.-%, DV, Stahltank, €€€
Helles Gelbgrün, Silberreflexe. Zarte Maracujanoten, ein Hauch von Stachelbeeren, dezente Wiesenkräuter, floraler Touch. Saftig, elegant, feiner Säurebogen, zarte Cassisnoten, Orangentouch, fruchtiges Finish, bereits gut antrinkbar.

91 Weissburgunder Nuss 2023
14,5 Vol.-%, DV, Stahltank/großes Holzfass, €€€
Mittleres Gelbgrün, silberfarbene Reflexe. Einladendes Bukett, nach Birne und Blütenhonig, ein Hauch von Guaven, zart nach Orangenzesten. Saftig, mittlerer Körper, zart nach Mango im Abgang, extraktsüß im Rückgeschmack, bleibt gut haften, vielfältig einsetzbar.

90 Wien.1 2023 RR/GV/WB
12,5 Vol.-%, DV, Stahltank, €€
Helles Gelbgrün, Silberreflexe. Dezente Tabak-Kräuter-Würze, etwas nach Mango, weiße Apfelfrucht, Kardamom klingt an. Saftig, elegant, feine Säurestruktur, mineralisch, weißes Kernobst, Papaya im Nachhall, guter Speisenbegleiter.

89 Grauburgunder La Vita 2023
13,5 Vol.-%, DV, Stahltank, €€

88 Grauburgunder Selection 2023
13,5 Vol.-%, DV, Stahltank, €€

92 La Grande Rosé 2023 ZW/SL
13,5 Vol.-%, DIAM, großes Holzfass, €€€
Helles Roségold, Messingreflexe. Einladender Duft nach Ribiseln und reifer Tropenfrucht, zart nach Wiesenkräutern, dezent nach Kumquats. Saftig, straff, feine Säurestruktur, zart nach Papaya, lange anhaltend, Zitrus im Finish, ein vielseitiger Speisenbegleiter.

90 Hasen Rosé 2023 ZW/SL
13 Vol.-%, DV, Stahltank, €€
Helles Lachsrosa, zarte Silberreflexe. Mit feinen Wiesenkräutern unterlegtes rotes Beerenkonfit, zart nach Minze, ein Hauch von Walderdbeeren. Saftig, engmaschig, feine Säurestruktur, lebendige Nuancen von roter Frucht im Abgang, salziger Rückgeschmack, bereits gut antrinkbar.

88 Rosé Selection 2023 ZW/SL
13 Vol.-%, DV, Stahltank, €€

93 Reserve Excellent 2022 ZW/ME/CS
14 Vol.-%, DIAM, Barrique, €€€€€
Dunkles Rubingranat, violette Reflexe, breitere Randaufhellung. Feine Edelholzwürze, ein Hauch von Kardamom, zart nach Zwetschken, vanilliger Touch. Saftig, elegant, feines Säure-Tannin-Spiel, zarte Fruchtsüße, schokoladiger Nachhall, guter Speisenbegleiter.

Stetten

93 Grand Reserve Heidrom 2021 ME/CS
14 Vol.-%, DIAM, Barrique, €€€€€
Dunkles Rubingranat, violette Reflexe, zarte Randaufhellung. Einladendes Bukett nach Zwetschken und Holzwürze, ein Hauch von Brombeeren, moderner Stil, zart nach Nougat. Saftig, präsentes, gut eingebundenes Tannin, dezente dunkelbeerige Frucht, schokoladiger Nachhall, wird von Flaschenreife profitieren.

92 Cuvée Privat 2022 ME/SL
14 Vol.-%, DIAM, Barrique, €€€
Dunkles Rubingranat, violette Reflexe, zarte Randaufhellung. Feine Tabakwürze, etwas nach Nougat, schwarzes Waldbeerenkonfit, ein Hauch von kandierten Orangenzesten. Saftig, engmaschig, feine Kräuterwürze, etwas tabakig, Johannisbeeren im Nachhall, sicheres Reifepotenzial.

88 Wien.2 2023 ZW/PN
14 Vol.-%, DV, Barrique/Stahltank, €€

92 St. Laurent Reserve Alten 2022
13,5 Vol.-%, DIAM, Barrique, €€€€€
Mittleres Rubingranat, zarte Ockerreflexe, dezente Randaufhellung. Etwas nach kandierten Veilchen und Vanille, ein Hauch von Pflaumen, zart nach roten Kirschen. Saftig, kraftvoll, feine Kräuternoten, rotes Steinobst, Vanille auch im Abgang, bereits gut antrinkbar.

90 St. Laurent Wald 2023
14 Vol.-%, DV, Barrique/Stahltank, €€
Mittleres Rubingranat, ockerfarbene Reflexe, zarte Randaufhellung. Kandierte Orangenzesten, Vanilletouch, etwas Kar-

damom, ein Hauch von roten Beeren. Zarte Holzwürze, Kirschfrucht im Abgang, salziger Nachhall, bereits gut antrinkbar.

89 St. Laurent Selection 2023
14 Vol.-%, DV, Barrique, €€

92 Zweigelt Reserve Burg 2022
14 Vol.-%, DIAM, Barrique, €€€€€
Dunkles Rubingranat, violette Reflexe, zarte Randaufhellung. Feine Holzwürze, etwas nach Brombeeren, ein Hauch von Mandarinenzesten. Saftig, elegant, feine Kräuterwürze, gut eingebundene Tanninstruktur, dunkles Waldbeerenkonfit, guter Speisenbegleiter.

91 Zweigelt Sandstein 2023
13,5 Vol.-%, DV, Stahltank/Barrique, €€
Dunkles Rubingranat, violette Reflexe. Feine Kräuternoten, unterlegt mit Brombeeren, ein Hauch von Orangenschalen, nussige Aromatik. Saftig, mittlere Komplexität, feine Tabaknuancen, dunkles Waldbeerenkonfit, bleibt gut haften.

89 Zweigelt Selection 2023
13,5 Vol.-%, DV, Barrique, €€

91 Pinot Noir Reserve 2022
14 Vol.-%, DIAM, Barrique, €€€€€
Kräftiges Rubingranat, violette Reflexe, zarte Randaufhellung. Feine Tabak-Holz-Würze, ein Hauch von Zwetschken, floraler Touch, dezent nach Nelken und kandierten Orangen. Saftig, engmaschig, moderner Stil, dunkle Beerenfrucht, schokoladiger Nachhall, bereits gut antrinkbar.

★

WEINGUT PLEIL

In der Familie Pleil wird seit Generationen Weinbau betrieben. So absolvierte auch Christian Pleil die Weinbauschule in Klosterneuburg. Dass der Wein seine Berufung sein würde, war für ihn immer klar. Er sammelte bei Praktika in Deutschland, Kalifornien, Südafrika und Australien Erfahrung und Wissen, bevor er das elterliche Weingut in Wolkersdorf übernahm. Der Grüne Veltliner genießt den Status der Lieblingssorte: Rund 40 Prozent der Rebfläche sind damit bepflanzt. Ebenfalls wichtige Weißweinsorten sind Chardonnay und Riesling, bei den Rotweinen dominiert der Zweigelt. In letzter Zeit werden auch PIWI-Sorten forciert. Aktuell sind bereits 4 Prozent der Fläche damit bepflanzt.
Die Weißweine werden in Tanks mit gekühlter Gärung ausgebaut, um die Fruchtigkeit und den Sortencharakter zu erhalten. Die Rotweine werden mit biologischem Säureabbau im Holzfass zur Reife herangezogen und teilweise auch in Barriques gelagert. Christian Pleil forciert einen glockenklaren und erfrischenden Weinstil – vom leichten Einstiegswein bis zur komplexen Reserve. Wichtig ist ihm, ein Maximum an authentischer Sorten- und Herkunftscharakteristik in die Flasche zu füllen. Wie das gelingt? »Alles zum richtigen Zeitpunkt machen«, meint der Winzer in seiner unkonventionellen Art.

WEINGUT PLEIL
2120 Wolkersdorf
Adlergasse 32
T: +43 (2245) 2407
weingut@pleil.at
www.pleil.at

Kellermeister/Kontakt:
Ing. Christian Pleil
Produktion: 133.333 Flaschen
75 % weiß, 25 % rot, 18 Hektar
Zertifiziert: Nachhaltig Austria
Vereinszugehörigkeit:
Premium Weingüter Weinviertel
Messen: VieVinum

91 Grüner Veltliner * Ried Sonnleiten 2023
13 Vol.-%, DV, Stahltank, €€
Mittleres Gelbgrün, silberfarbene Reflexe. Feine gelbe Tropenfrucht, zart nach Ananas und Mango, ein Hauch von Wiesenkräutern, mit Orangenzesten unterlegt. Saftig,

komplex, feine Kernobstnuancen, angenehmer Säurebogen, bleibt haften, ein stoffig-eleganter Speisenwein.

90 Grüner Veltliner * Klassik 2023
12,5 Vol.-%, DV, Stahltank, €€
Helles Grüngelb, Silberreflexe. Zart tabakig, kräuterwürzig unterlegte gelbe Apfelfrucht, Nuancen von Orangenzesten und Mango. Mittlerer Körper, Nuancen von weißer Frucht, frisch strukturiert, mineralisch, dezenter Blütenhonig im Nachhall, zitronig im Rückgeschmack.

91 Gemischter Satz Ried Wienerfeld 2023
12,5 Vol.-%, DV, Stahltank, €€
Helles Goldgelb, Silberreflexe. Zarte Nuancen von gelbem Kernobst, ein Hauch von Birne und Mango, Noten von Wiesenkräutern, einladendes Bukett. Mittlere Komplexität, weißer Apfel, frischer Säurebogen, saftiger Stil, mineralisch-zitroniger Nachhall, vielfältig einsetzbar.

90 Sauvignon Blanc 2023
12,5 Vol.-%, DV, Stahltank, €€
Helles Strohgelb, Silberreflexe. Zart nach Grapefruit, ein Hauch von Litschis und Zitronengras. Mittlere Komplexität, weiße Tropenfrucht, zart nach Stachelbeeren und Cassis, frisch strukturiert, dezente Süße im Abgang, mineralisch-salziger Nachhall.

89 Blütenmuskateller 2023
13 Vol.-%, DV, Stahltank, €€

(89) Chardonnay Ried Wienerfeld 2023
13,5 Vol.-%, DV, Stahltank, €€

★★★

WEINGUT PRECHTL

Das Weingut Prechtl liegt in Zellerndorf im Retzer Land und hat sich vor allem auf die Rebsorte Grüner Veltliner spezialisiert. Die Hälfte davon wird mittlerweile in zehn Länder exportiert. Der Winzer Dipl.-Ing. Franz Prechtl legt größten Wert auf naturnahen Weinbau. Zur Düngung wird Stiermist verwendet, und auf Herbizide wird gänzlich verzichtet. Kühle Nächte und heiße Tage sorgen für das Aroma, die Kraft und die Eleganz im Wein. Blattarbeit von Mai bis August, konsequente Traubenreduktion, händische Weintraubenernte mit zehn Helfern und Weinverarbeitung im freien Gefälle in der neuen Kellerei sind nur ein paar Punkte, die hier erwähnt werden müssen. Die Weinakademikerin Petra Prechtl verwöhnt im alten Bauern-

WEINGUT PRECHTL
2051 Zellerndorf 12
T: +43 (2945) 2297
weingut@prechtl.at
www.prechtl.at
Kellermeister: Franz Prechtl
Kontakt: Franz und Petra Prechtl
Produktion: 1 % Schaumwein, 90 % weiß, 2 % rosé, 6 % rot, 1 % süß, 17+5 Hektar
Vereinszugehörigkeit: Traditionsweingüter Österreich, Weinstraße Weinviertel, Weingüter Retzer Land, Nordwein Österreich, Premium Weingüter Weinviertel
Messen: Austrian Tasting London, Merano WineFestival, ProWein Düsseldorf, VieVinum, DAC-Präsentationen, MondoVino

Zellerndorf

haus mit wunderbarem Innenhof sowie im gemütlichen Stadl mit Gartenblick ihre Gäste mit Schmankerln der Region und Selbstgebackenem. Außerdem kann man einzigartige Accessoires und Deko im Shabby-Chic-Style erwerben. Die neue Kellerei mit Vinothek und Barriquekeller kann ebenso besichtigt werden. Weinkauf und Verkostungen sind von Montag bis Freitag gegen Voranmeldung möglich. Im neu umgebauten Sommerladen & Café direkt auf dem Weingut werden von März bis Weihnachten jeden Samstag von 10 bis 19 Uhr ein herrliches Frühstück, handgerührte Eiscreme und allerlei Pikantes serviert. Das Weingut ist seit Mai 2024 Mitglied der »Traditionsweingüter Österreich«.

94 Grüner Veltliner ** Ried Äußere Bergen 2022
13,5 Vol.-%, DV, Stahltank, €€€€€
Helles Goldgelb, Silberreflexe. Feine Mandarinenzesten, Nuancen von reifer gelber Frucht, nach Apfel, Mango und Papaya, dezenter Hauch von Wiesenkräutern, etwas Blütenhonig. Saftig, elegant, weißer Pfirsich, feines Säurespiel, mineralischer Touch, zarte Apfelfrucht, finessenreicher Nachhall, sicheres Reifepotenzial.

93 Grüner Veltliner ** Leitstall 2022
14,5 Vol.-%, DV, großes Holzfass, €€€€
Leuchtendes Goldgelb, Silberreflexe. Reife gelbe Tropenfrucht, nach Mango und Papaya, ein Hauch von Rhabarber, kandierte Orangenzesten. Saftig, feine Fruchtsüße von gelbem Pfirsich, feiner Säurebogen, etwas Blütenhonig, opulenter Stil, zarter Zitrustouch im Nachhall.

92 Grüner Veltliner * Ried Altenberg 2023
14 Vol.-%, DV, Stahltank, €€€
Helles Gelbgrün, Silberreflexe. Zarte weiße Tropenfrucht, dazu etwas Honigmelone, frischer Apfel, ein Hauch von Limettenzesten, mineralischer Touch. Kraftvoll, stoffig, reifes Kernobst, Golden-Delicious-Apfel, straff und anhaftend, feinwürziger Nachhall, gutes Entwicklungspotenzial.

91 Grüner Veltliner * Ried Längen 2023
13 Vol.-%, DV, Stahltank, €€
Helles Grüngelb, Silberreflexe. Zarte gelbe Apfelfrucht, ein Hauch von Pfirsich und Wiesenkräutern. Mittlerer Körper, feine Fruchtsüße, zart nach Honigmelone, elegant und zugänglich, ein vielseitiger Speisenbegleiter.

92 Grauburgunder Reserve 2022
13,5 Vol.-%, DV, großes Holzfass, €€€
Leuchtendes kräftiges Goldgelb, Silberreflexe. Blütenhonig, reife gelbe Tropenfrucht, ein Hauch von Orangenmarmelade, zarte Kräuterwürze, einladendes Bukett. Saftig, opulent, reife Birnenfrucht, feiner Säurebogen, mineralisch-salzig im Abgang, ein balancierter, stoffiger Speisenwein.

91 Gelber Muskteller Ried Maulavern 2023
12 Vol.-%, DV, Stahltank, €€
Helles Strohgelb, Silberreflexe. Ein Hauch von Holunderblüten, zart nach Ananas und Muskatnuss, mit Limettenzesten unterlegt. Saftig, weiße Tropenfrucht, zarte Fruchtsüße, frischer Säurebogen, mineralisch-zitronig im Nachhall, ein lebendiger Sommerwein.

★★

BIOWEINGUT PRÖGLHÖF

BIO

Begonnen hat die Geschichte des Bioweinguts Pröglhöf im Jahr 1771 in Obernalb bei Retz. 250 Jahre später werden hier rund 50.000 Reben probiotisch mit viel Liebe und Respekt gegenüber der Natur von Familie Pröglhöf bewirtschaftet. Das Handwerk des Winzers Markus wird mit Bedacht und Feingefühl ausgeführt. Kontinuierliche Weiterbildung und Förderung der Vielfalt in der Natur sind ihm dabei sehr wichtig. So sollen fruchtbare Böden und vitale Rebstöcke für die nächste Generation erhalten bleiben. Der Stolz, in Österreich Wein anzubauen, schlägt sich auch in der Sortenwahl nieder: Man setzt auf autochthone Rebsorten wie Grünen Veltliner und Blauen Zweigelt. Arbeit im Einklang mit der Natur spielt eine zentrale Rolle, wie z. B. minimaler Einsatz von Pflanzenschutzmitteln, genügend Raum für die Reben sowie Bodenverbesserung über Begrünungsvarianten. Durch gezielte Laubarbeit und Ertragsreduktion wird es den Rebstöcken ermöglicht, optimale Ergebnisse zu liefern. Die schonend gelesenen und gepressten Trauben werden im Keller schließlich temperaturgeführt vergoren. Das Ziel sind gut »be-

BIOWEINGUT PRÖGLHÖF
2070 Obernalb/Retz, Brunnwinkl 11
T: +43 (2942) 2174
office@proeglhoef-weine.at
www.proeglhoef-weine.at
Kellermeister: Markus Pröglhöf
Kontakt: Marianne und Markus Pröglhöf
Anbauweise: Zertifiziert Biologisch (Austria Bio Garantie)
Produktion: 70 % weiß, 2 % rosé, 28 % rot, 12 Hektar
Vereinszugehörigkeit: Nordwein Österreich
Messen: ProWein Düsseldorf, VieVinum, WEINmesse Berlin, DAC-Präsentationen, WeinMüchen, WeinBerlin

Rieden bei Retz

gleitete« Weine mit viel Charakter und großem Potenzial. Seit der Ernte 2019 werden die Weingärten offiziell biologisch bewirtschaftet und die Weine vegan ausgebaut.

92 Grüner Veltliner * Obermarkersdorf Ried Hangenstein 2022
13 Vol.-%, DV, Stahltank, €€ B V
Leuchtendes mittleres Gelbgrün. Zarte Wiesenkräuter, etwas nach Melisse, ein Hauch von Blütenhonig, Mangotouch. Saftig, feinwürzig, Honigtouch, etwas nach Kräutern, ein Hauch von Ananas im Abgang, salziger Nachhall, ein vielseitiger Speisenbegleiter.

90 Grüner Veltliner * vom Quarzsand 2023
13 Vol.-%, DV, Stahltank, €€ B V
Mittleres Gelbgrün, silberfarbene Reflexe. Zarte Würze, etwas nach Maracuja, ein Hauch von Wiesenkräutern, frischer Orangentouch. Mittlere Komplexität, gelber Apfel, balancierte Säurestruktur, mineralisch, einladendes Trinkvergnügen.

92 Tegel & Mergel 2022 CH/WB/GV
13 Vol.-%, DV, 500-l-Fass/Stahltank, €€€ B V
Leuchtendes Goldgelb, Silberreflexe. Zarte Tabak-Räucher-Würze, etwas nach Ananas, Mango, Blütenhonig und kandierte Orangenzesten klingen an. Komplex, balancierte Säurestruktur, gelbe Tropenfrucht im Abgang, bleibt sehr gut haften, vielfältig einsetzbar.

91 Weißer Riesling 2022
12,5 Vol.-%, DV, Stahltank, €€ B V
Mittleres Goldgelb, silberfarbene Reflexe. Etwas Wiesenkräuter, zarter Pfirsichtouch, etwas Melisse, dezente Petrolnuancen. Saftig, frisch, leichtfüßig, Marillentouch, etwas Honig, feiner mineralischer Touch, guter Speisenbegleiter.

92 Naliub Reserve 2021 ME/CS/ZW
13,5 Vol.-%, NK, kleines Holzfass, €€€€ B V
Kräftiges Rubingranat, violette Reflexe, breitere Ockerrandaufhellung. Zart tabakig, schwarze Kirschen, reife Zwetschken, kandierte Orangenzesten, feine Kräuterwürze. Saftig, rotbeerig, frische Struktur, feine Tannine, Rote Johannisbeeren, mineralisch und frisch im Abgang, ein vielseitiger Speisenbegleiter.

90 Blauer Zweigelt 2022
13,5 Vol.-%, DV, Stahltank, €€ B V
Kräftiges Rubingranat, violette Reflexe, dezente Randaufhellung. Frische Erdbeeren und Pflaumen, floraler Touch, einladende Aromatik. Saftig, reife rote Kirschen, eingelegte Zwetschken, zarte Tannine, fruchtige Textur, mineralischer Touch, vielfältig einsetzbar.

Traminer

PUHWEIN
2024 Mailberg
Holzgasse 78
T: +43 (676) 5696051
info@puhwein.at
www.puhwein.at

Kellermeister/Kontakt:
Egon Puhwein
Produktion: 40.000 Flaschen
75 % weiß, 15 % rosé, 10 % rot,
6.5 Hektar
Messen: Forum Vini München

PUHWEIN

Egon Puhwein ist begeisterter Winzer, dem die traditionellen österreichischen Rebsorten wie Grüner Veltliner und Zweigelt, aber auch Riesling und Gewürztraminer besonders am Herzen liegen. Zudem baut er auch die internationalen Sorten Merlot, Cabernet Sauvignon und Chardonnay aus. Qualitätsorientiertes Arbeiten im Weingarten sieht er als Basis für hochwertiges Lesegut. Naturnahe Bewirtschaftung, strikte Ertragsbeschränkung und sorgfältige Laubarbeit sind die Eckpfeiler dafür. Er arbeitet beständig an der Weiterentwicklung von Vinifikationsmethoden und der konsequenten Umsetzung innovativer Ideen. Die Weißweine werden in Edelstahlbehältern temperaturgekühlt vergoren, die Rotweine wiederum kommen in Barriques oder ins große Holzfass.

89 Grüner Veltliner * Mailberg Ried Antlasbergen 2023
13 Vol.-%, DV, Stahltank, €€

88 Grüner Veltliner * 2023
12,5 Vol.-%, DV, Stahltank, €€

88 Grüner Veltliner Mailberg Ried Antlasbergen 2023
12,5 Vol.-%, DV, Stahltank, €€

90 Riesling 2023
13 Vol.-%, DV, Stahltank, €€
Helles Gelbgrün, Silberreflexe. Zarter Blütenhonig, ein Hauch von Orangenzesten, etwas Steinobst, frisches Bukett. Mittlerer Körper, fruchtsüß, Pfirsichnuancen im Abgang, feinwürziger Nachhall, bereits gut antrinkbar.

89 Gewürztraminer 2023
14,5 Vol.-%, DV, Stahltank, €€

87 Chardonnay 2023
13,5 Vol.-%, DV, Stahltank, €€

★

WEINGUT RECKENDORFER

»Weine mit Klang« – so lautet das Leitmotiv des begeisterten Ollersdorfer Winzers und Trompeters Matthias Reckendorfer, denn für ihn sind die Kunst des Weinmachens und die Musik gleichermaßen Lebenselixier. Mit seinen Weinen hat er sich auf den Weg gemacht, einen Platz in der österreichischen Weinszene und darüber hinaus zu erobern. Nach dem Abschluss der Wein- und Obstbauschule Klosterneuburg und Absolvierung wertvoller Praktika im In- und Ausland wie zum Beispiel in Neuseeland und Deutschland übernahm er mit erst 20 Jahren den aufstrebenden Betrieb in der Region an der March nahe der slowakischen Grenze. 2021 belegte er beim großen Falstaff-Voting zum beliebtesten Nachwuchswinzer den ersten Platz in Niederösterreich und nahm 2022 am Cross-Mentoring-Projekt der Gerd.-A.-Hoffmann-Akademie teil.

Der Jungwinzer hat sich auf zwei Rebsorten spezialisiert, die an der March schon sehr lange Tradition haben: Weißburgunder und Riesling. Sie wachsen auf den kalkhaltigen Löss- und Sandsteinböden seiner Rieden Reinthal, Viertel und Vogelsang zu beindruckenden Qualitäten heran. Hinzu kommt der Maestoso Reserve brut Blanc de Blancs, ein vielschichtiger Weißburgunder-Jahrgangssekt, der über 25 Monate auf der Hefe reifen darf und handgerüttelt nach traditioneller Flaschengärung hergestellt wird.

Mit dem Jahrgang 2024 wird der engagierte Winzer eines seiner großen Ziele erreicht haben: die biologische Zertifizierung. Denn eine besonders große Rolle spielt für ihn die Arbeit in und mit der Natur. Aus diesem Grund ist die stilisierte Tonspur auf den neuen Weinetiketten in den gedeckten Farben der Natur gehalten, und sie bildet in ihrer Intensität die Qualitätspyramide von Gebietswein, Ortswein, Riedenwein und Sekt ab.

90 Maestoso Sekt Austria Reserve Brut Blanc de Blancs Niederösterreich g.U. 2020
11,5 Vol.-%, NK, gr. Holzfass, Flaschengärung €€€€€
Helles Gelbgrün, Silberreflexe, zartes Mousseux. Feine Kräuternoten, dezente gelbe Tropenfrucht, ein Hauch von Cassis, mit Blütenhonig unterlegt. Saftig, mittlere Komplexität, engmaschig, weiße Apfelfrucht im Abgang, salziger Nachhall, bereits gut antrinkbar.

89 Grüner Veltliner * allegro 2023
12,5 Vol.-%, DV, Stahltank, €€

91 Grüner Veltliner andantino 2023
12,5 Vol.-%, DV, Stahltank, €€
Leuchtendes Gelbgrün, silberfarbene Reflexe. Grüne Apfelfrucht, lebendig, zarte Zitrusnuancen, ein Hauch von Wiesenkräutern, zarte Pfefferwürze. Mittlerer Körper, lebendige Säurestruktur, weiße Tropenfrucht im Abgang, langes, frisches Finish, bereits gut antrinkbar.

91 Weißburgunder Ried Reinthal con espressione 2022
12,5 Vol.-%, DV, 500-l-Fass, €€€€
Helles Gelbgrün, Silberreflexe. Feine Kräuternoten, etwas nach Melisse, zart nach Cayennepfeffer, Maracuja klingt an. Mittlerer Körper, feine Säurestruktur, mineralisch, feinwürzig, weißes Kernobst, dunkle Mineralik, bereits gut antrinkbar.

90 Weißburgunder cantabile 2023
12,5 Vol.-%, DV, Stahltank, €€
Helles Gelbgrün, Silberreflexe. Mit feinen Wiesenkräutern unterlegte gelbe Tropenfrucht, zart floral, würziger Touch. Saftig, feine Struktur, gut eingebundener Säurebogen, extraktsüß nach Birne im Abgang, bereits gut antrinkbar.

WEINGUT RECKENDORFER
2252 Ollersdorf
Wintergasse 3
T: +43 (676) 4239149
office@weingut-reckendorfer.at
www.weingut-reckendorfer.at

Kellermeister/Kontakt: Matthias Reckendorfer
Anbauweise: Umstellung auf bio
Produktion: 7 % Schaumwein, 90 % weiß, 3 % rosé, 15 Hektar
Zertifiziert: Nachhaltig Austria
Messen: VieVinum, DAC-Präsentationen

91 Riesling delicato 2023
12,5 Vol.-%, DV, Stahltank, €€
Helles Gelbgrün, Silberreflexe. Zarte weiße Steinobstfrucht, etwas Gewürznoten, zart nach Limetten, ein Hauch von Anis. Saftig, fruchtsüß, Pfirsichtouch, zitroniger Nachhall, lebendige Säurestruktur bis in den Nachhall, bereits gut antrinkbar.

★★

WEINGUT SCHNEIDER

Gerald Schneider legt bei der Vinifikation größten Wert auf elegante, feingliedrige Weine mit klarer Frucht und Finessenreichtum. Die Trinkfreude soll dabei aber nie verloren gehen. Der Weinort Röschitz, im westlichen Weinviertel an den Ausläufern des Manhartsberges gelegen, bietet mit einer Mischung aus Löss und Urgestein beste Böden für außergewöhnliche Weißweine. Besonders der Grüne Veltliner erreicht bei kühlen Nächten und heißen Sommertagen in den renommierten Lagen von Röschitz wie Galgenberg und Königsberg höchste Qualität und unverkennbaren Geschmack, weshalb er für das Weingut die mit Abstand wichtigste Sorte darstellt und in sechs verschiedenen Ausbaustufen angeboten wird. 2020, 2021 und 2022 hat man mit verschiedenen Grüner-Veltliner-Weinen sowohl in der kräftigen als auch in der leichten Kategorie Landessiege bei der NÖ Weinprämierung errungen. Aber auch Riesling, Chardonnay und Weißburgunder reifen hier beständig zu Top-Qualitäten heran. Ein sensibler Umgang der Familie Schneider mit den natürlichen Gegebenheiten der einzelnen Rieden bringt von Jahr zu Jahr das jeweils typische Terroir vom Rebstock bis ins Glas.

WEINGUT SCHNEIDER
3743 Röschitz
Granitz 9
T: +43 (664) 1701974
weingutschneider@aon.at
www.weingutschneider.at

Kellermeister/Kontakt: Gerald Schneider
Produktion: 100 % weiß, 9 Hektar
Messen: Vinobile Feldkirch, Weinmesse Innsbruck, DAC-Präsentationen

92 Grüner Veltliner ** vom Granit 2023
14 Vol.-%, DV, großes Holzfass, €€€
Mittleres Gelbgrün, Silberreflexe. Zarte Wiesenkräuter, ein Hauch von Birne, dezente Apfelfrucht, tabakig, einladendes Bukett. Mittlere Komplexität, kraftvoll, Nuancen von gelber Frucht, dunkle Mineralik, guter Speisenbegleiter.

89 Grüner Veltliner * Classic 2023
12,5 Vol.-%, DV, Stahltank, €€

92 Grüner Veltliner Alte Reben 2023
13,5 Vol.-%, DV, Stahltank, €€
Mittleres Gelbgrün. Feine Kräuternoten, zart nach Maracuja, ein Hauch von Quitte und Limettenzesten. Mittlere Komplexität, elegant, feine Säurestruktur, extraktsüß nach Ananas, frisches Finish, vielfältig einsetzbar.

91 Grüner Veltliner Ried Königsberg 2023
13,5 Vol.-%, DV, Stahltank, €€
Mittleres Gelbgrün, Silberreflexe. Feine Tropenfrucht, zart nach Guaven, ein Hauch von Kräutern, zart nach Mango. Saftig, elegant, feine Fruchtsüße, etwas nach Maracuja, Zitrus im Rückgeschmack, lebendiger Säurebogen, vielfältig einsetzbar.

90 Grüner Veltliner Ried Galgenberg 2023
13 Vol.-%, DV, Stahltank, €€
Helles Gelbgrün, Silberreflexe. Grüne Apfelfrucht, zart nach Blütenhonig, ein Hauch von Kumquats, würziges Bukett. Kraftvoll, feine Säurestruktur, weißes Kernobst im Abgang, salziges Finish.

90 Weißer Burgunder Marie Reserve 2022
13,5 Vol.-%, DV, 500-l-Fass, €€€€
Mittleres Gelbgrün, Silberreflexe. Etwas Vanille, kandierte Orangenzesten, ein Hauch von getrockneten Marillen, floraler Touch. Mittlerer Körper, frisch strukturiert, weißes Steinobst im Abgang, individuell einsetzbar.

★★

WEINGUT SCHUCKERT

Im aufstrebenden Weinviertel gehört das Weingut von Rainer Schuckert zu den ambitioniertesten Weingütern. Gute Weine hat man in diesem Familienbetrieb mit seinen 20 Hektar Rebfläche immer schon erzeugt. Doch die Aufmerksamkeit der Weinkenner aus dem In- und Ausland wendete sich erst vor ein paar Jahren der Gegend um Poysdorf zu, was für den entdeckungsfreudigen Weintrinker den Vorteil hat, im wahrsten Wortsinn ausgezeichnete Weine zu vernünftigen Preisen zu bekommen – zum Beispiel den Grünen Veltliner, dem im Weingut Schuckert wie im ganzen Weinviertel eine besondere Rolle zukommt. Schuckerts Arbeit mit der Paradesorte der Gegend zeigt, welche Vielfalt sich aus der urtypischen österreichischen Rebe herausholen lässt.

93 Grüner Veltliner ** Ried Hermannschachern 2021
14,5 Vol.-%, DV, Stahltank, €€€
Leuchtendes Goldgelb, Silberreflexe. Frische Orangenzesten, gelbes Kernobst, Nuancen von Ringlotten, einladendes Bukett. Kraftvoll, saftig, zarte Süße nach weißem Nougat, feiner Säurebogen, mineralisch und anhaftend, zeigt Länge und Potenzial.

90 Grüner Veltliner * Classic 2023
12,5 Vol.-%, DV, Stahltank, €€
Helles Gelbgrün, Silberreflexe. Frischer gelber Apfel, zart nach Mango, Wiesenkräuter und Blütenhonig. Mittlerer Körper, zart nach Kernobst und Melone, feiner Säurebogen, mineralisch, bereits gut entwickelt und antrinkbar.

(91) Grüner Veltliner Ried Nestelbächer 2023
13 Vol.-%, DV, Stahltank, €€
Mittleres Grüngelb, Silberreflexe. Zart nach Limetten und weißem Apfel, dezente tabakige Würze, mit etwas Mango unterlegt. Saftig, elegant, Golden-Delicious-Touch, feiner Säurebogen, mineralisch, fruchtsüßer Nachhall, ein eleganter Speisenwein.

(91) Riesling Ried Steinberg 2023
13,5 Vol.-%, DV, Stahltank, €€€
Mittleres Grüngelb, Silberreflexe. Anklänge von reifer Tropenfrucht, Nuancen von Ananas, etwas Mango und Papaya, zarter Blütenhonig. Komplex, saftig, feine Süße in der Textur, angenehme Säurestruktur, Honigtouch im Abgang, reife Marillen im Rückgeschmack.

(91) Chardonnay 2023
14 Vol.-%, DV, Stahltank, €€€
Helles Gelbgrün, Silberreflexe. Zart nach Blütenhonig, ein Hauch von frischen Quitten, mit dezenter gelber Tropenfrucht unterlegt. Kraftvoll, zarte Fruchtsüße, reife Ananas, Pfirsich, feiner Säurebogen, mineralischer Nachhall, bereits gut antrinkbar.

WEINGUT SCHUCKERT
2170 Poysdorf
Wilhelmsdorfer Straße 40
T: +43 (2552) 2389
weingut@schuckert.com
www.schuckert.com

Kellermeister/Kontakt:
Rainer Schuckert
Produktion: 72 % weiß, 25 % rot, 3 % süß, 20 Hektar
Messen: ProWein Düsseldorf, DAC-Präsentationen

★★

BIO-WEINGUT SCHWARZ

BIO

Wo einst der Eiserne Vorhang Europa teilte, herrscht heute grenzüberschreitender Tourismus. Hier in Schrattenberg – der bedeutendsten Rotweinanbaugemeinde im östlichen Weinviertel – wird von Familie Schwarz seit Generationen Wein gemacht. Im Mittelpunkt des Handelns stehen die organisch-biologische Bewirtschaftung der Weingärten sowie die behutsame Begleitung der Gewächse im Keller. So entstehen Jahr für Jahr sehr eigenständige Kostbarkeiten in allen Kategorien: Rot, Weiß, Rosé, Süß, Prickelnd und Alkoholfrei. Bei einem persönlichen Besuch auf dem Weingut der Familie Schwarz erfährt man alle Details zur Weinphilosophie des Hauses. Tipp: Man sollte genügend Zeit für einen Weingutsbesuch einplanen, denn das Portfolio ist umfangreich und die Region kulturell sowie historisch spannend.

91 Chardonnay Premium 2021
13,5 Vol.-%, VL, Teilbarrique, €€€€€ B V
Leuchtendes helles Goldgelb, Silberreflexe. Zarte Nuancen von gelbem Kernobst, ein Hauch von Orangenzesten, mit feinem Blütenhonig unterlegt. Saftig, elegant, ein Hauch von Birne und Karamell, weißes Nougat im Abgang, ein ausgewogener, gut entwickelter Speisenwein.

92 Rosé Premium 2022 BF/SY/ME
13 Vol.-%, VL, Teilbarrique, €€€€€ B V
Kräftiges Zwiebelrot, Messingreflexe. Nuancen von reifen Waldbeeren, Anklänge von Kirschen, gelbe Apfelfrucht, mit Mandarinenzesten unterlegt. Saftig, mittlere Komplexität, rotbeerig, frisch strukturiert, mineralisch-salzig im Abgang, zarte Süße im Nachhall.

90 Pinot Noir Premium 2020
13 Vol.-%, VL, Teilbarrique, €€€€€ B V
Kräftiges Karmingranat, breitere Ockerrandaufhellung. Intensive Kräuterwürze, Nuancen von Mandarinenzesten, zart nach Minze und Kirschen, dunkle Mineralik. Mittlerer Körper, rotbeerige Frucht, präsente, etwas raue Tannine, etwas rustikaler Stil, braucht noch Zeit.

90 Cabernet Sauvignon Premium 2019
13,5 Vol.-%, VL, Teilbarrique, €€€€€ B V
Dunkles Karmingranat, violette Reflexe, zarte Ockerrandaufhellung. Tabakig, zarte Nuancen von Edelholz, schwarze Beerenfrucht, mit kandierten Orangenzesten unterlegt. Kraftvoll, reife Zwetschken, Cassis, präsente, noch fordernde Tannine, würziger Nachhall, salziger Abgang.

Familie Schwarz

BIO-WEINGUT SCHWARZ
2172 Schrattenberg
Kleine Zeile 8
T: +43 (2555) 2544
office@schwarzwines.com
www.schwarzwines.com

Kellermeister/Kontakt: Familie Schwarz
Anbauweise: Zertifiziert Biologisch
Produktion: 1 % Schaumwein, 24 % weiß, 4 % rosé, 70 % rot, 1 % süß
Messen: Alles für den Gast Salzburg, BioFach Nürnberg, Igeho Basel, Millésime Bio, ÖGW Zürich, ProWein Düsseldorf, Vinitaly, Weinmesse München

90 Syrah Premium 2019
13,5 Vol.-%, VL, Teilbarrique, €€€€€ Ⓑ Ⓥ
Dunkles Rubingranat, violette Reflexe, zarte Ockerrandaufhellung. Kräuterwürzig unterlegte rote Beerenfrucht, zart nach Lakritze, tabakige Nuancen, mit Orangenzesten unterlegt. Stoffig, holzwürzige Textur, rote Kirschen, ein Hauch von Karamell im Abgang, Gerbstoff im Nachhall, braucht noch seine Zeit.

93 Welschriesling Eiswein 2022
5,5 Vol.-%, VL, Stahltank, €€€€€€ Ⓑ Ⓥ
Helles Strohgold, Silberreflexe. Intensive Süße, Nuancen von getrocknetem Steinobst, zart nach Dörrfeigen, Honigtouch im Bukett. Schlank, sehr süße Pfirsichfrucht, feiner Säurebogen, opulente Süße im Nachhall, noch sehr jung, bereits antrinkbar.

★★★

WEINGUT SCHWARZBÖCK

BIO

Leidenschaft für Wein und für den Weinbau, dafür sind Rudi und Anita Schwarzböck ständig in Bewegung. Die beiden erzeugen präzise wie auch authentische Weine, die das Terroir des südlichen Weinviertels perfekt widerspiegeln. Ihre Weiß-, Rot- und Süßweine sowie der nach der traditionellen Methode erzeugte Sekt präsentieren sich elegant, ausdrucksstark und trinkfreudig. Das Logo, der springende Bock, visualisiert nicht nur den Familiennamen, sondern steht für die Agilität und Zukunftsorientiertheit des Betriebs. Auf den Hängen des Bisambergs werden Grüner Veltliner, Riesling und Zweigelt kultiviert. Beachtlich ist dabei die Sortenvielfalt des Weinguts. Die Böden sind sehr unterschiedlich: Flyschgestein (Schichten von Sandstein und tonigem Mergel), Löss, Schotter und Sand wechseln sich ab. Der pannonische Klimaeinfluss sorgt für eine gute Ausreifung der Trauben und für harmonische Säure in den Weine. Den Lagenweinen wird dabei Zeit gegeben. Die Weißweine werden im Stahltank oder im großen Holzfass ausgebaut, die Rotweine reifen in großen Holzfässern und in Barriques. Es sind langlebige Weine, die nach einigen Jahren Flaschenreife zur Hochform auflaufen.

91 ❶ Riesling Sekt Austria Brut Niederösterreich g.U.
12,5 Vol.-%, NK, Flaschengärung, €€€€ Ⓑ
Helles Gelbgrün, Silberreflexe, feines Mousseux. Zarte Kräuterwürze, weißer Pfirsich, ein Hauch von Zitruszesten, Limonen klingen an. Saftig, elegant, fruchtsüß nach Maracuja, mineralisch, lang anhaftend, finessenreiches Finish.

93 Grüner Veltliner ** Ried Aichleiten 2023
13,5 Vol.-%, Holzfass/Stahltank, €€€€ Ⓑ
Mittleres Goldgelb, Silberreflexe. Zarte Kräuterwürze, reife gelbe Apfelfrucht, etwas Mango, zart rauchig-tabakig unterlegt. Kraftvoll, saftig, süße Kernobstnuancen, reife Marillen, mineralisch, zart salzig, Blütenhonig im Nachhall, gute Länge, eher barocker Stil.

92 Grüner Veltliner Ried Sätzen Premium 2023
14 Vol.-%, DV, Stahltank, €€€ Ⓑ
Helles Grüngelb, Silberreflexe. Zarte weiße Apfelfrucht, ein feiner Hauch von Wiesenkräutern, einladendes Bukett. Kraftvoll, seidige Textur, dezente Süße im Kern, feiner Säurebogen, mineralisch und ausgewogen, bleibt haften, salzige Nuancen im Abgang, zarte Würze im Nachhall.

WEINGUT SCHWARZBÖCK
2102 Hagenbrunn, Hauptstraße 56–58
T: +43 (2262) 672740
weingut@schwarzboeck.at
www.schwarzboeck.at
Kellermeister: Rudolf Schwarzböck
Kontakt: Anita Schwarzböck
Anbauweise: Zertifiziert Biologisch (Austria Bio Garantie)
Produktion: 2 % Schaumwein, 80 % weiß, 2 % rosé, 15 % rot, 1 % süß, 23 Hektar
Zertifiziert: Nachhaltig Austria
Vereinszugehörigkeit: Premium Weingüter Weinviertel
Messen: ProWein Düsseldorf, VieVinum, Vinobile Feldkirch, DAC-Präsentationen

* Weinviertel DAC ** Weinviertel DAC Reserve

90 Grüner Veltliner Natural Wine 2023
12,5 Vol.-%, DV, Stahltank, €€€ Ⓑ
Helles Strohgelb, Silberreflexe. Sehr ruhige, noch verhaltene Nase, zart nach gelbem Apfel, feine Wiesenkräuter. Schlank, feiner Kernobsttouch, lebendig strukturiert, mineralisch, feinwürzig im Abgang, zart salziger Nachhall.

92 Weißburgunder Hohe Ried 2023
13,5 Vol.-%, DV, Stahltank, €€€ Ⓑ
Mittleres Grüngelb, Silberreflexe. Feine Nuancen von gelbem Kernobst, ein Hauch von Birne und Walnuss, mit kandierten Orangenzesten unterlegt. Komplex, saftig, elegante Textur, fruchtige Süße, dezenter Säurebogen, bleibt haften, etwas Blütenhonig, zitroniges Finale.

92 Riesling Ried Aichleiten Reserve 2022
13,5 Vol.-%, DV, kleines Holzfass, €€€€ Ⓑ
Helles Goldgelb, Silberreflexe. Feine Nuancen von frischer Tropenfrucht, Weingartenpfirsich, florale Noten, mit einem Hauch von Limetten unterlegt. Saftig, elegant, feine Fruchtsüße im Kern, frischer Säurebogen, etwas Honig im Abgang, ein facettenreicher Speisenwein, gutes weiteres Reifepotenzial.

91 Riesling 2023
13 Vol.-%, DV, Stahltank, €€€ Ⓑ
Helles Goldgelb, Silberreflexe. Florale Noten, Nuancen von frischer weißer Tropenfrucht, mit kandierten Limettenzesten unterlegt. Saftig, elegant, weiße Pfirsichfrucht, feiner Säurebogen, etwas Blütenhonig im Abgang, bleibt gut haften, vielfältig einsetzbar.

92 Grauburgunder Ried Aichleiten Reserve 2022
13,5 Vol.-%, DV, kleines Holzfass, €€€€ Ⓑ
Helles Messinggold, Silberreflexe. Zart nach Dörrobst, reife Birne, ein Hauch von weißem Nougat, kandierte Orangenzesten. Saftig, kräftig, elegant, feine Fruchtsüße, dezenter Säurebogen, mineralisch im Abgang, zitronig-salziger Rückgeschmack, bereits gut antrinkbar.

92 Ried Fürstenberg Grande Reserve 2019 ME/CS
14 Vol.-%, DV, kleines Holzfass, €€€€ Ⓑ
Dunkles Rubingranat, violette Reflexe, zarte Randaufhellung. Dunkles Waldbeerenkonfit, zarte Edelholzwürze, ein Hauch von Orangenschalen, mit Bourbon-Vanille unterlegt. Saftig, feine Johannisbeernoten, tragendes Tannin, feinwürzig, lang anhaltend, frisch und elegant, gutes Finish.

91 Zweigelt Ried Braschen Reserve 2022
13,5 Vol.-%, DV, kleines Holzfass, €€€€ Ⓑ
Dunkles Rubingranat, violette Reflexe, zarte Randaufhellung. Etwas nach Zwetschken und feiner Kräuterwürze, zart floraler Touch, Kardamom klingt an. Mittlere Komplexität, feine Tanninstruktur, mineralisch, dunkle Beerenfrucht, frisch und lange anhaftend.

★★★

WEINGUT WOLFGANG SEHER

Das Weingut Seher wird seit 2001 von Wolfgang Seher geleitet. Die Anbaufläche von 18 Hektar ist mit den Weißweinsorten Grüner Veltliner, Riesling, Sauvignon Blanc, Weißburgunder und Gelber Muskateller sowie mit den Rotweinsorten Zweigelt, Pinot Noir, Barbera, Merlot und Cabernet Sauvignon bestockt. Trotz dieser Vielfalt liegt der Schwerpunkt naturgemäß auf dem Grünen Veltliner. Etwa zwei Drittel der Weingärten liegen in Platt. Hier befinden sich auch die wichtigsten Lagen: Kapellenberg, Sandberg, Faustberg und Kirchleithen. Sieben weitere Top-Lagen des Weinguts befinden sich in Obermarkersdorf und heißen Feuerberg, Nussberg, Rosenhügel, Geyern, Triftberg, Hochberg und Hangenstein. Das Weingut Wolfgang Seher ist seit Mai 2024 Mitglied der »Traditionsweingüter Österreich«.

95 Grüner Veltliner * Große Reserve Neue Zeit Nr.7 2021
14 Vol.-%, DIAM, Stahltank/500-l-Fass, €€€€€
Leuchtendes Goldgelb, Silberreflexe. Einladendes Bukett nach reifer Tropenfrucht, zart nach Honigmelone, ein Hauch von Wiesenkräutern. Gute Komplexität, fruchtsüß nach Ananas, balancierte Säurestruktur, mineralisch, bleibt sehr gut haften, vielseitiger Speisenbegleiter mit Potenzial.

93 Grüner Veltliner ** Ried Feuerberg 2022
13,4 Vol.-%, DIAM, 500-l-Fass, €€€€
Mittleres Gelbgrün, Silberreflexe. Zarte Honignote, etwas Mango und Ananas, floraler Touch. Saftig, feine Säurestruktur, mineralisch, weißes Steinobst im Abgang, bleibt sehr gut haften, vielfältig einsetzbar.

92 Grüner Veltliner * Platt Ried Sandberg 2023
13,3 Vol.-%, DV, Stahltank, €€
Mittleres Gelbgrün, Silberreflexe. Feine Tabak-Kräuter-

WEINGUT WOLFGANG SEHER
2051 Platt
Platt 28
T: +43 (2945) 27138
office@weingutseher.at
www.weingutseher.at
Kellermeister/Kontakt:
Wolfgang Seher
Anbauweise: Umstellung auf bio (Austria Bio Garantie)
Produktion: 133.333 Flaschen
10 % Schaumwein, 70 % weiß, 20 % rot, 18 Hektar
Vereinszugehörigkeit:
Nordwein Österreich, Traditionsweingüter Österreich
Messen: ProWein Düsseldorf, VieVinum

Pinot Noir

Würze, etwas nach Birne, frisches Bukett, animierender Duft. Straff, komplex, balancierte Säurestruktur, cremiger Touch, Noten von rotem Apfel, vielseitiger Speisenbegleiter.

92 Grüner Veltliner * Obermarkersdorf Ried Nussberg 2023
13,3 Vol.-%, DV, Stahltank, €€
Leuchtendes helles Gelbgrün. Feine Kräuterwürze, zart nach Limetten, ein Hauch von Guaven, floraler Touch, Noten von gelber Frucht. Mittlere Komplexität, feinwürzig, weißes Steinobst, zart nach Mango, lebendige Säurestruktur, mineralisch, guter Speisenbegleiter.

92 Grüner Veltliner ** Ried Kapellenberg 2022
13,4 Vol.-%, DIAM, 500-l-Fass, €€€€
Leuchtendes Gelbgrün, Silberreflexe. Feine Maracujanoten, kandierte Orangenzesten, etwas nach Honigmelone, feinwürzig. Straff, mineralisch, feinwürzig, gelbe Apfelfrucht, zart cremig, etwas nach Mirabelle im Abgang, bereits gut entwickelt.

90 Grüner Veltliner * 2023
12,4 Vol.-%, DV, Stahltank, €€
Helles Gelbgrün, Silberreflexe. Mit feinen Kräuternuancen unterlegte Guaven, zart nach Melisse, frisches Bukett, weißes Kernobst klingt an. Frisch, leichtfüßig, balancierte Säurestruktur, Granny-Smith-Apfel im Abgang, zitroniger Nachhall.

91 Sauvignon Blanc Silt 2023
13,5 Vol.-%, DV, Stahltank, €€
Helles Gelbgrün, Silberreflexe. Zarte Stachelbeernoten, ein Hauch von Guaven, Nuancen von Grapefruit, frisch und balanciert. Feine Säurestruktur, mineralisch, feinwürzige Noten, weiße Beerenfrucht, ein sortentypischer Speisenbegleiter.

91 Riesling Tonstein 2023
12,5 Vol.-%, DV, Stahltank, €€
Helles Gelbgrün. Feine Zitrusnuancen, einladendes Bukett nach Mango, ein Hauch von Marille, mit Kamillenblüten unterlegt. Saftig, elegant, feine Säurestruktur, mineralisch-salzig, weißes Steinobst im Abgang, Quitte im Rückgeschmack, guter Speisenbegleiter.

90 Wilde Reben 2023 GV/RR/GM
12 Vol.-%, DV, Stahltank, €€
Helles Gelbgrün, Silberreflexe. Dezente Wiesenkräuter, ein Hauch von Maracuja, dezente gelbe Apfelfrucht, mit kandierten Orangenzesten unterlegt. Dezente Fruchtaromatik, etwas Melisse, etwas karg, gut integrierte Säurestruktur, weißes Kernobst, bereits gut antrinkbar.

92 Pinot Noir Platt Ried Ausserm Holz 2019
13,5 Vol.-%, DV, Barrique, €€€€
Mittleres Rubingranat, violette Reflexe, zarte Randaufhellung. Feine Kirschnoten, etwas nach Feigen und Blutorangenzesten, feinwürzig. Saftig, straff, frisch und lebendig, gut eingebundenes Tannin, rote Beerenfrucht im Abgang, guter Speisenbegleiter.

*** Weinviertel DAC** **** Weinviertel DAC Reserve**

★★★★

WEINGUT SETZER

Seit 1705 ist das Weingut im Familienbesitz und wird mit Stolz und großem Verantwortungsgefühl von Generation zu Generation weitergegeben. Waren es bis vor Kurzem Hans und Ulrike Setzer, die die Geschicke des Weinguts leiteten, so werden sie heute bereits von ihren Kindern Marie-Theres und Eugen unterstützt. Beide sind bereits im Weinbau ausgebildet und ebenso mit Leidenschaft dabei.
Hohenwarth am Manhartsberg, am Rande des westlichen Weinviertels, ist aufgrund seiner Lage besonders für Grünen und Roten Veltliner prädestiniert. Diese beiden Rebsorten bilden das Herzstück des Weinguts und werden sowohl im leichten Segment wie auch als gehaltvolle Lagenweine ausgebaut. Die Flaggschiffe des Hauses sind Weinviertel DAC Reserve »8000« und Roter Veltliner Ried Kreimelberg. Aufgrund der Höhenlage des Ortes Hohenwarth auf fast 400 Metern bilden die Temperaturunterschiede zwischen Tag und Nacht ein ausgeprägtes Fruchtaroma der Trauben. Die alten Rebstöcke wiederum versorgen die Trauben mit Mineralik aus den Tiefen der Braunerdeböden (mit Schotter im Untergrund) und gewährleisten auch in Trockenperioden eine perfekte Wasserversorgung. Rebstöcke mit mehr als 60 Jahren sind in den Weingärten der Setzers keine Seltenheit. Der Setzer in Pink verströmt als fruchtig-leichter Rosé Nizza-Flair, angelehnt an die Roséweine der Provence, nur etwas leichter im Alkohol – ideal zu Meeresfrüchten oder Nudelgerichten.
Setzer-Weine sind seit vielen Jahren weltweit erfolgreich. Zu finden sind sie in der Topgastronomie von San Francisco im Westen bis Shanghai im Osten. Auch in Australien oder auf Urlaubsinseln wie den Malediven schätzt man Setzer-Weine. Edle Tropfen heranreifen zu lassen, das liebt das Weingut Setzer, eine »Insel der Seligen« mitten im bedeutendsten Weinbaugebiet Österreichs. Hier vereint sich die niederösterreichische Lebensfreude mit der Leidenschaft für Genuss und dem Streben nach Perfektion – eine Mischung, die offenbar nur das Feinste hervorbringt.

WEINGUT SETZER
3472 Hohenwarth-Mühlbach
Hauptstrasse 64
T: +43 (2957) 228
setzer@weingut-setzer.at
www.weingut-setzer.at

Kellermeister/Kontakt:
Hans Setzer
Produktion: 85 % weiß, 15 % rot, 30+15 Hektar
Zertifiziert: Nachhaltig Austria
Vereinszugehörigkeit:
Premium Weingüter Weinviertel, Traditionsweingüter Österreich
Messen: ProWein Düsseldorf, VieVinum, Vinexpo, DAC-Präsentationen, MondoVino

95 Grüner Veltliner ** Ried Laa »8000« 2022
13,5 Vol.-%, DIAM, Stahltank, €€€€€ Ⓥ
Mittleres Grüngelb, silberfarbene Reflexe. Einladendes Bukett nach Maracuja und Ringlotten, kandierte Clementinen, gelber Apfel, mit Wiesenkräutern unterlegt. Saftig, straff, facettenreicher Säurebogen, extraktsüß nach Golden-Delicious-Apfel, mineralischer Nachhall, tolle Länge, ein komplexer Speisenbegleiter mit großem Potenzial.

95 Grüner Veltliner * Ried Laa Große Reserve 2022
13,5 Vol.-%, DIAM, gebrauchte Barriques, €€€€€€ Ⓥ
Helles Gelbgold, Silberreflexe. Feines, facettenreiches Bukett, nach gelber Frucht wie Apfel, Mango und Papaya, ein Hauch von Blütenhonig, zarte Wiesenkräuter, mit Limettenzesten unterlegt. Saftig, elegant, weißes Kernobst, harmonisch, finessenreicher Säurebogen, zitronig-salziger Nachhall, bereits sehr gut entwickelt und antrinkbar, verfügt über Länge und Potenzial.

93 Grüner Veltliner ** Ried Kirchengarten 2022
13,5 Vol.-%, DIAM, Stahltank, €€€€€ Ⓥ
Mittleres Gelbgrün, silberfarbene Reflexe. Feine Kräuternoten, zart nach Papaya, Orangenschalen, ein Hauch von Quitte und weißem Pfeffer. Saftig, gut eingebundene Säurestruktur, feinwürzig, Mangonoten klingen an, mineralischer Rückgeschmack, vielseitiger Speisenbegleiter, gutes Reifepotenzial.

(92) Grüner Veltliner ** Ried Kronberg 2023
13,5 Vol.-%, DIAM, Stahltank, €€€€ Ⓥ
Helles Goldgelb, Silberreflexe. Zarte Nuancen von Ananas und gelbem Apfel, zarte florale Noten, mineralischer Anklang. Saftig, engmaschig, weißes Kernobst, frischer Säurebogen, zarte Fruchtsüße im Abgang, ausgewogen, gut antrinkbar, mit Reifepotenzial ausgestattet.

91 Grüner Veltliner * Ausstich 2023
12 Vol.-%, DV, Stahltank, €€ Ⓥ
Helles Gelbgrün, silberfarbene Reflexe. Zart nach Wiesenkräutern, frisches Kernobst, ein Hauch von Limettenzesten, mineralischer Touch. Stoffig, engmaschig, feiner weißer Apfel, frischer Säurebogen, fruchtig und leichtfüßig im Abgang, ein vielseitiger Begleiter bei Tisch.

91 Grüner Veltliner * Hohenwarth 2023
12,5 Vol.-%, DV, Stahltank, €€€ Ⓥ
Helles Gelbgrün, Silberreflexe. Zart nach frischer Birne, ein Hauch von Mango, Nuancen von Orangenzesten. Schlank, weißer Apfel, straff, frischer Säurebogen, mineralischer Touch im Abgang, ein vielseitiger, knackiger Speisenwein.

(93) Roter Veltliner Ried Kreimelberg 2023
13,5 Vol.-%, DIAM, Stahltank, €€€€€ Ⓥ
Mittleres Gelbgold, Silberreflexe. Zart rauchig-mineralisch unterlegte Kräuterwürze, Nuancen von Birne und Mango, kandierte Orangenzesten. Kraftvoll, saftig, elegant, angenehme Fruchtsüße, feiner Säurebogen, harmonisch und lang, ein stoffiger Speisenbegleiter.

★★★

WINZERHOF STIFT

Der Winzerhof von Franz und Regina Stift liegt im bekannten Weinort Röschitz und ist mit seinen typischen Arkaden ein richtiges Weinrefugium, dessen heitere und gemütliche Atmosphäre regelmäßig für Veranstaltungen rund um die Themen Wein und Kultur genutzt wird. Großer Beliebtheit erfreuen sich die Jazzabende. Im Weinbau nutzt man die unterschiedlichen Böden und besonderen Lagen rund um Röschitz. Urgesteinsinseln wechseln sich mit Lössböden ab, wobei Erstere markante Mineralik und Letztere cremige Vollmundigkeit und Würze in die Weine bringen. Für jede Sorte finden sich entlang des Manhartsberges ideale Bedingungen. Im Einklang mit der Natur, durch behutsame Pflege der Rebstöcke und einfühlsame Arbeit im Keller entstehen daher finessenreiche, ausdrucksvolle und sortentypische Weine. Neben

WINZERHOF STIFT
3743 Röschitz
Lange Zeile 6
T: +43 (2984) 31 44
office@winzerhof-stift.at
www.winzerhof-stift.at

Kellermeister: Franz Stift
Kontakt: Franz und Regina Stift
Produktion: 90 % weiß, 5 % rosé, 5 % rot
Zertifiziert: Nachhaltig Austria
Vereinszugehörigkeit: Weingüter Retzer Land
Messen: DAC-Präsentationen, MondoVino

Franz-Joseph, Franz und Regina Stift

der Leitsorte Grüner Veltliner, den es in verschiedensten Ausbaustufen gibt, werden auch sehr erfolgreich Riesling, Sauvignon Blanc, Gelber Muskateller, Chardonnay und ein Rosé vom Cabernet Sauvignon vinifiziert. Diese Weine zeigen Klarheit, Brillanz und Ausdrucksstärke und spiegeln das Weinviertel auf das Schönste wider. Bestätigt wird dies immer wieder durch zahlreiche Auszeichnungen. Neben den bekannten Weinen »Tante Mitzi«, »Methusalem« und natürlich dem Riesling vom Urgestein beinhaltet das Sortiment auch fruchtige Frizzante-Weine. Eine Degustation auf dem Hof der Familie Stift, der fast schon mediterranes Flair ausstrahlt, wird zu einem wahren Erlebnis.

93 Grüner Veltliner ** Ried Galgenberg 2021
14 Vol.-%, DV, großes Holzfass, €€€€
Mittleres Goldgelb, Silberreflexe. Kandierte Orangenzesten, feine gelbe Tropenfrucht, Nuancen von Ananas und Papaya, ein Hauch von Blütenhonig, facettenreiches Bukett. Mittlerer Körper, feine Fruchtsüße, elegant, finessenreich strukturiert, mineralisch und lange anhaftend, ein stoffiger Speisenbegleiter mit Reifepotenzial.

92 Grüner Veltliner Ried Galgenberg 2023
13,5 Vol.-%, DV, Stahltank, €€
Helles Grüngelb, Silberreflexe. Zarte Wiesenkräuter, ein Hauch von gelbem Apfel, aber auch Birne, mit kandierten Orangenzesten unterlegt. Saftig, gelbfruchtige Nuancen auch am Gaumen, dezenter Säurebogen, etwas Honig im Abgang, bereits entwickelt, vielfältig einsetzbar.

92 Grüner Veltliner Ried Reipersberg 2023
13 Vol.-%, DV, Stahltank, €€
Helles Gelbgrün, Silberreflexe. Zart nach Orangenzesten, ein Hauch von Mango, einladendes Bukett. Komplex, saftig, ein Hauch von Birne und Anis, feiner Säurebogen, harmonisch und gut anhaftend, ein eleganter Begleiter bei Tisch.

92 Grüner Veltliner Methusalem 2023
13,5 Vol.-%, DV, Stahltank, €€
Helles Grüngelb, Silberreflexe. Zarte Kräuterwürze, feine Nuancen von gelbem Kernobst, etwas Honigmelone, mineralischer Touch. Saftig, elegant, mittlere Komplexität, Noten von weißer Frucht, zartes Säurespiel, seidige Textur, bereits harmonisch und gut antrinkbar.

93 Riesling vom Urgestein 2023
13,5 Vol.-%, DV, Stahltank, €€€
Helles Grüngelb, Silberreflexe. Feine gelbe Tropenfrucht, zart nach Pfirsich und Maracuja, floraler Touch, einladendes Bukett. Saftig, elegant, gut integrierte Fruchtsüße, feiner Säurebogen, mineralisch-salzig im Abgang, bleibt gut haften, ein vielseitiger Begleiter bei Tisch.

92 Riesling Lampelschweif 2022
13 Vol.-%, DV, Stahltank, €€€
Mittleres Gelbgrün, Silberreflexe. Nuancen von reifer Marille, gelber Pfirsich, kandierte Orangenzesten, mit etwas Blütenhonig unterlegt. Saftig, süße Textur, reife Tropenfrucht, feiner Säurebogen, bleibt gut haften, wird von weiterer Flaschenreife profitieren.

★★

WEINGUT STUDENY

Als Familienbetrieb in dritter Generation bewirtschaftet Herbert Studeny 16 Hektar Weingärten im traditionsreichen Weinbauort Obermarkersdorf. Das Retzer Land im Weinviertel mit seiner Weinstadt Retz ist das nördlichste Weinbaugebiet Österreichs und bekannt für seine charaktervollen, würzigen Grünen Veltliner. Der wohl wichtigste Charaktergeber der Region ist der Manhartsberg, der aus dem Muttergestein Granit besteht und den Weißweinen eine mineralische Note verleiht. Diesem Bergrücken verdanken die Winzer in dieser Gegend auch die hohen Temperaturunterschiede zwischen Tag und Nacht sowie die Waldviertler Fallwinde – eine Besonderheit, die lebendige und aromatische Weine hervorbringt.
Als eines der ersten Weingüter in dieser Region hat das Weingut Studeny den Sauvignon Blanc etabliert, der sich durch eine ganz besondere Feingliedrigkeit und Finesse auszeichnet. Mittels behutsam eingesetzter Kellertechnik und langer Reifung auf der Feinhefe zaubert er feingliedrige, komplexe Spitzenweine mit hoher Lagerfähigkeit. Seit dem Jahrgang 2020 werden die meisten weißen Lagen-

weine spontan vergoren. 2011 wurde ein attraktiver Degustationsraum angebaut, der für den Ab-Hof-Verkauf und für Verkostungen ganz besonders gerne besucht wird.

89 Grüner Veltliner * Obermarkersdorf 2023
12,5 Vol.-%, DV, Stahltank, €€

91 Grüner Veltliner Ried Atschbach 2023
14 Vol.-%, DV, Teilbarrique, €€
Mittleres Gelbgrün, Silberreflexe. Zarte Kräuterwürze, etwas nach Blütenhonig, einladendes Bukett nach Golden-Delicious-Apfel. Mittlerer Körper, lebendige Säurestruktur, kraftvoll, Tropenfruchtnoten im Abgang, mineralischer Nachhall, guter Speisenbegleiter.

93 Riesling Obermarkersdorf Ried Triftberg 2023
13,5 Vol.-%, DV, Stahltank, €€
Helles Gelbgrün, Silberreflexe. Feine Wiesenkräuter, zart nach weißer Tropenfrucht, Pfirsichtouch, Grapefruit, einladendes Bukett. Saftig, elegant, balancierte Säurestruktur, mineralisch, vielschichtig, lang anhaltend, guter Speisenbegleiter.

92 Riesling Ried Triftberg Urgestein 2022
Leuchtendes Goldgelb, Silberreflexe. Kräuterwürze und Quitte, ein Hauch von Marille, floraler Touch, einladendes Bukett. Saftig, engmaschig, lebendige Säurestruktur, mineralisch, Tropenfrucht im Abgang, extraktsüßes Finish, bereits gut antrinkbar.

WEINGUT STUDENY
2073 Obermarkersdorf
Obermarkersdorf 174
T: +43 (2942) 8252
office@studeny.at
www.studeny.at

Kellermeister/Kontakt:
Herbert Studeny
Produktion: 75 % weiß, 5 % rosé, 15 % rot, 5 % süß, 16 Hektar
Vereinszugehörigkeit:
Weinviertel DAC, Weinstraße Weinviertel, Nordwein Österreich
Messen: VieVinum, Vinobile Feldkirch, DAC-Präsentationen, Vinorell Hamburg

91 Weißburgunder Ried Nussberg 2023
13,5 Vol.-%, DV, Stahltank, €€
Helles Gelbgrün, Silberreflexe. Feiner Blütenhonig, etwas Toffee, zart nach Ananas und Birnenfrucht, dezente Wiesenkräuter. Mittlere Komplexität, feinwürzig, extraktsüß nach Tropenfrucht, mineralischer Touch, gut eingebundene Säurestruktur, bereits gut antrinkbar.

89 Gelber Muskateller Obermarkersdorf 2023
12,5 Vol.-%, DV, Stahltank, €€

★★★

WEINGUT SUTTER

Doris und Leopold Sutter führen ihr traditionsreiches Weingut in Hohenwarth im südwestlichen Weinviertel, wo das Kamptal an den Wagram grenzt, bereits in zehnter Generation. Die Weine des Großvaters August standen früher auf den besten Weinkarten des Landes. Nun gibt es neuen Schwung im Betrieb, und es wird sicher nicht lange dauern, bis man das Weingut Sutter wieder in den besten Restaurants findet. So stark wie die Mauern des Weinguts, das 1671 errichtet und liebevoll restauriert wurde, präsentiert sich auch das Sortiment der Sutters. Der Fokus liegt ganz klar auf dem Grünen Veltliner, den es in sechs Spielarten gibt: Der Weinviertel DAC ist ein klassischer Gebietswein, dazu gesellen sich Lagenweine und ein Grüner Veltliner Alte Reben. Auf Kies, Sand, Ton und kalkreichem Schotter der Urdonau wurzeln ihre Rebstöcke und sorgen für mineralische, eigenständige Weine, die ihre Herkunft zeigen. Drei Rote Veltliner, eine rare Sorte, die nur von wenigen Winzern gepflegt wird, und ein Frühroter Veltliner sorgen ebenfalls für die vielen Gesichter, die ein Veltliner haben kann.

* Weinviertel DAC ** Weinviertel DAC Reserve

Leopold und Doris Sutter

WEINGUT SUTTER

3472 Hohenwarth
Weinviertler Straße 6
T: +43 (2957) 200
office@weingut-sutter.at
www.weingut-sutter.at

Kellermeister: Leopold Sutter
Kontakt: Doris Sutter
Produktion: 20 Hektar
Zertifiziert: Nachhaltig Austria
Messen: ProWein Düsseldorf, VieVinum, Vinexpo, DAC-Präsentationen

93 Grüner Veltliner ** Privat 2020
13 Vol.-%, NK, großes Holzfass, €€€€€
Helles Goldgelb, silberfarbene Reflexe. Zarte Kräuterwürze, reifes gelbes Kernobst, etwas Blütenhonig, Honigmelone, facettenreiches Bukett. Saftig, elegant, feine Nuancen von weißer Frucht, angenehme Süße, die von einer lebendigen Säurestruktur gekontert wird, hat eine erste Trinkreife erreicht, zeigt Länge und sicheres weiteres Reifepotenzial.

(92) Grüner Veltliner ** Ried Kellerberg 2023
13,5 Vol.-%, DV, großes Holzfass, €€€€
Helles Gelbgrün, silberfarbene Reflexe. Dezenter Blütenhonig, etwas nach kandierten Orangenschalen, Honigmelone und Maracuja klingen an. Saftig, elegant, straffe Struktur, mineralisch, gelbe Apfelfrucht im Abgang, salziger Nachhall, guter Speisenbegleiter.

91 Grüner Veltliner * Alte Reben 2023
13 Vol.-%, DV, großes Holzfass, €€
Mittleres Grüngelb, silberfarbene Reflexe. Feiner Blütenhonig, reife gelbe Frucht, etwas Blütenhonig, kandierte Orangenzesten. Kräftig, komplex, reifes weißes Kernobst, feiner Säurebogen, mineralisch-salzig im Abgang, ein balancierter Speisenwein.

90 Grüner Veltliner Ried Im Steinbruch 2023
13 Vol.-%, DV, Stahltank, €€
Helles Gelbgrün. Feine Tabak-Kräuter-Würze, zart nach Guaven, ein Hauch von Orangenschalen, Wiesenkräuter klingen an, mit Kernobst unterlegt. Saftig, mittlere Komplexität, grüner Apfel, Limettenzesten klingen an, frisches Finish.

92 Roter Veltliner Privat 2020
13 Vol.-%, NK, großes Holzfass, €€€€€
Helles Gelbgrün. Feine Gewürznoten, nussige Aromen, zart nach Guaven, florale Noten, etwas nach Litschis, Kardamom klingt an. Saftig, elegant, feine Säurestruktur, Maracuja, kandierte Früchte, lang anhaltend, guter Speisenbegleiter.

(90) Roter Veltliner Alte Reben 2023
13 Vol.-%, DV, großes Holzfass, €€€
Mittleres Gelbgrün, silberfarbene Reflexe. Reife Birnennoten, weißes Steinobst, Blütenhonig, dunkle Mineralik. Elegant, frisch und lebendig, gelbes Kernobst, leichtfüßig, bereits gut antrinkbar.

89 Pinot Noir Ried Mühlweg 2022
13 Vol.-%, DV, Stahltank, €€

★★★

WEINGUT TAUBENSCHUSS

BIO

Das Weingut Taubenschuss ist ein Monolith in der Weinviertler Weinlandschaft und besteht bereits seit 1670. Heute wird der Betrieb von Markus und Thomas Taubenschuss geführt – unter tatkräftiger Mithilfe der Eltern Monika und Helmut, die immer noch aktiv in den Bereichen Produktion und Marketing mitwirken. Die Vorfahren haben sich die besten Lagen rund um die Weinstadt Poysdorf gesichert, der Fokus liegt auf den gebietstypischen Sorten Grüner Veltliner und Weißburgunder. Bereits 1941 wurde mit der Abfüllung in Bouteillen begonnen, aber dies ist nur ein Grund für die Pionierstellung dieser Weinviertler Winzerdynastie. Damals wie heute findet die Ernte traditionell ausschließlich per Hand statt. Oberstes Credo ist naturnaher, nachhaltiger Weinbau, wobei man bewusst auf den Einsatz von Pestiziden, Herbiziden, Insektiziden und Handelsdüngern verzichtet und stattdessen auf eigene Kompostproduktion zur organischen Düngung der Weingärten setzt. Auch nachhaltige Weingartenbeweidung mithilfe von speziellen Schafen wird seit einigen Jahren erfolgreich betrieben und sorgt so langfristig für weniger maschinellen Einsatz im Weinberg. Seit dem Jahrgang 2023 ist das gesamte Weingut offiziell biozertifiziert und seit 2024 auch Mitglied der »Traditionsweingüter Österreich«.

94 Sekt Austria Große Reserve Extra Brut Blanc de Blancs CH/WB

Deg. 2/24, 13 Vol.-%, NK, gr. Holzfass/Flaschengärung, €€€€€

Leuchtendes Goldgelb, Grünreflexe, feines Mousseux. Einladendes Bukett nach gelbem Apfel, zart nach Blütenhonig, Mandarinenzesten, frisches Bukett nach Kräutern. Saftig, fruchtsüß, reife Nashi-Birne, gut integrierter Säurebogen, salzig, bleibt gut haften, vielfältig einsetzbar, sicheres Reifepotenzial.

92 Grüner Veltliner Sekt Austria Reserve Brut

Deg. 2/24, 12,5 Vol.-%, NK, Stahltank/Flaschengärung, €€€€€

Mittleres Goldgelb, feines Mousseux. Frisches Bukett nach Limetten und Kräutern, zart nach Brioche, etwas Ananas, floraler Touch. Saftig, engmaschig, gelbe Tropenfrucht, mineralisch, fruchtsüß im Abgang, guter Speisenbegleiter, wird von Flaschenreife profitieren.

WEINGUT TAUBENSCHUSS
2170 Poysdorf
Körnergasse 2
T: +43 (676) 3566901
www.taubenschuss.at

Kellermeister: Markus und Helmut Taubenschuss
Kontakt: Thomas und Monika Taubenschuss
Anbauweise: Zertifiziert Biologisch (Austria Bio Garantie)
Produktion: 100 % weiß, 22 Hektar
Vereinszugehörigkeit: Premium Weingüter Weinviertel, Traditionsweingüter Österreich
Messen: VieVinum, Vinexpo, Vinitaly, DAC-Präsentationen

Weingartenbeweidung mit Schafen in Poysdorf

93 Grüner Veltliner ** Ried Tenn 2020
13 Vol.-%, DV, großes Holzfass, €€€€
Mittleres Goldgelb, Grünreflexe. Einladendes Bukett nach Honig und Quitte, ein Hauch von Ananas, kandierte Orangenschalen. Engmaschig, balancierte Säurestruktur, etwas Mango, fruchtsüß, bleibt sehr gut haften, tabakiger Rückhalt, sicheres Entwicklungspotenzial.

90 Grüner Veltliner * Poysdorf 2023
12 Vol.-%, DV, Stahltank, €€ B
Mittleres Gelbgrün, Silberreflexe. Frisches Bukett, zart nach Kräutern, Maracuja, ein Hauch von Limetten, zart nach Guaven. Mittlerer Körper, extraktsüß, gelber Apfel im Abgang, salzig, balancierter Säurebogen, guter Speisenbegleiter, unkompliziertes Trinkvergnügen.

(93) Grüner Veltliner MX Alte Reben Grosse Reserve 2020
NK, großes Holzfass, €€€€€
Mittleres Gelbgrün, Goldreflexe. Feiner Blütenhonig, Toffee, ein Hauch von Melone und Marille, Wiesenkräuter klingen an. Gute Komplexität, feinwürzig, mineralisch, reife Apfelfrucht, bleibt sehr gut haften, salziger Nachhall, vielfältig einsetzbar.

92 Grüner Veltliner Ried Neidharden 2022
12,5 Vol.-%, DV, Stahltank, €€€
Mittleres Gelbgrün, Silberreflexe. Frische Kräuternoten, weiße Birnenfrucht, zarter Zitrustouch, Passionsfrucht, Blütenhonig klingt an. Gute Komplexität, engmaschig, Zitrusnoten, lebendige Säurestruktur, dunkle Mineralik, facettenreicher Speisenbegleiter.

93 Welschriesling Alte Reben 300 2021
13 Vol.-%, NK, kleines Holzfass, €€€€
Mittleres Gelbgrün. Einladendes Bukett nach Orangenzesten und Quitte, zarte Reduktion, ein Hauch von Wiesenkräutern, Melissentouch. Saftig, engmaschig, gute Komplexität, mineralischer Hauch, zart salzig, weißes Steinobst im Abgang, spannender Sortenvertreter, sicheres Potenzial.

92 Weissburgunder Ried Weißer Berg 2022
12,5 Vol.-%, DV, Stahltank, €€€
Helles Gelbgrün, Silberreflexe. Reife Birnenfrucht, zart nach Quitte, Orangenblüten, Blütenhonig klingt an, etwas Karamell. Saftig, engmaschig, gut integrierte Säurestruktur, Kräuternoten im Abgang, gelbe Apfelfrucht im Rückgeschmack, trinkanimierender Stil.

91 Chardonnay Reserve -S- 2021
13,5 Vol.-%, NK, großes Holzfass, €€€
Helles Gelbgrün, Silberreflexe. Einladendes Bukett nach Mango und Honigmelone, zart nach Mandarinenzesten, feine Würze. Fruchtsüß, reife Ananasnoten, mineralisch, frischer Säurebogen, bleibt gut haften, lebendiges Finish, bereits gut antrinkbar.

90 Sauvignon Blanc Reserve -S- 2020
13,5 Vol.-%, NK, Stahltank, €€€
Mittleres Gelbgrün, Silberreflexe. Zart nach Honig, etwas reife Stachelbeeren, ein Hauch von Marille, floraler Touch. Mittlerer Körper, fruchtsüß nach Honigmelone, gut eingebundener Säurebogen, unkonventioneller Speisenbegleiter.

★★

WEINGUT URBAN

Als Andreas Urban im Jahr 2002 den elterlichen Betrieb übernahm, hatte er eine klare Vorstellung, wie seine Weine schmecken sollten, nämlich auf alle Fälle auf der höchsten Qualitätsstufe, die ein Jahrgang zulässt. Jede Sorte soll unverfälscht (sortentypisch) in die Flasche gelangen. Auf 22 Hektar Rebfläche werden die Sorten Grüner Veltliner, Riesling, Gelber Muskateller, Sauvignon Blanc, Roter Traminer, Rivaner, Roesler, Pinot Noir, Zweigelt und Merlot gekeltert. Die Reben gedeihen auf fruchtbaren Braunerde-Lehm-Böden in Schalladorf, Immendorf und Oberstinkenbrunn, Katastralgemeinden in der Großlage Retzer Weinberge, zehn Kilometer nördlich von Hollabrunn. Die Qualität der Weine hängt nicht nur vom Terroir, sondern auch von der Pflanzengesundheit, der händischen Arbeit und nicht zuletzt vom Gefühl des Winzers ab. Daher gilt: »Jeder Wein spiegelt den Winzer wider.« Bei der Arbeit in den Weingärten und im Keller hält sich Andreas Urban streng an das Motto »Nicht zu viel und nicht zu wenig«. Bei der Verarbeitung der Trauben verbindet er neueste Erkenntnisse mit modernster Technologie und altem Know-

WEINGUT URBAN
2041 Wullersdorf
Parkgasse 34a
T: +43 (2951) 8354
office@weingut-urban.at
www.weingut-urban.at

Kellermeister/Kontakt:
Andreas Urban
Produktion: 80 % weiß, 20 % rot, 22 Hektar

Roter Traminer

how. Die Weißweine werden zum Großteil reduktiv in Edelstahltanks ausgebaut und stehen je nach Sorte und Ausbauart zwischen November nach der Lese und spätestens bis Mai des darauffolgenden Jahres für die Kunden zum Kauf bereit. Die Rotweine werden teilweise in Barriques und in großen Holzfässern vinifiziert. Dass Andreas Urban auf dem richtigen Weg ist, bestätigen ihm seine Erfolge.

91 Sauvignon Blanc Sekt Austria brut Niederösterreich g.U. 2022
12 Vol.-%, NK, Stahltank/Flaschengärung, €€€
Helles Gelbgrün, Silberreflexe. Frischer Birnennote, feine Wiesenkräuter, zart nach Ananas, floraler Touch. Saftig, feine Noten von Litschis, mineralisch, gelbe Tropenfrucht im Abgang, bereits gut antrinkbar.

91 Grüner Veltliner ** Alte Reben 2023
14 Vol.-%, DV, großes Holzfass, €€€
Mittleres Gelbgrün, Silberreflexe. Feine Würze, gelbe Tropenfrucht, ein Hauch von Birne, Blütenhonig klingt an. Saftig, elegant, feine Säurestruktur, mineralisch, gelbe Apfelfrucht, bleibt gut haften, vielfältig einsetzbar.

90 Grüner Veltliner Ried Zeiselbergen 2023
13 Vol.-%, DV, Stahltank, €€
Helles Grüngelb. Feine Wiesenkräuter, zart nach Blütenhonig, reife Apfelfrucht, gelbes Kernobst. Saftig, elegant, feine Säurestruktur, fruchtsüß nach Mango, guter, balancierter Speisenbegleiter.

92 Sauvignon Blanc Ried Leitenberg 2023
13,5 Vol.-%, DV, Stahltank, €€€
Helles Gelbgrün, Silberreflexe. Zarte Stachelbeernoten, ein Hauch von Mango und Ananas, Honigtouch, einladendes Bukett. Saftig, elegant, feine Maracujanoten, weißes Steinobst, gut eingebundene Säurestruktur, mineralisch, guter Speisenbegleiter.

91 Roter Traminer Ried Leitenberg 2023
13,5 Vol.-%, DV, Stahltank, €€
Helles Gelbgrün, Silberreflexe. Feine Eibischnoten, kandierte Mandarinenzesten, floraler Touch, etwas Ananas. Fruchtsüß, Honig, ein Hauch von Marille im Abgang, salziger Nachhall, bereits gut antrinkbar.

90 Burgunder Cuvée Urban Blend White Premium 2023 CH/WB
13,5 Vol.-%, DV, gebrauchte Barriques, €€€
Leuchtendes Goldgelb. Zart nach kandierten Orangenzesten, etwas nach Mango, dezenter Marillentouch, mit Blütenhonig unterlegt. Saftig, mittlere Komplexität, feine Tabakwürze, gelbe Tropenfrucht im Abgang, unkomplizierter Speisenbegleiter, bereits gut antrinkbar.

* Weinviertel DAC ** Weinviertel DAC Reserve

★★★

WEINGUT NIKI WINDISCH

Weinbauer aus Leidenschaft, Qualitätsfanatiker, Querdenker, Arbeitstier: Besser kann man Niki Windisch, zu Hause im südlichen Weinviertel, nicht beschreiben. Er sieht Weinbau als »Handwerk wie jedes andere«. Den Unterschied, der dazu führt, dass er unverwechselbare eigenständige Weine mit viel Charakter, Tiefgang und Gebietstypizität erzeugt, machen seine Liebe zum Beruf, sein Engagement und das nötige Gespür für seine Weingärten und Trauben. Neben unkomplizierten Weißweinen wie etwa Weinviertel DAC, Gelber Muskateller oder Gemischter Satz werden sehr charaktervolle Lagenweißweine (Hofweingärten, Satzen, Holzberg und Sonnleithen) und vor allem für das Weinviertel außerordentliche Rotweine gekeltert. Mit dem Merlot Sandwühler war Niki Windisch schon zweimal Zweiter und einmal Sortensieger bei der Falstaff-Rotweinprämierung, mit dem Blaufränkisch Leiten 2015 Zweitbester in der Kategorie Blaufränkisch und zugleich »3. Falstaff-Sieger«. Auch zahlreiche Top-Platzierungen bei anderen heimischen Medien mit weiteren Weinen unterstreichen die hohe Qualität seines Sortiments.

WEINGUT NIKI WINDISCH
2212 Groß-Engersdorf
Kurze Zeile 66
T: +43 (699) 12867471
niki@weingut-windisch.at
www.weingut-windisch.at

Kellermeister/Kontakt:
Niki Windisch
Produktion: 60.000 Flaschen
5 % Schaumwein, 58 % weiß,
5 % rosé, 30 % rot, 2 % süß,
11.5 Hektar
Vereinszugehörigkeit:
Weinstraße Südliches Weinviertel,
TOP-Heurige

Sechs- bis siebenmal im Jahr ist im »TOP-Heurigen« ausgesteckt: Gemeinsam mit seinem Team konzipiert der Winzer regionale Speisen, abgestimmt auf die eigenen Weine, die es natürlich alle zum Verkosten und auch glasweise zum Genießen gibt.

(93) Grüner Veltliner ** Ried Sonnleithen 2023
13,5 Vol.-%, DV, großes Holzfass, €€€€
Mittleres Grüngelb, Silberreflexe. Zarte Nuancen von gelber Frucht, ein Hauch von Mango, etwas Ananas, feine Kräuterwürze, ein Hauch von Grapefruit, einladendes Bukett. Saftig, elegant, feine Fruchtsüße, saftig und elegant, mineralischer Abgang, Mango im Nachhall, gute Länge.

90 Grüner Veltliner * Großengersdorf 2023
12,5 Vol.-%, DV, Stahltank, €€€
Mittleres Gelbgrün, silberfarbene Reflexe. Frische Kräuter, weißes Kernobst, frische Orangenzesten, mit etwas Blütenhonig unterlegt. Saftig, elegant, fruchtige Süße, zarte Säurestruktur, weißer Pfeffer im Abgang, ein harmonischer Speisenwein.

(92) Grüner Veltliner Ried Hofweingärten 2023
13,5 Vol.-%, DV, Stahltank, €€
Mittleres Grüngelb, Silberreflexe. Zarte Wiesenkräuter, feine gelbe Tropenfrucht, ein Hauch von Pfirsich und Ananas, Nuancen von Grapefruitzesten. Stoffig, elegant, feine Fruchtsüße, weißer Apfel, frischer Säurebogen, mineralisch-zitronig, ein Hauch von Birne im Nachhall.

(93) Sauvignon Blanc Kronberg Ried Berggrund Baby 2023
13,5 Vol.-%, DV, Stahltank/gebrauchte Barriques, €€€€
Helles Gelbgrün, Silberreflexe. Weiße Blüten, Limetten, ein Hauch von Stachelbeeren, weiße Tropenfrucht, einladendes Bukett. Saftig, elegant, frische Mango, feine Fruchtsüße, angenehmes Säurespiel, bleibt haften, bereits gut entwickelt.

(92) Gelber Muskateller Ried Satzen Privat 2023
13 Vol.-%, DV, gebrauchte Barriques, €€€
Helles Gelbgrün, Silberreflexe. Zart nach Maracuja und Holunderblüten, ein Hauch von Muskatnuss, attraktives Bukett. Saftig, stoffig, elegant, weißer Pfirsich, ein Hauch von Litschis, Limetten im Nachhall, ein animierender, aromatischer Speisenbegleiter.

(93) Merlot Sandwühler 2022
14,5 Vol.-%, DV, Barrique, €€€€€
Tiefdunkles Rubingranat, opaker Kern, zarte Ockerrandaufhellung. Feines Nougat, zarte Edelholzwürze, dunkles Waldbeerenkonfit, Brombeeren und Kirschen, einladendes Bukett. Kraftvoll, saftig, rotbeeriger Touch, präsente, noch etwas fordernde Tannine, mineralisch-salzig im Finish, wird von Flaschenreife profitieren.

93 Blaufränkisch one step more 2021
14 Vol.-%, DV, Barrique, €€€€€€
Dunkles Rubingranat, opaker Kern, violette Reflexe, zarte Ockerrandaufhellung. Feine Holz- und Kräuterwürze, schwarze Herzkirschen, Brombeerkonfit, etwas Lakritze, zart nach Nougat und Orangenzesten. Saftig, elegant, dunkle Beerenfrucht, feine, reife Tannine, mineralisch und gut anhaftend, salziger Nachhall, zeigt Länge und Potenzial.

92 Blaufränkisch Ried Leiten 2022
13,5 Vol.-%, DV, Barrique/500-l-Fass, €€€€
Tiefdunkles Rubingranat, violette Reflexe, zarte Randaufhellung. Schwarze Beerenfrucht, Kirschen, ein Hauch von Orangenzesten, Nuancen von Gewürznelken. Saftig, elegant, rote Herzkirschen, dezente Süße, feine Tannine, mineralisch und anhaftend, gutes Reifepotenzial.

91 Anaconda 2022 ZW/BF/ME
13,5 Vol.-%, DV, 500-l-Fass/gebrauchte Barriques/Barrique, €€€€
Tiefdunkles Rubingranat, violette Reflexe, zarte Randaufhellung. Zart nach Vanille und Edelholz, schwarze Kirschen, Brombeeren und Cassis. Mittlere Komplexität, rotbeerige Nuancen, feine Tannine, anregender Speisenbegleiter.

★★

WEINGUT ZENS

Josef Zens hat entscheidend dazu beigetragen, dass der kleine Weinbauort Mailberg etwas besser bekannt ist als der Großteil der Weinviertler Weinorte. Als Obmann hat er die Gründung der Qualitätsvereinigung »Mailberg Valley« vorangetrieben, die es sich zum Ziel gesetzt hat, das gute Potenzial des Mailberger Kessels mit seinem speziellen Mikroklima einem breiteren Publikum näherzubringen. Die Bewirtschaftung erfolgt nach ökologischen Grundsätzen. Die Mailberger Böden sind sehr kalkhaltig, mit lehmigen Sanden und Löss bedeckt und tragen zur Individualität der Weine in Form von Frische, Würze und kräftiger, gehaltvoller Struktur bei. Auch in der Kellerwirtschaft wird streng auf Qualität geachtet. Vergärung im Tank und sortenspezifischer Ausbau im Stahltank oder großen Holzfass sind Tradition im Betrieb. Josef Zens erzeugt vielschichtige Weißweine, unter denen der trockene Traminer immer eine interessante Stellung einnimmt. Seine kräftigen, als langlebig bekannten Produkte entwickeln sich sehr gut mit zunehmender Flaschenreife. Der Eigenständigkeit jedes Jahrgangs wird hohe Bedeutung beigemessen. Mit den besonderen Jahrgängen 2015, 2017 und 2018 wurden neben den traditionellen Reserveweinen auch mächtige »Große Reserven« ausgebaut. Seit dem Jahrgang 2019 liegt der Fokus auf fruchtigen und konzentrierten DAC- und Reserveweinen. Eine einladende Ferienwohnung mit der Bezeichnung »Hundschupfen 314« steht Weinfreunden und Gästen jederzeit zur Verfügung.

(90) Grüner Veltliner * Mailberger Bündnis 2023
13 Vol.-%, DV, Stahltank, €€
Helles Gelbgrün, Silberreflexe. Feine Wiesenkräuter, zart nach Guaven, ein Hauch von Zitrusnuancen. Mittlerer Körper, weißes Kernobst, zarte Grapefruitnoten, etwas weitmaschig, bereits gut antrinkbar.

(91) Grüner Veltliner Mailberg Ried Hundschupfen Reserve 2023
14 Vol.-%, DV, Stahltank/500-l-Fass, €€
Mittleres Gelbgrün, silberfarbene Reflexe. Zarte Kräuternoten, reife Apfelfrucht, Mandarinenzesten, etwas nach Quitte, Brennnesseltouch. Mittlerer Körper, extraktsüß, gelbe Apfelfrucht, feinwürzig, guter Speisenbegleiter.

(91) Riesling Mailberg Ried Hundschupfen Reserve 2023
13,5 Vol.-%, DV, großes Holzfass/Stahltank, €€
Helles Gelbgrün, Silberreflexe. Clementinen, etwas nach Weingartenpfirsich, Physalis klingt an, dazu ein Hauch von Blütenhonig. Saftig, lebendige Säurestruktur, mineralisch, gelbes Steinobst, Zitrustouch im Abgang, rassiges Finish, bereits gut antrinkbar.

Michael und Markus Zens

WEINGUT ZENS
2024 Mailberg
Holzgasse 66
T: +43 (660) 5322843
office@weingutzens.at
www.weingutzens.at

Kellermeister: Josef Zens
Kontakt: Josef und Michael Zens
Produktion: 100 % weiß, 6 Hektar
Vereinszugehörigkeit: Mailberg Valley
Messen: Weintage im Museumsquartier

(91) Weißburgunder Mailberg Ried Antlasbergen Reserve 2023
13,5 Vol.-%, DV, Stahltank, €€
Helles Gelbgrün. Mit Wiesenkräutern unterlegte kandierte Limettenzesten, etwas grüner Apfel, ein Hauch von Anis, tabakig. Mittlerer Körper, feinwürzig, weißer Apfel, balancierte Säurestruktur, individuell einsetzbarer Speisenbegleiter.

(90) Chardonnay Mailberg Ried Antlasbergen Reserve 2023
14 Vol.-%, DV, Holzfass/Stahltank, €€
Mittleres Gelbgrün, Silberreflexe. Feine Kräuter-Tabak-Würze, etwas nach Melisse, zart nach Maracuja, ein Hauch von Guaven. Mittlerer Körper, fruchtsüß nach Golden-Delicious-Apfelfrucht, balanciert, feine Kräuternoten, bereits gut antrinkbar.

89 Gelber Muskateller Mailberg Ried Antlasbergen 2023
12,5 Vol.-%, DV, Stahltank, €€

★

WINZERHOF PAUL ZIMMERMANN

Der Winzerhof Zimmermann ist ein familiengeführtes Weingut in sechster Generation. Der Weinbaubetrieb befindet sich in Radlbrunn im westlichen Weinviertel und steht für höchste Qualität und nachhaltigen Anbau. Die Reben gedeihen größtenteils auf Löss-Lehm-Böden auf sonnigen Südhängen rund um den Ort Radlbrunn. Familie Zimmermann bewirtschaftet eine Fläche von rund elf Hektar und ist spezialisiert auf den Ausbau frisch-fruchtiger und klar strukturierter Weine. Das Credo des Jungwinzers: ein respektvoller Umgang mit der Natur, individuelle Anpassung an die unterschiedlichen Lagen, penible Handarbeit im Weingarten und eine schonende und moderne Verarbeitung. Nur so ist es möglich, das ganze Potenzial der Traube in die Flasche zu bekommen.
Leidenschaft, Wissen, Engagement, Tradition und Moderne – all das kombinieren die beiden Winzer Paul und Gerhard Zimmermann. Gemeinsam brennen sie dafür, das Weingut weiter auszubauen, die Qualität stetig zu steigern und sich jedes Jahr neue Ziele zu setzen. Motivation bekommen die beiden Winzer von ihren treuen Kunden und Partnern, die diese Leidenschaft für frische, fruchtige und klar strukturierte Weine teilen.

92 Grüner Veltliner ** Ried Lehlen 2021
13 Vol.-%, NK,DV, Teilbarrique, €€€
Mittleres Gelbgrün, Silberreflexe. Dunkle Würze, reife Tropenfrucht, ein Hauch von Guaven, zart nach Ananas, floraler Touch. Engmaschig, gute Komplexität, mineralisch, Noten von gelber Frucht, Maracuja, bleibt gut haften, vielfältig einsetzbar.

91 Grüner Veltliner * Ried Galgenberg 2023
13 Vol.-%, DV, 500-l-Fass/Stahltank, €€
Helles Gelbgrün, Silberreflexe. Dezente Kräuternoten, gelbes Kernobst, zart nach Birne, Melisse klingt an. Saftig, lebendige Säurestruktur, kraftvoll, weißes Kernobst im Abgang, salziger Nachhall, ein stoffiger Speisenbegleiter.

92 Sauvignon Blanc Ried Fellingen 2023
13,5 Vol.-%, NK,DV, großes Holzfass, €€€
Mittleres Gelbgrün, silberfarbene Reflexe. Einladender Fruchtspiegel, ein Hauch von Mango, etwas Ananas, zart nach Bergamotte. Straff, elegant, feiner Säurebogen, weißes Steinobst im Abgang, Cassis im Nachhall, vielfältig einsetzbar.

90 Sauvignon Blanc Radlbrunn 2023
12,5 Vol.-%, DV, Stahltank, €€
Sehr helles Gelbgrün, Silberreflexe. Zarte Cassisnote, etwas nach Limetten, Kräuterwürze, frisch strukturiert. Mittlerer Körper, etwas nach Melone, balancierte Säurestruktur, mineralischer Nachhall, bereits gut antrinkbar.

(92) Grauburgunder Ried Karln Ausobsky 2023
13 Vol.-%, NK, 500-l-Fass, €€€€
Zartes Roségold, feiner Messingstich. Etwas nach Banane und kandierten Veilchen, ein Hauch von Grapefruit, dezente Tropenfruchtnoten. Mittlere Komplexität, feiner Gerbstoff, zarte Beerenfrucht, kraftvoll, feinwürzig, mineralischer Nachhall, individuell einsetzbar.

(91) Weißburgunder Parzelle Spiel 2023
13,5 Vol.-%, NK,DV, gebrauchte Barriques, €€€
Helles Gelbgrün, Silberreflexe. Feine Fruchtnuancen, unterlegt mit Blütenhonig, zart nach Orangenzesten, reife Quitte klingt an. Saftig, elegant, zarte gelbe Birnenfrucht, gut integrierte Säurestruktur, guter Speisenbegleiter mit Entwicklungspotenzial.

WINZERHOF PAUL ZIMMERMANN
3710 Ziersdorf, Radlbrunn 18
T: +43 (664) 9284803
winzerhof@paulzimmermann.at
www.paulzimmermann.at
Kellermeister: Paul Zimmermann
Kontakt: Paul & Gerhard Zimmermann
Produktion: 66.667 Flaschen
3 % Schaumwein, 82 % weiß, 5 % rosé, 10 % rot, 11 Hektar
Vereinszugehörigkeit: Weinstraße Weinviertel
Messen: VieVinum, Vinobile Feldkirch, Vinobile Montfort, Weinmesse Innsbruck, DAC-Präsentationen

★★★★

WEINGUT ZULL

Egal, wohin man schaut: Überall sind malerische Weinberge, die sich kilometerweit aneinanderschmiegen – das ist das Weinviertel. Mitten in dieser Idylle und unweit der tschechischen Grenze liegt Schrattenthal, die kleinste Weinstadt Österreichs. Und dort findet man das Weingut Zull, das mit 18 Hektar Lagen zwar nicht wirklich groß ist, aber große Weine erzeugt. Alles an diesem Weingut ist Familie. Anfang der 1980er-Jahre, Werner Zull wollte gerade sein Studium beginnen, verunglückte sein Bruder tödlich. Die Familie hielt in dieser schweren Zeit zusammen, und Werner Zull tauschte das Studium gegen die Arbeit im Weinberg. Seit damals wird auf dem Weingut Zull Qualitätswein erzeugt und – das war neu – in Flaschen abgefüllt.
Mittlerweile ist das kleine Weingut längst bekannt und für seine Weine berühmt. Das liegt zum einen am besonderen Mikroklima der Gegend: Hitze und Sonne verhelfen den Trauben zu einer optimalen Reifung, der nahe gelegene Manhartsberg hält kalte Winde aus dem benachbarten Waldviertel ab. Zum anderen ho-

* Weinviertel DAC ** Weinviertel DAC Reserve

Riesling

WEINGUT ZULL
2073 Schrattenthal 9
T: +43 (2946) 8217
office@zull.at
www.zull.at

Kellermeister/Kontakt:
Phillip Zull
Produktion: 5 % Schaumwein, 69 % weiß, 10 % rosé, 15 % rot, 1 % süß, 18 Hektar
Zertifiziert: Nachhaltig Austria
Vereinszugehörigkeit:
Premium Weingüter Weinviertel, Traditionsweingüter Österreich
Messen: Austrian Tasting London, ProWein Düsseldorf, VieVinum, DAC-Präsentationen

len die tief verankerten Wurzeln der Weinstöcke das Beste aus dem Boden heraus. Und nicht zuletzt trägt die naturnahe Arbeitsweise der Zulls ein Übriges zu den unverkennbaren eleganten und gleichzeitig vielschichtigen Weinen bei: Statt großer Gesten und übertriebenem Technologieeinsatz besinnt man sich auf Fingerspitzengefühl, Ausdauer und viel Geduld mit Mut zum Experiment. Kein Experiment ist die Aufnahme in den Kreis der »Traditionsweingüter Österreich«, denn die Qualität der Weine und die Herangehensweise der Familie sprechen für sich.
Sohn Phillip führt das fort, was Vater Werner schon immer als Vision verfolgt hat: charaktervolle Weine mit Brillanz und großem Lagerpotenzial zu produzieren – wie etwa den Grünen Veltliner »Äußere Bergen«, den Riesling »Innere Bergen« oder den gesuchten Pinot Noir.

94 Grüner Veltliner * 2023
12,5 Vol.-%, DV, Stahltank, €€
Helles Gelbgrün, silberfarbene Reflexe. Zart rauchig-nussiger Touch, feine Kräuterwürze, mit gelber Tropenfrucht unterlegt, etwas Maracuja und Mango, sehr facettenreiches Bukett. Saftig, elegant und harmonisch, fruchtiger Kern, feiner Säurebogen, balanciert und anhaftend, zitronig-salzig im Finale, sicheres Entwicklungspotenzial. Trinkvergnügen in Reinkultur.

93 Grüner Veltliner * Schrattenthal 2023
13 Vol.-%, DV, Stahltank, €€€
Helles Grüngelb, Silberreflexe. Zart nach Marille und gelbem Apfel, ein Hauch von Wiesenkräutern, Mango und Blütenhonig. Komplex, engmaschig, weißes Kernobst, lebendiger Säurebogen, mineralisch-salzig im Abgang, ein Hauch von Limetten, ein straffer, animierender Speisenwein mit sicherem Reifepotenzial.

90 Grüner Veltliner Lust & Laune 2023
11,5 Vol.-%, DV, Stahltank, €€
Helles Gelbgrün, Silberreflexe. Mit einem Hauch von Limettenzesten unterlegte frische Apfelfrucht, Nuancen von Birne, einladendes Bukett. Schlank, leichtfüßig, weißer Apfel im Abgang, ein pikanter, animierender Sommerwein.

93 Riesling Urgestein Schrattenthal 2023
12,5 Vol.-%, DV, Stahltank, €€€
Helles Grüngelb, Silberreflexe. Feine Nuancen von gelbem Pfirsich, ein Hauch von Ringlotten und Blütenhonig, einladendes Bukett. Saftig, weißes Steinobst, feine Tropenfrucht, finessenreicher Säurebogen, mineralisch-salzig im Abgang, zeigt Länge und Entwicklungspotenzial.

90 Lust & Laune Rosé 2023 ZW/PN
12 Vol.-%, DV, Stahltank, €€
Helles Altrosa, Silberreflexe. Zarte Kräuterwürze, rote Waldbeeren, frischer Apfel, rauchige Nuancen. Saftig, Weiße Johannisbeeren, frischer Säurebogen, Himbeeren und Zitronen im Finish, sommerlicher Trinkspaß.

91 Schrattenthal 9 Reserve 2021 ZW/ME/CS
13,5 Vol.-%, DV, Barrique, €€€€
Dunkles Rubingranat, opaker Kern, violette Reflexe, zarte Randaufhellung. Feiner Edelholztouch, schwarze Waldbeeren, dunkle Kirschen, Gewürznuancen. Kraftvoll, stoffig, dunkle Frucht, präsente, tragende Tannine, Nougat, mineralisch, wird von weiterer Flaschenreife profitieren.

89 Lust & Laune Rot 2023 ZW/PN
12,5 Vol.-%, DV, Amphore, €€

91 Pinot Noir Schrattenthal Reserve 2021
13 Vol.-%, DV, Barrique, €€€€€
Mittleres Karmingranat, breitere Ockerrandaufhellung. Zart nach Gewürznelken, rote Waldbeeren, frische Kirschen, kandierte Orangenzesten. Saftig, elegant, rotbeerige Nuancen, frisch strukturiert, mineralisch-salziger Nachhall, ein würziger Speisenbegleiter.

90 Zweigelt Schrattenthal 2023
13 Vol.-%, DV, Amphore/gebrauchte Barriques, €€€
Dunkles Rubingranat, violette Reflexe, zarte Randaufhellung. Frische Herzkirschen, Brombeeren, auch rotbeerige Nuancen, zarte Kräuterwürze. Saftig, mittlerer Körper, dunkle Beeren, frisch strukturiert, mineralisch im Abgang, ein feinwürziger Speisenwein.

★★★

WEINGUT ZUSCHMANN-SCHÖFMANN

BIO

Else Zuschmann und Peter Schöfmann führen seit dem Jahr 2000 mit viel Engagement ein Weingut mit Genießer-Appartements sowie eine Greißlerei mit regionalen Produkten in Martinsdorf im Weinviertel, nur 20 Minuten nördlich der Wiener Stadtgrenze. Das Paar bewirtschaftet 17 Hektar Weingärten biologisch, die Weine sind ab dem Jahrgang 2015 auch biozertifiziert. Wie in dieser Gegend üblich, steht der Grüne Veltliner mit rund 60 Prozent der Gesamtproduktion im Zentrum ihres Schaffens.

WEINGUT ZUSCHMANN-SCHÖFMANN
2223 Martinsdorf
Winzerstraße 52
T: +43 (2574) 8428
office@zuschmann.at
www.zuschmann.at

Kellermeister: Peter Schöfmann
Kontakt: Else Zuschmann-Schöfmann
Anbauweise: Zertifiziert Biologisch (Austria Bio Garantie)
Produktion: 45 % Schaumwein, 45 % weiß, 10 % rot, 17 Hektar
Messen: ProWein Düsseldorf, VieVinum

Rieden bei Martinsdorf

Pinot Noir

Die beiden beweisen aber auch kein minder gutes Händchen bei der Vinifizierung ihrer Rotweine und haben neben dem Zweigelt auch eher weiter südlich verortete Konsorten wie St. Laurent und Pinot Noir im Programm.
Mit dem Jahrgang 2012 schufen Else und Peter eine neue Gliederung ihrer Weine. Gemäß ihrem Geschmacksbild werden die Weine als Paar in drei Lebensphasen eingeteilt, und die Etiketten stellen das Paar im jeweiligen Alter bildlich dar. So zählen zur frisch-fröhlichen Kollektion der »Ersten Freude« zwei unkomplizierte reinsortige Weißweine sowie ein Rosé. Fünf mittelgewichtige Weißweine und zwei milde Rotweine sind unter »Mitten im Leben« zusammengefasst. Die kräftigsten Weine des Hauses nennen sich »Lauf der Zeit«. Sie bestehen aus zwei gehaltvollen Weißweinen sowie zwei vollmundigen Rotweinen.
Ein immer wichtiger werdenden Standbein ist die Sekterzeugung. Man vinifiziert flaschenvergorene Sekte nach traditioneller Art – Flaschenlagerung auf der Feinhefe für mindestens 18 Monate ist die Vorgabe. Diese Methode wird auch »sur lie« (französisch für »auf der Hefe«) genannt.

93 ⊖ Grüner Veltliner Sekt Austria Große Reserve g.U. Brut Nature 2020
12,5 Vol.-%, NK, Flaschengärung, €€€€€ Ⓑ
Leuchtendes Goldgelb, Silberreflexe, lebendiges Mousseux. Zarte Apfelfrucht, ein Hauch von Blütenhonig, etwas nach Maracuja, floraler Touch, feine Tabakwürze. Saftig, gute Komplexität, etwas nach Maracuja, floraler Touch, tabakiger Nachhall, guter Speisenbegleiter mit Potenzial.

91 ⊖ Grüner Veltliner Sekt Austria 2022
10,5 Vol.-%, NK, Flaschengärung, €€€€ Ⓑ
Helles Gelbgold, Silberreflexe, lebendiges Mousseux. Feine Tabak-Kräuter-Würze, zart nach Tropenfrucht, reifer Apfel, etwas Clementinenzesten, floral. Saftig, feine Säurestruktur, zart nach Biskuit, wieder reife Apfelfrucht, bereits gut antrinkbar.

93 ⊖ Riesling Extra Brut Große Reserve 2020
12 Vol.-%, NK, Flaschengärung, €€€€€ Ⓑ
Leuchtendes Goldgelb, feines Mousseux. Blütenhonig und Mango, dezenter Marillentouch, etwas kandierte Orangenschalen, floraler Hauch. Saftig, engmaschig, gelbe Tropenfrucht, etwas nach Quitte im Abgang, extraktsüß, vielfältig einsetzbar, bereits gut antrinkbar.

92 ⊖ Sauvignon Blanc Sekt Austria Brut Niederösterreich g.U. 2022
10,5 Vol.-%, NK, Flaschengärung, €€€€ Ⓑ
Mittleres Gelbgrün, Goldreflexe, zartes Mousseux. Etwas nach Ananas und Brioche, ein Hauch von Gewürzen, dezenter Blütenhonig, facettenreiches Bukett. Saftig, frisch, dezente Cassisnote, etwas Zitrus, frisch und lebendig, weißes Steinobst im Nachhall, vielschichtiger Speisenbegleiter.

90 Grüner Veltliner Muschelkalk 2022
13 Vol.-%, DV, Stahltank, €€€ Ⓑ
Leuchtendes Gelbgrün, Silberreflexe. Feiner Blütenhonig, etwas nach Orangenzesten, zart nach reifer Apfelfrucht, mit Honigmelone unterlegt. Saftig, engmaschig, nach reifem Apfel, mineralisch, Zitrus im Abgang, bereits gut entwickelt und antrinkbar.

90 Pinot Noir Muschelkalk Selektion 2020
13 Vol.-%, NK, kleines Holzfass, €€€€€ Ⓑ
Mittleres Rubingranat, violette Reflexe, Ockerrandaufhellung. Floraler Touch, etwas Reduktion, rotbeerige Nuancen, Hagebutte klingt an, frisch und lebendig. Kraftvoll, mittlere Komplexität, fruchtsüß, kandierte Orangenzesten, rotes Beerenkonfit im Finish.

PLATZ FÜR IHRE
WEINNOTIZEN

Ried Neuberg in Weiden vor dem Neusiedler See

BURGENLAND

BESTE VORAUSSETZUNGEN FÜR GROSSE WEISS-, ROT- UND SÜSSWEINE

Rust

© WSNA

WEINTRILOGIE AUS DEM LAND DER SONNE

Unter dem Einfluss des pannonischen Klimas wachsen auf insgesamt 11.772 Hektar Rebfläche im östlichsten Bundesland elegante Weißweine, die körperreichsten Rotweine Österreichs und Süßweine von Weltruf. Dabei gibt es bei den natürlichen Voraussetzungen nicht zu unterschätzende Unterschiede.

Ganz im Süden des Burgenlandes beispielsweise bietet der Eisenberg mit seinem speziellen Boden und einem etwas kühleren Klima optimale Voraussetzungen für elegante, feingliedrige und charaktervolle Blaufränkische, die von feinster Mineralik getragen werden. Auf den schwereren Lehmböden des Mittelburgenlands, aber auch nördlich des Rosaliagebirges wachsen ebenfalls Blaufränkisch-Trauben, die Weine mit besonderer Fruchttiefe und Länge hervorbringen. Am Leithaberg, westlich des Neusiedler Sees, kann dazu eine ausgeprägte Mineralnote kommen. In den letzten Jahren erreichten auch Weine aus internationalen Rebsorten und Cuvées höchste Anerkennung. Das Leithagebirge mit seinen Kalk- und Schieferböden ist außerdem ein einzigartiges Terroir für komplexe Weißweine, vor allem Weißburgunder und Chardonnay, aber auch Grünen Veltliner. Feine Prädikatsweine wie der legendäre »Ruster Ausbruch« komplettieren die Dreifaltigkeit der burgenländischen Weinkompetenz. Östlich des Neusiedler Sees dominiert der Blaue Zweigelt mit kraftvollen, saftigen Rotweinen, auch wenn Blaufränkisch und St. Laurent ebenfalls hervorragende Ergebnisse liefern.

Der Seewinkel im südlichen Teil mit seinem speziellen Mikroklima zählt zu den wenigen

großen Süßweinhochburgen der Welt. Hier begünstigt die hohe Luftfeuchtigkeit aufgrund der zahlreichen »Zicklacken« im Herbst die Bildung der Edelfäule (Botrytis cinerea). Somit können hier regelmäßig große Beeren- und Trockenbeerenauslesen gewonnen werden. Die große Bodendiversität lässt eine ebenso vielfältige Rebsortenpalette gedeihen. Neben einigen anderen Sorten wie Chardonnay, Scheurebe, Muskat Ottonel oder Traminer erreicht in dieser Form besonders der Welschriesling höchstes Qualitätsniveau, ob mit oder ohne Einsatz von Holz.
Mit Ruster Ausbruch DAC und der Eingliederung der Stadt mit den trockenen Weinen bei Leithaberg DAC sowie mit Neusiedlersee DAC auch für Prädikatsweine werden nun im gesamten Burgenland DAC-Weine vinifiziert.

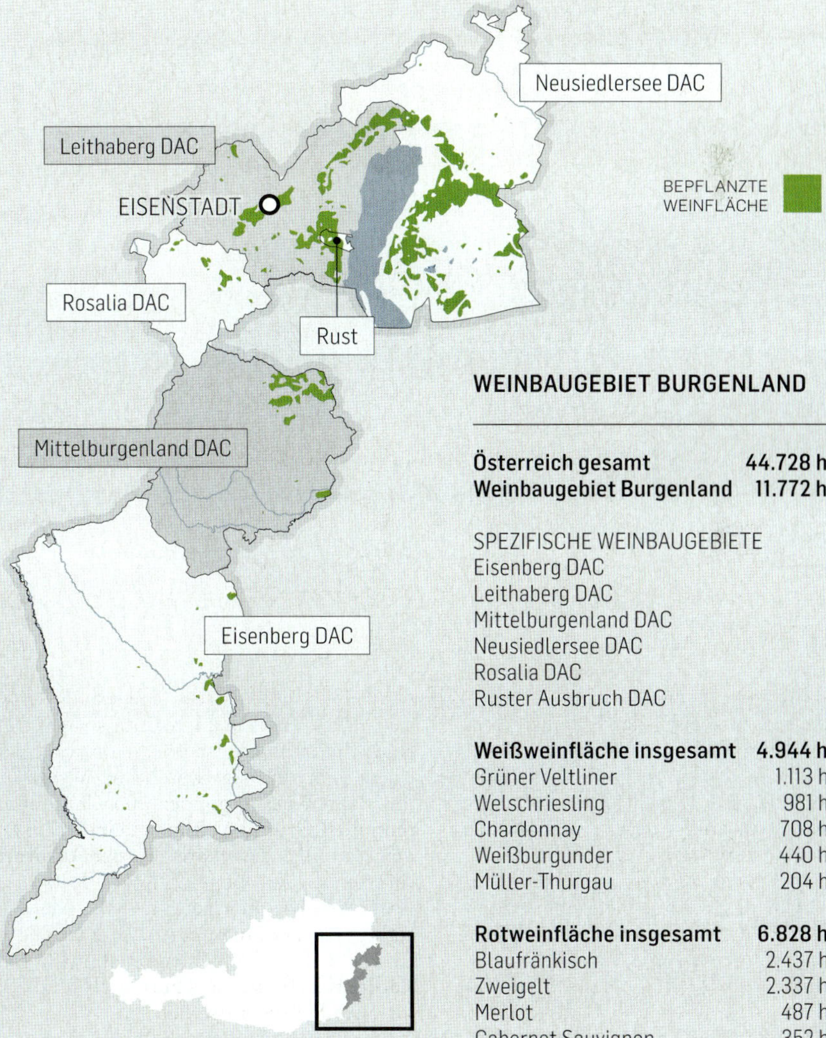

WEINBAUGEBIET BURGENLAND

Österreich gesamt	**44.728 ha**	
Weinbaugebiet Burgenland	**11.772 ha**	**(26,3 %)**
SPEZIFISCHE WEINBAUGEBIETE		
Eisenberg DAC	511 ha	
Leithaberg DAC	2.875 ha	
Mittelburgenland DAC	2.035 ha	
Neusiedlersee DAC	6.110 ha	
Rosalia DAC	241 ha	
Ruster Ausbruch DAC	412 ha	
Weißweinfläche insgesamt	**4.944 ha**	**(42 %)**
Grüner Veltliner	1.113 ha	(9,5 %)
Welschriesling	981 ha	(8,3 %)
Chardonnay	708 ha	(6 %)
Weißburgunder	440 ha	(3,7 %)
Müller-Thurgau	204 ha	(1,7 %)
Rotweinfläche insgesamt	**6.828 ha**	**(58 %)**
Blaufränkisch	2.437 ha	(20,7 %)
Zweigelt	2.337 ha	(19,9 %)
Merlot	487 ha	(4,1 %)
Cabernet Sauvignon	352 ha	(3 %)
Sankt Laurent	290 ha	(2,5 %)

Kleincsaterberg zwischen Kohfidisch und Eisenberg an der Pinka

© WSNA

BURGENLAND

EISENBERG

DAC

Deutsch Schützen

IDYLLISCHE LANDSCHAFT, FEURIGE BLAUFRÄNKISCHE

Das idyllische Südburgenland ist die ursprünglichste Weinlandschaft des Burgenlands und erstreckt sich von Rechnitz im Norden bis nahe Güssing im Süden. Im Norden herrschen Urgesteinsböden vor, weiter südlich überwiegen mittelschwere Lehmböden, die zum Teil einen hohen Eisengehalt aufweisen. Die Rebfläche beträgt insgesamt etwa 511 Hektar.

Vor allem der Eisenberg hat große historische Bedeutung und fungiert zusammen mit dem Deutsch-Schützener Weinberg als weinbaulicher Mittelpunkt des Gebiets. Die klassischen Rotweine des Südburgenlands sind von der Sorte Blaufränkisch und werden seit dem Jahrgang 2009 unter der Bezeichnung »Eisenberg DAC« (»Eisenberg DAC Reserve« seit dem Produktionsjahrgang 2008) vermarktet.
Neben den klassisch-fruchtigen Sortenvertretern zählen die dichten Reserven zu Österreichs großen gebietstypischen Rotweinen. Sie sind von einer ganz besonderen mineralischen Würze geprägt. Rund um Rechnitz im Norden und Moschendorf im Süden entstehen außerdem besonders fruchtige und spritzige Welschrieslinge und Weißburgunder. Auch am Csaterberg nahe Kohfidisch und entlang der Pinkataler Weinstraße vom Wintener über den Kulmer und Gaaser Weinberg werden in schöner idyllischer Umgebung mit vielen Kellerstöckln sehr elegante Weine gekeltert.

Die schöne Umgebung lädt überdies zu erholsamen Spaziergängen und Radtouren ein. Um Heiligenbrunn und Moschendorf im äußersten Süden begegnet man dem »Uhudler«, einer besonderen Weinspezialität, die aus Direktträger-Hybriden gekeltert wird und mit ihrem Duft nach wilden Erdbeeren viele Liebhaber gefunden hat.

EISENBERG DAC

Österreich gesamt	**44.728 ha**
Weinbaugebiet Burgenland	**11.772 ha**
Eisenberg DAC	**511 ha**

AUSGEWÄHLTE WEINGÜTER

★★★★★
Weingut Krutzler, Deutsch Schützen

★★★★
Weingut Jalits, Badersdorf
Weingut Kopfensteiner, Deutsch Schützen
weingut schiefer.pur, Welgersdorf
Weingut Wachter-Wiesler, Deutsch Schützen

★★★
Groszer Wein, Burg
StephanO Das-Wein-Gut, Deutsch Schützen

★★★

GROSZER WEIN

BIO

»Groszer Wein« hat es sich zum Ziel gesetzt, den Eisenberg im Südburgenland mit seinem einmaligen Terroir in Flaschen zu füllen und somit Weine zu vinifizieren, die das Aroma ihrer Herkunft in sich tragen – Weine für moderne, aufgeschlossene Weinliebhaber. Die Lagen Saybritz, Szapary, Hummergraben, Königsberg, Kroatische Ried, also Weinberge, in denen »Groszer Wein« reift, lesen sich wie das »Who's who« der besten Rebhänge am Eisenberg. Es sind besondere Lagen mit einem speziellen Mikroklima und einer genialen Bodenstruktur, die unter einer dünnen Humusschicht Schiefer mit Eiseneinschlüssen und Lehm enthält. Auf diesen Filetstücken des Eisenbergs wachsen alte Rebstöcke, die ihre Wurzeln tief in den Boden graben. 2015 sind auch einige Top-Lagen vom benachbarten Csaterberg hinzugekommen. Der Csaterberg steht für Weißweine mit einzigartigem Terroir, das von Schiefer und Süßwasser-Opalen geprägt ist. Die Lagen sind das größte Kapital und liefern die Grundlage für wahrhaft unverwechselbare Herkunftsweine, die »Groszer Wein« mit unverkrampfter Lässigkeit in die Flasche bringt.

92 Gemischter Satz 2023
12,5 Vol.-%, DV, Stahltank, €€ Ⓑ
Helles Gelbgrün, Silberreflexe. Zart nach Ananas und Mango, einladendes Fruchtbukett, mit Limettenzesten unterlegt. Saftig, straff, elegant, weißer Pfirsich, rassig strukturiert, feine Fruchtsüße im Abgang, etwas Blütenhonig im Nachhall, animierender Stil.

90 Rosé 2023 BF/ZW/ME
11,5 Vol.-%, DV, Stahltank, €€ Ⓑ
Helles Lachsrosa, Silberreflexe. Rauchige Reduktionswürze, frische rote Kirschen, etwas Zitronengras. Straff und lebendig, feine Birnenfrucht, kirschig, feiner Säurebogen, fruchtige Süße im Abgang, ein leichtfüßiger Sommerwein.

(95) Blaufränkisch * Ried Szapary 2022
13,5 Vol.-%, NK, 500-l-Fass, €€€€€ Ⓑ
Tiefdunkles Rubingranat, opaker Kern, violette Reflexe, zarte Ockerrandaufhellung. Zarte rotbeerige Nuancen, frische Kirschen, floraler Touch, mineralische Anklänge. Saftig, elegant, Nuancen von Himbeeren, Rote Johannisbeeren, feine Tannine, salziger Touch im Abgang, ein finessenreicher Speisenbegleiter mit einigem Reifepotenzial.

(93) Blaufränkisch * Ried Saybritz 2022
13,5 Vol.-%, NK, 500-l-Fass, €€€€€ Ⓑ
Dunkles Rubingranat, opaker Kern, violette Reflexe, zarte Ockerrandaufhellung. Zart nach Lakritze, Cassis und Brombeerkonfit, mit frischen Orangenzesten unterlegt. Saftig, engmaschig, rotbeerige Textur, feine Tannine, zartes Nougat, saliner Nachhall, zeigt gute Frische, mineralisch-zitroniger Rückgeschmack.

GROSZER WEIN
7473 Burg
Burg 95
T: +43 (664) 3863777
bach@groszerwein.at
www.groszerwein.at

Kontakt: Markus Bach
Anbauweise: Zertifiziert Biologisch
Produktion: 80.000 Flaschen
30 % weiß, 70 % rot, 18 Hektar
Vereinszugehörigkeit:
Eisenberg DAC
Messen: ProWein Düsseldorf, VieVinum, Wein Burgenland Präsentationen

Markus Bach

(92) Blaufränkisch ** 2022
14 Vol.-%, NK, 500-l-Fass, €€€€ B
Dunkles Rubingranat, violette Reflexe, zarte Ockerrandaufhellung. Zart tabakig-kräuterwürzig unterlegte schwarze Waldbeerenaromen, dunkler Schiefertouch. Komplex, saftig, feine nussige Aromen, dunkle Kirschen, reife Tannine, Rancio im Abgang, salziger Nachhall.

91 Blaufränkisch * 2022
13 Vol.-%, DV, großes Holzfass, €€€ B V
Dunkles Rubingranat, violette Reflexe, zarte Randaufhellung. Zart nach Lakritze und Kräutern, ein Hauch von Sauerkirschen, Mandarinenzesten. Saftig, schwarze Kirschen, Weichseln, feine Tannine, mineralisch-salziger Abgang, ein frischer Speisenbegleiter.

★★★★

WEINGUT JALITS

Der Eisenberg ist für Mathias Jalits etwas Besonderes, ein Gebiet mit unvergleichlichen Vorzügen und Eigenschaften. Und genau so sollen seine Weine schmecken. »Man soll den Eisenberg am Gaumen haben, wenn man unsere Weine trinkt«, lautet das Credo des Südburgenländers. Sandiger, toniger, schwerer Lehm und der nach Südosten offene Kessel, der eisige Nordwinde abhält, sorgen für ideale Bedingungen und für das Gedeihen eines kraftvollen, mineralischen Blaufränkisch, der Hauptsorte des Weinguts. Auch Cabernet Sauvignon, Pinot Noir, Merlot und Zweigelt sowie eine geringe Menge an Welschriesling wachsen auf den Hängen des Eisenbergs. In fünfter Generation widmet sich die Familie nun schon dem Weinbau. 2001 hat Mathias Jalits die Betriebsführung übernommen, und seither vergrößert er stetig die Anbaufläche mit Fokus auf Qualität und Regionalität. Auf gewagte Experimente lässt er sich dabei nicht ein, weder im Weingarten noch im Keller: »Die Bodenständigkeit der Region soll sich in meinen Weinen widerspiegeln. So bin ich, so ist das Südburgenland, so sollen unsere Weine sein.« Dass Mathias Jalits mit seiner Philosophie richtig liegt, zeigen die ausgezeichneten Falstaff-Bewertungen. Man darf gespannt sein, welche edlen Tropfen in den kommenden Jahren noch zu verkosten sein werden.

93 Welschriesling Reserve 2022
14 Vol.-%, NK, gebr. Barriques/großes Holzfass, €€€€
Helles Goldgelb, Silberreflexe. Zarte Nuancen von Orangenzesten und Gewürzen, gelber Apfel, ein Hauch von Mar-

* Eisenberg DAC ** Eisenberg DAC Reserve

Mathias Jalits

WEINGUT JALITS

7512 Badersdorf
Untere Dorfstraße 16
T: +43 (664) 3303827
office@jalits.at
www.jalits.at
Kellermeister/Kontakt:
Mathias Jalits
Anbauweise: Umstellung auf bio
Produktion: 20 % weiß, 80 % rot, 16 Hektar
Vereinszugehörigkeit:
Eisenberg DAC
Messen: VieVinum, Weinmesse Innsbruck, Weinmesse München, Wein Burgenland Präsentationen

zipan, mineralischer Touch. Straff, engmaschig, dunkle Mineralik, feiner Säurebogen, Limetten, saliner Abgang, gute Länge, verfügt über Reifepotenzial.

92 Weißburgunder Kalk und Schiefer 2022

13,5 Vol.-%, NK, gebrauchte Barriques, €€€€
Helles Grüngelb, Silberreflexe. Zart nach reifer gelber Tropenfrucht, etwas Birne, mit Noten von Nougat unterlegt. Saftig, kraftvoll, weiße Melonenfrucht, finessenreiche Säurestruktur, salzig, pikanter Abgang, vielseitiger Speisenbegleiter.

(94) Blaufränkisch ** Diabas 2022

14 Vol.-%, NK, Barrique/gebrauchte Barriques, €€€€€
Dunkles Rubingranat, tiefer Kern, violette Reflexe, dezente Randaufhellung. Reife schwarze Waldbeeren, Herzkirschen, ein Hauch von Lakritze, tabakige Nuancen, etwas Nougat. Saftig, rotbeeriger Touch, präsente, gut integrierte Tannine, mineralisch und anhaftend, zeigt Länge, gutes Zukunftspotenzial.

(93) Blaufränkisch ** Ried Fasching 2022

13,5 Vol.-%, NK, gebrauchte Barriques, €€€€€
Dunkles Rubingranat, opaker Kern, violette Reflexe, dezente Randaufhellung. Zart nach Brombeeren und Weichseln, tabakige Nuancen, feine Kräuterwürze. Komplex, straff, rotbeerige Nuancen, reife Tannine, saliner Abgang, zeigt Länge und Reifepotenzial.

(91) Blaufränkisch ** Ried Szapary 2022

13,5 Vol.-%, NK, gebrauchte Barriques, €€€€
Dunkles Rubingranat, violette Reflexe, dezente Randaufhellung. Feine Waldbeerenfrucht, ein Hauch von Herzkirschen, Nuancen von Erdbeerkonfitüre, mit reifen Zwetschken unterlegt, mineralisch. Mittlerer Körper, rotbeerig, frisch strukturiert, mineralisch-salzig im Abgang, wirkt leichtfüßig, zitroniger Nachhall.

93 Cabernet Sauvignon Reserve 2021

14 Vol.-%, NK, Barrique, €€€€€
Dunkles Rubingranat, opaker Kern, violette Reflexe, dezente Randaufhellung. Mit einem Hauch von Röstaromen unterlegte Cassisnuancen, feine Kräuterwürze, rotbeeriger Touch. Kräftig, komplex, Schwarze Johannisbeeren, mineralisch, frisch und anhaftend.

91 Merlot Reserve 2021

14 Vol.-%, NK, Barrique, €€€€€ V
Dunkles Rubingranat, violette Reflexe, dezente Ockerrandaufhellung. Zart würzig, ein Hauch von Goudron, schwarze Kirschen, kandierte Orangenzesten. Mittlere Komplexität, rote Kirschen, präsente Tannine, zarte Gerbstoffnuancen, noch etwas rau im Abgang, eher rustikaler Stil, wird von Flaschenreife profitieren.

★★★★

WEINGUT KOPFENSTEINER

Das Weingut der Familie Kopfensteiner liegt im Weinbaugebiet »Weinidylle Südburgenland« nahe der ungarischen Grenze, wird von Astrid und Thomas Kopfensteiner in dritter Generation geführt und wurde bis vor einigen Jahren noch im Nebenerwerb betrieben. In den 1990er-Jahren wurde die Weinanbaufläche stetig vergrößert, zurzeit werden etwa 16 Hektar Weingärten in Deutsch Schützen und am Eisenberg bearbeitet. Der Sortenspiegel reicht von Welschriesling über Weißburgunder, Zweigelt und Blaufränkisch bis hin zu Cabernet Sauvignon und Merlot. Das Hauptaugenmerk gilt dabei dem Blaufränkisch, der auch die Leitsorte im Südburgenland ist und in diesem Gebiet am besten gedeiht. Dabei haben die Kopfensteiners kompromissloses Qualitätsdenken und gewissenhaftes Arbeiten für ein gebietstypisches Endprodukt zur obersten Prämisse erkoren. Aushängeschilder des Betriebs sind die Blaufränkisch-Weine von den Lagen am Eisenberg und sicher auch die Cuvée »Border«, ein Wein, der in seiner Jugend schon beeindruckt, sein großes Format aber mit ein paar Jahren Reife noch besser zeigt. Die Weingärten werden mit höchster Sorgsamkeit und großer Liebe gepflegt. Exaktes Ausdünnen und Entblättern sind neben Klima und Boden die Garanten für reifes und perfektes Traubenmaterial. »Nur Trauben, die physiologisch reif und frei von grünen Tanninen sind, werden zu Qualitätsweinen verarbeitet – nicht durch übermotivierten Arbeitseinsatz und schon gar nicht durch die sogenannten ›neuen Kellertechnologien‹«, so die Kopfensteiners einstimmig.

92 Saybritz weiss 2022 WB/WR/GV
13 Vol.-%, DIAM, 500-l-Fass, €€€€
Helles Grüngelb, Silberreflexe. Zart nach Orangen, feine Anklänge von gelbem Kernobst, ein Hauch von Mango und Blütenhonig. Straff, mineralisch, feine weiße Pfirsichfrucht, dezent salzig, ein Hauch von hellem Nougat im Nachhall, ein balancierter Speisenbegleiter.

96 Blaufränkisch * Ried Szapary 2021
13,5 Vol.-%, NK, großes Holzfass, €€€€€
Kräftiges Rubingranat, violette Reflexe, breitere Ockerrandaufhellung. Feine Kräuternoten, dunkle Mineralik, etwas nach Kirschen und Gewürzen, mit kandierten Orangenzesten unterlegt. Saftig, engmaschig, feine Fruchtsüße, zarte, gut integrierte Tannine, frische Struktur, würziger Nachhall, geschliffen, mineralischer Rückgeschmack, harmonischer Speisenbegleiter.

95 Blaufränkisch ** Ried Reihburg 2021
14 Vol.-%, NK, Barrique, €€€€€
Kräftiges Rubingranat, tiefer Kern, violette Reflexe, breiterer Wasserrand. Feine rote Waldbeeren, Kirschen, dunkle Mineralität, ein Hauch von Edelholz und Vanillenoten. Saftig, elegant, mineralisch-frische Textur, rote Beerenfrucht, tragende Tannine, finessenreich, Tabakwürze, frischer Speisenbegleiter, vielfältig einsetzbar.

95 Blaufränkisch ** Ried Saybritz 2021
13,5 Vol.-%, NK, Holzfass, €€€€€
Kräftiges Rubingranat, violette Reflexe, breitere Ockerrandaufhellung. Rotes Waldbeerkonfit, ein Hauch von Lakritze, reife Feigen klingen an, Nuancen von Cassis und Mandarinenzesten. Saftig, engmaschig, Amarenakirschen, feine, tragende Tannine, mineralisch und präzise, zarte Extraktsüße im Abgang, zeigt gute Länge, sicheres Reifepotenzial.

WEINGUT KOPFENSTEINER
7474 Deutsch Schützen
Untere Hauptstraße 31
T: +43 (3365) 2236
weingut@kopfensteiner.at
www.kopfensteiner.at

Kellermeister: Thomas Kopfensteiner
Kontakt: Astrid Kopfensteiner
Produktion: 5 % Schaumwein, 10 % weiß, 5 % rosé, 80 % rot, 16 Hektar
Messen: VieVinum

* Eisenberg DAC ** Eisenberg DAC Reserve

92 Blaufränkisch ** Deutsch Schützen 2021
13,5 Vol.-%, DIAM, 500-l-Fass, €€€ Ⓗ
Dunkles Rubingranat, violette Reflexe, zarte Randaufhellung. Feine Kräuterwürze unterlegte reife Pflaumenfrucht, ein Hauch von Orangenzesten, schokoladiger Touch. Saftig, elegant, süße Fruchtnuancen, tragende Tannine, frisches Finish, bereits entwickelt und zugänglich.

90 Blaufränkisch * 2021
13,5 Vol.-%, DV, Holzfass, €€
Dunkles Rubingranat, violette Reflexe, zarte Randaufhellung. Zarte Kräuterwürze, dunkle Kirschfrucht, etwas nach Gewürzen, frisch und lebendig. Mittlere Komplexität, feine Würze, etwas nach Brombeeren im Abgang, fruchtsüßes Finish, unkompliziertes Trinkvergnügen.

94 Border 2021 BF/ME/CS
14 Vol.-%, NK, Barrique, €€€€€
Dunkles Rubingranat, violette Reflexe, zarte Randaufhellung. Zarte Holzwürze, etwas dunkle Mineralik, zart nach Ribiseln, dunkle Beerenfrucht, frisches Bukett. Saftig, komplex, zarte Zitrusnuancen, Herzkirschen im Abgang, gut integrierte Tanninstruktur, vielseitiger Speisenbegleiter mit Reifepotenzial.

★★★★★

WEINGUT KRUTZLER

Das Weingut Krutzler wird mittlerweile in fünfter Generation geführt. Bereits 1966 hat man die ersten Qualitätsweine abgefüllt, und bis heute sieht man sich nur dem Besten verpflichtet. So arbeitet der Familienbetrieb auf etwa 13 Hektar Rebflächen rund um Deutsch Schützen und den Eisenberg traditionell fast ausschließlich mit Rotweinen. Hier steht vor allem einer im Mittelpunkt: der Blaufränkisch. Nicht Modeweine ohne Ecken und Kanten, sondern die Stilistik der Sorte, die klimatischen Besonderheiten und das prägende Terroir stehen in der Krutzler'schen Weinmacherphilosophie an erster Stelle. Die Rebflächen befinden sich alle in einer nach Südsüdosten ausgerichteten Kessellage, die von Wald umgeben ist. In diesem Kleinklima finden sich mineralische, eisenhaltige Lehm- und Schieferböden. Das Terroir, niedrige Erträge und eine lange Vegetationsperiode bringen Weine mit Eigenständigkeit und Charakter. Allerbeste Rieden in Deutsch Schützen und am nahen Eisenberg sind die Grundlage für die Eisenberg-DAC-Weine; mindestens 25 Jahre alte Reben und extralange Fasslagerung sind die Basis für diesen kräftig-würzigen, mineralischen Charakterwein. Aus sorgfältiger Selektion der jeweils besten Blaufränkisch-Trauben des Jahrgangs wird der Blaufränkisch »Perwolff«, das renommierte Flaggschiff des Hauses, in Eichenfässern ausgebaut. Dieser sehr aufwendig verarbeitete, extrem lagerfähige Spitzenwein von Weltruf hat seinen Namen nach einer alten Bezeichnung für Deutsch Schützen. Mit zunehmender Flaschenreife erfreut er den Gaumen mit Geschmeidigkeit und Eleganz. Nicht zu vergessen sind hier auch der reinsortige Merlot, der stets zu den besten Sortenvertretern Österreichs zählt, und auch der Welschriesling von der Ried »Ratschen«.

WEINGUT KRUTZLER
7474 Deutsch Schützen
Untere Hauptstraße 6
T: +43 (664) 1431983
weingut@krutzler.at
www.krutzler.at

Kellermeister/Kontakt:
Reinhold Krutzler
Produktion: 5 % weiß, 95 % rot, 13 Hektar
Zertifiziert: Nachhaltig Austria
Vereinszugehörigkeit: Renommierte Weingüter Burgenland
Messen: ProWein Düsseldorf, VieVinum

93 Welschriesling Ried Ratschen 2022
13 Vol.-%, NK, gebrauchte Barriques, €€€€€
Helles Gelbgrün, Silberreflexe. Zart nach Walnuss, feine Birnenfrucht, mit frischen Wiesenkräutern unterlegt, noch etwas scheues Bukett. Stoffig, engmaschig, Nuancen von

weißem Kernobst, frische Struktur, salzig-nussig im Abgang, weißes Nougat im Nachhall, ein spannungsvoller Speisenbegleiter.

95 Blaufränkisch * Ried Weinberg 2019
13,5 Vol.-%, NK, großes Holzfass, €€€€€€
Dunkles Rubingranat, violette Reflexe, dezente Ockerrandaufhellung. Feine Kräuterwürze, ein Hauch von Lakritze und Brombeeren, dunkelmineralisch unterlegt. Engmaschig, rote Kirschen, präsente, gut eingebundene Tannine, mineralisch-würziger Charakter, bleibt gut haften, salzig im Nachhall, verfügt über Länge und weiteres Entwicklungspotenzial.

93 Blaufränkisch * Spätfüllung 2020
13,5 Vol.-%, DIAM, großes Holzfass, €€€€ Ⓗ
Dunkles Rubingranat, violette Reflexe, zarte Randaufhellung. Reife Brombeeren, dunkle Kirschen, feine Kräuterwürze, mineralischer Touch. Saftig, rotbeerig, zart nach Herzkirschen, frischer Säurebogen, mineralisch, zitronig-salziger Abgang, animierende Frische, ein lebendiger Speisenbegleiter.

(97) Blaufränkisch Perwolff 2022
13,5 Vol.-%, NK, 500-l-Fass, €€€€€€ Ⓗ
Tiefdunkles Rubingranat, opaker Kern, zarte Randaufhellung. Feine Edelholzwürze, zart nach Brombeeren und Kardamom, ein Hauch von Lakritze und kandierten Mandarinenzesten, facettenreiches, junges Bukett. Saftig, feine Süße, reife Kirschen, seidige Tannine, finessenreicher Säurebogen, straffe Mineralik, bleibt lange haften, verfügt über sicheres Reifepotenzial, braucht definitiv noch seine Zeit.

(95) Merlot 2022
14 Vol.-%, NK, Barrique, €€€€€€ Ⓗ
Tiefdunkles Rubingranat, opaker Kern, zarte Randaufhellung. Zart nach Vanille und Gewürzen, ein Hauch von hellem Nougat und reifen Herzkirschen, attraktives Bukett. Stoffig, extraktsüß, seidige Textur, rotbeerige Nuancen, finessenreich strukturiert, ausgewogene, tragende Tannine, feinwürziger Abgang, attraktiver Stil mit Frische und Länge.

(94) Alter Weingarten 2022 BF/ZW
13,5 Vol.-%, NK, 500-l-Fass, €€€€€ Ⓗ
Tiefdunkles Rubingranat, opaker Kern, zarte Randaufhellung. Reife schwarze Waldbeerenfrucht, Nuancen von Zwetschken, dazu Nougat und kandierte Orangenzesten. Komplex, saftig, feine Beerenfrucht, lebendig strukturiert, reife Tannine, mineralischer Nachhall, bereits zugänglich, gutes Potenzial.

★★★★

WEINGUT SCHIEFER.PUR

Less is more« ist die Philosophie, der sich Uwe Schiefer von Anfang an verschrieben hat. Im Weingarten und bei der Vinifizierung wird so gut wie keine Technik eingesetzt, um den Charakter des Terroirs und der Sorte herauszustreichen. »Der Wein definiert sich ausnahmslos im Weingarten selbst«, so Uwe Schiefer, der damit zu den absoluten Vorreitern einer feingliedrigen und puren Blaufränkisch-Stilistik zählt. Schiefer rekultiviert uralte Steillagen am Eisenberg, aber auch gebietstypische Weißweinlagen am Tschaterberg und in Markt Neuhodis, wo er besonders mit dem Welschriesling neue Geschmacksqualitäten erschließt. Flaggschiff ist der extrem lagerfähige »Blaufränkisch Ried Reihburg«, der aus bis zu 80-jährigen Reben selektioniert und in großen Holzfässern ausgebaut wird. René Gabriel hat im Juni 2020 den Jahrgang 2011 mit 20 von 20 Punkten bewertet und somit die Höchstpunktezahl vergeben, und im Herbst 2022 gewann Uwe Schiefer ex aequo die Falstaff Reserve Trophy mit dem Blaufränkisch Ried Reihburg 2018. Weitere Topweine sind unter anderem »Blaufränkisch Ried Szapary«, »Blaufränkisch vom blauen Schiefer« oder der Pinot Noir und der Merlot.

94 Weisser Schiefer „s" 2020 WR/WB
12,5 Vol.-%, NK, großes Holzfass, €€€€€
Mittleres Goldgelb, Silberreflexe. Zarte reduktive Würze nach Erdnusssnips, geröstete Haselnüsse und etwas Feuerstein, mit gelber Tropenfrucht unterlegt, attraktives Bukett. Straff, funky, dabei elegant, feine weiße Frucht, seidige Textur, angenehmes Säurespiel, zart salzig im Abgang, bleibt haften, Honigmelone im Nachhall, würzig und mit guter Länge ausgestattet.

(92) Weisser Schiefer 2023 WR/WB
11,5 Vol.-%, DV, Stahltank/großes Holzfass, €€€
Mittleres Gelbgrün, Silberreflexe. Zart rauchig-kräuter-

Ried Hummergraben und Ried Reihburg

WEINGUT SCHIEFER.PUR

7503 Welgersdorf
Welgersdorf 3
T: +43 (664) 5219047
office@weinbau-schiefer.at
www.weinbau-schiefer.at

Kellermeister: Uwe Schiefer
Kontakt: Uwe Schiefer, Thomas Fassl
Anbauweise: Umstellung auf bio
Produktion: 20 % weiß, 80 % rot, 15 Hektar
Vereinszugehörigkeit: Eisenberg DAC, Leithaberg DAC
Messen: FHA Singapore

würzig unterlegte frische Birnenfrucht, zart nach Heublumen, dunkle Mineralik. Schlank, feines weißes Kernobst, zarte Säurestruktur, grüner Apfel, leichtfüßig und gut anhaftend, saliner Nachhall.

98 Blaufränkisch Ried Reihburg 2021

14 Vol.-%, NK, großes Holzfass, €€€€€€
Dunkles Rubingranat, opaker Kern, violette Reflexe, zarte Ockerrandaufhellung. Dunkle Waldbeeren, unterlegt mit Kräutern und erdiger Terroirwürze, dazu Brombeeren und Lakritze, kandierte Orangenzesten, entwickelt sich gut im Glas. Stoffig, elegant, schwarze Kirschen, präsente, gut integrierte Tannine, würzig, sehr gute Frische, salzig und lange anhaftend, rotbeeriger Nachhall, besitzt Länge und sicheres Reifepotenzial.

94 Blaufränkisch Ried Szapary 2019

13,5 Vol.-%, NK, großes Holzfass, €€€€€
Kräftiges Rubingranat, violette Reflexe, dezente Ockerrandaufhellung. Feinwürzig unterlegte reife Herzkirschfrucht, Nuancen von süßem Tabak und etwas Bergamotte, kandierte Orangenzesten. Elegant, rotbeerig und frisch strukturiert, feine Tannine, salzige Mineralik, ein finessenreicher Speisenbegleiter, bereits gut antrinkbar.

93 Blaufränkisch Vom Blauen Schiefer 2019

13,5 Vol.-%, NK, großes Holzfass, €€€€
Kräftiges Rubingranat, violette Reflexe, zarte Ockerrandaufhellung. Dunkle Mineralik, ein Hauch von schwarzen Kirschen und Lakritze, feuchtes Gestein, feine Edelholznuancen, Mandarinenzesten. Saftig, elegant, Herzkirschen, zarte Fruchtsüße, lebendig strukturiert, feine Tannine, salzig im Abgang, wirkt leichtfüßig, bleibt haften, ein balancierter Speisenbegleiter.

93 Cuwe 2020 BF/ME

13,5 Vol.-%, NK, großes Holzfass, €€€
Dunkles Karmingranat, tiefer Kern, zarte Ockerrandaufhellung. Tabakig-kräuterwürzig unterlegte Nuancen von Cassis und Lakritze, zart animalisch, dunkle Mineralik. Kraftvoll, komplex, straffer Gerbstoff, salzig und anhaftend, etwas Nougat und Kirschen, feine Röstaromen, saliner Rückgeschmack, ein engmaschiger Speisenbegleiter.

(93) Pinot Noir 2022

13 Vol.-%, NK, kleines Holzfass, €€€€€
Kräftiges Karmingranat, violette Reflexe, breite Randaufhellung. Zarte Kräuterwürze, rote Kirschfrucht, ein Hauch von Waldbeeren und Lakritze, mit floralen Nuancen unterlegt. Straff, engmaschig, Nuancen von Preiselbeeren, feiner Säurebogen, saliner Touch, salzig-mineralisch im Abgang, zeigt gute Länge und Frische.

(93) Merlot »m« 2021

14 Vol.-%, NK, Barrique, €€€€€
Tiefdunkles Rubingranat, opaker Kern, violette Reflexe, zarte Randaufhellung. Feine Edelholzwürze, Nuancen von schwarzen Kirschen und Waldbeeren, ein Hauch von Kräutern und Tabak, mineralische Note. Saftig, kraftvoll, reife Kirschfrucht, präsente Tannine, kräftiger Extrakt, würziger Nachhall, straff und anhaftend, wird von Flaschenreife profitieren.

★★★

STEPHANO DAS-WEIN-GUT

In den sieben Hektar Weingärten im Südburgenland setzt Stephan Oberpfalzer sorgfältig und behutsam einen gezielten Schnitt nach dem anderen: Stock für Stock, ohne den sofortigen Ertrag im Kopf zu haben, hat er das Ziel im Blick, die Gesundheit und die ausgewogene und langsame Entwicklung seiner Weingärten zu sichern. Moderne Weingartenbewirtschaftung, die es ermöglicht, gesunde, selektionierte Rebstöcke zu schaffen, ist nicht nur Ehrensache, sondern die Grundlage für naturnahen Weinbau und eine möglichst schonende Verarbeitung der besten Trauben.
Die alte Philosophie der Weingartenarbeit, die den alten Reben hohen Wert zuschreibt und so die Qualität des Ertrags erhöht, vertritt er bis ins kleinste Detail. Die konsequente Fortführung dieser Arbeitsweise auch bei der Vinifizierung führt dazu, dass die Weine des Weinguts StephanO die Sortentypizität und das Terroir des Südburgenlands auf sehr hohem Niveau widerspiegeln. Entsprechend dem hohen Qualitätsanspruch bei der Weinbereitung werden ausschließlich Weine von Rebsorten produziert, die am besten mit den klimatischen Bedingungen und Bodenformationen des Südburgenlands zurechtkommen, allen voran natürlich Blaufränkisch. »trinculo«, »gonzalo« und »prospero«, benannt nach Figuren aus dem Stück »Der Sturm« von William Shakespeare, sind hier die Flaggschiffe, sie werden flankiert von »StephanO rot«, dem Herzstück des Winzers, einer Cuvée aus den typischen Rebsorten des Bordeaux-Gebiets. Seit 2017 wird auch eine eigenständige »Orangewine-Linie« produziert. Diese Weine werden – wie alle anderen Weine auch – spontan im offenen Holzbottich vergoren und dann mit besonderer Sorgfalt unfiltriert abgefüllt. Seit dem Jahrgang 2017 ist der Betrieb auch offiziell mit dem »Nachhaltig Austria«-Gütesiegel ausgezeichnet.

92 Traminer 2023
14,5 Vol.-%, DV, Stahltank, €€
Leuchtendes Goldgelb, Silberreflexe. Zarte gelbe Tropenfrucht, ein Hauch von Maracuja und Marshmallows, ein Hauch von Ananas und gelbem Pfirsich. Kraftvoll, mittlere Komplexität, zart nach Litschis, feine Fruchtsüße, salzig im Abgang, wirkt leichtfüßig, bereits gut antrinkbar.

STEPHANO DAS-WEIN-GUT
7474 Deutsch Schützen
Unterer Weinweg 11
T: +43 (664) 2636939
office@stephano.at
www.stephano.at
Kellermeister/Kontakt:
Dr. Stephan Oberpfalzer
Produktion: 24.000 Flaschen
30 % weiß, 10 % rosé, 60 % rot,
7+1 Hektar
Zertifiziert: Nachhaltig Austria
Vereinszugehörigkeit:
Leithaberg DAC, Eisenberg DAC
Messen: ProWein Düsseldorf, VieVinum, Vinobile Feldkirch, DAC-Präsentationen, Wein Burgenland Präsentationen

Blaufränkisch

92 Pinot Blanc Betonei 2020
13 Vol.-%, DV, Beton, €€€€
Leuchtendes mittleres Gelbgold, Silberreflexe. Zart rauchig, feine Kräuterwürze, zart nach Kletzen, feuchtes Gestein. Straff, engmaschig, weiße Apfelfrucht, finessenreich strukturiert, feine salzige Textur, mineralisch, ein guter Speisenbegleiter, vielfältig einsetzbar.

94 Blaufränkisch * Ried Saybritz 2021
14,5 Vol.-%, NK, Tonneaux Fass, €€€€€
Dunkles Rubingranat, violette Reflexe, breitere Ockerrandaufhellung. Nuancen von frischen Brombeeren und Cassis, zarte Kräuterwürze, mit etwas Velours unterlegt. Stoffig, elegant, mineralisch, zart nach Heidelbeeren und Schwarzen Johannisbeeren, feine Tannine, mineralisch-salziger Abgang, ein feiner, ausgewogener Speisenbegleiter.

(93) Blaufränkisch * gonzalo 2019
14,5 Vol.-%, NK, Tonneaux Fass, €€€€
Tiefdunkles Rubingranat, opaker Kern, violette Reflexe, zarte Randaufhellung. Schwarze Waldbeeren, Nuancen von Weichseln und Kirschen, tabakig unterlegte Kräuterwürze, Lakritze klingt an. Komplex, kraftvoll, straffe Textur, rotbeerige Nuancen, reife Tannine, salziger Nachhall, ein mineralischer Speisenbegleiter mit weiterem Reifepotenzial.

92 Blaufränkisch * trinculo 2020
14,5 Vol.-%, DV, Tonneaux Fass, €€€
Dunkles Rubingranat, opaker Kern, violette Reflexe, zarte Randaufhellung. Feine Kräuterwürze, etwas Nougat, schwarze Waldbeeren, mit Orangenzesten unterlegt. Kraftvoll, süße Textur, feine animalische Würze, runde Tannine, dunkle Mineralik, bereits gut antrinkbar.

93 Blaufränkisch minerva 2018
14,5 Vol.-%, NK, Tonneaux Fass, €€€€€
Dunkles Rubingranat, violette Reflexe, breitere Ockerrandaufhellung. Zarte Nuancen von Edelholz, Nougat und Kräutern, dazu rotbeerige Fruchtanklänge, kandierte Orangenzesten. Mittlere Komplexität, rote Kirschen, zarte Fruchtsüße, feine Tannine, lebendig strukturiert, vielfältig einsetzbar, gutes weiteres Reifepotenzial.

★★★★

WEINGUT WACHTER-WIESLER

BIO

Innerhalb der letzten 15 Jahre hat sich das seit mehreren Jahrzehnten etablierte Familienweingut Wachter-Wiesler zu einer der Qualitäts-Speerspitzen am Eisenberg geformt. Christoph Wachter und sein Team produzieren, seit dem Jahrgang 2018 auch biozertifiziert, möglichst unverfälschte Gewächse, die ihre Herkunft unverkennbar zeigen. Mit großem Einfühlungsvermögen gelingen elegante Weiß- und Rotweine, die sich eher durch Finesse und Vielschichtigkeit als durch Opulenz auszeichnen. Dabei geht man sowohl im Weingarten als auch im Keller mit besonderem Fingerspitzengefühl vor, um die Eigenheiten der jeweiligen Lage möglichst präzise zu präsentieren. Vorwiegend werden 600-Liter-Fässer oder auch größere verwendet. So gelingt es, die Nuancen des unvergleichbaren Blaufränkisch-Terroirs klar wahrnehmbar zum Ausdruck zu bringen. Das Ergebnis sind – vom köstlichen Klassiker Béla-Jóska über prächtige Ortsgewächse aus Deutsch Schützen und Eisenberg bis hin zu den gesuchten Einzellagen-Charakteren Saybritz & Co. – Jahr für Jahr Weine stiller Größe mit immensem Reifevermögen.

(98) Blaufränkisch ** Ried Saybritz 2021
13 Vol.-%, NK, großes Holzfass, €€€€€€
Tiefdunkles Rubingranat, violette Reflexe, zarte Randaufhellung. Dunkle Herzkirschen, frische Orangenzesten, ein Hauch von Kardamom und etwas Lakritze. Gute Komplexität, engmaschig, frisch und lebendig strukturiert, zarte Kräuterwürze, feine Schiefernoten, reife Kirschfrucht im Abgang, wird von Flaschenreife profitieren.

(97) Blaufränkisch ** Ried Reihburg 2021
13 Vol.-%, NK, großes Holzfass, €€€€€€
Tiefdunkles Rubingranat, violette Reflexe, zarte Randaufhellung. Mit zarter Kräuter-Edelholz-Würze unterlegte frische Herzkirschen, ein Hauch von Cassis, dunkle Mineralik,

WEINGUT WACHTER-WIESLER

7474 Deutsch Schützen
Winzerstraße 36
T: +43 (3365) 2245
wachter@wachter-wiesler.at
www.wachter-wiesler.at

Kellermeister: Christoph Wachter
Kontakt: Julia Wachter
Anbauweise: Zertifiziert Biologisch
Produktion: 20 % weiß, 80 % rot, 15 Hektar
Vereinszugehörigkeit: Eisenberg DAC
Messen: ProWein Düsseldorf, VieVinum, Summa Margreid

Ried Saybritz

floraler Touch. Saftig, elegant, dezente Fruchtsüße nach Feigen, mineralisch, zarte Tabakwürze im Rückgeschmack, straffer Speisenbegleiter, sicheres Reifepotenzial.

(96) Blaufränkisch ** Ried Weinberg 2021

13 Vol.-%, NK, großes Holzfass, €€€€€ B

Tiefdunkles Rubingranat, violette Reflexe, zarte Randaufhellung. Einladender Duft nach Lakritze und Heidelbeeren, zarte Holzwürze, mit Kirschen und Bergamotte unterlegt. Gute Komplexität, feine Tanninstruktur, leichtfüßig, dezente Note von weißem Nougat, schwarze Frucht im Abgang, lang anhaftend, sehr guter Speisenbegleiter.

(96) Blaufränkisch ** Ried Ratschen 2021

13 Vol.-%, NK, großes Holzfass, €€€€€ B

Dunkles Rubingranat, violette Reflexe, zarte Randaufhellung. Einladendes Bukett nach Brombeeren und Gewürzen, etwas nach frischen Feigen, kandierte Orangenzesten, floraler Touch. Gute Komplexität, feinwürzig, lang anhaltend, tragendes Tannin, Himbeernoten im Abgang, salziger Nachhall, sicheres Reifepotenzial.

94 Blaufränkisch ** Deutsch Schützen 2021

13 Vol.-%, NK, großes Holzfass, €€€€€ B

Dunkles Rubingranat, violette Reflexe, zarte Randaufhellung. Schwarze Beerenfrucht, etwas nach Cassis, mineralisch, Thymiantouch, Blutorangenzesten klingen an. Saftig, lebendige Säurestruktur, feinwürzig, dunkle Walderdbeeren im Abgang, gut eingebundenes süßes Tannin, gutes Entwicklungspotenzial.

94 Blaufränkisch ** 2021

13,5 Vol.-%, NK, großes Holzfass, €€€€€ B

Kräftiges Rubingranat, violette Reflexe, zarte Randaufhellung. Zart nach Cassis und Brombeeren, etwas nach Kräutern, ein Hauch von Nougat. Gute Komplexität, gut integrierte Tanninstruktur, schwarze Kirschfrucht, balanciert und rund, fruchtbetont, mineralisches Finish, gutes Reifepotenzial.

93 Blaufränkisch * Béla-Jóska 2021

13 Vol.-%, DIAM, großes Holzfass, €€€ B

Kräftiges Rubingranat, violette Reflexe, zarte Randaufhellung. Dunkle Waldbeerenfrucht, unterlegt mit feiner Selchwürze, ein Hauch von Kräutern, dezente Brombeernote, dunkle Mineralik, einladendes Bukett. Saftig, engmaschig, frische Säurestruktur, salzig-zitronig, Herzkirschen im Abgang, bleibt gut haften, vielseitiger Speisenbegleiter, sicheres Entwicklungspotenzial.

* Eisenberg DAC ** Eisenberg DAC Reserve

© WSNA

BURGENLAND

LEITHABERG

DAC

Ried Satz bei Jois

FULMINANTE QUALITÄT BEI WEISS, ROT UND SÜSS

Am Leithagebirge sind die Allrounder zu Hause. Kaum ein anderes Weinbaugebiet erlaubt eine solche Vielfalt an Weintypen wie die rund 2.900 Hektar am Westufer des Neusiedler Sees. Hier entstehen auch die weißen und roten Weine mit der Herkunftsbezeichnung Leithaberg DAC.

Die trockenen Weine sind geprägt von den mineralischen Böden am Leithagebirge, wo zwischen kalkreichen Schichten immer wieder auch Urgesteinsinseln durchbrechen. Die besonders gebietstypischen Weine werden unter der Bezeichnung »Leithaberg DAC« vermarktet. Das gesetzlich definierte Produktionsgebiet für den Leithaberg DAC umfasst den politischen Bezirk Eisenstadt-Umgebung, die Freistadt Eisenstadt und die politischen Gemeinden Jois und Winden. Weißwein mit der Herkunftsangabe »Leithaberg DAC« darf aus den Sorten Weißburgunder, Chardonnay, Neuburger oder Grüner Veltliner erzeugt werden. Zugelassen sind auch Cuvées aus diesen Sorten. Der rote Leithaberg DAC besteht aus der in der Region dominierenden Sorte Blaufränkisch, wobei ein Verschnitt mit insgesamt maximal 15 Prozent Zweigelt, St. Laurent oder Pinot Noir möglich ist. Die Leithaberg DACs sind immer mineralisch und nicht übertrieben kräftig.

Daneben wird im Gebiet westlich des Neusiedler Sees eine große Vielfalt anderer Rebsorten und Stile gepflegt, die meist unter der

Bezeichnung »Burgenland« vermarktet werden. Das Gebiet mit vielen leistungsfähigen Weingütern ist auch ein weintouristisches Mekka. (Wein-)Kultur als Rahmenprogramm bieten unter anderen die Landeshauptstadt Eisenstadt mit dem Schloss Esterházy, Mörbisch mit den Seefestspielen, Sankt Margarethen mit den Musikfestspielen im Römersteinbruch, die Weinakademie in Rust oder die Genussakademie in Donnerskirchen.

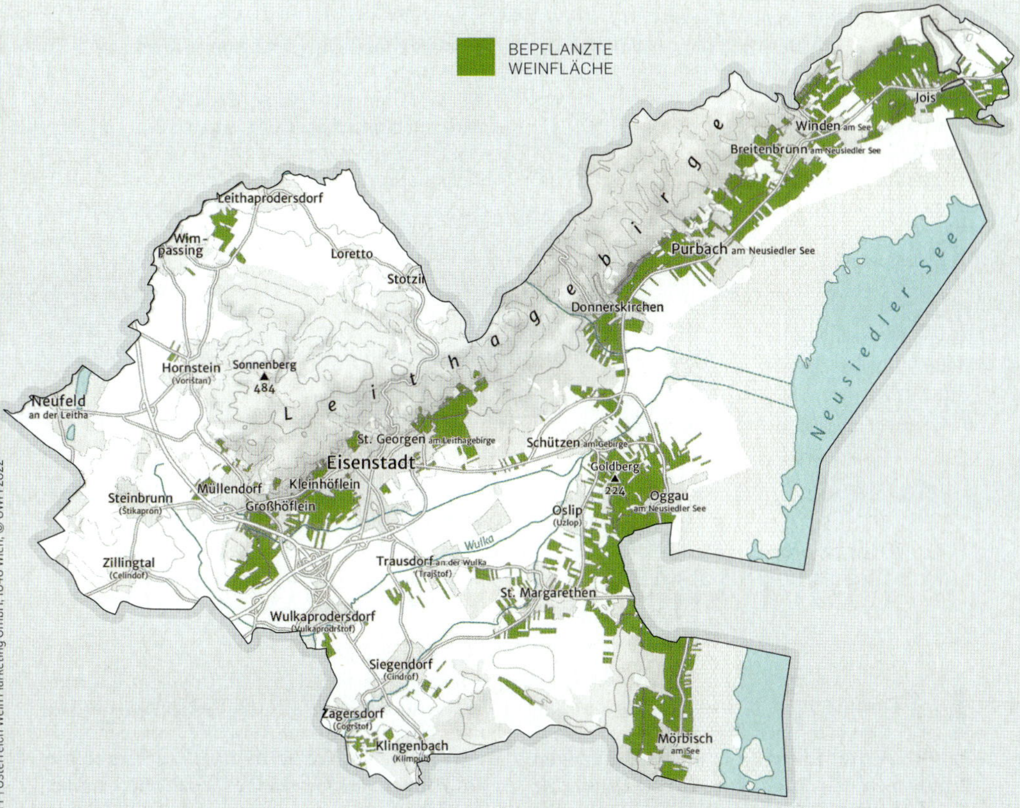

Grundkarte: © Universität Wien, BEV, OSM, SRTM | Österreich Wein Marketing GmbH, 1040 Wien, © ÖWM 2022

LEITHABERG DAC

Österreich gesamt	**44.728 ha**
Weinbaugebiet Burgenland	**11.772 ha**
Leithaberg DAC	**2.875 ha**

AUSGEWÄHLTE WEINGÜTER

★★★★★

Weingut Kollwentz, Großhöflein
Weingut Moric, Großhöflein
Weingut Prieler, Schützen am Gebirge

★★★★

Weingut Toni Hartl, Reisenberg
Weingut Franz Schindler, Mörbisch
Weingut Rosi Schuster, St. Margarethen
Weingut Tinhof, Trausdorf

★★★

Weingut Esterházy, Trausdorf an der Wulka
Weingut Leo Hillinger, Jois
Weingut Kirchknopf, Eisenstadt
Winzerhof Kiss Ronald, Jois
Weingut Leberl, Großhöflein
Weingut Liegenfeld, Donnerskirchen
Weingut MAD, Oggau
Weingut Nehrer, Eisenstadt
Weingut Pasler, Jois
Thomas Schwarz, Purbach

★★★

Weingut Sommer, Donnerskirchen
Weingut HST – Hannes Steurer, Jois
Weingut Wagentristl, Großhöflein
Weingut Stefan Zehetbauer, Schützen am Gebirge

★★

Klosterkeller der Barmherzigen Brüder, Eisenstadt
Weingut Grenzhof-Fiedler, Mörbisch
Winzerschlössl Kaiser, Eisenstadt
Weingut Hans Moser, Eisenstadt
Weingut Sattler, Jois

★★

KLOSTERKELLER DER BARMHERZIGEN BRÜDER

Die Geschichte des Klosterkellers der Barmherzigen Brüder in Eisenstadt begann vor über 260 Jahren, als Fürst Paul II. Anton Esterházy den Barmherzigen Brüdern ein Hospital, eine Kirche und eine Apotheke stiftete. Dazu gehörten auch landwirtschaftliche Flächen zur Versorgung des Krankenhauses inklusive einiger Flächen, die mit Reben bepflanzt waren. Hier begannen die Brüder, Wein zu keltern – eine Tradition, die bis heute fortgeführt wird. Damit ist der Eisenstädter Konvent der einzige des weltweit vertretenen Ordens, der Weinbau betreibt.
Trotz mehrmaliger Standortüberlegungen blieb der Weinkeller bis heute in seinem ursprünglichen Bereich als echter Klosterkeller erhalten – befindet er sich doch im Klosterkonvent, im sogenannten Spitzerhaus in der Esterházystraße in Eisenstadt. An den südwestlichen Ausläufern des Leithagebirges und am Föllig in der Gemeinde Großhöflein finden die Reben vorwiegend warme, kalkhaltige Böden vor. Traditionell werden im Klosterkeller der Barmherzigen Brüder Eisenstadt die Sorten Blaufränkisch, Zweigelt, Cabernet Sauvignon, Welschriesling und Sauvignon Blanc abgefüllt. Die Premiumline – die Brüder-Weine – erweitert das Sortiment um Chardonnay, Merlot und Blauburgunder. Seit mehr als 30 Jahren tragen Weine, die den Eisenstädter Klosterkeller verlassen, die geschmackliche Handschrift von Ing. Rudolf Krizan. Mit viel

KLOSTERKELLER DER BARMHERZIGEN BRÜDER
7000 Eisenstadt
Esterházystraße 26
T: +43 (2682) 6011675
klosterkeller@bbeisen.at
www.klosterkeller.at

Kellermeister/Kontakt: Ing. Rudolf Krizan
Produktion: 41.333 Flaschen
40 % weiß, 5 % rosé, 55 % rot,
8.54 Hektar
Vereinszugehörigkeit: Haydnwein
Messen: 501 Bio-Dyn

Weinbau bei Eisenstadt

Handwerk und geringstmöglichem Technikeinsatz holt der erfahrene Kellermeister das Beste aus jeder Traube unter Berücksichtigung der jeweiligen Lage und des jeweiligen Jahrgangs. Eine unschlagbare Kombination aus Erfahrung, besonderen Lagen, Kontinuität der Qualität, ausgewogenem Preis-Leistungs-Verhältnis und dem besonderen Service im Ab-Hof-Verkauf zeichnen den Klosterkeller der Barmherzigen Brüder in Eisenstadt aus.

92 Chardonnay Ried Föllig 2023
14 Vol.-%, DV, €€€
Helles Goldgelb, Silberreflexe. Frische Kräuterwürze, reduktive Nuancen, feine gelbe Apfelfrucht, ein Hauch von Mango. Saftig, elegant, balancierter Säurebogen, mineralisch-salzig im Nachhall, ein vielseitiger Speisenbegleiter.

90 Welschriesling Ried Föllig 2023
13 Vol.-%, DV, €€
Helles Goldgelb, Silberreflexe. Zarte Wiesenkräuter, ein Hauch von gelbem Apfel, Birne, etwas Grapefruitzesten. Mittlerer Körper, balanciert, weißes Kernobst, feine Fruchtsüße, zart nach Marille im Abgang.

94 Cabernet Sauvignon Ried Langsatz 2021
14 Vol.-%, NK, Barrique, €€€€€
Kräftiges Rubingranat, violette Reflexe, zarte Randaufhellung. Nach frischem Cassis, rotbeerige Nuancen, ein Hauch von Lakritze, zarte Kräuterwürze. Saftig, komplex und elegant, rotbeerige Nuancen, frisch strukturiert, gut integrierte Tannine, mineralisch, gut anhaftend, zeigt Länge und Reifepotenzial.

93 Merlot Ried Langsatz 2022
15 Vol.-%, NK, Barrique, €€€€€
Dunkles Rubingranat, violette Reflexe, zarte Randaufhellung. Zart nach Sanddorn und Lakritze, mit dunklen Waldbeeren unterlegt, kandierte Orangenzesten. Kraftvoll, komplex, schokoladige Textur, reife Zwetschken, gut integrierte Tannine, mineralisch im Abgang, ein stoffiger Speisenbegleiter mit gutem Reifepotenzial.

92 Pinot Noir Ried Tatschler 2022
14,5 Vol.-%, NK, Barrique, €€€
Kräftiges Karmingranat, violette Reflexe, dezente Ockerrandaufhellung. Zart nach eingelegten roten Kirschen, Nuancen von Preiselbeeren, mit feiner Kräuterwürze unterlegt. Saftig, elegant, zarte Fruchtsüße, seidige Tannine, mineralisch-salzig im Abgang, ein facettenreicher Begleiter bei Tisch.

92 Blaufränkisch Ried Langsatz 2021
14,5 Vol.-%, NK, Barrique, €€€
Dunkles Rubingranat, violette Reflexe, zarte Randaufhellung. Ein Hauch von Himbeermark, frische Kräuterwürze, Nuancen von Ribiseln, florales Bukett. Saftig, gute Komplexität, reife Herzkirschen, feine Tannine, zarte Süße im Nachhall, bleibt gut haften.

Wolfgang Hewarth, Frank Schindler, Robert Krammer

WEINGUT ESTERHÁZY
7061 Trausdorf an der Wulka
Trausdorf 1
T: +43 (2682) 63348
weingut@esterhazywein.at
www.esterhazywein.at

Kellermeister: Robert Krammer
Kontakt: Frank Schindler
Anbauweise: Zertifiziert Biologisch (Bio Austria)
Produktion: 266.667 Flaschen
55 % weiß, 45 % rot, 65 Hektar
Vereinszugehörigkeit:
Leithaberg DAC
Messen: ProWein Düsseldorf, VieVinum, DAC-Präsentationen, Wein Burgenland Präsentationen

★★★

WEINGUT ESTERHÁZY

BIO

Wein gehörte bei Esterházy seit Jahrhunderten dazu: Erste Belege für burgenländischen Weinbau von Esterházy stammen aus dem Jahr 1612, die Kelleraufzeichnungen reichen bis 1758 zurück. Seit knapp zwei Jahrzehnten findet die Vinifikation der Trauben in Trausdorf nahe dem Leithagebirge eine zeitgemäße neue Heimat.

Im Jahr 2023 wurde mit dem Abschluss der Bio-Zertifizierung ein neuer wichtiger Meilenstein gesetzt. Handverlesene Trauben aus sechs umliegenden Gemeinden – bis zu maximal zehn Kilometer vom Weingut entfernt – gedeihen auf Muschelkalk und Glimmerschiefer an den östlichsten Ausläufern der Alpen im Nordburgenland. Sanfter Rebschnitt, schonende Bodenbearbeitung und Bio-Kompost vom benachbarten Bio-Landgut Esterházy fördern die Vitalität der Pflanzen und sorgen für optimales Traubenwachstum. Das Zusammenspiel unterschiedlicher Mikroklimata und der konsequente Verzicht auf Bewässerung führen zu ausdrucksstarken Cool-Climate-Weinen, die in die dreistufige Herkunftspyramide Gebietswein, Ortswein und Riedenwein unterteilt sind. Seit 2023 setzt das Weingut auch auf eine innovative Technologie: Drei der größten Betoneier der Welt (3.800 Liter), hergestellt aus 30 Prozent Pauliberg-Basalt, kommen im Keller zum Einsatz. Das Ergebnis sind elegante Weine mit mineralischem Charakter, die die Einzigartigkeit des Terroirs widerspiegeln. Mehr dazu erfährt man auf esterhazywein.at.

93 Blaufränkisch Sekt Austria Große Reserve Blanc de Noir g.U. Brut Nature 2019
12,5 Vol.-%, NK, Flaschengärung, €€€€€
Helles Gelbgrün, Silberreflexe. Floraler Touch, weißer Pfirsich, zart nach Maracuja und Limetten, Grapefruitzesten. Mittlerer Körper, Nuancen von weißem Kernobst, frischer zitroniger Touch im Nachhall, anregender Stil, ein feiner Aperitif.

92 Blaufränkisch Sekt Austria Brut g.U. NV
Deg. 01/2024, 12,5 Vol.-%, NK, Flaschengärung, €€€€
Helles Goldgelb, Silberreflexe, feines Mousseux. Feine gelbe Tropenfrucht, Blütenhonig, kandierte Orangenzesten.

Mittlerer Körper, weißer Apfel, frischer Säurebogen, ein Hauch von Birne, zitronig-mineralisch im Nachhall, ein lebendiger Speisenbegleiter.

92 ❺ Blaufränkisch Rosé Sekt Austria Reserve Brut 2020
12,5 Vol.-%, NK, Flaschengärung, €€€€€
Helles Lachrosa, zarte Kupferreflexe, feine Perlage. Zart nussig-tabakig unterlegte rote Beeren, ein Hauch von Brombeeren und Kirschen. Mittlerer Körper, etwas Hagebutte und Nougat, feinwürzige Textur, feiner Säurebogen, salziger Nachhall, ein facettenreicher Speisenbegleiter.

94 Chardonnay * Ried Lamer 2021
14 Vol.-%, NK, 500-l-Fass/Barrique, €€€€€
Helles Goldgelb, Grünreflexe. Ein Hauch von weißem Nougat, dazu gelbe Tropenfrucht, Honigmelone und Mango, Quitte und Babybanane klingen an. Saftig, straff, engmaschig, cremige Textur, balancierte Säurestruktur, stoffig, weißes Steinobst, ein Hauch von Marzipan, bleibt sehr gut haften, ein eleganter Speisenbegleiter.

93 Chardonnay * Sankt Margarethen 2022
13 Vol.-%, DV, 500-l-Fass, €€€€
Mittleres Grüngelb, Silberreflexe. Zarte gelbe Tropenfrucht, ein Hauch von Honigmelone und etwas helles Karamell. Saftig, elegant, frisches weißes Kernobst, feines Säurespiel, cremig und gut anhaftend, zitronig-salzig im Abgang, ein facettenreicher Speisenbegleiter.

91 Chardonnay * Estoras 2023
12,5 Vol.-%, DV, Stahltank/Beton, €€€ Ⓑ
Helles Grüngelb, Silberreflexe. Zarte Kräuterwürze, ein Hauch von gelbem Apfel, Nuancen von Gute-Luise-Birne, zart nach Orangenzesten. Mittlerer Körper, weißes Steinobst, feiner Pfirsichanklang, lebendig strukturiert, mineralisch und zugänglich.

92 Grüner Veltliner * Estoras 2023
12,5 Vol.-%, DV, Beton/Stahltank, €€€ Ⓑ
Helles Grüngelb, Silberreflexe. Zart tabakig unterlegte Nuancen von frischem Apfel und Mango, ein Hauch von Orangenzesten. Saftig, elegant, reifes Kernobst, feine Säurestruktur, mineralisch und zart würzig, weißer Apfel auch im Nachhall, ein ausgewogener Speisenbegleiter mit feiner Mineralik.

91 Sauvignon Blanc Estoras 2023
12 Vol.-%, DV, 500-l-Fass/Stahltank, €€€ Ⓑ
Helles Gelbgrün, Silberreflexe. Frische Kräuterwürze, Nuancen von Stachelbeeren und Grapefruitzesten. Mittlerer Körper, zart nach Birne und Guaven, frisch strukturiert, Weiße Johannisbeeren und Limetten im Abgang, anregender, leichtfüßiger Stil.

90 Estoras Blanche 2023 GV/CH/WB
12,5 Vol.-%, DV, 500-l-Fass/Stahltank, €€€ Ⓑ
Helles Grüngelb, Silberreflexe. Zart tabakig unterlegtes frisches Kernobst, dezent nach Mango und gelbem Apfel, mit Wiesenkräutern unterlegt. Mittlerer Körper, zart nach weißem Steinobst, gut integrierter Säurebogen, salziger Touch im Abgang, bereits gut entwickelt.

94 Blaufränkisch * Ried Schildten 2021
14,5 Vol.-%, NK, Barrique/500-l-Fass, €€€€€
Dunkles Rubingranat, opaker Kern, violette Reflexe, dezente Ockerrandaufhellung. Feine Edelholznuancen, ein Hauch von Lakritze, schwarze Kirschen, tabakig, kandierte Orangenzesten. Komplex, straff, rotbeeriger Touch, etwas Ribiseln, feine, gut integrierte Tannine, kühler, frischer Stil, engmaschig und gut anhaftend, sicheres Reifepotenzial.

92 Blaufränkisch * Großhöflein 2021
13 Vol.-%, DV, 500-l-Fass, €€€€
Kräftiges Rubingranat, violette Reflexe, breitere Ockerrandaufhellung. Zarte Kräuterwürze, rote Kirschen, ein Hauch von Ribiseln, tabakige Nuancen. Saftig, elegant, feine Fruchtsüße, finessenreicher Säurebogen, rotbeerig, mineralisch im Abgang, zart nach Orangen, salziger Nachhall, bereits zugänglich.

92 Blaufränkisch * Sankt Georgen 2021
13,5 Vol.-%, DV, 500-l-Fass, €€€€
Dunkles Rubingranat, violette Reflexe, zarte Randaufhellung. Zart nach frischen Zwetschken, dunkle Kirschen, tabakige Nuancen, mit einem rotbeerigen Hauch unterlegt. Mittlerer Körper, zart nach Ribiseln, feine Tannine, mineralischer Touch, zitronig-saliner Nachhall, vielfältig einsetzbar.

90 Blaufränkisch * Estoras 2021
13,5 Vol.-%, DV, 500-l-Fass/großes Holzfass, €€€
Kräftiges Rubingranat, violette Reflexe, dezente Ockerrandaufhellung. Zart tabakig unterlegte rote Herzkirschfrucht, ein Hauch von Ribiseln, Nuancen von Orangenzesten. Mittlerer Körper, rotbeerig, lebendiger Säurebogen, mineralisch-zitroniger Nachhall, ein frischer Speisenbegleiter.

94 Tesoro 2021 CS/ME/BF
14 Vol.-%, NK, Barrique, €€€€€€
Dunkles Rubingranat, opaker Kern, violette Reflexe, dezente Ockerrandaufhellung. Zart nach schwarzen Beeren, feine Edelholzwürze, etwas Lakritze und Bergamotte, mit Nougat unterlegt. Saftig, rote Herzkirschen, frisch strukturiert, gut integrierte Tannine, mineralisch im Abgang, zeigt Länge, wird von Flaschenreife profitieren.

* Leithaberg DAC

★★

WEINGUT GRENZHOF-FIEDLER

Bernhard Fiedler vom Weingut Grenzhof ist Weinbauer mit Leib und Seele. Wie seine Reben ist er tief in der Region verwurzelt, und seine Weine sind wie er keine oberflächlichen Blender, sondern eigenständige Charakterköpfe mit Tiefgang und Eleganz. Der Weinakademiker, der auch als Vortragender an der Weinakademie tätig ist, versucht, auf die Besonderheiten der Region einzugehen und Tradition und Moderne miteinander zu verbinden. Von zehn Hektar Rebfläche an den nach Osten ausgerichteten Hängen rund um Mörbisch keltert er elegante Weißweine und ausdrucksstarke Rotweine. Edle Süßweine aus besonderen Jahren ergänzen sein Sortiment. Pinot Blanc, Chardonnay und Muskat-Ottonel sind die Schwerpunkte beim Weißwein, Blaufränkisch, Zweigelt und Cabernet Sauvignon beim Rotwein.
Bernhard Fiedler pflegt einen eleganten, ausgewogenen Stil, allzu markanter Barrique-Einsatz ist seine Sache nicht. Der Winzer ist Mitglied der Gruppe »Leithaberg DAC« und stellt mit seinen Leithaberg-Weinen aus Blaufränkisch und Weißburgunder das Potenzial der Mörbischer Rieden unter Beweis. Bernhard Fiedler gilt als einer der aktivsten Blogger unter den österreichischen Winzern. Auf www.bernhard-fiedler.at gibt es laufend Neues und Wissenswertes aus der Welt des Weines im Allgemeinen und vom eigenen Weingut im Speziellen zu lesen.

WEINGUT GRENZHOF-FIEDLER
7072 Mörbisch
Weinzeile 2
T: +43 (2685) 8276
weingut@grenzhof-fiedler.at
www.grenzhof-fiedler.at

Kellermeister/Kontakt:
Bernhard Fiedler
Produktion: 50 % weiß, 47 % rot, 3 % süß, 11 Hektar
Zertifiziert: Nachhaltig Austria
Vereinszugehörigkeit:
Leithaberg DAC
Messen: Wein Burgenland Präsentationen

91 Weißburgunder * Ried Wieser 2022
13,5 Vol.-%, DV, Holzfass, €€€
Helles Gelbgrün, Silberreflexe. Zarte Kräuterwürze, ein Hauch von Walnuss, mit feiner Birnenfrucht unterlegt. Kräftig, gelbes Kernobst, frische Säurestruktur, dezente Fruchtsüße im Abgang, zartes Karamell im Nachhall.

90 Chardonnay Duett 2023
13,5 Vol.-%, DV, Teilbarrique, €€
Helles Grüngelb, Silberreflexe. Zarte gelbe Tropenfrucht, ein Hauch von Ananas und Blütenhonig, feinfruchtiges Bukett. Mittlere Komplexität, Golden-Delicious-Apfel, feiner Säurebogen, mineralisch, saliner Nachhall, ein stoffiger Begleiter bei Tisch.

92 Cabernet Sauvignon 2020
14 Vol.-%, DV, Barrique, €€€€
Tiefdunkles Rubingranat, opaker Kern, violette Reflexe, zarte Randaufhellung. Feine Holzwürze, schwarze Beeren, Heidelbeeren, Cassis, intensives Bukett, einladende Aromatik. Kraftvoll, komplex, dunkle Frucht, feine Tannine, etwas Vanille im Abgang, bleibt haften, mineralisch, attraktiver Sortenausdruck.

91 Blaufränkisch Reserve 2021
13,5 Vol.-%, DV, Holzfass, €€€
Dunkles Rubingranat, violette Reflexe, zarte Randaufhellung. Zartes Waldbeerenkonfit, ein Hauch von eingelegten Kirschen, mit kandierten Orangenzesten unterlegt. Mittlerer Körper, rotbeerige Nuancen, feine Tannine, frisch und mineralisch, zitronig im Nachhall, ein lebendiger Speisenbegleiter.

91 Rote Trilogie 2021 ZW/BF/CS
14 Vol.-%, DV, gebrauchte Barriques, €€€
Dunkles Rubingranat, opaker Kern, violette Reflexe, zarte Randaufhellung. Zart nach reifen Zwetschken, dazu süße Waldbeeren, ein Hauch von Nougat, einladendes Bukett. Saftig, ausgewogen, reife rote Herzkirschen, feine Tannine, gute Frische, bereits gut antrinkbar.

92 Traminer Süße Auslese 2022
11,5 Vol.-%, DV, Stahltank, €€
Helles Goldgelb, Silberreflexe. Feine Nuancen von Honig, reife gelbe Tropenfrucht, mit etwas Maracuja und Rosenöl unterlegt, dezentes Traminerbukett. Stoffig, saftig und süß, feiner Säurebogen, reifer gelber Pfirsich im Abgang, bleibt haften, ausgewogene Stilistik, Orangentouch im Nachhall.

★★★★

WEINGUT TONI HARTL

BIO

Das Weingut Toni Hartl bewirtschaftet rund 25 Hektar Rebflächen in zwei Weinbaugebieten: in der Thermenregion und am Leithaberg. Knapp die Hälfte der Flächen ist dem Rotwein gewidmet, und in den letzten Jahren wurde die Schaumweinproduktion stark gesteigert und liegt nun bereits vor den Weißweinen.
Das Wissen über die unterschiedlichen Klimaverhältnisse auf beiden Seiten des Leithagebirges und die Vielfalt der Weingartenböden in Reisenberg und Purbach ermöglichen es, jeder Weinsorte den optimalen Platz zum Gedeihen zukommen zu lassen. Den jeweiligen Gebietstypus und die Eigenständigkeit herauszuarbeiten ist ein wesentliches Ziel der Vinifikation. Relativ neu im Sortiment sind die Natural Wines: Amphore Ena, Dyo, Furmint und Petnat (Perlwein-Flaschengärung). Ein weiterer Schaumwein aus dem Sortiment »Brut Klassik« wird nach klassischer Gärung etwa zwei Jahre auf der Hefe gelagert und anschließend per Hand gerüttelt und degorgiert. Neben den Lagenweinen werden inzwischen im Reservebereich Pinot Noir aus der Einzellage Reysenperg in Reisenberg sowie Chardonnay aus der Lage Thenau in Purbach, die sich beide durch ihren hohen Kalkgehalt auszeichnen, ausgebaut. Die Weine kommen erst nach dreijähriger Lagerung und nur in außergewöhnlich guten Jahren auf den Markt. Zum Reservebereich zählen auch der ausgezeichnete Cabernet Sauvignon Ried Felsenstein, Blaufränkisch Ried Rosenberg und last, but not least der Blaufränkisch Eisner, der – wie sein Name verrät – von Reben einer eisenhaltigen Top-Lage am Leithaberg stammt. Die Böden im optimalen Zusammenspiel mit dem jeweiligen Mikroklima bilden die Grundlage, um gebietstypische, phy-

WEINGUT TONI HARTL
2440 Reisenberg
Florianigasse 7
T: +43 (2234) 80636
wine@toni-hartl.at, www.toni-hartl.at
Kellermeister: Toni Hartl
Kontakt: Toni Hartl, Moni Eder, Lukas Fritz
Anbauweise: Biodynamisch (Demeter)
Produktion: 28 % Schaumwein, 20 % weiß, 5 % rosé, 45 % rot, 2 % süß, 25 Hektar
Vereinszugehörigkeit: Leithaberg DAC
Messen: Millésime Bio, ProWein Düsseldorf, VieVinum, DAC-Präsentationen, Wein Burgenland Präsentationen

Toni Hartl

siologisch vollreife, klare und ausdrucksstarke Weine zu keltern.
Unter dem Leitspruch »Es ist alles nur geliehen« wird nach neuesten ökologischen Erkenntnissen gearbeitet. Um das biologisch-organische Gleichgewicht zu erhalten, wird auf schonende Bodenpflege und gezielte Erhaltung der Nützlinge geachtet. Das Weingut ist seit 2010 biozertifiziert und Gründungsmitglied der Vereinigung »Leithaberg DAC«. Seit 2021 ist das Weingut »Demeter«-zertifiziert.

92 Sekt Austria Reserve Brut Rosé Burgenland g.U. Purbach 2021 PN/CH
12 Vol.-%, DIAM, 500-l-Fass, Flaschengärung, €€€€€
Mittleres Kupfergold, Messingreflexe, zartes Mousseux. Zart nach Ringlotten, gelbe Zwetschkenfrucht, ein Hauch von rotem Waldbeerenkonfit. Saftig, elegant, gelbe Tropenfrucht, mineralisch und gut anhaftend, salziger Abgang, Blütenhonig im Nachhall.

95 Chardonnay * Purbach Ried Thenau 2019
13,5 Vol.-%, NK, Holzfass, €€€€€€
Mittleres Goldgelb, Grünreflexe. Blütenhonig und Tabakwürze, ein Hauch von Passionsfrucht, Nuancen von reifem Pfirsich, kandierte Orangenschalen, vielschichtiges Bukett. Gute Komplexität, extraktsüß, dunkle Mineralik, weißes Steinobst, ein Hauch von Feuerstein, engmaschiger Chardonnay, sicheres Potenzial.

93 Chardonnay * 2021
13,5 Vol.-%, DIAM, Holzfass, €€€€€
Mittleres Gelbgrün, Silberreflexe. Wiesenkräuter, zart nach Guaven, Melisse, ein Hauch von weißem Steinobst, dezent nach Feuerstein, dunkle Mineralik. Saftig, kraftvoll, feine gelbe Apfelfrucht, zart nach Gewürzen, mineralisch, tabakig im Abgang, vielseitiger Speisenbegleiter mit Potenzial.

92 Chardonnay 2022
13,5 Vol.-%, DV, großes Holzfass, €€€
Mittleres Gelbgrün, silberfarbene Reflexe. Zart nach Honigmelone, etwas Wiesenkräuter, zart nach Toffee, ein Hauch von Ananas. Saftig, straff, frischer Säurebogen, mineralisch-salzig, Birnenfrucht im Abgang, Limetten im Nachhall, vielseitiger Speisenbegleiter.

92 Furmint 2021
13,5 Vol.-%, NK, Amphore, €€€€€
Leuchtendes Goldgelb, Messingreflexe. Zarte Kräuternoten, etwas nach Grapefruit, ein Hauch von weißem Nougat, dezente Nuancen von Holunder. Saftig, engmaschig, zarter Gerbstoff, weißes Steinobst, Limettenzesten klingen an, floral, mineralisch-salzig, bleibt sehr gut haften.

93 Blaufränkisch * Purbach Ried Rosenberg 2021
13,5 Vol.-%, NK, 500-l-Fass, €€€€€
Dunkles Rubingranat, violette Reflexe, zarte Randaufhellung. Dezente Noten von roten Weichseln, ein Hauch von Gewürzen, zart nach Brombeeren, Orangenschalen, helles Nougat, attraktives Bukett. Engmaschig, dunkles Waldbeerenkonfit, gut integrierte Tanninstruktur, feinwürzig, extraktsüß im Abgang, bleibt gut haften, vielfältig einsetzbar.

97 Syrah The Flagship 2019
13,5 Vol.-%, NK, Holzfass/Flaschenreifung, €€€€€€
Tiefdunkles Rubingranat, ockerfarbene Reflexe, breiter Wasserrand. Dezente Holzwürze, zart nach Karamell und Toffee, ein Hauch von Zwetschken, reife Kirschfrucht, kandierte Veilchen. Saftig, gute Komplexität, schokoladig, Brombeernoten im Abgang, Oliven im Nachhall, feinwürzig, Kardamom im Rückgeschmack, guter Speisenbegleiter mit Potenzial.

95 Syrah Purbach Ried Thenau 2021
14 Vol.-%, NK, Tonneaux Fass, €€€€€
Tiefdunkles Rubingranat, opaker Kern, violette Reflexe, zarte Randaufhellung. Einladendes Bukett nach schwarzer Beerenfrucht, zart nach Oliventapenade, ein Hauch von Orangenschalen, etwas Dörrobst. Saftig, vielschichtig, gute Komplexität, zarte Röstaromatik, Brombeernoten im Nachhall, vielseitiger Speisenbegleiter mit Reifepotenzial.

94 Cabernet Sauvignon Purbach Ried Felsenstein 2020
14 Vol.-%, NK, Flaschenreifung/Barrique, €€€€€€
Tiefdunkles Rubingranat, violette Reflexe, zarte Randaufhellung. Feine Tabak-Kräuter-Würze, dezente Holznuancen, Noten von dunklem Cassis, feinwürziges Bukett. Saftig, straff, tragendes Tannin, zart schokoladiger Touch, Johannisbeeren im Abgang, verfügt über Reifepotenzial.

93 Inkognito 2021 BF/CS/SY
14 Vol.-%, NK, Barrique/kleines Holzfass, €€€€€
Dunkles Rubingranat, violette Reflexe, zarter Wasserrand. Feine Tabak-Holz-Würze, etwas Nougat, ein Hauch von schwarzem Waldbeerenkonfit, mit Anis unterlegt. Saftig, straff, lebendig, feinwürzig, tragendes Tannin, schwarze Kirschfrucht im Abgang, bereits gut antrinkbar.

(93) Pinot Noir Ried Reysenperg 2021
13,5 Vol.-%, NK, Holzfass/500-l-Fass, €€€€€€
Mittleres Rubingranat, violette Reflexe, breitere Randaufhellung. Feine Kräuternoten, reife Kirschen, zart nach kandierten Kumquats, frisch und lebendig. Gute Komplexität, saftig, feine Fruchtsüße, nach Pflaumen, feinwürzig, präsentes Tannin, Grafitnoten im Finish, wird von Flaschenreife profitieren.

★★★

WEINGUT LEO HILLINGER

BIO

Seit Leo Hillinger den kleinen Weinhandel seiner Eltern übernahm, entwickelte er sein Weingut durch den Zukauf bester Lagen rund um die Gemeinden Jois, Rust und Oggau zu einem österreichischen Musterbetrieb. Naturnähe lautet die Philosophie. Die hohe Qualität der Weine basiert auf der seit 2010 vollständig biologischen Bewirtschaftung und modernster Kellertechnik. Rebflächen in den besten Lagen in der Region Leithaberg im Nordburgenland und die für das Leithagebirge typischen Bodenformationen lassen Weine entstehen, die ihre Herkunft stolz vor sich hertragen. Leo Hillinger unterteilt sein Weinsortiment in fünf Kategorien: »prickelnd«, »frisch und fruchtig«, »trendy«, »erdverbunden« und »premium«. Geprägt durch seine Herkunft und gereift unter sorgfältiger Pflege, trägt jeder Wein seinen persönlichen Charakter in sich. Im Einklang mit der Natur entstehen so unverwechselbare Weine, die sich als ideale Begleiter für alle Lebenslagen präsentieren und die Vielfalt des Nordburgenlands widerspiegeln. Leo Hillinger – more than wine!

91 Pinot Blanc * 2020
12,5 Vol.-%, NK, großes Holzfass, €€€€ B
Helles Gelbgrün, Silberreflexe. Zart nach weißer Birne, ein Hauch von Limettenzesten, zarte Kräuterwürze, einladendes Bukett. Mittlerer Körper, feine Fruchtsüße, leichtfüßig, mineralisch, weißes Nougat im Abgang, ein vielseitiger Speisenwein.

92 Sauvignon Blanc Ried Ladisberg 2020
12 Vol.-%, NK, großes Holzfass, €€€€€ B
Helles Goldgelb, Silberreflexe. Floral, Nuancen von Litschis, Weißen Johannisbeeren und Orangen, dazu Holunderblüten, zart mit Blütenhonig unterlegt. Leichtfüßig, weißer Pfirsich, feine Fruchtsüße, zitroniger Touch, mineralischer Nachhall, ein schlanker, trockener Begleiter bei Tisch.

92 Hill 2 2020 CH/SB
13 Vol.-%, NK, Barrique, €€€€€ B
Helles Gelbgrün, Silberreflexe. Zarte Wiesenkräuter, weiße Tropenfrucht, ein Hauch von Guaven, gelbe Stachelbeeren, etwas nach Litschis, exotische Nuancen. Saftig, feine Birnenfrucht, gut integrierte Säure, salzig-mineralisch im Abgang, bereits gut entwickelt, ein Hauch von Karamell im Finale.

93 Blaufränkisch * Ried Umriss 2019
13 Vol.-%, NK, großes Holzfass, €€€€€ B
Dunkles Rubingranat, violette Reflexe, zarte Randaufhellung. Zarte Kräuter-Tabak-Würze, etwas schwarze Herzkirschen, balsamische Nuancen, floraler Touch. Saftig, mittlere Komplexität, zart rotbeerige Nuancen, lebendige Struktur, samtiges Tannin, bereits gut antrinkbar.

94 Hill1 2018 ME/BF/ZW
14 Vol.-%, NK, Barrique, €€€€€ B
Tiefdunkles Rubingranat, violette Reflexe, zarte Randaufhellung. Etwas nach Brombeeren und Ribiseln, ein Hauch von Kräutern, floraler Touch, Edelholzwürze klingt an. Elegant, fruchtsüß, feine Tanninstruktur, mineralisch, Herzkirschen im Abgang, bereits sehr gut antrinkbar, vielfältig einsetzbar.

(93) Pinot Noir Terroir 2021
13 Vol.-%, NK, großes Holzfass, €€€€€ B
Kräftiges Karminrot, violette Reflexe, breiterer Wasserrand. Feine Kirschfrucht, zart nach Kräutern, ein Hauch von Grapefruit, frisches Bukett. Saftig, engmaschig, dezente Fruchtsüße, ein Hauch von Kirschen auch im Abgang, Feuersteinnoten im Rückgeschmack, bereits gut antrinkbar.

WEINGUT LEO HILLINGER
7093 Jois, Hill 1
T: +43 (2160) 8317
office@leo-hillinger.com
www.leo-hillinger.com

Kellermeister/Kontakt:
Paul Rittsteuer
Anbauweise: Zertifiziert Biologisch (Austria Bio Garantie)
Produktion: 1.333.333 Flaschen
40 % weiß, 10 % rosé, 45 % rot,
5 % süß, 100 Hektar
Vereinszugehörigkeit:
Leithaberg DAC
Messen: ProWein Düsseldorf, VieVinum

* Leithaberg DAC

★★

WINZERSCHLÖSSL KAISER

BIO

Genuss-Tipp – Terroir – Tiefgang am Leithaberg: Das umschreibt das Winzerschlössl Kaiser. Bereits in vierter Generation werden hier hochwertige Weine vinifiziert. Direkt am Leithagebirge, einer genialen Lage, liegt das liebevoll restaurierte Gebäude aus dem Jahr 1492 und spiegelt die lange Tradition der Familie wider. Ihre Leidenschaft liegt darin, elegante, ausdrucksstarke und finessenreiche Weine nach biologischen Richtlinien zu produzieren, denn: »Nur wenn ich mit der Rebe lebe, weiß ich, was sie braucht.« Besonderen Wert legt Familie Kaiser auf bodenständige Sorten wie Blaufränkisch und Zweigelt, aber auch den Burgundersorten gilt ihr großes Interesse. Top-Wein ist »Tenno«, eine Cuvée aus Cabernet Sauvignon, Blaufränkisch und Syrah, den es auch nur in den besten Jahren gibt. Dieser Wein ist eine Hommage an Kurt Kaisers Großvater, der 1938 in Japan Wein kelterte und sogar an das japanische Kaiserhaus lieferte. Mit dem Jahrgang 2017 feiert das Winzerschlössl Kaiser den 20. Geburtstag dieser Top-Cuvée! »Ried Katterstein« hingegen ist eine Cuvée aus Weißburgunder und Chardonnay und zugleich eine Selektion aus den besten Trauben der Riede Katterstein in Kleinhöflein.

WINZERSCHLÖSSL KAISER
7000 Eisenstadt
Satzriedgasse 1
T: +43 (2682) 67100
wein@winzerschloessl.at
www.winzerschloessl.at

Kellermeister/Kontakt: Kurt Kaiser
Anbauweise: Zertifiziert Biologisch
Produktion: 20 % weiß, 80 % rot, 24 Hektar
Vereinszugehörigkeit: Leithaberg DAC

Unter dem Motto »Wein & Wild« genießt man die kalten Spezialitäten vom Wild und Ausgewähltes aus der Region gemeinsam mit den hochwertigen Qualitätsweinen. Bei Schönwetter kann man bereits im April gemütlich auf der überdachten und windgeschützten Terrasse sitzen und sich am Panoramablick vom Neusiedler See über die Wulkatalebene bis hin zum Schneeberg erfreuen. Im Mai 2021 wurde das »WeinApart im Winzerschlössl« neu eröffnet und lädt zum gemütlichen Urlaub direkt auf dem Weingut ein. Tradition, Qualität, Eleganz, Finesse, Leidenschaft – Attribute, die vereint in den Weinen, im Heurigen und in der Ferienwohnung zu finden sind.

91 Grauburgunder Ried Kräutergarten 2023
13,5 Vol.-%, DV, Stahltank, €€
Helles Strohgelb, Messingtouch. Zart nach Wiesenkräutern, ein Hauch von Mango und frischer Birne, mit kandierten Orangenzesten unterlegt. Mittlere Komplexität, weißes Kernobst, gut integrierte Säurestruktur, mineralisch-salzig im Abgang.

90 Gelber Muskateller Sonnenberg 2023
10,5 Vol.-%, DV, Stahltank, €€
Helles Strohgelb, Silberreflexe. Zart nach Muskatnuss und Holunderblüten, mit Nuancen von Pfirsich unterlegt, Ananastouch. Sehr leichtfüßig, weißer Apfel, frische Säurestruktur, mineralisch-zitronig, ein lebendiger Sommerwein.

89 Sauvignon Blanc Sonnenberg 2023
12 Vol.-%, DV, Stahltank, €€€

91 Cabernet Sauvignon Kastanienfass 2021
13 Vol.-%, DV, Holzfass, €€€
Dunkles Rubingranat, violette Reflexe, zarte Randaufhellung. Zarte Holzwürze, dunkle Beeren, etwas Brombeerkonfit und Schwarze Johannisbeeren. Saftig, gute Komplexität, rote Kirschen, präsente Tannine, mineralischer Nachhall.

90 Blaufränkisch Sonnenberg 2023
13 Vol.-%, DV, großes Holzfass, €€
Tiefdunkles Rubingranat, violette Reflexe, zarte Randaufhellung. Frische Zwetschken, ein Hauch von Brombeerkonfitüre, kandierte Orangenzesten. Mittlerer Körper, frisch strukturiert, feine Tannine, rotbeeriger Abgang, zarte Kräuterwürze im Nachhall.

★★★

WEINGUT KIRCHKNOPF

In sorgfältiger Handarbeit bewirtschaftet Familie Kirchknopf kleine Parzellen bester Leithaberg-Lagen rund um ihren Heimatort Kleinhöflein. Geprägt vom einzigartigen Kalk- und Schieferterroir entstehen kostbare Weine als eindrucksvolle Botschafter ihrer Herkunft – unverfälscht, wie es Natur und Boden Jahr für Jahr vorgeben. Die Leidenschaft des jungen Winzers Michael Kirchknopf gilt den Leithaberg-Sorten Chardonnay und Blaufränkisch. Tief verwurzelte vitale Reben bilden das Rückgrat, Kalk- und Schiefergestein den mineralischen Ausgangspunkt. Das Begleiten der Rebstöcke auf ihrem Weg durch die Jahreszeiten ist für ihn tägliche Freude und Handwerk zugleich. Das Reifezentrum ist der Keller, Zurückhaltung ist dort oberstes Gebot und die Zeit der wesentlichste Faktor. Die Rückbesinnung auf die Stärken der Lagen, den Geschmack der Trauben und das Handwerk des Winzers beschreibt den Zugang der Kirchknopfs, um authentische Weine zu vinifizieren. Um diese Eigenständigkeit hervorzubringen, werden nur perfekt ausgereifte, von Hand gelesene Trauben verarbeitet und mit Naturhefen vergoren, danach wird den Weinen die nötige Zeit zur Entfaltung des vollen Geschmacks gegeben.

94 Chardonnay * Ried Tatschler 2021
13,5 Vol.-%, NK, 500-l-Fass, €€€€€
Mittleres Grüngelb, Silberreflexe. Feine Kräuterwürze, reife Quitten, mit gelbem Apfel und Mango unterlegt, Orangentouch. Saftig, kräftig und elegant, cremige Textur, feiner Säurebogen, gelbes Kernobst und etwas Blütenhonig im Abgang, bleibt gut haften, mineralischer Nachhall, sicheres Reifepotenzial.

92 Chardonnay * Kalk & Schiefer 2022
13 Vol.-%, DV, 500-l-Fass/großes Holzfass, €€€
Helles Goldgelb, Silberreflexe. Zarte gelbe Tropenfrucht, Mango klingt an, floraler Touch, ein Hauch von Orangenzesten. Mittlerer Körper, reife Birne, dezente Fruchtsüße, mineralisch und gut anhaftend, zart salzig, Blütenhonig im Rückgeschmack.

93 Neuburger * Tradition 2022
12,5 Vol.-%, DV, 500-l-Fass/großes Holzfass, €€€
Helles Strohgelb, Silberreflexe. Zart nach Walnuss und Biskuit, Gute-Luise-Birne, feine Wiesenkräuter, einladendes Bukett. Komplex, Nuancen von saftiger gelber Tropenfrucht, feine Säure, dunkle Mineralik, saliner Nachhall, ein feinwürziger Speisenbegleiter mit Reifepotenzial.

94 Blaufränkisch * Ried Föllikberg 2021
13,5 Vol.-%, NK, großes Holzfass/500-l-Fass, €€€€€
Kräftiges Rubingranat, violette Reflexe, zarte Randaufhellung. Frische Wiesenkräuter, zart nach Ribiseln, ein Hauch von Waldbeerenkonfit, dezente Holznuancen. Saftig, elegant, feine Struktur, süßes Tannin, Brombeernoten im Abgang, guter Speisenbegleiter mit Reifepotenzial.

(94) Blaufränkisch * Ried Reisbühl 2021
13,5 Vol.-%, NK, großes Holzfass/500-l-Fass, €€€€€
Dunkles Rubingranat, violette Reflexe, zarte Randaufhellung. Dunkles Waldbeerenkonfit, zarte Würze, ein Hauch von Cassis und Orangenschalen, floraler Touch, attraktives Bukett. Saftig, straff, feine, gut integrierte Tanninstruktur, mineralisch-salzig, dunkles Waldbeerenkonfit im Abgang, vielfältig einsetzbar.

(92) Blaufränkisch * Kalk & Schiefer 2021
13,5 Vol.-%, DV, großes Holzfass/500-l-Fass, €€€
Kräftiges Rubingranat, violette Reflexe, zarte Randaufhellung. Feine Tabakwürze, etwas nach Kräutern und Orangenzesten, frisches, animierendes Bukett. Saftig, elegant, feine Säurestruktur, mineralisch, Kirschfrucht im Abgang, salzig-zitronig im Rückgeschmack, bereits gut antrinkbar.

WEINGUT KIRCHKNOPF
7000 Eisenstadt
Johann-Kodatsch-Straße 15
T: +43 (2682) 62837
office@weingut-kirchknopf.at
www.kirchknopf.at

Kellermeister/Kontakt:
Michael Kirchknopf
Produktion: 15 Hektar
Zertifiziert: Nachhaltig Austria
Vereinszugehörigkeit:
Leithaberg DAC
Messen: VieVinum, MondoVino

* Leithaberg DAC

WINZERHOF KISS RONALD
7093 Jois
Joseph-Haydn-Gasse 1
T: +43 (2160) 8256
kiss@winzerhof-kiss.at
www.winzerhof-kiss.at

Kellermeister: Michael Kiss
Kontakt: Ronald Kiss
Produktion: 40 % weiß, 5 % rosé, 50 % rot, 5 % süß, 19 Hektar
Vereinszugehörigkeit: Joiser Renommee, Leithaberg DAC

★★★

WINZERHOF KISS RONALD

Der Winzerhof Ronny Kiss hat sich in den vergangenen Jahren zu einer Top-Adresse für Weinliebhaber entwickelt. Ronny Kiss weiß sich das Terroir in Jois zunutze zu machen, denn hier entstehen verführerisch fruchtbetonte, muskulöse Rotweine und herrlich frisch-fruchtige Weißweine. Im Mittelpunkt des Sortiments stehen die Sorten Blaufränkisch und Cabernet Sauvignon. Mit seinem Cabernet Sauvignon Ried Neuberg konnte sich der engagierte Winzer schon siebenmal den Titel »Falstaff-Sortensieger« holen. Aber auch der Blaufränkisch Jungenberg erzielt jedes Jahr Top-Bewertungen und wurde im Herbst 2022 wieder »Falstaff-Sortensieger«. Mit diesem Wein wurde Ronny Kiss außerdem zum zweiten Mal »3. Falstaff-Sieger«. Mit dem Blaufränkisch Ried Jungenberg konnte man in der Vergangenheit zudem eine ganz besondere Auszeichnung erlangen, nämlich die »Goldene Traube« und aktuell das Double Falstaff-Sieger und SALON-Sieger »Bester Riedenwein«. Durch die Auszeichnung »Bundessieger« in der Kategorie Chardonnay stellte Ronny Kiss außerdem unter Beweis, dass er nicht nur mit seinen Rotweinen reüssieren kann, sondern auch in der Weißwein-Liga mitspielt.
Besonders erfreulich für den Winzerbetrieb ist, dass auch Sohn Michael schon als Kellermeister auf dem Weingut tätig ist. Sein Talent hat er bereits unter Beweis gestellt, denn schon drei Mal in Folge konnte er die Auszeichnung »Newcomer Award« für sich erlangen.
Schließlich seien hier auch noch die liebevoll eingerichteten Gästezimmer erwähnt, die mit viel Herzlichkeit von Ehefrau Gerda Kiss geführt werden. Gemäß ihrem Leitspruch »Nur das Beste für unsere Gäste« wurden sie renoviert und sehr geschmackvoll neu gestaltet. Durchatmen, entspannen und sich mit herrlichen Weinen verwöhnen lassen: All das bietet der Winzerhof Ronny Kiss.

93 Chardonnay Ried Gritschenberg 2022
14,5 Vol.-%, NK, Teilbarrique, €€€€€
Helles Grüngelb, Silberreflexe. Zarte Holzwürze, ein Hauch von gelbem Steinobst, Gewürznelken, etwas Blütenhonig. Kraftvoll, gelbe Birne, zarte Süße, feiner Säurebogen, mineralisch, zitroniger Touch, Golden-Delicious-Apfel im Abgang.

92 Grauburgunder by Michael 2023
13,5 Vol.-%, DV, gebrauchte Barriques, €€€
Helles Gelbgrün, Silberreflexe. Frische Birne, etwas Pfirsich, Wiesenkräuter, ein Hauch von Grapefruitzesten. Saftig, komplex, feine Fruchtsüße, weißes Steinobst, frischer Säurebogen, mineralisch-zitroniger Touch, etwas Blütenhonig im Abgang.

89 Sauvignon Blanc by Michael 2023
13,5 Vol.-%, DV, Teilbarrique, €€€

(95) Cabernet Sauvignon Ried Neuberg Reserve 2022
14,5 Vol.-%, NK, Barrique, €€€€€
Dunkles Rubingranat, opaker Kern, violette Reflexe, dezente Ockerrandaufhellung. Feines Nougat, Noten von reifem Cassis, Brombeerkonfitüre, etwas Kardamom und Vanille. Komplex, stoffig, reife Herzkirschen, tragende Tannine, feine Röstaromen im Nachhall, mineralisch und anhaftend, gutes Reifepotenzial.

(94) Blaufränkisch Jois Ried Jungenberg 2022
14,5 Vol.-%, NK, Barrique, €€€€€
Tiefdunkles Rubingranat, opaker Kern, violette Reflexe, dezente Ockerrandaufhellung. Noten von schwarzer Frucht, dunkle Kirschen und Brombeeren, mit feiner Holzwürze unterlegt, tabakige Nuancen. Kraftvoll, saftig, wieder Brombeeren und reife Kirschen, gut integrierte Tannine, gute Frische, mineralischer Nachhall, rotbeerig-zitronig im Rückgeschmack, wird von Flaschenreife profitieren.

92 Ried Fruschau Falke 2022 BF/CS/ME
14,5 Vol.-%, NK, Teilbarrique, €€€€€
Dunkles Rubingranat, opaker Kern, violette Reflexe, dezente Ockerrandaufhellung. Zart nach Nougat, dazu Röstaromen, ein Hauch von Gewürznelken, mit schwarzen Herzkirschen unterlegt. Saftig, würzig, schokoladige Textur, gut integrierte Tannine, ein kraftvoller Speisenbegleiter zu Kurzgebratenem.

★★★★★

WEINGUT KOLLWENTZ

Das macht die wirklich Großen unter den Winzern aus: Ob kleiner oder grandioser Jahrgang, auf sie ist immer Verlass. Und mit der Familie Kollwentz ist bereits seit Jahren bei jeder Verkostung zu rechnen – egal, welche Ausbauart oder welche Sorte gerade Thema ist. Bei der jährlich im Sommer vom Falstaff-Magazin durchgeführten Bewertung von weißen Burgundern sind sich die Verkoster bei diesem Weingut immer ganz einig. Nicht nur der klassisch ausgebaute Chardonnay Leithakalk zählt Jahr für Jahr zu den Sortenbesten, auch die beiden Chardonnays aus den Rieden Tatschler und Neusatz waren schon des Öfteren Sieger der Burgunder-Barrique-Trophy. Und der Chardonnay Gloria hat die Reserve-Trophy quasi gepachtet. Besondere Beachtung verdient der Sauvignon Blanc von der Ried Steinmühle, deren Feuersteinboden optimale Voraussetzungen für diese würzige Sorte bietet. Nicht anders als bei den Weißweinen sind die Bewertungen bei den Rotweinen: Holte mit dem Jahrgang 2009 und 2011 der Cabernet Sauvignon den Sortensieg in seiner Kategorie, so wählten die Juroren die Cuvée Steinzeiler 2008 zum Sieger. Der Blaufränkisch Point 2015 erhielt großartige 98 Punkte und der Cabernet Sauvignon 2018 die Bestnote von 100 Punkten. Anton Kollwentz, der Senior, ist der Pionier des Cabernet Sauvignon in Österreich und hat durch seine Falstaff-Siege 1984 und 1985 einen regelrechten Cabernet-Boom ausgelöst. Junior Andi Kollwentz ist der Zehnkämpfer unter Österreichs Winzern, denn er versteht sich auf die unterschiedlichsten Disziplinen und ist in jeder Kategorie im Spitzenfeld zu finden. Unterstützt wird er von seiner Frau Heidi und den beiden Töchtern Barbara und Christina sowie einem eingespielten Team, dessen Mitglieder schon über 25 Jahre auf dem Weingut mitarbeiten.
Neben der peniblen weinbaulichen Arbeit liegen die Erfolge der Familie Kollwentz in deren Weinbergsbesitz (25 Hektar) begründet. Die Lagen am Südhang des Leithagebirges tragen klingende Namen wie Steinzeiler, Point, Setz, Dürr, Steinmühle, Neusatz, Tatschler, Katterstein sowie Gloria und zählen zu den ältesten und besten des Landes. Die Weingärten befinden sich auf 170 bis 325 Metern Seehöhe. In den wärmsten Lagen dominiert der

Barbara, Christina, Eva Maria, Andi und Heidi Kollwentz

WEINGUT KOLLWENTZ
7051 Großhöflein
Hauptstraße 120
T: +43 (2682) 65158
kollwentz@kollwentz.at
www.kollwentz.at

Kellermeister: Andi Kollwentz
Kontakt: Heidi Kollwentz
Anbauweise: Umstellung auf bio
Produktion: 54 % weiß, 5 % rosé, 40 % rot, 1 % süß, 25 Hektar
Zertifiziert: Nachhaltig Austria
Vereinszugehörigkeit: Renommierte Weingüter Burgenland
Messen: VieVinum

Blaufränkisch. Die Rieden Point und Setz bilden das Filetstück der Großhöfleiner Rotweingärten, aus ihnen stammen die Blaufränkisch-Trauben für den »Steinzeiler«, den Top-Wein des Weinguts. Auf über 200 Metern Seehöhe beginnt das Reich des Chardonnays. Die Höhenlage und der Einfluss der Wälder, welche die höchsten Erhebungen des Leithagebirges bedecken, bedingen ein kühles Kleinklima, das sich in der Finesse der Aromen und der Intensität des Geschmacks widerspiegelt. Die Chardonnay-Crus »Gloria«, »Tatschler«, »Katterstein« und »Neusatz« gedeihen hier ebenso auf Kalkböden wie der Pinot Noir in der Riede Dürr.

98 Chardonnay Gloria 2022
14 Vol.-%, NK, Stahltank/Barrique, €€€€€€
Mittleres Goldgelb, Silberreflexe. Feine Kräuternoten, zarte dunkle Mineralik, Golden-Delicious-Apfel, Mandarinenzesten, Papaya klingt an. Gute Komplexität, feine Tabakwürze, gelbes Kernobst, bleibt sehr lange haften, balancierter Säurebogen, finessenreich, großartiges Trinkvergnügen, sicheres Reifepotenzial.

97 Chardonnay Ried Tatschler 2022
14 Vol.-%, NK, Stahltank/Barrique, €€€€€€
Mittleres Grüngelb. Reife Tropenfrucht, zarte Wiesenkräuter, kandierte Orangenzesten, floraler Touch, zarte Biskuitnuancen, einladendes Bukett. Gute Komplexität, feinwürzig, gut integrierte Säurestruktur, mineralisch, weißes Steinobst im Abgang, salziger Nachhall, trinkanimierender Stil, sicheres Potenzial.

96 Chardonnay Ried Katterstein 2022
14,5 Vol.-%, NK, Stahltank/Barrique, €€€€€€
Mittleres Gelbgrün, Silberreflexe. Zarte Edelholzwürze, etwas nach Maracuja, ein Hauch von Blütenhonig, Ananas klingt an, mit Marzipan unterlegt. Gute Komplexität, saftig, straff, facettenreiche Säurestruktur, Honigmelone im Abgang, salzig-mineralischer Nachhall, lang anhaltend, vielseitiger Speisenbegleiter.

94 Chardonnay Ried Neusatz 2022
13,5 Vol.-%, NK, Barrique/Stahltank, €€€€€€
Mittleres Gelbgrün, silberfarbene Reflexe. Zarter Blütenhonig, etwas kandierte Orangenschalen, ein Hauch von Quitte, weißes Nougat klingt an. Gute Komplexität, feinwürzig, dunkle Mineralik, gelbe Apfelfrucht, bleibt gut haften, zart pfeffriger Nachhall, Vanille im Rückgeschmack, guter Speisenbegleiter.

92 Chardonnay Leithakalk 2023
13,5 Vol.-%, NK, großes Holzfass, €€€€€
Mittleres Gelbgrün, Silberreflexe. Einladendes Bukett nach Mango und Blütenhonig, Wiesenkräuter klingen an, mit Ananas unterlegt. Saftig, elegant, gelbe Apfelfrucht, balancierte Säurestruktur, mineralisch, bleibt gut haften, vielfältig einsetzbar.

95 Sauvignon Blanc Ried Steinmühle Methusalemreben 2022
13,5 Vol.-%, NK, Stahltank/Barrique, €€€€€€
Mittleres Gelbgrün, Silberreflexe. Zarter Blütenhonig, etwas nach Birne, Kumquats, Stachelbeernoten, kandierte Zitruszesten. Gute Komplexität, tabakig, feine Würze, gelbes Kernobst, gut eingebundene Säurestruktur, mineralisch, vielfältig einsetzbar, wird von Flaschenreife profitieren.

93 Sauvignon Blanc Ried Steinmühle 2023
13 Vol.-%, NK, großes Holzfass, €€€€€
Helles Gelbgrün, Silberreflexe. Feine Stachelbeeren, ein Hauch von grünem Apfel, zarte Limettenzesten, frisches Bukett. Saftig, engmaschig, feine Säurestruktur, mineralisch, gelbes Kernobst, frisch und lebendig, guter Speisenbegleiter.

97 Steinzeiler 2021 BF/CS/ZW
14 Vol.-%, NK, kleines Holzfass, €€€€€€
Tiefdunkles Rubingranat, violette Reflexe, zarte Randaufhellung. Dezente Brombeernoten, etwas Cassis, ein Hauch von Nougat und Edelholzwürze, kandierte Orangenzesten, frisch strukturiert. Gute Komplexität, feinwürzig, samtiges, facettenreiches Tannin, mineralisch, schwarze Kirschfrucht im Abgang, lang anhaltend, sicheres Potenzial.

94 Eichkogel 2021 BF/ZW
13,5 Vol.-%, NK, kleines Holzfass, €€€€€
Tiefdunkles Rubingranat, schwarzer Kern, violette Reflexe, zarte Randaufhellung. Etwas Lakritze, zart nach Nougat und feinem Cassis, ein Hauch von Tabak-Edelholz-Würze, frische Orangenzesten. Gute Komplexität, saftig, feine Tanninstruktur, mineralisch, reife dunkle Beerenfrucht, schokoladiger Nachhall, wird von Flaschenreife profitieren.

97 Blaufränkisch Ried Point 2021
14 Vol.-%, NK, kleines Holzfass, €€€€€€
Tiefdunkles Rubingranat, opaker Kern, violette Reflexe, zarte Randaufhellung. Feine Edelholzwürze, ein Hauch von Waldbeerenkonfit, etwas nach Zwetschken, zart nussige Nuancen, attraktives Bukett. Komplex, saftig, gut integrierte Tanninstruktur, schwarze Beerenfrucht, facettenreiches Finish, vielschichtiger Speisenbegleiter.

96 Blaufränkisch Ried Setz 2021
14 Vol.-%, NK, kleines Holzfass, €€€€€€
Tiefdunkles Rubingranat, violette Reflexe, zarte Randaufhellung. Einladendes Bukett, nach Brombeeren, Vanilletouch, ein Hauch von Bergamotte, zart nach Zwetschken. Saftig, gute Komplexität, präsente, samtige Tannine, feine Holzwürze, frisch strukturiert, mineralisch, dunkles Waldbeerenkonfit im Nachhall.

Chardonnay

93 Blaufränkisch Leithakalk 2021
14 Vol.-%, NK, gebrauchte Barriques, €€€€€
Dunkles Rubingranat, violette Reflexe, zarte Randaufhellung. Dunkles Waldbeerenkonfit, ein Hauch von Brombeeren, zarte Edelholzwürze, Nougattouch. Saftig, elegant, samtige Tanninstruktur, mineralisch, schwarzes Beerenkonfit, etwas Holzwürze, vegetale Nuancen im Rückgeschmack.

96 Cabernet Sauvignon 2021
14 Vol.-%, NK, kleines Holzfass, €€€€€€
Tiefdunkles Rubingranat, opaker Kern, violette Reflexe, zarte Randaufhellung. Zart nussig, etwas Brombeeren, Schwarze Johannisbeeren, feinwürzig, Edelholznuancen klingen an. Saftig, elegant, feine Tanninstruktur, straff, mineralisch, Cassisnoten, Zartbitterschoko im Rückgeschmack, vielfältig einsetzbar.

93 Pinot Noir Ried Dürr 2022
13 Vol.-%, NK, kleines Holzfass, €€€€€€
Kräftiges Rubingranat, violette Reflexe, breiterer Wasserrand. Zart nach Orangenzesten und Feuerstein, etwas nach reifen Kirschen, zarte Holzwürze, einladendes Bukett. Saftig, gute Komplexität, zart tabakig, Nuancen von roter Frucht, präsente Tannine, wird von Flaschenreife profitieren, guter Speisenbegleiter.

★★★

WEINGUT LEBERL

Das Weingut Leberl, ein seit Generationen bestehender Familienbetrieb, bewirtschaftet rund um die Weinbaugemeinde Großhöflein 23 Hektar Weingärten. Der Senior des Hauses, Josef Leberl, machte bereits in den frühen 1980er-Jahren mit seinen eleganten und langlebigen Blaufränkischen auf sich aufmerksam. Etwas später folgten seine mächtigen Cabernet Sauvignons und 1996 die Cuvée »Peccatum«. Seit 2012 führt Alexander Leberl den Betrieb. Er legt größten Wert auf Herkunftstypizität und kann in diesem Punkt aus dem Vollen schöpfen, denn an den sonnenreichen Hängen des Leithagebirges und des Föllikbergs findet man viele unterschiedliche Böden aus Schwarzerde, Lehm und Ton, leichter Braunerde, Muschelkalk, Glimmerschiefer oder Kalkfels. Aufgrund dieser Vielfalt gibt es auch eine große Auswahl an Sorten: Welschriesling, Sauvignon Blanc, Weißburgunder, Chardonnay und Sämling bei den Weißweinen und Blaufränkisch, Zweigelt, Merlot und Cabernet Sauvignon bei den Rotweinen. Den Leberl'schen Lagen gemeinsam ist ein hoher Kalkanteil, der den Weinen eine herkunftstypische Würze und eine elegante Struktur verleiht. Der prominenteste Rotwein aus dem Hause Leberl trägt den Namen »Peccatum« (lat. Sünde). Wirklich große Rotweine erzielt man laut Leberl-Philosophie nur bei rigoroser Ertragsreduktion. »Eine Sünde ist das!«, mahnten noch die Vorfahren, als Josef Leberl im Jahr 1996 seinen ersten »Peccatum« kelterte. Der Erfolg gab ihm aber später recht. Das restliche Rotweinsortiment steht der Qualität des Vorzeigeweines kaum nach: Der Blaufränkisch Glorienstein von der höchsten Riede am Leithagebirge beeindruckt durch seine intensive Terroirnote. Der Cabernet Sauvignon und der Merlot bestechen durch ihre Bordelaiser Aromatik – bei Blindverkostungen mit namhaften Bordeaux-Weinen wird nicht selten gestaunt, wenn sich ein Leberl-Wein unter den Besten befindet. Ein Detail am Rande: Die Leberls garantieren für ihre besten Rotweine 20 Jahre Trinkvergnügen.

(93) Chardonnay Ried Katterstein 2022
14 Vol.-%, NK, Barrique, €€€€€
Helles Goldgelb, Silberreflexe. Zart nach Vanille und weißem Nougat, gelbe Tropenfrucht, zart nach Mango und Ananas, kandierte Mandarinenzesten. Straff, engmaschig, weißer Pfirsich, dezente Holzwürze, mineralisch, zart mit Röstaromen und Karamell unterlegt, gutes Reifepotenzial.

Kleinhöflein bei Eisenstadt

WEINGUT LEBERL
7051 Großhöflein
Hauptstraße 91
T: +43 (2682) 67800
weingut@leberl.at
www.leberl.at

Kellermeister/Kontakt:
Alexander Leberl
Produktion: 26 % weiß, 2 % rosé, 70 % rot, 2 % süß, 23 Hektar
Vereinszugehörigkeit:
Renommierte Weingüter Burgenland
Messen: VieVinum

92 Chardonnay Ried Reisbühel 2022
14 Vol.-%, DV, Barrique, €€€€
Mittleres Grüngelb, Silberreflexe. Zart nach Orangenblüten, gelbe Tropenfrucht, etwas Kernobst, mit feiner Holzwürze unterlegt. Kraftvoll, saftig und komplex, feine Extraktsüße, dezente Säurestruktur, etwas Blütenhonig, mineralischer Nachhall, wird von etwas Flaschenreife profitieren.

91 Chardonnay Classic 2023
13 Vol.-%, DV, Stahltank, €€
Helles Gelbgrün, Silberreflexe. Zarte gelbe Tropenfrucht, etwas Ananas und Mango, feiner Blütenhonig. Mittlere Komplexität, weißes Kernobst, frisch strukturiert, dezente Fruchtsüße, mineralisch-salzig im Abgang, bereits gut antrinkbar.

91 Sauvignon Blanc Ried Tatschler 2023
12,5 Vol.-%, DV, Stahltank, €€€
Helles Gelbgrün, Silberreflexe. Frische Kräuterwürze, zart nach Brennnesseln, Weiße Johannisbeeren, etwas Stachelbeeren. Straff, engmaschig, weißer Apfel, rassiger Säurebogen, zitronig-floraler Nachhall, animierender Stil.

93 Cabernet Sauvignon Merlot 2021 CS/ME
14 Vol.-%, NK, Barrique, €€€€€
Kräftiges Rubingranat, violette Reflexe, dezente Ockerrandaufhellung. Reife Beerenfrucht, zart nach Lakritze, ein Hauch von sonnengetrockneten Tomaten, kandierte Orangenzesten. Komplex, rote Herzkirschen, präsente, gut integrierte Tannine, mineralisch im Abgang, feines Nougat im Rückgeschmack, ein facettenreicher Speisenbegleiter.

93 Peccatum 2021 BF/CS/ME
14 Vol.-%, NK, Barrique, €€€€€
Kräftiges Rubingranat, violette Reflexe, dezente Ockerrandaufhellung. Zarte Edelholznuancen, reife Kirschfrucht, Brombeeren, etwas Nougat, kandierte Orangenzesten. Komplex, saftig, zart nach Zwetschken, reife Tannine, mineralisch, gut anhaftend, ein facettenreicher Speisenbegleiter.

91 Kleine Sünde 2022 BF/ME/CS
14 Vol.-%, DV, gebrauchte Barriques, €€€
Dunkles Rubingranat, violette Reflexe, dezente Ockerrandaufhellung. Zarte Edelholznuancen, Orangenzesten, dunkle Waldbeeren, etwas Lakritze. Saftig, mittlere Komplexität, feine Zwetschkenfrucht, runde Tannine, dezente Süße im Abgang, bereits gut antrinkbar.

93 Blaufränkisch Ried Reisbühel 2021
14 Vol.-%, NK, Barrique, €€€€
Kräftiges Rubingranat, violette Reflexe, dezente Ockerrandaufhellung. Zart tabakig-kräuterwürzig unterlegte dunkle Kirschfrucht, Nuancen von Brombeerkonfit, ein Hauch von Nougat. Komplex, saftig und elegant, feine Extraktsüße, reife Tannine, schokoladiger Anklang im Abgang, mineralisch-salzig im Nachhall, gute Länge, zeigt Reifepotenzial.

93 Scheurebe Beerenauslese 2022
10,5 Vol.-%, NK, Eichenfass, €€€
Helles Goldgelb, Silberreflexe. Feiner Blütenhonig, Nuancen von Macis, gelber Pfirsich, attraktiver floraler Touch, angenehme Fruchtsüße. Elegant, saftig, reife Ananasfrucht, dezente Säurestruktur, ausgewogen und anhaftend, balancierter Stil, gutes Zukunftspotenzial.

★★★

WEINGUT LIEGENFELD

Die Liegenfelds sind heimatverbunden. Seit Generationen wird ausschließlich in Donnerskirchen Wein angebaut. Gerda und Andi Liegenfeld sind stolze Donnerskirchner und engagieren sich auch im öffentlichen Leben. Egal, ob im Weingarten oder Keller: Ständig sind sie getrieben von ihrer Neugier auf Grenzen, auf Verbesserung und Perfektion. Die beiden wollen ihren Kindern eine Zukunft bieten, und Sohn Michael ist schon fest am Werken. Sie nehmen deshalb auch nicht mehr, als die Natur hergibt. Das ist nachhaltig, und der Betrieb ist einer der ersten, die in Österreich zertifiziert wurden. Mit 90 Prozent Weißweinanteil ist das Weingut Liegenfeld einer der größten und wichtigsten Weißweinbetriebe des Burgenlands. Tipp: Die Veltliner-Spezialisten keltern am Leithaberg von der Top-Lage Himmelreich Veltliner von internationalem Format und Junior Michael hat seine eigene Weinserie mit neuer Ausstattung kreiert.

93 Weißburgunder * Ried Hopferberg 2022
13 Vol.-%, NK, 500-l-Fass, €€€€€
Mittleres Goldgelb, Silberreflexe. Zart nach Steinobst, ein Hauch von gelber Tropenfrucht, etwas Blütenhonig, kandierte Orangenzesten, einladendes Bukett. Mittlerer Kör-

* Leithaberg DAC

Donnerskirchen

WEINGUT LIEGENFELD

7082 Donnerskirchen
Johannesstraße 25
T: +43 (2683) 8307
weingut@liegenfeld.at
www.liegenfeld.at

Kellermeister: Andi Liegenfeld, Manuel Kreiler
Kontakt: Andi Liegenfeld
Produktion: 200.000 Flaschen
85 % weiß, 15 % rot, 35 Hektar
Zertifiziert: Nachhaltig Austria
Vereinszugehörigkeit:
Leithaberg DAC, Weinquartett Donnerskirchen
Messen: ProWein Düsseldorf, VieVinum, Vinobile Feldkirch

per, feine Apfelfrucht, frische Säurestruktur, mineralisch-salzig im Abgang, Limetten im Nachhall, ein eleganter Speisenbegleiter, gutes Reifepotenzial.

(90) Weißburgunder * Donnerskirchen 2023
13 Vol.-%, DV, 500-l-Fass, €€€
Helles Strohgelb, Silberreflexe. Dezentes Bukett, ein Hauch von Birne, zart nach Kräutern, etwas Orangenzesten. Mittlerer Körper, weißer Apfel, feines Säurespiel, ausgewogen, bereits gut entwickelt, vielfältig einsetzbar.

92 Grüner Veltliner * Ried Himmelreich 2022
13,5 Vol.-%, NK, 500-l-Fass, €€€€€
Mittleres Goldgelb, Silberreflexe. Zart nach Orangen und Quitten, mit feiner gelber Apfelfrucht unterlegt, etwas Blütenhonig, Limettenzesten im Hintergrund. Komplex, saftig, weißes Kernobst, salzige Mineralik, zarte reife Birnenfrucht im Abgang, ein straffer Speisenbegleiter.

92 Grüner Veltliner * Ried Goldberg 2022
13 Vol.-%, NK, 500-l-Fass, €€€€€
Helles Gelbgold, Silberreflexe. Zart nach reifen Quitten, ein Hauch von Marille, nussige Aromatik, mit kandierten Orangenzesten unterlegt. Mittlerer Körper, seidige Textur, weißes Kernobst, etwas Biskuit im Abgang, mineralisch und vielfältig einsetzbar.

(94) Blaufränkisch * Freundschaft 2022
13,5 Vol.-%, NK, kleines Holzfass, €€€€€
Dunkles Rubingranat, tiefer Kern, violette Reflexe, zarte Ockerrandaufhellung. Feine Nuancen von dunklen Beeren wie Brombeeren und Cassis, zart nach Kräuterwürze, mit Orangenzesten unterlegt, mineralischer Touch. Saftig, elegant, rote Herzkirschen, feine, tragende Tannine, ein Hauch von Roten Johannisbeeren, dunkle Mineralik, wirkt leichtfüßig, zeigt Salzigkeit und Länge.

(92) Blaufränkisch * Ried Riefring Thal 2020
13,5 Vol.-%, NK, kleines Holzfass, €€€€€
Kräftiges Rubingranat, violette Reflexe, dezente Ockerrandaufhellung. Feine Kräuterwürze, schwarze Waldbeeren, ein Hauch von Zwetschken, mit kandierten Orangenzesten unterlegt. Saftig, zart nach roten Waldbeeren und Kirschen, feine Tannine, frischer Säurebogen, in Abgang mineralisch und frisch, bereits antrinkbar, verfügt über gutes Reifepotenzial.

★★★

WEINGUT MAD

Stark verwurzelt – und frei nach dem Namen des Betriebes auch ein wenig verrückt – lebt man seit über 235 Jahren auf dem Weingut Mad und betreibt Weinbau in bereits achter Generation. Ein wenig verrückt anmutende Visionen und ihre Umsetzung prägen seit jeher die Arbeit der Großfamilie in Oggau, verwurzelt in einer der schönsten Weinbauregionen der Welt zwischen Leithaberg und Neusiedler See. Man ist zukunftsorientiert, aber ohne auf Tradition und altes Handwerk zu vergessen. Stets steht der Qualitätsgedanke im Fokus. Sebastian und Tobias Siess haben das Weingut mit rund 34 Hektar im Jahr 2018 übernommen und arbeiten mit großem Engagement und der Unterstützung der gesamten Familie an ihrem Ziel, Weine mit Charakter und Tiefgang zu keltern, Weine, die vom Klima, den Böden und von den Menschen, die sie produzieren, erzählen. Die Brüder sind davon überzeugt, dass ein großer Wein lebendig ist, sich verändert und reifen muss.

92 Chardonnay * Oggau 2023
13,5 Vol.-%, DV, gebrauchte Barriques/großes Holzfass, €€€ Ⓥ
Helles Goldgelb, Silberreflexe. Zarte gelbe Apfelfrucht, ein Hauch von Marille, mineralische Nuancen, mit feinem Blütenhonig unterlegt. Saftig, elegant, weißes Kernobst, feiner Säurebogen, ausgewogen, ein vielseitiger Begleiter bei Tisch.

92 Pinot Blanc * Oggau 2023
13,5 Vol.-%, DV, großes Holzfass/gebrauchte Barriques, €€€ Ⓥ
Helles Gelbgrün, Silberreflexe. Feine gelbe Birnenfrucht, ein Hauch von Mango, mit frischen Orangenzesten unterlegt. Komplex, saftig, weißer Apfel, feine Säure, mineralisch, salziger Touch, ein Hauch von Fruchtsüße im Rückgeschmack.

91 Grüner Veltliner * Oggau 2023
13 Vol.-%, DV, gebrauchte Barriques/Stahltank, €€€ Ⓥ
Mittleres Gelbgrün, Silberreflexe. Zart tabakig, Wiesenkräuter, weiße Apfelfrucht, Limettenzesten klingen an. Mittlerer Körper, weißes Kernobst, frischer Säurebogen, zitronig-salzig im Abgang, ein lebendiger Speisenbegleiter.

(90) Neuburger * Oggau 2023
13 Vol.-%, DV, gebrauchte Barriques/Stahltank, €€€ Ⓥ
Helles Goldgelb, Silberreflexe. Mit Wiesenkräutern unterlegte Birnenfrucht, ein Hauch von Orangenzesten. Mittlerer Körper, weißer Apfel, frischer Säurebogen, dezente Süße, mineralisch, zart nussiger Nachhall.

95 Blaufränkisch * Ried Marienthal M56 2019
14,5 Vol.-%, NK, Barrique, €€€€€€ Ⓥ
Dunkles Rubingranat, violette Reflexe, breitere Randaufhellung. Schwarze Waldbeeren, feine Edelholznuancen, zart nach eingelegten Kirschen, einladendes Bukett. Komplex, engmaschig, kühle schwarze Frucht, feiner Säurebogen, gut integrierte Tannine, mineralisch und lange anhaftend, rotbeerig-zitronig im Finale, mit sicherem Reifepotenzial ausgestattet.

92 Cabernet Franc Oggau Ried Neugebirge 2020
13,5 Vol.-%, NK, Barrique/gebrauchte Barriques, €€€€€ Ⓥ
Tiefdunkles Rubingranat, violette Reflexe, opaker Kern, zarte Randaufhellung. Zarte Schoko-Nougat-Nuancen, ein Hauch von schwarzer Beerenfrucht, etwas Heidelbeeren, mit Holzwürze unterlegt. Saftig, komplex, tragende Tanninstruktur, feinwürzig, Lakritze und Cassis im Abgang, bleibt gut haften, vielfältig einsetzbar.

WEINGUT MAD
7063 Oggau
Antonigasse 1
T: +43 (2685) 7207
office@weingut-mad.at
www.weingut-mad.at

Kellermeister: Tobias Siess
Kontakt: Sebastian Siess
Produktion: 1 % Schaumwein, 34 % weiß, 4 % rosé, 60 % rot, 1 % süß, 34 Hektar
Zertifiziert: Nachhaltig Austria
Vereinszugehörigkeit: Leithaberg DAC
Messen: Forum Vini München, ÖGW Zürich, ProWein Düsseldorf, VieVinum, DAC-Präsentationen, Wein Burgenland Präsentationen

★★★★★

WEINGUT MORIC

Nur wenige andere Winzer haben in den letzten Jahren für so viel Gesprächsstoff gesorgt wie Roland Velich. Er hat es sich zum erklärten Ziel gesetzt, der Sorte Blaufränkisch ein neues, eigenständiges Profil zu verleihen, das es möglich macht, diese typisch österreichische Rebsorte in eine Reihe mit den großen Rotweinen der Welt zu stellen. Velich sieht im Burgenland ähnlich hervorragende Bedingungen, um großartige Rotweine zu machen, wie im Burgund oder nördlichen Rhônetal. Dabei strebt er keine stilistischen Kopien an, sondern es ist der »cool climate«-Charakter, den er in seinen Weinen darstellen will.

Velich geht es also um Originale und nicht um Kopien, er vertraut ganz auf die Stärken des Burgenlandes und versucht, das ganze Potenzial der Sorte Blaufränkisch und der unterschiedlichen Böden zu nutzen. Roland Velich fand die entsprechenden Parzellen für sein Konzept im Mittelburgenland. In Neckenmarkt und Lutzmannsburg entdeckte er uralte Weingärten, manche Stöcke haben über hundert Jahre auf dem Buckel und stehen in großer Pflanzdichte von bis zu 8.000 Reben pro Hektar. Hier wachsen in idealer Exposition und auf bestens geeignetem Terroir jene kleinbeerigen Trauben, welche die Basis für die Moric-Linie bilden. So entsteht der feine, von floralen Nuancen geprägte mineralische Wein aus Lutzmannsburg; aus der Nachbargemeinde Neckenmarkt kommt ein würziger, vom Schieferboden dunkel gefärbter Blaufränkisch der Extraklasse. Kleine Erträge im Weingarten und extrem zurückhaltende Verarbeitung sowie ein langer Ausbau in gebrauchten 500- und 1.000-Liter-Holzfässern lassen den speziellen Sorten- und Bodencharakter der einzelnen Terroirs besonders in den Vordergrund treten. Aus St. Georgen bei Eisenstadt kommt in kleiner Menge auch ein finessenreicher Grünen Veltliner.

Im Laufe der letzten Jahre rückten die alten Blaufränkisch-Parzellen in Lutzmannsburg immer mehr in den Fokus, wo Roland Velich sich beginnend mit dem Jahrgang 2019 einen lange gehegten Wunsch erfüllt hat. Er hat mehrere unterschiedliche Terroirs einzeln abgefüllt, dank deren er nun die Diversität und Nuancen des Blaufränkisch noch präziser zum Ausdruck bringen kann. An der Spitze des

Blaufränkisch

WEINGUT MORIC
7051 Großhöflein
Kirchengasse 3
T: +43 (664) 4003231
office@moric.at
www.moric.at

Kellermeister/Kontakt:
Roland Velich
Produktion: 5 % weiß, 95 % rot

Sortiments thronen die »Alten Reben« aus Lutzmannsburg als Synthese der besten Trauben, die ein Jahrgang dem Ausnahmewinzer zu bieten hat. Mehr Blaufränkisch geht nicht. Der internationale Sekundärmarkt hat dem bereits Rechnung getragen: Kein anderer österreichischer Rotweinwinzer erfreut sich einer größeren Nachfrage, wie die jüngsten Charts der Londoner Weinbörse Liv-ex zeigen.
Roland Velich wurde 2023 zum Falstaff-Winzer des Jahres gekürt, und bei der Falstaff-Rotweinprämierung im Herbst holte er sich auch noch den Falstaff-Sieg. Chapeau!

(99) Blaufränkisch Lutzmannsburg Alte Reben 2022
13,5 Vol.-%, NK, 500-l-Fass, €€€€€€ B
Dunkles Rubingranat, opaker Kern, violette Reflexe, zarte Randaufhellung. Feinwürzig unterlegte rote Herzkirschfrucht, ein Hauch von Lakritze, mit floralen Aspekten von Veilchen und Hibiskus unterlegt, dazu Kräuter, aber auch Limettenzesten. Stoffig, elegant, saftige Textur, reife Herzkirschen, angenehme Extraktsüße, feine, tragende Tannine, finessenreicher Säurebogen, mineralisch-straff und engmaschig im Abgang, bleibt sehr lange haften, sicheres Entwicklungspotenzial für viele Jahre. Blaufränkisch in Perfektion!

(98) Blaufränkisch Lutzmannsburg Ried Schwemmer 2022
13,5 Vol.-%, NK, 500-l-Fass, €€€€€€ B
Dunkles Rubingranat, violette Reflexe, dezente Randaufhellung. Dunkle Mineralik, schwarze Waldbeeren, Nuancen von Lakritze und kandierten Mandarinenzesten, kühles, facettenreiches Bukett. Komplex, saftig, seidige Textur, feines Säurespiel, mineralisch und minutenlang anhaftend, bereits sehr gut balanciert, reife Kirschen im Abgang, feine Süße im Nachhall, sicheres Entwicklungspotenzial.

98 Blaufränkisch Lutzmannsburg Ried Meissner 2022
13,5 Vol.-%, NK
Dunkles Rubingranat, violette Reflexe, zarte Randaufhellung. Zart nach weißem Nougat, reife Kirschfrucht, ein Hauch von Erdbeeren, floraler Touch, facettenreiches, verspieltes Bukett. Saftig, wirkt leichtfüßig, fester Kern, kompakt, feine Extraktsüße, reife Tannine, harmonisch und lange anhaftend, feines Brombeerkonfit im Abgang, bereits gut entwickelt, der feine Gerbstoff trägt den Wein lange hinaus, ein vielschichtiger Speisenbegleiter, sicheres Reifepotenzial.

Die Ried Kirchberg in Lutzmannsburg

97 Blaufränkisch Lutzmannsburg Ried Kirchberg 2022
13,5 Vol.-%, NK
Dunkles Rubingranat, violette Reflexe, zarte Randaufhellung. Dunkle Herzkirschen, Lakritze, feine Kräuterwürze, florale Nuancen, ein Hauch von Hibiskus, mineralischer Touch. Saftig, feine rotbeerige Note, ein Hauch von Chambolle-Himbeermark, feine, reife Tannine, mineralisch und frisch, salziger Nachhall, sehr gute Länge, sicheres Reifepotenzial, ein stoffiger Speisenbegleiter.

(95) Blaufränkisch Reserve 2022
13 Vol.-%, NK, 500-l-Fass, €€€€€ B
Dunkles Rubingranat, opaker Kern, violette Reflexe, zarte Randaufhellung. Zarte schwarzbeerige Nuancen, ein Hauch von Brombeeren und Lakritze, tabakige Würze, ein Hauch von Orangenzesten. Kraftvoll, engmaschig, mineralische Textur, dunkle Waldbeeren, frischer Säurebogen, reife, tragende Tannine, salziger Touch im Abgang, sehr gut Länge, ein stoffiger Speisenbegleiter, sicheres Entwicklungspotenzial.

94 Blaufränkisch Burgenland 2022
13 Vol.-%, DIAM, Eichenfass, €€€ B
Dunkles Rubingranat, violette Reflexe, zarte Randaufhellung. Nuancen von frischen Preiselbeeren, schwarzen Kirschen und Kräutern, einladendes Bukett. Saftig, gute Komplexität, dunkle Waldbeeren, reife Tannine, mineralisch und frisch, salziger Nachhall, ein Hauch von Nougat im Abgang, straff, bereits gut antrinkbar, bietet ein lebendiges Trinkerlebnis.

★★

WEINGUT HANS MOSER

Hans Moser vereint in seinen Weinen Sortencharakter und Lagenausdruck. Welschriesling, Gemischter Satz, Sauvignon Blanc und Chardonnay machen insgesamt 60 Prozent seiner Weinproduktion aus. Neben den heimischen Rebsorten Blaufränkisch und Zweigelt werden Cabernet, Syrah und Merlot angebaut. Die Basis sind »Classic«-Weine. Die »Mittelklasse« wird durch die »Leithakalk-Linie« (Sauvignon Blanc, Chardonnay, Blaufränkisch und Cabernet-Merlot) hervorgehoben. Die Top-Lagenweine sind: Leithaberg DAC Scheibenberg Chardonnay, Leithaberg DAC Hummelbühel Blaufränkisch, St. Georgener Blaufränkisch Reserve sowie Merlot Joachimstal. Eine fruchtsüße Spätlese und ein hochwertiger Ausbruch runden das Programm ab. Die beiden Leithaberg-DAC-Lagenweine Scheibenberg Chardonnay und Hummelbühel Blaufränkisch werden seit dem Jahrgang 2015 in großen Fässern (2.000, 1.200 und 600 Liter) aus Leithagebirgseiche von den eigenen Wäldern in St. Georgen ausgebaut.

WEINGUT HANS MOSER
7000 Eisenstadt
St. Georgener Hauptstraße 13
T: +43 (2682) 66607
weingut@hans-moser.at
www.hans-moser.at

Kellermeister: Hans Moser
Kontakt: Sabine und Hans Moser
Produktion: 80.000 Flaschen
60 % weiß, 38 % rot, 2 % süß,
16 Hektar
Vereinszugehörigkeit:
Leithaberg DAC
Messen: ProWein Düsseldorf,
DAC-Präsentationen

92 Chardonnay * St. Georgen Ried Scheibenberg 2020
14 Vol.-%, NK, Eichenfass, €€€
Helles Gelbgrün, Silberreflexe. Zarte Holzwürze, etwas Vanille, weißes Nougat, mit gelber Tropenfrucht unterlegt. Saftig, Nuancen von weißer Frucht, ein Hauch von Pfirsich und Litschis, feiner Säurebogen, salziger Touch im Abgang, wirkt leichtfüßig, vielfältig einsetzbar.

91 Chardonnay Leithakalk 2020
13,5 Vol.-%, DV, Stahltank, €€
Helles Grüngelb, Silberreflexe. Feine Nuancen von gelber Frucht, zart nach Apfel, etwas Mango, mineralisch unterlegt. Mittlerer Körper, weißes Kernobst, lebendige Säurestruktur, salzig-zitronig im Abgang, vielfältig einsetzbar.

91 Sauvignon Blanc Leithakalk 2022
12,5 Vol.-%, DV, Stahltank, €€€
Helles Gelbgrün, Silberreflexe. Zarte weiße Tropenfrucht, Nuancen von Grapefruitzesten, ein Hauch von Blütenhonig. Straff, engmaschig, grüner Apfel, lebendige Säurestruktur, Limetten, salziger Nachhall, ein animierender Speisenbegleiter.

92 Blaufränkisch * St. Georgen Ried Hummelbühel 2018
14 Vol.-%, NK, Eichenfass, €€€€
Kräftiges Rubingranat, violette Reflexe, breiterer Wasserrand. Dezente Holz-Tabak-Würze, etwas nach Kardamom, reife Kirschfrucht, Bleistiftnoten, feine Gewürze. Saftig, straff, feine Säurestruktur, Edelholzwürze, mineralisch, Cassisnoten, guter Speisenbegleiter.

91 Blaufränkisch Leithakalk 2019
13,5 Vol.-%, DV, Eichenfass, €
Kräftiges Rubingranat, violette Reflexe, dezente Ockerrandaufhellung. Rauchig unterlegte Kräuterwürze, rotes Waldbeerenkonfit, Orangenzesten. Mittlere Komplexität, süße Kirschfrucht, feine Säurestruktur, dezente Tannine, rotbeeriger Nachhall, vielseitiger Speisenbegleiter.

93 V.T.S. Vintage Top Select 2019 CS/CF/BF/ME/SY
14 Vol.-%, NK, Eichenfass, €€€€
Kräftiges Karmingranat, violette Reflexe, dezente Ockerrandaufhellung. Zart floral unterlegtes rotes Waldbeerenkonfit, zart nach Kirschen, ein Hauch von Cassis, zart nach Mandarinenzesten. Stoffig, elegant, feine Fruchtsüße, balanciert, reife Tannine, Herzkirschen und etwas Nougat im Abgang, gute Länge, ein frischer Begleiter bei Tisch.

★★★

WEINGUT NEHRER

BIO

Das Weingut Nehrer befindet sich in St. Georgen, einem Ortsteil von Eisenstadt, am Leithaberg und wird in dritter Generation geführt. Johannes Nehrer hat 2020 die Verantwortung für das im Jahr 1962 gegründete Familienweingut übernommen und frischen Wind in das Unternehmen gebracht. Die Entscheidungen orientieren sich am aktuellen Zeitgeist: natürliche Ressourcen bewahren, die Vitalität der Böden und Pflanzen stärken und die Herkunft der Weine kompromisslos widerspiegeln. Vor allem alte Reben aus den traditionellen Sorten Blaufränkisch, Chardonnay und Welschriesling werden nachhaltig und biologisch zertifiziert bewirtschaftet.

94 Chardonnay * Ried Hummelbühel 2022
13 Vol.-%, NK, Holzfass, €€€€€ B V
Helles Grüngelb, Silberreflexe. Feine Nuancen von Bourbon-Vanille, etwas weißes Nougat und Kokos, mit frischem Golden-Delicious-Apfel unterlegt. Stoffig, elegant, sehr gute Balance, mineralisch, feine nussige Aromatik, gut anhaftend, salziger Nachhall, ein facettenreicher Speisenbegleiter, sicheres Reifepotenzial.

93 Chardonnay * Ried Krainer 2022
13,5 Vol.-%, NK, 500-l-Fass, €€€€€ B V
Helles Grüngelb, Silberreflexe. Zart nach Wiesenkräutern, feine Nuancen von gelber Frucht, etwas Papaya und Mango, ein Hauch von Mandarinenzesten, einladendes Bukett. Elegant, wirkt leichtfüßig, feiner Nougattouch, salzige Mineralik, elegant und gut anhaftend, wird von Flaschenreife noch profitieren.

92 Chardonnay * 2023
13 Vol.-%, DV, Stahltank/500-l-Fass, €€€ B V
Leuchtendes mittleres Grüngelb, Silberreflexe. Frische gelbe Apfelfrucht, zart nach Mango und Blütenhonig, mit Orangenzesten unterlegt. Mittlere Komplexität, weißer Pfirsich, feiner Säurebogen, salzig und anhaftend, typisch Leithaberg.

94 Blaufränkisch * Ried Feurer 2021
13,5 Vol.-%, NK, 500-l-Fass, €€€€€€ V
Kräftiges Rubingranat, violette Reflexe, zarte Randaufhellung. Fein Holz-Räucherwürze, etwas nach Cassis, kandierte Veilchen, zart nach Orangenschalen. Saftig, gute Komplexität, rotbeerig, tragendes Tannin, zitroniger Nachhall, gute Länge, sicheres Potenzial.

93 Blaufränkisch * Ried Poschen 2021
13,5 Vol.-%, NK, 500-l-Fass, €€€€€ V
Kräftiges Rubingranat, violette Reflexe, zarte Randaufhellung. Zart nach Gewürzen und Weichseln, ein Hauch von Orangenzesten, etwas nach Preiselbeeren. Saftig, straff, frische Struktur, mineralisch, rote Beerenfurcht im Abgang, zitroniger Nachhall, lang anhaltend, lebendiges Finish.

(91) Blaufränkisch * 2022
13 Vol.-%, DV, 500-l-Fass/großes Holzfass, €€€ B V
Dunkles Rubingranat, ockerfarbene Reflexe, zarte Randaufhellung. Frische Kirschfrucht, zarte Kräuternuancen, ein Hauch von Gewürzen, Feuersteinnote, Orangenzesten. Mittlere Komplexität, dunkle Mineralik, rote Beerenfrucht, extraktsüß im Finish, wird von Flaschenreife profitieren.

92 Hummelpiel 2021 ME/ZW/PN
13,5 Vol.-%, NK, 500-l-Fass/gebr. Barriques, €€€€€ V
Kräftiges Rubingranat, violette Reflexe, zarte Randaufhellung. Dezente Brombeernote, einladendes Waldbeerenkonfit, kandierte Orangenzesten, floraler Touch. Saftig, elegant, feine Tanninstruktur, Herzkirschen und Weichselnoten im Abgang, nussiger Nachhall, guter Speisenbegleiter.

WEINGUT NEHRER
7000 Eisenstadt
St. Georgener Hauptstraße 16
T: +43 (2682) 64380
weingut@nehrer.at
www.nehrer.at

Kellermeister/Kontakt:
Johannes Nehrer
Anbauweise: Zertifiziert Biologisch
Produktion: 45 % weiß, 5 % rosé, 50 % rot, 24 Hektar
Zertifiziert: Nachhaltig Austria
Vereinszugehörigkeit:
Leithaberg DAC
Messen: ProWein Düsseldorf, VieVinum, DAC-Präsentationen, Wein Burgenland Präsentationen

* Leithaberg DAC

★★★

WEINGUT PASLER

BIO

Im Einklang mit der Natur setzt Familie Pasler auf eine nachhaltige Wirtschaftsweise in ihren Weingärten. Diese sind eingebettet zwischen dem nördlich liegenden Leithagebirge mit seinen Muschelkalk- und Glimmerschiefer-Böden und dem südlich liegenden Neusiedler See mit Einflüssen der Pannonischen Tiefebene. Es ist der Familie, allen voran den Brüdern Michael und Johannes Pasler, ein Anliegen, schonend mit der Natur und ihren Gegebenheiten umzugehen, denn was an Sorgfalt und liebevoller Handarbeit in die Natur investiert wird, gibt diese mit hochwertigen Weinen wieder zurück, davon sind die beiden überzeugt.
Die Ausbringung von natürlichem Kompost und wechselnde Begrünung garantieren eine optimale Versorgung der Rebstöcke. Gezielte Laubarbeit und wiederholtes Ausdünnen gewährleisten für den letzten Reifeabschnitt beste Bedingungen für die Trauben. Nach der Ernte folgen lange Maischestandzeiten und spontane Vergärung, die Lagerung findet in Eichenfässern auf der Hefe statt. In der Reife überlässt man die Weine sich selbst und gibt ihnen jede Freiheit. Das Resultat sind authentische, finessenreiche Weine, die mehr als nur Spannung bieten.

WEINGUT PASLER
79093 Jois, Untere Hauptstraße 30
T: +43 (2160) 7385
office@franzpasler.at
www.paslerwein.com
Kellermeister: Michael & Johannes Pasler
Kontakt: Michael Pasler
Anbauweise: Zertifiziert Biologisch (Bio Austria)
Produktion: 40 % weiß, 5 % rosé, 45 % rot
Vereinszugehörigkeit: Leithaberg DAC
Messen: VieVinum, DAC-Präsentationen

93 Chardonnay * Ried Lindauer 2022
13 Vol.-%, DIAM, großes Holzfass, €€€€ Ⓑ Ⓥ
Helles Strohgelb, Silberreflexe. Frische Heublumen, rauchig, reduktive Würze, gelber Apfel, kandierte Mandarinenzesten. Mittlerer Körper, dezenter nussiger Touch, frische Birnenfrucht, weißes Nougat, elegant, ein facettenreicher Speisenbegleiter mit Entwicklungspotenzial.

91 Chardonnay Seeblick 2023
12,5 Vol.-%, DV, Stahltank, €€ Ⓑ Ⓥ
Helles Strohgelb, Silberreflexe. Frischer gelber Apfel, ein Hauch von Mango, fruchtiges, jugendliches Bukett mit floralem Touch. Saftig, mittlerer Körper, weißes Kernobst, frisch strukturiert, mineralisch-salzige Nuancen im Finish, vielseitiger, leichtfüßiger Speisenbegleiter.

93 Gemischter Satz Evolution 2022
13 Vol.-%, DIAM, Amphore, €€€€ Ⓑ Ⓘ Ⓥ
Zart getrübtes mittleres Grüngelb, Silberreflexe. Feine Nuancen von Bergamotte, ein Hauch von Rosenöl und Earl-Grey-Würze, mit feinen Nuancen von gelbem Steinobst unterlegt. Engmaschig, straff und elegant, mineralisch, feine Limettenfrucht, zart nach Blütenhonig, balanciert, ein finessenreicher Speisenbegleiter.

93 Traminer Textura 2022
12,5 Vol.-%, NK, gebr. Barriques, €€€€€ Ⓑ Ⓘ Ⓥ
Helles Orangegold, Silberreflexe. Frische Kräuterwürze, zart nach Nelken und Bergamotte, Nuancen von Rosen und Marshmallows, mineralisch unterlegt. Straff, engmaschig, weißer Apfel, trockene Stilistik, zitronig-salzige Elemente im Abgang, leichtfüßig und vielfältig einsetzbar, gutes Entwicklungspotenzial.

92 Kalk & Schiefer weiß 2022 WR/GV
12 Vol.-%, DIAM, gebrauchte Barriques, €€€ Ⓑ Ⓥ
Helles Gelbgrün, Silberreflexe. Zart nach Walnuss und frischer Birne, dunkle mineralische Facetten, mit feinen Wiesenkräutern unterlegt. Schlank, zart nussig, etwas Biskuit, feine Fruchtsüße, mineralisch-salzig, leichtfüßiger Stil, bleibt gut haften.

(92) Grauburgunder Graue Gans 2023
13 Vol.-%, DIAM, großes Holzfass, €€€ Ⓑ Ⓥ
Helles Lachsrosa, zarte Orangereflexe. Rauchig, feuchter Kies, zart nach Kletzen, individuelles Bukett. Straff, mineralisch, feines Nougat, kandierte Orangenzesten, dezente Salzigkeit, wird von weiterer Flaschenreife profitieren.

★★★★★

WEINGUT PRIELER

BIO

»Wein ist Poesie in Flaschen.« Treffender könnte man die Weine des kleinen, aber feinen Familienweinguts nicht beschreiben. Der Hauptteil davon liegt in Schützen am Gebirge, wobei sich auch ein beträchtlicher Teil der Rebflächen in der Nachbarortschaft Oggau befindet. In jeder Himmelsrichtung gibt es eine andere Bodenzusammensetzung, und so ist es einfach zu erklären, dass für die einzelnen Sorten die besten Lagen gewählt werden konnten. Um allerdings schon seit vielen Jahren feinste Weiß- und Rotweine zu erzeugen, benötigt man einiges an Fingerspitzengefühl.
Georg Prieler, der junge Önologe mit Auslandserfahrung, verfügt über diese Gabe. Er trifft seine Entscheidungen stets intuitiv, und das ist gut so, denn hier werden Weine erzeugt, die im Gedächtnis bleiben. Boden und Terroir sind für die Prielers jedenfalls kein leeres Gerede: Kalkböden findet man in den Rieden Seeberg und Sinner, die Richtung Neusiedler See liegen und die Trauben für die großen Weißweine liefern. Ungerbergen steht für sandigen Lehm mit Kieselsteinen und ist ein idealer Standort für spät reifende Sorten wie Cabernet Sauvignon. Goldberg, die unbestritten beste Lage des Hauses, bietet kargen Glimmerschiefer und ist prädestiniert für Blaufränkisch, die traditionsreichste und wichtigste Sorte.
Die Familie Prieler orientiert sich beim Ausbau der Weine immer an der Charakteristik der jeweiligen Lage. Dementsprechend vergärt der Pinot Blanc Seeberg nach ausgiebiger Maischestandzeit ausschließlich im Edelstahltank, damit Feinheit und Frische erhalten bleiben. Der Blaufränkisch Johanneshöhe wird hingegen im großen Holzfass »geschult«. Und der sehr bekannte Blaufränkisch Goldberg erhält seine unglaubliche Geschmeidigkeit während seines bis zu 26 Monate langen Aufenthalts in 500-Liter-Fässern. Letztgenannter Blaufränkisch Goldberg ist ein Wein der Superlative, der bereits zweimal – 2005 und 2008 – die »Falstaff Reserve Trophy« für sich entscheiden konnte. Aber auch mit den Weißweinen konnten die Prielers bei der »Falstaff Burgunder Trophy« bereits kräftig zugeschlagen: Zwei Trophys wurden mit dem Pinot Blanc Seeberg 2004 und dem außergewöhnlich gereiften Chardonnay Seeberg 2001 geholt. Kein Wunder also, dass die Familie 2009 als »Winzer des Jahres« ausgezeichnet wurde.

95 Pinot Blanc * Ried Haidsatz 2021
13,5 Vol.-%, NK, gr. Holzfass/Eichenfass, €€€€€ B
Mittleres Gelbgrün, Silberreflexe. Einladendes Bukett nach Honigmelone, zart nach Quitte, frisch und lebendig, zart nach Toffee, nussiger Touch. Saftig, engmaschig, vielschichtig und komplex, weißes Steinobst, mineralisch, mit einem Hauch von Kräutern unterlegte Birnenfrucht, zarter Gerbstoff im Finish, sicheres Entwicklungspotenzial.

95 Pinot Blanc * Ried Steinweingarten 2021
13,5 Vol.-%, NK, Amphore/Holzfass, €€€€€€ B
Mittleres Goldgelb, Grünreflexe. Feine Tropenfrucht, zart nach Kardamom, mit Gewürzen unterlegt, ein Hauch von gelber Apfelfrucht, frisches Bukett. Saftig, extraktsüß, weißes Steinobst, mineralisch, etwas dunkle Würze, facettenreicher Säurebogen, lang anhaltend, sicheres Reifepotenzial.

94 Pinot Blanc * Alte Reben 2021
13,5 Vol.-%, NK, Holzfass/Amphore, €€€€€ B
Mittleres Gelbgrün, Silberreflexe. Zarte Reduktion, etwas

WEINGUT PRIELER
7081 Schützen am Gebirge
Hauptstraße 181
T: +43 (2684) 2229
weingut@prieler.at
www.prieler.at
Kellermeister/Kontakt:
Georg Prieler
Anbauweise: Zertifiziert Biologisch (Bio Austria)
Produktion: 40 % weiß, 60 % rot, 24 Hektar
Vereinszugehörigkeit:
Leithaberg DAC
Messen: ProWein Düsseldorf, VieVinum, DAC-Präsentationen, Summa Margreid, Wein Burgenland Präsentationen

* Leithaberg DAC

nach weißer Birnenfrucht, Limettenzesten, frisches Bukett, ein Hauch von Guaven. Komplex, engmaschig, weißes Steinobst, Feuersteintouch im Abgang, salzig, bleibt sehr gut haften, sicheres Entwicklungspotenzial.

92 Pinot Blanc Schützen Ried Seeberg 2023
13,5 Vol.-%, DV, Stahltank, €€€ Ⓑ
Mittleres Gelbgrün, Silberreflexe. Blütenhonig, etwas nach Mango, zart nach Gewürzen, Birne klingt an. Gute Komplexität, kraftvoll, Golden-Delicious-Apfel, mineralisch, fruchtsüß, gut integrierte Säurestruktur, bleibt sehr gut haften, vielfältig einsetzbar.

92 Chardonnay Schützen Sinner® 2023
13,5 Vol.-%, DV, Stahltank, €€€ Ⓑ
Mittleres Gelbgrün, Silberreflexe. Etwas Wiesenkräuter, zart nach Guaven, ein Hauch von Melisse, Papayatouch, unterlegt mit Blütenhonig. Saftig, vielschichtig, weißes Steinobst, balancierte Säurestruktur, mineralisch, Mangotouch, facettenreiches Finish.

91 Blaufränkisch Rosé vom Stein® 2023
13 Vol.-%, DV, Stahltank, €€€ Ⓑ
Helles Altrosa, Silberreflexe. Zart nach Erdbeeren, ein Hauch von Gewürzen, Blütenhonig, einladendes Bukett. Saftig, fruchtsüß, Nuancen von weißer Frucht, Himbeertouch im Abgang, salzig, gut integrierte Säurestruktur, bereits gut antrinkbar.

(96) Blaufränkisch * Ried Goldberg 2021
13 Vol.-%, NK, großes Holzfass, €€€€€€ Ⓑ
Dunkles Rubingranat, violette Reflexe, zarte Randaufhellung. Feine Tabak-Holz-Würze, reife Kirschfrucht, zarte Blutorangennote, Nuancen von schwarzen Brombeeren, floraler Touch. Gute Komplexität, feine Würze, gut integrierte Tannine, frisches Säuregerüst, Herzkirschen im Abgang, bleibt gut haften, wird von Flaschenreife profitieren.

92 Blaufränkisch Oggau Johanneshöhe® 2020
13 Vol.-%, DV, großes Holzfass, €€€ Ⓑ
Kräftiges Rubingranat, violette Reflexe, zarte Randaufhellung. Feine Tabakwürze, ein Hauch von Brombeeren, dezenter Himbeertouch, Nougat klingt an, mit Kumquats unterlegt. Saftig, straff, gute Komplexität, lebendige Säurestruktur, balancierte Tannine, feinwürzig, rote Frucht im Rückgeschmack, guter Speisenbegleiter.

94 Merlot Schützner Stein® 2021
14,5 Vol.-%, NK, Barrique, €€€€€ Ⓑ
Dunkles Rubingranat, schwarzer Kern, violette Reflexe, zarte Randaufhellung. Feine Edelholzwürze, etwas nach Brombeeren, reife Zwetschkenfrucht, tabakig, florales Bukett. Komplex, saftig, gut eingebundene Tannine, schwarzer Tee und Kräuterwürze, Pflaumentouch im Abgang, engmaschiger Rückgeschmack, sicheres Reifepotenzial.

(92) St. Laurent 2021
12 Vol.-%, NK, Holzfass, €€€€ Ⓑ
Dunkles Rubingranat, violette Reflexe, zarte Randaufhellung. Dezente Kräuterwürze, ein Hauch von roten Kirschen, zarte Reduktion, etwas kandierte Orangenschalen. Saftig, straff, frisch und lebendig, mineralisch, rote Kirschfrucht, bleibt sehr gut haften, vielfältig einsetzbar.

★★

WEINGUT SATTLER

Die Joiser Winzer verfügen über hervorragende Rieden direkt vor der Haustür, so auch das Weingut Sattler, das stolz darauf ist, in den allerbesten Lagen von Jois seine Weingärten zu besitzen. Jede Lage mit ihrer besonderen Struktur in diesem Gebiet gibt den Weinen einen typischen Geschmack und sorgt für unvergessliche Momente bei Weinliebhabern. Rund um das Leithagebirge, wo die Böden sehr kalkhaltig und die Nächte durch den Wald sehr kühl sind, gedeihen die Sorten Merlot, Welschriesling und Chardonnay besonders gut. Die Lage am Jungenberg ist geprägt von mineralischem Urgestein. Speziell am Südhang finden die Sorten Blaufränkisch, Cabernet Sauvignon, Syrah und Sauvignon Blanc optimale Bedingungen vor. Die Rieden am Ladisberg und Wurmtristel beeindrucken durch ihre tiefgründige Bodenbeschaffenheit, geprägt von Ton- und Schwarzerde. Die Weine der Linie »Classic« zeichnen sich durch eine elegante Note aus, sie sind sehr fruchtbetont und wirken animierend auf die Geschmacksnerven. Bei der Linie »Exklusiv« vereinen sich Frucht und Holz in einer harmonischen Komposition. Das Ergebnis sind Weine mit vollem Körper, einer kräftigen Struktur und Zukunfts-

WEINGUT SATTLER
7093 Jois
Klausenberg 3
T: +43 (2160) 8206
info@sattler-seeblick.at
www.sattler-seeblick.at

Kellermeister/Kontakt:
Sattler Karl
Produktion: 40 % weiß, 60 % rot, 17.5+2.5 Hektar
Vereinszugehörigkeit:
Joiser Renommee

Jungenberg bei Jois

potenzial. Die Linie »Jungenberg« besticht mit einer feinen Mineralik, die sich am Gaumen vielschichtig ausbreitet und eine außergewöhnlich elegante Note verbreitet. Doris und Karl Sattler haben 2012 neben dem Weinbau auch die Pension »Zum Seeblick« übernommen.

93 Neuburger KS Limited Edition 2023
13 Vol.-%, DV, Stahltank, €€
Helles Gelbgrün, Silberreflexe. Zart nach frischer Birne, etwas Mango, feine Wiesenkräuter. Mittlerer Körper, weißer Apfel, feiner Säurebogen, dezente Fruchtsüße im Abgang, ein Hauch von Blütenhonig im Nachhall, ein eleganter und vielseitiger Speisenbegleiter.

92 Blaufränkisch * 2022
14 Vol.-%, NK, 500-l-Fass, €€€€
Dunkles Rubingranat, tiefer Kern, violette Reflexe, dezente Randaufhellung. Zarte Kräuterwürze, rote Herzkirschen, tabakig, mineralischer Touch. Mittlere Komplexität, rote Waldbeeren, gut integrierte Tannine, frisch strukturiert, salzige Nuancen im Nachhall.

(93) DS Limited Edition 2022 SY/ME
14 Vol.-%, NK, Barrique, €€€€€
Tiefdunkles Rubingranat, tiefer Kern, violette Reflexe, dezente Randaufhellung. Dunkles Nougat, etwas Edelholz, Brombeeren und Cassis, einladendes Bukett. Komplex, reife Herzkirschen, gut integrierte, tragende Tannine, mineralisch und anhaftend, feiner Schokotouch im Abgang, wird von Flaschenreife profitieren.

(93) N°1 2022 CS/ME
14,5 Vol.-%, NK, Barrique, €€€€€
Dunkles Rubingranat, tiefer Kern, violette Reflexe, dezente Randaufhellung. Nuancen von Gewürznelken und Kardamom, dunkle Kirschen, Brombeeren, zart mit Zwetschken unterlegt, Nuancen von Vanille. Kraftvoll, saftig, feine Herzkirschen, runde Tannine, gute Frische, bleibt haften, mineralischer Nachhall, bereits gut antrinkbar.

92 Renommee 2022 ZW/CS/ME
14 Vol.-%, NK, Barrique, €€€€
Dunkles Rubingranat, tiefer Kern, violette Reflexe, dezente Randaufhellung. Feine Edelholznuancen, zart nach Heidelbeeren und Herzkirschen, ein Hauch von Cassis und Vanille. Mittlere Komplexität, rotbeeriger Touch, zarte Tannine, mineralisch im Abgang, bereits gut antrinkbar.

92 Syrah Ried Jungenberg 2022
14 Vol.-%, NK, gebrauchte Barriques, €€€
Tiefdunkles Rubingranat, violette Reflexe, zarte Randaufhellung. Zart nach Vanille, reife Herzkirschen, ein Hauch von Brombeeren, mit feiner Kräuterwürze unterlegt. Saftig, elegant, rotbeeriger Touch, feine Tannine, zart nach Gewürzen und Nougat im Nachhall.

* Leithaberg DAC

Familie Schindler

WEINGUT FRANZ SCHINDLER
7072 Mörbisch
Neustiftgasse 6
T: +43 (2685) 8326
office@weingut-schindler.at
www.weingut-schindler.at

Kellermeister/Kontakt:
Franz Schindler
Produktion: 70.000 Flaschen
35 % weiß, 60 % rot, 5 % süß,
15 Hektar
Vereinszugehörigkeit:
Mörbischer Wein
Messen: Dornbirner Frühjahrs- und Herbstmesse, Wein Burgenland Präsentationen

★★★★

WEINGUT FRANZ SCHINDLER

Mit der Kreation seiner »Cuvée d'Or« hat Franz Schindler aus Mörbisch bereits vor über 30 Jahren Pionierarbeit in Sachen österreichischer Rotwein geleistet. Von Beginn an hat sich dieser edle Tropfen in der Weinszene einen Namen gemacht und zählt seit vielen Jahren zu den besten Weinen in Österreich. 1985 wurde die Idee umgesetzt, den heimischen Blaufränkisch nach internationalem Vorbild zu vinifizieren. Der Grundstein für die heutige »Cuvée d'Or« war damit gelegt. In zwei Etappen wurde dieser Wein dann mit zwei Cuvéepartnern ergänzt: im Jahr 1989 mit der Sorte Cabernet Sauvignon, die damals im Burgenland noch sehr selten war, und im Jahr 2000 schließlich zusätzlich noch mit Merlot.

Mit dem Jahrgang 1999 wurde dann erstmals eine Luxusausführung dieses Weins als »Grande Cuvée d'Or« vorgestellt, ein Prestigewein, der nur in den besten Rotweinjahrgängen aufgelegt wird. Für immer mehr Furore sorgt im Hause Schindler aber auch ein reinsortiger Merlot, der sich durch Kraft und Potenzial auszeichnet. Auch Cabernet Sauvignon und naturgemäß Blaufränkisch gibt es von Franz Schindler in reinsortiger und bestechender Form. Die Süßweine glänzen durch Harmonie, Kraft, Fruchttiefe und eine feine Säure. Die Philosophie des Hauses, den großen Gewächsen mehr Fassreife zu gönnen und sie erst später in Flaschen zu füllen und in den Verkauf zu geben, wird durch Spitzenplätze bei Verkostungen immer wieder bestätigt.

93 Cuvée d´Argent 2021 CH/SB
14,5 Vol.-%, NK, Barrique, €€€€€
Leuchtendes Goldgelb, Silberreflexe. Zart nach Wiesenkräutern, feine Holzwürze, mit gelber Tropenfrucht unterlegt, Nuancen von Mango klingen an. Saftig, kraftvoll und elegant, zartes Nougat, feiner Säurebogen, mineralisch, ein cremiger Speisenbegleiter.

97 Veritas Reserve 2017 ME/CS
14,5 Vol.-%, NK, Barrique, €€€€€€
Dunkles Rubingranat, violette Reflexe, zarte Randaufhellung. Feine Brombeernoten, zart nach Cassis, Tabak-Holz-Würze, etwas Nougat, kandierte Veilchen. Saftig, komplex, gut integrierte Tanninstruktur, rote Beerenfrucht, zart nussiges Finish, bleibt gut haften, vielseitiger Speisenbegleiter.

96 Ariane 2019 ME/CS
13,5 Vol.-%, NK, Barrique, €€€€€€
Tiefdunkles Rubingranat, violette Reflexe, zarte Randaufhellung. Feine Edelholzwürze, etwas frische Feigen, dunkles Waldbeerenkonfit, zart nach Karamell, Nelken klingen an. Gute Komplexität, leichtfüßig, tragendes, samtiges Tannin, rote Beerenfrucht, Nougat im Abgang, vielschichtig, sicheres Reifepotenzial, wird von Flaschenreife profitieren.

94 Cuvée d'Or 2021 BF/ME/CS
14 Vol.-%, NK, Barrique, €€€€€
Dunkles Rubingranat, violette Reflexe, zarte Randaufhellung. Dunkles Waldbeerenkonfit, ein Hauch von Pflaumen, zart nach Kräutern, dazu Edelholznuancen, Nougat klingt an. Saftig, engmaschig, feine süße Tanninstruktur, mineralisch, Cassisnoten, schokoladiger Nachhall, sicheres Potenzial.

94 Blaufränkisch Ried Lehmgrube 2021
14 Vol.-%, NK, Barrique, €€€€€
Kräftiges Rubingranat, violette Reflexe, dezente Ockerrandaufhellung. Nuancen von Nougat und Waldbeeren, floraler Touch, mit zarten Edelholznoten unterlegt. Saftig, elegant, angenehme Fruchtsüße nach Brombeeren, reife Tannine, ausgewogen, mineralischer Nachhall, vielseitiger Speisenbegleiter.

93 Cabernet Sauvignon Ried Seeacker 2021
14,5 Vol.-%, NK, Barrique, €€€€€
Tiefdunkles Rubingranat, violette Reflexe, zarte Randaufhellung. Zart nach Cassis, etwas nach Flieder, ein Hauch von Edelholzwürze, einladendes Bukett. Saftig, engmaschig, präsentes, gut integriertes Tannin, Herzkirschen im Abgang, mineralisch, feinwürzig, guter Speisenbegleiter mit Potenzial.

★★★★

WEINGUT ROSI SCHUSTER

BIO

Hannes Schuster beschränkt sich auf das für ihn Wesentliche: Blaufränkisch und Sankt Laurent in Rot und Grüner Veltliner, Furmint und Welschriesling in Weiß. Als Winzer sieht er seine Arbeit wie ein Mosaik aus manchmal größeren und manchmal kleineren Steinen, die sich zu einem Gesamtwerk zusammenfügen. Das Gesamtbild muss für ihn stimmen. Wie man das erreicht – dafür gibt es keine »Dogmen«, ist er überzeugt.
Das Burgenland, eines der ältesten und spannendsten Weinbaugebiete der Welt, mit Sedimenten des pannonischen Urmeeres, seinen sanften Hügeln und Hängen und mit seinem pannonischen Klima, gibt die Richtung vor. »Wir sehen unser Weinbaugebiet nicht als das östlichste Weinbaugebiet Österreichs, es ist vor allem der westliche Rand der Pannonischen Tiefebene.«

97 Blaufränkisch Sankt Margarethen Ried Lamer 2022
13,5 Vol.-%, DIAM, €€€€€€ (B)
Tiefdunkles Rubingranat, opaker Kern, violette Reflexe. Feine Kirschfrucht, floraler Touch, zarte Kräuterwürze, kandierte Orangenzesten, einladendes Bukett. Komplex, saftig, feine Waldbeeren, ein Hauch von Süße, reife Tannine, seidig und lange anhaftend, kühler rotbeeriger Abgang, große Länge, sicheres Reifepotenzial.

96 Blaufränkisch Sankt Margarethen Ried Hinkenthal 2022
13,5 Vol.-%, DIAM, großes Holzfass, €€€€€€ (B)
Tiefdunkles Rubingranat, opaker Kern, violette Reflexe. Zart floral unterlegte rote Waldbeeren, frische Herzkirschen, ein Hauch von Pflaumen, feinfruchtiges, attraktives Bukett. Stoffig, elegant, finessenreich strukturiert, seidige

WEINGUT ROSI SCHUSTER
7062 St. Margarethen
Prangergasse 2
T: +43 (2680) 26 24
weingut@rosischuster.at
www.rosischuster.at

Kellermeister/Kontakt:
Hannes Schuster
Anbauweise: Zertifiziert Biologisch
Produktion: 30 % weiß, 70 % rot, 17 Hektar
Messen: VieVinum

Tannine, wirkt leichtfüßig, bereits gut entwickelt, frischer, saftiger Speisenbegleiter, bereits antrinkbar und mit gutem Potenzial ausgestattet, wird von weiterer Flaschenreife profitieren.

96 Blaufränkisch Müllendorf Ried Santen 2022
13,5 Vol.-%, DIAM, großes Holzfass, €€€€€€
Tiefdunkles Rubingranat, opaker Kern, violette Reflexe. Noch etwas verhalten, schwarze Beerenfrucht, zart nach Brombeeren, Lakritze und frischen Herzkirschen, ein Hauch von Orangenzesten. Engmaschig, straff, elegant, feine, finessenreiche Süße, reife, tragende Tannine, mineralisch im Abgang, kalkig-zitronige Kühle im Nachhall, braucht noch Zeit, sicheres Reifepotenzial.

95 Blaufränkisch Sankt Margarethen Dorfkultur 2022
13,5 Vol.-%, DIAM, großes Holzfass, €€€€€ B
Dunkles Rubingranat, opaker Kern, violette Reflexe. Dunkles, zart schiefrig unterlegte Beerenfrucht, etwas nach Lakritze, ein Hauch von Bergamottenzesten. Saftig, feine Extraktsüße, saftige Herzkirschen, frisch, rotbeeriger Touch im Abgang, kalkig-salzig im Nachhall, bleibt sehr gut haften, ein vielversprechender Speisenbegleiter mit Reifepotenzial.

93 Blaufränkisch Burgenland 2022
13 Vol.-%, DIAM, großes Holzfass, €€€€ B
Dunkles Rubingranat, violette Reflexe, zarte Randaufhellung. Reife Herzkirschen, feines Brombeerkonfit, ein Hauch von Orangenzesten, einladendes Bukett. Komplex, straff, engmaschig, salzige Textur, reife Tannine, mineralisch im Abgang, leichtfüßig und gut anhaftend.

97 Sankt Laurent Zagersdorf Ried Repistye 2022
12,5 Vol.-%, DIAM, großes Holzfass, €€€€€€ B
Kräftiges Rubingranat, violette Reflexe, dezente Randaufhellung. Feine rotbeerige Nuancen, zarte Herzkirschen, ein Hauch von Mandarinenzesten, mineralisch, floraler Touch, facettenreiches Bukett, mit Luft etwas Weingartenpfirsich. Straff, engmaschig, feiner Gerbstoff, frisch strukturiert, rotbeerige Frucht im Abgang, kalkig-karge Mineralik, kühl und lange anhaftend, ein facettenreicher Speisenbegleiter mit großem Potenzial.

93 Sankt Laurent Burgenland 2022
11 Vol.-%, DIAM, großes Holzfass, €€€€ B
Kräftiges Rubingranat, violette Reflexe, zarte Randaufhellung. Zart rauchige Kräuterwürze, feine rote Waldbeerenfrucht, Nuancen von Lakritze und kandierten Veilchen. Saftig, elegant, ein Hauch von Erdbeeren, feine Tannine, leichtfüßig, ausgewogen, mineralisch und anhaftend, feine Kirschfrucht im Nachhall.

★★★

THOMAS SCHWARZ

BIO

Thomas Schwarz ist 1972 geboren und in Purbach aufgewachsen. Um das Weinmachen zu lernen, hat er nach der Matura in Eisenstadt noch eineinhalb Jahre in Krems verbracht, am liebsten erkundet er aber immer noch den Leithaberg. Warum an einen anderen Ort fahren, solange es hier noch so viel gibt, das er nicht kennt? Und während sein Wein sich mehr und mehr selbst macht, kann Thomas Schwarz andere schöne Dinge tun: Zeit mit seiner Tochter verbringen, zum Beispiel, Endurofahren, Downhillen mit dem Mountainbike, Stand-up-Paddeln oder einfach Heavy Metal hören. Wenn er noch besser wird im »Den-Wein-sich-selbst-machen-Lassen«, dann kann er eines Tages vielleicht seinen Traum verwirklichen und eigenes gutes Bier brauen. Das, fürchtet er nämlich, braut sich selbst wohl viel schwieriger, als guter Wein sich selbst macht.

Das Ziel von Thomas Schwarz ist es, sich selbst möglichst überflüssig zu machen – im Weingarten und im Keller. Seine Reben und der Boden, auf dem sie wachsen, sollen so gesund sein, dass sie kaum Hilfe von Menschen benötigen, die Weine vergären spontan und ohne Intervention, entwickeln sich und reifen in großen Fässern, die den Geschmack der Weine möglichst wenig verändern. Am liebsten wäre es ihm, wenn sich sein Wein auch selbst in Flaschen füllen würde. Entsprechend definiert er sich mehr über das, was er nicht hat und macht: kein Barrique, keine Zuchthefen, keine synthetischen Pestizide, Insektizide

THOMAS SCHWARZ
7083 Purbach
Waldsiedlung 2b
T: +43 (676) 9608875
weingut@klosteramspitz.at
thomasschwarz.at

Kellermeister/Kontakt:
Thomas Schwarz
Anbauweise: Zertifiziert Biologisch (Austria Bio Garantie)
Produktion: 50 % Schaumwein, 30 % weiß, 20 % rot, 5.5 Hektar

Thomas Schwarz

oder Dünger. Bei einem Sekt, dem Rosé Brut »ZZ«, verzichtet er auch auf Dosage und Schwefel.
Seit 2016 verzichtet Thomas Schwarz auch auf die Bezeichnung Qualitätswein und verkauft seine Weine als Landwein beziehungsweise Wein – auch und gerade jene aus den besten Lagen. Seiner Meinung nach ist es der beste Qualitätsbeweis, wenn er abends »versehentlich« eine Flasche austrinkt. Vor allem mit seinem »Rosé Brut« passiert ihm das immer wieder.

92 Rosé - Brut BF/SL/CS
12,5 Vol.-%, NK, Flaschenreifung, €€€€
Helles Lachsrosa, Silberreflexe, feines, lebendiges Mousseux. Weißes Steinobst, rote Waldbeeren, ein Hauch von Mandarinenzesten. Saftig, feine Tropenfrucht, elegant, dezente Fruchtsüße, finessenreicher Säurebogen, eingelegte Kirschen, harmonisch und gut anhaftend.

(94) Chardonnay Muschelkalk »R« 2017
13,4 Vol.-%, DV, 500-l-Fass, €€€€€
Helles Grüngelb, Silberreflexe. Florales Bukett, zart nach Jasmin und Zitronengras, ein Hauch von Kokos und grünem Apfel, facettenreiches, einladendes Bukett. Komplex, straff, elegant, feine Rancio-Nuancen, gut integrierter Säurebogen, etwas Nougat im Abgang, wirkt jugendlich und leichtfüßig, bereits gut antrinkbar, individueller, charakterstarker Stil.

91 Merlot Rosé 2023
13 Vol.-%, DV, Stahltank, €€
Mittleres Lachsrosa, zarter Kupfertouch. Frische Kirschen, ein Hauch von Erdbeeren, zart nach Orangenzesten. Mittlere Komplexität, feine Fruchtsüße, dezenter Säurebogen, harmonisch, bietet unkompliziertes Trinkvergnügen.

92 Pinot Noir 2022
12 Vol.-%, DV, großes Holzfass, €€€
Kräftiges Karmingranat, violette Reflexe, breite Ockerrandaufhellung. Zarte Kräuterwürze, rotes Waldbeerenkonfit, tabakige Nuancen. Schlank, rotbeerig, feiner Säurebogen, zart nussig im Abgang, zarte Extraktsüße, mineralischer Nachhall.

94 Blaufränkisch Vindemia No.13 2022
17 Vol.-%, DV, 500-l-Fass, €€€€
Dunkles Rubingranat, violette Reflexe, breitere Ockerrandaufhellung. Zart nach After Eight, eine Mischung aus Minze, Menthol und dunklem Nougat, mit frischen Johannisbeeren unterlegt. Komplex, gewürzige Nuancen, ein Hauch von Kräuterbitter, feine Süße im Nachhall, individueller, spannender Likörwein.

92 Rosenmuskateller 2022
10 Vol.-%, DV, Stahltank, €€€€
Helles Lachrosa, Silberreflexe. Zarte Nuancen von roten Waldbeeren, feine florale Note, mit dezentem Blütenhonig unterlegt. Saftig, elegant, fruchtige Süße, ein Hauch von Rosenwasser, zart nach Feigen, ausgewogen und bereits gut antrinkbar.

★★★

WEINGUT SOMMER

BIO

Seit 1698 besteht das Weingut Sommer am Südosthang des Leithabergs. 2023 übernahm die neue Generation mit Leo jr. und seiner Frau Kathrin offiziell das Ruder auf dem traditionsreichen Weingut. Stilistisch verantwortet Leo jr. die Weine schon seit einigen Jahren. Aber gut Ding braucht Weile, und so wurden viele Weiterentwicklungen behutsam durchgeführt und drängen nach und nach an die Oberfläche. Überlieferten Wegen verschieben, viel Gutes aus der Vergangenheit mitnehmen, den Lauf der Natur reflektieren, neue Verbindungen mit ihr eingehen – das macht den eingeschlagenen Weg von Leo Sommer jr. aus. Und das alles nährt das Mindset: frei gedacht, aber mit Haltung. Damit sich der Dialog vertieft. Alles richtig machen, aber dafür langweilig, dafür brennt die neue Generation nicht. »Das Handwerk des Weins begreifen wir als einen kontinuierlichen Prozess – nie fertig, oft ein holpriger Weg. Das Ziel erarbeiten wir uns auf dem Weg – wenn wir sehen, was zu tun ist«, erklären Kathrin und Leo ihren Zugang zum Weinmachen.

(95) Grüner Veltliner * Purbach Ried Halser 2022
13,5 Vol.-%, NK, großes Holzfass, €€€€€
Mittleres Grüngelb, Silberreflexe. Feine Wiesenkräuter, weiße Tropenfrucht, aber auch etwas frischer Apfel, mit kandierten Blutorangenzesten unterlegt. Komplex, saftig, zart nussig-würzig, feiner Säurebogen, dunkle Mineralik, Marzipan und weißes Nougat, sehr gute Länge, ein eleganter Speisenbegleiter, sicheres Reifepotenzial.

(94) Grüner Veltliner * Donnerskirchen Ried Himmelreich 2022
13 Vol.-%, NK, großes Holzfass, €€€€€
Leuchtendes helles Gelbgrün, Silberreflexe. Frische Kräuterwürze, Nuancen von Orangen und gelber Tropenfrucht, mit etwas Mango und Papaya unterlegt. Mineralisch, engmaschig, weißer Apfel, finessenreich strukturiert, salzig und gut anhaftend, ein finessenreicher Speisenbegleiter mit Reifepotenzial.

(93) Grüner Veltliner Salz und Rauch 2022
13,5 Vol.-%, NK, großes Holzfass, €€€€€
Leuchtendes mittleres Grüngelb, Silberreflexe. Nuancen von erntefrischen Marillen, feine gelbe Tropenfrucht, zart nussig unterlegte Kräuterwürze, einladendes Bukett. Mittlere Komplexität, feine Mineralik, grüner Apfel, frischer

Leo und Kathrin Sommer

WEINGUT SOMMER
7082 Donnerskirchen, Johannesstraße 26
T: +43 (2683) 8504
info@weingut-sommer.at
www.weingut-sommer.at
Kellermeister: Leo Sommer
Kontakt: Kathrin Sommer & Leo Sommer
Anbauweise: Zertifiziert Biologisch
Produktion: 150.000 Flaschen
80 % weiß, 18 % rot, 2 % süß, 30 Hektar
Zertifiziert: Nachhaltig Austria
Vereinszugehörigkeit:
Leithaberg DAC, Weinquartett Donnerskirchen
Messen: ProWein Düsseldorf, VieVinum, Vinobile Montfort, DAC-Präsentationen, Wein Burgenland Präsentationen, Vinexpo New York

Säurebogen, pikant und lebendig, wirkt leichtfüßig, ein anregender Speisenbegleiter.

93 Chardonnay * Donnerskirchen Ried Riefring Thal 2021
13,5 Vol.-%, NK, großes Holzfass, €€€€€
Mittleres Gelbgrün, Silberreflexe. Zart nach frischer Birne, ein Hauch von gelber Tropenfrucht, etwas Ananas klingt an, Nuancen von Orangenzesten. Komplex, straff, weißer Apfel, feiner Säurebogen, kalkig-mineralisch im Abgang, zitronig-karamelliger Touch im Nachhall.

89 Chardonnay * Kalkschicht 2023
13 Vol.-%, DV, Stahltank/500-l-Fass, €€ B

93 Riesling Handwerk 2022
13 Vol.-%, NK, Beton/großes Holzfass, €€€€€
Helles Grüngelb, Silberreflexe. Zart floral, Limettenabrieb, weißes Steinobst, mineralischer Touch. Mittlerer Körper, engmaschig, terroirgeprägt, feiner Säurebogen, dunkle Würze im Abgang, bleibt haften, feine gelbe Tropenfrucht im Nachhall, kühler Gesamteindruck.

89 Riesling Quarz 2023
12 Vol.-%, DV

92 Welschriesling Handwerk 2022
13 Vol.-%, NK, großes Holzfass, €€€€
Helles Goldgelb, Silberreflexe. Frische Wiesenkräuter, zart mit Orangenzesten unterlegte Anklänge von gelbem Kernobst. Saftig, cremige Textur, dezenter Säurebogen, mineralisch, ein Hauch von Karamell und gelbem Pfirsich im Abgang, ein vielseitiger Speisenbegleiter.

89 Traminer Handwerk 2022
13,5 Vol.-%, NK, 500-l-Fass, €€€€

93 Blaufränkisch * Purbach Ried Halser 2021
13,5 Vol.-%, NK, 500-l-Fass/großes Holzfass, €€€€€
Dunkles Rubingranat, violette Reflexe, dezente Ockerrandaufhellung. Dunkle Schiefernuancen, schwarze Waldbeeren, etwas Lakritze, mit Bergamotte unterlegt. Saftig, elegant, rote Herzkirschen, feine Tannine, finessenreich strukturiert, saliner Nachhall, ein facettenreicher Speisenbegleiter.

91 Blaufränkisch * 2021
12,5 Vol.-%, NK, Amphore/Stahltank/500-l-Fass, €€€€
Dunkles Rubingranat, violette Reflexe, dezente Randaufhellung. Reife schwarze Herzkirschen, dunkle Waldbeeren, mineralischer Touch. Mittlerer Körper, salzig-nussiger Touch, feiner Säurebogen, rotbeeriger Nachhall, zeigt gute Frische.

★★★

WEINGUT HST – HANNES STEURER

Das Weingut Steurer liegt in Jois und wird als Familienbetrieb engagiert geführt. Während Hannes Steurer von der Rebpflege bis zur Vinifizierung für alle Arbeiten rund um den Wein verantwortlich zeichnet, unterstützt ihn seine Frau Emma in der Verwaltung und beim Verkauf. Auch Sohn Michael ist schon tatkräftig dabei und hat bereits vier eigene Weine, einen Pet Nat (Grüner Veltliner mit Pinot Blanc), einen im Holz vergorenen Chardonnay, einen Rosé von der Ried Gritschenberg sowie den neuen Cabernet Sauvignon Marthal vinifiziert. Aber er sammelt zurzeit auch noch bei anderen Betrieben Erfahrung.
Das Weingut besitzt 14 Hektar Weingärten, wovon 75 Prozent mit Rotwein- (Zweigelt, Blaufränkisch, Shiraz und Cabernet Sauvignon) und 25 Prozent mit Weißweinsorten (Welschriesling, Grüner Veltliner, Traminer, Sauvignon Blanc und Pinot Blanc) bepflanzt sind. Zusätzlich werden auch einige Hektar Trauben von Vertragswinzern vinifiziert. In bester Lage zwischen Hügeln des Leithagebirges und dem Neusiedler See belohnen die Reben den Winzer mit optimalem Traubenmaterial für kräftige Rot- und fruchtige Weißweine.
Der Grundphilosophie des Betriebs, keine Berührungsängste gegenüber Modernem zu haben, jedoch dabei die Tradition nicht aus den Augen zu verlieren, vertraut Steurer auch bei der Vinifizierung. Die Weißweine vergären in elektronisch gesteuerten Kühltanks und lagern danach im Edelstahl – dadurch kann die Traubenfrucht optimal bis in die Flasche transportiert werden. Aber es gibt auch verschiedene Versuche im Orange-Bereich: Hier werden die Weine ein Jahr auf der Feinhefe ohne Schwefelzugabe gelagert. Bei den Rotweinen vergären die Trauben aus Top-Lagen in Holzgärständen, damit sie noch eleganter werden. Ein Gutteil der Roten reift aber in französischen 225-Liter- und 500-Liter-Fässern heran, wodurch sie feine Röst-, Vanille- und Schokoaro-

* Leithaberg DAC

WEINGUT HST – HANNES STEURER

7093 Jois
Bahnstraße 28
T: +43 (664) 5511780
hst@hannessteurer.at
www.hannessteurer.at

Kellermeister/Kontakt:
Hannes Steurer
Produktion: 100.000 Flaschen
3 % Schaumwein, 27 % weiß,
2 % rosé, 65 % rot, 3 % süß,
14+5 Hektar
Vereinszugehörigkeit:
Joiser Renommee, Leithaberg DAC

men aufweisen. Besonders wichtig ist es dem Winzer, dass seine Weine Spaß machen und das Gebiet im Wein erkennbar wird.
Zahlreiche Auszeichnungen untermauern die Qualität der Weine, drei ganz besondere Erfolge bedeuteten der ausgezeichnete »3. Falstaff-Sieger« 2012, der »AWC Trophy-Sieger« 2018 sowie der »3. Falstaff-Sortensieger« 2018 mit dem »M1«. Zudem wurde der Familienbetrieb bei der Burgenländischen Weinprämierung als Weingut des Jahres 2020 ausgezeichnet, und 2021 wurde die Cuvée »Fam Steurer« zum Bundessieger gewählt.
Neben dem Weingut besitzt die Familie auch den Heurigen »Genusslaube« in Jois. Wer etwas länger verweilen möchte, kann im neuen »Schlafgut« vis-à-vis dem Weingut, ausgestattet mit einem eigenen Pool und Sauna und mit fünf Sonnen bewertet, das Burgenland genießen.

94 FAM Steurer 2022 BF/ZW/CS/SY
14 Vol.-%, NK, 500-l-Fass, €€€€€
Tiefdunkles Rubingranat, opaker Kern, violette Reflexe, dezente Ockerrandaufhellung. Zart nach Nougat und Edelholz, reife Zwetschken, Brombeerkonfit, kandierte Orangenzesten. Kräftig, saftig, elegant, schwarze Herzkirschen, feine Tannine, finessenreich strukturiert, Beerenfrucht im Abgang, ein lebendiger Speisenbegleiter mit Entwicklungspotenzial.

93 HST 2022 ZW/CS
14 Vol.-%, NK, Barrique, €€€€€
Dunkles Rubingranat, opaker Kern, violette Reflexe, dezente Ockerrandaufhellung. Zarte Kräuterwürze, ein Hauch von Preiselbeeren, eingelegte Kirschen, floral, kandierte Mandarinenzesten. Mittlere Komplexität, rotbeeriger Touch, feine Tannine, mineralisch und gut anhaftend, rote Herzkirschen im Abgang, ein ausgewogener Begleiter bei Tisch.

92 Renommee 2022 ZW/CS/BF
14 Vol.-%, NK, 500-l-Fass, €€€€
Dunkles Rubingranat, opaker Kern, violette Reflexe, dezente Ockerrandaufhellung. Zarte Edelholzwürze, ein Hauch von Röstaromen, schwarze Waldbeeren, etwas Cassis. Kraftvoll, dunkle Beeren, Kirschen, präsente Tannine, mineralisch, salzig im Abgang, etwas Nougat im Nachhall.

93 Merlot Ried Jungenberg 2022
14,5 Vol.-%, NK, Barrique, €€€€
Dunkles Rubingranat, opaker Kern, violette Reflexe, dezente Ockerrandaufhellung. Zart nach Gewürznelken, etwas Nougat, schwarze Herzkirschen, kandierte Orangenzesten. Saftig, rote Kirschen, feine Fruchtsüße im Kern, reife, tragende Tannine, frischer Säurebogen, ein eleganter, stoffiger Speisenbegleiter, sicheres Reifepotenzial.

93 Cabernet Sauvignon Ried Marthal 2022
14 Vol.-%, NK, Barrique, €€€€€
Tiefdunkles Rubingranat, opaker Kern, violette Reflexe, dezente Ockerrandaufhellung. Schwarze Beeren, Lakritze und Cassis, kandierte Mandarinenzesten, etwas Nougat und Gewürze. Saftig, elegant, dunkle Waldbeeren, feste Tannine, mineralisch, dezente Karamellnuancen im Abgang, gutes Reifepotenzial.

92 Blaufränkisch Bakobel 2022
14,5 Vol.-%, NK, 500-l-Fass, €€€€
Dunkles Rubingranat, opaker Kern, violette Reflexe, dezente Ockerrandaufhellung. Zart floral, ein Hauch von Cassis, schwarze Kirschen, Gewürznelken klingen an, mit reifen Herzkirschen unterlegt. Kraftvoll, dunkle Waldbeeren, feine Tannine, mineralisch-zitronig im Abgang, schokoladiger Touch im Rückgeschmack.

★★★★

WEINGUT TINHOF

BIO

In Eisenstadt, an den Hängen des Leithagebirges, liegen die Weingärten von Erwin Tinhof, der aus Überzeugung fast ausschließlich österreichische Rebsorten anpflanzt. Bereits seit elf Generationen fühlt man sich dem Weinbau verpflichtet. Die Weingärten liegen alle auf Seehöhen von 150 bis 280 Metern und sind geprägt vom Mikroklima der einzelnen Lagen. Manche Weingärten liegen am Waldrand, manche in ganz offenen Rieden. Diese Kleinstrukturiertheit des Leithagebirges findet sich in der Vielfalt der Weine wieder. Bepflanzt sind diese Weingärten mit bis zu 7.000 Rebstöcken pro Hektar, die durch die biologisch-organische Bewirtschaftung nachhaltig vital sind. Sie sind bis zu 55 Jahre alt und bestehen aus Sorten wie Neuburger und Weißburgunder sowie Blaufränkisch und Sankt Laurent. Handlese und Vergärung nur mit natürlichen Hefen sind Standard. Das Resultat sind feine, elegante, strukturierte und aussagekräftige Weine mit unverwechselbarem Charakter. Voraussetzung dafür sind widerstandsfähige Reben und gesunde Trauben. Das Weingut Tinhof ist nach jahrelanger Vorarbeit seit 2012 biologisch-organisch zertifiziert. Die Leithaberg-DAC-Weine und die Einzellagenweine werden in Holzfässern ausgebaut, bekommen viel Zeit zur Reifung und sind besonders präzise und facettenreiche Vertreter der Leithaberg-Terroirs.

94 Weißburgunder * Großhöflein Ried Tatschler 2022
12,5 Vol.-%, NK, gebrauchte Barriques, €€€€€ B
Helles Goldgelb, Silberreflexe. Feine Holzwürze, etwas

WEINGUT TINHOF
7061 Trausdorf
Eisenstädter Straße 10
T: +43 (2682) 62648
wein@tinhof.at
www.tinhof.at

Kellermeister/Kontakt:
Erwin Tinhof
Anbauweise: Zertifiziert Biologisch
Produktion: 90.000 Flaschen
45 % weiß, 50 % rot, 5 % süß,
18 Hektar
Vereinszugehörigkeit:
Leithaberg DAC
Messen: Millésime Bio, ProWein Düsseldorf, VieVinum, DAC-Präsentationen, Summa Margreid

Neuburger

weißes Nougat, Birne und Vanille, floraler Touch im Hintergrund. Mittlerer Körper, engmaschig, feine Mineralik, salzig im Abgang, zarte Apfelfrucht im Nachhall, zeigt Länge und gutes Reifepotenzial.

93 Weißburgunder * Eisenstadt Ried Golden Erd 2022

13 Vol.-%, NK, gebrauchte Barriques, €€€€€€ B

Helles Gelbgrün, Silberreflexe. Zart nach Orangenzesten, feine gelbe Apfelnuancen, etwas Mango, ein Hauch von Blütenhonig. Straff, engmaschig, weiße Birne, feiner Säurebogen, saliner Touch, wirkt leicht und zart, bleibt dank präziser Mineralik sehr gut haften.

94 Neuburger * Eisenstadt Ried Oberberg 2022

12,5 Vol.-%, NK, kleines Holzfass, €€€€€€ B

Leuchtendes helles Grüngelb, Silberreflexe. Zart floral unterlegte feine Note von weißem Kernobst, ein Hauch von Orangenblüten, noch etwas verhaltenes Bukett. Schlank, straff, betont mineralisch, feine Zitrusnuancen, gut integrierte, lebendige Säurestruktur, pikanter Abgang, bleibt haften, verfügt über gutes Entwicklungspotenzial.

93 Neuburger * Eisenstadt Ried Golden Erd 2022

12,5 Vol.-%, NK, gebrauchte Barriques, €€€€€€ B

Helles Grüngelb, Silberreflexe. Ein Hauch von Orangenblüten, feine gelbe Birnenfrucht, zart nach Mango, Limettenzesten im Hintergrund. Mittlere Komplexität, weiße Apfelfrucht, finessenreich strukturiert, salzig-zitronig im Abgang, ein leichtfüßiger, delikater Sortenvertreter.

92 Neuburger & Weißburgunder * Eisenstadt 2022 WB/NB

13 Vol.-%, NK, großes Holzfass, €€€€ B

Helles Gelbgrün, Silberreflexe. Zarte Noten von weißem Kernobst, nach Apfel, ein Hauch von Wiesenkräutern und Orangenzesten. Mittlerer Körper, zart nach Pfirsich, feiner Säurebogen, ausgewogen, mineralisch, salziger Rückgeschmack.

91 Blaufränkisch Rosé 2023

12 Vol.-%, DV, Stahltank, €€ B

Helles Lachrosa, Silberreflexe. Zart nach roten Kirschen, Nuancen von Erdbeeren, mit gelbem Steinobst unterlegt. Leichtfüßig, rotbeerig, weißer Apfel, lebendige Struktur, zitroniger Nachhall, ein frischer, sommerlicher Speisenbegleiter.

94 Blaufränkisch * Kleinhöflein Ried Kirchberg Gloriette® 2021

14 Vol.-%, NK, gebrauchte Barriques, €€€€€€ B

Dunkles Rubingranat, violette Reflexe, dezente Ockerrandaufhellung. Zarte Kräuterwürze, schwarze Waldbeeren, dunkle Kirschen, tabakige Nuancen, mit einem Hauch von Zwetschken unterlegt. Komplex, engmaschig, dunkle Kirschen, reife Tannine, mineralisch, ein Hauch von Nougat im Finale, gute Länge und sicheres Entwicklungspotenzial.

93 Blaufränkisch * Kleinhöflein Ried Setz 2021

14 Vol.-%, NK, gebrauchte Barriques, €€€€€€ B

Dunkles Rubingranat, violette Reflexe, dezente Ockerrandaufhellung. Eingelegte schwarze Kirschen, zart nach Zwetschken, frische Mandarinenzesten. Saftig, rote Kirschen, dezente Fruchtsüße, zarte Tannine, mineralisch-salzig, wirkt leichtfüßig, ein lebendiger Speisenbegleiter.

92 Blaufränkisch * Eisenstadt 2021

14 Vol.-%, NK, großes Holzfass, €€€€ B

Kräftiges Rubingranat, violette Reflexe, dezente Ockerrandaufhellung. Zart nach roten Waldbeeren, frische Herzkirschen, ein Hauch von Kräutern und Orangenzesten. Mittlere Komplexität, feine Fruchtsüße, ein Hauch von Johannisbeeren, reife Tannine, mineralischer Abgang, ein eleganter Speisenbegleiter.

93 St. Laurent Eisenstadt Ried Feiersteig 2021

13 Vol.-%, NK, gebrauchte Barriques, €€€€€€ B

Kräftiges Karmingranat, violette Reflexe, breitere Ockerrandaufhellung. Feines rotes Waldbeerenkonfit, frische Herzkirschen, ein Hauch von Kräutern, kandierte Orangenzesten. Mittlerer Körper, zart nach Lakritze, rotbeeriger Touch, feine Tannine, dezente Säurestruktur, mineralisch-zitronig im Nachhall, leichtfüßige, delikate Stilistik, vielfältig einsetzbar.

★★★

WEINGUT WAGENTRISTL

Den Grundstein für das heutige Weingut legten die Ururgroßeltern Johann und Julianna Wagentristl im Jahr 1888. Sie übernahmen mit ihrer Hochzeit den damaligen »Hof Nr. 135« in Großhöflein. Dazu gehörten neben landwirtschaftlichen Flächen auch Weingärten. In den folgenden Jahrzehnten widmete sich die Familie verstärkt dem Weinbau. Nach und nach verschwanden Viehwirtschaft und Feldbau, der Weinbau hingegen rückte immer mehr in den Mittelpunkt. So wurde im Laufe der Zeit aus dem »Hof Nr. 135« das heutige Weingut in der Rosengasse mit Weingärten an den sanften Hängen des Leithagebirges und dessen Ausläufern. Die besondere Zusammensetzung der Böden sorgt gemeinsam mit dem speziellen Kleinklima der Region für ein einzigartiges Terroir, das in dieser Beschaffenheit nirgendwo sonst zu finden ist. »Ich bin ein Freund klarer Linien, und diese verfolge ich auch bei der Kelterung meiner Weine. So entstehen Weine mit unverwechselbarem Charakter – Weine mit Kraft und Finesse. Mit diesen Weinen will ich andere, aber auch mich selbst glücklich machen!«, so Winzer Rudi Wagentristl.

94 Weißburgunder * Ried Tatschler 2022
13 Vol.-%, NK, 500-l-Fass, €€€€€ Ⓥ
Helles Grüngelb, Silberreflexe. Zart nach Orangenblüten, feine gelbe Birnenfrucht, etwas Mango, ein Hauch von Nougat, mineralisch unterlegt. Straff, engmaschig, kühle Stilistik, gut anhaftend, feine Fruchtsüße, nussiger Anklang, sehr gute Länge, sicheres Entwicklungspotenzial, toller Speisenbegleiter.

93 Weißburgunder * Ried Kreidestein 2022
13,5 Vol.-%, NK, 500-l-Fass, €€€€€ Ⓥ
Helles Grüngelb, Silberreflexe, Nuancen von weißem Nougat und Vanille, feine Nuancen von gelbem Kernobst, mit kandierten Orangenzesten unterlegt. Stoffig, engmaschig, weiße Frucht, cremige Textur, dezente Säurestruktur, ausgewogen, ein feiner Speisenbegleiter mit Reifepotenzial.

(92) Weißburgunder * 2023
13,5 Vol.-%, DV, 500-l-Fass/Stahltank, €€ Ⓥ
Helles Gelbgrün, Silberreflexe. Frische Wiesenkräuter, ein Hauch von Orangenzesten und etwas Birne, nussiger Touch. Saftig, stoffig, reifes weißes Kernobst, finessenreiche Säurestruktur, komplex und gut anhaftend, sicheres Entwicklungspotenzial, tolles Preis-Leistungs-Verhältnis.

94 Blaufränkisch * Ried Reisbühl 2020
13,5 Vol.-%, NK, 500-l-Fass, €€€€€ Ⓥ
Dunkles Rubingranat, gute Tiefe, violette Reflexe, zarte Randaufhellung. Feine Tabakwürze, zart nach Edelholz, schwarzes Waldbeerenkonfit, Nelken, Cassis, einladendes Bukett. Saftig, komplex, feine rote Kirschfrucht, etwas Kardamom, samtiges Tannin, mineralisch-salzig, extraktsüß im Finish, guter Speisenbegleiter, hat Potenzial.

93 Blaufränkisch * Ried Kreidestein 2020
13,5 Vol.-%, NK, 500-l-Fass, €€€€€ Ⓥ
Dunkles Rubingranat, violette Reflexe, zarte Randaufhellung. Feine Kirschfrucht, Orangenöl, Gewürzanklänge, Nuancen von Veilchen, einladendes Bukett. Saftig, komplex, reife Zwetschken, Nougat im Abgang, mineralische Frische, Johannisbeere im Rückgeschmack, bleibt gut haften, vielfältig einsetzbar.

93 Pinot Noir Kreideberg ® 2021
14 Vol.-%, NK, 500-l-Fass, €€€€ Ⓥ
Kräftiges Rubingranat, violette Reflexe, Ockerrandaufhellung. Feine Tabak-Holz-Würze, etwas dunkle Mineralik, ein

WEINGUT WAGENTRISTL
7051 Großhöflein
Rosengasse 2
T: +43 (2682) 61415
weingut@wagentristl.com
www.wagentristl.com

Kellermeister: Rudolf Wagentristl
Kontakt: Familie Wagentristl
Produktion: 60.000 Flaschen
33 % weiß, 65 % rot, 2 % süß,
14 Hektar
Vereinszugehörigkeit:
Leithaberg DAC
Messen: VieVinum

Hauch von Orangenblüten und frischen Kirschen. Komplex, feine Säurestruktur, gut eingebundene Tannine, rotbeeriges Finish, filigraner Rückgeschmack, bereits gut antrinkbar.

93 Heulichin 2021 BF/CS/ZW
13,5 Vol.-%, NK, 500-l-Fass, €€€€ V
Tiefdunkles Rubingranat, opaker Kern, violette Reflexe, zarte Randaufhellung. Feine Brombeernoten, etwas dunkle Mineralik, zart nach Edelholz, Nougattouch, einladendes Bukett. Gute Komplexität, saftig, süße Tanninstruktur, mineralisch, schokoladiger Touch, reifes Beerenkonfit im Abgang, gutes Entwicklungspotenzial.

94 Muskat Ottonel Beerenauslese 2022
12 Vol.-%, DV, Stahltank, €€€ V
Helles Gelbgrün, Silberreflexe. Feiner Blütenhonig, zart nach Ananas, ein Hauch von Holunderblüten und Muskatnuss, einladendes Bukett. Saftig, elegant, reife Tropenfrucht, elegant, feiner Säurebogen, zarter Honig im Abgang, Papayatouch im Rückgeschmack.

★★★

WEINGUT STEFAN ZEHETBAUER

Das Weingut Stefan Zehetbauer befindet sich in Schützen am Gebirge, mitten im Gebiet Leithaberg, und wird von Stefan Zehetbauer in zehnter Generation geführt. Die Rieden stehen am und rund um den Schützner Stein und sind von den schiefer- und kalkreichen Böden der Region geprägt. Stefan Zehetbauers Anliegen ist es, Weine mit Tiefe, einer markanten Mineralik und Entwicklungspotenzial zu keltern. Die Weingärten haben dabei für den Winzer oberste Priorität, denn dort wird der Grundstein für die Qualität gelegt. Die Eingriffe im Keller werden dagegen auf ein notwendiges Minimum reduziert. Auf Reinzuchthefen und Enzyme wird verzichtet, die Vergärung erfolgt spontan, die Weine bleiben lange auf der Hefe. Die weißen Reserven und sämtliche Rotweine kommen zudem ohne Schönung aus; an erster Stelle steht stets der Terroirgedanke.
Die Leithaberg-Sorten Blaufränkisch, Pinot Blanc und Chardonnay machen den Großteil des Sortiments aus. Die Top-Weine kommen aus der Riede Steinberg, die mit ihrem kargen Glimmerschiefer zu den besten Lagen

Schützen am Gebirge

WEINGUT STEFAN ZEHETBAUER
7081 Schützen am Gebirge
Hauptstraße 3
T: +43 (2684) 2523
office@zehetbauerwein.at
www.zehetbauerwein.at

Kellermeister/Kontakt: Stefan Zehetbauer
Produktion: 30 % weiß, 70 % rot, 13 Hektar
Vereinszugehörigkeit: Leithaberg DAC
Messen: VieVinum, Wein Burgenland Präsentationen

dieser Region zählt. Die Familie hat aber auch immer über den Tellerrand hinausgeblickt. Mit ihrem einzigartigen Cabernet Franc vom Steinberg – mit dem die Zehetbauers Ende der 1980er-Jahre in Österreich Pionierarbeit leisteten – haben sie sich mittlerweile einen sehr guten Namen gemacht.

93 Chardonnay * Ried Steinberg 2021
14 Vol.-%, DIAM, 500-l-Fass/Flaschenreifung, €€€€
Helles Gelbgrün, Silberreflexe. Feiner Hauch von weißen Blüten, etwas Pfirsich, zart nach Nougat, Vanilletouch. Kraftvoll, komplex, weiße Frucht, zart nach Apfel, feiner Säurebogen, saliner Abgang, zeigt Länge und Potenzial.

92 Pinot Blanc * 2021
13,5 Vol.-%, DIAM, Flaschenreifung/500-l-Fass, €€€
Sehr helles Gelbgrün, Silberreflexe. Zart rauchig-reduktiv, dezente Kräuterwürze, feine Birnenfrucht, etwas Mango. Straff, engmaschig, weißes Kernobst, feiner Säurebogen, mineralisch-nussig im Abgang, bleibt haften, ein feinwürziger Speisenbegleiter.

(93) Blaufränkisch * Ried Steinberg 2021
13,5 Vol.-%, DIAM, 500-l-Fass, €€€€€
Dunkles Rubingranat, violette Reflexe, zarte Randaufhellung. Feine Tabakwürze, ein Hauch von Brombeeren, feine Vanillenote, floraler Touch. Saftig, straff, feine Säurestruktur, mineralisch-salzig, schwarze Beerenfrucht, Lakritze im Nachhall, guter Speisenbegleiter.

(93) Blaufränkisch * Ried Reckenschink 2021
13,5 Vol.-%, DIAM, 500-l-Fass, €€€€€
Dunkles Rubingranat, violette Reflexe, zarte Randaufhellung. Feine Zwetschkennoten, etwas nach Hibiskus, ein Hauch von Dörrpflaumen, feine Holzwürze. Saftig, mittlere Komplexität, fruchtsüß nach Brombeeren, gut eingebundene Tanninstruktur, guter Speisenbegleiter.

93 Blaufränkisch * Ried Steinberg Late Release 2017
13,5 Vol.-%, DIAM, Flaschenreifung/500-l-Fass, €€€€€
Kräftiges Rubingranat, violette Reflexe, zarte Randaufhellung. Feine Tabakwürze, dunkle Mineralik, ein Hauch von Brombeeren, Nuancen von schwarzem Cassis. Kraftvoll, tragende Tanninstruktur, dezente Brombeernoten, etwas balsamisch, bleibt gut haften, vielfältig einsetzbar.

Merlot

91 Blaufränkisch * 2022
13 Vol.-%, DV, 500-l-Fass/Stahltank, €€€
Dunkles Rubingranat, violette Reflexe, zarte Randaufhellung. Feine Kräuterwürze, zart nach Pflaumen und Kardamom, ein Hauch von Orangenzesten, floraler Touch. Saftig, elegant, gut eingebundene Tannine, dunkles Waldbeerenkonfit im Abgang, würziges Finish.

(94) Cabernet Franc Ried Steinberg 2021
14 Vol.-%, DIAM, Barrique, €€€€€
Dunkles Rubingranat, violette Reflexe, zarte Randaufhellung. Feine Tabak-Holz-Würze, etwas Brombeernuancen, zart tabakig, ein Hauch von Orangenzesten. Saftig, gute Komplexität, präsentes, zart blättriges Tannin, feine Cassisnoten, wird von Flaschenreife profitieren.

90 Merlot Reserve 2021
14 Vol.-%, DIAM, Barrique, €€€
Dunkles Rubingranat, ockerfarbene Reflexe, zarter Wasserrand. Feine Holz-Tabak-Würze, etwas nach Brombeeren, ein Hauch von Cassis, Dörrpflaumen klingen an. Kraftvoll, präsentes Tannin, schwarze Frucht, tabakiger Nachhall, schokoladiger Rückgeschmack.

Der Neckenmarkter Hochberg zählt zu den hochwertigsten Rotweinlagen Österreichs

BURGENLAND

MITTEL-BURGENLAND

DAC

Ried Weißes Kreuz in Deutschkreutz

BLAUFRÄNKISCH MIT VIEL CHARAKTER

Eine Rotweinsorte spielt auf den rund 2.035 Hektar Rebfläche des Weinbaugebiets Mittelburgenland die Hauptrolle: der Blaufränkisch, der in Form von DAC-Weinen seine Herkunft idealtypisch repräsentiert. Vier Gemeinden geben den Ton an: Deutschkreutz, Horitschon, Lutzmannsburg sowie Neckenmarkt. Und zwei moderne Genossenschaften beweisen, dass Größe sehr wohl mit höchster Qualität konform gehen kann.

Die topografischen und klimatischen Voraussetzungen sind günstig: Die Weingärten werden von der Buckligen Welt im Westen, dem Ödenburger Gebirge im Norden und dem Günser Gebirge im Süden geschützt. Aus der Pannonischen Tiefebene im Osten kann der warme, trockene Wind ungehindert einströmen. Die Böden sind ziemlich einheitlich, meist schwere, tiefgründige Lehmböden mit großer Wasserspeicherfähigkeit, was sich vor allem in trockenen Jahren positiv auswirkt. So können Blaufränkisch, aber auch Zweigelt, Cabernet Sauvignon und Merlot Kraft und Struktur gewinnen. In einzelnen Abschnitten findet man auch Gneis, Schiefer und vereinzelt Kalk und sandigen Lehm.

Ob reinsortige Weine oder Cuvées das bessere Ergebnis liefern, darüber lässt sich streiten. Unbestritten ist aber mit Sicherheit, dass der Blaufränkisch auf dem Weg in die Weinzukunft weiterhin eine führende Rolle spielen wird. Qualitätsgarant dafür ist eine aufstrebende Winzerschaft. Aber auch zwei moderne Winzergenossenschaften, eine in Horitschon, die andere in Neckenmarkt, verstärken die Erfolgsstrategie. Sie haben frühzeitig erkannt, dass beim Rotwein zeitgemäße Investitionen unerlässlich für Markterfolg und Exportchancen sind. Touristisch ist das Mittelburgenland ebenfalls zum attraktiven Ziel geworden, nicht zuletzt durch die zahlreichen Thermen, die hier in den letzten Jahren aus dem Boden geschossen sind. Ein buntes Freizeitangebot für alle Altersgruppen, manch uriger Heuriger und auch kulturelle Sehenswürdigkeiten sind weitere Pluspunkte.

MITTELBURGENLAND DAC

Österreich gesamt	**44.728 ha**
Weinbaugebiet Burgenland	**11.772 ha**
Mittelburgenland DAC	**2.035 ha**

AUSGEWÄHLTE WEINGÜTER

★★★★★

Weingut Gesellmann, Deutschkreutz

★★★★

Heribert Bayer Kellerei In Signo Leonis, Neckenmarkt
Weingut Gager, Deutschkreutz
Weingut Silvia Heinrich, Deutschkreutz
IBY Rotweingut Bio, Horitschon
Weingut Hans Igler, Deutschkreutz
Weingut Kerschbaum, Horitschon
Weingut Josef Tesch, Neckenmarkt
Weingut Wellanschitz, Neckenmarkt

★★★

Weingut Ernst, Deutschkreutz
Weingut Hundsdorfer, Neckenmarkt
Rotweine Lang, Neckenmarkt
Weingut Pfneisl, Deutschkreutz
Rotweingut Prickler, Lutzmannsburg
Weingut Strehn, Deutschkreutz
Weingut Juliana Wieder, Neckenmarkt

★★

Neckenmarkt die Winzer, Neckenmarkt

★

Eichenwald Weine, Horitschon

★★★★

HERIBERT BAYER KELLEREI IN SIGNO LEONIS

Wenn es um finessenreiche und ausdrucksstarke österreichische Weine mit hohem Lagerpotenzial geht, kommt man an einem Namen nicht vorbei: Heribert Bayer. Das gleichnamige Familien- und Boutique-Weingut aus dem Mittelburgenland ist in Neckenmarkt beheimatet und nach seinem Gründer Heribert Bayer benannt. Zuerst alleine, dann als Vater-Sohn-Gespann, geht heute Patrick Bayer seit mehr als 15 Jahren den eingeschlagenen Weg seines Vaters weiter und führt den Betrieb gemeinsam mit seiner Partnerin Katja in zweiter Generation. Als Négociant kreiert er die Weine aus jenen Lagen, die er für die jeweilige Rebsorte als perfekt erachtet. Und so findet sich beispielsweise auch ein deutscher Riesling Kabinett von der Mosel namens »Große Gefühle« im Sortiment.

Die Pionierarbeit von Heribert Bayer für den österreichischen Rotwein und die Geschichte des Weinguts sind dabei ebenso unkonventionell und einzigartig wie die Philosophie und Herangehensweise. Hohe Qualitätsansprüche, ein respektvoller Umgang mit dem Kulturgut Wein, Präzision, Leidenschaft sowie Hingabe und Geduld, den Weinen ausreichend Zeit für deren Entwicklung und Harmonisierung zu schenken, stehen auf dem Familienweingut an oberster Stelle. Das Ergebnis sind dichte, fruchtbrillante, finessenreiche, harmonische und ausdrucksstarke Weine, die sich durch lange Lagerfähigkeit auszeichnen. Ob beim Ausbau der Weine in kleinen französischen Eichenfässern oder in der Flasche – ihnen wird in allen Belangen die notwendige Reifezeit geschenkt, sodass sie sich in perfekter Harmonie präsentieren und ihre vollkommene Raffinesse und Aromenspektren entfalten können. Dafür wird sogar ein gewisses Kontingent an Weinen bewusst zurückgehalten. Bis heute nimmt das Haus mit dieser Philosophie eine Vorreiterrolle im deutschsprachigen Raum ein und weist bei seinen verfügbaren Weinen eine für Österreich beeindruckende Jahrgangstiefe auf. Die bekanntesten Weine des Hauses sind die Cuvée »In Signo Leonis« und »Herzblut« sowie Blaufränkisch »In Signo Sagittarii«. Alle drei Weine reihen sich seit über zwanzig Jahren unter die besten Rotweine des Landes.

HERIBERT BAYER KELLEREI IN SIGNO LEONIS

7311 Neckenmarkt
Wirtschaftspark 5
T: +43 (2610) 42644
bayer@weinfreund.at
www.weinfreund.at

Kellermeister/Kontakt:
Patrick Bayer
Produktion: 100.000 Flaschen
5 % Schaumwein, 15 % weiß,
80 % rot, 20 Hektar
Vereinszugehörigkeit:
Verband Blaufränkisch
Mittelburgenland
Messen: VieVinum

Patrick Bayer und Katja Bernegger

Im Sommer 2023 sorgte das Winzerpaar dann mit den ersten entalkoholisierten Premium-Weinen Österreichs unter der neuen Marke »Zeronimo« für Aufsehen. Im Fokus stehen hier hochwertige vegane und zuckerarme alkoholfreie Weine. Durch das trockene, vielschichtige und völlig eigenständige Geschmacksbild ist »Zeronimo« sowohl für Genießer, die keinen Alkohol trinken, als auch für Weinliebhaber empfehlenswert. Die ersten Jahrgänge ihrer beiden Kreationen namens »Leonis Blend« und »Sparkling Select« waren in kürzester Zeit ausverkauft. Neben dem Geschmack überraschte das Weingut vor allem mit seiner Herangehensweise, denn Basis für die erste alkoholfreie Kreation bildet niemand geringerer als die Top-Cuvée »In Signo Leonis«, die zuletzt erst mit 98 Falstaff-Punkten ausgezeichnet wurde. Schon im Sommer 2024 bekommt die »Zeronimo«-Familie mit zwei weiteren Kreationen Zuwachs.

(93) Chardonnay Albatros 2022
13,5 Vol.-%, NK, Barrique, €€€€€€
Mittleres Gelbgrün, Silberreflexe. Zart nach Karamell und Vanille, gelbe Frucht, nach Mango und Guaven, etwas Blütenhonig, floral unterlegt. Saftig, gut integrierte Holzwürze, weiße Frucht, etwas Honigmelone im Abgang, mineralisch-zitronig im Finish, ein facettenreicher Speisenbegleiter.

90 Chardonnay EX·QUI·SIT 2022
13,5 Vol.-%, DV, gebrauchte Barriques, €€€€€
Helles Goldgelb, Silberreflexe. Zartes Bukett, ein Hauch von gelbem Apfel, etwas Ringlotten, gebratene Ananas. Mittlerer Körper, dezente Süße, gelbe Tropenfrucht, zitroniger Touch im Abgang, bereits zugänglich.

97 Cabernet Sauvignon Einmalig 2019
14 Vol.-%, NK, Barrique, €€€€€€
Tiefdunkles Rubingranat, violette Reflexe, zarte Randaufhellung. Feine Tabak-Holz-Würze, zarte Schokonuancen, etwas nach Johannisbeeren, balsamische Noten, vielschichtiges Bukett. Gute Komplexität, engmaschig, samtiges Tannin, dunkle Waldbeerenfrucht, mineralisch, Eukalyptustouch, bleibt sehr gut haften, sicheres Reifepotenzial.

(95) In Signo Leonis 2021 BF/CS/ZW
13,5 Vol.-%, NK, Barrique, €€€€€€
Dunkles Rubingranat, violette Reflexe, zarte Randaufhellung. Feine Vanillenoten, ein Hauch von Nougat, zarte rote Beerenfrucht, Dörrobst klingt an. Komplex, saftig, gut integrierte Tanninstruktur, mineralisch, schwarze Beerenfrucht im Abgang, Kräuternoten im Nachhall, guter Speisenbegleiter mit Potenzial.

(93) Blaufränkisch In Signo Sagittarii 2021
13,5 Vol.-%, NK, Barrique, €€€€€
Dunkles Rubingranat, violette Reflexe, zarte Randaufhellung. Mit einladender Edelholzwürze unterlegtes reifes Waldbeerenkonfit, ein Hauch von Vanille, kandierte Veilchen. Saftig, straff, feine Säurestruktur, frische schwarze Kirschfrucht, würziges Finish, Zwetschken im Rückgeschmack, guter Speisenbegleiter.

★

EICHENWALD WEINE

Mit Passion und Leidenschaft – und das seit 1962: Eichenwald Weine hat die Mission, gemeinsam als Team mit allen Traubenlieferanten und Partnern die Qualität zu forcieren. Eichenwald Weine steht für Qualität und stete Weiterentwicklung, für feine Genussmomente und unvergessliche Events.

Rotweine machen den Großteil des Sortiments aus, allen voran die für die Region typische Sorte Blaufränkisch. Die Vinifikation der Weine erfolgt in drei verschiedenen Linien: Neben der Klassik-Linie werden Weine der Premium-Linie, die in großen Holzfässern reifen, sowie Reserve-Weine, die sich in aller Ruhe im 225-Liter-Barriquefass entwickeln dürfen, angeboten. Sie begeistern vor allem mit viel Frucht, Kraft und Sortentypizität und sind vielschichtig mit Herkunft, Tiefgang und Struktur. Das Weingut selbst ist imposante und modern – und liegt inmitten der Riede Gfanger in Horitschon. Das einmalige Gebäude ist von Weitem sichtbar und dank der Sandsteinfassade dennoch perfekt in die Landschaft integriert. Der Weinkeller ist Heimat für bis zu 1.000 Eichenfässer, Inspiration für Genießer und eine der außergewöhnlichsten Eventlocations im Burgenland.

EICHENWALD WEINE
7312 Horitschon
Kellerei: Günser Straße 54
T: +43 (2610) 42321
office@eichenwald.at
www.eichenwald.at

Kontakt: Geschäftsführer DI Johannes Forauer, Leitung Sales & Marketing Johannes Berger
Produktion: 3.333.333 Flaschen
8 % weiß, 20 % rosé, 82 % rot,
380 Hektar
Messen: VieVinum, Weinmesse Innsbruck, Weinmesse Salzburg, DAC-Präsentationen

92 Blaufränkisch ** Ried Dürrau Der Geistesblitz 2021
14 Vol.-%, NK, Barrique, €€€€
Dunkles Rubingranat, violette Reflexe, dezente Ockerrandaufhellung. Etwas nach Zwetschken, ein Hauch von Vanille und kandierten Orangenzesten, Cassistouch. Mittlere Komplexität, feine Edelholzwürze, zart nach Brombeeren, gut eingebundene Tannine, etwas Schokolade, bereits gut antrinkbar.

90 Blaufränkisch * Ried Gfanger Der Gugafanga 2021
13,5 Vol.-%, DV, großes Holzfass, €€
Kräftiges Rubingranat, violette Reflexe, zarte Randaufhellung. Zart nach Kirschen und Wiesenkräutern, kandierte Orangenschalen, Gewürznuancen klingen an. Mittlere Komplexität, fruchtsüß, rote Waldbeerenfrucht, Limettenzesten, frisch und elegant, bereits gut antrinkbar.

89 Blaufränkisch Der Traubendieb 2022
13 Vol.-%, DV, Stahltank, €€

93 The Oak Cuvée 2020 BF/ME/CS
14,5 Vol.-%, NK, Barrique, €€€€€
Tiefdunkles Rubingranat, opaker Kern, violette Reflexe, zarter Ockerrand. Etwas nach Pflaumen und Cassis, ein Hauch von Clementinen, kandierte Veilchen, floraler Touch. Gute Komplexität, feinwürzig, schwarze Brombeeren, extraktsüß, feine Vanillenoten auch im Abgang, Edelholzwürze im Rückgeschmack, guter Speisenbegleiter.

91 Die Zeitreise Cuvée 2021 BF/ZW/CS
14 Vol.-%, DV, großes Holzfass, €€
Kräftiges Rubingranat, violette Reflexe, breitere Randaufhellung. Zart nach Ribiseln, etwas Wiesenkräuter, ein Hauch von Tabak, mit Clementinen unterlegen. Mittlerer Körper, frisch, präsentes Tannin, Pflaumentouch, mineralisch, bereits gut antrinkbar.

91 Zweigelt Reserve Das Federviech 2021
14 Vol.-%, NK,DIAM, Barrique, €€€€
Tiefdunkles Rubingranat, violette Reflexe, zarter Wasserrand. Feine Holzwürze, etwas Kardamom, Noten von schwarzen Waldbeeren, nussiger Touch. Saftig, engmaschig, präsentes Tannin, Nuancen von Brombeeren, tabakige Noten, Feigentouch im Abgang, würziges Finish.

WEINGUT ERNST
7301 Deutschkreutz, Neubaugasse 21
T: +43 (664) 3860220
info@weinguternst.at
www.weinguternst.at
Kellermeister/Kontakt:
Bernhard Ernst
Anbauweise: Zertifiziert Biologisch (Austria Bio Garantie)
Produktion: 12 Hektar
Zertifiziert: Nachhaltig Austria
Vereinszugehörigkeit:
Junge Wilde Winzer, Verband Blaufränkisch Mittelburgenland
Messen: Millésime Bio, VieVinum, Vinobile Feldkirch, Weinmesse Innsbruck, DAC-Präsentationen, Wein Burgenland Präsentationen

Deutschkreutz

★★★

WEINGUT ERNST

BIO

»Ernsthaft« ist ein Adjektiv, das Bernhard Ernst seit seinem Start 2005 stets begleitet hat. Ernsthafte Weine zu keltern war bereits damals sein Ziel. Das Rundherum allerdings war mehr improvisiert, ein Experiment in der Garage der Eltern – jung und wild eben, wie er war. Am Ziel, ernsthafte Weine zu produzieren, hat sich bis heute nichts geändert. Sehr wohl geändert haben sich allerdings die Rahmenbedingungen: Ein geschmackvolles neues Weingut, die biologische Bewirtschaftung und die Nachhaltigkeit kamen dazu. »Herkunft zählt« ist hier Motto und Botschaft zugleich. Kompromisslos hohe und durchgängige Qualität – egal ob bei Premium-Lagenweinen oder der Basis-Linie »Deutschkreutz«. Die Besonderheit der Lagen rund um den Ort herauszuarbeiten, ist dabei seine Leidenschaft. In den Flaggschiffen, den drei Lagen-Blaufränkischen Fabian, Goldberg und Hochberg, aber auch in den beiden Cuvées »Zion« und »La Mission« lassen sich eben diese Herkunft des Winzers – Deutschkreutz im Mittelburgenland – und seine damit verbundene Botschaft ganz deutlich herausschmecken.

93 Blaufränkisch ** Ried Goldberg 2021
14,5 Vol.-%, NK, 500-l-Fass, €€€€
Kräftiges Rubingranat, violette Reflexe, dezente Ockerrandaufhellung. Feine Edelholznuancen, floral nach Hibiskus, zart nach Lakritze, rote Kirschen, dezente tabakige Würze. Saftig, elegant, gute Frische, rotbeerige Nuancen, feine Tannine, salziger Abgang, zeigt eine gute Entwicklung.

93 Blaufränkisch Ried Fabian Reserve 2021
14,5 Vol.-%, NK, 500-l-Fass, €€€€
Kräftiges Rubingranat, violette Reflexe, dezente Ockerrandaufhellung. Zart nach Zwetschken und eingelegten Kirschen, floraler Touch nach Hibiskus. Mittlerer Körper, rotbeerige Frucht, frisch strukturiert, salzig-kalkig im Abgang, ein finessenreicher Speisenbegleiter.

92 Blaufränkisch Ried Hochberg Reserve 2021
14,5 Vol.-%, NK, 500-l-Fass, €€€€
Kräftiges Rubingranat, violette Reflexe, breitere Ockerrandaufhellung. Zart nach Brombeeren, Herzkirschen, ein Hauch von Cassis, feine Tabaknuancen, kandierte Orangenzesten. Komplex, saftig, rote Kirschen, runde Tannine, frisch strukturiert, zarte Extraktsüße im Abgang, salziger Nachhall, bereits vielfältig einsetzbar.

90 Blaufränkisch Deutschkreutz 2022
13,5 Vol.-%, DV, großes Holzfass, €€
Kräftiges Rubingranat, violette Reflexe, breitere Ockerrandaufhellung. Frische rote Kirschen, kandierte Orangenzesten, mit zartem Brombeerkonfit und Nougat unterlegt. Mittlerer Körper, frischer Säurebogen, ein Hauch von Ribiseln im Abgang, mineralischer Nachhall, vielfältig einsetzbar.

93 La Mission 2021 ME/CS
14 Vol.-%, NK, Barrique, €€€€€
Kräftiges Rubingranat, violette Reflexe, zarte Ockerrandaufhellung. Feine Tabaknoten, zart nach Pflaumen, Cassis, Zartbitterschoko, Edelholzwürze, Orangenzesten unterlegt. Saftig, Karamell-Nougat-Touch, Brombeeren klingen an, samtiges Tannin, animierender Stil,salzi-mineralisch, guter Speisenbegleiter mit Potenzial, bereits gut entwickelt.

91 Zion 2021 BF/ZW/ME
14 Vol.-%, NK, Barrique, €€€€
Kräftiges Rubingranat, violette Reflexe, Ockerrandaufhellung. Schwarzes Waldbeerkonfit, kandierte Orangenzesten, etwas nach Johannisbeeren, Holzwürze klingt an, tabakige Nuancen. Saftig, elegant, Zwetschken im Abgang, rotbeerig und zart kräuterwürzig im Nachhall, vielfältig einsetzbar.

★★★★

WEINGUT GAGER

Die Quadratur des Weines ist das Ziel des Weinguts Gager im burgenländischen Deutschkreutz. Genau dieses Quadrat in unterschiedlichen Farbzusammensetzungen ziert auch die Etiketten der Gager-Weine, die schon seit Beginn verwendet werden. Hier setzt man alles daran, ganz genau diese Quadratur zu erreichen: Perfektion im Wein. Was in den 1980er-Jahren für seine Eltern als Hobby begann, führt Horst Gager in zweiter Generation fort, und auch die Zukunft scheint gesichert, denn Sohn Jonas packt als Schüler der Weinbauschule Klosterneuburg im Familienbetrieb bereits kräftig mit an.
Mit der Kelterung von ausschließlich Rotwein hat sich das Weingut Gager bereits weit über die Landesgrenzen hinaus als Spezialist für ebensolchen positioniert. Wenn es um den Be-

Horst Gager

WEINGUT GAGER
7301 Deutschkreutz
Karrnergasse 2 und 8
T: +43 (2613) 80385, info@weingut-gager.at
www.weingut-gager.at
Kellermeister: Josef Gager, Horst Gager, Manuel Wieder
Kontakt: Josef und Paula Gager, Ing. Horst Gager, Daniela Dostal
Produktion: 100 % rot, 38 Hektar
Zertifiziert: Nachhaltig Austria
Vereinszugehörigkeit: Verband Blaufränkisch Mittelburgenland
Messen: ÖGW Zürich, ProWein Düsseldorf, VieVinum, Vinobile Feldkirch, WEINmesse Berlin, Weinmesse Innsbruck, Weinmesse München, Weinmesse Salzburg, Weintage im Museumsquartier, Wein Burgenland Präsentationen

zug von Rohstoffen geht, muss der Weg aber kein weiter sein, denn diese finden sich in Form perfekter Trauben direkt vor der Tür. Und weil das Unternehmen viel Wert auf Regionalität und einen ressourcenschonenden Umgang mit der Natur legt, wurde es bereits als »nachhaltig« zertifiziert.
Aktuell werden 38 Hektar Weingärten bewirtschaftet. Insgesamt umfasst das Sortiment acht Rebsorten, darunter auch die regionale Hauptrebsorte und zugleich das Steckenpferd der Gagers: den Blaufränkisch. Aushängeschilder sind neben der Leitsorte der Region auch Zweigelt, Cabernet Sauvignon und Merlot. Charakteristisch für die Gager-Weine sind neben der tiefdunklen Farbe vor allem der kompakte Körper und das enorme Lagerpotenzial – Qualitäten, die gemeinsam schon für eine lange Liste an Erfolgen gesorgt haben.

Schloss Deutschkreutz

(94) Blaufränkisch ** Ried Mitterberg 2022
14,5 Vol.-%, NK, Barrique, €€€€€
Tiefdunkles Rubingranat, opaker Kern, violette Reflexe, zarte Randaufhellung. Floraler Touch, zart nach Nougat, ein Hauch von reifen Brombeeren, dezente Johannisbeerfrucht, nussige Nuancen klingen an. Gute Komplexität, kraftvoll, feine Tabakwürze, etwas dunkles Waldbeerenkonfit, Hagebuttenkonfitüre im Rückgeschmack, guter Speisenbegleiter mit Potenzial.

(96) Blaufränkisch BFG 2021
15 Vol.-%, NK, Barrique, €€€€€€
Tiefdunkles Rubingranat, violette Reflexe, schwarzer Kern. Pflaumen und Lakritze, kandierte Orangenblüten, reifes Dörrobst, mit Edelholzwürze unterlegter floraler Touch. Engmaschig, gute Komplexität, gut integrierte, samtige Tanninstruktur, Nougat klingt an, frische Beerenfrucht im Rückgeschmack, sicheres Reifepotenzial.

(92) Blaufränkisch Ried Fabian 2022
14,5 Vol.-%, DV, gebrauchte Barriques, €€€
Tiefdunkles Rubingranat, violette Reflexe, zarte Randaufhellung. Dunkles Waldbeerenkonfit, Toffee, zart nach kandierten Orangenzesten, mit Holzwürze unterlegt. Gute Komplexität, feinwürzig, Brombeernoten, Vanilletouch im Abgang, gut integrierte Tanninstruktur, fruchtsüß im Rückgeschmack.

(94) Cablot 2022 CS/ME/CF
15 Vol.-%, NK, Barrique, €€€€€
Tiefdunkles Rubingranat, opaker Kern, violette Reflexe, zarte Randaufhellung. Schwarze Beerenfrucht, etwas nach Nougat und Mandarinenzesten, feine Tabak-Holzwürze, mit einem Nelkentouch unterlegt. Saftig, tabakig, feine Brombeernuancen, schwarze Frucht, Zartbitterschoko im Abgang, feinwürziges Finish.

(94) Tycoon 21 BF/TA/CS
15 Vol.-%, NK, Barrique, €€€€€€
Tiefdunkles Rubingranat, schwarzer Kern, violette Reflexe, dezente Randaufhellung. Reife Zwetschken, ein Hauch von Edelholz, dezente Lakritznoten, kandierte Mandarinenzesten. Saftig, komplex, dunkle Frucht, präsente Tanninstruktur, Holzwürze, guter Speisenbegleiter, wird von Flaschenreife profitieren.

(92) Quattro 2022 BF/CS/ZW/ME
14,5 Vol.-%, NK,DV, Barrique, €€€€€
Tiefdunkles Rubingranat, schwarzer Kern, violette Reflexe, zarte Randaufhellung. Feiner Vanilletouch, etwas kandierte Mandarinenzesten, feine schwarze Beerenfrucht, mit Zwetschken unterlegen. Saftig, feine Holzwürze, schokoladiger Touch, gut integrierte Tanninstruktur, Heidelbeeren im Rückgeschmack, guter Speisenbegleiter.

(91) Q2 2022 BF/CS/SY
14,5 Vol.-%, DV, gebrauchte Barriques, €€€
Tiefdunkles Rubingranat, opaker Kern, violette Reflexe, zarte Randaufhellung. Dezente Nougatnoten, dazu etwas Cassis, ein Hauch von Edelholzwürze, frische Waldbeeren. Mittlere Komplexität, feinwürzig, schwarze Beerenfrucht, Lakritze im Abgang, tragendes Tannin, guter Speisenbegleiter.

Albert Gesellmann

WEINGUT GESELLMANN
7301 Deutschkreutz, Langegasse 65
T: +43 (2613) 80360
weingut@gesellmann.at
www.gesellmann.at
Kellermeister: Albert Gesellmann
Kontakt: Albert u. Silvia Gesellmann
Anbauweise: Zertifiziert Biologisch (Bio Austria)
Produktion: 9 % weiß, 90 % rot, 1 % süß, 50 Hektar
Zertifiziert: Nachhaltig Austria
Vereinszugehörigkeit: Renommierte Weingüter Burgenland
Messen: VieVinum, Vinexpo, DAC-Präsentationen, MondoVino, Wein Burgenland Präsentationen

★★★★★

WEINGUT GESELLMANN

BIO

»Im Einklang mit der Natur wollen wir jedes Jahr charakterreiche, gebietstypische Weine kreieren.« Dieser Leitsatz begleitet Albert Gesellmann seit Jahren. Mit dem Jahrgang 2015 war die Umstellung abgeschlossen, und die ersten biozertifizierten Weine kamen in den Verkauf. 50 Hektar sind eine exklusive Größe, die gezielt darauf ausgerichtet ist, nicht den Weltmarkt, sondern Weinfreunde in aller Welt limitiert zu beliefern.

Auf dem Weingut Gesellmann stehen vor allem die heimischen Rotweinsorten im Vordergrund. Der »Opus Eximium«, der die autochthonen Sorten Blaufränkisch, Zweigelt und St. Laurent zu einem idealen Speisenbegleiter vereint, ist die Benchmark des Weinguts. Eine weitere tragende Rolle spielt die Cuvée »G«: Aus den Sorten Blaufränkisch und St. Laurent gekeltert, begeistert sie mit präziser Klarheit, die durch neunzigjährige Rebstöcke eine tiefgründige Veredelung erfährt. Seit 2005 wird der »hochberc« vinifiziert, ein reinsortiger Blaufränkisch, der mit großer Finesse Winzer, Sorte und Gebiet in sich verdichtet. Eine weitere Spitzencuvée ist der »Bela Rex«, eine Zusammensetzung aus Merlot und Cabernet Sauvignon, bei welcher der Winzer sein Können mit den internationalen Rebsorten unter Beweis stellt.

Auch für die Genese der weißen Kostbarkeiten bieten die Lagen der Gesellmanns beste Voraussetzungen: Der Chardonnay Steinriegel besticht durch eine spannende Aromenvielfalt mit feinen mineralischen Tönen, und auch der klassisch ausgebaute Chardonnay lässt die Leidenschaft des Winzers am Gaumen aufblitzen. Mit dem »hochberc weiss« zeigt Albert Gesellmann mit Bravour eine mittelburgenländische Variante eines Gemischten Satzes.

94 hochberc weiss 2022
14 Vol.-%, DV, gebrauchte Barriques, €€€€ Ⓑ
Mittleres Grüngelb, Silberreflexe. Zarte Kräuterwürze, ein Hauch von Walnuss, mit weißer Tropenfrucht unterlegt, kandierte Mandarinenzesten. Komplex, kraftvoll, elegant, feine gelbe Pfirsichfrucht, etwas Apfel, ein Hauch von Nougat im Abgang, sehr gute Länge, sicheres Reifepotenzial.

94 Chardonnay Ried Steinriegel 2022
14 Vol.-%, DV, kleines Holzfass, €€€€€ Ⓑ
Leuchtendes mittleres Grüngelb, Silberreflexe. Zart nach

weißem Nougat, Vanille, Orangenblüten, mit feiner gelber Tropenfrucht unterlegt. Komplex, saftig, elegant, kraftvoll, gut integrierte Fruchtsüße, ein Hauch von reifer Mango im Abgang, bereits harmonisch, gute Länge, sicheres Zukunftspotenzial.

93 Chardonnay 2023
13 Vol.-%, DV, gebrauchte Barriques, €€€ B
Leuchtendes Grüngelb, Silberreflexe. Zart reduktive Feuersteinnuancen, weißer Pfirsich, ein Hauch von Orangenblüten. Saftig, elegant, feine gelbe Tropenfrucht, etwas Ananas, feiner Säurebogen, mineralisch und anhaftend, tolles Preis-Leistungs-Verhältnis.

93 Blaufränkisch ** Creitzer 2022
14 Vol.-%, DV, gebrauchte Barriques, €€€€€ B
Tiefdunkles Rubingranat, violette Reflexe, zarte Randaufhellung. Brombeernoten, zart nach Toffee, ein Hauch von Nougat, Mandarinentouch, einladendes Bukett. Engmaschig, feinwürzig, rotbeerige Nuancen, feines Tannin, frisch und elegant, mineralischer Nachhall, bleibt gut haften, wird von Flaschenreife profitieren.

(98) Blaufränkisch hochberc 2021
14,5 Vol.-%, NK,DV, 500-l-Fass, €€€€€€ B
Tiefdunkles Rubingranat, violette Reflexe, zarte Randaufhellung. Einladender Duft nach kandierten Veilchen, zart nach Brombeeren, ein Hauch von Lakritze, dezente Vanillenote. Gute Komplexität, präsentes, reifes Tannin, feinwürzig, kraftvoll, frische Säurestruktur, mineralisch, Kirschen und Nougat im Abgang, sicheres Reifepotenzial.

92 Blaufränkisch vom Lehm 2022
13,5 Vol.-%, DV, großes Holzfass, €€€ B
Dunkles Rubingranat, violette Reflexe, zarter Wasserrand. Feine Kirschfrucht, zarte Kräuternuancen, Nougat, ein Hauch von Feigen, mineralischer Touch. Saftig, straff, mittlerer Körper, rotbeeriger Abgang, mineralisch, bleibt gut haften, gutes Trinkanimo.

(98) G 2020 BF/SL
14,5 Vol.-%, NK,DV, Barrique, €€€€€€ B
Tiefdunkles Rubingranat, violette Reflexe, zarte Randaufhellung. Feines Waldbeerenkonfit, zart nach Vanille, ein Hauch von kandierten Orangenzesten, etwas nach Minze, mit Nougat unterlegt. Saftig, gute Komplexität, feine Kräuternoten, balancierte Tanninstruktur, mineralisch, schwarze Frucht im Abgang, salziger Nachhall, lang anhaltend, entwickelt sich stetig im Glas weiter, sicheres Reifepotenzial.

(96) Bela Rex 2021 CS/ME
14,5 Vol.-%, NK,DV, kleines Holzfass, €€€€€€ B
Tiefdunkles Rubingranat, violette Reflexe, zarte Randaufhellung. Dezente Edelholzwürze, zart nach schwarzen Kirschen, ein Hauch von Brombeeren, einladendes Bukett. Komplex, saftig, samtige Tannine, schwarzes Waldbeerenkonfit, feine Mineralik, reife Herzkirschfrucht im Abgang, vielseitiger Speisenbegleiter mit Potenzial.

Pinot Noir

93 Opus Eximium No. 34 2021 BF/ZW/SL
14 Vol.-%, NK,DV, Eichenfass, €€€ B
Dunkles Rubingranat, violette Reflexe, zarte Randaufhellung. Feine Tabakwürze, etwas nach Vanille, kandierte Veilchen, Waldbeerenkonfit klingt an. Saftig, mittlere Komplexität, gut integrierte, samtige Tanninstruktur, feinwürzig, zart nach Zwetschken, Holzwürze im Nachhall.

94 Syrah 2021
14,5 Vol.-%, NK,DV, Barrique/kleines Holzfass, €€€€€ B
Kräftiges Rubingranat, violette Reflexe, breitere Randaufhellung. Feine Tabakwürze, etwas nach Grafit, ein Hauch von Kräutern, etwas nach Oliventapenade. Kraftvoll, feine Vanillenoten, rote Kirschfrucht, runde, gut eingebundene Tanninstruktur, mineralisch, facettenreicher Speisenbegleiter.

93 Pinot Noir Ried Siglos 2021
14 Vol.-%, NK,DV, 500-l-Fass/kleines Holzfass, €€€€€ B
Kräftiges Rubingranat, violette Reflexe, breitere Randaufhellung. Zarte Würze, etwas dunkle Mineralität, ein Hauch von Himbeeren, etwas Orangenzesten. Saftig, elegant, zarte Süß nach frischen Kirschen, eingebundener Säurebogen, mineralisch, bleibt gut haften, ein balancierter Speisenbegleiter, zeigt Länge und Potenzial.

★★★★

WEINGUT SILVIA HEINRICH

»Weingärten sind für mich wie Kinder. Und wie Kinder möchte ich sie begleiten, unterstützen und mein Bestmögliches für sie tun. Nur so können sie sich entfalten, ihre Persönlichkeit entwickeln und ihr ganzes Potenzial zeigen«, so sieht Silvia Heinrich ihre Arbeit. Der Weinbau wurde ihr schon in die Wiege gelegt und bedeutet für die leidenschaftliche Winzerin keinen Achtstundentag, sondern ihr Leben. Fast 80 Prozent der Rebflächen sind mit Blaufränkisch bepflanzt, einer Sorte, die für die Region steht, mit Eigenständigkeit besticht und vom renommierten »Wine and Spirits Magazine« als »Österreichs noble Rotweinsorte« bezeichnet wurde. Familie Heinrich vinifiziert den typischen Mittelburgenländer in sieben Ausbaustufen und aus verschiedenen Lagen. Die Spielarten reichen von elegant und mineralisch bis hin zu intensiv und kräftig. Das Herzstück der insgesamt 38 Hektar Rebfläche bildet der Goldberg mit acht Hektar Blaufränkisch, drei davon stehen seit 1947, dem Hochzeitsjahr der Großeltern, im Ertrag. Die unverwechselbar authentischen und sortentypischen Blaufränkisch-Weine dieser Top-Lage zählen regelmäßig zu den besten des Landes. Silvia Heinrichs Motto lautet: »Weniger ist mehr.« Wenige ausgewählte Rebsorten, naturnaher Anbau, händische Lese, spontane Vergärung: Das sind die Zutaten, aus denen kompromisslose Qualität in der Flasche entsteht – Qualität, die anerkannt wird, denn für »terra o.«, »elegy« oder »Cupido« hat das Weingut schon mehrfach nationale und internationale Auszeichnungen erhalten. Die außerordentliche Qualität der Weine belegen auch immer neue Erfolge im In- und Ausland: Neben den gewohnt guten Falstaff-Bewertungen erklärte das »Wine and Spirits Magazine« den Mittelburgenland DAC 2009 in einer Verkostung von mehr als 200 österreichischen Weinen im April 2013 mit 94 Punkten zum Sieger. Beim »Wine Enthusiast« schaffte es der Blaufränkisch vom Weingebirge als einziger Blaufränkisch Österreichs unter die »100 Best Buys«! Und seit der chinesische Staatspräsident bei seinem Österreichbesuch den »Goldberg Reserve« für sich entdeckte, florieren die Exporte ins Reich der Mitte.
Mit der neuen Fotovoltaikanlage setzt man neben einer Solaranlage und Hackschnitzelheizung einen weiteren Schritt in Richtung erneuerbare Energie und leistet zugleich einen Beitrag zum Klimaschutz. In den Weingärten geht das Weingut Heinrich einen weiteren Schritt in Richtung nachhaltiger Landwirtschaft, verzichtet seit Jahren auf Insektizide und Herbizide und setzt Pheromone ein. Der sensible Umgang mit den Ressourcen der Natur und die Stärkung der rebstockeigenen Abwehrkräfte stehen an oberster Stelle.
Im Herbst 2023 kam für Silvia Heinrich dann ein Highlight in der langen Liste von Auszeichnungen: mit dem Blaufränkisch Cupido l'amour au tournant 2019 holte sich die sympathische Winzerin den Sieg bei der »Reserve-Tropy« im Rahmen der Falstaff-Rotweinprämierung.

WEINGUT SILVIA HEINRICH
7301 Deutschkreutz
Karrnergasse 59
T: +43 (2613) 89615
office@weingut-heinrich.at
www.weingut-heinrich.at

Kellermeister/Kontakt:
Silvia Heinrich
Produktion: 100 % rot, 38 Hektar
Vereinszugehörigkeit:
Vitikult, Verband Blaufränkisch Mittelburgenland
Messen: ProWein Düsseldorf, VieVinum, Hong Kong International Wine & Spirits Fair, Interwine China Guangzhou

(96) Blaufränkisch Alte Reben Silvia Heinrich Edition 2019
14,5 Vol.-%, NK, Eichenfass, €€€€€€
Tiefdunkles Rubingranat, opaker Kern, violette Reflexe, zarte Randaufhellung. Brombeernuancen, unterlegt mit Lakritze und Edelholzwürze, reifes Waldbeerenkonfit, ein Hauch von Zimt, floraler Touch. Gute Komplexität, engmaschig, dunkles Beerenkonfit, frisch und elegant, gut integ-

rierte Säurestruktur, mineralisch, schokoladiger Nachhall, bleibt sehr gut haften, sicheres Reifepotenzial.

94 Blaufränkisch Ried Goldberg Reserve 2020
14,5 Vol.-%, NK, Eichenfass, €€€€€
Tiefdunkles Rubingranat, violette Reflexe, zarte Randaufhellung. Reife Zwetschken, ein Hauch von Brombeeren, kandierte Veilchen, Mandarinenzesten, floraler Touch. Saftig, kraftvoll, dezente Dörrobstnuancen, ein Hauch von Schokolade im Abgang, fruchtsüß, gute Länge, bereits gut entwickelt, vielseitiger Speisenbegleiter.

(90) Blaufränkisch Burgenland 2023
13 Vol.-%, DV, Stahltank, €€
Dunkles Rubingranat, violette Reflexe, breite Randaufhellung. Zarte Brombeernoten, etwas nach Wiesenkräutern, kandierte Orangenzesten, Dörrpflaumen klingen an. Saftig, mittlerer Körper, fruchtsüß, Pflaumen im Abgang, salziger Nachhall, bereits gut antrinkbar.

96 elegy 2019 ME/CS
14,5 Vol.-%, NK, kleines Holzfass, €€€€€€
Dunkles Rubingranat, ockerfarbene Reflexe, zarter Wasserrand. Feine Edelholzwürze, zart nach Johannisbeeren, etwas nach Nelken, feiner Pfeifentabak, floraler Touch. Saftig, gute Komplexität, dunkles Waldbeerenkonfit, mineralisch, würziger Abgang, tabakiger Nachhall, guter Speisenbegleiter mit Reifepotenzial.

94 terra o. 2020 BF/CS/ME/SY
14,5 Vol.-%, NK, Eichenfass, €€€€€
Tiefdunkles Rubingranat, violette Reflexe, zarte Ockerrandaufhellung. Dunkle Waldbeerenfrucht, Karamell, etwas tabakig, Zwetschken klingen an, floraler Touch. Saftig, komplex, feine Tabakwürze, schokoladiger Abgang, Brombeernoten im Nachhall, guter Speisenbegleiter im Potenzial.

92 Ried Siglos 2023 ZW/BF
13,5 Vol.-%, DV, Eichenfass, €€€
Dunkles Rubingranat, violette Reflexe, zarte Randaufhellung. Feine Kräuter-Holz-Würze, etwas nach Brombeeren, ein Hauch von Herzkirschen, tabakig unterlegt. Gute Komplexität, fruchtsüß, feine Tanninstruktur, mineralisch, Heidelbeeren im Abgang, bleibt sehr gut haften, vielfältig einsetzbar.

(95) Syrah Alte Reben Silvia Heinrich Edition 2020
13,5 Vol.-%, NK, Eichenfass, €€€€€
Tiefdunkles Rubingranat, violette Reflexe, zarte Randaufhellung. Zart nach Oliventapenade, ein Hauch von Orangenzesten und Brombeeren, Dörrobst klingt an. Gute Komplexität, saftig, engmaschig, samtiges Tannin, schwarze Beerenfrucht im Abgang, guter Speisenbegleiter mit Potenzial.

★★★

WEINGUT HUNDSDORFER

Auf einer Rebfläche von 20 Hektar in den Neckenmarkter Rieden wird eine breite Palette von Rotweinsorten gekeltert. Besonderes Augenmerk legt Familie Hundsdorfer auf die riedenreine Verarbeitung der Trauben, um so ein optimales Ausgangsmaterial zu erzielen. Das Terroir optimal auszudrücken sowie die feinen Nuancen der unterschiedlichen Rieden »kostbar« zu machen ist das Ziel im Hause Hundsdorfer. Den Kunden hochwertige Qualitätsweine zu fairen Preisen anzubieten ist ebenfalls ein großes Anliegen. In einem großzügigen, gemütlichen Degustationsraum kann man sich von den Weinen der Hundsdorfers persönlich überzeugen. Zwei Linien werden bei den Rotweinen zum Verkauf angeboten: einerseits die traditionell klassisch ausgebauten Weine aus großen Eichenfässern und Tanks, andererseits die Top-Schiene der Weine, die im Barrique reifen. Erfolge bei diversen Verkostungen unterstreichen das Qualitätsbewusstsein, das im Hause Hundsdorfer herrscht.

94 Blaufränkisch ** 2021
14,5 Vol.-%, DIAM, Barrique, €€€€
Dunkles Rubingranat, violette Reflexe, zarte Ockerrandaufhellung. Verhalten, reife Kirschen, ein Hauch von Brombeerkonfit, feine Kräuterwürze, kandierte Orangenzesten. Saftig, kraftvoll, reife Pflaumen, tragende Tannine, etwas Nougat, bleibt gut haften, zeigt Länge und Reifepotenzial.

93 St. Laurent Reserve 2021
14 Vol.-%, DIAM, Barrique, €€€€
Kräftiges Rubingranat, violette Reflexe, dezente Ockerrandaufhellung. Reife Herzkirschen, feines Nougat, einla-

WEINGUT HUNDSDORFER

7311 Neckenmarkt
Lange Zeile 10
T: +43 (2610) 42034
info@hundsdorfer.at
www.hundsdorfer.at

Kellermeister: Lukas Hundsdorfer
Kontakt: Lukas und Elisabeth Hundsdorfer
Produktion: 2 % weiß, 98 % rot, 20 Hektar
Vereinszugehörigkeit: Verband Blaufränkisch Mittelburgenland
Messen: ProWein Düsseldorf

dendes Bukett. Mittlere Komplexität, rote Waldbeeren, feine Süße, runde, seidige Tannine, mineralisch und bereits harmonisch, angenehmer Schokotouch im Nachhall.

92 Syrah Reserve 2021
14,5 Vol.-%, DIAM, Barrique, €€€€
Kräftiges Rubingranat, violette Reflexe, dezente Ockerrandaufhellung. Zart nach Nougat und Preiselbeeren, ein Hauch von Lakritze und Mandarinenzesten. Kraftvoll straff, mineralische Textur, präsente Tannine, rotbeeriger Touch im Nachhall, salziger Rückgeschmack, braucht noch Reifezeit.

92 Merlot Reserve 2021
15 Vol.-%, DIAM, Barrique, €€€€
Kräftiges Rubingranat, violette Reflexe, dezente Ockerrandaufhellung. Feine Röstaromen, ein Hauch von Edelholz, schwarze Kirschen, zart nach Tabak und Kräutern. Sehr kraftvoll, reife Herzkirschen, markante Tannine, Holzwürze im Abgang, rotbeerige Nuancen, noch etwas unterentwickelt.

91 Zweigelt Reserve 2021
15 Vol.-%, DIAM, Barrique, €€€€
Dunkles Rubingranat, violette Reflexe, dezente Ockerrandaufhellung. Feine Kräuterwürze, Orangenzesten, tabakige Nuancen, mit reifen Zwetschken und Kräutern unterlegt. Kraftvoll, dunkles Nougat, reife Tannine, die noch etwas fordernd wirken, wird von Flaschenreife profitieren.

91 Cabernet Sauvignon Reserve 2021
14,5 Vol.-%, DIAM, Barrique, €€€€
Dunkles Rubingranat, violette Reflexe, dezente Ockerrandaufhellung. Verhalten, zarte Aromatik von schwarzen Waldbeeren, ein Hauch von Cassis, mit tabakiger Kräuterwürze unterlegt. Saftig, etwas weitmaschig und mit spröden Tanninen ausgestattet, blättrig im Abgang, etwas überextrahiert, verliert etwas an Länge.

★★★★

IBY ROTWEINGUT BIO

BIO

Die Familie Iby aus Horitschon betreibt seit 1884 Weinbau, vor mehr als zehn Jahren wurde auf biologische Bewirtschaftung umgestellt. Wichtigstes Ziel ist für die Ibys immer höchste Qualität: »Diese können wir nur mit biologischer Bewirtschaftung erreichen. Für mich schließt Qualität das Thema Nachhaltigkeit ein«, so Anton M. Iby. »Wir sind eine ganz normale Familie, mit lebhaften Kindern, sich sorgenden Müttern und Großmüttern und selbstbewussten Vätern und Großvätern, die natürlich das tun, was ihre Frauen sagen.« Zwei Dinge gibt es allerdings im Hause Iby, die hier – im Vergleich zu anderen Familien – eine herausragende Rolle spielen: den Blaufränkisch und den Namen Anton. Vor über 100 Jahren begründete Anton Iby I. die Weindynastie in Horitschon. Und es war immer ein Anton, der die Liebe zum Wein, das Handwerk sowie die Erfahrung in Weingarten und Keller von einer Generation in die nächste trug. Anton Iby IV. war es, der dem Blaufränkisch zum Durchbruch verhalf. Mittlerweile ist Anton M. Iby V. am Werk. »Das Schöne daran, wenn ich mir den Rebstock anschaue, ist ja, wenn man mit all seinen Sinnen und Möglichkeiten versucht, das zu erfassen, was stattfindet – jedes Jahr, jeden Moment«, meint er. Stolz sind die Ibys auf ihre Lagen Dürrau, Hochäcker, Gfanger und Rager, die in ihrer Beschaffenheit unterschiedlicher nicht sein könnten. Und so, wie eine Mutter ein jedes ihrer Kinder gleich lieb hat, so schätzen sie jede ihrer Lagen. Sie haben eine sehr klare Vorstellung davon, was sie dem Rebstock abverlangen und was nicht. Da kommt ihnen zugute, dass sie ihre Böden sehr gut kennen und daher wissen, welche Betreuung die Reben im Weingarten und später ein jeder ihrer Weine brauchen. »Wir gehen dem Blaufränkisch auf den Grund, im wahrsten Sinne des Wortes, denn wir leben Blaufränkisch!«, so Eva M. Iby. Das Resultat sind fruchtige, geschmeidig-elegante und äußerst finessenreiche Rotweine, die von Beginn an begeistern.

88 Blaufränkisch weiß Herzenswunsch 2023
12 Vol.-%, VL, Stahltank, €€€ B F H

89 Blaufränkisch Rosé 2023
12,5 Vol.-%, DV, Stahltank, €€ B F H

(94) Blaufränkisch ** Quintus 2022
13,5 Vol.-%, VL, Barrique/großes Holzfass, €€€€€ B F H
Dunkles Rubingranat, violette Reflexe, zarte Randaufhellung. Zarte Mineralik, feine Edelholzanklänge, schwarze Kirschen, ein Hauch von Brombeeren, zart nach Nougat. Saftig, rote Beerenfrucht, feine Tannine, mineralisch-salzig im Abgang, wirkt im Finale fast schlank, ein leichtfüßiger Begleiter bei Tisch, wird von Flaschenreife profitieren.

92 Blaufränkisch ** Ried Hochäcker 2022
13,5 Vol.-%, VL, gebrauchte Barriques, €€€ B F H V
Dunkles Rubingranat, opaker Kern, violette Reflexe, zarte Randaufhellung. Zart kräuterwürzig unterlegte reife Zwetschkenfrucht, etwas Nougat, kandierte Orangenzesten. Saftig, mittlere Komplexität, rote Herzkirschen, feine Tannine, frisch strukturiert, mineralischer Nachhall, anregender Stil.

(92) Blaufränkisch ** Chevalier 2022
13,5 Vol.-%, VL, Barrique/gebrauchte Barriques, €€€€ B F H
Dunkles Rubingranat, opaker Kern, violette Reflexe, zarte Randaufhellung. Zarte Edelholznuancen, schwarze Kirschen, einladendes Bukett. Komplex, dunkle Waldbeeren, feine Tannine, mineralisch-salzig im Abgang, verfügt über Entwicklungspotenzial, ein leichtfüßiger Speisenbegleiter.

IBY ROTWEINGUT BIO

7312 Horitschon
Am Blaufränkischweg 3
T: +43 (2610) 42292
weingut@iby.at
www.iby.at
Kellermeister: Ing. Anton M. Iby
Kontakt: Ing. Eva M. Iby
Anbauweise: Zertifiziert Biologisch
Produktion: 200.000 Flaschen
100 % rot, 40 Hektar
Vereinszugehörigkeit:
Verband Blaufränkisch Mittelburgenland
Messen: ProWein Düsseldorf, VieVinum, Wein Burgenland Präsentationen

90 Blaufränkisch Classic 2022
13 Vol.-%, DV, großes Holzfass, €€ B F H
Dunkles Rubingranat, violette Reflexe, dezente Ockerrandaufhellung. Kräuterwürzig-mineralisch unterlegte schwarze Waldbeeren, Lakritze, dunkle Kirschen, Orangenzesten, etwas Schießpulver. Mittlere Komplexität, rotbeeriger Touch, feine Süße, mineralisch-salzig im Abgang, zart blättriger Nachhall, ein unkomplizierter Speisenbegleiter.

(93) Vin Anton 2022 BF/ME
13,5 Vol.-%, VL, gebrauchte Barriques/Barrique, €€€€€ B F H
Tiefdunkles Rubingranat, opaker Kern, violette Reflexe, zarte Randaufhellung. Zarte Edelholznote, feine Kräuterwürze, Brombeeren, zart nach Cassis, mit Orangenzesten unterlegt. Mittlerer Körper, rote Kirschen, gut integrierte Tannine, feinwürzig im Abgang, salziger Nachhall, vielfältig einsetzbar.

(91) Big Blend 2022 ZW/ME
13,5 Vol.-%, VL, Barrique/gebrauchte Barriques, €€€ B F H
Dunkles Rubingranat, violette Reflexe, zarte Randaufhellung. Reife Zwetschken, Brombeerkonfit, dezente Kräuterwürze, ein Hauch von Vanille. Saftig, elegant, reife Kirschfrucht, gut integrierte Tannine, frischer Abgang, vielfältig einsetzbar.

(93) Merlot Reserve 2022
13,5 Vol.-%, VL, Barrique/gebrauchte Barriques, €€€€ B F H
Tiefdunkles Rubingranat, opaker Kern, violette Reflexe, zarte Randaufhellung. Kandierte Orangenzesten, dunkle Waldbeeren, schwarze Herzkirschen. Komplex, saftig, feine dunkle Frucht, gut integrierte, reife Tannine, mineralischer Abgang, ein balancierter Speisenbegleiter, bereits gut antrinkbar.

91 Zweigelt Classic 2022
13 Vol.-%, DV, großes Holzfass, €€ B F H S V
Dunkles Rubingranat, violette Reflexe, dezente Ockerrandaufhellung. Feine reife Kirschfrucht, zart nach Zwetschken. Saftig, elegant, feine Fruchtsüße, gut integrierte Frische, runde Tannine, mineralisch, rotbeerig im Abgang, saliner Nachhall, vielfältig einsetzbar.

★★★★

WEINGUT HANS IGLER

Das Weingut Hans Igler ist seit über 50 Jahren ein österreichischer Familienbetrieb. Als Schnittstelle zwischen Tradition und Moderne wird es seit Anfang 2021 bereits in dritter Generation von Clemens und seiner Frau Anna geführt. Gemeinsam bewirtschaften sie rund 36 Hektar Rebfläche in einem der sonnigsten Teile Österreichs: dem Weinbaugebiet Mittelburgenland. Das Zusammenspiel von Boden, klimatischen Bedingungen, naturnahem Anbau und sorgfältiger Bearbeitung der Weingärten ist die Grundlage für die erstklassige Qualität der Weine. Es gilt, neue Geschmackswelten zu erschaffen – mit generationenübergreifendem Wissen und steter Pionierarbeit. Eine zentrale Rolle im Sortiment des Weinguts Hans Igler spielt der Blaufränkisch. Das pannonische Subkontinentalklima kombiniert mit sandigen Lehm- und Schotterböden unterstützt die charakteristischen Eigenschaften der Sorte und das Gedeihen der Weinreben. In der Dependance des Weinguts, im Schaflerhof, werden alle Weine zur Verkostung angeboten. Der ehemalige Gutshof des Schlosses Deutschkreutz wurde aufwendig restauriert und beherbergt nun rund 600 Barriquefässer und die »Vulcano-Vinothek«. Als beliebtes Ausflugsziel bietet er eine traumhafte Location für Hochzeiten und Veranstaltungen.

Mit dem Jahrgang 2018 treten die Weinflaschen in einem neuen Look in Erscheinung. Die Neugestaltung der Etiketten schafft eine Verbindung zwischen Vergangenheit, Gegenwart und Zukunft des Weinguts, wobei der Bezug zu den ikonischen Kunstwerken Anton Lehmdens erhalten geblieben ist. Weiterhin sind die Liebe zum Detail und die Qualität des Weins mit jeder Flasche greifbar.

WEINGUT HANS IGLER
7301 Deutschkreutz
Schaflerhof 1
T: +43 (2613) 80365
info@hans-igler.com
www.hans-igler.com

Kellermeister/Kontakt:
Clemens Reisner
Produktion: 200.000 Flaschen
2 % weiß, 98 % rot, 36 Hektar
Vereinszugehörigkeit:
Renommierte Weingüter Burgenland, Verband Blaufränkisch Mittelburgenland
Messen: VieVinum

92 Chardonnay Ried Goldberg 2021
13,5 Vol.-%, NK, Barrique, €€€€€
Helles Grüngelb, Silberreflexe. Feine Holzwürze, weiße Tropenfrucht, zart nach Pfirsich, ein Hauch von frischen Kräutern, Salbei und Limettenzesten. Mittlere Komplexität, straffe salzige Mineralik, feiner Säurebogen, kalkiger Touch im Abgang, zitroniger Nachhall, ein kerniger Speisenbegleiter.

89 Sauvignon Blanc Ried Hutweide 2023
12,5 Vol.-%, DV, Stahltank, €€

92 Blaufränkisch * Ried Hochberg 2021
13,5 Vol.-%, DV, gebrauchte Barriques, €€€
Dunkles Rubingranat, violette Reflexe, zarte Ockerrandaufhellung. Zart nach Lakritze und schwarzen Kirschen, dazu etwas Nougat und Gewürznuancen. Mittlerer Körper, rote Kirschen, frisch strukturiert, feine Tannine, mineralisch-salziger Abgang, ein facettenreicher Speisenbegleiter.

(91) Blaufränkisch Classic 2022
13 Vol.-%, DV, großes Holzfass, €€
Dunkles Rubingranat, violette Reflexe, zarte Ockerrandaufhellung. Einladende schwarze Herzkirschfrucht, zart nach Brombeeren, feine Kräuterwürze. Mittlerer Körper, rotbeeriger Touch, zartes Erdbeerkonfit, frisch strukturiert, salzig im Abgang, bereits gut antrinkbar.

(93) Pinot Noir Ried Fabian 2021
13,5 Vol.-%, NK, gebrauchte Barriques, €€€€€
Kräftiges Karmingranat, violette Reflexe, breitere Ockerrandaufhellung. Zart nach reifen Zwetschken, dazu eingelegte Kirschen, ein Hauch von Kräutern, kandierte Orangenzesten. Saftig, rotbeerig, zart nach Ribiseln und Himbeermark, feine Tannine, frisch strukturiert, salzig und gut anhaftend, ein leichtfüßiger Speisenbegleiter.

93 Vulcano 2021 BF/ZW/ME/CS
14 Vol.-%, NK, Barrique, €€€€€
Dunkles Rubingranat, violette Reflexe, zarte Ockerrandaufhellung. Schwarze Waldbeeren, etwas Lakritze, dunkle Kirschen, zart nach Blütenhonig und Nougat, einladendes Bukett. Saftig, wieder Herzkirschen, gut integrierte Tannine, mineralisch und frisch strukturiert, salziger Nachhall, ein facettenreicher Speisenwein.

★★★★

WEINGUT KERSCHBAUM

Das Weingut Kerschbaum erzeugt Weine mit Perfektion und Verantwortung. Als Pionier in Sachen Blaufränkisch in Österreich und als Botschafter für das Mittelburgenland produziert Familie Kerschbaum terroirtypische Top-Weine. Kompromissloses Qualitätsstreben und die Leidenschaft für den Blaufränkisch zeichnen das Weingut aus. Das milde Klima, viel Sonne und der besondere Boden in Horitschon beeinflussen den Geschmack der Weine, die zu den besten Rotweinen Österreichs gehören. Mit größtem Respekt und im Einklang mit der Natur werden die Weingärten bearbeitet. In den Top-Lagen im Mittelburgenland fühlen sich Rebsorten wie Blaufränkisch und Zweigelt besonders wohl. Perfektion in allen Bereichen sorgt für Weine mit Reife und Charakter.
Im November 2018 holte sich das Weingut Kerschbaum den Sieg bei der Falstaff-Rotweinprämierung in der Kategorie »Reserve Trophy« und im Herbst 2023 den dritten Platz in der Gesamtwertung mit dem Blaufränkisch Ried Dürrau 2021. Diese beiden besonderen Erfolge stellen allerdings nur die letzten Highlights der Prämierungen dar, denn die Liste der Auszeichnungen ist lang.

(93) Chardonnay Reserve 2022
14 Vol.-%, DIAM, Holzfass, €€€€€
Helles Goldgelb, Silberreflexe. Feine gelbe Tropenfrucht, ein Hauch von Honigmelone, zarte Limettenzesten, etwas Blütenhonig und Vanille, weißes Nougat. Komplex, saftig, elegant, feine Fruchtsüße, etwas Karamell, mineralisch

WEINGUT KERSCHBAUM
7312 Horitschon
Hauptstraße 111
T: +43 (2610) 42392
weingut@kerschbaum.at
www.kerschbaum.at

Kellermeister/Kontakt:
Paul und Michael Kerschbaum
Produktion: 5 % weiß, 95 % rot, 35 Hektar
Vereinszugehörigkeit:
Verband Blaufränkisch Mittelburgenland, Renommierte Weingüter Burgenland
Messen: VieVinum

und balanciert, bleibt gut haften, bereits gut antrinkbar, verfügt über Reifepotenzial.

(95) Cuvée Impresario 2022 BF/ZW/ME/CS
14 Vol.-%, NK, 500-l-Fass/Barrique, €€€€€
Tiefdunkles Rubingranat, opaker Kern, violette Reflexe, zarte Randaufhellung. Zarte Edelholzwürze, etwas Brombeeren, ein Hauch von Orangenzesten, Nougat, kandierte Veilchen, einladendes Bukett. Gute Komplexität, feine Würze, etwas Karamell, dunkles Waldbeerenkonfit, gut eingebundenes Tannin, extraktsüß, wird von Flaschenreife profitieren.

(94) Blaufränkisch Ried Dürrau 2022
14 Vol.-%, NK, Barrique/500-l-Fass, €€€€€
Tiefdunkles Rubingranat, violette Reflexe, zarte Randaufhellung. Zart tabakig, feinwürzig, Noten von schwarzem Cassis, ein Hauch von Nougat, Kardamom, dunkle Mineralik. Gute Komplexität, feinwürzig, präsentes Tannin, Lakritze, feine Röstaromen, Kirschen im Rückgeschmack, wird von Flaschenreife profitieren.

92 Blaufränkisch Ried Hochäcker 2022
13,5 Vol.-%, DV, Holzfass, €€€
Tiefdunkles Rubingranat, opaker Kern, violette Reflexe. Dunkles Waldbeerenkonfit, etwas nach Orangenschalen, ein Hauch von Brombeeren, Zwetschken und Lakritze klingen an. Saftig, kraftvoll, gut integrierte, samtige Tannine, Nuancen von schwarzer Frucht, feinwürzig, Edelholztouch im Nachhall, guter Speisenbegleiter.

91 Blaufränkisch 2022
13,5 Vol.-%, DV, großes Holzfass, €€
Kräftiges Rubingranat, opaker Kern, violette Reflexe, zarte Randaufhellung. Zart nach Kräutern, etwas nach Brombeeren, floraler Touch, mit einem Hauch von Cassis unterlegt. Saftig, mittlere Komplexität, tabakig, dunkle Schokolade, schwarze Kirschfrucht, bereits gut antrinkbar, tabakiges Finish.

90 Zweigelt 2022
13,5 Vol.-%, DV, großes Holzfass, €€
Dunkles Rubingranat, violette Reflexe, zarte Randaufhellung. Zarte Brombeernoten, etwas nach Heidelbeeren, ein Hauch von Gewürzen und Lakritze, einladender Duft. Saftig, straff, gut eingebundene Tannine, feine Säurestruktur, Herzkirschen im Abgang, nussiger Nachhall, bereits gut antrinkbar.

★★★

ROTWEINE LANG

Was genau das Geheimnis hinter ihrem mehrfach ausgezeichneten Weingut im Mittelburgenland ist, behalten Andrea und Stefan Lang für sich. Ihr Augenmerk legen sie jedenfalls auf die Sorte Blaufränkisch – Stefan Lang wird nicht umsonst als »Blaufränkischkünstler« bezeichnet – und eine lange Reifung der Weine ausschließlich im Holzfass. Denn wie heißt es so schön: »Guter Wein braucht Lang.« Auf dem 30 Hektar großen Rotweingut reifen viele große Rotweine. Nachdem die Familie den über 300 Jahre alten ehemaligen Streckhof umstrukturiert hat, verbindet sie hier Tradition und Moderne. Mit viel Herzblut aller Familienmitglieder entstand ein modernes Rotweingut, das »Altes« nutzt und neue Erkenntnisse sowie Methoden passend und innovativ dazu einsetzt. All das liegt Familie Lang am Herzen – nicht nur im privaten Bereich, sondern in allen Belangen rund um den Wein und im Sinne der Umwelt, ihrer Böden und

ROTWEINE LANG

7311 Neckenmarkt, Lange Zeile 11
T: +43 (2610) 42384
office@rotweinelang.at
www.rotweinelang.at

Kellermeister: Stefan Lang
Kontakt: Andrea und Stefan Lang
Produktion: 100 % rot, 30 Hektar
Vereinszugehörigkeit:
Verband Blaufränkisch Mittelburgenland, Vitikult
Messen: Dornbirner Frühjahrs- und Herbstmesse, Forum Vini München, ProWein Düsseldorf, VieVinum, Vinobile Montfort

Familie Lang

natürlich auch im Sinne der Weinliebhaber, die ihre Tropfen schätzen.

93 Blaufränkisch ** L1 2021
14,5 Vol.-%, NK, Barrique, €€€€ Ⓗ
Tiefdunkles Rubingranat, opaker Kern, violette Reflexe, dezente Randaufhellung. Etwas Nougat, schwarze Beerenfrucht, reife Zwetschken, ein Hauch von Edelholz. Kraftvoll, saftig, dunkle Frucht, reife Tannine, feines Karamell im Abgang, zeigt Länge und Potenzial.

91 Blaufränkisch * classic 2022
13 Vol.-%, DV, großes Holzfass, €€ Ⓗ
Dunkles Rubingranat, violette Reflexe, dezente Randaufhellung. Ein Hauch von Brombeeren, Nougat und Feigen, kandierte Orangenzesten, schwarze Kirschen, floraler Touch. Saftig, elegant und stoffig, etwas Nougat, würzig-mineralisch im Finish, dezente Süße im Nachhall.

90 Blaufränkisch Vitikult 2021
14,5 Vol.-%, NK, gebrauchte Barriques, €€€ Ⓗ
Dunkles Rubingranat, violette Reflexe, zarte Ockerrandaufhellung. Reife Zwetschken, ein Hauch von Feigen, dezente Schokonoten, kandierte Orangenzesten. Saftig, etwas Dörrobst, Brombeerkonfit, gut integrierte Tannine, mineralischer Abgang, kräuterwürziger Nachhall.

94 Excelsior 2021 BF/ME/CS/SY
14,5 Vol.-%, NK, Barrique, €€€€€ Ⓗ
Tiefdunkles Rubingranat, opaker Kern, violette Reflexe, dezente Randaufhellung. Zart nach Dörrzwetschken und Feigen, mit einem Hauch von Nougat unterlegt, dezente Edelholznote im Hintergrund. Komplex, dunkle Waldbeeren, reife, gut integrierte Tannine, mineralisch und anhaftend, verfügt über Länge und Reifepotenzial.

92 Fusion One 2022 ME/BF
14,5 Vol.-%, NK, gebrauchte Barriques, €€€ Ⓗ
Dunkles Rubingranat, violette Reflexe, zarte Randaufhellung. Zart floral, reife Zwetschken, Brombeerkonfit, kandierte Orangenzesten. Kraftvoll, süße Kirschen, präsente, gut integrierte Tannine, schokoladiger Touch im Abgang, mineralischer Nachhall.

92 St. Laurent Classic 2022
13,5 Vol.-%, DV, großes Holzfass, €€ Ⓗ
Kräftiges Rubingranat, violette Reflexe, zarte Ockerrandaufhellung. Zart nach reifen Pflaumen, Brombeerkonfit, dezente Kräuterwürze. Mittlere Komplexität, zarte Süße, reife Tannine, ein Hauch von Nougat im Abgang, ein eleganter Speisenbegleiter.

* Mittelburgenland DAC ** Mittelburgenland DAC Reserve

★★

NECKENMARKT DIE WINZER

Die Winzer Neckenmarkt produzieren Weine von höchster Qualität im Mittelburgenland. Als eines der modernsten Weingüter des Landes bewirtschaftet die Genossenschaft mit rund 100 Mitgliedern insgesamt 280 Hektar Weingärten. Die ausgezeichneten Spitzenweine »Potio Magica« und »Via Romana« zählen zu den bekanntesten Weinen des Unternehmens.
Die Winzer Neckenmarkt machen aus vielen das Beste! Durch gewissenhafte Handarbeit werden Trauben von höchster Qualität produziert. Diese bilden die Grundlage für hervorragende, gebietstypische Rotweine aus dem Mittelburgenland. Ein strenges und ehrgeiziges Qualitätsprogramm garantiert, dass naturnaher Weinbau, modernste Produktion und alte Traditionen im alltäglichen Tun ihren Platz finden. Ganz bewusst mit der Natur und nicht alleine von ihr zu leben, ist eines der Erfolgsrezepte der Winzer Neckenmarkt. Der sorgfältige Umgang mit den Ressourcen, die schonende Bearbeitung der Weingärten und höchste Qualitätsansprüche sichern die Zukunft und den Erfolg des Unternehmens. Handlese und modernste Produktionsverfahren sorgen für die hohe Qualität, Innovation und Zusammenhalt für die nachhaltige Entwicklung des Weinguts. Wein aus gutem Grund und Boden – das ist es, wofür die Winzer Neckenmarkt stehen.

NECKENMARKT DIE WINZER
7311 Neckenmarkt
Harkauerweg 2
T: +43 (2610) 42388
diewinzer@neckenmarkt.at
www.neckenmarkt.at

Kellermeister: Gerald Wieder
Kontakt: Margit Wieder
Produktion: 500.000 Flaschen
100 % rot, 280 Hektar
Vereinszugehörigkeit:
Verband Blaufränkisch
Mittelburgenland
Messen: ProWein Düsseldorf, VieVinum

92 Blaufränkisch ** Potio Magica 2021
13,5 Vol.-%, NK, Barrique, €€€€€
Dunkles Rubingranat, opaker Kern, violette Reflexe, zarte Ockerrandaufhellung. Zarte dunkle Beerenfrucht, schwarze Kirschen, ein Hauch von Edelholz, mit feinem Karamell unterlegt. Saftig, elegant, reife Herzkirschen, präsente Tannine, gute Frische, mineralisch-salzig im Abgang, wird von Flaschenreife profitieren.

91 Blaufränkisch ** Herosus 2021
14 Vol.-%, NK, Barrique, €€€
Dunkles Rubingranat, opaker Kern, violette Reflexe, zarte Ockerrandaufhellung. Schwarze Waldbeeren, Brombeeren und Herzkirschen, zart nach Lakritze und Kräuterwürze. Kraftvoll, mittlere Komplexität, etwas Kirschen und Vanille, präsente Tannine, etwas Nougat im Nachhall, bereits antrinkbar.

91 Blaufränkisch ** Ried Himmelsthron 2021
14 Vol.-%, NK,DV, Barrique, €€€
Dunkles Rubingranat, opaker Kern, violette Reflexe, zarte Ockerrandaufhellung. Dezente Holzwürze, Nougat, dunkle Beerenfrucht, zart nach Lakritze und Kräutern. Komplex, saftige Brombeerfrucht, gut integrierte Tannine, salzige Mineralik, schokoladig im Abgang, dezente Süße im Nachhall, ein würziger Speisenbegleiter.

88 Blaufränkisch Classic 2022
13 Vol.-%, DV, Stahltank, €€

89 Via Romana 2021 BF/ZW/CS
14 Vol.-%, NK,DV, Barrique, €€€

89 Trinitas 2021 BF/ZW/ME
14 Vol.-%, NK, Barrique, €€€

★★★

WEINGUT PFNEISL

Das Erfolgsrezept des Weinguts Pfneisl lautet »Tradition, Innovation, Liebe zum Wein und Verbundenheit mit der Natur« – oder vereinfacht gesagt: »Born 2 make wine.« Mit jahrhundertelanger Tradition im Rücken ist hier auch schon die neue Generation, Tochter Lisa, mit Herzblut dem Weinbau verpflichtet. Sie gründete im Jahr 2015 ihre eigene Weinlinie »Offspring by Pfneisl«. Diese Serie steht für vegan, nachhaltig und nach strengsten ökologischen Richtlinien hergestellt – ungeschönte Weine von höchster Qualität also, dazu ein auffälliges und stylishes Outfit.
Mit größtem Qualitätsbewusstsein werden von den Pfneisls in den besten und bekanntesten Lagen im Mittelburgenland nationale und internationale Sorten handverlesen, von Gerhard und Tochter Lisa vinifiziert und klassisch im Stahltank oder im kleinen oder großen Eichenfass ausgebaut. Der Großteil der insgesamt 23 Hektar Weingärten wird in der Heimatgemeinde Deutschkreutz bewirtschaftet. Im Jahr 1999 schuf die Familie zudem ihre eigene Cru im 18 Kilometer entfernten Kleinmutschen – dem geografischen Mittelpunkt des Burgenlands.
In den Top-Lagen wachsen neben den österreichischen Paradesorten Blaufränkisch und Zweigelt vor allem auch die internationalen Sorten Shiraz, Merlot, Pinot Noir, Cabernet Sauvignon und Cabernet Franc sowie die Weißweinsorten Viognier, Grüner Veltliner und Gelber Muskateller. Die Top-Cuvées »Platinum«, »Pentagon«, »Hexenberg« und »Ego« runden das Angebot ab, und die junge Weinlinie »Offspring by Pfneisl« stellt eine wunderbare Ergänzung zum etablierten Sortiment dar.
Gäste heißt die Familie Pfneisl seit dem Sommer 2018 im aufwendig renovierten Stammhaus direkt im Zentrum der Blaufränkisch-Gemeinde Deutschkreutz willkommen.

93 Viognier V 2022
14,5 Vol.-%, DIAM, 500-l-Fass, €€€€
Helles Goldgelb, Silberreflexe. Zarte gelbe Tropenfrucht, ein Hauch von frischer Mango und Quitte, dazu etwas Birne und Orangenblüten. Kraftvoll, elegant, feine Noten von gelbem Kernobst, mineralisch und gut anhaftend, ein seidiger Speisenbegleiter, weißes Nougat im Nachhall.

(95) Cabernet Sauvignon Exklusiv-Edition »GP« 2020
15 Vol.-%, NK, Barrique, €€€€€€
Dunkles Rubingranat, opaker Kern, violette Reflexe, zarte Ockerrandaufhellung. Zart nach Nougat und Veloursleder, feine Mischung aus Cassis, schwarzen Kirschen und reifen Zwetschken, dazu kandierte Orangenzesten. Kraftvoll, saftig, feine rote Kirschen, stoffig, reife, runde Tannine, mineralisch und frisch strukturiert, wirkt erstaunlich leichtfüßig, salziger Touch im Abgang, sehr gute Länge, ein bereits gut antrinkbarer Speisenbegleiter.

94 Cabernet Franc Offspring Black 2020
15 Vol.-%, NK, Teilbarrique, €€€€€
Kräftiges Karmingranat, violette Reflexe, breitere Ockerrandaufhellung. Feine schwarze Beerenfrucht, zart floral, dunkle Kirschen, zart nach Nougat, etwas Karamell, kandierte Orangenzesten, einladendes Bukett. Komplex, saftig, angenehme Fruchtsüße, reife Tannine, elegant und lange anhaftend, bereits zugänglich, ein Hauch von Schokolade im Rückgeschmack.

93 Ried Hexenberg 2021 ME/SY
15,5 Vol.-%, NK, Barrique, €€€€€
Dunkles Karmingranat, opaker Kern, violette Reflexe. Schwarze Waldbeeren, etwas Sanddorn, Nuancen von Cassis, feine Kräuterwürze und Edelholznoten, zart nach Nou-

WEINGUT PFNEISL
7301 Deutschkreutz
Karrnergasse 30-32
T: +43 (2613) 80048
wein@weingut-pfneisl.at
www.weingutpfneisl.at

Kellermeister: Lisa und Gerhard Pfneisl
Kontakt: Lisa Kölly-Pfneisl
Produktion: 5 % Schaumwein, 10 % weiß, 5 % rosé, 80 % rot, 23 Hektar
Zertifiziert: Nachhaltig Austria
Vereinszugehörigkeit: Verband Blaufränkisch Mittelburgenland
Messen: VieVinum

gat. Sehr kraftvoll, süße Beerenfrucht, Vanille, reife Tannine, schokoladiger Abgang, feinwürziger Nachhall, eine Art heimischer Châteauneuf.

92 Blaufränkisch Liz' churchill 2021
14,5 Vol.-%, DV, gebrauchte Barriques, €€€
Dunkles Rubingranat, violette Reflexe, zarte Ockerrandaufhellung. Feine Nuancen von Cassis und Lakritze, zart nach Tabak und Nougat. Stoffig, komplex, saftige Textur, mineralisch, feine Tannine frische Säurestruktur, salzig und anhaftend, ein eleganter Speisenbegleiter.

91 Zweigelt 2023
13,5 Vol.-%, DV, Stahltank, €€ H
Dunkles Rubingranat, violette Reflexe, zarte Randaufhellung. Frische Zwetschken, Brombeerkonfitüre, kandierte Orangenzesten, einladendes Bukett. Kräftig, fruchtige Süße, runde Tannine, etwas Nougat, bereits gut antrinkbar.

★★★

ROTWEINGUT PRICKLER

Das Rotweingut Prickler liegt in Lutzmannsburg, der ältesten urkundlich erwähnten Weinbaugemeinde des Burgenlands, und sieht sich als Hüter des Lutzmannsburger Terroirs. Der Wein ist die große Leidenschaft der Familie Prickler. Jeder Rebstock wird liebevoll umsorgt, die Qualität im Weingarten und bei der Kellerarbeit wird großgeschrieben, jedem Detail wird größte Aufmerksamkeit gewidmet.
Mildes pannonisches Klima mit den meisten Sonnenstunden des Burgenlands verwöhnt die Weingärten auf dem Lutzmannsburger Hochplateau, wo – abseits von Durchzugsstraßen – ein besonderes Mikroklima herrscht. Dieses beeindruckende Bodenmassiv aus Lehm, Tonmergel, Tegel und Quarzsanden weist einen Höhenunterschied von 50 Metern zur Ebene bzw. zum Ort selbst auf. Die schweren Böden bieten optimale Verhältnisse für hochqualitative Trauben mit viel Frucht und Tannin – ein idealer Standort für große Weine mit eigenständiger Stilistik und Eleganz. Praktisch aus dem Nichts haben Elfi und Herbert Prickler begonnen, Wein zu produzieren. Mittlerweile geführt von Christian und Christina Prickler, gilt das Weingut heute als Leuchtfeuer der Blaufränkisch-Hochburg Lutzmannsburg. Unübersehbar sind hier einige Weingärten besonders schön gepflegt. Sie sind das Werk von Elfi Prickler, die sich ganz der Pflege der Reben verschrieben hat. »Ein Rebstock muss sich wohlfühlen, ein gesundes Umfeld haben«, lautet ihr Rezept für die hohe Qualität der Trauben.
Die akribische Arbeit in den Weingärten kommt Sohn Christian zugute, der als Kellermeister die Vinifikation verantwortet. Gemeinsam mit Herbert Pricklers langjähriger Erfahrung prägt er die Handschrift der Prickler-Weine. Bei Verkostungen und Präsentationen versorgt Christina liebevoll ihre Gäste und Kunden und hat im Büro alle wirtschaftlichen Belange im Griff. Die oftmaligen Prämierungen der Weine bezeugen die qualitätsorientierte Arbeit der Familie. Gesundes Traubengut, limitierter Ertrag sowie schonende und moderne Verarbeitung ergeben fruchtige und gehaltvolle Rotweine von hoher Qualität und somit außergewöhnliches Trinkvergnügen!

95 Blaufränkisch ** 2021
14 Vol.-%, NK, Barrique, €€€€ V
Kräftiges Karmingranat, tiefer Kern, violette Reflexe, breiterer Ockerrand. Feine Kräuterwürze, reife dunkle Herzkirschen, zartes Brombeerkonfit, ein Hauch von Edelholz, facettenreiches Bukett. Saftig, elegant, zarte Extraktsüße, feine, ausgereifte Tannine, sehr gute Länge, mineralisch und anhaftend, sicheres Entwicklungspotenzial.

(92) Blaufränkisch * Ried Sonnberg 2023
13,5 Vol.-%, NK,DV, Barrique, €€€ V
Dunkles Rubingranat, violette Reflexe, dezente Randaufhellung. Zart nach Nougat und reifen Kirschen, mit roten Waldbeeren unterlegt, kandierte Orangenzesten, einladendes Bukett. Saftige Herzkirschen, feine Süße, zarte Tannine, mineralisch-frisch im Abgang, ein delikater Speisenwein.

89 Blaufränkisch * Classic 2023
13 Vol.-%, DV, Stahltank, €€ V

(91) Blaufränkisch Vitikult 2023
13,5 Vol.-%, NK,DV, Teilbarrique, €€€ V
Dunkles Rubingranat, violette Reflexe, dezente Randaufhellung. Zart nach Preiselbeeren, dunkle Herzkirschen, Nuancen von Mandarinenzesten. Mittlerer Körper, dezente Kräuterwürze, rotes Beerenkonfit, runde Tannine, salziger Nachhall.

ROTWEINGUT PRICKLER

7361 Lutzmannsburg, Birkenhain 1
T: +43 (2615) 87742
rotweingut@prickler.at
www.prickler.at
Kellermeister: Christian Prickler
Kontakt: Christina Prickler
Produktion: 1 % Schaumwein, 3 % weiß, 1 % rosé, 95 % rot, 25+5 Hektar
Zertifiziert: Nachhaltig Austria
Vereinszugehörigkeit: Verband Blaufränkisch Mittelburgenland, Vitikult
Messen: VieVinum, Vinobile Feldkirch, Weinmesse Innsbruck, Weinmesse München, Weinmesse Salzburg, DAC-Präsentationen, Wein Burgenland Präsentationen

Familie Prickler

(90) Blaufränkisch Ried Alt Satz 2023
13 Vol.-%, DV, Stahltank, €€ V
Kräftiges Rubingranat, violette Reflexe, dezente Ockerrandaufhellung. Schwarze Kirschen, zart nach Brombeeren, dezente Kräuterwürze, etwas Nougat. Saftig, elegant, feine Kirschfrucht, runde Tannine, charmant und balanciert, ein vielseitiger Speisenbegleiter.

93 Grand Pri' 2022 BF/ZW/ME/CS
14 Vol.-%, NK, Barrique, €€€€ V
Dunkles Rubingranat, opaker Kern, violette Reflexe, dezente Randaufhellung. Zarte Edelholznuancen, schwarze Kirschen, etwas Cassis, dezente Kräuterwürze. Komplex, saftig, rotbeeriger Touch, reife Tannine, straff und anhaftend, ein eleganter Begleiter bei Tisch.

(90) Ried Altes Weingebirge 2023 BF/ZW/ME/CS
13,5 Vol.-%, DV, Barrique, €€ V
Dunkles Rubingranat, opaker Kern, violette Reflexe, dezente Randaufhellung. Mit zarter Kräuterwürze unterlegte reife Zwetschkenfrucht, Brombeeren und reife Herzkirschen, etwas Nougat. Saftig, ein Hauch von kandierten Veilchen, Kirschen, runde Tannine, gute Frische, anhaftend, bereits gut entwickelt.

(89) Cuvée Prickler 2023 BF/ZW/ME
13,5 Vol.-%, DV, Teilbarrique, €€ V

93 Merlot 2022
14 Vol.-%, NK, Barrique, €€€ V
Dunkles Rubingranat, violette Reflexe, dezente Randaufhellung. Zart nach Sanddorn, rotes Waldbeerenkonfit, etwas Lakritze, rote Kirschen. Mittlere Komplexität, süße Beerenfrucht, runde Tannine, mineralisch, gut anhaftend, ein eleganter Speisenbegleiter, bereits zugänglich, hat Potenzial.

92 Cabernet Sauvignon 2021
14 Vol.-%, NK, Barrique, €€€ V
Kräftiges Rubingranat, violette Reflexe, dezente Ockerrandaufhellung. Zart nach Kräutern und Veloursleder, dunkle Beeren, zart nach Lakritze, kandierte Mandarinenzesten, etwas Edelholz. Mittlere Komplexität, rotbeerige Nuancen, feine Tannine, salzig im Abgang, ein lebendiger Speisenbegleiter.

91 Zweigelt Ried Altes Weingebirge 2022
14 Vol.-%, NK, Barrique, €€ V
Dunkles Rubingranat, opaker Kern, violette Reflexe, dezente Ockerrandaufhellung. Zarte Kräuterwürze, kandierte Orangenzesten, feine Kirschfrucht, etwas Nougat. Saftig, elegant, feine Herzkirschen, reife Tannine, mineralischfrisch im Abgang, vielfältig einsetzbar.

(90) Zweigelt Altes Weingebirge 2023
14 Vol.-%, DV, Barrique, €€ V
Dunkles Rubingranat, opaker Kern, violette Reflexe, dezente Randaufhellung. Zart nach Pflaumen, dazu reife Kirschen, mit kandierten Orangenzesten unterlegt. Saftig, elegant, feine Fruchtsüße, zart nach Erdbeeren, runde Tannine, ein Hauch von Nougat, ein vielseitiger, unkomplizierter Speisenbegleiter.

89 Zweigelt Classic 2023
13 Vol.-%, DV, Stahltank, €€ V

91 Pinot Noir 2022
14 Vol.-%, DV, Barrique, €€€ V
Kräftiges Karmingranat, violette Reflexe, breitere Ockerrandaufhellung. Rote Herzkirschen, zart nach Waldbeeren, kandierte Orangenzesten und ein Hauch von Preiselbeeren. Mittlere Komplexität, feine Fruchtsüße, präsente Tannine, mineralisch-salzig im Abgang, bereits zugänglich.

★★★

WEINGUT STREHN

Im traditionellen Rotweingut Strehn weht seit einigen Jahren ein neuer Wind – ein rosaroter. Und er weht immer stärker: Rund 60 Prozent der Ernte werden mittlerweile zu Rosé verarbeitet. Am Beginn stand der Versuch, einen Gegenentwurf zu Rosé-Weinen mit mäßigen Popularitätswerten zu schaffen. Vorbild waren dabei französische Rosé-Ikonen, die schon lange den Weinhimmel erklommen hatten. 2017 war es dann so weit: Der mittlerweile berühmte »Elefant im Porzellanladen« stellte als Senkrechtstarter die österreichische Rosé-Welt auf den Kopf. Mittlerweile umfasst die Strehn'sche Rosé-Palette sechs Weine: vom leichten Sprudel bis zum Statement-Rosé, der im Fass vergoren wird.

Die Basis für den Erfolg des Weinguts sind aber immer die biologisch und nachhaltig bewirtschafteten Rotweine aus Deutschkreutz. Und da steht natürlich der Blaufränkisch im Mittelpunkt, der als Lagenwein oder auch in der Spitzencuvée »Pandur« angeboten wird.

WEINGUT STREHN
7301 Deutschkreutz, Weinbergweg 1
T: +43 (664) 1636570
office@strehn.at
www.strehn.at

Kellermeister: Patrick & Andy Pfneisl-Strehn
Kontakt: Pia Strehn
Anbauweise: Umstellung auf bio
Produktion: 15 % weiß, 85 % rot
Zertifiziert: Nachhaltig Austria
Vereinszugehörigkeit: Verband Blaufränkisch Mittelburgenland
Messen: ProWein Düsseldorf

(94) Blaufränkisch Rosé Love Story 2022
13,5 Vol.-%, NK, Barrique, €€€€€€
Helles Lachsrosa, Goldreflexe. Frischer Golden-Delicious-Apfel, zart nach Erdbeerkonfit, florale Nuancen. Saftig, elegant, feine Steinobstnoten, ein Hauch von Pfirsich, seidige Mineralik, salziger Touch im Abgang, mittlere Länge, balanciert und harmonisch.

(93) Blaufränkisch Rosé Der Elefant im Porzellanladen 2023
13,5 Vol.-%, NK, 500-l-Fass, €€€€€ B
Helles Altrosa, Kupferreflexe. Einladende gelbe Tropenfrucht, ein Hauch von Apfel und Mango, mit roten Waldbeeren unterlegt, Limettenzesten im Hintergrund. Saftig, zart nach Vanille und Pfirsich, elegant und gut anhaftend, mineralisch, charmante süße Frucht im Abgang, gutes Entwicklungspotenzial.

91 Blaufränkisch Rosé 2023
12,5 Vol.-%, DV, Stahltank, €€€
Helles Lachsrosa, Kupfertouch, Silberreflexe. Zart nach Limetten und weißem Apfel, ein Hauch von roten Waldbeeren, dezentes Bukett. Schlank, weißes Kernobst, feine Fruchtsüße, feiner Säurebogen, balancierter, zugänglicher Stil.

(92) Seerosé 2023 BF/CS/ME
13 Vol.-%, DV, großes Holzfass, €€€€ B
Helles Lachsrosa, Orangereflexe. Verhaltenes Bukett, zart nach eingelegten Kirschen, weißer Pfirsich, dezente Aromatik. Saftig, elegant, dezente Fruchtsüße, feiner Säurebogen, Blütenhonig im Abgang, ein vielseitiger, ausgewogener Speisenbegleiter.

(91) Sushi Rosé 2023 SY/BF
11,5 Vol.-%, NK, Beton, €€€€ B
Mittleres Altrosa, zarte Pinknuancen, Silberreflexe. Zart nach roten Kirschen, ein Hauch von Pfirsich, Nuancen von Blütenhonig. Mittlerer Körper, weißes Kernobst, feine Fruchtsüße, dezente Säurestruktur, Steinobst im Nachhall, ein balancierter Speisenbegleiter.

★★★★

WEINGUT JOSEF TESCH

Die Familie Tesch hat es sich zum Beruf und zur Berufung gemacht, exzellente Weine zu vinifizieren. In der Gemeinde Neckenmarkt im Mittelburgenland mit ihren tiefgründigen, lehmhaltigen Böden findet sie dafür die besten natürlichen Voraussetzungen. Und dennoch bestimmen nicht nur Terroir und Klima die Qualität eines Weines. Es braucht darüber hinaus ein harmonisches Zusammenspiel von handwerklichem Wissen, Erfahrung und intensiver Arbeit, um Weine höchster Güte zu erzeugen. Diese »Winzerkunst« ist für Familie Tesch mehr als »nur« Arbeit. Für sie ist es Ausdruck von Lebensfreude und Lebenskultur, und das schmeckt man auch – in exzellenten Weinen, in denen der Charakter von Region und Traube »verflüssigt« wurde.
Die Weingärten der Familie Tesch umfassen insgesamt rund 26 Hektar an den Ausläufern des Ödenburger Gebirges. Bis zu 70 Jahre alte Rebstöcke mit regionaltypischen Sorten gedeihen in den Weingärten am Hochberg, am Weissen Weg und in weiteren Top-Lagen. Die Bodenbeschaffenheit ist vielschichtig, und jeder Weingarten hat sein eigenes Mikroklima und seine Besonderheiten. Durch sortentypischen und klaren Ausbau werden gerade diese Unterschiede und Typizitäten in den Weinen von Tesch hervorgebracht. Mit rund 60 Prozent spielt die Sorte Blaufränkisch anteilsmäßig die Hauptrolle in den Weingärten der Teschs. Die naturnahe Pflege, die Ertragslimitierung für qualitativ beste Trauben und die behutsame Handlese bilden die Basis für die erstklassigen Weine. Seit einigen Jahren sind der Name Tesch und insbesondere die Weine des Hauses in aller Munde. Beim Ausbau der Weine sieht man sich dem Mittelburgenland verpflichtet und setzt auf Authentizität. So entstehen Weine, in denen man die enge Verbundenheit mit der Region schmecken kann.

(92) Blaufränkisch * Ried Hochberg 2021
13,5 Vol.-%, DV, 500-l-Fass, €€€ Ⓥ
Tiefdunkles Rubingranat, schwarzer Kern, violette Reflexe, zarte Randaufhellung. Feine Brombeernoten, ein Hauch von schwarzen Kirschen, mit Karamell unterlegt, tabakiger Nachhall. Mittlere Komplexität, saftig, etwas nach Orangen und Pflaumen im Abgang, gut integrierte Tanninstruktur, mineralischer Rückgeschmack.

WEINGUT JOSEF TESCH
7311 Neckenmarkt, Herrengasse 26
T: +43 (2610) 43610
titan@tesch-wein.at
www.tesch-wein.at
Kellermeister: Josef Christian Tesch
Kontakt: Josef, Carmen und Helene Tesch
Produktion: 3 % weiß, 97 % rot, 26 Hektar
Zertifiziert: Nachhaltig Austria
Vereinszugehörigkeit: WBV Neckenmarkt, Verband Blaufränkisch Mittelburgenland
Messen: ProWein Düsseldorf, VieVinum, DAC-Präsentationen, Wein Burgenland Präsentationen

Josef und Carmen Tesch

(90) Blaufränkisch * Neckenmarkt 2022
13 Vol.-%, DV, Stahltank, €€ Ⓥ
Tiefdunkles Rubingranat, violette Reflexe, zarte Randaufhellung. Schwarze Beerenfrucht, dezente Tabak-Kräuter-Würze, ein Hauch von Schokolade und Zwetschken. Mittlerer Körper, feine Säurestruktur, Zwetschken und Feigen im Abgang, salzig, frisches Finish, bereits gut antrinkbar.

(93) Blaufränkisch Ried Bergleiten 2022
14 Vol.-%, NK, 500-l-Fass, €€€€€ Ⓥ
Tiefdunkles Rubingranat, violette Reflexe, zarte Randaufhellung. Tabak-Edelholz-Würze, Noten von schwarzem Cassis, Herzkirschen, einladendes Bukett. Elegant, fein strukturiert, samtiges Tannin, Pflaumen und Dörrobst im Abgang, schokoladiger Nachhall, guter Speisenbegleiter.

(94) Jana Paulina 2022 ME/CS
14 Vol.-%, NK, 500-l-Fass, €€€€€ Ⓥ
Tiefdunkles Rubingranat, violette Reflexe, zarte Randaufhellung. Dunkle Kirschfrucht, zarte Röstaromatik, Holzwürze, Zwetschkenfrucht klingt an, mit Lakritze unterlegt. Komplex, fruchtsüß, samtiges Tannin, tabakig, Brombeernuancen im Abgang, feinwürzig im Rückgeschmack, guter Speisenbegleiter.

(94) Titan 2022 BF/ME/CS
14 Vol.-%, NK, 500-l-Fass, €€€€€ Ⓥ
Tiefdunkles Rubingranat, opaker Kern, violette Reflexe, zarte Randaufhellung. Kräuterwürze, zart nach Pflaumen und schwarzem Waldbeerenkonfit, etwas Lakritze. Komplex, saftig, samtige, präsente Tanninstruktur, Brombeernoten, etwas tabakig im Nachhall, lang anhaltend, wird von Flaschenreife profitieren.

(92) Kreos 2021 BF/SY/ME/ZW
13,5 Vol.-%, NK, 500-l-Fass, €€€€ Ⓥ
Tiefdunkles Rubingranat, schwarzer Kern, zarte Randaufhellung. Dörrobst, ein Hauch von Kräutern, zart nach Edelholzwürze, dunkles Waldbeerenkonfit. Komplex, saftig, feine Tanninstruktur, mineralisch, Nuancen von schwarzen Brombeeren, tabakiger Nachhall, guter Speisenbegleiter mit Entwicklungspotenzial.

91 Carpo 2021 BF/ZW/ME
14 Vol.-%, DV, 500-l-Fass, €€€ Ⓥ
Dunkles Rubingranat, violette Reflexe, zarte Randaufhellung. Feine Kräuterwürze, Zwetschken und feines Dörrobst, ein Hauch von Brombeeren, Lakritze, mit Holzwürze unterlegt. Mittlerer Körper, feine Tabakwürze, zart nach Brombeeren im Abgang, samtiges Tannin, bleibt gut haften, unkomplizierter Speisenbegleiter.

90 Joe 5 2022 BF/ZW/ME
13,5 Vol.-%, DV, 500-l-Fass, €€
Dunkles Rubingranat, tiefer Kern, violette Reflexe, zarte Randaufhellung. Frische Herzkirschen, Nuancen von schwarzen Waldbeeren, einladendes Bukett. Mittlerer Körper, reife Zwetschken, gut integrierte Tannine, etwas Nougat im Abgang, mineralisch im Nachhall, ein vielseitiger Speisenbegleiter.

(94) Merlot Enya 2022
14 Vol.-%, NK, 500-l-Fass, €€€€€ Ⓥ
Tiefdunkles Rubingranat, opaker Kern, violette Reflexe, zarte Randaufhellung. Edelholzwürze, etwas nach Brombeeren, ein Hauch von Lakritze, feine Cassisnoten, reife Zwetschken. Gute Komplexität, präsentes Tannin, feinwürzig, etwas tabakig, Brombeernuancen im Abgang, schokoladiger Rückgeschmack.

(93) Cabernet Sauvignon Tabea 2022
14 Vol.-%, NK, 500-l-Fass, €€€€€ Ⓥ
Tiefdunkles Rubingranat, schwarzer Kern, violette Reflexe, zarte Randaufhellung. Frisches Bukett nach Herzkirschen und Feigen, kandierte Orangenzesten, auch kandierte Veilchen klingen an. Saftig, kraftvoll, präsentes Tannin, Cassis im Abgang, schokoladiger Nachhall, vielfältig einsetzbar.

★★★★

WEINGUT WELLANSCHITZ

BIO

Wie man ein kleines Familienweingut erfolgreich in die Moderne führt, ohne dabei Tradition und Ehrfurcht vor dem kostbaren Land, das man bearbeitet, über Bord zu werfen, zeigen wenige Winzerfamilien so eindrucksvoll wie die »Wells«, die damit Neckenmarkter Grundwerte erfüllen. Seit der Übernahme von den Eltern und Großeltern haben sie das Weingut mit Bedacht erweitert und sich gleichzeitig einer Philosophie verschrieben, die darauf beruht, dem wertvollen Glimmerschiefer, dem Granitgneis, den kargen Kalkböden und dem Lehm die Aufgabe zu überlassen, den Wein zu gestalten. Die biologische Bewirtschaftung (Zertifizierung abgeschlossen) und das klare Bekenntnis zur Zurückhaltung im Keller sind ein tragendes Element der Wellanschitz-Weine. Die Weingärten liegen an den letzten Ausläufern der Alpen, im Ödenburger Gebirge, direkt an der Grenze zu Ungarn. Die hoch gelegenen Weinberge (bis 480 Meter Seehöhe) sind die Besonderheit im Mittelburgenland und ermöglichen den Ausbau komplexer Weine.

Mit ihrem umfangreichen Blaufränkisch-Sortiment, das bei Familie Wellanschitz eine zentrale Rolle spielt, zeigt man die Unterschiede der einzelnen Lagen des Mittelburgenlands auf und leistet damit einen wertvollen Beitrag zur Erhaltung der Blaufränkisch-Tradition in der Region. Das Weingut Wellanschitz ist bekannt für seine Einzellagen-Blaufränkischen vom Hochberg, vom Sonnensteig, vom Hussi und vom Alten Weingebirge sowie für den Blaufränkisch Well Alte Reben vom ältesten Weingarten der Familie. Die Lage Rüsselgrund garantiert hochreifen Cabernet Sauvignon, und mit der Cuvée Fraternitas wird die Zusammenarbeit der beiden Wellanschitz-Brüder Stefan Paul und Georg gefeiert.

97 Blaufränkisch Ried Sonnensteig 2021
13,5 Vol.-%, NK, 500-l-Fass, €€€€€€ B
Dunkles Rubingranat, violette Reflexe, dezente Randaufhellung. Feine Brombeernuancen, zart nach Kardamom und Wiesenkräutern, einladende Edelholzwürze, Nougat klingt an. Saftig, komplex, dunkles Waldbeerkonfit, extraktsüß, Mandarinentouch, bleibt sehr gut haften, tabakiges Finish, sicheres Entwicklungspotenzial.

WEINGUT WELLANSCHITZ
7311 Neckenmarkt
Lange Zeile 28
T: +43 (2610) 42302
info@wellanschitz.at
www.wellanschitz.at

Kellermeister: Stefan Wellanschitz, Georg Wellanschitz
Kontakt: Familie Wellanschitz
Anbauweise: Zertifiziert Biologisch (Bio Austria)
Produktion: 1 % Schaumwein, 10 % weiß, 90 % rot, 35 Hektar
Messen: VieVinum

Familie Wellanschitz

94 Blaufränkisch Well Alte Reben 2021
13 Vol.-%, NK, 500-l-Fass, €€€€€ Ⓑ
Tiefdunkles Rubingranat, schwarzer Kern, violette Reflexe, dezente Randaufhellung. Frische Wiesenkräuter, zart nach Kardamom, ein Hauch von Cassis, frisch und lebendig, pfeffriger Touch, mineralischer Anklang. Saftig, komplex, frische Säurestruktur, samtiges Tannin, schwarze Kirschfrucht, Zitrus im Abgang, salziger Nachhall, ein vielseitiger Speisenbegleiter.

93 Blaufränkisch Ried Burgstall 2022
13 Vol.-%, NK, 500-l-Fass/großes Holzfass, €€€€ Ⓑ
Kräftiges Rubingranat, violette Reflexe, zarte Randaufhellung. Kandierte Bergamotte, ein Hauch von reifen Kirschen, Pflaumentouch, zarte Holzwürze, fruchtig und einladend. Saftig, engmaschig, rotes Waldbeerenkonfit, zarte Süße, etwas Brombeeren, balancierte Tanninstruktur, mineralisch, guter Speisenbegleiter.

91 Blaufränkisch Central Schiefer&Lehm 2022
13 Vol.-%, DV, großes Holzfass/500-l-Fass, €€€ Ⓑ
Kräftiges Rubingranat, violette Reflexe, zarte Randaufhellung. Feine Krischfrucht, zart nach Pflaumen, ein Hauch von Orangenzesten, frisch und strukturiert. Saftig, elegant, feine Würze, leichtfüßig, rotbeerige Nuancen, mittlere Komplexität, Ribiseltouch, guter Speisenbegleiter.

93 Fraternitas 2022 BF/CS
13,5 Vol.-%, NK, gebrauchte Barriques/500-l-Fass, €€€€€ Ⓑ
Dunkles Rubingranat, violette Reflexe, zarte Randaufhellung. Zarte Kräuterwürze, etwas nach Kumquats, ein Hauch von reifen Kirschen, Zwetschken klingen an, floraler Touch. Saftig, komplex, fruchtsüß nach Kirschen, etwas Lakritze im Finish, samtiges Tannin, würziger Rückgeschmack, wird von Flaschenreife profitieren.

92 Hotter 2022 BF/ZW/ME/CS/SY
13 Vol.-%, DV, großes Holzfass/500-l-Fass/gebrauchte Barriques, €€€ Ⓑ
Dunkles Rubingranat, violette Reflexe, zarte Randaufhellung. Dezente Kräuternoten, etwas Grapefruitzesten, ein Hauch von reifen Kirschen, schwarze Beerenfrucht, einladendes Bukett. Saftig, frisch, elegant, mineralisch, Herzkirschen klingen an, fruchtsüß, Vanilletouch im Rückgeschmack, vielfältig einsetzbar.

★★★

WEINGUT JULIANA WIEDER

Die Wieders sind Weinbauern im wahrsten Sinne des Wortes. Viele Generationen waren sie Landwirte, seit den 1980er-Jahren wird auf Wein gesetzt. So wurden Äcker gegen Weingärten, Rinderhalle gegen Abfüllraum, Schweinestall gegen Barriquekeller und Heulager gegen Buschenschank getauscht. Inzwischen haben sich die Weine an der österreichischen Rotweinspitze etabliert.
Georg Wieder stellt seit seiner Jugend mit großer Leidenschaft die gebietstypischen Weine her, unterstützt wird er dabei von seiner Schwester Burgi. Zusammen mit Betriebsgründerin und Mutter Juliana Wieder erkannten sie früh das Potenzial der einzelnen Rieden. In dem Bewusstsein, dass charakteristischer Wein nicht erst im Keller gemacht wird, sondern im Weingarten entsteht, sicherten sie sich die besten Lagen der Region: Spiegelberg, Bodigraben, Sonnensteig, Hochberg, Pollesgraben, Kronberg, Hussy, Kohlenberg, Hochäcker und Gfanger.
Mittlerweile werden rund 44 Hektar Weingärten bearbeitet, die überwiegend 50 Jahre und älter sind. Der Blaufränkisch steht im Betrieb natürlich im Mittelpunkt und wird je nach Lage und Alter der Rebstöcke in verschiedenen Varianten ausgebaut. Aber auch andere Reben werden kultiviert: Welschriesling und Chardonnay sowie Zweigelt, St. Laurent, Merlot, Syrah, Pinot Noir und Cabernet Sauvignon stellen eine spannende Herausforderung dar. Die internationalen Rotweinsorten werden nur in ausgezeichneten Jahrgängen sortenrein abgefüllt, ansonsten runden sie die Cuvées »Georg«, »Morandus« und »Sempre« ab. Die Wieders legen nicht nur viel Wert auf Qualität, sondern stecken auch viel Herz in die Produktion. Die Bewahrung von Tradition und Natur

schließen die Offenheit für Neues nicht aus. So schafft es Georg immer wieder, das Beste aus den Trauben herauszuholen.

(95) Blaufränkisch ** »Private Reserve« 2021
14,5 Vol.-%, NK,DV, Barrique, €€€€€
Dunkles Rubingranat, opaker Kern, violette Reflexe, dezente Ockerrandaufhellung. Feine Edelholzwürze, Nuancen von Lakritze und etwas Cassis, schwarze Kirschen, kandierte Orangenzesten, etwas Nougat. Engmaschig, komplex, reife Zwetschken, straffe Tannine, mineralisch, gute Frische, zeigt Länge, süße Frucht im Nachhall, wird von Flaschenreife profitieren.

(93) Blaufränkisch ** Ried Bodigraben 2022
14 Vol.-%, NK,DV, Barrique, €€€€€
Dunkles Rubingranat, opaker Kern, violette Reflexe, dezente Randaufhellung. Dunkle Waldbeeren, rote Herzkirschen, mineralischer Touch, ein Hauch von Edelholz klingt an. Kraftvoll, komplex, schokoladige Textur, dunkle Beerenfrucht, tragende Tannine, mineralisch und anhaftend, salziger Nachhall.

(92) Blaufränkisch ** Ried Kohlenberg 2021
14 Vol.-%, NK,DV, Barrique/500-l-Fass, €€€
Dunkles Rubingranat, violette Reflexe, dezente Ockerrandaufhellung. Zarte Kräuterwürze, rote Waldbeeren, Herzkirschen, reife Zwetschken, tabakige Nuancen. Mittlerer Körper, süße Frucht, zarte Säurestruktur, dezente Tannine, mineralisch im Nachhall, bleibt haften, ein vielseitiger Speisenbegleiter, bereits gut antrinkbar.

92 Blaufränkisch ** Glimmerschiefer 2019
14 Vol.-%, DV, 500-l-Fass/Barrique, €€€€
Dunkles Rubingranat, opaker Kern, violette Reflexe, dezente Randaufhellung. Schokoladig unterlegte reife Herzkirschfrucht, feine Edelholznuancen, mineralischer Anklang. Kraftvoll, feines Nougat, präsente, gut eingebundene Tannine, bleibt gut haften, gutes Entwicklungspotenzial.

91 Blaufränkisch * Ried Hochberg 2021
13,5 Vol.-%, DV, großes Holzfass/500-l-Fass, €€
Kräftiges Rubingranat, violette Reflexe, dezente Ockerrandaufhellung. Zarte Kräuterwürze, rote Waldbeeren, reife Zwetschken, tabakige Nuancen. Mittlerer Körper, süße Frucht, zarte Säurestruktur, dezente Tannine, mineralisch im Nachhall, bleibt haften, ein vielseitiger Speisenbegleiter.

WEINGUT JULIANA WIEDER

7311 Neckenmarkt, Lange Zeile 76
T: +43 (2610) 42438
info@weingut-juliana-wieder.at
www.weingut-juliana-wieder.at
Kellermeister/Kontakt: Georg Wieder
Produktion: 1 % Schaumwein, 4 % weiß, 1 % rosé, 94 % rot, 44 Hektar
Zertifiziert: Nachhaltig Austria
Vereinszugehörigkeit: Verband Blaufränkisch Mittelburgenland, WBV Neckenmarkt
Messen: VieVinum, DAC-Präsentationen, Wein Burgenland Präsentationen

(94) Sempre 2021 CS/ME/BF
14,5 Vol.-%, NK,DV, Barrique, €€€€€
Dunkles Rubingranat, opaker Kern, violette Reflexe, dezente Randaufhellung. Gewürzig, Nuancen von Edelholz, schwarze Beeren, zart mit Vanille und Nougat unterlegt. Kraftvoll, saftig, reife Kirschen, feine Extraktsüße, tragende Tannine, mineralischer Nachhall, balanciert, zeigt Länge und Potenzial.

(93) Morandus 2022 BF/ZW/CS/ME
14,5 Vol.-%, NK,DV, 500-l-Fass/Barrique, €€€€€
Dunkles Rubingranat, violette Reflexe, dezente Ockerrandaufhellung. Reife Kirschen, zart nach Zwetschken und Minze, floraler Touch, mit etwas Nougat unterlegt. Kraftvoll, reife Herzkirschen, präsente Tannine, frisch strukturiert, schokoladiger Touch im Abgang, bleibt haften, gutes Entwicklungspotenzial.

92 Zweigelt Glimmerschiefer 2021
14,5 Vol.-%, DV, 500-l-Fass, €€€€
Dunkles Rubingranat, violette Reflexe, dezente Randaufhellung. Zart tabakige Kräuterwürze, reife Zwetschken, schwarze Kirschen, ein Hauch von Orangenzesten. Saftig, elegant, wieder Pflaumen, runde Tannine, etwas Nougat, mineralisch und ausgewogen.

Nördlich und östlich des Neusiedler Sees befindet sich die Region, die dem zweitgrößten Steppensee Europas ihren Namen verdankt und für Rot- und Süßweine prädestiniert ist

BURGENLAND

NEUSIEDLERSEE

DAC

VIELFALT DES ZWEIGELTS UND GROSSE SÜSSWEINE

Auf 6.110 Hektar Rebfläche reift an den Ufern des flachen Steppensees eine Sortenvielfalt in Weiß, Rot und Süß heran – von frischen Weinen über Gehaltvolles und Aromatisches bis zu den weltberühmten Süßweinen, die seit dem Jahrgang 2020 die Bezeichnung »Neusiedlersee DAC« tragen dürfen. Dabei ist in den letzten Jahren insbesondere die Vielfalt des Zweigelts immer mehr in den Vordergrund getreten, der schon seit 2012 als »Neusiedlersee DAC« bezeichnet werden darf.

Mit 1.460 Hektar stellt der Zweigelt hier die Hauptsorte dar. Für den klassischen Neusiedlersee DAC kommt er wenige Monate nach der Ernte auf den Markt, bei der Reserve-Kategorie erfolgt der Ausbau im Holz, und der Wein wird zumindest ein Jahr später gefüllt. Sonne pur können die Reben in den weitläufigen geschlossenen Weingärten speichern. Das voll wirksame pannonische Klima mit seinen heißen, trockenen Sommern und kalten Wintern sorgt gemeinsam mit dem Neusiedler See als Temperaturregler für eine lange Vegetationsperiode. Hohe Luftfeuchtigkeit und herbstliche Nebeleinfälle begünstigen die hier regelmäßig auftretende Edelfäule (Botrytis cinerea) als Basis für höchste Prädikatsweine wie Beerenauslesen und Trockenbeerenauslesen. Diese Spezialitäten haben wesentlich dazu beigetragen, dass der im Vergleich zu traditionsreicheren österreichischen Weinbaugebieten noch relativ junge Seewinkel in der ganzen Welt bekannt wurde. Seit dem Jahrgang 2020 wird diesem Ruf mit der Einführung in die DAC-Pyramide Rechnung getragen. Die sehr differenzierte Bodenstruktur – von Löss und Schwarzerde bis zu Schotter und Sand – lässt eine ebenso vielfältige Rebsortenpalette gedeihen. Sind es beim Weißwein neben der Leitsorte Welschriesling vor allem Weißburgunder und Chardonnay sowie aromatische Sorten, so steht im roten Segment der Blaue Zweigelt an der Spitze, begleitet von Blaufränkisch, St. Laurent und Blauburgunder sowie internationalen Zuwanderern. Ob fruchtcharmant ausgebaut, im Holzfass oder Barrique gereift, ob reinsortig oder als Cuvée: Die Rotweine vom Neusiedler See sind eindeutig auf Erfolgskurs. Einen wahren Genussfeldzug hat auch die regionale Gastronomie gestartet, die mit einer spannenden Kombination aus kreativer, moderner Küche und bodenständigen Produkten punktet. Gemüsespezialitäten, Fisch oder alte Rinderrassen bereichern die Speisekarten, kongenial begleitet von passenden Weinen für jeden Geschmack.

Als Ausgleich zum weinkulinarischen Verwöhnprogramm bieten sich Radtouren, Reiten oder Wassersport an, auch die Auswahl an Gästezimmern in jeder Kategorie lässt keine Wünsche offen – von Neusiedl am See, Gols und Mönchhof am Nordufer über Podersdorf, Illmitz, Apetlon und Pamhagen im Süden bis nach Wallern, Tadten, St. Andrä, Andau oder Frauenkirchen im Osten des Gebiets.

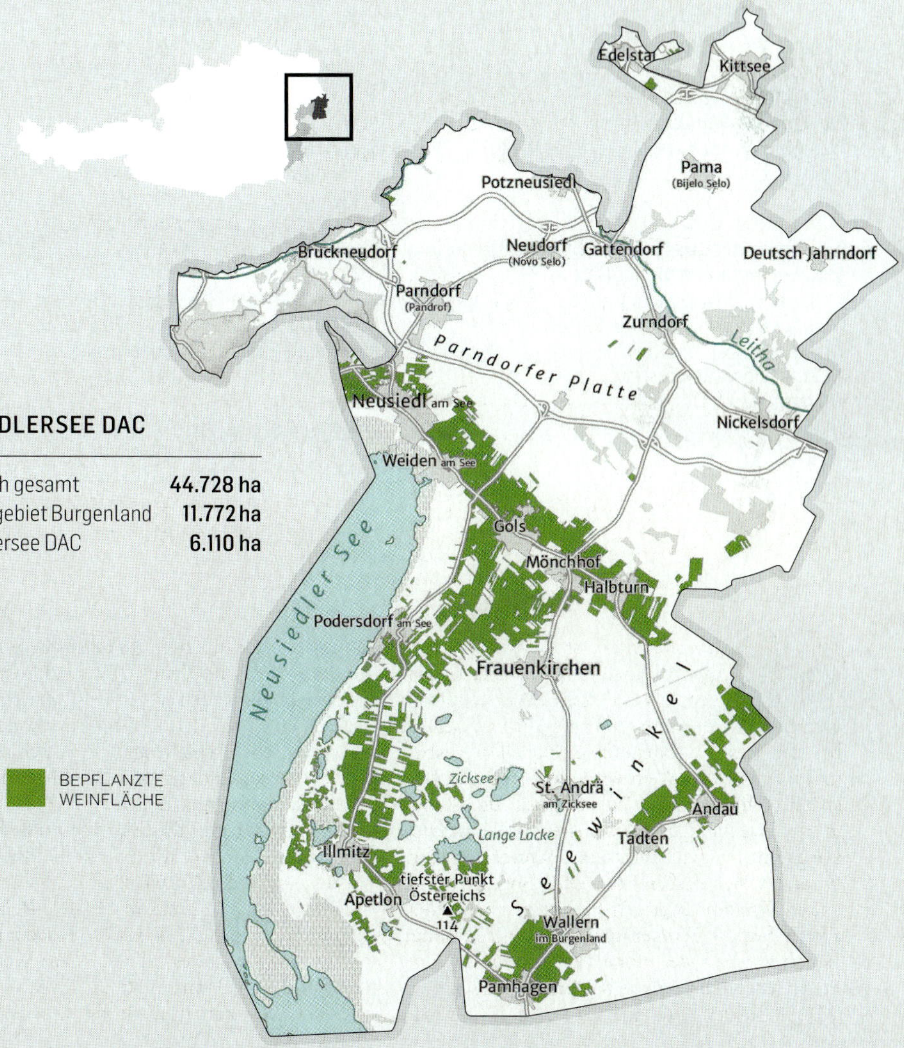

NEUSIEDLERSEE DAC

Österreich gesamt	**44.728 ha**
Weinbaugebiet Burgenland	**11.772 ha**
Neusiedlersee DAC	**6.110 ha**

AUSGEWÄHLTE WEINGÜTER

★★★★★
Weingut Paul Achs, Gols
Weingut Gernot und Heike Heinrich, Gols
Weinlaubenhof Kracher, Illmitz
Weingut Anita und Hans Nittnaus, Gols
Weingut Pöckl, Mönchhof
Weingut Tschida – Angerhof, Illmitz
Weingut Velich, Apetlon

★★★★
Weingut Werner Achs, Gols
Weingut Juris, Gols
Weingut Hannes Reeh, Andau
Weingut Scheiblhofer, Andau
Weingut Schwarz, Andau
Weingut Christian Tschida, Illmitz

★★★
A-Nobis Sektkellerei Norbert Szigeti, Zurndorf
Allacher Vinum Pannonia, Gols
Weingut St. Bayer, Weiden am See
Weingut Robert Goldenits, Tadten
Weingut Haider, Illmitz
Weingut Horvath, Gols
Weingut Markus Iro, Gols
Weingut Keringer, Mönchhof
Weingut Jacqueline Klein, Andau
Weingut Leitner, Gols
Weingut Münzenrieder, Apetlon
Weingut PMC Münzenrieder, Apetlon
Nestor, Halbturn
Weingut Gebrüder Nittnaus, Gols
Weingut Helmut Preisinger, Gols
Weingut Salzl – Seewinkelhof, Illmitz
Zantho Weingut, Andau

★★
Weingut AmSee, Gols
Weingut Alexander Egermann, Illmitz
Weingut Erich Sattler, Tadten
Weingut Gernot Schuhmann, Gols
Weingut Sohm und Kracher, Illmitz
Weingut Wurzinger Pia, Tadten

★
Achs-Wendelin Weine, Gols
Bio-Weingut Bernthaler + Bernthaler, Gols
Weingut Göschl & Töchter, Gols

NEU
Weingut Wenzl-Kast, Gols

Oberer Stinkersee

A-NOBIS SEKTKELLEREI NORBERT SZIGETI
2424 Zurndorf
Am Eichenwald 3
T: +43 (2173) 20899
sekt@a-nobis.at
www.a-nobis.at

Kellermeister: Norbert Szigeti
Kontakt: Dipl. Ing. Birgit Szigeti
Messen: Wein Burgenland Präsentationen

Birgit und Norbert Szigeti vor der A-Nobis Sektkellerei

★★★

A-NOBIS SEKTKELLEREI NORBERT SZIGETI

A-nobis – dahinter stehen Norbert und Birgit Szigeti mit ihrem hochmotivierten Team aus Mitarbeitern und Partnern. Die mehr als drei Jahrzehnte lange Erfahrung von Norbert Szigeti rund um höchstwertige Versektung bildet das Fundament – die tragenden Säulen sind die hoch geschätzten Mitarbeiter, Partner und Gastronomen. Sekte mit originärem Geschmacksprofil und klarer Herkunft sind die mit großer Freude gelebte Berufung. Das Unternehmerehepaar eröffnete im September 2020 im burgenländischen Zurndorf eine der modernsten und innovativsten Sektkellereien Österreichs.

95 Ⓢ A-Nobis Grande Cuvée Sekt Austria Extra Brut 2013 CH/PN

Deg. 07/21 , 12,5 Vol.-%, NK, Eichenfass/Flaschengärung, €€€€€€ Ⓗ

Leuchtendes Goldgelb, Silberreflexe, feines, anhaltendes Mousseux. Zart nussig, ein Hauch von Brioche, Nuancen von gelber Frucht, frischer Pfirsich, zart nach Orangenzesten und Blütenhonig, einladendes Bukett. Straff, engmaschig, mineralische Textur, finessenreich strukturiert, weiße Frucht im Nachhall, ein vielseitiger Speisenbegleiter, besitzt Länge und Potenzial

93 Ⓢ A-Nobis Cuvée 1217 Blanc de Blancs Extra Brut 2019 CH/WR

12,5 Vol.-%, NK, Eichenfass/Flaschengärung, €€€€€ Ⓗ

Helles Goldgelb, Silberreflexe, feines, anhaltendes Mousseux. Florale Nuancen, feine Aromen von Birne und Biskuit, mit einem Hauch von Limettenzesten unterlegt. Stoffig, elegant, gelbes Kernobst, etwas Mango, frisch strukturiert, mineralisch und gut anhaftend, ein straffer Begleiter bei Tisch.

93 Ⓢ A-Nobis Grande Cuvée Rosé Extra Brut 2013 PN/CH

Deg. 08/22, 12,5 Vol.-%, NK, Eichenfass/Flaschengärung, €€€€€€ Ⓗ

Kräftiges Lachsrosa, Kupferreflexe, feines Mousseux. Zart nach Erdbeeren und frischen Kirschen, dezenter Blütenhonig, etwas Biskuit, einladendes Bukett. Straff, engmaschig, rote Waldbeeren, eingelegte Kirschen, mineralisch-salzig im Finale, zitroniger Touch, ein Hauch von reifen Ribiseln im Rückgeschmack, frisch und animierend, vielfältig einsetzbar.

92 Ⓢ A-Nobis Cuvée 1217 Blanc de Noirs Extra Brut 2018 PN/ZW/SL/BF

Deg. 05/22, 12,6 Vol.-%, NK, Eichenfass/Flaschengärung, €€€€€ Ⓗ

Zartes Kupfergold, Silberreflexe, lebendiges Mousseux.

Zart nach Biskuit und frischen Zwetschken, ein Hauch von gelber Ringlottenfrucht, dezenter Blütenhonig, Kirschen klingen an. Straff, weißes Kernobst, zitronige Textur, schlanker Körper, salziger Abgang, mittlere Länge.

92 A-Nobis Cuvée 1217 Rosé Extra Brut 2018 PN/BF/SL/ZW

Deg. 04/23, 12,7 Vol.-%, NK, Eichenfass/Flaschengärung, €€€€€

Mittleres Lachsrosa, Kupferreflexe, feines Mousseux. Zart nach Datteln und reifen Quitten, rote Waldbeeren, ein Hauch von Erdbeerkonfitüre. Saftig, zart nach Karamell, dezente Säurestruktur, seidig, etwas Honigmelone, mineralisch, süßer Nachhall, vielfältig einsetzbar.

91 A-Nobis Cuvée 1217 Cuvée Extra Brut 2018 CH/SL/PN/BF

Deg. 05/22, 12,9 Vol.-%, NK, Flaschengärung/Eichenfass, €€€€€

Helles Goldgelb, Silberreflexe, feines Mousseux. Ein Hauch von gelbem Apfel, etwas Honigmelone, zart floral, dezentes Bukett. Weißes Kernobst, mineralisch, frischer Säurebogen, stahlige Textur, Limetten im Abgang, grüner Apfel im Finale.

★★★★★

WEINGUT PAUL ACHS

BIO

Der Golser »Pannobile«-Winzer Paul Achs ist mit der Ernte 1991 voll in den elterlichen Betrieb eingestiegen: Schon vier Jahre später wurde er als »Falstaff Winzer des Jahres« ausgezeichnet. Seither ist aus dem einst dem Weißwein verschriebenen Betrieb, der seit jeher Tradition mit moderner Kellertechnologie verbindet, ein Produzent ausgezeichneter Rotweine geworden. Mittlerweile hat der Rotweinanteil bereits 90 Prozent erreicht. Paul Achs produziert keine Show-Weine, er setzt auf Eleganz und Finessenreichtum. Der größte Teil der Weine wird in Barriques oder im großen Holzfass ausgebaut. Das gilt sowohl für Chardonnay und Sauvignon Blanc als auch für die Rotweinspezialitäten – von Pinot Noir über Blaufränkisch »Ungerberg« bis hin zur Cuvée »Pannobile«. Als Voraussetzung für höchste Qualität wird eine extreme Erntebeschränkung auf maximal 3.000 Kilogramm Trauben pro Hektar angesehen – Bemühungen, die sich längst ausgezahlt haben, denn heute

Ried Ungerberg bei Gols

WEINGUT PAUL ACHS
7122 Gols
Neubaugasse 13
T: +43 (2173) 2367
office@paul-achs.at
www.paul-achs.at

Kellermeister/Kontakt: Paul Achs
Anbauweise: Biodynamisch (respekt)
Produktion: 100.000 Flaschen
20 % weiß, 80 % rot, 27 Hektar
Vereinszugehörigkeit: Tu Felix Austria, Pannobile, Renommierte Weingüter Burgenland, respekt-BIODYN
Messen: ProWein Düsseldorf, VieVinum

zählen die Weine von Paul Achs zu den besten in der österreichischen Rotweinszene, was auch die jährlichen Falstaff-Rotweinprämierungen belegen: Die Weine von Paul Achs sind immer im absoluten Spitzenfeld zu finden.

(95) Chardonnay Alte Reben 2022
13,5 Vol.-%, NK, gebrauchte Barriques, €€€€€ B H
Mittleres Gelbgrün, Silberreflexe. Dezente gelbe Apfelfrucht, ein Hauch von Wiesenkräutern, zart nussig, mit Honigmelone unterlegt. Saftig, engmaschig, gute Komplexität, kraftvoll, gelbe Tropenfrucht, feinwürzig, lang anhaltend, vielseitiger Speisenbegleiter mit Entwicklungspotenzial.

(91) Chardonnay 2023
12,5 Vol.-%, DV, Stahltank/großes Holzfass, €€€ B H
Mittleres Gelbgrün, Silberreflexe. Feine Mangonoten, etwas nach Blütenhonig, kandierte Orangenzesten, Quitte und Kumquats klingen an. Saftig, balancierte Säurestruktur, mineralisch, gelbe Tropenfrucht, feingliedrig, bleibt gut haften, vielfältig einsetzbar.

(96) Blaufränkisch Ried Altenberg 2021
13,5 Vol.-%, NK, kleines Holzfass/gebrauchte Barriques, €€€€€€ B H
Tiefdunkles Rubingranat, opaker Kern, violette Reflexe, breitere Randaufhellung. Einladendes Bukett nach Brombeeren, ein Hauch von Grafit, zart nach Vollmilchschokolade, feine Kräuternuancen. Gute Komplexität, feinwürzig, mineralisch, dunkle Beerenfrucht, tabakig, vielseitiger Speisenbegleiter mit Potenzial.

(95) Blaufränkisch Ried Spiegel 2022
13,5 Vol.-%, NK, gebrauchte Barriques, €€€€€€ B H
Dunkles Rubingranat, violette Reflexe, breite Ockerrandaufhellung. Feine Brombeernoten, zart nach Pflaumen, kandierte Mandarinenzesten, floraler Touch, Nougat klingt an. Gute Komplexität, engmaschig, zarte gekochte Kirschfrucht, reife Tannine, etwas nach Vanille, präsente Edelholzwürze, guter Speisenbegleiter mit Potenzial.

(95) Blaufränkisch Ried Ungerberg 2022
13,5 Vol.-%, NK, gebrauchte Barriques, €€€€€€ B H
Tiefdunkles Rubingranat, opaker Kern, violette Reflexe, zarte Randaufhellung. Mit etwas Nougat unterlegte Tabakwürze, reifes dunkles Waldbeerenkonfit, Gewürznuancen, Johannisbeeren klingen an. Engmaschig, Röstaromen, gut integrierte Tanninstruktur, dunkle Beerenfrucht, zarte Schokonuancen, wird von Flaschenreife profitieren.

(94) Pinot Noir Reserve Selektion P 2022
13,5 Vol.-%, NK, Barrique, €€€€€€ B
Kräftiges Rubingranat, violette Reflexe, zarte Randaufhellung. Feiner Weichseltouch, etwas rotbeerig unterlegte Würze, frische Orangenzesten, lebendiges Bukett. Saftig, straff, feine Säurestruktur, mineralisch, gut integrierte Tannine, fruchtsüß, Herzkirschen im Abgang, zart reduktiv, vielfältig einsetzbarer Speisenbegleiter mit Potenzial.

Zweigelt

(93) Pannobile Reserve 2022 BF/ZW
13 Vol.-%, DV, Barrique, €€€€€ B
Dunkles Rubingranat, violette Reflexe, zarter Wasserrand. Zarte Zwetschkennoten, etwas nach Kumquats, schwarze Beerenfrucht, nach reifen Johannisbeeren, mit Kardamom unterlegt. Gute Komplexität, tabakig, feine Kräuternoten, Brombeeren im Abgang, nussiger Nachhall, vielfältig einsetzbar.

(92) Zweigelt Alte Reben 2023
13 Vol.-%, DV, gebrauchte Barriques, €€€ B H
Tiefdunkles Rubingranat, violette Reflexe, zarte Randaufhellung. Feiner Nougattouch, etwas nach Brombeeren, ein Hauch von Zwetschken, etwas nach Liebstöckel, einladendes Bukett. Saftig, engmaschig, balancierte Tanninstruktur, feinwürzig, Zwetschken auch im Abgang, guter Speisenbegleiter.

91 Zweigelt 2023
12,5 Vol.-%, DV, großes Holzfass, €€€ B H
Dunkles Rubingranat, violette Reflexe, zarte Randaufhellung. Edelholzwürze, etwas nach Kardamom, dunkles Waldbeerenkonfit, ein Hauch von Lakritze. Mittlere Komplexität, feinwürzig, dunkle Beerenfrucht, präsentes Tannin, wird von Flaschenreife profitieren.

★★★★

WEINGUT WERNER ACHS

Den Weg zum Wein fand Werner Achs über Alois Kracher, den er während seiner Schulzeit zu internationalen Messeveranstaltungen begleitete. Die dort entstandenen Kontakte nützte er, um einige Zeit in Frankreich und Italien zu verbringen. Ab diesem Zeitpunkt war eines für ihn klar: Er wollte Wein machen – und an diesem Ziel sollte er festhalten. Das Weingut wurde im Jahr 2000 mit 1,27 Hektar gegründet, seit 2011 stehen Weinparzellen mit etwas mehr als 14 Hektar im Ertrag.
Werner Achs' Weinsortiment ist sehr gestrafft und setzt sich aus dem klassischen Zweigelt vom Goldberg und der Cuvée »XUR«, die nur aus autochthonen Sorten besteht, zusammen. Die Beschränkung auf nur zwei Weine – bzw. in besonders guten Weinjahren auf drei, denn in solchen kommt die Top-Cuvée »Werner Achs Reserve« hinzu – drückt jene Klarheit aus, die fasziniert: Weniger ist mehr. Am besten zum Ausdruck kommt das mit den 100 Falstaff-Punkten im Herbst 2020 bzw. 99 Falstaff-Punkten im Herbst 2022, die Werner Achs für seinen Reserve-Wein erzielte, aber auch durch seine mehrfachen Falstaff-Siege und Top-Platzierungen mit »XUR« und seinem klassischen Zweigelt Goldberg. Die Reduktion auf wenige Weine ermöglicht ihm ganz klar eine Fokussierung auf das Wesentliche.

WEINGUT WERNER ACHS
7122 Gols
Goldberg 5
T: +43 (2173) 23900
kontakt@wernerachs.at
www.wernerachs.at

Kellermeister/Kontakt:
Werner Achs
Produktion: 100 % rot, 14.5 Hektar

(97) Werner Achs Reserve 2021 BF/ME (nur in der Magnum)
14 Vol.-%, NK, Barrique, €€€€€€
Tiefdunkles Rubingranat, opaker Kern, violette Reflexe, zarte Randaufhellung. Feine Kräuterwürze, Nuancen von Edelholz, reife dunkle Waldbeeren, Noten von Cassis und Brombeeren, mineralischer Touch. Komplex, stoffig, feine Extraktsüße, reife Herzkirschen, runde, tragende Tannine, schokoladige Nuancen im Abgang, bleibt haften, verfügt über große Länge und sicheres Reifepotenzial.

(94) XUR 2022 BF/ZW/SL
14 Vol.-%, NK, Barrique, €€€€€
Dunkles Rubingranat, opaker Kern, violette Reflexe, zarte Randaufhellung. Feine Edelholzwürze, reife dunkle Kirschen, etwas Cassis, zart nach Vanille, Orangenzesten und etwas Nougat. Kraftvoll, saftig, reife Zwetschken, präsente, tragende Tannine, schokoladiger Abgang, würziger Nachhall, wird von Flaschenreife profitieren.

(93) Blauer Zweigelt Goldberg 2023
13,5 Vol.-%, DV, gebrauchte Barriques, €€
Dunkles Rubingranat, violette Reflexe, zarte Randaufhellung. Reife Brombeeren und schwarze Kirschen, feine Kräuterwürze, etwas Nougat, einladendes Bukett. Saftig, komplex, reife schwarze Kirschen, runde Tannine, mineralisch, ein stoffiger Speisenbegleiter mit Länge und Potenzial.

ACHS-WENDELIN WEINE
7122 Gols
Neustiftgasse 77
T: +43 (699) 19924284
office@achs-wendelin.at
www.achs-wendelin.at

Kellermeister/Kontakt: Paul-Otto Achs
Produktion: 3 % Schaumwein, 40 % weiß, 5 % rosé, 55 % rot, 5 % süß, 16 Hektar
Vereinszugehörigkeit: Neusiedlersee DAC
Messen: Vinobile Feldkirch, Vinobile Montfort, DAC-Präsentationen, Wein Burgenland Präsentationen

Paul Achs und Maria Achs-Wendelin

★

ACHS-WENDELIN WEINE

Das Weingut Achs-Wendelin ist ein Familienbetrieb mit langer Geschichte, beheimatet im Herzen der größten Weinbaugemeinde Österreichs, nämlich in Gols. Neben erfrischenden, fruchtigen Weißweinen umfasst das Sortiment gehaltvolle, dichte Rotweine, Rosé, Frizzante und Traubensaft. Die Trauben reifen in Top-Lagen wie Ungerberg, Goldberg und Gabarinza. Seit Jahrzehnten im Familienbesitz, werden die Rebstöcke mit viel Liebe gehegt und gepflegt. »Vitale und lebendige Böden sind die Grundlage für gesunde Trauben und somit auch die Basis für hochwertigen Wein« – das ist ein wichtiger Leitsatz des Winzerpaares. Die Weingärten werden mit Bedacht und Hingabe im Einklang mit der Natur gepflegt und bearbeitet, und das, soweit es geht, händisch. Von der Ernte der Trauben über die Vinifizierung im 200 Jahre alten Gewölbekeller bis hin zum Abfüllen: Keine Flasche verlässt den Familienbetrieb, ohne die eigenen hoch angesetzten Qualitätskontrollen bestanden zu haben. Davon können sich auch Besucher selbst überzeugen. In einer kleinen angeschlossenen Frühstückspension können Weinliebhaber übernachten und das Leben auf dem Weingut miterleben.

Auch bei Verpackung und Design wird auf eine möglichst ressourcenschonende Herstellung geachtet. Recyclingmaterialien, wieder befüllbare Flaschen und Kartons, die zurückgegeben werden können, sind Beispiele für ihr Handeln. Trotz Fusion und Expansion wollen die beiden einen Familienbetrieb führen, in dem man sich von Herzen über Gäste freut – Gäste, die es zu schätzen wissen, ein so sorgfältig hergestelltes Produkt zu kaufen, und die genau wissen wollen, woher die Weine kommen.

91 Pinot Gris Ried Edelgrund 2023
13,5 Vol.-%, DV, Stahltank, €€
Helles Goldgelb, Messingreflexe. Nuancen von Blüten und frischen Birnen, mit einem Hauch von kandierten Orangenzesten unterlegt. Saftig, elegant, dezente Fruchtsüße, zart nach Kletzen, ausgewogen und anhaftend, ein stoffiger Speisenbegleiter mit Potenzial.

91 Chardonnay Ried Hofweingarten Reserve barrique 2022
13,5 Vol.-%, DV, Barrique, €€€
Mittleres Goldgelb, Silberreflexe. Nuancen von Karamell und Butterscotch, gelber Pfirsich, etwas Blütenhonig und Vanille. Mittlere Komplexität, weiße Apfelfrucht, ein Hauch von Holzsüße im Kern, mineralisch, seidig, vielfältig einsetzbar.

89 Pinot Blanc 2023
12,5 Vol.-%, DV, Stahltank, €€

89 Rosé 2023 ZW/BF/ME
12 Vol.-%, DV, Stahltank, €€

90 St. Laurent 2022
13 Vol.-%, DV, Holzfass, €€
Dunkles Rubingranat, violette Reflexe, breitere Randaufhellung. Frische rote Beerenfrucht, ein Hauch von Erdbeerkonfitüre, fruchtbetontes, jugendliches Bukett. Mittlerer Körper, rote Kirschen, zarte Tannine, frisch und lebendig, leichtfüßiger Stil, ein vielseitiger Speisenbegleiter.

90 Blaufränkisch Ried Ungerberg 2021
13,5 Vol.-%, DV, Holzfass, €€
Kräftiges Rubingranat, violette Reflexe, breitere Randaufhellung. Zart nach Zwetschken, Herzkirschen, etwas verhaltenes Bukett. Schlank, frische Herzkirschen auch am Gaumen, zarte Tannine, frischer Säurebogen, feine Mineralik, rotbeerig-zitroniger Nachhall.

★★★

ALLACHER VINUM PANNONIA

Der Rebstock steht am Anfang – die Liebe davor. Seit jeher arbeitet die Familie Allacher im Einklang mit der Natur und versucht, die Elemente nicht zu bändigen, sondern mit ihnen zu leben und sie zu ihrem Vorteil zu nutzen. Um Wein erzeugen zu können, muss man die Natur und ihre Launen lieben. Die Jahreszeiten kennzeichnen den Fortlauf des Lebens und erinnern an die Vergänglichkeit des Seins. Die Freude am Wein, etwas mit den eigenen Händen zu schaffen, das so wunderbar und einzigartig ist, motiviert die Allachers jeden Tag dazu, in die Rieden zu gehen und die Rebstöcke zu pflegen. Die Weinlese verstehen sie als den Dank der Natur an den Menschen: Er erntet, was er ein Jahr lang gezogen und gepflegt hat. Es ist die Traube, die zu neuen, speziellen Kreationen anregt und immer wieder neue Lust fördert. Mannigfaltige Prämierungen bestärken das Weingut in seiner Arbeit und seinem Wirken. Die Allachers erzeugen eine breite Palette an Weinen – von trockenen Weißweinen über Rotweine bis hin zu edelsüßen Dessertweinen. Speziell mit den Rotweinen hat sich der Golser Betrieb einen sehr guten Ruf erworben, der

Familie Allacher

ALLACHER VINUM PANNONIA
7122 Gols
Salzbergweg 4
T: +43 (2173) 3380
wein@allacher.com
www.allacher.com

Kellermeister/Kontakt: Michael Allacher
Produktion: 40 % weiß, 60 % rot, 37 Hektar
Vereinszugehörigkeit: Neusiedlersee DAC
Messen: Dornbirner Frühjahrs- und Herbstmesse, fafga Innsbruck, ProWein Düsseldorf, VieVinum, Vinobile Feldkirch, Weinmesse Innsbruck, Wein Burgenland Präsentationen

Zweigelt aus der Spitzenlage Salzberg ist etwa immer unter den besten Sortenvertretern zu finden.

91 Sauvignon Blanc Ried Hofweingarten 2022
13 Vol.-%, VL, Barrique, €€€
Helles Gelbgrün, Silberreflexe. Feine gelbe Tropenfrucht, Nuancen von Paprikaschoten, ein Hauch von reifen Stachelbeeren. Saftig, elegant, dezente Säurestruktur, etwas Blütenhonig, Pfirsich im Nachhall, bereits gut entwickelt.

90 Sauvignon Blanc 2023
12,5 Vol.-%, DV, Stahltank, €€
Helles Gelbgrün, Silberreflexe. Ein Hauch von Grapefruit, weiße Tropenfrucht, Limettenzesten. Saftig, mittlerer Körper, Stachelbeeren und Pfirsich, feine Säurestruktur, dezente Süße im Abgang, balancierter Speisenbegleiter.

89 Chardonnay 2023
13 Vol.-%, DV, Stahltank, €€

89 Weissburgunder 2023
13 Vol.-%, DV, Stahltank, €€

(93) Blauer Zweigelt ** Ried Salzberg 2022
14,5 Vol.-%, VL, Barrique, €€€€€
Dunkles Rubingranat, violette Reflexe, breitere Ockerrandaufhellung. Feine Noten von dunklen Waldbeeren, ein Hauch von Kräuterwürze und reifen Zwetschken, zart mit Cassis unterlegt. Kraftvoll, saftig, reife Herzkirschen, feine Tannine, etwas Nougat, lange anhaftend, bereits zugänglich, mit Reifepotenzial ausgestattet.

(92) Merlot 2022
14 Vol.-%, VL, Barrique, €€€
Dunkles Rubingranat, violette Reflexe, breitere Ockerrandaufhellung. Mit einem Hauch von Vanille unterlegte dunkle Waldbeeren, schwarze Herzkirschen, tabakige Nuancen im Hintergrund. Komplex, saftig, reife Zwetschken, tragende Tannine, schokoladig und gut anhaftend, ein stoffiger Speisenbegleiter.

(92) St. Laurent Ried Apfelgrund 2022
14 Vol.-%, VL, Barrique, €€€
Dunkles Rubingranat, violette Reflexe, breitere Ockerrandaufhellung. Zart nach Vanille, Brombeerkonfit, reife schwarze Kirschen, feine Kräuterwürze. Mittlere Komplexität, rote Kirschen, feine Tannine, dezente Extraktsüße im Abgang, balanciert, ein Hauch von Karamell im Nachhall.

★★

WEINGUT AMSEE

Franz Pirker, Neowinzer und ehemaliger Manager im Bereich der Elektromobilität, ist ein langjähriger Freund von Winzer Helmut Preisinger aus Gols. Schon lange schlummerte in ihm der Traum vom eigenen Wein, den er 2012 gemeinsam mit Helmut Preisinger verwirklichte. Mittlerweile hat das Weingut mit vielen Auszeichnungen auf sich aufmerksam gemacht und ist ein Geheimtipp für Weinliebhaber. Nach dem Motto »Freude am Wein und Genuss« werden nur sortenreine Weine von höchster Qualität mit charakteristischer Frucht erzeugt. Dafür wurden nur ausgesuchte Lagen mit den passenden Rebsorten gewählt, denn Lage und Rebe müssen harmonieren, damit die gewünschte Charakteristik erreicht werden kann. Alle Trauben werden selektioniert, von Hand gelesen und schonend verarbeitet. Aufwendige Produktionsmethoden tragen wesentlich zum unverkennbaren fruchtigen Geschmack der Weine bei: Kirsche, Brombeere, Banane, Vanille, Schokolade und vieles mehr lassen sich in den Weinen finden.

91 ❸ Deux Montagnes Blanc de Noirs Brut Nature 2011 PN/SY
12,5 Vol.-%, NK, Flaschengärung, €€€€€€
Helles Strohgelb, Silberreflexe, sehr feines, anhaltendes Mousseux. Feine Nuancen von weißem Kernobst, ein Hauch von Pfirsich, feine Kräuterwürze, etwas Biskuit und Limetten. Mittlere Komplexität, weiße Birne, deutlicher Noisette-Touch, mineralisch, zartes Toffee im Abgang, mittlere Länge, gereifte Aromatik mit süßlichem Nachhall.

95 Blaufränkisch V86 2016
14,5 Vol.-%, VL, Barrique, €€€€€€
Dunkles Rubingranat, tiefer Kern, violette Reflexe, dezente Ockerrandaufhellung. Zart nussig unterlegte schwarze Beerenfrucht, dezent oxidatives Bukett, feiner Amontillado-Touch, dunkles Nougat, Röstaromen, facettenreiches Bukett. Kraftvoll, komplex, zarte dunkle Frucht und feine Rancio-Nuancen, lebendig strukturiert, salzig-zitronig, nach 86 Monaten im Holzfass noch sehr vital, ein individueller Speisenbegleiter.

Cabernet Sauvignon

WEINGUT AMSEE
7122 Gols
Neubaugasse 19
T: +43 (664) 75038676
office@wein-amsee.at
www.wein-amsee.at

Kellermeister: Helmut Preisinger
Kontakt: Franz Pirker und Helmut Preisinger
Produktion: 5 % weiß, 95 % rot

94 Blaufränkisch V36 2019
14,5 Vol.-%, VL, Barrique, €€€€€
Dunkles Rubingranat, violette Reflexe, zarte Ockerrandaufhellung. Zart nach Feigen, etwas Brombeerkonfit, feine Kräuternoten, Dörrpflaumen, kandierte Orangenzesten, tabakiges Bukett. Saftig, komplex, elegante Tanninstruktur, gute Frische, mineralisch, fruchtsüß nach Pflaumen, Lakritze im Nachhall, rotbeeriger Rückgeschmack, sicheres Entwicklungspotenzial.

93 Cabernet Sauvignon Alter Satz 2019
15 Vol.-%, VL, Barrique, €€€€€
Dunkles Rubingranat, violette Reflexe, opaker Kern, zarte Ockerrandaufhellung. Feine Tabakwürze, reife Zwetschken, schwarze Oliven, feine Cassisnoten, floraler Touch. Saftig, straff, süßes Tannin, Brombeerkonfit im Abgang, frisch strukturiert, salziger, rotbeeriger Nachhall, Nougat und Holzwürze im Rückgeschmack, sicheres Potenzial.

★★★

WEINGUT ST. BAYER

NEU

Das Schicksalsjahr 2020 stellt den Beginn des Weingut St. Bayer aus Weiden am See dar. In den besten Hanglagen von Weiden am See, den Rieden Bühl und Rosenberg, wird auf gerade einmal 1,5 Hektar nach langlebigen und gehaltvollen Weinen gestrebt. Mit bester Unterstützung von René Pöckl setzt der Newcomer Stefan Bayer so seinen eigenen Traum und die Vision, das Beste aus Weidens Böden herauszuholen, um. Qualität steht hier definitiv über Quantität, weshalb es von jedem Wein und Jahrgang nur eine exklusive Kleinmenge gibt. Und dass die Qualität passt, zeigte sich gleich bei der ersten Teilnahme an der Falstaff-Rotweinprämierung im Herbst 2023, bei der Stefan Bayer mit seinem Syrah von der Ried Bühl den Sortensieg für sich beanspruchte. Als Zusatzbezeichnung sind auf dem Etikett dieses Weins noch die Worte »no name« zu finden. Die Redaktion ist der Meinung: Namen braucht es hier auch nicht, denn sie sind ohnehin meist Schall und Rauch. Der Syrah ist jedenfalls alles andere als das, sondern vielmehr ein Wein, der im Gedächtnis bleibt!
Der sympathische Neowinzer eröffnete übrigens ebenfalls in Weiden am See im Jahr 2023 das 4*S Boutique-Hotel NILS am See, das neue Maßstäbe in Sachen Lifestyle-Hotellerie in der Region setzt und für eine Unterkunft samt Restaurant vor

Ort sorgt, die sich ganz den wichtigsten Themen unserer Zeit verschrieben hat, nämlich Umwelt und Klima. Nachhaltigkeit und Recycling spielen hier eine große Rolle und das alles trés chic.

97 1st bayer 2022 CF/CS

15 Vol.-%, NK, Barrique, €€€€€€

Tiefdunkles Rubingranat, violette Reflexe, zarte Randaufhellung. Schwarzes Waldbeerenkonfit, etwas nach Hagebutten, ein Hauch von kandierten Veilchen, Holzwürze und feines Nougat klingen an. Komplex, vielschichtig, zart nach Brombeeren, dezente Schokonuancen, samtiges, tragendes Tannin, lang anhaftend, fruchtsüßes Finish, facettenreicher Speisenbegleiter mit viel Reifepotenzial.

96 Zweigelt Ried Bühl friend & foe 2020

15 Vol.-%, NK, Barrique/Stahltank/Flaschenreifung, €€€€€€

Dunkles Rubingranat, tiefer Kern, violette Reflexe, dezente Ockerrandaufhellung. Feine Edelholznuancen, schwarze Waldbeeren, dunkle Kirschen und Lakritze, mit einem Hauch von Bergamotte unterlegt. Saftig, elegant und engmaschig, gute Frische und Definition, rotbeerige Frucht, versteckt gekonnt seine Muskeln, mineralisch im Abgang, lange anhaftend, bereits harmonisch, zeigt große Länge und Potenzial für Jahre.

96 Zweigelt Ried Bühl Reserve friend & foe 2021

15 Vol.-%, NK, Flaschenreifung/Barrique

Tiefdunkles Rubingranat, opaker Kern, violette Reflexe, zarte Randaufhellung. Feine Tabak-Kräuter-Würze, ein Hauch von Brombeeren, Schokotouch, kandierte Orangenzesten. Saftig, komplex, feine Tanninstruktur, samtig, lang anhaltend, Herzkirschen im Abgang, Zwetschken im Rückgeschmack.

94 Zweigelt Ried Bühl Reserve friend & foe 2022

15 Vol.-%, NK, Barrique/Flaschenreifung, €€€€€€

Tiefdunkles Rubingranat, opaker Kern, violette Reflexe, zarte Randaufhellung. Reife Kirschfrucht, zart nach Dörrpflaumen, kandierte Orangenschalen, mit Lakritze unterlegt. Saftig, engmaschig, gut entwickelt, feine Fruchtsüße nach Zwetschken, gut integrierte Tannine, guter Speisenbegleiter, wird von Flaschenreife profitieren.

95 Syrah Ried Bühl Reserve no name 2021

14 Vol.-%, NK, Barrique/Stahltank/Flaschenreifung, €€€€€

Kräftiges Rubingranat, violette Reflexe, dezente Ockerrandaufhellung. Dunkle Beerenfrucht, süße Kräuterwürze, ein Hauch von Edelholz, mit Nuancen von Preiselbeeren unterlegt. Saftig, reife Frucht, angenehme Süße, elegante Tannine, Nougat im Abgang, harmonisch und bereits gut antrinkbar, zeigt Länge und Reifepotenzial.

94 Syrah Ried Bühl Reserve no name 2022

15 Vol.-%, NK, Teilbarrique, €€€€€

Tiefdunkles Rubingranat, opaker Kern, violette Reflexe, zarte Randaufhellung. Kandierte Veilchen und Vanille, ein Hauch von Brombeeren, floraler Touch, Preiselbeernuancen klingen an. Saftig, engmaschig, dezente Holzsüße, Toffee, dunkles Waldbeerenkonfit, wird von Flaschenreife profitieren.

WEINGUT ST. BAYER
7121 Weiden am See
Seepark-Feriendorf 1
T: +43 (699) 10620478
info@stbayer.wine
www.stbayer.wine

Kellermeister/Kontakt:
Stefan Bayer
Produktion: 3.333 Flaschen
100 % rot, 1.5 Hektar
Vereinszugehörigkeit:
Neusiedlersee DAC
Messen: VieVinum, Wein Burgenland Präsentationen

Stefan Bayer

★

BIO-WEINGUT BERNTHALER + BERNTHALER

BIO

Das Bioweingut Bernthaler + Bernthaler der Brüder Helmut und Herbert Bernthaler erntet regelmäßig neben Prämierungen in Österreich auch internationale Auszeichnungen, etwa in Deutschland. Der Umstieg auf zertifizierte organisch-biologische Arbeitsweise erfolgte bereits 2007 und soll die Herkunft der Weine weiter unterstreichen. Dabei setzen die Brüder Bernthaler das spezielle Potenzial alter Weingärten ein, um elegante Weine nach dem Vorbild des Burgunds zu erzeugen, die sich hervorragend als Speisenbegleiter eignen.

Der Anteil an Altanlagen (über 48 Jahre) ist für die Region ungewöhnlich hoch; dazu gehören die Golser Top-Lagen Unger-, Alten- und Goldberg. Der älteste Weißweingarten wurde in den 1930er-Jahren als Gemischter Satz ausgepflanzt, und bei den Rotweinen kann man auf Rebbestände aus der Zeit von 1955 bis 1976 zurückgreifen. Diese Rotweinlagen bilden die Basis für die Weine: St. Laurent »Alte Reben«, Zweigelt »Alte Reben Bonum« und »Rother« sind eine Hommage an die klassische Weinbereitung: »von der Beere zum Wein ohne Konzentration«. Die puristische Weinbereitung führte auch zu einem Chardonnay namens »Chastanie«, der in kleinen Fässern aus Kastanienholz für ein Jahr auf der Hefe ausgebaut wird. Die dritte Weinfarbe »Rosé« wird verstärkt mit »Rosé von alten Reben« und einem Frizzante, der in Normal- und Kleinflaschen ausgebaut wird. Der stete Innovationsgeist auf dem Weingut beschert dem Weinliebhaber eine weitere Weinfarbe: »Gülden«. Der »Gülden« ist ein goldfarbener Wein aus Weißweintrauben, der sich geschmacklich wie ein Rotwein präsentiert und sich hervorragend als Einstieg in die Welt der »Orange Wines« eignet. Für »histamingeplagte« Weinfreunde gibt es ein großes Angebot an Weinen mit einem Histamingehalt von unter 0,1 mg pro Liter (Weiß- und Rotweine).

Das Weingut leistet einen großen Beitrag zum Klimaschutz: Die alten Weingärten werden und wurden nicht bewässert und dadurch die Grundwasserreserven am Neusiedler See geschont. Die Gärkühlung erfolgt mit Brunnen-

Helmut und Herbert Bernthaler

BIO-WEINGUT BERNTHALER + BERNTHALER
7122 Gols, Untere Hauptstraße 116
T: +43 (664) 9208660
bernthaler@gmx.at
www.bio-wein-bernthaler.at
Kellermeister/Kontakt:
Mag. Helmut Bernthaler
Anbauweise: Zertifiziert Biologisch (Bio Austria)
Produktion: 50.000 Flaschen
5 % Schaumwein, 45 % weiß,
5 % rosé, 40 % rot, 5 % süß, 9 Hektar
Vereinszugehörigkeit:
Austria Bio Garantie
Messen: Wein Burgenland Präsentationen

wasser, das wieder auf dem Kellereigrundstück versickert. Das Kellereigebäude ist bestens isoliert und benötigt keinerlei Kühlung. Die Weinsteinstabilisierung passiert durch natürliche Kälte. Auch Wiederverwendung wird großgeschrieben. Das Motto lautet: »Wir nehmen alles zurück, bis auf den Inhalt der Flasche« (Stichwort: abwaschbare Etiketten, Flascheneinsatz, Kartonrücknahme).

(92) Gemischter Satz Gols Ried Ungerberg Alte Reben 2023
13,5 Vol.-%, DV, kleines Holzfass, €€€ B H V
Leuchtendes helles Goldgelb, Silberreflexe. Feine Anklänge von gelber Tropenfrucht, zart nach Papaya und Mango, floraler Touch, ein Hauch von Blütenhonig. Saftig, weiße Pfirsichfrucht, frischer Säurebogen, lebendige Struktur, bleibt haften, Limetten im Abgang.

(91) Gemischter Satz Gülden Alte Reben 2022
13,5 Vol.-%, DV, kleines Holzfass, €€€ B I I V
Mittleres Goldgelb, Silberreflexe. Zart nach Marillenkonfitüre, feiner Blütenhonig, reifer Pfirsich, einladendes Bukett. Kraftvoll, zart blättrig, feine speckige Röstaromen, mineralisch, dezenter Säurebogen, dunkle Würze im Nachhall, ein stoffiger Speisenbegleiter.

(90) Chardonnay Chastanie 2023
13,5 Vol.-%, DV, Holzfass, €€€ B H
Mittleres Gelbgrün, Silberreflexe. Zart nach Orangenzesten, feine gelbe Tropenfrucht, ein Hauch von Ananas, dezente Kräuterwürze. Mittlerer Körper, dezente Fruchtsüße, gut integriertes Säurespiel, zitroniger Touch im Rückgeschmack, ausgewogen, bereits antrinkbar.

(92) Blaufränkisch Rother Alte Reben 2021
13 Vol.-%, DV, gebrauchte Barriques, €€€ B
Dunkles Karmingranat, violette Reflexe, breitere Ockerrandaufhellung. Zart kräuterwürzig unterlegte dunkle Kirschfrucht, feines Brombeerkonfit, tabakige Würze, zart nach Cassis. Stoffig, elegant, feine Fruchtsüße, reife Herzkirschen, feine Tannine, zitronig-salziger Touch, rotbeerig im Nachhall, bereits gut antrinkbar.

92 Pinot Noir Gols Ried Altenberg 2022
13,5 Vol.-%, DV, Holzfass, €€€ B
Kräftiges Karmingranat, Ockerreflexe, breite Randaufhellung. Rotbeerige Nuancen, ein Hauch von Himbeermark, zart nach Lakritze, floraler Touch. Saftig, elegant, balanciert, kandierte Veilchen, zarte Tannine, mineralisch-salziger Touch, feine Süße im Abgang, ein facettenreicher Begleiter bei Tisch.

(90) Zweigelt Alte Reben - Bonum 2022
13 Vol.-%, DV, Teilbarrique, €€€ B V
Kräftiges Rubingranat, violette Reflexe, dezente Ockerrandaufhellung. Reife Zwetschken, eingelegte Herzkirschen, frische Orangenzesten. Saftig, feine Fruchtsüße, dunkle Kirschen, feine Tannine, mineralisch, frischer Abgang, bereits gut antrinkbar.

★★

WEINGUT ALEXANDER EGERMANN

Jungwinzer Alexander Egermann zählt zu den vielversprechenden Nachwuchstalenten im Weinbaugebiet Neusiedlersee. Die Region und auch sich selbst möglichst originell in die Flasche zu bringen, ist das erklärte Ziel für jeden Wein. Kompromisslose Arbeit im Weingarten ist eines der Leitelemente seiner Weine. Saubere Laubarbeit, entsprechende Traubenreduktion, warme Böden mit geringem Wasserspeicher sowie das pannonische Klima, geprägt durch den Neusiedler See, lassen Trauben von höchster Güte heranreifen. Diese mit Feingefühl weiterzuverarbeiten und ihnen anschließend Zeit zum Reifen zu geben macht dem jungen Winzer einfach großen Spaß.

92 Chardonnay Reserve 2022
13,5 Vol.-%, NK, Stahltank/500-l-Fass, €€€
Helles Goldgelb, Silberreflexe. Feine Holzwürze, Nuancen von Mango und Vanille, gelber Apfel, attraktives Bukett. Saftig, elegant, feine Fruchtsüße nach Pfirsich, zarter Kräutertouch, ausgewogen, mineralisch und gut anhaftend, ein stoffiger Begleiter bei Tisch, verfügt über Reifepotenzial.

93 Zweigelt ** Ried Römerstein 2021
14 Vol.-%, NK, Barrique, €€€€€
Tiefdunkles Rubingranat, opaker Kern, violette Reflexe, zarte Randaufhellung. Zart floral unterlegte reife Kirschfrucht, rote Waldbeeren, zart nach Nougat und Vanille. Saftig, elegant, Rote Johannisbeeren, reife Tannine, bleibt gut haften, zeigt Länge und Potenzial.

Alexander Egermann

WEINGUT ALEXANDER EGERMANN

7142 Illmitz
Apetlonerstraße 28
T: +43 (2175) 3293
wein@alexander-egermann.at
www.alexander-egermann.at

Kellermeister/Kontakt: Alexander Egermann
Produktion: 20 Hektar
Vereinszugehörigkeit: Neusiedlersee DAC
Messen: VieVinum, DAC-Präsentationen, Wein Burgenland Präsentationen

90 Zweigelt * 2022
13,5 Vol.-%, DV, Stahltank, €€
Kräftiges Karmingranat, violette Reflexe, breitere Ockerrandaufhellung. Frische rote Waldbeeren, Nuancen von Kirschen, einladendes, fruchtiges Bukett. Saftig, mittlerer Körper, zart nach Erdbeeren, gut integrierte Tannine, mineralisch-zitroniger Nachhall.

92 Cabernet Sauvignon Reserve 2022
13,5 Vol.-%, NK, Barrique, €€€€
Dunkles Rubingranat, violette Reflexe, zarte Randaufhellung. Feine Edelholzwürze, Nuancen von Nelken und Kardamom, ein Hauch von Preiselbeeren und Cassis, einladendes Bukett. Saftig, rote Kirschen, Mandarinen, präsente Tannine, mineralisch, rotbeerige Nuancen, salzig, wird von etwas Flaschenreife profitieren.

92 Merlot Reserve 2022
14 Vol.-%, NK, Barrique, €€€€
Dunkles Rubingranat, opaker Kern, violette Reflexe, zarte Ockerrandaufhellung. Zartes Nougat, reife schwarze Herzkirschen, feine Holzwürze, kandierte Mandarinenzesten. Mittlere Komplexität, reife Kirschen, präsente, noch etwas fordernde Tannine, salzig im Abgang, ein stoffiger Speisenbegleiter.

96 Mosaik Trockenbeerenauslese 2021 SÄ/WR
6,5 Vol.-%, DV, Stahltank, €€€
Helles Goldgelb, Silberreflexe. Mit Limettenzesten unterlegte weiße Tropenfrucht, ein Hauch von Litschis, aber auch Zitronengras und Maracuja, attraktives, frisches Bukett. Saftig, elegant, weißer Pfirsich, gut eingebettete deutliche Fruchtsüße, feiner, rassiger Säurebogen, balanciert und delikat, tolle Länge, Limetten im Honignachhall.

★★★

WEINGUT ROBERT GOLDENITS

Tadten im Seewinkel ist eine kleine Weinbaugemeinde am südlichen Rand der Großlage Heideboden, östlich des Neusiedler Sees. Klassische, fruchtige Weißweine und gehaltvolle, kräftige, dabei aber elegante Rotweine stehen im Fokus der Winzerfamilie. Die Serie »Tetuna« ist nach dem historischen Namen für Tadten – erste urkundliche Erwähnung im Jahr 1230 – benannt und umfasst Weine in Weiß, Rosé und Rot. Diese Cuvées zeigen vor allem die Bandbreite an Möglichkeiten, die der Heideboden hergibt, wobei die Herkunft immer spürbar bleibt. Unter der geschützten Bezeichnung »Mephisto®« gibt es eine Cuvée aus Syrah, Merlot und Cabernet Sauvignon, die sich mit einem ungewöhnlichen Etikett präsentiert und nur in guten Jahrgängen auf die Flasche gefüllt wird, ebenso wie der Zweigelt Neusiedlersee DAC Reserve »65«. Nur dann, wenn die Tannine hochreif und die Trauben gesund sind, werden diese beiden Aushängeschilder des Weinguts produziert. Der Betrieb legt sehr viel Wert auf nachhaltiges Arbeiten in den Reben, im Keller und im gesamten Betrieb. Robert und Birgits Leitsatz lautet: »Die Qualität wächst immer noch im Weingarten.«

91 Tetuna Weiß 2021 PG/CH
14,5 Vol.-%, DIAM, Barrique/Stahltank, €€€
Helles Weißgold, Silberreflexe. Feine Edelholzwürze, zart nach Mango, ein Hauch von Vanille, dezente reife Apfelfrucht, etwas Blütenhonig. Mittlere Komplexität, feinwürzig, frische Tropenfrucht, Holznuancen im Rückgeschmack, guter Speisenbegleiter.

88 Sauvignon Blanc 2023
12,5 Vol.-%, DV, Stahltank, €€

93 Cabernet Franc Reserve 2021
14,5 Vol.-%, DIAM, Barrique, €€€€€
Kräftiges Rubingranat, violette Reflexe, zarte Randaufhellung. Feine Tabak-Kräuter-Würze, dezente schwarze Beerenfrucht, ein Hauch von Edelholznoten, etwas schwarze Herzkirschen. Gute Komplexität, tabakig, zart nach Nougat, Nuancen von schwarzer Frucht im Abgang, würziger Rückgeschmack, guter Speisenbegleiter.

(92) Tetuna Reserve 2021 BF/ZW/CS
13,5 Vol.-%, DIAM, Barrique, €€€€
Dunkles Rubingranat, violette Reflexe, zarte Randaufhellung. Dunkles Waldbeerenkonfit, etwas nach Orangenzesten, feine Edelholzwürze, Brombeernoten klingen an. Gute Komplexität, feinwürzig, dezente Holzwürze im Abgang, schwarze Beerenfrucht im Nachhall, vielfältig einsetzbar.

91 Pinot Noir 2022
13,5 Vol.-%, DIAM, gebrauchte Barriques/Barrique, €€€€
Mittleres Rubingranat, violette Reflexe, breiterer Wasserrand. Zarte Kirschfrucht, frisch, floraler Touch, rotbeerige Nuancen, einladendes Bukett, Orangenzesten im Nachhall. Saftig, feinwürzig, tabakig, zarte Holzwürze, Kirschen auch im Abgang, wird von Flaschenreife profitieren.

89 Zweigelt Heideboden 2021
13,5 Vol.-%, DV, großes Holzfass/gebrauchte Barriques, €€€

WEINGUT ROBERT GOLDENITS
7162 Tadten
Untere Hauptstraße 8
T: +43 (2176) 2294
robert@goldenits.at
www.goldenits.at

Kellermeister: Robert Goldenits
Kontakt: Robert und Birgit Goldenits
Produktion: 25 % weiß, 15 % rosé, 60 % rot, 35 Hektar
Zertifiziert: Nachhaltig Austria
Vereinszugehörigkeit: Neusiedlersee DAC
Messen: ProWein Düsseldorf, VieVinum

Pinot Noir

Familie Göschl

WEINGUT GÖSCHL & TÖCHTER
7122 Gols
Am Kanal 4
T: +43 (664) 4530988
office@weingut-goeschl.at
www.weingut-goeschl.at

Kellermeister: Reinhard und Daniela Göschl
Kontakt: Reinhard, Edith, Kathrin und Daniela Göschl
Produktion: 5 % Schaumwein, 35 % weiß, 4 % rosé, 55 % rot, 1 % süß, 12 Hektar
Messen: Dornbirner Frühjahrs- und Herbstmesse, Vinobile Feldkirch, Weinmesse Innsbruck, Wein Burgenland Präsentationen

★

WEINGUT GÖSCHL & TÖCHTER

Der Familienbetrieb Weingut Göschl & Töchter bewirtschaftet stets im Einklang mit der Natur knapp 12 Hektar Weingartenfläche rund um Gols. Nun bereits in dritter Generation von den beiden Töchtern Kathrin und Daniela geführt, wollen die beiden mit neuen Ideen überzeugen. Mit viel Liebe, Leidenschaft und Engagement werden die Trauben zu hochwertigen Weinen verarbeitet. Das Sortiment reicht von fruchtbetonten, frischen Weißweinen wie Welschriesling oder Gelber Muskateller bis hin zu kräftigen, facettenreichen Rotweinen wie Zweigelt, Blaufränkisch oder Merlot. Für ein Extraprickeln sorgen die Frizzante. Daniela bietet auf dem Weingut auch Yogakurse, Yoga & Weinverkostungen sowie Yoga & Wein Retreats an. Passend dazu wurde das Weinsortiment auch um drei Naturweine erweitert. In diesem Sinne: Namasté und prost!

90 Chardonnay 2023
13,5 Vol.-%, DV, Stahltank, €€
Helles Goldgelb, Silberreflexe. Feine Nuancen von gelber Tropenfrucht, Anklänge von Ananas und Papaya, mit feinem Blütenhonig unterlegt. Mittlerer Körper, weißer Apfel, gute Frische, zitroniger Touch im Nachhall, bietet unkompliziertes Trinkvergnügen.

92 Zweigelt Ried Goldberg 2021
14 Vol.-%, DV, Barrique/Stahltank, €€€
Tiefdunkles Rubingranat, violette Reflexe, opaker Kern, zarte Randaufhellung. Feine Edelholzwürze, etwas Bourbon-Vanille, zart tabakig, ein Hauch von Nougat. Saftig, kraftvoll, feine Vanillenoten auch im Abgang, dunkle Beeren, gut eingebundene Tannine, es wird ein moderner Stil verfolgt.

90 Zweigelt Heideboden 2022
13 Vol.-%, DV, Stahltank/gebrauchte Barriques/großes Holzfass, €€
Dunkles Rubingranat, violette Reflexe, zarte Randaufhellung. Mit zartem Toffee unterlegte rote Beerenfrucht, etwas nach Johannisbeeren, Mandarinenzesten. Frisch strukturiert, mittlerer Körper, feine Kräuterwürze, Pflaumentouch im Abgang, bereits gut antrinkbar.

91 Merlot Ried Ungerberg 2021
14,5 Vol.-%, DV, Stahltank/Barrique, €€€
Tiefdunkles Rubingranat, opaker Kern, violette Reflexe, zarte Randaufhellung. Dunkles Waldbeerenkonfit, etwas nach Cassis, dezente Wiesenkräuter, Edelholzwürze klingt an. Mittlerer Körper, tabakig, feine Kräuternoten, zart adstringierendes Tannin, gutes Entwicklungspotenzial.

91 Blaufränkisch Ried Prädium 2021
14 Vol.-%, DV, Stahltank/Barrique, €€€
Dunkles Rubingranat, violette Reflexe, zarte Randaufhellung. Frische Kräuterwürze, etwas nach Orangenschalen, dezente Herzkirschfrucht, mit Zwetschken unterlegt. Saftig, fruchtsüß, balanciertes Tanningerüst, feine Tabakwürze, Heidelbeernuancen im Abgang, guter Speisenbegleiter.

90 Grauburgunder Spätlese 2023
10,5 Vol.-%, DV, Stahltank, €€
Leuchtendes Goldgelb. Fruchtiges Bukett, reife gelbe Tropenfrucht, etwas türkischer Honig. Saftig, Nuancen von reifer gelber Frucht, etwas Mango, Blütenhonig, mineralisch unterlegter Abgang, zarter Honigtouch auch im Finale.

★★★

WEINGUT HAIDER

BIO

»Für uns ist Weinmachen Lebenskunst, die sich auf den Freund und Genießer unserer Weine übertragen soll. Unsere Weine sollen dabei vor allem eines sein: ehrlich und unverfälscht. Die Zielsetzung sind puristische, geradlinige Weine, die ihre Herkunft sowie unsere Energie und Lebensfreude widerspiegeln«, so Gerhard Haider und Ehefrau Theresa, die den Familienbetrieb in vierter Generation führen.
Von der Spätlese über Eiswein bis hin zur Trockenbeerenauslese: Das Weingut Haider ist national wie auch international ein Begriff für Spitzenprädikatsweine vom Seewinkel. Dreizehn verschiedene Rebsorten sind auf Sand-, Schotter- und Schwarzerdeböden ausgepflanzt. Die Böden und auch das einzigartige Klima sind das große Kapital für die Produktion ebensolcher Weine. Die gesamte Linie des Weinguts Haider glänzt durch besondere Feinheit, Eleganz, Frucht und Sortentypizität. Botrytis- und Honignoten akzentuieren die Einmaligkeit des Weinbaugebiets. Was einige aber vielleicht noch nicht wussten: Auch Rotweine und Weißweine von höchster Qualität werden auf dem Weingut Haider bereits seit jeher vinifiziert.

91 Chardonnay salzundsteppe 2023
13 Vol.-%, DV, Stahltank, €€
Zart getrübtes mittleres Grüngelb, Silberreflexe. Zart nach Biskuit und kandierten Grapefruitzesten, ein Hauch von Mango, dazu Blütenhonig und Wiesenkräuter. Mittlerer Körper, zarte Nuancen von reifer Quitte, dezenter Säurebogen, ein eleganter Speisenbegleiter.

91 Mythos 2021 CS/ME/ZW
13,5 Vol.-%, NK, Barrique, €€€
Kräftiges Rubingranat, violette Reflexe, dezente Ockerrandaufhellung. Zart nach Minze und Vanille, mit einem Hauch von Cassis und Edelholz unterlegt. Saftig, rote Kirschen, feine Waldbeerenfrucht, runde Tannine, frisch strukturiert, ein animierender Speisenbegleiter, Röstaromen im Nachhall.

94 Blauer Zweigelt TBA NV
11 Vol.-%, NK, Stahltank, €€€€€
Helles Kupfergold, Ockerreflexe. Nussig unterlegte Nuancen von Dörrzwetschken, dunkles Nougat und Feigen, ein Hauch von Röstaromen, attraktives Bukett. Komplex, gelbe Zwetschken, feiner Säurebogen, bleibt gut haften, ein stoffiger Stil mit feinen Amontillado-Anklängen.

94 Sämling 88 TBA 2021
9 Vol.-%, NK, Stahltank, €€€€€
Mittleres Goldgelb, silberfarbene Reflexe. Frische Maracu-

WEINGUT HAIDER
7142 Illmitz
Seegasse 16
T: +43 (664) 5007906
office@weinguthaider.at
www.weinguthaider.at

Kellermeister: Gerhard Haider
Kontakt: Theresa Haider
Anbauweise: Zertifiziert Biologisch
Produktion: 10 % weiß, 35 % rot, 55 % süß
Messen: ProWein Düsseldorf, VieVinum

januancen, zarter Blütenhonig, kandierte Orangenschalen, etwas Melisse und Jasmin. Komplex, saftig, präsente Süße, dezenter Säurebogen, gut strukturiert, reife Marillen und Honig im Nachhall, sicheres Reifepotenzial.

92 Chardonnay Spätlese 2022
10 Vol.-%, DV, Stahltank, €€
Leuchtendes mittleres Grüngelb, Silberreflexe. Zart nussig unterlegte Kräuterwürze, Mandarinenzesten, ein Hauch von Marille, dezente Honignuancen. Saftig, zarte Feuersteinnote, Aromen von reifem gelbem Kernobst, süßer Nachhall, mineralischer Rückgeschmack.

92 Chardonnay Beerenauslese 2019
12 Vol.-%, NK, Stahltank, €€€
Mittleres Goldgelb, Silberreflexe. Kandierte Orangenzesten, feiner Blütenhonig, reife gelbe Tropenfrucht, zart nach weißem Nougat. Mittlere Komplexität, zart nach Dörrfeigen, feiner, aber eher dezenter Säurebogen, wirkt leichtfüßig, noch sehr jugendlich, Honig auch im Nachhall, vielfältig einsetzbar.

★★★★★

WEINGUT GERNOT UND HEIKE HEINRICH

BIO

Einfühlsame Naturbeobachtung, biodynamische Bewirtschaftung, ungezügelte Biodiversität über und unter der Erde: Gernot und Heike Heinrichs Idee terroirgeprägter Weine baut auf einem tiefen Verständnis der vielfältigen Lebenswelten innerhalb ihrer Weingärten. Ziel ist es, ein natürliches Gleichgewicht zu schaffen, in dem Reben, Menschen und Tiere in Symbiose miteinander agieren und die entscheidenden Elemente ein großes Ganzes bilden. Die natürlichen Voraussetzungen dafür sind kühle Kalksteilhänge am Leithaberg, eine modulierte Topografie mit wärmerem Klima rund um das Weingut in Gols und eine Handvoll autochthoner Rebsorten mit dem Blaufränkisch als Speerspitze. Undogmatische handwerkliche Vinifikationen geben den Weinen die Freiheit, unverfälscht und klar von ihrer Herkunft zu erzählen. Sie legen die Basis für eine fortwährende Evolution. Der Austausch mit den Freunden von Pannobile, Demeter und respekt eröffnet zusätzliche Perspektiven. Das Resultat sind pulsierende und vitale Weine, die puristisch und charakterstark die Essenz ihres Entstehungsortes offenlegen. Undogmatische handwerkliche Vinifikationen geben den Weinen die Freiheit, unverfälscht und klar von ihrer Herkunft zu erzählen. Sie legen die Basis für eine fortwährende Evolution. Der Austausch mit den Freunden von Pannobile, Demeter und respekt eröffnet zusätzliche Perspektiven. Das Resultat sind pulsierende und vitale Weine, die puristisch und charakterstark die Essenz ihres Entstehungsortes offenlegen, ob am Leithaberg oder rund um Gols.

WEINGUT GERNOT UND HEIKE HEINRICH
7122 Gols, Baumgarten 60
T: +43 (2173) 3176
weingut@heinrich.at
www.heinrich.at
Kellermeister: Gernot Heinrich und Harald Lehner
Kontakt: Heike Heinrich
Anbauweise: Biodynamisch (Demeter, respekt)
Produktion: 15 % weiß, 85 % rot, 100 Hektar
Vereinszugehörigkeit: Leithaberg DAC, Pannobile, respekt-BIODYN
Messen: ProWein Düsseldorf, VieVinum, RAW – The Artisan Wine Fair Berlin, Karakterre

94 Graue Freyheit 2022 PG/WB/NB/CH
12 Vol.-%, NK, Amphore/gr. Holzfass, €€€€€
Helles Kirschrosa, Ockerreflexe, breite Randaufhellung. Rauchige Würze, feiner Bergamottentouch, gelbe Tropenfrucht, zart nach Birne, facettenreiches Bukett. Saftig, weißes Kernobst, gute Komplexität, frisch strukturiert, mineralisch-salzig, Limetten im Rückgeschmack, ein facettenreicher Speisenbegleiter.

97 Blaufränkisch Leithaberg DAC Ried Alter Berg 2019
13,5 Vol.-%, VL, Amphore/großes Holzfass/500-l-Fass, €€€€€€ B V
Dunkles Rubingranat, tiefer Kern, violette Reflexe. Zart tabakig unterlegte reife Beerenfrucht, feine Muschelkalkwürze, dunkle Kirschfrucht, facettenreiches Bukett. Saftig, lebendiger, finessenreicher Stil, feine, tragende Tannine, mineralisch im Abgang, sehr lange anhaftend, sicheres weiteres Reifepotenzial.

93 Blaufränkisch Leithaberg DAC Breitenbrunn Ried Edelgraben 2019
13,5 Vol.-%, VL, Amphore/500-l-Fass/großes Holzfass, €€€€€€ B V
Dunkles Rubingranat, violette Reflexe, zarte Ockerrandaufhellung. Nuancen von frischen Kräutern, reife Kirschen, Grapefruitzesten, würziges Bukett, zarte Reduktion. Stoffig, elegant, reife rote Waldbeerenfrucht, nach Ribiseln, zarte Kohlensäure, feine Tannine, mineralisch-salzig im Abgang, bleibt lange haften, sicheres Reifepotenzial.

(96) Ried Salzberg 2019 ME/BF
14 Vol.-%, NK, 500-l-Fass, €€€€€€ B
Tiefdunkles Rubingranat, violette Reflexe, zarter Wasserrand. Einladendes Bukett, nach kandierten Veilchen, dazu etwas Orangenschalen und Weichseln, ein Hauch von Kardamom, Brombeernuancen klingen an. Gute Komplexität, tragendes Tannin, feinwürzig, schwarze Kirschfrucht, Tabakwürze im Abgang, gutes Entwicklungspotenzial.

(94) Pannobile 2021 BF/ZW
13 Vol.-%, VL, 500-l-Fass/Amphore, €€€€€ B
Tiefdunkles Rubingranat, violette Reflexe, zarte Randaufhellung. Dezente Kräuterwürze, ein Hauch von Ribiseln und schwarzem Tee, tabakiger Touch. Saftig, elegant, gute Säurestruktur, extraktsüß nach Kirschen, gut integrierte Tannine, lang anhaltend, bereits gut antrinkbar.

(93) Ried Gabarinza 2019 ZW/BF/ME
14 Vol.-%, NK,VL, 500-l-Fass, €€€€€ B
Tiefdunkles Rubingranat, violette Reflexe, breitere Randaufhellung. Zart nach Kräutern, ein Hauch von Heidelbeeren, dazu Orangenzesten, Oliventapenade klingt an, floraler Touch. Saftig, gute Komplexität, feinwürzig, Brombeernoten, samtiges Tannin, balsamische Nuancen, guter Speisenbegleiter.

★★★

WEINGUT HORVATH

Das Weingut Horvath ist seit Generationen in Gols beheimatet. Auf unterschiedlichsten Grundlagen wie Löss-, Schwarzerde- und Sandböden in unmittelbarer Nähe zum Neusiedler See und dessen Nationalpark entstehen hier besonders vielschichtige Weine. Günter Horvath übernahm 1992 den elterlichen Betrieb und führte die Ausrichtung komplett in die Qualitätsweinerzeugung über. Respekt vor der Natur, schonender Umgang mit dem Traubenmaterial, Genauigkeit und Wissen sowie Erfahrung über Generationen sind die Garanten für die gleichbleibend hohe Qualität der charaktervollen, vom Terroir geprägten und mit persönlicher Note gekelterten Weine. Auch optisch zeigt man an der Produktausstattung die Verbundenheit mit der Region: eine vereinfachte, modernisierte Turmdarstellung des Wappensymbols von Gols – Tradition und Moderne sozusagen.
Die Hauptsorte des Weinguts ist der Zweigelt, gefolgt von Blaufränkisch und Chardonnay. Das Traubenmaterial für den klassischen Zweigelt und den Blaufränkisch Heideboden, der teilweise im Barrique ausgebaut wird, stammt von jenen Weingärten, deren Rebstöcke unter 15 Jahre alt sind. Die Trauben der älteren Rebstöcke und Top-Lagen stellen das Grundmaterial für den Blaufränkisch vom Gabarinza, den Zweigelt vom Goldberg, für »Gols« sowie den Merlot vom Altenberg. Beim Weißwein konzentriert sich das Weingut auf den Chardonnay, der klassisch vergoren die Bezeichnung Chardonnay Heideboden trägt und in der Premiumvariante Chardonnay Gabarinza heißt. Relativ neu im Weißweinsortiment ist der Weißburgunder vom Apfelgrund.

(93) Chardonnay Ried Gabarinza Reserve 2023
14,5 Vol.-%, VL, Barrique, €€€€
Leuchtendes Goldgelb, Silberreflexe. Feine gelbe Tropenfrucht, zart nach Ananas und Papaya, ein Hauch von Blütenhonig, kandierte Orangenzesten, mit Nuancen von Karamell unterlegt. Saftig, cremig und elegant, ein Hauch

Weingärten bei Gols

WEINGUT HORVATH
7122 Gols
Untere Hauptstraße 165
T: +43 (676) 923 66 52
info@weingut-horvath.at
www.weingut-horvath.at

Kellermeister/Kontakt:
Günter Horvath
Produktion: 93.333 Flaschen
45 % weiß, 5 % rosé, 50 % rot,
15.2+2.5 Hektar
Vereinszugehörigkeit:
Select Gols
Messen: VieVinum, DAC-Präsentationen

von Holz, reife Apfelfrucht im Abgang, bereits gut entwickelt, zarte Fruchtsüße im Nachhall.

91 Chardonnay Heideboden 2023
13,5 Vol.-%, DV, Stahltank, €€
Mittleres Gelbgrün, Silberreflexe. Zarte nach Golden-Delicious-Apfel, etwas Mango, dezenter Hauch von Blütenhonig. Saftig, elegant, weißes Kernobst, feiner Säurebogen, frisch und mineralisch im Abgang, ein balancierter Speisenbegleiter.

(90) Weissburgunder Ried Apfelgrund 2023
13 Vol.-%, DV, Stahltank, €€
Helles Goldgelb, Silberreflexe. Zart nach weißem Kernobst, ein Hauch von Apfel und Mango, mit dezenten Wiesenkräutern unterlegt. Mittlerer Körper, balanciert, frisch strukturiert, mineralisch-zitronig, bietet unkompliziertes Trinkvergnügen.

91 Blauer Zweigelt * 2022
13 Vol.-%, DV, großes Holzfass, €€
Dunkles Rubingranat, violette Reflexe, zarte Randaufhellung. Nuancen von Kräutern und frischen Zwetschken, mit Brombeeren unterlegt. Mittlere Komplexität, zart blättrige Würze, reife Kirschen, etwas Nougat im Nachhall, bereits antrinkbar.

(92) Blaufränkisch Ried Gabarinza Reserve 2022
14,5 Vol.-%, VL, Barrique, €€€€€
Tiefdunkles Rubingranat, opaker Kern, violette Reflexe, zarte Randaufhellung. Reife schwarze Kirschen, ein Hauch von Zwetschken, kandierte Orangenzesten, dezent mit Nougat unterlegt. Kraftvoll, reife Frucht, schokoladiger Touch in der Textur, mineralisch, zarte Holzwürze im Nachhall, wird von Flaschenreife profitieren.

(92) Merlot Ried Altenberg Reserve 2022
15 Vol.-%, VL, Barrique, €€€€€
Tiefdunkles Rubingranat, tintiger Kern, violette Reflexe, zarte Randaufhellung. Reife Zwetschken, ein Hauch von Dörrobst, kandierte Orangen, kräuterwürzige Nuancen. Kraftvoll, schwarze Beerenfrucht, präsente Tannine, würziger Abgang, etwas austrocknend im Finale, salziger Rückgeschmack, braucht noch Zeit.

90 Heideboden 2022 BF/ME
13,5 Vol.-%, DV, gebrauchte Barriques, €€
Dunkles Rubingranat, violette Reflexe, zarte Randaufhellung. Zart nach Herzkirschen, mit roten Waldbeeren unterlegt, dezente Note von Tabak und Gewürzen. Mittlerer Körper, rote Kirschen, dezente Tannine, salziger Anklang im Abgang.

★★★

WEINGUT MARKUS IRO

In Österreich hat Markus Iro aus Gols bereits einen Fixplatz unter den besten Winzern der Region. Im Neusiedlersee-DAC-Gebiet baut der dynamische Winzer, der 2011 das elterliche Weingut in Eigenregie übernommen hat, auf rund 22 Hektar nationale und internationale Traubensorten an. Aufhorchen lässt er mit seinem präzisen Gespür für die einzelnen Rebsorten. Nicht nur Konsumenten, auch die Fachpresse weiß seine Intuition und sein Gefühl für den Wein zu schätzen und bezeugt ihm regelmäßig die Qualität seines täglichen Schaffens: Unter anderem ist Markus Iro bereits Sieger des Falstaff Rotwein Grand Prix in der Kategorie Cuvée, Sortensieger in der Kategorie St. Laurent und mehrfach in den Top drei der Falstaff-Rotweinprämierung.
Markus Iro versteht es mit einer verspielten Herangehensweise, den jeweils typischen Charakter der Traubensorten herauszuarbeiten und reintönige und unverwechselbare Weine zu keltern. Dass er seine Leidenschaft und Neugierde für das Arbeiten mit dem Wein zum Beruf machen würde, war ihm schon immer klar. Nach dem erfolgreichen Besuch der Weinbauschule sammelte er Praxiserfahrung in Deutschland und Neuseeland, um schließlich 2006 seine erste eigene Weinkollektion vorzustellen und nur fünf Jahre später das Familienweingut eigenhändig zu führen.

91 Weissburgunder classic 2023
13 Vol.-%, DV, großes Holzfass, €€
Mittleres Goldgelb, Silberreflexe. Saftig, gelber Pfirsich, etwas Blütenhonig, kandierte Orangenzesten. Mittlerer Körper, frische gelbe Birne, zart nach Mango, lebendige Säurestruktur, mineralisch-salzig im Abgang, ein vielseitiger Speisenbegleiter.

94 St. Laurent Ried Herrschaftswald 2022
13,5 Vol.-%, NK, Barrique, €€€€
Dunkles Rubingranat, violette Reflexe, zarte Randaufhellung. Zarte Tabak-Holz-Nuancen, ein Hauch von Schokolade, dezente Zwetschkennoten, dunkles Konfit. Saftig, kraftvoll, gut integriertes Tannin, Feigentouch im Abgang, feinwürziges Finish, Brombeernuancen im Rückgeschmack.

94 Meisterwerk 2022 ME/CF/ZW
14 Vol.-%, NK, kleines Holzfass, €€€€€
Dunkles Rubingranat, violette Reflexe, zarte Randaufhellung. Rotes Waldbeerenkonfit, feine Kräuterwürze, ein Hauch von Nougat, kandierte Orangenzesten. Saftig, mittlere Komplexität, tragendes Tannin, kraftvoll, Cassis im Abgang, feinwürziger Rückgeschmack, wird von Flaschenreife profitieren.

WEINGUT MARKUS IRO
7122 Gols
Neubaugasse 55
T: +43 (2173) 2139
wein@markusiro.at
www.markusiro.at

Kellermeister/Kontakt:
Markus Iro
Produktion: 30 % weiß, 70 % rot, 22 Hektar
Messen: Wein Burgenland Präsentationen

Markus Iro im Weingarten

93 Pinot Noir Ried Hochreit 2022
13,5 Vol.-%, NK, Teilbarrique, €€€€
Kräftiges Rubingranat, violette Reflexe, zarte Randaufhellung. Zarte Kirschfrucht, etwas nach Orangenzesten, rotbeeriges Konfit, Himbeeren klingen an. Engmaschig, fruchtig, tragendes Tannin, Walderdbeeren im Abgang, mineralisch, lang anhaltende Fruchtsüße, bleibt sehr gut haften.

93 Cabernet Franc Reserve 2022
14,5 Vol.-%, NK, Barrique, €€€€€
Dunkles Rubingranat, violette Reflexe, dezenter Wasserrand. Dezente Lakritznuancen, floraler Touch, kandierte Veilchen, dunkle Waldbeeren, feinwürzige Noten. Saftig, engmaschig, feine Holznoten, fruchtsüß nach Brombeeren, gut integrierte Tanninstruktur, Vanille im Nachhall, guter Speisenbegleiter.

92 Zweigelt Ried Ungerberg 2022
13,5 Vol.-%, NK, Barrique, €€€€
Tiefdunkles Rubingranat, violette Reflexe, zarte Randaufhellung. Dezenter Vanilletouch, unterlegt mit Holzwürze, ein Hauch von Zwetschken und Nougat, kandierte Veilchen klingen an. Saftig, mittlerer Körper, feine Brombeernuancen, schokoladiger Nachhall, samtiges Tannin, guter Speisenbegleiter.

★★★★

WEINGUT JURIS

Jedes Weingut hat seine Geschichte, die von Juris reicht ganz besonders weit zurück: bis ins Jahr 1571. Seit vielen Generationen bereitet Familie Stiegelmar im burgenländischen Gols hochwertige Weine und war auch maßgeblich am österreichischen Rotweinwunder beteiligt. Seit 1995 knüpfen Axel und Herta Stiegelmar an der Tradition des Weinmachens an und stehen heute vor allem für herausragend vielfältige Weine. Dass auch die Moderne fester Bestandteil des bekannten Golser Weinguts ist, wird besonders an der zeitgemäßen Kellerarchitektur augenscheinlich. Die moderne Ausstattung ermöglicht unter Einbeziehung der Schwerkraft einen schonenden Umgang mit dem Lesegut, und dank optimaler Isolierung erreicht man die passende Lagertemperatur ohne jegliche Fremdenergie. »Es ist unser reichhaltiges Sortiment, das Juris auszeichnet«, sagt Axel Stiegelmar. Bei genauer Betrachtung entdeckt man, dass er und seine Frau neben den heimischen Rebsorten eine Vorliebe für Burgundersorten haben, so etwa für Pinot Noir und St. Laurent, die sie aus den besten

St. Laurent

WEINGUT JURIS
7122 Gols, Marktgasse 12–18
T: +43 (2173) 2748
office@juris.at
www.juris.at
Kellermeister: Axel Stiegelmar
Kontakt: Axel und Herta Stiegelmar
Produktion: 120.000 Flaschen
3 % Schaumwein, 15 % weiß, 4 % rosé, 75 % rot, 3 % süß, 20 Hektar
Vereinszugehörigkeit: Renommierte Weingüter Burgenland
Messen: ProWein Düsseldorf, VieVinum

Rebstöcken selektionieren; dabei kommen kleinbeerige Qualitätsklone zum Einsatz.
Von den Top-Rotweinen überzeugen die Cuvées »St. Georg«, »Ina'mera« und »Tricata« – komplexe Charakterweine, die im warmen pannonischen Klima wunderbar gedeihen. Besonderes Augenmerk wird auf die einzeln vergorenen Lagenweine gelegt. Die Riedenweine der Burgundersorte Pinot Noir stammen aus den Lagen von Haide, Hochreit und Breitenteil, der charmante St. Laurent gedeiht in der Ried Goldberg, und der kräftige Blaufränkisch stammt vom Ungerberg. Der exotische Chardonnay Altenberg rundet neuerdings die Vielfalt ab.
Bei der Weißweinbereitung stehen neben dem griffigen Chardonnay Alte Reben auch der duftige Sauvignon Blanc sowie die aromatischen Sorten Muskat Ottonel und Gewürztraminer auf der Beliebtheitsskala ganz oben. Typisch für das Burgenland ist auch der rote Strohwein. Seine verführerische Restsüße wird von der Fruchtigkeit der Blaufränkisch-Traube wunderbar ergänzt. Im Sortiment sind des Weiteren die einmal vergorenen Pétillants Naturels der Sorten Blaufränkisch und Muskat Ottonel zu finden.

93 Chardonnay Gols Ried Altenberg 2022
14 Vol.-%, NK, Barrique, €€€€€
Helles Goldgelb, Silberreflexe. Zart nach hellem Karamell und Vanille, ein Hauch von gelber Tropenfrucht, etwas Ananas und Pfirsich. Komplex, kraftvoll, feine Nuancen von weißem Steinobst, gut integrierte Holzwürze, weißes Nougat, mineralisch-salziger Abgang, bleibt haften, gutes Reifepotenzial, könnte auch aus dem Burgund kommen.

91 Chardonnay Alte Reben 2022
13,5 Vol.-%, DV, großes Holzfass, €€€ Ⓥ
Helles Goldgelb, Silberreflexe. Zarte Anklänge von gelber Tropenfrucht, Nuancen von Kernobst, tabakig unterlegte Kräuterwürze. Mittlerer Körper, Noten von weißer Frucht, dezenter Säurebogen, mineralisch-zitronig, bereits gut antrinkbar.

90 Gewürztraminer Gols 2021
14 Vol.-%, DV, großes Holzfass, €€
Leuchtendes Goldgelb, Silberreflexe. Zart nach Eibischteig, ein Hauch von Rosenöl, mit gelbem Pfirsich unterlegt. Kraftvoll, weißer Apfel, dezente Säurestruktur, feine Fruchtsüße, mittlere Länge, trockene Stilistik.

93 St. Laurent Reserve 2020
13 Vol.-%, NK, Barrique/großes Holzfass, €€€€€ Ⓥ
Kräftiges Rubingranat, violette Reflexe. Mit zarten animalischen Nuancen unterlege dezente Weichselfrucht, ein Hauch von Gewürzen, dunkle Mineralik. Saftig, gute Komplexität, feine Fruchtsüße nach Waldbeerenkonfit, florales Finish, guter Speisenbegleiter.

93 Pinot Noir Reserve 2020
13,5 Vol.-%, NK, Barrique/großes Holzfass, €€€€€ Ⓥ
Kräftiges Rubingranat, Ockerreflexe, breiter Wasserrand. Dezente Tabakwürze, feine Kräuternuancen, dunkle Kirschfrucht, etwas nach Walnuss, klassische Burgunder-Nase. Saftig, straff, feine Tanninstruktur, mineralisch, Erdbeeren im Abgang, bleibt sehr gut haften, vielseitiger Speisenbegleiter.

92 St. Georg Reserve 2020 SL/PN
13,5 Vol.-%, NK, Barrique/Holzfass, €€€€€ Ⓥ
Dunkles Rubingranat, violette Reflexe, zarte Randaufhellung. Feine Kirschfrucht, zart nach Brombeeren, kandierte Orangenzesten, etwas Nougat, floraler Touch. Saftig, engmaschig, schokoladiger Touch, dunkles Waldbeerenkonfit, ein vielseitiger Speisenbegleiter.

★★★

WEINGUT KERINGER

Außergewöhnliche Kreationen mit klingenden Namen wie »Aviator«, »Commander«, »100 Days« und »Massiv« sind einige der zahlreichen Erfolgsweine von Robert und Marietta Keringer, einem jungen und aufstrebenden Winzerpaar aus Mönchhof. Nach seiner Tätigkeit bei einem renommierten Spirituosenhersteller kam Robert über Umwege und seine einige Jahre andauernde Tätigkeit als Weinbauberater schließlich zurück zum elterlichen Betrieb. Innerhalb kurzer Zeit schaffte er es, diesen zunächst im Nebenerwerb zu einem mehrfach ausgezeichneten Weinbaubetrieb auszubauen. Mit dem Jahrgang 2011 rief Robert Keringer eine neue, innovative Weinserie ins Leben: die »100 Days«-Weine. Diese entstehen durch eine spezielle Vinifikationsart: Die besten Trauben der jeweiligen Sorten verbleiben dabei für etwa 100

Robert und Marietta Keringer

WEINGUT KERINGER
7123 Mönchhof
Wiener Straße 22a
T: +43 (2173) 80380
weingut@keringer.at
www.keringer.at

Kellermeister/Kontakt: Ing. Robert Keringer
Produktion: 5 % Schaumwein, 10 % weiß, 5 % rosé, 75 % rot, 5 % süß, 40+80 Hektar
Zertifiziert: Nachhaltig Austria
Messen: VieVinum, Vinobile Feldkirch, WEINmesse Berlin, Weinmesse München, Weinmesse Salzburg, Wein Burgenland Präsentationen

Tage zusammen mit den Kernen und Schalen im Gärtank. Das ist einzigartig. Die so gewonnenen Weine sind besonders vielschichtig. Doch nicht nur bei den Rotweinen überzeugt der dynamische Winzer mit konstanter Qualität.

91 Chardonnay 100 Days 2021
13,5 Vol.-%, DV, gebrauchte Barriques, €€€ Ⓗ
Mittleres Grüngelb, Silberreflexe. Feine gelbe Tropenfrucht, zart nach Ananas und Papaya, kandierte Orangenzesten, etwas Blütenhonig. Saftig, feine Kräuterwürze, nussiger Touch, reifer Pfirsich, balanciert und mit guter Länge ausgestattet.

92 Blauer Zweigelt ** 100 Days 2021
14,5 Vol.-%, NK, Barrique, €€€€
Kräftiges Rubingranat, violette Reflexe, dezente Ockerrandaufhellung. Frische Herzkirschen, einladendes Brombeerkonfit, feine Kräuterwürze, mit Orangenzesten unterlegt. Kraftvoll, würzig, reife Zwetschken, tragende Tannine, etwas Nougat und Röstaromen im Nachhall, ein vielseitiger Speisenbegleiter.

94 Massiv Top-Rotweincuvée 2020 ZW/BF/RA/CS/ME
14,5 Vol.-%, NK, Barrique, €€€€€
Dunkles Rubingranat, opaker Kern, violette Reflexe, zarte Ockerrandaufhellung. Feine Edelholznuancen, Vanille und Tabak, reife dunkle Beerenfrucht, etwas Nougat, facettenreiches Bukett. Kräftig, dabei elegant und feinwürzig, tragende Tannine, mineralisch, schokoladige Nuancen im Finale, wird von weiterer Flaschenreife profitieren.

93 Merlot 100 Days 2020
14,5 Vol.-%, NK, Barrique, €€€€ Ⓗ
Kräftiges Rubingranat, violette Reflexe, breitere Randaufhellung. Edelholz, tabakig-kräuterwürzig, dunkle Zwetschken, reife Kirschen, Brombeeren, etwas Nougat, Vanillenuancen. Saftig, elegant, frisch strukturiert, süße Kirschen und Zwetschken, reife, gut integrierte Tannine, komplex und anhaftend, mineralisch im Nachhall, gute Länge, sicheres Potenzial.

92 Cabernet 100 Days 2021
15 Vol.-%, NK, Barrique, €€€€
Kräftiges Rubingranat, violette Reflexe, dezente Ockerrandaufhellung. Noten von reifem Cassis, zart nach Nougat und Lakritze, feine tabakige Würze, einladendes Bukett. Saftig, elegant, zart nach Preiselbeeren, tragende, reife Tannine, feiner Schokotouch im Abgang, ein facettenreicher Speisenbegleiter mit Reifepotenzial.

91 St. Laurent Commander 2022
14 Vol.-%, DV, gebrauchte Barriques, €€€
Kräftiges Rubingranat, violette Reflexe, dezente Ockerrandaufhellung. Zart kräuterwürzig unterlegte frische Waldbeeren, ein Hauch von Preiselbeeren, dunkles Nougat. Komplex, dunkle Beerenfrucht, zarte animalische Nuancen, mineralisch und feinwürzig im Abgang.

★★★

WEINGUT JACQUELINE KLEIN

Die geballte Kraft der Sonne in jeder Traube, die holt Jacqueline Klein in ihre Weine. Im Nordburgenland, umgeben von Windrädern, Gemüsefeldern und unendlicher Weite rund um den heißesten Ort Österreichs, um Andau, befinden sich die nachhaltig bewirtschafteten Weingärten der Winzerin, in denen der Grundstoff für erlesene, gehaltvolle Weine mit außergewöhnlicher Stilistik heranwächst. Dieses Terroir ist wie geschaffen für Rotwein!
Die Leitsorte ist die autochthone Rebsorte Zweigelt, der sowohl reinsortig als auch als Cuvée-Partner zum Einsatz kommt. Aufgrund des aktuellen klimatischen Wandels geht der Trend zu internationalen Rebsorten wie Cabernet Sauvignon, Merlot, Syrah und Cabernet Franc. Dieser spiegelt sich auch in der Umstrukturierung des Weingartens wider, wo in den letzten Jahren vermehrt Cabernet-Sorten ausgepflanzt wurden, welche aufgrund ihrer klein- und lockerbeerigen Trauben und ihrer robusten Schale mit längeren Trockenperioden besser zurechtkommen.

Die Rotweine reifen größtenteils in französischen Eichenfässern, wo je nach Jahrgang und Reife die unterschiedlichsten Toastingvarianten sorgfältig ausgewählt werden. So macht Klein Wein.

89 Chardonnay 2023
13,5 Vol.-%, DV, Stahltank, €€

92 Tribus 2021 ZW/ME/CS
14,5 Vol.-%, NK, Barrique, €€€
Tiefdunkles Rubingranat, opaker Kern, violette Reflexe, zarte Randaufhellung. Dunkles Beerenkonfit, Karamell, etwas Zartbitterschoko, Cassis und Kräuterwürze klingt an. Saftig, elegant, saftige Beerenfrucht, balancierte Tanninstruktur, feinwürzig, Cassis im Abgang, Holztouch im Nachhall, ein stoffiger Speisenbegleiter.

91 Aridus 2021 ZW/SY
14,5 Vol.-%, DV, gebrauchte Barriques, €€€
Tiefdunkles Rubingranat, opaker Kern, violette Reflexe, zarte Ockerrandaufhellung. Feine Holzwürze, zart nach schwarzen Beeren, Cassis, etwas Sandelholz, Nougat, kandierte Orangenzesten. Mittlerer Körper, kraftvoll, samtiges Tannin, feinwürziger Rückgeschmack, schwarze Frucht, rotbeeriger Nachhall, bereits gut antrinkbar.

WEINGUT JACQUELINE KLEIN
7163 Andau
Baumhöhäcker 10
T: +43 (664) 75124505
info@klein-wein.at
www.klein-wein.at

Kellermeister/Kontakt:
Jacqueline Klein
Produktion: 15 % weiß, 85 % rot, 42 Hektar
Zertifiziert: Nachhaltig Austria
Vereinszugehörigkeit:
Neusiedlersee DAC
Messen: VieVinum, Vinobile Feldkirch, DAC-Präsentationen, Wein Burgenland Präsentationen

Weinbau bei Andau

★★★★★

WEINLAUBENHOF KRACHER

Im Jahr 1981, als Alois Kracher gerade die Vinifizierung von seinem Vater übernommen hatte, wurde mit Gerhard Kracher bereits die nächste vielversprechende Generation der burgenländischen Winzerfamilie geboren. Nach einer betriebswirtschaftlichen Ausbildung begann Gerhard, aktiv auf dem Weingut mitzuarbeiten, Kontakte zu knüpfen und seine Ideen und Vorstellungen einzubringen und umzusetzen. Gemeinsam mit seinem Vater hat er den Umbau des Weinguts geplant und durchgeführt, Schritt für Schritt übernahm er die Verantwortung in einzelnen Märkten, repräsentierte das Weingut bei diversen Veranstaltungen weltweit und sammelte wichtige Erfahrungen beim Distributionspartner in den USA. Die guten Kontakte seines Vaters Alois haben wesentlich dazu beigetragen, dass Gerhard Kracher in der Weinszene rasch die richtigen Ansprechpartner fand. So konnte er sich sehr schnell ein fundiertes Weinwissen aneignen und fand Gelegenheit, seinen Gaumen zu schulen und unterschiedlichste Weine und Weinstile zu degustieren und unterscheiden zu lernen. Heute leitet er das Weingut mit Unterstützung seiner Frau Yvonne. Der Name Kracher steht nicht mehr nur für Süßwein alleine. Gemeinsam mit befreundeten Herstellern hat Alois Kracher eine ganze Reihe von Produkten des gehobenen Genusses geschaffen. Gerhard Kracher führt diese erfolgreichen Kooperationen fort, denn es ist ein spannendes Erbe, das er weitertragen darf. Dazu zählen nicht nur ein weltberühmtes Weingut, gesuchte Weine mit Top-Ratings und die Verantwortung, dies weiterzuführen, sondern auch Charaktereigenschaften wie der Spirit, die Stärke und der unbeugsame Wille, die Gerhard von seinem berühmten Vater übernommen hat.

WEINLAUBENHOF KRACHER
7142 Illmitz
Apetloner Straße 37
T: +43 (2175) 3377
office@kracher.at
www.kracher.at

Kellermeister/Kontakt:
Gerhard Kracher
Produktion: 15 % weiß, 15 % rot, 70 % süß
Messen: ProWein Düsseldorf, Vinexpo

92 K 2019 CH/WR/SÄ
13,5 Vol.-%, NK, Barrique, €€€€€
Mittleres Gelbgrün, Silberreflexe. Feine gelbe Tropenfrucht, zart nach Birne und Marzipan, mit frischen Marillen unterlegt. Mittlerer Körper, weißer Pfirsich, feiner Blütenhonig, dezenter Säurebogen, ein Hauch von Zitrone und weißer Schokolade im Abgang.

97 Welschriesling TBA No. 6 Zwischen den Seen 2020
8,5 Vol.-% , NK, Stahltank, €€€€€€
Leuchtendes Goldgelb, Silberreflexe. Feine Honignote, reife Marille, Anklänge von Mango, zart nach Nougat und kandierten Orangenzesten. Saftig, opulente Süße, feiner Säurebogen, reife gelbe Tropenfrucht, zartes Säurespiel, feine salzige Nuancen im Abgang, bleibt lange haften, elegant und mit sicherem Reifepotenzial ausgestattet.

97 Scheurebe TBA No. 5 Zwischen den Seen 2021
10,5 Vol.-%, NK, Stahltank, €€€€€€
Leuchtendes mittleres Gelbgold, zarte Messingreflexe. Zarte Nuancen von Tropenfrucht wie Litschi und Maracuja, angenehme Botrytiswürze, etwas Nougat, facettenreiches Bukett. Komplex, frisch und präzise, helle Karamellnote, feine Säure, mineralisch im Nachhall, zeigt gute Länge, sicheres Potenzial.

96 Rosenmuskateller TBA No. 4 Nouvelle Vague 2021
9 Vol.-%, NK, Barrique, €€€€€€
Kräftiges Zwiebelrot, braunockerfarbene Reflexe, breite Randaufhellung. Feine Dörrobstanklänge, zart nach Erdbeerkonfitüre, etwas Ananas, gelber Pfirsich, kräuterwürzige Nu-

ancen, ein Touch von Rosinen. Komplex, saftig und floral, gelbe Tropenfrucht, feine Säure, fruchtige Süße im Abgang, delikater Nachhall, ausgewogen und bereits gut antrinkbar.

94 Rosenmuskateller Beerenauslese Red Roses 2021
9,5 Vol.-%, NK, Barrique, €€€€€
Mittleres helles Kirschrot, Kupferreflexe. Eingelegte reife Zwetschken, feine Nuancen von Rosenöl, etwas Nougat, zarter Blütenhonig. Mittlerer Körper, zart nach Marillenmarmelade und Gewürznelken, seidige Textur, delikate rote Kirschfrucht, balanciert und gut entwickelt.

96 Grande Cuvée TBA No. 3 Nouvelle Vague 2021 WR/CH
10 Vol.-%, NK, großes Holzfass/Barrique, €€€€€€
Mittleres Gelbgold, Messingreflexe. Feine Holzwürze, zart nach Bourbon-Vanille, gelbe Tropenfrucht, etwas Lanolin und Marzipan, einladendes Bukett. Komplex, saftig, gelber Pfirsich, zart nach Marille, dezente Säurestruktur, feiner Honig im Abgang, eleganter Stil internationalen Zuschnitts, gutes Entwicklungspotenzial.

93 Cuvée Beerenauslese 2021 WR/CH
11 Vol.-%, NK, Barrique/Stahltank, €€€€
Kräftiges Goldgelb, Silberreflexe. Deutliche Botrytiswürze, Nuancen von reifem gelbem Kernobst, ein Hauch von Karamell, mit kandierten Orangenzesten unterlegt. Saftig, elegant, weißer Pfirsich, gut integrierte Süße, feine Säurestruktur, dezenter Honigtouch im Nachhall.

94 Zweigelt TBA No. 2 Nouvelle Vague 2021
10,5 Vol.-%, NK, Barrique, €€€€€€
Mittleres Rubingranat, kupferfarbene Reflexe, breiter Ockerrand. Zart nach Nougatkaramell, eingelegte Zwetschken, frische Mango, zarte Honignuancen. Mittelgewichtig, reife rote Kirschen, feiner Säurebogen, fruchtige Süße im Abgang, wirkt leichtfüßig, ein finessenreicher Süßweinstil mit Pfirsichfrucht im Nachhall.

93 Traminer TBA No. 1 Zwischen den Seen 2021
11 Vol.-%, NK, Stahltank, €€€€€€
Leuchtendes mittleres Gelbgold, Silberreflexe. Noch etwas verhalten, reife gelbe Birnenfrucht, zarte Kräuterwürze, ein Hauch von Blütenhonig. Präsente Süße, gelbes Kernobst, reife Tropenfrucht, dezente Säurestruktur, mineralisch-salzig im Abgang, noch recht zurückhaltend, wird von Flaschenreife profitieren.

★★★

WEINGUT LEITNER

BIO

Das Weingut Leitner ist seit Generationen im Familienbesitz. 1975 übernahmen Melitta und Matthias Leitner den Betrieb, der bis 1990 noch im Nebenerwerb geführt wurde. Die entscheidende Neuorientierung begann bereits Anfang der Achtzigerjahre. Erste nationale und internationale Bestätigungen ab dem Jahr 1985 zeigten, dass die eingeschlagene Qualitätsstrategie erfolgreich war. Die nächste große Wende fand 1991 statt, als Matthias Leitner seinen Beruf als Handelsreisender aufgab, um sich ausschließlich dem Weinbau zu widmen. In diesen Jahren wuchs auch die bewirtschaftete Fläche des Weinguts an. Seit 1. Jänner 2003 arbeitet Gernot Leitner hauptberuflich im elterlichen Betrieb, im Jahr 2010 hat er die alleinige Verantwortung im Weingut übernommen. Der Kern der Betriebsphilosophie ist das Streben, charaktervolle, vom Terroir geprägte Weine höchster Qualität zu vinifizieren. Um dies zu erreichen, werden die Weingärten naturnah bewirtschaftet. Was die Natur dem Winzer schenkt, wird im Keller mit akribischer Genauigkeit und bei schonendstem Umgang mit Traube und Wein bis in die Flasche gebracht. Die Rieden Altenberg, Ungerberg, Salzberg sowie Schafleiten zählen zu den besten Lagen in Gols, und genau dort befinden sich auch die Weingärten der Familie. Das Weingut Leitner ist Gründungsmitglied der »Pannobile«-Gruppe und bearbeitet die Weingärten seit 2020 zertifiziert biologisch.

91 ❶ Pinot Noir Rosé Brut Nature 2018
13 Vol.-%, NK, Flaschengärung, €€€€€
Leuchtendes Kupfergold, Silberreflexe, feines Mousseux. Nuancen von Quittengelee und Rhabarberkuchen, rotbeerige Nuancen, mit zartem Blütenhonig unterlegt. Mittlerer Körper, weißes Kernobst, frisch strukturiert, trockene, vinöse Stilistik, feiner Apfelanklang im Nachhall.

WEINGUT LEITNER
7122 Gols
Quellengasse 33
T: +43 (2173) 259314
weingut@leitner-gols.at
www.leitner-gols.at
Kellermeister/Kontakt:
Gernot Leitner
Anbauweise: Zertifiziert Biologisch (Bio Austria)
Produktion: 5 % Schaumwein, 20 % weiß, 5 % rosé, 65 % rot, 5 % süß, 11 Hektar
Vereinszugehörigkeit:
Pannobile, Neusiedlersee DAC
Messen: Austrian Tasting London, ÖGW Zürich, ProWein Düsseldorf, VieVinum

(92) Pinot Blanc Ried Salzberg Pannobile 2022
13 Vol.-%, NK, kleines Holzfass, €€€€€
Helles Gelbgrün, Silberreflexe. Zarte gelbe Tropenfrucht, ein Hauch von Mango, etwas Blütenhonig, kandierte Orangenzesten. Mittlerer Körper, süße Textur, seidig und nach reifem gelbem Apfel, dezente Säurestruktur, bereits zugänglich, ein eleganter Begleiter bei Tisch.

(91) Pinot Blanc Gols Ried Salzberg 2023
13 Vol.-%, DV, Stahltank, €€€€€
Mittleres Goldgelb, Silberreflexe. Frische weiße Birnenfrucht, zart nach Ringlotten, ein Hauch von Mandarinenzesten. Mittlerer Körper, cremige Textur, reife gelbe Kernobstfrucht, dezente Säurestruktur, mineralisch im Abgang, salziger Nachhall, bereits gut entwickelt.

(89) Gemischter Satz Shake Me! 2023
11,5 Vol.-%, NK, Eichenfass, €€€

(92) Zweigelt Heideboden 2021
13 Vol.-%, DV, Eichenfass, €€
Kräftiges Karmingranat, Ockerreflexe, dezente Randaufhellung. Zart nach Nougat und Kräutern, ein Hauch von Zwetschken, Anklänge von Erdbeerkonfit, einladendes Bukett. Saftig, elegant, weißes Nougat, cremiger Touch, süße Beerenfrucht im Abgang, mineralischer Nachhall, bereits gut antrinkbar.

(92) Syrah #nofiter 2023
12,5 Vol.-%, NK, Holzfass, €€€
Dunkles Rubingranat, violette Reflexe, zarte Randaufhellung. Dunkle Waldbeeren, zart nach Biskuit, Nuancen von roter Frucht, dezente Kräuterwürze, tabakig. Saftig, mittlere Komplexität, feine Süße, zarte Tannine, leichtfüßig und anhaftend, ein junger, animierender Rotweinstil.

★★★

WEINGUT MÜNZENRIEDER

Das Weingut Münzenrieder liegt in Apetlon, in unmittelbarer Nähe zahlreicher Salzlacken, die für diese Gegend äußerst typisch sind. Heute ist dieser Betrieb alles andere als unbekannt – vor allem, was seine Prädikatsweine anbelangt, deren Ausgewogenheit eines der wichtigsten Anliegen des Winzers ist. Der typische Terroircharakter spiegelt sich in den Weinen der engagierten Weinbaufamilie wider.
Johannes Münzenrieder, der den Betrieb im Jahr 2005 übernahm, konnte mit seiner Rotweincuvée »Mavie« ebenso neue Impulse setzen wie mit dem Umbau des Kellers und dem neuen Verkaufsraum.
Die Rebsorten Sämling, Welschriesling und Grüner Veltliner sind aufgrund ihrer Fruchtigkeit und Konzentration am besten dafür geeignet, gebietstypische Beerenauslesen, Trockenbeerenauslesen und Eisweine hervorzubringen, die vor allem eine harmonische Verbindung von Süße und Säure mit den Fruchtkomponenten des Weines zum Ausdruck bringen. Genauso überzeugen kann das Weingut inzwischen mit Zweigelt, Blaufränkisch und den Cuvées aus Zweigelt, Cabernet Franc und Merlot. Immer mehr widmet sich die Familie Münzenrieder aber auch den trockenen Weißweinen, die sowohl in Stahltanks als auch in kleinen Holzfässern ausgebaut werden. Internationale Auszeichnungen und die oftmalige Aufnahme in den »Salon Österreich Wein« bezeugen die Qualität ebenso wie die Exporterfolge in Übersee.

WEINGUT MÜNZENRIEDER

7143 Apetlon
Wallerner Straße 27
T: +43 (2175) 2259
info@muenzenrieder.at
www.muenzenrieder.at

Kellermeister/Kontakt: Johannes Münzenrieder
Produktion: 30 % weiß, 5 % rosé, 60 % rot, 5 % süß, 33+15 Hektar
Zertifiziert: Nachhaltig Austria
Messen: VieVinum

Weinreben bei Andau

92 Chardonnay Grande Reserve Alte Reben 2021

13,5 Vol.-%, DIAM, 500-l-Fass, €€€€€

Mittleres Gelbgrün, Silberreflexe. Zart nach Orangenschalen, etwas Kräuternoten, frisch und lebendig, weißes Steinobst, Blütenhonig klingt an. Saftig, straff, mittlere Komplexität, zart nach Apfel, karamelliger Touch, gut integrierte Säurestruktur, vielfältig einsetzbarer Speisenbegleiter.

90 Chardonnay Ried Salzgründe Reserve 2021

13,5 Vol.-%, DIAM, 500-l-Fass, €€€

Mittleres Gelbgrün, Silberreflexe. Feine gelbe Apfelfrucht, zart nach Blütenhonig, ein Hauch von Gewürzen, dunkle Mineralik, Melone klingt an. Saftig, straff, frische Säurestruktur, salzig, weißes Steinobst im Abgang, Babybanane im Nachhall, bereits gut antrinkbar.

88 Grüner Veltliner 2023

13 Vol.-%, DV, Stahltank, €€

91 Zweigelt ** Illmitz Ried Römerstein 2021

14,5 Vol.-%, DIAM, Barrique, €€€

Tiefdunkles Rubingranat, violette Reflexe, zarte Randaufhellung. Kandierte Orangenschalen, ein Hauch von Nougat, floraler Touch, reife Beerenfrucht. Saftig, fruchtsüß, feiner Vanilletouch, zart nach Kräutern, samtiges Tannin, Brombeerfinish, bereits gut antrinkbar.

93 Zweiglas 2021 CF/ME/ZW

14,5 Vol.-%, NK, Barrique, €€€€€

Tiefdunkles Rubingranat, violette Reflexe, zarte Randaufhellung. Feine Holzwürze, unterlegt mit etwas Vanille, dunkles Waldbeerenkonfit, zart nach Dörrzwetschken, floraler Touch. Saftig, elegant, feine Säurestruktur, etwas nach Tabakwürze, schokoladiger Touch, dunkles Waldbeerenkonfit im Rückgeschmack, guter Speisenbegleiter.

92 Merlot Grande Reserve Ried Salzgründe 2021

14,5 Vol.-%, DIAM, Barrique, €€€€€

Tiefdunkles Rubingranat, violette Reflexe, mittlere Randaufhellung. Intensiver Duft nach Veilchen und Nougat, dezent nach Bourbon-Vanille, etwas schwarzes Waldbeerenkonfit. Saftig, elegant, zart nussig, feines Karamell, samtig, Brombeernoten, moderner Stil.

92 Cuvée Eiswein 2022 SÄ/WR

9,5 Vol.-%, DIAM, Stahltank, €€€

Helles Gelbgold, Silberreflexe. Zart nach Orangenblüten und Honig, mit gelber Tropenfrucht unterlegt, ein Hauch von Ananas und Papaya, weißes Nougat. Mittlerer Körper, weißer Pfirsich, dezente Süße im Abgang, mittlere Länge, bereits entwickelt.

91 Cuvée Beerenauslese 2022 SÄ/WR

10,5 Vol.-%, DIAM, Stahltank, €€€

Helles Goldgelb, Silberreflexe. Zart nach Botrytiswürze, ein Hauch von Pumpernickel, gelbe Tropenfrucht, kandierte Orangenzesten. Mittlerer Körper, zart nach Korinthen, dezente Säurestruktur, süßer Nachhall, mit zarter Kräuterwürze unterlegt.

★★★

WEINGUT PMC MÜNZENRIEDER

Unmittelbar neben der Langen Lacke in Apetlon, dem Herzstück des Nationalparks Neusiedler See – Seewinkel, findet man das Weingut der Brüder Peter und Christoph Münzenrieder. Steht man davor, lässt sich eine architektonische Interpretation des einprägsamen Etiketts nicht leugnen. Die Verkostungsräume bieten einen Einblick in den imponierenden Barriquekeller, in dem die Lagenweine bei optimaler Temperatur heranreifen können. Mit ihrer Lagenphilosophie und ihrem Terroirfeeling liegen die Brüder richtig. Von den Einzellagen sind vier Weine besonders zu erwähnen: Pinot Noir, Chardonnay, Sauvignon Blanc und Zweigelt vom Neubruch, einer der besten Burgunderlagen in Apetlon. Die Hauptsorten sind Zweigelt, Chardonnay und Sauvignon Blanc. In der Region Neusiedler See fühlen sich diese Rebsorten besonders wohl und danken es mit hervorragenden Qualitäten. Nach sortenreiner und lagenseparater Ernte und Vinifikation werden die Top-Cuvées des Weinguts – »Tschernosem und Salz«, »Diabolus«, der rote Teufel, und »Auratum TBA«, das flüssige Gold – erst nach ausreichender Reifezeit in französischen Barriques verschnitten und in die Flaschen gefüllt. Einige der besten Süßweinproduzenten der Welt stammen aus dem Seewinkel. Mit ihren unzähligen internationalen Goldmedaillen und anderen hohen Auszeichnungen für ihre weißen und roten Prädikatsweine gehören die beiden Brüder dazu. PMC-Weine findet man auf zahlreichen Weinkarten der Spitzengastronomie rund um den Globus.

WEINGUT PMC MÜNZENRIEDER
7143 Apetlon
Triftgasse 31
T: +43 (2175) 26700
office@weingut-pmc.at
www.weingut-pmc.at

Kellermeister: Christoph Münzenrieder
Kontakt: Peter Münzenrieder
Produktion: 30 % weiß, 50 % rot, 20 % süß, 26 Hektar
Zertifiziert: Nachhaltig Austria
Vereinszugehörigkeit: Neusiedlersee DAC
Messen: VieVinum

(93) Chardonnay Ried Neubruch 2022
14 Vol.-%, DIAM, 500-l-Fass, €€€€€ Ⓥ
Helles Goldgelb, Silberreflexe. Florale Nuancen, feine weiße Tropenfrucht, zart nach Litschis und Zitronengras, ein Hauch von hellem Karamell. Saftig, balanciert und elegant, feine Apfelnote, finessenreiches Säurespiel, mineralisch, bleibt haften, gutes Entwicklungspotenzial.

(92) Sauvignon Blanc Ried Neubruch 2022
14 Vol.-%, DIAM, 500-l-Fass, €€€€€ Ⓥ
Helles Gelbgrün, Silberreflexe. Zart nach Vanille und Kokos, weiße Tropenfrucht, Nuancen von Guaven, mit kandierten Mandarinenzesten und weißem Nougat unterlegt. Stoffig, Noten von weißer Frucht, nach Pfirsich, feiner Säurebogen, mineralisch-zitronig, ein eleganter Speisenbegleiter.

(94) Blaufränkisch Glimmerschiefer und Kalk 2022
14 Vol.-%, DIAM, 500-l-Fass, €€€€€ Ⓥ
Dunkles Rubingranat, violette Reflexe, dezente Ockerrandaufhellung. Rote Herzkirschen, zart nach Lakritze, ein Hauch von Preiselbeeren, Nuancen von Nougat, dunkle Mineralik. Saftig, elegant, reife rote Kirschen, finessenreich strukturiert, mineralisch, salzig und gut anhaftend, ein balancierter Speisenbegleiter mit gutem Reifepotenzial.

(92) Tschernosem und Salz 2022 ME/CF
14 Vol.-%, DIAM, 500-l-Fass, €€€€€
Dunkles Rubingranat, violette Reflexe, dezente Ockerrandaufhellung. Etwas verhalten, feine rote Waldbeerenfrucht, zart nach Kräutern und Nougat, tabakige Würze. Mittlere Komplexität, zart nach Herzkirschen, gut integrierte Tannine, mineralisch-salzig im Abgang, gute Länge, vielfältig einsetzbar.

(91) Diabolus 2022 ME/ZW/CF
14 Vol.-%, DIAM, 500-l-Fass, €€€ Ⓥ
Dunkles Rubingranat, violette Reflexe, dezente Ockerrandaufhellung. Frische Brombeeren, ein Hauch von Preiselbeer-

konfit, zarte Kräuterwürze, mit kandierten Orangenzesten unterlegt. Saftig, mittlere Komplexität, rote Herzkirschen, gute Frische, ein Hauch von Schokolade im Abgang.

(94) Welschriesling TBA 2022
8,5 Vol.-%, DIAM, großes Holzfass, €€€€
Helles Goldgelb, Silberreflexe. Feine Kräuterwürze, reife gelbe Tropenfrucht, Nuancen von Mango und Ananas, Honig, kandierte Orangenzesten. Saftig, elegant, etwas Nougat, dezente Säurestruktur, bleibt haften, noch sehr jugendlich, wird mit Flaschenreife an Komplexität gewinnen.

(94) Chardonnay TBA 2022
8 Vol.-%, DIAM, Eichenfass, €€€€€€
Helles Goldgelb, Silberreflexe. Dezentes Bukett, feine gelbe Tropenfrucht, ein Hauch von Blütenhonig. Komplex, saftig, elegante Textur, präsente Süße, bleibt gut haften, opulenter Honigtouch im Abgang, zeigt Länge und Reifepotenzial.

★★★

NESTOR

Günther Neukamp und Thomas Stadler bringen seit der Ernte 2019 unter den Markennamen »NESTOR« und »NEUKAMP & STADLER« burgundisch ausgebaute reinsortige Chardonnay-, Cabernet-Franc- und Pinot-Gris-Weine in die Flasche, deren einzigartige Charaktere den Kenner begeistern.
Die 39 Hektar Weingärten rund um Halbturn liefern seit mehr als 40 Jahren exzellentes Traubenmaterial. Die besten Lagenweine finden unter der Marke »NESTOR« den Weg zu Weinliebhabern.
Bewusste Mengenreduktion in den nachhaltig bewirtschafteten Lagenweingärten, konsequente Selektion während der Weinernte sowie aufwendige und handwerklich anspruchsvolle Vinifizierungsprozesse schaffen außergewöhnliche und lagerfähige Weine mit besonderem Charakter.
Fast alle Premium-Weine werden in limitierter Menge von 3.000 bis 4.000 Flaschen pro Sorte in französischen Barriques und 500-Liter-Eichenfässern renommierter Fassbindereien auf der Feinhefe ausgebaut. Batonnage und 12 (weiß) bzw. 18 (rot) Monate Fasslagerung schaffen elegante Weinraritäten, die bereits zwei Jahre nach der Ernte ihr Trinkfenster öffnen. Jahrgangs- und Sortentypizität bestimmen die Charakteristik der »NESTOR«-Weine. Insbesondere die Rebfläche der Sorten Cabernet Franc und Pinot Gris wird seit 2019 wegen der sehr guten Nachfrage weiter vergrößert.
Übrigens: Mit dem Blauen Zweigelt Neusiedlersee DAC Reserve Ried Kaiserberg 2021 konnte das Weingut den zweitbesten Sortenvertreter bei der Falstaff-Rotweinprämierung 2023 stellen.

(92) Gelber Muskateller Nestor Orangewein 2023
12 Vol.-%, DV, gebrauchte Barriques, €€€€
Helles Gelbgrün, zarte Trübung. Zart nach Eibisch, ein Hauch von Honig, dezente Mandarinenzesten, Kräuternoten, mit Nelken unterlegt. Saftig, zarter Gerbstoff, salzig, lebendige Säurestruktur, feinwürzig, weißes Steinobst im Abgang, Holundernoten im Rückgeschmack, guter Speisenbegleiter.

91 Nestor Heideboden Weiss Halbturn Blanc 2022 PG/CH/RR
13 Vol.-%, DV, Stahltank/gebr. Barriques, €€€
Helles Gelbgrün, Silberreflexe. Zart nach Honigmelone, dazu etwas Wiesenkräuter, ein Hauch von Guaven, unterlegt mit Anis, frisches, einladendes Bukett. Saftig, mittlere

NESTOR
7131 Halbturn, Lerchengasse 6
T: +43 (1) 9418333
mail@nestor.wine. www.nestor.wine
Kellermeister: Thomas Stadler (Weingut Stadler)
Kontakt: Günther Neukamp (Nestor Weine)
Produktion: 38 % weiß, 60 % rot, 2 % süß, 39 Hektar
Zertifiziert: Nachhaltig Austria
Vereinszugehörigkeit: Winzerwerk Weinverein Halbturn, Neusiedlersee DAC
Messen: Austrian Tasting London, ÖGW Zürich, ProWein Düsseldorf, VieVinum, DAC-Präsentationen, Wein Burgenland Präsentationen, WeinMüchen

Komplexität, zart würzig, balancierte Säurestruktur, mineralisch, Apfelfrucht im Abgang, bereits sehr gut antrinkbar.

93 Merlot Nestor Heideboden Rot Halbturn Rouge 2022
13,6 Vol.-%, DV, gebrauchte Barriques, €€€ Ⓥ
Tiefdunkles Rubingranat, violette Reflexe, zarte Randaufhellung. Einladendes Bukett nach reifen Kirschen, etwas dunkles Waldbeerenkonfit, kandierte Orangenzesten, ein Hauch von Minze, Holzwürze klingt an. Saftig, engmaschig, gute Komplexität, fruchtsüß nach Brombeeren, Kräuternoten im Nachhall, bleibt sehr gut haften.

(92) St. Laurent Nestor 2022
13,1 Vol.-%, DV, gebrauchte Barriques, €€€ Ⓥ
Kräftiges Rubingranat, violette Reflexe, zarte Randaufhellung. Zarte Wiesenkräuter, dazu Noten von roten Weichseln, ein Hauch von Anis, helles Bukett. Saftig, straff, frische Säurestruktur, rotbeeriger Touch, mineralisch, Herzkirschen im Abgang, schokoladiger Rückgeschmack, wird von Flaschenreife profitieren.

★★★★★

WEINGUT ANITA UND HANS NITTNAUS

BIO

Das Weingut Anita & Hans Nittnaus liegt in Gols an der Nordostseite des Neusiedlersees. Die meisten Weingärten befinden sich allerdings in Jois am Leithaberg. Die Philosophie des Betriebes ist es, handwerkliche, terroirbezogene Weine zu produzieren. Aus diesem Grund stellte das Gründungsmitglied des Vereins respekt-BIODYN 2006 auf biodynamische Wirtschaftsweise um. Hauptsorte ist ganz klar der Blaufränkisch, wobei aus dem Sortiment die zwei Premiumlagen Joiser Jungenberg, der vornehmlich vom Schiefer geprägt ist, und Joiser Gritschenberg mit seinem hohen Kalkgehalt herausragen. Ebenso an der Spitze steht die Topcuvée Comondor aus Merlot und Blaufränkisch und nicht zu vergessen die Cuvée Pannobile, die aus Blaufränkisch und etwas Zweigelt besteht.
Das Weißweinsortiment ist im Steigen begriffen, angeführt vom Furmint des Joiser Tannenbergs (Schiefer mit Quarzit), der Körper und Länge mit mineralischer Eleganz optimal verbindet. Auch die Weine aus Chardonnay aus den Rieden Freudshofer und Bergschmallister in Jois und Grüner Veltliner drücken diese Harmonie und Spannung sehr schön aus.
Im Einstiegsbereich sind die Marken Kalk & Schiefer und Heideboden mit einem hervorragenden Preis-Leistungs-Verhältnis für den Betrieb wichtig – für den Konsumenten wunderbare Erstkontakte mit dem Weingut, bevor man sich an die High-End-Weine des Betriebs herantastet.

94 Chardonnay Leithaberg DAC Jois Ried Freudshofer 2022
13,5 Vol.-%, NK, großes Holzfass, €€€€€ Ⓑ
Mittleres Goldgelb, Silberreflexe. Wiesenkräuter, zart nach Maracuja, ein Hauch von Orangenschalen, dunkle Mineralik, Honigmelone klingt an. Saftig, gute Komplexität, salzigmineralisch, weißes Kernobst, Birnentouch, zarter Gerbstoff, frisch und lebendig, wird von Flaschenreife profitieren.

93 Chardonnay Leithaberg DAC Jois Ried Bergschmallister 2022
13 Vol.-%, NK, Amphore/großes Holzfass, €€€€€ Ⓑ
Mittleres Goldgelb, silberfarbene Reflexe. Feine Kräuternoten, ein Hauch von kandierten Orangenzesten, zart nach Honigmelone, Pfirsichnuancen klingen an. Saftig, engmaschig, weißes Steinobst, zart nach Guaven, mineralischer Stil, kraftvoll, salzig im Abgang, wirkt leichtfüßig, wird von Flaschenreife profitieren.

94 Furmint Tannenberg 2022
14,5 Vol.-%, NK, 500-l-Fass, €€€€€€ Ⓑ
Zart getrübtes mittleres Grüngelb, Silberreflexe. Frischer Orangentouch, etwas Mandarinenfrucht, mineralisch, weiße Tropenfrucht, dezente Kräuterwürze. Mittlerer Körper, grüner Apfel, präsente Säurestruktur, salziger Touch, kann seine 15 % Alkohol sehr gut verstecken, Lindenblüten im Abgang, steiniger Nachhall, extraktsüßer Rückgeschmack, sicheres Reifepotenzial.

WEINGUT
ANITA UND HANS NITTNAUS
7122 Gols
Untere Hauptstraße 49
T: +43 (2173) 2248
office@nittnaus.at
www.nittnaus.at
Kellermeister: Hans und Andreas Nittnaus
Kontakt: Anita und Hans Nittnaus
Anbauweise: Biodynamisch (respekt)
Produktion: 20 % weiß, 90 % rot, 30 Hektar
Vereinszugehörigkeit:
Pannobile, respekt-BIODYN, Leithaberg DAC
Messen: VieVinum, DAC-Präsentationen, Summa Margreid, Wein Burgenland Präsentationen, Karakterre, 501 Bio-Dyn

Furmint

93 Grüner Veltliner Elektra 2022
12,5 Vol.-%, NK, großes Holzfass, €€€€€
Mittleres Goldgelb, zarte Trübung, Messingreflexe. Feine Tabakwürze, ein Hauch von Gewürzen, zart nach Blütenhonig, pinke Grapefruit, nussiges Aroma, floraler Touch. Saftig, straff, feine Würze, Birnentouch im Abgang, mineralischer Nachhall, bleibt sehr gut haften, ausgewogen, salziger Rückgeschmack.

97 Blaufränkisch Leithaberg DAC Jois Ried Gritschenberg 2021
13 Vol.-%, NK, 500-l-Fass, €€€€€€
Kräftiges Rubingranat, violette Reflexe, breitere Randaufhellung. Feine Tabak-Edelholz-Würze, zart nach Brombeeren, ein Hauch von Lakritze, Röstaromen, einladendes Bukett. Gute Komplexität, facettenreich, mineralisch, Nuancen von schwarzer Frucht, dunkle Mineralik, lang anhaftend, sicheres Entwicklungspotenzial.

96 Blaufränkisch Leithaberg DAC Jois Ried Jungenberg 2021
13,5 Vol.-%, NK, 500-l-Fass, €€€€€€
Dunkles Rubingranat, violette Reflexe, zarter Wasserrand. Zarte Tabak-Kräuter-Würze, etwas nach Cassis, Feigentouch, frisches Bukett, etwas Reduktion, floraler Touch. Saftig, engmaschig, rote Beerenfrucht, extraktsüß, etwas animalisch, Zwetschken im Finish, mineralischer Rückgeschmack, facettenreicher Speisenbegleiter.

94 Blaufränkisch Elektra 2022
13 Vol.-%, NK, großes Holzfass, €€€€€
Dunkles Rubingranat, violette Reflexe, zarte Randaufhellung. Feinwürzig unterlegte rote Waldbeerenfrucht, ein Hauch von Brombeeren, Orangenzesten, ein Hauch von Kräutern. Saftig, straffe Textur, mineralisch und kühl, frischer Säurebogen, salziger Touch im Abgang, rotbeerig-zitronig im Finish, gute Länge, ein lebendiger Speisenbegleiter, sicheres Reifepotenzial.

(92) Blaufränkisch Kalk & Schiefer 2022
13 Vol.-%, NK, 500-l-Fass, €€€
Kräftiges Rubingranat, violette Reflexe, zarte Randaufhellung. Feine Tabakwürze, reife Herzkirschen, etwas nach Orangenzesten, Karamellnuancen, frisch und lebendig. Saftig, engmaschig, Nuancen von roter Frucht, Wiesenkräuter, guter Speisenbegleiter.

96 Comondor 2020 ME/BF
14,5 Vol.-%, NK, 500-l-Fass, €€€€€€
Tiefdunkles Rubingranat, violette Reflexe, zarte Randaufhellung. Einladendes Bukett nach Brombeeren und Lakritze, feine Kräuternoten, Nuancen von schwarzer Frucht, etwas Bergamotte, floraler Touch. Saftig, straff, feine Säurestruktur, präsente Tannine, zarte Holznuancen, Cassis, tabakiger Rückgeschmack, vielfältig einsetzbar.

92 Heideboden rot 2021 ME/BF/ZW/RÖ/SL
14 Vol.-%, NK,DV, 500-l-Fass, €€€
Tiefdunkles Rubingranat, opaker Kern, violette Reflexe, zarte Randaufhellung. Feine Kräuterwürze, etwas Waldbeerenkonfit, feine Kardamomnoten, ein Hauch von Edelholz und Nougat. Saftig, engmaschig, zarte Tanninstruktur, ein Hauch von Orangen, feine Noten von Herzkirschen im Rückgeschmack, bereits gut antrinkbar.

★★★

WEINGUT GEBRÜDER NITTNAUS

Das Weingut Gebrüder Nittnaus aus Gols am Neusiedler See steht für exzellente Weinqualitäten, nachhaltiges Engagement und Handschlagqualität. Das Familienweingut fokussiert sich seit Jahrzehnten auf das Potenzial und die Vielfalt der Rieden der Region Neusiedlersee. Diese kalkreichen, fruchtbaren Lagen mit ihrem besonderen Klima lassen Weine entstehen, welche die berühmte Fruchtigkeit burgenländischer Weine besonders eindrucksvoll repräsentieren. Somit stehen die Gebrüder Nittnaus für ausgezeichnete burgenländische Weinpersönlichkeiten in Rot, Weiß und Süß.

90 Sauvignon Blanc Exquisit 2023
12 Vol.-%, DV, Stahltank, €€
Helles Gelbgrün, Silberreflexe. Feine Kräuterwürze, zart nach Birne und Kumquats, ein Hauch von Stachelbeeren, floraler Touch. Mittlerer Körper, zarter Gerbstoff, etwas gelbe Paprika, mineralisch, neuseeländischer Stil.

89 Chardonnay Exquisit 2023
13 Vol.-%, DV, Stahltank, €€

88 Gelber Muskateller Exquisit 2023
12 Vol.-%, DV, Stahltank, €€

WEINGUT GEBRÜDER NITTNAUS
7122 Gols
Untere Hauptstraße 105
T: +43 (2173) 2186
weingut@nittnaus.net
www.nittnaus.net

Kellermeister: Hans Michael Nittnaus
Kontakt: Andreas und Hans Michael Nittnaus
Produktion: 30 % weiß, 60 % rot, 10 % süß, 50 Hektar
Zertifiziert: Nachhaltig Austria
Messen: ProWein Düsseldorf, VieVinum, Vinexpo, DAC-Präsentationen

88 Zweigelt Rosé 2023
12 Vol.-%, DV, Stahltank, €€

93 Blauer Zweigelt ** Ried Luckenwald 2021
13,5 Vol.-%, DIAM, Barrique, €€€€
Dunkles Rubingranat, violette Reflexe, breitere Randaufhellung. Feine Tabak-Holz-Würze, etwas nach Brombeeren, Wiesenkräuter, frisch, Zwetschkentouch. Saftig, engmaschig, Noten von schwarzen Kirschen, ein Hauch von Nougat, samtige Tanninstruktur, Pflaumentouch im Abgang.

89 Zweigelt Exquisit 2022
13 Vol.-%, DV, Stahltank, €€

93 Ried Salzberg 2020 ME/BF
14 Vol.-%, DIAM, Barrique, €€€€€
Kräftiges Rubingranat, violette Reflexe, ockerfarbene Randaufhellung. Einladendes Bukett, nach reifen Kirschen, Edelholzwürze, ein Hauch von Anis, floraler Touch, kandierte Orangenschalen. Saftig, feinwürzig, tragendes Tannin, Nuancen von roter Frucht, tabakig, lang anhaltend, wird von Flaschenreife profitieren.

91 Heideboden Premium 2022 ZW/CS/ME
13,5 Vol.-%, DV, Barrique, €€
Dunkles Rubingranat, violette Reflexe, zarte Randaufhellung. Feine Tabakwürze, zart nach Schokolade, ein Hauch von Brombeeren, feine Clementinenzesten. Saftig, elegant, feine Säurestruktur, zart tabakig, frische Kirschfrucht, würziger Rückgeschmack, bereits gut antrinkbar.

(92) Blaufränkisch Ried Altenberg Reserve 2022
13,5 Vol.-%, DIAM, Barrique, €€€€
Dunkles Rubingranat, violette Reflexe, zarte Randaufhellung. Feine Zwetschkennoten, etwas nach Lakritze, ein Hauch von Waldbeerenkonfit, kandierte Orangenzesten, Kräutertouch. Saftig, engmaschig, fruchtsüß, Noten von reifen Pflaumen, tragendes Tannin, guter Speisenbegleiter.

93 Zweigelt Beerenauslese Exquisit Rosé 2021
9,5 Vol.-%, DV, Stahltank, €€
Kräftiges Lachsrosa, Kupferreflexe. Zurückhaltend, reife Zwetschkenfrucht, etwas Honig, kandierte Orangenzesten. Mittlere Komplexität, seidige Textur, gelber Pfirsich, etwas Mango, Honig im Nachhall, ein leichtfüßiger Süßwein, bereits gut entwickelt.

(93) Scheurebe TBA Exquisit 2022
9 Vol.-%, DIAM, Stahltank, €€€€
Mittleres Gelbgold, Silberreflexe. Zarte Botrytiswürze, ein Hauch von Lanolin, etwas Marshmallows, Blütenhonig, reife Tropenfrucht. Saftig, gut integrierte Süße, feiner Säurebogen, reife Ananas, Honig im Nachhall, eine schlankere TBA-Stilistik, fruchtbetont und gut anhaftend.

91 Spätlese Exquisit 2023 CH/MO/TR
10,5 Vol.-%, DV, Stahltank, €€
Helles Goldgelb, Silberreflexe. Frischer gelber Apfel, floraler Touch, ein Hauch von Blütenhonig. Leichtfüßig, weiße Birnenfrucht, etwas Pfirsich, zarter Säurebogen, süßer Nachhall, ausgewogen, mit Entwicklungspotenzial ausgestattet.

★★★★★

WEINGUT PÖCKL

Rotwein ist die Leidenschaft von René und Eva Pöckl. Ihr Ziel ist es, die Qualität immer weiter zu steigern und den bestmöglichen Pöckl-Wein zu produzieren. Im Weingarten wird sehr naturnah gearbeitet, die Böden sind dauerbegrünt, und das Doppelstocksystem generiert kleinbeerige, konzentrierte Trauben. Diese bilden die perfekte Grundlage für die einzigartigen, langlebigen Pöckl-Weine.
Die Geschichte des Weinguts Pöckl beginnt bereits 1910, als Albert Pöckl aus den USA nach Österreich zurückkehrte und den Grundstein für den landwirtschaftlichen Betrieb legte. Über die Jahre spezialisierte sich die Familie Pöckl zuerst auf Weinbau im Allgemeinen und dann insbesondere auf Rotwein. Und der Erfolg gibt ihnen recht, denn die Gegend in und um Mönchhof bietet den idealen Nährboden für Zweigelt und St. Laurent, aber auch für internationale Sorten wie zum Beispiel Merlot, Cabernet Sauvignon und Syrah.
Zwei Zitate des viel zu früh verstorbenen Josef und seines Sohns René Pöckl bringen die Philosophie des Weinguts auf den Punkt: »Ein Winzer, der seinen Boden, seine Reben und seine Klimaverhältnisse nicht ganz genau kennt, kann nie einen großen Wein machen.« Und: »Was man versäumt, im Weingarten zu erarbeiten, kann man im Keller nicht mehr nachholen.« Das schmecken auch die Konsumenten, denn Pöckl-Weine lassen die regionale Typizität, das Klima, die Lage sowie die Sorgfalt der Weingartenarbeit und der Vinifizie-

WEINGUT PÖCKL
7123 Mönchhof
Zwergäcker 1
T: +43 (2173) 80258
info@poeckl.com
www.poeckl.com

Kellermeister: René Pöckl
Kontakt: Eva Pöckl
Produktion: 1 % weiß, 99 % rot, 42 Hektar
Messen: ProWein Düsseldorf, VieVinum, DAC-Präsentationen, Wein Burgenland Präsentationen

Weingut Pöckl

rung schön erkennen. René Pöckl konnte sich schon als junger Mann mit seinem »Rêve de Jeunesse« in Szene setzen und mehrmals bei der Falstaff-Rotweinprämierung erfolgreich auftreten. Neben dem vielfach ausgezeichneten »Admiral« stellt er einen der Top-Weine des Weinguts dar. Ein weiterer qualitativ hochwertiger Teil des Sortiments ist der Pinot Noir, der bei den Falstaff-Prämierungen immer wieder einen Podestplatz erreicht. Er wird in geringen Mengen vinifiziert und zählt wegen seiner vitikulturellen Herausforderungen zu den Liebkindern der Pöckls. Mit dem Zweigelt Neusiedlersee DAC Reserve hat René Pöckl noch einen weiteren Wein im Sortiment, der sein großes Können unterstreicht. Im Herbst 2022 wurde der Jahrgang 2020 auf Anhieb Sieger der Falstaff-Rotweinprämierung.
Außerdem überrascht das Weingut immer wieder mit neuen Weinkonzepten, die oft die gute Kooperation mit seinen Partnern unter Beweis stellen. Der bekannteste Nischenwein ist der »Mystique«, er kann es durchaus mit den ganz Großen der Weinwelt aufnehmen. Der »Mystique« ist eigentlich ein Forschungswein, mit dem das Weingut die Möglichkeiten im Weingarten und bei der Vinifizierung auslotet. Die daraus gewonnenen Erkenntnisse fließen dann in die Produktion des gesamten Sortiments ein. Das ist mit ein Grund, warum das Potenzial der großen Weine aus dem Hause Pöckl kaum zu übertreffen ist und sie mit einiger Flaschenreife für höchsten Trinkgenuss stehen.
Für das tägliche Trinkvergnügen wird im Hause Pöckl ebenfalls gesorgt, und zwar mit dem »Solo Rosso«, dem Zweigelt Classique oder – für gehobenere Ansprüche – mit der Cuvée »Rosso e Nero«. In geeigneten Jahren werden auch hervorragende Prädikatsweine erzeugt. Aufgrund der kontinuierlich herausragenden Leistungen über viele Jahre und des rastlosen Tüftelns an noch elaborierteren Weinen ist das Weingut stolzer Träger von fünf Sternen und somit Teil der obersten Winzerelite.

(95) Blauer Zweigelt ** 2022
15 Vol.-%, NK, Barrique, €€€€€€
Tiefdunkles Rubingranat, opaker Kern, violette Reflexe, zarte Randaufhellung. Mit zartem Nuss-Nougat-Aroma unterlegte Amarenakirschen, dezent nach Christstollen, einladendes Bukett. Gute Komplexität, engmaschig, samtiges Tannin, zart würzig, schwarzes Beerenkonfit im Abgang, sicheres Potenzial für viele Jahre.

(97) Rêve de Jeunesse 43 2022 ZW/ME/CS/SY
15 Vol.-%, NK, Barrique, €€€€€€ V
Tiefdunkles Rubingranat, opaker Kern, violette Reflexe, zarte Randaufhellung. Attraktives Bukett nach Pflaumen und schwarzen Waldbeeren, ein Hauch von Orangenzesten, schokoladig-tabakig unterlegt. Saftig, engmaschig, präsente, harmonische Tanninstruktur, mineralisch, etwas nach Brombeeren im Abgang, facettenreiches Finish, sicheres Reifepotenzial.

(96) Admiral 2022 ZW/ME/CS
14,5 Vol.-%, NK, Barrique, €€€€€€
Tiefdunkles Rubingranat, opaker Kern, violette Reflexe, zarte Randaufhellung. Dezente Tabakwürze, einladender Duft nach schwarzen Kirschen und Lakritze, feine Röstaromatik, mit Beerenkonfit unterlegt. Komplex, fruchtsüß, tragendes, samtiges Tannin, Brombeeren bis hin zu Walderdbeeren im Abgang, bleibt sehr gut haften, sicheres Reifepotenzial.

(93) Rosso e Nero 2022 ZW/ME/CS/BF
13,5 Vol.-%, NK, gebrauchte Barriques, €€€€€
Tiefdunkles Rubingranat, violette Reflexe, zarte Randaufhellung. Feine Weichselnoten, ein Hauch von Cassis, zarte Edelholz-Kräuter-Würze, Mandarinenzesten klingen an. Engmaschig, fruchtsüß, tragendes, reifes Tannin, zart nach Zwetschken, lang anhaltend, Holznuancen im Nachhall, vielfältig einsetzbar.

92 Solo Rosso 2021 ME/CS/BF
14,5 Vol.-%, NK, gebrauchte Barriques, €€€
Tiefdunkles Rubingranat, violette Reflexe, zarte Randaufhellung. Zarte Holzwürze, etwas nach Bitterschokolade, ein Hauch von schwarzer Beerenfrucht, dazu Haselnussaromen. Saftig, elegant, tragendes Tannin, feine Fruchtsüße nach Brombeeren, gute Länge.

92 Pinot Noir Reserve 2022
14 Vol.-%, NK, Barrique, €€€€€
Kräftiges Rubingranat, violette Reflexe, zarte Randaufhellung. Helle Kirschfrucht, dezente Reduktion, ein Hauch von Hibiskus, frisch und lebendig. Mittlere Komplexität, straff, feine Tanninstruktur, zart mineralisch, rote Beerenfrucht, wird von Flaschenreife profitieren.

WEINGUT HELMUT PREISINGER
7122 Gols
Neubaugasse 19
T: +43 (2173) 2362
office@weingut-preisinger.at
www.weingut-preisinger.at

Kellermeister: Helmut Preisinger
Kontakt: Helmut und Gabriele Preisinger
Produktion: 30 % weiß, 70 % rot
Vereinszugehörigkeit: Select Gols

Rieden bei Gols

★★★

WEINGUT HELMUT PREISINGER

Willkommen im Weingut Helmut Preisinger, wo Wein zum Handwerk wird und der Boden zur Seele spricht! In der Welt des Weins der Preisingers dreht sich alles um Handarbeit und Bodensensibilität. Sie glauben fest daran, dass die besten Weine aus einer Kombination aus Hingabe, Fachwissen und Respekt vor der Natur entstehen, deshalb wird hier jeder Handgriff mit Liebe zum Detail ausgeführt, denn es sind die kleinen Dinge, die den Unterschied ausmachen.
Unter handwerklicher Hingabe verstehen Helmut und Gabriele Preisinger, dass Weingärten mehr als nur Reben sind. Sie sind ihre Leidenschaft. Sie setzen auf traditionelle Handarbeit und verzichten auf chemische Hilfsmittel, um die natürliche Vielfalt im Boden zu fördern. Von der selektiven Handlese bis hin zur sorgfältigen Verarbeitung der Trauben: Jede Entscheidung ist von Bedeutung, um die einzigartigen Eigenschaften der Weine zu bewahren. Der Boden ist die Essenz ihrer Weine. Mit Sensibilität und Feingefühl pflegen sie deshalb ihre Weinberge, um die Authentizität des Terroirs zu bewahren. Jeder Boden hat seine eigene Geschichte zu erzählen, und sie hören genau zu, um die Seele des Bodens in jede Flasche einzufangen.
»Bei uns steht der unkomplizierte Weingenuss mit Herz und Verstand im Mittelpunkt. In unserer Weinverkostung auf dem Weingut nehmen wir Besucher mit auf eine sensorische Reise durch unsere vielfältigen Weine. Fachlich kompetent und dennoch entspannt freuen wir uns immer wieder darauf, unsere Weine unseren Gästen näherzubringen und gemeinsam genussvolle Momente zu erleben«, meint Helmut Preisinger.
Neben ausdrucksstarken Rotweinen produziert Helmut Preisinger auch sortentypische Weißweine wie Welschriesling, Muskat Ottonel, Sauvignon Blanc und »S.EX« (steht für sehr extrem), also eine Palette von spritzig-frischen bis hin zu kräftigen und fruchtbetonten Weinen mit langem Lagerpotenzial. Ob rot oder weiß: Hier werden Weine von hoher Qualität erzeugt, die auch jedes Essen bestens begleiten.
Und für diejenigen, die das gesellige Zusammensein lieben, sorgt der Pop-up-Heurige auf dem Weingut. In gemütlicher Atmosphäre genießt man ein Glas Wein mit Freunden, umgeben von kulinarischen Köstlichkeiten und einem vinophilen Erlebnis. Hier kann man sich auf unbe-

schwerte Momente und herzliche Gespräche in kleinem Rahmen freuen. Auf dem Weingut Preisinger erwartet einen nicht nur Wein, sondern eine Leidenschaft, die man schmecken kann. »Werden Sie Teil unserer Weinreise und erleben Sie mit uns gemeinsam unvergessliche Genussmomente. Besuchen Sie uns und lassen Sie sich von der Magie des Weins verzaubern«, lädt Gabriele Preisinger ein.

90 Syrah Rosé Think Pink! 2023
10,5 Vol.-%, DV, Stahltank, €€
Helles Lachsrosa, zarte pinkfarbene Reflexe. Frische rote Kirschen, rotbeeriger Touch, einladendes, floral unterlegtes Bukett. Saftig, weißer Apfel, frischer Säurebogen, mineralisch, lebendig und anregend, ein feiner, leichtfüßiger Sommerwein.

94 Ried Altenberg Mithras Cigarillo 2021 CS/ME
14,5 Vol.-%, VL, Barrique, €€€€€
Dunkles Rubingranat, violette Reflexe, dezente Ockerrandaufhellung. Attraktive schwarze Herzkirschen, Pflaumen, kandierte Orangenzesten, mit feiner Kräuterwürze unterlegt, tabakige Nuancen. Gute Komplexität, rotbeeriger Anklang, reife Kirschen, straffe Tannine, frische Säurestruktur, lebendig und sehr gut anhaftend, saliner Nachhall, weiteres Reifepotenzial.

(93) Ried Altenberg Mithras 2022 CS/ME
14 Vol.-%, VL, Barrique, €€€€€
Tiefdunkles Rubingranat, opaker Kern, violette Reflexe, zarte Randaufhellung. Reife Zwetschken, feine Kräuter, dunkle Waldbeeren, dezente Edelholznuancen. Kraftvoll reife Herzkirschen, präsente, runde Tannine, frisch strukturiert, rotbeeriger Touch, mineralisch-salzig im Nachhall, gutes Entwicklungspotenzial.

(94) Cabernet Franc Rabensau 2022
14 Vol.-%, VL, Barrique, €€€€€€
Tiefdunkles Rubingranat, opaker Kern, violette Reflexe, zarte Randaufhellung. Reife Zwetschken, dunkle Beerenfrucht, ein Hauch von Nougat und Edelholz, feinwürziges Bukett. Kraftvoll, saftig, Nuancen von reifer Frucht, feine Tannine, frisch strukturiert, zitroniger Touch im Abgang, bleibt haften, wird von Flaschenreife profitieren.

(93) Merlot Ried Salzberg 2022
14 Vol.-%, VL, Barrique, €€€€€
Tiefdunkles Rubingranat, opaker Kern, violette Reflexe, zarte Ockerrandaufhellung. Zart nach Nougat und Gewürzen, reife schwarze Kirschen, Noten von Zwetschken, facettenreiches Bukett. Kraftvoll, rotbeeriger Touch, mineralisch-salzig im Abgang, feine, gut integrierte Tannine, straff und gut anhaftend, ein feinwürziger Speisenbegleiter mit Potenzial.

★★★★

WEINGUT HANNES REEH

Es muss eine Leidenschaft sein, keine Wissenschaft«, sagt Hannes Reeh immer gerne, wenn er übers Weintrinken spricht. Der Winzer kombiniert langjährige Familientradition und die Authentizität eines echten Burgenländers mit der Weinerfahrung aus der Neuen Welt. Das Resultat seines Schaffens: zugängliche Weine, die sowohl Laien als auch eingefleischte Kenner überzeugen. Unter der Sonne Andaus lässt es sich gut leben – als Mensch und als Rebe. Mit rund 2400 Sonnenstunden pro Jahr ist Andau der sonnenreichste Ort Österreichs – weniger als 500 Millimeter jährlicher Niederschlag machen ihn gleichzeitig zu einem der regenärmsten Plätze des Landes. Das pannonische Klima ist wie gemacht für guten Wein, denn unter diesen Umständen wachsen außerordentlich reife Trauben heran, die Weine von eleganter Kraft und Fülle hervorbringen. Wie man es sich bei der pannonischen Steppe erwarten würde, sind die Böden unter Hannes Reehs Weingärten zum Großteil karg und schottrig. Einige Dinge treffen auf alle Hannes-Reeh-Weine zu: Sie weisen keinen unnötigen Ballast auf, sind stark im Charakter und bringen den Geschmack des Heidebodens in die Flasche. Und trotzdem hat jede Sorte ihre Besonderheiten. Die Weine des Andauer Winzers sind in vier Gruppen eingeteilt: Die »Haus und Hof«-Weine sind reinsortig und bieten völlig unkomplizierten Trinkgenuss, sie sind einfach die Klassiker des Weinguts. Die Weine unter dem Titel »Heideboden« vereinen Aromatik

WEINGUT HANNES REEH

7163 Andau, Augasse 11a
T: +43 (2176) 27011
wein@hannesreeh.at
www.hannesreeh.at

Kellermeister: Hannes Reeh, Herbert Götzinger, Daniel Tschida
Kontakt: Marina Würz
Produktion: 18 % weiß, 2 % rosé, 80 % rot, 80+40 Hektar
Zertifiziert: Nachhaltig Austria
Vereinszugehörigkeit: Neusiedlersee DAC
Messen: ProWein Düsseldorf, VieVinum, Weinmesse Innsbruck, Weinmesse München, Weinmesse Salzburg

Hannes Reeh

und dichten Körper mit feiner Frische. Die »Unplugged«-Weine kommen hingegen ohne jeglichen Schnickschnack aus, also ohne Schönung und Kosmetik. Und die neue Linie »In Bloom« kommt intensiv und komplex daher – eben »in voller Blüte«, wie der Nirvana-Song.

92 Chardonnay Unplugged 2020

14 Vol.-%, DV, Barrique, €€€€

Leuchtendes Goldgelb, Silberreflexe. Zarte gelbe Tropenfrucht, ein Hauch von Vanille und Rhabarber, mit gelbem Apfel unterlegt, kandierte Orangenzesten. Kraftvoll, zarte Holzwürze, etwas Karamell, feine Fruchtsüße, ausgewogen und anhaftend, gutes Reifepotenzial.

90 Heideboden Cuvée weiss 2023 SB/WB/CH

13,5 Vol.-%, DV, Stahltank, €€€ V

Helles Gelbgrün, Silberreflexe. Zart floral, weiße Tropenfrucht, Limettenzesten. Mittlere Komplexität, zart nach Birne, feine Kräuterwürze, zart nach Grapefruit, dezenter Blütenhonig im Abgang, bietet unkomplizierten Trinkspaß.

91 In Bloom Rosé 2022 BF/CS

13,5 Vol.-%, DV, Stahltank, €€€ V

Helles Altrosa, kupferfarbene Reflexe. Einladender Duft nach roten Kirschen, etwas nach Clementinen, weißes Steinobst. Saftig, kraftvoll, Nuancen von Cassis, fruchtsüß, rote Kirschen im Nachhall, guter Speisenbegleiter.

94 Unplugged X 2019 ME/CS/CF

14 Vol.-%, NK, Barrique, €€€€€€ V

Tiefdunkles Rubingranat, opaker Kern, violette Reflexe, zarte Randaufhellung. Reife Zwetschken, Gewürze, dunkle Herzkirschen, zart nach Feigen, dazu etwas Nougat und kandierte Orangenzesten. Kraftvoll, komplex, schwarze Beerenfrucht, präsente Tannine, würzig im Abgang, schokoladig, mineralisch-salzig im Finale, elegant und lange anhaftend, Kokosfinale.

91 Heideboden Cuvée rot 2020 ZW/CS/ME/SL

13,5 Vol.-%, DV, Teilbarrique, €€€ V

Dunkles Rubingranat, violette Reflexe, zarte Randaufhellung. Feine Tabakwürze, Cassis, zart nach Zwetschken, ein Hauch von kandierten Orangenschalen, Nougattouch klingt an. Saftig, engmaschig, reife Brombeernoten, fruchtsüß, gut integrierte Tannine, bereits gut antrinkbar.

(93) Zweigelt Unplugged 2022

14 Vol.-%, NK, Barrique, €€€€€ V

Tiefdunkles Rubingranat, opaker Kern, violette Reflexe, zarte Randaufhellung. Feine Gewürztouch, Nelken, ein Hauch von Edelholz, dunkle Beerenfrucht, reife Zwetschken, Kirschen und Nougat, sehr einladendes Bukett. Komplex, saftig, schokoladige Nuancen, dunkle Kirschen, Brombeeren, würzige Tannine, mineralisch, gut anhaftend, sicheres Reifepotenzial.

★★★

WEINGUT SALZL SEEWINKELHOF

Genuss, das ist für Familie Salzl ein gutes Glas Wein, das die Wärme, die Lebensfreude und die Einzigartigkeit des Seewinkels widerspiegelt. Das burgenländische Illmitz ist nicht nur Heimat der Salzls, auch ihre Reben wachsen hier am Nationalpark Neusiedler See, in einer Welterbe-Region. Für Christoph Salzl ist dies Verpflichtung, Auftrag und Ehre zugleich, denn Heimat bedeutet für die Salzls nicht nur, hier zu leben, sondern dieses Privileg aus vollem Herzen zu schätzen und zu schützen.
Drei Generationen arbeiten mit viel Erfahrung und noch mehr Herzblut daran, guten Wein voll Leidenschaft zu keltern. Aushängeschild ist der Regionalmatador Zweigelt, weitere nationale und internationale Sorten in Weiß, Rot und Süß ergänzen das Portfolio.
Ein Besuch vor Ort offenbart erstklassige Weine, eine beindruckende Architektur und herzliche Menschen, denn Genuss heißt für die Salzls auch, Gastgeber zu sein und Erlebnisse für Gaumen und Seele zu schaffen. Die angeschlossene 4-Sterne-Pension ermöglicht dabei Urlaube der besonderen Art.

91 Chardonnay New Style 2022
14 Vol.-%, DV, gebrauchte Barriques, €€€ Ⓗ
Mittleres Gelbgrün, Silberreflexe. Zarte Holzwürze, Nuancen von Vanille, gelbe Tropenfrucht, ein Hauch von Karamell. Saftig, mittlere Komplexität, zart nach Nelken, feine gelbe Birnenfrucht, ausgewogen, ein stoffiger Speisenbegleiter, bereits zugänglich.

93 Blauer Zweigelt ** Ried Lüss Sacris 2020
13,5 Vol.-%, DIAM, Barrique, €€€€€ Ⓗ
Tiefdunkles Rubingranat, violette Reflexe, dezente Ockerrandaufhellung. Nuancen von Brombeeren, dazu Lakritze und schwarze Waldbeeren, mit etwas Teer unterlegt, würziges Bukett. Kräftig, rote Kirschen, Zwetschken, präsente, tragende Tannine, schokoladige Nuancen im Rückgeschmack, zeigt Länge und Reifepotenzial.

(91) Zweigelt Reserve 2020
13,5 Vol.-%, DV, gebrauchte Barriques, €€€ Ⓗ
Dunkles Rubingranat, violette Reflexe, dezente Ockerrandaufhellung. Feine Edelholzwürze, dunkle Waldbeeren, ein Hauch von Lakritze, etwas Nougat. Komplex, saftig, süßes Brombeerkonfit, runde Tannine, mineralisch, bereits gut antrinkbar.

Vier Generationen der Familie Salzl

WEINGUT SALZL – SEEWINKELHOF
7142 Illmitz, Zwischen den Reben 1
T: +43 (2175) 24342
weingut@salzl.at
www.salzl.at
Kellermeister/Kontakt: Christoph Salzl
Produktion: 1 % Schaumwein, 25 % weiß, 2 % rosé, 70 % rot, 2 % süß, 30+70 Hektar
Zertifiziert: Nachhaltig Austria
Vereinszugehörigkeit: Neusiedlersee DAC
Messen: Austrian Tasting London, ProWein Düsseldorf, VieVinum, DAC-Präsentationen, Wein Burgenland Präsentationen

93 3-5-8 Premium 2020 CS/ME
14 Vol.-%, DIAM, Barrique, €€€€€ Ⓗ
Tiefdunkles Rubingranat, violette Reflexe, dezente Ockerrandaufhellung. Zart nach Nougat, schwarze Beerenfrucht, ein Hauch von Goudron, mineralische Nuancen. Komplex, saftig, elegant, reife Kirschen, gut integrierte Tannine, schokoladiger Nachhall, ein kraftvoller Speisenwein mit Reifepotenzial.

(92) Josanna Grande Cuvée 2020 CS/ME/ZW/CF
14 Vol.-%, DIAM, gebrauchte Barriques, €€€ Ⓗ
Dunkles Rubingranat, violette Reflexe, breitere Ockerrandaufhellung. Frische Kräuterwürze, reife Zwetschken, ein Hauch von Feigen, dezenter Nougatanklang. Stoffig, elegant, feine Süße, reife Tannine, balanciert, bereits zugänglich, vielfältig einsetzbar.

93 Cabernet Franc Premium 2020
14 Vol.-%, DIAM, Barrique, €€€€€ Ⓗ
Dunkles Rubingranat, violette Reflexe, dezente Ockerrandaufhellung. Dunkle Beerenfrucht, zart nach Lakritze, mit feiner Edelholzwürze und Nougat unterlegt. Kraftvoll, reife Preiselbeeren, tragende Tannine, schokoladiger Abgang, mineralisch und anhaftend, wird von Flaschenreife profitieren.

★★

WEINGUT ERICH SATTLER

BIO

Der Familienbetrieb wird seit dem Jahr 2000 von Erich Sattler geleitet und bewirtschaftet. Er hat an der Universität für Bodenkultur in Wien studiert und Erfahrung in Kalifornien gesammelt. Auf einer Fläche von zwölf Hektar rund um Tadten produziert das Weingut vorwiegend St. Laurent und Zweigelt. Die vielschichtigen Böden bestehen vor allem aus Schotter und einer dünnen Auflage Braunerde, dazwischen gibt es auch Sand- und Lehmeinschlüsse. Die Weingärten gehören zu den sonnenreichsten in Österreich. Strenge Ertragsbeschränkung, Laubarbeit und eine gewissenhafte Auslese sind die Grundlage für die hohe Qualität der Weine. Beim Großteil der Reben wird die Anzahl der Trauben auf fünf bis sieben Stück pro Stock reduziert, und die Ernte erfolgt ausschließlich händisch sowie möglichst schonend. Der Betrieb widmet sich der Produktion von regionalen Rotweinen auf höchstem internationalem Niveau. St. Laurent und Zweigelt werden als klassische Weine in großen Fässern und Stahltanks ausgebaut oder bleiben als Reserve für 12 bis 18 Monate in kleinen Eichenfässern. Die Weine zeichnen sich durch hohe Dichte, elegante Frucht, samtige Tannine, Sortentypizität und sehr gutes Lagerpotenzial aus. Der Großteil der Produktion geht in den Export, der Rest wird in Österreich vertrieben. Die Weine werden in Restaurants wie dem »Wallsé« (New York), dem »Four Seasons« (Amsterdam) oder dem »La Maison Blanche« (Paris) angeboten und erhielten schon sowohl lokale als auch internationale Auszeichnungen. Im Herbst 2020 belegte Erich Sattler mit seinem St. Laurent Reserve den 3. Platz in der Kategorie der St. Laurents bei der Falstaff-Rotweinprämierung.

91 Zweigelt Rosé 2023
12,5 Vol.-%, DV, Stahltank Ⓑ
Helles Altrosa, Pinktouch, Silberreflexe. Floral unterlegte Kernobstnuancen, frische Kirschen, Limettenzesten klingen an. Saftig, weißer Apfel, rote Waldbeeren, zarte Kirschfrucht, frisch strukturiert, mineralisch und gut anhaftend, animierender Stil.

WEINGUT ERICH SATTLER
7162 Tadten, Obere Hauptstraße 10
T: +43 (699) 11658571
erich@erichsattler.at
www.erichsattler.at

Kellermeister/Kontakt: Erich Sattler
Anbauweise: Zertifiziert Biologisch (Austria Bio Garantie)
Produktion: 5 % Schaumwein, 10 % weiß, 15 % rosé, 70 % rot, 12 Hektar
Vereinszugehörigkeit: Neusiedlersee DAC, Austria Bio Garantie
Messen: ProWein Düsseldorf, VieVinum

(93) Blauer Zweigelt ** 2020
14 Vol.-%, DIAM, Barrique Ⓑ
Kräftiges Rubingranat, violette Reflexe, dezente Ockerrandaufhellung. Zart nach Nougat, reife Pflaumen, kandierte Orangenzesten, tabakige Würze. Kraftvoll, saftig, extraktsüße Textur, runde Tannine, mineralisch und gut anhaftend, süße Frucht im Abgang, ein stoffiger, gut ausgereifter Begleiter bei Tisch.

(89) Zweigelt 2022
13,5 Vol.-%, DV, Stahltank Ⓑ

(92) St. Laurent Reserve 2022
14 Vol.-%, DIAM, Barrique Ⓑ
Kräftiges Rubingranat, violette Reflexe, zarte Ockerrandaufhellung. Dezente Edelholznuancen, schwarze Kirschen, etwas Preiselbeeren, Kräuterwürze, mit kandierten Orangenzesten unterlegt. Saftig, elegant, reife Herzkirschen, runde Tannine, etwas Nougat im Abgang, bleibt haften, ein ausgewogener Speisenbegleiter mit Potenzial.

(90) St. Laurent 2022
13,5 Vol.-%, DV, Stahltank Ⓑ
Kräftiges Rubingranat, violette Reflexe, breitere Randaufhellung. Saftig, frisch strukturiert, Rote Johannisbeeren, lebendig, reife Tannine, mineralisch, rote Kirschen im Abgang, ein lebendiger Speisenbegleiter.

(91) Heideboden 2021 ZW/SL/SY/CS
13,5 Vol.-%, DV, Teilbarrique Ⓑ
Dunkles Rubingranat, violette Reflexe, dezente Ockerrandaufhellung. Reife Kirschen, Nuancen von Zwetschken, Orangenzesten, etwas Vanille und Nougat. Gute Komplexität, rote Kirschen, reife Tannine, mineralisch, bleibt gut haften, schokoladiger Touch im Nachhall, ein würziger Speisenbegleiter.

★★★★

WEINGUT SCHEIBLHOFER

Das Weingut Scheiblhofer befindet sich in Andau im Bezirk Neusiedl am See und zählt mit seinen 85 Hektar Eigenfläche zu den größten Weingütern im Burgenland. Der für den edlen Rotwein »Big John« bekannte Betrieb wurde von Johann Scheiblhofer aufgebaut und im Jahr 2000 von Sohn Erich übernommen. Neben der Produktion von hochwertigen Weinen zeichnet sich der Familienbetrieb durch Modernität, Innovation, Nachhaltigkeit und soziale Kompetenz aus. Als erstem Winzer in Österreich wurde Scheiblhofer im Jahr 2017 daher das »Leitbetriebe Austria«-Zertifikat verliehen. Doch damit nicht genug: Im Mai 2017 wurde das Weingut von der Tageszeitung »Die Presse« gemeinsam mit dem Bankhaus Spängler, der BDO Austria und der Österreichischen Notariatskammer zum besten Familienunternehmen des Burgenlandes sowie im Rahmen der Weinprämierung 2019 »Best of Burgenland« der Landwirtschaftskammer Burgenland zum »Weingut des Jahres« gekürt. Zwei Jahre danach wurde Erich Scheiblhofer dann auch von Falstaff zum »Winzer des Jahres 2021« gekürt. Scheiblhofer zählt zu den Pionieren im Bereich Nachhaltigkeit und zeichnet sich bereits seit Jahren durch seine energieautarke Weinproduktion aus. Möglich macht dies die eigene Fotovoltaikanlage, die größte privat betriebene des Burgenlandes. Im Frühjahr 2020 erfolgte ein weiterer Ausbau auf insgesamt 668 kWp. Auch die mobile Fortbewegung der Mitarbeiterinnen und Mitarbeiter soll künftig energieeffizient erfolgen. Aus diesem Grund wurden bereits Elektrofahrzeuge angeschafft, und es wurde eine entsprechende Ladestation errichtet. Gelegen an einem der idealsten Weinstandorte Österreichs und im Besitz der meisten Barriquefässer des Landes, gilt Scheiblhofer als wichtiger Arbeitgeber der Region sowie als Unterstützer und Förderer von sozialen Projekten. Das Weingut ist als Wohlfühlort weit über die heimischen Grenzen hinweg bekannt, und mit »The Resort«, einem einzigartigen Spa-Hotel der Superlative, ist nun auch endlich mehr Platz für die zahlreichen Besucher des Weinguts. Der Erfolg des Weinguts kommt natürlich nicht von ungefähr: Nur durch den unermüdlichen Einsatz aller Mitarbeiterinnen und Mitarbeiter und durch den enormen Zusammenhalt der Familienmitglieder ist das alles möglich.

93 The Chardonnay 2022
13 Vol.-%, DIAM, Barrique, €€€ Ⓗ
Helles Grüngelb, Silberreflexe. Zarte Kräuterwürze, ein Hauch von Vanille, gelbe Tropenfrucht, reifer Apfel und etwas Mango, mit tabakigen Nuancen unterlegt. Kom-

WEINGUT SCHEIBLHOFER
7163 Andau
Halbturner Straße 1a
T: +43 (2176) 2610
office@scheiblhofer.at
www.scheiblhofer.at

Kellermeister/Kontakt:
Erich Scheiblhofer
Produktion: 25 % weiß, 75 % rot, 85 Hektar
Zertifiziert: Nachhaltig Austria
Vereinszugehörigkeit:
Club Batonnage
Messen: ProWein Düsseldorf, VieVinum, DAC-Präsentationen, ProWine China, Wein Burgenland Präsentationen

Erich Scheiblhofer

plex, feine Hauch von hellem Nougat, reifes Kernobst, saftig und lange anhaftend, Blütenhonig im Abgang, bereits zugänglich, mit gutem Entwicklungspotenzial ausgestattet.

90 Chardonnay Classic 2023
12,5 Vol.-%, DV, Stahltank, €€ H
Helles Gelbgrün, Silberreflexe. Zart nach weißem Apfel, florale Nuancen, ein Hauch von Wiesenkräutern, mit Limettenzesten unterlegt. Saftig, Golden-Delicious-Apfel, feines Säurespiel, mineralisch, fruchtige Süße im Abgang, bleibt gut haften, ein vielseitiger Speisenbegleiter.

92 Big John White 2023 CH/SB
13 Vol.-%, DV, Teilbarrique, €€ H
Helles Gelbgrün, Silberreflexe. Zart nach Wiesenkräutern, Nuancen von Kernobst, etwas Mango, ein Hauch von Blütenhonig, mit kandierten Orangenzesten unterlegt. Komplex, stoffig, weiße Birnenfrucht, gut integriertes Säurespiel, fruchtiger Abgang, gut anhaftend, ein facettenreicher Begleiter bei Tisch.

91 Gelber Muskateller 2023
12 Vol.-%, DV, Stahltank, €€ H
Helles Gelbgrün, Silberreflexe. Zarte Nuancen von Holunderblüten, ein Hauch von Muskatnuss, mit weißem Pfirsich unterlegt. Mittlerer Körper, feine Kernobstnuancen, lebendiger Säurebogen, fruchtiger Abgang, mineralischer Nachhall, bleibt gut haften.

91 Sauvignon Blanc 2023
12 Vol.-%, DV, Stahltank, €€ H
Helles Grüngelb, Silberreflexe. Feine gelbe Tropenfrucht, reife Stachelbeeren, zart nach weißen Blüten, kandierte Grapefruitzesten. Stoffig, elegant, frisch strukturiert, zart nach Mango, ein Hauch von Zitrone, mineralischer Nachhall, vielfältig einsetzbar.

91 Blauer Zweigelt * 2023
13,5 Vol.-%, DV, gebrauchte Barriques, €€ H
Dunkles Rubingranat, opaker Kern, violette Reflexe, zarte Randaufhellung. Attraktive schwarze Kirschfrucht, feines Waldbeerenkonfit, mit dezenter Kräuterwürze unterlegt. Saftig, elegant, feine Extraktsüße, mineralisch und anhaftend, bereits gut zugänglich, ein vielseitiger Speisenbegleiter.

93 The Zweigelt Ried Prädium 2022
14,5 Vol.-%, DIAM, Barrique, €€€€ H
Dunkles Rubingranat, opaker Kern, violette Reflexe, zarte Randaufhellung. Kandierte Orangenzesten, frische reife Zwetschken, ein Hauch von Lakritze und Nougat, attraktives Bukett. Kraftvoll, saftig, reife Kirschen und Pflaumen, zart nach Feigen, runde Tannine, mineralisch, gute Länge, wird von weiterer Flaschenreife profitieren.

92 Zweigelt Selection Heideboden 2023
14 Vol.-%, DV, gebrauchte Barriques, €€ H
Dunkles Rubingranat, opaker Kern, violette Reflexe, zarte Randaufhellung. Zart nach Vanille, frische Herzkirschen, rote Waldbeeren im Hintergrund, einladendes Fruchtbukett. Stoffig, kraftvoll, dabei elegant und extraktsüß, feine Tannine, salzige Mineralik, zeigt Länge, ein feinwürziger Speisenbegleiter mit Potenzial.

95 Praittenbrunn 2019 CS/ME
15 Vol.-%, DIAM, Barrique, €€€€€€ ⓗ
Dunkles Rubingranat, opaker Kern, violette Reflexe, zarte Randaufhellung. Attraktive Nase nach kandierten Veilchen, schwarze Waldbeeren, zart nach Nougat und Kakao, feine Edelholznoten. Kraftvoll, stoffig, Nuancen von Heidelbeeren und Kirschen, reife, tragende Tannine, frisch und mineralisch, schokoladiger Abgang, sehr gute Länge, sicheres weiteres Reifepotenzial.

94 The Great Bustard 2022 ME/CS/ZW
14,5 Vol.-%, DIAM, Barrique, €€€€€ ⓗ
Tiefdunkles Rubingranat, opaker Kern, violette Reflexe, zarte Randaufhellung. Feine Vanille, zarte Edelholzaromen, dunkle Beerenfrucht, frische Kirschen, schokoladig-mineralisch unterlegt. Saftig, kraftvoll, reife Kirschen, dezente Extraktsüße, präsente, gut eingebundene Tannine, mineralisch-salzig im Abgang, feinwürzig, sehr gute Länge und sicheres Reifepotenzial.

93 The Legends 2022 CS/ME
14 Vol.-%, DIAM, Barrique, €€€€ ⓗ
Dunkles Rubingranat, opaker Kern, violette Reflexe, zarte Ockerrandaufhellung. Ein Hauch von Edelholz und Lakritze, dunkle Kirschen, schwarze Waldbeeren, ein Hauch von Nougat, einladendes Bukett. Saftig, kraftvoll, süße Zwetschkenfrucht, tragende Tannine, mineralisch, stoffig und bereits ausgewogen, ein Hauch von Schoko im Nachhall, zeigt gute Länge.

93 The Peak of Glory 2021 ZW/ME/CS
14 Vol.-%, DIAM, Barrique, €€€€ ⓗ
Tiefdunkles Rubingranat, opaker Kern, violette Reflexe, zarte Randaufhellung. Rauchig unterlegte schwarze Waldbeerenfrucht, zart nach Lakritze, reife Zwetschkenfrucht, kandierte Orangenzesten, legt mit Luft gut zu. Saftig, kraftvoll, reife Kirschen, straffe, gut integrierte Tannine, mineralisch, schokoladig, gute Frische, bereits antrinkbar, sicheres Reifepotenzial, ein stoffiger Speisenbegleiter.

92 Premium Cuvée 2023 ZW/CS/ME
14 Vol.-%, DV, gebrauchte Barriques, €€ ⓗ
Dunkles Rubingranat, violette Reflexe, zarte Randaufhellung. Mit einem Hauch von Lakritze unterlegtes dunkles Beerenkonfit, kandierte Orangenzesten, einladendes Bukett. Komplex, stoffig, reife Kirschen, gut integrierte Tannine, etwas Nougat im Abgang, ein vielseitiger, feinwürziger Speisenbegleiter.

92 Big John 2022 ZW/CS/PN
14 Vol.-%, DIAM, Barrique, €€€€ ⓗ
Dunkles Rubingranat, opaker Kern, violette Reflexe, zarte Randaufhellung. Zarte Edelholzwürze, frische dunkle Kirschen, Zwetschken, ein Hauch von kandierten Veilchen, attraktives Bukett. Stoffig, frische Kirschfrucht, präsente Tanninwürze, mineralisch-salzig, extraktsüßer Abgang, bereits gut entwickelt.

(94) The Merlot 2022
14,5 Vol.-%, DIAM, Barrique, €€€€€ ⓗ
Dunkles Rubingranat, opaker Kern, violette Reflexe, zarte Randaufhellung. Feiner Edelholztouch, feine Nuancen von Vanille und Edelholz, schwarze Kirschen, ein Hauch von Nougat und reifen Zwetschken, mit Orangenzesten unterlegt. Saftig, kräftig, feine Fruchtsüße, ein Hauch von Feigen, tragende Tannine, schokoladig und lange anhaftend, ein toller Speisenwein mit sicherem Reifepotenzial.

(94) The Cabernet Sauvignon 2022
14,5 Vol.-%, DIAM, Barrique, €€€€€ ⓗ
Dunkles Rubingranat, opaker Kern, violette Reflexe, zarte Randaufhellung. Feine schwarze Waldbeeren, etwas Cassis, zarte Edelholzwürze, mineralischer Touch. Kraftvoll, engmaschig, reife Herzkirschen, tragende, reife Tannine, etwas Edelschokolade im Abgang, besitzt Länge und Potenzial, sollte noch einige Jahre reifen.

92 Cabernet Sauvignon Selection 2023
14 Vol.-%, DV, gebrauchte Barriques, €€ ⓗ
Dunkles Rubingranat, opaker Kern, violette Reflexe, zarte Randaufhellung. Nuancen von frischem Cassis und schwarzen Kirschen, feine Würze, Limettenzesten im Hintergrund. Komplex, saftig, feine Fruchtsüße, reife, tragende Tannine, mineralischer Abgang, bleibt gut haften, bereits jetzt vielfältig einsetzbar.

(94) The Shiraz 2022
14,5 Vol.-%, DIAM, Barrique, €€€€€ ⓗ
Dunkles Rubingranat, opaker Kern, violette Reflexe, zarte Randaufhellung. Feine Kräuterwürze, Lakritze, schwarze Beerenfrucht, etwas Schokolade, facettenreiches Bukett. Kraftvoll, engmaschig und mineralisch, feine Pflaumenfrucht, tragende Tannine, reife Kirschen, kandierte Orangen im Abgang, wird von Flaschenreife profitieren.

92 Syrah Selection 2022
14 Vol.-%, DIAM, Teilbarrique, €€€ ⓗ
Tiefdunkles Rubingranat, opaker Kern, violette Reflexe, zarte Randaufhellung. Würzig unterlegte dunkle Beerenfrucht, Nuancen von Lakritze, Brombeeren, etwas Cassis, Kräuter klingen an. Kraftvoll, saftig, elegant, kräftige, präsente Tannine, schwarze Kirschen und zarte Röstaromen im Nachhall, Nougat im Rückgeschmack.

93 Blaufränkisch Jois 2021
14,5 Vol.-%, DIAM, Barrique, €€€€€ ⓗ
Dunkles Rubingranat, opaker Kern, violette Reflexe, zarte Randaufhellung. Nuancen von Brombeeren und Cassis, mit Heidelbeerkonfit unterlegt, ein Hauch von Edelholz, facettenreiches Bukett. Saftig, komplex, feine Extraktsüße, besitzt Frische, reife, tragende Tannine, Nougat im Nachhall, hat seine erste Antrikbarkeit erreicht, sicheres Entwicklungspotenzial.

91 Blaufränkisch Classic 2023
14 Vol.-%, DV, gebrauchte Barriques, €€ Ⓗ
Dunkles Rubingranat, violette Reflexe, zarte Randaufhellung. Frisches Brombeerkonfit, zart nach Lakritze und Waldbeeren, mit kandierten Orangenzesten unterlegt. Saftig, komplex, elegant und balanciert, reife Tannine, schokoladiger Touch im Abgang, gut entwickelt.

★★

WEINGUT GERNOT SCHUHMANN

Das seit 1974 als Familienbetrieb geführte Weingut liegt im Herzen der größten Weinbaugemeinde Österreichs: in Gols im Nordburgenland. Das einzigartige Mikroklima um den Neusiedler See und die vielfältigen fruchtbaren Böden schaffen perfekte Voraussetzungen für die Produktion hervorragender Rot- und Weißweine. Nach seiner Ausbildung zum Weinbau- und Kellermeister übernahm Gernot Schuhmann 1997 die Verantwortung für die Kellerwirtschaft und die Vermarktung der Weine und setzte damit einen Prozess der Umstrukturierung und Qualitätssteigerung in Gang. Die Rebfläche wurde kontinuierlich aufgestockt und umfasst heute etwa 15 Hektar, wobei die Anteile von Weiß- und Rotwein in etwa ausgeglichen sind. Das Weingut setzt auf jahrzehntelange Erfahrung in der Kellerwirtschaft, kombiniert mit modernsten Technologien und naturnaher Bewirtschaftung. Es wird penibel darauf geachtet, dass nur heimische Rebsorten ausgepflanzt werden. Kontrolliert integrierter Pflanzenschutz, intensive Laubarbeit und Traubenausdünnung sind weitere wichtige Maßnahmen. Weißweine werden temperaturgesteuert vergoren und in Edelstahltanks ausgebaut. Rotweine werden offen auf der Maische vergoren und reifen nach erfolgtem biologischem Säureabbau klassisch im Edelstahltank oder im kleinen Eichenfass (rund 14 Monate). Engagement und Perfektionsdrang des Winzers Gernot Schuhmann haben eines zum Ziel: eine große Palette an hochwertigen Weinen mit unterschiedlichen Charakteren und Ausbaustilen zu vinifizieren.

(91) Pinot Blanc Barrique 2022
13 Vol.-%, DV, Barrique, €€
Helles Gelbgrün, Silberreflexe. Zart nach hellem Karamell, feiner Vanilletouch, deutliche Holzwürze. Mittlerer Körper, feine Birnenfrucht, weißes Nougat, dezent nussig, gelbe Melonenfrucht im Abgang, Mango im Rückgeschmack.

WEINGUT GERNOT SCHUHMANN
7122 Gols
Marktgasse 2–6
T: +43 (2173) 2612
info@gernot-schuhmann.at
www.gernot-schuhmann.at

Kellermeister/Kontakt:
Gernot Schuhmann
Produktion: 40 % weiß, 5 % rosé, 40 % rot, 15 % süß, 14.5 Hektar
Messen: Dornbirner Frühjahrs- und Herbstmesse, Wein Burgenland Präsentationen

Muskat Ottonel

(89) Muskat Ottonel 2023
12 Vol.-%, DV, Stahltank, €€

(92) Sankt Laurent Ried Herrschaftswald 2022
13 Vol.-%, DV, Barrique, €€€
Kräftiges Rubingranat, violette Reflexe, breitere Ockerrandaufhellung. Frische Holzwürze, Vanille, etwas Nougat, dunkle Kirschen, mit etwas Lakritze und Mandarinenzesten unterlegt. Mittlerer Körper, rotbeerige Nuancen, frisch strukturiert, Rote Johannisbeeren, zitronig-salziger Nachhall, lebendiger Stil.

(91) Syrah Ried Altenberg 2022
14 Vol.-%, DV, Barrique, €€€
Dunkles Rubingranat, violette Reflexe, zarte Randaufhellung. Zarte Kräuterwürze, etwas Bourbon-Vanille, schwarze Beerenfrucht, tabakige Nuancen. Kraftvoll, deutliche Holznuancen, etwas Karamell und Vanille, runde Tannine, feines Beerenkonfit, mineralischer Nachhall, etwas viel Schminke.

(90) Cos No.22 2022 BF/ZW
13 Vol.-%, DV, gebrauchte Barriques, €€€
Mittleres Rubingranat, violette Reflexe, breite Ockerrandaufhellung. Zart nach Vanille und Gewürznelken, mit roten Kirschen unterlegt, ein Hauch von Karamell. Mittlere Komplexität, frische Zwetschken, lebendiger Säurebogen, rotbeeriger Nachhall.

89 Blaufränkisch classic 2021
13 Vol.-%, DV, Stahltank, €€

★★★★

WEINGUT SCHWARZ

Vor rund zwanzig Jahren wagte der gelernte Fleischhauer Hans Schwarz aus Andau etwas Ungewöhnliches: Er machte die Fleischerei zum Hobby und das bisherige Hobby, den Weinbau, zum Beruf. Doch das war die richtige Entscheidung. Andau bietet als wärmster Ort Österreichs die besten Voraussetzungen, um große Weine zu keltern. Nicht zuletzt wegen Hans' oft unorthodoxer Methoden wurden die Schwarz-Weine schnell Kult. Hans Schwarz setzte auf den autochthonen Zweigelt, der bis heute als »Schwarz-Rot« von Weinliebhabern, Weinjournalisten, Weinkennern und Weingastronomen gerühmt wird. Die Linie »The Butcher« ist eine Hommage an die Anfänge. Doch darf dabei keinesfalls die Zukunft vergessen werden, und so erweitert Michael Schwarz, der seit 2018 das Tagesgeschäft führt, den »Butcher« nun um internationale Rebsorten.
Michael kehrte nach vielen Praktika im Ausland zurück, um das Werk seines Vaters fortzuführen. Für das kommende Jahr plant er zwei neue Linien im Premium- und Basisbereich. Das Weingut selbst wird um einen gemütlichen Verkostungsraum erweitert, wo man nicht nur die Kultweine selbst probieren kann, sondern auch burgenländische Schmankerl wie hausgemachten Speck oder Hans' berühmte Chili-Käsekrainer. Denn Essen und Trinken gehören bei Schwarz seit eh und je zusammen. Michael versucht so zu erreichen, was man von allen jungen Winzern verlangt: alles genauso wie der Vater zu machen – und dabei ganz anders.

(93) Schwarz Weiss 2022 CH/GV
14 Vol.-%, DIAM, gebrauchte Barriques/Barrique, €€€€€
Mittleres Gelbgrün, Silberreflexe. Feine Holzwürze, zart nach Vanille und Karamell, feine gelbe Tropenfrucht, etwas Mango, mit Orangenzesten und Blütenhonig unterlegt. Kraftvoll, saftig und komplex, weißes Nougat, gut integrierte Säurestruktur, gut anhaftend, zeigt Länge und Potenzial.

(90) The Butcher Cuvée Weiss 2023 GV/WR/SB
12,5 Vol.-%, DV, Stahltank, €€ Ⓥ
Helles Gelbgrün, Silberreflexe. Zart floral unterlegte feine weiße Tropenfrucht, ein Hauch von Litschis und Guaven, einladendes Bukett. Saftig, mittlerer Körper, frischer Apfel, lebendig strukturiert, ausgewogen und bereits gut antrinkbar.

(90) Chardonnay The Butcher 2023
13 Vol.-%, DV, Holzfass/Stahltank, €€ Ⓥ
Helles Gelbgrün, Silberreflexe. Zarte Steinobstnote, frischer Pfirsich, ein Hauch von Wiesenkräutern, mit gelbem Apfel unterlegt. Mittlerer Körper, ausgewogen, Kernobst, feine, gut integrierte Säurestruktur, mineralischer Nachhall.

WEINGUT SCHWARZ

7163 Andau
Hauptgasse 21
T: +43 (2176) 3231
office@schwarz-weine.at
www.schwarz-weine.at

Kellermeister/Kontakt:
Michael Schwarz
Produktion: 29 Hektar
Zertifiziert: Nachhaltig Austria
Messen: ProWein Düsseldorf, VieVinum

Michael und Hans Schwarz

(95) Zweigelt Schwarz Rot 2022
13,5 Vol.-%, DIAM, gebrauchte Barriques/Barrique, €€€€€€
Dunkles Rubingranat, violette Reflexe, zarte Randaufhellung. Mit dezenter Karamellnote unterlegtes dunkles Waldbeerenkonfit, zarte Würze, etwas Bergamotte und Hibiskus, einladendes Bukett. Komplex, feinwürzig, tragendes Tannin, mineralisch, schwarze Herzkirschen im Abgang, Tabakwürze im Rückgeschmack, ein vielseitiger Speisenbegleiter, wird von Flaschenreife profitieren.

91 Zweigelt The Butcher 2021
13 Vol.-%, DV, gebrauchte Barriques, €€ Ⓥ
Dunkles Rubingranat, violette Reflexe, zarte Randaufhellung. Feine Brombeernoten, ein Hauch von Mandarinenzesten, etwas nach Liebstöckel, einladendes frisches Bukett. Straff, mineralisch, leichtfüßige Süße, gut eingebundene Tanninstruktur, rote Beeren im Abgang, trinkanimierender Stil.

(93) Kuhvée 2021 ZW/BF
13 Vol.-%, DIAM, gebrauchte Barriques, €€€€€
Dunkles Rubingranat, violette Reflexe, zarte Randaufhellung. Feiner Brombeertouch, mit kandierten Orangenzesten unterlegte feine Edelholzwürze, Nougat klingt an. Saftig, elegant, lebendig, gut integrierte Tanninstruktur, Herzkirschen im Abgang, frischer Nachhall, vielfältig einsetzbar.

93 The Butcher Cuvée 2020 ZW/BF/ME
13,5 Vol.-%, DIAM, Barrique/gebrauchte Barriques, €€€€€
Kräftiges Rubingranat, violette Reflexe, breitere Ockerrandaufhellung. Feine Kräuterwürze, zart nach Vanille und Nougat, reife Kirschfrucht, einladendes Bukett. Saftig, rotbeerig, feine Nuancen von Preiselbeeren, zarte Fruchtsüße, samtige Tannine, frisch im Abgang, bereits gut entwickelt und antrinkbar.

91 Kumarod Rot 2021 ZW/CS/ME
13 Vol.-%, DV, €€€
Kräftiges Karmingranat, violette Reflexe, dezente Ockerrandaufhellung. Mit Orangenzesten unterlegte reife Kirschfrucht, dunkle Waldbeeren, feine Kräuterwürze, etwas Nougat. Saftig, elegant, reife Zwetschken, präsente, gut integrierte Tannine, salzig-mineralischer Abgang, Herzkirschen im Nachhall.

91 Pinot Noir The Butcher 2022
13 Vol.-%, DV, großes Holzfass, €€€ Ⓥ
Mittleres Rubingranat, ockerfarbene Reflexe, breitere Randaufhellung. Zarte Kräuterwürze, einladende rote Kirschfrucht, dezente Himbeernoten. Saftig, fruchtbetont, balancierte Säurestruktur, dezente Vanillenuancen, leichtfüßiger Stil, bereits gut antrinkbar.

★★

WEINGUT SOHM UND KRACHER

Aldo Sohm und Gerhard Kracher verbindet seit mittlerweile über einem Jahrzehnt eine intensive Freundschaft. Kennengelernt hat man sich in New York im Jahr 2004. Aldo Sohm ist damals von Tirol nach NYC gezogen, um internationale Erfahrung als Sommelier zu sammeln. Heute ist er Headsommelier im Restaurant »Le Bernardin«, dem höchst gelobten und wohl einem der bekanntesten Restaurants der US-Ostküste. Zahlreiche Auszeichnungen, wie »Best Sommelier« in den USA und die höchste Auszeichnung, Weltmeister-Sommelier, hat er sich in den letzten Jahren erarbeitet. Gerhard Kracher, damals die rechte Hand von seinem Vater Alois Kracher, war in dieser Zeit im wichtigen US-Markt auf Repräsentation unterwegs. Die beiden verstanden sich auf Anhieb blendend. Die Liebe zu den großen Weinen der Welt und zu hervorragendem Essen verbindet eben schnell! Heute führt Gerhard den weltberühmten Weinlaubenhof in dritter Generation. Die Weine sind auf den Weinkarten in den besten Restaurants in 45 Ländern vertreten. Das Weingut wurde in den letzten Jahrzehnten mit Auszeichnungen und hohen Bewertungen übersät. Seit 2009 werden auch gemeinsam Weine unter dem Namen Kracher & Sohm produziert. Die Idee entstand, wie so oft, beim Essen und Trinken! Beide lieben autochthone Rebsorten und haben den Grünen Veltliner besonders ins Herz geschlossen. Man hat sich für das Weinviertel entschieden, da dort viele alte Weingärten auf besonderen Bodenformationen stehen und Lagen zu pachten waren. Der erste Wein, ein Grüner Veltliner, wurde ein voller Erfolg. Top-Bewertungen in Magazinen wie »Wine & Spirits« folgten sofort. Die Folgejahrgänge haben sich gut etabliert und finden nun reißenden Absatz.

WEINGUT
SOHM UND KRACHER
7142 Illmitz
Apetloner Straße 37
T: +43 (2175) 3377
office@kracherfinewine.at
www.kracherundsohm.at

Kellermeister/Kontakt:
Gerhard Kracher
Produktion: 100 % weiß

94 Grüner Veltliner Single Vineyard 2019
14 Vol.-%, NK, €€€€€€

Leuchtendes mittleres Gelbgrün, Silberreflexe. Mit zartem Blütenhonig unterlegte feine Tropenfrucht, frische Apfelnuancen, kandierte Mandarinenzesten, mineralischer Touch. Komplex, saftig und elegant, ohne eine Spur von Opulenz, gut integrierte, angenehme Fruchtsüße, feiner Säurebogen, gut anhaftend, ein facettenreicher Speisenbegleiter mit weiterem Reifepotenzial.

93 Grüner Veltliner Alte Reben 2023
13 Vol.-%, NK, €€€€

Helles Goldgelb, Silberreflexe. Zart nach Zitronengras, ein Hauch von frischer Quitte, zarte Mangonoten, mit feiner tabakiger Würze unterlegt. Komplex, saftig, gelber Apfel, feine Extraktsüße, angenehme Säurestruktur, salzig-zitroniges Finale, gute Länge, verfügt über Reifepotenzial.

93 Grüner Veltliner St. Georg 2019
13,5 Vol.-%, NK, €€€€€

Mittleres Grüngelb, Silberreflexe. Zarte gelbe Tropenfrucht, ein Hauch von Papaya und Vanille, dezente Holznuancen, etwas weißes Nougat. Saftig, seidige Textur, weißer Pfirsich, feine Säurestruktur, finessenreicher, eleganter Sortenvertreter, vielfältig einsetzbar, bereits gut entwickelt.

92 Grüner Veltliner Lion 2023
13 Vol.-%, DV, €€€

Helles Grüngelb, Silberreflexe. Zart nach Wiesenkräutern, ein Hauch von gelbem Kernobst, mit frischem Apfel und etwas Honigmelone unterlegt. Mittlere Komplexität, feine weiße Frucht, finessenreicher Säurebogen, mineralisch-salzig im Abgang, Limetten im Rückgeschmack.

WEINGUT TSCHIDA – ANGERHOF
7142 Illmitz
Angergasse 5
T: +43 (2175) 3150
weingut@angerhof-tschida.at
www.angerhof-tschida.at

Kellermeister: Hans Tschida
Kontakt: Hans und Lisa Tschida
Produktion: 20 % rot, 80 % süß, 35 Hektar
Messen: ProWein Düsseldorf, VieVinum

Hans Tschida

★★★★★

WEINGUT TSCHIDA – ANGERHOF

Einige der weltbesten Süßweinwinzer stammen aus dem Burgenland und einer davon ist Hans Tschida aus Illmitz. Sein Qualitätsstreben bei der Traubenproduktion und sein feinsinniges Gespür im Keller bestimmen seine vielfach ausgezeichneten Weine. 70 Prozent seiner Weinproduktion sind im Prädikatsweinbereich angesiedelt. Das Klima am Neusiedler See hilft ihm dabei, denn es könnte für die Erzeugung von Botrytisweinen kaum besser sein. Wenn im Herbst die Trauben schon eine ausreichend hohe Zuckergradation haben und die Frühnebel einsetzen, werden die Beeren fast über Nacht von dem gewünschten Edelschimmel befallen – ein Albtraum für die Rotweinwinzer im nördlichen Burgenland, ein Geschenk der Natur an die Süßweinproduzenten. Stilistisch bestechen die Weine vom Angerhof durch ihre Sortentypizität und Eleganz. Sie sind eher reduktiv angelegt, und bei den Zuckergraden bevorzugt Hans Tschida meist den unteren Bereich – dickflüssige, siruparige Essenzen sind nicht seine Sache. Enorm wichtig ist ihm der Trinkfluss seiner Produkte. Seine Weine sind niemals klebrig, und er ist ein Fan der Lage Lüss, weil die Weine von dort meist einen um ein Promille höheren Säuregehalt aufweisen. Der Sämling ist die Sorte, mit der sich das Weingut einen exzellenten Ruf erarbeitet hat. Angetan haben es ihm aber auch ganz speziell seine Spät- und Auslesen. Sie sind die Einstiegsweine, wenn man sich dem Thema Süßwein nähern will. Und wer dies einmal probiert, der kann ohnehin die Finger nicht mehr davon lassen.

96 Welschriesling ** Ried Domkapitel Trockenbeerenauslese 2021
8 Vol.-%, VL, Stahltank, €€€€€ (B)
Mittleres Goldgelb, Messingreflexe. Zarte Kräuterwürze, reife Birnenfrucht, ein Hauch von Kletzen, feiner Honigtouch, Anklänge von Nougat. Komplex, saftig, süßes Kernobst, mineralisch, gelbe Frucht im Abgang, harmonisch und bereits gut entwickelt, zeigt Länge und Potenzial.

94 Welschriesling Beerenauslese 2022
8 Vol.-%, VL, Stahltank, €€€€
Helles Goldgelb, Silberreflexe. Feine gelbe Tropenfrucht, Ananas und Pfirsich, floraler Touch, ein Hauch von Nougat und Honig. Saftig, elegant, gut eingebundene Süße, reifes Steinobst, etwas Marille im Nachhall, feiner Honigtouch im Abgang, bereits gut entwickelt, vielfältig einsetzbar.

97 Muskat Ottonel Schilfwein 2021
8 Vol.-%, VL, Stahltank, €€€€€
Mittleres Goldgelb, silberfarbene Reflexe. Intensive florale

Muskatnote, feines Maracuja-Aroma, Frangipane und Limettenöl, facettenreiches Bukett, sehr attraktiv. Saftig, komplex, fruchtsüß, cremige Textur, feiner Säurebogen, bleibt lange haften, gute Komplexität und Frische, seidig und mineralisch, feine salzige Komponenten im Abgang.

96 Sämling 88 Ried Domkapitel Trockenbeerenauslese 2021
8,5 Vol.-%, VL, Stahltank, €€€€€
Mittleres Gelbgold, Silberreflexe. Floral, nach Blüten, dazu weißes Steinobst, feine Maracujafrucht, kandierte Limettenzesten. Saftig, elegant, süßer Pfirsich, feine Säurestruktur, elegant und balanciert, ein Hauch von Honig und Blutorangen, bleibt gut haften, feine Stilistik.

95 Sämling 88 Beerenauslese 2020
8,5 Vol.-%, VL, Stahltank, €€€€
Kräftiges Gelbgold, Silberreflexe. Intensives Bukett nach Holundersirup, Muskat und Marshmallows, mit feinem Honigtouch und Marillenkonfitüre unterlegt. Saftig, komplex, reifer Pfirsich und Ananas, gut integrierte Süße, feiner Säurebogen, hochelegant, finessenreicher Stil.

96 Gelber Muskateller Trockenbeerenauslese 2021
7,5 Vol.-%, VL, Stahltank, €€€€€
Mittleres Goldgelb, Messingreflexe. Zart nach Muskatnuss, reife Marille, feine Maracujanuancen, ein Hauch von Honig, facettenreiches Bukett. Saftig, seidig, feine Tropenfrucht, lebendige Säurestruktur, gut eingebundene Süße, elegant und lange anhaftend, Steinobst im Abgang, sicheres Reifepotenzial.

95 Muskat Ottonel Beerenauslese 2021
8 Vol.-%, VL, Stahltank, €€€€
Mittleres Goldgelb, Silberreflexe. Traubig-würzig unterlegte weiße Tropenfrucht, feine Nuancen von Muskatnuss, mit etwas Maracuja und Honig unterlegt, intensives Bukett. Saftig, elegant, etwas Weihrauch, reife Marille, cremige Textur, feiner Säurebogen, floraler Touch im Abgang, gut integrierte Süße, zeigt Länge und Balance.

93 Auslese 2022 SB/BO/WR/CH
8 Vol.-%, DV, Stahltank, €€€
Mittleres Gelbgold, Silberreflexe. Frische Nuancen von Mango und Ananas, etwas Blütenhonig, mit Orangenzesten unterlegt, feine Botrytiswürze. Saftig, komplex, süße Textur, frisch strukturiert, gelber Pfirsich im Abgang, stoffig und gut anhaftend, verfügt über Reifepotenzial.

89 Spätlese 2022 CH/WR/MO
8 Vol.-%, DV, Stahltank, €€

93 Chardonnay Beerenauslese 2021
8,5 Vol.-%, VL, Stahltank, €€€
Helles Goldgelb, Silberreflexe. Zarter Honigtouch, reife gelbe Tropenfrucht, Rhabarber, kandierte Mandarinenzesten, weiße Schokolade. Leichtfüßig, reife weiße Pfirsichfrucht, gut integrierter Säurebogen, zitronig im Abgang, weißes Nougat im Rückgeschmack, bereits gut antrinkbar, saftiger Stil.

90 Scheurebe Illmitz Spätlese 2023
7,5 Vol.-%, DV, Stahltank, €€€ Ⓑ
Helles Goldgelb, Silberreflexe. Zart floral unterlegte weiße Tropenfrucht, zart nach Marille und Blütenhonig. Saftig, elegant, feine Fruchtsüße, seidige Textur, reife Ananas im Abgang, bietet fruchtig-leichtfüßiges Trinkvergnügen.

★★★★

WEINGUT CHRISTIAN TSCHIDA

BIO

Christian Tschidas Traum war groß: emotionale Weine mit Charakter, die ihresgleichen suchen, das Herz berühren – Inhalt wie Flasche. Dafür musste er nur seinen Verstand von vorgegebenen Konzepten des Weinmachens befreien. »Hast du Vertrauen in dein Produkt, kannst du extrem und kompromisslos sein. Ich muss schon primär davon ausgehen können, dass etwas Gutes, Positives entsteht, wenn ich die Zügel loslasse«, erklärt er. Und dennoch, der Geschmack ist klar definiert vom Weingarten. Das ist von großer Wichtigkeit für ihn, denn Christian Tschida hat das Glück, mit fantastischen Weingärten auf den steilsten Hängen des Burgenlands, hoch über Purbach, zu arbeiten – für ihn auf der besseren Seite des Neusiedler Sees. »Ich glaube dabei sehr stark an eine gesunde, vielleicht sogar romantisierte Beziehung zwischen Weingarten, Natur und Mensch«, führt er aus. Die so entstehenden Trauben sind unglaublich intensiv und raffiniert im Geschmack, voll gepackt mit Energie, ganz und gar frei von Esoterik. In jedem

WEINGUT CHRISTIAN TSCHIDA
7142 Illmitz
Seegasse 36
cosmos@christiantschida.at
www.christiantschida.at

Kellermeister:
Christian Tschida
Anbauweise:
Zertifiziert Biologisch

Christian Tschida

Jahrgang ist dann doch immer noch eine neue Nuance, ein neues verführerisches Spiel dabei. Über die Jahre hat er seinen Stil gefunden und präzisiert. Das Profil seiner Weine ist derart geschärft und terroirgetrieben, dass kaum jemand zufällig eine Flasche von ihm bestellt. Grundsätzlich macht er aber Wein für jeden netten Menschen auf diesem Planeten – nur mengenmäßig geht sich das einfach nicht ganz aus.

97 Pinot Blanc All the Love of the Universe 2023
11,5 Vol.-%, NK, großes Holzfass B
Helles Grüngelb, Silberreflexe. Zart nach gelbem Apfel, etwas Quitte und Honigmelone, feiner Hauch von Wiesenkräutern, deutliche Mineralik. Stoffig, feine Nuancen von weißem Steinobst, seidig, vom reinen Kalk geprägte Salzigkeit, finessenreich strukturiert, balanciert, schwebende Leichtigkeit, salzig im Abgang, vermittelt einen Hauch von Marille und Mandarinen, sehr gute Länge, sicheres Reifepotenzial.

97 Chardonnay A.E.I.O.U. 2023
12 Vol.-%, NK, großes Holzfass B
Helles Grüngelb, Silberreflexe. Zart reduktive Würze, weißes Kernobst, frische Ringlotten, ein Hauch von Orangenblüten, Limetten, kühle Mineralik. Stoffig, feine Schieferwürze im Kern, salzig, frisch strukturiert, finessenreich, weiße Frucht, bleibt haften, ein straffer Speisenbegleiter, vielfältig einsetzbar.

95 Himmel auf Erden Grande Cuvée 2023 GV/FU
12 Vol.-%, NK, großes Holzfass B
Helles Grüngelb, Silberreflexe. Zart nach gelbem Pfirsich, ein Hauch von gelber Tropenfrucht, etwas Birne, mit rauchiger Kräuterwürze unterlegt. Komplex, straffe Textur, weiße Apfelfrucht, feines Säurespiel, lebendig, zitronig-mineralisch im Nachhall, ein leichtfüßiger, ausdrucksstarker Speisenbegleiter.

95 Riesling Laissez Faire 2023
12,5 Vol.-%, NK, Holzfass B
Helles Grüngelb, Silberreflexe. Zart nach Orangenblüten, ein Hauch von Holz, weißes Steinobst, mineralisch, floraler Touch. Straff, engmaschig, fester Kern, finessenreicher Säurebogen, mit feiner gelber Tropenfrucht unterlegt, Limettenzesten im Abgang, feine Fruchtsüße im Nachhall, weißer Apfel im Rückgeschmack, bleibt sehr lange haften.

94 Grüner Veltliner Non Tradition 2023
12 Vol.-%, NK, großes Holzfass B
Helles Gelbgrün, Silberreflexe. Zart rauchig-würzig unterlegte Nuancen von frischer Honigmelone und Mango, zarte Wiesenkräuter, mineralischer Grundton. Mittlere Komplexität, weißer Apfel, zart nach Pfirsich, präziser, finessenreicher Säurebogen, salzig, Limettennoten im Nachhall, ein leichtfüßiger Speisenbegleiter.

95 Blaufränkisch Himmel auf Erden Rosé 2023
11,5 Vol.-%, NK, großes Holzfass, €€€€€ B
Mittleres Zwiebelrot, zarte Orangereflexe. Zart nach Nougat und Lakritze, eingelegte Kirschen, ein Hauch von Erdbeerkonfit, mineralisch unterlegt. Straff, elegant, vom Kalkboden eng verzurrt, finessenreiche Säurestruktur, tolle Spannung, sehr leichtfüßig und lange anhaftend, rotbeeriger Nachhall, salzig im Rückgeschmack.

97 Shiraz Felsen II 2022
12,5 Vol.-%, NK, großes Holzfass B
Dunkles Rubingranat, violette Reflexe, zarte Randaufhellung.

Feinwürzig, dunkle Mineralik, rauchig, schwarze Kirschen, Preiselbeeren, tabakig, ein Hauch von Nougat, feine Kräuternuancen. Straff, pfeffrige Würze, kalkige Mineralik, reife Tannine, zarte Umami-Noten, sehr lange anhaftend, wird von Flaschenreife profitieren, ein individueller Speisenbegleiter.

94 Kapitel I 2022 CF/BF
12,5 Vol.-%, NK, großes Holzfass Ⓑ
Kräftiges Rubingranat, violette Reflexe, dezente Randaufhellung. Mit deutlicher Würze von etwas Cabernet Franc garnierte rote Herzkirschfrucht, rauchig, etwas Schießpulver, dunkle Mineralik. Saftig, engmaschig, rotbeerige Textur, präsente, gut anhaltende Tannine, kirschiges Blaufränkisch-Finale, salzig und lange anhaftend.

94 Birdscape Pink Maceration 2023
11,5 Vol.-%, NK, großes Holzfass Ⓑ
Mittleres Karmingranat, zarte Pinkreflexe, breite Randaufhellung. Reifes Kernobst, mit roten Waldbeeren unterlegt, ein Hauch von Ribiseln und Brombeeren, zarte Wiesenkräuter. Mittlerer Körper, ein Hauch von Apfel, feine Fruchtsüße, zartes Säurespiel und feines salziges Finale, eine Art Mittelding zwischen Rotwein und Rosé, ideal für viele vegetarische Gerichte.

★★★★★

WEINGUT VELICH

Das Weingut der Familie Velich liegt im Herzen des Naturschutzgebiets Neusiedler See – Seewinkel in Apetlon. Der Ort ist umgeben von zahlreichen Seen – hier Lacken genannt. Durch diese entsteht ein spezielles Kleinklima, das sich für den Weinbau als besonders förderlich erwiesen hat. Heinz Velich bewirtschaftet zurzeit zwölf Hektar Rebfläche, die ausschließlich mit Weißweinsorten bepflanzt sind. 45 Prozent davon nimmt der Chardonnay ein, etwa ein Viertel der Fläche ist mit Welschriesling bestockt, den Rest teilen sich Muskat-Ottonel und Bouvier. Die leichten, fruchtigen Weine wie Welschriesling und Muskat-Ottonel werden im Stahltank vinifiziert. Chardonnay als Vertreter der extrakt-, aber finessenreichen Weine wird bevorzugt im gebrauchten Barrique vergoren und ausgebaut. Der Chardonnay mit dem Namen »Tiglat« gilt seit Jahren als einer der besten Sortenvertreter des Landes. Ihm zur Seite stehen der zweite trockene Chardonnay des Hauses, der »Darscho«, und eine Cuvée aus Chardonnay, Welschriesling und Sauvignon Blanc mit der Bezeichnung »TO« (was auf Ungarisch »See« bedeutet). Süßweine werden nur in geeigneten Jahren gekeltert und zum größten Teil im Barrique vinifiziert. Der Betrieb legt besonderen Wert auf eine hohe Reife und regionaltypischen Charakter der Weine. Das Falstaff-Magazin zeichnete Heinz Velich als »Winzer des Jahres 2012« aus.

WEINGUT VELICH
7143 Apetlon
Seeufergasse 12
T: +43 (2175) 3187
weingut@velich.at
www.velich.at

Kellermeister/Kontakt:
Heinz Velich
Produktion: 50.000 Flaschen
80 % weiß, 20 % süß, 12+6 Hektar
Messen: Vinexpo

98 Chardonnay Tiglat 2021
14 Vol.-%, DIAM, Eichenfass, €€€€€€
Mittleres Gelb, Silberreflexe. Zart tabakig, feines Fruchtspiel, gelbe Tropenfrucht, Anklänge von Nashi-Birne, mineralisch unterlegt, dazu kandierte Grapefruitzesten, subtile Holzwürze, ungemein frisches und animierendes Bukett. Engmaschig, komplex, Anklänge von Ananas, kraftvolles Finish, finessenreiche Säurestruktur, salzig und sehr lange anhaftend, große Länge und Potenzial.

96 Chardonnay Darscho 2021
14 Vol.-%, DIAM, Eichenfass, €€€€€
Mittleres Gelbgrün, Silberreflexe. Feingliedriges Bukett, mit etwas Feuerstein unterlegte reife gelbe Tropenfrucht, Nuancen von Kumquats, Blütenhonig, zarte Kräuterwürze. Facettenreich, cremige Textur, etwas weißes Nougat, eng-

maschig, feine Säurestruktur, extraktsüß im Abgang, mineralischer Nachhall, ein komplexer Speisenbegleiter mit sicherem Reifepotenzial.

94 Chardonnay Salzlacke 2021
13,5 Vol.-%, DIAM, großes Holzfass, €€€€€
Mittleres Gelbgrün, Silberreflexe. Feines Brioche, unterlegt mit Nuancen von gelbem Steinobst, zarte Tropenfrucht, mineralische Noten. Komplex, engmaschig, Nuancen von Pfirsich, zarte dunkle Mineralität, helles Nougat, feine Säurestruktur, betont salzig im Abgang, bereits gut entwickelt und vielfältig einsetzbar.

94 TO 2021 CH/WR/SB
13 Vol.-%, DIAM, großes Holzfass, €€€€
Helles Grüngelb, Silberreflexe. Feine weiße Tropenfrucht, ein Hauch von Maracuja, Blütenhonig unterlegt mit Orangenzesten. Komplex, engmaschig, zart nach Marillen, feiner Säurebogen, straff im Abgang, samtiger Nachhall, ein facettenreicher Speisenbegleiter.

92 Muskat Ottonel 2022
12,5 Vol.-%, DIAM, Stahltank, €€
Helles Goldgelb, Silberreflexe. Frische Kräuterwürze, unterlegt mit floralen Nuancen von Holunderblüten, zarter Kamillenblütentouch, attraktive Noten von Limetten und Muskatnuss. Leichtfüßig, extraktsüß, feine Pfirsichnuancen, eingebundener Säurebogen, zart salzig, ein animierender Speisenbegleiter.

WEINGUT WENZL-KAST

NEU

Die Weine vom Weingut Wenzl-Kast lassen sich am besten in geselliger Runde genießen – egal ob bei Verkostungen auf dem Weingut oder zu Hause mit Freunden und Familie –, denn das Weingut hat sich dem gemeinsamen Genuss verschrieben. Und das lebt Familie Wenzl jeden Tag. Die Weingärten des Hauses befinden sich größtenteils im Weinort Gols am Neusiedler See und ergeben eine Rebfläche von rund 15 Hektar. Zusätzlich werden noch rund fünf Hektar von Vertragswinzern verarbeitet. Die Weingärten der Familie rund um den Weinort Gols tragen klingende Namen wie Salzberg, Edelgrund oder Gabarinza. Im Weinsortiment wird besonders den traditionellen Rebsorten ein enormer Stellenwert beigemessen. Durch die Kombination aus Tradition und Moderne werden

WEINGUT WENZL-KAST
7122 Gols
Kellergasse 14
T: +43 (2173) 3419
ingrid.wenzl@lsc-wenzl.at
www.weingut-wenzl-kast.at

Kellermeister: Johannes Wenzl
Kontakt: Kerstin Wenzl
Produktion: 200.000 Flaschen
4 % Schaumwein, 60 % weiß,
4 % rosé, 30 % rot, 2 % süß,
15+5 Hektar
Vereinszugehörigkeit:
Neusiedlersee DAC

Familie Wenzl-Kast

altbekannte Rebsorten immer wieder neu interpretiert. Jeder Wein, der von Johannes Wenzl vinifiziert wird, verkörpert einen individuellen Charakter, geprägt durch den Boden, das Klima und die Rebsorte.

92 Grüner Veltiner Ried Gabarinza 2022
14,5 Vol.-%, NK, Stahltank, €€€€ V
Helles Goldgelb, Silberreflexe. Tabakig-kräuterwürzig unterlegte Kernobstnoten, ein Hauch von Honigmelone und kandierten Orangenzesten. Kraftvoll, saftige Apfelfrucht, dezente Süße, frisch strukturiert, mineralisch-zitronig, Blütenhonig im Nachhall, verfügt über Reifepotenzial.

90 Weissburgunder 2022
12,5 Vol.-%, DV, Stahltank, €€ V
Helles Gelbgrün, Silberreflexe. Zarte Nuancen von weißem Kernobst, ein Hauch von Birne und Orangenzesten. Mittlerer Körper, saftig, ausgewogen, frisches Säurekleid, mineralisch, dezente Fruchtsüße im Abgang, ein ausgewogener Speisenbegleiter, bereits gut entwickelt.

90 Heideboden 2020 WB/CH
13 Vol.-%, DV, kleines Holzfass/Stahltank, €€ V
Helles Gelbgrün, Silberreflexe. Frische gelbe Tropenfrucht, ein Hauch von frischen Stachelbeeren, etwas Mango, weißes Nougat, kandierte Orangenzesten. Mittlerer Körper, weiße Apfelfrucht, dezente Säurestruktur, zitroniger Nachhall, ein eleganter Speisenbegleiter.

89 Chardonnay 2022
13,5 Vol.-%, DV, Stahltank, €€ V

88 Zweigelt * 2021
13,5 Vol.-%, DV, großes Holzfass, €€ V

88 Blaufränkisch Ried Alte Satz 2021
14 Vol.-%, DV, großes Holzfass, €€ V

★★

WEINGUT WURZINGER PIA

BIO

Josef Wurzinger ist als der Weißweinwinzer des Seewinkels im Burgenland bekannt. Fruchtigkeit, Finesse und Frische seiner Weißweine überraschen viele Weinfreunde, die solche Kreszenzen eher der Steiermark zuordnen würden. Aber auch seine Rotweine stehen ganz hoch im Kurs, allen voran der Zweigelt Heideboden, mit dem Josef Wurzinger schon einmal den zweiten Platz beim »Falstaff Zweigelt Grand Prix« belegte, und die Cuvée vom Kreuzjoch aus Zweigelt, Blaufränkisch, Cabernet Sauvignon und Merlot, die besonders durch eine saftige Frucht, reife und weiche Tannine sowie eine besondere Trinkanimation besticht. Bei den reinsortig ausgebauten Rotweinen zeigt der engagierte Winzer ebenfalls ein gutes Gefühl für die Vinifikation und den richtigen Holzeinsatz. Josef Wurzinger legt besonders viel Wert auf den richtigen Lesezeitpunkt und die Sortierung des gesunden Traubenmaterials, das die Basis für gute Weine darstellt. Besonders viel Zeit und Leidenschaft investiert er in die Vinifikation und den Ausbau seiner Weine. Das kommt auch den Freunden der Wurzinger-Weine zugute, die sich über beständige Qualität und deshalb über jede Menge Trinkspaß freuen können.

WEINGUT WURZINGER PIA
7162 Tadten
Obere Hauptstraße 11
T: +43 (676) 4868757
office@weingut-wurzinger.at
www.weingut-wurzinger.at

Kellermeister: Josef Wurzinger
Kontakt: Pia Lisa Wurzinger
Anbauweise: Zertifiziert Biologisch (Bio Austria)
Produktion: 240.000 Flaschen
45 % weiß, 3 % rosé, 52 % rot,
25 Hektar
Messen: fafga Innsbruck, VieVinum, Wein Burgenland Präsentationen

92 Chardonnay Granit 2021
13 Vol.-%, NK,DIAM, Granitfass, €€€€ B
Leuchtendes Goldgelb, Silberreflexe. Zart tabakig-kräuterwürzig unterlegte reife gelbe Apfelfrucht, Mango, ein Hauch

von feuchten Steinen, mit Orangenzesten unterlegt. Saftig, frisches Kernobst, weißer Apfel, frisch und mineralisch, salziger Nachhall, Limetten im Rückgeschmack, gut gereift.

90 Chardonnay Stein 2023
13 Vol.-%, DV, Stahltank, €€ B
Helles Goldgelb, Silberreflexe. Zart nach weißem Pfirsich, ein Hauch von gelbem Apfel, einladendes Bukett. Mittlerer Körper, zart nach Honigmelone, frisch strukturiert, feine Süße im Abgang, bietet unkompliziertes Trinkvergnügen.

90 Sauvignon blanc Rosen 2023
12,5 Vol.-%, DV, Stahltank, €€ B
Helles Grüngelb, Silberreflexe. Zarte weiße Tropenfrucht, zart nach Wiesenkräutern, ein Hauch von Grapefruit und Stachelbeeren. Mittlerer Körper, weiße Frucht, frische Struktur, mineralisch-zitronig im Abgang, bereits gut antrinkbar.

91 Ried Kreuzjoch Reserve 2022 ZW/BF/ME/CS
13,5 Vol.-%, NK,DIAM, Barrique, €€€ B
Dunkles Rubingranat, violette Reflexe, zarte Ockerrandaufhellung. Schwarze Waldbeeren, ein Hauch von Edelholz, feines Nougat, mit Kräuternuancen unterlegt. Mittlerer Körper, dunkle Kirschen, präsente Tannine, gewürzige Noten im Abgang, etwas Schokolade im Rückgeschmack.

90 King LUI I Reserve 2022 ME/BF/ZW
13,5 Vol.-%, DIAM, Barrique, €€€ B
Dunkles Rubingranat, violette Reflexe, dezente Ockerrandaufhellung. Feine Kräuterwürze, etwas Röstaromen, mit schwarzen Kirschen und Zwetschken unterlegt. Mittlere Komplexität, reife Pflaumen, dezente Tannine, mineralisch im Abgang, feine Süße im Nachhall, bereits gut antrinkbar.

90 Cabernet Sauvignon Royal 2021
14 Vol.-%, NK, Barrique, €€€€€ B
Dunkles Rubingranat, tiefer Kern, violette Reflexe, zarte Ockerrandaufhellung. Noten von Kakao, feine Kräuterwürze, zart nach schwarzen Beeren, dazu Röstaromen. Kraftvoll, etwas Bitterschokolade, präsente Tannine, deutliche Gerbstoffprägung, adstringierender Abgang, dezente Süße im Nachhall, salziger Rückgeschmack.

★★★

ZANTHO WEINGUT

Mit »Zantho« beschreiten Spitzenwinzer Josef Umathum und Wolfgang Peck neue Wege im burgenländischen Qualitätsweinbau. Der Betrieb kann auch als perfekte Symbiose von langjähriger Erfahrung, bester technischer Ausstattung und optimalen natürlichen Bedingungen bezeichnet werden. Produziert wird in der Domaine Andau, einer der modernsten Weinkellereien Österreichs. Das Traubengut liefert eine kleine Gruppe ausgewählter Mitglieder, die – von Josef Umathum speziell geschult und kontrolliert – die Weingärten bearbeiten. »Zantho«, der Name des kleinen burgenländischen Ortes Andau in dessen erster urkundlicher Erwähnung, ist zugleich Bezeichnung der Weinlinie, die pannonische Waldeidechse dient als einprägsames Symbol. Erzeugt werden vornehmlich Rotweine aus den heimischen Sorten Zweigelt, Sankt Laurent und Blaufränkisch. Daneben runden Muskat, Sauvignon Blanc, Welschriesling und Grüner Veltliner in Weiß, Zweigelt in Pink sowie Brut Rosé, ein hochwertiger Schaumwein nach traditioneller Methode, das Sortiment ab. Die Spitze bilden die Reserve-Weine aus Zweigelt, Sankt Laurent, Pinot Noir, Cabernet und Merlot, die nur in herausragenden Jahren aus den besten Trauben selektioniert und schonend im kleinen Holzfass ausgebaut werden. Neu im Portfolio ist die Cuvée »1487«, deren Name eine Referenz an die erste urkundliche Erwähnung von Andau im Jahre 1487 darstellt. Diese hochwertige Cuvée aus Cabernet Sauvignon, Zweigelt und Merlot vereint burgenländische Tradition mit internationalem Flair auf höchstem Niveau. Alle Weine von Zantho sind mit dem exklusiven Vino-Lok-Glasverschluss ausgestattet, um höchste Qualität zu garantieren. Die »Eidechsen-Weine« werden in über 40 Länder exportiert und sind im gut sortierten Fachhandel sowie ab Hof und im Onlineshop erhältlich.

92 Grüner Veltliner Reserve 2022
13 Vol.-%, VL, großes Holzfass/Teilbarrique, €€€€
Mittleres Goldgelb, Silberreflexe. Zarte gelbe Tropenfrucht, ein Hauch von Marille und Apfel, Nuancen von Blütenhonig, kandierte Mandarinenzesten. Saftig, gute Komplexität, feine Tropenfrucht, frisch strukturiert, mineralisch und gut anhaftend, bereits gut antrinkbar.

Rieden bei Andau

ZANTHO WEINGUT

7163 Andau, Dammweg 1a
T: +43 (2176) 27077
office@zantho.com, www.zantho.com

Kellermeister: Wolfgang Peck und Christopher Eisinger
Kontakt: Thomas Gratzer
Produktion: 2 % Schaumwein, 30 % weiß, 3 % rosé, 60 % rot, 5 % süß, 80 Hektar
Zertifiziert: Nachhaltig Austria
Messen: Austrian Tasting London, FHA Singapore, Foodex Japan, Hofex Hongkong, ProWein Düsseldorf, VieVinum, Vinexpo, Vinexpo Bordeaux, Vinexpo Shanghai, DAC-Präsentationen, ProWine China, ProWine Asia, Hong Kong International Wine & Spirits Fair, Wein Burgenland Präsentationen, Vinexpo Explorer

90 Grüner Veltliner 2023
12 Vol.-%, VL, Stahltank, €€
Helles Grüngelb, Silberreflexe. Ein Hauch von Limetten und weißem Apfel, mit feinem Blütenhonig unterlegt. Schlank, feines Kernobst, frischer Säurebogen, mineralisch-salzig im Abgang, zitroniger Touch im Nachhall, ein lebendiger Begleiter bei Tisch.

90 Muskat Ottonel 2023
12 Vol.-%, VL, Stahltank, €€
Helles Goldgelb, Silberreflexe. Floral unterlegte Tropenfrucht, nach Maracuja, Frangipane, zart nach Muskatnuss, attraktives Bukett. Saftig, leichtfüßig, zart nach Litschis und Limetten, frisch strukturiert, mineralisch, ein lebendiger, aromatischer Sommerwein.

89 Welschriesling 2023
12 Vol.-%, VL, Stahltank, €€ V

89 Sauvignon Blanc 2023
12,5 Vol.-%, VL, Stahltank, €€

89 Zweigelt Pink 2023
12 Vol.-%, VL, Stahltank, €€

90 Sankt Laurent 2022
13 Vol.-%, VL, Stahltank/großes Holzfass, €€ V
Kräftiges Rubingranat, violette Reflexe, dezente Randaufhellung. Zarte Kräuterwürze, schwarze Kirschen, ein Hauch von Maulbeeren, mit einem zarten Nougattouch unterlegt. Saftig, eingelegte Kirschen, feine Tannine, zarte Fruchtsüße im Abgang.

(90) Pinot Noir Reserve 2022
13,5 Vol.-%, VL, Barrique/gebrauchte Barriques, €€€€ V
Mittleres Karmingranat, Ockerreflexe, breite Randaufhellung. Floraler Touch, ein Hauch von Hibiskus und Veilchen, rotbeeriger Touch. Mittlerer Körper, frische Kirschen, gut integrierte Tannine, mineralisch und gut anhaftend, feines Nougat im Rückgeschmack.

(90) Merlot Reserve 2022
14 Vol.-%, VL, Barrique/gebrauchte Barriques, €€€€ V
Kräftiges Rubingranat, violette Reflexe, dezente Ockerrandaufhellung. Zart nach Orangenzesten, reife Herzkirschen, floraler Touch. Mittlerer Körper, rotbeerige Textur, gut integrierte Tannine, mineralisch, salziger Nachhall, rote Kirschen im Rückgeschmack.

92 Grüner Veltliner Eiswein 2020
11 Vol.-%, VL, Stahltank, €€€€€
Leuchtendes kräftiges Goldgelb, Silberreflexe. Feine Kräuterwürze, reife Marillen und Honig, zart nach Feigen, kandierte Orangenzesten. Saftig, süße Frucht, elegant, feiner Säurebogen, zitroniger Touch, reife Mango im Abgang, zart nach Honig im Rückgeschmack.

PLATZ FÜR IHRE
WEINNOTIZEN

Pöttelsdorf – hier die Ried Buchgraben – ist einer der bekanntesten Orte der vom kühlen Klima der nahen Voralpen geprägten Region Rosalia DAC

BURGENLAND
ROSALIA
DAC

SANFTE HÜGELLANDSCHAFT, EXTRAKTREICHE WEINE

Südlich an das Gebiet Leithaberg schließt das DAC-Gebiet Rosalia mit dem Hauptort Pöttelsdorf an, dessen schwerere Böden einen kräftigen Blaufränkisch-Typ ähnlich dem des Mittelburgenlands hervorbringen.

Die sanfte Hügellandschaft der Region Rosalia eignet sich vorzüglich für den Weinbau. Die Gründe dafür sind das pannonische Klima und die fruchtbaren Braunerdeböden mit Lössuntergrund. Das Rosaliengebirge ist ein Ausläufer der Alpen an der niederösterreichisch-burgenländischen Landesgrenze. Im Norden grenzt die Region an das Weinbaugebiet Leithaberg DAC und im Süden an das Weinbaugebiet Mittelburgenland DAC. Zwischen den sanften Hügeln fließt die Wulka in den Neusiedler See. Das DAC-Gebiet Rosalia liegt am Osthang des Rosaliengebirges, umfasst den politischen Bezirk Mattersburg und ist bekannt für die Burg Forchtenstein, die Festivals in Wiesen oder den Kurort Bad Sauerbrunn. Auch die Nähe zu Eisenstadt und zum Neusiedler See macht die Gegend zu einem beliebten Ausflugsziel. Durch große landwirtschaftlich genutzte Flächen hat sie sich viel von ihrer Beschaulichkeit und Natürlichkeit bewahrt, weite Teile sind daher auch als Naturpark ausgewiesen.

Die Erdbeere, der Wein, die Edelkastanie und verschiedene andere köstliche Produkte haben diesem Landstrich den Beinamen »süße Region« eingebracht. Schon die Kelten erkannten vor mehr als 2.500 Jahren, dass sich dieses Terroir vorzüglich für den Weinbau eignet. Heute stehen in der Region Rosalia 241 Hektar Weinberge im Ertrag, die Hauptsorte ist mit 60 Prozent der Blaufränkisch, gefolgt vom Zweigelt. Merlot, Cabernet Sauvignon, Pinot Noir und weitere Sorten ergänzen die Liste der angebauten Rotweine.

An Weißweinen findet man vor allem Grünen Veltliner und Weißburgunder. Bereits Mitte des 19. Jahrhunderts hatten die Rotweine der Region einen grenzüberschreitenden Ruf. Die ehemalige Großlage »Rosalia« südlich des Leithagebirges wurde 2018 zu Österreichs nächstem DAC-Weinbaugebiet. Die gebietstypischen Rebsorten Blaufränkisch und Zweigelt dürfen auf Basis der nun unterzeichneten DAC-Verordnung rückwirkend ab dem Jahrgang 2017 reinsortig zu Rosalia DAC vinifiziert werden, sofern die Weine einen Alkoholgehalt von mindestens 12 Vol.-% sowie einen Restzuckergehalt von höchstens 4 Gramm pro Liter aufweisen. Der Ausbau muss im Stahltank oder Holzfass erfolgen, die Weine sollen ein vielschichtiges und regionaltypisches Bukett sowie einen finessenreichen, fruchtigen und würzigen Geschmack aufweisen.

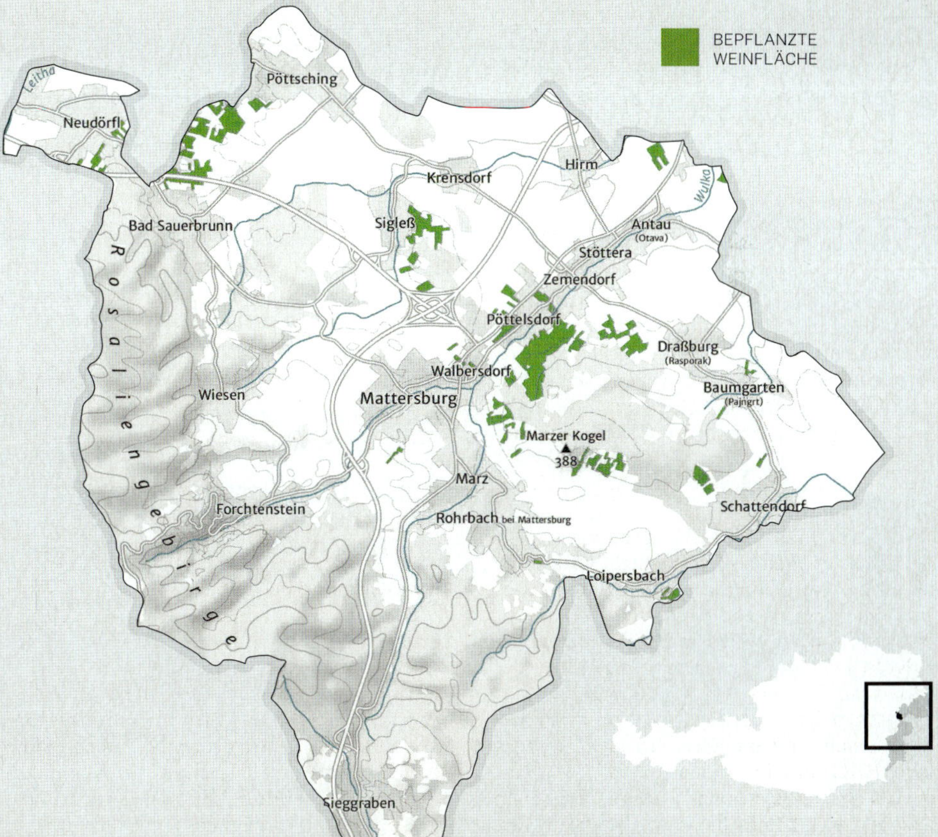

ROSALIA DAC

Österreich gesamt	**44.728 ha**
Weinbaugebiet Burgenland	**11.772 ha**
Rosalia DAC	**241 ha**

AUSGEWÄHLTE WEINGÜTER

★★★
Weingut Migsich, Antau

★★
Weingut Alfred Fischer, Stöttera

★★
Weingut Lassl, Sigleß
Weingut Piribauer, Neudörfl

★★

WEINGUT ALFRED FISCHER

Das Weingut Alfred Fischer wird seit 1931 als Familienbetrieb geführt. Bewirtschaftet werden zwölf Hektar in den besten Lagen in Pöttelsdorf, einem seit jeher bekannten Weinort im Herzen der Großlage Rosalia. Im Ertrag stehen die roten Sorten Blaufränkisch, Blauer Zweigelt, Merlot und Cabernet Sauvignon. Für die Weißweine werden die Trauben von ausgesuchten Produzenten vom Leithaberg zugekauft, der Fokus liegt hierbei auf den Sorten Grüner Veltliner, Welschriesling und Pinot Blanc. Dass diese Betriebsphilosophie eingehalten wird, zeigen die vielen Auszeichnungen, die das Weingut im In- und Ausland erhält. Seit 2002 engagiert sich die Familie Fischer auch in Ungarn: Am Plattensee wurde ein neues Weingut gebaut, circa 80 Hektar wurden dort neu bepflanzt. Auch hier bestätigen die zahlreichen internationalen Auszeichnungen die konsequente Qualitätsphilosophie der Familie Fischer – mehr dazu im Kapitel der Nachbarländer unter Fischer Birtok.

WEINGUT ALFRED FISCHER
7023 Stöttera
Rosenthalgasse 2–6
T: +43 (2626) 5238
alex@alfredfischer.at
www.alfredfischer.com

Kellermeister: Thomas Fischer
Kontakt: Mag. Alex Fischer
Produktion: 40 % weiß, 55 % rot, 5 % süß, 12 Hektar
Vereinszugehörigkeit: Rosalia DAC
Messen: ProWein Düsseldorf, VieVinum

90 Grüner Veltliner limited 2023
12,5 Vol.-%, DV, Stahltank, €€
Helles Grüngelb, Silberreflexe. Zarte gelbe Apfelfrucht, ein Hauch von Wiesenkräutern, Nuancen von Orangenzesten. Mittlere Komplexität, ausgewogen, feine Kernobstnuancen, frisch strukturiert, ein eleganter Speisenbegleiter.

89 Pinot Blanc limited 2023
13 Vol.-%, DV, Stahltank, €€

(91) Blaufränkisch ** 2021
14,5 Vol.-%, DIAM, Barrique, €€€€
Dunkles Rubingranat, opaker Kern, violette Reflexe, dezente Randaufhellung. Zarte Edelholznuancen, etwas Nougat, schwarze Beerenfrucht, etwas Minze im Hintergrund. Saftig, schwarze Kirschen, etwas Cassis, präsente Tannine, Nougat im Abgang, wird von Flaschenreife profitieren.

(89) Blaufränkisch * 2023
13,5 Vol.-%, DV, Stahltank, €€

(90) Zweigelt * 2021
13,5 Vol.-%, DV, Teilbarrique, €€
Dunkles Rubingranat, violette Reflexe, breitere Ockerrandaufhellung. Feine Kräuterwürze, schwarze Beerenfrucht, ein Hauch von Zwetschken, Orangenzesten. Saftig, dunkle Kirschen, Brombeeren, gut integrierte Tannine, salziger Nachhall, ein straffer Speisenbegleiter.

(88) Zweigelt Reserve 2021
13,5 Vol.-%, DV, Teilbarrique, €€

★★

WEINGUT LASSL

Auf dem Weingut Lassl fügen sich nicht nur die verschiedenen Charaktere einer Winzerfamilie stimmig zusammen, sondern auch die jeweilige Typizität zweier Weinbaugebiete: Rosalia DAC und Leithaberg DAC. Der Betrieb und der Großteil der Weingärten liegen in Sigleß im Weinbaugebiet Rosalia DAC, aber man bewirtschaftet auch einige Rieden in Klingenbach im Leithaberg-DAC-Gebiet. Die schweren Böden des Rosalia-DAC-Gebiets begünstigen kräftige Rotweine sowie klassisch-frische Weiß- und Roséweine, während mit der Leithaberg-DAC-Linie puristische, strukturierte und mineralische Weine gekeltert werden.
Das bewusste Bekenntnis zu Qualität, die Freude, in und mit der Natur zu arbeiten, Genuss und Regionalität zu leben sowie Tradition mit Moderne zu verbinden, begeistern die Familie nun schon seit Generationen. Ganz neu ist der Genussheurige namens »Weinwirtschaft« im ehemaligen Dorfgasthaus Krenn, das von der Familie Lassl mit viel Herzblut behutsam aus seinem Dornröschenschlaf geholt wurde. Dort bietet man eine zeitgemäße Version des klassischen Heurigen mit kalten Speisen – selbst gemacht bzw. von ausgesuchten regionalen Produzenten, liebevoll angerichtet, saisonal wechselnd und von den eigenen Weinen und guten Gesprächen begleitet.

92 Chardonnay Klingenbach Ried Pustika 2021
14,5 Vol.-%, DIAM, Barrique, €€€€
Helles Gelbgrün, Silberreflexe. Zart nach Mandarinenzesten, ein Hauch von gelbem Apfel und Blütenhonig, zart nach Walnuss. Mittlerer Körper, feine Fruchtsüße, gelbes Kernobst, finessenreiche Struktur, zarter Blütenhonig im Nachhall.

92 * Vinia 2023 CS**
13,5 Vol.-%, DV, Stahltank, €€€
Mittleres Lachsrosa, Messingnuancen. Zart nach Orangenzesten, gelbe Tropenfrucht, mit eingelegten Kirschen unterlegt. Kraftvoll, stoffig, ein Hauch von hellem Stollwerck, feines Säurespiel, bleibt haften, rotbeeriger Touch im Nachhall.

91 * »The Origin of Rosé« 2023**
13 Vol.-%, DV, Stahltank, €€€
Helles Lachsrosa, silberfarbene Reflexe. Zart nach gelbem Apfel, ein Hauch von Himbeermark, feine Wiesenkräuterwürze. Saftig, stoffig, gelbe Tropenfrucht, frischer Säurebogen, mineralisch, salziger Nachhall, bereits gut entwickelt.

© Maria Hollunder

WEINGUT LASSL
7032 Sigleß
Wiener Neustädter Straße 60
T: +43 (2626) 71381
office@weingut-lassl.at
www.weingut-lassl.at
Kellermeister: Herbert und Stefan Lassl
Kontakt: Herbert Lassl
Produktion: 10 % Schaumwein, 30 % weiß, 30 % rosé, 30 % rot, 9 Hektar
Vereinszugehörigkeit: Leithaberg DAC, Rosalia DAC
Messen: Dornbirner Frühjahrs- und Herbstmesse, Vinobile Feldkirch, Weinmesse Innsbruck, Weintage im Museumsquartier, DAC-Präsentationen, Wein Burgenland Präsentationen

Familie Lassl

90 Rosalia DAC Rosé 2023 PN/ZW
13 Vol.-%, DV, Stahltank, €€
Helles Lachsrosa, Silberreflexe. Zart nach Steinobst, ein Hauch von roten Waldbeeren, floraler Touch, Limettenzesten. Mittlerer Körper, weißer Apfel, frisch strukturiert, lebendiger Stil, ein leichtfüßiger Sommerwein.

92 Blaufränkisch * Ried Steinbühel 2020
13,5 Vol.-%, DIAM, Barrique, €€€€
Kräftiges Rubingranat, violette Reflexe, dezente Randaufhellung. Feine Kräuterwürze, reife Zwetschken, eingelegte Kirschen, zart nach Orangenzesten. Mittlere Komplexität, rote Herzkirschen, feine Tannine, balanciert, mineralisch im Abgang, ein vielseitiger Speisenbegleiter.

91 Cuvée ultimo 2020 ZW/BF
13,5 Vol.-%, DIAM, gebrauchte Barriques, €€€
Kräftiges Rubingranat, violette Reflexe, dezente Randaufhellung. Mit einem Hauch von Nougat unterlegte rote Herzkirschen, etwas Cassis, feine tabakige Nuancen. Mittlere Komplexität, feines Erdbeerkonfit, reife Tannine, balanciert, zarte Süße im Abgang, bereits gut entwickelt.

★★★

WEINGUT MIGSICH

Größer, breiter, länger: Besser kann man die neue Feinweinlinie der Familie Migsich unter dem Motto »Slow Winemaking« nicht beschreiben. Erich Migsich zählt zu den aufstrebenden Winzern im Burgenland und hat mit seinen Weinen Persönlichkeiten geschaffen, von denen man noch in vielen Jahren sprechen wird. Auf 20 Hektar Rebfläche schafft er es unter enormer Ertragsreduktion, Unikate mit bleibendem Eindruck zu kreieren. Ohne technischen Schnickschnack konzentriert man sich auf dem Weingut Migsich auf das Wesen des Sortentypus in Kombination mit dem Terroir – ganz im Trend der Zeit. Mit dem Flaggschiff »Fat Boy« landete man bereits mit dem ersten Jahrgang im In- und Ausland unter den höchstbewerteten Weinen in der Kategorie Blaufränkisch. Das liegt vor allem daran, dass eine Kombination aus schweren Lehmböden, bis zu 50-jährigen Rebstöcken mit kleinbeerigen Trauben und der selbst auferlegten Beschränkung, diesen Wein nur in den besten Jahrgängen zu vinifizieren, extrem »wenig hergibt«. Dafür ist dieses bisschen, das der Kellermeister Erich Migsich – nahezu ohne Technik, Zusätze, Filtration oder anderen Firlefanz –

Erich und Anni Migsich

WEINGUT MIGSICH
7042 Antau
Kleine Zeile 66
T: +43 (2687) 62253
office@migsich.at
www.migsich.at

Kellermeister/Kontakt:
Erich Migsich
Produktion: 40 % weiß, 5 % rosé, 50 % rot, 5 % süß, 20 Hektar
Zertifiziert: Nachhaltig Austria
Vereinszugehörigkeit:
Rosalia DAC
Messen: Alles für den Gast Salzburg, fafga Innsbruck, ProWein Düsseldorf, VieVinum, Wein Burgenland Präsentationen

entstehen lässt, die Quintessenz dessen, was einen ganz besonderen Wein ausmacht.

92 Chardonnay Primadonna 2021
13,5 Vol.-%, DIAM, Barrique, €€€€€
Mittleres Gelbgrün, Silberreflexe. Einladendes Bukett nach Vanille und Holzwürze, reife Tropenfrucht, kandierte Orangenschalen, Neue-Welt-Stil. Saftig, kraftvoll, Mangonoten, gelbe Tropenfrucht, etwas Karamell, floraler Nachhall, lang anhaltendes Finish.

90 Chardonnay 2022
13 Vol.-%, DV, Stahltank, €€€
Mittleres Gelbgrün, Silberreflexe. Honigmelone und Guaven, unterlegt mit einem Vanilletouch, dezente Holzwürze, ein Hauch von Orangenschalen. Mittlerer Körper, saftig, weiße Tropenfrucht, Gewürznuancen im Abgang, unkomplizierter Speisenbegleiter.

92 * »The Origin of Rosé« 2023**
12,5 Vol.-%, DV, Stahltank, €€€
Zartes Lachsrosa, Silberreflexe. Etwas nach Blütenhonig und Himbeeren, ein Hauch von Gewürzen, zarte Orangenzesten. Saftig, elegant, feine Säurestruktur, weißes Steinobst, Kirschfrucht im Abgang, salziger Rückgeschmack, bereits gut antrinkbar.

95 Merlot Nobody 2021
14,5 Vol.-%, DIAM, Barrique, €€€€€
Dunkles Rubingranat, violette Reflexe, zarte Randaufhellung. Feine Edelholzwürze, zart nach Brombeeren, ein Hauch von Orangenzesten, Vanille klingt an. Saftig, extraktsüß, ein Hauch von Nougat, süßes Tannin, Zwetschkentouch, schokoladiger Nachhall, guter Speisenbegleiter.

93 Blaufränkisch Grande Reserve 2020
19,5 Vol.-%, DIAM, Barrique, €€€€
Kräftiges Rubingranat, violette Reflexe, zarte Randaufhellung. Feine Kirschfrucht, etwas nach Brombeeren, ein Hauch von Kräutern, frisches Bukett, mit Holzwürze unterlegt. Saftig, elegant, feine Tanninstruktur, dunkles Waldbeerenkonfit, samtige Tannine, guter Speisenbegleiter.

93 Blauer Zweigelt Mister Zweigelt 2021
14,5 Vol.-%, DIAM, Barrique, €€€€€
Dunkles Rubingranat, violette Reflexe, zarte Randaufhellung. Dunkles Waldbeerenkonfit, etwas nach Erdbeeren, ein Hauch von Holznuancen, schokoladiger Touch. Saftig, engmaschig, samtiges Tannin, dunkle Kirschfrucht, Vanilletouch im Nachhall, vielschichtiger Speisenbegleiter mit Potenzial.

★★

WEINGUT PIRIBAUER

Die Wurzeln des Weinguts Piribauer liegen im Jahr 1859. Zu dieser Zeit kam die Familie Piribauer als Freibauern nach Neudörfl. Anfangs standen Landwirtschaft und der Weinbau im Mittelpunkt, in den 1930er-Jahren wurde der Heurige erstmals von Anton und Anna Piribauer eröffnet. 1985 übergaben die beiden den Betrieb ihrem Sohn Anton und dessen Frau Annamaria, die den Heurigen und das Traditionsweingut neu aufbauten und vor einigen Jahren an ihre vier Söhne Anton jun., Michael, Klemens und Lukas weitergaben. Die vier Brüder setzen nun die lange Tradition mit jungem und frischem Elan fort und finden gerade für den Weinbau beste Voraussetzungen.
An den Ausläufern des Rosaliengebirges und rund um das Wetterkreuz gedeihen die Reben der Piribauers. Die Nähe zu den Alpen beschert der Region kühle Nächte. Im Zusammenspiel mit der pannonischen Tageswärme gibt diese klimatische Besonderheit – auch »Cool Climate« genannt – den Trauben die Möglichkeit, komplexer zu reifen, und sorgt für einen der spätesten Erntezeitpunkte des Burgenlandes. Die vorwiegend von Muschelkalk und Löss geprägten tiefgründigen Sand- und Lehmböden bieten beste Bedingungen für charaktervolle Weine. Das Weingut punktet nicht nur mit seinen hervorragenden Rot- und Weißweinen. In den letzten Jahren wurde der Fokus vermehrt auf die hochwertige Herstellung von Rosés gelegt. Im Frühjahr 2018 erhielt die ehemalige »Großlage Rosalia« den Status eines DAC-Gebietes. »Districtus Austriae Controllatus«, kurz DAC, wird von regionalen Weinkomitees an jene Weine vergeben, die ihre Herkunftsregion in unverkennbarer Weise repräsentieren. In der Region ist das neben Blaufränkisch und Zweigelt eben auch der Rosé. Die vier Brüder sind mit vollem Herzen dabei, jeder Rebsorte das Beste zu entlocken.

WEINGUT PIRIBAUER

7201 Neudörfl
Hauptstraße 71
T: +43 (2622) 77291
office@piribauer.net
www.piribauer.net

Kellermeister: Anton Piribauer jun.
Kontakt: Anton Piribauer jun. und Klemens Piribauer
Produktion: 106.667 Flaschen 50 % weiß, 30 % rosé, 20 % rot, 18 Hektar
Vereinszugehörigkeit: Rosalia DAC
Messen: VieVinum, DAC-Präsentationen

Leidenschaft macht eben gute Weine – auf dieses Prinzip legt man besonderes Augenmerk. Jedem Wein seinen vollen Charakter zu entlocken und auch die sortenspezifischen Eigenschaften der Trauben zu erhalten, ist das Ziel. Die Weine sind für die Piri-Bros Bodenschätze, die Handwerk und Kultur, Historie und Gegenwart vereinen. Denn wie einst die Römer und Kelten, deren kulturelles und historisches Erbe noch immer tief in diesem Boden konserviert ist, kultivieren sie auf diesen Hügeln den Wein, in dem alle Schätze des Bodens vereint zutage befördert und trinkbar gemacht werden. Sie gehen für ihren Wein gerne in die Tiefe, denn nur so wird er zu einem besonders genussvollen Bodenschatz.

92 Sauvignon Blanc Pöttsching Ried Wetterkreuz 2023

13,5 Vol.-%, DV, Stahltank, €€

Helles Goldgelb, Silberreflexe. Feine Fruchtexotik, weißer Apfel, zart nach Litschis und Stachelbeeren. Komplex, saftig, weißes Kernobst, feiner Säurebogen, ein Hauch von reifer Birne im Abgang, saftiger Stil, mit Potenzial ausgestattet.

92 Chardonnay Pöttsching Ried Hohen Gieser 2022

14,5 Vol.-%, DIAM, Barrique, €€€

Helles Grüngelb, Silberreflexe. Zart nach Ringlotten, Mango und feinem Blütenhonig, mit einem Hauch von Mandarinenzesten unterlegt. Kraftvoll, saftig, reife Honigmelone, mineralisch und straff, etwas Blütenhonig im Nachhall, ein stoffiger Speisenbegleiter.

93 *** Alain 2023 ME

13,5 Vol.-%, DV, Holzfass, €€€

Helles Lachsrosa, silberfarbene Reflexe. Feine Kirschfrucht, ein Hauch von roten Waldbeeren, kandierte Orangenzesten, etwas Blütenhonig. Saftig, elegant, feine Fruchtaromatik nach Steinobst, finessenreicher Säurebogen, gut anhaftend, zeigt Länge, verfügt über Potenzial.

92 *** »The Origin of Rosé« 2023

13 Vol.-%, DV, Stahltank, €€€

Helles Lachsrosa, zarter Kupferschimmer. Rotbeerige Nuancen, ein Hauch von Kirschen, einladendes Bukett. Stoffig, weißer Pfirsich, frisch strukturiert, cremige Textur, feine Mineralik, saliner Abgang, bleibt gut haften.

92 Blaufränkisch * Pöttsching Ried Kogelhut 2021

13,5 Vol.-%, DIAM, 500-l-Fass, €€€

Kräftiges Karmingranat, violette Reflexe, breitere Randaufhellung. Zarte Kräuterwürze, ein Hauch von Cassis und Brombeeren, mit Nuancen von Nougat unterlegt. Mittlere Komplexität, rotbeeriger Touch, feine Tannine, mineralisch-salzig im Abgang, wird von Flaschenreife profitieren.

92 Ried Hohen Gießer 2021 ZW/ME/CF

13,5 Vol.-%, DIAM, Barrique, €€€

Kräftiges Rubingranat, violette Reflexe, breitere Ockerrandaufhellung. Zarte Röstaromen, Nuancen von Karamell, schwarze Kirschen, reife Zwetschken, etwas Nougat. Komplex, saftig, elegant, runde Tannine, kirschig auch im Abgang, ein stoffiger Speisenbegleiter.

PLATZ FÜR IHRE
WEINNOTIZEN

Aus den Trauben, die rund um Rust reifen, entstehen Weiß-, Rot- und
mit dem Ruster Ausbruch DAC Süßweine, die auf der ganzen Welt geschätzt werden

BURGENLAND

RUST

ERSTKLASSIGE SÜSSWEINE

Die wunderschöne Freistadt Rust am Westufer des Neusiedler Sees ist eine viel besuchte Touristenattraktion. In den Kellern der Winzer reift eine spezielle Rarität, der »Ruster Ausbruch«. Dieser edle Süßwein hat die Stadt reich und weit über ihre Grenzen hinaus bekannt gemacht.

Die sanften Hänge des Ruster Hügellandes umschließen die Stadt wie ein natürliches Amphitheater und verfügen über ein für den Weinbau optimales Kleinklima. Es wachsen hier sowohl erstklassige Weiß- als auch Rotweine, und das traditionell in einer enormen Sortenvielfalt. Diese Weine unterliegen nun auch den Leithaberg-DAC-Richtlinien.

Der bekannteste Wein wird allerdings aus Trauben erzeugt, die im Herbst vom Edelschimmel Botrytis cinerea befallen werden und dadurch einschrumpfen, was zu einer natürlichen Konzentration von Säure, Extrakt, Aromen und Zucker führt. Dieser Wein wurde schon im Mittelalter als »Ruster Ausbruch« bezeichnet und wird nun als Ruster Ausbruch DAC vermarktet. Er geht auf das Vorbild der edelsüßen Weine aus Tokaj zurück, in jener Zeit wahrscheinlich die teuersten Weine der Welt.

Auch die Ruster Winzerfamilien machte der Ausbruch reich, und so konnten sie sich zahlreiche Privilegien erkaufen, um ihre gesuchte Spezialität auch über die ungarischen Landesgrenzen hinaus verkaufen zu können. 1524 erteilte Königin Maria von Ungarn die Erlaubnis, die Ruster Ausfuhrfässer mit einem eingebrannten »R« zu kennzeichnen. Ein wichtiger Schritt für die Stadt, denn seit jeher ist Ruster Wein ein Garant für höchste Qualität. Auch heute noch findet man das »R« auf den Korken und Etiketten der Ruster Winzer. Die Stadt erkaufte sich im Jahr 1681 bei Kaiser Leopold I. das Stadtrecht, das sie mit »60.000 Gulden sowie 500 Eimern Ruster Ausbruch«, also mit umgerechnet 30.000 Litern des hochwertigen Weins bezahlte.

Seit 1991 steht in Rust die Weinakademie Österreich als Tochtergesellschaft der Österreich Wein Marketing mit eigenen Seminar- und Fortbildungsprogrammen Interessierten aus aller Welt offen.

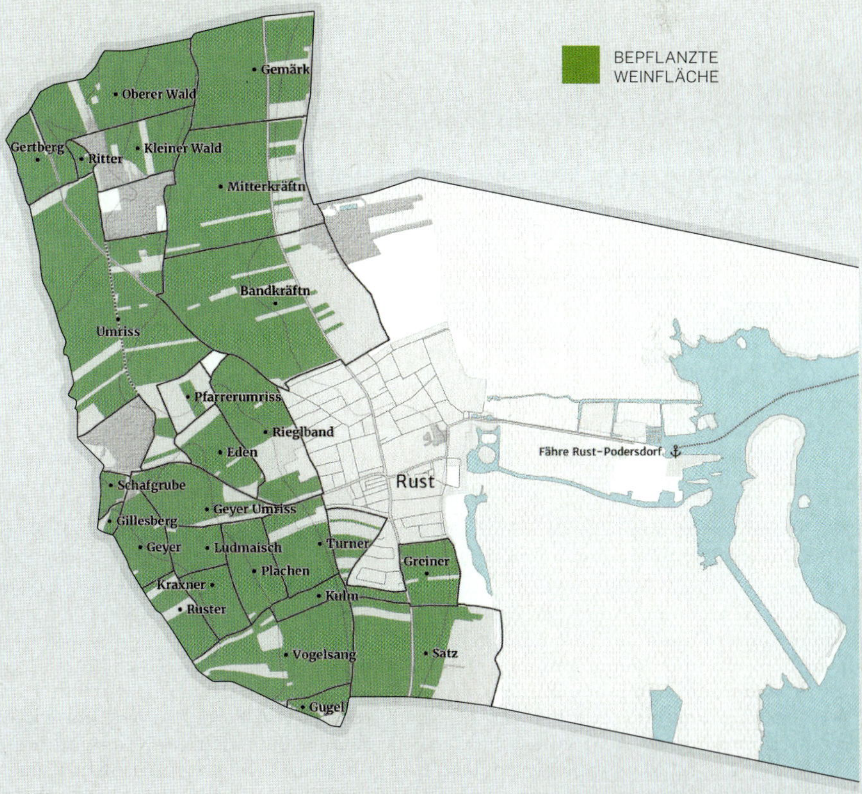

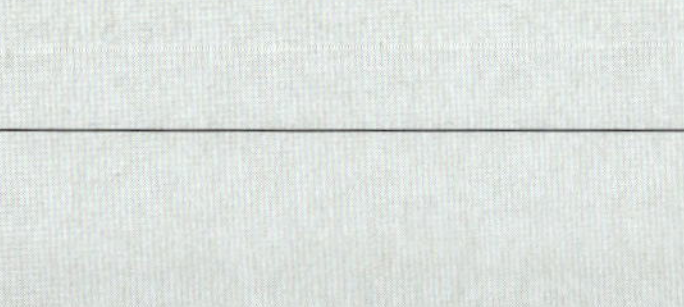

RUST

Österreich gesamt	**44.728 ha**
Weinbaugebiet Burgenland	**11.772 ha**
Ruster Ausbruch DAC	**412 ha**

AUSGEWÄHLTE WEINGÜTER

★★★★★

Weingut Ernst Triebaumer, Rust

★★★★

Weingut Feiler-Artinger, Rust
Günter + Regina Triebaumer, Rust

★★★

Weingut Ceel, Rust
Weingut Giefing, Rust
Kraft aus Rust, Rust

★★

Weingut Georg Seiler, Rust
Weinbau Tremmel, Rust

★★★

WEINGUT CEEL

Ceel (ungar. Szil) – so hieß der Ort Rust in der ersten urkundlichen Erwähnung im Jahr 1317. Ceel ist auch der Name eines der aufstrebendsten Weingüter der letzten Jahre. Ausgangspunkt ist ein traditionsreiches Gebäude im Stadtkern von Rust, gepaart mit einer Vision und Innovationsgeist von Markus Fischl, Franz Raith und Martin Kern. Perfekte geologische und klimatische Rahmenbedingungen in Kombination mit echtem Handwerk bei der Vinifikation lassen hier Weine auf Weltniveau entstehen. Herz und Kern des Weinguts sind Blaufränkisch auf Lehm, Syrah auf Schiefer-Verwitterungsböden und Chardonnay auf Kalk. Aus diesen handgeernteten Trauben werden durch puristische Vinifikation Weine mit einem Anspruch an höchste Qualität – dabei aber immer finessenreich, elegant und mit Trinkfreude ausgestattet. Diese Handschrift und Herkunft spiegelt sich in jeder Flasche von Ceel wider. Durch den Verzicht auf alle Kompromisse kann das Weingut bereits auf viele nationale und internationale Erfolge, wie den Sortensieg bei der Falstaff Rotweinprämierung mit ihrem Syrah Alte Reben 2015, zurückblicken und man findet die Weine auf den Karten der besten Restaurants in Österreich und der Welt. Tradition gepaart mit Innovation – das Weingut Ceel ist ein großes Zukunftsversprechen.

(93) Chardonnay Alte Reben 2022
13,5 Vol.-%, NK, Teilbarrique, €€€€€
Helles Strohgelb, Silberreflexe. Feine gelbe Tropenfrucht, zart nach Mango, frischer Apfel, mit einem Hauch von Blütenhonig unterlegt, einladendes Bukett. Saftig, elegant, feine Nuancen von Honigmelone, gut integrierte Säurestruktur, ausgewogen, feine Fruchtsüße im Nachhall, ein facettenreicher Begleiter bei Tisch.

90 Chardonnay Reserve 2022
13,5 Vol.-%, DV, 500-l-Fass, €€€
Helles Messinggelb, Goldreflexe. Zart nach gelbem Apfel, ein Hauch von Honigmelone, eher verhaltenes Bukett. Mittlerer Körper, weiße Birnenfrucht, frischer Säurebogen, mineralisch-zitroniger Abgang, lebendig und vielfältig einsetzbar.

(94) Blaufränkisch Alte Reben 2022
14 Vol.-%, NK, Teilbarrique, €€€€€ V
Dunkles Rubingranat, opaker Kern, violette Reflexe, zarte Randaufhellung. Nuancen von schwarzen Kirschen und Weichseln, mit dunklem Waldbeerenkonfit unterlegt, zart nussiger Touch. Kraftvoll, straff, engmaschig, reife Herzkirschen, runde Tannine, feines Nougat, mineralischer Nachhall, bleibt gut haften, ein frischer Begleiter bei Tisch.

(92) Blaufränkisch Reserve 2022
13,5 Vol.-%, DV, 500-l-Fass, €€€
Dunkles Rubingranat, violette Reflexe, breitere Ockerrandaufhellung. Zart kräuterwürzige Nuancen von Maulbeeren, etwas Sanddorn, eingelegte schwarze Kirschen. Am Gaumen rotbeerig, straffe Tannine, salzige Mineralik, frischer Säurebogen, zitroniger Touch im Nachhall, lebendiger Stil.

WEINGUT CEEL
7071 Rust
Hauptstraße 2
T: +43 (699) 10069331
office@weingut-ceel.at
www.weingut-ceel.at

Kellermeister/Kontakt:
Markus Fischl
Produktion: 80.000 Flaschen
30 % weiß, 65 % rot, 5 % süß
Vereinszugehörigkeit:
Cercle Ruster Ausbruch, Ruster Ausbruch DAC
Messen: ProWein Düsseldorf, VieVinum

Syrah

(94) Syrah Alte Reben 2022
14 Vol.-%, NK, Teilbarrique, €€€€€ V
Kräftiges Rubingranat, Ockerreflexe, dezente Randaufhellung. Dunkle Beerenfrucht, intensive Kräuterwürze, Nuancen von Preiselbeeren, zart nach Nougat und Kardamom. Komplex, rotbeerige Nuancen, seidige, tragende Tannine, gute Frische, saliner Nachhall, ein finessenreicher Speisenbegleiter, gutes Reifepotenzial.

(92) Syrah Reserve 2022
13,5 Vol.-%, DV, 500-l-Fass, €€€
Dunkles Rubingranat, violette Reflexe, zarte Randaufhellung. Gewürznoten, reife rote Kirschen, mit Brombeerkonfit unterlegt, zart nach kandierten Orangenzesten. Komplex, frische Herzkirschen, rote Waldbeeren, gut integrierte Tannine, mineralisch-salziger Nachhall, bereits gut antrinkbar.

(94) Redux Alte Reben 2022 BF/SY/CF
14 Vol.-%, NK, Teilbarrique, €€€€€ V
Tiefdunkles Rubingranat, opaker Kern, violette Reflexe, zarte Randaufhellung. Brombeeren, Cassis, schwarze Kirschen, zarte Kräuterwürze, Nuancen von Edelholz. Komplex, saftig, rote Kirschen, gut integrierte Tannine, mineralisch und frisch, bereits gut entwickelt, zeigt Länge und Reifepotenzial.

★★★★

WEINGUT FEILER-ARTINGER

BIO

Das Weingut Feiler-Artinger ist ein tief in der Region und der Freistadt Rust verwurzelter Familienbetrieb. 1936 legten Gustav und Karoline Feiler den Grundstein mit dem Kauf des barocken Bürgerhauses in der Hauptstraße 3. Mit viel Fleiß und Geschick wurde aus fast nichts ein wachsender und florierender Betrieb, der in den 1980er-Jahren schon 18 Hektar Rebfläche umfasste. In zweiter Generation führte Hans Feiler den Betrieb mit seiner Gattin Inge und seiner Schwester Gertrude Artinger, daher auch ab 1985 der Doppelname. Seit 1994 arbeitet auch Sohn Kurt Feiler im Betrieb mit. Gemeinsam mit seiner Frau Katrin ist er seit 2013 für das Weingut hauptverantwortlich.
Die Liebe zur Natur und deren Bewahrung und Erhaltung prägen seit jeher Denken und Handeln der Feilers. Eine naturnahe Bewirtschaftung der Weingärten ohne Herbizide und Pestizide war immer Standard. 2008 wurde dann mit der Umstellung auf biodynamische Bewirtschaftung

* Ruster Ausbruch DAC

WEINGUT FEILER-ARTINGER
7071 Rust, Hauptstraße 3
T: +43 (2685) 237
office@feiler-artinger.at
www.feiler-artinger.at
Kellermeister: Kurt Feiler
Kontakt: Katrin und Inge Feiler, Brigitte Conrad
Anbauweise: Biodynamisch (respekt)
Produktion: 120.000 Flaschen
7 % Schaumwein, 25 % weiß, 3 % rosé, 50 % rot, 15 % süß, 26 Hektar
Vereinszugehörigkeit: Leithaberg DAC, Renommierte Weingüter Burgenland, respekt-BIODYN, Cercle Ruster Ausbruch
Messen: Millésime Bio, VieVinum, DAC-Präsentationen, Summa Margreid, Wein Burgenland Präsentationen

(respekt-BIODYN) ein weiterer Schritt hin zu noch mehr Nachhaltigkeit und Naturverbundenheit gesetzt. Einzigartig ist auch die Mutterkuhhaltung im Weingarten. Die Kühe beweiden im Winter die Weingärten. Sie düngen und liefern auch Mist für eigenen Kompost sowie das biodynamische Präparat »Horn-Mist«.
Weltberühmt ist das Weingut Feiler-Artinger mit seinen herrlichen edelsüßen Kreszenzen, allen voran dem Ruster Ausbruch, geworden. Aber in Rust fühlt man sich der ganzen Weintrilogie Weiß-, Rot- und Süßwein verpflichtet, denn die klimatischen Voraussetzungen erlauben beste Ergebnisse auch bei trockenen Weiß- und Rotweinen. Die Spitze im Sortiment stellt der Ruster Ausbruch DAC dar. In einem großen Botrytis-Jahr wird es stets eine Trilogie der Süße geben: Vom exzellenten fruchtbetonten Ruster Ausbruch spannt sich der Bogen über den finessenreichen, eleganten Ruster Ausbruch »Pinot Cuvée« bis hin zum Ruster Ausbruch »Essenz«.

94 Neuburger Leithaberg DAC Rust Ried Umriss 2022
13,5 Vol.-%, DV, gebrauchte Barriques, €€€€ B V
Mittleres Strohgelb, Silberreflexe. Feine Kräuterwürze, frische Orangenschalen, ein Hauch von Ringlotten, attraktives Bukett. Saftig, feine gelbe Birnenfrucht, etwas Marille und Honigmelone, cremige, fruchtsüße Textur, kraftvoller Abgang, mineralisch-salzig im Nachhall, zeigt Länge und Potenzial, ein facettenreicher Speisenbegleiter.

91 Chardonnay Leithaberg DAC 2023
13,5 Vol.-%, DV, Stahltank, €€ B V
Helles Grüngelb, Silberreflexe. Anklänge von Golden-Delicious-Apfel, frische Wiesenkräuter, ein Hauch von Nougat. Mittlere Komplexität, feine Birnenfrucht, dezente Säurestruktur, feine Fruchtsüße, mineralisch und gut anhaftend, bereits entwickelt, vielfältig einsetzbar.

90 Pinot Blanc Leithaberg DAC 2023
13 Vol.-%, DV, Stahltank, €€ B V
Helles Grüngelb, Silberreflexe. Zartes gelbes Kernobst, ein Hauch von Birne, Nuancen von Lindenblättern, feines Bukett. Mittlere Komplexität, Nuancen von Apfel und Blütenhonig, dezente Säurestruktur, ein Hauch von Karamell im Abgang.

95 Blaufränkisch Leithaberg DAC Rust Ried Oberer Wald 2021
14 Vol.-%, NK, gebr. Barriques/Barrique, €€€€€ B V
Dunkles Rubingranat, opaker Kern, violette Reflexe, zarte Ockerrandaufhellung. Frische Herzkirschen, rotes Waldbeerenkonfit, zart nach Lakritze, mit kandierten Mandarinenzesten unterlegt. Stoffig und mit süßen Kirschen unterlegt, seidige Tannine, mineralisch, gute Frische, bleibt sehr gut haften, ein eleganter Speisenbegleiter, sicheres Reifepotenzial für viele Jahre.

93 Blaufränkisch Leithaberg DAC Rust Ried Ludmaisch 2021
14 Vol.-%, NK, gebrauchte Barriques/Barrique, €€€€€ B V
Kräftiges Rubingranat, violette Reflexe, dezente Ockerrandaufhellung. Feine Holzwürze, zart nach Kräutern, schwarze Herzkirschen, ein Hauch von Lakritze im Hintergrund. Stoffig, kräftig, reife Kirschen, zart nach Zwetschken, seidige Tannine, feine Extraktsüße, salzig-mineralisch im Abgang, bleibt haften, ein delikater Begleiter bei Tisch.

94 Solitaire 2021 BF/CS/ME
14 Vol.-%, NK,DV, Barrique/gebrauchte Barriques, €€€€€ B V
Kräftiges Rubingranat, violette Reflexe, breitere Ockerrandaufhellung. Feine Edelholzwürze, dunkle Beerenfrucht, Brombeeren, etwas Lakritze, noch etwas verhaltenes Bukett. Saftig, elegant, reife Herzkirschen, feine Tannine, mineralisch-salzig im Abgang, sehr gute Balance und Frische, zeigt Länge und gutes Reifepotenzial.

92 Zweigelt & More 2022
13 Vol.-%, NK, gebrauchte Barriques, €€€€ B V
Kräftiges Karmingranat, violette Reflexe, dezente Ockerrandaufhellung. Feinwürzig unterlegte Zwetschkenfrucht, rote Kirschen, rauchige Mineralik, einladendes Bukett. Mittlerer Körper, rotbeeriger Touch, frische Struktur, salziger Nachhall, ein leichtfüßiger Speisenwein.

★★★

WEINGUT GIEFING

Erich und Claudia Giefing bewohnen ein prächtiges »Weinbürgerhaus« im Zentrum von Rust. Das überaus dynamische Weingut wurde in den letzten Jahren aufgrund seiner Top-Qualität schnell an die Rotweinspitze Österreichs herangeführt. Besonders lagerfähige und ausdrucksstarke Reserveweine unterstreichen die Qualität des Angebots. Mit seinen Weinen von bis zu 60 Jahre alten Rebstöcken hat das Weingut bereits etliche nationale und internationale Preise gewonnen. Die Weinberge verfügen über exzellente, besonders lockere Böden, die großteils mit Kalksandstein und dem Ruster Schotter unterzogen sind. Die Trauben sind kleiner, die Schalen dicker, der Extrakt an Farbe und Geschmack ist dadurch höher. Die Top-Linie wird nur in besonders guten Jahren produziert. Hier werden keine Billigweine erzeugt, hier entsteht eine individuelle, charaktervolle Stilistik abseits jeglichen Mainstreams. Die Giefings bieten eine Idee, eine Vorstellung und den Geschmack ihrer Region.

93 Neuburger vom Ruster Kalk 2023
13,5 Vol.-%, DV, Stahltank, €€€ H
Mittleres Gelbgrün, Silberreflexe. Zarte Kräuterwürze, gelbe Tropenfrucht, ein Hauch von Honigmelone, etwas Mango, einladendes Bukett. Saftig, elegant, weißes Kernobst, dezente Säurestruktur, mineralisch und gut anhaftend, feine Fruchtsüße im Rückgeschmack.

93 Chardonnay Contessa 2022
13,5 Vol.-%, DV, kleines Holzfass, €€€€€
Helles Goldgelb, Silberreflexe. Feine Holzwürze, Nuancen von gelber Frucht, etwas Steinobst, mit Orangenzesten unterlegt. Kräftig, elegant, dezente Nuancen von Honigmelone, mineralisch und gut anhaftend, zart nach Karamell im Nachhall, zeigt Länge, ein stoffiger Begleiter bei Tisch.

91 Chardonnay vom Muschelkalk 2023
13,5 Vol.-%, DV, Stahltank, €€€ H
Helles Goldgelb, Silberreflexe. Zarte Wiesenkräuter, ein Hauch von Pfirsich und Birne, mit Nuancen von Limettenzesten unterlegt. Mittlerer Körper, zarte Fruchtsüße, etwas Honigmelone, wirkt leichtfüßig, fruchtiger Stil, bereits gut antrinkbar.

92 Furmint Ried Rieglband 2023
13 Vol.-%, DV, Stahltank, €€€€ H
Helles Goldgelb, Silberreflexe. Zart reduktives Bukett, feine Walnussnote, ein Hauch von frischer Birne, etwas Marzipan. Mittlere Komplexität, seidige Textur, feine Fruchtsüße, etwas Pfirsich, zarter Säurebogen, mineralischer Abgang, ein eleganter, vielfältig einsetzbarer Speisenbegleiter.

WEINGUT GIEFING
7071 Rust
Hauptstraße 13
T: +43 (2685) 379
giefing@wein-rust.at
www.wein-rust.at
Kellermeister/Kontakt: Claudia Giefing
Produktion: 20 % weiß, 2 % rosé, 73 % rot, 5 % süß, 16 Hektar
Zertifiziert: Nachhaltig Austria
Vereinszugehörigkeit: Cercle Ruster Ausbruch, Renommierte Weingüter Burgenland
Messen: ProWein Düsseldorf, VieVinum

Furmint

94 Blaufränkisch Ried Oberer Wald Reserve 2019
13,5 Vol.-%, NK, Barrique/Flaschenreifung, €€€€€
Kräftiges Karmingranat, Ockerreflexe, breitere Randaufhellung. Zarte Edelholznuancen, feine Kräuterwürze, ein Hauch von Preiselbeeren und Cassis, mit kandierten Orangenzesten unterlegt. Mittlere Komplexität, kräuterwürzig, rotbeerige Textur, präsente Tannine, extraktreich, salzige Mineralik im Abgang, ein straffer Speisenbegleiter mit weiterem Reifepotenzial.

92 Blaufränkisch Guter Roter 2018
13,5 Vol.-%, DV, Flaschenreifung/Barrique, €€€€
Dunkles Rubingranat, opaker Kern, zarte Ockerreflexe, dezente Randaufhellung. Tabakig unterlegte Kräuterwürze, schwarze Waldbeeren, reife Herzkirschen klingen an. Kraftvoll, saftig, reife Zwetschken, runde Tannine, mineralischer Abgang, feine Süße im Nachhall, ein vielseitiger, harmonischer Speisenbegleiter.

93 Marco Polo 2019 SY/ME/CS
13,5 Vol.-%, NK, Barrique/Flaschenreifung, €€€€€
Dunkles Rubingranat, opaker Kern, violette Reflexe, zarte Randaufhellung. Zarte Edelholzwürze, Nuancen von Brombeeren und Kräutern, mit Cassis und kandierten Orangenzesten unterlegt. Saftig, dunkle Beerenfrucht, schwarze Kirschen, feine Tannine, frisch strukturiert, mineralisch, ein lebendiger, gut balancierter Speisenbegleiter.

93 Cardinal 2019 BF/SL/CS
13,5 Vol.-%, NK, Flaschenreifung/Barrique, €€€€€
Dunkles Rubingranat, violette Reflexe, breitere Ockerrandaufhellung. Zart nach roten Waldbeeren, Herzkirschen, tabakige Kräuterwürze, mit kandierten Orangenzesten unterlegt. Komplex, straff, mineralische Textur, reife Tannine, salziger Abgang, ein würziger Speisenbegleiter.

91 St. Laurent Ried Umriss 2019
12,5 Vol.-%, DV, gebrauchte Barriques, €€€
Kräftiges Karmingranat, Ockerreflexe, dezente Randaufhellung. Zart rauchige Kräuterwürze, dunkle Waldbeeren, schwarze Kirschen, tabakige Nuancen. Mittlerer Körper, rotbeerige Textur, zarte Tannine, mineralisch und frisch, ein Hauch von Nougat, bietet unkomplizierten Trinkspaß.

89 Pinot Noir Ried Umriss 2019
13 Vol.-%, DV, gebrauchte Barriques, €€€

93 Chardonnay * 2018
10,5 Vol.-%, DV, Eichenfass, €€€€€
Kräftiges Gelbgold, Silberreflexe. Feine Botrytiswürze, Marillenkonfit, ein Hauch von Dörrfeigen, Aranzini und Nougat. Schlank, opulente Süße, wieder Dörrobstaromen, Honig im Nachhall, verfügt über gutes Reifepotenzial.

92 Gewürztraminer Auslese 2023
9,5 Vol.-%, DV, Stahltank, €€€
Leuchtendes Goldgelb, Silberreflexe. Attraktive Nuancen von Rosolio, zart nach Ananas und Dillspitzen, mit einem feinen Honigtouch unterlegt. Saftige Textur, Nuancen von reifem weißem Pfirsich, feiner Honigtouch auch am Gaumen, ausgewogen und bereits gut antrinkbar, bietet unkompliziertes Trinkvergnügen.

★★★

KRAFT AUS RUST

»Jedem Jahrgang seine Eigenheiten – jeder Sorte ihre Besonderheiten.« Unter diesem Motto produzieren die Mitglieder der Familie Kraft seit 1749 in ihrem Familienweingut im Herzen von Rust Weine, die sie als Produkt der Natur, nicht als Design des Kellermeisters sehen. Sie lassen der Natur freie Hand, verzichten auf künstliche Bewässerung, Herbizide und Kunstdünger, stattdessen setzen sie auf intensive Handarbeit – vom Rebschnitt über das Traubenteilen bis zur Handlese. In den Keller selbst kommen ihnen ausschließlich eigene Trauben aus eigenen Weingärten, sie arbeiten puristisch und halten sich zurück – es gibt keinen Vakuumverdampfer und keine Umkehrosmose. Die Weine reifen bis zu drei Jahre lang ausschließlich im Edelstahltank oder in Fässern aus zentraleuropäischer Eiche. Ihre Liebe zur Abwechslung lässt sie jährlich ein breites Repertoire abfüllen. In einigen der besten Lagen mit Seeblick am Hügelland, wie Geyer, Mariental, Bandkräften und Vogelsang, reifen traditionsreiche Sorten wie Furmint, Blaufränkisch, Chardonnay und Grauburgunder, aber auch Exoten, denen eine Vorreiterrolle zukommt, etwa Malbec und Rosenmuskateller, zu außergewöhnlichen Trauben mit ehrlichem Charakter heran. Am besten lassen sich die Weine bei einem Ausflug nach Rust im Shop am Conradplatz

KRAFT AUS RUST

7071 Rust
Conradplatz 11
T: +43 (664) 1206630
info@kraftausrust.at
www.kraftausrust.at

Kellermeister: Christoph Kraft
Kontakt: Christoph Kraft, Christine Kraft, Harald Kraft
Produktion: 10 % Schaumwein, 40 % weiß, 40 % rot, 10 % süß, 10 Hektar
Zertifiziert: Nachhaltig Austria
Messen: VieVinum, WEINmesse Berlin, WeinMüchen

Ried Plachen vor Rust

probieren. Man kann aber auch das Weingut besuchen und in aller Ruhe ein informatives Gespräch mit den Familienmitgliedern führen, während man die Störche bei ihrem Flug über die Dächer von Rust bewundern kann.

(92) Sauvignon Blanc Mana 2023
13 Vol.-%, DV, gebrauchte Barriques, €€€ V
Helles Strohgelb, Silberreflexe. Zart nach weißem Pfirsich, ein Hauch von Stachelbeeren, Nuancen von Mango und Blüten, mit frischen Orangenzesten unterlegt. Mittlerer Körper, grüner Apfel, frisch strukturiert, feine Fruchtsüße im Abgang, animierend und vielfältig einsetzbar.

(92) Furmint Weisse Erde 2022
12 Vol.-%, DV, kleines Holzfass, €€€€ V
Mittleres Gelbgrün, Silberreflexe. Nuancen von gelbem Pfirsich, rieslinghafte Petrolnoten, mit einem Hauch von Kletzen unterlegt. Mittlerer Körper, weiße Frucht, frischer Säurebogen, salzig-zitronig, mineralischer Nachhall, ein leichtfüßiger, eleganter Begleiter bei Tisch.

(91) Grauburgunder Memmbemm 2022
12,5 Vol.-%, DV, gebrauchte Barriques, €€€€ O V
Leuchtendes helles Kirschrosa, Orangereflexe. Zarte Kräuterwürze, Nuancen von Waldbeeren, eingelegte Kirschen, reife Birne, facettenreiches Bukett. Mittlerer Körper, weißes Kernobst, straff, feiner Gerbstoff, zitronig-mineralischer Nachhall.

(93) Kraft Werk No.19 2021 CS/ME
14,5 Vol.-%, DV, 500-l-Fass, €€€€ V
Tiefdunkles Rubingranat, opaker Kern, violette Reflexe, zarte Randaufhellung. Reife Zwetschken, feines Brombeerkonfit, ein Hauch von Gewürznelken, facettenreiches Bukett. Saftig, kraftvoll, rote Herzkirschen, feine Tannine, gute Frische, gewürzig im Abgang, etwas Kardamom im Nachhall, ein eleganter Speisenbegleiter.

(93) Plateau Ried Gertberg 2020 BF/SY/CF
14 Vol.-%, DV, 500-l-Fass, €€€€€ V
Tiefdunkles Rubingranat, opaker Kern, violette Reflexe, zarte Ockerrandaufhellung. Zart nach Lakritze, rote Herzkirschen, florale Nuancen, einladendes Bukett. Saftig, komplex, rote Waldbeeren, feine Fruchtsüße, seidige Tannine, zart nussige Würze im Abgang, mineralisch und anhaftend, vielfältig einsetzbar.

(92) Tannat Mons.ta 2022
14 Vol.-%, DV, 500-l-Fass, €€€€
Tiefdunkles Rubingranat, violette Reflexe, zarte Randaufhellung. Schwarze Waldbeeren, dezente Kräuterwürze, reife Zwetschken, mit etwas Cassis und kandierten Mandarinenzesten unterlegt. Saftig, elegant, frisch strukturiert, feine reife Tannine, rotbeerige Nuancen, mineralisch-salzig im Abgang, gutes Reifepotenzial.

★★

WEINGUT GEORG SEILER

BIO

Die Familie Seiler ist seit über 400 Jahren in Rust ansässig und war mit dem Weinbau immer eng verbunden. Es steht eine breite Palette von Sorten im Anbau. Bei den Weißweinen sind insbesondere die für Rust seit jeher typischen Sorten Furmint und Gelber Muskateller hervorzuheben, denen sich die Familie Seiler besonders verpflichtet fühlt. Aber auch mit dem Chardonnay Rieglband konnte man schon tolle Erfolge verbuchen. Im Rotweinbereich liegt der Schwerpunkt auf den typisch österreichischen Sorten Zweigelt und Blaufränkisch. St. Laurent, Pinot Noir, Cabernet Sauvignon und Cabernet Franc sowie neuerdings auch ein reinsortiger Merlot gehören ebenfalls zum Programm. Natürlich gibt es auch edelsüße Weine, allen voran den Ruster Ausbruch. Im Weingarten wird möglichst schonend gearbeitet, um optimales Lesegut für die Weinbereitung zu ernten. Da das Weingut in der Setzgasse schon aus allen Nähten platzte, wurde 2004 ein nun vollständig im Familienbesitz befindliches Bürgerhaus in der Altstadt von Rust mustergültig restauriert und für weinbauliche Zwecke adaptiert. Neben der neu errichteten Buschenschank beheimatet es jetzt die Räumlichkeiten für die Traubenverarbeitung und den Weinausbau. Die lange Liste der nationalen und internationalen Erfolge des Weinguts Georg Seiler würde hier den Rahmen sprengen.

(92) Chardonnay Ried Rieglband 2023
14 Vol.-%, DV, großes Holzfass, €€
Helles Grüngelb, Silberreflexe. Mit frischen Orangenzesten unterlegte Nuancen von gelbem Kernobst, zart nach Ringlotten, feiner Blütenhonig klingt an. Mittlere Komplexität, weiße Birne, feine Säurestruktur, gute Frische, bleibt haften, ein eleganter Speisenbegleiter.

91 Weißburgunder 2022
12 Vol.-%, DV, großes Holzfass, €€
Helles Gelbgrün, Silberreflexe. Zarte Nuancen von Pfirsich und Birne, floraler Touch, mit einem Hauch von Limetten unterlegt. Mittlere Komplexität, feine Kräuterwürze, zart nach Ananas, feiner Honigtouch, bereits gut entwickelt und antrinkbar.

(90) Blaufränkisch 2022
12,5 Vol.-%, DV, großes Holzfass, €€
Kräftiges Karminrot, Granatreflexe, breitere Ockerrandaufhellung. Zart nach reifen Zwetschken, dazu rote Herzkirschen und kandierte Orangenzesten, minzig-floraler Touch. Mittlerer Körper, wirkt leichtfüßig, rotbeeriger Nachhall, frisch und zugänglich, bietet unkompliziertes Trinkvergnügen.

94 Ruster Ausbruch DAC 2022 SÄ/CH/TR
12,5 Vol.-%, DV, Stahltank, €€€€€
Leuchtendes Gelbgold, Silberreflexe. Attraktiver Blütenhonig, reife Marille, mit Nuancen von gelber Tropenfrucht unterlegt, einladendes Bukett. Saftig, balanciert, seidige Textur, gut integrierte Süße, feiner Säurebogen, ein blitzsauberer Süßwein mit guter Länge, reifer Pfirsich im Nachhall, sicheres Zukunftspotenzial.

94 Beerenauslese 2022 TR/SÄ
12 Vol.-%, DV, Stahltank, €€€
Leuchtendes helles Goldgelb, Silberreflexe. Feine Botrytiswürze, ein Hauch von Dörrobst, reife gelbe Tropenfrucht, nach Ananas und Maracuja, zart nach Honig. Komplex, saftig, elegant, weißes Nougat, reifer gelber Pfirsich im Nachhall, gut eingebundene Süße, zeigt Länge und Potenzial.

WEINGUT GEORG SEILER
7071 Rust
Conradplatz 10
T: +43 (699) 12293228
office@weingut-seiler.at
www.weingut-seiler.at

Kellermeister/Kontakt: Georg Seiler
Anbauweise: Zertifiziert Biologisch (Austria Bio Garantie)
Produktion: 40 % weiß, 5 % rosé, 45 % rot, 10 % süß, 10.5 Hektar
Vereinszugehörigkeit: Cercle Ruster Ausbruch, Ruster Ausbruch DAC
Messen: VieVinum

92 Traminer Spätlese 2022
10,5 Vol.-%, DV, Stahltank, €€
Helles Goldgelb, Silberreflexe. Zart nach Rosenöl, ein Hauch von Maracuja, floral und attraktiv. Saftig, elegant, deutliche Fruchtsüße, reife Tropenfrucht, Honig und Litschis im Abgang, bleibt haften, wird von Flaschenreife profitieren.

★★

WEINBAU TREMMEL

Wer nach Rust kommt, merkt: Dieser Ort ist etwas Besonderes. Vorgängergenerationen haben hier ein kleines Juwel geschaffen. Von der Familie Tremmel werden hier zurzeit zehn Hektar Rebfläche in den verschiedensten Ruster Rieden bewirtschaftet. Das Mosaik an unterschiedlichen Böden ist Grundlage der Vielfalt. Seit jeher wird auf den Einsatz von Herbiziden verzichtet. Durch die Anwendung der Verwirrungsmethode bei der Bekämpfung des Traubenwicklers kann auch auf die Verwendung von Insektiziden verzichtet werden (»no sex for butterflies«).
Einige Sorten sind die besonderen Lieblinge des Betriebs und typisch für Rust: Furmint, Muskateller, Grauburgunder, Pinot Noir, Blaufränkisch (speziell aus den Rieden Bandkreftn und Mitterkreftn) sowie die edlen Ruster-Ausbruch-Weine. Eine Laune der Natur begünstigt die Entwicklung der Edelfäule in den Ruster Weingärten in einer einzigartigen Weise. Der geschichtsträchtige Süßwein hat den Bürgern schon viel Ansehen, Freiheit und Reichtum gebracht und ist dazu prädestiniert, den Ruster Weinen auch weiterhin Weltgeltung zu verleihen. Durch die ausgezeichnete Lagerfähigkeit baut er Brücken zwischen der Vergangenheit und der Zukunft. Die Familie Tremmel zeigt aber auch immer wieder ihr Können bei der Bereitung ihrer trockenen Weiß- und Rotweine.

(92) Furmint 2023
14 Vol.-%, DV, Stahltank, €€
Helles Gelbgrün, Silberreflexe. Zarte gelbe Birnenfrucht, ein Hauch von Wiesenkräutern, mit etwas Mango und Blütenhonig unterlegt, Orangenzesten klingen an. Mittlere Komplexität, reifer Golden-Delicious-Apfel, elegant und saftig, feiner Säurebogen, dezente Fruchtsüße im Abgang, gut entwickelt und vielfältig einsetzbar.

(92) Grauburgunder 2023
14 Vol.-%, DV, Teilbarrique, €€
Helles Grüngelb, Silberreflexe. Zart nach Wiesenkräutern, etwas zurückhaltend, frische Birnenfrucht, etwas Blütenhonig. Saftig, Nuancen von gelber Frucht, etwas Honigmelone, zarter Karamelltouch im Abgang, bleibt haften, verfügt über Kraft und Entwicklungspotenzial.

89 Sauvignon Blanc 2023
13 Vol.-%, DV, Stahltank, €€

88 Müller-Thurgau Tandaradei 2023
12 Vol.-%, DV, Stahltank, €€

92 Merlot 2020
14 Vol.-%, DV, gebrauchte Barriques, €€€
Dunkles Rubingranat, violette Reflexe, zarte Randaufhellung. Zart vegetale Kräuterwürze, rote Herzkirschen, etwas Lakritze, mit Orangenzesten unterlegt. Mittlere Komplexität, kräftig, rotbeerig, feine Tannine, mineralisch-salzig im Abgang, ein vielseitiger Speisenbegleiter.

WEINBAU TREMMEL
7071 Rust, Weinberggasse 19
T: +43 (2685) 368
tremmel@weinbau-tremmel.at
www.weinbau-tremmel.at
Kellermeister/Kontakt:
Harald Tremmel
Produktion: 40.000 Flaschen
45 % weiß, 45 % rot, 10 % süß, 10 Hektar
Zertifiziert: Nachhaltig Austria
Vereinszugehörigkeit:
Ruster Ausbruch DAC
Messen: Dornbirner Frühjahrs- und Herbstmesse, Forum Vini München, VieVinum, Vinobile Montfort, Weinmesse München, DAC-Präsentationen, Vinessio Weinmesse Starnberg, Wein Burgenland Präsentationen

* **Ruster Ausbruch DAC**

94 Ruster Ausbruch DAC 2021 WB/RR
10 Vol.-%, DV, Stahltank, €€€€€
Mittleres Gelbgold, Silberreflexe. Mit kandierten Orangenzesten unterlegte Botrytiswürze, feine Honignuancen, ein Hauch von reifen Quitten, facettenreiches Bukett. Saftig, opulente Süße, reifes Steinobst, dezenter Säurebogen, gelbe Tropenfrucht im Abgang, bereits gut entwickelt und antrinkbar.

★★★★★

WEINGUT ERNST TRIEBAUMER

Die Familie Triebaumer hat mit dem Blaufränkisch Mariental aus dem Jahr 1986 vor fast 40 Jahren eine neue Ära des österreichischen Rotweins eingeläutet. Heute steht ihnen das Wissen zur Verfügung, die Landwirtschaft als einen tragenden Teil einer enkeltauglichen Wirtschaftsweise zu entwickeln. Großzügige Steigerung der Artenvielfalt und die dadurch angekurbelte Biomasseproduktion auf der Fläche beruhigen das monokulturelle »Bauchweh« auf allen Ebenen. Durch ihr Zulassen kommt der natürliche Kreislauf von sich aus wieder in Schwung. Der ganzjährige Arbeitseinsatz ihrer Schafherde hebt den Energiepegel in den Anlagen auf ein ganz neues Niveau. Vielfalt bedingt eine Stabilität, von der die Reben und die darauf reifenden Trauben voll erfasst werden. Diese Wachstumsbedingungen für die Trauben, das Herausfinden des perfekten Erntezeitpunkts, selektive Handlese mit höchstem Anspruch und Naturhefen sind die Grundlage für eine Vinifikation, die auf Handwerk, Zeit und Urvertrauen beruht und vor Lebensfreude und Eigenständigkeit strotzende Weine für Jahrzehnte hervorbringt.
Um die innere Schönheit der Jungweine ohne jegliches Eingreifen zu entwickeln und zu erhalten, nutzt Familie Triebaumer in ihren traditionellen Kellern größtenteils Holzfässer. Diese haben ein Fassungsvolumen von 300 bis 5.000 Litern und ermöglichen es den Weinen, aus eigenem Antrieb ihre Entwicklungsprozesse zu durchschreiten, um zu ihrer Mitte zu finden. Nach der jeweiligen Ausbauzeit werden sie schonend zusammengezogen. Alle Rotweine und die »Urwerk«-Linie können unfiltriert gefüllt werden, da sie ausreichend Zeit zur Sedimentation hatten. Mit der Gesamtheit ihrer Arbeit legen die Triebaumers das Fundament für Weine, mit denen das volle Spektrum der Ruster Böden und ihrer Rebsorten – allen voran des Blaufränkisch – ungeschönt mit der vollen inneren Spannung, Struktur und Tiefgründigkeit Schluck für Schluck erlebbar wird.

WEINGUT ERNST TRIEBAUMER
7071 Rust, Raiffeisenstraße 9
T: +43 (2685) 528
office@ernst.triebaumer.com
www.triebaumer.com
Kellermeister: Herbert und Gerhard Triebaumer
Kontakt: Claudia und Stephanie Triebaumer
Produktion: 133.333 Flaschen
20 % weiß, 75 % rot, 5 % süß,
18 Hektar
Vereinszugehörigkeit:
Cercle Ruster Ausbruch, Renommierte Weingüter Burgenland
Messen: Wein Burgenland Präsentationen

95 Chardonnay Ried Bandkräftn 2021
13,5 Vol.-%, NK, Holzfass, €€€€€ B H
Helles Grüngelb, Silberreflexe. Feine reduktive Würze, einladende Nuancen von gelber Frucht, zart nach Apfel, etwas Mango, mineralischer Touch, feines Bukett. Komplex, straff, feines Kernobst, zarte Säurestruktur, salziger Nachhall, gute Länge, sicheres Reifepotenzial.

97 Blaufränkisch Ried Mariental Reserve 2021
13,5 Vol.-%, VL, Holzfass, €€€€€€ B
Tiefdunkles Rubingranat, violette Reflexe, zarte Randaufhellung. Engmaschiges Bukett, feine Kräuterwürze, reife Kirschfrucht, schwarze Beeren, ein Hauch von Nougat. Gute Komplexität, straff, frische Säurestruktur, gut eingebundene Tannine, mineralisch, Herzkirschen im Abgang, vielschichtig und lang anhaltend, ein facettenreicher Speisenbegleiter.

95 Blaufränkisch Ried Oberer Wald 2021
13,5 Vol.-%, NK, Holzfass, €€€€€ B
Dunkles Rubingranat, schwarzer Kern, violette Reflexe, breitere Randaufhellung. Reife Kirschfrucht, etwas nach Veilchen und frischer Blutorange, ein Hauch von Brombeeren, würziger Touch. Komplex, feinwürzig, extraktsüß nach Cassis, zarte Nougatnoten, tragendes Tannin, Holzwürze im Finish, vielschichtiger Speisenbegleiter.

92 Blaufränkisch Ried Gemärk Reserve 2021
13 Vol.-%, NK, Holzfass, €€€ B
Dunkles Rubingranat, violette Reflexe, zarte Randaufhellung. Feine Wiesenkräuter, zarte Holzwürze, schwarzes Waldbeerenkonfit, schokoladiger Touch, einladendes Bukett. Frisch und lebendig, gut eingebundene Säurestruktur, feinwürzig, rote Kirschfrucht im Abgang, bereits gut antrinkbar.

★★★★

GÜNTER + REGINA TRIEBAUMER

Low tech – high effort«, so lautet die Devise von Günter und Regina Triebaumer. Aufbauend auf der Ruster Kernkompetenz – Blaufränkisch, Furmint und Gelber Muskateller sowie Ruster Ausbruch – wird hier in der altehrwürdigen Freistadt Rust Weinbau mit Vernunft, Herzblut und Bodenhaftung betrieben. Die Triebaumers produzieren Weine, die dem Burgenland stets eindeutig zuordenbar sind und auch bleiben. Dabei setzen sie Erfahrungen aus vielen Jahren im internationalen Wein- und Gastronomie-Fachhandel, in Import und Export, in der Weinakademie Österreich sowie von ausgedehnten Weinreisen um. Die »burgundischen« Strukturen – 24 Hektar auf 45 Parzellen – sind historisch bedingt. Der Blaufränkisch ist mit acht Hektar der souveräne »Chef«: sowohl klassisch, fein-kirschfruchtig als auch vielschichtig-gewürzig in Form der Blaufränkisch-Reserve. Mit dem ersten Ertrag der kalkigen Spitzenriede Oberer Wald stand gleich einmal der Gewinn der »Falstaff Reserve Trophy« für den Jahrgang 2009 ins Haus. Und mit der kalkfreien Silikatlage Plachen haben die Triebaumers auch noch einen zweiten großen Blaufränkisch im Sortiment. Ohne Zweifel ist der Ruster Ausbruch die älteste, ohne Unterbrechung gepflegte Herkunftsbezeichnung für Wein in Österreich. Im Hause Triebaumer wird dieser konzentrierte Charaktersüßwein stets aus dem verlässlichen Welschriesling angestrebt. Aber auch der »Muscato« – ein leichter, beschwingter Perlwein aus Gelbem Muskateller nach der Asti-Methode – verdient gewiss besondere Erwähnung.

GÜNTER + REGINA TRIEBAUMER
7071 Rust
Neuegasse 18
T: +43 (676) 4728288
weingut@triebaumer.at
www.triebaumer.at

Kellermeister: Günter Triebaumer
Kontakt: Günter und Regina Triebaumer
Produktion: 130.000 Flaschen
30 % weiß, 60 % rot, 10 % süß,
24 Hektar
Zertifiziert: Nachhaltig Austria
Messen: ProWein Düsseldorf, VieVinum

Blaufränkisch

* Ruster Ausbruch DAC

94 Furmint Ried Geyerumriss 2023
13 Vol.-%, DV, Barrique/Stahltank, €€€€€ Ⓥ
Helles Goldgelb, Silberreflexe. Mit feiner Schiefermineralik unterlegte Nuancen von gelber Frucht, nach Birne und Papaya, zarter Blütenhonig, Noten von kandierten Mandarinenzesten. Saftig, elegant, zarte Extraktsüße, feiner Säurebogen, pikant und gut anhaftend, mineralisch-salzig, sehr gute Länge, sicheres Reifepotenzial.

91 Furmint Rust 2023
13 Vol.-%, DV, Stahltank, €€€ Ⓥ
Helles Gelbgrün, Silberreflexe. Feine Kräuterwürze, etwas nach Birne, ein Hauch von Steinobst, floraler Touch, frisches Bukett. Mittlerer Körper, wirkt leichtfüßig, mineralisch, Zitrustouch, weiße Tropenfrucht im Abgang, guter Speisenbegleiter.

98 Blaufränkisch Ried Plachen 2021
14,5 Vol.-%, DV, gebrauchte Barriques/Stahltank, €€€€€€ Ⓥ
Tiefdunkles Rubingranat, violette Reflexe, zarte Randaufhellung. Einladendes Bukett, nach kandierten Veilchen, dazu zarte Röstaromen, ein Hauch von Nougat und schwarzen Herzkirschen. Komplex, vielschichtig, Brombeernoten, zarte Tanninstruktur, feinwürzig, dezente Fruchtsüße, bleibt sehr gut haften, unglaublicher Trinkfluss, sicheres Reifepotenzial.

97 Blaufränkisch Ried Oberer Wald 2020
13,5 Vol.-%, DV, gebrauchte Barriques/Stahltank, €€€€€€ Ⓥ
Tiefdunkles Rubingranat, opaker Kern, violette Reflexe, zarte Randaufhellung. Zart nach Zwetschken und Brombeeren, unterlegt mit Kräutern, ein Hauch von Orangenschalen, floraler Touch. Komplex, fruchtsüß, reife Kirschfrucht, dunkle Beeren, engmaschig, bleibt sehr gut haften, sicheres Entwicklungspotenzial.

93 Blaufränkisch Reserve 2021
14,5 Vol.-%, DV, Stahltank/gebrauchte Barriques/großes Holzfass, €€€€€ Ⓥ
Dunkles Rubingranat, violette Reflexe, zarte Randaufhellung. Mit feinen Holznuancen unterlegte Noten von reifen Zwetschken, ein Hauch von Kräutern, Vanilletouch, Orangenzesten klingen an. Saftig, extraktsüß, feine Tabaknuancen, schwarze Beerenfrucht, samtiges Tannin, guter Speisenbegleiter mit Potenzial.

94 Cabernet Franc Ried Gillesberg 2021
14,5 Vol.-%, DV, Barrique, €€€€€ Ⓥ
Tiefdunkles Rubingranat, schwarzer Kern, violette Reflexe, zarte Randaufhellung. Dunkles Waldbeerenkonfit, etwas nach Brombeeren, feine Nougatnuancen, frische Orangenschalen. Saftig, engmaschig, schokoladiger Touch, reife Kirschfrucht, lang anhaltend, fruchtsüß im Abgang, salziger Nachhall, vielschichtig und gut strukturiert, tolles Reifepotenzial.

93 Weite Welt 2021 CF/CS/SY/ME
14,5 Vol.-%, DV, gebrauchte Barriques, €€€€€ Ⓥ
Tiefdunkles Rubingranat, violette Reflexe, zarte Randaufhellung. Feine Tabakwürze, einladendes dunkles Waldbeerenkonfit, ein Hauch von Gewürzen, mit Zartbitterschoko unterlegt. Gute Komplexität, engmaschig, samtige Tanninstruktur, rote Waldbeeren im Abgang, vielfältig einsetzbar.

95 * Cuvée 2022 BO/GM
8 Vol.-%, DV, Stahltank, €€€€€ Ⓥ
Leuchtendes kräftiges Goldgelb, Silberreflexe. Reifer gelber Pfirsich, feiner Honigtouch, einladendes Bukett. Stoffig, weiße Tropenfrucht, finessenreicher Säurebogen, gut integrierte Süße, mineralisch-zitronig unterlegt im Abgang, bleibt sehr gut haften, besitzt Länge und sicheres Reifepotenzial.

93 Beerenauslese 2022 SB/WR/BO
12 Vol.-%, DV, Stahltank, €€€€€ Ⓥ
Helles Goldgelb, Silberreflexe. Frisches Steinobst, ein Hauch von Ananas, floraler Anklang, mit feinem Blütenhonig unterlegt. Schlank, weißer Pfirsich, rassiger Säurebogen, dezente Süße, mineralisch, Limetten im Nachhall, zart salziger Rückgeschmack, animierender Stil.

95 Gelber Muskateller * 2022
10,5 Vol.-%, DV, Stahltank, €€€€€ Ⓥ
Mittleres Gelbgold, Silberreflexe. Zart nach Holunderblüten und Muskatnuss, weiße Tropenfrucht, zart nach Litschis und Pfirsich, Limetten, sehr verführerisches Bukett. Straff, engmaschig, weißes Steinobst, feine Süße, rassiges Säurekleid, energisch und anhaftend, leichtfüßig und delikat, bereits jetzt gut antrinkbar, ein Trinkdessert.

PLATZ FÜR IHRE
WEINNOTIZEN

Die südsteirischen Weinberge in der Nähe von Gamlitz

STEIERMARK

STEILE HÜGEL UND KÜHLES KLIMA

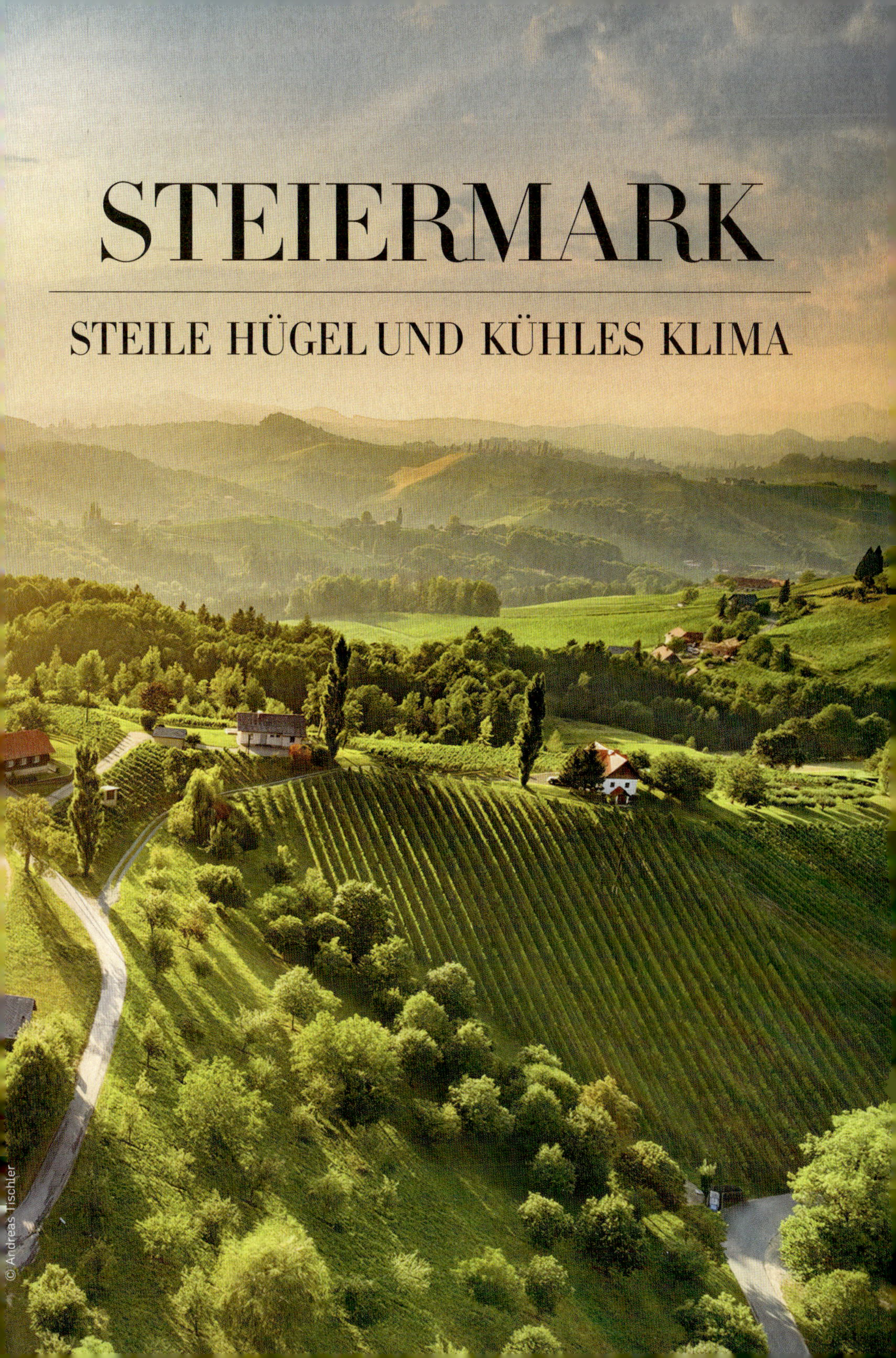

© Andreas Tischler

DAS MEKKA DER FRISCHEN WEISSEN

Es gibt sicherlich Weinbaugebiete, in denen wuchtigere und vor allem alkoholischere Weine reifen. Aber es gibt auf der ganzen Welt keine frischeren, brillanteren und daher auf elegante Weise herkunftstypischeren Gewächse als im Süden der Steiermark. Damit sind übrigens alle drei steirischen Weinbaugebiete mit ihren unvergleichlichen Spezialitäten auf 5.086 Hektar gemeint, die mehr oder weniger im Süden des Bundeslandes liegen.

Im Westen dieses auch landschaftlich einzigartigen Hügellands dominiert der Schilcher, jener pikante Rosé, der mit seiner typischen Schiefernote einer der ausgeprägten Terroirweine des Landes ist. Im Sausal und an der Südsteirischen Weinstraße geben Sauvignon Blanc und Muskateller den Ton an, während im südöstlichen Vulkanland neben den Burgundern und dem Sauvignon Blanc der Traminer als echtes Juwel für den Kenner funkelt. Der am weitesten verbreitete steirische Wein, der Welschriesling, hat mit seinem an grüne Äpfel erinnernden Bukett viel mehr Anhänger, als sich so mancher Weinkritiker träumen lässt. Wer etwas mehr Körper will, ist mit der Pinotfamilie gut beraten. Hier überzeugt der Weißburgunder von kalkreichen Böden mit raffinierter Mineralik. Der Chardonnay, in der Steiermark auch Morillon genannt, kann bei aller Frische mitunter schon kräftig ausfallen und wie die besten Grauburgunder (Ruländer, Pinot Gris) auch durch längere Lagerung zulegen.

Beginnend mit dem Weinjahrgang 2018 verfügt die Steiermark nun über ein neues Herkunftssystem. Dieses gliedert sich nun entsprechend den drei steirischen Weinbaugebieten in Südsteiermark DAC, Vulkanland Steiermark DAC und Weststeiermark DAC. Innerhalb der jeweiligen

DAC-Gebiete sind die Weine in einer Pyramide – gebildet von Gebietsweinen, Ortsweinen und Riedenweinen – gegliedert, denen wiederum sowohl entsprechende Rebsorten und Erstausgabetermine zugeordnet sind. Für alle DAC-Weine ist Handlese verpflichtend!
Von Haubenrestaurants bis hin zu urigen Buschenschanken in bezaubernder Landschaft hat die Steiermark auch einiges zu bieten, und in den letzten Jahren kommen auch immer mehr Hotels und Gästezimmer dazu, die auf sehr hohem Niveau einen wunderbaren Urlaub garantieren. Die bezaubernde Landschaft lädt zu schönen Wanderungen und Radtouren ein, aber auch kulturell gibt es einige Attraktionen, die man sich nicht entgehen lassen sollte. Auf www.gutfinden.at entdeckt man viele Adressen, die die Steiermark zu einem sehr attraktiven Ziel für Genussfreunde machen.

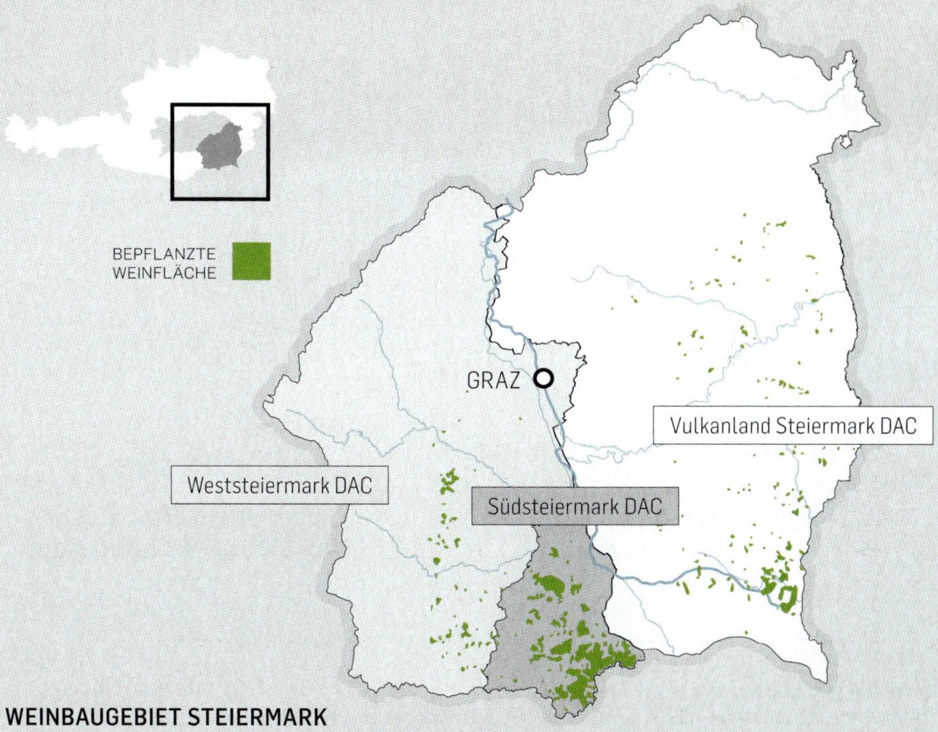

WEINBAUGEBIET STEIERMARK

Österreich gesamt	**44.728 ha**
Weinbaugebiet Steiermark	**5.086 ha (11,4%)**

SPEZIFISCHE WEINBAUGEBIETE	
Südsteiermark DAC	2.788 ha
Vulkanland Steiermark DAC	1.657 ha
Weststeiermark DAC	641 ha

Weißweinfläche insgesamt	**4.069 ha**	**(80 %)**
Sauvignon Blanc	929 ha	(18,3 %)
Welschriesling	773 ha	(15,2 %)
Weißburgunder	690 ha	(13,6 %)
Muskateller	549 ha	(10,8 %)
Chardonnay	385 ha	(7,6 %)

Rotweinfläche insgesamt	**1.017 ha**	**(20 %)**
Blauer Wildbacher	518 ha	(10,2 %)
Zweigelt	296 ha	(5,3 %)
Merlot	21 ha	(0,4 %)
Pinot Noir	20 ha	(0,4 %)
Blaufränkisch	9 ha	(0,2 %)

STEIERMARK

SÜD-STEIERMARK

DAC

Die Südsteiermark wird oft als die »Steirische Toskana« bezeichnet, steile Hügel, hier bei Tillmitsch, prägen die Landschaft

Ried Lubekogel bei Leutschach

SAUVIGNON BLANC & CO AUS DEM SÜDLICHEN HÜGELLAND

Die Südsteiermark steht für duftige, frische Weine, vor allem aus der Leitsorte Sauvignon Blanc. Doch auf den 2.788 Hektar Rebfläche ist genügend Platz für ein breites Sortenspektrum vom Welschriesling über Morillon und Muskateller bis zum Traminer. Hier ist Weinbau allerdings Schwerarbeit, sind doch die meisten Weingärten extreme Steilhänge. So vielschichtig wie die Rebsorten sind auch die Böden, die im Weinbaugebiet Südsteiermark zur Verfügung stehen, von Sand und Schiefer bis zu Mergel und Muschelkalk.

Feuchtwarmes mediterranes Klima bestimmt den langen Vegetationsverlauf, kühle Nächte fördern die Entwicklung einer reichhaltigen Aromatik, die den Weißweinsorten zu Nuancenreichtum und Noblesse verhilft. Vom schlanken, fruchtbetonten Jungwein – als »Junker« einer der Vorboten des neuen Jahrgangs – über die elegante Klassiklinie bis zu hochreifen, extraktreichen Lagenweinen spielen die Winzer ihre Stärken aus. Speziell die Rebsorte Sauvignon Blanc konnte sich im Zuge der kontinuierlichen Weiterentwicklung an die Spitze emporarbeiten, und heute gehören Sortenvertreter aus der Südsteiermark zur Weltklasse. Dass dies auch in Zukunft so bleibt, garantiert eine äußerst aufgeschlossene Winzerschaft, die auf Reisen und bei Praxisaufenthalten in der Weinwelt Erfahrungen gesammelt hat. Doch auch die Weinbauschule in Silberberg trägt in Theorie und Praxis dazu bei, Nachwuchswinzer mit besten Qualifikationen auszustatten.

Das Gebiet ist nun ebenfalls in den erlauchten Kreis der DAC-Herkünfte aufgenommen worden und verfügt mit Sauvignon Blanc, Morillon, Weißburgunder, Grauburgunder, Welschriesling, Gelbem Muskateller, Riesling und Traminer über eine tolle Sortenvielfalt. Als Ortsweine dürfen solche aus Ehrenhausen, Gamlitz, Leutschach, Eichberg oder Kitzeck-Sausal vermarktet werden. Klingende Namen von Lagen wie Czamillonberg, Pössnitzberg, Kranachberg, Hochgrassnitzberg, Steinriegel, Kittenberg, Nussberg, Obegg oder Zieregg wecken Assoziationen zu den entsprechenden Top-Weinen. Diese haben mittlerweile längst auf den Weinkarten der regionalen Gastronomie Einzug gehalten und sorgen auch international für Aufsehen. Erzherzog Johann, ein Enkel der Kaiserin Maria Theresia und Weinbaupionier mit für seine Zeit »europäischem« Weitblick in Sachen Weinkultur, dessen Spuren bis heute im Gebiet nachvollziehbar sind, wäre stolz auf seine südsteirischen Winzer.

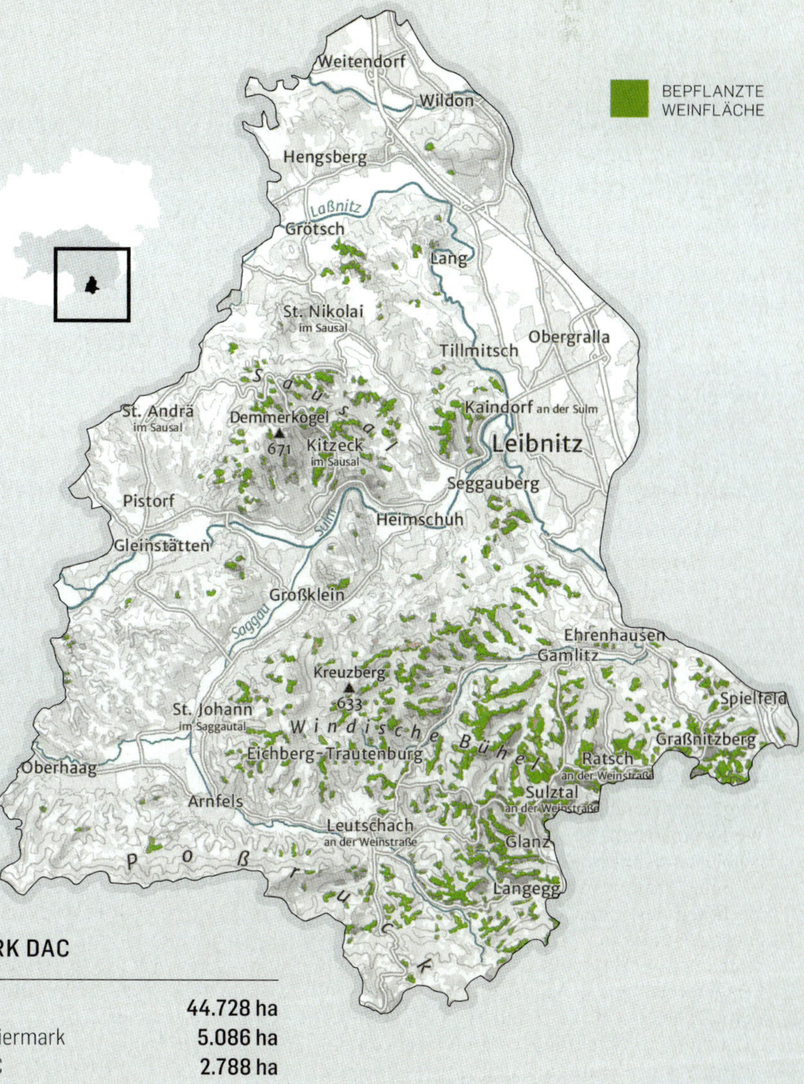

SÜDSTEIERMARK DAC

Österreich gesamt	**44.728 ha**
Weinbaugebiet Steiermark	**5.086 ha**
Südsteiermark DAC	**2.788 ha**

AUSGEWÄHLTE WEINGÜTER

★★★★★

Weingut Gross, Ehrenhausen an der Weinstraße
Weingut Lackner-Tinnacher, Gamlitz
Weingut Erwin Sabathi, Leutschach a. d. Weinstraße
Familienweingut Sattlerhof, Gamlitz
Familienweingut Tement, Ehrenhausen

★★★★

Weingut Daniel Jaunegg, Leutschach a. d. Weinstraße
Weingut Kodolitsch, Leibnitz
Weingut Wolfgang Maitz, Ehrenhausen an der Weinstraße
Weingut Muster.Gamlitz, Gamlitz
Weingut oberGuess,Leutschach
Weingut Polz, Strass in der Steiermark
Weingut Hannes Sabathi, Gamlitz
Weingut Skoff Original – Walter Skoff, Gamlitz
Weingut Peter Skoff – Domäne Kranachberg, Gamlitz
Weingut Wohlmuth, Kitzeck im Sausal
Ewald Zweytick Wein, Ehrenhausen

★★★

Weingut Adam – Lieleg, Leutschach a. d. Weinstraße
Weingut Elsnegg, Gamlitz
Weingut Felberjörgl, Kitzeck
Weingut R & R Gerngross, Sausal
Domaines Kilger, Gamlitz
Weingut Masser, Leutschach
Weingut Pongratz Kranachberg, Gamlitz - Kranachberg
Weingut Potzinger, Gabersdorf
Weingut Primus, Grassnitzberg-Spielfeld
Weingut Regele, Ehrenhausen
Weingut Riegelnegg - Olwitschhof, Gamlitz
Weingut Schauer, Kitzeck
Weingut Strauss Gamlitz, Gamlitz
Weingut Tschermonegg, Leutschach

★★

Weingut Branigg, Kitzeck im Sausal
Weingut Brolli-Arkadenhof, Gamlitz
Weingut Firmenich, Ehrenhausen an der Weinstraße
Familienweingut Oberer Germuth, Leutschach
Hirschmugl - Domaene am Seggauberg, Leibnitz
Weingut Noemi, Kitzeck im Sausal
Weingut Familie Repolusk, Leutschach a. d. Weinstraße
Landesweingut Silberberg, Leibnitz
Weingut J. und A. Skringer, Leutschach a. d. Weinstraße
Sanfter Weinbau Maria und Hannes Söll, Gamlitz

★

Weingut Marko - Der Weinstricker, Leutschach
Weingut Johann Schneeberger, Heimschuh
Weingut Wruss, Gamlitz

Silberberg bei Leibnitz

WEINGUT ADAM – LIELEG
8463 Leutschach an der Weinstraße
Kranach 78
T: +43 (650) 7406175
weingut@adam-lieleg.at
www.adam-lieleg.at

Kellermeister/Kontakt: Florian Adam-Lieleg
Produktion: 5 % Schaumwein, 85 % weiß, 1 % rosé, 9 % rot, 15 Hektar
Vereinszugehörigkeit: SIEME Weingüter
Messen: VieVinum, DAC-Präsentationen

Liane, Mathias, Florian und Manfred Adam-Lieleg

★★★

WEINGUT ADAM – LIELEG

Das Weingut Adam-Lieleg wird seit 1893 als Familienbetrieb geführt und liegt im Herzen der Südsteiermark am Eichberg. Mittlerweile ist mit Florian und Mathias die fünfte Generation auf dem Hof für den Wein verantwortlich. Zurzeit arbeiten drei Generationen Hand in Hand an d Mission, nämlich Weine mit einem klaren Herkunftsprofil zu produzieren. Harmonisches, nachhaltiges Arbeiten und das Verständnis, mit der Natur und ihren Besonderheiten umzugehen, sind die Grundpfeiler, um charakterstarke Weine mit höchstem Trinkgenuss herzustellen. Das geht in den Steillagen des Familienweinguts natürlich nur mit aufwendiger Handarbeit. Ein Ergebnis dieser Hingabe: Das Weingut wurde 2023 zum Sauvignon-Blanc-Weltmeister gekürt.

Der Hauptteil der Reben wächst am Eichberg und in Leutschach, wo die Böden vor allem von Schotter und Opok geprägt sind. Von diesen beiden Ortswein-Regionen kommt somit der Großteil der Trauben für die Gebietsweine, die mit ihrer Frucht und Trinkfreude bestechen. Die Nähe zu den Alpen sowie der Konglomerat- und Schotterboden sind wichtige Faktoren, die den Ortswein Eichberg strahlen lassen. Weine vom Eichberg überzeugen mit Eleganz, Frische und Mineralik. Die wichtigsten Einzellagen des Weinguts sind die Monopollagen Ried Gottscheber und Ried Oberer Kranachberg, so wie die Rieden Czamillonberg und Wurzenberg, die durch ihre Individualität glänzen.

94 Morillon * Ried Wurzenberg Kapelle 2021

13 Vol.-%, NK, Barrique, €€€€€ V

Helles Grüngelb, Silberreflexe. Zart nach Karamell und weißem Nougat, mit gelber Tropenfrucht unterlegt, ein Hauch von Ananas und Mango. Mittlerer Körper, elegant, balanciert, feine cremige Textur, zarte Süße im Abgang, bleibt haften, leichtfüßiger, animierender Stil.

94 Sauvignon Blanc * Ried Gottscheber 2021

13 Vol.-%, NK, 500-l-Fass, €€€€€ V

Helles Grüngelb, Silberreflexe. Zarte Röstaromen, gelbe Tropenfrucht, Nuancen von frischen Guaven, etwas Vanille, floraler Touch, einladendes Bukett. Saftig, elegant, mineralische Textur, feiner Säurebogen, weiße Frucht im Abgang, zart salzig-zitronig im Nachhall, gut antrinkbar.

94 Sauvignon Blanc * Ried Oberer Kranachberg Privat 2021

13 Vol.-%, NK, gebrauchte Barriques, €€€€€€ V

Helles Grüngelb, Silberreflexe. Scheues Bukett, zart nach Pfirsich und Stachelbeeren, ein Hauch von Wiesenkräutern,

* Südsteiermark DAC

mit Limetten unterlegt. Saftig, feine weiße Apfelfrucht, ein Hauch von Ananas, finessenreich strukturiert, zarte Mineralik, balanciert und anhaftend, bereits gut entwickelt und vielfältig einsetzbar, ein leichtfüßiger Speisenbegleiter.

93 Muskateller * Ried Czamillonberg 2022
12 Vol.-%, NK, großes Holzfass, €€€€€ Ⓥ
Helles Gelbgrün, Silberreflexe. Florale Nuancen, zart nach Jasmin und Hibiskus, weiße Tropenfrucht, einladendes Bukett. Feine weiße Frucht nach Pfirsich, seidige Textur, finessenreicher Säurebogen, mineralisch-salzig, zarter Stil, bietet delikates Trinkvergnügen.

92 Gelber Muskateller * Ried Oberer Kranachberg 2022
12 Vol.-%, DV, Stahltank, €€€€ Ⓥ
Helles Gelbgrün, Silberreflexe. Zart nach Muskatnuss, mit einem Hauch von Holunderblüten und Grapefruitzesten unterlegt. Saftig, sehr gute Komplexität, gelbe Tropenfrucht, dezente Süße, bleibt gut haften, eleganter, ausgewogener Stil.

92 Welschriesling * Ried Gottscheber 2021
12,5 Vol.-%, NK, 500-l-Fass, €€€€ Ⓥ
Helles Gelbgrün, Silberreflexe. Zarte Nuancen von gelbem Kernobst, ein Hauch von Orangenzesten, feine Kräuterwürze, einladendes Bukett. Saftig, mittlerer Körper, weißer Apfel, finessenreiche Säurestruktur, elegant und leichtfüßig, mineralisch und gut anhaftend.

★★

WEINGUT BRANIGG

Das Weingut Branigg wurde im Stiftsregister der Herrschaft Grottenhofen von 1674 erstmals erwähnt und ist somit einer der ältesten Weinbaubetriebe des Sausals. Es wechselte in seiner Geschichte sechsmal den Besitzer und war bereits zwischen den Jahren 1874 und 1920 im Besitz der Familie Wohlmuth. Durch Erbschaften kam es leider abhanden und konnte erst Ende des 20. Jahrhunderts durch Gerhard Wohlmuth wieder erworben werden. Aufgrund des besonderen Mikroklimas und der langen Geschichte des Weinbaubetriebs Branigg hat sich Gerhard Wohlmuth dazu entschlossen, die Marke Branigg auf den Markt zu bringen. Gerhard Wohlmuth ist sowohl im Weinbau als auch in der Vinifikation ein Perfektionist. Eine möglichst naturnahe Pflege der Reben und selektive Lese sind für ihn die Basis großer Weinerlebnisse. Die händisch durchgeführte Lese, die oft in mehreren Durchgängen vollzogen wird,

Weinbau bei Kitzeck

WEINGUT BRANIGG
8441 Kitzeck im Sausal
Fresing 24
T: +43 (3456) 2303
office@branigg.com
www.branigg.com

Kellermeister/Kontakt:
Gerhard Wohlmuth
Produktion: 100 % weiß, 25 Hektar
Zertifiziert: Nachhaltig Austria
Messen: ProWein Düsseldorf, VieVinum

garantiert physiologisch reife Trauben. Im Keller versucht der Winzer, möglichst wenig einzugreifen, und legt großes Augenmerk auf eine langsame und schonende Gärung. Durch das Fingerspitzengefühl von Gerhard Wohlmuth entstehen fruchtintensive, finessenreiche und komplexe Weine. Eines ist ihm besonders wichtig: »Das Terroir muss sich auch in den Branigg-Weinen widerspiegeln.«

92 Sauvignon Blanc Steiermark 2023
12,5 Vol.-%, DV, Stahltank, €€€ Ⓥ
Helles Gelbgrün, Silberreflexe. Zarte Nuancen von gelben Stachelbeeren, feiner Pfirsichtouch, ein Hauch von Paprikaschoten, Noten von Cassis. Saftig, elegant, weiße Tropenfrucht, finessenreich strukturiert, mineralisch-straff im Abgang, zitroniger Nachhall, bereits sehr gut antrinkbar.

92 Morillon Steiermark 2023
12,5 Vol.-%, DV, Stahltank, €€€ Ⓥ
Helles Grüngelb, Silberreflexe. Feine Nuancen von gelbem Apfel, zart nach Honigmelone, mineralisch, zarte Limettenzesten, ein Hauch von Grapefruitzesten. Mittlerer Körper, feine Kernobstnuancen, frischer Säurebogen, mineralisch-salzig im Abgang, ein eleganter Speisenbegleiter.

91 Welschriesling Steiermark 2023
11,5 Vol.-%, DV, Stahltank, €€ Ⓥ
Helles Gelbgrün, Silberreflexe. Frischer grüner Apfel, etwas Birne, rauchige Mineralik, Limetten und Wiesenkräuter. Straff, engmaschig, weißes Kernobst, lebendig, zitronig-salzig im Nachhall, ein knackiger Sommerwein.

91 Gelber Muskateller Steiermark 2023
12 Vol.-%, DV, Stahltank, €€€ Ⓥ
Helles Grüngelb, Silberreflexe. Zarte Muskatnuss, weißer Pfirsich, ein Hauch von Maracuja, floraler Touch, einladendes Bukett. Straff, engmaschig, weiße Tropenfrucht, lebendige Struktur, etwas Ananas im Abgang, feine Fruchtsüße im Finale, eleganter Stil.

(91) Weissburgunder Steiermark 2023
12,5 Vol.-%, DV, Stahltank, €€€ Ⓥ
Helles Gelbgrün, Silberreflexe. Zart nach Walnuss und frischer Birne, ein Hauch von Wiesenkräutern, zarte Nuancen von gelbem Kernobst. Feine Fruchtsüße, Nuancen von Mango, frischer Säurebogen, balanciert, mineralisch-zitroniger Nachhall.

91 Cuvée Red Nek 2022 BF/CS
13 Vol.-%, DV, Holzfass, €€€ Ⓥ
Kräftiges Rubingranat, violette Reflexe, dezente Ockerrandaufhellung. Feine Kräuterwürze, dunkle Waldbeeren, reife Zwetschken, ein Hauch von Cassis. Saftig, reife schwarze Kirschen, frisch strukturiert, feine Tannine, mineralisch, salziger Nachhall, ein vielseitiger Speisenbegleiter.

★★

WEINGUT BROLLI-ARKADENHOF

Das Weingut Brolli-Arkadenhof ist schwer zu finden, aber auch ganz schwer zu vergessen. Und man sollte es nicht mit dem nahe gelegenen Hotel und Gasthaus der Verwandtschaft direkt an der Hauptstraße verwechseln, denn man teilt sich hier die gleiche Einfahrt. Es sind aber noch entscheidende 500 Meter durch die Weingärten bis zum Weingut. Hier findet man die hohe Weinqualität der Familie Brolli. Mehr als 125 Jahre Tradition, Leidenschaft, Liebe zum Wein und ein bisschen mehr beschreiben das renommierte Weingut Brolli-Arkadenhof sehr gut. Das Weingut zählt ohne Zweifel zu Österreichs schönsten Weingütern. Inmitten von Weingärten liegt es mit den drei mächtigen Mammutbäumen und einem herrlichen Garten nahe der bekannten Marktgemeinde Gamlitz im südlichsten Weinbaugebiet Österreichs, der Südsteiermark. Das Familienwappen mit den zwei goldenen Löwen zeugt von langer Tradition und höchster Winzerkunst.
Heute führen die Geschwister Reinhard Brolli, Weinbau- und Kellermeister, sowie Ing. Bettina Maria Brolli, Dipl. Touristikkauffrau, gemeinsam das Weingut und vinifizieren fruchtige DAC-Weine und mehrfach prämierte Riedenweine. Die beiden haben mit dem modernen Neubau der sehenswerten Weinkellerei architektonische Akzente gesetzt. Mit den bekannten Rieden Oberer Kapaun und Hoch Pössnitzberg bewirtschaften sie große zusammenhängende Weingärten in den besten Lagen im Naturpark Südsteirisches Weinland auf sonnenverwöhnten

Das Geschwisterpaar Bettina Maria und Reinhard Brolli

WEINGUT BROLLI-ARKADENHOF

8462 Gamlitz
Eckberg 43
T: +43 (3453) 2341
weingut@brolli.at
www.brolli.at

Kellermeister: Reinhard Brolli
Kontakt: Geschwister Reinhard Brolli und Ing. Bettina Maria Brolli
Produktion: 93 % weiß, 5 % rot, 2 % süß, 17 Hektar
Vereinszugehörigkeit:
Wein Steiermark, Steirischer Junker, GutFinden – Südsteiermark

steilen Hanglagen, die auf 400 bis 500 Metern Seehöhe liegen. Der Sortenspiegel reicht von Welschriesling, Weißburgunder und Morillon über fruchtigen Gelben Muskateller, Sauvignon Blanc und Traminer bis hin zu Blauem Zweigelt. Die Weine tragen die persönliche Handschrift von Kellermeister Reinhard Brolli. Sie sind fein strukturiert, von tiefer Frucht geprägt und mit Finesse und zugleich südsteirischer Typizität ausgestattet. Die großen Riedenweine zeigen mineralische Eleganz und Einzigartigkeit. Mehrfach ausgezeichnete Weine mit internationaler Beachtung machen das Weingut Brolli-Arkadenhof zu einer der besten Adressen der Südsteiermark. Der Weineinkauf wird hier zum Erlebnis! Den Gästen werden ganzjährig ein vielfältiges Weinerlebnis sowie ausgezeichnete Verkostungsmöglichkeiten geboten. Ing. Bettina Maria Brolli ergänzt: »Unser Ziel ist es, ein einzigartiges Trinkerlebnis zu bieten, für das es sich lohnt, uns in der Südsteiermark zu besuchen!« Einfach pure Lebensfreude an einem der eindrucksvollsten Plätze der Südsteirischen Weinstraße sowie ein Ausblick, den man selten findet, erwarten hier die Besucher.

91 Sauvignon Blanc * 2023
12 Vol.-%, DV, Stahltank, €€€
Helles Gelbgrün, Silberreflexe. Verhalten, zart nach Stachelbeeren und Limetten, braucht Luft. Schlank, weiße Tropenfrucht, frischer Säurebogen, zart nach Cassis, mineralisch-zitronig im Abgang, salziger Nachhall, bereits gut entwickelt.

91 Sauvignon Blanc * Ried Hoch Pössnitzberg 2022
12 Vol.-%, DV, Stahltank, €€€€€
Mittleres Gelbgrün, Silberreflexe. Zart nach gelben Stachelbeeren und Blütenhonig, mit einem Hauch von Wiesenkräutern unterlegt, kandierte Orangenzesten. Mittlerer Körper, weiße Tropenfrucht, dezente Säurestruktur, süßer Nachhall, wirkt etwas weitmaschig, bereits entwickelt.

90 Weißburgunder * 2023
12 Vol.-%, DV, Stahltank, €€€
Helles Strohgelb, Silberreflexe. Zartes Bukett, ein Hauch von Birne, dazu etwas Wiesenkräuter und Blütenhonig. Schlank, weißes Kernobst, frischer Säurebogen, Nuancen von Apfel im Abgang, bietet unkompliziertes Trinkvergnügen.

90 Gelber Muskateller * Ried Hoch Pössnitzberg 2022
12 Vol.-%, DV, Stahltank, €€€€€
Mittleres Goldgelb, Silberreflexe. Intensives florales Bukett nach Maiglöckchen und Jasmin, mit einem Hauch von Maracuja unterlegt. Schlank, weiße Tropenfrucht, frisch strukturiert, mineralisch im Abgang, Limetten im Nachhall.

89 Grauer Burgunder * Ried Oberer Kapaun 2022
12,5 Vol.-%, DV, Stahltank, €€€€€

89 Morillon * Meisterstück 2022
13 Vol.-%, DV, Holzfass, €€€€€

★★★

WEINGUT ELSNEGG

»Weine, die ihre Herkunft widerspiegeln und unvergesslich bleiben, sind unser Ziel.« Schon bei diesem Leitspruch wird eines sofort klar: Der Ehrgeiz der Familie ist groß. Die Elsneggs sind überzeugte Traditionalisten, jedoch sind sie ebenso davon überzeugt, dass das alleine nicht reicht: Es braucht ein ständiges Hinterfragen der einzelnen Arbeitsabläufe, der Betrieb muss stets behutsam weiterentwickelt werden, und man sollte offen für Neues sein, ohne mit dem, was sich bewährt hat, zu brechen. Am Eckberg, wo sich die Kulisse der Südsteirischen Weinstraße mit den Weinbergen verbindet, erwartet den Weinliebhaber ein Familienbetrieb mit charakterstarken Tropfen. Außergewöhnliche Rieden mit unterschiedlichen Mikroklimata sowie der Wechsel verschiedener Bodenformationen auf engstem Raum bilden die Grundlage für eigenständige Weine mit Tiefgründigkeit und Finesse – ob frisch-fruchtig wie die »Arte Styria«-Linie oder strukturiert wie die Lagengewächse. Die eindrucksvolle und sonnenverwöhnte Kessellage Urlkogel thront majestätisch am Eckberg auf 524 Metern Seehöhe und bildet eine der tragenden Säulen dieser Kulturlandschaft. Seit rund 40 Jahren kultiviert die Familie Elsnegg an den steilen Hängen dieser Riede sehr erfolgreich Weine, die in Kleinmengen produziert die Spitze des Sortiments bilden, wie etwa der Sauvignon Blanc Urlkogel. Auf einem der malerischen Hügel gelegen, eröffnet sich vom Weingut aus ein traumhafter Ausblick über die angrenzenden Weinberge, wobei der Genuss eines steirischen Weins, glasweise in der Buschenschank getrunken, das Leben schöner macht. Feinste Köstlichkeiten besonderer Art werden mit Begeisterung serviert, wobei besonders das Auge mitisst.

95 Sauvignon Blanc * Ried Urlkogel Reserve Spätfüllung 2021
14 Vol.-%, NK, Barrique, €€€€€
Mittleres Gelbgrün, Silberreflexe. Feiner Blütenhonig, zart nach Karamell, ein Hauch von Mango und Orangenzesten, mit Papaya unterlegt. Komplex, saftig, engmaschig, gelbe Tropenfrucht, Stachelbeernoten im Abgang, bleibt sehr gut haften, sicheres Reifepotenzial.

93 Sauvignon Blanc * Ried Urlkogel 2022
13,5 Vol.-%, DV, großes Holzfass/Stahltank, €€€€ V
Helles Gelbgrün, silberfarbene Reflexe. Feine Mineralik, zart nach Zitrus, ein Hauch von Guaven und Cassis, engmaschiges Bukett. Mittlere Komplexität, wirkt leichtfüßig, gut integrierter Säurebogen, mineralisch, Birnentouch im Nachhall, vielseitiger Speisenbegleiter.

94 Grauburgunder * Ried Edelbach Reserve 2021
13,5 Vol.-%, NK, Barrique, €€€€€
Mittleres Goldgelb, Messingreflexe. Zart nach Honig und Toffee, ein Hauch von Birne, dezente Mangonoten, kandierte Orangenzesten, Eibisch klingt an. Gute Komplexität, engmaschig, dunkle Mineralik, kraftvoll, reife rote Apfelfrucht im Abgang, salziger Nachhall, sicheres Potenzial.

92 Grauburgunder * Ried Edelbach 2022
13,5 Vol.-%, DV, großes Holzfass/Stahltank, €€€€
Leuchtendes Goldgelb, Messingreflexe. Birnenfrucht, zart nach Guaven, dazu etwas Karamell, Lindenblütenhonig klingt an, einladendes Bukett. Engmaschig, salzig, weiße Apfelfrucht, dezente Kernobstnoten, mineralischer Nachhall, ein facettenreicher Speisenbegleiter.

WEINGUT ELSNEGG
8462 Gamlitz
Eckberg 26
T: +43 (3453) 4812
weingut@elsnegg.at
www.elsnegg.at

Kellermeister/Kontakt:
Regina Elsnegg
Produktion: 100 % weiß
Vereinszugehörigkeit:
Steirischer Junker, Wein Steiermark

* Südsteiermark DAC

91 Sauvignon Blanc * Gamlitz 2022
12,5 Vol.-%, DV, Stahltank, €€€
Helles Gelbgrün, Silberreflexe. Zart nach Wiesenkräutern, ein Hauch von weißem Apfel und Stachelbeeren, Limettenzesten, frisches Bukett. Saftig, mittlere Komplexität, feinwürzig, ein Hauch von Melisse, Kernobst im Rückgeschmack, bereits gut antrinkbar.

91 Weißburgunder * Ried Edelbach 2022
13 Vol.-%, DV, großes Holzfass/Stahltank, €€€
Mittleres Gelbgrün, Silberreflexe. Tabakig-mineralisch unterlegte gelbe Apfelfrucht, ein Hauch von Papaya, Grapefruitnoten klingen an. Saftig, kraftvoll, etwas gelbe Frucht im Abgang, würziger Nachhall, bereits sehr gut antrinkbar, lebendiges Finish.

★★★

WEINGUT FELBERJÖRGL

Das Weingut Felberjörgl befindet sich mitten im Sausal in Höch am Demmerkogl. Zurzeit werden rund 13 Hektar Rebfläche auf Seehöhen von 550 bis 650 Metern bewirtschaftet. Die Weine unterscheiden sich deutlich von jenen aus anderen Weinbaugebieten und sind sehr stark vom phyllitischen Schiefer geprägt. Diese einzigartige Mineralik verleiht den Weinen eine vielschichtige Aromatik, eine gewisse Kühle und elegante Straffheit, verbunden mit einer salzig-nervigen Säurestruktur.
Alle für die Region wichtigen Rebsorten werden hier angebaut, dabei liegt das größte Augenmerk auf der Ausprägung der einzelnen Sorten und Lagen: Vom klassisch-leichten Bereich über die kräftigen Riedenweine bis hin zum Prädikatswein-Segment werden die Stärken der einzelnen Sorten hervorgehoben.
Die wichtigsten Rieden des Weinguts sind Höchleit'n und Kreuzegg. Erstere zählt mit bis zu 650 Metern Seehöhe zu den höchsten Lagen Österreichs und bietet Sauvignon Blanc, Morillon, Riesling sowie Welschriesling sehr gute Bedingungen. Kreuzegg befindet sich auf Höhe des Weinguts. Hier sind Sauvignon Blanc und Weißburgunder die herausragenden Sorten. Der Boden hat mehr Humusauflage als die Ried Höchleit'n, wodurch die Weine etwas dichter und komplexer werden. Weitere Rieden sind Zwickl, Mosergut und Schrotter. Ein sehr wichtiger Bereich des Weinguts ist die Vinifikation von Süßwein, wobei das meiste Traubengut dafür ebenso von der Ried Höchleit'n stammt. Von der leichten Auslese über Eiswein und Trockenbeerenauslese bis zu den sehr konzentrierten Strohweinen gibt es eine reiche Auswahl.

Verkosten und genießen kann man die Weine in der familienbetriebenen Buschenschank, wo neben den Weinen auch hausgemachte steirische Köstlichkeiten, Fruchtsäfte und Edelbrände angeboten werden.

91 ❺ Brut Felberjörgl 2022 WB
12 Vol.-%, NK, Flaschengärung, €€€€
Helles Gelbgrün, feines Mousseux, zarte Silberreflexe. Zart nach Blütenhonig, etwas nach Ananas, kandierte Marillen, ein Hauch von Gewürzen. Saftig, fruchtsüß, zart nach Honigmelone, gut integrierte Säurestruktur, anhaltender, balancierter Speisenbegleiter.

94 Sauvignon Blanc * Sausal Ried Mosergut 2020
13 Vol.-%, DV, Stahltank, €€€€
Mittleres Gelbgrün, silberfarbene Reflexe. Zart nach Honigmelone und reifen Stachelbeeren, ein Hauch von Gewürzen, Grapefruitnoten. Saftig, engmaschig, gelbe Tropenfrucht, zarte Apfelnoten, gut integrierter Säurebogen, lang anhaftend, guter Speisenbegleiter.

92 Sauvignon Blanc * Sausal Ried Kreuzegg 2021
14,5 Vol.-%, DV, Stahltank, €€€
Helles Gelbgrün, Goldreflexe. Etwas Blütenhonig, zart nach gelber Tropenfrucht, ein Hauch von Stachelbeeren, kandierte Orangenzesten. Komplex, kraftvoll, dunkle Mineralik, gelbe Birnenfrucht, würzig-tabakig im Rückgeschmack, stoffiges Finish.

91 Sauvignon Blanc * Kitzeck-Sausal 2022
14 Vol.-%, DV, Stahltank, €€€
Mittleres Gelbgrün, Silberreflexe. Feine Kräuterwürze, zart nach Quitte, ein Hauch von Zitrus und gelber Paprika. Mittlerer Körper, balancierte Säurestruktur, feinwürzig, etwas nach Cassis, zarte Kräuternoten im Abgang, vielfältig einsetzbar.

WEINGUT FELBERJÖRGL

8442 Kitzeck
Höch 47
T: +43 (3456) 3189
info@felberjoergl.at
www.felberjoergl.at

Kellermeister/Kontakt:
Hans-Peter Temmel
Produktion: 5 % Schaumwein, 90 % weiß, 3 % rot, 2 % süß, 13 Hektar
Vereinszugehörigkeit:
WBV Sausal

Kitzeck im Sausal

93 Grauburgunder * Sausal Ried Schrotter Reserve 2020
14 Vol.-%, DV, gebrauchte Barriques, €€€€
Mittleres Gelbgrün, Messingreflexe. Mit Blütenhonig unterlegte reife Tropenfrucht, ein Hauch von Guaven, dezenter Melonentouch, kandierte Mandarinen klingen an. Straff, extraktsüß, kraftvoll, gut integrierte Säurestruktur, Ananastouch im Abgang, würziger Rückgeschmack.

93 Riesling * Sausal Ried Höchleit´n Reserve 2021
13,5 Vol.-%, NK, Stahltank, €€€€€
Helles Gelbgrün, Silberreflexe. Zarte Zitrusnuancen, ein Hauch von Quitte und weißem Pfirsich, Blütenhonig klingt an, floraler Touch. Saftig, dezente Fruchtsüße, Ananas im Nachhall, mineralischer Rückgeschmack, guter Speisenbegleiter.

92 Traminer * Sausal Ried Mosergut 2020
14,5 Vol.-%, DV, Stahltank, €€€€
Mittleres Gelbgrün, Goldreflexe. Einladendes Bukett nach Litschis und Blütenhonig, etwas nach Wiesenkräutern, zart nach Marille. Kraftvoll, feine Mangonoten, gut integrierter Säurebogen, tabakig, rund und balanciert, wird von Flaschenreife profitieren, guter Speisenbegleiter.

91 Gelber Muskateller * 2023
12,5 Vol.-%, DV, Stahltank, €€
Helles Gelbgrün, Silberreflexe. Dezente Wiesenkräuter, ein Hauch von Blütenhonig, zart nach Muskatnuss, weißes Steinobst. Frisch, weißes Kernobst, zart nach Zitrus, finessenreiche Säurestruktur, mineralischer Nachhall, bereits gut antrinkbar.

91 Weißburgunder * Sausal Ried Kreuzegg 2021
13,5 Vol.-%, DV, Stahltank, €€€
Mittleres Gelbgrün, Silberreflexe. Zarter Blütenhonig, ein Hauch von Gewürzen, Melone, etwas Feigen, zart tabakig unterlegt. Saftig, engmaschig, gelbes Kernobst, Williamsbirne, gut integrierter Säurebogen, feinwürziges, stoffiges Finish.

93 Traminer MG Amphore 2018
14 Vol.-%, NK, Amphore, €€€€€
Zartes Goldgelb, Messingreflexe. Einladendes Bukett, etwas nach Honigmelone, ein Hauch von Zitrus und Kamille, zart nach Litschis, schwarzer Tee klingt an. Saftig, stoffig, feine Würze, feiner Säurebogen, roter Apfel im Abgang, Gerbstoff im Nachhall.

93 Traminer Auslese 2021
11 Vol.-%, DV, Stahltank, €€€€
Leuchtendes mittleres Goldgelb, silberfarbene Reflexe. Zart nach Dörrobst, ein Hauch von Feigen, Nuancen von Rosenöl, reife Tropenfrucht. Saftig, elegant, feiner Botrytisschleier, Melonentouch im Abgang, mineralisch und gut anhaftend, sicheres Reifepotenzial, würzig-süßer Nachhall.

93 Riesling Spätlese 2020
11,5 Vol.-%, DV, Stahltank, €€€€
Helles Grüngelb. Dunkle Mineralik, zarter Marillentouch, etwas nach Gewürzen, ein Hauch von Orangen und Botrytiswürze. Engmaschig, fruchtsüß, rund und balanciert, gut integrierter Säurebogen, lang anhaltend, vielfältig einsetzbar.

* Südsteiermark DAC

★★

WEINGUT FIRMENICH

Im idyllischen Ambiente des Weingut Firmenich am Steinberg, direkt an der Südsteirischen Weinstraße, entsteht eine Weintradition, die tief in der Natur verwurzelt ist. Seit fünf Generationen ist Weinbau eine Leidenschaft der Familie, und diese Hingabe spiegelt sich in ihrer sorgfältigen und nachhaltig biologischen Bewirtschaftung wider. Johannes Firmenich setzt dabei auf eine Weinherstellung mit minimalem Eingriff, um den einzigartigen Charakter und das Terroir der Region bestmöglich zur Geltung zu bringen. Die Weine erzählen von ihrer Herkunft, vom einzigartigen Boden, auf dem sie gedeihen, und von der Geschichte des Familienweinguts. Das feine Handwerk, das nötig ist, um der Natur zu folgen, ohne sie zu dominieren, ist ein zentraler Aspekt ihrer Weinherstellung. Dabei vertrauen sie auf das intuitive Gespür, wann ein Eingriff angebracht ist und wann nicht. Die Top-Rieden Zieregg und Steinberg auf einer Seehöhe von 400 bis 500 Metern bilden das Herzstück des Weinguts, eingebettet in die steilen Weingärten der Südsteiermark. Der einzigartige Korallenkalkboden, ein Relikt vergangener Zeiten, verleiht den Weinen eine unverwechselbare Struktur und eine leichte Salzigkeit. Für Liebhaber von Naturweinen bietet das Weingut eine breite Palette an Weinen, die die alternative Seite des Weinbaus erkunden und zugleich die Geschichte und Geologie der Region erkennbar machen.
Die Lage des Weinguts in der malerischen Landschaft der Südsteiermark, trägt ebenso zur Einzigartigkeit des Steinberghofs bei wie die Buschenschank, die den Gästen ein unvergessliches Genusserlebnis bietet. Denn von dort aus genießt man einen wunderbaren Panoramablick auf die umliegenden Weingärten und die hügelige Landschaft. Der Steinberghof beherbergt zudem eine Brennerei mit herrlicher Aussicht, die den perfekten Rahmen für Wein und Gin-Verkostungen bietet. Insider-Tipp: Der Steinberghof ist übrigens auch die Heimat des »STIN - Styrian Gin«.

WEINGUT FIRMENICH
8461 Ehrenhausen an der Weinstrasse
Wielitsch 57
T: +43 (3453) 2435
weingut@firmenich.at
www.firmenich.at

Kellermeister/Kontakt:
Johannes Firmenich
Produktion: 10 % Schaumwein, 85 % weiß, 5 % rot, 5.5 Hektar

94 Morillon * Ried Steinberg 2021
13 Vol.-%, NK, gebrauchte Barriques, €€€€€ B V
Helles Goldgelb, Silberreflexe. Zarte Wiesenkräuter, gelbes Kernobst, etwas Mango und Honigmelone, mit einem Hauch von hellem Nougat unterlegt. Saftig, elegant, weißer Apfel, etwas Zitronenmelisse, ein Hauch von Blütenhonig im Abgang, zeigt Länge und Reifepotenzial, ein ausgewogener, feiner Speisenbegleiter.

93 Sauvignon Blanc * Ried Zieregg 2020
13,5 Vol.-%, VL, kleines Holzfass, €€€€€€ V
Mittleres Gelbgrün, Silberreflexe. Feine gelbe Tropenfrucht, reife gelbe Stachelbeeren, zarter Blütenhonig, mit kandierten Orangenzesten unterlegt. Saftig, elegant, feines Nougat, zarte Fruchtsüße, balanciert, feinfruchtiger Nachhall, bleibt gut haften, zitroniger Rückgeschmack, ein facettenreicher Speisenwein.

92 Sauvignon Blanc * 2023
11,5 Vol.-%, DV, Stahltank, €€€ V
Helles Strohgelb, Silberreflexe. Zart nach frischen Stachelbeeren und Grapefruitzesten, weißer Apfel, etwas Limetten. Mittlerer Körper, saftig, zart nach Ananas und Pfirsich, frischer Säurebogen, weißer Apfel im Abgang, ein lebendiger Speisenbegleiter.

93 Sauvignon Blanc Limestone 2022
13,5 Vol.-%, NK, gebrauchte Barriques, €€€€€
Helles Goldgelb, Silberreflexe. Frische kandierte Limettenzesten, ein Hauch von Guaven, reife Mango, floraler Touch, Orangenblüten klingen an. Saftig, elegant, mineralisch, weißer Apfel, frischer Säurebogen, wirkt leichtfüßig und schlank, trinkanimierender, frischer Speisenbegleiter mit kalkig-zitronigem Nachhall.

93 Welschriesling Limestone 2022
13 Vol.-%, NK, gebrauchte Barriques, €€€€€
Leuchtendes Goldgelb, Silberreflexe. Intensive weiße Tropenfrucht, ein Hauch von Litschis und Hibiskus, mit Limettenzesten unterlegt. Stoffig, weiße Beerenfrucht, ein Hauch von Johannisbeeren, rassige Struktur, zitronig-salziger Nachhall, ein lebendiger Sortenvertreter mit Charakter.

90 Weißburgunder Korallenriff 2023
12 Vol.-%, NK, großes Holzfass, €€€€
Helles Gelbgrün, Silberreflexe. Frische weiße Birnenfrucht, florale Nuancen, ein Hauch von Mandarinenzesten. Schlank, weißes Kernobst, feiner Säurebogen, mineralischer Abgang, Limetten im Rückgeschmack, ein leichtfüßiger Sommerwein.

★★

FAMILIENWEINGUT OBERER GERMUTH

Am steilsten Stück der Glanzer Kellerstraße haben vor rund 20 Jahren Herbert und Heidi Germuth das Weingut und Gästehaus Oberer Germuth entstehen lassen. Dort stehen sie heute voller Stolz und Zuversicht und blicken in die weitere Zukunft. Das Weingut umfasst rund sechseinhalb Hektar Weingartenfläche in als nachhaltig zertifiziertem Anbau. Diese naturnahe Methode für die Hervorbringung qualitativ hochwertiger Trauben liegt den beiden sehr am Herzen, denn nur ein schonender Umgang mit der Natur und bewusst zurückhaltende Einflussnahmen auf die Umwelt sind für sie essenziell und ein ebenso wichtiges Anliegen wie das Qualitätsbewusstsein in der Weinerzeugung. Auch im Keller halten sie sich bewusst zurück und greifen möglichst wenig in den Herkunftscharakter ein. Durch die notwendige Zeit im Keller und das Vergären mit Naturhefen im Orts- und Riedenwein-Segment sind ausdrucksstarke Weine garantiert.

(94) Morillon * Ried Kaltenegg 2022
13 Vol.-%, NK, 500-l-Fass/Stahltank, €€€€€
Helles Gelbgrün, silberfarbene Reflexe. Honigmelone, Marillentouch, ein Hauch von weißem Nougat, zart nach Vanille, kandierte Mandarinen, einladendes Bukett. Engmaschig, gute Komplexität, feinwürzig, facettenreicher Säurebogen, reife Apfelfrucht im Abgang, lang anhaltend, sicheres Potenzial.

(93) Gelber Muskateller * Ried Oberglanz 2022
13 Vol.-%, NK, 500-l-Fass, €€€€€
Mittleres Gelbgrün, Silberreflexe. Dunkle Würze, einladendes Bukett nach Eibisch, dezente Noten von Holunderblüten, Kardamom, floraler Touch. Saftig, elegant, facettenreiche Säurestruktur, mineralisch-salzig, Ananas klingt an, fruchtsüßes Finish, sicheres Reifepotenzial.

FAMILIENWEINGUT OBERER GERMUTH
8463 Leutschach
Glanzer Kellerstraße 34
T: +43 (3454) 67340
wein@oberergermuth.com
www.weingut-germuth.com
Kellermeister/Kontakt:
Stefan Germuth
Produktion: 60.000 Flaschen
3 % Schaumwein, 85 % weiß,
2 % rosé, 10 % rot, 6.5+3.5 Hektar
Zertifiziert: Nachhaltig Austria
Vereinszugehörigkeit:
SIEME Weingüter
Messen: VieVinum, DAC-Präsentationen

* Südsteiermark DAC

91 Gelber Muskateller * 2023
12 Vol.-%, DV, Stahltank, €€
Helles Gelbgrün, Silberreflexe. Feiner Muskatnusstouch, ein Hauch von Honigmelone, etwas kandierte Mandarinenzesten. Saftig, straff, frische Struktur, Noten von weißer Frucht, zart nach Birne, zitroniger Nachhall, bereits gut antrinkbar.

(93) Sauvignon Blanc * Ried Kaltenegg 2022
13 Vol.-%, NK, Stahltank/500-l-Fass, €€€€€
Mittleres Gelbgrün, Silberreflexe. Feiner Blütenhonig, zart nach Karamell, ein Hauch von Melone, floraler Touch, einladendes Bukett, mit Mandarinenzesten unterlegt. Saftig, engmaschig, reifes Steinobst im Abgang, gut integrierter Säurebogen, Papaya im Rückgeschmack, ein vielseitiger Speisenbegleiter mit Potenzial.

90 Sauvignon Blanc * 2023
12 Vol.-%, DV, Stahltank, €€
Helles Gelbgrün, Silberreflexe. Zart nach Blütenhonig, etwas nach Guaven, dezente Orangenzesten, frisches, engmaschiges Bukett. Mittlerer Körper, lebendiger Säurebogen, weißes Steinobst, etwas Gewürznoten im Abgang, salziger Rückgeschmack.

90 Welschriesling * 2023
11,5 Vol.-%, DV, Stahltank, €€
Helles Gelbgrün, silberfarbene Reflexe. Feine Kräuterwürze, ein Hauch von weißem Apfel, etwas Anis, floraler Touch, mineralisch unterlegt. Mittlerer Körper, feine Säurestruktur, würzig, weißes Kernobst im Abgang, bereits gut antrinkbar.

★★★

WEINGUT R & R GERNGROSS

BIO

Hoch oben im Sausal, umringt von den steilsten Weingärten, befindet sich das Traditionsweingut Gerngross. Die Seehöhe von 600 Metern, karge Schieferböden und ein einzigartiges Kleinklima prägen diesen wunderbaren Landstrich. Die Familie Gerngross versteht es seit Generationen, die einmalige Beschaffenheit dieser Region für den Ausbau herkunftstypischer Qualitätsweine zu nutzen.

Die Mineralik steht bei ihren Weinen im Vordergrund. Die von rotem und blauem Schiefer geprägten Weingärten sind die Grundlage einer straffen und salzig-mineralischen Typizität. Ein respektvoller Umgang mit der Natur ist seit jeher Sinnbild für das Handwerk des Winzers. Um die Ursprünglichkeit der Böden zu bewahren, hat sich die Familie Gerngross dazu entschlossen die Weingärten biologisch zu bewirtschaften. Damit sollen vor allem die Fruchtbarkeit und die biologische Vielfalt erhalten werden. Die Rebstöcke bedanken sich für den behutsamen Umgang mit einer besonderen Komplexität und Eigenständigkeit der Weine.

WEINGUT R & R GERNGROSS
8441 Sausal
Rettenberg 11
T: +43 (3456) 2922
info@weingut-gerngross.at
www.weingut-gerngross.at

Kellermeister: Michael Gerngross
Kontakt: Michael und Reinhold Gerngross
Anbauweise: Zertifiziert Biologisch
Produktion: 90 % weiß, 8 % rot, 2 % süß, 8 Hektar

92 Weißburgunder * 2023
12,5 Vol.-%, DV, Stahltank, €€
Helles Strohgelb, Silberreflexe. Feine Nuancen von frischer Birne, zart floral, ein Hauch von Kräutern, einladendes Bukett. Mittlerer Körper, weißer Apfel, lebendiger Säurebogen, mineralisch, zitroniger Nachhall, ein animierender Speisenbegleiter.

94 Sauvignon Blanc Reserve 2021
13,5 Vol.-%, NK, 500-l-Fass, €€€€€
Mittleres Grüngelb, Silberreflexe. Feine Nuancen von Grapefruit, Guaven und reifen gelben Stachelbeeren, Weiße Johannisbeeren. Saftig, zart nach Cassis, dezente Süße, frischer Säurebogen, mineralisch und elegant, gut anhaftend, zeigt Länge und Reifepotenzial.

93 Grauer Burgunder Steiermark 2022
13 Vol.-%, DV, großes Holzfass, €€€ B
Helles Goldgelb, zarte Messingreflexe. Nuancen von getrockneter Birnenfrucht, zart nach Blütenhonig, einladendes Bukett. Saftig, mittlere Komplexität, Nuancen von weißer Frucht, elegant, finessenreich strukturiert, zitronig unterlegt im Abgang, zarte Süße im Nachhall.

93 Morillon Reserve 2021
13,5 Vol.-%, NK, 500-l-Fass, €€€€€ B
Helles Gelbgrün, Silberreflexe. Feiner Hauch von Marzipan, frische Quitte, Apfeltouch, mit etwas Blütenhonig unterlegt. Saftig, elegant, feine Holzwürze, cremige Textur, gut integrierte Fruchtsüße, bleibt haften, ein geschmeidiger Speisenbegleiter mit Reifepotenzial.

★★★★★

WEINGUT GROSS

Fokussieren!«, so lautet die Devise von Martina und Johannes Gross – nämlich auf richtig gute Weine im Einstiegssegment sowie auf Riedenweine, die lange bei ihnen im Keller verweilen dürfen. Das gewisse Etwas verdanken ihre südsteirischen Gebietsweine wie Sauvignon Blanc oder Gelber Muskateller der eigenhändigen Pflege. So sind alle Weine des Hauses aus familieneigenen Weingärten, die eine hingebungsvolle Bewirtschaftung genießen. Der Welschriesling vom Weingut Gross präsentiert sich in einem ganz neuen, progressiven Stil. Das Winzerpaar nennt ihn »Welschriesling Pro.« und demonstriert, was die Sorte alles kann. Der reduzierte Traubenertrag und die höhere Reife machen ihn zu einem grandiosen Speisenbegleiter. Im Bereich der Riedenweine hat das Weingut Gross als erstes Weißweinweingut Österreichs einen mutigen Schritt gewagt: Alle Riedenweine dürfen in eigenem Tempo »groß werden«. Für Ausbau und Reife sind ihnen mindestens vier Jahre Zeit gegönnt, ehe sie in der ersten Phase ihrer Trinkreife präsentiert werden. Wie gut den Weinen die unforcierte Entwicklung und die Reifung unter besten Bedingungen tun, lässt sich schmecken.

(97) Sauvignon Blanc * Ried Nussberg GSTK 2020
13,5 Vol.-%, NK, großes Holzfass, €€€€€€ B
Mittleres Goldgelb, Silberreflexe. Zart nach Kräutern und Walnuss, reife Stachelbeeren und Cassis, würziges Bukett, zart nach Grapefruitzesten, mineralischer Touch. Komplex, straff, weißer Apfel, engmaschig, finessenreicher Säurebogen, ein Hauch von Limetten, salziger Nachhall, sehr lange und mit sicherem Potenzial ausgestattet.

WEINGUT GROSS
8461 Ehrenhausen an der Weinstraße, Ratsch 26
T: +43 (3453) 2527
weingut@gross.at
www.gross.at
Kellermeister: Johannes Gross
Kontakt: Martina und Johannes Gross
Anbauweise: Umstellung auf bio (Bio Austria)
Produktion: 131.600 Flaschen
99 % weiß, 1 % süß, 37 Hektar
Zertifiziert: Nachhaltig Austria
Vereinszugehörigkeit: GutFinden – Südsteiermark, Steirische Terroir- und Klassikweingüter, Tu Felix Austria
Messen: VieVinum

Martina und Johannes Gross

* Südsteiermark DAC

(95) Sauvignon Blanc * Ried Sulz 1STK 2020
13,5 Vol.-%, NK, großes Holzfass, €€€€€ Ⓑ
Mittleres Grüngelb, Silberreflexe. Dezenter Blütenhonig, gelbe Tropenfrucht, zart nach Pfirsich und Ananas, einladendes Bukett. Komplex, elegant, weiße Apfelfrucht, feine Säurestruktur, mineralisch-salzig, sehr balanciert und lange anhaftend, ein straffer Speisenwein, sicheres Reifepotenzial.

93 Sauvignon Blanc * Bergwein 2022
13 Vol.-%, NK, großes Holzfass/Stahltank, €€€€
Helles Goldgelb, Silberreflexe. Floral, ein Hauch von Grapefruitzesten, Nuancen von Stachelbeeren, feine Kräuterwürze. Saftig, elegant, weißer Apfel, feiner Säurebogen, mineralisch-zitronig, zart nach Cassis, balanciert, ein harmonischer Speisenbegleiter.

93 Sauvignon Blanc * Gamlitz 2022
13 Vol.-%, DIAM, großes Holzfass, €€€€
Helles Goldgelb, Silberreflexe. Zart floral unterlegte gelbe Tropenfrucht, ein Hauch von Limettenzesten. Komplex, straff, engmaschig, weiße Frucht, lebendige Säurestruktur, grüner Apfel und Stachelbeeren, salziger Nachhall, ein anregender Speisenbegleiter.

93 Sauvignon Blanc * Ehrenhausen 2022
13,5 Vol.-%, DIAM, großes Holzfass, €€€€
Helles Grüngelb, Silberreflexe. Feine gelbe Tropenfrucht, reife Stachelbeeren und Mango, zart nach Grapefruitzesten, mineralisch, mit Orangen unterlegt. Komplex, engmaschig, weiße Frucht, rassige Struktur, Limettenzesten, straff und anhaftend, zeigt gute Länge, feinwürziger Nachhall.

93 Sauvignon Blanc * Alte Reben 2022
12,5 Vol.-%, DV, Holzfass, €€€€€
Helles Goldgelb, Silberreflexe. Zart nach Stachelbeeren, etwas Cassis und Grapefruitzesten, ein Hauch von Mandarinen. Saftig, elegant, feine weiße Apfelfrucht, balancierte Säurestruktur, mineralisch im Abgang, zarter Blütenhonig, ein ausgewogener Wein bei Tisch, gutes Entwicklungspotenzial.

92 Sauvignon Blanc * 2023
12,5 Vol.-%, DV, Stahltank, €€€€ Ⓑ
Helles Gelbgrün, Silberreflexe. Intensive Frucht nach Weißen Johannisbeeren, Stachelbeeren, floraler Touch, mineralisch unterlegter weißer Pfirsich. Straff, elegant, mit klarer Sortenaromatik ausgestattet, dezente Fruchtsüße, mineralischer Nachhall.

98 Sauvignon Blanc Privat 2019
14 Vol.-%, NK, Holzfass, €€€€€€
Mittleres Grüngelb, Silberreflexe. Reife Stachelbeeren, ein Hauch von Cassis und Blütenhonig, kandierte Grapefruitzesten, zarte Kräuterwürze, facettenreiches Bukett. Komplex, stoffig, elegant, feine Fruchtsüße, feine Mineralik, gelbe Frucht im Abgang, bleibt lange haften, stoffiger Speisenbegleiter mit großem Potenzial. Ein zukünftiger Klassiker!

(96) Weißburgunder * Ried Nussberg GSTK Stauder 2020
13,5 Vol.-%, NK, Flaschengärung/großes Holzfass, €€€€€€ Ⓑ
Mittleres Goldgelb, Silberreflexe. Frische Kräuterwürze, zart nach Walnuss, Nuancen von gelbem Kernobst, ein Hauch von Mango, zart nach Grapefruitzesten. Saftig, gelber Apfel, stoffig und elegant, feines Nougat, zeigt Länge und Reifepotenzial, ein facettenreicher Speisenbegleiter.

94 Weißburgunder * Ried Bärenburg 2020
13 Vol.-%, NK, großes Holzfass, €€€€€
Mittleres Goldgelb, Silberreflexe. Feine Nuancen von gelbem Kernobst, angenehme Wiesenkräuterwürze, ein Hauch von Orangenzesten. Mittlere Komplexität, cremiger Touch, zarte Birnenfrucht, feine Säure, etwas Nougat im Abgang, gelbe Tropenfrucht im Rückgeschmack.

(93) Weißburgunder * Ehrenhausen 2022
13 Vol.-%, DIAM, großes Holzfass, €€€€
Mittleres Grüngelb, Silberreflexe. Feine Nuancen von weißem Kernobst, noch etwas zurückhaltend, zart nach Birne, mit einem Hauch von Walnuss und Limette unterlegt. Saftig, gute Komplexität, zitronige Nuancen, salzige Mineralik, straff und anhaltend, Limetten auch im Abgang, ein frischer Speisenbegleiter.

94 Gelber Muskateller * Ried Perz 1STK 2021
12 Vol.-%, NK, großes Holzfass, €€€€€ B
Helles Grüngelb, Silberreflexe. Feine gelbe Tropenfrucht, etwas Ananas, einladende Nuancen von Orangenzesten, etwas Muskatnuss und Blütenhonig. Straff, engmaschig, kalkige Mineralik, lebendiger Säurebogen, saliner Abgang, feinwürziger Nachhall, zeigt Länge und Reifepotenzial.

93 Gelber Muskateller * Gamlitz 2022
11,5 Vol.-%, NK, Stahltank, €€€€
Helles Gelbgrün, Silberreflexe. Frische traubige Nuancen, ein Hauch von weißem Pfirsich, Limettenzesten, blumiges Bukett. Mittlerer Körper, komplex, Nuancen von weißem Kernobst, feine Frucht, mineralisch-salzig im Nachhall, bereits gut entwickelt, gutes Reifepotenzial.

92 Gelber Muskateller * 2023
11,5 Vol.-%, DV, Stahltank, €€€ B
Helles Grüngelb, Silberreflexe. Einladende Nuancen von Holunderblüten, zarte gelbe Tropenfrucht, ein Hauch von Muskatnuss. Straff, elegant, feine exotische Nuancen von Ananas, zart nach Maracuja im Abgang, ein lebendiger Sommerwein.

(94) Morillon * Ried Nussberg Preschnigg GSTK 2020
13 Vol.-%, NK, großes Holzfass, €€€€€€ B
Helles Goldgelb, Silberreflexe. Zart nussig unterlegte gelbe Tropenfrucht, ein Hauch von Gewürzen, etwas Nelken, dazu Mango und Blütenhonig. Saftig, elegant, weiße Apfelfrucht, feine Säurestruktur, salziger Abgang, bleibt gut haften, ein facettenreicher Speisenbegleiter, zeigt Länge und Reifepotenzial.

93 Morillon * Ehrenhausen Startin 2022
12,5 Vol.-%, DIAM, großes Holzfass, €€€€
Mittleres Goldgelb, Silberreflexe. Zarte Holzwürze, gelbes Kernobst, dezente Kräuterwürze. Engmaschig, feine Birnenfrucht, weißes Kernobst, frische Struktur, mineralisch-zitronig im Abgang, lebendiger Speisenbegleiter, ruhig und anhaftend, Limettentouch im straffen Abgang.

93 Morillon * Alte Reben 2022
12,5 Vol.-%, DV, Holzfass, €€€€€
Mittleres Goldgelb, Silberreflexe. Zarte Nuancen von gelbem Kernobst, ein Hauch von Golden-Delicious-Apfel, feine Wiesenkräuter, mit frischen Orangenzesten unterlegt. Straff, engmaschig, feinwürzige Textur, frischer Säurebogen, Limetten im Nachhall, salzig im Rückgeschmack, ein feiner Speisenbegleiter.

(92) Welschriesling PRO. 2022
13 Vol.-%, NK, großes Holzfass, €€€
Helles Grüngelb, Silberreflexe. Feine Anklänge von frischer Walnuss, weißer Apfel, ein Hauch von Limetten. Straff, wirkt leichtfüßig, grüner Apfel, finessenreicher Säurebogen, rassig und anhaftend, knackiger Stil, animierender Speisenbegleiter.

97 Welschriesling Reserve TBA 2017
7 Vol.-%, NK, kleines Holzfass, €€€€€
Mittleres Goldgelb, Messingreflexe. Getrocknete Marillen, ein Hauch von Feigen, dezente Botrytiswürze, zarter Kletzentouch, mit gelber Tropenfrucht unterlegt. Saftig, süße Textur, nach Korinthen, Datteln und Feigen, seidige Textur, feine Mineralik, salziger Nachhall, verfügt über große Länge, ein Trinkdessert.

★★

HIRSCHMUGL DOMAENE AM SEGGAUBERG

BIO

Das Weingut Hirschmugl liegt malerisch eingebettet zwischen kräftigen Weingärten, saftigen Wiesen und dichten Wäldern am Seggauberg in der Südsteiermark und lädt mit seinem malerischen Ambiente und der außergewöhnlichen Architektur zum Genießen, Wein-Shoppen und Verweilen ein. Vor zwei Jahrzehnten haben Toni und Astrid Hirschmugl gemeinsam mit ihrem Kellermeister Alexander Scherübl hier auf einem alten Obstbauernhof die ersten Rebstöcke gepflanzt. Das Arbeiten und Leben in und mit der Natur ist ihre Leidenschaft, Wertschätzung und Respekt davor eine Selbstverständlichkeit! So erschaffen sie hier mit viel Gespür und Begeisterung Sekt und Wein, aber auch hochwertigen Honig, Gin, Wermut sowie verschiedene Essige. Das Vergnügen im Weinglas und der Ausdruck ihrer Weine findet seinen Ursprung in ihren Rieden. Tief verwurzelt bringen hier auf unterschiedlichsten Böden die einzelnen Rebsorten ihren Charakter hervor. Ob mineralisch-kühl vom Schieferboden aus dem Sausal oder mächtig und frisch vom Muschelkalk aus der Riede Obegg, zugänglich wärmend aus der Ried Hohenegg in Eichberg-Trau-

* Südsteiermark DAC

Weingut Hirschmugl

HIRSCHMUGL - DOMAENE AM SEGGAUBERG

8430 Leibnitz, Am Plöckelberg 6
T: +43 (3452) 20215
info@hirschmugl-domaene.at
www.hirschmugl-domaene.at

Kellermeister: Alexander Scherübl
Kontakt: Victoria Sturm
Anbauweise: Zertifiziert Biologisch (Bio Austria)
Produktion: 53.333 Flaschen
20 % Schaumwein, 75 % weiß, 5 % rot, 18 Hektar
Vereinszugehörigkeit:
WBV Sausal, Wein Steiermark, Lacon
Messen: ProWein Düsseldorf, VieVinum, Weinmesse Innsbruck, DAC-Präsentationen

tenburg bis hin zu elegant-schnörkellos vom Sand-Kalkstein aus der Riede Rettenberg am Seggauberg: Die Domaene am Seggauberg hat eine große Vielfalt zu bieten. Die 20 Hektar Weingärten könnten unterschiedlicher nicht sein und ergeben so ein wundervolles, harmonisches Ganzes, das in den Weinen uneingeschränkt widerzuspiegeln sich die Hirschmugls zur Aufgabe gemacht haben. Der elegante Festsaal, die natürlich schöne Gartenanlage und der historische Gewölbekeller bieten zudem ein exklusives Ambiente für Hochzeiten, Seminare sowie Firmen- und Familienfeiern, die sicherlich unvergessen bleiben und so manches Herz höherschlagen lassen. Vier stilvoll eingerichtete Appartements und ein großzügiges Loft laden zum Verweilen und Erholen ein.

92 ❶ Decto Rosso Rosé Sekt Austria Reserve Brut Steiermark g.U. NV ZW/SL

Deg. 11/23, 11,5 Vol.-%, NK, Flaschengärung, €€€€€ B V
Helles Lachsrosa, Silberreflexe, feines Mousseux. Frische Herzkirschen, zartes Waldbeerenkonfit, Nuancen von Blütenhonig und Mandarinenzesten, einladendes Bukett. Mittlerer Körper, seidig, elegant, feine Fruchtsüße, eingelegte Kirschen auch im Abgang, zugänglich und charmant.

91 ❶ Cabernet Blanc Brut NV

11,5 Vol.-%, NK, Flaschengärung, €€€€€ B V
Helles Gelbgrün, Silberreflexe, lebendiges Mousseux. Zart nach weißem Kernobst, ein Hauch von Wiesenkräutern, mit Orangenzesten unterlegt, dezentes Bukett. Schlank, feine Apfelfrucht, zartes Säurespiel, bietet leichtfüßiges und unkompliziertes Trinkvergnügen.

93 Chardonnay * Ried Rettenberg Nobilis 2021

13 Vol.-%, VL, gebrauchte Barriques, €€€€€ B V
Helles Grüngelb, Silberreflexe. Zarte Röstaromen, etwas Nougat, reife gelbe Tropenfrucht, einladendes Bukett. Saftig, ein Hauch von Kokos und Bourbon-Vanille, weißer Apfel, gute Frische, ein Hauch von Nougat und Beerenfrucht im Abgang, bereits gut antrinkbar, eleganter Stil.

93 Sauvignon Blanc * Ried Wiesberg 2023

13 Vol.-%, VL, Stahltank, €€€€€ B V
Helles Gelbgrün, Silberreflexe. Zart nach gelbem Pfirsich, etwas Mango und Apfel, ein Hauch von Kräuterwürze, mit Orangenzesten unterlegt. Komplex, stoffig, Weiße Johannisbeeren, frischer Säurebogen, mineralisch und gut anhaftend, Limetten im Nachhall, facettenreicher Begleiter bei Tisch.

92 Sauvignon Blanc * Terroir³ 2023

13 Vol.-%, DV, Stahltank, €€€€ B V
Helles Gelbgrün, Silberreflexe. Zarte weiße Tropenfrucht, ein Hauch von Melone und Stachelbeeren, zarte Kräuterwürze, mit Limettenzesten unterlegt. Saftig, frisch und elegant, straffe Textur, zitronig-mineralisch, wirkt leichtfüßig, salziger Nachhall, ein finessenreicher Speisenwein.

93 Traminer * Ried Rettenberg Nobilis 2021

13 Vol.-%, VL, gebrauchte Barriques, €€€€€ B V
Helles Goldgelb, Silberreflexe. Einladendes Bukett nach Marshmallows, ein Hauch von Dille, zart mit Rosenöl unterlegt. Stoffig, elegant, weiße Birnenfrucht, feiner Säurebogen, mineralisch, saliner Abgang, ausgewogen und gut anhaftend, bereits gut antrinkbar.

★★★★

WEINGUT DANIEL JAUNEGG

BIO

Das Weingut Daniel Jaunegg befindet sich in wunderschöner Lage auf rund 550 Metern Seehöhe, wo sich dem Besucher eine herrliche Aussicht bietet. Durch den Einfluss der in der Ferne sichtbaren Koralpe liegt ein kühles Kleinklima vor, das auch in den Weinen spürbar ist. Diese haben eine feine, kühle Aromatik, sind facettenreich und komplex. Die vorliegenden Bodenbeschaffenheiten – leichte Schotter- und Sandböden aus Flussablagerungen bzw. Sandstein – verleihen den Weinen Würze und Finesse.
Die Weine der »Sand und Schotter«-Serie sind die Botschafter der Ortswein-Region Eichberg und lassen durch ihren Charakter ihre Herkunft wunderbar nachvollziehen. Die Weine der Lage Knily, einer steilen Einzellage, zeigen sich meist schlank, mit engmaschiger Struktur und feiner Mineralik, die vom schottrigen Untergrund geprägt ist. Weine der Lage Muri, einer reinen Südlage, stehen für die höchste Traubenqualität bei Sauvignon Blanc und Chardonnay.
Nach der Spontangärung – was bei allen Weinen des Sortiments der Fall ist – lagern die Ortsweine mindestens ein Jahr lang auf der Vollhefe, die Lagenweine »Muri« dürfen für zwei volle Jahre auf der Hefe reifen. Zum Einsatz kommen große neutrale Holzfässer (1.500 Liter), gebrauchte 500-Liter-Holzfässer sowie Stahltanks. Die lange Lagerung auf der Hefe und die »Low-Intervention-Philosophie« (geringer bzw. kein Eingriff bei der Weinwerdung, keine Schönung, keine Filtration und eine nur geringe Dosis an Schwefel kurz vor der Füllung) verleihen den Weinen Komplexität und Strahlkraft mit viel Potenzial und Zukunft.
Einmal hingefunden, kann man sich persönlich von der Qualität der Weine überzeugen, die mittlerweile seit Jahren einen hohen Standard erfüllen und das Weingut zu einer der Top-Adressen in der Steiermark machen.

96 Sauvignon Blanc Muri 2021
13 Vol.-%, NK, Stahltank, €€€€€
Mittleres Gelbgold, Silberreflexe. Zart nach gelber Tropenfrucht, reife Stachelbeeren, kandierte Bergamottenzesten, etwas Blütenhonig, feinwürziges, facettenreiches Bukett. Stoffig, weiße Frucht, reifer grüner Apfel, finessenreiche Struktur, salzige Mineralik, leichtfüßiger Stil, sehr gute Länge, sicheres Reifepotenzial.

WEINGUT DANIEL JAUNEGG
8463 Leutschach an der Weinstraße
Eichberg-Trautenburg 160
T: +43 (3455) 6754
weingut@jaunegg.at
www.jaunegg.at

Kellermeister/Kontakt:
Daniel Jaunegg
Anbauweise: Zertifiziert Biologisch (Bio Austria)
Produktion: 100 % weiß, 7.5 Hektar
Vereinszugehörigkeit:
Wein Steiermark
Messen: VieVinum

Jasmin Edelsbrunner und Daniel Jaunegg

95 Chardonnay Muri 2021
12,5 Vol.-%, NK, Holzfass, €€€€€
Mittleres Goldgelb, Silberreflexe. Zart nussig unterlegte gelbe Tropenfrucht, etwas Mango und Papaya, Quittentouch, etwas Biskuit. Stoffig, saftige weiße Frucht, finessenreich strukturiert, kalkige Mineralik, zeigt Rasse und Länge, delikat, animierend wie ein großer Blanc-de-Blancs-Champagner, nur ohne Perlen.

93 Chardonnay Sand & Schotter 2022
12,5 Vol.-%, NK, Stahltank, €€€€ B
Leuchtendes helles Gelbgrün, Silberreflexe. Frischer gelber Golden-Delicious-Apfel, kandierte Orangenzesten, feine Wiesenkräuter und Blütenhonig. Saftig, elegant, fester Kern, weißer Apfel, finessenreiche Struktur, salzig und gut anhaftend, ein vielseitiger, leichtfüßig anmutender Speisenbegleiter mit einigem Reifepotenzial.

94 Grauburgunder Knily 2021
12,5 Vol.-%, NK, Holzfass, €€€€ B
Mittleres Orangegelb, Silberreflexe. Zart rauchig-kräuterwürzig unterlegte Nuancen von Kletzen, kandierten Orangenzesten und weißem Nougat, vielschichtiges Bukett. Komplex, elegant, weiße Apfelfrucht, feiner Säurebogen, bleibt gut haften, harmonisch und mineralisch, saliner Abgang, bereits gut antrinkbar.

93 Sauvignon Blanc Sand & Schotter 2022
12,5 Vol.-%, NK, Stahltank, €€€€ B
Leuchtendes mittleres Goldgelb, Silberreflexe. Rauchige Kräuterwürze, Nuancen von Brennnesselextrakt, Cassis, tabakige Nuancen, mit feiner gelber Tropenfrucht unterlegt. Saftig, feine weiße Tropenfrucht, zart nach grünem Apfel, frischer Säurebogen, salzig-zitronig im Abgang, feiner Umami-Touch im Finish, ein facettenreicher Speisenbegleiter.

93 Welschriesling Sand & Schotter 2022
11,5 Vol.-%, NK, großes Holzfass, €€€€ B
Helles Goldgelb, Silberreflexe. Feine Kräuterwürze, gelbe Birne, ein Hauch von Nougat, mit kandierten Mandarinenzesten unterlegt. Schlank, dabei engmaschig und straff, energisch und frisch strukturiert, salzig im Abgang, Limetten im Nachhall, ein animierender Speisenbegleiter.

★★★

DOMAINES KILGER

Domaines Kilger ist ein Weingut, das feine Weinspezialitäten aus drei österreichischen Weinbaugebieten vinifiziert: Aus der Weststeiermark stammen die Blauer-Wildbacher-Trauben für die charakterstarken Rosé- und Schaumweine der Domaines. In der Südsteiermark bringen die Riede Sonneck mit Sauvignon-Blanc-Rebstöcken aus dem Jahre 1842 und die Riede Kranachberg mit 25 Jahre alten Reben faszinierende elegante Sauvignon Blancs hervor, und am Eisenberg im Südburgenland wachsen die Blaufränkisch- und Merlot-Trauben für grandiose Rotweine.
Allen Weinen gemeinsam ist, dass sie unverwechselbar ihre Herkunft und das Terroir ausspielen und dabei von höchster Eleganz geprägt sind. Produkte pur und unverfälscht zu verarbeiten, um den besten Geschmack aus allem herauszuholen, ist die Philosophie der Domaines Kilger.

(95) Sauvignon Blanc * Ried Kranachberg Obere Kapelle Reserve 2022
13,5 Vol.-%, NK, 500-l-Fass, €€€€€
Mittleres Gelbgrün, Silberreflexe. Attraktive gelbfruchtige Nuancen von Pfirsich und reifen Guaven, mit einem zarten Hauch von Karamell unterlegt. Saftig, elegant, straffe, cremige Textur, Nuancen von Mango und gelben Stachelbeeren, feiner Säurebogen, mineralisch und gut anhaftend, sicheres Reifepotenzial.

(93) Sauvignon Blanc * Ried Kranachberg Sonnenhang 2022
13,5 Vol.-%, NK, großes Holzfass, €€€€€
Mittleres Gelbgrün, Silberreflexe. Einladende frische Tropenfrucht, Nuancen von Cassis und Stachelbeeren, zarte Kräuterwürze, florale Nuancen, mit etwas Blütenhonig unterlegt. Komplex, saftig, elegante Textur, zartes weißes Nougat, mineralisch und gut anhaftend, verfügt über gutes Entwicklungspotenzial.

(92) Sauvignon Blanc * Gamlitz 2022
13 Vol.-%, DV, großes Holzfass, €€€€
Mittleres Grüngelb, Silberreflexe. Frische Kräuterwürze, feine gelbe Tropenfrucht, zart nach Mango und Stachelbeeren, mit einem Hauch von Grapefruitzesten unterlegt. Mittlere Komplexität, saftig, weißer Pfirsich, gut integrierter Säurebogen, feine Extraktsüße im Nachhall.

DOMAINES KILGER
8462 Gamlitz
Eckberger Weinstraße 32
T: +43 (3453) 236311
wein@domaines-kilger.com
www.domaines-kilger.com

Kellermeister: Jani Rojs
Kontakt: Alexandra Herrmann
Produktion: 200.000 Flaschen
1 % Schaumwein, 99 % weiß,
33 Hektar
Zertifiziert: Nachhaltig Austria
Messen: ProWein Düsseldorf, VieVinum

Weingarten in Glanz

(94) Chardonnay * Ried Kranachberg Obere Kapelle Reserve 2022
14 Vol.-%, NK, kleines Holzfass, €€€€€
Mittleres Gelbgold, Silberreflexe. Reife gelbe Pfirsichfrucht, zarte Gewürznuancen, etwas Blütenhonig, kandierte Mandarinenzesten. Saftig, harmonisch, reife gelbe Tropenfrucht, feiner Säurebogen, ein Hauch von Karamell, zeigt gute Länge, bereits entwickelt, ein facettenreicher Speisenbegleiter.

(93) Chardonnay * Leutschach 2022
14 Vol.-%, DV, großes Holzfass, €€€€
Mittleres Goldgelb, Silberreflexe. Frische gelbfruchtige Nuancen, zart nach Mango und Papaya, florale Noten, kandierte Limettenzesten im Hintergrund. Stoffig, straff und engmaschig, weißer Apfel im Kern, gute Frische, salzige Mineralik, bleibt haften, verfügt über einige Länge, gutes Entwicklungspotenzial.

(92) Chardonnay * Gamlitz 2022
13,5 Vol.-%, DV, großes Holzfass, €€€€
Mittleres Goldgelb, Silberreflexe. Feine Nuancen von gelbem Kernobst, ein Hauch von Golden-Delicious-Apfel, mit kandierten Orangenzesten und zartem Nougat unterlegt. Kräftig, feine gelbe Tropenfrucht, gut integrierte Säurestruktur, zarte Süße im Abgang, bleibt gut haften, vielfältig einsetzbar.

★★★★

WEINGUT KODOLITSCH

Der Name Kodolitsch reicht Jahrhunderte zurück, und das Weingut befindet sich seit mehr als 300 Jahren im Familienbesitz. Die heutigen Besitzer, Christa und Nikolaus, haben das Weingut 1993 übernommen und mit Liebe und hohem Qualitätsanspruch zu einem Vorzeigeunternehmen ausgebaut. Für den Weinausbau ist Mario Weber verantwortlich, mit Fingerspitzengefühl und durch den perfekten Einklang mit der Natur schafft er es, die Charakteristik des Terroirs von den Rieden Rosengarten und Kogelberg in unendlichen Facetten herauszuarbeiten. Die geernteten Trauben werden ausschließlich handverlesen und in weiterer Folge sorgfältig mit viel Gefühl und Know-how verarbeitet. Das Streben nach Perfektion und die Leidenschaft für den Wein sind das Fundament für die zahlreichen Auszeichnungen der letzten Jahre.

98 Sauvignon Blanc * Ried Rosengarten T.M.S. 2021
13,5 Vol.-%, NK, 500-l-Fass, €€€€€€
Helles Grüngelb, Silberreflexe. Feine Reduktionsnote, einladende Nuancen von Feuerstein, mit reifer gelber Pfirsichfrucht und Mango unterlegt, zart nach Karamell und Blü-

Ried Rosengarten

WEINGUT KODOLITSCH
8430 Leibnitz
Kodolitschweg 9
T: +43 (664) 4225919
weingut@kodolitsch.at
www.kodolitsch.at

Kellermeister/Kontakt:
Mario Weber
Anbauweise: Integrierter Anbau
Produktion: 100 % weiß, 18+2.5 Hektar
Zertifiziert: Nachhaltig Austria
Vereinszugehörigkeit:
WBV Sausal, Wein Steiermark
Messen: VieVinum

tenhonig, hochattraktives Bukett. Komplex, saftig, engmaschig, feine Fruchtsüße, finessenreicher Säurebogen, salziger Nachhall, große Länge, sicheres Potenzial, beeindruckender Wein.

96 Sauvignon Blanc * Ried Kogelberg Alte Reben 2021

13,5 Vol.-%, NK, 500-l-Fass, €€€€€€

Helles Grüngelb, Silberreflexe. Feine Nuancen von gelber Tropenfrucht, zart nach Mango und Blütenhonig, Limettenzesten, florale Aspekte, noch etwas zurückhaltend. Saftig, elegant, stoffig, ein Hauch von Litschis und Honig, komplex und mineralisch, salziger Abgang, große Länge, Potenzial für Jahre.

95 Sauvignon Blanc * Ried Schiefer Terrassen 2021

13,5 Vol.-%, NK, großes Holzfass, €€€€€€

Helles Grüngelb, Silberreflexe. Frische weiße Tropenfrucht, ein Hauch von Grapefruit, zart nach Litschis, florale Noten, einladendes Bukett. Stoffig, engmaschig, Nuancen von weißer Frucht, feiner Pfirsichtouch, lebendig strukturiert, gut anhaftend, ein komplexer Speisenbegleiter, sicheres Entwicklungspotenzial.

94 Sauvignon Blanc * Ried Rosengarten 2022

13,5 Vol.-%, NK, großes Holzfass, €€€€€

Helles Grüngelb, Silberreflexe. Frische Kräuter, Grapefruitnoten, weißer Pfirsich, etwas Cassis und Guaven, zart nach Zitronengras. Saftig, elegant, weißer Pfirsich, frischer Säurebogen, zarte Fruchtsüße im Abgang, zitroniger Touch, sehr animierender Speisenbegleiter.

93 Sauvignon Blanc * Kitzeck-Sausal 2022

13,5 Vol.-%, DV, Stahltank, €€€€

Mittleres Gelbgrün, Silberreflexe. Zart nach Grapefruit und Stachelbeeren, mit feinem Cassistouch unterlegt, Limettenzesten im Hintergrund. Saftig, elegant, feiner gelber Pfirsich, Mango, ein Hauch von Süße, frisch strukturiert, kühle Mineralik, saliner Nachhall, zeigt Länge und Reifepotenzial.

92 Sauvignon Blanc * 2023

12,5 Vol.-%, DV, Stahltank, €€€

Helles Gelbgrün, Silberreflexe. Feine Blütenaromen, ein Hauch von Stachelbeeren und Hibiskus, einladendes Bukett. Mittlerer Körper, saftig, feine weiße Apfelfrucht, frischer Säurebogen, zarte Fruchtsüße im Abgang, bereits gut entwickelt und vielfältig einsetzbar.

96 Chardonnay * Ried Rosengarten Alte Reben 2021

13,5 Vol.-%, NK, kleines Holzfass, €€€€€€

Helles Grüngelb, Silberreflexe. Feine Nuancen von gelbem Kernobst, ein Hauch von Edelholz, helles Nougat, etwas Vanille, einladendes Bukett. Kraftvoll, saftig, feine Extraktsüße, reife Mango, zarter Blütenhonig, elegant und anhaftend, ein Wein mit enormem Potenzial, wird unzweifelhaft von Flaschenreife profitieren.

94 Chardonnay * Ried Kogelberg Alte Reben 2021

13,5 Vol.-%, NK, kleines Holzfass, €€€€€€

Helles Grüngelb, Silberreflexe. Zart nach Nougat, reifer gelber Apfel, etwas Mango, feine Kräuterwürze, ein Hauch von Röstaromen. Komplex, reife weiße Tropenfrucht, zartes helles Karamell, mineralisch-zitronig unterlegt, lang anhaftend, bereits sehr gut entwickelt, verfügt über weiteres Reifepotenzial.

91 Chardonnay * 2022

13 Vol.-%, NK, großes Holzfass, €€€€

Helles Grüngelb, Silberreflexe. Zarte Kräuterwürze, gelbe Apfelfrucht ein Hauch von Nougat. Mittlerer Körper, zartes helles Karamell, cremig, elegant, dezente Pfirsichfrucht im Abgang, dezente Süße im Nachhall, bereits gut antrinkbar.

95 Weißburgunder * Ried Rosengarten Alte Reben 2021

13,5 Vol.-%, NK, 500-l-Fass, €€€€€€

Helles Grüngelb, Silberreflexe. Zart nach Röstaromen und Bergamotte, gelbes Kernobst, zart nach Mango, etwas Blütenhonig. Komplex, saftig, seidige Textur, feiner Säurebogen, angenehme Extraktsüße, elegant und lange anhaftend, ein vielschichtiger Speisenbegleiter mit Länge und Potenzial.

93 Weißburgunder * Ried Rosengarten 2022

13,5 Vol.-%, NK, 500-l-Fass, €€€€€

Helles Grüngelb, Silberreflexe. Zart nach Limetten, weißer Apfel, ein Hauch von Birnen, mit etwas Blütenhonig unterlegt. Saftig, kraftvoll, reife Tropenfrucht, weißes Nougat, feiner Säurebogen, cremig und gut anhaftend, ein facettenreicher Speisenbegleiter.

92 Weißburgunder * 2023

12,5 Vol.-%, DV, Stahltank, €€€

Helles Grüngelb, Silberreflexe. Zart nach Orangenzesten, feine Birnenfrucht, gelber Apfel, ein Hauch von Wiesenkräutern. Komplex, mittlerer Körper, weißes Kernobst, feines Säurespiel, bleibt gut haften, ein vielseitiger Begleiter bei Tisch.

94 Welschriesling * Ried Rosengarten Alte Reben 2021

12,5 Vol.-%, NK, Eichenfass, €€€€€

Helles Grüngelb, Silberreflexe. Zarte Kräuterwürze, Nuancen von Birne, etwas Lindenblüten, erweckt Loire-Assoziationen, feine Nuancen von kandierten Orangenzesten. Mittlerer Körper, elegant und balanciert, feiner Säurebogen, bleibt gut haften, ein facettenreicher Speisenbegleiter, gutes Reifepotenzial.

92 Riesling * Kitzeck-Sausal 2022

12,5 Vol.-%, DIAM, großes Holzfass, €€€€

Helles Gelbgrün, Silberreflexe. Zart nach Weingartenpfirsich, mineralischer Touch, Zitruszesten, mit kandierten Mandarinenschalen unterlegt. Schlank, rassig, feine Schieferwürze, zarter Blütenhonig, Limetten im Abgang, trinkfreudiger, sommerlicher Stil, ideal für die Terrasse.

Weißburgunder

93 Riesling K 2023

10,5 Vol.-%, DV, Stahltank, €€€

Helles Gelbgrün, Silberreflexe. Zarte Aromen von weißen Blüten, weißer Pfirsich, kandierte Limetten, ein Hauch von Honig. Schlank, weißer Apfel, finessenreiche Säurestruktur, feine Fruchtsüße, zitroniger Abgang, lebendig und leichtfüßig, voll Spannung, ein vibrierender Sommerwein.

93 Gelber Muskateller * Ried Rosengarten 2022

12,5 Vol.-%, NK, Eichenfass, €€€€€

Mittleres Grüngelb, Silberreflexe. Zart traubig, ein Hauch von Tropenfrucht, Nuancen von Muskatnuss und Rosenöl. Mittlerer Körper, weiße Tropenfrucht, aromatische Würze, dezente Säurestruktur, frischer Säurebogen, dunkle Mineralik, Mango im Abgang, gutes Reifepotenzial.

92 Gelber Muskateller * 2023

11,5 Vol.-%, DV, Stahltank, €€€

Helles Gelbgrün, Silberreflexe. Intensive florale Nuancen, ein Hauch von Rosen und Holunderblüten, attraktives Bukett. Saftig, weiße Frucht, mineralisch-salzige Textur, feiner Limettentouch, frischer Säurebogen, zitroniger Nachhall, animierender Stil.

* Südsteiermark DAC

★★★★★

WEINGUT LACKNER-TINNACHER

BIO

Das Weingut Lackner-Tinnacher liegt inmitten von Weingärten auf einer Hügelkette in Steinbach bei Gamlitz. Seit Jahrhunderten wird auf dem Anwesen Weinbau betrieben, bereits 1787 wurden im Josephinischen Kataster ausführlich vier Weingartenstücke beschrieben. Heute wird das Weingut von Katharina Tinnacher bewirtschaftet. Rund 28 Hektar Weingärten befinden sich auf klimatisch idealen Seehöhen von 400 bis 500 Metern in besten Steillagen in den Weinbauorten Gamlitz und Kitzeck-Sausal.
Die Weingärten stehen im Mittelpunkt von Katharina Tinnachers Aufmerksamkeit. Sie werden sorgsam biologisch gepflegt. Drei- bis viermal wird der Rebstock ausgedünnt, und die Triebe werden behutsam händisch formiert, um eine hohe Reife der Trauben zu erreichen. Die Ernte erfolgt zumeist spät, auf präzise Handlese zum besten Reifezeitpunkt wird besonders geachtet. Ebenso ist es Standard, dass die Trauben rasch und unversehrt zur Presse gelangen und schonend gekeltert werden. Die traditionelle und behutsame Vinifikation bestimmt seit vielen Jahren die zeitlose elegante Linie des Weinguts.
Die Weine sind stets fein strukturiert, durchzogen von tiefer Frucht und geprägt von Boden, Klima und Jahrgang. Konsequent stammen alle Weine des Guts aus den eigenen Weingärten. Die einzelnen Lagen und Rieden verfügen über unterschiedliche Bodengegebenheiten, und Katharina Tinnacher ist es ein besonderes Anliegen, diese feinen strukturellen Unterschiede im Wein aufzuzeigen. Die Hauptsorte ist der Sauvignon Blanc, wobei die Trauben für den Ortswein Gamlitz Sauvignon Blanc auf überwiegend sandig-schottrigen Böden wachsen. Der Sauvignon Blanc Ried Welles hat ein steiniges, mineralhaltiges Schotterkonglomerat als Untergrund, und der Oberboden besteht aus roten und grauen Sanden. Ebenso im Fokus sind auf dem Weingut die Burgundersorten: Weißburgunder Ried Eckberg und Morillon Ried Eckberg stehen auf Kalkmergelböden, Weißburgunder Ried Steinbach und Grauburgunder Ried Steinbach gedeihen auf sandigen und schottrigen Böden. Weiters werden Welschriesling, Gamlitz Gelber Muskateller und Gelber Muskateller Ried Gamitz aus über fünfzig Jahre alten Rebstöcken gekeltert.
Mit Anfang 2008 wurde das Weingut um Weingärten in der Ried Flamberg in der Gemeinde St. Nikolai im Sausal erweitert. Die fünf Hektar umfassenden kesselförmigen Süd- bis Südwesthänge bieten ein spezielles, vom Korallenkalkboden geprägtes Terroir und sind ein spannender Kontrast zu den Lagen in Steinbach. So verwundert es nicht, dass nun vor allem Flamberg besonders im Fokus von Katharina Tinnacher steht, die sich bereits während ihres Studiums an der Universität für Bodenkultur mit der Interaktion von Rebe, Boden und Klima beschäftigte. Neben der Erhaltung der wertvollen alten Rebstöcke setzt sie bei Flamberg auf die Kultivierung von Sauvignon Blanc und Burgundersorten. Ab dem Jahrgang 2016 sind alle Weine biozertifiziert.

98 Sauvignon Blanc * Ried Welles GSTK 2021
13 Vol.-%, VL, großes Holzfass, €€€€€€ B V
Helles Goldgelb, Silberreflexe. Feine Kräuterwürze, ein Hauch von Orangenzesten, frische gelbe Frucht, zart nach Cassis, sehr facettenreiches, einladendes Bukett. Straff und pikant, sehr feine Textur, finessenreicher Säurebogen, mineralisch-zitronig im Abgang, salzig und lange anhaftend, bereits gut herangereift, ein straffer Speisenbegleiter, verführerisch und mit großem Potenzial ausgestattet.

95 Sauvignon Blanc * Ried Flamberg GSTK 2021
13 Vol.-%, VL, großes Holzfass, €€€€€ B V
Mittleres Grüngelb, Silberreflexe. Rauchig-würzig, zarte gelbe Tropenfrucht, ein Hauch von Guaven und Blütenhonig, kandierte Mandarinenzesten, weißes Nougat. Mittlerer Körper, weißes Kernobst, gut integrierte Säurestruktur, mineralisch im Abgang, kompakt, elegant, in sich ruhend, ein facettenreicher Speisenbegleiter.

WEINGUT LACKNER-TINNACHER

8462 Gamlitz, Steinbach 12
T: +43 (3453) 2142
weingut@tinnacher.at
www.tinnacher.at

Kellermeister/Kontakt: Katharina Tinnacher
Anbauweise: Zertifiziert Biologisch
Produktion: 97 % weiß, 1 % rot, 2 % süß, 28 Hektar
Zertifiziert: Nachhaltig Austria
Vereinszugehörigkeit: Steirische Terroir- und Klassikweingüter, GutFinden – Südsteiermark
Messen: ProWein Düsseldorf, VieVinum

Weinbau bei Gamlitz

94 Sauvignon Blanc * Ried Steinbach 1STK 2022
13 Vol.-%, VL, großes Holzfass, €€€€€ B V
Mittleres Grüngelb, Silberreflexe. Zart mit Orangenzesten und Wiesenkräutern unterlegte gelbe Tropenfrucht, reife Stachelbeeren, mineralischer Anklang. Elegant, feine Fruchtsüße, engmaschig und harmonisch, dezenter Säurebogen, etwas Pfirsich im Abgang, ein ausgewogener Speisenbegleiter mit gutem Reifepotenzial.

93 Sauvignon Blanc * Kitzeck-Sausal 2022
12,5 Vol.-%, VL, Stahltank, €€€€ B V
Helles Grüngelb, Silberreflexe. Dunkle Würze, mineralischer Touch, weißer Pfirsich, ein Hauch von frischer Birne, zart nach Orangenzesten. Straff, engmaschig, kühle Stilistik, feiner Säurebogen, saliner Touch im Abgang, zartes Nougat im Nachhall, ein feiner Speisenbegleiter.

92 Sauvignon Blanc * Gamlitz 2022
12,5 Vol.-%, VL, Stahltank, €€€€ B V
Helles Grüngelb, Silberreflexe. Zarte Kräuterwürze, dunkle Mineralik, Nuancen von gelber Frucht, ein Hauch Cassis, einladendes Bukett. Saftig, weiße Frucht, leichtfüßig, mineralisch-zitronig im Abgang, salziger Nachhall, animierend, zugänglicher Stil.

97 Morillon * Ried Welles GSTK 2021
13 Vol.-%, VL, 500-l-Fass, €€€€€€ B V
Helles Gelbgrün, Silberreflexe. Zart rauchig, würzig, feines weißes Kernobst, zarte Holznuancen, facettenreich, kühles Bukett. Stoffig, elegant, Nuancen von Pfirsich und Gewürzen, feiner Säurebogen, harmonisch, weißes Nougat, lange anhaftend, ein sehr vielfältig einsetzbarer Speisenbegleiter mit sicherem Reifepotenzial.

95 Morillon * Ried Flamberg GSTK 2021
13 Vol.-%, VL, großes Holzfass, €€€€€ B V
Helles Goldgelb, Silberreflexe. Feine Holzwürze, weißes Kernobst, feine Kräuternuancen, ein Hauch von Mandarinen und Grapefruitzesten, mit weißem Nougat unterlegt. Straff, weißer Apfel, finessenreicher Säurebogen, harmonisch und mineralisch, ungemein facettenreich und frisch, animierender Begleiter bei Tisch.

94 Morillon * Ried Eckberg STK 2022
13 Vol.-%, VL, großes Holzfass, €€€€ B V
Helles Grüngelb, Silberreflexe. Feine Holzwürze, zart nach Kräutern, ein Hauch von weißem Kernobst, etwas Pfirsich. Mittlerer Körper, dezente Fruchtsüße, gut integrierter Säurebogen, etwas weißes Nougat im Abgang, frische Wiesenkräuter im Rückgeschmack, wird von einigen Jahren Reife profitieren.

95 Grauburgunder * Ried Steinbach 1STK 2022
13 Vol.-%, VL, großes Holzfass, €€€€€ B V
Helles Goldgelb, zarte Messingreflexe. Zart nach Nougat und frischer Birne, kandierte Orangenzesten, facettenreiches Bukett. Saftig, elegant, feine Extraktsüße, feine gelbfruchtige Nuancen, gut integrierte Säurestruktur, weiße Schokolade, finessenreich und lange anhaftend, ein perfekter Speisenbegleiter, sicheres Reifepotenzial.

96 Grauburgunder Reserve 2021
13 Vol.-%, VL, großes Holzfass, €€€€€€ B V
Mittleres Goldgelb, Silberreflexe. Einladende gelbe Tropenfrucht, ein Hauch von frischer Birne, zart nach kandierten Orangenzesten, kräuterwürzig unterlegt, subtiler

Vieilles-Vignes-Charakter. Komplex, saftig, weiße Frucht, frischer Säurebogen, pikantes Finish, bleibt lange haften, mit weiterem Reifepotenzial ausgestattet.

95 Gelber Muskateller * Ried Gamitz 1STK 2021
12,5 Vol.-%, VL, großes Holzfass, €€€€€ B V
Helles Gelbgrün, Silberreflexe. Florale Nuancen, ein Hauch von gelber Tropenfrucht, Noten von Grapefruitzesten. Straff, kompakt, feine gelbe Frucht, engmaschig, frischer Säurebogen, feiner Gerbstoff, sehr gute Länge, salziger Nachhall, großes Zukunftspotenzial.

(93) Gelber Muskateller * Gamlitz 2023
13 Vol.-%, VL, Stahltank, €€€€ B V
Helles Gelbgrün, Silberreflexe. Feine Anklänge von Holunderblüten, etwas Pfirsich, Noten von Muskat und Maracuja. Saftig, elegant, mineralischer Kern, frische Säurestruktur, feine Nuancen von gelbem Steinobst im Abgang, zitroniger Nachhall, ein delikater Wein mit Entwicklungspotenzial.

94 Weißburgunder * Ried Steinbach Kogel 1STK 2022
13 Vol.-%, VL, großes Holzfass, €€€€€ B V
Mittleres Grüngelb, Silberreflexe. Zarte Kräuterwürze, ein Hauch von frischer Walnuss, Nuancen von gelber Birnenfrucht, einladendes Bukett. Stoffig, kraftvoll und kompakt, weißes Kernobst, feiner Säurebogen, lange anhaftend, harmonisch, verfügt über sicheres Reifepotenzial.

93 Weißburgunder * Ried Eckberg STK 2022
12,5 Vol.-%, VL, großes Holzfass/Stahltank, €€€€ B V
Helles Grüngelb, Silberreflexe. Zart nach frischer Ananas, ein Hauch von Kernobst und kandierten Orangenzesten. Saftig, elegant und lebendig, zarte Fruchtsüße, mineralisch und frisch, ein Hauch von Blütenhonig im Finale, ein ruhiger, vielseitiger Speisenbegleiter mit südsteirischem Charakter.

94 Welschriesling * Franz Lackner 2021
12,5 Vol.-%, VL, 500-l-Fass, €€€€€ B V
Helles Grüngelb, Silberreflexe. Zart nach Grapefruit, frisches gelbes Steinobst, attraktive Kräuterwürze, mineralischer Touch. Straff, engmaschig, weiße Apfelfrucht, mineralisch, Limettenzesten im Abgang, ein komplexer Speisenbegleiter mit Reifepotenzial.

★★★★

WEINGUT WOLFGANG MAITZ

»Herkunft ist bodenständig«, so lautet das Motto des Winzeres Wolfgang Maitz. Auf seinem Weingut mit zehn Hektar Rebfläche vinifiziert er ausschließlich Weine mit einem klaren Herkunftscharakter. Hier gilt: 100% Südsteiermark und 100% Handlese. Es entstehen Gebietsweine mit der Herkunft Südsteiermark DAC, die Ortsweine »Ehrenhausen« und Lagenweine der Einzelrieden Sulz, Krois 1STK, Schusterberg 1STK sowie der Topriede des Weinguts Hochstermetzberg GSTK. Behutsame Arbeit mit der Natur und Gelassenheit im Keller sind Garanten für ausdrucksstarke Herkunftsweine mit handwerklicher Prägung. Das Weingut ist Mitglied im Verein der Steirischen Terroir- und Klassikweingüter. Dem Weingut angeschlossen ist ein Wirtshaus mit Weinhotel als ideale Plattform für weinreisende Genießer.

95 Sauvignon Blanc * Ried Schusterberg 1STK 2021
13,5 Vol.-%, DV, Holzfass, €€€€€
Helles Goldgelb, Silberreflexe. Frische reife Tropenfrucht, ein Hauch von Mango und Guaven, mit gelben Stachelbeeren unterlegt, ein Hauch von Blütenhonig, attraktives Bukett. Saftig, reife Weiße Johannisbeeren, finessenreicher Säurebogen, mineralisch-salzig, gut anhaftend, ein stoffiger Speisenwein, sicheres Entwicklungspotenzial.

95 Sauvignon Blanc * Ried Hochstermetzberg GSTK 2020
13 Vol.-%, DV, Holzfass, €€€€€€
Mittleres Grüngelb, Silberreflexe. Zart nach Kräuterwürze und Cassis, gelbe Tropenfrucht, ein Hauch von Blütenhonig, kandierte Orangenzesten, reifer Pfirsich im Hintergrund. Straff, weiße Frucht, feines Kernobst, rassige Säurestruktur, ein Hauch von Fruchtsüße im Ab-

WEINGUT WOLFGANG MAITZ
8461 Ehrenhausen an der Weinstraße, Ratsch 45
T: +43 (3453) 2153
weingut@maitz.co.at
www.maitz.co.at

Kellermeister/Kontakt: Wolfgang Maitz
Produktion: 2 % Schaumwein, 94 % weiß, 2 % rot, 2 % süß, 10 Hektar
Zertifiziert: Nachhaltig Austria
Vereinszugehörigkeit: GutFinden – Südsteiermark, Steirische Terroir- und Klassikweingüter, Wein Steiermark
Messen: VieVinum

Weinbau bei Ehrenhausen

gang, zeigt Länge, salzige Nuancen, ein stoffiger, leichtfüßig wirkender Speisenbegleiter, gutes weiteres Reifepotenzial.

94 Sauvignon Blanc * Ehrenhausen 2021
13 Vol.-%, DV, Holzfass/großes Holzfass, €€€€
Mittleres Grüngelb, Silberreflexe. Frische Stachelbeeren und Cassis, Nuancen von Guaven und Grapefruitzesten, sehr einladendes Bukett. Straff, engmaschig, weiße Tropenfrucht, feine Süße, lebendige Struktur, bleibt haften, ein eleganter Speisenbegleiter, mit Frische und Länge ausgestattet.

92 Sauvignon Blanc * 2023
12 Vol.-%, DV, Stahltank, €€€
Helles Gelbgrün, Silberreflexe. Frische weiße Apfelfrucht, ein Hauch von Wiesenkräutern und Stachelbeeren, einladendes Bukett. Straff, elegant, feines Kernobst, finessenreicher Säurebogen, zitronig-salziger Nachhall.

95 Gelber Muskateller * Ried Krois 1STK 2021
13 Vol.-%, DV, Holzfass, €€€€€
Helles Goldgelb, Silberreflexe. Feine Muskatnuss, ein Hauch von Maracuja und Blütenaromen, mit saftigen traubigen Noten unterlegt. Stoffig, engmaschig, finessenreich strukturiert, saftige weiße Tropenfrucht im Zentrum, feine dunkle Würze, mineralisch umrahmt, Limetten, saliner Nachhall, sehr gute Länge, sicheres Reifepotenzial für viele Jahre.

95 Gewürztraminer * Ried Krois 1STK 2021
14 Vol.-%, DV, Holzfass, €€€€€
Helles Grüngelb, Silberreflexe. Zart nach Kokos und Estragon, feine Fruchtexotik, floraler Touch, ein Hauch von Rosen, etwas weißes Nougat. Komplex, stoffig, weißer Pfirsich, zarte Fruchtsüße, elegant, mineralisch, tolles Säurespiel, sehr pikanter Abgang, tolle Länge, zitronige Nuancen im Nachhall, feinwürzig und ungemein facettenreich.

94 Welschriesling * Ried Sulz 2021
12,5 Vol.-%, DV, Holzfass, €€€€€
Helles Goldgelb, Silberreflexe. Feine gelbe Tropenfrucht, ein Hauch von Mango, zarte Kräuterwürze, dezente Aromen von Walnuss. Stoffig, elegant, feine Nuancen von gelber Frucht, ein Hauch von Quitte, gut integrierte Säurestruktur, feine Mineralik, zarte Fruchtsüße im Abgang, gute Länge und Präzision.

94 Morillon * Ried Schusterberg 1STK 2021
13,5 Vol.-%, DV, Holzfass, €€€€€
Mittleres Goldgelb, Silberreflexe. Zart nach gelbem Steinobst, ein Hauch von Pfirsich und Kokos, attraktives Bukett. Saftig, engmaschig, weißer Apfel, feiner Säurebogen, sehr salzig im Abgang, bereits harmonisch und gut antrinkbar, wirkt leichtfüßig, vielfältig einsetzbar.

★

WEINGUT MARKO DER WEINSTRICKER

NEU - BIO

Steile Hänge mit bis zu 70% Gefälle und kalkhaltige Böden mit besonderem Weißwein-Terroir prägen das Weingut Marko am Pössnitzberg. Die Böden werden von Opok durchzogen – dieser wird auch als steirischer Schlier bezeichnet – und besteht aus verfestigten und kalkhaltigen Meeres- und Seeablagerungen. Die Trauben gedeihen auf etwa 400 Meter Seehöhe, beeinflusst vom illyrischen Klima.
Christian Marko und sein Team verfolgen eine naturnahe und qualitätsbewusste Philosophie und haben daher schon vor Jahren auf biologische Bewirtschaftung umgestellt. Der Betrieb umfasst zwar nur rund zwei Hektar Rebflächen, bietet aber so gut wie die gesamte steirische Vielfalt. Ständig wird an der Qualitätsschraube gedreht, und man versucht, sich kontinuierlich zu verbessern. Dazu kommt, dass das Weingut mit der Ried Pössnitzberg eine der besten Lagen der Steiermark besitzt und dieses Potenzial auch optimal zu nutzt. Christian Marko legt Wert darauf, Tradition mit Terroir zu verbinden. Die Weine spiegeln dieses Terroir des Pössnitzberges wider.

Die einzigartige Mineralik des Bodens setzt sich aus Opokgestein mit hohem Kalkgehalt zusammen. Diese Voraussetzungen im Zusammenspiel mit bewusst geringen Erntemengen, spontaner Vergärung sowie dem sorgfältigen Ausbau im großen Holz für Orts- und Riedenweine ergeben außergewöhnlich charakteristische und lagerfähige Weine, wofür die Lage bekannt ist.
Mit zwei Doppelzimmern und einer Ferienwohnung wir den Gästen des Hauses zusätzlich die Möglichkeit geboten, Urlaub auf dem Winzerhof zu erleben.

WEINGUT MARKO - DER WEINSTRICKER
8463 Leutschach
Pößnitz 8
T: +43 (3454) 6339
office@marko-weinstricker.at
www.marko-poessnitzberg.at

Kellermeister: Christian Marko
Kontakt: Walter Pietsch
Anbauweise: Zertifiziert Biologisch
Produktion: 10.667 Flaschen
2 Hektar

94 Chardonnay * Ried Pössnitzberg 2021
13,5 Vol.-%, NK, Holzfass, €€€€€ B
Mittleres Gelbgrün, Silberreflexe. Limettenzesten, weißer Pfirsich, ein Hauch von Nougat und Bourbon-Vanille, einladendes Bukett. Stoffig, weißes Kernobst, seidige Textur, feine Fruchtsüße, elegant und anhaftend, zeigt Länge, Harmonie und Potenzial.

93 Chardonnay * Ried Pössnitzberg 2022
13 Vol.-%, NK, Holzfass, €€€€€ B
Mittleres Gelbgrün, Silberreflexe. Zarte Kräuterwürze, gelbe Tropenfrucht, frischer Apfel, ein Hauch von Limettenzesten. Saftig, elegant, dezente Fruchtsüße, gut integrierte Säurestruktur, mineralisch-zitronig im Abgang, ein zugänglicher, finessenreicher Speisenbegleiter.

92 Chardonnay * Leutschach 2022
13 Vol.-%, DV, Holzfass, €€€€ B
Helles Grüngelb, Silberreflexe. Zart nussig unterlegte Anklänge von gelber Tropenfrucht, zart nach gelbem Apfel, feine Holzwürze klingt an. Straff, engmaschig, weißes Kernobst, dunkle Opok-Mineralik, salzig im Abgang, ein facettenreicher Speisenbegleiter.

93 Sauvignon Blanc * Ried Pössnitzberg 2020
13,5 Vol.-%, NK, Holzfass, €€€€ B
Helles Goldgelb, Silberreflexe. Nuancen von reifen Guaven und gelben Stachelbeeren, kandierte Grapefruitzesten, zart nach Quitte, einladendes Bukett. Saftig, weißer Pfirsich, etwas Zitronenmelisse, gut integrierte Säurestruktur, rund und bereits entwickelt, salzig-zitroniger Nachhall.

92 Weißburgunder * Leutschach 2022
13 Vol.-%, DV, Holzfass, €€€ Ⓑ
Helles Gelbgrün, Silberreflexe. Einladende reife Mangofrucht, gelber Apfel, etwas Blütenhonig, mit kandierten Orangenzesten unterlegt. Mittlerer Körper, saftig, zartes Karamell im Kern, seidiger, entwickelter Stil, ein vielseitiger Begleiter bei Tisch.

92 Weißburgunder * Leutschach 2023
13 Vol.-%, NK, großes Holzfass, €€€ Ⓑ
Helles Gelbgrün, Silberreflexe. Zarte Nuancen von weißem Kernobst, ein Hauch von Birne, dezent mit Limettenzesten unterlegt. Mittlerer Körper, frisch strukturiert, lebendiger Säurebogen, weißer Apfel im Abgang, mineralisch-zitroniger Nachhall, vielfältig einsetzbar.

★★★

WEINGUT MASSER

Das Weingut von Peter Masser liegt in Fötschach unweit von Leutschach und ist bei Gourmets nicht nur für seine Weine, sondern auch für das zweite Standbein, die Zucht von schottischen Hochlandrindern, bekannt. Nahe der Südsteirischen Weinstraße finden die Massers ideale Bedingungen für die Erzeugung von Qualitätswein vor. In den Lagen Sernauberg, Oberglanz und der Monopollage Schlingelberg, wo die Hangneigung bis zu 50 Grad erreicht, sind die Bedingungen für die Reben ideal.
Die Palette deckt die typisch südsteirischen Rebsorten ab: knackiger Welschriesling, Morillon, diverse Burgunder, aber auch Sauvignon Blanc sowie Muskateller, und in geeigneten Jahren entstehen auch Süßweine (Eiswein, Ausbruch, Trockenbeerenauslese). »Stock« steht für einen frischen, fruchtigleichten Wein mit animierendem Trinkfluss und prägnanter Sortentypizität des Rebstocks. »Bod'n« ist das klassische Spiegelbild von Herkunft und Typizität der Weinberge, die sich mit viel Charakter und eleganter Fülle in diesen Weinen wiederfinden. Und »Zeit+Ruh« bezeichnet ganz besondere Weine: Sie reifen sehr langsam zu ihrer wahren Größe heran und entwickeln ihr volles Potenzial in kleinen Holzfässern.
Seit 2016 arbeiten Florian und Peter Masser als Vorreiter im Bereich der PIWI-Rebsorten und bewirtschaften die größte biologische PIWI-Rebfläche in Österreich. Die Experimentierfreude des Vater-Sohn-Duos hört dort jedoch noch lange nicht auf: Auch vier Steinfässer sind im Besitz der Massers und stehen für spannende Weine mit großem Potenzial.

(95) Sauvignon Blanc * Ried Schlingelberg Fuhreg 2021
13,5 Vol.-%, NK, gebrauchte Barriques, €€€€€€
Mittleres Grüngelb, Silberreflexe. Zarte Kräuterwürze, reife gelbe Tropenfrucht, zart nach Blütenhonig und kandierten Orangenzesten. Saftig, komplex und elegant, feiner weißer Pfirsich, zarte Holzaromen, mineralisch und anhaftend, feiner Blütenhonig, salzig im Nachhall, ein ruhiger, balancierter Speisenwein mit weiterem Reifepotenzial.

92 Sauvignon Blanc * Gamlitz 2022
12,5 Vol.-%, DV, Teilbarrique/Granitfass, €€€€
Helles Gelbgrün, Silberreflexe. Feine gelbe Tropenfrucht, zart nach Ananas, ein Hauch von reifen Stachelbeeren, mineralischer Touch. Saftig, elegant und lebendig, fruchtbetonte Textur, feines Säurespiel, sehr gutes Beispiel für den Gamlitzer Ortstypus, saftig und animierend.

WEINGUT MASSER
8463 Leutschach
Fötschach 41
T: +43 (3454) 467
weingut@masser.cc
www.masser.cc

Kellermeister: Peter & Florian Masser
Kontakt: Peter Masser
Anbauweise: Umstellung auf bio (Bio Austria)
Produktion: 160.000 Flaschen
83 % weiß, 15 % rot, 2 % süß,
25 Hektar
Vereinszugehörigkeit:
Wein Steiermark
Messen: VieVinum, DAC-Präsentationen

* Südsteiermark DAC

93 Riesling * Ried Oberglanz 2021
12,5 Vol.-%, NK, gebrauchte Barriques, €€€€€
Helles Goldgelb, Silberreflexe. Zart rauchig, feine Kräuterwürze, weiße Apfelfrucht, kandierte Limettenzesten, mit Nuancen von Steinobst unterlegt. Mittlerer Körper, elegant, feine Fruchtsüße, gelber Pfirsich, frischer Säurebogen, Blütenhonig im Nachhall, gutes Reifepotenzial.

92 Grauer Burgunder * Leutschach 2022
12,5 Vol.-%, DV, Granitfass/Teilbarrique, €€€€
Leuchtendes Goldgelb, Silberreflexe. Zarter Hauch von hellem Karamell, feine reife Birnenfrucht, mit Nuancen von Orangenzesten unterlegt. Saftig, elegant, Noten von reifer Mangofrucht, zartes Säurespiel, cremig und ausgewogen, vielfältig einsetzbar.

91 Morillon * Leutschach 2022
12,5 Vol.-%, DV, Teilbarrique/Granitfass, €€€€
Mittleres Grüngelb, Silberreflexe. Frischer gelber Apfel, etwas Mango, mit weißen Beeren und Limetten unterlegt. Mittlerer Körper, weißes Steinobst, frischer Säurebogen, lebendiger, trinkfreudiger Stil.

91 Kompromisslos non blanc 2023 SOG/SC/CJ
11 Vol.-%, DIAM, Stahltank, €€€ B I
Zart getrübtes Lachsrosa, Orangereflexe. Zart nach Apfel, Gewürznelken und rotem Beerenkonfit. Schlank, rotbeerig und frisch strukturiert, ein zarter, unkomplizierter Aperitif mit mineralischem Nachhall, feiner Sommerwein.

★★★★

WEINGUT MUSTER.GAMLITZ

Reinhard Muster und seine Familie meinen, dass guter Wein vor allem mit Liebe gemacht wird. Dieser Rezeptur folgen sie seit Jahren. Sie sind dem Handwerk verbunden, aus ehrlicher Überzeugung. Die Weine sind stets ausgewogen im Geschmack und dabei klassisch im Sinne von altbewährt. In der Südsteiermark ist im Windschatten der Alpen das illyrische Klima wetterbestimmend. Hierbei sind gegensätzliche Witterungen mit mediterranen Sonnenstunden, großen Temperaturschwankungen und ergiebigem Regen keine Seltenheit, sondern die Regel. Familie Muster ist sich dieser einzigartigen Vorzüge bewusst und kreiert mit Ruhe und Gelassenheit vertraut-natürlich guten Wein.
Soll das erste oder das letzte Glas einer Flasche Wein die größte Freude bereiten? Diese Grundsatzfrage prägt das Tun im Keller maßgeblich. »Wir haben uns ganz entschieden dem letzten Glas verschrieben«, meint Reinhard Muster. Seit den 1990er-Jahren haben die heimischen Weinbauern die Herstellung ihrer Weine verändert. Früher stand die Kellerarbeit im Mittelpunkt und hatte großen Einfluss auf den Wein. Gewissermaßen wurde der Wein damals eher »gemacht«, mittlerweile lässt man die Weine vielmehr »entstehen«. Von der Traube bis zur Flasche Wein bildet die Arbeit im Keller die nötige Basis. Der Wein entwickelt sich, dafür hält man sich auf dem Weingut Muster gerne so weit wie möglich im Hintergrund. Beim Weinbauer bleibt natürlich nach wie vor ein markanter Einfluss auf Charakteristika und Qualität, aber in gezielter, bewusster und vernünftiger Weise. Das letzte Glas jeder Flasche Wein ist dafür sehr dankbar. Bodenständig, erdig, offenherzig führt Reinhard Muster den Betrieb. Er ist der kreative Kopf des Weinguts. Mit Entschlossenheit im Alltag begleitet er jeden noch so kleinen Schritt. Miriam und Laurenzia sind die Wirbelwinde auf dem Weingut, mit immer guter Laune im Gepäck. Hier werkt ein buntes Team, das über eigene Kompetenzen hinaus Arbeit anpackt und tagtäglich kleinere Wunder vollbringt – mit Fleiß und mit Persönlichkeit. Gemäß der Philosophie des Hauses wurde die »Klassik« in »Styria« umbenannt, und man bekennt sich damit klar zur Tradition von Rebsorten, die hier schon lange die Basis für regionaltypische Weine bilden. Diese knüpfen an alles Bestehende an und führen fort, was die Gründerväter der steirischen Weinbauernschaft Ende der 1980er begonnen haben. Die Styria-Weine präsentieren somit die Vielfalt der südsteirischen Rebsorten und deren ganz besondere geschmackliche Ausprägungen. Sie werden überwiegend in Edelstahltanks vinifiziert, um den typischen Charakter der Rebsorten präzise zu erhalten. Die Weine zeigen sich fruchtig und zugänglich und werden meist jugendlich getrunken. Seit mehreren Jahren gibt es eine befreundete Partnerschaft mit Siegfried Wolf, gemeinsam soll ein Leuchtturm-Projekt im südsteirischen

WEINGUT MUSTER.GAMLITZ
8462 Gamlitz
Grubtal 14
T: +43 (3453) 2300
weingut@muster-gamlitz.at
www.muster-gamlitz.at

Kellermeister/Kontakt:
Reinhard Muster
Produktion: 97 % weiß, 3 % rosé, 80+25 Hektar
Vereinszugehörigkeit:
Weltmeister Winzer
Messen: ProWein Düsseldorf, VieVinum, Weintage im Museumsquartier

Weinbau verwirklicht werden, das sich gerade noch im Bau befindet. Mit Ende des Sommer 2024 sollen die zweijährigen Bauarbeiten abgeschlossen sein. Die Rieden Hoch Sernau, Sonneck und Sulz werden das Portfolio innerhalb dieser Partnerschaft erweitern. Es sind mitunter die besten Rieden der Region, und Reinhard Muster und sein Partner sehen es als Generationen-Aufgabe, diese Weinberge zum Erstrahlen zu bringen. Hinkünftig wird die Jahreszahl 1196 häufig aufscheinen. Der neue Weinkeller wurde an der Ried Hoch Sernau erbaut, und dieser Weinberg fand erstmals im Jahr 1196 Erwähnung. Wolf und Muster empfinden es als gemeinsame Herausforderung, diesen Weinberg für den 1.000. Geburtstag vorzubereiten, und es sind ja »nur noch 172 Jahre« Aufbruchstimmung ...

97 Sauvignon Blanc * Ried Grubthal 2020
13,5 Vol.-%, VL, Barrique, €€€€€€
Helles Grüngelb, Silberreflexe. Anklänge von gelber Tropenfrucht, etwas Blütenhonig, zarte Holznuancen, etwas Stachelbeeren und Kräuterwürze klingen mit. Saftig, straff, weißer Pfirsich, etwas Litschis, mineralisch und frisch strukturiert, gut anhaftend, mit salziger Länge ausgestattet, zarte Röstaromen im Abgang.

95 Sauvignon Blanc * Ried Grubthal 2018
13,5 Vol.-%, VL, Barrique, €€€€€€
Mittleres Goldgelb, Silberreflexe. Feine Holzwürze, Schwarze Johannisbeeren, reife Stachelbeeren, zarte Kräuternote, mit Grapefruitzesten und hellem Karamell unterlegt. Saftig und elegant, Nuancen von reifer gelber Frucht, zart nach Ananas und Vanille, mineralisch und gut anhaftend, hat eine erste Trinkreife erreicht, verfügt über weiteres Reifepotenzial.

93 Sauvignon Blanc Illyr 2022
13 Vol.-%, VL, Teilbarrique, €€€€
Mittleres Gelbgrün, Silberreflexe. Nuancen von reifen Stachelbeeren, ein Hauch von weißem Pfirsich und Guaven, mit Weißen Johannisbeeren und etwas Minze unterlegt. Saftig, elegant, weiße Frucht, komplex, feiner Säurebogen, ausgewogen und gut anhaftend, mineralisch, ein vielseitiger Speisenbegleiter mit Entwicklungspotenzial.

90 Sauvignon Blanc Styria 2023
12 Vol.-%, DV, Stahltank, €€€
Helles Gelbgrün, Silberreflexe. Zart nach Holunderblüten und Stachelbeeren, frische Paprikaschoten, würziges Bukett. Schlank, straff, Weiße Johannisbeeren, lebendiger Säurebogen, zitronig und leichtfüßig, salziger Nachhall.

94 Chardonnay * Ried Grubthal 2020
13,5 Vol.-%, VL, Barrique, €€€€€€
Leuchtendes Goldgelb, Silberreflexe. Rauchige Holzwürze, gelbfruchtige Komponenten, etwas Vanille und Karamell, zarte Kräuterwürze. Saftig, komplex, weiße Tropenfrucht, etwas Nougat, feiner Säurebogen, mineralisch, zarter Karamelltouch im Nachhall, ein vielseitiger, ausgereifter Speisenwein.

* Südsteiermark DAC

91 Chardonnay Illyr 2022
12,5 Vol.-%, DV, gebrauchte Barriques, €€€
Helles Goldgelb, Silberreflexe. Frischer gelber Apfel, Nuancen von Golden- Delicious-Apfel, einladendes Bukett. Mittlerer Körper, weißes Kernobst, frisch strukturiert, mineralisch-salzig im Abgang, zitroniger Rückgeschmack.

92 Weissburgunder Illyr 2021
13,5 Vol.-%, VL, Barrique/Teilbarrique, €€€€
Leuchtendes mittleres Goldgelb, Silberreflexe. Zart nach Nelken, ein Hauch von Walnuss und Lindenblüten, mit einem feinen Birnentouch unterlegt. Saftig, elegant, süßer Kern, zart karamellig, bereits gut entwickelt, vielfältig einsetzbar.

91 Gelber Muskateller Illyr 2022
12 Vol.-%, VL, Teilbarrique, €€€€
Helles Goldgelb, Silberreflexe. Intensive Limettennote, floraler Touch, Nuancen von Blütenhonig. Saftig, samtig, reife Maracuja, deutliche Fruchtsüße, dezenter Säurebogen, individueller Stil, ein delikates sommerliches Trinkdessert.

90 Gelber Muskateller Styria 2023
11,5 Vol.-%, DV, Stahltank, €€€
Sehr helles Gelbgrün, Silberreflexe. Floral, zartes Muskatbukett, mit traubiger Frucht unterlegt. Mittlere Komplexität, Holunderblütensirup am Gaumen, frisch strukturiert, Limetten im Abgang, anregender Sommerwein.

90 Welschriesling Retro 2023
11,5 Vol.-%, DV, Stahltank, €€
Helles Gelbgrün, Silberreflexe. Zart nach Wiesenkräutern und Apfel, ein Hauch von Zitruszesten, typisches Bukett. Schlank, weißes Kernobst, frisch strukturiert, grüner Apfel, anregend und unkompliziert, macht Lust auf mehr.

89 Grauburgunder Styria 2023
12,5 Vol.-%, DV, Stahltank, €€

★★

WEINGUT NOEMI

Der Hofname Noemi bedeutet »die Liebliche« und bezieht sich auf die sanften Rebhügel dieser einzigartigen Region. Der Betrieb wird seit Generationen als Weinbaubetrieb geführt und verfügt über eine typisch steirische Sortenpalette. Durch das besondere Mikroklima und die kalkhaltigen Mergelböden entstehen komplexe, würzige Weine, welche die Rebsorte und ihre Herkunft widerspiegeln. Im Einflussbereich der mediterranen Klimazone entstehen hier durch das Zusammenspiel der milden südlichen Witterung mit den kühlen Lüften aus den Alpen nach Sonnenuntergang sehr große Temperaturunterschiede zwischen Tag und Nacht, die für eine intensive Aromenausprägung sorgen.
Die Familie Wohlmuth versucht seit der Übernahme im Jahr 2012, die Typizität der einzelnen Lagen herauszuarbeiten. In atemberaubenden Steillagen gedeihen auf den sonnenverwöhnten und vom kalkhaltigen Mergelboden geprägten Lagen fruchtintensive, finessenreiche und komplexe Weine.

WEINGUT NOEMI
8441 Kitzeck im Sausal
Fresing 24
T: +43 (3456) 2303
wein@wohlmuth.at
www.noemi.st

Kellermeister/Kontakt:
Gerhard Wohlmuth
Produktion: 100 % weiß, 12 Hektar
Zertifiziert: Nachhaltig Austria
Messen: ProWein Düsseldorf

92 Morillon Klassik 2023
12,5 Vol.-%, DV, Stahltank, €€€ V
Helles Strohgelb, Silberreflexe. Zarte gelbe Apfelfrucht, etwas Mango und Papaya, zarte Nuancen von Orangenzesten, etwas Blütenhonig. Mittlerer Körper, weißes Kernobst, frische Säurestruktur, lebendig strukturiert, balanciert, zitronig-salzig im Abgang. ein facettenreicher Speisenbegleiter.

92 Sauvignon Blanc Klassik 2023
12,5 Vol.-%, DV, Stahltank, €€€ V
Helles Gelbgrün, Silberreflexe. Nach feinem Cassis, dazu ein Hauch von Guaven, zart nach gelben Ringlotten, Nuancen von Mandarinenzesten. Komplex, straff, weißes Kernobst, rassige Säurestruktur, mineralisch, engmaschiger Stil, zitronig-salziger Nachhall, vielfältig einsetzbar.

91 Weissburgunder Klassik 2023
12,5 Vol.-%, DV, Stahltank, €€€ V
Helles Strohgelb, Silberreflexe. Zarte Birnenfrucht, ein Hauch von Blütenhonig, zart nach kandierten Orangenzesten. Saftig, elegant, feine Fruchtsüße, finessenreiche Säurestruktur, mineralisch-zitronig, saliner Nachhall.

91 Gelber Muskateller Klassik 2023
12 Vol.-%, DV, Stahltank, €€€ V
Helles Grüngelb, Silberreflexe. Zart nach Ananas, ein Hauch von Muskat und Maracuja, dezente Kräuterwürze, floraler Touch. Saftig, elegant, weißer Pfirsich, finessenreiche Struktur, mineralisch-salzig im Abgang, zitroniger Touch im Nachhall, balancierter Sommerwein.

90 Welschriesling Klassik 2023
12 Vol.-%, DV, Stahltank, €€€ V
Helles Gelbgrün, Silberreflexe. Zarte gelbe Apfelfrucht, feine Wiesenkräuter, einladendes Bukett. Saftig, elegant, weißes Kernobst, frische Säurestruktur, mineralisch-zitroniger Nachhall, ein appetitlicher Speisenbegleiter.

★★★★

WEINGUT OBERGUESS

BIO

Der »obere Khues am Walts« wurde 1495 erstmals schriftlich erwähnt. Mit Stolz und großer Verantwortung führt Christian Krampl gemeinsam mit seiner Freundin Birgit und seinen Eltern Walburga und Friedrich diesen einzigartigen Hof weiter. Biologische Bewirtschaftung, kleine Erträge in Verbindung mit später Ernte sowie Spontangärung und lange Reifung in Eichenholzfässern ermöglichen einzigartige, unverwechselbare Herkunfts- und Geschmacksimpressionen des auf Sauvignon Blanc, Gelben Muskateller und Chardonnay spezialisierten Weinguts. Der wunderschön und abgeschieden gelegene Hof zwischen Posruck und Remschnigg, gerade einen Steinwurf von der slowenischen Grenze entfernt, und die revitalisierte feine Buschenschank laden zum Verweilen ein. Beim Mix aus Alt und Modern ist hier viel Feingefühl für kreative Gestaltung sichtbar. Feingefühl findet sich auch in den Lagenweinen wieder, die die Bezeichnung der Ried »Am Walts« und der Ried »Schlossberg« tragen.

96 Chardonnay * Privat 2021
13,5 Vol.-%, NK, 500-l-Fass, €€€€€€ B
Helles Gelbgrün, Silberreflexe. Zarte gelbe Apfelfrucht, ein Hauch von Karamell, zart rauchige Kräuterwürze, feine Holzwürze, vielschichtiges Bukett. Saftig, elegant, weißer Pfirsich, feiner Säurebogen, cremige Textur, mineralisch-salzig im Abgang, zitroniges Finale, ein Hauch von Röstaromen im Nachhall, kühler, finessenreicher Stil, sehr gutes Reifepotenzial.

98 Chardonnay Stockkultur 2021
13,5 Vol.-%, NK, 500-l-Fass, €€€€€€ B
Helles Goldgelb, Silberreflexe. Zarte Reduktionsnuancen, nach gerösteten Haselnüssen, etwas Feuerstein, mit feiner gelber Pfirsichfrucht und Karamell unterlegt, vielschichtiges, animierendes Bukett. Stoffig, weißes Steinobst, stei-

WEINGUT OBERGUESS
8463 Leutschach
Schlossberg 9
T: +43 (664) 4380838
office@oberguess.com
www.oberguess.com

Kellermeister: Christian Krampl
Kontakt: Christian Krampl, Mag. M. Sc. Birgit Koch
Anbauweise: Zertifiziert Biologisch (Austria Bio Garantie)
Produktion: 6.5 Hektar

* Südsteiermark DAC

nig-krage Mineralik, straffe Textur, feines Säurespiel, betont salzig im Abgang, leichtfüßig und sehr gut anhaftend, delikat-filigraner Stil, wird von weiterer Flaschenreife profitieren.

96 Sauvignon Blanc * Ried Am Walts Reserve 2021
13,5 Vol.-%, NK, großes Holzfass, €€€€€ B
Mittleres Gelbgrün, Silberreflexe. Feine gelbe Tropenfrucht, zarter Anklang von Guaven, reife Stachelbeeren, etwas Blütenhonig, floral, feine Nuancen von Limetten, ein Hauch von Cassis. Komplex, engmaschig, weiße Frucht, finessenreiche Struktur, zart nach Pfirsich, bleibt sehr gut haften, ein delikater Speisenbegleiter mit großem Reifepotenzial.

(94) Sauvignon Blanc * Ried Am Walts 2022
13,5 Vol.-%, NK, großes Holzfass, €€€€€ B
Mittleres Gelbgrün, Silberreflexe. Frische Tropenfrucht, zart nach Litschis und Guaven, kandierte Limettenzesten, mineralisch und einladend. Saftig, engmaschig, Nuancen von weißem Steinobst, mineralisch und frisch strukturiert, zarte Extraktsüße im Abgang, bleibt haften, saliner Rückgeschmack.

93 Sauvignon Blanc * Ried Schlossberg 2022
13 Vol.-%, NK, großes Holzfass, €€€€ B
Mittleres Gelbgrün, Silberreflexe. Frische Nuancen von weißem Pfirsich, ein Hauch von Stachelbeeren, Noten von Maracuja, floraler Touch. Mittlerer Körper, zart nach weißem Apfel, finessenreicher Säurebogen, mineralisch-zitronig im Nachhall, ein delikater Speisenbegleiter.

★★★★

WEINGUT POLZ

Das Weingut Polz kehrte zurück zu den Ursprüngen im Jahr 1912. Bereits in vierter Generation arbeitet die Familie heute tagtäglich daran, ihre Idee von Exzellenz ins Glas zu bringen. Erich Polz jun. führt seit 2020 den Betrieb mit der Vision, das fabelhafte Potenzial und wertvolle Know-how, das in der langen Weinbautradition seiner Familie steckt, in eine fruchtbare, gesunde Zukunft zu geleiten. Er zeichnet mit seinem Bruder Christoph Polz für Keller und Vinifikation verantwortlich – mit großem Vertrauen in jede Traube. Denn die Leidenschaft heißt Handwerk, und dieses erwächst direkt aus der Herkunft Südsteiermark, einem einzigartigen Terroir. Dabei wird Nachhaltigkeit gelebt – sei es nun durch sanften Rebschnitt, Verzicht auf Insektizide und Glyphosate oder die sich bereits in Umsetzung befindliche Umstellung der Weingärten auf »Bio«.
In den Worten von Erich Polz jun. klingt das so: »Wir lernen seit 112 Jahren täglich dazu. Wir arbeiten mit vitalen Reben auf gesunden Böden. Wir streben nach Balance und Exzellenz in unseren Weinen. Und wir gehen nun vermehrt Wege, die unbeschritten sind. Schließlich ist nichts riskanter, als nichts zu riskieren.«

(95) Sauvignon Blanc * Ried Grassnitzberg 1STK Licht 2022
13 Vol.-%, NK, Holzfass, €€€€€
Helles Gelbgrün, Silberreflexe. Feine weiße Tropenfrucht, ein Hauch von Guaven und Blütenhonig, zarte Grapefruitzesten, feinwürzige Nuancen. Straff, engmaschig, weißer Apfel, finessenreiche Struktur, trinkfreudig und leichtfüßig im Abgang, saliner Nachhall, ein delikater Speisenbegleiter.

94 Sauvignon Blanc * Ehrenhausen 2022
13 Vol.-%, DV, Holzfass, €€€€
Helles Gelbgrün, Silberreflexe. Frische Wiesenkräuter, weiße Tropenfrucht, zart rauchige Nuancen, mit einem Hauch von Grapefruitzesten unterlegt. Straff, engmaschig, weißer Pfirsich, lebendig, mineralisch-salzig, Limettenzesten im Nachhall, ein animierender Speisenbegleiter.

(94) Sauvignon Blanc * Ried Theresienhöhe 1STK Therese 2022
13,5 Vol.-%, DV, Stahltank, €€€€€
Helles Grüngelb, Silberreflexe. Intensive Nuancen von gelber Frucht, frische Stachelbeeren und Cassis, zarter Schiefertouch, ein Hauch von Guaven. Saftig, weißer Pfirsich, frisch strukturiert, lebendig und trinkanimierend, feine Salzigkeit, gut entwickelt, ein vielseitiger Speisenbegleiter.

94 Sauvignon Blanc * Ried Theresienhöhe 1STK &Zeit 2021
12,5 Vol.-%, NK, großes Holzfass, €€€€€
Mittleres Grüngelb, Silberreflexe. Zart nach Minze und Guaven, reife Stachelbeeren, Mango, ein Hauch von Grapefruitzesten. Saftig, elegant, cremige Textur, dezente Fruchtsüße, rund und harmonisch, ein Hauch von Nougat im Abgang, ein seidiger, zugänglicher Begleiter bei Tisch.

WEINGUT POLZ

8472 Strass in der Steiermark
Am Grassnitzberg 39
T: +43 (3453) 2301
weingut@weingutpolz.at
www.weingutpolz.at/

Kellermeister: Erich jun. und Christoph Polz
Kontakt: Erich Polz jun.
Anbauweise: Umstellung auf bio (Bio Austria)
Produktion: 10 % Schaumwein, 87 % weiß, 3 % rot, 70 Hektar
Zertifiziert: Nachhaltig Austria
Vereinszugehörigkeit: GutFinden – Südsteiermark, Steirische Terroir- und Klassikweingüter, Wein Steiermark
Messen: ProWein Düsseldorf, VieVinum

Erich Polz jun.

90 Sauvignon Blanc * 2023

12,5 Vol.-%, DV, Stahltank, €€€

Helles Gelbgold. Zarte gelbe Tropenfrucht, dezente Kräuterwürze, floraler Touch, mit einem Hauch von Limettenzesten unterlegt. Schlank, weiße Frucht, rassig strukturiert, zitronig-salzig im Finish, sommerliche Stilistik.

(94) Weißburgunder * Ried Grassnitzberg 2021

13 Vol.-%, DV, Holzfass, €€€€€

Helles Gelbgrün, Silberreflexe. Zarte gelbe Ringlottenfrucht, Nuancen von Wiesenkräutern, ein Hauch von Apfel, mit Mandarinenzesten unterlegt. Saftig, elegant, feine Fruchtsüße, ein universeller Speisenbegleiter mit Länge und Entwicklungspotenzial.

90 Weißburgunder * 2023

12 Vol.-%, DV

Helles Gelbgrün, Silberreflexe. Zart nach Ananas und Blütenhonig, ein Hauch von frischer Mango, floraler Touch. Mittlerer Körper, weißes Kernobst, frischer Säurebogen, salziger Nachhall, zitroniger Rückgeschmack.

93 Grauburgunder * 2021

13 Vol.-%, DV, großes Holzfass, €€€€

Helle Goldgelb, Silberreflexe. Zart mit Orangenzesten unterlegte Birnenfrucht, etwas Mango. Straff, weißes Kernobst, feiner Säurebogen, mineralisch-zitronig, ein Hauch von Limettenzesten im Abgang, sehr balanciert, salzig im Rückgeschmack, ein lebendiger Begleiter bei Tisch.

93 Morillon * Ried Theresienhöhe 1STK 2022

13 Vol.-%, DV, Stahltank, €€€€€

Helles Gelbgrün, Silberreflexe. Zarte Nuancen von weißem Kernobst, feine dunkle Mineralik, kandierte Orangenzesten. Straff, engmaschig, feine Apfelfrucht, finessenreich, lebendig, ein Hauch von Limetten, ein leichtfüßiger, delikater und feingliedriger Speisenwein, bereits gut antrinkbar.

(93) Morillon * Ried Grassnitzberg 1STK Licht 2022

13,5 Vol.-%, NK, Holzfass, €€€€€

Helles Grüngelb, Silberreflexe. Feine Kräuterwürze, ein Hauch von weißem Kernobst, Nuancen von Birnen, feines Nougat, kandierte Orangenzesten. Straff, feine Apfelnuancen, mineralisch-salzig, angenehme Säurestruktur, Limetten im Nachhall, ein finessenreicher Speisenbegleiter.

(92) Morillon * Ehrenhausen 2022

13 Vol.-%, DV, Holzfass, €€€€

Helles Gelbgrün, Silberreflexe. Mit einem Hauch von Walnuss unterlegte feine weiße Apfelfrucht, zart nach Bergamottenzesten, einladendes Bukett. Straff, elegant, frisches Kernobst, lebendig, salziger Nachhall, ein ausgewogener Speisenbegleiter.

90 Morillon * 2023

12 Vol.-%, DV, Stahltank, €€€

Helles Grüngelb, Silberreflexe. Frischer Golden-Delicious-Apfel, ein Hauch von Wiesenkräutern, mineralischer Touch. Schlank, weißes Kernobst, frisch und rassig, zitroniger Anklang, ein lebendiger und leichtfüßiger Speisenbegleiter.

* Südsteiermark DAC

93 Welschriesling * Ried Grassnitzberg Licht 2022
13 Vol.-%, NK, großes Holzfass, €€€€€
Helles Gelbgrün, Silberreflexe. Zart nussig unterlegte Kräuterwürze, ein Hauch von Quitten, etwas Grapefruit, dunkle Mineralik. Straff, engmaschig, frisch strukturiert, feinwürzig, weißer Apfel, Limetten und Salz im Nachhall, zeigt Länge und Entwicklungspotenzial.

90 Welschriesling * 2023
11,5 Vol.-%, DV
Leuchtendes Gelbgrün, Silberreflexe. Frischer weißer Apfel, zart nach Birne, ein Hauch von Wiesenkräutern, tabakige Würze. Knackig, weißes Kernobst, frischer Säurebogen, mineralisch-salziger Abgang, zitroniger Nachhall.

90 Gelber Muskateller * 2023
11,5 Vol.-%, DV, Stahltank, €€€
Helles Gelbgrün, Silberreflexe. Floraler Touch, nach Holunderblüten, ein Hauch von Maracuja und Muskatnuss. Schlank, weißer Apfel, frischer Säurebogen, mineralisch-zitronig im Nachhall, ein lebendiger und leichtfüßiger Aperitif.

★★★

WEINGUT PONGRATZ KRANACHBERG

Markus Pongratz überzeugt die Weinkenner und -kritiker im In- und Ausland mit seiner beständigen fruchtigen Linie schon seit einigen Jahren. Die Erfolge sind kein Zufall, sondern auf das gute Zusammenspiel vieler Faktoren zurückzuführen: Auf der einen Seite liefern die Top-Lagen am Kranachberg und am Hochberg mit den sandigen Böden den Grundstein für die gute Qualität der Weine aus dem Hause Pongratz. Ein weiterer wichtiger Punkt ist die hohe Reife der Trauben, die durch mehrmaliges händisches Lesen vorselektiert werden. Ebenso ein Kriterium dafür, dass jedes Jahr aufs Neue so hervorragende Weine entstehen, ist der neueste Stand der Kellertechnik, kombiniert mit dem Wissen von Kellermeister Markus Pongratz.

2008 haben Markus und Sabine Pongratz das Weingut von den Eltern übernommen. In der gemütlichen Buschenschank werden Hochzeiten gefeiert und Events aller Art veranstaltet. Im Mittelpunkt der Familie Pongratz steht die Rauchschwalbe. Jedes Jahr, wenn die Schwalben nach dem Winter zurückkehren, gibt es ein traditionelles Schwalbenfest mit der Jahrgangsverkostung auf dem Weingut. Ein sehr anerkannter Maler der Südsteiermark, nämlich Gerald Brettschuh, hat für das Weingut einige Schwalbenmotive entworfen und zwei Exemplare davon vorgestellt, die auf den Etiketten Verwendung finden. Das Beste aus dem Hause Pongratz heißt übrigens »Schwalbenhimmel«.

95 Chardonnay * Ried Hochberg Schwalbenhimmel 2021
13,5 Vol.-%, NK, Barrique, €€€€€ V
Helles Goldgelb, Silberreflexe. Feine Röstnuancen, kandierte Mandarinenzesten, gelber Pfirsich, zart nach Kernobst, mit einem Hauch von Kräuterwürze unterlegt. Saftig, elegant, feines Karamell, gelbe Frucht, feines Säurespiel, weißes Nougat im Abgang, balanciert und lange anhaftend, mineralisches Finale, burgundischer Stil.

92 Chardonnay * Ried Kranachberg Sonnleit´n 2022
13 Vol.-%, DV, kleines Holzfass/Stahltank, €€€ V
Helles Goldgelb, Silberreflexe. Frische gelbe Tropenfrucht, zart nach Maracuja und Rhabarber, florale Nuancen, attraktives Bukett. Saftig, elegant, weiße Frucht, feine Extraktsüße, frisch und anhaftend, bereits gut antrinkbar, vielfältig einsetzbar.

94 Grauburgunder * Ried Hochberg Schwalbenhimmel 2021
13,5 Vol.-%, NK, Barrique, €€€€€ V
Helles Goldgelb, zarte Messingreflexe. Feine Edelholzwürze, Nuancen von Nelken und Vanille, gelbe Birnenfrucht, etwas Karamell. Stoffig, saftig, Nuancen von reifem gelbem Kernobst, feine Röstaromen, Nougat im Abgang, zeigt Länge und Potenzial.

93 Grauburgunder * Ried Hochberg 2022
13 Vol.-%, DV, Holzfass, €€€ V
Helles Goldgelb mit Kupferreflexen. Reife Birnenfrucht, ein Hauch von Nougat, kandierte Orangenzesten, einladen-

WEINGUT PONGRATZ KRANACHBERG

8462 Gamlitz - Kranachberg
Sonnleitenweg 73
T: +43 (676) 3379652
info@weingut-pongratz.at
www.weingut-pongratz.at
rmeister/Kontakt:
Markus Pongratz
Anbauweise: Integrierter Anbau (Austria Bio Garantie)
Produktion: 1 % Schaumwein, 94 % weiß, 1 % rosé, 3 % rot, 1 % süß, 10+2 Hektar
Zertifiziert: Nachhaltig Austria
Vereinszugehörigkeit:
Wein Steiermark
Messen: Tag des Steirischen Weines im Museumsquartier

des Bukett. Stoffig, komplex, feine Fruchtsüße, mineralisch-zitronig im Abgang, salziger Nachhall, ein energischer Speisenbegleiter mit gutem Reifepotenzial.

92 Grauburgunder * Schwalbenflug 2023
13 Vol.-%, DV, Stahltank/Holzfass, €€€ V
Helles Goldgelb, Silberreflexe. Feine gelbe Birnenfrucht, zarte Dörrobstnuancen, ein Hauch von Blütenhonig. Mittlerer Körper, zarte Fruchtsüße, etwas Honigmelone, gut integrierte Säurestruktur, saliner Touch im Nachhall.

94 Sauvignon Blanc * Ried Hochberg Schwalbenhimmel 2021
13,5 Vol.-%, NK, gebr. Barriques/Barrique, €€€€€ V
Helles Grüngelb, Silberreflexe. Zart blumig unterlegte weiße Tropenfrucht, Nuancen von Cassis und Guaven, einladendes Bukett. Saftig, stoffig, weißer Pfirsich, ein Hauch von Litschis, feiner Säurebogen, mineralisch, gut anhaftend, besitzt Länge und Entwicklungspotenzial.

93 Sauvignon Blanc * Ried Kranachberg Sonnleit´n 2022
13 Vol.-%, DV, Stahltank/Holzfass, €€€ V
Helles Grüngelb, Silberreflexe. Zart nach Holunderblüten und Weißen Johannisbeeren, frische Stachelbeerfrucht, zart nach Limettenzesten. Saftig, elegant, feine Fruchtsüße, gut integrierter Säurebogen, Mango im Abgang, ein facettenreicher Speisenwein.

93 Sauvignon Blanc * Ried Hochberg 2022
13 Vol.-%, DV, großes Holzfass, €€€€ V
Helles Gelbgrün, Silberreflexe. Zart nach Paprikaschoten, Kräuter, weiße Frucht, nach Pfirsich und Apfel, mit Grapefruitzesten unterlegt. Saftig, gute Komplexität, frischer Apfel, feiner Säurebogen, salzig-zitroniger Nachhall.

(91) Sauvignon Blanc * 2023
12,5 Vol.-%, DV, Stahltank, €€€ V
Helles Gelbgrün, Silberreflexe. Zart nach Stachelbeeren, ein Hauch von Wiesenkräutern, etwas Cassis, einladendes Bukett. Saftig, ein Hauch von Guaven, Litschis und Limetten, frischer, anregender Stil, salzig-zitroniger Nachhall.

(91) Gelber Muskateller * Ried Kranachberg Sonnleit´n 2023
12,5 Vol.-%, DV, Stahltank/großes Holzfass, €€€ V
Helles Gelbgrün, Silberreflexe. Zart floral unterlegte weiße Pfirsichfrucht, frischer Apfel, ein Hauch von Muskatnuss, etwas Maracuja und Grapefruitzesten. Straff, engmaschig, feine Steinobstnuancen, mineralisch, frisch strukturiert, animierender Stil.

(89) Gelber Muskateller * 2023
12,5 Vol.-%, DV, Stahltank, €€ V

90 Weißburgunder * 2023
12,5 Vol.-%, DV, Stahltank, €€ V
Helles Grüngelb, Silberreflexe. Zarte Birnenfrucht, ein Hauch von Blütenhonig, zart nach Kräutern und Limettenzesten. Saftig, frischer weißer Apfel, mineralisch und lebendig, wirkt leichtfüßig, zitroniger Abgang, vielfältig einsetzbar.

89 Welschriesling * 2023
11,5 Vol.-%, DV, Stahltank, €€ V

★★★

WEINGUT POTZINGER

Seit 1860 ist die Familie Potzinger Weingutsbesitzer in der Südsteiermark. Ihr großer Trumpf sind die über die gesamte Südsteiermark verteilten Weingärten in einigen der besten Rieden dieser Region. Dazu zählen unter anderem die Ried Sulz, Steinriegel, Kittenberg, Czamillonberg, Oberburgstall, Wilitsch Kapelle und viele mehr.

Diese Vielfalt an großartigem Terroir, Erfahrung im Weinhandwerk seit mehr als 160 Jahren, die nachhaltige Bewirtschaftung, eine höchst sorgsame Weinbereitung und ein eingespieltes Team sind die Bausteine, die den Erfolgslauf der letzten Dekaden erklären. Potzinger-Weine sind als vegan zertifiziert, bekannt als hervorragende Speisenbegleiter und zeichnen sich durch sehr gutes Reifepotenzial aus.

»Auf all unseren Reisen in die großen Weinbauländer dieser Erde wurde uns bewusst, welches Potenzial in den südsteirischen Weinen steckt: Mineralik, Frische und Eleganz. Dieses Potenzial voll auszuschöpfen und zutiefst südsteirische, naturbelassene Weine in höchster Qualität zu keltern ist die höchst erfolgreiche Mission unseres seit 1860 bestehenden Weinguts«, bringt es Stefan Potzinger auf den Punkt.

WEINGUT POTZINGER
8424 Gabersdorf
Gabersdorf 12
T: +43 (664) 5216444
potzinger@potzinger.at
www.potzinger.at

Kellermeister: Hans-Peter Wippel
Kontakt: Stefan Potzinger, Hans-Peter Wippel, Tim Maak
Produktion: 7 % Schaumwein, 90 % weiß, 1 % rosé, 1 % rot, 1 % süß, 20 Hektar
Zertifiziert: Nachhaltig Austria
Vereinszugehörigkeit: Wein Steiermark
Messen: ProWein Düsseldorf, VieVinum

95 Sauvignon Blanc * Kitzeck-Sausal Ried Sulz »Joseph« 2022
13 Vol.-%, DV, Barrique, €€€€€
Mittleres Grüngelb, Silberreflexe. Zarte Röstaromen, nach reifem Cassis, gelbe Tropenfrucht, mit etwas Zitronenmelisse und Litschis unterlegt, facettenreiches Bukett. Stoffig, cremige Textur, gut integrierte Säurestruktur, dezente Extraktsüße im Abgang, saliner Nachhall, elegant und gut anhaftend, verfügt über Länge und Potenzial.

94 Sauvignon Blanc * Ried Czamillonberg 2023
13,5 Vol.-%, DV, gebrauchte Barriques, €€€€ V
Mittleres Gelbgrün, Silberreflexe. Aromen von reifer gelber Tropenfrucht, zart nach Litschis und Guaven, ein Hauch von Blütenhonig, mit etwas Paprikaschoten unterlegt. Saftig, elegant, frisch strukturiert, mineralisch, salzige Nuancen im Abgang, vielfältig einsetzbar, bereits gut entwickelt.

94 Sauvignon Blanc * Kitzeck-Sausal Ried Steinriegel 2023
13 Vol.-%, DV, Stahltank, €€€€ V
Helles Goldgelb, Silberreflexe. Reife Stachelbeeren, Nuancen von Cassis und Guaven, feine Kräuterwürze, dunkle Mineralik. Straff, saftig, gute Komplexität, weiße Frucht, frischer Säurebogen, gut anhaftend, Grapefruit im Finale, salziger Nachhall, ein vielseitiger Speisenbegleiter.

93 Morillon * Ried Wielitsch Kapelle 2023
13 Vol.-%, DV, Barrique, €€€€ V
Mittleres Gelbgrün, Silberreflexe. Frische Apfelfrucht, ein Hauch von Pfirsich, zart nach Wiesenkräuter und Orangenzesten, fruchtig-jugendliches Bukett. Mittlere Komplexität. feine Steinobstnoten, etwas Honigmelone, integrierter Säurebogen, angenehme Mineralität, gut antrinkbar.

92 Riesling * Ried Steinriegel 2023
12 Vol.-%, DV, Stahltank, €€€€ V
Helles Goldgelb, Silberreflexe. Zarte Pfirsichnoten, Blütenhonig, ein Hauch von kandierten Orangenzesten, mineralisch unterlegt. Schlank, weißes Steinobst, feine Fruchtsüße, lebendig strukturiert, zitronig-salzig im Nachhall.

93 Grauburgunder Grace 2023
13 Vol.-%, DV, Barrique, €€€€ V
Mittleres Goldgelb, Messingtouch. Zart nach Bourbon-Vanille und getrockneter Birne, weißes Nougat, mit zartem Blütenhonig unterlegt. Saftig, elegant, feine Fruchtsüße, ein Hauch von Kletzen, mineralisch und gut balanciert, bereits entwickelt, ein vielseitiger Speisenbegleiter.

★★★

WEINGUT PRIMUS

Das Weingut Primus am Grassnitzberg gehört zu den Top-Adressen in der Südsteiermark. Christian und Thomas Polz arbeiten kompromisslos in Weingarten und Keller, sodass auch in vegetativ schwierigen Jahrgängen lagerfähige Kreszenzen mit enormem Potenzial gekeltert werden. So können die Brüder seit Jahren mit Bewertungen im Spitzenfeld überzeugen. Die Winzer verfügen über einige der besten Lagen in der Südsteiermark in den Rieden Grassnitzberg und Zieregg sowie in den entsprechenden Lagen in Slowenien. Ihr Sortiment ist von Terroir-Weinen geprägt. Neben Sauvignon Blanc in unterschiedlichen Ausprägungen produzieren sie auch beeindruckende Chardonnays. Das Weingut Primus ist für eine sortentypische, klare Weinlinie bekannt. Neu im Sortiment finden sich seit heuer vier unfiltrierte Weine unter dem Label »Terra«. Die Weine kann man vor Ort verkosten oder im Onlineshop bestellen. Seit heuer ist das Weingut »Nachhaltig Austria«-zertifiziert.
Aus den Trauben der slowenischen Weinanbaufläche vinifiziert man einen frischen Sommer- oder Terrassenwein namens »Apollo«, den sehr ausdrucksstarken mineralischen Sauvignon Blanc »Muschelkalk« mit Lagenweincharakter und den eleganten Chardonnay »vom Opok«. Zum Weingut gehört eine entzückende Buschenschank in einem alten Steinhaus (geöffnet auf Anfrage) mit einigen komfortablen Gästezimmern mit herrlicher Aussicht über die südsteirische Hügellandschaft – eine Idylle für Genießer.

94 Sauvignon Blanc * Ried Zieregg 2021
13,5 Vol.-%, DV, großes Holzfass, €€€€€
Helles Gelbgold, Silberreflexe. Feine gelbe Tropenfrucht, zart nach Pfirsich und Mango, florale Nuancen, ein Hauch von Blütenhonig, etwas scheues Bukett. Saftig, elegant, gelbe Tropenfrucht, dezente Säurestruktur, feine Fruchtsüße im Abgang, mineralisch, bereits gut entwickelt und antrinkbar.

93 Sauvignon Blanc * Ried Grassnitzberg Stein 2022
13,5 Vol.-%, DV, Stahltank, €€€€
Helles Goldgelb, Silberreflexe. Frische Kräuterwürze, zart nach Cassis, Limettenzesten, florale Nuancen, facettenreiches Bukett. Saftig, elegant, gute Komplexität und Konzentration, weißer Pfirsich, frisch strukturiert, zitronig im Abgang, ein lebendiger Speisenbegleiter.

92 Sauvignon Blanc * Ehrenhausen 2022
13 Vol.-%, DV, Stahltank, €€€
Helles Goldgelb, Silberreflexe. Weiße Blütenaromen von Jasmin, Weiße Johannisbeeren, zarte Limettenzesten. Saftig, elegant, gelbe Pfirsichfrucht, dezente Süße, frischer Säurebogen, mineralisch, reife gelbe Tropenfrucht im Abgang, ein stoffiger Begleiter bei Tisch.

93 Sauvignon Blanc Terra »Z« 2021
13,5 Vol.-%, NK, gebrauchte Barriques, €€€€€
Mittleres Gelbgrün, Silberreflexe. Feine Kräuterwürze, ein Hauch von Johannisbeeren, zart nach gelber Tropenfrucht, mineralischer Anklang. Saftig, kraftvoll, reife gelbe Pfirsichfrucht, feine Fruchtsüße, dezente Nuancen von Dörrobst, dunkle Mineralik im Nachhall, ein individueller Speisenbegleiter.

91 Sauvignon Blanc Muschelkalk 2023
13 Vol.-%, DV, Stahltank, €€
Helles Goldgelb, Silberreflexe. Zart rauchig-kräuterwürzig unterlegte Pfirsichnuancen, ein Hauch von Paprikaschoten, einladendes Bukett. Saftig, mittlere Komplexität, wei-

WEINGUT PRIMUS
8472 Grassnitzberg-Spielfeld
Am Grassnitzberg 15
T: +43 (3453) 3911
weingut@primus.cc
www.primus.cc

Kellermeister/Kontakt:
Christian und Thomas Polz
Produktion: 98 % weiß, 1 % rot, 1 % süß, 18 Hektar
Zertifiziert: Nachhaltig Austria
Vereinszugehörigkeit:
Wein Steiermark
Messen: VieVinum

* Südsteiermark DAC

ßer Apfel, zart nach Ananas, kühle Textur, feine Fruchtsüße im Abgang, vielfältig einsetzbar.

92 Gelber Muskateller Alte Reben 2021
13,5 Vol.-%, DV, Stahltank, €€€
Helles Gelbgold, Silberreflexe. Blumig, gelbe Tropenfrucht, ein Hauch von Maracuja und Blütenhonig. Saftig, kraftvoll, elegant, dezente Süße im Kern, reifer Pfirsich im Abgang, Honignuancen auch im Rückgeschmack.

★★★

WEINGUT REGELE

Die Familie Regele führt eines der traditionsreichsten Weingüter in der Südsteiermark. 1830 gegründet, verantworten heute Georg und Ingrid Regele mit Sohn Franz den renommierten Weinbaubetrieb. Georg Regele vergleicht die eindrucksvolle Erfolgsgeschichte gerne mit seinen Reben, denn nur starke Wurzeln sind Garanten für eine gesunde Entwicklung und stetige Qualitätssteigerung.
Kultiviert werden rund 25 Hektar Rebflächen, die ausnahmslos händisch gelesen werden. Herausragende Rieden sind Oberglanzberg, Sulz und die große Ried Zoppelberg, die bereits im 13. Jahrhundert urkundlich erwähnt wurde. Die daraus entstehenden DAC-Riedenweine genießen höchste Anerkennung und begeistern durch ihre terroirgeprägte Mineralik und trinkanimierende Balance. Mit der Produktion von finessenreichen Schaumweinen ist man dem Mythos der prickelnden Perlen auf der Spur. Klassifiziert in der anspruchsvollen österreichischen Sekt-Pyramide mit geschützter Ursprungsbezeichnung gibt es bei nationalen und internationalen Bewerben kontinuierlich Höchstbewertungen.
Der Weinbau ist nicht nur ein traditionsreiches, sondern auch ein extrem innovatives Fachgebiet. Es hat sich in seiner Vielfalt, Breite, Zuständigkeit, Orientierung und Bedeutung in den vergangenen Jahren dramatisch verändert. Junior Franz Regele bringt hier die nötige Qualifikation mit. Dem Absolventen der HBLA und BA Klosterneuburg gelingen sowohl ein verantwortungsvoller Umgang mit Neuerungen als auch das Festigen von Bewährtem. »Je prägnanter heute der technische Fortschritt ist, desto mehr spielt das Umfeld, in dem dies alles passiert, eine Rolle«, so Franz Regele. Spannende Innovationsfelder sind für ihn auch der Ausbau seiner Weine in Amphoren oder im Beton-Ei sowie die Kultivierung von (pilzwiderstandsfähigen) PIWI-Rebsorten wie dem Souvignier Gris. Voraussetzung für innovatives Arbeiten im Weinbau ist und bleibt aber die konsequente nachhaltige Kultivierung der Rebflächen – und das immer im Einklang mit der Natur. »Im Reigen der Jahreszeiten ist das für mich nicht nur eine Herausforderung, sondern eine ständige Motivation.«

94 ❸ Chardonnay Sekt Austria Große Reserve Blanc de Blancs Steiermark g.U. Ried Oberewitsch 2018
Deg. 2/24, 11,5 Vol.-%, NK, großes Holzfass, Flaschengärung, €€€€€
Helles Goldgelb, Silberreflexe, feines, lebendiges Mousseux. Zarter Blütenhonig, frischer gelber Apfel, ein Hauch von Mango und Biskuit, Nuancen von Karamell, einladendes Bukett. Mittlerer Körper, feine weiße Tropenfrucht, frisch strukturiert, weißes Nougat und Limetten im Nachhall, ein leichtfüßiger Speisenbegleiter, delikater Stil.

92 ❸ Pinot Noir Sekt Austria Reserve Brut Rosé Steiermark g.U.
Deg. 3/23, 12,5 Vol.-%, NK, Flaschengärung, €€€€
Mittleres Lachsrosa, zarte Pinkreflexe, feines, anhaltendes Mousseux. Ein Hauch von eingelegten Kirschen, rote Waldbeeren, floral, mit etwas Nougat unterlegt. Mittlere Komplexität, gelber Apfel, feines Säurespiel, zarter Zitrustouch, bereits gut entwickelt.

(93) Sauvignon Blanc * Ried Sulztaler Zoppelberg Unfiltriert 2022
13 Vol.-%, NK, Stahltank/großes Holzfass, €€€€€
Helles Gelbgrün, Silberreflexe. Reife gelbe Tropenfrucht, zart nach Guaven und Grapefruit, kandierte Orangenzesten, weißer Pfirsich und Limetten im Hintergrund. Saftig, kraftvoll, grüner Apfel, rassiger Säurebogen, mineralisch-zitronig im Abgang, salziger Nachhall, gutes Reifepotenzial.

WEINGUT REGELE
8461 Ehrenhausen
Ewitsch 34
T: +43 (3453) 2426
office@regele.com
www.regele.com

Kellermeister/Kontakt:
Ing. Georg Regele
Produktion: 10 % Schaumwein, 79 % weiß, 10 % rot, 1 % süß, 25 Hektar
Zertifiziert: Nachhaltig Austria
Vereinszugehörigkeit:
SIEME Weingüter, Wein Steiermark
Messen: Alles für den Gast Salzburg, VieVinum, DAC-Präsentationen

Franz Regele

(92) Sauvignon Blanc * Ried Sulztaler Sulz Unfiltriert 2022
13 Vol.-%, NK, Stahltank, €€€€€
Helles Grüngelb, Silberreflexe. Zarte Kräuterwürze, gelbe Stachelbeeren, ein Hauch von Grapefruitzesten, mineralischer Touch. Saftig, elegant, frischer Pfirsich, lebendiger Säurebogen, salzig und gut anhaftend, wirkt leichtfüßig, Limetten im Rückgeschmack.

(91) Sauvignon Blanc * Ehrenhausen 2023
13 Vol.-%, DV, Stahltank, €€€
Helles Gelbgrün, Silberreflexe. Frische Grapefruitzesten, feine gelbe Tropenfrucht, weiße Blüten, einladendes Bukett. Saftig, elegant und ausgewogen, zarte Fruchtsüße, frischer Säurebogen, mineralisch-zitronig, macht Lust auf ein zweites Glas.

90 Sauvignon Blanc * 2023
12,5 Vol.-%, DV, Stahltank, €€
Helles Gelbgrün, Silberreflexe. Nuancen von frischer weißer Frucht, ein Hauch von Stachelbeeren und Paprikaschoten, würzig und attraktiv. Saftig, elegant, weißer Apfel, rassige Struktur, mineralisch und lebendig, animierender Stil.

93 Grauburgunder * Ried Sulztaler Zoppelberg Unfiltriert 2022
13 Vol.-%, NK, gebrauchte Barriques/Stahltank, €€€€€
Helles Bernstein, Silberreflexe. Reife gelbe Birnenfrucht, zarte Dörrobstnuancen, kandierte Orangenzesten, mit Kräuterwürze unterlegt. Mittlere Komplexität, cremige Textur, dezent nach Marille und Honig, reife Säurestruktur, mineralisch im Abgang, bleibt haften, ein stoffiger Speisenwein mit Entwicklungspotenzial.

92 Welschriesling * Ried Zoppelberg 2021
12,5 Vol.-%, NK, großes Holzfass/Stahltank, €€€€€
Helles Goldgelb, Silberreflexe. Frische Birne, ein Hauch von Wiesenkräutern, zart mit Honigmelone unterlegt. Mittlerer Körper, weißer Apfel, feiner Säurebogen, mineralischstraff im Abgang, zart salzig im Nachhall, ein ausgewogener Speisenbegleiter.

94 Chardonnay unfiltriert 2020
13 Vol.-%, NK, Barrique/Stahltank, €€€€€
Helles Goldgelb, Silberreflexe. Zarte Hefenuancen, gelbe Tropenfrucht, mit etwas Vanille unterlegt, ein Hauch von Wiesenkräutern. Komplex, elegant, feine weiße Frucht, finessenreicher Säurebogen, ein Hauch von weißem Nougat, zarte Röstaromen, sehr gut anhaftend, gute Würze im Nachhall, burgundischer Stil.

93 Pinot Noir Steiermark Reserve 2018
13 Vol.-%, NK, großes Holzfass, €€€€€
Kräftiges Karmingranat, Ockerreflexe, breitere Randaufhellung. Mit feiner Röstwürze unterlegte Nuancen von Herzkirschen, dazu dunkle Waldbeeren und kandierte Orangenzesten. Saftig, elegant, feiner, tragender Gerbstoff, reife Tannine, gute Frische, mineralisch, süße rotbeerige Frucht im Nachhall, zart nach Karamell, vielfältig einsetzbar.

* Südsteiermark DAC

Roland und Karl-Philipp Repolusk

WEINGUT FAMILIE REPOLUSK
8463 Leutschach an der Weinstraße
Glanz 41
T: +43 (3454) 313
weingut@repolusk.at
www.repolusk.at

Kellermeister/Kontakt:
Roland und Karl-Philipp Repolusk
Produktion: 4 % Schaumwein, 91 % weiß, 1 % rosé, 2 % rot, 2 % süß, 11 Hektar
Zertifiziert: Nachhaltig Austria
Vereinszugehörigkeit:
Wein Steiermark
Messen: VieVinum, DAC-Präsentationen

★★

WEINGUT FAMILIE REPOLUSK

Roland und Karl-Philipp Repolusk haben beide das Winzerhandwerk von der Pike auf gelernt. Bei der Entstehung ihrer Weine ist das kleinste Detail von Bedeutung. Jeder ist von Anfang an eine Idee, die durch die schöpferische Auseinandersetzung mit den Rebstöcken entsteht. Sowohl Roland als auch Karl-Philipp arbeiten Tag für Tag mit viel Leidenschaft in ihren Weingärten. Handarbeit am Rebstock ist für sie ein wichtiger Faktor für die Qualität der Trauben, und so ist es selbstverständlich, dass die Trauben von Hand gelesen werden.

Als Weinbauern wollen die Repolusks natürlich Jahr für Jahr Volltreffer landen – die Weine sollen so authentisch wie möglich sein. Aromasorten wie Gelber Muskateller, die Hauptsorte des Weinguts, Sauvignon Blanc und Roter Traminer liegen den beiden besonders am Herzen und werden riedenrein ausgebaut. Auf dem wunderbaren Kalksandsteinboden der Riede Oberglanz entstehen diese tieffruchtigen, eleganten und zugleich sehr komplexen Weine. Die Riede Kaltenegg mit lehmigem Sandboden lässt sehr feinfruchtige, lebendige und vielschichtige Weine heranreifen.

Mit viel Leidenschaft betreibt die Familie auch eine ausgezeichnete Buschenschank. »Was gibt es Schöneres, als unsere Gäste mit hausgemachten Köstlichkeiten und einem guten Glas Wein zu erfreuen?«, so Gudrun Hernach und Ramona Repolusk, die die Buschenschank mit viel Herzblut und Engagement führen. Jeder, der durch die Südsteiermark tourt, sollte unbedingt beim Weingut und der Buschenschank der Familie Repolusk vorbeischauen.

94 Sauvignon Blanc * Ried Oberglanz Reserve 2021
14,5 Vol.-%, NK,DV, kleines Holzfass, €€€€€
Mittleres Goldgelb, Silberreflexe. Zart nach Gewürznelken und reifen Guaven, gelbe Stachelbeeren, etwas Cassis, intensives, einladendes Bukett. Saftig, weiße Tropenfrucht, seidige Textur, feiner Säurebogen, Johannisbeeren im Abgang, bleibt haften, ein stoffiger, kraftvoller Speisenbegleiter.

92 Sauvignon Blanc * Ried Oberglanz 2021
14,5 Vol.-%, DV, großes Holzfass, €€€€€
Mittleres Gelbgrün, Silberreflexe. Frische Stachelbeeren, Weiße Johannisbeeren, zart nach Limettenzesten, einladendes Bukett. Mittlere Komplexität, kraftvoll, feine Nuancen von weißem Kernobst, mineralisch-zitronig im Abgang, Limetten im Nachhall, salziger Rückgeschmack.

93 Morillon * Ried Kaltenegg Lignum Reserve 2021
13,5 Vol.-%, NK, kleines Holzfass, €€€€€
Helles Goldgelb, Silberreflexe. Helles Nougat, ein Hauch von Karamell, reife gelbe Tropenfrucht, Ananas, etwas Kokos, einladendes Bukett. Saftig, elegant, feine Fruchtsüße, dezente Säurestruktur, feiner Blütenhonig im Abgang, bereits gut entwickelt, ein balancierter Speisenbegleiter.

92 Weißburgunder * Leutschach 2021
13 Vol.-%, NK, großes Holzfass, €€€
Mittleres Grüngelb, Silberreflexe. Zart nach Walnuss und reifer gelber Tropenfrucht, ein Hauch von Birne und etwas Pfirsich, feiner Blütenhonig. Mittlerer Körper, Nuancen von weißem Kernobst, finessenreiche Säurestruktur, mineralisch-zitronig, salzig im Finish, ein stoffiger, harmonischer Speisenbegleiter.

92 Gelber Muskateller * Ried Oberglanz 2022
12,5 Vol.-%, DV, großes Holzfass, €€€€€
Helles Gelbgrün, Silberreflexe. Feines traubiges Bukett, ein Hauch von Muskatnuss, zart nach Holunderblüten. Saftig, elegant, feine Nuancen von gelbem Steinobst, zartes Säurespiel, Ananas im Abgang, ausgewogen, ein harmonischer Speisenbegleiter.

92 Roter Traminer 2021
14 Vol.-%, DV, großes Holzfass, €€€
Mittleres Goldgelb, Silberreflexe. Zarte Nuancen von Ananas, Pfirsich, Rosenöl und etwas Marshmallows, einladendes Bukett. Kraftvoll, saftig und seidig, präsente Fruchtsüße, dunkle Mineralik, bleibt lange haften, Blütenhonig im Nachhall, salziger Rückgeschmack.

★★★

WEINGUT RIEGELNEGG OLWITSCHHOF

Das Weingut Riegelnegg Olwitschhof liegt inmitten der Weinbauregion Südsteiermark, ca. vier Kilometer südwestlich von Gamlitz am Sernauberg und etwa drei Kilometer von der Südsteirischen Weinstraße entfernt. Die 14 Hektar großen Weingärten erstrecken sich über zwei Kilometer entlang des Sernaubergs. Die treibende Kraft hinter dem Familienbetrieb ist Roland Riegelnegg.
Seit erfolgreicher Absolvierung der Weinbauschule in Silberberg und der Meisterausbildung für Weinbau und Kellerwirtschaft kümmert er sich mit voller Hingabe um die Vinifizierung der Weine. Die exzellente Weinserie spricht für sich.

WEINGUT RIEGELNEGG - OLWITSCHHOF
8462 Gamlitz
Steinbach 62
T: +43 (3454) 6263
weingut@riegelnegg.at
www.riegelnegg.at

Kellermeister/Kontakt:
Roland Riegelnegg
Produktion: 69.333 Flaschen
7 % Schaumwein, 83 % weiß,
4 % rosé, 6 % rot, 14+3 Hektar
Zertifiziert: Nachhaltig Austria
Messen: VieVinum

Roland Riegelnegg

* Südsteiermark DAC

97 Sauvignon Blanc * Ried Sernauberg Exzellenz 2021
14 Vol.-%, NK, kleines Holzfass, €€€€€€
Helles Goldgelb, Silberreflexe. Feine gelbe Tropenfrucht, ein Hauch von Guaven und Blütenhonig, zart unterlegt mit Ananas und Mango, attraktives Bukett. Saftig, elegant, Nuancen von weißem Kernobst, feine Extraktsüße, gut integrierter, finessenreicher Säurebogen, mineralisch und lange anhaftend, sicheres Entwicklungspotenzial für Jahrzehnte.

(94) Sauvignon Blanc * Ried Sernauberg 2022
13,5 Vol.-%, NK, Stahltank, €€€€€
Mittleres Grüngelb, Silberreflexe. Zarte Kräuterwürze, Cassis und Grapefruit, rauchige Mineralik, attraktives Bukett. Saftig, kräftig, gelbe Tropenfrucht, Nuancen von Guaven und Blütenhonig, bleibt haften, frischer Pfirsich, gute Länge, bereits gut entwickelt und antrinkbar, sicheres weiteres Reifepotenzial.

93 Sauvignon Blanc * Gamlitz 2022
13,5 Vol.-%, DV, Stahltank, €€€€
Helles Grüngelb, Silberreflexe. Frische Stachelbeeren, nach feinem Cassis, weißer Pfirsich, ein Hauch von Wiesenkräutern und Grapefruitzesten, attraktives Bukett. Stoffig, elegant, reifes Steinobst, frischer Säurebogen, zarte Fruchtsüße im Abgang, ein balancierter Wein mit guter Länge.

92 Sauvignon Blanc * Tradition 2023
12,5 Vol.-%, DV, Stahltank, €€€
Helles Grüngelb, Silberreflexe. Zarte Kräuterwürze, feine gelbe Tropenfrucht, ein Hauch von Stachelbeeren und Orangenzesten. Saftig, elegant, gelber Pfirsich, feine Säurestruktur, zart nach Cassis, mineralisch-zitronig im Abgang, ein feinwürziger Speisenbegleiter.

94 Morillon * Eiswein 2020
10,5 Vol.-%, NK, Stahltank/Barrique, €€€€€
Mittleres Goldgelb, Silberreflexe. Intensiver Quittenhonig, zart nach gekochtem Rhabarber und reifen Feigen, einladende Fruchtsüße. Saftig, mittlere Komplexität, Aromen von reifem gelbem Kernobst, seidig und süß, dabei leichtfüßig und gut entwickelt, ein wahres Trinkdessert.

90 Weißburgunder * 2023
12,5 Vol.-%, DV, Stahltank, €€
Mittleres Gelbgrün, Silberreflexe. Zarte gelbe Birnenfrucht, ein Hauch von Orangenzesten, mineralischer Touch. Mittlerer Körper, frischer Apfel, dezente Fruchtsüße, auswogen und zugänglich, ein vielseitiger Speisenwein.

★★★★★

WEINGUT ERWIN SABATHI

BIO

Seit 1650 gibt es in der Familie Sabathi eine Tradition für Weinbau. Der große Aufschwung begann 1992 mit dem Einstieg von Erwin Sabathi jr. in den elterlichen Betrieb. Heute liegt das Familienweingut in den Händen von Erwin und seiner Frau Patrizia. Das Weingut ist ein biologisch zertifizierter Betrieb. Patrizia und Erwin Sabathi setzen in ihrer Philosophie auf die Herkunft des Weines und auf das Wirken der Natur: Alle Trauben werden handverlesen – allein aufgrund der Gegebenheit der Rebflächen (extrem steile Rieden) ist nur eine traditionelle manuelle Lese möglich. Ein weiteres und viel wichtigeres Argument ist für das Winzerpaar jedoch die Qualität: Man setzt hier ganz bewusst auf die Lese per Hand. Die wichtigsten Rebsorten bei Erwin Sabathi sind Sauvignon Blanc und Chardonnay, diese genießen international den höchsten Stellenwert. Seine Sauvignon Blancs und Chardonnays der Ried Pössnitzberg (Große STK Ried) stehen gemeinsam mit den ganz großen Weißweinen der Welt auf einer Stufe – und damit ganz oben. Dabei gelten der Sauvignon Blanc Ried Pössnitzberg Alte Reben und der Chardonnay Ried Pössnitzberg Alte Reben als absolute Rarität: Die hierfür penibel selektierten Trauben stammen von den ältesten Rebstöcken am Pössnitzberg. Als äußerst präzise Weltklasseweine gelten der Chardonnay Ried Pössnitzberger Kapelle und der Sauvignon Blanc Ried Pössnitzberger Kapelle. Im Jahr 2016 wählte Falstaff Erwin Sabathi zum »Winzer des Jahres«. Einer der Gründe dafür war sein Händchen für die Rebsorte Chardonnay. Der Chardonnay Ried Pössnitzberg Alte Reben GSTK wird Jahr für Jahr mit hohen Punkten ausgezeichnet. Wer zu diesem Wein noch eine potenzielle Steigerung sucht, hält nach dem grandiosen Chardonnay Ried Pössnitzberger Kapelle, dem rarsten Wein in Sabathis Angebot, Ausschau. Die Suche lohnt sich: Noch »mehr« Chardonnay hat die Alpenrepublik aktuell kaum zu bieten.

WEINGUT ERWIN SABATHI

8463 Leutschach an der Weinstraße
Pössnitz 48
T: +43 (3454) 265
weingut@sabathi.com
www.sabathi.com

Kellermeister: Erwin Sabathi
Kontakt: Familie Erwin Sabathi
Anbauweise: Zertifiziert Biologisch (Austria Bio Garantie)
Produktion: 97 % weiß, 3 % rot, 51 Hektar
Zertifiziert: Nachhaltig Austria
Vereinszugehörigkeit: GutFinden – Südsteiermark, Steirische Terroir- und Klassikweingüter
Messen: ProWein Düsseldorf, VieVinum, MondoVino

Patrizia und Erwin Sabathi

(99) Sauvignon Blanc * Ried Pössnitzberger Kapelle GSTK 2021
13 Vol.-%, NK, großes Holzfass, €€€€€€
Helles Gelbgrün, Silberreflexe. Zart nach Limettenzesten, ein Hauch von Blutorangen, Nuancen von Guaven und frischen Wiesenkräutern, mit zartem Blütenhonig unterlegt. Saftig, straff, weiße Frucht, präzise, finessenreiche Struktur, puristisch wie ein Gebirgsbach, fein und anhaltend, weiße Frucht im Nachhall, bleibt sehr lange haften, salzig im Finish, neben aller Klasse Trinkfreude pur.

(97) Sauvignon Blanc * Ried Pössnitzberg GSTK Alte Reben 2022
13,5 Vol.-%, NK, großes Holzfass, €€€€€€
Helles Grüngelb, Silberreflexe. Frische Johannisbeeren, weiße Frucht, zarte gelbe Tropenfrucht, feine Kräuterwürze, kühles, facettenreiches Bukett. Saftig, elegant, seidige Textur, feine Struktur, mineralisch-salzig im Abgang, große Länge, bleibt haften, sicheres Reifepotenzial.

(95) Sauvignon Blanc * Ried Pössnitzberg GSTK 2022
13,5 Vol.-%, NK, großes Holzfass, €€€€€
Mittleres Gelbgold, Silberreflexe. Zart nach Nougatkaramell, reife Stachelbeeren, gelbe Frucht, floraler Touch, reife Tropenfrucht, etwas Blütenhonig. Komplex, saftig, gelbe Frucht im Kern, mineralisch, harmonisch, extraktsüß und anhaftend, feine Tropenfrucht im Abgang, bereits sehr gut entwickelt und harmonisch, gutes weiteres Zukunftspotenzial.

(94) Sauvignon Blanc * Ried Poharnig 1STK 2023
13 Vol.-%, DV, großes Holzfass, €€€€€
Helles Grüngelb, Silberreflexe. Feine Nuancen von frischen Stachelbeeren, zart nach Guaven und Mandarinenzesten, ein Hauch von Kräuterwürze, einladendes Bukett. Saftig, elegant, weiße Apfelfrucht, feines Säurespiel, rotbeerige Aromen im Abgang, ein lebendiger Speisenwein in kühlem Stil.

(93) Sauvignon Blanc * Leutschach 2023
13 Vol.-%, DV, großes Holzfass, €€€€
Helles Gelbgrün, Silberreflexe. Zarte Kräuterwürze, weißer Pfirsich, ein Hauch von Kernobst, zart nach Mandarinenzesten. Saftig, elegant, frischer Apfel, lebendiger Säurebogen, mineralisch-zitroniger Touch, Weiße Johannisbeeren im Nachhall, ein animierender Speisenbegleiter.

91 Sauvignon Blanc * 2023
12 Vol.-%, DV, Stahltank, €€€€
Helles Gelbgrün, Silberreflexe. Weiße Blüten, zart nach Cassis und Apfel, feine Kräuterwürze, Nuancen von Grapefruitzesten. Mittlerer Körper, weißes Kernobst, frische Säurestruktur, mineralisch im Abgang, Limetten im salzigen Rückgeschmack, vielfältig einsetzbar.

(99) Chardonnay * Ried Pössnitzberger Kapelle GSTK 2021
13,5 Vol.-%, NK, 500-l-Fass, €€€€€€
Helles Grüngelb, Silberreflexe. Zart nach Grapefruitzesten, rauchige Kräuterwürze, ein Hauch von weißem Nougat, mineralisches, facettenreiches Bukett. Stoffig, elegant, voller Energie, feine Extraktsüße, feine, gut integrierte

Holzwürze, saftig, gelbe Frucht im Abgang, sehr harmonisch und in sich ruhend, große Länge, Potenzial für Jahrzehnte, dennoch bereits gut antrinkbar.

(97) Chardonnay * Ried Pössnitzberg GSTK Alte Reben 2022
13 Vol.-%, NK, 500-l-Fass, €€€€€€ B
Helles Grüngelb, Silberreflexe. Zarte würzige Nuancen, ein Hauch von Haselnuss, Noten von Feuerstein über gelber Tropenfrucht, zarte florale Nuancen, hochattraktives Bukett. Straff, engmaschig, weiße Pfirsichfrucht, finessenreich, sehr gut balanciert, feine Fruchtsüße im Nachhall, bereits antrinkbar.

(95) Chardonnay * Ried Pössnitzberg GSTK 2022
13 Vol.-%, NK, 500-l-Fass, €€€€€ B
Mittleres Grüngelb, Silberreflexe. Zartes weißes Nougat, ein Hauch von Karamell, frischer weißer Apfel, zart nach Pfirsich, attraktives Bukett. Saftig, elegant, reife gelbe Frucht, zart nach Mango und Ananas, finessenreicher Säurebogen, mineralisch-salzig im Abgang, bereits gut entwickelt, ein toller Speisenwein, sicheres Reifepotenzial.

(94) Chardonnay * Ried Oberpössnitz 2022
13 Vol.-%, DV, kleines Holzfass, €€€€€ B
Helles Gelbgrün, Silberreflexe. Reife gelbe Apfelfrucht, zart nach Birne, zarte Gewürznuancen, dezente Kräuterwürze. Komplex, stoffig, weißes Kernobst, reife Säurestruktur, salzige Mineralik, straff und trinkanimierend, dabei gut anhaftend, sehr gutes Entwicklungspotenzial.

(94) Chardonnay * Ried Saffran 2022
13 Vol.-%, NK, 500-l-Fass, €€€€€ B
Helles Grüngelb, Silberreflexe. Zarte gelbe Tropenfrucht, ein Hauch von Wildkräutern und Walnuss, mineralisch unterlegt. Komplex, saftig, gelbe Frucht, dezente Süße, feiner Säurebogen, elegant und bereits harmonisch, ein ausgewogener Speisenbegleiter, bereits zugänglich.

(93) Chardonnay * Leutschach 2023
13 Vol.-%, DV, großes Holzfass, €€€€ B
Helles Grüngelb, Silberreflexe. Zart nach Ananas, Mango und frischem Apfel, dezente Kräuterwürze. Elegant, feine Fruchtsüße, lebendige Struktur, mineralisch, ein Hauch von Limetten im Nachhall, frisch und animierend, zeigt gute Länge, ein facettenreicher Speisenbegleiter.

(94) Gelber Muskateller * Ried Krepskogel 1STK 2023
12,5 Vol.-%, DV, großes Holzfass, €€€€€ B
Helles Gelbgrün, Silberreflexe. Zarte Nuancen von Gewürznelken und Holunderblüten, einladende traubige Aromen, ein Hauch Maracuja. Saftig, elegant, feine gelbe Frucht, Ananas, lebendig und anhaftend, mineralisch-zitroniger Nachhall.

92 Gelber Muskateller * 2023
11,5 Vol.-%, DV, Stahltank, €€€ B
Helles Gelbgrün, Silberreflexe. Feine Nuancen von Rosenöl und Muskatnuss, zarte Noten von gelbem Pfirsich, ein Hauch von Blütenhonig, einladendes Bukett. Lebendig, knackig, grüner Apfel, frischer Säurebogen, salziger Limettentouch im Abgang, traubig, ein finessenreicher Sommerwein.

(94) Grauburgunder * Ried Jägerberg 1STK 2023
13 Vol.-%, DV, großes Holzfass, €€€€€ B
Mittleres Grüngelb, Silberreflexe. Tabakig, frische Kräuter, zart nach Birne, ein Hauch von Walnuss, mit Orangenzesten unterlegt. Komplex, saftig, feines Säuregerüst, dezente Fruchtsüße im Abgang, hat Charme und Würze, gute Frische und Länge, ein stoffiger Begleiter bei Tisch.

(93) Weißburgunder * Ried Jägerberg 1STK 2023
13 Vol.-%, DV, großes Holzfass, €€€€€ B
Helles Grüngelb, Silberreflexe. Zart kräuterwürzige Nuancen, ein Hauch von gelber Frucht, zarter Birnentouch, kandierte Orangenzesten. Mittlerer Körper, frischer Apfel, elegant und mit feiner Säure ausgestattet, mineralisch-salzig, ein pikanter Speisenwein, vielfältig einsetzbar.

91 Weißburgunder * 2023
12 Vol.-%, DV, Stahltank, €€€ B
Helles Grüngelb, Silberreflexe. Zart nach weiße Blüten und Limetten, ein Hauch von frischem Ingwer, Nuancen von Birnenfrucht. Schlank, saftig, feine Apfelnuancen, gut integrierte Säurestruktur, mineralisch-salzig im Abgang, ein balancierter Speisenbegleiter.

91 Welschriesling * 2023
11 Vol.-%, DV, Stahltank, €€€ B
Helles Gelbgrün, Silberreflexe. Frische Wiesenkräuter, weißer Apfel, ein Hauch von Limettenzesten, einladendes Bukett. Straff, leichtfüßig und rassig, feine Birnenfrucht, mineralisch-zitronig im Abgang, ein lebendiger, unkomplizierter Aperitif-Wein.

90 * Sabathini 2023
11 Vol.-%, DV, Stahltank, €€€ B
Helles Gelbgrün, Silberreflexe. Zart nach gelbem Apfel, ein Hauch von Ananas und Mango, mit Blütenhonig unterlegt. Schlank, weißes Kernobst, zart nach Birne, feiner Säurebogen, mineralisch, bietet leichtfüßiges Trinkvergnügen.

90 Sabathini Rosé 2023 ZW/CS/ME
11 Vol.-%, DV, Stahltank, €€€ B
Helles Lachsrosa, Silberreflexe. Sehr zarte rotbeerige Nuancen, floraler Touch, mit einem Hauch von gelbem Kernobst unterlegt. Schlank, etwas rote Kirschen, feines Säurespiel, staubtrockener Rosé-Stil, ein leichtfüßiger Speisenbegleiter.

WEINGUT HANNES SABATHI
8462 Gamlitz, Sernau 48
T: +43 (3453) 2900
office@hannessabathi.at
www.hannessabathi.at
Kellermeister/Kontakt:
Hannes Sabathi
Produktion: 2 % Schaumwein, 96 % weiß, 1 % rosé, 1 % süß, 65 Hektar
Zertifiziert: Nachhaltig Austria
Vereinszugehörigkeit:
GutFinden – Südsteiermark, Marktgemeinschaft Steirischer Wein, Steirische Terroir- und Klassikweingüter
Messen: Austrian Tasting London, ÖGW Zürich, ProWein Düsseldorf, VieVinum, DAC-Präsentationen, Hong Kong International Wine & Spirits Fair

Chardonnay

★★★★

WEINGUT HANNES SABATHI

Hannes Sabathi brennt für den Boden, denn von ihm bekommt der Wein seinen unverwechselbaren Charakter. »Das fasziniert mich, und hier liegt für mich auch die Wahrheit im Wein«, so der Winzer. Oder in anderen Worten: »Geiler Boden, geiler Wein«, wie es Sabathi auch gerne auf den Punkt bringt. Seine Weine zeigen stets Klarheit und Tiefe, eine präzise Bodencharakteristik sowie die Individualität des Jahrgangs. Man merkt, dass hier ein Winzer am Werk ist, der nicht nur bravourös sein Handwerk versteht, sondern sich auch zurücknehmen kann. Mit viel Gespür für das von Jahr zu Jahr unterschiedliche Zusammenspiel von Boden, Rebsorte und Wetter lässt Sabathi seine Weine entstehen: »Ich sehe mich nicht als Weinmacher, denn ich mache keine Weine. Der Boden und der Jahrgang machen den Wein«, erklärt er seinen Zugang als Winzer.
Wer wie Hannes Sabathi nach dem Prinzip »Weniger ist mehr« agiert, braucht viel Erfahrung und Vertrauen in die Natur – und vor allem Geduld. Schon immer war es sein Traum, Weine von unterschiedlichen Böden zu vinifizieren, denn jede Lage hat eine sehr spezifische geologische und mineralische Geschichte, die es zu verstehen gilt. Diesen individuellen Charakter will Sabathi in den Weinen weiterleben lassen. Dazu greift er möglichst wenig ein und lässt der Natur ihren Lauf. Ob es nun Weine mit der salzigen Eleganz vom Kranachberg, der dichten Mineralik vom Jägerberg, der tiefen Substanz der Ried Loren oder der kühlen Würze des Kehlbergs sind: Allen gemeinsam ist ihnen Jahr für Jahr ihre deutliche Lagencharakteristik. Das kann nur ein Bodenversteher wie Hannes Sabathi.

92 Chardonnay Brut Blanc 2021
12,5 Vol.-%, NK, Stahltank, Flaschengärung, €€€€€
Helles Grüngelb, Silberreflexe. Zarte Kräuterwürze, gelbe Tropenfrucht, feiner Blütenhonig, ein Hauch von Biskuit und Nougat. Mittlerer Körper, gelber Apfel, frischer Säurebogen, weißes Kernobst und Limetten im Nachhall, lebendiger Aperitif-Stil.

92 St. Laurent Brut Rosé 2021
12,5 Vol.-%, NK, Stahltank, Flaschengärung, €€€€€
Mittleres Lachsrosa, Kupferreflexe, feines, anhaltendes Mousseux. Zart nach Heublumen, feine Waldblumen, Sanddorn, etwas Blütenhonig. Stoffig, saftig, eingelegte

Kirschen, feine Fruchtsüße, mineralischer Nachhall, ein vielseitiger Speisenbegleiter.

95 Sauvignon Blanc * Ried Loren 2021
13,5 Vol.-%, VL, Holzfass, €€€€€
Helles Goldgelb, Silberreflexe. Weiße Tropenfrucht, kandierte Limettenzesten, ätherische Nuancen, Mango, ein Hauch von Blütenhonig. Komplex, weißer Apfel, feine Säurestruktur, zartes weißes Nougat, Nuancen von gelbem Kernobst, zeigt gute Länge, salziger Nachhall.

95 Sauvignon Blanc * Ried Kranachberg Kreuz GSTK 2021
14 Vol.-%, VL, Holzfass, €€€€€
Helles Gelbgrün, Silberreflexe. Feines Nougat, reife gelbe Stachelbeerfrucht, Limettenzesten, mineralischer Touch, feinwürziges Bukett. Engmaschig, weiße Frucht, zart nach Pfirsich, lebendig strukturiert, bleibt haften, feine Extraktsüße im Abgang, würziger Nachhall, ein eleganter Speisenwein.

(93) Sauvignon Blanc * Leutschach 2022
13 Vol.-%, VL, großes Holzfass, €€€€
Helles Gelbgrün, Silberreflexe. Zart nach Orangenzesten, ein Hauch von Stachelbeeren, feine Kräuterwürze, mineralischer Touch. Saftig, straff und gut anhaftend, weiße Apfelfrucht, elegant und frisch, lebendig und mit etwas Limetten unterlegt, animierende Stilistik.

(93) Sauvignon Blanc * Gamlitz 2022
13,5 Vol.-%, VL, Stahltank, €€€€
Helles Gelbgrün, Silberreflexe. Reife gelbe Stachelbeeren, Nuancen von Cassis, ein Hauch von Minze, einladendes Bukett. Saftig, elegant, rassiges Säurekleid, weißer Apfel, mineralisch im Abgang, bereits gut antrinkbar, animierender Speisenbegleiter, gutes Entwicklungspotenzial.

92 Sauvignon Blanc * 2023
12,5 Vol.-%, DV, Stahltank, €€€
Helles Grüngelb, Silberreflexe. Zart nach Stachelbeeren, weiße Birnenfrucht, ein Hauch von Limettenzesten, mit Wiesenkräutern unterlegt. Feine Apfelfrucht, dezente Süße, balanciert, mineralisch und frisch im Abgang, zitroniger Nachhall, ein pikanter, vielseitiger Speisenwein.

94 Chardonnay * Ried Graf Woracziczky 2021
13 Vol.-%, VL, Holzfass, €€€€€
Helles Gelbgrün, Silberreflexe. Feine Nuancen von Feuerstein, zart nach Haselnuss, gelbe Tropenfrucht, kühles Bukett, zart nach Minze. Straff, engmaschig, feine zitronige Nuancen, engmaschig und gut anhaftend, mineralisch-salzig im Abgang, gut anhaftend, weißes Nougat im Finish, sicheres Entwicklungspotenzial.

93 Chardonnay * Gamlitz 2021
13 Vol.-%, VL, großes Holzfass, €€€€
Mittleres Grüngelb, Silberreflexe. Frische reife gelbe Tropenfrucht, Nuancen von Honigmelone und Mango, zart nach kandierten Orangenzesten. Straff, engmaschig, weißer Apfel, lebendige Säurestruktur, Limettenzesten im Abgang, straff und anhaftend, dezente Fruchtsüße im Nachhall.

92 Grauburgunder * Gamlitz 2022
13,5 Vol.-%, VL, großes Holzfass, €€€€
Mittleres Kupfergelb, Messingreflexe. Frische gelbe Birnenfrucht, zart nach Orangen, ein Hauch von Nougat und zart nach Kletzen. Komplex, straff, weißes Kernobst, frischer Säurebogen, mineralisch-zitronig im Nachhall, feine salzige Nuancen im Rückgeschmack.

91 Gelber Muskateller * 2023
12 Vol.-%, DV, Stahltank, €€€
Helles Gelbgrün, Silberreflexe. Frischer Pfirsich, etwas Ananas und Maracuja, florale Nuancen, Holunderblüten und Muskatnuss. Leichtfüßig, feinfruchtig, gut integrierte Säurestruktur, zitronig im Abgang, ein lebendiger Sommerwein.

97 Gelber Muskateller Trockenbeerenauslese 2022
9 Vol.-%, VL, Holzfass, €€€€€
Helles Grüngelb, Silberreflexe. Zarter Muskattouch, ein Hauch von Gewürznelken, Holunderblütenextrakt, frische Maracujanuancen, sehr einladend. Weiße Tropenfrucht, präzise, gut eingebundene Säurestruktur, finessenreich und gut anhaftend, balanciert, eine leichtfüßige, verführerische Trockenbeerenauslese, delikat und mit Reifepotenzial für Dekaden ausgestattet.

94 Welschriesling Trockenbeerenauslese 2022
10 Vol.-%, VL, Holzfass, €€€€€
Helles Goldgelb, Silberreflexe. Feine Nuancen von Marillenkonfitüre, feiner Honig, kandierte Orangenzesten. Saftig, elegant, weißes Steinobst, finessenreicher Säurebogen, eher leichtfüßiger Stil, gelbe Tropenfrucht im Abgang, bereits gut antrinkbar.

93 Riesling Beerenauslese 2022
12 Vol.-%, VL, Holzfass, €€€€
Mittleres Grüngelb, Silberreflexe. Zart nach Feigen, feiner Honigtouch, Dörrobstaromatik, mit Marillenkonfitüre unterlegt. Stoffig, weißes Steinobst, frischer Pfirsich, zarter Rosinentouch im Abgang, frisch und anhaftend, gutes Reifepotenzial.

FAMILIENWEINGUT SATTLERHOF
8462 Gamlitz, Sernau 2
T: +43 (3453) 2556
weingut@sattlerhof.at
www.sattlerhof.at
Kellermeister: Andreas Sattler
Kontakt: Alex und Andreas Sattler
Anbauweise: Biodynamisch (respekt)
Produktion: 95 % weiß, 3 % rot, 2 % süß, 33 Hektar
Vereinszugehörigkeit: Steirische Terroir- und Klassikweingüter, respekt-BIODYN
Messen: ProWein Düsseldorf, VieVinum, DAC-Präsentationen

Kranachberg

★★★★★

FAMILIENWEINGUT SATTLERHOF

BIO

Umgeben von steilen Hängen sitzt das Familienweingut seit 1887 auf einem kargen Hügel bei Gamlitz. Seit dem Jahr 2020 zählt der 33 Hektar bewirtschaftende Hof laut dem US-Weinmagazin »Wine & Spirits« zu den 100 besten Weingütern der Welt. Diese Auszeichnung ist nicht nur auf die biodynamische Arbeitsweise in blühenden Weingärten zurückzuführen, die von Andreas und Alexander Sattler eingeführt wurde, sondern auch auf die langjährigen Erfahrungen ihrer Eltern Maria und Willi Sattler. Perfekte physiologische Reife der Trauben, selektive Handlese und ein puristischer Ausbau mit texturgebendem Maischekontakt sind einige der handwerklichen Schritte, mit denen die Familie die Qualität der Weine seit Jahrzehnten hoch hält. Ziel der präzisen Arbeitsweise ist es, dem Charakter der ausgezeichneten Rieden Kranachberg, Pfarrweingarten, Sernauberg und Kapellenweingarten Raum zu geben, um sich zu entfalten. Mit bis zu 55-jährigen Rebstöcken auf extrem steilen Hängen sind die Weingärten von Quarz, Kalk und Kiesel geprägt. Es liegt wohl auch am Zusammenspiel der schonenden Wirtschaftsweise der jungen Generation und der Erfahrung der Eltern, dass die Top-Weine vom Sattlerhof jedes Jahr noch eigenständiger, langlebiger und authentischer werden.

(100) Sauvignon Blanc * Ried Trinkaus 2021
13,5 Vol.-%, VL, Stahltank, €€€€€€ B V
Mittleres Goldgelb, Silberreflexe. Intensive Kräuterwürze, feine Cassisnote, zarte Nuancen von Grapefruit, facettenreiches Bukett. Kraftvoll, saftig, sehr dicht und stoffig, weiße Fruchtbasis, finessenreiche Säurestruktur, balanciert, sehr große aromatische Tiefe, bleibt minutenlange haften, ein Sauvignon-Blanc-Monument, ungemein frisch, steht am Anfang einer blendenden Karriere.

(97) Sauvignon Blanc * Ried Alter Kranachberg GSTK 2022
13,5 Vol.-%, VL, Stahltank, €€€€€€ B V
Mittleres Goldgelb, Silberreflexe. Zarte gelbe Tropenfrucht, ein Hauch von Blütenhonig und Orangenzesten, reife Stachelbeeren, mit weißer Beerenfrucht unterlegt, einladende Kräuterwürze. Kraftvoll, saftig, weißer Pfirsich, straff, finessenreiche Säurestruktur, zitronig-salzig im Abgang, zeigt große Länge, sicheres Reifepotenzial.

(95) Sauvignon Blanc * Ried Sernauberg 1STK 2022
13 Vol.-%, VL, Stahltank, €€€€€ B V
Leuchtendes Goldgelb, Silberreflexe. Zarte Kräuternoten,

* Südsteiermark DAC

ein Hauch von gelber Tropenfrucht, Nuancen von Mandarinenzesten, dunkle Mineralik. Komplex, saftig, engmaschig, weißes Kernobst, frischer Säurebogen, saliner Abgang, würziger Nachhall, verfügt über Länge und Entwicklungspotenzial, wird von Flaschenreife profitieren.

(95) Sauvignon Blanc * Ried Pfarrweingarten GSTK 2022
13,5 Vol.-%, VL, Stahltank, €€€€€€ B
Mittleres Grüngelb, Silberreflexe. Feine Nuancen von gelbem Steinobst, ein Hauch von Blütenhonig, kandierte Orangenzesten, feine, einladende Nase. Straff, engmaschig, weiße Pfirsichfrucht, feine Mineralik, sehr präzise, salziger Abgang, verfügt über Kraft und Länge, Limetten im Nachhall, bereits in der Jugend sehr verführerisch, sicheres Reifepotenzial.

95 Sauvignon Blanc * Ried Grassnitzburg 2021
14,5 Vol.-%, VL, Stahltank, €€€€€€ B V
Helles Goldgelb, Silberreflexe. Zarter Blütenhonig, ein Hauch von weißem Nougat, reife gelbe Tropenfrucht, etwas Mango. Kraftvoll, straff und engmaschig, reife gelbe Apfelfrucht, mineralisch, kühle Textur, feine Salzigkeit, Limettentouch im Rückgeschmack, breitschultriger Stil, braucht noch seine Zeit.

(94) Sauvignon Blanc * Ried Kapellenweingarten 2022
12,5 Vol.-%, VL, großes Holzfass, €€€€€ B V
Leuchtendes mittleres Grüngelb, Silberreflexe. Frische Wiesenkräuter, ein Hauch von Cassis, dunkle, tabakige Würze, mineralischer Anklang. Saftig, elegant, weißer Pfirsich, finessenreiche Säurestruktur, salzig im Nachhall, bereits gut entwickelt, ein pikanter, leichtfüßiger Speisenbegleiter.

(93) Sauvignon Blanc * Gamlitz 2023
12,5 Vol.-%, VL, Stahltank, €€€€ B V
Mittleres Grüngelb, Silberreflexe. Zart rauchige, frische Kräuterwürze, Nuancen von Cassis, weiße Birnenfrucht, zart nach Grapefruitzesten, mineralischer Touch. Komplex, straff, weiße Tropenfrucht, rassige Säurestruktur, etwas Mango und Guaven im Abgang, salziger Nachhall, Limetten im Rückgeschmack, animierender, leichtfüßiger Stil.

(96) * Ried Pfarrweingarten GSTK 2022 CH/WB/PG
13,5 Vol.-%, VL, kleines Holzfass, €€€€€€ B V
Mittleres Goldgelb, Silberreflexe. Reife Birnenfrucht, ein Hauch von Nougat, dezente Kräuterwürze, etwas Blütenhonig und Quitte, einladendes, facettenreiches Bukett. Saftig, weißes Kernobst, feiner Säurebogen, präsente Mineralik, feine nussige Aromen, bleibt lange haften, ein kräftiger Speisenwein mit sicherem Entwicklungspotenzial.

(95) Morillon * Ried Kapellenweingarten 2022
12,5 Vol.-%, VL, großes Holzfass, €€€€€ B V
Helles Goldgelb, Silberreflexe. Zart nach Orangen, ein Hauch von Nougat, zart nach Kokos, gelbe Apfelfrucht, eine Spur von Quitten, facettenreiches Bukett. Straff, engmaschig und kühl, mit feiner Fruchtsüße unterlegt, mineralisch und lange anhaftend, salzig im Abgang, ein komplexer Speisenbegleiter, zeigt Länge und Potenzial.

(93) Morillon * Gamlitz 2023
12,5 Vol.-%, VL, großes Holzfass, €€€€ B V
Helles Gelbgrün, Silberreflexe. Feine weiße Apfelfrucht, ein Hauch von Pfirsich, frische Wiesenkräuter, zart mit Orangenzesten unterlegt. Saftig, feine seidige Textur, gelbes Kernobst, cremiger Touch, feines Säurespiel, leichtfüßig und mineralisch, gut anhaftend, verfügt über Reifepotenzial.

(94) Gelber Muskateller * Ried Marein 2022
12 Vol.-%, VL, Stahltank, €€€€€ B V
Mittleres Goldgelb, Silberreflexe. Zart nach Holunderblüten, etwas Cassis, ein Hauch von Grapefruitzesten, einladendes Bukett. Straff, engmaschig, feine Textur, zart nach Limetten, salziger Nachhall, sehr animierender Stil, sehr präzise und lange anhaftend.

94 Blauburgunder Alte Reben 2021
12,5 Vol.-%, DV, Holzfass, €€€€€ B
Mittleres Rubingranat, violette Reflexe, dezente Ockerrandaufhellung. Zarte tabakige Würze, eingelegte rote Herzkirschen, ein Hauch von Melisse und Minze, kühles Bukett. Straff, rotbeerig, feine Tannine, leichtfüßig, sehr gute Frische, mineralisch-zitronig im Nachhall, bleibt gut haften, ein finessenreicher Speisenbegleiter.

★★★

WEINGUT SCHAUER

Schieferböden, Steillagen und Handarbeit: In Kitzeck, einem Ort auf 564 Metern Seehöhe im südsteirischen Sausal, liegt das Weingut Schauer, ein traditionsreicher Familienbetrieb – seine Wurzeln reichen bis ins Jahr 1757 zurück – mit herausragenden Rieden, nachhaltiger Philosophie und Weinen voller Eleganz und Finesse. Die Zügel in der Hand haben heute die Brüder Stefan und Bernhard Schauer. Beide sind Weinbauern aus Leidenschaft und führen den Betrieb Seite an Seite. Im Besitz des Weinguts befinden sich traditionsreiche und besonders begünstigte Rebflächen, die aufgrund ihrer beeindruckenden Hangneigung nur sehr arbeitsintensiv zu bewirtschaften sind. Handarbeit ist das Um und Auf, garantiert aber eine penible Selektion und allerbeste Qualität der geernteten Trauben. Das Sausal unterscheidet sich vor allem geologisch vom großen Rest der Südsteiermark. Hier gibt der Schiefer den Ton an. Die Steillagen mit teils schwindelerregendem Gefälle sind vor 300 Millionen Jahren im Paläozoikum entstanden, ihre Böden bestehen aus phyllitischem Schiefer. Die das Sausal umgebende Südsteiermark lag zu jener Zeit unter einem Urmeer, aus dem das Sausal wie eine Insel herausragte. Deshalb gibt es hier keine kalkhaltigen Meeresablagerungen, sondern Tonschiefer, Serizitquarzite, Grünschiefer, roten und blauschwarzen Schiefer sowie Einsprengsel von Kalifeldspat. Nur vereinzelt finden sich Kalkablagerungen in tieferen Lagen. Den Schiefer schmeckt man in den Weinen der Schauers: Es sind die rauchigen, mineralischen und würzigen Noten, die auf diese Art von Böden hinweisen.

(94) Sauvignon Blanc * Ried Sulz 2022
13,5 Vol.-%, VL, Holzfass, €€€€€
Leuchtendes Goldgelb, Grünreflexe. Blütenhonig und Stachelbeeren, etwas rote Paprikaschoten, ein Hauch von Gewürzen und Quitte, Schiefernoten klingen an. Gute Komplexität, straff, facettenreiche Säurestruktur, weiße Tropenfrucht, ein Hauch von Weingartenpfirsich, mineralischer Nachhall.

(92) Sauvignon Blanc * Ehrenhausen 2023
13 Vol.-%, DV, Holzfass, €€€€
Mittleres Goldgelb, Silberreflexe. Weißes Steinobst, zart nach Grapefruitzesten, ein Hauch von Guaven, gelbe Paprikaschoten. Saftig, fruchtsüß, mineralisch, Apfelnuancen im Abgang, feiner Säurebogen, bleibt gut haften, vielfältig einsetzbar.

(92) Sauvignon Blanc * Kitzeck-Sausal 2023
12,5 Vol.-%, DV, Holzfass, €€€€
Mittleres Gelbgrün, Silberreflexe. Zarte Tabakwürze, etwas nach Stachelbeeren, unterlegt mit dunkler Mineralik, Schiefernoten, Grapefruitzesten. Kraftvoll, straff, frisch und lebendig, weiße Apfelfrucht, würziges Finish, wird von Flaschenreife profitieren.

91 Sauvignon Blanc * Quarz & Schiefer 2023
12 Vol.-%, DV, Stahltank/großes Holzfass, €€€
Mittleres Gelbgrün, Messingreflexe. Zarte Stachelbeernuancen, ein Hauch von Zitrus, etwas nach Quitte, weiße Beerenfrucht, einladendes Bukett. Straff und lebendig, Zitrustouch, Tropenfrucht im Abgang, salziger Nachhall, ein guter Speisenbegleiter.

94 Weißburgunder * Ried Höchtemmel 2022
13 Vol.-%, VL, Holzfass, €€€€€
Mittleres Gelbgrün, silberfarbene Reflexe. Einladender Duft nach Mango, ein Hauch von Blütenhonig, zart nussig, Quitte klingt an. Saftig, engmaschig, facettenreiche Säure-

WEINGUT SCHAUER
8442 Kitzeck
Greith 21
T: +43 (3456) 3521
office@weingut-schauer.at
www.weingut-schauer.at

Kellermeister: Stefan Schauer
Kontakt: Bernhard Schauer
Anbauweise: Umstellung auf bio
Produktion: 98 % weiß, 2 % rot
Zertifiziert: Nachhaltig Austria
Vereinszugehörigkeit:
GutFinden – Südsteiermark, WBV Sausal, Wein Steiermark
Messen: ProWein Düsseldorf, VieVinum

* Südsteiermark DAC

struktur, Golden-Delicious-Apfel, Orangentouch im Nachhall, extraktsüßer Rückgeschmack.

91 Weißburgunder * Sand & Schiefer 2023
12 Vol.-%, DV, Stahltank/Holzfass, €€€
Helles Strohgelb, Silberreflexe. Zarte Nuancen von frischer Birne, ein Hauch von gelben Ringlotten, mineralischer Touch. Schlank, dabei saftig, frischer Apfel, lebendig strukturiert, salzig-zitronig im Nachhall, leichtfüßiger, sommerlicher Stil.

93 Morillon * Schiefergestein 2022
13 Vol.-%, VL, Holzfass, €€€€
Mittleres Gelbgrün, Silberreflexe. Mit feiner Reduktion unterlegte gelbe Apfelfrucht, ein Hauch von Guaven, kandierte Orangenschalen, würziges Bukett. Gute Komplexität, würzig-mineralisch, Maracujanoten im Abgang, lebendiger Säurebogen, bleibt gut haften.

91 Gelber Muskateller * 2023
11,5 Vol.-%, DV, Stahltank, €€€
Helles Strohgelb, Silberreflexe. Zart traubig unterlegte Note von weißem Pfirsich, zart nach Muskatnuss, frische Marillen. Schlank, feine weiße Apfelfrucht, mineralisch-zitroniger Touch, salziger Nachhall, leichtfüßiger Stil.

91 Riesling * Kitzeck-Sausal 2023
12 Vol.-%, DV, Holzfass/Stahltank, €€€€
Helles Gelbgrün, Silberreflexe. Feine Kräuterwürze, ein Hauch von Ananas, Passionsfrucht, dunkle Mineralik, kandierte Orangenschalen, einladendes Bukett. Leichtfüßig, mineralisch, zart nach Guaven im Abgang, salziger Rückgeschmack, bereits gut antrinkbar.

91 Grauburgunder * Kitzeck-Sausal 2023
12,5 Vol.-%, DV, Holzfass, €€€€
Mittleres Goldgelb, Messingreflexe. Feiner Blütenhonig, etwas nach Anis, zart nach Guaven, ein Hauch von Williamsbirne, feinwürziger Touch. Mittlere Komplexität, frisch und lebendig, zarte Nuancen von gelber Frucht, salzig-zitroniger Nachhall, bereits gut antrinkbar.

92 Welschriesling Out of Slate 2022
12 Vol.-%, DV, Holzfass, €€€
Mittleres Gelbgrün, Silberreflexe. Feine Tabak-Kräuter-Würze, zart nach Maracuja, dunkle Mineralik, zart reduktiv, reife Apfelfrucht. Saftig, elegant, mittlere Komplexität, lebendige Säurestruktur, mineralisch, Birnenfrucht im Abgang, vielfältig einsetzbar.

90 Riesling K. Stück 2023
9 Vol.-%, DV, Stahltank, €€€
Helles Gelbgrün, Silberreflexe. Feine Zitrusnuancen, ein Hauch von Pfirsich und frischen Feigen, dezenter Blütenhonig, Thymiantouch. Fruchtsüß, lebendiger Säurebogen, weißes Steinobst im Abgang, salzig-mineralischer Nachhall, bereits gut antrinkbar.

★

WEINGUT JOHANN SCHNEEBERGER

Die Steiermark ist für Familie Schneeberger der ideale Ort, um einzigartige Wein entstehen zu lassen. Seit 1870 bauen die Schneebergers in der Südsteiermark Wein an. Das Wissen über Böden, Trauben, Wind und Wetter wurde von Generation zu Generation weitergegeben. Jeder in der Familie hat seine Funktion. Die gemeinsame Arbeit ist durch Respekt und Vertrauen geprägt. Die Familie hat durch viel Fleiß in den vergangenen Jahrzehnten neue Dimensionen im steirischen Weinbau erreicht.

In den vergangenen zehn bis zwanzig Jahren wurde der internationale Stellenwert gefestigt und die Qualität weiter gesteigert. Ein besonderes Kennzeichen eines erfolgreichen Weinguts ist die Zusammenarbeit von mehreren Generationen. Das garantiert die Weitergabe von Erfahrung ebenso wie die stetige Suche nach Verbesserungsmöglichkeiten.

Familie Schneeberger hat für sich den richtigen Weg gefunden: Entspanntes und doch konzentriertes Arbeiten, Wertschätzung für die Natur und die Liebe zum Genuss. Denn nur wer die Stärken der Südsteiermark zu schätzen weiß, ist auch ein guter Weinbauer und beliebter Gastgeber.

Im Sausal, dem ältesten urkundlich erwähnten Weinbaugebiet der Steiermark, wird von den Schneebergers unter anderem ein wunderbarer Sauvignon, eine Lagen-Cuvée aus den Weingärten in Kitzeck-Sausal, ausgebaut. Die Böden sind meist karg und steil, der Wein braucht mehr Zeit als anderswo. Die Rieden Hochbrudersegg und

WEINGUT JOHANN SCHNEEBERGER

8451 Heimschuh, Pernitschstraße 31
T: +43 (3452) 83934
office@weingut-schneeberger.at
www.weingut-schneeberger.at
Kellermeister: Johann Schneeberger jun.
Kontakt: Sarina Schneeberger
Produktion: 5 % Schaumwein, 75 % weiß, 10 % rosé, 10 % rot, 120 Hektar
Zertifiziert: Nachhaltig Austria
Messen: Alles für den Gast Salzburg, ProWein Düsseldorf, Tag des Steirischen Weines im Museumsquartier, Vinobile Montfort, DAC-Präsentationen

Johann Schneeberger jun.

Flamberg sind durch sehr unterschiedliche Bodenbeschaffenheiten, Höhenlagen und Wetterverhältnisse charakterisiert – von dominierendem Schieferboden bis zu Sand und Muschelkalk reicht die Palette. Ein starker Faktor im Sausal sind die Temperaturunterschiede im Spätsommer und Herbst, die sich günstig auf die Aromenbildung auswirken.
Alle Weine tragen die Handschrift von Johann Schneeberger junior. Mit viel Liebe, Einsatz und Leidenschaft vinifiziert er typische, klare steirische Weine. »Mir geht es darum, in meinen Weinen die Herkunft zu schmecken: den Boden, das Klima und auch meine eigenen Wurzeln!«
Für Genießer und Weinkenner hat die Schneeberger-Buschenschank in Heimschuh fast das gesamte Jahr über geöffnet. Der eine greift zur hausgebeizten Lachsforelle mit Oberskren, der andere ist vernarrt in den Wacholderrohschinken, und am Nebentisch bestellt jemand feinste Mehlspeisen: Nach einem Besuch bei den Schneebergers fährt bestimmt niemand hungrig heim.

92 Weißburgunder * Ried Kreuzegg 2021
13,5 Vol.-%, DV, Holzfass, €€€€
Mittleres Gelbgrün, Silberreflexe. Zart floral unterlegte Nuancen von weißer Frucht, kandierte Limettenzesten, intensives Bukett. Saftig, rund und elegant, zarte Fruchtsüße, feines Säurespiel, dezente Süße im Abgang, entwickelt, vielfältig einsetzbar.

90 Weißburgunder * 2023
13 Vol.-%, DV, Stahltank, €€
Helles Gelbgrün, Silberreflexe. Zart nach Wiesenkräutern und Kernobst, einladendes Bukett. Mittlerer Körper, zarte Birnenfrucht, feine Fruchtsüße, angenehmer Säurebogen, ein Hauch von Melone im Abgang, harmonisch, vielfältig einsetzbar.

92 Chardonnay * Ried Flamberg 2021
13,5 Vol.-%, DV, Barrique, €€€€
Helles Goldgelb, Silberreflexe. Zart nach Karamell und Vanille, gelber Pfirsich, einladendes Bukett. Mittlere Komplexität, feines Steinobst, gut integrierte Säurestruktur, etwas Honigmelone, elegant und anhaftend, ein saftiger Begleiter bei Tisch.

91 Sauvignon Blanc * Kitzeck-Sausal 2022
13 Vol.-%, DV, Stahltank, €€€
Helles Goldgelb, Silberreflexe. Frische Stachelbeeren, zart nach Grapefruitzesten, einladendes Tropenfruchtbukett. Mittlere Komplexität, feine weiße Pfirsichfrucht, lebendig strukturiert, harmonisch und frisch, mineralischer Nachhall, ein eleganter Speisenbegleiter.

90 Sauvignon Blanc * 2023
13 Vol.-%, DV, Stahltank, €€
Helles Gelbgrün, Silberreflexe. Zartes Bukett, ein Hauch von gelber Tropenfrucht, Nuancen von Guaven und Mandarinen, ein Hauch von Limettenzesten. Mittlerer Körper, ein Hauch von Stachelbeeren, Noten von Pfirsich, frisch strukturiert, zitronig-salzig im Nachhall.

89 Welschriesling * 2023
12,5 Vol.-%, DV, Stahltank, €€

* Südsteiermark DAC

★★

LANDESWEINGUT SILBERBERG

Seit 120 Jahren am Puls der Zeit, innovativ und mit Begeisterung für den steirischen Winzernachwuchs aktiv: Dafür ist die Weinbaukaderschmiede Silberberg bekannt. Hier verbindet man Ausbildung im Bildungszentrum für Obst- und Weinbau mit solidem Handwerk im angeschlossenen Landesweingut. Seit 2023 trägt mit Andreas Lobe ein junger, dynamischer und weltoffener junger Kellermeister die Verantwortung für die Weine. Die Rebfläche, verteilt auf mehrere Standorte in der Südsteiermark, managt seit 2019 Weinbaumeister Gernot Lorenz. Seit dem Jahr 2020 hat der ehemalige Oenologe Ing. Reinhold Holler die Position des Direktors übernommen und Karl Menhart sorgt als sein Nachfolger für frischen Wind. Gemeinsam arbeitet man unermüdlich an neuen Impulsen und lässt keine kreative Idee unversucht.

In den Weingärten hat man sich von den Herbiziden verabschiedet, der Standort Schlossberg/Leutschach ist zur Gänze organisch-biologisch zertifiziert, und mehr als drei Viertel der Flächen werden durch Hagelnetze geschützt. Im Weinkeller wurde die Traubenverarbeitung mit moderner Technik ausgestattet, und zunehmend setzt man auf Spontanvergärung.

Bereits vor der Einführung des Gütesiegels Südsteiermark DAC waren die Silberberger Weine in ihrer Herkunftsbezeichnung klar strukturiert. Eine perfekte Serie an Gebietsweinen wird um Ortsweine aus Leutschach und Kitzeck erweitert. Von den Schieferböden des Sausals stammen die Weine der Rieden Trebien, Steinbruch, Annaberg und Steinriegel-Seminar. Mit Liebe pflegt man das Kleinod Riesling in Kitzeck. Im Gegensatz dazu stehen die Weine von den Opokböden in der Gemeinde Leutschach an der Weinstraße: Sämtliche Weingärten sind dort biozertifiziert. Im Keller werden diese Weine bewusst spontan vergoren und möglichst in Holzfässern ausgebaut. Dadurch unterscheiden sich diese Weine noch deutlicher von den Sausaler Weinen.

94 Sauvignon Blanc * Ried Meletin 2021
13,5 Vol.-%, NK, kleines Holzfass/Flaschenreifung, €€€€€ B V
Mittleres Goldgelb, Silberreflexe. Feine Nuancen von gel-

Karl Menhart und Andreas Lobe

LANDESWEINGUT SILBERBERG
8430 Leibnitz, Silberberg 1
T: +43 (3452) 82339 45
weinkeller.lfssilberberg@stmk.gv.at
www.silberberg.at
Kellermeister: Andreas Lobe
Kontakt: Andreas Lobe und Karl Menhart
Produktion: 1 % Schaumwein, 94 % weiß, 4 % rot, 1 % süß, 35 Hektar
Zertifiziert: Nachhaltig Austria
Vereinszugehörigkeit: Austria Bio Garantie, Steirischer Junker, Sausal- Terroirweine Südsteiermark, Wein Steiermark
Messen: VieVinum, DAC-Präsentationen

ber Tropenfrucht, reife Stachelbeeren, zart nach Orangenzesten und Blütenhonig, mineralisch unterlegt. Saftig, zart nach Pfirsich, angenehme Säurestruktur, Limettentouch im Abgang, seidig und anhaftend, ein gut balancierter Speisenwein mit Länge und Potenzial.

93 Sauvignon Blanc * Ried Steinbruch 2022
14 Vol.-%, VL, Stahltank/großes Holzfass, €€€€€ V
Leuchtendes Gelbgrün, Silberreflexe. Intensive Kräuterwürze, Grapefruitzesten, gelbe Paprikaschoten, ein Hauch von Brennnesseln und Cassis. Saftig, elegant, gelbe Tropenfrucht, frischer Säurebogen, Orangen im Nachhall, zitronig-salzig im Rückgeschmack, bereits gut antrinkbar.

94 Weißburgunder * Ried Steinriegel-Seminar 2021
13,5 Vol.-%, NK, kleines Holzfass, €€€€€ V
Mittleres Gelbgrün, Silberreflexe. Zart nach Walnuss und Birne, mit feiner weißer Apfelfrucht und Wiesenkräutern unterlegt, dunkle Mineralik. Komplex, saftig, Nuancen von weißem Kernobst, feine Säurestruktur, zitroniger Touch, bleibt sehr gut haften, ein eleganter, lagerfähiger Wein, der eine erste Trinkreife erreicht hat.

92 Weißburgunder * Ried Annaberg 2022
13,5 Vol.-%, DV, großes Holzfass, €€€ V
Mittleres Goldgelb, Silberreflexe. Feine Birnenfrucht, ein Hauch von Wiesenkräutern, zart nach Walnuss, ein Hauch von Orangenzesten. Saftig, feine gelbe Tropenfrucht, zarter Säurebogen, feine Mineralik, bleibt haften, salzig im Nachhall, ein vielseitiger Speisenwein.

93 Riesling * Kitzeck-Sausal 2021
12 Vol.-%, DV, großes Holzfass, €€€ V
Mittleres Goldgelb, Silberreflexe. Feinwürzig unterlegte Nuancen von reifem Steinobst, ein Hauch von Mango und Pfirsich, mit Limettenzesten und Safran unterlegt. Saftig, elegant, salzige Mineralik in der Textur, feiner Säurebogen, ein gut herangereifter Speisenbegleiter, sicheres weiteres Reifepotenzial.

93 Chardonnay * Ried Trebien 2022
13 Vol.-%, NK, Flaschenreifung/kleines Holzfass, €€€€€ V
Helles Goldgelb, Silberreflexe. Feines Nougatkaramell, zarte Röstaromen, reife Mango, zart nach Babybanane und gelbem Pfirsich, einladendes Bukett. Mittlere Komplexität, Nuancen von weißer Frucht, frische Struktur, elegant und gut anhaftend, feine Holzwürze im Nachhall.

★★★★

WEINGUT SKOFF ORIGINAL WALTER SKOFF

Walter Skoff führt das Familienweingut SKOFF ORIGINAL, das eine Anbaufläche von rund 60 Hektar umfasst, in vierter Generation. Das besondere Klima und die fruchtbaren Böden der Südsteiermark schaffen perfekte Rahmenbedingungen für Spitzenweine, die in internationalen Fachkreisen regelmäßig für Furore sorgen. Die Vielfalt an unterschiedlichen Rieden mit verschiedensten Terroirs, über die das Weingut verfügt, ist in dieser Form besonders in der Steiermark. So entstehen am Gamlitzer Eckberg Weine mit Persönlichkeit und von internationalem Rang.
Die Meisterstücke des Hauses wurden in den vergangenen 40 Jahren vielfach ausgezeichnet. Einen vorläufigen Höhepunkt des Medaillen-Reigens bildete im Jahr 2017 der Concours Mondial du Sauvignon Blanc, einer der wichtigsten Weißweinwettbewerbe der Welt. Unter 867 eingereichten internationalen Weinen wurde der Sauvignon Blanc Kranachberg (Jahrgang 2015) mit der »Denis-Dubourdieu-Trophäe« ausgezeichnet. Diese wird an den Wein mit dem reinsten und raffiniertesten Sauvignon-Charakter vergeben und gilt als Weltmeistertitel der Szene.
Der Grandseigneur des Weins versteht sein Handwerk, die Leidenschaft zum Weinbau ist es, die ihn Tag für Tag aufs Neue antreibt – sei es, wenn eine neue Lage mit viel Akribie und Liebe angelegt werden soll oder wenn es darum geht, die Arbeiten im Weingarten im Jahreskreis exakt am Pulsschlag der Natur auszurichten. Genauso wie sein Gespür für den Boden und das Klima sowie sein enormes

* Südsteiermark DAC

Fachwissen steht ihm dabei auch sein Team zur Seite: langjährige Mitarbeiter, die den Wein mindestens genauso im Blut haben, wie der Chef persönlich. Nicht nur traditionelle und bewährte Wege werden da beschritten, auch innovative Zugänge – vom Ausbau im Granitsteinfass bis zur Bio-Vinifikation – haben ihren Platz.

94 Sauvignon Blanc * Ried Kranachberg-Stani 2022
13,5 Vol.-%, DV, Stahltank/großes Holzfass, €€€€€
Helles Gelbgrün, Silberreflexe. Feine Tropenfrucht, zart nach Guaven, ein Hauch von kandierten Limettenzesten, Wiesenkräuter klingen an. Saftig, elegant, gut integrierte Säurestruktur, Stachelbeertouch, dunkle Mineralik, facettenreiches Finish, guter Speisenbegleiter.

94 Sauvignon Blanc * Ried Oberkranachberg 2022
13,5 Vol.-%, DIAM, großes Holzfass, €€€€€
Helles Gelbgrün, Silberreflexe. Einladendes Bukett, zart nach Papaya, etwas Blütenhonig, Bergamotte, dunkle Mineralik. Saftig, komplex, mineralisch, gelbe Tropenfrucht im Abgang, gelbe Paprika im Rückgeschmack, bleibt gut haften, sicheres Potenzial.

93 Sauvignon Blanc * Ried Grassnitzberg-Stani 2022
13,5 Vol.-%, DV, Stahltank, €€€€
Mittleres Gelbgrün, silberfarbene Reflexe. Dezenter Blütenhonig, etwas nach Cassis, kandierte Orangenzesten, floraler Touch. Saftig, elegant, feine Säurestruktur, mineralisch, weißes Steinobst im Abgang, Stachelbeernoten im Rückgeschmack, bleibt gut haften, vielfältig einsetzbar.

93 Sauvignon Blanc * Ried Hochsulz 2022
13,5 Vol.-%, DV, großes Holzfass, €€€€€
Helles Gelbgrün, silberfarbene Reflexe. Zart nach Tropenfrucht, gelbe Paprika, Guaven klingen an, Orangenzesten, unterlegt mit Tabakwürze. Saftig, straff, weiße Tropenfrucht, kraftvoll, balancierte Säurestruktur, mineralisches Finish, lang anhaltend, finessenreicher Speisenbegleiter.

(92) Sauvignon Blanc * Ehrenhausen 2023
13 Vol.-%, DV, Stahltank, €€€€
Helles Gelbgrün, silberfarbene Reflexe. Mit zartem Blütenhonig unterlegtes weißes Steinobst, zart nach gelben Paprikaschoten, Kräuternoten. Saftig, engmaschig, frisch strukturiert, weißes Kernobst, bleibt gut haften, vielfältig einsetzbar.

92 Sauvignon Blanc * Ried Obegg 2021
13,5 Vol.-%, DV, großes Holzfass, €€€€€
Mittleres Gelbgrün, Silberreflexe. Mit dezentem Blütenhonig unterlegte reife Tropenfrucht, zart nach Maracuja, ein Hauch von Pfirsich, wirkt bereits entwickelt. Saftig, mittlere Komplexität, zart nach Mango, extraktsüß, balancierte Säurestruktur, bereits gut antrinkbar.

91 Sauvignon Blanc * 2023
12 Vol.-%, DV, Stahltank, €€€
Helles Gelbgrün, Silberreflexe. Feine Tabaknoten, etwas nach Cassis, dezente Nuancen von Grapefruit, rote Paprikaschoten, Ringlotten. Saftig, straff, frische Struktur, lebendig, Stachelbeernoten im Abgang, salziger Nachhall, guter Speisenbegleiter.

91 Sauvignon Blanc * BIO 2023
12,3 Vol.-%, DV, Stahltank, €€€ B
Helles Gelbgrün. Zart nach weißer Tropenfrucht, etwas nach Gewürzen, Orangenzesten, weißes Kernobst. Mittlere Komplexität, saftig, frische Zitrusnuancen im Abgang, Granny-Smith-Apfel im Rückgeschmack, lebendiger Speisenbegleiter.

(91) Sauvignon Blanc * Gamlitz 2023
13 Vol.-%, DV, Stahltank, €€€€
Helles Gelbgrün, Silberreflexe. Etwas Stachelbeernoten, zart nach Guaven, ein Hauch von Paprikaschoten, Wiesenkräuter klingen an. Saftig, straff, frische Struktur, mineralisch-salzig, Stachelbeeren auch im Abgang, guter Speisenbegleiter.

95 Sauvignon Blanc Royal 2021
14 Vol.-%, DIAM, Barrique, €€€€€
Mittleres Gelbgrün, silberfarbene Reflexe. Floraler Duft, unterlegt mit kandierten Orangenzesten, Nuancen von Litschis, etwas nach Vanille, Passionsfrucht. Saftig, mittlere Komplexität, gute Säurestruktur, extraktsüß nach Stachelbeeren, balanciert, wird von Flaschenreife profitieren.

95 Sauvignon Blanc Stoan 2021
13,5 Vol.-%, DIAM, Granitfass, €€€€€€
Helles Gelbgrün, silberfarbene Reflexe. Einladendes Bukett nach Maracuja und kandierter pinker Grapefruit, etwas Stachelbeeren, floral, Blütenhonig klingt an. Saftig, elegant, lebendige Säurestruktur, mineralisch, weißes Steinobst, salziger Rückgeschmack, guter Speisenbegleiter mit Potenzial.

92 Gelber Muskateller * Eichberg 2022
13 Vol.-%, DV, Stahltank, €€€
Helles Gelbgrün, silberfarbene Reflexe. Mit Zitrusfrucht unterlegtes weißes Kernobst, ein Hauch von Litschis, feine Kräuternoten, traubiger Touch. Saftig, elegant, feine Säu-

WEINGUT SKOFF ORIGINAL – WALTER SKOFF

8462 Gamlitz
Eckberg 16
T: +43 (3453) 4243
office@skofforiginal.com
www.skofforiginal.com

Kellermeister/Kontakt: Walter Skoff
Anbauweise: teilweise biologisch-organisch zertifiziert (Bio Austria)
Produktion: 92 % weiß, 6 % rot, 2 % süß
Zertifiziert: Nachhaltig Austria
Messen: ProWein Düsseldorf, VieVinum

Eva Skoff-Liebau und Walter Skoff

restruktur, mineralisch, Holundernoten im Abgang, salziger Rückgeschmack, guter Speisenbegleiter.

92 Gelber Muskateller * Ried Hohenegg 2022
13 Vol.-%, DV, Stahltank, €€€€
Helles Gelbgrün, Silberreflexe. Zarter Holundertouch, unterlegt mit Limettenzesten, etwas nach Muskatnuss, frisches Bukett. Saftig, elegant, feine Säurestruktur, mineralisch, weißes Kernobst im Abgang, salziger Nachhall im Rückgeschmack.

90 Gelber Muskateller * 2023
12,5 Vol.-%, DV, Stahltank, €€€
Helles Gelbgrün, silberfarbene Reflexe. Einladendes Bukett nach Wiesenkräutern und kandierten Orangenzesten, etwas Rosenblüten, mit Melisse und Muskatnuss unterlegt. Saftig, frisch und lebendig, feine Säurestruktur, mineralisch, weißes Steinobst, bereits gut antrinkbar.

91 Weißburgunder * Ried Grassnitzberg 2020
13,5 Vol.-%, DV, großes Holzfass/Teilbarrique, €€€€
Mittleres Gelbgrün, silberfarbene Reflexe. Zarter Blütenhonig, etwas nach Mango, zart nach Williamsbirne, lebendiges Bukett. Saftig, elegant, feine Säurestruktur, mittlere Komplexität, kraftvoll, Noten von gelber Frucht, bereits gut antrinkbar.

90 Weißburgunder * 2023
12,5 Vol.-%, DV, Stahltank, €€€
Helles Gelbgrün, Silberreflexe. Zarte Birnenfrucht, etwas nach gelbem Apfel, ein Hauch von Gewürzen. Saftig, feine Säurestruktur, leichtfüßig, Noten von gelber Frucht im Abgang, bereits gut antrinkbar.

89 Weißburgunder * BIO 2023
13 Vol.-%, DV, Stahltank, €€€

91 Morillon * Ried Grassnitzberg 2021
13,5 Vol.-%, DV, großes Holzfass/Teilbarrique, €€€€
Helles Gelbgrün, silberfarbene Reflexe. Zarte gelbe Apfelfrucht, ein Hauch von Gewürzen, dezente Mangonoten, Blütenhonig klingt an. Saftig, balancierte Säurestruktur, feinwürzig, etwas tabakig, Maracuja im Abgang, bereits gut antrinkbar.

90 Morillon * 2023
12,5 Vol.-%, DV, Stahltank, €€€
Helles Gelbgrün, Silberreflexe. Zarte Tabakwürze, etwas Kräuter, mit weißem Kernobst unterlegt, Zitrusnuancen. Saftig, balanciert, gut eingebundene Säurestruktur, Melisse und etwas Maracuja im Abgang, bereits gut antrinkbar.

89 Welschriesling * 2023
11,5 Vol.-%, DV, Stahltank, €€

★★★★

WEINGUT PETER SKOFF DOMÄNE KRANACHBERG

Das Weingut der Familie Peter Skoff gehört zu den Top-Adressen in der südsteirischen Winzerszene. Beim Sauvignon Blanc, dem Steckenpferd des Betriebs, stehen gleich mehrere aktuelle Verkostungssiege zu Buche, unter anderem »Austria's Best Sauvignon 2021« (Concours Mondial). Zufriedene Weinkunden und zahlreiche weitere Auszeichnungen bestätigen das kompromisslose Qualitätsstreben. Das Weingut liegt inmitten der sehr hoch gelegenen Weingärten am Kranachberg mit wunderbarem Panoramablick über den Naturpark Südsteiermark.
Peter Skoff und seine beiden Söhne Markus und Peter junior bewirtschaften etwa 30 Hektar Rebfläche in einer der besten Weinlagen des Landes. Die mineralisch geprägten Weine punkten vor allem mit harmonischem Trinkvergnügen und als perfekte Speisenbegleiter. Genießer lassen sich den Wein in der beliebten Buschenschank schmecken und können es sich dann in einem der fünf Gästezimmer gemütlich machen. Seit dem Jahrgang 2014 werden auch zertifizierte Bioweine unter »Peter Skoff – Gut Kaspar« angeboten.

WEINGUT PETER SKOFF – DOMÄNE KRANACHBERG
8462 Gamlitz
Kranachberg - Sauvignonweg 50
T: +43 (3454) 6104
weingut@peter-skoff.at
www.peter-skoff.at

Kellermeister/Kontakt:
Peter und Markus Skoff
Produktion: 1 % Schaumwein, 95 % weiß, 2 % rot, 1 % süß, 30 Hektar
Vereinszugehörigkeit:
GutFinden – Südsteiermark, Wein Steiermark
Messen: Gast Klagenfurt, ÖGW Zürich, VieVinum, Weintage im Museumsquartier

95 Morillon * Ried Kranachberg Rottriegl 2020
14 Vol.-%, DV, kleines Holzfass, €€€€€
Helles Goldgelb, Silberreflexe. Reife gelbe Tropenfrucht, feiner Pfirsichtouch, weißes Nougat, sehr einladendes Bukett. Saftig, elegant, Nuancen von reifer Frucht, feiner Touch von Karamell, bleibt lange haften, ein balancierter, kraftvoller Speisenbegleiter, zeigt gutes weiteres Entwicklungspotenzial.

(92) Morillon * Gamlitz 2023
13 Vol.-%, DV, großes Holzfass, €€€
Mittleres Gelbgrün, Silberreflexe. Feine Tabak-Kräuter-Noten, ein Hauch von kandierten Orangenzesten, reife gelbe Apfelfrucht, Honigmelone klingt an. Saftig, lebendige Säurestruktur, mineralisch, extraktsüß nach Guaven, bleibt gut haften.

95 Sauvignon Blanc * Ried Kranachberg Leitn Natural 2021
13 Vol.-%, NK, Holzfass, €€€€€ B
Leuchtendes mittleres Grüngelb, Silberreflexe. Feine Kräuterwürze, ein Hauch von Pfirsich, reife Stachelbeeren und kandierte Grapefruitzesten. Saftig, elegant, weiße Pfirsichfrucht, frischer Säurebogen,Blütenhonig im Abgang, bereits gut entwickelt, ein facettenreicher Speisenbegleiter, sicheres Reifepotenzial.

94 Sauvignon Blanc * Ried Hoch Kranachberg 2022
13,5 Vol.-%, DV, großes Holzfass, €€€€€
Mittleres Gelbgrün, Silberreflexe. Einladendes Bukett nach Guaven und Papaya, kandierte Früchte, ein Hauch von Stachelbeeren, mineralischer Touch. Saftig, gute Komplexität, zart nach Kräutern, gelbes Kernobst, lang anhaftend, feines Finish.

94 Sauvignon Blanc * Ried Kranachberg Rottriegl 2020
14 Vol.-%, DV, kleines Holzfass, €€€€€
Leuchtendes Gelbgrün, Goldreflexe. Zarte Tropenfrucht, etwas nach Mango, ein Hauch von kandierten Orangenzesten, floraler Touch, Honig klingt an. Saftig, elegant, zart nach Litschis, cremiger Touch, würziger Nachhall, vielfältig einsetzbar.

(93) Sauvignon Blanc * Gamlitz 2023
13 Vol.-%, DV, Stahltank, €€€ H
Helles Gelbgrün, Silberreflexe. Floral, ein Hauch von Limettenzesten, frische Stachelbeeren, mit dezenter Kräuterwürze unterlegt. Mittlerer Körper, saftig, weißer Pfirsich, feiner Säurebogen, frischer Apfel, ein Hauch von Zitrone, ein facettenreicher Speisenbegleiter.

93 Sauvignon Blanc * Ried Jägerberg 2022
13 Vol.-%, DV, Stahltank, €€€€
Helles Gelbgrün. Zarte Tropenfrucht, etwas nach Blütenhonig, ein Hauch von Mango, dazu gelbe Paprika und kandierte Orangenzesten. Saftig, kraftvoll, gute Komplexität, feine Tabaknuancen, Noten von gelber Frucht, bleibt gut haften, wird von Flaschenreife profitieren.

93 Sauvignon Blanc * Ried Kranachkogl Finum 2022
14 Vol.-%, DV, Stahltank, €€€€
Leuchtendes Goldgelb, Grünreflexe. Mit Blütenhonig und Toffee unterlegte Mango, ein Hauch von Melisse, Nuancen von reifer gelber Frucht. Saftig, elegant, gut eingebundene Säurestruktur, feinwürzig, etwas gelber Apfel, mineralischer Nachhall, guter Speisenbegleiter.

(92) Sauvignon Blanc * Ried Jungfernhang 2023
13 Vol.-%, DV, Stahltank, €€€
Helles Gelbgrün, Silberreflexe. Zarte Kräuter-Tabak-Würze, etwas nach Orangenzesten, Mangonoten, ein Hauch von Ananas, floraler Touch. Saftig, straff, balancierte Säurestruktur, zart nach Apfelfrucht, Stachelbeeren im Abgang, guter Speisenbegleiter.

91 Sauvignon Blanc * Klassik 2023
12 Vol.-%, DV, Stahltank, €€€
Helles Gelbgrün, silberfarbene Reflexe. Mit zarten Zitrusnoten unterlegte Cassisnoten, gelbe Paprikaschoten klingen an, feinwürziges Bukett. Saftig, straff, frische Säurestruktur, mineralisch, Stachelbeernoten im Abgang, salziger Rückgeschmack, bereits gut antrinkbar.

93 Gelber Muskateller * Gamlitz 2023
12,5 Vol.-%, DV, Stahltank, €€€
Helles Gelbgrün, Silberreflexe. Zart nach Holunderblüten, ein Hauch von Steinobst, Limettenzesten, dezentes, einladendes Bukett. Mittlerer Körper, weißer Apfel, frischer Säurebogen, zart salzig-zitronig im Finale, zurückhaltender feinaromatischer Muskateller-Stil.

90 Weißburgunder * Klassik 2023
12 Vol.-%, DV, Stahltank, €€
Helles Gelbgrün, Silberreflexe. Feine Wiesenkräuter, zart nach Guaven, ein Hauch von Birne, dezente Fruchtnuancen. Saftig, elegant, feine Säurestruktur, mineralisch, feinwürzig, weißes Kernobst, bereits gut antrinkbar.

93 Souvignier Gris Natural Orange 2021
12,5 Vol.-%, NK, Holzfass, €€€€€ B O O
Zart getrübtes leuchtendes Orangegold, feine Kupferreflexe. Nuancen von getrockneten Marillen, ein Hauch von Bergamotte, kandierte Orangenzesten. Straff, feine Birnenfrucht, zarter Gerbstoff, feiner Säurebogen, salzige Mineralik, ein Hauch von Fruchtsüße im Abgang, ausgewogen, bereits gut antrinkbar.

★★

WEINGUT J. UND A. SKRINGER

Das Weingut Skringer verdankt seine besondere Qualität der außergewöhnlichen Lage auf der Sonnenterrasse des Eichbergs. Herausragende Flächen des insgesamt rund 13 Hektar großen Weinguts sind dabei die Rieden Trautenburg und Karsabathi, die das Weingut zur Gänze umschließen.
Das Weinsortiment beginnt mit den fruchtbetonten Gebietsweinen Südsteiermark DAC der Sorten Welschriesling, Weißer Burgunder sowie Gelber Muskateller und Sauvignon Blanc. Mit den Ortsweinen Eichberg bringt man mit den Sorten Gelber Muskateller, Morillon/Chardonnay und Sauvignon Blanc sehr reife, kräftige Klassiker in die Flasche. Komplettiert wird die Weinpalette von charaktervollen, klar strukturierten Lagenweinen: Von der Ried Trautenburg kommen Gelber Muskateller, Grauer Burgunder und Sauvignon Blanc, und in der Ried Karsabathi gedeihen Klevner, Grauer Burgunder und ebenfalls ein feiner Sauvignon Blanc. Der Absatz der Weine erfolgt zum Großteil per Ab-Hof-Verkauf

* Südsteiermark DAC

Eichberg-Trautenburg

WEINGUT J. UND A. SKRINGER
8453 Leutschach an der Weinstraße
Eichberg-Trautenburg 28
T: +43 (3456) 2666
weingut@skringer.at
www.skringer.at

Kellermeister: Johann Skringer
Kontakt: Johann und Anneliese Skringer
Produktion: 100 % weiß, 13 Hektar
Messen: VieVinum

und über Zwischenhändler. Das Weingut Skringer ist ein echter steirischer Geheimtipp, den zu entdecken sich lohnt.

(93) Sauvignon Blanc * Ried Karsabathi 2023
13 Vol.-%, DV, 500-l-Fass, €€€€€
Mittleres Gelbgrün, silberfarbene Reflexe. Zarte Tropenfrucht, etwas nach Blütenhonig, ein Hauch von Grapefruit, dezente Cassisnoten. Gute Komplexität, feinwürzig, Noten von reifem Apfel, Paprikaschoten klingen an, floraler Nachhall, sicheres Reifepotenzial.

(92) Sauvignon Blanc * Eichberg 2023
12,5 Vol.-%, DV, Stahltank, €€€€
Mittleres Gelbgrün, Silberreflexe. Feine Tabakwürze, ein Hauch von Zitruszesten, dezente Noten von gelber Paprika, Wiesenkräuter klingen an. Saftig, engmaschig, weißes Kernobst, Stachelbeernuancen im Abgang, salzig, straffes Finish, mineralischer Rückgeschmack, ein vielseitiger Speisenbegleiter.

90 Sauvignon Blanc * »Lena« 2023
12,5 Vol.-%, DV, Stahltank, €€€
Helles Gelbgrün, Silberreflexe. Etwas Cassis, ein Hauch von Zitrus, unterlegt mit Wiesenkräutern, frisches Bukett. Straff, mineralisch, Stachelbeernoten im Abgang, salzig im Nachhall, gut integrierte Säurestruktur, bereits gut antrinkbar.

(93) Grauer Burgunder * Ried Karsabathi 2023
13 Vol.-%, DV, 500-l-Fass, €€€€€
Mittleres Goldgelb, Messingreflexe. Floraler Touch, ein Hauch von Melisse und Blütenhonig, einladender Duft nach Ananas, kandierte Orangenzesten. Gute Komplexität, feinwürzig, gut integrierte frische Säurestruktur, mineralisch, Quitte im Nachhall, bleibt sehr gut haften, sicheres Reifepotenzial.

(91) Morillon * Leutschach 2023
13 Vol.-%, DV, Stahltank/kleines Holzfass, €€€
Mittleres Gelbgrün, Silberreflexe. Mit Wiesenkräutern unterlegte gelbe Tropenfrucht, zart nach Ananas, ein Hauch von Blütenhonig, Orangenschalen klingen an. Engmaschig, Nuancen von weißer Frucht, zart würzig, balanciert und rund, ein vielseitiger Speisenbegleiter.

(90) Gelber Muskateller * Eichberg 2023
12,5 Vol.-%, DV, Stahltank, €€€
Helles Gelbgrün, Silberreflexe. Zart nach Blütenhonig, ein Hauch von Guaven, dezente Noten von Muskatnuss, weißes Steinobst klingt an. Saftig, straff, zart nach Quitte im Abgang, salzig im Nachhall, bleibt gut haften, bietet unkompliziertes Trinkvergnügen.

★★

SANFTER WEINBAU MARIA UND HANNES SÖLL

Gamlitz im Süden des steirischen Hügellands an der Grenze zu Slowenien ist die Heimat der Familie Söll. Hier betreibt sie seit anno 1806 ein wenig außerhalb der 3.000-Seelen-Marktgemeinde ihr gleichnamiges Weingut.
1997 wurde das idyllisch gelegene Anwesen von Hannes Söll und seiner Frau Maria übernommen. Bereits ein Jahr später stellten sie auf das um, was sie »sanften Weinbau« nennen.
»Biologischer Anbau war mir nicht genug. Ich möchte so wenig wie möglich in den Weinberg eingreifen, verzichte zum Beispiel auf jeglichen Dünger. Die Folge: Die Reben wachsen langsamer und sind widerstandsfähiger gegen Krankheiten. Das wirkt sich auf das gesamte System aus. Es gedeihen wieder Gräser, Kräuter und Insekten in den Weinbergen. Statt 25 gibt es bei mir maximal vier bis sechs Traktor-Durchfahrten, das spart nicht nur jede Menge Treibstoff, sondern schont auch den Boden. Er ist der Darm des Rebstocks. Wenn der Boden gesund ist, dann ist auch der Wein gesund. Jeder Rebstock ist unterschiedlich – so wie jedes Kind – und benötigt Zuneigung und liebevolle Pflege. Deshalb werden bei uns Rebstöcke, Blätter und Triebe händisch bearbeitet. Unsere Ernte- und Kellerarbeiten richten sich nach den Mondphasen. Der Verzicht auf Chemie und der sparsame Einsatz der Traktoren haben einen ökonomischen und menschlichen Wert. Manche vergleichen unsere Weingärten mit einem Urwald, aber das ist genau so gewollt«, erklärt Hannes Söll ein wenig seine Philosophie.
Wein-Klassiker wie Gelber Muskateller und Sauvignon Blanc sind ebenso im Portfolio des Weinguts wie hochwertige Lagenweine. Diese Kleinode werden nicht nur in Stahl und Holz, sondern zum Teil auch im Betonei vergoren. Zahlreiche Auszeichnungen belegen, dass Hannes Söll auf dem richtigen Weg ist, und doch hat er ein neues Lebenskapitel aufgeschlagen: »Wir haben auf acht Hektar reduziert, unser Sohn Christian führt unser Weingut in die nächste Generation.« Hannes Söll wird künftig sein Wissen sowie seine Ideologie vom sanften Weinbau an interessierte Win-

SANFTER WEINBAU MARIA UND HANNES SÖLL
8462 Gamlitz
Sernaustrasse / Steinbach 63 A
T: +43 (3454) 6667
familie@weingut-soell.at
www.weingut-soell.at
Kellermeister/Kontakt:
Hannes Söll
Anbauweise: Umstellung auf bio (Demeter)
Produktion: 3 % Schaumwein, 82 % weiß, 12 % rot, 3 % süß
Vereinszugehörigkeit:
GutFinden – Südsteiermark, Marktgemeinschaft Steirischer Wein
Messen: VieVinum

Weinverkostung mit Hannes Söll im Rahmen einer Weingartenführung

* Südsteiermark DAC

zer weitergeben. Was er auf jeden Fall weiterführt, das sind seine weit über die Grenzen von Gamlitz hinaus bekannten Erlebnis-Weingartenführungen inklusive Weinverkostung und kleinem Imbiss. Für Interessierte stellt das Weingut Söll ein preisreduziertes Probierpaket zur Verfügung: zwölf Flaschen, vier Sorten, und das für 120 Euro inklusive Versand!

93 Riesling Steinbach Selektion Sanfter Weinbau 2017
15 Vol.-%, DV, 500-l-Fass/Flaschenreifung, €€€€€ B I V
Kräftiges Goldgelb, Silberreflexe. Zart florale Nuancen, ein Hauch von Petrol und Safran, gelbe Tropenfrucht, Noten von Maracuja, mineralisch unterlegt. Kraftvoll, gut gereift, gelbe Tropenfrucht, Blutorangentouch, salzige Mineralik, zart feuriger Stil, bleibt haften, zart nach Grapefruit im Rückgeschmack.

92 Riesling Sanfter Weinbau 2020
11,5 Vol.-%, DV, Flaschenreifung/Stahltank, €€€ B H V
Leuchtendes mittleres Goldgelb, Silberreflexe. Zart nach Mandarinenzesten, gelbe Tropenfrucht, ein Hauch von frischer Mango, etwas Blütenhonig. Saftig, weißes Steinobst, frischer Säurebogen, feine Süße im Abgang, mineralisch, Limetten im Nachhall.

93 Sauvignon Blanc Sernauberg Sanfter Weinbau 2017
13,5 Vol.-%, DV, Flaschenreifung/großes Holzfass/Beton, €€€€€ B I V
Mittleres Grüngelb, Silberreflexe. Zart nach Wiesenkräutern, weiße Beerenfrucht, Nuancen von Stachelbeeren, ein Hauch von Bergamotte. Straff, engmaschig, Nuancen von weißem Kernobst, grüner Apfel, rassige Struktur, salzig-zitronig im Abgang, animierend und gut anhaftend, weiteres Reifepotenzial.

92 Sauvignon Blanc Sernauberg Sanfter Weinbau 2015
12,5 Vol.-%, DV, Flaschenreifung/großes Holzfass/Beton, €€€€€ B V
Leuchtendes Goldgelb, Silberreflexe. Frische Limetten, gelbe Paprikaschoten, Blütenhonig, mit etwas Guaven unterlegt. Schlank, weiße Frucht, lebendiger Säurebogen, zitronig, zart salzig im Abgang, leichtfüßiger Stil, ein animierender Speisenwein.

93 Gelber Muskateller Unikat Söll la Vie Sanfter Weinbau Terroir de Nature 2011
14,5 Vol.-%, DV, gebrauchte Barriques/Flaschenreifung, €€€€€€ B I V
Mittleres Goldgelb, Silberreflexe. Intensives Bukett, ein Hauch von Muskat, aber auch Marshmallows, Nuancen von Eibischteig, reife Maracujafrucht, mit Holunderblüten unterlegt. Sehr kraftvoll, ausgeprägtes, intensives Aroma, deutliche Süße, floraler Extrakt, sehr spezielle Aromatik, bleibt haften, sicheres weiteres Entwicklungspotenzial.

91 Sämling 88 Scheurebe Sernau Felsen Sanfter Weinbau 2017
12,5 Vol.-%, DV, großes Holzfass/Flaschenreifung, €€€€ B I V
Leuchtendes mittleres Goldgelb, Silberreflexe. Zarte gelbe Tropenfrucht, Marillenmarmelade, kandierte Orangenzesten, mit Blütenhonig unterlegt. Mittlerer Körper, frischer Pfirsich, feine Säurestruktur, ein Hauch von Gerbstoff, würziger Nachhall, individueller Stil.

★★★

WEINGUT STRAUSS GAMLITZ

In den Weinen der Brüder Karl und Gustav Strauss aus Gamlitz spiegelt sich eindrucksvoll die Südsteiermark: einmal elegant und harmonisch, ein anderes Mal ein bisschen wild, intensiv und voller Gegensätze. Eines haben alle Gewächse gemeinsam: Sie vereinen Kraft mit Frucht, Frische mit viel Eleganz, und sie alle glänzen mit großem Trinkfluss.
Jede Weinbauregion der Welt hat ihren eigenen Reiz – die Südsteiermark einen ganz besonderen. Hier keltert Gustav Strauss eine breite Sortenpalette an Qualitätsweinen: von den fruchtig-frischen Gebietsweinen Südsteiermark DAC (Welschriesling, Weißburgunder, Morillon, Sauvignon Blanc und Gelber Muskateller) über die fruchtig-fülligen Ortsweine »Gamlitz« (vor allem aus den Sorten Sauvignon Blanc und Muskateller) bis hin zu den Riedenweinen der Lagen Gamlitzberg und Hundsberg, die in großen neutralen Eichenfässern und im »Betonei« ausgebaut werden. In besonders guten Jahren keltert man die »Strauss Reserve Linie« von der

WEINGUT STRAUSS GAMLITZ

8462 Gamlitz
Steinbach 16
T: +43 (664) 4424128
office@weingut-strauss.at
www.weingut-strauss.at

Kellermeister: Gustav Strauss
Kontakt: Karl und Gustav Strauss
Produktion: 5 % Schaumwein, 80 % weiß, 5 % rosé, 9 % rot, 1 % süß, 30 Hektar
Zertifiziert: Nachhaltig Austria
Vereinszugehörigkeit: Wein Steiermark
Messen: Tag des Steirischen Weines im Museumsquartier, VieVinum

Familie Strauss: Karl & Sabine, Gustav & Bettina

Ried Gamlitzberg. Diese Trauben reifen bis zu 24 Monate in Barriquefässern ihrer Vollendung entgegen. Mit großem Potenzial kommen vor allem Sauvignon Blanc, Gelber Muskateller, Grauburgunder und Chardonnay in die Flasche. Das Weingut ist bereits seit 1810 im Familienbesitz und bietet Besuchern Kellerführungen und Verkostungen mit einem tollen Ausblick auf den Gamlitzberg. Neben dem Stammhaus wurde 2019 auch ein zweites Standbein eröffnet: »schlafen | essen | trinken« in der Weinschmiede 18. Familie Strauss freut sich über jeden Besuch.

94 Chardonnay * Ried Gamlitzberg Grande Reserve 2019

13 Vol.-%, DV, Barrique, €€€€€

Mittleres Gelbgrün, Silberreflexe. Frischer gelber Apfel, weiße Tropenfrucht, zart nach Orangenzesten, einladendes Bukett. Saftig, cremige Textur, seidiger Körper, gut integrierte Säure, Mangofrucht im Nachhall, harmonisch und anhaftend, ein vielfältig einsetzbarer Speisenbegleiter, sicheres weiteres Reifepotenzial.

(92) Chardonnay * Ried Gamlitzberg 2023

13 Vol.-%, DV, großes Holzfass, €€€

Helles Gelbgrün, Silberreflexe. Zartes Bukett, weiße Tropenfrucht, ein Hauch von Kernobst, einladender zarter Blütenhonig. Mittlerer Körper, frischer Apfel, feine Säurestruktur, mineralisch-salzig im Abgang, ein vielseitiger, gut entwickelter Speisenbegleiter.

94 Sauvignon Blanc * Ried Gamlitzberg Grande Reserve 2019

13,5 Vol.-%, DV, Barrique, €€€€€

Helles Goldgelb, Silberreflexe. Feine Holzwürze, reife gelbe Tropenfrucht, zart nach Biskuit und Kräuterwürze, feine Karamellnuancen. Saftig, reife Stachelbeeren, nach süßem Cassis, finessenreicher Säurebogen, extraktsüß und anhaftend, Heidelbeeren im Nachhall, ein facettenreicher Speisenwein mit Länge und Potenzial.

(91) Sauvignon Blanc * Gamlitz 2023

13 Vol.-%, DV, Stahltank, €€€

Helles Grüngelb, Silberreflexe. Zart nach gelber Tropenfrucht, ein Hauch von Mango, Nuancen von Blütenhonig. Mittlere Komplexität, saftig, elegant und von fruchtiger Süße begleitet, bereits zugänglich, ein Hauch von Ananas und Honig im Nachhall.

(90) Sauvignon Blanc * Ried Gamlitzberg 2023

13,5 Vol.-%, DV, großes Holzfass, €€€

Helles Grüngelb, Silberreflexe. Florale Nuancen, ein Hauch von Zitronengras, weiße Tropenfrucht, zart nach Litschis, etwas Pfirsich. Mittlerer Körper, verhaltene Frucht, dezente Säurestruktur, feine Fruchtsüße, etwas weitmaschig, bietet unkompliziertes Trinkvergnügen.

(92) Gelber Muskateller * Ried Gamlitzberg 2023

12,5 Vol.-%, DV, Stahltank, €€€

Helles Goldgelb, Silberreflexe. Zart traubige Frucht, nach Muskatnuss und etwas Maracuja, ein Hauch von Holunderblüten, einladendes Bukett. Mittlerer Körper, saftiger, ruhiger Stil, angenehme Aromatik, weißer Pfirsich im Abgang, balanciert und mit Potenzial ausgestattet.

* Südsteiermark DAC

★★★★★

FAMILIENWEINGUT TEMENT

BIO

Eingebettet in den Zieregg gibt das Familienweingut Tement eine beeindruckende Aussicht auf die Weingärten der Südsteiermark sowie auf die Reben im benachbarten Slowenien frei. Manfred Tement übernahm hier 1976 den Weinbaubetrieb seines Vaters und machte das Weingut zu einem der renommiertesten Weingüter Österreichs und die Weinregion international bekannt. Er setzte für Weine aus der Steiermark neue Maßstäbe, vor allem für den Sauvignon Blanc, den die Familie seit 1959 auf den mittlerweile ikonischen Lagen Zieregg und Grassnitzberg Riff bewirtschaftet. Im Jahr 2004 hat das Familienweingut begonnen, seine Idee vom Wein auch auf die slowenische Seite ihrer bekanntesten Lage Zieregg auszuweiten. Seither gehört auch die Domaine Ciringa zur Familie. Mittlerweile arbeitet mit den Söhnen Armin und Stefan sowie Schwiegertochter Monika die dritte Generation Hand in Hand mit den Eltern.

Die Geschichte der Familie schreibt sich zwar mit jeder Lese fort, gleich bleiben aber die Liebe zum Wein und das gemeinsame Bekenntnis zur bedingungslosen Qualität. Die Trauben werden zum perfekten Zeitpunkt von Hand gelesen, spontan vergoren und in lagenspezifischen Fässern und Tanks schonend ausgebaut und individuell vinifiziert, bevor sie kleinteilig und sortenspezifisch im Keller gelagert werden. Das Weingut setzt auf biodynamische Bewirtschaftung, gehört seit 2022 dem Demeter-Verband an und ist Mitglied der respekt-BIODYN-Gruppe.

Das Bekenntnis zur Qualität beschränkt sich bei der Familie Tement allerdings nicht nur auf den Weinbau. Die Familie bereichert die südsteirische Region außerdem mit zwei gastronomischen Betrieben und der »Winzarei«, in der Heidi Tement die Türen entzückender Winzerstöckl zu den Weinbergen der Familie öffnet, um die Vielfalt und Schönheit des eigenen Zuhauses in ihrer Verbundenheit mit der Südsteiermark zu teilen. Ein Urlaub der Sonderklasse ist hier garantiert.

98 Sauvignon Blanc * Ried Zieregg GSTK Kår 2021

13,5 Vol.-%, VL, großes Holzfass, €€€€€€ (B) (V)

Mittleres Goldgelb, Silberreflexe. Rauchig, gelbe Tropenfrucht, zart gewürzig unterlegt, ein Hauch von Mango und Stachelbeeren, facettenreiches Bukett. Saftig, elegant, seidiger Gerbstoff, feines Säuregerüst, mineralisch und lange anhaftend, straff und energisch im Abgang, salziger Rückgeschmack, sehr gute Länge, wird von weiterer Flaschenreife profitieren.

98 Sauvignon Blanc * Ried Zieregg GSTK Kapelle 2021

13 Vol.-%, VL, großes Holzfass, €€€€€€ (B) (V)

Helles Grüngelb, Silberreflexe. Attraktive gelbe Frucht, ein Hauch von Schießpulver, Feuerstein, gelbe Tropenfrucht, facettenreiches Bukett. Straff, saftig, weißes Kernobst, feine Extraktsüße, elegant und lange anhaftend, bereits gut entwickelt, zart nach Limetten und Ingwer, ein finessenreicher, leichtfüßig wirkender Wein, ausgestattet mit großer Länge und sicherem Reifepotenzial.

95 Sauvignon Blanc * Ried Grassnitzberg 1STK Riff 2021

13,5 Vol.-%, VL, großes Holzfass, €€€€€ (B) (H) (V)

Mittleres Goldgelb, Silberreflexe. Frische Wiesenkräuter, weißer Pfirsich, mit einem Hauch von Schwarzen Johannisbeeren unterlegt. Saftig, feine gelbe Tropenfrucht, reife Stachelbeeren, präsente Säurestruktur, feine Extraktsüße, bleibt gut haften, ein balancierter, zugänglicher Speisenbegleiter.

95 Sauvignon Blanc * Ried Sernau GSTK König 2021

13,5 Vol.-%, VL, großes Holzfass, €€€€€€ (B) (V)

Helles Grüngelb, Silberreflexe. Zart nach gelber Tropenfrucht, ein Hauch von Paprikaschoten, zart nach Cassis und Kräutern, einladende Würze. Straff, engmaschig, weißer Apfel, rassiges Säuregerüst, sehr lebendig und animierend, weißes Nougat im Nachhall, salziger Limettentouch im Finish, ein stoffiger Speisenbegleiter.

94 Sauvignon Blanc * Zeitspiel 4 2019

12,5 Vol.-%, VL, Stahltank/großes Holzfass, €€€€€ (B) (V)

Mittleres Gelbgrün, Silberreflexe. Einladende Nuancen von Guaven, gelbe Tropenfrucht, Grapefruitzesten und Kräu-

FAMILIENWEINGUT TEMENT

8461 Ehrenhausen, Zieregg 13
T: +43 (3453) 4101
weingut@tement.at, www.tement.at

Kellermeister: Manfred, Armin und Stefan Tement
Kontakt: Monika Tement, MA
Anbauweise: Biodynamisch (Demeter, respekt)
Produktion: 98 % weiß, 1 % rot, 1 % süß, 85 Hektar
Vereinszugehörigkeit: Steirische Terroir- und Klassikweingüter, Demeter Österreich, respekt-BIODYN, SVL – Slovenska Velika Lega
Messen: Austrian Tasting London, ProWein Düsseldorf, VieVinum, MondoVino, Summa Margreid

Familie Tement

terwürze, mit Cassis unterlegt, facettenreiches Bukett. Saftig, elegant, weiße Tropenfrucht, feiner Säurebogen, harmonisch, frisch und anhaftend, mit weiterem Reifepotenzial ausgestattet.

94 Sauvignon Blanc * Ehrenhausen Korallenkalk 2022

13 Vol.-%, VL, Stahltank/großes Holzfass, €€€€€
B V
Helles Gelbgrün, Silberreflexe. Zarte gelbe Stachelbeerfrucht, dazu etwas Mango und Kräuter, ein Hauch von Mandarinenzesten. Straff, leichtfüßig, elegant, mineralische Textur, weißes Kernobst, frischer Säurebogen, zitroniger Nachhall, ein vielseitiger Speisenbegleiter.

93 Sauvignon Blanc * Kalk & Kreide 2023

12,5 Vol.-%, VL, Stahltank/großes Holzfass, €€€€
B F H V
Helles Grüngelb, Silberreflexe. Attraktive Nuancen von gelber Frucht, ein Hauch von Cassis, florale Noten, mit etwas Grapefruitzesten unterlegt. Saftig, elegant, weiße Apfelfrucht, finessenreicher Säurebogen, salziger Abgang, kühler, trinkanimierender Stil, vielfältig einsetzbar.

99 Sauvignon Blanc Ried Zieregg GSTK -XT- 2015

13,5 Vol.-%, VL, großes Holzfass, €€€€€€ V
Helles Grüngelb, Silberreflexe. Feine Nuancen von Cassis, zarte gelbe Tropenfrucht, ein Hauch von Pfirsich, mineralisch und sehr facettenreich, zart nach Feuerstein. Straff, engmaschig, kristalline Textur, feine Frucht, perfekt integriertes Holz, finessenreich, komplex, perfekt herangereift, straff und anhaftend, extraktsüßer Nachhall, tolle Länge, ein ausgereiftes Sauvignon-Erlebnis der Extraklasse.

97 Morillon * Ried Zieregg GSTK Steilriegel 2021

13,5 Vol.-%, VL, Holzfass, €€€€€€ B V
Helles Goldgelb, Silberreflexe. Feiner Hauch von frischer Marille, zart nach gelbem Apfel, dazu kandierte Orangen, etwas Kumquats, mit etwas Blütenhonig unterlegt. Saftig und seidig, weißes Steinobst, feine Struktur, feine nussige Aromen im Abgang, ein hocheleganter, leichtfüßig wirkender Wein von großer Komplexität und Länge, wie aus einem Guss.

96 Morillon * Ried Kriewetz 2020

13 Vol.-%, VL, Holzfass, €€€€€€ B V
Helles Grüngelb, Silberreflexe. Zart rauchig, feine Kräuterwürze und Pfirsichfrucht, angenehme Holzwürze, etwas Haselnuss. Komplex, saftig, elegant, feine Extraktsüße, feine Struktur, sehr gute Länge, mineralisch und anhaftend, ein seidiger Speisenbegleiter, vielfältig einsetzbar, bereits gut entwickelt.

95 Morillon * Ried Sulz 1STK 2021

14 Vol.-%, VL, gebrauchte Barriques, €€€€€ B V
Mittleres Grüngelb, Silberreflexe. Zarte Kräuter- und Holzwürze, ein Hauch von gelbem Apfel und Vanille, zart nach kandierten Orangenzesten. Komplex, weißer Apfel kräftige Textur, straffe Säurestruktur, mineralisch-zitronig im Abgang, feine Würze, feine Extraktsüße im Nachhall, ein stoffiger Speisenwein mit sicherem Entwicklungspotenzial.

*** Südsteiermark DAC**

95 Morillon * Ried Grassnitzberg 2020

13 Vol.-%, VL, Holzfass, €€€€€€ B V

Helles Grüngelb, Silberreflexe. Feine gelbe Tropenfrucht, etwas Ananas, Mango, ein Hauch von Orangenzesten und Blütenhonig, feine Holzwürze. Saftig, straff und konzentriert, feine Nuancen von weißem Kernobst, angenehme Säurestruktur, ein Hauch von weißem Nougat im Abgang, elegant, vielfältig einsetzbar.

94 Morillon * Ried Rossberg K 1STK 2021

14 Vol.-%, VL, gebrauchte Barriques, €€€€€ B V

Helles Grüngelb, Silberreflexe. Feine Holzwürze, zart nach Vanille, einladender Pfirsich, etwas Mango, florales Bukett. Saftig, elegant, weißes Steinobst, finessenreicher Säurebogen, mineralisch, saliner Nachhall, gut entwickelt, ein facettenreicher Begleiter bei Tisch, gutes Reifepotenzial.

93 Morillon * Muschelkalk 2022

12,5 Vol.-%, VL, großes Holzfass/Stahltank, €€€€ B H V

Helles Grüngelb, Silberreflexe. Einladende gelbe Tropenfrucht, Nuancen von Ananas und Papaya, frische Orangenzesten, mineralisch unterlegt. Straff, engmaschig, weißes Kernobst, finessenreiche Säurestruktur, mineralisch-salzig im Abgang, bereits harmonisch, ein delikater Speisenbegleiter.

95 Gewürztraminer * Ried Wielitschberg 1STK 2021

14,5 Vol.-%, VL, großes Holzfass, €€€€€ B V

Helles Goldgelb, Silberreflexe. Zart nach Marshmallows und Rosenöl, feine Kräuterwürze, etwas Blütenhonig, mit gelber Tropenfrucht unterlegt. Straff, engmaschig, weißer Apfel, zart nach Birne, saline Textur, lebendig und gut anhaftend, trockener Stil mit gutem Trinkfluss, große Länge.

93 Welschriesling * Ried Ottenberg Veitlhansl 2021

12,5 Vol.-%, VL, großes Holzfass, €€€€€ B F H V

Helles Grüngelb, Silberreflexe. Zart nussig unterlegte feine Apfelfrucht, ein Hauch von Wiesenkräutern, etwas Orangenzesten. Saftig, feines frisches Kernobst, lebendiger Säurebogen, mineralisch und anhaftend, zart salziges Finish, ein elegant-frischer Speisenbegleiter.

91 Welschriesling * Opok 2023

11 Vol.-%, DV, Stahltank, €€€ B H V

Helles Gelbgrün, Silberreflexe. Zart nach Wiesenkräutern und grünem Apfel, mit einem Hauch von Mango und Orangenzesten unterlegt. Schlank, feine Birnenfrucht, dezenter Säurebogen, ein Hauch von Blütenhonig im Finale.

94 Welschriesling Weinstock Alte Reben 2021

12,5 Vol.-%, VL, 500-l-Fass, €€€€€€ B F H V

Helles Grüngelb, Silberreflexe. Frische Nüsse, ein Hauch von Bauernäpfeln, Kräuterwürze, etwas Mandeln, facettenreiches Bukett. Komplex, saftig, gelber Apfel, feine Säurestruktur, dezente Extraktsüße im Abgang, zeigt Länge und Charakter, mineralischer Begleiter bei Tisch.

(94) Weißburgunder * Ried Sulz 1STK 2021

13 Vol.-%, VL, großes Holzfass, €€€€€ B H V

Helles Gelbgrün, Silberreflexe. Zarte Wiesenkräuter, ein Hauch von Limetten, floraler Touch, feines Kernobst. Straff, elegant, lebendige Textur, ein Hauch von Limetten, ein engmaschiger, salziger Speisenbegleiter, bereits gut entwickelt und antrinkbar.

92 Weißburgunder * Ton & Mergel 2023

12,5 Vol.-%, VL, Stahltank, €€€€ B H V

Helles Gelbgrün, Silberreflexe. Frisches Kernobst, ein Hauch von weißer Birne, zart nach Orangenzesten, mineralisch unterlegt. Mittlere Komplexität, feine Fruchtsüße, angenehmer Säurebogen, mineralisch-zitronig im Abgang, ein balancierter Speisenwein mit Reifepotenzial.

94 Gelber Muskateller * Ried Fürst 1STK 2021

12 Vol.-%, VL, Stahltank, €€€€€ B H V

Helles Grüngelb, Silberreflexe. Zarte gelbe Tropenfrucht, etwas Holunderblüten, Grapefruitzesten, Nuancen von weißer Frucht. Straff, engmaschig, feine Fruchtaromatik, elegant, finessenreich strukturiert, salzig-mineralisch im Abgang, harmonisch, ausgestattet mit Länge und sicherem Reifepotenzial.

92 Gelber Muskateller * Sand & Schiefer 2023

11,5 Vol.-%, VL, Stahltank, €€€€ B H V

Helles Grüngelb, Silberreflexe. Frischer Duft von Holunderblüten, dezente Tropenfrucht, nach Maracuja, sehr einladendes Bukett. Saftig, elegant und balanciert, feine Pfirsichfrucht, gut integrierter Säurebogen, zitronig-salziger Abgang, harmonisch und gut anhaftend.

94 WIELIeBE OS 2020 CH/WB

12 Vol.-%, VL, 500-l-Fass, €€€€€ B V

Helles Goldgelb, Silberreflexe. Zart nussige Nase, Walnussbukett, mit weißem Apfel unterlegt. Straff, finessenreiche Säurestruktur, salzig und intensiv, Limetten im Finale, ein straffer, puristischer Speisenwein mit kristallinem Kern.

WEINGUT TSCHERMONEGG
8463 Leutschach
Glanz an der Weinstraße 50
T: +43 (3454) 3260
weingut@tschermonegg.at
www.tschermonegg.at
Kellermeister: Franz-Josef Tschermonegg
Kontakt: Erwin und Franz-Josef Tschermonegg
Anbauweise: Integrierter Anbau
Produktion: 213.333 Flaschen
2 % Schaumwein, 96 % weiß, 1 % rot, 1 % süß, 33+7 Hektar
Zertifiziert: Nachhaltig Austria
Vereinszugehörigkeit:
GutFinden – Südsteiermark, SIEME Weingüter, Wein Steiermark
Messen: Vinexpo Shanghai

Weingut Tschermonegg

★★★

WEINGUT TSCHERMONEGG

Das höchstgelegene Weingut an der Südsteirischen Weinstraße besticht nicht nur durch ein traumhaftes Panorama, sondern vor allem durch seine aromatischen, ausdruckstarken sowie sauber vinifizierten Weine.
Seit fünf Generationen schlägt das Herz der Familie Tschermonegg für den Wein. Seit 2018 ist auch Franz-Josef, der ältere der beiden Söhne im Team und maßgeblich für den zukünftigen Erfolg des Weinguts mitverantwortlich. Gearbeitet wird an den steilen und sonnenverwöhnten Rebhängen wie auch im Keller ressourcensparend und mit vielen Verzichten, damit der ökologische Fußabdruck so klein wie möglich gehalten wird. Tschermonegg ist auch eines der ersten Weingüter in der Steiermark, die das Nachhaltigkeits-Zertifikat erlangt haben.
Die Böden und klimatischen Bedingungen sind sehr vielseitig. Unterschieden werden nach der Herkunftspyramide Regions-, Gebiets-, Orts- und Riedenweine, die auch stets von diversen nationalen und internationalen Challenges und Weinjournalisten hoch bewertet und hervorgehoben werden. Eine modern ausgestatte Presshaus- und Kelleranlage ermöglicht es, traditionelles Gedankengut und langjährige Erfahrung mit technischem Knowhow optimal zu verbinden.
Im Weingut selbst kann man die erlesenen Weine auch unter dem Begriff »Wohnen beim Wein« in Verbindung mit ausgezeichneten regionalen Schmankerln im angeschlossenen Buschenschank und den Genießerzimmern mit Panoramapool mitten in den Weinbergen genießen.

92 Ⓑ Gelber Muskateller Sekt Austria Brut Steiermark g.U. 2021
12 Vol.-%, NK, Flaschengärung, €€€€€
Helles Gelbgrün, Silberreflexe, feines Mousseux. Zart traubig unterlegte Steinobstnuancen, ein Hauch von Holundersirup, einladendes Bukett. Mittlerer Körper, fruchtig, zart nach Maracuja, dezente Süße, mineralischer Abgang, ein saftiger sommerlicher Stil.

94 Sauvignon Blanc * Ried Lubekogel 2022
13,5 Vol.-%, NK, großes Holzfass, €€€€€
Mittleres Grüngelb, Silberreflexe. Zarte Wiesenkräuter, ein Hauch von gelber Tropenfrucht, zart nach Ananas und Mango, mit Paprikaschoten und Cassis unterlegt. Kräftig,

* Südsteiermark DAC

Roter Muskateller

stoffig, cremige Textur, elegant und mit feiner Säure ausgestattet, zarte Süße im Abgang, ein facettenreicher Speisenbegleiter.

94 Sauvignon Blanc * Ried Oberglanzberg 2021
13,5 Vol.-%, NK, großes Holzfass, €€€€€
Helles Grüngelb, Silberreflexe. Feine Fruchtexotik, ein Hauch von Pfirsich und Litschis, reife Stachelbeeren, dezente Kräuterwürze, mineralischer Anklang. Komplex, saftig, seidige Textur, eleganter fruchtbetonter Stil, dezente Säurestruktur, ein facettenreicher Speisenwein, ausgewogen und zugänglich.

93 Sauvignon Blanc * Gamlitz 2023
13 Vol.-%, DV, Stahltank/großes Holzfass, €€€€
Helles Grüngelb, Silberreflexe. Feine gelbe Tropenfrucht, reife Stachelbeeren, etwas Cassis, floraler Touch. Stoffig, Nuancen von reifer weißer Frucht, zart nach Apfel, frisch strukturiert, dezente Säurestruktur, mineralisch, ein ruhiger, zugänglicher Speisenbegleiter.

92 Sauvignon Blanc * 2023
12 Vol.-%, DV, Stahltank, €€€
Helles Gelbgrün, Silberreflexe. Zarte Kräuterwürze, ein Hauch von Grapefruit und Cassis, mit gelben Stachelbeeren unterlegt. Saftig, elegant, gelbe Tropenfrucht, finessenreiche Säurestruktur, zarte Süße im Abgang, Cassis auch im Nachhall.

(93) Traminer Trio * Leutschach 2023
13 Vol.-%, DV, Stahltank, €€€€
Helles Grüngelb, Silberreflexe. Einladender Rosenduft, mit einem Hauch von Marshmallows unterlegt, weißer Pfirsich, etwas Litschis, vielschichtiges Bukett. Saftig, fruchtig und ausgewogen, feiner Säurebogen, mineralisch-zitronig, ein lebendiger, trockener Stil, facettenreich und mit Reifepotenzial ausgestattet.

93 Morillon * Leutschach 2023
13 Vol.-%, DV, großes Holzfass, €€€
Helles Grüngelb, Silberreflexe. Feine weiße Apfelfrucht, ein Hauch von frischer Walnuss, zarte Wiesenkräuter, etwas Mandarinenzesten im Hintergrund. Mittlerer Körper, elegante Textur, feiner Kernobsttouch, gut integrierte Säure, mineralischer Abgang, ein ausgewogener Speisenbegleiter.

93 Morillon * Ried Oberglanzberg 2022
13 Vol.-%, NK, großes Holzfass, €€€€€
Helles Grüngelb, Silberreflexe. Frischer Golden-Delicious-Apfel, zart nach Kräutern und Blütenhonig, einladendes Bukett. Saftig, elegant, gelbe Tropenfrucht, ein Hauch von Marzipan, ausgewogen und gut anhaftend, zeigt sehr gutes Entwicklungspotenzial, pikanter Stil.

92 Weißburgunder * 2023
11,5 Vol.-%, DV, Stahltank, €€
Helles Grüngelb, Silberreflexe. Etwas zurückhaltend, Noten von gelbem Kernobst, kandierte Orangenzesten, mit feinen Wiesenkräutern unterlegt. Leichtfüßig, frische Birne, zarte Säurestruktur, feine Fruchtsüße im Abgang, bereits gut antrinkbar, vielfältig einsetzbar.

92 Gelber Muskateller * 2023
11,5 Vol.-%, DV, Stahltank, €€€
Helles Gelbgrün, Silberreflexe. Frische Tropenfrucht, zart nach Maracuja und Muskatnuss, ein Hauch von Ananas, einladendes Bukett. Schlank, weiße Fruchtexotik, finessenreicher Säurebogen, mineralisch-zitronig im Abgang, bleibt gut haften, balancierter Stil.

92 Grauburgunder * Leutschach 2023
13 Vol.-%, DV, großes Holzfass, €€€€
Helles Goldgelb, zarte Kupferreflexe. Noten von frischer gelber Birne, Nuancen von Golden-Delicious-Apfel, zarter Blütenhonig. Saftig, cremige Textur, zartes Karamell, dezente Säurestruktur, ein Hauch von Nougat, bereits gut antrinkbar.

91 Roter Muskateller Steiermark 2023
11,5 Vol.-%, DV, Stahltank, €€€
Helles Goldgelb mit zart rötlichem Schimmer. Nuancen von reifem weißem Apfel, zart floral, etwas Blütenhonig. Schlank, ein Hauch von Melone, frischer Säurebogen, mineralisch-zitroniger Nachhall, animierender Sommerwein.

★★★★

WEINGUT WOHLMUTH

Seit 1803 keltert die Familie Wohlmuth im südsteirischen Kitzeck im Sausal, dem höchstgelegenen Weinbauort Österreichs, ihre Weine. Sehr viel hat sich seither an ihrer Arbeit im Weingarten nicht geändert: Nach wie vor müssen die massiven Schiefersteine der Bodenoberfläche mit Hämmern klein geschlagen werden, und jeder einzelne Rebstock muss mühselig in den kargen Boden gearbeitet werden. Aufwendigste Handarbeit – vom Rebschnitt über die gesamte Laubarbeit bis hin zur selektiven Handlese – ist die Basis der Qualität der Weine. Der Umgang mit natürlichen Ressourcen ist von Respekt geprägt, was einen Verzicht auf Herbizide und Insektizide selbstverständlich macht. Bewässerung gibt es hier keine, und die steilsten Einzellagen werden nach wie vor mit der Sense gemäht. Die Weingärten liegen auf einer Seehöhe von 400 bis 600 Metern und zählen mit einer Steigung von bis zu 90 Prozent zu den steilsten Rebbergen Europas. Bis zu 1.200 Arbeitsstunden fließen jährlich in jeden Hektar dieser extremen Lagen, bis der fertige Wein in den Fässern liegt. Die prägnante Schiefermineralik findet sich in allen Weinen des Weinguts wieder und zeigt, wie fest der Rebstock mit dem vorherrschenden Boden in der Ortsappellation Kitzeck-Sausal verwurzelt ist.
Seit Generationen befinden sich einige der am frühesten erwähnten Einzellagen Österreichs im Besitz der Familie Wohlmuth, wie etwa die bereits 1322 urkundlich erwähnte Ried Edelschuh. Mit hohem Aufwand werden diese historisch bedeutsamen Einzellagen gepflegt und erhalten sowie teilweise mühselig rekultiviert. Diese Rieden sind letztendlich der Grundstock einer einzigartigen Qualität. Sie lassen Herkunftsweine entstehen, die durch das Spannungsverhältnis aus Wärme (illyrisches Klima, reife Trauben) und Kühle (alpiner Einfluss, karger Schieferboden, Höhenlage) geprägt sind.

98 * Ried Edelschuh 2021 CH/SB/RR
13 Vol.-%, NK, Holzfass, €€€€€€ Ⓥ
Mittleres Gelbgrün, Silberreflexe. Dezente Honigmelone, ein Hauch von Gewürzen und Melisse, dazu Birnenfrucht, mit kandierten Mandarinenzesten unterlegt. Gute Komplexität, extraktsüß nach Ananas, zarte Würze, balancierte Säurestruktur, salzig, etwas Pfirsich, lang anhaltend, sicheres Entwicklungspotenzial.

97 Riesling * Kitzeck-Sausal Ried Edelschuh GSTK 2022
13 Vol.-%, NK, großes Holzfass, €€€€€€ Ⓥ
Helles Gelbgrün, Silberreflexe. Attraktive Steinobstnuancen, ein Hauch von Mandarinen, Noten von weißer Frucht, dazu etwas Melisse, frisches, lebendiges Bukett. Gute Komplexität, engmaschig, dezente Fruchtsüße, nach Passionsfrucht, Mangonoten klingen an, vielschichtig, mineralischer Nachhall, lang anhaltendes Finish.

93 Riesling * Kitzeck-Sausal 2023
12,5 Vol.-%, NK, großes Holzfass, €€€€ Ⓥ
Helles Gelbgrün, Silberreflexe. Nuancen von Orangenblüten, straffes Kernobst, Pfirsich und ein zarter Hauch von Zitrus, dunkelmineralischer Touch. Mittlere Komplexität, engmaschig, lebendig strukturiert, salzig im Abgang, Limetten in Nachhall, gutes Entwicklungspotenzial.

92 Riesling * Phyllit 2023
12,5 Vol.-%, DV, großes Holzfass, €€€ Ⓥ
Helles Gelbgrün, Silberreflexe. Zart nach Blütenhonig und Papaya, floraler Touch, etwas Pfirsich, zart nussige Nuancen, einladendes Bukett. Saftig, engmaschig, Zitrustouch, balancierter Säurebogen, weißes Steinobst im Abgang, guter Speisenbegleiter.

WEINGUT WOHLMUTH
8441 Kitzeck im Sausal
Fresing 24
T: +43 (3456) 2303
wein@wohlmuth.at
www.wohlmuth.at

Kellermeister/Kontakt:
Gerhard Wohlmuth
Produktion: 2 % Schaumwein, 90 % weiß, 8 % rot, 1 % süß, 57 Hektar
Zertifiziert: Nachhaltig Austria
Vereinszugehörigkeit: Steirische Terroir- und Klassikweingüter, WBV Sausal
Messen: ProWein Düsseldorf, VieVinum

* Südsteiermark DAC

96 Sauvignon Blanc * Ried Hochsteinriegl GSTK 2022
13 Vol.-%, NK, Holzfass, €€€€€ V
Mittleres Gelbgrün, Silberreflexe. Feine Räucherwürze, ein Hauch von Guaven, zart nach Maracuja, frischer Limettentouch, Melisse. Engmaschig, mineralisch, extraktsüß nach Ananas, dunkle Mineralik, bleibt sehr lange haften, vielschichtig, zarte Würze im Rückgeschmack, sicheres Reifepotenzial.

96 Sauvignon Blanc * Ried Edelschuh GSTK 2022
13 Vol.-%, NK, Holzfass, €€€€€€ V
Mittleres Gelbgrün, Silberreflexe. Dezente Honignuancen, ein Hauch von Gewürzen, Stachelbeernoten, etwas Nelken, floraler Touch, kandierte Orangenzesten. Saftig, straff, balancierte Säurestruktur, engmaschige Mineralik, Nuancen von gelber Frucht, salzig, lang anhaltend, facettenreiches Finish.

(95) Sauvignon Blanc * Ried Sausaler Schlössl 2022
13 Vol.-%, NK, großes Holzfass, €€€€€ V
Mittleres Gelbgrün, Silberreflexe. Einladendes Bukett nach gelben Paprikaschoten, ein Hauch von Gewürzen, dezente Noten von kandierten Limetten, tabakiger Touch. Saftig, elegant, engmaschige Säurestruktur, mineralisch, extraktsüß nach Mango, bleibt gut haften, vielschichtiger Speisenbegleiter.

94 Sauvignon Blanc * Kitzeck-Sausal Spätfüllung 2022
12,5 Vol.-%, NK, großes Holzfass, €€€€ V
Helles Gelbgrün, silberfarbene Reflexe. Einladendes Bukett nach reifem Apfel, dazu Stachelbeernoten, feine Gewürznuancen, zart nach Kumquats, dunkle Mineralik. Saftig, elegant, zart nach Maracuja, etwas floral, Nuancen von gelber Frucht, guter Speisenbegleiter mit Potenzial.

93 Sauvignon Blanc * Schiefer 2023
12,5 Vol.-%, DV, Stahltank, €€€ V
Helles Gelbgrün. Feine Tabakwürze, zart nach Kräutern, ein Hauch von Maracuja und Blütenhonig, etwas nach Limetten, einladendes Bukett. Saftig, elegant, zarte Schiefermineralik, weißes Steinobst, Gewürze im Nachhall, guter Speisenbegleiter mit Entwicklungspotenzial.

92 Sauvignon Blanc * 2023
12 Vol.-%, DV, Stahltank, €€€ V
Helles Gelbgrün, Silberreflexe. Zarter Blütenhonig, etwas nach Kräutern, ein Hauch von Orangenschalen, Stachelbeernuancen. Saftig, vielschichtig, mineralisch, extraktsüß nach Cassis, salzig, weiße Tropenfrucht, finessenreicher Speisenbegleiter, sicheres Entwicklungspotenzial.

92 Sauvignon Blanc * Phyllit 2023
12,5 Vol.-%, DV, Stahltank, €€€ V
Helles Gelbgrün. Wiesenkräuter, zart nach Guaven, etwas Brennnesseln, ein Hauch von Zitrus, frisches Bukett. Saftig, engmaschig, weißes Steinobst, zart nach Kräutern, Apfelfrucht im Abgang, salzig-zitroniger Nachhall, vielfältig einsetzbar.

95 Morillon * Ried Sausaler Schlössl 2021
13 Vol.-%, NK, großes Holzfass, €€€€€ V
Mittleres Grüngelb, Silberreflexe. Zarte Holzwürze, etwas rote Apfelfrucht, dazu Nuancen von Papaya, dezente Wiesenkräuter, Schiefernoten. Gute Komplexität, engmaschig, straff, weißes Steinobst, lange anhaltend, mineralischer Nachhall, würziger Rückgeschmack, vielschichtiger Speisenbegleiter.

93 Morillon * Ried Gola 2022
12,5 Vol.-%, NK, großes Holzfass, €€€€€ V
Helles Gelbgrün, silberfarbene Reflexe. Feine Maracujanoten, ein Hauch von Blütenhonig, zart nussig, etwas Mandarinenzesten. Gute Komplexität, engmaschig, frische Säurestruktur, mineralisch, weißes Kernobst, salziger Speisenbegleiter mit Potenzial, wird von Flaschenreife profitieren.

92 Morillon * Schiefer 2022
12,5 Vol.-%, DV, großes Holzfass, €€€ V
Helles Gelbgrün, Silberreflexe. Kandierter Blütenhonig, etwas nach Gewürzen, gelbe Apfelfrucht, ein Hauch von Mandarinenzesten. Saftig, komplex, frische Säurestruktur, lebendig und balanciert, Tropenfruchtaromatik im Abgang, salziger Rückgeschmack, vielfältig einsetzbar.

91 Morillon * Kalk & Schiefer 2022
12,5 Vol.-%, DV, großes Holzfass, €€€ V
Helles Gelbgrün, Silberreflexe. Dezente Kräuterwürze, kandierte Grapefruitzesten, frische Kernobstfrucht, mineralischer Touch. Saftig, elegant, mittlere Komplexität, gut eingebundene Säurestruktur, mineralisch im Abgang, Nuancen von weißer Frucht im Rückgeschmack, guter Speisenbegleiter.

94 Grauburgunder * Ried Gola 1STK 2022
13 Vol.-%, NK, großes Holzfass, €€€€€ V
Mittleres Gelbgrün. Zart nach Wiesenkräutern und reifer Williamsbirne, ein Hauch von kandierten Kumquats, Blütenhonig klingt an. Engmaschig, wirkt leichtfüßig, reife Tropenfrucht, Nuancen von gelbem Apfel, zarte Holznoten, bleibt sehr gut haften, dunkle Mineralik im Nachhall.

92 Grauburgunder * Phyllit 2023
12,5 Vol.-%, DV, großes Holzfass, €€€ V
Helles Grüngelb, Goldreflexe. Mit dunkler Mineralik unterlegte Wiesenkräuter, zart nach Maracuja, floraler Touch, Quitte klingt an. Saftig, straff, lebendige Säurestruktur, mineralisch, Orangentouch, gelbe Tropenfrucht im Abgang, bereits gut antrinkbar.

92 Gelber Muskateller * Schiefer 2023
12 Vol.-%, DV, Stahltank, €€€ Ⓥ
Helles Gelbgrün, Silberreflexe. Ein Hauch von Muskatnuss, weiße Pfirsichfrucht, ein Maracuja und Zitrusnoten klingen an, einladendes Bukett. Leichtfüßig, grüner Apfel, frisch strukturiert, animierend und gut anhaftend, ein toller Sommerwein.

91 Gelber Muskateller * 2023
12 Vol.-%, DV, Stahltank, €€€ Ⓥ
Helles Gelbgrün, silberfarbene Reflexe. Zart nach Wiesenkräutern, ein Hauch von Guaven, Holunderblüten klingen an, etwas Grapefruitzesten. Saftig, straff, feine Säurestruktur, mineralisch-salzig, weißes Kernobst, bereits gut antrinkbar.

91 Gelber Muskateller * Phyllit 2023
12 Vol.-%, DV, Stahltank, €€€ Ⓥ
Helles Gelbgrün, Silberreflexe. Dezente Noten von Muskatnuss, ein Hauch von Gewürzen, Blütenhonig, dunkle Mineralik, weiße Tropenfrucht. Saftig, mittlere Komplexität, feine Kräuternoten, Limettentouch, Apfelnoten im Nachhall, vielfältig einsetzbar.

93 Riesling »Dr. Wu.... K« 2023
10,5 Vol.-%, DV, großes Holzfass, €€€ Ⓥ
Helles Gelbgrün, Silberreflexe. Feine Tropenfrucht, ein Hauch von Blütenhonig und Kräutern, Ringlotten klingen an. Saftig, engmaschig, lebendige Säurestruktur, Ananastouch, Zitrusnoten im Abgang, mineralischer Nachhall, salziger Rückgeschmack, trinkanimierender Stil.

★

WEINGUT WRUSS

Das Weingut Wruss liegt in idyllischer Lage auf einem kleinen Bergplateau am Kranachberg, wo sich die Familie Wruss bereits in dritter Generation dem Weinbau widmet. Die sieben Hektar Weingärten liegen ausschließlich auf den kalkhaltigen Sandböden des Kranachbergs. Sein günstiges Mikroklima und das besondere Terroir verleihen den Weinen ihre typische Mineralik. Die steilen Hänge werden von der Familie das ganze Jahr in liebevoller Handarbeit bewirtschaftet und die Trauben im Herbst mit der Hand gelesen. Im Keller entstehen elegante und feingliedrige Weine, die ihre einzigartige Kranachberger Herkunft widerspiegeln. Das Sortiment umfasst die typisch steirischen Sorten Sauvignon Blanc, Gelber Muskateller, Weißburgunder, Welschriesling und Grauburgunder. »Bodenständigkeit, Weitblick und die nachhaltige

WEINGUT WRUSS
8462 Gamlitz
Kranach 74
T: +43 (664) 2029078
post@weingut-wruss.at
www.weingut-wruss.at

Kellermeister/Kontakt: Johannes Wruss
Produktion: 46.667 Flaschen
90 % weiß, 10 % rosé, 7 Hektar
Zertifiziert: Nachhaltig Austria
Messen: VieVinum, DAC-Präsentationen

Katharina und Johannes Wruss

* Südsteiermark DAC

Arbeit im Einklang mit der Natur sind die besten Voraussetzungen, um authentische und elegante Weine von höchster Qualität zu erzeugen«, so der Winzer Johannes Wruss.

94 Sauvignon Blanc * Ried Alter Kranachberg 2021
14 Vol.-%, DV, Stahltank, €€€€€
Leuchtendes Goldgelb, Grünreflexe. Gelbe Tropenfrucht, reife Stachelbeeren, ein Hauch von kandierten Orangenzesten, floraler Touch. Komplex, engmaschig, facettenreiche Säurestruktur, dunkle Mineralik, weißes Kernobst, bleibt sehr gut haften, vielfältig einsetzbar.

92 Sauvignon Blanc * Gamlitz 2022
13,5 Vol.-%, DV, Stahltank, €€€€
Mittleres Gelbgrün, Messingreflexe. Zart nach Kräutern und Maracuja, ein Hauch von gelber Paprika, frisches Bukett, floraler Touch. Saftig, mineralisch, weißes Steinobst, frisch und leichtfüßig, salzig-zitronig im Nachhall, lang anhaftend, bereits gut antrinkbar.

91 Sauvignon Blanc * 2023
13 Vol.-%, DV, Stahltank, €€€
Mittleres Gelbgrün, Silberreflexe. Zart nach Stachelbeeren, unterlegt mit Limettenzesten, fein nach Guaven, Kräuternoten klingen an. Mittlerer Körper, frisch und elegant, leichtfüßiger Abgang, Apfeltouch, zitronig im Finish, bereits gut antrinkbar.

91 Gelber Muskateller * 2023
12,5 Vol.-%, DV, Stahltank, €€€
Mittleres Gelbgrün, Silberreflexe. Feiner Blütenhonig, mit Wiesenkräutern und Muskatnuss unterlegte feine gelbe Apfelfrucht, Gewürznuancen. Mittlerer Körper, frisch und lebendig, feiner Säurebogen, weißes Kernobst im Abgang, fruchtiger Nachhall.

91 Grauburgunder * Gamlitz 2021
14 Vol.-%, DV, Eichenfass, €€€€€ S
Leuchtendes Goldgelb, Messingreflexe. Blütenhonig, zart nach Mango, kandierte Mandarinenzesten, floraler Touch, mit Passionsfrucht unterlegt. Mittlerer Körper, feine Tabakwürze, gut integrierter Säurebogen, gelbe Apfelfrucht, vielfältig einsetzbar.

90 Weißburgunder * 2023
13 Vol.-%, DV, Stahltank, €€€
Mittleres Gelbgrün, Silberreflexe. Zurückhaltendes Bukett nach Quitte und Williamsbirne, unterlegt mit Zitrusnuancen, ein Hauch von Guaven. Mittlerer Körper, lebendige Säurestruktur, dunkle Mineralik, feinwürzig, unkompliziertes Trinkvergnügen.

★★★★

EWALD ZWEYTICK WEIN

Die charaktervollen und genussreichen Weine des Winzers Ewald Zweytick aus der Südsteiermark prägen sich tief in die Geschmacksnerven ein. Sein Grundsatz, jeder Sorte die Zeit zu geben, die sie braucht, und ausschließlich vollreife, kerngesunde Trauben zu ernten, zeigt sich in der Langlebigkeit seiner Weine und nicht zuletzt in der Kraft und Fülle am Gaumen. Auf inzwischen 18 Hektar Rebflächen baut Ewald Zweytick die Hauptsorten Sauvignon Blanc, Gelber Muskateller und Weißburgunder an, gefolgt von Chardonnay und Sämling, Rotem Traminer, Zweigelt und Grauburgunder.
Zu seinen absoluten Herzensweinen zählen der auch in der Spitzengastronomie sehr beliebte »Don't Cry« und der durch intrazellulare Vergärung gewonnene »Heaven's Door« – beide aus der für Ewald Zweytick bezüglich Nase, Würze und Länge am Gaumen perfektesten Sorte, dem Sauvignon Blanc, gewonnen. Diese Weine können schon mal bis zu 20 Monate und länger im Barrique liegen. Mit ihnen kommt Zweytick jedenfalls seiner Idealvorstellung von vollen, dichten und langlebigen Weinen am nächsten. Von der Lese über die Arbeit im Keller bis hin zur Auslieferung: Ewald Zweytick legt bei allen Arbeitsschritten selbst Hand an. So steckt in jedem seiner Weine nicht nur die Südsteiermark als klimatisch einzigartiges Weinbaugebiet mit ihren geschmacksprägenden Böden, sondern auch immer Ewald Zweytick pur.

97 Sauvignon Blanc * Ehrenhausen Ried Stermetzberg Heavens Door 2021
13,5 Vol.-%, NK, Barrique, €€€€€€ V
Mittleres Gelbgrün, Silberreflexe. Zarte Holzwürze, Cassis, dunkle Kräuternote, zart nach Paprikaschoten, Papaya und

EWALD ZWEYTICK WEIN

8461 Ehrenhausen
Ratsch an der Weinstraße 102
T: +43 (664) 2109189
office@ewaldzweytick.at
www.ewaldzweytick.at

Kellermeister/Kontakt:
Ewald Zweytick
Produktion: 95 % weiß, 5 % rosé,
18 Hektar
Messen: VieVinum

Ewald Zweytick mit Sohn Tobias

Mango im Hintergrund. Kraftvoll, komplex, engmaschig, extraktsüße Textur, finessenreiche Säurestruktur, salzig und lange anhaftend, Johannisbeeren im Nachhall, wie aus einem Guss, sicheres weiteres Entwicklungspotenzial.

96 Sauvignon Blanc * Ried Witscheiner Herrenberg 2018

13,5 Vol.-%, NK, kleines Holzfass, €€€€€€ V

Leuchtendes Orangegold. Silberreflexe. Zart nach Kokosflocken und getrockenete Orangen, etwas Haselnuss, gelbe Tropenfrucht, feine Kräuterwürze, Zitronenmelisse. Komplex, seidige Textur, gelbe Pfirsichfrucht, ausgewogen, feine Säurestruktur, mineralisch im Nachhall, ein balancierter Speisenwein mit weiterem Reifepotenzial.

95 Sauvignon Blanc * Gamlitz Ried Höllriegl 2022

14 Vol.-%, NK, großes Holzfass, €€€€€ V

Helles Gelbgrün, Silberreflexe. Frische Wiesenkräuter, weißer Pfirsich, Nuancen von Stachelbeeren, feine gelbe Kernobstnuancen, kandierte Grapefruitzesten unterlegt. Straff, elegant, feine Fruchtsüße, ein Hauch von Pfirsich, lebendige Säurestruktur, mineralisch-zitroniger Touch, gut anhaftend, feine salzige Komponente im Abgang, gute Länge, sicheres Potenzial.

95 Sauvignon Blanc * Ehrenhausen Ried Stermetzberg Don't Cry 2021

14,5 Vol.-%, NK, Barrique, €€€€€€ V

Helles Grüngelb, Silberreflexe. Noch etwas zurückhaltend, mit Luft weiße Tropenfrucht, Johannisbeeren, feiner Stachelbeertouch, mineralisches Bukett. Am Gaumen elegant, balanciert, feine gelbfruchtige Noten, zartes Säurespiel, wirkt noch sehr unterentwickelt, dezente Extraktsüße, gute Länge, sicheres Reifepotenzial, braucht noch Zeit.

94 Sauvignon Blanc * Ehrenhausen Ried Sulz 2022

14,5 Vol.-%, DIAM, Teilbarrique, €€€€€€ V

Helles Grüngelb, Silberreflexe. Johannisbeeren, frische Kräuter, weiße Tropenfrucht, zart nach Grapefruitzesten, mineralischer Touch. Saftig, stoffig, elegant, feine Nuancen von gelber Frucht, gut integrierte Säure, wirkt relativ leichtfüßig, seidige Textur, lange anhaftend, zitronig-salziger Nachhall, ein balancierter Speisenbegleiter, sicheres Potenzial.

93 Sauvignon Blanc * Ehrenhausen 2022

13,5 Vol.-%, DV, großes Holzfass, €€€€€ V

Mittleres Grüngelb, Silberreflexe. Reife gelbe Tropenfrucht, ein Hauch von Stachelbeeren und Blütenhonig, mit Weißen Johannisbeeren und Wiesenkräutern unterlegt. Komplex, saftig, cremige Textur, finessenreiche Säurestruktur, mineralisch-salziger Abgang, bereits gut entwickelt.

92 Sauvignon Blanc * 2023

13 Vol.-%, DV, Stahltank, €€€ V

Helles Gelbgrün, Silberreflexe. Nuancen nach frischen Stachelbeeren und Cassis, zart rauchig unterlegte Kräuterwürze, zart nach Grapefruitzesten. Saftig, weißer Pfirsich, lebendig strukturiert, mineralisch und straff, Limetten im Nachhall, ein finessenreicher Begleiter beit Tisch.

(95) Gelber Muskateller * Ehrenhausen Ried Witscheiner Herrenberg 2020
12,5 Vol.-%, NK, kleines Holzfass, €€€€€
Helles Grüngelb, Silberreflexe. Florale Nuancen nach Jasmin und Hibiskus, weißer Pfirsich, zart nach Litschi, Muskatnuss und etwas Eibisch, facettenreiches Bukett. Komplex, elegant und in sich ruhend, feine Fruchtsüße, integrierte Säurestruktur, mineralisch-salzig, Limetten im Nachhall, bereits gut antrinkbar, gutes Reifepotenzial für viele Jahre.

(93) Gelber Muskateller * Gamlitz Ried Höllriegl am Alten Pfarrweingarten Gamlitz 2022
12,5 Vol.-%, NK, großes Holzfass, €€€€€ Ⓥ
Helles Gelbgrün, Silberreflexe. Frische Wiesenkräuter, ein Hauch von reifer Maracuja, Nuancen von Bergamotte, würziges Bukett. Saftig, elegant, weißer Apfel, etwas Pfirsich, rassige Säurestruktur, mineralisch-zitroniger Touch, straff, gut anhaltend, gute Länge und sicheres Reifepotenzial.

91 Gelber Muskateller * Gutswein 2023
11,5 Vol.-%, DV, Stahltank, €€€ Ⓥ
Helles Grüngelb, Silberreflexe. Zart floral nach Holunder, ein Hauch von Pfirsich, Nuancen von Maracuja, attraktives Bukett. Schlank, feinfruchtig, zart nach Ananas, frischer Säurebogen, mineralisch-zitronig, appetitlicher Aperitif.

95 Grauburgunder * Ehrenhausen Ried Stermetzberg Tosca 2021
14,5 Vol.-%, NK, Barrique, €€€€€€ Ⓥ
Helles Gelbgold, Silberreflexe. Feine Holzwürze, zart nach Vanille, frische gelbe Frucht, nach Birne und Mango, zart nach Limettenzesten, einladendes Bukett. Saftig, elegant, seidige Textur, feine frische Tropenfrucht, finessenreich strukturiert, mineralisch-salzig im Abgang, gute Balance und Länge, sicheres Reifepotenzial.

95 Chardonnay * Ehrenhausen Ried Stermetzberg November Rain 2021
14,5 Vol.-%, NK, Barrique, €€€€€€ Ⓥ
Helles Goldgelb, Silberreflexe. Zarte Kräuter- und Holzwürze, ein Hauch von Vanille und Mango, mit gelbem Apfel unterlegt, frische Orangenzesten, facettenreiches Bukett. Stoffig, elegant, weißes Steinobst, feine Säurestruktur, mineralisch, ein Hauch von Karamell im Nachhall, ein saftiger, vielseitiger Begleiter bei Tisch.

92 Chardonnay * Ehrenhausen 2022
13 Vol.-%, DV, großes Holzfass, €€€€€ Ⓥ
Helles Grüngelb, Silberreflexe. Etwas scheu, zarte Nuancen von gelbem Apfel, ein Hauch von Mango, mineralischer Touch. Saftig, elegant, stoffige Textur, feine gelbe Frucht, zartes Säurespiel, fruchtsüßer Abgang, ausgewogen und leichtfüßig, ein vielseitiger Speisenbegleiter.

94 Weißburgunder * Ehrenhausen Ried Sulz Witscheiner Herrenberg Stermetzberg K3 2021
14 Vol.-%, NK, gebrauchte Barriques, €€€€€ Ⓥ
Leuchtendes mittleres Grüngelb, Silberreflexe. Frische gelbe Tropenfrucht, Nuancen von Mango, etwas Ananas, zart nach Limettenzesten, attraktives Bukett. Komplex, kraftvoll und saftig, feine Holznuancen, dezente Extraktsüße, gut integrierte Säure, mineralisch, saliner Nachhall, toller Speisenbegleiter.

92 Weißburgunder * 2023
12,5 Vol.-%, DV, Stahltank, €€€ Ⓥ
Helles Strohgelb, Silberreflexe. Zarte Nuancen von weißer Birne und Honigmelone, zart nach Orangenzesten, einladendes Bukett. Saftig, elegant, feine gelbe Kernobstwein, frischer Säurebogen, zitronig-mineralisch im Abgang, ein ausgewogener Speisenbegleiter.

91 Welschriesling * 2023
11,5 Vol.-%, DV, Stahltank, €€ Ⓥ
Helles Gelbgrün, Silberreflexe. Kräuterwürzig unterlegte Nuancen von Birne und Mango, frische Orangenschalen. Schlank, weißer Apfel, lebendig strukturiert, angenehm balancierter, trinkfreudiger Sommerwein.

91 Zweigelt Rosé in Spanish Harlem 2022
11,5 Vol.-%, DV, großes Holzfass, €€€€ Ⓥ
Mittleres Zwiebelrosa, Silberreflexe. Ein Hauch von eingelegten Kirschen, Waldbeeren, dezente Kräuterwürze. Saftig, zart nach Apfel und Erdbeeren, frische Säurestruktur, dezente Fruchtsüße im Abgang, ein stoffiger Sommerwein.

PLATZ FÜR IHRE
WEINNOTIZEN

STEIERMARK

VULKANLAND STEIERMARK

DAC

Die Riegersburg, Wahrzeichen der Steiermark

VULKANISCHE KLIPPEN, UNVERWECHSELBARE WEINE

Viele kleine Weininseln prägen das Weinbaugebiet Vulkanland Steiermark, vor allem an den Hängen erloschener Vulkane, die dem Landschaftsbild seine Eigenart verleihen. Es werden 1.657 Hektar Rebfläche bewirtschaftet, in konzentrierter Form rund um die Orte Klöch, St. Anna am Aigen und Straden.

Eine Rebsorte hat im Vulkanland Steiermark DAC besonderes Flair: der hocharomatische Traminer, in allen Spielarten. Bevorzugte Vermarktungsform ist dabei die Buschenschank. Die Region war über Jahrhunderte hinweg immer wieder heiß umstrittenes Grenzland, davon zeugen befestigte Burgen und Schlösser auf hoch aufragenden Basaltklippen. Heute sind die Grenzen offen, die Riegersburg, Schloss Kapfenstein und andere herrschaftliche Ansitze werden zu Schauplätzen friedlicher kultureller oder vielfach auch weinkulinarischer Ereignisse. Für solche bietet das Weinbaugebiet auch genügend Auswahl, denn eine Sortenvielfalt wie hier ist nur in wenigen anderen Weinbaugebieten anzutreffen: Welschriesling, Chardonnay beziehungsweise Morillon, Weiß- und Grauburgunder, Gelber Muskateller, Traminer, Sauvignon Blanc und sogar Riesling auf der weißen Seite, ergänzt von interessanten Rotweinen, vorzugsweise aus Blauem Zweigelt, aber auch anderen Rebsorten wie St. Laurent, Merlot oder Blauburgunder. Verbindendes Element ist eine feine, mineralische Würze, die auf die besonderen geologischen Bedingungen zurückzuführen ist.

Vier Weinstraßen führen durch die reizvolle Hügellandschaft, einen guten Überblick über die Produktion bietet die Gesamtsteirische Vinothek in St. Anna am Aigen, beliebte touristische Ziele sind die Thermenorte entlang der vulkanischen Bruchlinie. Die Zahl engagierter junger Winzer wächst, der Großteil des Weins wird in den Hunderten Buschenschanken verkauft. Die Ortsweine im neuen DAC-System kommen aus Oststeiermark, Riegersburg, Kapfenstein, St. Anna, Straden, Tieschen, Klöch und St. Peter. Eine Besonderheit innerhalb des neuen DAC-Regulativs ist wiederum der Traminer, der im Gegensatz zu den anderen Sorten auch etwas mehr Restzucker haben darf und als Ortswein in Klöch auch halbtrocken oder als Prädikatswein als DAC-Wein gefüllt werden darf. Klimatisch macht sich in der Region der Übergang vom heißen, trockenen pannonischen zum feuchtwarmen Mittelmeerklima stark bemerkbar. Die Reben wachsen vielfach auf warmen Böden aus Vulkanerde, Basalt, Sand, Lehm und Verwitterungsgestein.

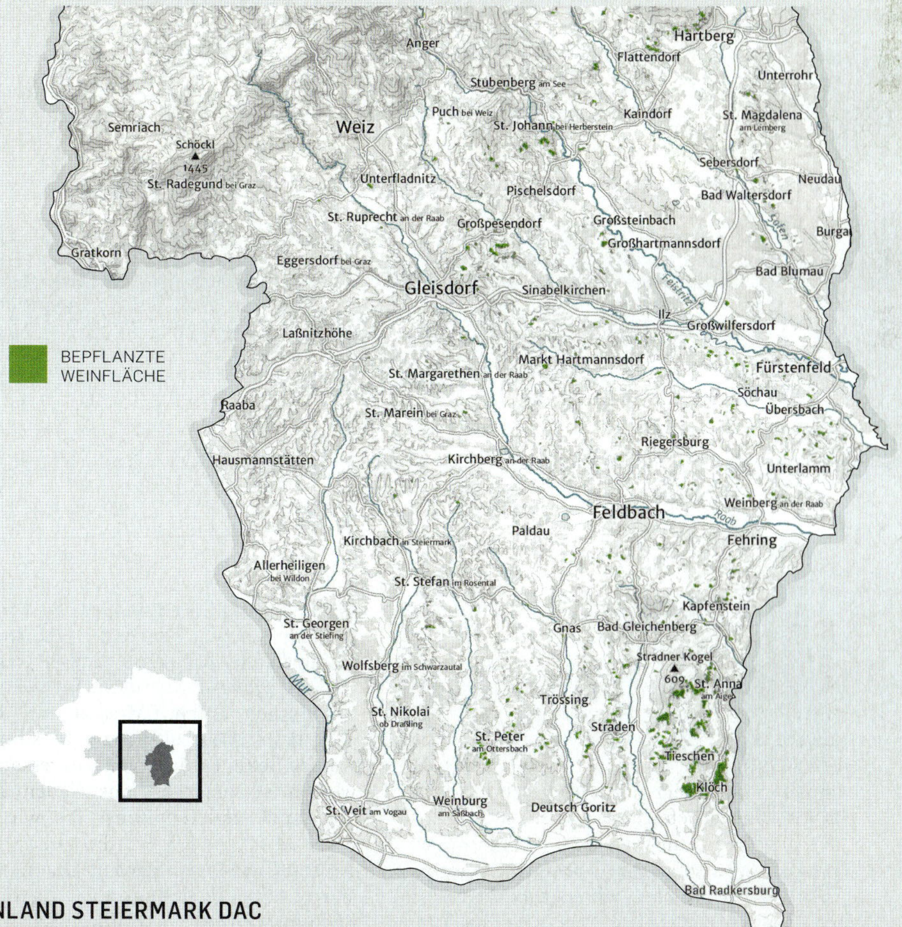

VULKANLAND STEIERMARK DAC

Österreich gesamt	**44.728 ha**
Weinbaugebiet Steiermark	**5.086 ha**
Vulkanland Steiermark DAC	**1.657 ha**

AUSGEWÄHLTE WEINGÜTER

★★★★★

Weingut Neumeister, Straden

★★★★

Weingut Frauwallner Straden, Straden
Weingut Krispel, Hof bei Straden
Josef Scharl – Charakterweine, Sankt Anna am Aigen

★★★

Weingut Engel, Tieschen
Weingut Frühwirth, Klöch
Weingut Gollenz, Tieschen
Müller Klöch, Klöch
Weingut Pfeifer, Sankt Anna am Aigen
Weingut Winkler-Hermaden, Kapfenstein

★★

Weinhof Platzer, Tieschen
Weingut Matthias Trummer, St. Veit in der Südsteiermark

★

Wein.Gölles Weinbau | Buschenschank, Fehring

★★★

WEINGUT ENGEL

Was macht man nicht alles aus Liebe? Man sucht nach Worten, schreibt Gedichte, komponiert Liebeslieder, reist fern an entlegene Orte – oder man macht einfach Wein. Die Liebe ist die Triebfeder für die Familie Engel – die Liebe zu den Rebstöcken und die Liebe zum Handwerk.
Der Engelhof hatte im Weinmachen keine große Tradition. Und am Anfang war es nicht mehr und nicht weniger als eine von Simon Engels verrückten Ideen, zu stark, um sie wieder loszuwerden. Über die Jahre hat die Idee Gestalt angenommen und wurzelt nun tief in den vulkanischen Verwitterungsböden rund um den Königsberg. Die Weine des Hauses sind für die Engels Momentaufnahmen, in Flaschen gefüllt. Sie sind ihre Idee von Freiheit und Entwicklung. Der Boden, auf dem das geschieht, ist der Rahmen, der Wein ist sein Bild.

WEINGUT ENGEL
8355 Tieschen
Pichla 20
T: +43 (3475) 2533
engel@engelweine.at
www.weingut-engel.at

Kellermeister/Kontakt: Simon Engel
Anbauweise: Umstellung auf bio
Produktion: 100 % weiß
Vereinszugehörigkeit: TAU-Winzer, Winzer Vulkanland Steiermark DAC

92 Riesling * Klöch 2023
12 Vol.-%, DV, Stahltank, €€€
Helles Strohgelb, Silberreflexe. Weiße Blüten, ein Hauch von Zitronengras, zart nach Pfirsich und Litschis, mineralischer Touch. Straff, engmaschig, weißer Apfel, rassige Säurestruktur, Limetten im Abgang, salzig und animierend, ein finessenreicher Speisenbegleiter.

93 Keuschn NV
12 Vol.-%, DIAM, Amphore/gebrauchte Barriques, €€€€€ Ⓑ ⓘ
Zart getrübtes leuchtendes Gelbgold, Silberreflexe. Ein Hauch von Bergamotte, gelbe Tropenfrucht, etwas Rosen-

öl im Hintergrund, feinwürziges Bukett. Straff, engmaschig, zart nussig, weiße Apfelfrucht, ein Hauch von gelben Stachelbeeren, Nougat im Abgang, zarte Süße im Finale, ein multispektraler Natural Wine.

92 Welschriesling Basalt Alte Reben 2021
12 Vol.-%, DIAM, gebrauchte Barriques, €€€€
Helles Goldgelb, Silberreflexe. Zarte Kräuterwürze, Nuancen von gelbem Kernobst, reifer Apfel, mit kandierten Orangenzesten unterlegt. Schlank, weißer Pfirsich, zart nach Honig, elegant und frisch strukturiert, mineralisch und anhaftend, salziger Nachhall, ein leichtfüßiger Speisenwein.

92 Souvignier Gris 2021
13 Vol.-%, DIAM, gebrauchte Barriques, €€€€
Zart getrübtes helles Goldgelb. Reife gelbe Tropenfrucht, zarte Kräuterwürze, nussiger Touch. Saftig, mittlere Komplexität, Nuancen von weißer Frucht, zart nach Birne, etwas Blütenhonig, cremiger, zart süßer Touch, bleibt haften, gute Frische im Nachhall, zitroniger Rückgeschmack.

★★★★

WEINGUT FRAUWALLNER STRADEN

Auf dem Weingut Frauwallner sprechen Winzer und Wein eine klare Sprache: Die Trauben stammen zu 100 Prozent aus dem Vulkanland Steiermark, die Weingartenpflege erfolgt mit viel Handarbeit, und jede einzelne Rebsorte wird auf ihre ganz individuelle Art vinifiziert. Ausschließlich Herkunftsweine werden hier produziert, und die Erfahrung sowie die Konsequenz von Walter Frauwallner führen zu einem Potpourri eigenständiger Charaktere, die gleichzeitig durch eine deutliche Handschrift und einen hohen regionalen Wiedererkennungswert gekennzeichnet sind. »Viel Wein im Glas, das Terroir klar erkennbar und immer mit Freude zu trinken«, so bringt der zweifache Familienvater seine Philosophie auf den Punkt und setzt diese auf beeindruckende Weise in drei Linien um.
Unter »Vulkanland Steiermark DAC« firmieren die klassisch im Stahltank vinifizierten Weine – einfach zu konsumieren, aber gleichzeitig elegant und facettenreich. Neu im Sortiment sind die »Stradener Ortsweine« – ausdrucksstarke Weine zwischen Gebietswein und Riedenwein. Und dann gibt es da noch die

© derflor

WEINGUT FRAUWALLNER STRADEN
8345 Straden, Karbach 7
T: +43 (3473) 7137
weingut@frauwallner.com
www.frauwallner.com
Kellermeister/Kontakt: Walter Frauwallner
Produktion: 3 % Schaumwein, 90 % weiß, 2 % rosé, 4 % rot, 1 % süß, 30 Hektar
Zertifiziert: Nachhaltig Austria
Vereinszugehörigkeit: Steirische Terroir- und Klassikweingüter, Winzer Vulkanland Steiermark DAC
Messen: Austrian Tasting London, ÖGW Zürich, ProWein Düsseldorf, VieVinum, DAC-Präsentationen

Walter und Petra Frauwallner

Weine der kalkigen 1STK Ried Stradener Rosenberg, der Ried Steintal und der basaltgeprägten Ried Altes Steinkreuz sowie die Weine aus dem Herzstück des Weinguts: der Große STK-Lage Ried Buch. Diese Tropfen zeigen sich tiefgründig und groß. Wer das Vulkanland Steiermark vinophil erleben will, kommt an diesen regionalen Botschaftern nicht vorbei.
Insbesondere Weiß- und Grauburgunder, Morillon, Sauvignon Blanc und Traminer haben das nationale und internationale Standing des familiengeführten Weinguts gefestigt. 100 Falstaff-Punkte im WeinGuide 2021/2022 für die Trockenbeerenauslese Gelber Muskateller Ried Stradener Rosenberg 2017 bestätigen diesen Weg. Seit 2018 ist das Weingut Mitglied der »Steirischen Terroir und Klassikweingüter – STK«. Händisches Arbeiten, sensible Laubarbeit, Mengenreduzierung und selektive Traubenlese sind obligat. Den Ausbau bestimmen Geduld und Zeit. So entstehen in einem praktisch orientierten Keller fixe Weingrößen, deren unterschiedliche Zugänge eine spannende Gesamtpalette formen. Der Karbacher Hofladen des Weinguts steht für Verkostungen bereit.

93 ❶ Brut Rosé 2022 ZW/ME/BW
12,5 Vol.-%, NK, Flaschengärung, €€€€€
Helles Lachsrosa, Silberreflexe. Weiße Blüten, rote Waldbeeren, ein Hauch von Zwetschken. Engmaschig, feine, gut eingebundene Fruchtsüße, feiner Säurebogen, mineralisch und gut anhaftend, gute Würze im Nachhall, rotbeeriger Rückgeschmack.

93 ❶ Frauwallner Blanc de Blanc Zero Dosage 2019 WB/CH
12 Vol.-%, NK, Flaschengärung, €€€€€
Helles Goldgelb, Silberreflexe. Zartes Biskuit, ein Hauch von gelbem Apfel, Nuancen von Blütenhonig. Straff, mineralisch, feines Kernobst, frischer Säurebogen, zitronig-salzig, ein engmaschiger, lebendiger Speisenbegleiter.

97 Sauvignon Blanc * Straden Privat 2021
13 Vol.-%, DV, Eichenfass/Stahltank/Flaschenreifung, €€€€€€
Helles Goldgelb, Silberreflexe. Feine Holzwürze, gelbe Tropenfrucht, ein Hauch von Mango und Stachelbeeren, dazu etwas Anis, Minze und Kräuter. Straff, engmaschig, Nuancen von weißer Frucht, engmaschig, finessenreiche Säurestruktur, salzige Mineralik, weiße Frucht auch im Abgang, Limetten im Nachhall, ein animierender Speisenbegleiter, sicheres Reifepotenzial.

(96) Sauvignon Blanc * Ried Buch GSTK 2022
13,5 Vol.-%, NK,DV, Stahltank/Eichenfass, €€€€€
Mittleres Grüngelb, Silberreflexe. Attraktive gelbe Tropenfrucht, zart nach reifen Stachelbeeren, Nuancen von weißer Frucht, Anklänge von Cassis und Kräutern, kühles Bukett, mineralisch unterlegt. Straff, engmaschig, weiße Frucht auch am Gaumen, salzige Textur, feine Nuancen von Limetten und Minze, bleibt sehr gut haften, dezente Extraktsüße im Abgang, ein feiner Begleiter bei Tisch, gutes weiteres Entwicklungspotenzial.

95 Sauvignon Blanc * Ried Stradener Rosenberg 1STK 2022
14 Vol.-%, DV, Stahltank, €€€€€
Helles Goldgelb, Silberreflexe. Zarte Kräuterwürze, feine gelbe Tropenfrucht, zart nach Paprikaschoten, ein Hauch von Blütenhonig, attraktives Bukett. Stoffig, elegant, pikant, weiße Beerenfrucht, finessenreiche Säurestruktur, bleibt gut haften, feine salzige Nuancen im Nachhall, würzig und lang.

(94) Sauvignon Blanc * Straden 2023
12,5 Vol.-%, DV, Stahltank, €€€€
Helles Gelbgrün, Silberreflexe. Rauchige Kräuterwürze, weiße Frucht, ein Hauch von Grapefruitzesten, dunkle Mineralik. Straff, elegant, feine Apfelnote, feiner Säurebogen, engmaschig, mineralisch-salzig im Abgang, sehr gute Länge, bereits gut antrinkbar.

94 Sauvignon Blanc * Ried Altes Steinkreuz 2022
13,5 Vol.-%, DV, Stahltank, €€€€€
Helles Grüngelb, Silberreflexe. Würzig, ein Hauch von gelber Frucht und Paprikaschoten, zart unterlegt mit Cassis und Stachelbeeren, Nuancen von Grapefruitzesten. Saftig, elegant, ein Hauch von Blütenhonig, gut integrierte Säurestruktur, ausgewogen, salzig unterlegt, gute Länge, sicheres Reifepotenzial.

92 Sauvignon Blanc * 2023
12 Vol.-%, DV, Stahltank, €€€
Helles Gelbgrün, Silberreflexe. Feine Kräuterwürze, ein Hauch von Cassis, Minze und gelben Stachelbeeren, einladendes typisches Bukett. Saftig, weiße Beerenfrucht, finessenreiche Säurestruktur, lebendig und anhaftend, weißer Apfel im Abgang, Limetten im Nachhall, bereits gut antrinkbar.

(95) Weißburgunder * Ried Buch GSTK 2022
14 Vol.-%, NK,DV, Stahltank/500-l-Fass, €€€€€
Mittleres Gelbgrün, Silberreflexe. Zarte Kräuterwürze, ein Hauch von Mango und Birne, frische Walnüsse klingen an, facettenreiches Bukett. Komplex, würzig, saftiges weißes Kernobst, kraftvoll und anhaftend, feine Karamellsüße im Abgang, saliner Nachhall, exotische Frucht im Finish, zeigt Länge und Potenzial.

94 Weißburgunder * Ried Altes Steinkreuz 2022
13,5 Vol.-%, DV, 500-l-Fass/Stahltank, €€€€€
Helles Gelbgrün, Silberreflexe. Zarte weiße Apfelfrucht, ein Hauch von Grapefruitzesten, zarte Mineralik, Orangentouch. Elegant, saftig, angenehme Fruchtsüße, lebendige Säurestruktur, gelbe Frucht im Abgang, besitzt eine sehr gute Länge und Pikanz, sicheres Reifepotenzial, sehr vielversprechend.

(93) Weißburgunder * Straden 2023
13 Vol.-%, DV, Eichenfass/Stahltank, €€€€
Helles Gelbgrün, Silberreflexe. Feine Gewürznuancen, feine gelbe Tropenfrucht, zart nach Mango, ein Hauch von Blütenhonig. Straff, engmaschig, weißer Apfel, feine Säurestruktur, salziger Abgang, wird von Flaschenreife noch profitieren, ein vielseitiger Speisenbegleiter.

92 Weißburgunder * 2023
12,5 Vol.-%, DV, Stahltank, €€
Helles Gelbgrün, Silberreflexe. Zarte Wiesenkräuter, weißes Kernobst, mit einem Hauch von Orangenzesten unterlegt. Saftig, elegant, zarte Birnenfrucht, frisch strukturiert, mineralisch und gut entwickelt, Limetten im Finale, ein facettenreicher Speisenbegleiter.

(95) Morillon * Ried Buch GSTK 2022
13,5 Vol.-%, NK,DV, Stahltank/Eichenfass, €€€€€
Mittleres Gelbgrün, Silberreflexe. Zart rauchig-reduktiv, ein Hauch von Holz, gelbe Tropenfrucht, Nuancen von Mango, etwas gelber Pfirsich, vielschichtiges Bukett. Komplex, saftig, mineralischer Kern, weißer Apfel, salzig-zitroniger Touch im Nachhall, extraktsüßer Rückgeschmack, sicheres Reifepotenzial für Jahre.

92 Morillon * 2023
12,5 Vol.-%, DV, Stahltank, €€€
Helles Gelbgrün, Silberreflexe. Zart nach Orangenzesten und gelbem Apfel, feine Mineralik, ein Hauch von Wiesenkräutern. Saftig, elegant, zarte Fruchtsüße, finessenreicher Säurebogen, bleibt sehr gut haften, ein leichtfüßiger Speisenbegleiter, vielfältig einsetzbar, gutes Potenzial.

(92) Morillon * Straden 2023
13 Vol.-%, DV, Stahltank/Eichenfass, €€€€
Helles Gelbgrün, Silberreflexe. Zarte Holzwürze, weißes Kernobst, ein Hauch von Wiesenkräutern, einladendes Bukett. Mittlere Komplexität, Nuancen von Apfel und Mango, feines Säurekleid, mineralisch-salzig im Abgang, ein vielseitiger Speisenbegleiter mit Entwicklungspotenzial.

(94) Grauer Burgunder * Straden 2023
13 Vol.-%, DV, Eichenfass, €€€€
Helles Messing, Silberreflexe. Noch etwas scheu, ein Hauch von Birne, zarte Gewürznuancen, kandierte Orangenzesten, feines Bukett. Mittlere Komplexität, etwas Birne, feine Cremigkeit, angenehmes Säurespiel, mineralisch, zarter Karamelltouch im Nachhall, saftig, aber nicht opulent.

Grauburgunder

94 Grauer Burgunder * Ried Stradener Rosenberg 1STK 2022
14 Vol.-%, DV, Stahltank/Eichenfass, €€€€€
Helles Kupfergold, Silberreflexe. Zartes Bukett nach frischer Birne, ein Hauch von Orangenzesten, dezente Gewürznuancen. Stoffig, elegant, weißes Kernobst, ein Hauch von Karamell, anhaftend, verfügt über gute Länge, ein stoffiger Speisenbegleiter mit gutem Reifepotenzial.

92 Welschriesling * 2023
11,5 Vol.-%, DV, Stahltank, €€
Helles Gelbgrün, Silberreflexe. Frische Wiesenkräuter, ein Hauch von Birne und weißem Apfel. Knackig, straff, lebendiger Säurebogen, zitroniger Touch, sehr leichtfüßig und trinkanimierend, toller Sommerwein.

92 Gelber Muskateller * 2023
11,5 Vol.-%, DV, Stahltank, €€€
Sehr helles Gelbgrün, Silberreflexe. Einladendes Bukett von Holunderblüten, ein Hauch von Muskatnuss, weißer Apfel. Leichtfüßig, mineralisch-zitronig in der Textur, gelbe Frucht im Kern, salziger Nachhall, ein animierender Speisenbegleiter, finessenreicher Sommerwein.

★★★

WEINGUT FRÜHWIRTH

Die Familie Frühwirth in Klöch sieht sich als Betrieb zwischen Tradition und Moderne, zwischen profundem Handwerk und zeitgemäßer Technologie. Authentische, unverwechselbare Weine, die ihre Herkunft zeigen, sind das wichtigste Anliegen der Winzerfamilie Frühwirth. Am besten kann man sich diesen in der gemütlichen Buschenschank annähern.
Die Bezeichnung »Koasasteffl«, der Vulgoname der Familie, tragen Premiumweine mit kräftiger und fülliger Statur, deren Trauben einer strengen Auslese unterzogen werden und teilweise auch in Barriques vergären und reifen. Der Top-Rotwein wird als »Roter Koasasteffl« bezeichnet und in einem speziellen Sandsteinkeller ausgebaut. Neben den bestehenden Paradesorten von Klöch, dem Traminer bzw. Gewürztraminer, wird die schon in Vergessenheit geratene Spielart des Traminers, der Gelbe Traminer, wieder vermehrt ausgepflanzt.
Die Böden am Hochwarth sind vulkanisch. Diese kräftige rote Erde und der dunkle Basalt sorgen dafür, dass die vielen Sonnentage auch in der Nacht wirken, indem sie die gespeicherte Tageswärme an die Stöcke abgeben. Dieses perfekte Terroir liebt der Traminer.
Besonders in Szene gesetzt werden die Weine im neuen »Weintheater« der Frühwirths. Als Bühne für den Wein fungiert der Weinberg selbst, wo nicht nur verkostet werden kann, sondern wo zudem der vulkanische Boden sichtbar und greifbar ist. Bewunderung finden auch die alte Baumpresse und der Gewölbekeller mit seinen gläsernen Weinregalen im neu renovierten Kellerstöckl. Seit 2021 ist das Weingut Mitglied bei den »Eruption«-Winzern, die nicht nur großartige »Eruption«-Weine hervorbringen, sondern ihre besten Lagen auch entsprechend klassifizieren und kontrolliert vermarkten.

94 Gelber Traminer * Klöch 2023
14 Vol.-%, DV, Stahltank, €€€
Helles Goldgelb, Silberreflexe. Feine gelbe Tropenfrucht, ein Hauch von Eibischteig, florale Nuancen, einladendes, aber nicht zu intensives Bukett. Saftig, elegant, feiner Pfirsich, zartes Säurespiel, balanciert, insgesamt frisch, trockene Stilistik, gut anhaftend, bereits antrinkbar, sicheres Entwicklungspotenzial.

Fritz und Lisa Frühwirth

WEINGUT FRÜHWIRTH
8493 Klöch
Deutsch Haseldorf 46
T: +43 (3475) 2338
weingut@fruehwirth.at
www.fruehwirth.at

Kellermeister: Fritz Frühwirth jun.
Kontakt: Familie Frühwirth
Anbauweise: Integrierter Anbau
Produktion: 80 % weiß, 3 % rosé, 15 % rot, 2 % süß, 15 Hektar
Zertifiziert: Nachhaltig Austria
Vereinszugehörigkeit: Eruption, Winzer Vulkanland Steiermark DAC, Klöcher Traminer, Wein Steiermark
Messen: VieVinum, DAC-Präsentationen

94 Gelber Traminer * Ried Hochwarth 2022
13,5 Vol.-%, NK, Teilbarrique, €€€€€
Mittleres Gelbgrün, Silberreflexe. Feine Würze, Nuancen von Kräutern, Anklänge von gelber Tropenfrucht, blumige Noten, mineralischer Touch. Komplex, engmaschig, weißer Pfirsich, salziger Touch im Abgang, seidiger, trockener Stil, im Finish kraftvoll, dunkle Nuancen im Nachhall, wird von Flaschenreife profitieren.

(94) Gewürztraminer * Klöch Extrem 2023
13,5 Vol.-%, DV, Stahltank, €€€€
Leuchtendes mittleres Goldgelb, Silberreflexe. Feine Nuancen von Marshmallows und Eibischteig, mit gelber Frucht unterlegt, zarter Blütenhonig klingt an. Stoffig und süß am Gaumen, Nuancen von reifem gelbem Pfirsich, bleibt hängen, saftiger Stil, Honig und Marillen im Nachhall, gute Zukunft.

93 Morillon * Ried Rosenberg 1-Eruption Koasasteffl 2022
13,5 Vol.-%, NK, kleines Holzfass/großes Holzfass, €€€€€
Helles Gelbgrün, Silberreflexe. Feine weiße Tropenfrucht, zart nach Melone, Rhabarber, ein Hauch von frischen Quitten, mineralisch unterlegt. Saftig, kompakt, zarte Fruchtsüße, frischer Apfel, lebendiger Säurebogen, mineralisch und anhaften, salzig-zitronig im Nachhall, sehr gutes Reifepotenzial.

92 Morillon * Klöch 2023
13,5 Vol.-%, DV, großes Holzfass, €€€
Helles Goldgelb, Silberreflexe. Zart nach Pfirsich, ein Hauch von Rhabarber, kandierte Orangenzesten, mineralischer Touch. Mittlerer Körper, weißer Apfel, feines Säurespiel, mineralisch-zitronig im Abgang, bleibt haften, salziger Rückgeschmack.

92 Sauvignon Blanc * Ried Kratzer 2023
13,5 Vol.-%, DV, Stahltank, €€€
Helles Goldgelb, Silberreflexe. Zarte Kräuterwürze, gelbe Tropenfrucht, zart nach Guaven und Grapefruitzesten. Mittlerer Körper, weißer Apfel, finessenreiche Säurestruktur, wirkt leichtfüßig und frisch, zart nach Honigmelone im Rückgeschmack.

90 Sauvignon Blanc * 2023
12,5 Vol.-%, DV, Stahltank, €€€
Helles Gelbgrün, Silberreflexe. Zart nach Stachelbeeren und Grapefruit, Nuancen von Pfirsich. Mittlerer Körper, weißer Apfel, frische Kräuterwürze, lebendig strukturiert, mineralisch, Limetten im Abgang, zart salziger Nachhall, bietet unkomplizierten Trinkspaß.

92 Weißburgunder * Ried Hochwarth 2021
13,5 Vol.-%, DV, kleines Holzfass/großes Holzfass, €€€€
Mittleres Goldgelb, Silberreflexe. Zart nussig unterlegte Anklänge von gelber Tropenfrucht, feine Kräuterwürze, zart nach Ananas und Papaya. Saftig, gelber Pfirsich, mineralisch, dezenter Blütenhonig, bleibt haften, ein ausgewogener Speisenwein mit zart süßem Finale.

91 Weißburgunder * 2023
12,5 Vol.-%, DV, Stahltank, €€
Helles Grüngelb, Silberreflexe. Sehr scheues Bukett, feine Nuancen von weißem Kernobst, mit Limettenzesten unterlegt. Schlank, feine Fruchtsüße, dezente Säurestruktur, mineralisch, ein zarter Speisenbegleiter, der von Flaschenreife profitieren wird.

93 Welschriesling Alte Reben 2021
14 Vol.-%, DV, kleines Holzfass, €€€€€
Mittleres Goldgelb, Silberreflexe. Feine Kräuternote, etwas Kokos, zarte Nuancen von weißem Kernobst, zart nach Vanille, individuelles Bukett. Komplex, straff, kraftvoll, weiße Birne, feiner Säurebogen, ein Hauch von Karamell, elegant und lange anhaftend, mineralischer Rückgeschmack, sicheres Entwicklungspotenzial.

* Vulkanland Steiermark DAC

Alois Gollenz

WEINGUT GOLLENZ
8355 Tieschen
Laasen 2
T: +43 (3475) 2519
info@dergollenz.at
www.dergollenz.at

Kellermeister/Kontakt: Alois Gollenz jun.
Produktion: 5 % Schaumwein, 90 % weiß, 5 % rot, 10 Hektar
Zertifiziert: Nachhaltig Austria
Vereinszugehörigkeit: Eruption
Messen: VieVinum

★★★

WEINGUT GOLLENZ

Viele Weingüter definieren sich über eine lange Tradition und reiche Geschichte, auf dem Weingut Gollenz allerdings gibt man sich mit nichts Kürzerem als der Unendlichkeit zufrieden. Generationen von Winzern sind nur ein Augenblick im Vergleich zur Geschichte des steirischen Vulkanlands, die bis ins Unermessliche zurückreicht. So fließen die Erdzeitalter, die in jedem Quadratmeter der Region stecken, in die Trauben ein, die dort wachsen, wo früher heiße Lava die Hänge bedeckte. Die Unendlichkeit wird damit zur zentralen Eigenschaft von Land und Wein. Mit dem Ziel, dieser Unendlichkeit ein Gesicht zu geben, startete Alois Gollenz in die komplette Neugestaltung des Familienbetriebs. Auch wenn die Namensgeber des steirischen Vulkanlands schon lange erloschen sind, befeuern die mineralischen Böden bis heute den einzigartigen Geschmack der hier reifenden Trauben. Die Bodenschichten, die hier vor Millionen Jahren durch Erschütterungen, flüssigen Stein und Feuer entstanden sind, prägen die Weine, lange bevor die Trauben gepresst sind. Zeitalter um Zeitalter fließen in jede Flasche mit ein und machen aus jedem Schluck ein Stück Unendlichkeit.

92 ❺ Der Gollenz Extra Brut 2019 CH/WB/PN
12,5 Vol.-%, DIAM, Flaschengärung/Holzfass, €€€€€
Helles Grüngelb, Silberreflexe, feines Mousseux. Zart nach Wiesenkräutern, frische Birne, weißer Apfel, kandierte Limettenzesten. Straff, engmaschig, frisches Kernobst, mineralisch im Abgang, zarter Pfirsichtouch im Nachhall, zitronig und animierend, rassiger Stil.

92 ❺ Blauer Muskateller Viarum Brut 2019
12,5 Vol.-%, DIAM, Stahltank/Flaschengärung, €€€€€
Zartes Rotgold, Silberreflexe, lebendiges Mousseux. Floraler Touch, ein Hauch von Muskatnuss, mit Maracuja unterlegt, fruchtiges, attraktives Bukett. Saftig, lebendig, weiße Tropenfrucht, ein Hauch von Litschis und Rosenwasser, angenehme Fruchtsüße im Nachhall, bietet unkompliziertes Trinkvergnügen auf hohem Niveau.

93 Weißburgunder * Ried Preguckenberg 2021
12,5 Vol.-%, DIAM, Flaschenreifung/großes Holzfass, €€€€€
Helles Grüngelb, Silberreflexe. Zart nach Honigmelone, kandierte Mandarinenzesten, mit gelber Birnenfrucht unterlegt. Saftig, elegant, weißes Kernobst, finessenreiche Säurestruktur, mineralisch, zarter Blütenhonig im Abgang, ein ausgewogener Speisenbegleiter mit sicherem Reifepotenzial.

93 Sauvignon Blanc * Ried Preguckenberg 2021
13 Vol.-%, DIAM, Barrique, €€€€€
Helles Gelbgrün, Silberreflexe. Floraler Touch, zart nach Stachelbeeren und Holunder, Weiße Johannisbeeren, mineralisch unterlegt. Mittlerer Körper, cremige Textur, feine Fruchtsüße, elegant und anhaftend, mineralisch, bereits harmonisch und gut antrinkbar, zeigt Länge und Reifepotenzial.

92 Sauvignon Blanc * Tieschen 2022
12,5 Vol.-%, DV, Stahltank, €€€€
Helles Gelbgrün, Silberreflexe. Zarte gelbe Tropenfrucht, Nuancen von Mango und Stachelbeeren, ein Hauch von Blütenhonig, mit Limettenzesten unterlegt. Saftig, straff und elegant, weißer Apfel, feine Süße im Abgang, mineralisch und anhaften, zitroniger Touch, ein pikanter Speisenbegleiter.

92 Blauer Zweigelt Eruption Rot 2020
13 Vol.-%, DIAM, Barrique, €€€€
Dunkles Rubingranat, violette Reflexe, zarte Randaufhellung. Feine Holzwürze, etwas dunkles Waldbeerenkonfit, kandierte Orangenzesten, Brombeernoten, attraktives Bukett. Saftig, gute Komplexität, schwarze Kirschen, tabakig, gut integrierte Tanninstruktur, guter Speisenbegleiter.

★

WEIN.GÖLLES WEINBAU | BUSCHENSCHANK

Das Weingut Gölles liegt in Hatzendorf im Vulkanland Steiermark, einem kleinen beschaulichen Ort, und wird als Familienbetrieb geführt. Zusätzlich betreibt man auch eine Buschenschank, in der man den Gästen zu den Weinen hausgemachte Jausenspezialitäten serviert. Bei allem, was die Gölles tun, steht die Qualität an oberster Stelle, denn nur aus besten Trauben kann man gute Weine keltern. Nach diesem Grundsatz bewirtschaften sie ihre Weingärten. Durch sorgfältige Arbeit im Weingarten erreichen sie die Voraussetzungen für qualitätsvolle Weine. Die Rebflächen liegen in unmittelbarer Nähe zum Betrieb und stehen auf sonnenverwöhnten Südhängen. Bei der Pflege ihrer Reben legen sie sehr großen Wert auf Handarbeit und können sich so jedem Weinstock individuell widmen. Im Keller verarbeitet man ausschließlich handgelesene Trauben mit einem Mix aus verspielter Liebe zum Detail, schonender Kellertechnik, Erfahrung und Geduld. Das Ergebnis reicht von klassisch-fruchtig bis hin zu kräftig, vielschichtig und lagerfähig.
In der Buschenschank ist es besonders gemütlich. Und da passt es sehr gut, die Weine mit hausgemachten und regionalen Spezialitäten zu servieren, und auch hier hat Qualität die oberste Priorität. Bei einer überschaubaren Anzahl von Sitzplätzen kann sich Familie Gölles, wie um ihre Rebstöcke, individuell um jeden Gast kümmern. Auf der Terrasse mit Blick über den Weingarten kann man die Seele baumeln lassen. Bei einem guten Glas Wein, einer herzhaften Jause und freundlichem Service kann man dabei auch schon mal die Zeit vergessen.

91 Weißburgunder * 2023
13,5 Vol.-%, DV, Stahltank, €€
Helles Gelbgrün, Silberreflexe. Zart nach Wiesenkräutern, feine grüne Apfelfrucht, etwas Birne, mit einem Hauch von Orangenzesten unterlegt. Saftig, feine Nuancen von wei-

WEIN.GÖLLES
WEINBAU | BUSCHENSCHANK
8361 Fehring
Hatzendorf 44a
T: +43 (3155) 3823
office@weinbau-goelles.at
www.weinbau-goelles.at

Kellermeister/Kontakt:
Franz Gölles
Produktion: 70 % weiß, 30 % rot, 7 Hektar
Zertifiziert: Nachhaltig Austria
Vereinszugehörigkeit:
Wein Steiermark, Winzer Vulkanland Steiermark DAC

ßem Kernobst, frischer Säurebogen, mineralisch-salzig im Abgang, ein gut entwickelter Begleiter bei Tisch.

91 Welschriesling * Ried Kirchenegg 2021
11,5 Vol.-%, DV, gebrauchte Barriques, €€€
Helles Grüngelb, Silberreflexe. Zarte Kräuterwürze, Nuancen von gelber Frucht, etwas Mango, ein Hauch von Blütenhonig, mineralischer Touch. Mittlerer Körper, zart nach Bergamotte, weiße Birne, feine Säurestruktur, leichtfüßig, zitronig im Nachhall, bleibt haften, ein lebendiger Speisenwein.

90 Morillon * 2023
13 Vol.-%, DV, Stahltank, €€
Helles Gelbgrün, Silberreflexe. Frischer weißer Apfel, floraler Touch, mit einem Hauch von Limettenzesten unterlegt. Straff, kernige Textur, feine Nuancen von Melone, frischer Säurebogen, mineralisch, ein lebendiger Speisenbegleiter.

89 Riesling * 2023
12,5 Vol.-%, DV, Stahltank, €€

89 Sauvignon Blanc * 2023
12,5 Vol.-%, DV, Stahltank, €€

93 Riesling Eiswein 2021
11 Vol.-%, DV, Stahltank, €€€€€
Helles Gelbgrün, Silberreflexe. Frischer Blütenhonig, reifer weißer Pfirsich, Nuancen von Maracuja, einladendes Bukett. Saftig, gute Komplexität, weißes Steinobst, gut integrierte Fruchtsüße, lebendig strukturiert, etwas Ananas im Nachhall, ein gut balancierter Dessertwein, sicheres Reifepotenzial.

★★★★

WEINGUT KRISPEL

BIO

Verlässt man die Südautobahn in Richtung Vulkanland, verwandelt sich die Landschaft. Die Straßen werden enger, und die Natur bekommt spürbar mehr Raum. Südlich von Bad Gleichenberg öffnet sich dann ein Paradies: das Weingut Krispel in Neusetz bei Straden. Die Verlockungen sind vielfältig: von großartigen Wollschweinprodukten bis hin zu Süßem aus der hauseigenen Patisserie. Absolut verführerisch ist vor allem aber der Krispel-Wein in allen Ausprägungen, typisch für das Vulkanland.

Das neue DAC-System für die Steiermark stärkt die Charakteristik der einzelnen Regionen. Die Gebietsweine von Stefan Krispel mit der Herkunft Vulkanland sind klassische, fruchtbetonte Weine voll Leichtigkeit und ausgeprägter Sortentypizität. Die zweite Stufe der Herkunftspyramide sind die Ortsweinen. Der Ausdruck der Charakteristik der Ortschaft ist der ganze Stolz von Stefan Krispel, der hier die Quintessenz der Gemeinde auszudrücken vermag. Die Weine werden im großen Holzfass bis zu zwölf Monate lang ausgebaut, sind spürbar strukturierter und durch ihre feine Würze lebendiger. Die dritte Stufe ist die Königsklasse: die Riedenweine. Sie sind Ausdruck des Bodens und des Mesoklimas eines Weingartens. Allen Lagen der Krispels gemeinsam ist das Vorherrschen von Basalt im oberen und von Basaltverwitterungsböden im unteren Bereich. Der Rosenberg hat den höchsten Kalkanteil in der Hangmitte, der Neusetzberg die höchste Rotlehmauflage auf kalkigem Untergrund, am Hochstrandl ist die Rotlehmauflage geringer und der Tonanteil höher. Die unterschiedlichen Hangneigungen, Ausrichtungen und Böden eignen sich für unterschiedliche Rebsorten: Der Muskateller Rosenberg vibriert vor Mineralik, der Sauvignon Blanc vom Neusetzberg ist der Elegante, der Grauburgunder vom Hochstrandl der Mineralische mit Tiefgang. Der Weißburgunder vom Neusetzberg fühlt sich im Mund so wohlig weich an, dass man an einen Sonnenuntergang denkt. Und wo kann man all das genießen? Auf dem Genussgut, in vielen Restaurants oder per Webshop im trauten Heim.

95 Sauvignon Blanc * Ried Hochstrandl Alte Reben 2021
13,5 Vol.-%, DIAM, großes Holzfass, €€€€€
Helles Grüngelb, Silberreflexe. Zarte Kräuterwürze, feine Tropenfruchtanklänge, zart nach Pfirsich und Stachelbeeren, ein Hauch von Grapefruit, mineralischer Touch, zartes, aber facettenreiches Bukett. Komplex, engmaschig, feine Steinobstanklänge, finessenreicher Säurebogen, gut anhaftend, salzige Nuancen, zeigt Länge und Reifepotenzial.

WEINGUT KRISPEL

8345 Hof bei Straden, Neusetz 29
T: +43 (3473) 7862
office@krispel.at, www.krispel.at
Kellermeister: Stefan Krispel
Kontakt: Familie Krispel
Anbauweise: Zertifiziert Biologisch (Bio Austria)
Produktion: 2 % Schaumwein, 94 % weiß, 1 % rosé, 2 % rot, 1 % süß, 34 Hektar
Zertifiziert: Nachhaltig Austria
Vereinszugehörigkeit: Winzer Vulkanland Steiermark DAC, Eruption, Wein Steiermark, Steirischer Junker
Messen: Alles für den Gast Salzburg, fafga Innsbruck, ProWein Düsseldorf, Tag des Steirischen Weines, London Wine Fair, VieVinum, Vinexpo, DAC-Präsentationen

Stefan Krispel

93 Sauvignon Blanc * Ried Neusetzberg 2022
13 Vol.-%, DIAM, großes Holzfass, €€€€€
Helles Grüngelb, Silberreflexe. Feine gelbe Tropenfrucht, zart nach Litschis und Guaven, florale Nuancen, ein Hauch von Blütenhonig, einladendes Bukett. Saftig, elegante Textur, weißer Pfirsich, etwas Ananas und Cassis, feiner Säurebogen, mineralisch, wirkt sehr leichtfüßig, ein finessenreicher Speisenbegleiter.

92 Sauvignon Blanc * Straden 2022
13 Vol.-%, DV, Stahltank, €€€€
Helles Goldgelb, Silberreflexe. Weiße Tropenfrucht, reife Stachelbeeren, etwas Mango, Nuancen von Grapefruit und Blütenhonig. Saftig, zart nach Minze und Litschis, dezente Fruchtsüße im Kern, weißer Pfirsich, mineralisch und balanciert, bereits gut entwickelt und antrinkbar.

91 Sauvignon Blanc * 2023
12,5 Vol.-%, DV, Stahltank, €€€
Helles Goldgelb, Silberreflexe. Feine Nuancen von frischen Stachelbeeren, Grapefruit und Mango, mit gelben Paprikaschoten unterlegt. Mittlerer Körper, feinwürzige Textur, reifer Pfirsich, zarte Fruchtsüße im Abgang, vielfältig einsetzbar.

95 Weißburgunder * Ried Neusetzberg Alte Reben 2020
13,5 Vol.-%, DIAM, großes Holzfass/kleines Holzfass, €€€€€
Helles Grüngelb, Silberreflexe. Feine Holzwürze, zart nach gelber Tropenfrucht, etwas Vanille, angenehme Kräuterwürze, Noten von Karamell. Komplex, saftig, elegante Textur, weißer Apfel, finessenreiche Säurestruktur, mineralisch-salzig im Abgang, verfügt über gute Länge und Zukunftspotenzial.

94 Weißburgunder * Ried Neusetzberg 2020
12,5 Vol.-%, DIAM, großes Holzfass/kleines Holzfass, €€€€€
Helles Grüngelb, Silberreflexe. Frische Orangenzesten, gelbes Kernobst, Nuancen von frischem Apfel, Mango und Blütenhonig. Saftig, elegant, zitronige Nuancen, feiner, gut integrierter Säurebogen, mineralisch im Abgang, ein ausgewogener Speisenbegleiter mit weiterem Reifepotenzial.

93 Weißburgunder * Ried Stradener Rosenberg 2020
12,5 Vol.-%, DIAM, kleines Holzfass/großes Holzfass, €€€€€
Mittleres Grüngelb, Silberreflexe. Weißes Nougat, frische Birne, ein Hauch von Wiesenkräutern, mineralischer Anklang. Mittlerer Körper, feine Anklänge von weißem Kernobst, frisch strukturiert, mineralisch-salzig im Abgang, leichtfüßig und gut anhaftend, ein ausgewogener Speisenbegleiter.

92 Weißburgunder * Straden 2022
12,5 Vol.-%, DV, großes Holzfass, €€€€
Helles Goldgelb, Silberreflexe. Verhalten, ein Hauch von gelbem Kernobst, zart nach Wiesenkräutern. Mittlerer Körper, weiße Apfelfrucht, feiner Blütenhonig, elegant und gut anhaftend, dezenter Säurebogen, fruchtige Süße im Abgang, insgesamt noch sehr scheu.

91 Weißburgunder * 2023
12,5 Vol.-%, DV, Stahltank, €€
Helles Grüngelb, Silberreflexe. Feine gelbe Tropenfrucht, etwas Birne und ein Hauch von Blütenhonig, mit Orangenzesten unterlegt. Saftig, elegant, harmonisch, feines Säurespiel, ein fruchtiger und ausgewogener Speisenbegleiter.

94 Grauburgunder * Ried Hochstrandl Alte Reben 2021
13,5 Vol.-%, DIAM, großes Holzfass/kleines Holzfass, €€€€€
Mittleres Grüngelb, Silberreflexe. Feine Holzwürze, Kräuter, gelbe Tropenfrucht, Grapefruitzesten, facettenreiches Bukett. Kraftvoll, komplex, saftige Frucht, dezenter Blütenhonig im Abgang, ein vielschichtiger Begleiter bei Tisch, bereits sehr gut antrinkbar.

93 Grauburgunder * Ried Neusetzberg 2021
13,5 Vol.-%, DIAM, großes Holzfass/kleines Holzfass, €€€€€
Helles Messinggold, Silberreflexe. Zart floral, reife Birne, ein Hauch von Orangenzesten, etwas Kräuterwürze. Komplex, Nuancen von weißer Frucht, frischer Säurebogen, mineralisch, gute Frische, ein Hauch von Süße im Abgang, Limetten im Nachhall, bereits gut entwickelt.

92 Grauburgunder * Straden 2022
13 Vol.-%, DV, großes Holzfass, €€€€
Helles Rotgold, Silberreflexe. Nuancen von gelbem Steinobst, mit einem Anflug von Dörrobst unterlegt, typischer Kletzentouch. Saftig, cremige Textur, zart nach Karamell, ausgewogen und gut anhaftend, weißes Nougat im Rückgeschmack.

91 Grauburgunder * 2023
12,5 Vol.-%, DV, großes Holzfass, €€€
Helles Messing, Silberreflexe. Zart nach Blütenhonig, Orangenzesten, feine gelbe Birnenfrucht, einladendes Bukett. Mittlerer Körper, zart nach Banane, dezentes Säurespiel, zitronig-salzig im Abgang, ein leichtfüßiger Sortenvertreter.

93 Gelber Muskateller * Ried Stradener Rosenberg 2022
12 Vol.-%, DV, großes Holzfass, €€€€
Helles Goldgelb, Silberreflexe. Feine Kräuterwürze, Nuancen von gelber Tropenfrucht, etwas Pfirsich, ein Hauch von Muskatnuss. Saftig, weißes Steinobst, elegant, finessenreicher Säurebogen, leichtfüßig, aber dennoch vielschichtig, ein trockener Sortenvertreter mir salzigem Nachhall.

92 Chardonnay * Straden 2022
12,5 Vol.-%, DV, großes Holzfass, €€€€
Helles Goldgelb, Silberreflexe. Feine gelbe Tropenfrucht, zart nach Vanille, gelber Apfel und Mango klingen an, mit einem Hauch von Orangenzesten und Blütenhonig unterlegt. Mittlerer Körper, weißer Apfel, frischer Säurebogen, mineralisch-zitronig im Abgang, ein lebendiger Speisenbegleiter.

92 Welschriesling * Ried Stradener Rosenberg 2021
12,5 Vol.-%, DIAM, großes Holzfass, €€€€
Helles Grüngelb, Silberreflexe. Reife gelbe Tropenfrucht, kandierte Mandarinenzesten, mit Golden-Delicious-Apfel unterlegt. Mittlerer Körper, weiße Birne, dezente Säurestruktur, weißes Kernobst und etwas Zitrone im Abgang, feiner Karamelltouch im Rückgeschmack.

94 B1 - Wein aus dem Stein PG/SB/WB
12,5 Vol.-%, DIAM, großes Holzfass/Basaltfass, €€€€€€
Kräftiges Gelbgold, Silberreflexe. Zart nach Orangenzesten und getrockneten Marillen, dezente Kräuterwürze, mineralischer Touch. Straff, engmaschig, feine gelbe Tropenfrucht, mineralisch, angenehme Extraktsüße im Abgang, salziger Touch im Rückgeschmack, ein eleganter, geschmeidiger Speisenbegleiter, zwei Jahre im Basalt, weitere 60 Monate im großen Holzfass harmonisiert.

★★★

MÜLLER KLÖCH

Seit 1973 fühlt sich die Winzerfamilie Müller in Klöch dem Weinbau verpflichtet. Auf den steilen Hängen erloschener Vulkane wurzeln die Reben in reichhaltigen Böden aus roter Erde und Basaltgestein. Hochwertige Trauben aus den besten Rieden, sorgfältiges Handwerk und respektvoller Umgang mit dem Kulturgut bilden die Grundlage für authentische Weine. Sie zeigen Charakter und Herkunft, tragen eine klare Handschrift und vermitteln Weingenuss mit Stil. Aus den Klöcher Top-Rieden Hochwarth und Seindl werden elegante Weißweine, tiefgründige Traminer und Gewürztraminer sowie würzig-delikate Rotweine gekeltert.

2019 wurde auf dem Weingut die neue Vinothek eröffnet. Den Weinliebhaber erwartet dort eine wunderbare Mischung aus stilvoller Architektur und Bodenständigkeit. Das Bauwerk in seinen warmen, erdigen Rottönen fügt sich harmonisch in die umliegende Landschaft ein. Ein großzügiger Verkostungs- und Verkaufsraum, wo alle Weine ausgestellt sind, lädt zum Degustieren und Verweilen ein. Der Innenhof mit südländischer Atmosphäre ist ein besonderer Platz zum Genießen. Auf dem Aussichtsturm mit Loungebereich genießt man bei einem guten Glas Wein den herrlichen Blick über die Weinberge. Ein Besuch des Weinguts ist somit nicht nur für den Gaumen, sondern auch für das Auge ein Erlebnis.

Unweit vom Weingut betreibt die Familie Müller-Koschar das idyllisch-schön auf einem Hügel gelegene Hotel-Garni »Schöne Aussichten«. Zwölf stilvoll eingerichtete Zimmer mit Viersternekomfort, eine großzügige Gartenanlage und ein hauseigener Pool stehen den Gästen zur Verfügung. Wie schon der Name verrät, lädt die Aussicht zum Träumen und die Atmosphäre zum Verweilen ein. Umgeben von Weinbergen kann man die Ruhe und Natur genießen und das Vulkanland von seiner schönsten Seite kennenlernen.

93 Gewürztraminer * Klöch 2023
14,5 Vol.-%, DV, Stahltank, €€€
Mittleres Grüngelb, Silberreflexe. Zarter Blütenhonig, reife Ananas, ein Hauch von Marille, Nuancen von Rosenöl. Komplex, saftig, kraftvoll, gelbe Tropenfrucht, frische Mango, gut integrierte Fruchtsüße, mineralisch und gut anhaftend, wird von Flaschenreife profitieren.

MÜLLER KLÖCH
8493 Klöch
Klöch 51
T: +43 (3475) 7160
mail@weingut-mueller.at
www.weingut-mueller.at

Kellermeister/Kontakt:
Stefan Müller
Produktion: 80.000 Flaschen
85 % weiß, 10 % rot, 5 % süß,
17 Hektar
Zertifiziert: Nachhaltig Austria
Vereinszugehörigkeit:
Winzer Vulkanland Steiermark DAC, Eruption, Klöcher Traminer
Messen: VieVinum

Stefan Müller

* Vulkanland Steiermark DAC

92 Gewürztraminer * Klöch Spätlese 2022
12,5 Vol.-%, DV, Stahltank, €€€
Helles Strohgelb, Silberreflexe. Reifes Steinobst, getrocknete Marillen, kandierte Mandarinenzesten, etwas Honig, florale Aspekte. Mittlerer Körper, honigsüße Textur, reifer Pfirsich, saftig und anhaftend, mineralischer Anklang im Rückgeschmack, bereits antrinkbar.

92 Gelber Traminer * Klöch 2022
13,5 Vol.-%, DV, Stahltank, €€€
Helles Gelbgrün, Silberreflexe. Zart nach Marshmallows, gelber Pfirsich, Nuancen von Rosen, noch etwas zurückhaltendes Bukett. Kräftig, saftig, gelbe Tropenfrucht, feiner Säurebogen, mineralisch, Honig im Nachhall, bleibt haften, gutes Entwicklungspotenzial.

(92) Riesling * Ried Seindl 1-Eruption 2022
13 Vol.-%, NK, großes Holzfass, €€€€€
Helles Grüngelb, Silberreflexe. Zart nach Limetten, weißer Weingartenpfirsich, ein Hauch von Safran, mit Mandarinen- und Grapefruitzesten unterlegt. Saftig, straff, weißer Apfel, rassiger Säurebogen, mineralisch-salzig im Abgang, Limetten auch im Rückgeschmack.

89 Sauvignon Blanc * 2023
13,5 Vol.-%, DV, Stahltank, €€€

89 Weißburgunder * Klöch 2022
14 Vol.-%, DV, Stahltank/500-l-Fass, €€€

★★★★★

WEINGUT NEUMEISTER

BIO

Christoph Neumeister führt in Straden das Weingut Neumeister in dritter Generation. Sein Zugang zum Weinbau und zur Weinbereitung sowie der Anspruch an die Weinqualität sind sehr nuanciert. In einer Zeit, in der sich sehr oft das Lauteste, Größte oder Schrillste in den Vordergrund drängt, verfolgt er bewusst eine langfristige, gesamtheitliche und aufwendige Arbeitsweise, um elegante, durch innere Ruhe und Komplexität geprägte und trotzdem animierende und befriedigend tiefgründige Weine zu keltern.
Straden liegt im Vulkanland Steiermark im Südosten von Österreich und ist geprägt von einem illyrisch-pannonischen Mischklima. Dieses bringt warme Tage und kühle Nächte sowie ausreichend Niederschläge von durchschnittlich 900 Millimetern pro Jahr, was wiederum eine lange Vegetationsperiode bewirkt und eine späte Lese erlaubt. In dieser herausfordernden klimatischen Umgebung werden 31 Hektar bewirtschaftet, verteilt auf unzählige kleine Weingärten in Steillagen. Die Geologie dieser Weingärten ist geprägt von kalkreichen Sedimentböden aus zwei unterschiedlichen Herkünften: Sandstein und Muschelkalk, entstanden aus einem Wattmeer, sowie Sarmatschotter, der im Tertiär aus den Alpen kommend hier abgelagert wurde. Viele dieser Weingärten haben ein Alter von 40 Jahren und mehr erreicht und sind zum Teil noch Stockkulturen, was aufwendige Handarbeit bedeutet. Darüber hinaus werden alle Weingärten seit 2013 organisch-biologisch bewirtschaftet. Das Resultat von sorgsamer Handlese, ausgedehnten Maischestandzeiten, einem schonenden und langsamen Ausbau im Keller, spontaner Vergärung, langen Hefekontaktzeiten und einer späten Flaschenfüllung sind gut strukturierte und elegante Weine mit einem hohen Maß an Komplexität und klarer Herkunft.
Die Premium-Rieden des Weinguts sind »Saziani« und »Moarfeitl« (GSTK) sowie »Klausen« und »Steintal« (1STK). Die Familie betreibt in unmittelbarer Nähe zum Weingut das Restaurant »Saziani Stub'n« und das Boutiquehotel »Schlafgut Saziani«. Christoph Neumeister wurde im Juni 2019 in der Wiener Hofburg der Titel »Falstaff-Winzer des Jahres« verliehen.

(99) Sauvignon Blanc * Straden Alte Reben 2021
13,5 Vol.-%, NK, großes Holzfass, €€€€€€ B
Mittleres Grüngelb, Silberreflexe. Gelbe Tropenfrucht, Stachelbeeren, ein Hauch von Guaven und Mandarinenzesten, etwas Blütenhonig, ungemein facettenreiches Bukett. Saftig, elegant, feine cremige Textur, zart nach Marille und Pfirsich, finessenreiche Struktur, salziger Nachhall, ein

WEINGUT NEUMEISTER

8345 Straden
Kronnersdorf 147
T: +43 (3473) 8308
weingut@neumeister.cc
www.neumeister.cc

Kellermeister/Kontakt:
Christoph Neumeister
Anbauweise: Zertifiziert Biologisch
Produktion: 92 % weiß, 7 % rot, 1 % süß, 31+4 Hektar
Vereinszugehörigkeit:
Winzer Vulkanland Steiermark DAC, Steirische Terroir- und Klassikweingüter
Messen: ProWein Düsseldorf, VieVinum, MondoVino

Straden

Hauch von Limetten im Finish, kernig, noch sehr jugendlich, besitzt Potenzial und Länge, wird von Flaschenreife profitieren. Ein Sauvignon-Blanc-Monument!

(97) Sauvignon Blanc * Ried Moarfeitl GSTK 2022

13 Vol.-%, NK, großes Holzfass, €€€€€€ B
Mittleres Grüngelb, Silberreflexe. Feine Kräuterwürze, reife gelbe Ringlotten, kandierte Orangenzesten, mit Mandarinen unterlegt. Engmaschig, weißes Kernobst, feine Säurestruktur, zarte Extraktsüße, elegant und mit großer Länge ausgestattet, sehr präzise und trinkanimierend, wirkt leichtfüßig, sicheres Reifepotenzial für viele Jahre.

(95) Sauvignon Blanc * Ried Klausen 1STK 2022

13 Vol.-%, NK, großes Holzfass, €€€€€ B
Helles Grüngelb, Silberreflexe. Nuancen von reifer gelber Frucht, zart nach Mango und Stachelbeeren, feiner Blütenhonig. Saftig, feine weiße Pfirsichfrucht, finessenreicher Säurebogen, ein Hauch von Zitrone, wirkt leichtfüßig und verführerisch, saliner Nachhall, gutes Reifepotenzial, bereits gut entwickelt.

94 Sauvignon Blanc * Straden 2023

12,5 Vol.-%, DV, großes Holzfass/Stahltank, €€€€ B
Helles Gelbgrün, Silberreflexe. Dunkle Kräuterwürze, gelbe Stachelbeeren, zart nach Blütenhonig, ein Hauch von Apfel. Saftig, seidige Textur, dezente Fruchtsüße, integriertes Säurespiel, salzig und fein, ein Hauch von Limetten im Abgang, toller Trinkfluss, ein vielschichtiger Speisenbegleiter.

(96) Morillon * Ried Moarfeitl GSTK 2022

13,5 Vol.-%, NK, großes Holzfass, €€€€€€ B
Helles Grüngelb, Silberreflexe. Feine gelbe Fruchtexotik, ein Hauch von Ananas und Mango, kandierte Orangenzesten, etwas Blütenhonig. Saftig, seidige Textur, Nuancen von frischem Apfel, feines Kernobst, mineralisch-zitronig, salzige Noten, ein finessenreicher Speisenbegleiter.

(95) Grauburgunder * Ried Saziani GSTK 2022

13,5 Vol.-%, NK, großes Holzfass, €€€€€€ B
Mittleres Grüngelb, Silberreflexe. Zarte Nuancen von Orangenzesten, feine gelbe Tropenfrucht, etwas Blütenhonig, Kräuterwürze, ein Hauch von Ingwer. Saftig, weiße Apfelfrucht, dezente Extraktsüße, stoffig und gut anhaftend, mineralisch, ein Hauch von weißem Pfeffer, Limetten im Nachhall, ein facettenreicher Speisenbegleiter.

93 Grauburgunder * Straden 2023

13 Vol.-%, DV, Eichenfass/Stahltank, €€€€ B
Mittleres Grüngelb, Silberreflexe. Feine Birnenfrucht, zarte gelbe Tropenfrucht, ein Hauch von Blütenhonig, einladendes Bukett. Saftig, stoffig, feine cremige Textur, gut integrierte Säurestruktur, sehr einladender Speisenbegleiter, bereits zugänglich und harmonisch, verführerischer Stil.

(94) Roter Traminer * Ried Steintal 1STK 2022

13 Vol.-%, NK, großes Holzfass, €€€€€ B
Mittleres Gelbgrün, Silberreflexe. Feines Rosenöl, zarte gelbe Tropenfrucht, ein Hauch von Gewürzen. Stoffig, elegant, feine Fruchtsüße, saftig, ohne Opulenz zu zeigen, rund und harmonisch, bereits sehr gut entwickelt, tolle Länge, zugänglicher, dezent aromatischer Stil.

(94) Weißburgunder * Ried Klausen 1STK 2022
13 Vol.-%, NK, großes Holzfass, €€€€€ B
Helles Grüngelb, Silberreflexe. Feine Wiesenkräuter, weißes Steinobst, Nuancen von Birnen, zarter Blütenhonig. Straff, engmaschig, feine Extraktsüße, zarte Säurestruktur, mineralisch-zitroniger Nachhall, ein finessenreicher Speisenwein mit Länge und bezaubernder Struktur.

93 Weißburgunder * Straden 2023
12,5 Vol.-%, DV, Stahltank/großes Holzfass, €€€€ B
Mittleres Grüngelb, Silberreflexe. Frisches Kernobst, ein Hauch von Wiesenkräutern und Orangenzesten, mineralischer Touch. Straff, engmaschig, finessenreich, lebendig und gut anhaftend, ein schlanker Speisenbegleiter mit viel Druck, salzig im Nachhall.

92 Gelber Muskateller * Straden 2023
12 Vol.-%, DV, Stahltank, €€€€ B
Helles Gelbgrün, Silberreflexe. Feinwürzig unterlegte gelbe Tropenfrucht, feine Nuancen von Holunderblüten, Muskatnuss. Saftig, elegant, feine Fruchtsüße, gut integrierte Säurestruktur, Limettenzesten, fruchtiger Nachhall, ein leichtfüßiger Sommerwien.

92 Gemischter Satz Sarmat 2023 BIO
12 Vol.-%, DV, Stahltank/großes Holzfass, €€€ B
Mittleres Gelbgrün, Silberreflexe. Zarte Nuancen von weißer Frucht, ein Hauch von Ringlotten, mineralischer Touch, mit Grapefruitzesten unterlegt. Saftig, elegant, weißer Apfel, mineralisch und frisch, salziger Nachhall, ein leichtfüßiger Speisenbegleiter.

★★★

WEINGUT PFEIFER

Als junger, motivierter und qualitätsorientierter Winzer im malerischen St. Anna am Aigen im Vulkanland Steiermark führt Daniel Pfeifer den Familienbetrieb. Im Ertrag stehen zehn Hektar Weingärten, die naturnah und nachhaltig sowie ohne Einsatz von Herbiziden und Insektiziden bewirtschaftet werden. Die Trauben sind handverlesen, und es werden Weine mit besonderem Fokus auf das Terroir produziert. Die Philosophie von Daniel Pfeifer ist die des »kontrollierten Nichtstuns«. Laufende Kontrolle im Weingarten und im Keller sind Standard, Interventionen finden nur im Notfall statt.
Die Böden sind geprägt von Lehm, Meeressedimenten (Kalk) und Vulkangestein (Basalt), und im klimatischen Vergleich mit den anderen Orten im Vulkanland gilt St. Anna als

Sankt Anna

WEINGUT PFEIFER
8354 Sankt Anna am Aigen
Plesch 43a
T: +43 (3158) 29018
office@pfeifer-weingut.at
www.pfeifer-weingut.at

Kellermeister/Kontakt: Daniel Pfeifer
Produktion: 66.667 Flaschen
85 % weiß, 15 % rot, 10+2 Hektar
Zertifiziert: Nachhaltig Austria
Vereinszugehörigkeit: Wein Steiermark, Steirischer Junker, Eruption, Winzer Vulkanland Steiermark DAC
Messen: VieVinum, DAC-Präsentationen

kühlste Gemeinde der Region. Die Ried Schemming, wo sich das Weingut befindet, ist eine der spannendsten Lagen der Steiermark. Sandstein und kalkige Sedimente des Urmeeres treffen auf die vulkanischen Böden vom Stradener Kogel, der als erloschener Vulkan und gleichzeitig als höchste Erhebung des Vulkanlandes über den Reben thront.

(94) Chardonnay * Ried Schemming G-Eruption 2021
13,5 Vol.-%, DIAM, Flaschengärung/kleines Holzfass, €€€€€
Mittleres Grüngelb, Silberreflexe. Zart nach Blütenhonig, etwas Holzwürze, zartes Karamell, mit feiner gelber Tropenfrucht unterlegt. Saftig, etwas Mango, seidige Textur, fruchtige Süße im Kern, feines Säurespiel, elegant und gut anhaftend, wirkt leichtfüßig, Honigmelone im Abgang, ein vielseitiger, delikater Speisenbegleiter.

93 Chardonnay * St. Anna 2022
13 Vol.-%, DV, großes Holzfass, €€€
Mittleres Grüngelb, Silberreflexe. Feine Nuancen von gelbem Kernobst, ein Hauch von Blütenhonig, kandierte Orangenzesten, attraktives Bukett. Saftig, cremig, reife gelbe Tropenfrucht, finessenreiche Säurestruktur, mineralisch, balanciert, gelber Apfel im Abgang, ein feiner Speisenbegleiter.

93 Chardonnay * Ried Schemming G-Eruption 2022
13,5 Vol.-%, DIAM, kleines Holzfass/Flaschenreifung, €€€€€
Mittleres Grüngelb, Silberreflexe. Zart nach gelbem Apfel, ein Hauch von weißem Nougat, zarte Holzwürze, feine Vanillenuancen. Saftig, elegant, weißer Apfel, feine Extraktsüße, frisch strukturiert, mineralisch und anhaftend, gutes Reifepotenzial.

93 Gelber Muskateller * Ried Schemming 2022
13 Vol.-%, DV, Stahltank, €€€
Helles Strohgelb, Silberreflexe. Feine gelbe Tropenfrucht, Nuancen von Maracuja, zart nach Limetten, mit Noten von Muskatnuss und Holunderblüten unterlegt. Saftig, elegant, weiße Frucht, zart nach Pfirsich, frisch strukturiert, mineralisch-salzig im Abgang, zitroniger Nachhall, bereits sehr gut entwickelt.

93 Grauburgunder * Reserve 2022
13,5 Vol.-%, DV, großes Holzfass, €€€€
Mittleres Strohgold, Messingtouch. Mit feinem Blütenhonig und etwas Karamell unterlegte gelbe Tropenfrucht, zart nach Ananas und reife Birne, einladendes Bukett. Saftig, feine Holzwürze, reife Honigmelone, gut integrierter Säurebogen, mineralisch, zart salzig im Abgang, ein eleganter Begleiter bei Tisch.

93 Sauvignon Blanc * Ried Schemming G-Eruption 2021
13,5 Vol.-%, DIAM, Flaschengärung/500-l-Fass, €€€€€
Mittleres Grüngelb, Silberreflexe. Intensive rauchige Kräuterwürze, ein Hauch von Brennnesseln, Cassis und Grapefruitzesten. Saftig, weißer Apfel, Cassis, frischer Säurebogen, mineralisch-salziger Abgang, Litschis und Limetten im Nachhall, ein Hauch von Fruchtsüße im Rückgeschmack, ein würziger, jugendlicher Speisenbegleiter.

92 Sauvignon Blanc * St. Anna 2022
13 Vol.-%, DV, großes Holzfass, €€€
Helles Gelbgrün, Silberreflexe. Weiße Blüten, ein Hauch von Stachelbeeren, Limetten und Litschis, einladendes Bukett. Mittlerer Körper, feinwürzig, zart nach Kräutern und weißer Tropenfrucht, salziger Abgang, ein lebendiger Begleiter bei Tisch.

92 Sauvignon Blanc * Ried Schemming G-Eruption 2022
13,5 Vol.-%, DIAM, Flaschengärung/500-l-Fass, €€€€€
Mittleres Grüngelb, Silberreflexe. Zarte Anklänge von gelber Tropenfrucht, zart nach Stachelbeeren und Blütenhonig, mit kandierten Limettenzesten unterlegt. Saftig, elegant, ein Hauch von weißer Frucht, zartes Säurespiel, wirkt eine Spur weitmaschig, bereits gut entwickelt.

93 Weißburgunder * Ried Schemming G-Eruption 2022
13 Vol.-%, DIAM, Flaschengärung/kleines Holzfass, €€€€€
Mittleres Grüngelb, Silberreflexe. Zart nach Nougat, Nuancen von reifem gelbem Kernobst, feines Karamell. Saftig, cremige Textur, Noten von weißer Frucht, zart nach Pfirsich, dezente Säurestruktur, seidiger, balancierter Stil, mineralisch und gut anhaftend, ein facettenreicher Begleiter bei Tisch, verfügt über Reifepotenzial.

92 Weißburgunder * St. Anna 2022
13 Vol.-%, DV, großes Holzfass, €€€
Helles Gelbgrün, Silberreflexe. Feine Wiesenkräuter, ein Hauch von frischer Birne und etwas Mango, zart nach Walnuss, einladendes Bukett. Mittlere Komplexität, elegant, weißer Apfel, frischer Säurebogen, mineralisch-zitronig im Abgang, ein vielseitiger Speisenbegleiter.

★★

WEINHOF PLATZER

Idyllisch eingebettet zwischen den Hügeln des südoststeirischen Vulkanlandes befindet sich der Weinhof der Familie Platzer. Schon seit mehreren Generationen wird hier Weinbau betrieben. Die Weingärten liegen allesamt in der näheren Umgebung des Weinhofs. Die wichtigsten Rieden sind Aunberg, Königsberg, Klöchberg und Stadner Rosenberg. In diesen Top-Rieden bildet sich die hohe Qualität der Trauben, die behutsam bis in die Flasche transportiert wird. Die Rebstöcke werden während der Vegetationsperiode fortlaufend begleitet, um ein Maximum an Qualität und regionaler Stilistik zu erreichen. Von der Ernte bis zur Füllreife ist es den Platzers ein Anliegen, sehr schonend zu arbeiten, um das Bukett der Trauben bis ins Weinglas zu bringen. Selektive Handlese ist dabei eine Selbstverständlichkeit. Damit sich der Wein unbelastet bis zur Füllreife entwickeln kann, ist der Weinkeller sehr durchdacht angelegt. Diese ganze Hingabe an den Wein wurde vielfach prämiert: Zahlreiche Auszeichnungen in den vergangenen Jahren wie Siege bei der »Steirischen Landesweinbewertung«, im »SALON Österreich Wein« und bei der »Austrian Wine Challenge« belegen die hohe Qualität der Platzer-Weine.

WEINHOF PLATZER
8355 Tieschen
Pichla 25
T: +43 (3475) 2331
platzer@weinhof-platzer.at
www.weinhof-platzer.at

Kellermeister: Robert Platzer
Kontakt: Familie Platzer
Produktion: 1 % Schaumwein, 80 % weiß, 4 % rosé, 15 % rot, 35 Hektar
Vereinszugehörigkeit: Winzer Vulkanland Steiermark DAC, Steirischer Junker, TAU-Winzer

93 Sauvignon Blanc * Ried Aunberg Privat 2022
13,5 Vol.-%, DV, kleines Holzfass, €€€€
Mittleres Grüngelb, Silberreflexe. Reife gelbe Tropenfrucht, zart nach Guaven und Cassis, mit einem Hauch von Nougat unterlegt, zart nach Pfefferminze. Kräftig, weiße Frucht, etwas Pfirsich und Litschis, mineralisch-kalkig im Abgang, ein vielseitiger Speisenbegleiter mit gutem weiterem Reifepotenzial.

(92) Sauvignon Blanc * Tieschen 2023
13,5 Vol.-%, DV, großes Holzfass, €€€
Helles Gelbgrün, Silberreflexe. Zart nach Grapefruitzesten, Nuancen von Stachelbeeren, floraler Touch, mit feiner Kräuterwürze unterlegt. Saftig, zart nach Litschis, weißer Pfirsich, frischer Säurebogen, mineralisch-zitronig im Abgang, ein lebendiger Begleiter bei Tisch.

93 Grauburgunder * Ried Klöchberg Privat 2022
13,5 Vol.-%, DV, kleines Holzfass, €€€€
Helles Messinggold, Silberreflexe. Zart nussige Holzwürze, reife Birnenfrucht, ein Hauch von Dörrobst, mit angenehmer Kräuterwürze unterlegt. Kraftvoll, saftig, dezente Fruchtsüße, mineralisch, ein Hauch von Blütenhonig im Abgang, elegant und gut anhaftend, ein facettenreicher Speisenbegleiter.

92 Chardonnay * Ried Aunberg Privat 2022
13,5 Vol.-%, DV, kleines Holzfass, €€€€
Helles Goldgelb, Silberreflexe. Zart nach Vanille und gelbe Tropenfrucht, ein Hauch von Biskuit, einladendes Bukett. Saftig, gute Komplexität, Nuancen von Mango und reifem Apfel, feine Säurestruktur, zarte Holzwürze, ausgewogen und gut anhaftend, ein eleganter Speisenbegleiter mit Reifepotenzial.

(91) Chardonnay * Tieschen TAU 2023
13,5 Vol.-%, DV, großes Holzfass, €€€
Helles Grüngelb, Silberreflexe. Zart nach Golden-Delicious-Apfel, etwas Blütenhonig und kandierte Orangenzesten. Saftig, cremig, zart karamellig unterlegte Mangofrucht, dezente Süße im Abgang, bereits gut entwickelt, ein vielseitiger Speisenbegleiter.

91 Weißburgunder * 2023
12,5 Vol.-%, DV, Stahltank, €€
Helles Gelbgrün, Silberreflexe. Feine Nuancen von frischer Birne, weißer Apfel, ein Hauch von Orangenzesten. Mittlerer Körper, zarte Fruchtsüße, angenehme Säurestruktur, frischer, unkomplizierter Stil, ein leichtfüßiger Speisenbegleiter.

JOSEF SCHARL – CHARAKTERWEINE
8354 Sankt Anna am Aigen
Plesch 1
T: +43 (3158) 2314
josef@weinhof-scharl.at
www.weinhof-scharl.at

Kellermeister/Kontakt: Josef Scharl jun.
Produktion: 80 % weiß, 19 % rot, 1 % süß, 20+5 Hektar
Zertifiziert: Nachhaltig Austria
Vereinszugehörigkeit: Wein Steiermark, Eruption
Messen: VieVinum

Welschriesling

★★★★

JOSEF SCHARL CHARAKTERWEINE

Wein zu machen hat etwas mit Eigensinn zu tun, und das im schönsten aller Sinne: zu tun, was man selbst für richtig hält, ohne Attitüden, sondern mit großer Freiheit. Josef Scharl nennt das Charakter. Eigen oder in seinem Fall Aigen zu sein ist das Gegenteil von Gleichheit. Das macht hier den Unterschied. Nicht biegen, nicht allzu sehr anpassen und dennoch nicht alles abzählen. Großzügig sein, das beschreibt ihn vielleicht am besten. In seinen Weinen lebt er selbst, seine Art, die Dinge zu tun, mit seinem ganz eigenen Kopf. Sie sind Ausdruck dessen, wofür er steht. Sie sind wie er: echte Charakterdarsteller.

Fliegen lernen, Feuerwehrmann werden – oder einfach Wein machen: Josef Scharl wusste immer schon, was er wollte. Charaktere erkennt man eben daran, dass sie für ihr Ideal leben. Er lebt für diesen Ort, seine Familie, für Sprudel und für Pinot Noir. Natürlich mag er auch alle anderen Rebsorten in seinem Keller, aber Pinot ist seine Referenz, die Königsdisziplin beim Weinmachen.

Wer Wein machen will, sagt Josef Scharl, muss zuhören, fühlen, sehen und herausfinden, was in einem steckt – und dann einfach tun, mit aller Leidenschaft. Die Art, wie er das macht, ist eng mit der Region verbunden. Gut, man war schon in Frankreich, hat den Idolen beim Arbeiten zugesehen, ihre Weine getrunken und ist dann wieder heimgekehrt, an diesen Ort und zu seinem Wein. Am besten versteht man Josef Scharl wahrscheinlich, wenn man ihn auf dem Hof trifft. Mit großen Gesten beschreibt er den Ausblick über St. Anna, einen besonderen Flecken Land. Die zerfetzen Wolken ziehen schnell, die Luft ist feucht, in den Nächten ist es kühl, dazu der karge vulkanische Boden. Man schmeckt es, und man liebt es. Da gibt es Lieblingslagen und Lieblingsweine. »Weine sind komplexe Wesen, das haben sie mit uns Menschen gemeinsam. Sie vereinen unterschiedliche, manchmal sogar widersprüchliche Eigenschaften. Da kämpft das Angepasste gegen den Freiheitsdrang und das Helle gegen das Dunkle. Die Vielfalt ist wichtig, sie prägt den Charakter und damit die

* Vulkanland Steiermark DAC

Einzigartigkeit«, bringt er es auf den Punkt. Weil das Leben eben Entwicklung ist.
Und die Kappe? Es gibt einen Ort, der liegt außerhalb von St. Anna am Aigen, irgendwo im Baskenland. Im Küstenstädtchen Saint-Jean-de-Luz in einer kleinen Gasse namens Rue Loquin wurde der »béret basque«, die Baskenmütze erfunden. Für Josef Scharl ist das quasi der Geburtsort seiner Leidenschaft für Kappen. Mittlerweile hat er unzählige davon, so viele, dass er längst aufgehört hat zu zählen. Tellergroß und in allen Farben und Mustern sind sie zu Josefs Markenzeichen geworden. Kein Wunder, dass sie auch die Flaschen zieren. Charakter erkennt man eben schon von Weitem.

93 ʘ Souvignier Gris Sekt Austria Reserve Brut 2020
13 Vol.-%, NK, Flaschengärung
Leuchtendes Gelbgrün, Silberreflexe, feines Mousseux. Einladende gelbe Tropenfrucht, zart nach Pfirsich und Ringlotten, Nuancen von Mandarinenzesten, etwas Blütenhonig. Komplex, weiße Tropenfrucht, finessenreiche Säurestruktur, mineralisch-salzig, leichtfüßig, Limetten im Nachhall, lebendiger, animierender Stil.

96 Sauvignon Blanc * Ried Schemming Alte Reben Auron G-Eruption 2021
13 Vol.-%, DIAM, großes Holzfass, €€€€€
Helles Goldgelb, Silberreflexe. Zart nach Wiesenkräutern, weiße Tropenfrucht, zart nach Stachelbeeren und Ringlotten, ein Hauch von Mandarinen und Blütenhonig. Saftig, komplex, elegant, feiner Säurebogen, weißer Pfirsich, etwas Honigmelone, mineralisch, salziger Nachhall, bereits gut antrinkbar, sehr gutes Reifepotenzial.

91 Sauvignon Blanc * St. Anna am Aigen 2022
12,5 Vol.-%, DV, großes Holzfass, €€€€
Helles Grüngelb, Silberreflexe. Zart nach Grapefruit, gelbe Stachelbeeren, Nuancen von Litschis und Paprikazesten. Mittlere Komplexität, weiße Tropenfrucht, weißer Pfirsich, lebendige Struktur, zitroniger Touch im Nachhall, schlanke Stilistik.

94 Chardonnay * Ried Annaberg 1-Eruption 2021
12,5 Vol.-%, DIAM, großes Holzfass, €€€€€
Helles Goldgelb, Silberreflexe. Feine gelbe Tropenfrucht, Nuancen von Mango und gelbem Apfel, mit kandierten Orangenzesten unterlegt. Saftig, elegant, chablisähnliche Textur, feines Säurespiel, mineralisch-zitronig, ein finessenreicher Speisenbegleiter, leichtfüßig und delikat.

92 Chardonnay * St. Anna am Aigen 2022
12,5 Vol.-%, DV, großes Holzfass, €€€€
Helles Grüngelb, Silberreflexe. Zart mit Mandarinenzesten unterlegte gelbe Apfelfrucht, floraler Touch, ein Hauch von Orangen. Mittlere Komplexität, feine Fruchtsüße in der Textur, angenehmes Säurespiel, ein eleganter, ausgewogener Speisenbegleiter.

93 Weißburgunder * Ried Annaberg 1-Eruption 2021
12,5 Vol.-%, DIAM, großes Holzfass, €€€€€
Helles Grüngelb, Silberreflexe. Feine Kräuterwürze, weißer Apfel, florale Nuancen, mineralischer Touch. Komplex, engmaschig, feine Birnenfrucht, zarte Säure, etwas Blütenhonig und kandierte Mandarinenzesten im Abgang, bleibt haften, ein eleganter Speisenwein mit gutem Reifepotenzial.

92 Weißburgunder * Ried Annaberg 1-Eruption 2020
12,5 Vol.-%, DIAM, großes Holzfass, €€€€€
Helles Gelbgrün, Silberreflexe. Frische Orangenzesten, weißer Apfel, zart nach Mango, dezente Wiesenkräuter, scheues Bukett. Mittlerer Körper, feine Birnenfrucht, dezenter Säurebogen, etwas Blütenhonig, mineralisch-salziger Abgang, bereits gut antrinkbar.

90 Weißburgunder * St. Anna am Aigen 2022
12,5 Vol.-%, DV, großes Holzfass, €€€€
Helles Grüngelb, Silberreflexe. Zarte Birnenfrucht, etwas Honigmelone, Nuancen von Wiesenkräutern, noch etwas scheues Bukett. Mittlerer Körper, weißes Kernobst, feines Säurespiel, mineralisch-salzig im Abgang, leichtfüßiger Stil, vielfältig einsetzbar.

92 Pinot Noir Reserve Scharlemanje 2021
12,5 Vol.-%, DIAM, kleines Holzfass, €€€€€€
Mittleres Kirschrot, violette Reflexe, breiterer Wasserrand. Zart nach Kirschen und kandierten Orangenschalen, ein Hauch von Ribiseln, Wiesenkräuter klingen an. Komplex, engmaschig, feine Tabakwürze, gut integrierte Säurestruktur, dezenter Gerbstoff, rotbeeriges Finish, wird von Flaschenreife profitieren.

WEINGUT MATTHIAS TRUMMER
8422 St. Veit in der Südsteiermark
Pessaberg 26
T: +43 (3184) 2426
willkommen@weingut-trummer.at
www.weingut-trummer.at

Kellermeister/Kontakt:
Matthias Trummer
Produktion: 10 % Schaumwein, 90 % weiß, 7 Hektar
Vereinszugehörigkeit:
Winzer Vulkanland Steiermark DAC

Matthias Trummer

★★

WEINGUT MATTHIAS TRUMMER

Seit dem Jahrgang 2018 macht Matthias Trummer das, was er schon bisher gemacht hat – jedoch ganz anders, nämlich noch deutlicher, noch konsequenter, noch vielfältiger und noch lustvoller. Der Winzer hat seine Liebe zu den Sorten ganz offiziell zu seinem Motto gemacht. Das lautet nun: »Sorten. Typisch.« Und er lädt Jahrgang für Jahrgang auf eine Reise in die Faszination der Sorten ein, in die einzelnen, ganz präzise ausgedrückten Typizitäten mit ihren Merkmalen und Charakteren. Matthias Trummer ist davon überzeugt, dass Wein seinen wahren Charakter in der Sorte zeigt, aus der Entfaltung des typischen Geschmacks und der typischen Aromen. Sein Credo: »Der beste Wein ist seiner Sorte verpflichtet, nicht seiner Lage.« Die Lage ist ein wichtiges Hilfsmittel, aber eben für ihn nicht mehr! Das allerbeste Traubenmaterial baut er gemäß seiner Philosophie zur Top-Linie »Reine Seele« aus: Das bedeutet absolute Reife, absolute Konzentration, absolute Verdichtung, noch später gelesen, noch stärker im Ertrag reduziert, die besten Trauben des Jahrgangs als Essenz der Sorte.

Am stimmungsvollsten verkosten lassen sich die Weine in der prachtvoll gelegenen Buschenschank. An schönen Sommer- oder Herbsttagen genießt man hier unter Weinreben sitzend einen traumhaften Panorama-Fernblick über die Südsteiermark bis zur Koralpe sowie Trummers außergewöhnliche Weine und Herzhaftes von den hauseigenen Turopolje- und Schwäbisch-Hällischen Schweinen aus Freilandhaltung.

93 Sauvignon Blanc »Reine Seele« 2023
12 Vol.-%, DV, Stahltank, €€€
Sehr helles Gelbgrün, Silberreflexe. Gelbe Paprikaschoten, ein Hauch von Stachelbeeren und Guaven, feine Kräuterwürze, Noten von Grapefruitzesten. Komplex, weißer Pfirsich, frischer Säurebogen, feiner Blütenhonig, Limettenzesten im Abgang, gutes Entwicklungspotenzial.

90 Sauvignon Blanc 2023
12 Vol.-%, DV, Stahltank, €€€
Helles Gelbgrün, Silberreflexe. Zart grasig unterlegte frische Stachelbeernuancen, ein Hauch von Cassis und Limetten, dazu etwas Paprikaschoten. Straff, engmaschig, weißer Pfirsich, frischer Säurebogen, mineralisch-zitronig im Abgang, salziger Nachhall.

92 Weißburgunder »Reine Seele« 2023
12,5 Vol.-%, DV, Stahltank, €€€
Sehr helles Gelbgrün, Silberreflexe. Frische Wiesenkräuter, etwas Walnuss, feine Noten von weißem Kernobst, kandierte Orangenzesten. Komplex, saftig, gelbe Apfelfrucht, etwas Mango, mineralisch und anhaftend, salziger Nachhall, vielfältig einsetzbar.

92 Grauburgunder »Reine Seele« 2023
12,5 Vol.-%, DV, Stahltank, €€€€€
Helles Goldgelb, Silberreflexe. Zart nach frischer Birne, etwas Mango, kandierte Grapefruitzesten, mit dezenten Wiesenkräutern unterlegt. Stoffig, elegant, Noten von weißem Kernobst, feiner Säurebogen, dezente Süße im Abgang, Blütenhonig im Rückgeschmack.

91 Morillon »Reine Seele« 2023
12 Vol.-%, DV, Stahltank, €€€
Sehr helles Gelbgrün, Silberreflexe. Zart floral, weißes Kernobst, frische Birne klingt an, ein Hauch von Honigmelone. Mittlerer Körper, wieder feine Birnenfrucht, zarter Säurebogen, elegant, balanciert, ein leichtfüßiger Speisenbegleiter.

91 Gelber Muskateller »Reine Seele« 2023
12 Vol.-%, DV, Stahltank, €€€
Sehr helles Gelbgrün, Silberreflexe. Zart nach Muskatnuss, traubiger Touch, ein Hauch von weißen Blüten und Limetten. Schlank, weißer Apfel, feine Würze, zarter Blütenhonig im Abgang, leichtfüßig und balanciert, idealer Sommerwein.

★★★

WEINGUT WINKLER-HERMADEN

BIO

Das Weingut Winkler-Hermaden liegt im Südosten der Steiermark, mitten im Vulkanland Steiermark, nur wenige Kilometer von der slowenischen und ungarischen Grenze entfernt. Seit 1918 wird die Landwirtschaft als Familienbetrieb geführt. Dabei stehen auf dem Weingut, im Hotel und im Restaurant Regionalität, Nachhaltigkeit und Gastfreundschaft im Mittelpunkt.
Von den 38 Hektar biologisch-organisch bewirtschafteter Weingärten (Ried Kirchleiten, Ried Schlosskogel, Ried Rosenleiten, Ried Winzerkogel) befinden sich zirka zwei Drittel rund um den Kapfensteiner Kogel und der Rest im 15 Kilometer südlich gelegenen Klöch (Ried Ölberg, Ried Hochwarth, Ried Grafenstückl). Im Fokus des Weinmachens stehen terroirbetonte, vielschichtige und salzige Weine mit langer Reifezeit. Die Devise: selektive Handlese, schonende Traubenverarbeitung und möglichst wenig Eingriffe beim darauffolgenden Ausbau der Weine. Ziel ist es, den typischen Charakter der Böden und der jeweiligen Sorten in den Weinen spürbar zu machen.
Das Gut wird seit 2009 biologisch-organisch bewirtschaftet, 2012 konnte die erste zertifizierte biologische Ernte eingefahren werden. Seit dem Jahr 2022 hat sich das Weingut der biologisch regenerativen Landwirtschaft verschrieben. Dabei geht es darum, Nährstoffungleichgewichte auszugleichen sowie Humus und das Bodenleben aufzubauen. Die Weingärten sind dauerbegrünt, man fördert die natürlichen Gegenspieler der Schädlinge und düngt mit selbst hergestelltem Kompost. Das Holz, aus dem die kleinen Eichenfässer gemacht werden, stammt aus dem eigenen Wald der Familie auf dem Kapfensteiner Kogel.
Das Schloss selbst und auch die alten Weinkeller haben eine lange Geschichte, die bis ins 11. Jahrhundert zurückreicht. In den Jahren 1996 bis 1998 wurde ein weiterer Keller, der »Lange Keller«, renoviert. In dem 60 Meter langen und 350 Jahre alten Kreuzgewölbe lagert nun Rotwein in kleinen Eichenfässern.

93 Morillon * Kapfenstein Ried Rosenleiten 2021
13,1 Vol.-%, VL, 500-l-Fass, €€€€€ B V
Helles Gelbgrün, Silberreflexe. Angenehme Holzwürze, zart nach Bourbon-Vanille, gelbes Kernobst, gelber Apfel, kräuterwürziger Touch. Komplex, engmaschig, feine Fruchtsüße im Kern, gut integrierte Würze, mineralisch

WEINGUT WINKLER-HERMADEN
8353 Kapfenstein, Kapfenstein 106
T: +43 (3157) 2322
weingut@winkler-hermaden.at
www.winkler-hermaden.at

Kellermeister: Thomas Winkler-Hermaden
Kontakt: Christof Winkler-Hermaden
Anbauweise: Zertifiziert Biologisch (Bio Austria)
Produktion: 200.000 Flaschen
54 % weiß, 45 % rot, 1 % süß, 38 Hektar
Zertifiziert: Nachhaltig Austria
Vereinszugehörigkeit:
Steirische Terroir- und Klassikweingüter
Messen: ProWein Düsseldorf, VieVinum

Kapfenstein

und gut anhaftend, salziger Touch im Rückgeschmack, ein vielseitiger Speisenbegleiter.

93 Grauburgunder * Kapfenstein Ried Schlosskogel 1STK 2021
13,6 Vol.-%, VL, kleines Holzfass, €€€€€ B V
Helles Grüngelb, Silberreflexe. Zarte Kräuterwürze, feine Birnenfrucht, Blütenhonig klingt an, zarter Holztouch, ein Hauch von Mango. Stoffig, weißes Kernobst, frischer Säurebogen, mineralisch-zitronig, etwas dunklere Würze vom Tuffboden, bereits gut entwickelt und antrinkbar.

93 Traminer * Kapfenstein Ried Kirchleiten GSTK 2021
13,5 Vol.-%, VL, kleines Holzfass, €€€€€ B V
Helles Gelbgrün, Silberreflexe. Zart nach Marshmallows, ein Hauch von Rosenöl, Nuancen von gelbem Steinobst, mit feiner Kräuterwürze und etwas Nougat unterlegt. Stoffig, feine Fruchtsüße, reife Birne im Kern, mineralisch und gut anhaftend, frischer Stil, zeigt Länge und Reifepotenzial.

92 Gewürztraminer * Klöch 2021
13,4 Vol.-%, VL, Stahltank, €€€ B V
Helles Gelbgrün, Silberreflexe. Rauchig-würzig unterlegte Rosennuancen, kandierte Orangenzesten, mit gelber Tropenfrucht unterlegt. Mittlerer Körper, straffe Textur, feiner Säurebogen, ein Hauch von weißem Apfel im Abgang, bleibt gut haften, ein feinwürziger Speisenbegleiter.

92 Riesling * Grafenschätzchen 2023
8,8 Vol.-%, VL, Stahltank, €€€ B V
Helles Gelbgrün, Silberreflexe. Zarte Steinobstnuancen, rauchige Mineralik, ein Hauch von Grapefruitzesten, Blutorangen. Saftig, elegant, feine Fruchtsüße, Nuancen von reifer Mango, frischer Säurebogen, mineralisch-zitronig, feiner Honignachhall, finessenreicher Sommerwein.

(93) Blauer Zweigelt Olivin 2021
14 Vol.-%, VL, kleines Holzfass, €€€€€ B V
Dunkles Rubingranat, opaker Kern, violette Reflexe. Schwarze Waldbeeren, Brombeeren und dunkel Herzkirschen, feine Holzwürze, zart nach Tabak. Feine Komplexität, mineralisch, feine Tannine, salzig im Nachhall, dunkle Beerenfrucht, gut anhaftend.

(92) Hermada 2018 ME/CS
13,5 Vol.-%, VL, kleines Holzfass, €€€€ B V
Kräftiges Rubingranat, violette Reflexe, breiterer Ockerrand. Rote Kirschen, zart nach Cassis, feine florale Nuancen, angenehme Holzwürze. Straff, mineralisch, rotbeeriger Touch, frisch strukturiert, salziger Abgang, bleibt gut haften, ein lebendiger Speisenbegleiter.

* Vulkanland Steiermark DAC

Der Hochgrail im weststeirischen Schilcherland

©WSNA

STEIERMARK

WEST-STEIERMARK

DAC

HEIMAT DES SCHILCHERS

Nur rund 640 Hektar sind in der Weststeiermark mit Reben bepflanzt, doch daraus schaffen die Winzerfamilien eine verblüffende Vielfalt an Produkten: rassige, säurebetonte Schilcher, kraftvolle, tanninbetonte Rotweine sowie elegante, charmante Schaumweine. Das alles kommt jedoch aus einer einzigen Rebsorte: dem Blauen Wildbacher. Beginnend mit dem Jahrgang 2018 gehört auch die Weststeiermark zur großen österreichischen DAC-Herkunftsweinfamilie.

Das kleinste Weinbaugebiet der Steiermark ist ein uraltes Weinland, in dem schon Illyrer, Kelten und später Römer Weinreben kultivierten. Die Weingärten ziehen sich in einem schmalen langen Band auf bis zu 600 Meter Seehöhe an den Ausläufern der Koralpe und des Reinischkogels nach Süden bis zur slowenischen Grenze hin. Die Lage bedingt tagsüber starke Erwärmung und schützt vor rauen Winden.
Steile Hänge mit malerischen kleinen Kellerstöckeln sind zu überwinden, tiefe Täler zu durchqueren auf dem Weg von Ligist im Norden über St. Stefan ob Stainz bis nach Deutschlandsberg und Eibiswald. Abstecher in Weinorte wie Greisdorf, Gundersdorf, Wildbach oder Wies bringen überraschende Perspektiven – beim Panorama ebenso wie beim Wein.
Ungewöhnlich sind auch die Bodenbeschaffenheit des Gebiets mit vorwiegend Gneis- und Schiefer-Urgestein sowie das sogenannte illyrische Klima mit südeuropäisch-mediterranen Einflüssen und relativ hohen Niederschlägen. Das natürliche Zusammenspiel all dieser Eigenheiten erklärt auch ein wenig die Einzigartigkeit des Weintyps, der einem hier auf Schritt und Tritt begegnet.
Die Weststeiermark ist das klassische Schilcherland, denn auf dem Großteil der Rebfläche wächst Blauer Wildbacher, eine uralte Rebsorte, die als Grundlage für den rosa- bis zwiebelfarbenen Wein dient, der eine beina-

he unglaubliche Erfolgsgeschichte erlebt hat. Ursprünglich ein rustikaler Bauernwein mit aggressiver Säure, verwandelte er sich durch kontinuierliche Qualitätsverbesserungen unter den Händen ambitionierter Winzer zu einem begehrten Getränk: vom frisch-fruchtigen Aperitif bis hin zu raffinierten Süßweinen. Auch Schaumweine werden aus dieser autochthonen Sorte erzeugt. Nicht zu unterschätzen sind die roten Varianten, die mit ihrer individuellen Stilistik eine Bereicherung auf dem Sektor Terroirwein aus Österreich darstellen. Für den Weintourismus ist der Schilcher ein wesentlicher Erfolgsfaktor; er darf nur in der Weststeiermark den Zusatz DAC tragen. Beim Gebietswein ist bereits der 1. Dezember nach der Ernte als Premierentag erlaubt, Ortsweine dürfen aus Ligist, Eibiswald, Stainz oder Deutschlandsberg kommen. Neben dem Schilcher werden in der Weststeiermark aber auch fast alle anderen steirischen Rebsorten kultiviert, und es gilt, sie zu entdecken.

WESTSTEIERMARK DAC

Österreich gesamt	**44.728 ha**
Weinbaugebiet Steiermark	**5.086 ha**
Weststeiermark DAC	**641 ha**

AUSGEWÄHLTE WEINGÜTER

★★★

Schilcherweingut Friedrich, Sankt Stefan ob Stainz
Weingut Schilcherei® Jöbstl, Wernersdorf bei Wies
Weingut Lex Langmann, Sankt Stefan ob Stainz

★★

Weingut Reiterer, Wies
Weingut Strohmaier Thomas, Margaretha & Katrin, Pölfing-Brunn

★★★

SCHILCHERWEINGUT FRIEDRICH

Das Weingut Friedrich beschäftigt sich ausschließlich mit der Blauer-Wildbacher-Traube, aus der man verschiedene Ausbauvariationen keltert: von gleich gepresst über Schilcher »Klassik«, den Stainzer Schilcher als Ortswein, verschiedene Riedenschilcher und den Blauen Wildbacher als Rotwein ausgebaut bis hin zu Süßweinen (Spätlesen), Schilcherfrizzante sowie Schilchersekten. Weiters im Programm: »PIUS«, ein Schilcher, der mit seiner sehr trockenen und säurebetonten Ausbaustilistik an die Anfangszeiten des Schilchers erinnert. Gebietsweine, Ortsweine und Riedenweine bekommen als Herkunftsweine die Bezeichnung »Weststeiermark DAC«.
Besonders stolz ist man auf den Schilcher Ried Pirkhofberg Barrique Reserve: hochreifes Traubenmaterial, Vergärung und 12-monatige Lagerung in französischen Eichenfässern, biologischer Säureabbau, Rosé-Stilistik mit fines-

Familie Friedrich

SCHILCHERWEINGUT FRIEDRICH
8511 Sankt Stefan ob Stainz
Langegg 18
T: +43 (3463) 81252
info@friedrich-schilcher.at
www.friedrich-schilcher.at

Kellermeister: Christian Friedrich
Kontakt: Christian und Isabella Friedrich
Produktion: 8+2 Hektar
Vereinszugehörigkeit: Wein Steiermark

senreichem Abgang, ein Schilcher für Experimentierfreudige.
Heuer neu im Programm ist der Rosé Fatale, ein Orange Wine aus der Blauer-Wildbacher-Traube, der ohne Filtration und ohne Sulfite vinifiziert wird. Das Etikett, gestaltet von der Künstlerin Arthena Maxx, symbolisiert die Blauer-Wildbacher-Traube in ihrer weiblichen Stärke. Weiters bietet man hier die Möglichkeit an, bei einer informativen Betriebsführung hinter die Kulissen der Schilcherproduktion zu blicken und die Geheimnisse der verschiedenen Ausbauvariationen näher kennenzulernen.
Das Schilcherweingut Friedrich liegt auf einer Seehöhe von 570 Metern und bietet einen atemberaubenden Ausblick über das steirische Weinland. Im liebevoll eingerichteten Verkaufs- und Degustationsraum können alle näheren Informationen über die weststeirische Spezialität eingeholt werden. Durch die Spezialisierung auf diese einzige Rebsorte können hier Lagenspezifikationen, Lesetermine und Produktionsabläufe optimiert und auf den Punkt gebracht werden.
Zahlreiche Erfolge wie sechs Schilcher-Landessiege, nicht weniger als dreizehn verschiedene Schilcher im »SALON Österreich Wein« in den letzten Jahren und Auszeichnungen bei diversen Fachverkostungen zeugen von der Schilcherkompetenz dieses Betriebs. Auch der Jahrgang 2023 schließt nahtlos an die hervorragende Qualität der letzten Jahre an.
Tochter Sophie I ist die derzeit amtierende Weinkönigin der Steiermark und vertritt bis 2024 auch offiziell den steirischen Wein im In- und Ausland.

93 Schilcher * Ried Pirkhofberg 2023
12,5 Vol.-%, DV, Stahltank, €€
Mittleres Lachsrosa, Orangereflexe. Feines rotbeeriges Bukett, ein Hauch von Ribiseln, Limettenzesten, mineralischer Touch. Saftig, feine rote Kirschfrucht, straffe Struktur, Limetten, salzig im Nachhall, bleibt gut haften, ein finessenreicher Sortenvertreter.

92 Schilcher * Ried Langegg 2023
12,5 Vol.-%, DV, Stahltank, €€
Helles Kirschrosa, Orangereflexe, dezente Randaufhellung. Zart nach Wiesenkräutern und Erdbeeren, Rote Johannisbeeren, attraktives, typisches Bukett. Saftig, elegant, rote Kirschen, feine Säurestruktur, rotbeerig im Abgang, balancierter Stil, vielfältig einsetzbar.

Blauer Wildbacher

93 Schilcher * Ried Pirkhofberg Barrique Reserve 2021
13,3 Vol.-%, NK, gebrauchte Barriques, €€€€€
Leuchtendes mittleres Zwiebelrosa, Kupferrotreflexe. Zart nach kandierten Orangenzesten, etwas Nougat, rotes Waldbeerenkonfit, attraktives Bukett. Straff, elegant, eingelegte Kirschen, ein Hauch von Zwetschken, feine nussige Note, mineralisch und anhaftend, zeigt Frische und Länge, etwas Röstaromen und Karamell im Nachhall.

92 Schilcher * Ried Kirchberg 2023
12,5 Vol.-%, DV, Stahltank, €€
Leuchtendes Zwiebelrosa, breitere Orangeaufhellung. Weißes Nougat, rote Beeren, zart nach Ribiseln, mit Orangenzesten unterlegt, einladendes Bukett. Knackig, straff, weißer Apfel, lebendiger Säurebogen, Limetten im Abgang, ein rassiger Sommerwein.

91 Schilcher * Stainz 2023
12 Vol.-%, DV, Stahltank, €€
Leuchtendes Zwiebelrosa, Silberreflexe. Einladende rote Beerenfrucht, Nuancen von reifen Ribiseln und Himbeeren, ein Hauch von Limettenzesten. Leichtfüßig, rotbeerig, frisch strukturiert, mineralisch-zitronig, Ribiseln auch im Nachhall.

93 Blauer Wildbacher Rosé Fatale 2022
13 Vol.-%, NK, Stahltank, €€€€ (O)
Zart getrübtes mittleres Zwiebelrosa, Ockerreflexe. Frische rote Kirschen, zartes Beerenkonfit, ein Hauch von Pfirsich und Apfel. Saftig, elegant, rotbeerig, feiner Säurebogen, mineralisch und anhaftend, Schilcher als Orange Wine, ein gelungenes Experiment.

★★★

WEINGUT SCHILCHEREI® JÖBSTL

Durch selektive Handernte in kleinen Behältnissen und behutsame Kellerwirtschaft kreiert Hannes Jöbstl, der »Master of Schilcher«, bemerkenswerte Kreszenzen und garantiert persönlich für allerhöchste Qualität, Trinkvergnügen und perfekte Sortentypizität. Achtmal steirischer Landessieger und zwanzigmal im »SALON Österreich Wein«: Dies zeugt von hoher Qualität.

Die Liebe der Jöbstls gehört der Sorte Blauer Wildbacher, aus welcher der Schilcher gewonnen wird. Wie kein anderer Wein transportiert dieser den Charme seiner Herkunft. Nur hier, im südweststeirischen Hügel- und Bergland, ist die Heimat des echten Schilchers. In der geschmackvoll eingerichteten »Schilcherei« kann man sich davon in gemütlicher Atmosphäre überzeugen.

Der Stil des Weinguts Jöbstl und die Identität des Jahrgangs, vereint zu immer neuen Facetten, spiegeln sich in einer beeindruckenden Vielfalt wider. Aber nicht nur die unterschiedlichsten Schilcher-Varianten entstehen hier: Das Sortiment reicht vom duftig-feinstrahligen Muskateller über den eleganten Sauvignon Blanc, den fruchtigen Zweigelt und den dichten, samtigen Blauen Wildbacher bis hin zum einzigartigen, rubinrot glänzenden süßen Schnürlwein. Auch das Thema »vegan« wird bei Johannes und Luise Jöbstl großgeschrieben, und so kann man sowohl vegane Weine als auch Natursäfte bei ihnen verkosten und genießen. Beim aktuellen Weinjahrgang wurde sogar konsequent auf tierische Bestandteile in den Schönungsmitteln, Etikettenklebern etc. verzichtet. Jahrgangssekt und ein wie Portwein ausgebauter Schilcher runden das Angebot ab. Das Verkostungsangebot vor Ort wurde ebenso ausgebaut: Zehn einzigartige Schilcher (weiß, rosé, rot, prickelnd oder still und von trocken bis süß) können in Begleitung von zehn Affineur-Käsen probiert werden. Hier heißt es einfach nur eintauchen in die einzigartige Welt der Schilcher-Traube!

92 Sauvignon Blanc * Cuvée Luise 2023 SB/WB
12 Vol.-%, DV, Stahltank, €€ V
Helles Gelbgold, Silberreflexe. Zart nach Mango und Birne,

Gelber Traminer

WEINGUT SCHILCHEREI® JÖBSTL
8551 Wernersdorf bei Wies
Am Schilcherweg 1
T: +43 (3466) 43210
info@joebstl.eu, www.joebstl.eu
Kellermeister: ÖkR Ing. Hannes Jöbstl
Kontakt: Hannes und Luise Jöbstl
Produktion: 15 % weiß, 70 % rosé, 10 % rot, 5 % süß, 7.8 Hektar
Vereinszugehörigkeit: Genuss Region Österreich, Gutes vom Bauernhof, Klassischer Weststeirischer Schilcher, Marktgemeinschaft Steirischer Wein, Masters of Schilcher, Schilcherland-Spezialitäten, Steirischer Junker, EmmausWinzer, Wein Steiermark
Messen: Weinmesse Innsbruck, Weinmesse München

ein Hauch von Grapefruit, Limetten, feine Wiesenkräuter. Mittlerer Körper, zarte Fruchtsüße, feiner Säurebogen, ein Hauch von Birne, mineralischer Nachhall, ein ausgewogener Speisenbegleiter.

92 Sauvignon Blanc * 2023
12,5 Vol.-%, DV, Stahltank, €€ Ⓥ
Helles Gelbgrün, Silberreflexe. Zarte Grapefruitzesten, feine Kräuterwürze, weißer Apfel, mineralischer Touch. Saftig, elegant, Ringlotten, gelber Apfel, frisch strukturiert, mineralisch-zitronig, Cassis im Nachhall, ein schwungvoller Speisenbegleiter.

92 Gelber Traminer 2023
12 Vol.-%, DV, Stahltank, €€€ Ⓥ
Helles Goldgelb, Silberreflexe. Zart nach Marshmallows und Eibischteig, mit gelbem Pfirsich und frischen Litschis unterlegt. Saftig, elegant, präsente Fruchtsüße, zarter Honigtouch im Abgang, ausgewogen und gut anhaftend, sicheres Reifepotenzial.

91 Schilcher * Ried Krass 2023
11,5 Vol.-%, DV, Stahltank, €€ Ⓥ
Leuchtendes Kirschrot, Silberreflexe. Zarte rotbeerige Nuancen, ein Hauch von Ribiseln und Kräuterwürze, Grapefruitzesten. Straff, rote Frucht, etwas Erdbeeren, frischer Säurebogen, zitronig-salzig im Abgang, ein lebendiger Speisenbegleiter.

93 Blauer Wildbacher Das rosarote Schaf 2023
11,5 Vol.-%, DV, Stahltank, €€ Ⓥ
Leuchtendes mittleres Zwiebelrot, Ockerreflexe. Frische rote Waldbeeren, zart nach Ribiseln, ein Hauch von gelbem Apfel. Straff, engmaschig, weißes Kernobst, lebendiger Säurebogen, salzig-zitronig, ein rassiger Sommerwein.

93 Schilcher Alter Freund 2017 (wie Portwein hegestellt)
15 Vol.-%, NK, Stahltank/gebr. Barriques, €€€€€ Ⓥ
Kräftiges Bernstein, Goldreflexe. Deutliche Dörrobstnuancen, getrocknete Marillen, reife Zwetschken, Nüsse, kandierte Orangenzesten, feines Tawny-Bukett. Saftig, süßes Nougat, seidige Textur, feines Säurespiel, fruchtiger Abgang, Honig im Nachhall, ein harmonischer Likörwein.

★★★

WEINGUT LEX LANGMANN

Eine malerische hügelige Weinlandschaft inmitten der Weststeiermark, so weit das Auge reicht – das ist der Arbeitsplatz von Stefan und Daniela Langmann. Dort, wo andere Urlaub machen, bewirtschaften sie Weingärten, in denen der Rohstoff für Weine voll Frische und Finesse entsteht.
Hauptdarsteller ist die Rebsorte Blauer Wildbacher, aus dem die rare Sortenspezialität Schilcher gekeltert wird. Aber auch Sauvignon Blanc, Gelber Muskateller und viele weitere Sorten finden hier perfekte Bedingungen vor. Sorgfältig achtet das Winzerpaar darauf, den unverkennbaren Geschmack ihrer Herkunft, das Terroir, zum Ausdruck zu bringen – mit Erfolg, denn die Weine sind weltweit gefragt. Dazu tragen auch die Hingabe und die Bedachtsamkeit, mit denen sie ihre Weingärten pflegen, bei. Diese sind ein regelrechtes Biotop mit einer bunten Vielfalt an Flora und Fauna, zahlreiche Wildkräuter und selten gewordene Vogelarten fühlen sich hier sichtlich wohl.

Wofür das Weingut ebenfalls sehr geschätzt wird, sind seine Schaumweine. Ob erfrischender Schilchersekt, trendiger Pet Nat, eleganter Blanc de Blancs oder Brut Rosé: Die Kollektion von Stefan und Daniela Langmann lässt das Herz von Liebhabern prickelnder Genüsse definitiv höherschlagen.
Wer die Möglichkeit hat, das Weingut zu besuchen, sollte dies unbedingt mit einem Besuch der angeschlossenen Buschenschank verbinden. Hier verkostet man gemütlich die Weine, wird mit hausgemachten Schmankerln verwöhnt und genießt dabei den Blick über die mit Reben gesäumte Landschaft.

93 Ⓑ Sekt Austria Große Reserve Steiermark g.U. Langegg Nature Brut 2017 CH/SB
12 Vol.-%, NK, Flaschengärung, €€€€€
Helles Goldgelb, Silberreflexe, anhaltendes feines Mousseux. Zart nach Biskuit, feine Nuancen von gelber Tropenfrucht, ein Hauch von Mango und Nüssen, einladendes Bukett. Straff, zart nach Mandarinen und Ananas, fines-

* Weststeiermark DAC

Verena und Stefan Langmann

WEINGUT LEX LANGMANN
8511 Sankt Stefan ob Stainz
Langegg an der Schilcherstraße 23
T: +43 (3463) 6100
office@weingut-langmann.at
www.weingut-langmann.at

Kellermeister/Kontakt:
Stefan Langmann
Produktion: 35 Hektar
Zertifiziert: Nachhaltig Austria
Vereinszugehörigkeit:
Wein Steiermark
Messen: ProWein Düsseldorf, VieVinum, DAC-Präsentationen

senreiche Säurestruktur, cremige Textur, feinfruchtiger Abgang, salziger Nachhall, vielfältig einsetzbar. (L01/24)

93 Sekt Austria Große Reserve Steiermark g.U. Stainz Extra Brut 2018 WB/CH
12,5 Vol.-%, NK, Flaschengärung, €€€€€
Mittleres Goldgelb, Silberreflexe, feines Mousseux. Frische gelbe Tropenfrucht, Nuancen von Mango und Papaya, kandierte Mandarinenzesten und Blütenhonig, etwas Backwerk. Saftig, gelbe Ringlotten, Pfirsich, frisch strukturiert, ein Hauch von weißem Nougat verleiht Länge, gute Frische, ein stoffiger Speisenbegleiter. (L05/23)

91 Schilcher Sekt Austria Brut
12 Vol.-%, NK, Stahltank, €€€
Leuchtendes Zwiebelrot, Orangereflexe, lebendiges Mousseux. Zarte rote Waldbeeren, ein Hauch von Ribiseln, Johannisbeeren, weißer Apfel, zart nach Limetten. Saftig, elegant, nach Himbeermark, feine Fruchtsüße im Abgang, mineralisch-zitroniger Nachhall, vielfältig einsetzbar.

92 Sauvignon Blanc * Ried Greisdorf Himmelreich 2021
14 Vol.-%, NK, Barrique, €€€€€
Leuchtendes mittleres Grüngelb, Silberreflexe. Feine Kräuterwürze, ein Hauch von Vanille und Dille, weiße Tropenfrucht, zart nach Litschis und Blütenhonig, kandierte Grapefruitzesten. Saftig, elegant, seidige Textur, cremig, ein Hauch von Karamell im Abgang, ein stoffiger Begleiter bei Tisch.

(91) Sauvignon Blanc * Stainz 2023
12,5 Vol.-%, DV, Stahltank, €€€
Helles Grüngelb, Silberreflexe. Zarte weiße Tropenfrucht, ein Hauch von Pfirsich, einladendes Bukett. Mittlerer Körper, frischer Apfel, feiner Säurebogen, mineralisch-zitronig im Abgang, Limetten im Rückgeschmack, ein vielseitiger Speisenbegleiter.

(91) Sauvignon Blanc * Ried Greisdorf 2022
13,5 Vol.-%, NK, großes Holzfass, €€€€
Mittleres Grüngelb, Silberreflexe. Frische Stachelbeeren, ein Hauch von Guaven, einladende Tropenfruchtnuancen, mineralisch unterlegt. Mittlere Komplexität, zart nach Ananas und Mango, dezenter Säurebogen, feine Fruchtsüße, bereits entwickelt.

93 Schilcher * Ried Hochgrail Sonnenhang 2022
13 Vol.-%, NK, gebrauchte Barriques, €€€€€
Mittleres Zwiebelrosa, orangefarbene Reflexe. Frische rote Kirschen, Rote Johannisbeeren, Limettenzesten, mineralischer Anklang. Komplex, saftig und engmaschig, rotbeerig, frischer Säurebogen, feinfruchtiger Abgang, elegant und ausgewogen, verfügt über Länge und Reifepotenzial.

92 Schilcher * Ried Hochgrail 2023
13 Vol.-%, DV, Stahltank, €€€
Leuchtendes Zwiebelrosa, orangefarbene Reflexe. Zart nach Erdbeeren und eingelegten Kirschen, zart nach Kräutern und Limetten, ein Hauch von weißem Apfel. Saftig, frisches Kernobst, lebendig strukturiert, frisch und mineralisch, zitronig im Nachhall, bleibt gut haften, harmonischer Stil.

92 Schilcher * Ried Edla 2022
12,5 Vol.-%, NK, großes Holzfass, €€€€€ Ⓥ
Mittleres Zwiebelrosa, orangefarbene Reflexe. Feines rotbeeriges Bukett, ein Hauch von Wiesenkräutern, mit etwas Cassis und Ribiseln unterlegt. Mittlerer Körper, weiße Frucht, rassiger Säurebogen, salzig-mineralisch, gut anhaftend, ein facettenreicher, sommerlicher Speisenbegleiter.

91 Schilcher * Ried Langegg 2023
12,5 Vol.-%, DV, Stahltank, €€€ Ⓥ
Mittleres Zwiebelrosa, orangefarbene Reflexe. Verhalten, zart nach Limetten und roten Waldfrüchten, dunkle Mineralik klingt an. Leichtfüßig, zart nach Ribiseln, elegant, feine Säurestruktur, salziger Nachhall, bereits gut entwickelt.

90 Schilcher * Stainz 2023
12,5 Vol.-%, DV, Stahltank, €€ Ⓥ
Leuchtendes Zwiebelrosa, orangefarbene Reflexe. Ein Hauch von eingelegten Kirschen, zart nach Waldbeeren, eher dezentes Bukett. Mittlerer Körper, zart nach Ribiseln, frischer Säurebogen, mineralisch-zitronig, bietet unkompliziertes, sommerliches Trinkvergnügen.

★★

WEINGUT REITERER

Genuss – Eleganz – Lebensfreude: Das sind die Grundpfeiler der prickelnden Welt von Christian Reiterer. Er hat schon früh erkannt, dass sich die Blauer-Wildbacher-Traube mit ihrer intensiven Frucht und ihrer erfrischenden Säure perfekt für die Produktion von Schaumweinen eignet, und kelterte bereits vor drei Jahrzehnten als Erster Schilcher-Frizzante und Schilcher-Sekt. »Ich war immer schon von der Blauer-Wildbacher-Traube und ihren Möglichkeiten fasziniert«, erzählt der begeisterte Reiter Christian Reiterer, der in dieser Tradition auch die Zukunft für die Region sieht: »Wir haben hier ein einzigartiges Potenzial, das sich aus dem Zusammenspiel einer ausschließlich regional vertretenen Sorte mit unseren Böden und unserem speziellen, von der nahen Koralpe beeinflussten Klima ergibt!« Steile Lagen sorgen für die perfekte Sonneneinstrahlung und die kühlen Winde von der Koralpe für eine besonders intensive Aromenausprägung in den Trauben. Das kommt dem Schilcher, der hier klassisch und als Lagenwein von den Monopollagen Lamberg und Engelweingarten gekeltert wird, ebenso zugute, wie den duftig-trinkfreudigen Weißweinen vom Welschriesling, Morillon und Sauvignon Blanc.

92 Schilcher Rosé Sekt Austria
11,5 Vol.-%, NK, Stahltank, €€€
Mittleres Lachsrosa, Kupferreflexe, zartes, lebendiges Mousseux. Eingelegte Herzkirschen, ein Hauch von Ribiseln und Blütenhonig, mit Mandarinenzesten unterlegt. Mittlerer Körper, rotbeerig, rassiger Säurebogen, von feiner Fruchtsüße gut balanciert, lebendig und anhaftend, mineralischer Nachhall, Erdbeeren im Abgang.

90 Schilcher Rosé Frizzante
11 Vol.-%, DV, Stahltank, €€
Mittleres Lachsrosa, Pink-Silber-Reflexe, feine Perlage. Kräuter, Erdbeeren, eingelegte Kirschen, Ribiseln, ein Hauch von Orangenzesten und Blütenhonig. Leichtfüßig, weiße Pfirsichfrucht, saftig, frischer Säurebogen, rotbeerig-zitroniger Nachhall, etwas weißer Nougat, lebendiges Trinkvergnügen.

WEINGUT REITERER
8551 Wies
Lamberg 11
T: +43 (3465) 3950
info@weingut-reiterer.com
www.weingut-reiterer.com

Kellermeister/Kontakt:
Christian Reiterer
Produktion: 30 % Schaumwein, 10 % weiß, 60 % rosé, 77 Hektar
Zertifiziert: Nachhaltig Austria
Messen: ProWein Düsseldorf, VieVinum

(92) Sauvignon Blanc * Ried Lamberg 2023
13 Vol.-%, DV, großes Holzfass, €€€€
Helles Gelbgrün, Silberreflexe. Zarte Kräuterwürze, ein Hauch von Stachelbeeren und Mango, etwas Grapefruitzesten, mineralischer Touch. Mittlerer Körper, grüner Apfel, frischer Säurebogen, zitronig-salziger Nachhall, ein lebendiger Speisenbegleiter.

(92) Schilcher * Ried Lamberg 2023
12,5 Vol.-%, DV, Stahltank, €€€
Kräftiges Zwiebelrot, Pinkreflexe, dezenter Ockerrand. Zart nach Cassis, tabakig-kräutrige Nuancen, mit roten Kirschen unterlegt. Schlank, rassig, weißes Kernobst, zitronige Nuancen, lebendig, salziger Abgang, animierender Stil.

(92) Blauer Wildbacher * Ried Engelweingarten 2023
12,5 Vol.-%, DV, Stahltank, €€€
Leuchtendes Zwiebelrot, Ockerrandaufhellung. Rote Johannisbeeren, weißer Apfel, Limettenzesten, mineralischer Touch. Straff, engmaschig, lebendiger Säurebogen, rote Kirschen und Ribiseln im Nachhall, animierender Stil.

(90) Schilcher * Klassik 2023
11,5 Vol.-%, DV, Stahltank, €€
Leuchtendes Zwiebelrot, zarter Ockerrand. Frisches Waldbeerenkonfit, ein Hauch von Zwetschkenfrucht, Nuancen von Wiesenkräutern. Schlank, straff, grüner Apfel, frische Säure, rotbeerig, zitronig, Ribiseln im Nachhall.

★★

WEINGUT STROHMAIER THOMAS, MARGARETHA & KATRIN

Die Symbiose zwischen Natur und Terroir sowie die Beobachtung der Mondphasen sind für Thomas Strohmaier die wichtigsten Faktoren, um interessante und eigenständige Weine zu kreieren. Die Aromasorten des Weinguts wie Sauvignon Blanc, Schilcher oder Gelber Muskateller wachsen auf Schiefer-Gneis-Urgesteinsböden und reifen zu facettenreichen und eleganten Weinen heran.
Im Wesentlichen wachsen die Trauben des Weinguts Strohmaier in fünf Einzellagen, beginnend beim Schloss Limberg südlich von Schwanberg und entlang der Schilcherwein-

Rieden bei Wies

WEINGUT STROHMAIER THOMAS, MARGARETHA & KATRIN
8544 Pölfing-Brunn
Brunn 41
T: +43 (664) 1749617
weingut.strohmaier@aon.at
www.strohmaier.schilcher.com

Kellermeister/Kontakt:
Thomas Strohmaier
Produktion: 50 % weiß, 40 % rosé, 10 % rot, 9 Hektar
Vereinszugehörigkeit:
Masters of Schilcher, Wein Steiermark
Messen: DAC-Präsentationen

straße in Richtung Süden bis Aibl bei Eibiswald. Alle Lagen weisen in Richtung Südwesten. Die unterschiedlichen Hangneigungen und geologischen Eigenschaften sind ausschlaggebend für die Sorten und letztlich auch für die Weine der einzelnen Rieden. »Wenn man im Weingarten alles richtig macht und die Trauben top sind, ist auch der Weg zu einem Top-Wein geebnet«, so der sympathische Winzer Thomas Strohmaier.

93 Riesling Urkraft 2022
13 Vol.-%, DV, Stahltank, €€€
Helles Goldgelb, Silberreflexe. Zart nach Mandarinen, feiner Blütenhonig, ein Hauch von gelbem Pfirsich, etwas Mango, einladendes Bukett. Straff, weißer Apfel, rassig strukturiert, zitronig-mineralisch im Abgang, ein animierender Speisenbegleiter, leichtfüßig und mit Reifepotenzial ausgestattet.

92 Sauvignon Blanc Urkaft 2022
13 Vol.-%, DV, Stahltank, €€€
Helles Goldgelb, Silberreflexe. Weiße Tropenfrucht, Nuancen von Litschis, zart nach Pfirsich und Grapefruitzesten, mit dunkler Mineralik unterlegt. Straff, engmaschig, weiße Beerenfrucht, finessenreicher Säurebogen, feine Fruchtsüße im Nachhall, ein balancierter Speisenbegleiter.

92 Chardonnay Luna 2022
13 Vol.-%, DV, Teilbarrique, €€€
Helles Goldgelb, Silberreflexe. Zart nach Mandarinenzesten, gelber Apfel, etwas Mango, mit einem Hauch von Wiesenkräutern unterlegt. Mittlerer Körper, weißer Apfel, feines Säurespiel, weiße Birne, dezente Säurestruktur, ein Hauch von Blütenhonig im Nachhall.

92 Schilcher * Ried Aibl 2023
11,5 Vol.-%, DV, Stahltank, €€
Leuchtendes mittleres Zwiebelrosa, Silberreflexe. Nuancen von eingelegten roten Kirschen, etwas Erdbeerkonfit, Orangenzesten, attraktives Bukett. Saftig, frisch, grüner Apfel, Rote Johannisbeeren, Limetten im Abgang, salzig und anhaftend, ein finessenreicher Begleiter bei Tisch.

90 Schilcher * Klassik 2023
11 Vol.-%, DV, Stahltank, €€
Mittleres Zwiebelrosa, Silberreflexe. Feine Nuancen von roten Waldbeeren, ein Hauch von Ribiseln, mit Limettenzesten unterlegt. Schlank, rotbeerig, sehr rassig, zitronigsalzig im Abgang, animierend und leichtfüßig.

Riesling

92 Blauer Wildbacher Luna Rosé 2023
12 Vol.-%, DV, Teilbarrique, €€€
Helles Lachsrosa, Orangereflexe. Feines rotes Waldbeerenkonfit, frische rote Kirschen, florale Nuancen, ein Hauch von Blütenhonig. Saftig, elegant, feiner Säurebogen, rotbeerige Textur, frisch und mineralisch, reife Kirschen im Nachhall, bleibt haften, zarter Honigtouch im Finale.

* Weststeiermark DAC

BERGLAND

RENAISSANCE DES WEINBAUS

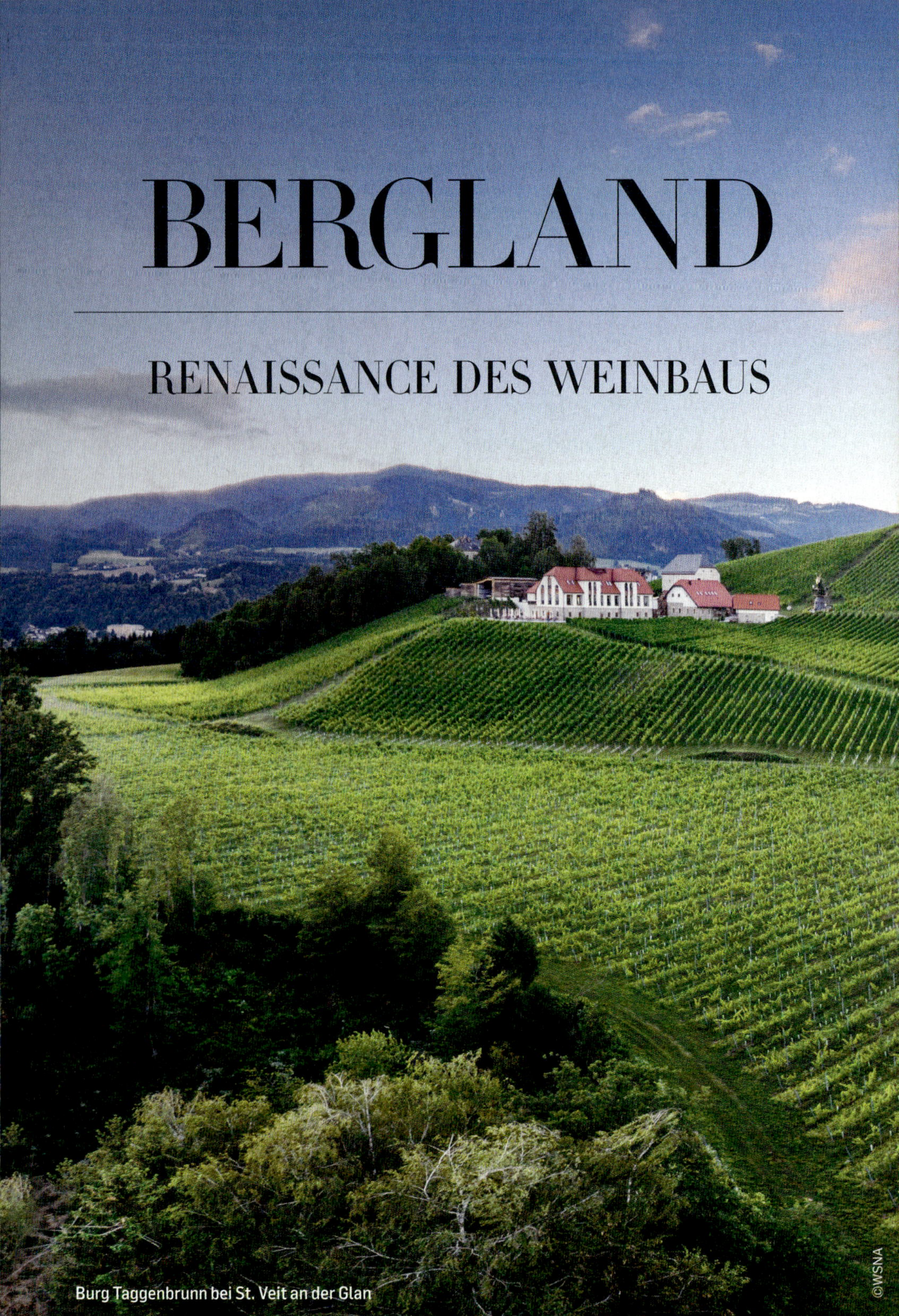

Burg Taggenbrunn bei St. Veit an der Glan

Hilkering in Oberösterreich

DIE RÜCKKEHR DES WEINES OB DER ENNS

Bis zur Mitte des letzten Jahrtausends gab es in Oberösterreich mehr weinbauliche Flächen als im Osten des Landes. Eine Vielzahl an Orts-, Haus- und Flurnamen zeugen noch heute davon.

Nach dem fast endgültigen Niedergang im 19. Jahrhundert kommt es in Oberösterreich nun wieder zu einer kleinen Renaissance. Heute bewirtschaften rund 38 Winzer auf sonnigen Standorten in fast jeder Ecke insgesamt etwas mehr als 68 Hektar. Innerhalb der Weinbauregion Bergland wurden den oberösterreichischen Weinaktivisten aktuell die Pflanzrechte von insgesamt 100 Hektar zugestanden.

Die Produktionsmengen der meisten Erzeuger sind noch sehr klein, die Weine werden in der Region konsumiert und sind naturgemäß schnell ausverkauft.

Als Präsident des Weinbauverbands fungiert der Spargelbauer Karl Velechovsky vom Nußböckgut in Leonding, er hat sich auf die Direktträgersorte Concordia spezialisiert. Schon 1967 hat die Familie Bauer in Hofkirchen im Traunkreis begonnen, ihre »Hudler« und Sekte gibt es in ihrem Gasthaus mit dem treffenden Namen »Weinbauer«. Auf Mühlviertler Urgestein setzte Johann Kraus aus Hochbuchedt 2002 im Haselgraben unterhalb der Ruine Wildberg seine Reben. Zu den größeren Erzeugern gehört Guido Steiner aus Leoding, der auch einen Heurigen betreibt. Seit 1997 ist die Familie Aichinger in Sachen Weinbau im Eferdinger Becken mit dem Heurigen »Zum Weinblick« und einem Hofladen in Hilkering erfolgreich. Der bekannteste Winzer ist Leo Gmeiner aus Perg, der es mit seinen vorzüglichen Rotweinen schon mehrmals in den Falstaff-Rotweinguide geschafft hat. In Weilbach auf den Hügeln über dem Inn erntet seit 2006 Wolfgang Költringer seine Trauben. Seine Weine bereichern das vielfältige Angebot des Falstaff-Weinguides und wirken ansteckend für immer neue Projekte.

★

INNVIADLA WEINBAU WOLFGANG KÖLTRINGER

Eine uralte Tradition hat der oberösterreichische Winzer Wolfgang Költringer in Weilbach wieder aufgenommen. Bereits im Mittelalter wurde im Innviertel großflächig Wein produziert. Im Jahr 2003 wurden nun wieder die ersten Reben gepflanzt, und 2006 wurde der erste Weißwein gekeltert. Frische, fruchtige Weiß-, Rosé- und Rotweine werden in Weilbach im Innviertel auf sandigem Lehm mit Lössanteil kultiviert. Blattarbeit und starke Reduktion lassen sehr gute Qualitäten entstehen. Und die Weinnamen wie »weddlina«, »schadonee« oder »neidoafoans«, die vom Innviertler Künstler Hans Kumpfmüller stammen, runden das Gesamtbild ab. Das Sortenspektrum bieten Rivaner, Grünen Veltliner, Chardonnay, Muskateller, Rosé vom Zweigelt und Rotwein vom Blauburger und Zweigelt. Mit viel Liebe und Sorgfalt werden auch Edelbrände und Säfte produziert. Gerne werden am Hof Verkostungen und Weingartenführungen angeboten. Bis 60 Personen finden dabei im 190 Jahre alten böhmischen Gewölbe Platz. Dabei werden regionale Spezialitäten wie Innviertler Surspeck und andere passende Speisen wie regionale Forelle gereicht. Die Weine sind ab Hof und in ausgewählten Vinotheken, Restaurants sowie Spezialitätenläden erhältlich.

92 Grüner Veltliner sunnda weddlina zwei 2023
13 Vol.-%, DV, Stahltank, €€€
Mittleres Gelbgrün, Silberreflexe. Zart nach Mango und Papaya, kandierte Mandarinenzesten, etwas Blütenhonig. Straff, engmaschig, weiße Birne, frischer Säurebogen, salzig-mineralisch im Abgang, bleibt gut haften, ein Speisenbegleiter mit Energie und Frische.

91 Grüner Veltliner sunnda weddlina 2023
12,5 Vol.-%, DV, Stahltank, €€
Helles Goldgelb, Silberreflexe. Frische Kräuterwürze, tabakig unterlegter gelber Apfel, etwas Mango, ein Hauch von Orangenzesten. Engmaschig, straff, weißes Kernobst, lebendiger Säurebogen, mineralisch, pikanter Stil, Limetten im Nachhall, animierend.

92 Weißburgunder sunnda weisbuagunda 2022
14,5 Vol.-%, DV, gebrauchte Barriques, €€€€€
Leuchtendes mittleres Goldgelb, Silberreflexe. Feine Nuancen von reifer gelber Frucht, zart nach Mango und Banane, weiße Blüten, etwas Honig, kandierte Orangenzesten. Kraftvoll, komplex, gelber Apfel, feiner Säurebogen, mineralisch-salzig im Nachhall, besitzt Länge, ein stoffiger Speisenbegleiter mit Potenzial.

90 Gemischter Satz II 2023
12,5 Vol.-%, DV, Stahltank, €€
Helles Gelbgrün, Silberreflexe. Zarte Nuancen von Kernobst, frische Birne, ein Hauch von Wiesenkräutern. Mittlerer Körper, feine Apfelnote, frisch strukturiert, mineralisch und lebendig, feine salzige Mineralik, ein schwungvoller Sommerwein.

88 Gemischter Satz 2023
12 Vol.-%, DV, Stahltank, €€

90 Chardonnay sunnda schadonee 2023
13 Vol.-%, NK, Stahltank, €€€
Helles Goldgelb, Silberreflexe. Zarte gelbe Tropenfrucht, ein Hauch von Guaven und Mango, feiner Honigtouch, mit etwas Rhabarber unterlegt. Mittlerer Körper, reife Birne, dezenter Säurebogen, feiner Blütenhonig, etwas Karamell im Abgang, bleibt haften, bereits gut entwickelt.

INNVIADLA WEINBAU WOLFGANG KÖLTRINGER
Oberösterreich
4984 Weilbach
Neudorf 1
T: +43 (664) 8460847
office@koeltringer.net
www.koeltringer.net

Kellermeister/Kontakt:
Ing. Wolfgang Költringer
Produktion: 5 % Schaumwein, 80 % weiß, 5 % rosé, 10 % rot

DER SÜDEN IM AUFSCHWUNG

Das Bundesland Kärnten im Süden Österreichs verfügte im Mittelalter über einen respektablen Weinbau. Im Jahr 1972 begann ein erster Winzer, im Lavanttal wieder an die alte Tradition anzuknüpfen.

Die Qualität des Weinbaus im südlichsten Bundesland hat sich in den vergangenen Jahren erstaunlich gesteigert. Kärnten blickt auf eine tausendjährige Weinbaugeschichte zurück. Die unter Kaiser Joseph II. durchgeführte Säkularisierung von kirchlichen Einrichtungen leitete den Abschwung im Weinbau ein, außerdem fügte Ende des 19. Jahrhunderts das katastrophale Auftreten des Mehltaus den Kärntner Rieden enormen Schaden zu. In der Zwischenkriegszeit kam der Weinbau völlig zum Erliegen.

Es dauerte bis zum Jahr 1972, dass man sich im Lavanttal wieder an die Geschichte des Weinbaus erinnerte. Damals beschloss der Klosterneuburg-Absolvent Herbert Gartner, in der Riede Oberer Weinzedl am St. Andräer Burgstall wieder Reben zu setzen. Der Weinbauverband Kärnten wurde im Jahr 2001 gegründet und baute mit dem Arbeitskreis »Wein aus Kärnten« eine offizielle Marketingplattform auf, die dazu dient, die Marke professionell zu bewerben und das Image des Kärntner Weins durch entsprechende Öffentlichkeitsarbeit und Qualitätssteigerung zu fördern. Kärnten wurde aus der österreichischen regionalen Reserve ein Pflanzkontingent von 100 Hektar zugesprochen, 2013 wurde um weitere 100 Hektar aufgestockt. Jeder, der hier anpflanzen will, muss beim Land Kärnten um die Bewilligung der Neuanlage von Weingärten ansuchen.

Kärnten ist heute ein gesetzlich anerkanntes Qualitätsweinbaugebiet und zählt zusammen mit Oberösterreich, Salzburg, Tirol und Vorarlberg zur Weinbauregion Bergland. Im Jahr 2011 wurden erstmals wieder mehr als 100.000 Flaschen Wein erzeugt. Die Zentren des Weinbaus sind die Regionen Feldkirchen-Ossiacher See, Klagenfurt-Wörther See, Lavanttal, St. Veit an der Glan, Sittersdorf und das Trixnertal.

★

WEINGUT TRIPPELGUT

Der Gutsbetrieb der Familie Trippel am Maltschacher See – ganz in der Nähe des Golfplatzes Moosburg in Pörtschach – ist eine der neuen Locations unweit vom Wörthersee zum Entschleunigen und Genießen. Von Wein und bester Kulinarik verwöhnt, stellt das »TrippelGUT« eine Ruheoase dar. Durch die erhöhte Lage inmitten der eigenen Weinberge (630 Meter Seehöhe) des zweitgrößten Weinguts Kärntens entspannt man auf den Aussichtsterrassen bis weit in die Nacht. Kulinarisch wird hier modern-kreativ ein klarer Fokus auf die Kombination aus besten Zutaten aus dem Alpe-Adria-Raum und den hauseigenen Weinen gelegt. Dadurch ergeben sich klassische Gerichte der Kärntner Küche, aber auch Degustationsmenüs, die sensorische Höhepunkte versprechen.
Die hauseigenen Kärntner Weine, die laufend bei internationalen Wettbewerben ausgezeichnet werden, stellen in Kombination mit den eigens produzierten Kräutern einen weiteren Anziehungspunkt dar. Vor allem als Schlechtwetteralternative sind die Führungen und Verkostungen mit anschließendem Essen in Kärntens größtem Schauweinkeller sehr beliebt. Zusätzlich hat man die Möglichkeit, die Weine auch zu einer regionalen Winzerjause zu genießen oder einfach nur auf der Aussichtsterrasse, von der man über das gesamte Klagenfurter Becken bis zum Pyramidenkogel sieht, zu verweilen.
Ein absoluter Geheimtipp ist das »SchlafGUT«. Es besteht aus 14 Winzersuiten, die durch ihre großzügige Dimensionierung, moderne Einrichtung und insbesondere die Ausrichtung nach Süden bestechen und einen atemberaubenden Blick über die Weingärten bieten. Nicht vergessen darf man, dass auf dem »TrippelGUT« auch geheiratet werden kann – standesamtlich in den Weingärten oder kirchlich in der Briefelsdorfer Kirche, die nur drei Minuten zu Fuß entfernt liegt.
Die Weine unterteilen sich hier in drei Linien: »Alpenwein« (leicht und trinkfreudig, belebend und fruchtbetont), »Privat« (Lagen- und Riedenweine) und »AndaS« (Natural/Orange Wine) – einfach probieren!

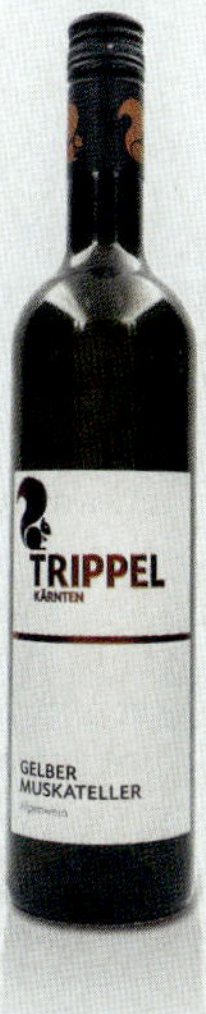

WEINGUT TRIPPELGUT
Kärnten, 9560 Feldkirchen
Hubertusweg 4
T: +43 (4276) 93080
info@trippelgut.at
www.trippelgut.at
Kellermeister/Kontakt:
Nikolaus Trippel
Produktion: 66.667 Flaschen
15 % Schaumwein, 60 % weiß, 4 % rosé, 20 % rot, 1 % süß, 10.5 Hektar
Vereinszugehörigkeit:
Weinbauverband Kärnten
Messen: Alles für den Gast Salzburg, Gast Klagenfurt, VieVinum

Weingut TrippelGUT

92 Sauvignon Blanc Alpine Wine 2023

13 Vol.-%, Stahltank, €€€€

Helles Strohgelb, Silberreflexe. Zarte Nuancen von reifen gelben Stachelbeeren, zart nach Pfirsich, florale Noten, ein Hauch von Holunder und Limetten. Saftig, elegant, weiße Tropenfrucht, finessenreich strukturiert, balanciert und gut anhaftend, seidiger Stil, vielfältig einsetzbar.

92 Grauburgunder The Grey Ried Grafenstein 2022

13 Vol.-%, Barrique/Stahltank, €€€€€

Helles Messinggold, Silberreflexe. Zarte Kräuterwürze, feine Birnenfrucht, etwas weißes Nougat, kandierte Orangenzesten, zarter Holzkuss. Mittlerer Körper, komplex, etwas Kernobst und Nougat, cremig, mineralisch-salzig im Abgang, zart nussiger Nachhall, ein balancierter, facettenreicher Speisenbegleiter.

91 Gemischter Satz - Oachkatzl Alpine Wine 2023

13 Vol.-%, DV, Stahltank, €€€ V

Helles Goldgelb, Silberreflexe. Zarte Nuancen von frischer Birne, etwas Mango, ein Hauch von Blütenhonig. Mittlere Komplexität, saftig, feine gelbe Tropenfrucht, gut integrierte Säurestruktur, fruchtiger Abgang, mineralisch-salziger Nachhall.

90 Donauriesling AndaS 2022

13 Vol.-%, Stahltank, €€€€€ 0

Helles Goldgelb, Silberreflexe. Zart oxidative Nuancen nach Apfelschalen, mit dezenten Kernobstnoten unterlegt, frische Wiesenkräuter, ein Hauch von Walnuss. Saftig, seidiger Stil, feine Steinobstnuancen, zarte Karemellnoten im Abgang, individueller Stil, bereits entwickelt.

89 Zweigelt Weiss Alpine Wine 2023

11,5 Vol.-%, Stahltank, €€€

91 Pinot Noir Ried Eckstein Privat 2019

12,5 Vol.-%, Barrique, €€€€€

Mittleres Karmingranat, Ockerreflexe, breitere Randaufhellung. Nuancen von roten Waldbeeren, unterlegt mit Kräutern und dezenter Edelholzwürze, eingelegte Kirschen, kandierte Mandarinenzesten. Schlank, komplex, feine Fruchtsüße, dazu eine lebendige Säure, mineralischer Nachhall, ein gut ausgereifter Begleiter bei Tisch.

PLATZ FÜR IHRE
WEINNOTIZEN

Brda in der slowenischen Weinbauregion Goriska

GRENZENLOS

WEINBAU IN DEN NACHBARLÄNDERN ÖSTERREICHS

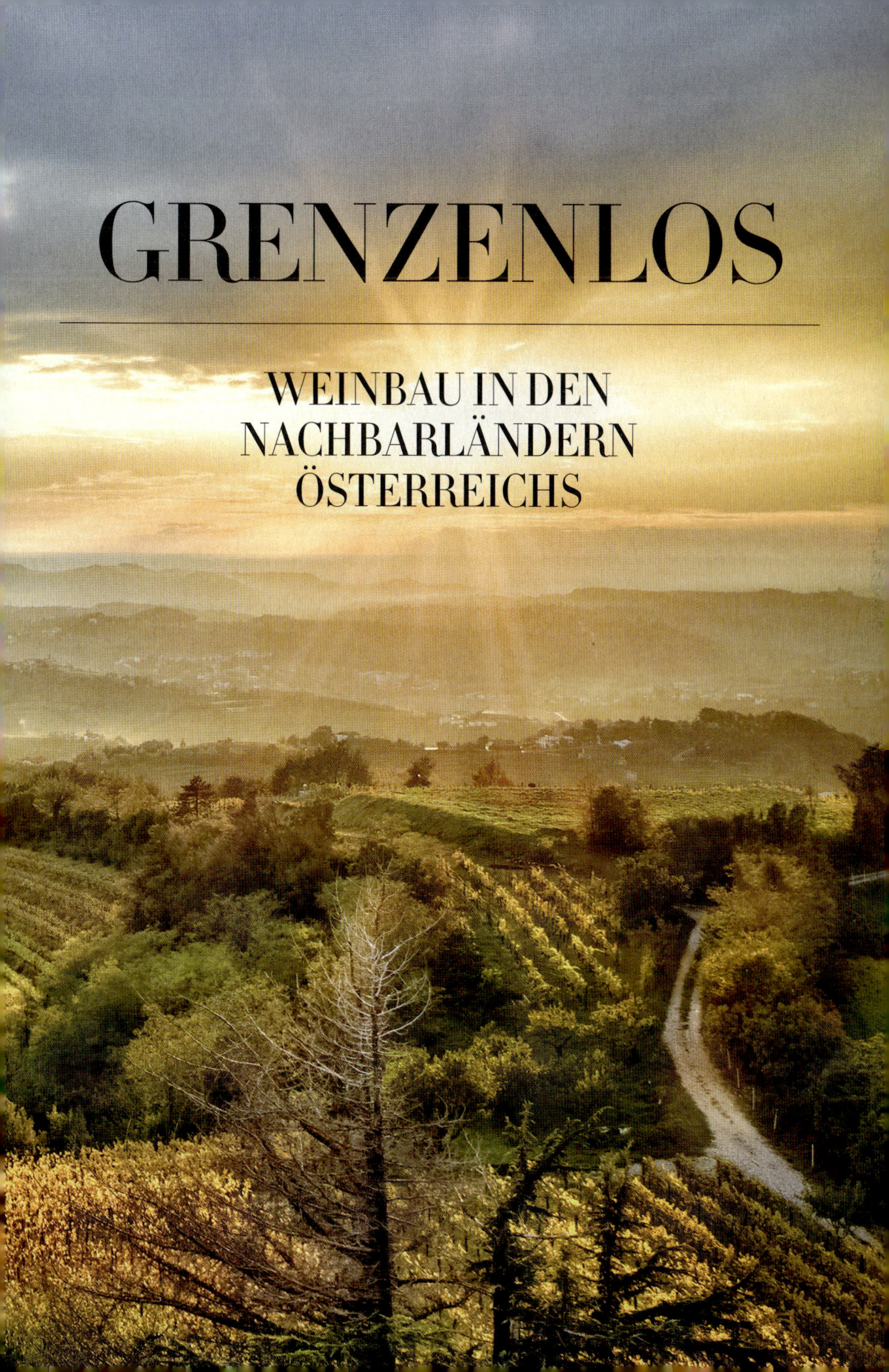

BEI NACHBARWINZERN ZU BESUCH

Mit den Weinbaugebieten der angrenzenden Länder verbindet Österreich die lange Tradition aus den Zeiten der k. u. k. Monarchie. Dieses in der Nachkriegszeit durch den Eisernen Vorhang gerissene Band nehmen wir heute wieder auf und präsentieren empfehlenswerte Weingüter aus Slowenien, der Slowakei und Ungarn sowie Liechtenstein.

Immer wieder gab es Anfragen, ob der Falstaff Weinguide nicht auch über Weingüter berichten könne, die jenseits der Grenzen hervorragende Weine keltern. Es war bis zum Debüt 2022 eine Frage des Platzes, nicht des Willens, dass diese Idee nicht aufgegriffen werden konnte. Nachdem die Idee gereift war, nach einem Weinguide Deutschland und Schweiz auch einen für Italien ins Leben zu rufen, wanderte der lange im Österreich-Guide beheimatete Südtirol-Teil logischerweise dorthin. Und so ist die Gelegenheit entstanden, interessierten und interessanten Weinbaubetrieben aus den anderen Nachbarländern das Angebot einer Teilnahme zu machen. Bei der Premiere 2022 wurde das von unseren Lesern mit sehr positivem Feedback gewürdigt, und auch heuer haben ein paar neue Weingüter ihre Weine zur Bewertung geschickt. Natürlich können wir Ihnen hier nur Empfehlungen anbieten und keine umfassende Vorstellung einer großen Weinbaunation wie Ungarn oder des vielfältigen Angebots der Winzer aus Slowenien und der Slowakei. Die Auswahl der Weingüter ist naturgemäß begrenzt, aber wir sind voller Hoffnung, dass dieses spannende Kapitel in den nächsten Jahren wächst und wir Ihnen eine weit größere Zahl von Weingütern aus unseren Nachbarländern vorstellen zu können.

LIECHTENSTEIN

Seit über 2.000 Jahren wird in Liechtenstein bereits Wein angebaut. Die Römer brachten die ersten Reben ins Land. Der Föhn und die jahrhundertealte Erfahrung der einheimischen Winzer ermöglichen seitdem exzellente Weine – vom Chardonnay über den Pinot Noir bis zum Riesling. Ganze vier Berufswinzer erzeugen die edlen Tropfen des Fürstentums. Die Hofkellerei des Fürsten von Liechtenstein in Vaduz befindet sich in der Reblage Herawingert. Der Herawingert zählt mit seinen vier Hektar Rebfläche – von den insgesamt 14 Hektar des Fürstentums – zu den besten Reblagen im Rheintal.

SLOWAKEI

In der Slowakei liegen die sechs Weinbaugebiete an der Westgrenze zu Tschechien und im Süden an der Grenze zu Ungarn. Es sind dies von West nach Ost die Malokarpatská (Kleinkarpaten), Juznoslovenská östlich von Bratislava, darüber die Nitrianská bei Neutra, Stredoslovenská in der südlichen Mitte, Vychodoslovenská im Osten bei Košice und Tokajská im Südosten. Die Slowakei zählt rund 600 Weinbaubetriebe, die rund 10.000 Hektar bewirtschaften. Der Wein wird zum größten Teil im Inland konsumiert.

SLOWENIEN

Die ausgesuchten Weine der drei Weinbauregionen Podravje (Subregionen Štajerska Slovenija und Prekmurje), Posavje (Subregionen Bela Krajina, Bizeljsko-Brežice und Dolenjska) und Primorska (Subregionen Goriška Brda, Kras, Slovenska Istra und Vipavska Dolina) zählen zu den qualitativ besten Produkten der Welt. Aufgrund der unterschiedlichen Standorte, Klimaverhältnisse und Kellertechniken hat jede Region ihre eigene Sortenauswahl. Die slowenischen Weinberge liegen im Zentrum des europäischen Weinbaugürtels. Diesen teilen sich die slowenischen Weinbauregionen mit Gebieten wie z. B. dem französischen Burgund. Das Zusammenspiel verschiedener Klimaeinflüsse und Böden ermöglicht Slowenien eine besonders große Weinvielfalt. Hier gedeihen 52 verschiedene Rebsorten.

UNGARN

Einst war Ungarn eine önologische Weltmacht, doch die Winzer des Landes haben harte Zeiten hinter sich. Erst seit 1989 erholt sich die Branche langsam wieder und findet dank zahlreicher privater Investments allmählich zu alter Stärke zurück. An Qualitätspotenzial mangelt es dem begnadeten Weinland mit seinen 22 Anbauregionen wahrlich nicht. Ungarn hat an vielen Stellen beste Voraussetzungen für Weinbau, sodass sich die Anbaugebiete über das ganze Land verteilen: vom Norden mit seinen teilweise vulkanischen Böden und dem Einfluss des Neusiedler Sees über den gewaltigen Balaton (Plattensee) bis hin zum mediterran geprägten Süden mit vielerlei Sand-, Löss- und Tonböden. Ungarn kann mit einer Vielzahl von autochthonen Rebsorten punkten, allen voran mit Furmint und Hárslevelü, aus denen auch der legendäre Tokajer gekeltert wird. Zunehmend entstehen hier aber auch interessante trockene und halbtrockene Weißweine. Internationale Weiß- wie Rotweinsorten nehmen ebenfalls stark zu.

TSCHECHIEN

Unser nördliches Nachbarland blickt auf eine über tausend Jahre währende Weinbautradition zurück. Die Weinbauregionen in Böhmen bilden heute nur mehr einige einzelne Inseln entlang der Elbe sowie ihrer Zuflüsse Moldau und Berounka, die Hauptanbauzone befindet sich zwischen Melnik (Mělník) und Leitmeritz (Litoměřice), vereinzelt bei Most im Nordböhmischen Becken. Deutlich bedeutender sind die Weinbauzonen in Mähren, wo sich rund 96 Prozent der tschechischen Weinproduktion aus rund 17.000 Hektar Ertragsfläche versammeln. Es werden hier vier Subregionen unterschieden: Znojmo, Mikulov, Velké Pavlovice und die Mährische Slowakei. Seit den späten 2000er-Jahren gibt es ein Herkunftssystem, aktuell sind zwölf verschiedene VOC in Gebrauch. Die wichtigsten Weißweinsorten sind Pinot Gris, Riesling und Chardonnay, in Rot dominieren Pinot Noir, Blaufränkisch und Zweigelt.

AUSGEWÄHLTE WEINGÜTER

★★★★★
Marjan Simčič, Dobrovo – Slowenien

★★★★
Domaine Ciringa, Zgornja Kungota – Slowenien
Dveri-Pax, Jarenina – Slowenien
Magula Family Estate, Suchá nad Parnou – Slowakei
Marof Winery, Mačkovci – Slowenien
Domaine Vicomte de Noüe-Marinič, Kojsko – Slowenien

★★★
Hidden Treasures – A Moric Project, Ungarn
Radgonske gorice d.o.o., Gornja Radgona – Slowenien

★★★
Sanctum, Slovenske Konjice – Slowenien
Svetlik, Dobravlje – Slowenien
Verus, Ormoz – Slowenien
Vino Gaube, Zgornja Kungota – Slowenien

★
Kristinus, Kéthely – Ungarn

NEU
Fischer Birtok Kft., Kisapáti – Ungarn
Weinbau Hoop, Eschen – Liechtenstein

DIE BESTEN WEINE

Schaumwein
93 **Zlata Radgonska Penina Ciconia Sans Dosage 2018**, Radgonske gorice d.o.o. Seite 816
93 **Zlata Radgonska Penina Ciconia Rosé Brut 2018**, Radgonske gorice d.o.o. Seite 816

Weißwein
96 **Chardonnay Tejca Vedrignano Il Cru 2021**, Domaine Vicomte de Noüe-Marinič Seite 815
94 **Sauvignon Blanc Pruh 2019**, Domaine Ciringa Seite 805
94 **Hidden Treasures Nr.1 Tokaj feat. Gergö Filep 2022**, Hidden Treasures – A Moric Project Seite 808
94 **Chardonnay Opoka Jordano Cru 2021**, Marjan Simčič Seite 812
(94) **Rebula Svetlik Maximilian 2020**, Svetlik Seite 818
93 **Hidden Treasures Nr.3 Balaton feat. Villa Tolnay 2021**, Hidden Treasures – A Moric Project Seite 808
93 **Kelet 2021 GV/FU/SB**, Kristinus Seite 810
93 **Zeleni Silvanec Goričko SVL Lega Vas 2021**, Marof Winery Seite 813
93 **Chardonnay Prestige Kraemer Vineyard 2020**, Sanctum Seite 817
93 **Furmint Šipon Štajerska Slovenija 2022**, Verus Seite 819
93 **Sauvignon Blanc Štajerska Slovenija 2023**, Verus Seite 819
93 **Sivi Pinot 2023**, Vino Gaube Seite 820

Rotwein
96 **Merlot Opoka Trobno Cru 2018**, Marjan Simčič Seite 812
93 **Teufelsecke Modrý Portugal 2017**, Magula Family Estate Seite 811
93 **Pinot Noir Štajerska Slovenija 2017**, Verus Seite 819

Süßwein
93 **Chardonnay Kramarovci SVL Lega Vas 2020**, Marof Winery Seite 813

DOMAINE CIRINGA
2201 Zgornja Kungota
Ciringa 28
T: +43 (3453) 4101
weingut@tement.at
www.domaine-ciringa.com

Anbauweise: Zertifiziert Biologisch
Produktion: 100 % weiß
Vereinszugehörigkeit:
SVL – Slovenska Velika Lega

Ried Ciringa/Zieregg

★★★★

DOMAINE CIRINGA

Es gibt wohl keinen besseren Namen für einen Berg, der aus reinen Korallenkalkböden besteht: Wer den »Fosilni Breg« (also den »Fossilienberg«) bewirtschaftet, stolpert immer wieder über versteinerte Meerestiere. Auf dem kargen Untergrund liegt eine Schicht aus tonreichem Mergel (auch Opok genannt) und fruchtbarer Braunerde – ideale Bedingungen für Sauvignon Blanc und für das, was Familie Tement mit all ihrer Erfahrung in ihm sieht. Das Etikett mit dem versteinerten Seestern auf der Vorderseite erzählt die Millionen von Jahren alte Geschichte dieses Ortes und ist damit untrügliches Zeichen einer ganz besonderen Herkunft. 2005 hat Familie Tement begonnen, ihre Idee vom Wein auch auf die slowenische Seite ihrer bekanntesten Lage auszuweiten. Seither gehört die Domaine Ciringa zur Familie. Die dort ausgepflanzten Rebstöcke sind zwar jünger als jene auf der Nachbarlage Zieregg, die südwestliche Ausrichtung und der etwas höhere Humusanteil verleihen diesen Weinen aber eine ganz besondere Note. Eine Spur wärmer, aber um kein bisschen weniger puristisch, eignen sie sich besonders als Begleiter einer elegant-bodenständigen Alpe-Adria-Küche – wen wundert es, schließlich lebt in diesen Weinen die Erinnerung ans Meer.

94 Sauvignon Blanc Pruh 2019
13 Vol.-%, VL, großes Holzfass, €€€€€€ B H V
Helles Grüngelb, Silberreflexe. Zart nach gelben Ringlotten, dunkle Mineralik, mit einem Hauch von Pfirsich unterlegt. Straff, kräuterwürzig, mineralisch-kalkig, feine Textur, frischer Säurebogen, bereits gut ausgereift, ein eleganter, leichtfüßiger Speisenbegleiter.

93 Sauvignon Blanc Reserve 2019
13 Vol.-%, DV, großes Holzfass, €€€€€ B H V
Mittleres Grüngelb, Silberreflexe. Kräuterwürzig unterlegte gelbe Tropenfrucht, ein Hauch von Mango. Saftig, feine Fruchtsüße, feiner Säurebogen, salzig-mineralisch im Abgang, ein ausgewogener Speisenbegleiter, jugendliche Nuancen von weißer Frucht im Finale.

92 Sauvignon Blanc Fosilni Breg 2022
12 Vol.-%, DV, gr. Holzfass/Stahltank, €€€€ B F H V
Helles Grüngelb, Silberreflexe. Feine gelbe Tropenfrucht, floraler Touch, ein Hauch von Mango und reifen Stachelbeeren, zart mit Mandarinenzesten unterlegt. Saftig, weißer Apfel, frischer Säurebogen, elegant und ausgewogen, ein leichtfüßiger, animierender Speisenbegleiter.

Prächtige Reben im Weingarten von Dveri-Pax

DVERI-PAX
2221 Pesnica
Polički Vrh 1
T: +386 (2) 6440082
office@dveri-pax.com
dveri-pax.com

Kellermeister: Danilo Flakus
Kontakt: Samo Simonič
Produktion: 73 Hektar
Messen: ProWein Düsseldorf, VieVinum, Vinalia

★★★★

DVERI-PAX

Auf dem Weingut Dveri-Pax im Nordosten Sloweniens wird die mehr als 800-jährige Weinbautradition der Admonter Benediktinermönche weitergeführt – mit großer Wertschätzung gegenüber der Natur und feinem Gespür für Trends. Die 73 Hektar umfassenden Weinberge befinden sich in den Regionen Maribor, Jeruzalem, Radgona und Kapela. Dem Weingut ist es in den letzten Jahren gelungen, zu einem der modernsten Betriebe Sloweniens aufzusteigen. Liebhaber von Wein, Kultur und Architektur werden zur Besichtigung des modernisierten, über 450 Jahre alten Schlosses eingeladen. Der Schlosskeller gilt als ältester Teil des Jahringhofs.

91 ❶ Furmint DP Brut 2019
12 Vol.-%, NK, Flaschengärung, €€€
Mittleres Grüngelb, silberfarbene Reflexe, feines Mousseux. Frische weiße Birnenfrucht, dezent nach Mango, ein Hauch von Blüten und Limettenzesten. Saftig, gute Komplexität, gelbes Kernobst, feiner Säurebogen, mineralisch-salzig, ein trockener Begleiter bei Tisch, zitronig-salziger Nachhall.

92 Rizling Renski 2022
12,5 Vol.-%, DV, Stahltank, €€€
Mittleres Gelbgrün, Silberreflexe. Mit Limettenzesten unterlegte feine gelbe Tropenfrucht, ein Hauch von Ananas und Maracuja, floraler Touch. Mittlere Komplexität, weißer Apfel, frisch strukturiert, mineralisch-zitronig im Abgang, ein balancierter, bereits zugänglicher Speisenbegleiter.

92 Grauburgunder 2022
13 Vol.-%, DV, Stahltank, €€€
Helles Goldgelb mit zartem Kupfertouch. Frische Kräuterwürze, gelbes Kernobst, etwas Nougat, kandierte Orangenzesten. Saftig, mittlerer Körper, feine Fruchtsüße, elegant, dezente Säurestruktur, ein Hauch von Blütenhonig im Abgang.

92 Sauvignon V 2015
14,5 Vol.-%, NK, kleines Holzfass, €€€€€
Mittleres Goldgelb, Silberreflexe. Feine gelbe Tropenfrucht, zart nach Honig und Guaven, reife Ananas, kandierte Mandarinenzesten. Straff, elegant, weißes Steinobst, feiner Säurebogen, ein Hauch von Karamell, ein gut gereifter Speisenbegleiter von mittlerer Länge.

91 Furmint 2021
12 Vol.-%, DV, Stahltank, €€€
Helles Grüngelb, Silberreflexe. Zart tabakig-kräuterwürzig unterlegte reife Birnenfrucht, nussiger Touch, mit Limettenzesten unterlegt. Mittlerer Körper, weiße Apfelfrucht, frischer Säurebogen, zitronig-kalkig im Nachhall, ein lebendiger Speisenwein.

FISCHER BIRTOK KFT.

NEU

Zwischen sieben Vulkanbergen liegt das ungarische Weingut Fischer, dessen Stammsitz in der Region Rosalia in Österreich beheimatet ist. Auf 80 Hektar werden hier außergewöhnliche Weine angebaut. Im Jahr 2002 begann Familie Fischer mit der Auspflanzung der ersten 15 Hektar.
Der Fokus lag von Anfang an auf der Produktion von hochwertigen Weinen. Dies wird durch einen nur geringen Stockertrag gewährleistet. Daher wurden pro Hektar 6.500 Rebstöcke gepflanzt, um nur den halben Stockertrag von rund 1 bis 1,5 Kilogramm pro Stock zu ernten. Dies ergibt ausgesprochen dichte Weine. In Kombination mit der vulkanischen roten Erde entstehen hier Weine, die eine enorme Mineralik mitbringen. Dies ist auch der Grund, warum auch die Weißweine großes Lagerpotenzial besitzen und oft sortenbedingt erst nach zwei bis drei Jahren optimales Trinkvergnügen bereiten.
Es werden neun Sorten angebaut, die sich zu einem Drittel auf Weißwein und zu zwei Dritteln auf Rotwein aufteilen. Bei den Weißweine sind dies Sauvignon Blanc, Pinot Blanc, Chardonnay und Szürkebarát (Pinot Grigio), bei den Rotweinen Zweigelt, Syrah, Pinot Noir, Merlot und Cabernet Franc.

89 Sauvignon Blanc 2022
14 Vol.-%, DV, Stahltank, €€

(92) Cabernet Franc 2020
13,5 Vol.-%, DV, Stahltank, €€
Kräftiges Karmingranat, violette Reflexe, breitere Ockerrandaufhellung. Zarte Kräuterwürze, kandierte Orangenzesten, schwarze Kirschen, Brombeerkonfit, einladendes Bukett. Stoffig, feine Fruchtsüße, reife Zwetschken, reife, tragende Tannine, etwas Feigen und Schokolade im Abgang, gute Länge, bereits zugänglich.

(91) Syrah 2021
13,5 Vol.-%, DV, Stahltank, €€
Dunkles Rubingranat, violette Reflexe, zarte Randaufhellung. Schwarze Waldfrüchte, Heidelbeeren, Nuancen von Kräutern, etwas Nougat. Komplex, kraftvoll, saftige Textur, reife Tannine, etwas Kakao, bleibt haften, ein würziger Speisenbegleiter.

90 Zweigelt 2021
13,5 Vol.-%, DV, Stahltank, €€
Kräftiges Rubingranat, violette Reflexe, breitere Ockerrandaufhellung. Reife Zwetschken, Brombeerkonfit, kandierte Orangenzesten. Mittlere Komplexität, süße Textur, präsente, würzige Tannine, mineralischer Nachhall, Feigen im Rückgeschmack.

89 Merlot 2021
13,5 Vol.-%, DV, Stahltank, €€

FISCHER BIRTOK KFT.
8284 Kisapáti
Hrsz. 43
T: +36 (30) 8677003
www.fischer-badacsony.hu

Kellermeister: Thomas Fischer
Kontakt: Alfred Fischer
Produktion: 33 % weiß, 66 % rot, 80 Hektar
Messen: ProWein Düsseldorf

★★★

HIDDEN TREASURES A MORIC PROJECT

Der Mastermind hinter den Hidden Treasures ist der bekannte österreichische Winzer Roland Velich, der mit seinen Blaufränkisch-Rotweinen international für Furore sorgt. Über Jahre lotete er dafür die besten Terroirs im Burgenland aus, um alten Blaufränkisch-Reben die feinsten Nuancen dieser vielschichtigen Sorte zu entlocken. Hidden Treasure ist die Weiterführung des Gedankens, der Roland Velich zur Entwicklung von Moric führte, der Versuch, eine Region zu fassen, und zwar so pur und direkt wie möglich: traditionelle alte Methoden und volles Vertrauen in die gegebene Substanz, eine uralte, über Jahrhunderte erfolgreiche und weltweit führende Weinkultur, die Böden und das Klima der pannonischen Ebene – eine Tiefebene, die sich von den letzten Hügeln der Ostalpen entlang des Karpatenbogens erstreckt –, die Rebsorten, die sich über lange Zeiträume als geeignet und wertvoll erwiesen haben, und natürlich die Menschen. Roland Velich hat sich entschlossen, diesen Weg gemeinsam mit jungen innovativen Winzern zu gehen, Winzern, die bereit sind, sich in ähnlicher Art und Weise auf diese Reise einzulassen. Diese Reise jetzt zu starten ist ihm wichtig: »Es ist Zeit, diese großartige Weinkultur in originärer und authentischer Form dem geneigten Publikum wieder zugänglich zu machen.« Bei den Schätzen aus Ungarn kooperiert er aktuell mit Gergö Filep aus Tokaj, Kis Tamás aus Nagy-Somlói und der Villa Tolnay am Balaton. Hier ist es die pannonische Traditionssorte Furmint, die in unterschiedlichen Facetten ins rechte Licht gesetzt wird.

94 Hidden Treasures Nr.1 Tokaj feat. Gergö Filep 2022
12,5 Vol.-%, NK
Mittleres Grüngelb, Silberreflexe. Zarte Nuancen von Orangenblüten, feine Honignoten, zarte nach Zuckermelone, ein Hauch von Bienenwachs, einladendes, typisches Bukett. Stoffig, zart nussig, feine Nuancen von weißem Kernobst, feine Säurestruktur, leichtfüßig, ein Hauch von Biskuit, vulkanische Reduktionsnuancen, mineralischer Abgang, sehr lange anhaftend, ein saftiger Speisenbegleiter.

93 Hidden Treasures Nr.3 Balaton feat. Villa Tolnay 2021 FU/RR
13 Vol.-%, NK
Helles Strohgelb, Silberreflexe. Zart nach Orangenzesten, weißer Pfirsich, mineralischer Touch, mit Nuancen von Wiesenkräutern unterlegt. Saftig, elegant, weißer Apfel, feine Fruchtsüße, gut integrierte Säurestruktur, salziger Touch, feiner Zitrusnachhall, bereits gut antrinkbar, ein facettenreicher Speisenbegleiter.

93 Hidden Treasures Nr.2 Somlo feat. Kis Tamás 2022 FU/WR
12,5 Vol.-%, NK
Mittleres Gelbgrün, Silberreflexe. Zarte Kräuterwürze, Nuancen von gelber Tropenfrucht, etwas Mango, mit weißen Blüten und Limetten unterlegt. Saftig, frische Birnenfrucht, feine Extraktsüße, dezentes Säurespiel, salzig und anhaftend, ein eleganter Speisenbegleiter, bereits gut entwickelt.

HIDDEN TREASURES – A MORIC PROJECT
7051 Großhöflein
Kirchengasse 3
T: +43 (664) 4003231
www.moric.at

Kontakt: Roland Velich

WEINBAU HOOP
9492 Eschen
Pfrundweg 12
T: +423 (75) 69 01 3
www.weinbau-hoop.li

Kellermeister/Kontakt:
Uwe Hoop
Produktion: 16.000 Flaschen
5 % Schaumwein, 40 % weiß,
10 % rosé, 45 % rot, 3 Hektar

Weinbau Hoop

WEINBAU HOOP

NEU

Die Weingärten des Weinguts Hoop in Eschen werden nachhaltig und mit viel Liebe bewirtschaftet. Jede Rebsorte und jede Lage werden unterschiedlich bearbeitet, stets nach dem jeweiligen Bedürfnis der Pflanzen. Geerntet wird im Schnitt je nach Sorte und Lage zwischen 350 und 500 Gramm pro Quadratmeter. Im Keller geht Uwe Hoop sehr zurückhaltend vor und arbeitet sehr schonend. Den Weinen wird genügend Zeit gelassen, um sich zu entwickeln, und die Vinifizierungsmethoden sind den unterschiedlichen Sorten und Lagen angepasst.
Wein ist für den Weinbauer des nur drei Hektar großen Betriebs – angesichts der Gesamtanbaufläche in Liechtenstein gar nicht so wenig – eine Lebenseinstellung und ein Genussmittel, in dessen Herstellung sein ganzes Engagement fließt und sich spürbar am Gaumen manifestiert.

90 Chardonnay Eschner Pfarrhof 2021
13 Vol.-%, NK, Barrique, €€€€€
Mittleres Gelbgrün, Silberreflexe. Zarte Holzwürze, etwas nach Kardamom, ein Hauch von Karamell, gelbe Tropenfrucht, Blütenhonig klingt an. Saftig, kraftvoll, feine Säurestruktur, würzig, weißes Steinobst, frisch und lebendig, bereits gut antrinkbar.

89 Cuvée Blanc 2023 WB/CH
12,5 Vol.-%, DIAM, 500-l-Fass, €€€€€

88 Riesling »1188« 2022
12,5 Vol.-%, NK, Stahltank, €€€€€

90 Torso 2021 GAR/ZW/PN
12,5 Vol.-%, DIAM, Barrique, €€€€€
Kräftiges Rubingranat, violette Reflexe, breite Randaufhellung. Rote Beeren, unterlegt mit animalischen Nuancen, ein Hauch von schwarzem Tee, würziger Touch. Mittlerer Körper, feine Tabakwürze, rotbeeriger Rückgeschmack, bereits gut antrinkbar.

88 Pinot Noir Torkel 2021
13 Vol.-%, NK, Barrique, €€€€€

87 Merlot Güting 2020
13 Vol.-%, NK, Barrique, €€€€€

★

KRISTINUS

NEU - BIO

Das Weingut Kristinus bewirtschaftet seine Weingärten im Südwesten des Plattensees nach den Richtlinien der Biodynamie. Die Mission des Teams ist es, einen lebendigen Organismus aus Weinbergen, Wäldern, Obstgärten, Weiden und Vieh zu erhalten, mit dem Ziel, ausdrucksstarke, qualitativ hochwertige Trauben zu ernten. Im Weinkeller wird nur geringfügig in die Weinwerdung eingegriffen, um den Charakter der einzelnen Rebsorten zu erhalten. Daraus entstehen lebendige und fokussierte Weine mit Seele. Lokale Sorten wie Kékfrankos, Furmint, Welschriesling, Irsai Oliver sind dabei wesentliche Bestandteile des Anbaukonzepts.
Wer hier länger verweilen möchte, kann das in bester Qualität: Zehn Zimmer stehen für ein Entspannungserlebnis der besonderen Art bereit, und unter dem Titel »from farm to fork« kommen im Restaurant »Lokal 47« kleine Teller mit Speisen regionaler Bioproduzenten auf den Tisch.

KRISTINUS
8713 Kéthely
Hunyadi Straße 99
T: +36 (30) 5512107
sales@kristinus.hu
www.kristinus.hu

Kellermeister: Florian Zaruba
Kontakt: Orsolya Feher-Fas
Anbauweise: Biodynamisch
Produktion: 400.000 Flaschen
5 % Schaumwein, 55 % weiß,
10 % rosé, 30 % rot, 60+5 Hektar

93 Kelet 2021 GV/FU/SB
13 Vol.-%, NK, großes Holzfass/Amphore/gebrauchte Barriques, €€€€€
Mittleres Goldgelb, Silberreflexe. Zart nach Walnuss, dazu Wiesenkräuter und Birne, feine Nuancen von Mango, kandierte Orangenzesten, zart rauchige Mineralik. Saftig, elegant und ausgewogen, dezente Fruchtsüße im Kern, salziger Touch im Abgang, Blütenhonig im Nachhall, zeigt Länge und Entwicklungspotenzial.

92 Analog 2021 WR/SB/TR
12 Vol.-%, KK, Amphore/Stahltank, €€€
Helles Goldgelb, Silberreflexe. Zarte gelbe Tropenfrucht, Nuancen von Stachelbeeren, verhaltenes Bukett, etwas Blütenhonig. Schlank, feine gelbe Apfelfrucht, angenehmer Säurebogen, zarte Fruchtsüße, mineralisch-pikant im Abgang, ein delikater, leichtfüßiger Speisenbegleiter.

92 Liquid Sundowner 2022 WR/CH/PG/TR
12,5 Vol.-%, NK, Amphore/großes Holzfass, €€€€
Zart getrübtes helles Bernstein, Orangereflexe. Nuancen von frischen Karotten, Wiesenkräuter, etwas Kernobst, dezente Amphoren-Mineralik. Straff, salzig-mineralische Textur, saftige Birnenfrucht, dezenter Säurebogen, bleibt haften, ein individueller, gut balancierter Speisenbegleiter.

91 Oliver 2021 IO/FU/PG
11,5 Vol.-%, KK, Amphore/Stahltank/500-l-Fass, €€€
Leicht getrübtes mittleres Goldgelb, Silberreflexe. Zart nach Rosenblüten und Hibiskus, gelbe Tropenfrucht, etwas Mango und Maracuja, feiner Blütenhonig. Schlank, feinfruchtig, weißer Pfirsich, cremige Textur, frisch und leichtfüßig, mineralisch-zitroniger Nachhall.

91 Zweigelt Siller 2022
12 Vol.-%, NK, Stahltank/Amphore, €€€
Helles Kirschrosa, Pinkreflexe. Kräuterwürzig unterlegtes rotes Beerenkonfit, ein Hauch von eingelegten Kirschen, dazu Zweigelt-typische Zwetschken. Schlank, aber saftig, gelber Apfel, gute Frische, bleibt haften, ein animierender Sommerwein für Jause und Terrasse.

MAGULA FAMILY ESTATE
91901 Suchá nad Parnou
Ružová dolina 908
T: +421 (905) 645 520
vino@vinomagula.sk
www.vinomagula.sk

Kellermeister/Kontakt:
Vladimír Magula
Anbauweise: Biodynamisch
Produktion: 26.667 Flaschen
3 % Schaumwein, 20 % weiß,
6 % rosé, 74 % rot, 8.5 Hektar
Messen: VieVinum, RAW – The Artisan Wine Fair Berlin, Karakterre

Blaufränkisch

★★★★

MAGULA FAMILY ESTATE

BIO

Die Familie Magula stellt mit Leidenschaft Naturweine her, die ausschließlich aus eigenen, biologisch angebauten Trauben typisch slowakischer Sorten bestehen. Die Reise von Vinárstvo Magula durch den Weinbau begann 2007, als man einen alten Weinberg, der an die Familie zurückgegeben wurde, neu bepflanzte. Seit 2016 werden die Rebflächen biodynamisch bewirtschaftet. Die Domäne befindet sich an einem Ort mit besonderer Ausstrahlung: auf dem Gelände eines ehemaligen Klosters im Schatten alter Kastanienbäume. Die Umwelt liegt der Familie Magula sehr am Herzen, und man ist stets darauf bedacht, in Harmonie mit der Natur zu leben. Hier werden auch Kastanien und verschiedene Früchte angebaut, die Familie hält Bienen und züchtet Nutztiere, um mehr Leben und Gleichgewicht in ihrem Anwesen zu erreichen. Im Weinkeller sind sie bestrebt, lediglich als Wegweiser zu fungieren. Die Weine sollen in ihrem eigenen Tempo und gemäß ihrem einzigartigen Charakter reifen und die Besonderheiten der Rebsorte, des Jahrgangs und des Terroirs widerspiegeln. Auf diese Weise sollen Harmonie und Eleganz in die Flasche gebracht werden. Magula-Weine, vor allem die Rotweine, sind intensiv, aber dennoch subtil und sanft und zeigen den frischen und charmanten Charakter der nördlichen Terroirs.

92 Rizling vlašský Jungberg 2022
11 Vol.-%, DIAM, kleines Holzfass/Amphore, €€€€
Zart getrübtes helles Strohgelb, Silberreflexe. Feine Nuancen von gelbem Kernobst, feiner Birnentouch, ein Hauch von Wiesenkräutern, mit frischen Orangenzesten unterlegt. Schlank, weißer Apfel, feine Säure, zitronig-salzig unterlegt, bleibt haften, ein leichtfüßiger Natural Wine.

(92) Oranžový vlk 2022 GV/WR/TR
11,5 Vol.-%, DIAM, 500-l-Fass/gebrauchte Barriques/Amphore, €€€€
Zart getrübtes Orangegold. Mit Limetten und weißen Blüten gehöhte Nuancen von Bergamottenzesten, mit rotbeerigen Noten unterlegt. Schlank, ein Hauch von Marille, mineralisch, nussiger Touch im Abgang, zart und leichtfüßig, feiner salzigerRanciotouch und Orangen im Finale.

93 Modrý Portugal Teufelsecke 2017
13 Vol.-%, NK, gebrauchte Barriques, €€€€€€
Kräftiges Karmingranat, violette Reflexe, breite Randauf-

hellung. Frische schwarze Waldbeeren, ein Hauch von Weichseln und Lakritze, tabakige Nuancen, etwas Schiefer. Mittlerer Körper, rote Waldbeeren, Herzkirschen, feine Tannine, lebendig, mineralisch-salzig im Abgang, bleibt gut haften, verfügt über weiteres Reifepotenzial.

92 Blaufränkisch Frankovka Rosenberg Unplugged 2018
12 Vol.-%, NK, Flaschengärung/Amphore/gebrauchte Barriques, €€€€€ Ⓑ Ⓘ
Kräftiges Rubingranat, violette Reflexe, breite Ockerrandaufhellung. Kräuterwürze, Brombeeren, ein Hauch von schwarzen Kirschen, dezente Rancio-Noten. Mittlere Komplexität, rote Waldbeeren, feiner Säurebogen, Ribiseltouch im Abgang, mineralischer Nachhall, ein finessenreicher Speisenbegleiter.

91 Blaufränkisch Frankovka Rosenberg 2019
13 Vol.-%, NK, Flaschenreifung/Barrique, €€€€ Ⓑ Ⓘ
Kräftiges Rubingranat, violette Reflexe, breite Randaufhellung. Zart nussig, kräuterwürziges Bukett, mit schwarzen Waldbeeren und Tapenade unterlegt. Mittlerer Körper, rotbeerig, zarte Tannine, frischer Säurebogen, zitronig, salziger Nachhall, jugendlicher Eindruck.

91 Dunaj Jungberg Unplugged 2017
11,5 Vol.-%, NK, gebrauchte Barriques/Flaschenreifung, €€€€€ Ⓑ Ⓘ
Kräftiges Rubingranat, violette Reflexe, breite Randaufhellung. Dunkle Kräuterwürze, geröstete Zwiebel, schwarze Beeren, rauchige Würze. Straff, rotbeerig, mineralisch-steinig, rassige Säurestruktur, Ribiseltouch im salzigen Nachhall.

★★★★★

MARJAN SIMČIČ

BIO

Das Weingut Marjan Simčič ist eines der bekanntesten und prominentesten Weingüter in Slowenien. Marjan Simčič, der Eigentümer und Winzer, repräsentiert die fünfte Generation seiner Familie, die das Weingut seit 1860 besitzt. Das Weingut liegt an der slowenisch-italienischen Grenze, mit Blick auf den Collio. Es verfügt über 14 Hektar Weinberge auf der slowenischen und 10 Hektar auf der italienischen Seite. Die Weinberge befinden sich an den steilen Hängen der Brda, wo das warme Mittelmeerklima auf die kühlen Nachtbrisen der Julischen Alpen trifft. Dieses einzigartige Klima ermöglicht den Anbau hochwertiger biologischer Trauben auf den typischen Opoka-Böden, einer mineralreichen Mischung aus Mergel und Sandstein. Dieses Terroir ist wie geschaffen für die Erzeugung einer Vielzahl eleganter Weine mit ausgeprägtem mineralischem Charakter und Frische. Nachhaltigkeit war von Anfang an Teil der Lebensweise der Familie, und so wird der größte Teil der Arbeit immer noch von Hand und nach strengen nachhaltigen Protokollen ausgeführt. Während man biologische Trauben erzeugt, hält man sich im Keller an traditionelle Weinbereitungsmethoden. Das Weingut Marjan Simčič stellt hauptsächlich sortenreine Weine her und holt das Beste aus den biologischen Trauben heraus, die zum richtigen Reifezeitpunkt sorgfältig von Hand geerntet werden, wobei die Erträge geringer als im Durchschnitt sind. Das Ergebnis sind elegante und komplexe Weine mit einer ausgeprägten Terroir-Signatur, einem Hauch von Mineralik und genau der richtigen Frische. Ihre prestigeträchtige Linie, die nach dem Terroirboden OPOKA benannt ist, wird auf der ganzen Welt gewürdigt.

94 Chardonnay Opoka Jordano Cru 2021
14 Vol.-%, NK, großes Holzfass, €€€€€€ Ⓑ Ⓘ
Leuchtendes helles Goldgelb, Silberreflexe. Reifes gelbes Kernobst, zart nach Blütenhonig und Rhabarberkuchen, ein Hauch von Ringlotten, einladendes Bukett. Saftig, elegant, extraktsüße Textur, engmaschig, weißer Apfel im Abgang, mineralisch-salzig, zeigt gute Länge und Reifepotenzial.

93 Pinot Grigio Ramato Cru Selection 2021
14 Vol.-%, DIAM, großes Holzfass, €€€€€ Ⓑ Ⓘ
Helles Goldgelb mit Kupferreflexen. Reife gelbe Ringlotten, etwas Honigmelone, zarte Süße, einladendes Bukett. Saftig, komplex, weißes Kernobst, aber auch Blütenhonig, gute Säurestruktur, zart nussig im Abgang, bleibt haften, bereits gut entwickelt und antrinkbar.

93 Sauvignon Blanc Cru Selection 2021
13,5 Vol.-%, DIAM, großes Holzfass, €€€€€ Ⓑ
Leuchtendes helles Goldgelb, Silberreflexe. Frische Kräuterwürze, Paprikaschoten, etwas Cassis und Stachelbeeren, ein Hauch von Litschis. Saftig, engmaschig, dunkle Mineralik, feiner Säurebogen, salzig-kreidiger Abgang, bleibt gut haften, ein Hauch von Nougat im Nachhall.

MARJAN SIMČIČ

5212 Dobrovo
Ceglo 3b
T: +386 (5) 395 92 00
info@simcic.si
www.simcic.si

Kellermeister: Marjan Simčič
Kontakt: Valerija Simčič Kalan
Anbauweise: Zertifiziert Biologisch
Produktion: 130.667 Flaschen
69 % weiß, 30 % rot, 1 % süß,
24 Hektar
Messen: ProWein Düsseldorf, London Wine Fair, The Shanghai International Wine & Spirits Expo, Vinexpo, Vinitaly, ProWine China

Marjan Simčič

96 Merlot Opoka Trobno Cru 2018
14,5 Vol.-%, NK, gebrauchte Barriques, €€€€€€
Dunkles Rubingranat, violette Reflexe, zarte Ockerrandaufhellung. Mit einem Hauch von Nougat unterlegte schwarze Waldbeeren, dunkle Kirschen, zart nach Limettenzesten und kandierten Orangenschalen, mit Edelholzaromen unterlegt, attraktives Bukett. Saftig, komplex, feine Fruchtsüße, gute Säurestruktur, reife Tannine, schokoladig, ohne opulent zu wirken, bleibt sehr lange haften, sicheres weiteres Reifepotenzial.

92 Pinot Noir Cru Selection 2021
13,5 Vol.-%, DIAM, großes Holzfass, €€€€€ B
Kräftiges Karmingranat, Ockerreflexe, breitere Randaufhellung. Mit feiner Kräuterwürze unterlegte frische Kirschfrucht, ein Hauch von roten Waldbeeren, mineralischer Anklang. Saftig, mittlere Komplexität, Nuancen von reifer roter Frucht, reife Tannine, salzig im Abgang, bereits entwickelt, verfügt über weiteres Potenzial.

★★★★

MAROF WINERY

Obwohl Marof eine neu errichtete Weinkellerei ist, bleiben die Methoden und Verfahren so einfach wie möglich und sind an hundertjährige Traditionen angelehnt. Der Ansatz des Teams bei der Weinherstellung ist eine Kombination aus dem Reichtum der Natur und dem menschlichen Wissen. Der natürliche Rhythmus von Rebe und Wein wird respektiert. Mit minimalen Eingriffen wird nach dem präzisen Ausdruck der natürlichen Eigenschaften, der Eleganz und Ausgewogenheit des Terroirs gestrebt. Die besten Weinbergslagen bringen gesunde und optimal gereifte Trauben nach ökologischen Grundsätzen hervor. Die Trauben werden von Hand gelesen und ausgewählt. Die Eingriffe des Kellermeisters sind minimal, mit großem Respekt vor dem, was im Weinberg erreicht wurde: spontane Gärung, meisterhaft durchdachte Maischegärung auf der Hefe und nur die besten Holzbehälter. Das Streben nach Perfektion in allem, was Marof macht – im Weinberg und im Keller –, das ist die Geschichte dieses Weinguts.

93 Zeleni Silvanec Goričko SVL Lega Vas 2021
13,5 Vol.-%, NK, großes Holzfass, €€€€€
Mittleres Gelbgrün, Silberreflexe. Zart floral, feine weiße Apfelfrucht, etwas Mango, ein Hauch von Blütenhonig, einladendes Bukett. Saftig, elegant, weiße Tropenfrucht, frischer Säurebogen, mineralisch-zitronig, bleibt lange haf-

MAROF WINERY

Si-9202 Mačkovci
Mačkovci 35
T: +386 (31) 031467143
uros.valcl@marof.eu
www.marof.eu

Kellermeister/Kontakt:
Uroš Valcl
Anbauweise: Integrierter Anbau
Produktion: 93.333 Flaschen
40 % weiß, 60 % rot, 22 Hektar

ten, ein balancierter und facettenreicher Speisenwein mit gutem Potenzial.

92 Goričko Blanc SVL Lega Vas 2021 WR/CH/SB
13,5 Vol.-%, DIAM, 500-l-Fass/großes Holzfass, €€€
Mittleres Gelbgrün, Silberreflexe. Frische Wiesenkräuter, zarte gelbe Tropenfrucht, reife Stachelbeeren, feine nussige Anklänge. Straff, weißes Kernobst, feines Säurespiel, etwas Nougat im Abgang, elegant und anhaftend, mineralischer Nachhall.

92 Sauvignon Goričko SVL Lega Vas 2021
13 Vol.-%, DIAM, großes Holzfass, €€€€
Mittleres Grüngelb, Silberreflexe. Weiße Beerenfrucht, ein Hauch von Litschis und Stachelbeeren, feine Nuancen von Limettenzesten, eher dezentes Bukett. Mittlere Komplexität, gelbes Kernobst, cremige Textur, feine, gut integrierte Säurestruktur, zart salzig im Abgang, ein ausgewogener Begleiter bei Tisch.

92 Modra frankinja Mačkovci SVL Lega Vas 2020
14 Vol.-%, DIAM, 500-l-Fass/großes Holzfass, €€€€€
Kräftiges Rubingranat, violette Reflexe, breitere Randaufhellung. Rote Waldbeeren, Brombeeren und Lakritze, feine Kräuterwürze, tabakige Nuancen. Saftig, elegant, rote Kirschen, präsente Tannine, Gerbstoff, salzig-zitronige Mineralik im Abgang, dezent blättrig im Nachhall, verfügt über Reifepotenzial.

91 Goričko Noir SVL Lega Vas 2019 BF/ZW/CS
13,5 Vol.-%, DIAM, Tonneaux Fass/Barrique/großes Holzfass, €€€€
Kräftiges Karmingranat, violette Reflexe, breite Ockerrandaufhellung. Zart tabakig unterlegte Herzkirschfrucht, rote Waldbeeren, feine Kräuterwürze. Kraftvoll, komplex, Brombeeren, präsente, würzige Tannine, mineralisch, dunkles Nougat im Nachhall, salziger Rückgeschmack.

93 Chardonnay Kramarovci SVL Lega Vas 2020
13,5 Vol.-%, DIAM, großes Holzfass, €€€€€
Helles Gelbgold, Silberreflexe. Zart nach Blütenhonig, feine gelbe Apfelfrucht, ein Hauch von kandierten Orangenzesten, weißes Nougat. Saftig, elegant und balanciert, feine gelbe Tropenfrucht, mineralisch-salzig, zarte Textur, dezente Süße im Abgang, vielfältig einsetzbar.

★★★★

DOMAINE VICOMTE DE NOÜE-MARINIČ

Die Familie de Noüe hat eine lange Weinbautradition im Burgund in Frankreich, wo Charles Louis de Noüe, der Inhaber der Domaine de Vicomte de Noüe-Marinič und zugleich Enkel von Christian Jacques de Clay de Nell, Mitglied der Besitzerfamilie der legendären Domaine Leflaive ist. Seine Leidenschaft für die authentischsten und prestigeträchtigsten Terroirs für den Anbau von Wein – mit Vorliebe für Weißwein – führte ihn nach Brda in Slowenien, wo er mit dem slowenischen Partner Alis Marinič einige verlassene Weinberge wieder in Produktion brachte und mit einer Massenselektion ein reiches genetisches Erbe rettete, das zur Komplexität der Weine beiträgt. Die beiden Partner bewirtschaften ihre Weingärten im Einklang mit der Tradition auf natürliche Weise und ohne den Einsatz von chemischen Mitteln, sie bearbeiten den Boden und lassen im Sommer die aromatischen Kräuter im Weinberg wachsen, um die Feuchtigkeit im Boden zu halten und die Wurzeln zu schützen. Mit dem Mondkalender von Maria Thun folgen sie den Ideen und der Philosophie Steiners.

DOMAINE VICOMTE DE NOÜE-MARINIČ

5211 Kojsko
Vedrijan 17
T: +39 (340) 5838 551
cldenoue@gmail.com
domaine-nouemarinic.com

Kellermeister: Anthony Colas
Kontakt: Charles Louis de Noüe, Alis Marinič
Anbauweise: Integrierter Anbau
Produktion: 88 % weiß, 2 % rosé, 10 % rot, 140 Hektar

Chardonnay

Die Philosophie, nach der Wein im Weinberg hergestellt wird, wird von ihrem Berater Anthony Colas geteilt, der die renommiertesten Weingüter im Burgund betreut. Gemeinsam wählen sie den richtigen Zeitpunkt für die Lese, um schöne Trauben zu ernten. Alles andere folgt dem Wein mit einem Minimum an Eingriffen, um seine Mineralik und Frische zu erhalten. Die Idee ist, einen strukturierten Wein aus dem Terroir zu erhalten, elegant und anhaltend am Gaumen, einen Wein, der in der Lage ist, eine Vibration, eine Emotion zu erzeugen.Das Weingut steht heute hinter diesen drei Marken: Domaine Vicomte de Noüe-Marinič, Erigone sowie Marini.

96 Chardonnay Tejca Vedrignano II Cru 2021

13,5 Vol.-%, DIAM, gebr. Barriques/Stahltank, €€€€€€
Helles Gelbgrün, Silberreflexe. Zart nussig unterlegte feine gelbe Tropenfrucht, ein Hauch von Pfirsich und Ananas, mineralischer Touch, einladendes Bukett. Straff, saftig und elegant, feine gelbe Fruchtsüße, finessenreicher Säurebogen, mineralisch und mit guter Länge ausgestattet, bereits zugänglich, sicheres Reifepotenzial.

(95) Chardonnay Groblja Vedrignano II Cru 2021

13,5 Vol.-%, DIAM, gebrauchte Barriques/Stahltank, €€€€€€
Helles Gelbgrün, Silberreflexe. Zarte Nuancen von weißer Tropenfrucht, ein Hauch von Mango, weißer Apfel, florale Nuancen, kandierte Limettenzesten, attraktives Bukett. Saftig, elegant und balanciert, feines Kernobst, mineralisch, bleibt lange haften, ein Hauch von Süße, salziger Nachhall, sicheres Reifepotenzial.

95 Chardonnay Sotto la Chiesa Bigliana II Cru 2021

13,5 Vol.-%, DIAM, Stahltank/gebr. Barriques, €€€€€€
Helles Gelbgrün, Silberreflexe. Zarter Holzkuss, feine Nuancen von gelbem Apfel, etwas Birne und Mango, feine Kräuterwürze, mineralischer Anklang. Komplex, kräftig, süße Fruchtnuancen, saftig und balanciert, feiner Karamelltouch im Abgang, gute Länge, ein eleganter Speisenbegleiter mit sicherem Entwicklungspotenzial.

94 Chardonnay Attico San Pietro III Cru 2021

13,5 Vol.-%, DIAM, Stahltank/gebr. Barriques, €€€€€€
Helles Gelbgrün, Silberreflexe. Zarter Edelholztouch, ein Hauch von Vanille und Zitruszesten, frischer weißer Apfel, Wiesenkräuter klingen an, facettenreiches Bukett. Mittlerer Körper, feines Kernobst, extraktsüße Textur, elegant und anhaftend, weißes Nougat im Abgang, gutes Reifepotenzial.

93 Chardonnay Erigone Ossech V Cru 2021

13,5 Vol.-%, DIAM, Stahltank, €€€€€
Helles Grüngelb, Silberreflexe. Zarte Wiesenkräuterwürze, weißes Kernobst, ein Hauch von kandierten Limettenzesten. Saftige gelbe Apfelfrucht, zart nach Lindenblüten, dezenter Säurebogen, mineralisch, weißes Nougat im Nachhall, ein stoffiger Speisenbegleiter.

92 Ribolla Gialla Erigone Gaugnaz I Cru 2021

13,5 Vol.-%, DIAM, Stahltank/gebr. Barriques, €€€€€
Helles Grüngelb, Silberreflexe. Verhalten, feine Birnenfrucht, mineralisch und mit einem Hauch von Mango unterlegt. Mittlere Komplexität, weißes Kernobst, dezente Säurestruktur, etwas Blütenhonig, vielseitiger Speisenbegleiter.

★★★

RADGONSKE GORICE D.O.O.

Wie die Wellen der Mur durch Gornja Radgona fließen seit 170 Jahren durch Radgonske gorice kleine Geheimnisse und großes Wissen: wie man den Weinstock gekonnt verwöhnt, damit er in seiner ganzen Pracht gedeiht; wie man Zeit damit verbringt, Trauben zu pflegen; wie man sich in Wein, seine Eleganz und seinen Rausch verliebt; wie man ihm das Funkeln verleiht, eine Quelle unzähliger Bläschen, die niemals versiegen. Radgonske gorice d.o.o. ist der älteste und heute größte Schaumweinhersteller in Slowenien. Von hier stammt der erste slowenische Schaumwein, der heute allen als Zlata radgonska penina bekannt ist. Zusammen mit Srebrna radgonska penina, sonnenverwöhntem Janževec, Traminer mit schwarzem Etikett und weiteren Weinen und Sekten ihres Sortiments begleiten sie uns in verschiedenen wichtigen und wegweisenden oder kleineren und rein alltäglichen Momenten und erschaffen so die schönsten Momente des Lebens.

93 ❺ Zlata Radgonska Penina Ciconia Rosé Brut 2018
12,5 Vol.-%, DIAM, Flaschengärung, €€€€€
Helles Lachsrosa, Goldreflexe, feines, anhaftendes Mousseux. Zart nach Heublumen, nussig unterlegte Noten von eingelegten Kirschen, rotbeeriger Touch, einladendes Bukett. Saftig, elegant, reife Zwetschken, feines Säurespiel, etwas Nougat, mineralischer Nachhall, ein facettenreicher Speisenbegleiter.

92 ❺ Zlata Radgonska Penina Rosé Extra Dry 2020
12 Vol.-%, DIAM, Flaschengärung, €€€
Helles Lachsrosa, zarte Kupferreflexe, feines Mousseux. Zart nach roten Waldbeeren, etwas Kirschen, frisches Steinobst, weiße Blüten, kandierte Limettenzesten. Straff, saftig, elegant, feine Fruchtsüße, gut integrierter Säurebogen, cremig-mineralischer Abgang, rotbeeriger Nachhall.

91 ❺ Zlata Radgonska Penina Selection Rosé Brut 2021
13 Vol.-%, DIAM, Flaschengärung, €€€
Mittleres Lachsrosa, zarte Kupferreflexe, lebendiges Mousseux. Noten von frischen Zwetschken, ein Hauch von rotem Beerenmark, etwas weißes Nougat und Biskuit. Saftig, ausgewogen, kräftig, eingelegte Kirschen, dezenter Honigtouch im Abgang, bietet unkompliziertes Trinkvergnügen.

93 ❺ Zlata Radgonska Penina Ciconia Sans Dosage 2018
12 Vol.-%, DIAM, Flaschengärung, €€€€€
Helles Gelbgrün, Silberreflexe, lebendiges Mousseux. Frischer weißer Apfel, ein Hauch von Mango und Papaya, Nuancen von Blüten und Limetten. Mittlere Komplexität, grüner Apfel, frischer Säurebogen, mineralisch-salzig, gut anhaftend, zitroniger Nachhall.

92 ❺ Zlata Radgonska Penina Selection Sans Dosage 2020
12 Vol.-%, DIAM, Flaschengärung, €€€
Helles Goldgelb, Silberreflexe, feines Mousseux. Zart nach frischem gelbem Pfirsich, etwas Blütenhonig, ein Hauch von Heublumen. Mittlerer Körper, weißer Apfel, frisch strukturiert, mineralisch, Limetten im Abgang, als Aperitif wie auch als Speisenbegleiter einsetzbar.

91 ❺ Zlata radgonska penina Brut 2018
12 Vol.-%, DIAM, Flaschengärung, €€€
Mittleres Goldgelb, Silberreflexe, feines, anhaltendes Mousseux. Zarte Wiesenkräuter, etwas Nougat, feine gelbe Tropenfrucht, nach Mango, etwas Blütenhonig. Komplex, gelbes Kernobst, feine, frische Säurestruktur, mineralisch-zitronig im Abgang, ein vielseitiger Speisenbegleiter.

RADGONSKE GORICE D.O.O.
9250 Gornja Radgona
Jurkovičeva ulica 5
T: +386 (2) 564 85 10
info@radgonske-gorice.si
radgonske-gorice.si

Kellermeister: Klavdija Topolovec Špur
Kontakt: Andreja Novak
Produktion: 4.666.667 Flaschen
500 Hektar

★★★

SANCTUM

Sanctum ist eine Boutique-Familienkellerei mit Sitz in der Štajerska, Slowenien. Schon der Name bedeutet »etwas Verborgenes und Heiliges«. Ziemlich verborgen liegen die Weinberge in den Hügeln oberhalb der Stadt Loče, die auf eine lange Geschichte des Weinanbaus und der Weinherstellung zurückblicken kann. Kartäusermönche im 12. Jahrhundert haben diese Geschichte begründet, und so bildet auch Heiliges einen Konnex zum Namen des Weinguts. Alle Weingärten liegen an steilen Südhängen auf überwiegend Mergelböden. Die vorherrschende Rebsorte ist Pinot Noir, zu der sich Chardonnay und Syrah gesellt haben. »Wir glauben an den Respekt vor dem Land, den nachhaltigen Weinbau und die Weinherstellung mit minimalen Eingriffen. Unsere Trauben werden von Hand geerntet, und wir vermeiden Zusätze im Weinkeller. Unsere Weine entstehen durch spontane Gärung mit natürlichen Hefen in Holzfässern aus französischer oder slawonischer Eiche.« Was sich hier liest wie ein Glaubensbekenntnis, ist auch eines, allerdings nicht in Bezug auf eine Religion, sondern aus Achtung vor der Natur und ihren Produkten. Ziel des Weinguts Sanctum ist es deshalb, Weine zu erzeugen, die ein wahrer Ausdruck des einzigartigen Terroirs sind – Weine von Eleganz und Reinheit.

93 Chardonnay Kraemer Vineyard Prestige 2020
12,5 Vol.-%, NK, 500-l-Fass, €€€€€ Ⓑ
Helles Grüngelb, silberfarbene Reflexe. Zarte Edelholzwürze, Vanille, gelbe Tropenfrucht, Limettenzesten, mineralisch, weißer Apfel, floraler Touch. Elegant, feine cremige Textur, feine Säurestruktur, salzig-zitronig im Abgang, ein balancierter, leichtfüßiger Speisenbegleiter.

92 Leptir Orange 2022 WB/CH/PG/TR
13 Vol.-%, DV, Stahltank/500-l-Fass, €€€€ Ⓑ Ⓞ
Helles Bernstein, Orangereflexe. Zart kräuterwürzig unterlegte frische Birnenfrucht, zart nach Pfirsich, mineralischer Touch. Saftig, würzig, reife gelbe Frucht, präsenter, gut integrierter Gerbstoff, etwas Bergamotte, salziger Nachhall, bleibt haften, ein individueller Speisenwein.

92 Pinot Noir Prestige 2019
12,5 Vol.-%, NK, Eichenfass, €€€€€ Ⓑ Ⓕ
Helles Karmingranat, ockerfarbene Reflexe, breite Randaufhellung. Zart nach Vanille, rote Waldbeeren, Himbeerkonfit, zart nach Mandarinen, einladendes Bukett. Mittlere Komplexität, rote Herzkirschen, straffe Textur, reife Tannine, mineralisch-salzig, gute Länge, sicheres Entwicklungspotenzial.

92 My Red 2020 SY/PN
12,5 Vol.-%, NK, Barrique, €€€€€ Ⓑ
Kräftiges Karmingranat, Ockerreflexe, breitere Randaufhellung. Frische Kräuter, rote Kirschen, rotbeerige Nuancen, zartes Nougat, einladendes Bukett. Saftig, frisch strukturiert, reife Tannine, leichtfüßig, rote Beeren im Abgang, ein leichtfüßiger, trinkanimierender Speisenbegleiter.

92 Syrah Red Barrel 2021
12 Vol.-%, NK, 500-l-Fass, €€€€€€ Ⓑ
Kräftiges Karmingranat, violette Reflexe, breitere Ockerrandaufhellung. Zart pfeffrige Würze, Nuancen von Brombeeren, zart nach Vanille und Edelholz, einladendes Bukett. Sehr leichtfüßig, rotbeerige Textur, frisch strukturiert, mineralisch-salzig im Abgang, ein finessenreicher Sommerwein.

91 Blaufränkisch Carthusian Red 2021
12,5 Vol.-%, NK, 500-l-Fass, €€€€€ Ⓑ
Kräftiges Karmingranat, violette Reflexe, breitere Ockerrandaufhellung. Zart nach reifer Zwetschke, Herzkirschen, dezente tabakige Würze. Leichtfüßig, rotbeerig, mineralisch, dezente Tannine, salzig und frisch, zartes Nougat, bietet unkompliziertes Trinkvergnügen.

SANCTUM
3215 Slovenske Konjice
Lipoglav 71
T: +386 (3) 576 30 00
www.sanctum.si

SVETLIK
5263 Dobravlje
Kamnje 42b
T: +386 (5) 3725100
svetlik-wine.com

Kellermeister/Kontakt:
Edvard Svetlik

★★★

SVETLIK

Auf dem hohen, sonnigen Hang des Čaven, oberhalb des Dorfes Kamnje, genannt Grace, haben die Svetliks einen Rebula-Weinberg angelegt. Und hier, inmitten der Weinberge, schreiben Ivi und Edvard Svetlik eine neue Geschichte ihres Lebens. Das kleine Dorf Kamnje liegt im Vipava-Tal, einer wunderschönen slowenischen Weinbauregion, nur eineinhalb Autostunden von Venedig entfernt. Das submediterrane Klima des Vipava-Tals wirkt sich positiv auf den Weinanbau aus. Der Weinberg erhält seinen Charme und seine Kraft durch seine extrem sonnige Lage als eine der höchstgelegenen Weinberge im Vipava-Tal. Der Reichtum der Aromen der Rebula, einer autochthonen Rebsorte, die sowohl im Vipava-Tal als auch in Brda (Collio) besonders gut gedeiht, beweist, dass die Lage des Rebula-Svetlik-Weinbergs ideal ist. Das Paar produziert nur 6.000 Flaschen aus 8.000 Rebstöcken.

Die Weinlese ist ein Festtag, an dem die Svetliks und ihre Freunde die Trauben, die sie den ganzen Sommer über und bis in den Spätherbst hinein gepflegt haben, von Hand lesen. Die Trauben werden eingemaischt, bis sich der Zucker in Alkohol verwandelt und der Rebula seine bernsteinfarbene Farbe erhält – genau wie die Trauben selbst. Er reift zwei Jahre lang in großen Eichenfässern, bevor er unfiltriert in Flaschen abgefüllt wird. Abgesehen vom Rebula Maximilian I., einer Sonderfüllung, die in Barrique-Fässern aus 354 alten Eichen aus dem Wald von König Ludwig XIV. reift und zu Ehren von Kaiser Maximilian I. abgefüllt wird. Schon 1503 ließ der Habsburger-Monarch den Rebula aus dem Vipava-Tal an seinen Hof liefern. Der Rebula Svetlik ist nicht nur bernsteinfarben, sondern auch reich an Aromen, Mineralien und Geschmacksnuancen. Er wird wie ein Rotwein bei einer Temperatur von 15 Grad Celsius in einem großen Glas getrunken, damit er seinen ganzen Reichtum entfalten kann.

(94) Rebula Svetlik Maximilian 2020
13,5 Vol.-%, NK, gebrauchte Barriques, €€€€€€ B O
Mittleres Orangegold, Bernsteinreflexe. Mit einem Hauch von Kokos und weißem Nougat unterlegte reife gelbe Frucht, Nuancen von getrockneter Marille und Blütenhonig, facettenreiches Bukett. Komplex, saftig, feine Süße, etwas Marzipan, reife Tannine, mineralisch, balanciert, zart würziger Gerbstoff verleiht dem Wein Länge, bereits antrinkbar, sicheres weiteres Reifepotenzial.

★★★

VERUS

Verus wurde von drei befreundeten Winzern, Rajko Žličar, Danilo Šnajder und Božidar Grabovac, gegründet. Sie haben die Weinberge ihrer Familien, ihr Wissen und ihre Arbeitskraft vereint. Im Frühjahr 2007 hat das Trio einen Weinkeller in einer ehemaligen Bäckerei eingerichtet. Sie teilen das Engagement für Familientraditionen, denn schon ihre Eltern und Großeltern waren eng mit dem Weinbau und dem Wein verbunden. Verus bedeutet echt, wahr, sachlich, auch ehrlich, unverfälscht, aufrichtig. Dieser Haltung sind sie gegenüber allen Menschen stets verpflichtet, und so sollen auch ihre Weine sein. Mit diesem Wissen und der sorgfältigen Arbeit im Weinberg und im Weinkeller erzeugen sie Weine, die die Eigenschaften der Sorte, des Jahrgangs und ihrer Weinbauregion wirklich zum Ausdruck bringen.

93 Furmint Šipon Štajerska Slovenija 2022
13 Vol.-%, DV, Stahltank, €€€
Mittleres Grüngelb, Silberreflexe. Attraktive Anklänge von gelber Tropenfrucht, zart nach Ananas, Birne und Mango, mit feinem Blütenhonig unterlegt. Mittlere Komplexität, samtig-seidige Textur, zarte Fruchtsüße, elegant und ausgewogen, mineralisch-salziger Nachhall, ein vielseitiger trockener Speisenbegleiter.

93 Sauvignon Blanc Štajerska Slovenija 2023
12,5 Vol.-%, DV, Stahltank, €€€
Mittleres Grüngelb, Silberreflexe. Feine Nuancen von reifen Stachelbeeren, Guaven, angenehme Kräuterwürze, etwas Cassis im Hintergrund, attraktives Sortenbukett. Stoffig, weiße Apfelfrucht, feiner Säurebogen, sehr harmonisch und elegant, bleibt gut haften, ein vielseitiger Speisenbegleiter mit Reifepotenzial.

92 Chardonnay Štajerska Slovenija 2023
13 Vol.-%, DV, Stahltank, €€€
Helles Goldgelb, Silberreflexe. Zart nach Wiesenkräutern, frische gelbe Birne, Golden-Delicious-Apfel, feine Mineralik. Saftig, elegant, angenehme fruchtige Süße, feiner Säurebogen, etwas Mango im Abgang, harmonisch und gut anhaftend, ein vielseitiger Speisenbegleiter.

92 Riesling Renski Štajerska Slovenija 2022
12,5 Vol.-%, DV, Stahltank, €€€
Helles Grüngelb, Silberreflexe. Zart rauchig-mineralisch unterlegte gelbe Pfirsichfrucht, ein Hauch von Mango und Maracuja, exotisches Bukett. Mittlerer Körper, weißes Steinobst, frisch, elegant, mineralisch und anhaftend, gutes Reifepotenzial.

VERUS
2270 Ormož
Hardek 34A
T: +386 (2) 741 54 40
info@verusvino.com
www.verusvino.com

Božidar Grabovac, Danilo Šnajder und Rajko Žličar

91 Pinot Gris Sivi Štajerska Slovenija 2023
13 Vol.-%, DV, Stahltank, €€€
Mittleres Goldgelb, Messingreflexe. Feine Nuancen von Orangenzesten, frische gelbe Birnenfrucht, angenehme Kräuterwürze, mineralischer Touch. Saftig, Noten von reifem gelbem Kernobst, feine Fruchtsüße, dezente Säure, etwas weitmaschig, Honigtouch im Finale, bereits zugänglich, vielfältig einsetzbar.

93 Pinot Noir Štajerska Slovenija 2017
14 Vol.-%, DV, Barrique, €€€€
Mittleres Karmingranat, Ockerreflexe, breite Randaufhellung. Zart nach kandierten Veilchen, Lakritze, rotes Waldbeerenkonfit, ein Hauch von Dörrpflaumen, Kräuter, einladendes Bukett. Stoffig, feine Fruchtsüße, eingelegte Kirschen, tragende Tannine, salzig-kalkige Mineralik, kühler Stil, bleibt haften, ein balancierter Speisenbegleiter.

★★★

VINO GAUBE

Es gibt Dinge, die wir nie wissen, es gibt Menschen, die mysteriös bleiben, und es gibt Geschichten, die kein Ende haben. Und die Geschichte des Weins schreibt immer wieder neue Kapitel – eine Geschichte, die von Winzern zusammen mit der unvorhersehbaren Natur geschaffen wurde.
Die Geschichte des Weinbaus auf dem Hof der Familie Gaube reicht mehrere Generationen zurück, aber in der Zwischenzeit wurde die Tradition der Produktion leider unterbrochen, sodass man erst 1992 mit der Abfüllung eigener Weine beginnen konnte. Seitdem hat sich viel geändert, nur die Verbundenheit den Weinreben und dem Wein gegenüber ist gleich geblieben. Es ist immer eine große Herausforderung für die Familie, eine gemeinsame Sprache mit der Natur zu finden und mit ihrem Geschenk der eigene Freude die Weinliebhaber zu bereichern.
Der Betrieb befindet sich im Amphitheater der Weinberge von Svečinske gorice, in Špičnik, direkt unterhalb der berühmten Straße, die die Form eines Herzens zwischen den Weinbergen zeichnet. Die Lage, der Boden und die günstigen klimatischen Bedingungen auf fast neun Hektar Weinbergen ermöglichen es den Gaubes, eine breite Palette verschiedener Weinsor-

Die Herzerlstraße bei Špičnik

VINO GAUBE
2201 Zgornja Kungota
Špičnik 17
T: +386 (41) 747151
vinarstvo.gaube@siol.net
www.vino-gaube.si

Kellermeister/Kontakt:
Alojzij Gaube
Produktion: 40.000 Flaschen
8 % Schaumwein, 81 % weiß,
10 % rosé, 1 % rot, 8.6 Hektar
Messen: Vino Ljubljana

ten zu produzieren, die jeden Geschmack befriedigen können. Man kann hier zwischen frischen, ruhigen und meist trockenen Weinen wählen, Schaumweinen, die nach der klassischen Methode hergestellt werden. Im Sortiment finden sich aber auch vollere, reifere Weine aus den Linien »Kaspar« und »Emanuel«, dazu wird auch Blauburgunder angeboten.

92 ❸ Penina Extra Brut 2020
12 Vol.-%, DIAM, Flaschengärung, €€€€
Mittleres Goldgelb, Silberreflexe, feines, anhaltendes Mousseux. Zarte gelbe Tropenfrucht, nach Mango, ein Hauch von weißem Pfirsich und Blütenhonig, einladendes Bukett. Saftig, gelbes Kernobst, feiner Säurebogen, harmonisch, Apfelfrucht im Nachhall, vielfältig einsetzbar.

93 Sivi Pinot 2023
12,5 Vol.-%, DV, Stahltank, €€€
Mittleres Goldgelb, Messingreflexe. Feine Nuancen von reifer Birne, etwas Mango, kandierte Orangenzesten, etwas Marille im Hintergrund. Komplex, saftig, seidige Textur, ein Hauch von Dörrobst, feiner Säurebogen, harmonisch und anhaftend, zitronig im Nachhall, vielfältig einsetzbar, gutes Reifepotenzial.

92 Chardonnay 2023
12,5 Vol.-%, DV, Stahltank, €€
Helles Goldgelb, Silberreflexe. Zarte Wiesenkräuter, etwas Mango, frischer gelber Apfel, mit etwas Blütenhonig unterlegt. Mittlerer Körper, saftig, elegant, feiner Säurebogen, mineralisch-zitronig, bleibt haften, salziger Nachhall.

92 Zeleni Silvanec 2023
12,5 Vol.-%, DV, Stahltank, €€
Helles Goldgelb, Silberreflexe. Zartes, noch etwas zurückhaltendes Bukett, ein Hauch von Kernobst, mit Orangenzesten unterlegt. Mittlere Komplexität, weißer Apfel, feine Säurestruktur, elegant, mineralisch und anhaftend, pikanter Abgang.

92 Sauvignon 2023
12,5 Vol.-%, DV, Stahltank, €€€
Helles Goldgelb, Silberreflexe. Feiner Blütenhonig, reife gelbe Stachelbeeren, Mandarinenzesten klingen an, eher dezentes als lautes Bukett. Mittlerer Körper, weißer Apfel, frische Tropenfrucht, lebendig, zart nach Litschis und Limetten, anregender, blitzsauberer Stil.

Pinot Gris

91 Laški Rizling 2023
12,5 Vol.-%, DV, Stahltank, €€
Helles Goldgelb, Silberreflexe. Zart nach Limetten und frischer Birne, feine Kräuterwürze. Komplex, reifer Apfel, angenehme Säurestruktur, gut integrierte Frische, mineralisch, zarte Fruchtsüße im Abgang, ein balancierter Speisenbegleiter.

91 Modri Pinot 2021
13,5 Vol.-%, DIAM, Teilbarrique, €€€
Kräftiges Karmingranat, Ockerreflexe, breite Randaufhellung. Zarte rote Herzkirschfrucht, Nuancen von Waldbeeren, zarte Kräuterwürze, mit kandierten Mandarinenzesten unterlegt. Mittlerer Körper, rotbeeriger Touch auch am Gaumen, frisch strukturiert, Himbeeren und Limetten im Abgang.

MIT BESTER EMPFEHLUNG

Ausgewählte Weinhändler, Feinkostläden und Weingasthöfe
mit hochwertigen Erzeugnissen für kulinarische Genuss-Erlebnisse.

CIVEDIAMO BAR V W
1010 Wien, Köllnerhofgasse 6
T:+43 1 9971318,
wien@civediamo.bar
civediamo.bar
Mo bis Sa 14–22 Uhr

FRANZ WIESELTHALER W
WEINGUT & BUSCHENSCHANK
1100 Wien, Oberlaaer Straße 71
T: +43 (1) 6884716
info@weingut-wieselthaler.at
www. weingut-wieselthaler.at
Aussteckzeiten Jänner, März, Mai, Juli, September, November

MAYWINES.COM – WINE WITH PASSION V
1030 Wien, Landstraßer Gürtel 19
T: +43 (664) 2626911, +43 (1) 7965020
info@maywines.com
Mo bis Fr 9–17 Uhr & nach Vereinbarung
www.maywines.com

1130 WEIN VINOTHEK V
1130 Wien, Lainzer Straße 1
Eingang gegenüber Altgasse 27
T: +43 (699) 18000002
vinothek@1130wein.at
www.1130wein.at
Mo bis Fr 10–19 Uhr, Sa 10–15 Uhr

HOFKELLEREI LIECHTENSTEIN IM GARTENPALAIS VINOTHEK & BAR W V
1090 Wien, Fürstengasse 1
T: +43 (1) 3195767 300
vinothek@hofkellerei.at
Di bis Sa 12–22 Uhr

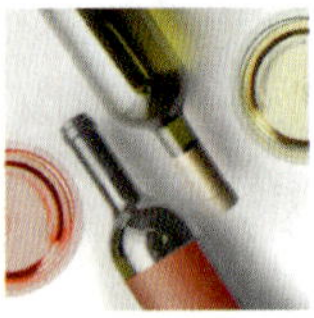

GEBIETSVINOTHEK RETZER LAND IM ALTHOF V
2070 Retz, Althofgasse 14
T: +43 (2942) 3711405
vinarium@althof.at
www.althof.at
täglich 11–18 Uhr

WIEN | NIEDERÖSTERREICH

GASTHAUS MARTIN WEILER W
2136 Laa an der Thaya
Staatsbahnstraße 60
T: +43 (2522) 2379
martin@weilerlaa.at
www.weilerlaa.at

LANDGASTHOF BÄRENWIRT W
3252 Petzenkirchen, Ybbser Straße 3
T: +43 (7416) 52153
info@baerenwirt1.at
www.baerenwirt1.at

MARCHFELDERHOF W
2232 Deutsch-Wagram
Bockfließer Straße 31
T: +43 (2247) 2243
office@marchfelderhof.at
www.marchfelderhof.at
Mo bis Fr 16–23 Uhr, Sa und So 11–23 Uhr

DER FLOH W
3425 Langenlebarn, Tullner Straße 1
T: +43 (2272) 62809, floh@derfloh.at
www.derfloh.at
Mo 9–22 Uhr, Do 17–22 Uhr,
Fr bis So 9–22 Uhr

freigut thallern

FREIGUT THALLERN V
2352 Gumpoldskirchen, Thallern 1
T: +43 (2236) 53477
vinothek@freigut-thallern.at
www.freigut-thallern.at

GUT OBERSTOCKSTALL W
3470 Kirchberg am Wagram
Ringstraße 1, T: +43 (2279) 2335
restaurant@gutoberstockstall.at
www.gutoberstockstall.at
Do und Fr 16–23 Uhr, Sa 11.30–23 Uhr,
So 11.30–17 Uhr

V Vinothek F Feinkost W Weingasthof

NIEDERÖSTERREICH | BURGENLAND

EISENBOCK'S STRASSER HOF W
3491 Strass, Marktplatz 30
T: +43 (2735) 2427
eisenbocks@strasserhof.at
www.strasserhof.at
Mi bis Sa 9–22 Uhr, So 9–15 Uhr

SCHWARZ W
3521 Nöhagen, Nöhagen 13
T: +43 (2717) 8209
office@gasthaus-schwarz.at
www.gasthaus-schwarz.at
Do bis So ab 10 Uhr

wein kontraste Vinothek & Weinbar

VINOTHEK & WEINBAR WEINKONTRASTE W
3491 Straß im Straßertale
Langenloiser Straße 199
T: +43 (2735) 3900
info@weinkontraste.at
www.weinkontraste.at

GOLFRESTAURANT HETTEGGER W
3532 Rastenfeld, Niedergrünbach 60
T: +43 (2826) 88102
info@restaurant-hettegger.at
www.restaurant-hettegger.at
täglich 9–23 Uhr

LB LANDHAUS BACHER

LANDHAUS BACHER W
3512 Mautern an der Donau
Südtiroler Platz 2, T: +43 (2732) 82937
info@landhaus-bacher.at
www.landhaus-bacher.at
Mi 18.30–0.30 Uhr, Do bis Sa 12–16.30 und 18.30–0.30 Uhr, So 11.30–23 Uhr

HEINZLE W
3610 Weißenkirchen in der Wachau
Wachaustraße 280, T:+43 (2715) 2231
restaurant@heinzle.at
www.heinzle.at
Mi und Sa 11–21 Uhr,
Do, Fr und So 11–16 Uhr

PRANDTAUERHOF W
3610 Joching, Prandtauerplatz 36
T: +43 (2715) 2310
weingut@holzapfel.at
Mo, Di, Fr, So 10–16 Uhr, Sa 10–22 Uhr
www.holzapfel.at

ALTES LANDGUT WERDENICH W
2423 Deutsch Jahrndorf
Untere Hauptstr. 2, T: +43 (2144) 21630
altes@landgut-werdenich.at
www.landgut-werdenich.at
Do bis Sa 10.30–24 Uhr, So 10–19.30 Uhr

RESTAURANT BRAUNSTEIN PAULI'S STUBEN W
7083 Purbach, Fellnergasse 1a
T:+43 (2683) 55130, www.braunstein.at
restaurant@braunstein.at
Mo und Do bis Sa 8–22 Uhr,
So 8.30–20 Uhr

BURGENLAND | STEIERMARK

PODERSDORFER WEINSTUBEN W
7141 Podersdorf am See
Winklergasse 30, T: +43 (2177) 2829
weingut@dankbarkeit.at
www.weingutzurdankbarkeit.at
26.5.–30.6. und 1.9.–22.10. Mi bis So ab 17 Uhr, 1.7.–31.8. Di bis So ab 17 Uhr

HOTEL KRUTZLER W
7522 Heiligenbrunn
Heiligenbrunn 16
T: +43 (3324) 7241
post@hotel-krutzler.at
www.hotel-krutzler.at

ZUR DANKBARKEIT W
7141 Podersdorf, Hauptstraße 39
T: +43 (2177) 2223
gasthaus@dankbarkeit.at
Feb. bis Nov. Do und Fr 11.30–14 und 18–21 Uhr, Sa, So und feiertags 11.30–21 Uhr, www.dankbarkeit.at

WEIN & WEIN GROLLITSCH V
8010 Graz, Neufeldweg 99
T: +43 (316) 46 22 78
office@grollitsch.com
www.grollitsch.com

PRESSHAUS W
7142 Illmitz, Apetloner Straße 13
T: +43 (2175) 2730
presshaus.haider@aon.at
www.presshaus.com
Mi bis So 10–24 Uhr

WEINHANDEL KOHLBACHER V
8010 Graz, Leonhardstraße 3
T: +43 (316) 319431
office@weinhandel-kohlbacher.at
www.weinhandel-kohlbacher.at
Mo bis Do 11–19, Fr 10–19, Sa 10–13 Uhr

DIE GENUSSQUELLE ROSALIA W
7202 Bad Sauerbrunn
Schulstraße 14
T:+43 (2625) 20270, info@die-quelle.at
www.diegenussquelle.at
täglich 10–22 Uhr

SIMPLYWINE A.I. DEUTSCH HANDELSGMBH V
8077 Gössendorf, Gewerbering 4
T:+43 (3135) 46060, www.simplywine.at
office@deutsch-online.at
Mo bis Do 8.30–12.30 und 14–17 Uhr, Fr 8.30–13 Uhr

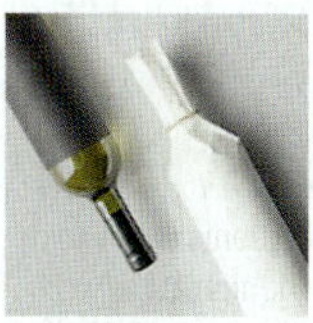

BURGENLAND VINOTHEK GLÖCKL V
7301 Deutschkreutz, Hauptstraße 42
T: +43 (670) 552 79 99
office@burgenland-vinothek.at
www.burgenland-vinothek.at
Öffnungszeiten: siehe Website

WEINKULTUR ERNST V
8160 Weiz, Moarweg 23
T: +43 (3172) 38272
office@weinkulturernst.at
www.weinkulturernst.at
Onlineshop

WEINKOSTEREI VINOTHEK BURGENLAND V
7461 Stadtschlaining, Rochusplatz 1
T: +43 (3355) 2600
weinkosterei@burghotel-schlaining.at
Di bis Do 14–19 Uhr, Fr und Sa 14–21 Uhr, So und feiertags 11–17 Uhr

BERGGASTHOF KÖNIG W
8225 Pöllauberg, Oberneuberg 5
T: +43 (3335) 2311
office@berggasthof-koenig.at
www.berggasthof-koenig.at
Mi bis Sa 11–20.30 Uhr, So 11–18 Uhr

V Vinothek F Feinkost W Weingasthof

STEIERMARK | OBERÖSTERREICH

KÜRBISHOF KOLLER F

8350 Fehring, Weinberg 78
T: +43 (3155) 3414
info@kuerbishof-koller.at
www.kuerbishof-koller.at
Mi bis Fr 9–14 Uhr, Sa 10–13 Uhr

ÖLMÜHLE HARTLIEB F

8451 Heimschuh
Mühlweg 1
T: +43 (3452) 82551
www.hartlieb.at
Mo bis Fr 8–12 Uhr und 13–18 Uhr

RATSCHER LANDHAUS WEIN- & WELLBEING-HOTEL**** W

8461 Ehrenhausen, Ottenberg 35
T: +43 (3453) 23130
info@ratscher-landhaus.at
www.ratscher-landhaus.at
täglich geöffnet

SATTLERHOF GOURMETRESTAURANT W

8462 Gamlitz, Sernau 2a
T:+43 (3453) 44540, www.sattlerhof.at
restaurant@sattlerhof.at
Di bis So ab 12 Uhr,
bitte um Reservierung!

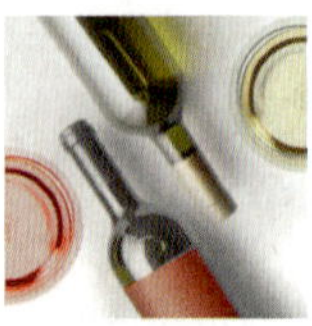

E.H. WEINHANDEL V

8530 Deutschlandsberg
Grazer Straße 7
T: +43 (3462) 20390
info@weinshop24.at
www.weinshop24.at
Mo bis Fr 7–18.15 Uhr, Sa 7–12.30 Uhr

ALTE METZGEREI - VINOTHEK V

4020 Linz, Herrenstraße 5
T: +43 (732) 774434
office@walchshofer.com
www.altemetzgerei.at
Mo bis Mi 11–22 Uhr, Do und Fr 11–24 Uhr

SCHENKI'S VINOTHEK V

4020 Linz, Landstraße 12
T: +43 (732) 795444
weinhof@schenkenfelder.at
www.schenkenfelder.at
Mo bis Fr 9.30–19 Uhr, Sa 9–17 Uhr

WEINHOF SCHENKENFELDER V

4020 Linz, Pollheimerstraße 20
T: +43 (732) 67 07 11
weinhof@schenkenfelder.at
www.schenkenfelder.at
Mo bis Fr 8–12.30 und 13.30–17.30 Uhr

VINOSPIRIT GMBH V

4030 Linz, Thanhoferstraße 11
T: +43 (732) 931690,
office@vinospirit.at
www.vinospirit.at
Online-Weinhändler

WEINTURM V

4030 Linz, Thanhoferstraße 11
T: +43 (732) 731014
office@weinturm.at
weinturm.at, Mo, Do und Fr 9–18 Uhr,
Di und Mi 9–13 Uhr

VINOVINO SPITZENWINZER AT, FR, IT V

4040 Linz, Freistädter Str. 3 Hinterhof
T: +43 (664) 2308551
office@vinovino.at, www.vinovino.at
Weinabholung nach Vereinbarung

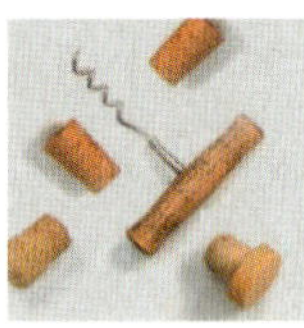

WOLFS WEINDEPOT V

4100 Ottensheim
Blittersdorffstraße 10a
T: +43 (650) 9829302
office@wolfsweindepot.at
www.wolfsweindepot.at
Öffnungszeiten nach Vereinbarung

OBERÖSTERREICH | SALZBURG | TIROL

WEIN WAGNER V
4664 Laakirchen, Weinstraße 31
T: +43 (7613) 4400
vinothek@wagnerweb.at
www.wagners-weinshop.com
Di bis Fr 9.30–18.30 Uhr,
Sa 9.30–12.30 Uhr

WEINZWITSCHEREI V
4722 Peuerbach, Hauptstraße 15
T: +43 (664) 1901147
office@weinzwitschern.at
www.weinzwitschern.at
Do und Fr 14.30–18 Uhr

SEEHOTEL GRÜNER BAUM W
4830 Hallstatt, Marktplatz 104
T: +43 (6134) 82630
contact@gruenerbaum.cc
www.gruenerbaum.cc
täglich 12–22 Uhr

R. F. AZWANGER V
5020 Salzburg, Getreidegasse 15
Mo bis Fr 11–18 Uhr, Sa 10–17 Uhr
5020 Salzburg, Universitätsplatz 11
Mi bis Fr 11–20 Uhr, Sa 10–17 Uhr
T: +43 (662) 843394
info@azwanger.at, www.azwanger.at

SPORER LIKÖR- & PUNSCHMANUFAKTUR V
5020 Salzburg, Getreidegasse 39
T: +43 (662) 845431
office@sporer.at
www.sporer.at
Mo bis Fr 10–19 Uhr, Sa 9–17 Uhr

HÖFLMAIER & CO KG F
5221 Lochen, Kerschham 8
T: +43 (7747) 5221
office@hoeflmaier.at
www.hoeflmaier.at
Mo, Di, Do 8–12 Uhr, Fr 8–12 Uhr und 14–17 Uhr

FEINKOST FLEISCHEREI AUERNIG F
5300 Hallwang
Wiener Bundesstraße 16
T: +43 (662) 661339, www.auernig.at
metzgerei@auernig.at
Mo bis Fr 7–18 Uhr, Sa 7–12 Uhr

DORFKÄSEREI PÖTZELSBERGER F
5421 Adnet bei Hallein, Waidach 27
T: +43 (6245) 83228, info@biokas.at
www.biokas.at
Mo, Di, Do 8–12 Uhr, Mi 8–12 und 15–18 Uhr, Fr 8–18 Uhr, Sa 7–11 Uhr

DÖLLERER WEINHANDELSHAUS V
5431 Kuchl, Kellau 160
T: +43 (6244) 20567
weinhaus@doellerer.at
shop.doellerer.at

SIEGFRIED HERZOG DESTILLATE V
5760 Saalfelden am Steinernen Meer
Breitenbergham 5, T: +43 (6582) 75707
office@herzogdestillate.at
www.herzogdestillate.at
Mo bis Fr 8–12 und 13–17 Uhr, Sa 8–12 Uhr

INVINUM W
6020 Innsbruck, Innrain 1
T: +43 (512) 575545
office@invinum.com
www.invinum.com
Mo bis Sa 11–24 Uhr, So 16–22 Uhr

VINOTHEK NAGELE V
6150 Steinach am Brenner
Bahnhofstraße 162b
T: +43 (5272) 6257
info@vinothek-nagele.at
www.vinothek-nagele.at
Mo bis Fr 9–19 Uhr, Sa 9–12 Uhr

V Vinothek F Feinkost W Weingasthof

TIROL | VORARLBERG | SCHWEIZ

DEWALDS WEINLADEN V
6370 Kitzbühel, Im Gries 15
T: +43 (699) 17291150
shop@dewalds.at
www.dewalds.at
Mo 12–18.30 Uhr, Di, Do und Fr 10–18.30 Uhr, Mi 10–18 Uhr, Sa 9.30–15 Uhr

WEINHERZ V
6370 Kitzbühel, Sonngrub 39
T: +43 (660) 3017307
yvonne@weinherz.at
www.weinherz.at

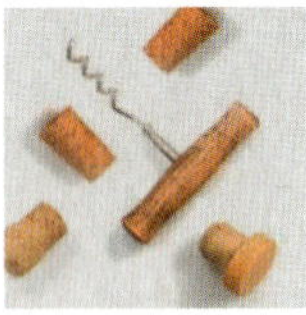

VINOTHEK KLOSTERHOF OLIVER OBERMOSER E.U. V
6370 Kitzbühel, Malinggasse 6
T: +43 (5356) 63907
office@vinothek-klosterhof.com
www.vinothek-klosterhof.com
Mo bis Do 9–12 u. 13–18 Uhr,
Fr 9–18 Uhr, Sa 09–17 Uhr

WEIN NEURURER V
6471 Arzl im Pitztal, Eggles 22
T: +43 (699) 11957657
fabian@wein-neururer.at
www.wein-neururer.at

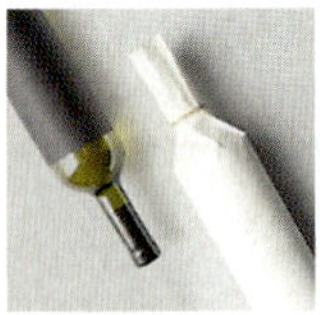

DER GRISSEMANN V
6511 Zams, Hauptstraße 150
T: +43 (5442) 6999
vinothek@grissemann.at
www.dergrissemann.at
Mo bis Fr 8–19 Uhr, Sa 8–18 Uhr

BEVANDA WEINE & DESTILLATE V
6850 Dornbirn, Färbergasse 15
T: +43 (5572) 386631
office@bevanda.cc
www.bevanda.cc
Mo bis Fr 9–18 Uhr, Sa 9–17 Uhr

JOHANNES THURNHER V
6850 Dornbirn, Bockackerstraße 13
T: +43 (5572) 26151
jth@thurnher-wein.com
www.thurnher-wein.com
Mo bis Fr 8–12 Uhr und 14–18 Uhr,

UVA-EVA SCHIESS WEINHANDEL V
6330 Cham, Schulhausstrasse 14
T: +41 (44) 7670333
weinhandel@uvaeva.ch
www.uvaeva.ch
Mi bis Fr 14–18.30 Uhr, Sa 10–15 Uhr

WEINGÜTER INDEX NACH NAME

F

G

J

K

L

M

N

WEINGÜTER INDEX NACH REGION

WIEN

CARNUNTUM

KAMPTAL

KREMSTAL

THERMENREGION

TRAISENTAL

WACHAU

WAGRAM

WEINVIERTEL

EISENBERG

LEITHABERG

MITTELBURGENLAND

NEUSIEDLERSEE

ROSALIA

RUST

SÜDSTEIERMARK

VULKANLAND STEIERMARK

WESTSTEIERMARK

ROSALIA

RUST

SÜDSTEIERMARK

VULKANLAND STEIERMARK

WESTSTEIERMARK

BERGLAND

NACHBARLÄNDER

FALSTAFF WEINGUIDE
ÖSTERREICH/NACHBARLÄNDER 2024/25

MEDIENINHABER
Falstaff-Verlags-GmbH
Schottenring 2–6, 1010 Wien, Österreich
Tel.: +43 1 904 21 41, Fax: +43 1 904 21 41-450
www.falstaff.com
E-Mail: wein@falstaff.com

HERAUSGEBER
Wolfgang M. Rosam und Angelika Rosam

GESCHÄFTSFÜHRUNG
Mag. Elisabeth Kamper, Wolfgang M. Rosam, Ronald Tomandl, M.Sc.

CHEFREDAKTION UND DEGUSTATION
Peter Moser (Chefredakteur Wein)
Konstantin Schindlmaißer, B.A.

REDAKTION
Claudia Schindlmaißer

LEKTORAT
Mag. Florian Praxmarer

REDAKTIONSASSISTENZ
Dipl.-Ing. Julia Tiefenbrunner

HERSTELLER/DRUCK
ppm Fulda GmbH & Co. KG

Frankfurter Straße 8
36043 Fulda
www.ppm-fulda.de

PRODUKTION UND GESTALTUNG
Maximilian Kamper (Art Dir. Marketing & Sales)
Ing. Michael Lenhart (Produktion)
Mag. art. Marcus Wiesner (Grafik, Fotografie)

CHEFS VOM DIENST
Mag. Petra Kirchmayer (Leitung Wein)
Noah Neururer, B.A. B.A. (CvD Wein)

IT UND DATENMANAGEMENT
Mag. Georg Morawitz-Holeschofsky (Leitung)
Robert Pleniger (Programmierung/Software)

FLASCHENFOTOS
Claudia Schindlmaißer

ANZEIGEN
Wilhelm Amann (Leitung Direct Sales)
Christiane Ceccarelli
(Marketing & Sales Koordination)
Aleksandra Kosanin, B.A.
(Leitung Marketing & Sales Koordination)
Ronald Tomandl, M.Sc. (Leitung Sales)

IDEE UND KONZEPT VON
PETER MOSER

PEFC
PEFC/04-31-1308
PEFC-zertifiziert
Dieses Produkt stammt aus nachhaltig bewirtschafteten Wäldern und kontrollierten Quellen
www.pefc.de